Michael Kofler

Swift 3
Das umfassende Handbuch

Liebe Leserin, lieber Leser,

2014 stellte Apple auf der Entwickler-Konferenz WWDC seine Programmiersprache Swift vor. Nicht nur viele Entwickler waren sofort von den Möglichkeiten der Objective-C-Alternative begeistert. Auch für unseren Autor Michael Kofler war von Anfang an klar, dass Apple hier die vielleicht zurzeit modernste Programmiersprache geschaffen hat.

Die Entwicklung der Programmiersprache geht seit seiner Vorstellung rasant voran. Mittlerweile liegt Swift bereits in der Version 3 vor, auf der das Ihnen vorliegende Buch beruht. Apple hat die anfänglichen „Kinderkrankheiten" weitestgehend beseitigt. Das Buch begleitet Sie von Anfang an beim Erlernen der Sprache und ist in vier Teile gegliedert. So lernen Sie im ersten Teil Swift im Detail und Xcode kennen. Im zweiten Teil erhalten Sie eine Einführung in die Entwicklung von Apps für iOS, macOS und tvOS. Wichtige Programmiertechniken in Bausteinform lernen Sie im dritten Teil kennen. Nachdem Sie Ihre App mit diversen Features ausgestattet haben, erfahren Sie, wie Sie sie im App Store veröffentlichen. Im letzten Teil zeigen Ihnen konkrete Beispielprojekte die Umsetzung der gezeigten Techniken. Unter anderem programmieren Sie einen Kompass, eine Schatzsuche, einen Lotto-Simulator, einen Währungsumrechner und den Spieleklassiker Pac-Man.

Um die Qualität unserer Bücher zu gewährleisten, stellen wir stets hohe Ansprüche an Autoren und Lektorat. Falls Sie dennoch Anmerkungen und Vorschläge zu diesem Buch formulieren möchten, so freue ich mich über Ihre Rückmeldung.

Ihr Stephan Mattescheck
Lektorat Rheinwerk Computing

stephan.mattescheck@rheinwerk-verlag.de
www.rheinwerk-verlag.de
Rheinwerk Verlag · Rheinwerkallee 4 · 53227 Bonn

Auf einen Blick

TEIL I

Swift 21

Teil II

App-Programmierung 367

Teil III

Programmier- und Arbeitstechniken 601

Teil IV

Beispielprojekte 911

Impressum

Wir hoffen, dass Sie Freude an diesem Buch haben und sich Ihre Erwartungen erfüllen. Bitte teilen Sie uns doch Ihre Meinung mit. Eine E-Mail mit Ihrem Lob oder Tadel senden Sie direkt an den Lektor des Buches: *stephan.mattescheck@rheinwerk-verlag.de*. Im Falle einer Reklamation steht Ihnen gerne unser Leserservice zur Verfügung: *service@rheinwerk-verlag.de*. Informationen über Rezensions- und Schulungsexemplare erhalten Sie von: *hendrik.wevers@rheinwerk-verlag.de*.

Informationen zum Verlag und weitere Kontaktmöglichkeiten finden Sie auf unserer Verlagswebsite *www.rheinwerk-verlag.de*. Dort können Sie sich auch umfassend und aus erster Hand über unser aktuelles Verlagsprogramm informieren und alle unsere Bücher versandkostenfrei bestellen.

An diesem Buch haben viele mitgewirkt, insbesondere:

Lektorat Stephan Mattescheck, Erik Lipperts
Korrektorat Friederike Daenecke, Zülpich
Herstellung Norbert Englert
Typografie und Layout Vera Brauner
Einbandgestaltung Eva Schmücker
Satz Michael Kofler
Druck C. H. Beck, Nördlingen

Dieses Buch wurde gesetzt aus der TheAntiquaB (9,35 pt/13,7 pt) mit LaTeX. Gedruckt wurde es auf chlorfrei gebleichtem Offsetpapier (80 g/m²).

Bibliografische Information der Deutschen Nationalbibliothek:
Die Deutsche Nationalbibliothek verzeichnet diese Publikation in der Deutschen Nationalbibliografie; detaillierte bibliografische Daten sind im Internet über *http://dnb.d-nb.de* abrufbar.

ISBN 978-3-8362-4127-4
© Rheinwerk Verlag GmbH, Bonn 2017
1. Auflage 2017

Das vorliegende Werk ist in all seinen Teilen urheberrechtlich geschützt. Alle Rechte vorbehalten, insbesondere das Recht der Übersetzung, des Vortrags, der Reproduktion, der Vervielfältigung auf fotomechanischem oder anderen Wegen und der Speicherung in elektronischen Medien.

Ungeachtet der Sorgfalt, die auf die Erstellung von Text, Abbildungen und Programmen verwendet wurde, können weder Verlag noch Autor, Herausgeber oder Übersetzer für mögliche Fehler und deren Folgen eine juristische Verantwortung oder irgendeine Haftung übernehmen.

Die in diesem Werk wiedergegebenen Gebrauchsnamen, Handelsnamen, Warenbezeichnungen usw. können auch ohne besondere Kennzeichnung Marken sein und als solche den gesetzlichen Bestimmungen unterliegen.

Inhaltsverzeichnis

Vorwort 15

TEIL I   Swift

1   Hello World! 23

1.1	»Hello World« im Playground	23
1.2	»Hello World« als Terminal-App	32
1.3	»Hello World!« auf dem iPad	40

2   Swift-Crashkurs 43

2.1	Elementare Syntaxregeln und Kommentare	43
2.2	Variablen, Konstanten und Datentypen	47
2.3	Strukturierung des Codes	51
2.4	Klassen und Datenstrukturen	56
2.5	Fehlerabsicherung	58
2.6	Xcode-Crashkurs	59

3   Operatoren 71

3.1	Zuweisungs- und Rechenoperatoren	71
3.2	Vergleichsoperatoren und logische Operatoren	76
3.3	Range-Operatoren	81
3.4	Operatoren für Fortgeschrittene	82
3.5	Eigene Operatoren	86

4   Variablen und Optionals 91

4.1	Variablen und Konstanten	91
4.2	Optionals	98
4.3	Wert- versus Referenztypen	103

5 Verzweigungen und Schleifen — 107

- 5.1 Verzweigungen mit if — 107
- 5.2 Inverse Logik mit guard — 111
- 5.3 Verzweigungen mit switch — 112
- 5.4 Versions- oder plattformabhängiger Code — 116
- 5.5 Schleifen — 117
- 5.6 Nicht triviale Schleifen — 122

6 Funktionen und Closures — 129

- 6.1 Funktionen definieren und ausführen — 129
- 6.2 Parameter — 140
- 6.3 Standardfunktionen — 147
- 6.4 Funktionale Programmierung — 151
- 6.5 Closures — 156

7 Zahlen und geometrische Strukturen — 167

- 7.1 Zahlen und boolesche Werte — 168
- 7.2 NSNumber — 172
- 7.3 CGFloat, CGPoint, CGSize und Co. — 173

8 Zeichenketten — 181

- 8.1 Syntax — 181
- 8.2 Bearbeitung von Zeichenketten — 185
- 8.3 Suchen und ersetzen — 189
- 8.4 Zeichenketten zerlegen und zusammensetzen — 192
- 8.5 Zeichenketten und Zahlen umwandeln — 198

9 Datum und Uhrzeit — 203

- 9.1 Datum und Uhrzeit ermitteln und darstellen — 203
- 9.2 Rechnen mit Datum und Uhrzeit — 205

10 Arrays, Dictionaries, Sets und Tupel — 207

- 10.1 Arrays — 207
- 10.2 Arrays und Aufzählungen verarbeiten — 216
- 10.3 Dictionaries — 225

10.4	Sets	226
10.5	Option-Sets	227
10.6	Tupel	229
10.7	Lottosimulator	231

11 Objektorientierte Programmierung I — 237

11.1	Klassen und Strukturen	238
11.2	Enumerationen	247
11.3	Eigenschaften	251
11.4	Init- und Deinit-Funktion	263
11.5	Methoden	268
11.6	Subscripts	276
11.7	Typ-Aliasse	278
11.8	Speicherverwaltung	279

12 Objektorientierte Programmierung II — 285

12.1	Vererbung	285
12.2	Generics	297
12.3	Protokolle	301
12.4	Standardprotokolle	310
12.5	Extensions	318
12.6	Protokollerweiterungen	323
12.7	Reflection und Metatypen	328

13 Fehlerabsicherung — 333

13.1	Fehlerabsicherung mit try und catch	333
13.2	Selbst Fehler auslösen (throws und throw)	342
13.3	Fehler in Funktionen weitergeben (rethrows)	346
13.4	Das Error-Protokoll	350
13.5	Fehlerabsicherung von API-Methoden (NSError)	351

14 Importe, Attribute und Systemfunktionen — 355

14.1	Module, Frameworks und Importe	355
14.2	Attribute	359
14.3	Systemfunktionen aufrufen	361

TEIL II App-Programmierung

15 Hello iOS-World! 369

- 15.1 Projektstart 370
- 15.2 Gestaltung der App 371
- 15.3 Steuerung der App durch Code 376
- 15.4 Actions und Outlets für Fortgeschrittene 381
- 15.5 Layout optimieren 383
- 15.6 Textgröße mit einem Slider einstellen 390
- 15.7 Apps auf dem eigenen iPhone/iPad ausführen 392
- 15.8 Komponenten und Dateien eines Xcode-Projekts 394

16 iOS-Grundlagen 397

- 16.1 Model-View-Controller (MVC) 397
- 16.2 Klassenhierarchie einer App-Ansicht 402
- 16.3 Die UIViewController-Klasse 405
- 16.4 Phasen einer iOS-App 409
- 16.5 Auto Layout 412
- 16.6 Steuerelemente in einer Stack-View anordnen 429
- 16.7 Texteingaben 433
- 16.8 Image-Views und Xcassets 441

17 iOS-Apps mit mehreren Ansichten 445

- 17.1 Storyboard und Controller-Klassen verbinden 445
- 17.2 Ansichten durch Segues verbinden 446
- 17.3 Segues mit Datenübertragung 451
- 17.4 Navigation-Controller 456
- 17.5 Tab-Bar-Controller 461
- 17.6 Split-View-Controller 468
- 17.7 Popups 478
- 17.8 Ja-Nein-Dialoge (UIAlertController) 489

18 Hello macOS-World! 493

- 18.1 Von iOS zu macOS 493
- 18.2 Lottozahlengenerator (Storyboard-Variante) 496

18.3	Lottozahlengenerator (XIB/AppDelegate-Variante)	505
18.4	Lottozahlengenerator (XIB/WindowController-Variante)	511
18.5	Lottozahlengenerator (XIB/ViewController-Variante)	515

19 macOS-Grundlagen — 519

19.1	Programme mit mehreren Fenstern	519
19.2	Tab-View-Controller	527
19.3	Standarddialoge	535
19.4	Maus	539
19.5	Tastatur	547
19.6	Menüs	553
19.7	Programme ohne Menü	561
19.8	Drag & Drop	564

20 tvOS — 579

20.1	Hello tvOS!	580
20.2	Fernbedienung auswerten	586
20.3	Focus Engine	592

TEIL III Programmier- und Arbeitstechniken

21 Dateien und User-Defaults — 603

21.1	User-Defaults	603
21.2	Dateinamen und URLs	608
21.3	Bundle-Dateien und Xcassets-Bilder	610
21.4	Standardverzeichnisse	612
21.5	Dateioperationen	617
21.6	Wie geht's weiter?	625

22 Netzwerk, XML und JSON — 627

22.1	Dateien per HTTP/HTTPS laden	627
22.2	XML-Dokumente auswerten	636
22.3	JSON-Dokumente auswerten	640
22.4	Webseiten anzeigen	644

23 Tabellen und Listen darstellen 651

23.1 Listen in iOS-Apps (UITableView) 651
23.2 Prototypzellen 657
23.3 Individuelle Gestaltung von Listenzellen 663
23.4 Veränderliche Listen 669
23.5 Tabellen in macOS-Apps (NSTableView) 671
23.6 Collections asynchron füllen (UICollectionView) 682

24 GPS- und Kompassfunktionen 691

24.1 Hello MapView! 691
24.2 Wegstrecke aufzeichnen 696
24.3 Kompassfunktionen 703

25 Grafik und Animation 707

25.1 Eigene Steuerelemente mit Grafikfunktionen 708
25.2 Kompass-Steuerelement 714
25.3 Core Graphics 722
25.4 Animationen 725

26 Audio, Video und Fotos 731

26.1 Audio-Wiedergabe mit dem AVAudioPlayer 731
26.2 Audio-Wiedergabe mit dem AVPlayer 740
26.3 Audio-Wiedergabe mit dem AVPlayerViewController 742
26.4 Audio-Aufnahmen mit dem AVAudioRecorder durchführen 744
26.5 Videos abspielen 749
26.6 Videos mit der Picker-View auswählen und aufnehmen 753
26.7 YouTube-Videos abspielen 758
26.8 Fotos mit der Picker-View auswählen und aufnehmen 761
26.9 Fotos in einer AVCaptureSession aufnehmen 763
26.10 Barcodes in einer AVCaptureSession erkennen 772

27 SpriteKit 777

27.1 Hello SpriteKit! 778
27.2 Sprites erzeugen und bewegen 786

27.3	Spielsteuerung durch Touch-Ereignisse	792
27.4	Bewegungssteuerung (Gyroskop und Accelerometer)	798
27.5	Aktionen	804
27.6	Der Game-Loop	811
27.7	Kollisionserkennung	813
27.8	Minispiel: Luftballone abschießen	819
27.9	Physik	826
27.10	Minispiel: Pyramide zerstören	832
27.11	Scene-Editor	838
27.12	Partikel-Emitter	845

28 Asynchrone Programmierung   849

28.1	Hello Grand Central Dispatch!	850
28.2	GCD-Grundlagen	853
28.3	Parallel rechnen	858
28.4	Die Async-Bibliothek	865

29 App Store und Co.   867

29.1	iOS-Artwork (Icons, Launch Screen)	868
29.2	macOS-Artwork (Icon)	869
29.3	tvOS-Artwork (Parallax-Icons, Launch und Top Shelf Image)	870
29.4	Mehrsprachige Apps	877
29.5	Eigene Apps im App Store anbieten	886
29.6	macOS-Programme selbst weitergeben	895

30 Xcode-Arbeitstechniken   901

30.1	Simulator-Ausgaben stoppen	901
30.2	Header-Code einer eigenen Klasse erzeugen	902
30.3	Versionsverwaltung mit Git	903
30.4	Crashlogs	906
30.5	Projekte umbenennen	906
30.6	Xcode-Verzeichnisse aufräumen	907

TEIL IV Beispielprojekte

31 New-York-Times-Bestseller 913

31.1 New-York-Times-API 915
31.2 Benutzeroberfläche 918
31.3 Split-View-Variante 924

32 To-do-Listen 929

32.1 Gestaltung der Benutzeroberfläche 930
32.2 Datenmodell 931
32.3 View-Controller-Klasse 932
32.4 Popup-View-Controller-Klasse 939

33 Schatzsuche 941

33.1 Aufbau der App 941
33.2 Datenmodell 946
33.3 Location Manager selbst gemacht 948
33.4 Steuerelement zur Richtungsanzeige (UIBezierPath) 953
33.5 Hauptansicht mit Listenfeld 954
33.6 Popup-Dialog zum Speichern 959
33.7 Detailansicht mit Richtungspfeil 960

34 Währungskalkulator 969

34.1 App-Überblick 969
34.2 Kurse ermitteln 977
34.3 Das Datenmodell der App 980
34.4 Umrechnungsansicht 983
34.5 Einstellungsansicht 990
34.6 Internationalisierung und Lokalisierung 995

35 Fünf Gewinnt 997

35.1 Die App »Fünf Gewinnt« 997
35.2 Enumerationen und globale Funktionen (Globals.swift) 1000

35.3	Die Spiellogik (FiveWins.swift)	1004
35.4	Darstellung des Spielbretts und der Steine (BoardView.swift)	1015
35.5	Steuerung des Spielablaufs (ViewController.swift)	1025
35.6	Der Popup-Dialog (PopupVC.swift)	1031
35.7	Erweiterungsmöglichkeiten	1033

36 Icon-Resizer ... 1037

36.1	App-Überblick	1037
36.2	Icons verwalten (IconSize-Struktur)	1042
36.3	Hauptfenster (ViewController.swift)	1049
36.4	Drag & Drop-Quelle für Icons (IconCellView.swift)	1057
36.5	Drag & Drop-Empfänger für Icons (OriginalIconView.swift)	1058
36.6	Popup-Menü (IconChoiceVC.swift)	1061
36.7	Temporäres Verzeichnis erstellen und löschen	1062

37 Breakout ... 1065

37.1	Programmaufbau	1066
37.2	Initialisierung	1067
37.3	Spielsteuerung	1073

38 Pac-Man selbst gemacht ... 1077

38.1	Programmaufbau	1078
38.2	Der Tile-Editor »Tiled«	1080
38.3	Globale Konstanten, Datenstrukturen und Enumerationen	1085
38.4	Initialisierung des Spiels	1087
38.5	Die Maze-Klasse	1090
38.6	Aufbau der Spielszene (setup-Methoden)	1094
38.7	Spielsteuerung (touch-Methoden)	1101
38.8	Bewegung des Pac-Mans	1106
38.9	Steuerung der Monster	1110
38.10	Kollisionen	1116
38.11	Apple-TV-Variante von Pac-Man	1120
38.12	Pac-Man-Figuren zeichnen	1124

39   Asteroids 1127

39.1	Programmaufbau	1128
39.2	Globale Konstanten und Funktionen	1130
39.3	Programmstart und Tastaturereignisse (GameViewController)	1130
39.4	Initialisierung des Spiels (GameScene)	1134
39.5	Spielablauf (ebenfalls in GameScene)	1140
39.6	Fokussierbare Menütexte (MyLabel)	1146
39.7	Der Einstellungsdialog (MainScene)	1147

Index 1153

Vorwort

Apples größte Innovation des Jahres 2014 war aus meiner Sicht weder die Vorstellung der Apple Watch noch die Auslieferung des Bestsellers iPhone 6. Apple hat sich neben den Arbeiten an diesen Produkten einer anderen Baustelle zugewandt und als Reaktion auf die vielen Mängel, die die rund 20 Jahre alte Programmiersprache Objective-C aufweist, eine vollkommen neue Programmiersprache entwickelt: Swift!

In ersten Kommentaren konnten selbst Apple-Fans ihre Skepsis nicht verbergen: Brauchen wir wirklich eine neue Programmiersprache? Doch je mehr Details Apple auf der World Wide Developers Conference (WWDC 2014) verriet, desto größer wurde die Begeisterung der teilnehmenden Entwickler und der Fachpresse.

Warum Swift?

Swift ist für Apple ein Befreiungsschlag: Objective-C dient dem Apple-Universum seit vielen Jahren als Fundament. Das ändert aber nichts daran, dass Objective-C eine Programmiersprache aus den 1980er-Jahren ist, die in keinerlei Hinsicht mit modernen Programmiersprachen mithalten kann.

Swift ist dagegen ein sauberer Neuanfang. Bei der Vorstellung wurde Swift auch *Objective-C without the C* genannt. Natürlich ist Swift von Objective-C beeinflusst – schließlich muss Swift kompatibel zu den unzähligen Apple-Bibliotheken sein. Swift realisiert viele neue Ideen, greift aber auch Konzepte von C#, Haskell, Java, Python und anderen Programmiersprachen auf. Daraus ergeben sich mehrere Vorteile:

- Swift zählt zu den modernsten Programmiersprachen, die es momentan gibt.
- Code lässt sich in Swift syntaktisch eleganter formulieren als in Objective-C.
- Der resultierende Code ist besser lesbar und wartbar.
- Swift ist für Programmierer, die schon Erfahrung mit anderen modernen Sprachen gesammelt haben, wesentlich leichter zu erlernen als Objective-C. Vorhandenes Know-how lässt sich einfacher auf Swift als auf Objective-C übertragen.
- Seit Ende 2015 ist Swift ein Open-Source-Produkt. Swift steht seither auch für Linux zur Verfügung, und der Entwicklungsprozess erfolgt offen und transparent.

Wer mit Apple-Produkten zu tun hat, erwartet Perfektion bis ins kleinste Detail. Bei aller Euphorie für Swift will ich Ihnen nicht verschweigen, dass dies für Swift auch in Version 3 nicht vollständig zutrifft:

- Die Integration in Xcode ist gut, aber es ist noch Luft nach oben. Beispielsweise fehlen in Xcode Refactoring-Funktionen für Swift.
- Das Swift-Entwicklerteam versucht, Swift zur optimalen Programmiersprache zu machen. Das geht nicht von heute auf morgen. Es ist absehbar, dass Swift sich in den nächsten Jahren weiterentwickeln wird. Das ist gut so, aber es führt dazu, dass Sie jeden Herbst Ihren Code an die dann gerade neueste Swift-Version anpassen müssen. Die meiste Arbeit erledigt der in Xcode integrierte Konverter automatisch. Aber dennoch wäre mehr Stabilität natürlich angenehmer.

Allen Kinderkrankheiten zum Trotz vereinfacht Swift den Einstieg in die App-Entwicklung enorm. Es ist offensichtlich, dass Swift in wenigen Jahren *die* Programmiersprache der Apple-Welt sein wird und Objective-C in dieser Rolle ablöst. In naher Zukunft führt an Swift kein Weg vorbei, wenn Sie native Apps für iOS, macOS oder andere Apple-Plattformen entwickeln möchten.

Der Swift-Entwicklungsprozess

Seit Herbst 2015 ist Swift ein Open-Source-Projekt. Die Weiterentwicklung erfolgt vollkommen transparent. Jede neue Idee wird als Proposal veröffentlicht, mit ihren Vor- und Nachteilen diskutiert und kommt schließlich zu einer Abstimmung. Nichtsdestotrotz wird beim Nachlesen der Mailing-Archive schnell klar, dass die Entwicklung von Swift trotz des öffentlichen Charakters sehr stark von Apple-Mitarbeitern gesteuert wird.

Ich befasse mich in diesem Buch selten mit der Frage, warum Swift so ist, wie es ist, sondern beschreibe es in der gerade aktuellen Form. Aber wenn Sie Interesse an den Hintergründen haben und mitverfolgen möchten, wie Swift sich entwickelt, lege ich Ihnen das Studium der folgenden Seiten nahe:

- *https://github.com/apple/swift-evolution*
- *https://lists.swift.org/pipermail/swift-evolution*
- *http://ericasadun.com*

Neu in Swift 3

Im Vergleich zu Swift 2 wurden in Version 3 rund hundert Veränderungen durchgeführt. Zu jeder dieser Veränderungen gibt es einen ausführlichen Vorschlag. Die Abschaffung der Operatoren ++ und -- ist beispielsweise im Proposal 0004 dokumentiert. Links zu diesem und allen anderen Proposals finden Sie auf folgender Seite:

https://apple.github.io/swift-evolution

Es ist hier nicht zielführend, alle Änderungen aufzuzählen. Wenn Sie neu in Swift einsteigen, ist es ohnedies irrelevant, wie Swift in früheren Versionen ausgesehen hat. Und wenn Sie bisher in Swift 2 programmiert haben, kümmert sich der Code-Konverter von Xcode um den Großteil der erforderlichen Änderungen.

Aus meiner Sicht hat sich Swift 3 in den folgenden Punkten radikal verbessert:

- **Bibliotheken:** Die Standardbibliotheken sind wesentlich Swift-kompatibler geworden. Viele Methoden, die ursprünglich für Objective-C entwickelt wurden, stehen nun in einer zweiten, Swift-tauglicheren und besser lesbaren Version zur Verfügung. Hier sehen Sie einige Beispiele, die Code aus Swift 2 aktuellem Swift-3-Code gegenüberstellen:

```
NSUserDefaults.standardUserDefaults()   -->
UserDefaults.standard

zeichenkette.rangeOfString("such mich")   -->
zeichenkette.range(of: "such mich")

func prepareForSegue(segue: UIStoryboardSegue,
                sender: AnyObject?)   -->
func prepare(for segue: UIStoryboardSegue, sender: Any?)

let dest = segue.destinationViewController   -->
let dest = segue.destination

txt.stringByTrimmingCharactersInSet(
   NSCharacterSet.whitespaceAndNewlineCharacterSet())   -->
txt.trimmingCharacters(in: .whitespacesAndNewlines)
```

- **Parameter von Methoden:** In Swift 2 wurde der erste Parameter einer Funktion oder Methode anders behandelt als alle weiteren Parameter. In Swift 3 gelten für alle Parameter dieselben Regeln. Da kann man nur fragen: Warum nicht gleich so?
- **Literale für Farben und Bitmaps:** Farben und Bitmaps aus Xcassets-Dateien können im Code als Literale eingebaut werden. Diese Literale zeigen die Farbe bzw. eine winzige Vorschau der Bitmap. In diesem Buch lässt sich das schwer abbilden, aber in der Praxis ist das ein ausgesprochen hilfreiches Feature.
- **Generics-Verbesserungen:** Beim Umgang mit generischen Typen gab es viele Verbesserungen. Unter anderem können Sie nun generische Aliasse definieren (z. B. `typealias StringDictionary<T> = Dictionary<String, T>`).

Daneben gibt es viele Detailveränderungen, die aus einem Apple-typischen Perfektionsanspruch resultieren. Sie sind spannend für Entwickler von (Standard-)Bibliotheken, aber für den typischen App-Entwickler nur begrenzt relevant.

Keine Angst vor Swift 4!

Es ist schon ein wenig absurd: Im August 2016, also rund drei Monate, bevor dieses Buch veröffentlicht wurde, begannen bereits die Planungen und erste Arbeiten an Swift 4. Zu den wichtigsten Zielen zählt eine Optimierung der generischen Funktionen. Daneben sollen der Umgang mit Zeichenketten und die Speicherverwaltung verbessert werden. Soweit es der enge Zeitplan zulässt, wird es auch kleinere Spracherweiterungen und fortgesetzte Swift-Anpassungen der Standardbibliotheken geben. Schließlich sollen der Compiler und andere Werkzeuge so gestaltet werden, dass mit Swift 3 entwickelte Bibliotheken unverändert unter Swift 4 weiterverwendet werden können. Derart große Umstellungen wie in Swift 3 sollen diesmal aber vermieden werden.

Müssen Sie sich also vor den zu erwartenden Änderungen in Swift 4 fürchten? Ist es zweckmäßig, mit dem Swift-Einstieg auf die nächste Version zu warten? Nein! Bereits der Umstieg von Swift 2 auf Swift 3 hat gezeigt, dass der in Xcode integrierte Code-Konverter einen Großteil aller Änderungen automatisch erledigt.

Außerdem hat sich bei meiner Arbeit an den beiden Auflagen dieses Buchs eines herauskristallisiert: Bei der App-Programmierung kostet nicht der Umgang mit Swift an sich Zeit, sondern die Suche nach den geeigneten Klassen, Methoden und Programmiertechniken.

Sobald Sie Swift einmal in Grundzügen verstanden haben, werden Sie die meiste Zeit dafür investieren, die Dokumentation von Bibliotheken zu studieren bzw. neue Klassen auszuprobieren. Der Kosmos der Apple-Bibliotheken ist derart riesig, dass ich in diesem Buch nicht einmal ansatzweise einen Überblick geben kann. Kurzum: Nicht Swift ist das Problem, sondern die Unmenge an Bibliotheken und Klassen, in die Sie sich einlesen müssen.

Was bietet dieses Buch?

Dieses Buch vermittelt einen kompakten Einstieg in die Programmiersprache Swift in der Version 3 (Xcode 8). Das Buch ist in vier Teile gegliedert:

- **Teil I** führt in die Grundlagen von Swift ein. Hier lernen Sie alle wichtigen Sprachdetails kennen. Die Themenpalette reicht vom Umgang mit Variablen und elementaren Datentypen bis hin zur Syntax der objekt- und protokollorientierten Programmierung.

- **Teil II** ist eine Einführung in die Entwicklung von Apps für iOS, macOS und tvOS. Hier erkläre ich Ihnen beispielsweise, wie der Storyboard-Editor funktioniert, wie Sie Ihre Oberfläche mit eigenem Swift-Code verbinden, eigene `ViewController`-Klassen entwickeln, Tastaturereignisse auswerten oder wie Sie Apps mit mehreren Dialogen/Views organisieren.

- **Teil III** fasst wichtige Programmiertechniken in Bausteinform zusammen. In Kurzanleitungen zeige ich Ihnen unter anderem, wie Sie auf Dateien zugreifen, XML-Dokumente auswerten, Webseiten anzeigen, Steuerelemente mit eigener Grafik gestalten, Listen und Tabellen in Apps darstellen, geografische Daten auswerten und Spiele mit SpriteKit programmieren. Sobald Ihre App mit diesen Techniken zufriedenstellend funktioniert, lernen Sie, wie Sie sie tauglich für den App Store machen und dort einreichen. Der Großteil der hier präsentierten Techniken funktioniert plattformübergreifend, also gleichermaßen in iOS-, tvOS- und macOS-Apps.
- **Teil IV** zeigt anhand konkreter Beispielprojekte die Praxis der App-Programmierung. Die Apps decken eine ganze Palette von Themen ab: vom praktischen Währungsumrechner über den Icon-Resizer bis hin zu mehreren Spielen.

Selbstverständlich können Sie alle Beispieldateien und -projekte dieses Buchs herunterladen. Einen Download-Link finden Sie hier:

www.rheinwerk-verlag.de/swift_4115

Um von diesem Buch maximal zu profitieren, benötigen Sie weder Vorkenntnisse in Xcode noch in der App-Entwicklung. Ich setze aber voraus, dass Sie bereits Erfahrungen mit einer beliebigen Programmiersprache gesammelt haben. Ich erkläre Ihnen in diesem Buch also, wie Sie in Swift mit Variablen umgehen, Schleifen programmieren und Klassen entwickeln, aber nicht, was Variablen sind, wozu Schleifen dienen und warum Klassen das Fundament der objektorientierten Programmierung sind. So kann ich Swift kompakt und ohne viel Overhead beschreiben und den Schwerpunkt auf die konkrete Anwendung legen.

Leseanleitung

Fast 1200 Seiten – das kann schon abschrecken! Dazu besteht aber kein Grund. Ich habe mich beim Schreiben dieses Buchs bemüht, den Inhalt auf möglichst eigenständige Kapitel zu verteilen, aus denen Sie sich wie aus einem Baukasten bedienen können.

Wenn Swift für Sie vollständig neu ist, dann ist die Lektüre der ersten Kapitel aus Teil I natürlich unumgänglich. Besonders wichtig ist, dass Sie die Swift-spezifischen Eigenheiten beim Umgang mit elementaren Datentypen und Aufzählungen (Arrays, Dictionaries etc.) kennenlernen und das Konzept von Optionals verstehen. Interessanterweise hat sich herausgestellt, dass Sie für die Entwicklung erster Apps nicht unbedingt alle Feinheiten im Zusammenhang mit Vererbung, Protokollen etc. wissen müssen. Die Basics reichen zumeist.

Teil II richtet sich speziell an Programmierer, die erstmalig Apps für iOS, macOS oder watchOS entwickeln. Wenn Sie bisher Objective-C zur App-Programmierung verwendet haben, werden Sie in Teil II auf viel bekanntes Wissen stoßen.

Bei Teil III habe ich versucht, oft benötigte Programmiertechniken möglichst losgelöst von der Zielplattform zu beschreiben. Beispielsweise erfolgt der Umgang mit Dateien unter iOS ganz ähnlich wie unter macOS. Aus den Kapiteln in Teil III können Sie sich also bedienen, wie Sie es gerade brauchen.

Viele Detailprobleme treten erst dann auf, wenn man den Schritt von kleinen Beispielen hin zu »richtigen« Apps macht. Deswegen stellt Teil IV eine Reihe vollständiger Projekte vor. Auch wenn es unwahrscheinlich ist, dass Sie genau so eine App programmieren möchten wie eines der Beispiele aus Teil IV, so werden Sie in diesen Kapiteln vermutlich doch inhaltlich verwandte Anleitungen und Arbeitstechniken mit einem hohen Praxisbezug finden. Probieren Sie die Apps einfach einmal aus, und blättern Sie dann durch die entsprechenden Kapitel – Sie werden sicher über Details stolpern, die sich später als hilfreich herausstellen werden.

Viel Spaß bei der App-Entwicklung!

Eine neue Programmiersprache zu erlernen ist immer eine Herausforderung. Noch schwieriger ist es, einen Überblick über die schier unüberschaubare Fülle von Bibliotheken zu gewinnen, die Sie zur App-Entwicklung brauchen. Dieses Buch soll Ihnen bei beiden Aspekten helfen und Ihnen ein solides Fundament vermitteln.

Wenn Sie in die App-Programmierung mit Swift einsteigen, haben Sie das Privileg, mit einer der modernsten aktuell verfügbaren Programmiersprachen arbeiten zu können. Sobald Sie die ersten Schritte einmal erfolgreich absolviert haben, wird die Faszination für diese Sprache auch Sie erfassen. Bei Ihrer Reise durch die neue Welt der Swift-Programmierung wünsche ich Ihnen viel Spaß und Erfolg!

Michael Kofler (*https://kofler.info*)

PS: Ausdrücklich bedanken möchte ich mich bei Alfred Schilken, der eine Rohfassung des Manuskript gelesen und mich auf viele Ungenauigkeiten hingewiesen hat.

TEIL I
Swift

Kapitel 1
Hello World!

Traditionell beginnt jedes Buch zu einer Programmiersprache mit dem Programm »Hello World!« – und auch dieser Titel ist keine Ausnahme. »Hello World« gibt eine Zeichenkette auf dem Bildschirm aus. Die eigentliche Aufgabe des Miniprogramms besteht natürlich nicht darin, Text auf dem Bildschirm anzuzeigen; vielmehr sollen Sie mit der Entwicklungsumgebung Xcode und der Syntax von Swift vertraut werden.

In diesem Kapitel zeige ich Ihnen gleich zwei Hello-World-Varianten, die im Playground bzw. als Terminal-App ausgeführt werden:

- **Playground:** Der *Playground* ist eine Testumgebung, um Swift auszuprobieren. In den ersten Kapiteln dieses Buchs, in denen es um die Syntax von Swift geht, ist der Playground ein unverzichtbares Hilfsmittel, um mit Swift vertraut zu werden.
- **Terminal-Anwendung:** Längerfristig besteht Ihr Ziel sicherlich darin, Apps für iOS, macOS oder eine andere Apple-Plattform zu entwickeln. Leider sind selbst einfache Apps mit viel Overhead verbunden: Sie müssen sich mit den vielen Komponenten von Xcode anfreunden, sich mit der Logik eines Model-View-Controllers auseinandersetzen und diverse APIs erlernen. Für erste Experimente bietet es sich deswegen an, Programme zu entwickeln, die keine Benutzeroberfläche aufweisen, sondern in einem Terminal-Fenster unter macOS ausgeführt werden können.

> **Hello World für iOS und Co.**
>
> »Und wo sind die Hello-World-Versionen für iOS, macOS oder tvOS?«, werden Sie nun vielleicht fragen. Keine Sorge, auch die gibt es – aber erst in den Kapiteln des zweiten Teils des Buchs, wo es um die Grundlagen der App-Programmierung geht.

1.1 »Hello World« im Playground

Damit Sie Programme in Swift schreiben können, benötigen Sie drei Dinge:

- einen Apple-Computer, z. B. ein MacBook oder einen iMac
- eine aktuelle Version von macOS
- eine aktuelle Version von Xcode (für dieses Buch zumindest Xcode 8)

Genau genommen stimmen die obigen Voraussetzungen nicht mehr ganz: Apple hat Swift Ende 2015 als Open-Source-Code freigegeben. Seitdem gibt es auch eine Linux-Version von Swift. Auf diese Variante von Swift gehe ich hier aber nicht ein. So erfreulich die Existenz von Swift für Linux aus meiner Sicht als Linux-Anwender und -Autor ist, so wenig ist die aktuelle Implementierung praxistauglich. In diesem Buch geht es also ausschließlich um Swift in Kombination mit Xcode.

Xcode ist *die* grafische Entwicklungsumgebung (*Integrated Development Environment* = IDE) der Apple-Welt. Sie können Xcode kostenlos im App Store herunterladen und installieren. Der Platzbedarf für Xcode auf Ihrem Mac beträgt rund 5 GByte.

Mehr Komfort mit einem großen Monitor

Falls Ihr Mac ein Notebook ist, sollten Sie über die Anschaffung eines großen externen Monitors nachdenken. Dieser macht das Arbeiten in der Entwicklungsumgebung Xcode *viel* komfortabler.

Apple Developer Program

Wollen Sie Ihre Apps später über Apples App Store weitergeben, ist eine Mitgliedschaft im *Apple Developer Program* erforderlich. Diese Mitgliedschaft kostet ca. 100 EUR pro Jahr. Erfreulicherweise gilt diese Mitgliedschaft seit Mitte 2015 für alle Plattformen. (In der Vergangenheit gab es getrennte Developer Programs für iOS und macOS, die getrennt verrechnet wurden.)

Warten Sie mit der Mitgliedschaft beim Developer Program ab, bis Sie sie wirklich benötigen! Im Gegensatz zu früher ist das Developer Program keine zwingende Voraussetzung mehr, um selbst entwickelte Apps auf Ihrem eigenen iPhone oder iPad ausprobieren zu können. Die Mitgliedschaft wird erst notwendig, wenn Sie Ihre Apps im App Store weitergeben oder für macOS signieren möchten bzw. wenn Sie Spezialfunktionen wie iCloud oder In-App-Käufe ausprobieren möchten.

Den Playground starten

Der *Playground* ist ein eigener Dokumenttyp von Xcode. Im Playground können Sie Swift-Anweisungen ausführen, ohne diese in ein richtiges Programm zu verpacken. Der Playground stellt darüber hinaus weitreichende Hilfsmittel zur Code-Eingabe, zur Fehlersuche sowie zur grafischen Darstellung Ihrer Daten zur Verfügung. Der Playground ist ein fantastisches Werkzeug, um Swift kennenzulernen!

Um zum Swift-Spielplatz zu gelangen, starten Sie Xcode und klicken im Startdialog auf GET STARTED WITH A PLAYGROUND. Sie müssen Ihrem Playground nun einen Namen geben und die gewünschte Plattform auswählen – iOS, macOS oder tvOS. Die

Playground-Datei mit Ihrem Code wird in einem Verzeichnis gespeichert, dessen Ort Sie im nächsten Schritt festlegen.

Die Plattform entscheidet, welche Bibliotheken Ihnen innerhalb des Playgrounds zur Verfügung stehen. Solange Sie nur Swift an sich ausprobieren möchten, spielt die Plattform keine Rolle. Die Plattformauswahl ist dann relevant, wenn Sie im Playground Steuerelemente, Bitmaps bzw. andere plattformspezifische Objekte erzeugen möchten. Bei einem der folgenden Beispiele ist dies der Fall – es zeigt eine Bitmap in einem macOS-spezifischen Image-View-Steuerelement an. Wenn Sie das Beispiel nachvollziehen möchten, müssen Sie sich also für einen macOS-Playground entscheiden.

Standardmäßig besteht das Playground-Fenster aus zwei Bereichen, die nebeneinander angeordnet sind: Im linken Bereich geben Sie den Code ein. Im grau hinterlegten rechten Bereich werden Ausgaben, Zuweisungen, die Anzahl von Schleifendurchläufen und andere Informationen angezeigt.

Bemerkenswert am Playground ist, dass Sie Ihren Code nicht explizit ausführen müssen. Die Code-Ausführung beginnt sofort, sobald Ihre Eingaben frei von Fehlern sind. Auch nachträgliche Änderungen in weiter oben befindlichen Code-Zeilen werden berücksichtigt; alle Ausgaben werden sofort entsprechend aktualisiert.

Nach dem Start eines macOS-Playgrounds enthält der Codebereich bereits einen Kommentar, die Anweisung `import Cocoa` sowie die Zuweisung `var str = "Hello, playground"`. Die `import`-Anweisung ermöglicht es, Klassen der Cocoa-Bibliothek zu nutzen. Diese Bibliothek dient zur Programmierung grafischer Benutzeroberflächen. Haben Sie hingegen den Playground für iOS betreten, dann wird statt Cocoa die iOS-spezifische UIKit-Bibliothek importiert.

Hello World!

Sie können nun im Playground eigene Swift-Anweisungen eingeben. Für das klassische Hello-World-Programm ist nur eine einzige Zeile erforderlich:

```
print("Hello World")
```

Das bedeutet, dass die Zeichenkette `"Hello World"` auf dem Bildschirm ausgegeben werden soll. Tatsächlich erscheint die Ausgabe im grau hinterlegten Bereich des Playgrounds (siehe Abbildung 1.1).

Standardmäßig sind Playground-Fenster dreigeteilt: Links oben geben Sie Ihren Code ein. Rechts oben zeigt Xcode alle ausgewerteten Ausdrücke an. Im unteren Fensterdrittel werden schließlich alle `print`-Ausgaben in der Reihenfolge angezeigt, in der sie durchgeführt werden. Diesen Ausgabebereich, der offiziell DEBUG AREA heißt, können Sie durch das Verschieben des grauen Trennbalkens größer oder kleiner machen bzw. ganz ausblenden.

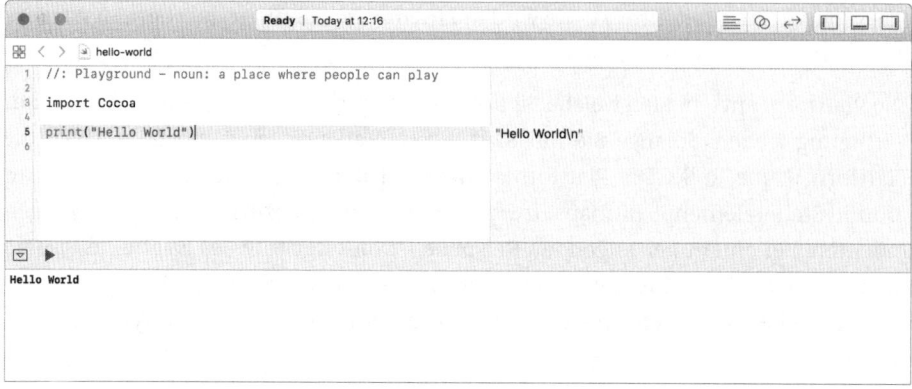

Abbildung 1.1 »Hello World!« im Playground

Die erste Schleife

Um sowohl Swift als auch den Playground besser kennenzulernen, geben Sie als Nächstes eine einfache Schleife ein:

```
for i in 1...10 {
  print(i)
}
```

In dieser Schleife nimmt die Variable i der Reihe nach die Werte 1, 2, 3 bis 10 an. print soll jeden dieser Werte ausgeben. Tatsächlich sind diese Ausgaben aber nur im Ausgabebereich zu sehen, während im grau hinterlegten Bereich des Playgrounds lediglich die Ausgabe *10 times* zu sehen. ist Das bedeutet, dass der Inhalt der Schleife zehnmal durchlaufen wurde.

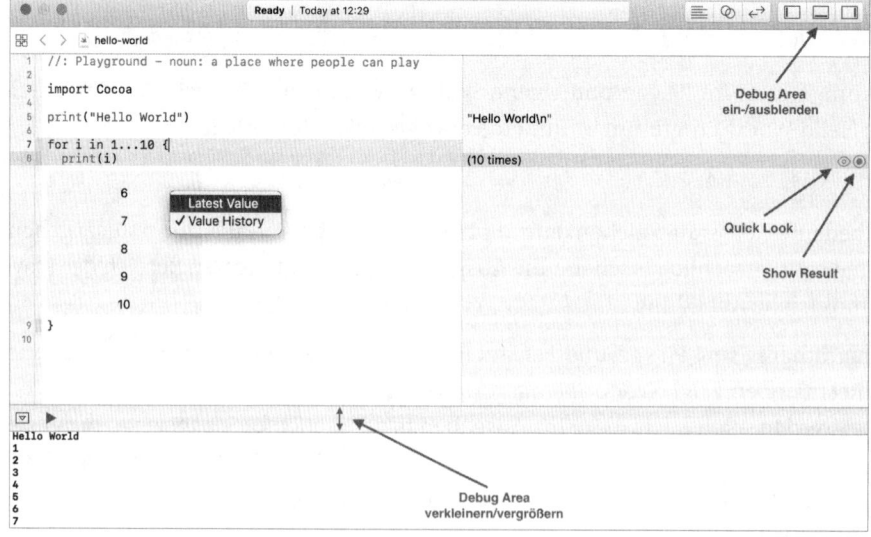

Abbildung 1.2 Playground-Darstellungsoptionen

In Schleifen verzichtet Xcode darauf, alle Ausgaben direkt anzuzeigen. Wenn Sie aber den Mauszeiger über die Ausgabe *10 times* bewegen, erscheinen zwei kleine Icons: Mit dem augenförmigen Icon QUICK LOOK können Sie Objekte näher ansehen, ohne dafür ein eigenes Fenster zu öffnen. Das rechte, runde Icon SHOW RESULT fügt hingegen unterhalb des betreffenden Codes eine Box mit den Programmausgaben ein. Anfänglich wird darin nur die letzte Ausgabe angezeigt, also der Wert 10; erst wenn Sie innerhalb der Ausgabebox den Kontextmenüeintrag VALUE HISTORY anklicken, zeigt Xcode alle Ausgaben in einer Box mit Scroll-Möglichkeit (siehe Abbildung 1.2).

Grafische Darstellung von Daten

Noch deutlich beeindruckender fällt die grafische Darstellung von größeren Datenmengen aus. Um das auszuprobieren, geben Sie die folgende Schleife ein:

```
for x in 1...100 {
  let y = sin(Double(x)/10)
  print("x=\(x), y=\(y)")
}
```

Hier durchläuft die Variable x die Zahlen 1, 2, 3 bis 100. In der Schleife wird y gemäß der mathematischen Formel *sin(x/10)* berechnet. Damit das funktioniert, muss die ganze Zahl x mit `Double` explizit in eine Fließkommazahl umgewandelt werden. Anschließend werden beide Werte ausgegeben. Das Miniprogramm nutzt die in Zeichenketten zulässige Syntax \(ausdruck), um den in den Klammern befindlichen Ausdruck in die Zeichenkette einzubauen.

Klicken Sie nun bei der Ausgabe *100 times* neben der Zuweisung y = ... auf SHOW RESULT, dann werden alle Werte, die y im Verlauf der Schleife angenommen hat, in einer Grafik dargestellt (siehe Abbildung 1.3). Die Sinusfunktion ist darin gut wiederzuerkennen.

Darstellung von Objekten

Das folgende Beispiel zeigt, dass Sie im Playground auch Steuerelemente und andere grafische Objekte darstellen können. Dieses Beispiel setzt voraus, dass Sie in einem Playground für macOS arbeiten.

```
let rect = NSRect(x: 0, y: 0, width: 600, height: 400)
let v    = NSImageView(frame: rect)
let url  = URL(string: "https://kofler.info/uploads/foto.jpg")
let pic  = NSImage(contentsOf: url!)
v.image  = pic
```

1 Hello World!

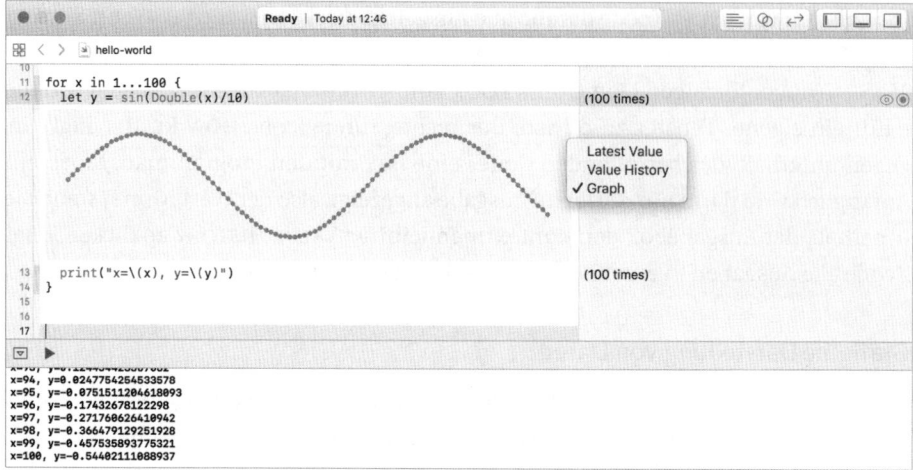

Abbildung 1.3 Grafische Darstellung von Daten

Der Code ist ein wenig komplexer:

- Die Variable rect wird dazu verwendet, um eine NSRect-Struktur zu speichern. Sie repräsentiert ein Rechteck in der Größe von 600 × 400 Pixel.

- In der nächsten Zeile wird ein NSImageView-Steuerelement in der Größe des NSRect-Objekts erzeugt. NSImageView ist eine Klasse der Cocoa-Bibliothek, die in macOS-Apps zur Darstellung von Bildern dient.

- Die Variable url verweist auf ein URL-Objekt mit der Adresse einer Bitmap-Datei im Web.

- In der vierten Anweisung wird diese Bilddatei aus dem Internet heruntergeladen und in einem NSImage-Objekt gespeichert. Das Ausrufezeichen nach dem Variablennamen url ist erforderlich, weil die Variable url ein sogenanntes Optional ist – also eine Variable, die auch den Zustand nil im Sinne von »leer«, »nicht definiert« enthalten kann. Das Ausrufezeichen bewirkt eine zwingende Umwandlung in ein URL-Objekt. (Sollte url tatsächlich nil aufweisen, was in diesem Beispiel nicht zu erwarten ist, tritt an dieser Stelle ein Fehler auf.)

- Im letzten Schritt wird dieses NSImage-Objekt schließlich als Inhalt des NSImageView-Steuerelements verwendet. Das ist die einfachste Möglichkeit, um eine Bitmap in einem macOS-Programm darzustellen.

Wenn Sie nun im Playground neben der Ausgabe der letzten Anweisung das Icon SHOW RESULT anklicken, dann zeigt Xcode das NSImageView-Steuerelement samt der aus dem Internet geladenen Bitmap an (siehe Abbildung 1.4).

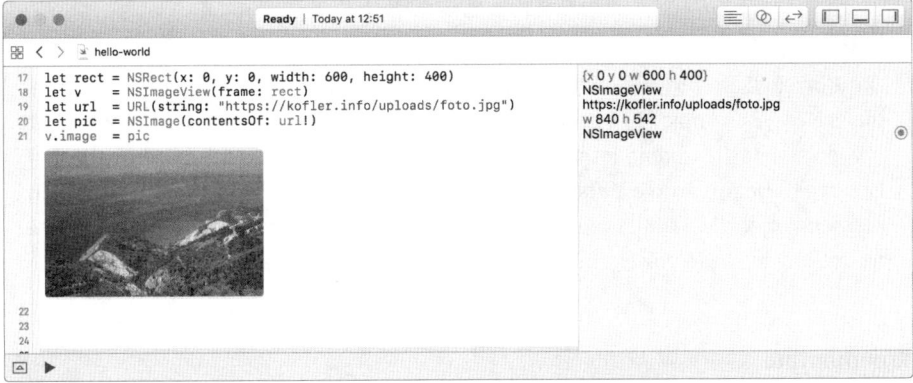

Abbildung 1.4 Darstellung von Steuerelementen im Playground

Abkürzung	Bedeutung
CA	Core Animation
CG	Core Graphics
CL	Core Location
GK	Game Kit
IB	Interface Builder
IDE	Integrated Development Environment
MK	Map Kit
MVC	Model-View-Controller
NIB	NeXT Interface Builder
NS	NextStep
OOP	Objektorientierte Programmierung
REPL	Read Eval Print Loop
SF	Safari
SK	Sprite Kit
UI	User Interface (UIKit-Framework)
WK	Web Kit
XIB	XML Interface Builder

Tabelle 1.1 Abkürzungsverzeichnis

> **Was bedeutet NSxxx?**
>
> Das Kürzel NS steht für NextStep. NextStep war das Betriebssystem des Unternehmens NeXT, das Apple 1996 gekauft hat. macOS basiert auf NextStep und verwendet bis heute viele Klassenbibliotheken, die ursprünglich für NextStep entwickelt wurden. Deswegen beginnen die entsprechenden Klassennamen mit NS. Analog beginnen Klassennamen des UIKits, also des wichtigsten iOS-Frameworks, mit UI. Weitere Abkürzungen, die in diesem Buch häufig vorkommen, fasst Tabelle 1.1 zusammen.

Kommentare

In Swift leiten Sie einzeilige Kommentare mit // ein, mehrzeilige Kommentare beginnen mit /* und enden mit */. Innerhalb des Playgrounds haben Sie darüber hinaus die Möglichkeit, Kommentare mit //: bzw. /*: einzuleiten. Damit wird nachfolgender Text gemäß der Markdown-ähnlichen reStructuredText-Syntax formatiert:

```
*kursiv*, **fett**, `Listing-Schrift`

# Überschrift in Ebene 1
## Überschrift in Ebene 2
### Überschrift in Ebene 3

* Aufzählung Punkt 1
* Punkt 2
```

Das gibt Ihnen die Möglichkeit, formatierte Kommentare zu verfassen und auf diese Weise besonders gut lesbare Playground-Dokumente zu erstellen. Ob die Kommentare als Quelltext oder in formatierter Schrift angezeigt werden, stellen Sie mit EDITOR • SHOW RENDERED MARKUP bzw. SHOW RAW MARKUP ein (siehe Abbildung 1.5).

> **Noch mehr Gestaltungsmöglichkeiten**
>
> Innerhalb von regulären Xcode-Projekten haben Sie in Kommentaren noch mehr Gestaltungsmöglichkeiten, die ich Ihnen in Kapitel 2, »Swift-Crashkurs«, präsentieren werde.

Playgrounds mit mehreren Dateien

Playgrounds können aus mehreren Dateien bzw. »Seiten« bestehen. Zur Verwaltung der Dateien öffnen Sie mit ⌘+1 den Navigator (siehe Abbildung 1.6) und fügen mit FILE • NEW • PLAYGROUND PAGE weitere Dateien hinzu.

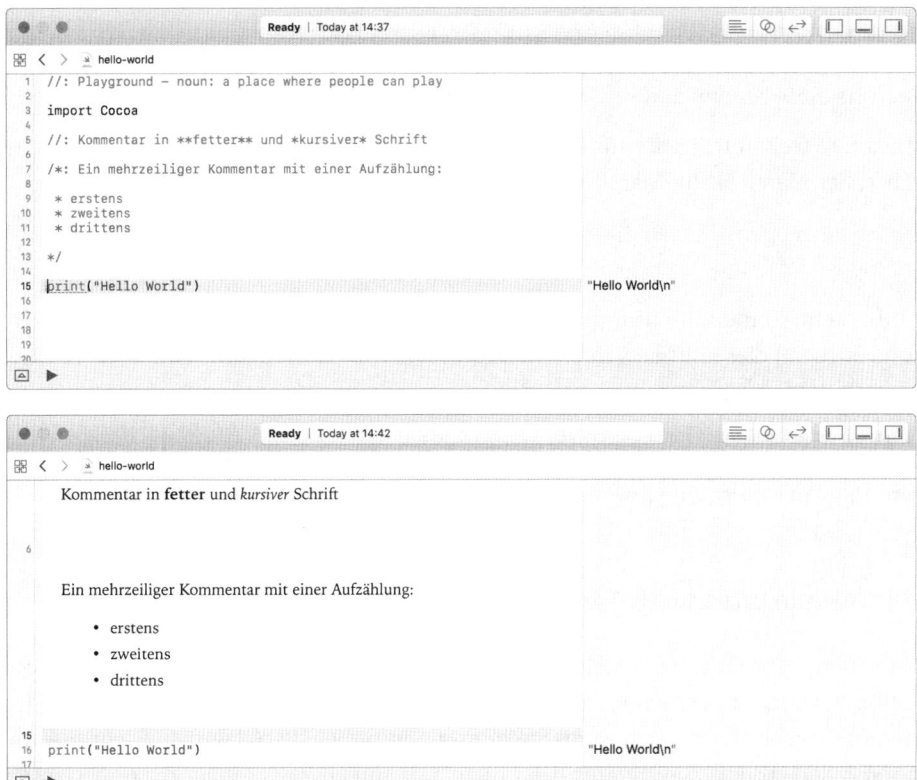

Abbildung 1.5 Oben die Quelltextansicht eines Kommentars, unten die formatierte Ansicht

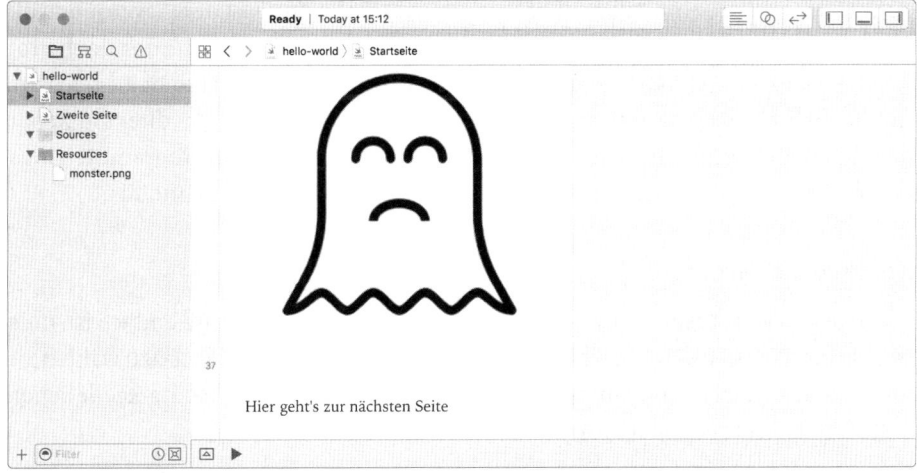

Abbildung 1.6 Mehrseitiger Playground, dessen aktuelle Seite eine Bitmap aus dem Verzeichnis »Resources« anzeigt

Die schon vorhandene erste Seite des Playgrounds erhält dann im Navigator den Namen Untitled Page, die zweite Seite wird Untitled Page 2 genannt. Natürlich können Sie diese Namen ändern. ⌘+0 blendet den Navigator wieder aus.

In einem weiteren Schritt können Sie die Seiten durch Querverweise verbinden. Die Links definieren Sie als Markdown-Kommentare gemäß der folgenden Syntax:

```
//: [Hier geht's zur nächsten Seite](@next)
//: [Zurück zur vorigen Seite](@previous)
```

Außerdem können Sie nun per Drag & Drop Bitmaps zum Playground hinzufügen und auch auf diese Bitmaps durch Markdown-Kommentare verweisen:

```
//: ![Bildbeschreibung](monster.png)
```

Diese Gestaltungsmöglichkeiten sind vor allem dann interessant, wenn Sie Playgrounds im Unterricht verwenden möchten.

1.2 »Hello World« als Terminal-App

Längerfristig wollen Sie natürlich »richtige« Apps programmieren, also Programme mit grafischer Benutzeroberfläche, die unter iOS oder macOS laufen. Leider ist der Overhead recht hoch, auch wenn Sie nur eine minimale Benutzeroberfläche zusammenstellen wollen: Sie müssen sich nicht nur mit diversen Bibliotheken, Klassen und Programmiertechniken auseinandersetzen, sondern sich auch an die komplexe Xcode-Oberfläche gewöhnen.

In den folgenden Kapiteln geht es mir vorerst *nur* darum, Ihnen die Sprache Swift näher vorzustellen. Zum Ausprobieren vieler Sprachelemente ist der Playground vollkommen ausreichend. Wo dies nicht der Fall ist, bietet sich die Realisierung des betreffenden Codes als *Command Line Tool* bzw. *Terminal-App* an. Dabei handelt es sich um minimalistische Programme ohne grafische Benutzeroberfläche, die direkt in Xcode oder in einem Terminal-Fenster ausgeführt werden. Soweit diese Programme Eingaben verarbeiten oder Ausgaben durchführen, erfolgen diese im Textmodus.

Xcode kennenlernen

Auch wenn die Programmierung einer Terminal-App vergleichsweise einfach ist, müssen Sie hierfür erstmalig ein eigenständiges Xcode-Projekt erstellen. Dazu wählen Sie im Xcode-Startdialog den Eintrag CREATE A NEW XCODE PROJECT; sollte Xcode schon laufen, starten Sie ein neues Projekt mit FILE • NEW • PROJECT.

Damit gelangen Sie nun in einen Dialog mit Vorlagen für neue Projekte (siehe Abbildung 1.7). Dort wählen Sie aus der Gruppe MACOS • APPLICATION den Eintrag COMMAND LINE TOOL aus.

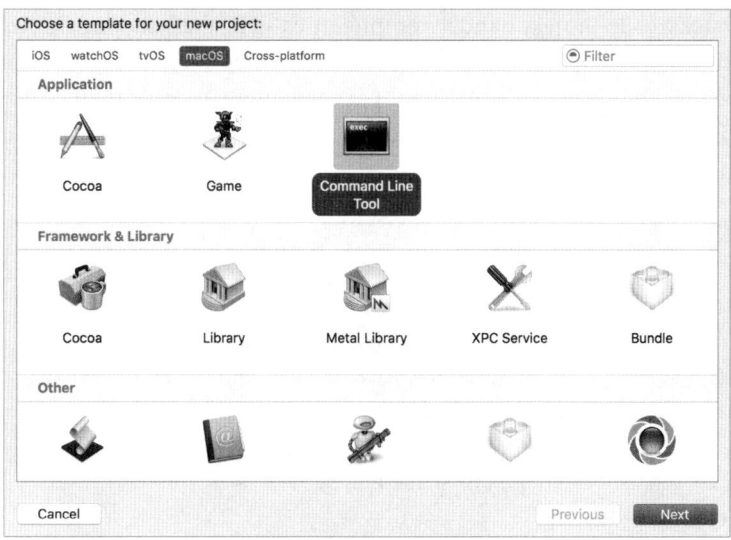

Abbildung 1.7 Dialog zum Start eines neuen Projekts

Im nächsten Schritt müssen Sie Ihrem Projekt einen Namen geben und als Programmiersprache SWIFT auswählen (siehe Abbildung 1.8). PRODUCT NAME ist dabei der Programmname. Als ORGANIZATION IDENTIFIER geben Sie üblicherweise den Domainnamen Ihrer Website in umgekehrter Reihenfolge an – also info.kofler für *https://kofler.info*. Wenn Sie über keine eigene Domain verfügen, verwenden Sie vorerst Ihren Nachnamen oder einfach test. Spätestens bei der Entwicklung von Apps, die Sie später in den App Store hochladen möchten, müssen Sie hier aber echte Daten angeben.

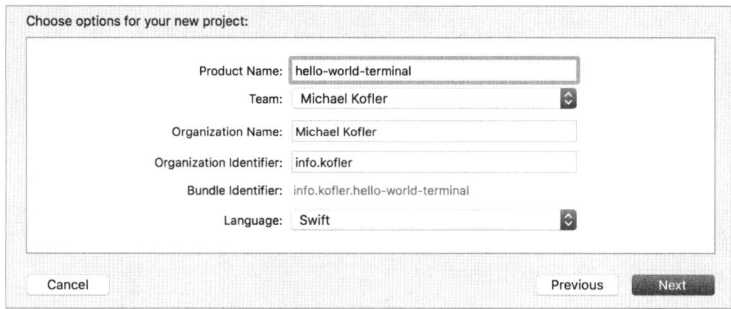

Abbildung 1.8 Eigenschaften des neuen Projekts

Im nächsten Schritt müssen Sie angeben, wo Xcode die Dateien des Projekts speichern soll. Xcode erstellt generell für jedes Projekt ein eigenes Verzeichnis, das mit dem Produktnamen übereinstimmt. Im Verzeichnisauswahldialog geht es darum, das Basisverzeichnis für die Projektverzeichnisse festzulegen. Wenn es sich bei »Hello

World« um Ihr erstes Xcode-Projekt handelt, empfiehlt es sich, jetzt ein Verzeichnis für alle Ihre Xcode-Projekte einzurichten. Später können Sie in diesem Verzeichnis dann beliebig viele weitere Projekte einrichten. Bei manchen IDEs würde man dieses Basisverzeichnis als Workspace-Verzeichnis bezeichnen. Xcode verwendet diesen Begriff aber in einem anderen Zusammenhang.

> **Versionskontrolle mit Git**
>
> Der Verzeichnisauswahldialog enthält unten die Option CREATE A GIT REPOSITORY. Damit können Sie Ihren Code unter eine Revisionskontrolle stellen. Das gibt Ihnen die Möglichkeit, später Änderungen am Code nachzuvollziehen und bei Bedarf wieder rückgängig zu machen. Besonders attraktiv ist Git für Projekte, an denen mehrere Personen arbeiten. Für »Hello World« ist Git aber definitiv überflüssig. Eine Kurzeinführung zu den Git-Funktionen in Xcode finden Sie in Abschnitt 30.3, »Versionsverwaltung mit Git«.

Nach der Verzeichnisauswahl erscheint die eigentliche Xcode-Benutzeroberfläche (siehe Abbildung 1.9). Außer der in den Fenstertitel integrierten Symbolleiste gibt es vier Bereiche, die ich Ihnen in Abschnitt 2.6, »Xcode-Crashkurs«, im Detail vorstelle.

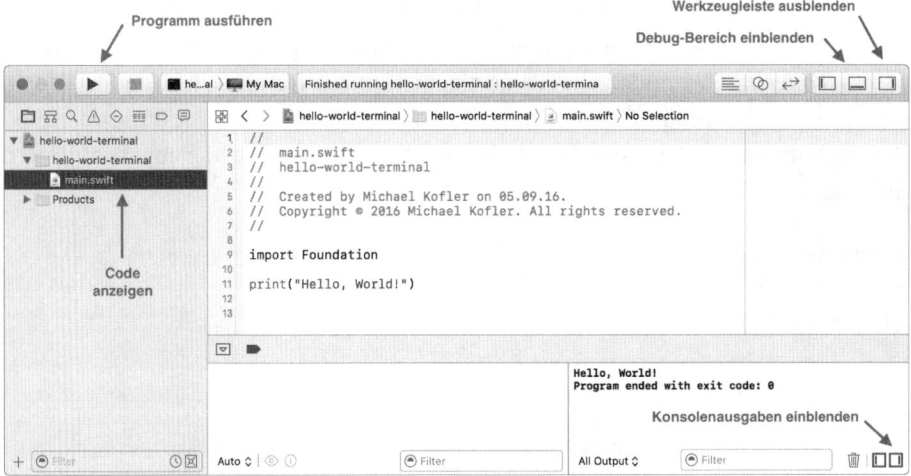

Abbildung 1.9 Der Hello-World-Code in Xcode

So viel vorweg: In der linken Spalte wählen Sie im PROJECT NAVIGATOR die gerade zu bearbeitende Datei Ihres Projekts aus. Dort finden Sie die Datei main.swift mit dem Code des Hello-World-Projekts. Klicken Sie diesen Eintrag an!

Die mittlere Spalte zeigt den Code bzw. den Inhalt der ausgewählten Datei an. Unterhalb des Codes kann optional der Debugging-Bereich mit den Konsolenausgaben eingeblendet werden.

Die rechte Spalte ist in mehrere Bereiche aufgeteilt, die für das Hello-World-Projekt aber allesamt nicht relevant sind. Sie können diese Spalte durch den entsprechenden Button in der Symbolleiste vorerst ausblenden (siehe Abbildung 1.9).

Was die Code-Eingabe betrifft, stellt das Hello-World-Programm eine Enttäuschung dar: Die einzig erforderliche Zeile lautet `print("Hello World!")`, und diese Zeile ist standardmäßig bereits vorhanden. Also können Sie das Miniprogramm sofort mit dem Run-Button bzw. mit ⌘+R ausführen. Das sollte auf Anhieb gelingen, allerdings kann es sein, dass Sie in Xcode die Ausgabe nicht sehen: Xcode blendet zwar den Debug-Bereich bei der Ausführung der ersten `print`-Funktion ein, dieser Bereich besteht aber wieder aus zwei Teilen. Oft ist nur der linke Teil VARIABLES VIEW sichtbar; dann müssen Sie mit dem Icon CONSOLE rechts unten im Debugging-Bereich auch den rechten Ausgabebereich einblenden.

Die Foundation

Xcode fügt in den Code neuer Terminal-Apps automatisch `import Foundation` ein. Damit können Sie in Ihrem Programm auf eine Sammlung elementarer Basisklassen zurückgreifen. Viele Klassennamen beginnen mit `NS`, weil auch die Foundation ein Erbe aus der NextStep-Vergangenheit Apples ist. Foundation-Klassen mit dem klassischen `NS`-Präfix sind unter anderem `NSArray`, `NSError` und `NSString`.

Bei vielen anderen Foundation-Klassen wurde mit Swift 3 das NS-Präfix allerdings eliminiert, z.B. bei `Date`, `Locale` und `URL` (ehemals `NSDate`, `NSLocale` und `NSURL`). Das sieht auf den ersten Blick inkonsequent aus. Warum wurde `NS` nicht gleich für alle Foundation-Klassen eliminiert?

Ein Grund besteht darin, dass man bei einigen Klassen ganz bewusst zwischen der Swift-eigenen Implementierung und der Foundation-Implementierung unterscheiden wollte, z.B. bei `String` und `NSString`. Darüber hinaus haben sich die Swift-Entwickler eine Menge Gedanken darüber gemacht, bei welchen Klassen der ursprüngliche Name erhalten bleiben sollte und bei welchen nicht. Wenn es Sie interessiert, können Sie die Logik hier nachlesen:

*https://github.com/apple/swift-evolution/blob/master/proposals/
0086-drop-foundation-ns.md*

Bei macOS- und iOS-Programmen beginnen Code-Dateien mit `import Cocoa` bzw. `import UIKit`. Damit stehen im Code spezifische Klassen zur Programmierung von macOS- bzw. iOS-Oberflächen zur Verfügung. Das Foundation-Framework wird in diesen Fällen als Abhängigkeit gleich mitimportiert, d.h., Cocoa bzw. UIKit bauen auf der Foundation-Bibliothek auf.

Wo ist die App?

In der Abschnittsüberschrift war ja von einer »Terminal-App« die Rede. Wo ist also diese App? Xcode speichert das neue Programm beim Kompilieren in einem Unterverzeichnis innerhalb von /Users/ihr-login/Library/Developer/Xcode. Am schnellsten gelangen Sie in dieses Verzeichnis, wenn Sie in Xcode im Projekt-Navigator PRODUCTS aufklappen und dann für den Eintrag HELLO-WORLD-TERMINAL das Kontextmenükommando SHOW IN FINDER ausführen.

Sie können das Programm übrigens wirklich im Terminal ausführen. Dazu öffnen Sie ein Terminal-Fenster und wechseln in das von Xcode erzeugte Debug-Verzeichnis. Am schnellsten gelingt das, wenn Sie im Terminal nur cd eingeben und dann das Verzeichnis per Drag & Drop vom Finder in das Terminal verschieben. Anschließend führen Sie das Programm aus, indem Sie dem Programmnamen ./ voranstellen (siehe Abbildung 1.10). Das ist notwendig, weil bei der Programmausführung im Terminal aus Sicherheitsgründen nur Programme aus bestimmten Verzeichnissen berücksichtigt werden. Deswegen müssen Sie das aktuelle Verzeichnis explizit angeben:

```
$ cd /Users/kofler/Library/Developer/Xcode/DerivedData/ \
   hello-world-terminal-dbencghqrkwmcqcslkfgwjlqllbd/Build/
     Products/Debug
$ ./hello-world-terminal
Hello, World!
```

Abbildung 1.10 Programmausführung im Terminal

Momentan geht es nur darum, das Programm für Testzwecke auszuführen. Wollen Sie dagegen eine Terminal-App dauerhaft auf Ihrem Rechner installieren oder auf andere Rechner verteilen, müssen Sie ein Release-Kompilat erstellen. Die entsprechenden Kommandos und Einstellungen finden Sie im PRODUCT-Menü. Sie werden in Abschnitt 10.7, »Lottosimulator«, näher erläutert.

Mehr als nur »Hello World!«

Sollten Sie bisher mit anderen Programmiersprachen gearbeitet haben, dann wird es Sie vielleicht irritieren, dass der Programmcode in main.swift so minimalistisch ausfällt:

- Wo ist die main-Funktion oder -Methode?
- Wie können Sie auf Parameter zugreifen, die beim Aufruf an das Programm übergeben wurden?

Die erste Frage erübrigt sich: In Swift ist es nicht erforderlich, den Start-Code der Terminal-App explizit in eine main-Funktion zu verpacken. Hinter den Kulissen kümmert sich der Compiler darum. Sie können innerhalb von main.swift aber natürlich andere Funktionen definieren, wie das folgende Beispiel beweist:

```swift
import Foundation
func sayHello(name: String)  {
    print("Hello, \(name)!")
}

// den Namen des aktiven Nutzers ermitteln
var username = NSFullUserName()

// Funktion sayHello aufrufen
sayHello(name: username)
```

(Handschriftliche Notiz: für name Namen eingeben!)

Zur Beantwortung der zweiten Frage werten Sie CommandLine.arguments aus. Das erste Element dieses Arrays enthält immer den Programmnamen inklusive des gesamten Pfads. Wenn Parameter übergeben wurden, dann können diese aus den weiteren Array-Elementen gelesen werden. Die Anzahl der Parameter ermitteln Sie bei Bedarf mit args.count - 1. Vielleicht wundern Sie sich, warum die Schleife nicht mit 0 beginnt. Das liegt daran, dass args[0] eine besondere Bedeutung hat: Das erste Element der CommandLine.arguments enthält immer den Programmnamen.

```swift
// Zugriff auf Parameter, die an das Programm übergeben wurden
let args = CommandLine.arguments

print("Es wurden \(args.count-1) " +
      "Parameter übergeben.")

for i in 1..<args.count  {
  print("Parameter \(i): \(args[i])")
}
```

Bleibt noch die Frage zu klären, wie Sie überhaupt Parameter an ein Programm übergeben. Am einfachsten gelingt das, wenn Sie Ihr Programm in einem Terminal ausführen. Alle Daten, die Sie nach dem eigentlichen Programmnamen angeben, werden als Parameter übergeben (wobei Jokerzeichen etc. vorher von der im Terminal laufenden Shell durch Dateinamen oder andere Zeichenketten ersetzt werden):

```
$ cd /Users/kofler/Library/Developer/Xcode/DerivedData/ \
    hello-world-terminal-dbencghqrkwmcqcslkfgwjlqllbd/Build/
    Products/Debug

$ ./hello-world-terminal a b c
  Hello, World!
  Hello, Michael Kofler!
  Es wurden 3 Parameter übergeben.
  Parameter 1: a
  Parameter 2: b
  Parameter 3: c
```

Für die Programmausführung innerhalb von Xcode geben Sie die gewünschten Parameter mit PRODUCT • SCHEME • EDIT SCHEME im Dialogblatt ARGUMENTS an.

> **Build- und Run-Schemata**
>
> Xcode verwendet Schemata, um alle Einstellungen für das Kompilieren und Ausliefern von Programmen in verschiedenen Stadien der Programmentwicklung zu verwalten. Es gibt vier vordefinierte Schemata, unter anderem für das Debugging, also für gewöhnliche Testläufe zur Fehlersuche, und für das Profiling zur Performance-Analyse. Bei Bedarf können Sie im Menü PRODUCT • SCHEME eigene Schemata definieren.
>
> Wenn Sie den Run-Button in der Symbolleiste von Xcode etwas länger anklicken, öffnet sich an dessen Stelle ein Menü zur Auswahl eines Schemas. Ab sofort gilt dieses Schema als Default-Schema für den Button – so lange, bis es wieder geändert wird.
>
> Mehr Details zum Umgang mit Schemata folgen in Abschnitt 29.4, »Mehrsprachige Apps«. Dort zeige ich Ihnen, wie Sie mehrere Schemata erstellen, um eine iOS-App in unterschiedlichen Spracheinstellungen zu testen.

Den Swift-Interpreter und -Compiler direkt aufrufen

In diesem Buch steht die Entwicklung von Programmen innerhalb von Xcode im Vordergrund. Es schadet aber nicht zu wissen, dass Sie Swift auch außerhalb von Xcode auf unterschiedliche Weisen einsetzen können.

Zwar ist Swift kein Interpreter, es gibt aber einen kaum bekannten REPL-Modus (*Read Eval Print Loop*): In diesem Modus werden eingegebene Anweisungen sofort kompiliert und dann ausgeführt. Swift verhält sich also ähnlich wie ein Interpreter. Um den REPL-Modus auszuprobieren, müssen Sie zuerst herausfinden, wo sich das Programm swift befindet. Das gelingt am einfachsten im Terminal mit dem Kommando xcrun:

```
$ xcrun -f swift
/Applications/Xcode.app/Contents/Developer/Toolchains/\
   XcodeDefault.xctoolchain/usr/bin/swift
```

Die Eingabe dieses langen Pfads ist natürlich unhandlich. Also definieren Sie im Terminal zuerst einen Alias (eine Abkürzung). Wenn Sie diese Abkürzung dauerhaft nutzen wollen, bauen Sie das `alias`-Kommando in die Datei .profile ein.

```
$ alias swift=$(xcrun -f swift)
```

Nach dem Start von Swift liefert `:help` einen mehrseitigen Hilfetext. Andere Eingaben, die sich auch über mehrere Zeilen erstrecken dürfen, werden sofort ausgeführt. `ctrl`+`D` beendet den Interpreter.

```
$ swift
Welcome to Apple Swift version 3.0 (swiftlang-800.0.43.6
   clang-800.0.38). Type :help for assistance.

  1> :help
The REPL (Read-Eval-Print-Loop) acts like an interpreter.
Valid statements, expressions, and declarations are immediately
compiled and executed ...

  1> 2+3
$R0: Int = 5

  2> print("Hello World!")
Hello World!

  3> for i in 1...3 { print(i) }
1
2
3

  4> for i in 1...3 {
  5.     print(i)
  6. }
1
2
3
<ctrl>+<D>
```

Wenn Swift also in der Lage ist, Kommandos ad hoc zu kompilieren und auszuführen, dann muss auch die Möglichkeit bestehen, ein Swift-Script ähnlich wie ein bash- oder Python-Script zu schreiben. Dazu schreiben Sie den gewünschten Code einfach in eine Textdatei, wobei die erste Zeile exakt wie folgt aussehen muss:

```
#!/usr/bin/env xcrun swift
```

Ein vollständiges Script könnte so aussehen:

```
#!/usr/bin/env xcrun swift
import Foundation
var username = NSFullUserName()
print("Hello \(username)!")
```

Bevor Sie die Datei zum ersten Mal ausführen können, müssen Sie im Terminal das Execute-Bit setzen:

```
$ chmod a+x mein-script.swift
$ ./mein-script.swift
Hello Michael Kofler!
```

> **Swift als bash- oder Python-Alternative?**
>
> Natürlich ist es faszinierend, dass Sie Swift-Programme ähnlich wie Shell-Scripts verfassen können, der praktische Nutzen ist aber gering: Einerseits laufen derartige Scripts nur, wenn auf dem Rechner Xcode installiert ist. Diese Voraussetzung ist nur auf Entwicklerrechnern gegeben. Andererseits ist der Overhead für das Kompilieren sehr hoch und lohnt sich nur bei relativ komplexen Aufgaben. Einfache Scripts werden von bash oder Python *viel* schneller ausgeführt!

Im Terminal ist nicht nur der Swift-Interpreter zugänglich, Sie können dort auch Swift-Programme kompilieren. Dazu ermitteln Sie zuerst den Speicherort des Swift-Compilers `swiftc` und des *Software Development Kits* (SDK) für macOS. Das Kompilat erhält den gleichen Namen wie die Code-Datei, aber ohne die Endung `.swift`. Es kann unmittelbar ausgeführt werden.

```
$ alias swiftc=$(xcrun -f swiftc)
$ platf=$(xcrun --sdk macosx --show-sdk-path)
$ swiftc -sdk $platf mein-code.swift
$ ./mein-code
```

1.3   »Hello World!« auf dem iPad

Apple bietet im App Store die kostenlose App *Swift Playgrounds* für iPads an. Die App soll vor allem Jugendlichen dabei helfen, die Grundkonzepte von Swift spielerisch zu erlernen. Die Animationen sprechen vermutlich eher acht- bis zehnjährige Kinder an, aber lassen Sie sich davon nicht abhalten: Die App hat wesentlich mehr Substanz, als die grafische Gestaltung vermuten lässt, und ist durchaus auch für erwachsene Einsteiger in die Swift-Programmierung interessant. In zahlreichen, allmählich anspruchsvolleren Übungen lernen Sie durchaus systematisch Methoden, Schleifen, `if`-Abfragen etc. kennen.

1.3 »Hello World!« auf dem iPad

Der eigentliche Swift-Kurs wird durch Übungsaufgaben ergänzt. Dort können Sie z. B. das Spiel *Live* ausprobieren und dann einzelne Aspekte des Codes verändern oder einen einfachen Algorithmus für das bekannte Spiel »Schiffe versenken« entwickeln. Sämtliche Übungen sind grafisch bzw. akustisch wunderschön aufbereitet. Apple hat in diese App viel Energie und Liebe investiert. (Die Ambitionen, Swift zu einer für den Unterricht geeigneten Sprache zu machen, sind unübersehbar.)

Apple hat für die App sogar eine eigene Tastatur entwickelt. Neben Swift-typischen bzw. für die jeweilige Aufgabe relevanten Eingabevorschlägen weist die Tastatur eine Besonderheit auf: Bei jeder Taste wird außer dem Buchstaben in grauer Schrift eine Ziffer oder ein Symbol angezeigt. Um dieses einzugeben, tippen Sie die Bildschirmtaste an und ziehen den Finger ein wenig nach unten. Das geht wesentlich schneller als das ständige Wechseln zwischen verschiedenen Tastaturebenen. Denken Sie daran, dass Sie – wie generell auf dem iPad – den Cursor durch das parallele Verschieben von zwei Fingern bewegen können.

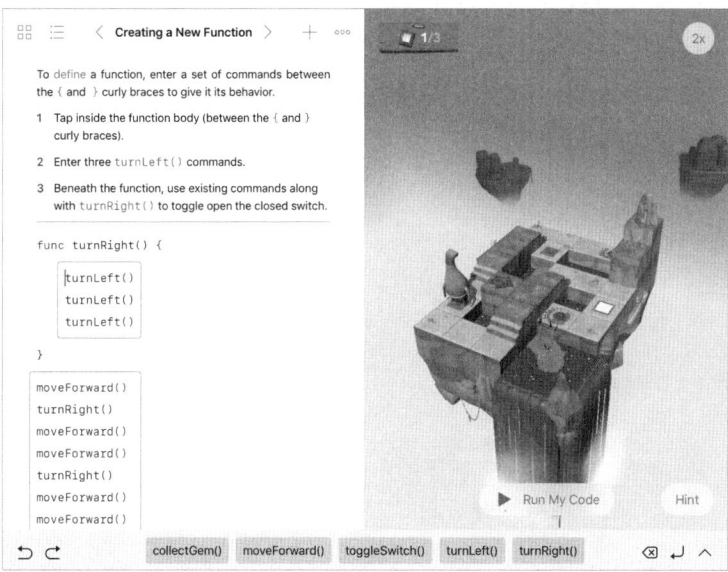

Abbildung 1.11 Durch die Definition einer eigenen Funktion und den Aufruf diverser Methoden soll die Spielfigur »Byte« zum Ziel gesteuert werden.

Einschränkungen

Machen Sie sich keine Hoffnungen, dass Sie mit den Swift-Playgrounds »richtige« Programme entwickeln können! Die Playgrounds-App für das iPad ist in ihrer Funktionalität wirklich bemerkenswert. Dennoch bietet sie – ganz im Sinne des App-Namens – eine Spielwiese zum Lernen und Experimentieren, aber keinen Ort, um wirklich produktiv zu entwickeln.

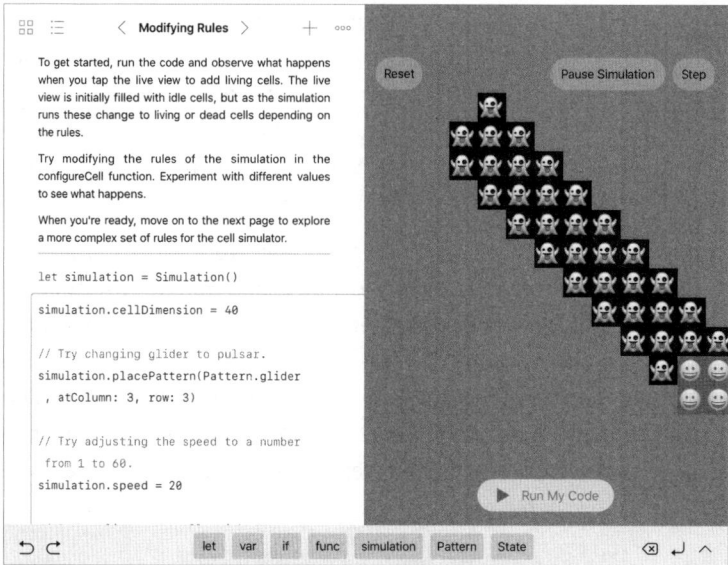

Abbildung 1.12 Beim Spiel »Live« können Parameter bzw. die Regeln der Simulation verändert werden.

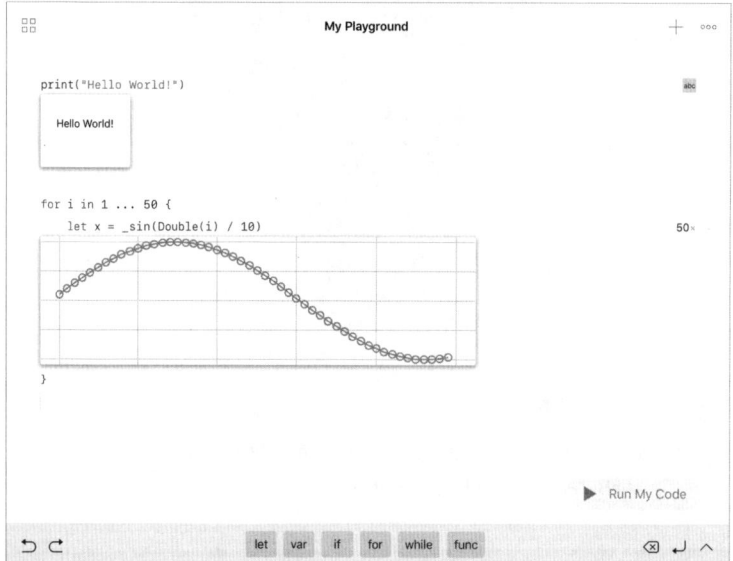

Abbildung 1.13 Losgelöst von den vorgegebenen Tutorials und Übungen können Sie auch leere Playgrounds wie in Xcode erstellen und darin frei programmieren.

Kapitel 2
Swift-Crashkurs

Um ein ordentliches Fundament für die weiteren Kapitel zu legen, in denen es bezüglich Swift-Syntax richtig zur Sache geht, präsentiert dieses Kapitel einen Swift-Crashkurs. Er stellt ausgewählte Sprachelemente von Swift anhand von Beispielen kurz vor.

Die folgenden Absätze fassen ganz knapp die wichtigsten Syntaxregeln und Eigenheiten der Sprache Swift zusammen. Sollten Sie etwas nicht auf Anhieb verstehen: Keine Angst, alle Begriffe werden in den weiteren Kapiteln im Detail erläutert!

> **Wozu ein Crashkurs?**
>
> Das Ziel dieses Crashkurses ist es, Ihnen einen ersten Überblick über Swift zu verschaffen. In den weiteren Kapiteln werde ich Ihnen systematisch verschiedene Aspekte von Swift näherbringen. Dabei habe ich es aber mit einem Henne-Ei-Problem zu tun: Ganz egal, wo ich beginne, es lässt sich nie vermeiden, dass ich auf andere Kapitel verweise. Deswegen ist es gut, wenn Sie schon vor der detaillierten Beschreibung der Sprachdetails von Swift ein ungefähres Gesamtbild vor Ihrem inneren Auge sehen.

Damit Sie sich bei Ihren ersten Programmierversuchen nicht in der komplexen Entwicklungsumgebung Xcode verlieren, rundet eine Xcode-Einführung das Kapitel ab.

2.1 Elementare Syntaxregeln und Kommentare

Normalerweise werden Anweisungen zeilenweise formuliert. Anders als bei Objective-C ist es nicht erforderlich, Anweisungen mit einem Strichpunkt abzuschließen. Ein Strichpunkt am Ende einer Anweisung ist aber syntaktisch erlaubt und stellt keinen Fehler dar.

Soweit es für den Compiler klar erkennbar ist, dürfen Anweisungen auch über mehrere Zeilen reichen. Das gilt z. B. bei offenen Klammern oder beim Einsatz von Operatoren:

```
print("abc" +
  "efg")
```

```
let a = 3
  + 5
```

Wenn lange Zeilen bei einem Punkt getrennt werden, also beim Aufruf von Methoden oder beim Zugriff auf Eigenschaften, dann muss der Punkt in der zweiten Zeile angegeben werden:

```
// OK
let temp = NSString(string: NSTemporaryDirectory())
  .stringByAppendingPathComponent("mein-temp-verzeichnis")

// Fehler 'expecting member name following .'
let temp = NSString(string: NSTemporaryDirectory()).
  stringByAppendingPathComponent("mein-temp-verzeichnis")
```

Mehrere Anweisungen in einer Zeile sind erlaubt, sofern sie durch Strichpunkte getrennt sind:

```
var x1 = 3; let x2 = 5; var x3 = x1 + x2
```

Code-Blöcke, also zusammengehörende Anweisungen in Schleifen, Verzweigungen oder Funktionen, werden mit geschwungenen Klammern gebildet. Code-Einrückungen sind optional und spielen anders als z. B. in Python für den Compiler keine Rolle.

```
if x==3 {
  ... mach etwas
}
```

Je nach Kontext kann ein Code-Block in geschwungenen Klammern aber auch eine Closure sein, also eine anonyme Funktion. Im folgenden Beispiel wird die Funktion $0+3 mit map auf alle Elemente eines Arrays angewendet. $0 ist dabei der Parameter der anonymen Funktion. Das Ergebnis ist ein neues Array.

```
let data = [1, 2, 3, 4]   // Array
let newdata = data.map() { $0+3 }
print(newdata)   // [4, 5, 6, 7]
```

Kommentare

Es gibt zwei Möglichkeiten, um Kommentare in den Quellcode zu integrieren: Einzeilige Kommentare werden mit // eingeleitet und reichen bis zum Ende der Zeile. Mehrzeilige Kommentare beginnen mit /* und enden mit */. Sie dürfen in mehreren Ebenen verschachtelt werden.

```
// einzeiliger Kommentar
/* mehrzeiliger
   /* verschachtelter */
   Kommentar */
```

Markdown-Kommentare

Markdown-Kommentare in Code-Dateien werden mit /// bzw. /** eingeleitet:

```
// in Code-Dateien eines Xcode-Projekts gilt:
/// einzeiliger Markdown-Kommentar
/** mehrzeiliger
    Markdown-Kommentar */

// davon abweichend gilt für Playground-Code:
//: einzeiliger Markdown-Kommentar
/*: mehrzeiliger
    Markdown-Kommentar */
```

> **//: versus ///**
>
> Markdown-Kommentare in gewöhnlichen Code-Dateien werden mit /// bzw. mit /** eingeleitet. In Playground-Dateien müssen Sie hingegen //: bzw. /*: verwenden. Ich habe keine Begründung für dieses vollkommen inkonsequente Verhalten gefunden.

Innerhalb von Markdown-Kommentaren können die wichtigsten Formatierungsmöglichkeiten der Markdown-Variante *reStructuredText* verwendet werden:

- **Textauszeichnung:** *kursiver Text*, **fetter Text**, `Listingschrift`
- **Zitierter Text (Block Quote):**

  ```
  > Text. Noch
  > mehr Text.
  ```

- **Code-Block:** Die Code-Zeilen müssen jeweils um vier Zeichen eingerückt werden.
- **Links:** [Link](http://site.com/bla/bla)
- **Bilder:** ![alternativer Text](http://site.com/image.png "<Titel>")
- **Aufzählungen ohne Nummerierung:**

  ```
  * erstens
  * zweitens
  * drittens
  ```

- **Aufzählungen mit Nummerierung:**

  ```
  1. rot
  2. grün
  3. blau
  ```

- **Überschriften:**

  ```
  # Überschrift 1. Ebene
  ## Überschrift 2. Ebene
  ### Überschrift 3. Ebene
  ```

▶ **Schlüsselwörter:** Innerhalb des Markdown-Codes können Sie mit speziellen Schlüsselwörtern, denen ein Doppelpunkt folgen muss, Hinweise und Kontextinformationen angeben (siehe Tabelle 2.1).

Schlüsselwort	Bedeutung
author:	gibt den Namen des Autors an
authors:	analog für mehrere Autoren
bug:	beschreibt einen bekannten Fehler
copyright:	gibt die Urheberrechte an
important:	weist auf ein wichtiges Detail hin
parameter name:	dokumentiert den Parameter »name«
returns:	erläutert den Rückgabewert einer Funktion/Methode
throws:	gibt an, welche Fehler ausgelöst werden können
version:	gibt die Versionsnummer an

Tabelle 2.1 Swift-spezifische Markdown-Schlüsselwörter

Markdown-Kommentare zu Typen, Eigenschaften und Methoden werden automatisch bei der Anzeige von kontextspezifischen Hilfetexten berücksichtigt (siehe Abbildung 2.1).

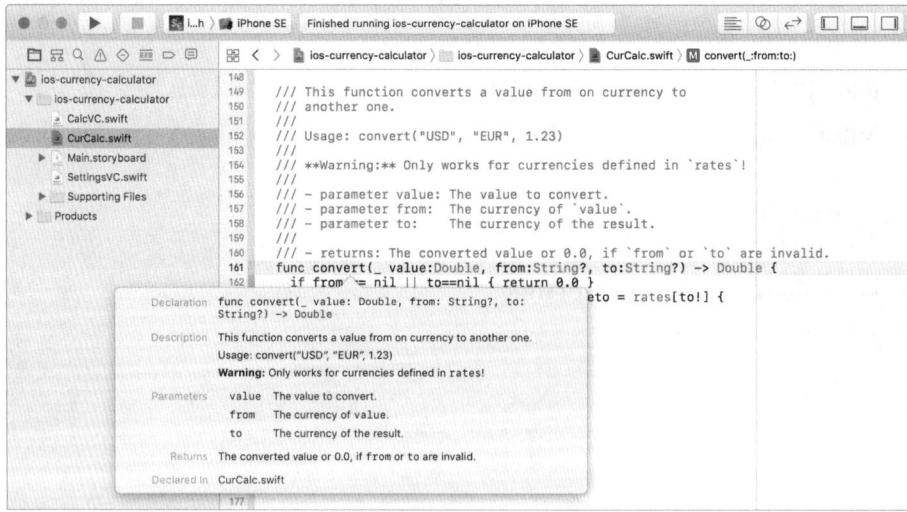

Abbildung 2.1 Formatierter Kommentar

Weitere Markdown-Syntaxdetails sind auf dieser Seite dokumentiert:

*https://developer.apple.com/library/ios/documentation/Xcode/Reference/
xcode_markup_formatting_ref/index.html*

> **Dokumentationsschablone automatisch erstellen**
>
> Wenn Sie eine Funktion oder Methode per Markdown kommentieren möchten, müssen Sie die vorhin erläuterten Schlüsselwörter nicht alle auswendig wissen. Stattdessen lassen Sie sich von Xcode helfen. Dazu bewegen Sie den Cursor in die Funktion oder Methode und führen EDITOR • STRUCTURE • ADD DOCUMENTATION aus.

MARK-Kommentar

Eine Spielart der Markdown-Kommentare ist:

```
// MARK: beschreibung
```

Dieser Kommentar gruppiert Klassen mit vielen Eigenschaften und Methoden in mehrere Abschnitte, die in der ausklappbaren Funktionsliste von Xcode mit der jeweiligen Beschreibung dargestellt werden. `// MARK:` hilft also dabei, lange Methodenlisten übersichtlicher zu gestalten. Einen entsprechenden Screenshot finden Sie in Abschnitt 19.8, »Drag & Drop« (siehe Abbildung 19.19).

Befremdlich an `// MARK:` ist der Umstand, dass es sich dabei *nicht* um einen Markdown-Kommentar handelt, sondern dass der Kommentar mit nur zwei /-Zeichen eingeleitet werden muss.

2.2 Variablen, Konstanten und Datentypen

Variablen müssen bei der ersten Zuweisung mit `var` deklariert werden, Konstanten mit `let`:

```
var x=3     // Variable
x=5
let max=5   // Konstante
max=7       // Fehler, max kann nicht mehr verändert werden
```

Konstanten sind in Swift allgegenwärtig. Xcode weist bei jeder Variablen, die im weiteren Code nicht verändert wird, darauf hin und rät dazu, aus der Variablen eine Konstante zu machen, also `var` durch `let` zu ersetzen.

Auch wenn es nicht ganz exakt ist, werden Variablen und Konstanten oft gemeinsam als Variablen bezeichnet – die eine Gruppe als gewöhnliche, veränderliche Variablen, die andere Gruppe als unveränderliche Variablen (zugegebenermaßen ein Widerspruch in sich).

Zahlen und Zeichenketten

Swift wählt bei der Initialisierung automatisch einen geeigneten Datentyp für Variablen. Der Datentyp darf sich später nicht mehr ändern:

```
var x=3
x=2.5       // Fehler, x ist eine Integer-Variable!
```

Umgekehrt akzeptiert Swift aber durchaus `var y=2.5; y=3`. In diesem Fall ist y von Anfang an eine Double-Variable.

Generell vermeidet Swift automatische Typumwandlungen. So liefert sqrt im folgenden Beispiel einen Fehler, weil die sqrt-Funktion nur für Fließkommazahlen definiert ist. Abhilfe schafft eine explizite Typumwandlung durch `Double(i)`:

```
let i=2                    // Integer-Variable
let sq=sqrt(i)             // Fehler, sqrt erwartet einen
                           // Double-Parameter
let sq=sqrt(Double(i))     // OK
```

Der folgende Code scheitert, weil x1 eine Integer-, x2 aber eine Fließkommavariable ist:

```
var x1 = 3                 // Int
var x2 = 0.2               // Double
var x3 = x1 + x2           // Fehler, + kann Int und Double
                           // nicht addieren
var x3 = Double(x1) + x2   // OK
```

Dagegen wird die folgende Anweisung anstandslos ausgeführt, offensichtlich, weil hier der Compiler selbst 3,0 + 0,2 ausrechnet und die Anweisung im Sinne von x4 = 3.2 interpretiert:

```
var x4 = 3 + 0.2   // funktioniert, weil der Compiler
                   // vorweg addiert
```

Zeichenketten werden mit doppelten Apostrophen gebildet, also "bla". Sie dürfen nicht über mehrere Zeilen reichen. Sie können aber mehrere Zeichenketten mit + verbinden und den Code so über mehrere Zeilen verteilen:

```
var s = "Eine lange " +
        "Zeichenkette"
```

Innerhalb von Zeichenketten können Sie mit \(ausdruck) beliebige Ausdrücke einbauen. Swift wertet den Ausdruck aus und baut das Ergebnis in die Zeichenkette ein.

```
var result=3*7
print("result=\(result)")         // Ausgabe: result=21
print("Die Wurzel von zwei ist \(sqrt(2))")
```

Datentypen und Optionals

Die bisherigen Beispiele haben gezeigt, dass Swift den richtigen Datentyp in der Regel selbst erkennt. Einmal festgelegt, kann der Datentyp einer Variablen nicht mehr geändert werden. Swift ist also typsicher. Bei Bedarf können Sie den gewünschten Datentyp von Variablen aber auch explizit festlegen:

```
var d: Double = 3        // d ist eine Double-Variable
```

Eine Besonderheit von Swift sind *Optionals*: Das sind Variablen, die einen Wert oder den Zustand nil im Sinne von *nicht vorhanden* speichern können. Dem Datentyp folgt in diesem Fall ein Frage- oder Ausrufezeichen. Fragezeichen kennzeichnen »gewöhnliche« Optionals, Ausrufezeichen »Implicitly Unwrapped Optionals«. Die Unterschiede zwischen diesen beiden Optional-Typen erläutere ich in Abschnitt 4.2, »Optionals«. Die folgenden Beispiele verwenden durchwegs gewöhnliche Optionals:

```
var opt: Int? = 3
opt = nil
```

Ein Beispiel für die Anwendung von Optionals ist die Init-Funktion Int. Sie versucht, eine Zeichenkette in eine ganze Zahl umzuwandeln. Gelingt dies, liefert die Methode eine Integer-Zahl, andernfalls nil. Der Datentyp ist in jedem Fall Int?:

```
var nmb = Int("123")     // 123
nmb = Int("abc")         // nil
if nmb != nil {
   print(nmb!)           // nmb! macht aus Int? --> Int
}
```

Bei der print-Ausgabe im Playground werden Optional-Ausgaben in der Form Optional(xxx) dargestellt. Diese Schreibweise ist ein Hinweis darauf, dass nmb im obigen Beispiel eben nicht eine Int-Variable ist, sondern eine Variable mit dem Datentyp Int?. Das hat zur Folge, dass Sie nmb nicht ohne Weiteres in einer Berechnung oder Zuweisung verwenden können – unabhängig davon, ob nmb nun gerade eine Zahl oder nil enthält.

```
print(nmb + 3)           // nicht möglich
var i: Int = nmb         // nicht möglich
```

Die beiden obigen Anweisungen scheitern daran, dass eine Addition zwischen einem Int?-Wert und einem Int-Wert nicht definiert ist und dass auch eine Zuweisung eines Int?-Ausdrucks an eine Int-Variable nicht erlaubt ist; es kann ja sein, dass nmb keine Zahl, sondern nil enthält. Dieses Problem umgehen Sie, wenn Sie nmb explizit »auspacken« – und zwar mit dem nachgestellten Unwrapping-Operator !:

```
if nmb != nil {
  print(nmb! + 3)        // ok
    let i:Int = nmb!     // ok
}
```

Noch eleganter lassen sich Zuweisungen von Optionals mit `if let` durchführen. Der if-Block wird nur ausgeführt, wenn der optionale Ausdruck nicht `nil` war.

```
if let j = nmb {         // j hat den Datentyp Int
  print(j + 4)           // ok
}
```

Tupel, Arrays und Dictionaries

Tupel sind geordnete Aufzählungen von Daten, wobei die Elementanzahl unveränderlich ist. Ihr Einsatz bietet sich z. B. an, wenn eine Funktion *mehrere* Werte als Ergebnis zurückgeben soll. Die Tupel-Elemente werden einfach in runde Klammern gestellt, wobei die Elemente unterschiedliche Datentypen aufweisen können:

```
var tupel = (1, 2, 3, "abc", true)
```

Es ist nicht möglich, Schleifen über Tupel zu bilden. Dafür können die Elemente eines Tupels unkompliziert mehreren Variablen zugewiesen werden:

```
var coord3D = (3.3, 2.4, 0.7)
var (x,y,z) = coord3D
```

Alternativ können Sie die Elemente eines Tupels auch in der Form `.n` ansprechen, also `tupel.0` für das erste Element, `tupel.1` für das zweite etc.:

```
print(coord3D.2)     // Ausgabe 0.7
```

Arrays helfen wie in vielen anderen Programmiersprachen dabei, geordnete Datenmengen zu verwalten:

```
var daten = [7, 12, 9]
print(daten[1])          // 12, also das zweite Element
let cnt = daten.count    // 3

for i in daten {
  print(i)
}
```

Viel Flexibilität zeigt Swift bei der nachträglichen Veränderung der Array-Größe:

```
var data = [2.4, 3.5]
data.append(3.4)
data+=[2.7, 3.9]
```

```
data.remove(at: 2)
print(data)   // Ausgabe: [2.4, 3.5, 2.7, 3.9]
```

Überraschend umständlich ist aber die Erzeugung eines 8×8-Integer-Arrays:

```
// zweidimensionales Integer-Array erzeugen und mit
// 0 initialisieren
var chessboard =
   Array(repeating:
      Array(repeating: 0, count:8), count:8)
```

Wenn Sie nicht einen numerischen Index für den Zugriff auf die Elemente Ihrer Aufzählung verwenden möchten, bieten sich Dictionaries an. Deren Elemente sind Schlüssel-Wert-Paare:

```
var colorcodes = ["red":   0xff0000,
                  "green": 0x00ff00,
                  "blue":  0x0000ff]
colorcodes["white"] = 0xffffff      // Element hinzufügen

for (cname, cval) in colorcodes {   // Schleife über alle Elemente
    var hex = NSString(format:"%06X", cval)
    print("Farbcode \(hex) = Farbe \(cname)")
}
// Ausgabe:
// Farbcode 00FF00 = Farbe green
// Farbcode FF0000 = Farbe red
// Farbcode 0000FF = Farbe blue
// Farbcode FFFFFF = Farbe white
```

> **let versus var**
>
> let kennzeichnet in Swift Konstanten, var Variablen. Das gilt auch für Arrays, Dictionaries, Sets etc.: Ein mit let deklariertes Array kann später nicht mehr verändert werden.

2.3 Strukturierung des Codes

Alle Programmiersprachen stellen Konstrukte zur Verfügung, um die Code-Ausführung zu steuern und den Code in übersichtliche Teile zu strukturieren. Dieser Abschnitt zeigt, wie Sie Schleifen, Verzweigungen und Funktionen in Swift bilden.

Schleifen

Das folgende Listing zeigt drei Varianten für eine Schleife, die jeweils die Werte 1 bis 3 durchläuft. Die geschwungenen Klammern sind zwingend erforderlich, auch dann, wenn der Schleifenkörper nur aus einer Anweisung besteht. Der Range-Operator n1...n2 drückt einen Zahlenbereich aus, jeweils inklusive des Start- und Endwerts. Alternativ können Sie auch n1..<n2 verwenden: Dieser Zahlenbereich reicht von n1 bis n2-1, der Endwert ist also exklusiv.

```
// for-in-Schleife (for-each)
for i in 1...3 {
  print(i)
}

// while-Schleife
var cnt=1
while cnt<4 {
  print(cnt)
  cnt += 1
}

// repeat-while-Schleife
cnt=1
repeat {
  print(cnt)
  cnt += 1
} while cnt<4
```

Keine klassische for-Schleife mehr!

In Swift 3 wurde die klassische for-Schleife abgeschafft – ein Feature also, das es in nahezu jeder anderen Programmiersprache gibt. Diese Entscheidung wurde damit begründet, dass derartige for-Schleifen unschönen, schwer lesbaren, *un-swifty* Code liefern würden. Persönlich finde ich diese Argumentation absurd, aber das hilft natürlich auch nichts.

Wie auch immer: Es gibt diverse Wege, um jede erdenkliche Aufgabenstellung für eine Schleife in Swift zu realisieren. Diverse Lösungsvorschläge finden Sie in Kapitel 5, »Verzweigungen und Schleifen«.

Verzweigungen

Verzweigungen werden mit `if` oder `switch` gebildet. Die Syntax hat große Ähnlichkeiten zu C und Java.

```
var x = Int(arc4random())   // Zufallszahl
if x<0 {
   print("x ist negativ")
} else if x==0 {
   print("x ist 0")
} else {
   print("x ist positiv")
}
```

Eine oft genutzte Eigenheit von Swift besteht darin, Optional-Zuweisungen mit Abfragen zu verbinden. Im folgenden Beispiel enthält eingabe eine Zeichenkette. Int versucht, die Zeichenkette in eine ganze Zahl umzuwandeln. Der Code nach if-let wird nur ausgeführt, wenn das gelingt, Int(eingabe) also nicht nil ergibt. In diesem Fall enthält n mit dem Datentyp Int die Zahl.

```
let eingabe = "123"
if let n = Int(eingabe) {
  print("Zweimal n = \(2*n)")
}
```

Bei der `switch`-Konstruktion ist ein `default`-Block zwingend erforderlich und muss nach allen anderen `case`-Blöcken formuliert werden. Die einzige Ausnahme ist eine `switch`-Auswertung von Enumerationen, bei denen der Compiler erkennen kann, dass alle möglichen Werte berücksichtigt wurden.

```
switch x {
case 1:
    print("x ist 1")
case 2, 3:
    print("x ist 2 oder 3")
default:
    print("x ist kleiner 1 oder größer 3")
}
```

Funktionen

Mit `func` definieren Sie Funktionen. Dabei müssen Sie für alle Parameter deren Datentypen angeben. Sofern die Funktion ein Ergebnis zurückgibt, müssen Sie auch dessen Typ in der Form -> typ spezifizieren.

```
// Durchschnittswert eines Arrays für Fließkommazahlen ermitteln
func avg(data: [Double]) -> Double {
    var sum = 0.0
    for itm in data {
        sum += itm
    }
    return sum / Double(data.count)
}
let x = [7.3, 2.5, 0.0]
print("Durchschnittswert: \(avg(data: x))")
```

In Playgrounds bzw. in Terminal-Apps müssen Funktionen *vor* ihrer Verwendung definiert werden, können also nicht am Ende des Codes formuliert werden. Bei Methoden, die innerhalb einer Klasse formuliert sind, spielt die Anordnung im Code hingegen keine Rolle.

Beim Aufruf müssen dem Funktionsnamen immer runde Klammern folgen, auch wenn es gar keine Parameter gibt. Ob Parameter wie im obigen Beispiel angegeben werden müssen oder ob sie weggelassen werden können, hängt von der Definition der Funktion ab. Namenlose Parameter müssen mit einem vorangestellten _-Zeichen gekennzeichnet werden:

```
func sum(_ a: Int, _ b: Int) -> Int {
   return a + b
}
print(sum(7, 12))
```

Beim Aufruf von Funktionen bzw. Methoden aus Standardbibliotheken ist oft schwer zu erraten, welche Parameter benannt werden müssen und welche nicht. Häufig ist der erste Parameter namenlos, während die weiteren Parameter benannt werden – aber zu dieser Regel gibt es viele Ausnahmen. Glücklicherweise unterstützt Xcode Sie bei der Eingabe der Parameter: Sobald Xcode die Funktion oder Methode erkannt hat, können Sie mit ⇥ von einem Parameter zum nächsten springen.

Funktionen können als Ergebnis selbst Funktionen zurückgeben oder – wie in der folgenden Funktion applyFuncAndPrint – als Parameter Funktionen verarbeiten:

```
func applyFuncAndPrint(data: [String], fn: (String) -> String) {
   for s in data {
     print(fn(s))
   }
}
// liefert lauter Großbuchstaben
func upper(s: String) -> String {
   return s.uppercased()
}
```

```
let ar = ["Swift", "ist", "cool"]
applyFuncAndPrint(data: ar, fn: upper)
// Ausgabe: SWIFT IST COOL
```

Closures

Funktionen können in Form von *Closures* (Funktionsabschlüssen) ad hoc definiert und angewendet werden. Objective-C bietet mit *Blocks* ein ähnliches Sprachmerkmal; in Java und C# spricht man von Lambda-Ausdrücken.

In Swift sieht die Syntax für Closures so aus:

```
{ (Parameterliste) -> Rückgabedatentyp   in   Code}
```

Im folgenden Beispiel wird noch zweimal `applyFuncAndPrint` aufgerufen. Die erste Closure wandelt den zu verarbeitenden `String`-Parameter in Kleinbuchstaben um. Die zweite Closure ermittelt den ersten Buchstaben der Zeichenkette. Das Ausrufezeichen nach `first` ist erforderlich, damit der Ausdruck Zeichenketten zurückgibt und nicht Optionals, wie dies die `first`-Methode vorsieht.

```
applyFuncAndPrint(data: ar,
                 fn: { (s:String) -> String in
                       return s.lowercased() } )
// Ausgabe: swift ist cool

applyFuncAndPrint(data: ar,
                 fn: { (s:String) -> String in
                       return String(s.characters.first!) } )
// Ausgabe: S i c
```

Sofern für den Compiler die Datentypen der Parameter und der Rückgabe klar sind, können Closures in einer wesentlich kompakteren Syntax formuliert werden. Die anonyme Funktionsdeklaration entfällt dann ebenso wie die Schlüsselwörter `in return`. Die Parameter werden nun in der Form `$0`, `$1` etc. angesprochen. Der Code für die beiden obigen Beispiele sieht dann so aus:

```
// Closure-Kurzschreibweise
applyFuncAndPrint(data: ar, fn:{ $0.lowercased() } )
applyFuncAndPrint(data: ar, fn:{ String($0.characters.first!) } )
```

Wenn die Closure im letzten Parameter einer Funktion oder Methode zu übergeben ist, wie dies in der Praxis häufig auftritt, gibt es noch eine Syntaxvariante: Sie verzichten in diesem Fall auf die Nennung dieses Parameters und formulieren die Closure *nach* der abschließenden Klammer der Funktion. Das sieht anfangs gewöhnungsbedürftig aus, reduziert aber die Anzahl der offenen Klammerebenen.

```
// Closure hintanstellen
applyFuncAndPrint(data: ar) { $0.lowercased() }
applyFuncAndPrint(data: ar) { String($0.characters.first!) }
```

2.4 Klassen und Datenstrukturen

Swift sieht mit class, struct und enum drei Konstrukte vor, um Code und Daten zu kapseln. Der wichtigste Unterschied zwischen class und struct besteht darin, dass von class abgeleitete Instanzen immer als Referenzen adressiert werden, während structs wie elementare Datenwerte kopiert werden (*Reference Types* versus *Value Types*).

In diesem Einführungsbeispiel definiert class zuerst die Klasse Rectangle zur Verwaltung von Rechtecken. Der weitere Code erzeugt einige Objekte (Instanzen) dieser Klasse und speichert diese in einem Array. Innerhalb der Klasse wird der Konstruktor mit init gebildet. self ermöglicht den Zugriff auf Klassenvariablen, wenn es gleichnamige lokale Variablen oder Parameter gibt.

```
// Definition der Klasse
class Rectangle {
    var width:  Double
    var height: Double

    init(width: Double, height: Double) {
        self.width  = width
        self.height = height
    }
    func area() -> Double {
        return width * height
    }
    func showData() {
        print("Width  = \(width)")
        print("Height = \(height)")
        print("Area   = \(area())")
    }
}

// Anwendung der Klasse
var rects = [Rectangle]()  // Rectangle-Array
rects += [Rectangle(width: 10,  height: 12)]
rects += [Rectangle(width: 7.3, height: 2.4)]
rects += [Rectangle(width: 2.9, height: 0.7)]
```

```
for rect in rects {
    rect.showData()
}
```

Protokolle

Ein Protokoll definiert eine bestimmte Funktionalität, die eine Klasse, eine Struktur oder eine Enumeration erfüllen kann. Protokolle in Swift entsprechen »Schnittstellen« bzw. »Interfaces« in anderen Programmiersprachen.

Protokolle spielen in Swift und bei der App-Entwicklung eine große Rolle. Viele Mechanismen zum Datenaustausch zwischen Klassen oder anderen Typen sind durch Protokolle definiert (Delegation). Um diesen Mechanismus zu nutzen, müssen Sie in Ihrer Klasse das betreffende Protokoll implementieren, also gewissermaßen die Spielregeln des Protokolls einhalten.

Das folgende Beispiel greift nochmals die Rectangle-Klasse auf, die jetzt das in der Swift-Standardbibliothek vorgegebene Protokoll CustomStringConvertible einhält. Dieses Protokoll schreibt vor, dass der Typ die Eigenschaft description implementiert. description muss eine Zeichenkette zurückgeben, die die Daten beschreibt. description wird immer dann ausgewertet, wenn das Objekt als Zeichenkette dargestellt werden soll – z. B. beim Aufruf von print.

```
// Rectangle ist konform zum CustomStringConvertible-Protokoll
class Rectangle : CustomStringConvertible {
  var width:  Double
  var height: Double

  init(width: Double, height: Double) {
    self.width  = width
    self.height = height
  }

  // die Implementierung dieser Eigenschaft ist
  // durch das CustomStringConvertible-Protokoll vorgeschrieben
  var description: String {
    return "w=\(width) h=\(height)"
  }
}

let r = Rectangle(width: 10, height: 5)
print(r)   // Ausgabe "r=10.0 h=5.0"
```

2.5 Fehlerabsicherung

Mit `try-catch` können Sie den Aufruf von Funktionen bzw. Methoden gegen eventuell auftretende Fehler absichern. `try` eignet sich allerdings nur für Methoden, die explizit mit `throws` definiert sind und somit Fehler auslösen können. Dank einer speziellen Anpassung für Swift trifft dies auch für alle API-Methoden zu, bei denen in Objective-C die Fehlerverarbeitung über ein `NSError`-Objekt erfolgt.

Im folgenden Beispiel soll der Inhalt der Zeichenkette s in einer Datei gespeichert werden. Tritt dabei ein Fehler auf, kann darauf im `catch`-Teil des Codes reagiert werden. Wie für alle Themen in diesem Crashkurs gilt auch hier: Viele weitere Details und Varianten folgen in den weiteren Kapiteln!

```
let s = "Ein Text"
// Zeichenkette s in eine Textdatei schreiben
do {
  try s.write(toFile: "test.txt",
              atomically: true,
              encoding: .utf8)
} catch {
  // hier steht automatisch die Konstante 'error'
  // zur Verfügung
  print("Fehler: \(error)")
}
```

Im Playground führt der obige Code übrigens tatsächlich zu einem Fehler, weil aus Sicherheitsgründen das Verändern von Dateien nicht erlaubt ist. In einer Terminal-App funktioniert derselbe Code anstandslos, und die Datei test.txt wird im aktuellen Verzeichnis erzeugt bzw. überschrieben.

Der Swift-Compiler schreibt die Fehlerabsicherung durch `try` zwingend für den Aufruf aller Funktionen und Methoden vor, die mit `throws` deklariert sind, bei denen also klar ist, dass ein Fehler auftreten kann.

> **Keine Absicherung gegen Programmierfehler**
>
> Im Gegensatz zu einigen anderen Programmiersprachen gilt `do-try-catch` ausschließlich für Funktionen und Methoden, die explizit mit `throws` gekennzeichnet sind. Dagegen ist es in Swift nicht möglich, sonstige Fehler abzufangen! Wenn Sie also z. B. auf ein Array-Element zugreifen, das es nicht gibt, tritt dieser Fehler immer auf – auch innerhalb von `do-try-catch`. Wenn das in einer App passiert, wird diese unmittelbar beendet. Gegen solche Fehler hilft nur sorgfältiges Entwickeln.

try? und try!

Oft können Sie sich do-try-catch-Konstruktionen ersparen, indem Sie die kritische Funktion oder Methode mit try? ausführen:

```
let result = try? meineFunktion()
```

Wenn meineFunktion fehlerfrei ausgeführt wird, enthält result das Ergebnis als Optional. Tritt dagegen ein Fehler auf, dann hat result den Wert nil.

Zu try? gibt es die Variante try!, die die Fehlerabsicherung umgeht. Tritt kein Fehler auf, ist alles in Ordnung. Tritt dagegen ein Fehler auf, wird das Programm sofort beendet. try! ist nur in Testprogrammen empfehlenswert – oder wenn Sie wirklich absolut sicher sind, dass kein Fehler auftreten wird.

2.6 Xcode-Crashkurs

Obwohl in diesem Buch Swift im Vordergrund steht, geht an der Entwicklungsumgebung Xcode kein Weg vorbei. Xcode ist durchaus ein tolles Programm mit vielen nützlichen Features, aber wenn Sie gerade dabei sind, sich mit den Eigenheiten von Swift vertraut zu machen, dann stört die zusätzliche Komplexität von Xcode natürlich.

Dieser Crashkurs soll Sie mit den allerwichtigsten Funktionen von Xcode vertraut machen. Xcode wird aber weiter ein Thema in diesem Buch bleiben, vor allem in den Teilen II und III, wo es mehrfach um die Gestaltung von App-Oberflächen (Storyboard-Editor) sowie um die Einreichung von Apps im App Store geht (Projekt-Einstellungen und -Schemas, Archiv-Funktion). Besonders hinweisen möchte ich auf das Kapitel 30, »Xcode-Arbeitstechniken«, in dem ich Ihnen einige Spezialfunktionen wie die Versionsverwaltung mit Git kurz vorstelle.

Wenn Sie auf der Suche nach einem Xcode-Handbuch sind, lege ich Ihnen darüber hinaus die folgende Seite von Apple ans Herz:

http://help.apple.com/xcode/mac/8.0/#/devc8c2a6be1

Xcode-Oberfläche

Beim Start von Xcode können Sie einen neuen Playground öffnen, ein neues Projekt starten oder ein vorhandenes Projekt bzw. einen Playground öffnen. Je nachdem, ob Sie sich in einem Playground befinden oder ein Projekt bearbeiten, sieht Xcode ganz unterschiedlich aus. In diesem Abschnitt geht es ausschließlich um die Verwendung von Xcode zur Entwicklung von Swift-Programmen, also nicht um den Playground-Modus.

2 Swift-Crashkurs

Im Projektmodus setzt sich das Xcode-Fenster aus der Symbolleiste sowie aus bis zu vier Bereichen zusammen (siehe Abbildung 2.2):

- dem Navigator (links)
- dem Editor (Mitte)
- der Werkzeugleiste (rechts)
- dem Debugging-Bereich (unten)

Bundle Identifier WK.Basics-1

Mit den Buttons am rechten Rand der Symbolleiste können Sie alle Bereiche mit Ausnahme des Editors ein- und ausblenden.

Abbildung 2.2 Der Aufbau von Xcode im Projektmodus

Nichts als Fenster

Normalerweise zeigt Xcode pro Projekt ein Fenster. Sie können mehrere Projekte zugleich öffnen – das ergibt dann entsprechend viele Xcode-Fenster. Zwischen diesen Fenstern können Sie, abweichend von den üblichen macOS-Regeln, mit ⇧+⌘+< wechseln.

Xcode gibt Ihnen aber auch die Möglichkeit, *ein* Projekt in mehreren Fenstern zu bearbeiten: Einerseits können Sie im Projektnavigator Dateien per Doppelklick öffnen. Damit können Sie die Dateien in eigenen Fenstern bearbeiten, die vom Xcode-Hauptfenster losgelöst sind. Das ist vor allem für Code-Dateien praktisch.

Andererseits können Sie mit FILE • NEW • WINDOW das aktuelle Xcode-Fenster duplizieren. Damit erhalten Sie zwei unabhängige Ansichten des gleichen Projekts und können diese verwenden, um unterschiedliche Aspekte Ihres Programms parallel zu bearbeiten.

Navigator

Der Navigatorbereich gibt Ihnen in mehreren Dialogblättern die Möglichkeit, auf unterschiedliche Weise Komponenten Ihres Projekts auszuwählen:

- Anfänglich ist der **Projektnavigator** mit einer hierarchischen Ansicht aller Projektdateien aktiv. Ein einfacher Klick öffnet die Datei zur Bearbeitung im Editor, ein Klick mit [alt] öffnet die Datei im Assistenzeditor, und ein Doppelklick öffnet die Datei in einem selbstständigen Fenster.

- Im **Symbolnavigator** können Sie Klassen, Methoden und andere Komponenten auswählen und rasch zum entsprechenden Code springen.

- Der **Find Navigator** hilft Ihnen, alle Dateien Ihres Projekts zu durchsuchen bzw. darin enthaltene Texte zu ersetzen. Die Bedienung der Suchfunktion ist gewöhnungsbedürftig: Anders als bei der Suchfunktion ⌘+[F], die unmittelbar ausgeführt wird, beginnt die Suche im Find Navigator erst, wenn Sie die Eingabe des Suchtexts mit [return] abschließen!

- Der **Issue Navigator** enthält eine Liste aller Fehler, die Xcode in Ihrem Projekt festgestellt hat.

- Die weiteren Navigator-Dialogblätter listen Tests, Debugging-Sessions, Haltepunkte und Build-Reports auf.

Editor

Das Aussehen des Editors hängt vom Typ des angezeigten Dokuments ab (z. B. Code, Storyboard, Projekt-Einstellungen). An dieser Stelle konzentriere ich mich auf den Code-Editor, der für die ersten Kapitel dieses Buchs ausreicht.

Grundsätzlich bietet der Code-Editor alle Funktionen, die von einem modernen Editor zu erwarten sind: So werden verschiedene Teile des Codes farbig hervorgehoben und Fehler direkt gekennzeichnet. Oft bietet der Editor sogar *Fix-it*-Vorschläge zur Korrektur an.

Während der Eingabe kann Xcode Klassen- und Methodennamen sowie andere Schlüsselwörter vervollständigen. [esc] blendet die Vervollständigungsliste aus, nochmals [esc] blendet sie bei Bedarf wieder ein. Innerhalb der Vervollständigungsliste reicht zur Navigation die Eingabe der Anfangs- bzw. Großbuchstaben des Elements

2 Swift-Crashkurs

aus – also etwa agr zur Auswahl von addGestureRecognizer. Nachdem Xcode eine Methode in den Code eingefügt hat, springt [⇥] zum jeweils nächsten Parameter und ermöglicht so eine bequeme Eingabe.

Abbildung 2.3 Code-Navigation über die Titelleiste des Editors

Bei der Navigation im Code, aber auch beim Wechsel zwischen den verschiedenen Code-Dateien des Projekts hilft die Titelzeile des Code-Bereichs. Sie gibt an, welche Datei, welche Klasse und welche Methode Sie gerade bearbeiten. Ein Mausklick auf den Datei- oder Objektnamen führt in ein Dropdown-Menü, das die gerade aktive Datei ändert bzw. den Cursor zur Definition einer anderen Klasse oder Methode setzt (siehe Abbildung 2.3).

> **Stabilitätsprobleme**
>
> Viele Funktionen des Editors setzen eine gute Zusammenarbeit mit dem Compiler voraus. Der Editor kann z. B. nur dann den Namen einer Methode vervollständigen, wenn der Compiler erkennt, auf welches Objekt bzw. auf welche Klasse sich die Methode bezieht.
>
> Diese kontextabhängigen Hilfsfunktionen haben sich bei meinen Tests leider immer wieder als unzuverlässig erwiesen. Sie funktionieren am besten, wenn der Code frei von Syntaxfehlern ist – eine Voraussetzung, die während der Code-Eingabe naturgemäß nicht immer gegeben ist.

> Oft werden bereits behobene Fehler noch angezeigt. Abhilfe schafft dann ein manuelles Neukompilieren mit ⌘+B (*build*).
>
> Mitunter hilft freilich weder das Beheben offensichtlicher Fehler noch ⌘+B – dann müssen Sie auf die IT-Weisheit Numero eins zurückgreifen, also auf einen Neustart. (Sie müssen natürlich nicht Ihren Rechner neu starten, es reicht aus, Xcode zu beenden und neuerlich zu starten.)

Assistenzeditor

Normalerweise wird im Code-Bereich immer nur *eine* Datei angezeigt. Es gibt mehrere Möglichkeiten, diese Einschränkung zu umgehen:

- Ein Doppelklick im Navigator öffnet die Datei in einem eigenen Fenster.
- Mit ⌘+T können Sie innerhalb von Xcode ein Dialogblatt (*Tab*) öffnen.
- Mit dem Button »Eheringe« in der Symbolleiste (offizielle Beschriftung: SHOW THE ASSISTANT EDITOR, siehe Abbildung 2.4) teilen Sie den Editorbereich in zwei nebeneinanderliegende Bereiche.
- Mit dem Doppelpfeil-Button können Sie zwei verschiedene Versionen derselben Code-Datei vergleichen. Diese Funktion steht allerdings nur zur Auswahl, wenn Sie die Revisionen Ihres Projekts mit Git verwalten.

Abbildung 2.4 Buttons in der Symbolleiste

Die interessanteste und in der Praxis auch wichtigste Funktion ist der Assistenzeditor. Dessen zwei häufigsten Anwendungsfälle sehen so aus:

- **Code/Code:** Links wird der gerade bearbeitete Code angezeigt, rechts eine zweite Code-Datei mit dazu passenden Informationen – z. B. mit der Definition der Klasse oder Methode, die Sie links erzeugen bzw. aufrufen.
- **GUI/Code:** Links wird ein Objekt einer grafischen Benutzeroberfläche angezeigt, z. B. eine Ansicht einer iOS-App im Storyboard-Editor, rechts die zugeordnete Klassendatei.

Im Modus AUTOMATIC versucht Xcode selbstständig, eine geeignete Zuordnung zwischen dem Haupt- und dem Assistenzeditor herzustellen. Das gelingt nicht immer zufriedenstellend. Sie können auf diese »Intelligenz« über das COUNTERPART-Menü im Titelbereich des Assistenzeditors Einfluss nehmen. Zur Auswahl stehen unter anderem SUPERCLASSES und SUBCLASSES für Klassen oder CALLERS und CALLEES für Methoden. Alternativ können Sie die Assistenzdatei auch manuell festlegen.

Maus- bzw. Trackpad-Kürzel

Innerhalb des Codes können Sie zwei ungemein praktische Maus- bzw. Trackpad-Kürzel nutzen:

- Mit `alt` plus Klick zeigt Xcode eine kurze Beschreibung der betreffenden Klasse, Methode, Eigenschaft etc. an (siehe Abbildung 2.5). Von der Infobox führen Links direkt zur betreffenden Dokumentation.

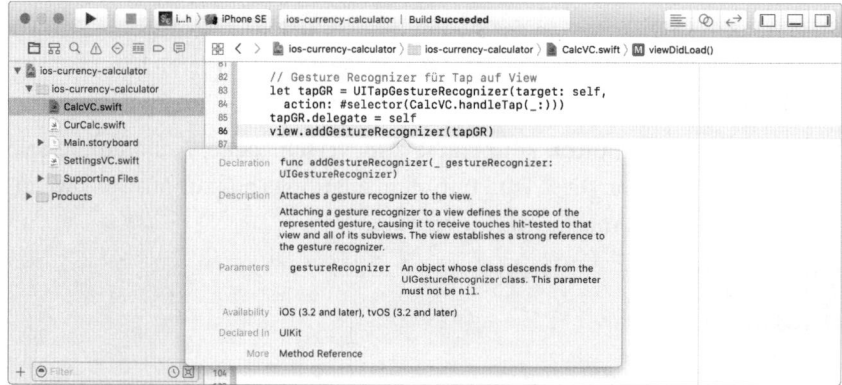

Abbildung 2.5 »alt«-Klick zeigt Kontextinformationen zu Methoden oder Klassen

- `⌘` plus Klick führt zur Definition eines Schlüsselworts. Bei selbst definierten Klassen oder Methoden gelangen Sie so rasch in die betreffende Datei. Bei Swift-spezifischen Funktionen bzw. bei Klassen oder Methoden aus externen Bibliotheken (Foundation, UIKit etc.) zeigt Xcode hingegen die Definition dieses Schlüsselworts als Swift-Quelltext an. Sobald Sie etwas Erfahrung mit der Swift-Syntax gewonnen haben, hilft der Quelltext dabei, Zusammenhänge und Datentypen besser zu verstehen. `ctrl`+`⌘`+`←` bzw. der ZURÜCK-Button im Code-Editor führt zurück in die ursprüngliche Datei.

Tastenkürzel und Editoreinstellungen

Grundeinstellungen des Editors, wie Schriftgröße, -farbe und -art, finden Sie im Einstellungsdialog. Dort können Sie auch festlegen, ob Xcode Zeilennummern anzeigen soll oder nicht. Im Dialogblatt TEXT EDITING • INDENTATION können Sie einstellen, ob

Xcode Ihren Code mit Tabulatoren oder Leerzeichen einrückt, um wie viele Zeichen der Code pro Ebene eingerückt werden soll etc.

Viele Xcode-Funktionen lassen sich per Tastatur steuern. Eine Referenz aller Tastenkürzel finden Sie im Dialogblatt KEY BINDINGS der Programmeinstellungen. An dieser Stelle können Sie die Tastenkürzel auch verändern (siehe Abbildung 2.6). Einen guten Überblick über wichtige Xcode-Tastenkürzel gibt auch der folgende Artikel auf der Website von Ray Wenderlich. Beachten Sie aber, dass einzelne Details auf die aktuelle Xcode-Version nicht mehr zutreffen:

https://raywenderlich.com/72021/supercharging-xcode-efficiency

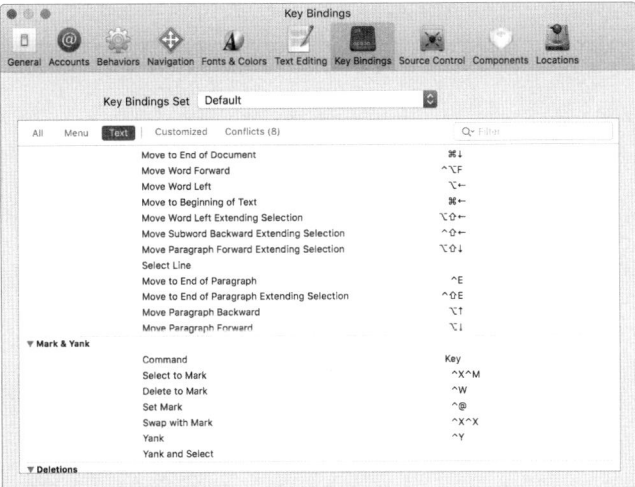

Abbildung 2.6 Referenz der Tastenkürzel in den Xcode-Einstellungen

---

Schnellnavigation im Code

Ein unverzichtbares Tastenkürzel zur Navigation in großen Projekten ist ⇧+⌘+O (»Oh«, nicht Null): Xcode blendet dann ein Suchfeld ein, in das Sie den Namen einer Projektdatei, Klasse, Methode, Eigenschaft, Funktion etc. eingeben. Mit den Cursortasten wählen Sie das gewünschte Schlüsselwort aus einer Liste aus und springen mit ↵ blitzschnell dorthin.

Werkzeugleiste (Inspector und Library Pane)

Die Werkzeugleiste ist zweigeteilt (siehe Abbildung 2.7):

- Der obere Abschnitt enthält die **Inspector Pane**. Sie zeigt Informationen und Einstellungen zum gerade ausgewählten Objekt im Editor. Bei vielen Objekten und insbesondere bei Steuerelementen können Sie dort diverse Merkmale und Eigenschaften verändern.

- Der untere Abschnitt der Werkzeugleiste enthält die **Library Pane**. Das ist eine Art Toolbox mit Objekten, die Sie in Ihr Projekt bzw. in die gerade aktive Datei einfügen können. Dazu zählen Dateien, Klassen, Code-Schnipsel (Snippets), Steuerelemente und Medien-Objekte. Am unteren Rand der Library Pane befindet sich ein Textfeld, um die oft lange Liste von Einträgen zu filtern.

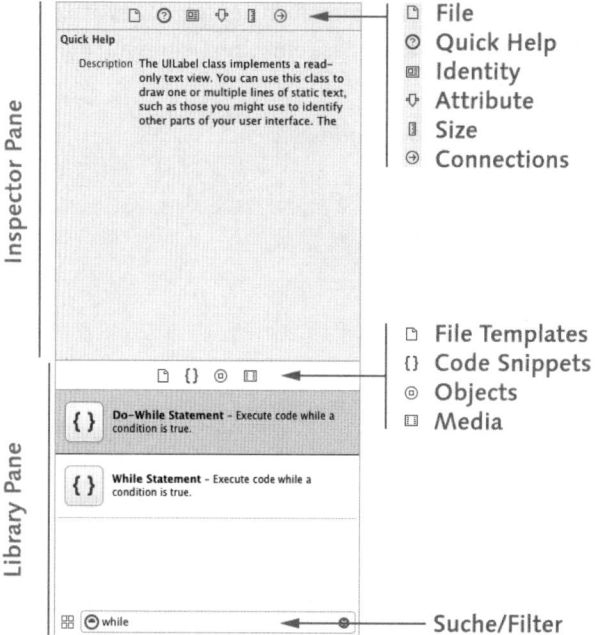

Abbildung 2.7 Die Werkzeugleiste

Code-Snippets

Gewisse Code-Passagen bzw. -Muster werden Sie immer wieder benötigen – z. B. die Zeilen zur Formulierung einer Schleife oder einer `switch`-Anweisung. Xcode stellt vorgefertigte Code-Muster in Form sogenannter Snippets zur Verfügung. Sie finden die Snippets in der Toolbox, also im unteren Bereich der Werkzeugleiste, wenn Sie den Button SHOW THE CODE SNIPPET LIBRARY anklicken und nach *swift* suchen (siehe Abbildung 2.8). Anschließend können Sie das gewünschte Snippet per Doppelklick oder mit Drag & Drop in den Code einfügen.

Leider enthält die Snippet-Sammlung zurzeit nur wenige Swift-Snippets. Weit größer ist die Auswahl für die Sprachen C, C++ und Objective-C.

Natürlich können Sie auch selbst Snippets definieren. Dazu verfassen Sie den Code zuerst im Editor, markieren ihn und fügen ihn dann per Drag & Drop in die Snippet-Sammlung ein. Am Ende der Sammlung erscheint dann der neue Eintrag MY CODE SNIPPET. Diesen klicken Sie nun an und stellen seine Eigenschaften ein.

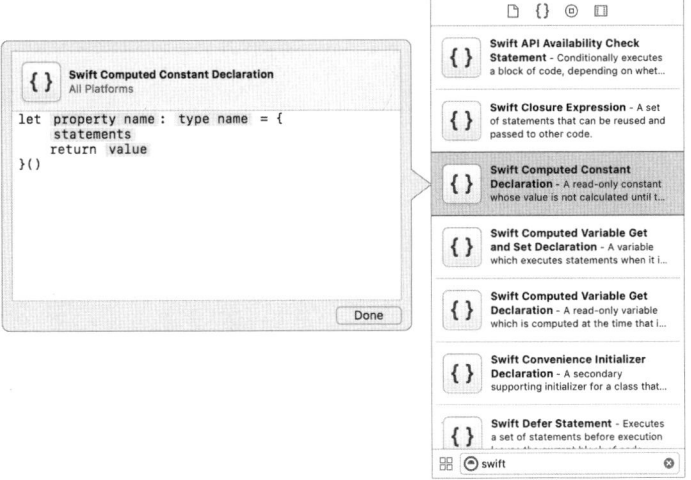

Abbildung 2.8 Der Snippet-Editor

Speichern

FILE • SAVE bzw. ⌘+S speichert Ihr Projekt. In der Regel ist dieses Kommando aber überflüssig – Xcode speichert unablässig alle Änderungen, die Sie gerade durchführen. Deswegen besteht keine große Gefahr, dass Sie aufgrund eines Absturzes von Xcode oder gar Ihres Rechners Daten verlieren.

Das ständige Speichern führt allerdings dazu, dass Änderungen, die Sie nur probeweise durchgeführt haben, dauerhaft gespeichert werden. Deswegen ist es zweckmäßig, vor größeren Änderungen oder Umbauarbeiten das Projekt in Xcode zu schließen und dann im Finder eine Sicherheitskopie des gesamten Projektverzeichnisses zu erstellen.

Noch viel mehr Flexibilität haben Sie, wenn Sie Ihren Code unter die Kontrolle des Versionsverwaltungssystems Git stellen. Damit können Sie Änderungen jeder beliebigen Datei nachvollziehen bzw. rückgängig machen. Eine kurze Einführung finden Sie in Abschnitt 30.3, »Versionsverwaltung mit Git«.

Vorhandenen Code für eine neue Swift-Version anpassen

Seit der Vorstellung von Swift 1.0 Mitte 2014 hat Apple circa alle vier Monate neue Versionen seiner Programmiersprache veröffentlicht. Jede neue Version brachte Verbesserungen mit sich, aber leider auch Inkompatibilitäten. Besonders dramatisch waren die Änderungen von Version 2.n auf Version 3.

Als Hilfestellung zur Anpassung des Codes an die jeweils aktuelle Swift-Version stellt Xcode das Kommando EDIT • CONVERT • TO CURRENT SWIFT SYNTAX zur Verfügung. Es analysiert den Playground bzw. alle Code-Dateien eines Projekts, zeigt dann einen

Überblick über die geplanten Änderungen an (siehe Abbildung 2.9) und führt diese schließlich durch.

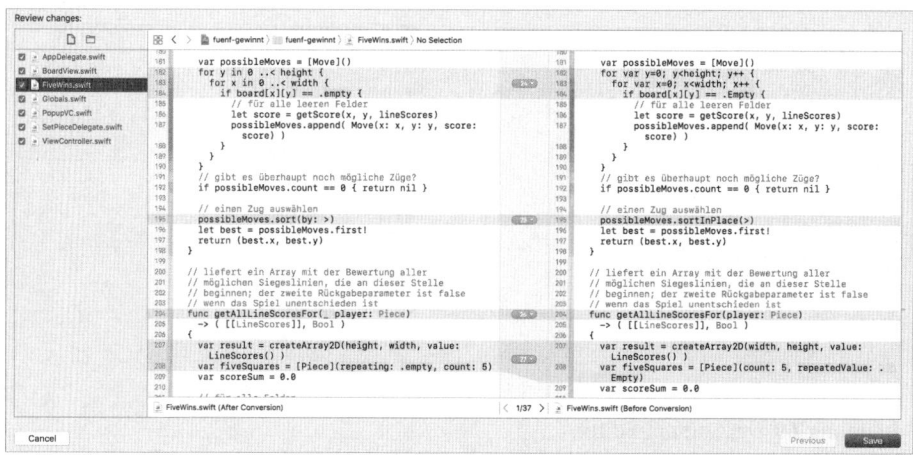

Abbildung 2.9 Das »Convert«-Kommando passt vorhandenen Swift-Code an die aktuelle Swift-Version an und visualisiert vorher alle notwendigen Änderungen.

Der Code-Konverter ist ein ungemein nützliches Hilfsmittel, aber er ist nicht perfekt. Nach der automatisierten Code-Anpassung bleibt bei großen Projekten oft noch mühsame Handarbeit zu tun. Dabei hilft der Issue Navigator, der alle offenen Syntaxprobleme auflistet (siehe Abbildung 2.10). Dennoch muss man Apple zugestehen, dass der Konverter die ständigen Swift-Updates für Entwickler zumindest leichter erträglich macht.

Abbildung 2.10 Der Issue Navigator in Xcode listet alle Probleme des Projekts auf.

Während der Überarbeitung und Erweiterung dieses Buchs für die 2. Auflage habe ich weit über hundert zumeist kleine Projekte von Swift 2 in Swift 3 konvertiert. Meine Erfahrungen mit dem Code-Konverter waren dabei überwiegend positiv. Zu den Ausnahmen zählten Projekte, bei denen Xcode aus unerfindlichen Gründen die Signing-Daten nicht korrekt interpretierte. Der automatisch gestartete Code-Konverter befand in solchen Fällen, dass keine Änderungen erforderlich seien.

Erst nach der Aktivierung der Option AUTOMATICALLY MANAGE SIGNING und der Neueinstellung des Team-Mitglieds bemerkte Xcode die Syntaxprobleme und zeigte im Issue Navigator plötzlich Hunderte von Fehlern an. Der manuelle Aufruf von EDIT • CONVERT • TO CURRENT SWIFT SYNTAX erfordert jetzt eine gewisse Hartnäckigkeit: Xcode behauptet, das Target sei schon konvertiert. Es muss dann explizit zur neuerlichen Code-Anpassung ausgewählt werden. Dann klappt endlich alles, wie es soll.

Kapitel 3
Operatoren

Im Ausdruck a = b + c gelten die Zeichen = und + als Operatoren. Dieses Kapitel stellt Ihnen alle Swift-Operatoren vor – von den simplen Operatoren für die Grundrechenarten bis hin zu Swift-Spezialitäten wie dem Range-Operator n1...n2.

> **Leerzeichen vor oder nach Operatoren**
>
> Normalerweise ist es nicht notwendig, vor oder nach einem Operator ein Leerzeichen zu schreiben. x=x+7 funktioniert genauso gut wie x = x + 7. Aber wie so oft bestätigen Ausnahmen die Regel: Swift kennt bereits standardmäßig ungewöhnlich viele Operatoren, und wenige Zeilen Code reichen aus, um weitere zu definieren.
>
> Das führt mitunter dazu, dass der Compiler nicht eindeutig erkennen kann, wo der eine Operator endet und wo der nächste beginnt. Spätestens dann *müssen* Sie ein Leerzeichen setzen – und dann sollten Sie es vor *und* nach dem Operator setzen! Andernfalls glaubt der Compiler nämlich, Sie wollten ihn explizit darauf hinweisen, dass es sich um einen Präfix- oder Postfix-Operator handelt. Im Detail sind diese Feinheiten in »The Swift Programming Language« dokumentiert:
>
> *https://developer.apple.com/library/content/documentation/Swift/Conceptual/ Swift_Programming_Language/LexicalStructure.html* (beim Punkt »Operators«)
>
> Wie rasch Probleme auftreten können, zeigt der Vergleich eines Optionals mit nil: Der Compiler betrachtet if opt!=nil als Syntaxfehler, weil er die Anweisung als if opt! = nil interpretiert, also als Kombination zweier Operatoren. Korrekt müssen Sie den Vergleich in der Form if opt != nil formulieren.

3.1 Zuweisungs- und Rechenoperatoren

Dieser Abschnitt erläutert die zahlreichen Rechen- und Zuweisungsoperatoren. Swift kennt dabei auch Mischformen. Beispielsweise entspricht x+=3 der Anweisung x=x+3.

Einfache Zuweisung

Der Zuweisungsoperator = speichert in einer Variablen oder Konstanten das Ergebnis des Ausdrucks:

```
variable = ausdruck
```

Vor der ersten Zuweisung an eine Variable bzw. Konstante muss diese mit var bzw. let als solche deklariert werden:

```
var i = 17
i = i * 2
let pi = 3.1415927
```

Nicht zulässig sind Mehrfachzuweisungen in der Art a=b=3. Dafür können mehrere Variablen als Tupel geschrieben und gleichzeitig verändert werden:

```
var (a, b, c) = (1, 7, 12)
```

Das funktioniert auch bei komplexeren Ausdrücken:

```
var (_, a, (b, c)) = (1, 2, ("x", "y"))
// entspricht var a=2; var b="x"; var c="y"
```

Der Unterstrich _ ist hier ein *Wildcard Pattern*. Es trifft auf jeden Ausdruck zu und verhindert im obigen Beispiel dessen weitere Verarbeitung.

Wert- versus Referenztypen

Swift unterscheidet bei Zuweisungen zwischen zwei grundlegenden Datentypen:

- **Werttypen (Value Types):** Dazu zählen Zahlen, Zeichenketten, Tupel, Arrays, Dictionaries sowie struct- und enum-Daten. Bei einer Zuweisung werden die Daten kopiert. Die ursprünglichen Daten und die Kopie sind vollkommen unabhängig voneinander.

- **Referenztypen:** Objekte, also Instanzen von Klassen, sind Referenztypen. Bei einer Zuweisung wird eine weitere Referenz auf die bereits vorhandenen Daten erstellt. Es zeigen nun zwei (oder mehr) Variablen auf dieselben Daten.

Die folgenden beiden Beispiele verdeutlichen den Unterschied. Im ersten Beispiel werden in x und y ganze Zahlen gespeichert, also Werttypen:

```
var x = 3
var y = x
x = 4
print(y)   // y ist unverändert 3
```

Für das zweite Beispiel definieren wir zuerst die Mini-Klasse SimpleClass. In a wird eine Instanz dieser Klasse gespeichert. Bei der Zuweisung b = a wird die Instanz *nicht*

3.1 Zuweisungs- und Rechenoperatoren

kopiert, stattdessen verweist nun b auf dasselbe Objekt wie a. (In C würde man sagen, a und b sind Zeiger.) Jede Veränderung des Objekts betrifft deswegen a gleichermaßen wie b:

```
class SimpleClass {
  var data=0
}

var a = SimpleClass()
var b = a          // a und b zeigen auf die gleichen Daten
a.data = 17
print(b.data)      // deswegen ist auch b.data 17
```

> **Arrays, Dictionaries und Zeichenketten sind Werttypen!**
>
> Die Unterscheidung zwischen Wert- und Referenztypen gibt es bei den meisten Programmiersprachen. Beachten Sie aber, dass Arrays und Zeichenketten in Swift Werttypen sind und nicht, wie in vielen anderen Sprachen, Referenztypen!

Elementare Rechenoperatoren

Die meisten Rechenoperatoren sind aus dem täglichen Leben bekannt (siehe Tabelle 3.1). Der Operator % liefert den Rest einer ganzzahligen Division: 13 % 5 ergibt also 3, da 2 * 5 + 3 = 13. Bei Fließkommazahlen wird der Rest zum ganzzahligen Ergebnis ermittelt. 1.0 % 0.4 ergibt 0.2, da 2 * 0.4 + 0.2 = 1.0 ist.

Operator	Bedeutung
+	Addition
-	Subtraktion
*	Multiplikation
/	Division
%	Restwert einer ganzzahligen Division
&+	Integer-Addition ohne Überlaufkontrolle
&-	Integer-Subtraktion ohne Überlaufkontrolle
&*	Integer-Multiplikation ohne Überlaufkontrolle

Tabelle 3.1 Rechenoperatoren

Alle Operatoren setzen voraus, dass links und rechts von ihnen jeweils gleichartige Datentypen verwendet werden! Im Gegensatz zu anderen Programmiersprachen erfolgen Typumwandlungen nicht automatisch.

```
var a = 3      // a ist eine Integer-Variable
var b = 1.7    // b ist eine Fließkommavariable
var c = a + b  // Fehler, Int-Wert + Double-Wert nicht zulässig
```

Wenn Sie die Summe von a plus b ausrechnen möchten, müssen Sie explizit den Datentyp einer der beiden Operatoren anpassen. Int rundet dabei immer ab, d. h., aus 1.7 wird 1.

```
var c1 = a + Int(b)     // c1 = 4
var c2 = Double(a) + b  // c2 = 4.7
```

> **Division durch null**
>
> Bei einer Fließkommadivision durch 0.0 lautet das Ergebnis einfach Double.infinity bzw. -Double.infinity. Wenn Sie hingegen mit Integerzahlen arbeiten, löst eine Division durch 0 einen Fehler aus.

Eine Besonderheit von Swift sind die Operatoren &+, &- und &*: Sie führen die Grundrechenarten für Integerzahlen ohne Überlaufkontrolle durch. Das ermöglicht die Programmierung besonders effizienter Algorithmen. Sollte allerdings doch ein Überlauf eintreten, dann ist das Ergebnis falsch!

```
var i = 10000000        // Integer
var result = i &* i &* i  // falsches Ergebnis
                        // 3.875.820.019.684.212.736
```

Swift kennt keinen Operator zum Potenzieren. a^b müssen Sie unter Zuhilfenahme der Funktion pow berechnen. Diese Funktion ist in der Foundation-Bibliothek definiert. Sie steht nur zur Verfügung, wenn Ihr Code import Foundation enthält oder eine andere Bibliothek importiert, die auf die Foundation zurückgreift. Das trifft unter anderem für Cocoa und UIKit zu.

```
var e = 7.0
var f = pow(e, 3.0)  // 7 * 7 * 7 = 343.0
```

Zeichenketten aneinanderfügen

Der Operator + addiert nicht nur zwei Zahlen, sondern fügt auch Zeichenketten aneinander:

```
var s1 = "Hello"
var s2 = "World!"
var hw = s1 + " " + s2    // "Hello World!"
```

Inkrement und Dekrement

Wie viele andere Programmiersprachen kannte Swift bis zur Version 2 die Inkrement- und Dekrement-Operatoren ++ und --. In Swift 3 wurden diese Operatoren allerdings eliminiert, mit der Begründung, dass die Unterscheidung zwischen der Postfix- und der Präfix-Notation, also zwischen i++ und ++i, zu viel Verwirrung und oft fehlerhafte Algorithmen verursacht.

Wenn Sie in Swift 3 eine Variable um eins vergrößern oder verkleinern möchten, müssen Sie dies in der Form i=i+1 oder in der Kurzschreibweise i+=1 machen.

```
var i=3
i++       // Fehler, steht in Swift 3 nicht mehr zur Verfügung
i+=1      // OK
```

Inkrement- und Dekrement-Operatoren selbst gemacht

Wenn Sie auf die Inkrement- und Dekrement-Operatoren nicht verzichten möchten, bietet Swift die Möglichkeit, diese Operatoren relativ unkompliziert wieder selbst zu definieren. Fertigen Code für alle Integer-Datentypen inklusive Int8, Int16, Int32 und Int64 sowie alle UInt-Varianten finden Sie z. B. hier auf Github:

https://gist.github.com/erica/6b4be87de789f32b8926388c6c6e75e9

Rechnen mit Bits

Die bitweisen Operatoren &, |, ^ und ~ (AND, OR, XOR und NOT) verarbeiten ganze Zahlen bitweise. Das folgende Beispiel verwendet die Schreibweise 0b zur Kennzeichnung binärer Zahlen. String mit dem zusätzlichen Parameter radix:2 wandelt ganze Zahlen in eine Zeichenkette in binärer Darstellung um.

```
let a = 0b11100                    // Wert 28
let b = 0b01111                    // Wert 15
let result = a & b                 // Wert 12
print(String(result, radix:2))     // Ausgabe 1100
```

\>\> verschiebt die Bits einer Zahl um *n* Bits nach rechts (entspricht einer Division durch 2^n), << verschiebt entsprechend nach links (entspricht einer Multiplikation mit 2^n). >>> funktioniert wie >>, betrachtet die Zahl aber so, als wäre sie vorzeichenlos.

```
let e = 16
let f = e << 2   // entspricht f=e*4, Ergebnis 64
let g = e >> 1   // entspricht g=e/2, Ergebnis 8
```

Wenn Sie Daten bitweise verarbeiten, ist es oft zweckmäßig, anstelle gewöhnlicher Integer-Zahlen explizit Datentypen ohne Vorzeichen zu verwenden, z. B. UInt32 oder UInt16. Das folgende Beispiel verwendet 0x zur Kennzeichnung hexadezimaler Zahlen.

```
let rgb: UInt32 = 0x336688
let red: UInt8  = UInt8( (rgb & 0xff0000) >> 16 )
```

Kombinierte Rechen- und Zuweisungsoperationen

Alle bereits erwähnten Rechenoperatoren sowie die logischen Operatoren && und || können mit einer Zuweisung kombiniert werden. Dazu muss dem Operator das Zeichen = folgen. Details zu den logischen Operatoren folgen im nächsten Abschnitt.

```
x +=  y    // entspricht x = x + y
x -=  y    // entspricht x = x - y
x *=  y    // entspricht x = x * y
x /=  y    // entspricht x = x / y
x %=  y    // entspricht x = x % y
x <<= y    // entspricht x = x << y
x >>= y    // entspricht x = x >> y
x &=  y    // entspricht x = x & y
x &&= y    // entspricht x = x && y
x |=  y    // entspricht x = x | y
x ||= y    // entspricht x = x || y
x ^=  y    // entspricht x = x ^ y
```

3.2 Vergleichsoperatoren und logische Operatoren

Um Bedingungen für Schleifen oder Verzweigungen zu formulieren, müssen Sie Variablen vergleichen und oft mehrere Vergleiche miteinander kombinieren. Dieser Abschnitt stellt Ihnen die dazu erforderlichen Operatoren vor.

Vergleichsoperatoren

Die Vergleichsoperatoren ==, != (ungleich), <, <= sowie > und >= können gleichermaßen für Zahlen und für Zeichenketten eingesetzt werden. Wie bei anderen Operatoren ist es wichtig, dass auf beiden Seiten des Operators der gleiche Datentyp verwendet wird; Sie können also nicht eine ganze Zahl mit einer Fließkommazahl vergleichen!

```
1 == 2           // false
1 < 2            // true

"abc" == "abc"   // true
"abc" == "Abc"   // false
```

Zeichenketten gelten dann als gleich, wenn auch die Groß- und Kleinschreibung übereinstimmt. Etwas schwieriger ist die Interpretation von *größer* und *kleiner*. Grundsätzlich gelten Großbuchstaben als *kleiner* als Kleinbuchstaben, d. h., sie werden beim Sortieren vorne eingereiht. Internationale Zeichen werden auf der Basis der *Unicode-Normalform D* verglichen. Die deutschen Buchstaben ä, ö oder ü werden dabei wie eine Kombination aus zwei Zeichen betrachtet, beispielsweise ä = a". Somit gilt:

```
"A" < "a"        // true
"a" < "ä"        // true
"ä" < "b"        // true
```

Mehr Details zur Sortierordnung von Zeichenketten und zu Möglichkeiten, diese zu beeinflussen, folgen in Kapitel 8, »Zeichenketten«.

== versus ===

Zum Vergleich von Objekten kennt Swift neben == und != auch die Varianten === und !==. Dabei testet a===b, ob die beiden Variablen a und b auf dieselbe Instanz einer Klasse zeigen. Hingegen überprüft a==b, ob a und b zwei Objekte mit übereinstimmenden Daten sind. Das ist nicht das Gleiche! Es ist ja durchaus möglich, dass zwei unterschiedliche Objekte dieselben Daten enthalten.

> **Einschränkungen**
>
> Die Operatoren === und !== können nur auf Referenztypen angewendet werden, nicht auf Werttypen (wie Zahlen, Zeichenketten, Arrays, Dictionaries sowie sonstige Strukturen).
>
> Umgekehrt können die Operatoren == und != bei selbst definierten Klassen nur verwendet werden, wenn Sie für diese Klassen den Operator == selbst implementieren (Protokoll Equatable, siehe Abschnitt 12.4, »Standardprotokolle«).

Die folgenden Zeilen definieren zuerst die Klasse Pt zur Speicherung eines Koordinatenpunkts und dann den Operator == zum Vergleich zweier Pt-Objekte. Damit ist das Beispiel gleich auch ein Vorgriff auf die Definition eigener Operatoren.

```
class Pt {
    var x: Double, y: Double
    // Init-Funktion
    init(x: Double, y: Double){
        self.x=x
        self.y=y
    }
}

// Operator zum Vergleich von zwei Pt-Objekten
func ==(left: Pt, right: Pt) -> Bool {
    return left.x == right.x && left.y == right.y
}

// == versus ===
var p1 = Pt(x: 1.0, y: 2.0)
var p2 = Pt(x: 1.0, y: 2.0)
p1 == p2    // true, weil die Objekte dieselben Daten enthalten
p1 === p2   // false, weil es unterschiedliche Objekte sind
```

Vergleiche mit ~=

Swift kennt mit ~= einen weiteren Vergleichsoperator mit recht wenigen Funktionen:

▸ Zwei Ausdrücke des gleichen Typs werden wie mit == verglichen.

▸ Außerdem kann getestet werden, ob eine ganze Zahl in einem durch den Range-Operator formulierten Zahlenbereich enthalten ist.

```
-2...2 ~= 1   // true
-2...2 ~= -2  // true
-2...2 ~= 2   // true
-2...2 ~= 4   // false
```

Achten Sie darauf, dass Sie zuerst den Bereich und dann den Vergleichswert angeben müssen. Wenn Sie die Reihenfolge vertauschen, funktioniert der Operator nicht. Details zu Range-Operatoren folgen gleich.

Analog kann auch in switch-Ausdrücken mit case überprüft werden, ob sich ein ganzzahliger Ausdruck in einem vorgegebenen Bereich befindet:

```
let n = 12
switch n {
case (1...10):
  print("Zahl zwischen 1 und 10")

case(11...20):
  print("Zahl zwischen 11 und 20")
```

```
default:
  print("Andere Zahl")
}
```

Datentyp-Vergleich (»is«)

Mit dem Operator is testen Sie, ob eine Variable einem bestimmten Typ entspricht:

```
func f(obj: Any) {
  if obj is UInt32 {
    print("Datentyp UInt32")
    ...
  }
}
```

Casting-Operator (»as«)

Mit dem Operator as wandeln Sie, sofern möglich, einen Datentyp in einen anderen um. Der Operator hat in Swift drei Erscheinungsformen:

- as: In dieser Form eignet sich as nur, wenn der Compiler erkennen kann, dass die Umwandlung gefahrlos möglich ist. Das trifft auf alle Upcasts zu, also auf Umwandlungen in Instanzen einer übergeordneten Klasse (siehe Abschnitt 12.1, »Vererbung«), außerdem bei manchen Literalen (z. B. 12 as Float).

- as?: Der Downcast-Operator as? typ stellt vor der Typkonvertierung sicher, dass diese überhaupt möglich ist. Wenn das nicht der Fall ist, lautet das Ergebnis nil. Es tritt kein Fehler auf.

  Mit if let varname = ausdruck as? typ können Sie den Typtest mit einer Zuweisung kombinieren. Das funktioniert gleichermaßen für Konstanten (let wie im folgenden Beispiel) wie auch für Variablen (var):

```
func f(obj: Any) {
  if let myint = obj as? UInt32 {
    // myint hat den Datentyp UInt32
    ...
  } else {
    print("falscher Datentyp")
  }
}
```

- as!: Mit einem nachgestellten Ausrufezeichen wird die Konvertierung auf jeden Fall versucht. Dabei kann es zu einem Fehler kommen, wenn der Datentyp nicht passt. Insofern ist diese Variante zumeist nur zweckmäßig, wenn die Typüberprüfung im Voraus erfolgt.

```
let obj: Any = 123
if obj is UInt32 {
  // wird nicht ausgeführt, weil obj eine Int-Instanz enthält
  var myint = obj as! UInt32
}
```

> **Upcasts und Downcasts**
>
> Ein Grundprinzip der objektorientierten Programmierung ist die Vererbung. Damit können Klassen die Merkmale einer Basisklasse übernehmen und diese erweitern oder verändern. Ein Objekt einer abgeleiteten Klasse (im Klassendiagramm unten dargestellt) kann immer wie ein Objekt der Basisklasse verwendet werden (im Klassendiagramm oben). Das nennt man einen (impliziten) Upcast, also eine Umwandlung in der Klassenhierarchie nach oben.
>
> Eine Konvertierung in die umgekehrte Richtung ist ein Downcast. Dieser funktioniert nur, wenn eine Variable vom Typ der Basisklasse tatsächlich ein Objekt der erforderlichen abgeleiteten Klasse enthält. Mehr Details zu diesem Thema finden Sie in Abschnitt 12.1, »Vererbung«.

Logische Operatoren

Logische Operatoren kombinieren Wahrheitswerte. *Wahr UND Wahr* liefert wieder *Wahr*; *Wahr UND Falsch* ergibt hingegen *Falsch*. In Swift gibt es wie in den meisten anderen Programmiersprachen die drei logischen Operatoren ! (Nicht), && (Und) sowie || (Oder):

```
let a=3, b=5
a>0 && b<=10              // true
a>b || b>a                // true
let ok = (a>b)            // false
if !ok {                  // wenn ok nicht true ist, dann ...
  print("Fehler")         // ... eine Fehlermeldung ausgeben
}
```

&& und || führen eine sogenannte *Short-Circuit Evaluation* aus: Steht nach der Auswertung des ersten Operanden das Endergebnis bereits fest, wird auf die Auswertung des zweiten Ausdrucks verzichtet. Wenn im folgenden Beispiel a>b das Ergebnis false liefert, dann ruft Swift die Funktion calculate gar nicht auf; der logische Ausdruck ist in jedem Fall false, ganz egal, welches Ergebnis calculate liefern würde.

```
if a>b && calculate(a, b)==14 { ... }
```

3.3 Range-Operatoren

In Swift gibt es zwei Operatoren, um Bereiche für Zahlen oder Zeichenketten auszudrücken:

- Der Closed-Range-Operator a...b beschreibt einen Bereich von a bis inklusive b.
- Der Half-Open-Range-Operator a..<b beschreibt hingegen einen Bereich von a bis exklusive b, entspricht also a...b-1.

Normalerweise werden diese Range-Operatoren für ganze Zahlen verwendet. Es gibt aber auch Anwendungsfälle für Fließkommazahlen und Zeichenketten, auf die ich im nächsten Abschnitt eingehe.

a muss kleiner als b sein, sonst ist der Ausdruck ungültig. Mit den Range-Operatoren definierte Bereiche können in Schleifen, in switch-case-Ausdrücken sowie mit dem vorhin vorgestellten Operator ~= verarbeitet werden.

```
for i in 1...10 {
    print(i)
}
```

In der folgenden Schreibweise können Sie Zahlenbereiche zur Initialisierung eines Integer-Arrays verwenden:

```
var ar = [Int](1...10)   // entspricht var ar = [1, 2, ..., 10]
```

Mit map können Sie auf einen Zahlenbereich direkt eine Funktion (Closure) anwenden:

```
(1...5).map { print($0) }
```

Die Operatoren ... und ..< sind in Wirklichkeit Kurzschreibweisen zur Erzeugung von CountableRange- bzw. CountableClosedRange-Strukturen.

```
1..<10          // entspricht CountableRange<Int>(1..<10)
1...10          // entspricht CountableClosedRange<Int>(1...10)
```

CountableRange und CountableClosedRange sind also Datenstrukturen, die einen Zahlenbereich repräsentieren. Die wichtigsten Eigenschaften sind startIndex und endIndex. Sie geben den Start- bzw. Endwert des Bereichs an. contains überprüft, ob eine bestimmte Zahl im Zahlenbereich enthalten ist.

```
var r = 1..<10  // entspricht r = CountableRange<Int>(1..<10)
r.startIndex    // 1
r.endIndex      // 10
r.contains(7)   // true
r.contains(11)  // false
```

Darüber hinaus gibt es unzählige Methoden, um den Zahlenbereich zu verändern (dropFirst, dropLast, reversed) bzw. um seine Elemente zu verarbeiten (filter, forEach, map).

Range-Operatoren für Fließkommazahlen und Zeichenketten

Je nach Kontext können die Operatoren a...b und a..<b auch zur Formulierung eines Intervalls verwendet werden – z. B. als Vergleichsbasis für switch bzw. für den schon beschriebenen Operator ~=. In diesem Fall sind für a und b auch Fließkommazahlen oder Zeichenketten (Character) erlaubt.

```
1...10    ~= 8       // true
1.7..<2.9 ~= 2.3     // true
"a"..."z" ~= "f"     // true
"0"..."9" ~= "x"     // false
```

Allerdings gelten für Bereiche, deren Grunddatentyp nicht aufzählbar ist, viele Einschränkungen. Beispielsweise ist es unmöglich, Schleifen über sie zu bilden:

```
for c in "a"..."z" {   // Fehler, ClosedRange<String> does not
  print(c)             // conform to protocol sequence
}
```

> **Schleifen über einen Fließkommazahlenbereich**
>
> Um analog zu for i in 1...3 eine Schleife für eine double-Variable zu formulieren, können Sie auf stride zurückgreifen. Diese Funktion stelle ich Ihnen in Kapitel 5, »Verzweigungen und Schleifen«, vor.

3.4 Operatoren für Fortgeschrittene

Die wichtigsten Operatoren kennen Sie nun. Dieser Abschnitt ergänzt Ihr Wissen um Spezial- und Hintergrundinformationen. Am interessantesten ist dabei sicherlich die Möglichkeit, selbst eigene Operatoren zu definieren bzw. vorhandene Operatoren zu überschreiben (Operator Overloading).

Ternärer Operator

Swift kennt drei Typen von Operatoren:

- **Unäre Operatoren** (Unary Operators) verarbeiten nur einen Operanden. In Swift zählen dazu das positive und negative Vorzeichen, das logische NICHT (also !bool) und die Unwrapping-Operatoren ! und ? zur Auswertung von Optionals (also opt! oder opt?).

3.4 Operatoren für Fortgeschrittene

- **Binäre Operatoren** verarbeiten zwei Operanden, also etwa das a * b. Die Mehrheit der Swift-Operatoren fällt in diese Gruppe.
- **Ternäre Operatoren** verarbeiten drei Operanden. In Swift gibt es nur einen derartigen Vertreter, der daher einfach als *der* ternäre Operator bezeichnet wird – so, als wären andere ternäre Operatoren undenkbar.

Die Syntax des ternären Operators sieht so aus:

```
a ? b : c
```

Wenn der boolesche Ausdruck a wahr ist, dann liefert der Ausdruck b, sonst c. Der ternäre Operator eignet sich dazu, einfache if-Verzweigungen zu verkürzen:

```
// if-Schreibweise
let result:String
let x = 3
if x<10 {
    result = "x kleiner 10"
} else {
    result = "x größer-gleich 10"
}

// verkürzte Schreibweise mit dem ternären Operator
let x = 3
let result = x<10 ? "x kleiner 10" : "x größer gleich 10"
```

Unwrapping- und Nil-Coalescing-Operator

Anders als in den meisten anderen Programmiersprachen können mit einem Typ deklarierte Swift-Variablen nie den Zustand null im Sinne von »nicht initialisiert« annehmen. Swift bietet dafür die Möglichkeit, eine Variable explizit als *Optional* zu deklarieren (siehe Abschnitt 4.2, »Optionals«). Dazu geben Sie explizit den gewünschten Datentyp an, dem wiederum ein Fragezeichen oder ein Ausrufezeichen folgt:

```
var x: Int? = 3    // x enthält eine ganze Zahl oder nil
var y: Int! = 4    // y enthält eine ganze Zahl oder nil
var z: Int  = 5    // z enthält immer eine ganze Zahl

x = nil            // ok
y = nil            // ok
z = nil            // nicht erlaubt
```

Der Unterschied zwischen x und y besteht darin, dass das Auspacken (*Unwrapping*) des eigentlichen Werts bei y automatisch erfolgt, während es bei x durch ein nachgestelltes Ausrufezeichen – den Unwrapping-Operator – erzwungen werden muss.

Beachten Sie, dass die folgenden Zeilen beide einen Fehler verursachen, wenn x bzw. y den Zustand nil aufweist!

```
var i: Int = x!      // explizites Unwrapping durch x!
var j: Int = y       // automatisches Unwrapping
```

Die Variablen x und y können also nil enthalten. nil hat eine ähnliche Bedeutung wie bei anderen Sprachen null. Optionals sind aber gleichermaßen für Wert- und für Referenztypen vorgesehen, was in manchen anderen Programmiersprachen nicht oder nur auf Umwegen möglich ist. Allerdings können nur solche Klassen für Optionals verwendet werden, die das Protokoll ExpressibleByNilLiteral einhalten.

Mit diesem Vorwissen kommen wir nun zum Nil-Coalescing-Operator a ?? b, der sich ebenso schwer aussprechen wie übersetzen lässt. Bei ihm handelt es sich um eine Kurzschreibweise des folgenden Ausdrucks:

```
a != nil ? a! : b
```

Wenn a initialisiert ist, also nicht nil ist, dann liefert a ?? b den Wert von a zurück, andernfalls den Wert von b. Damit eignet sich b zur Angabe eines Defaultwerts. In a! bewirkt das Ausrufezeichen das Auspacken (*Unwrapping*) des Optionals. Aus dem Optional Typ? wird also der reguläre Datentyp Typ.

```
// k den Wert von x oder den Defaultwert -1 zuweisen
var k = x ?? -1       // der Datentyp von k ist Int
```

Optional Chaining

Ebenfalls mit Optionals hat die Operatorkombination ?. zu tun. Sie testet, ob ein Ausdruck nil ergibt. Ist dies der Fall, lautet das Endergebnis nil. Andernfalls wird das Ergebnis ausgepackt und der nächste Ausdruck angewendet. Wenn dieser ebenfalls ein Optional liefert, kann auch diesem Ausdruck ein Fragezeichen hintangestellt werden. Swift führt einen weiteren nil-Test durch. Diese Verkettung von nil-Tests samt Auswertung, wenn der Ausdruck nicht nil ist, heißt in Swift »Optional Chaining«:

```
let a = optional?.method()?.property
let b = optional?.method1()?.method2()?.method3()
```

Operator-Präferenz

Beim Ausdruck a + b * c rechnet Swift zuerst b*c aus, bevor es summiert – so wie Sie es in der Schule gelernt haben. Generell gilt in Swift eine klare Hierarchie der Operatoren (siehe Tabelle 3.2). Um die Verarbeitungsreihenfolge zu verändern, können Sie natürlich jederzeit Klammern setzen – also beispielsweise (a+b)*c.

3.4 Operatoren für Fortgeschrittene

Priorität	Operatoren
BitwiseShiftPrecedence	<< >>
MultiplicationPrecedence ←	* / % &*
AdditionPrecedence ←	+ - &+ &- | ^
RangeFormationPrecedence	... ..<
CastingPrecedence	is as
NilCoalescingPrecedence	??
ComparisonPrecedence	< <= > >= == != === !=== ~=
LogicalConjunctionPrecedence ←	&&
LogicalDisjunctionPrecedence ←	||
DefaultPrecedence	(keine zugeordneten Operatoren)
TernaryPrecedence →	?:
AssignmentPrecedence →	= *= /= %= += -= <<= >>= &= ^= |= &&= ||=
FunctionArrowPrecedence →	->

Tabelle 3.2 Hierarchie der binären Operatoren

In Swift gibt es vordefinierte Prioritätsgruppen (Precedence Groups). Die erste Spalte der Operatorentabelle gibt neben dem Namen der Gruppe auch die Assoziativität an (soweit definiert). Diese bestimmt, ob gleichwertige Operatoren von links nach rechts oder von rechts nach links verarbeitet werden sollen. Beispielsweise ist - (Minus) ein linksassoziativer Operator. Die Auswertung erfolgt von links nach rechts. 17 - 5 - 3 wird also in der Form (17 - 5) - 3 verarbeitet und ergibt 9. Falsch wäre 17 - (5 - 3) = 15!

Detailinformationen zu den Prioritätsgruppen sowie weitere Operator-Interna können Sie im Proposal 0077 nachlesen. Es fasst all die Änderungen zusammen, die in Swift 3 im Bereich der Operatoren durchgeführt wurden:

https://github.com/apple/swift-evolution/blob/master/proposals/
  0077-operator-precedence.md

3.5 Eigene Operatoren

Swift bietet die Möglichkeit, vorhandenen Operatoren für bestimmte Datentypen neue Funktionen zuzuweisen (Operator Overloading). Außerdem können Sie vollkommen neue Operatoren definieren.

Operatoren sind aus der Sicht von Swift ein Sonderfall globaler Funktionen, wobei der Funktionsname aus Operatorzeichen besteht. Insofern greift dieser Abschnitt Kapitel 6, »Funktionen und Closures«, vor. Binäre Operatoren erwarten zwei, unäre Operatoren einen Parameter.

Reservierte Operatoren

Die folgenden Zeichen, Zeichenkombinationen bzw. Operatoren sind reserviert und können nicht verändert werden:

= -> // /* */ . > ! ?

Operator Overloading für komplexe Zahlen

Das folgende Beispiel zeigt, wie einfach Operator Overloading ist. Im Beispiel wird zuerst die Datenstruktur Complex zur Speicherung komplexer Zahlen mit Real- und Imaginärteil definiert. Die weiteren Zeilen zeigen die Implementierung der Operatoren + und * zur Verarbeitung solcher Zahlen.

```
// Beispieldatei operator-overloading.playground

// Datenstruktur zur Speicherung komplexer Zahlen
struct Complex {
  var re: Double
  var im: Double

  // Init-Funktion, um eine neue komplexe Zahl zu erzeugen
  init(re: Double, im: Double) {
    self.re=re
    self.im=im
  }
}

// Addition komplexer Zahlen
func + (left: Complex, right: Complex) -> Complex {
  return Complex(re: left.re + right.re, im: left.im + right.im)
}
```

3.5 Eigene Operatoren

```
// Multiplikation komplexer Zahlen
func * (left: Complex, right: Complex) -> Complex {
  return Complex(re: left.re * right.re - left.im * right.im,
                 im: left.re * right.im + left.im * right.re)
}

// Vergleich komplexer Zahlen
func == (left: Complex, right: Complex) -> Bool {
  return left.re == right.re  &&   left.im == right.im
}
func != (left: Complex, right: Complex) -> Bool {
  return !(left==right)
}

// Operatoren anwenden
var a = Complex(re: 2, im: 1)     //  2 + i
var b = Complex(re: 1, im: 3)     //  1 + 3i
var c = a + b                     //  3 + 4i
var d = a * b                     // -1 + 7i
```

Bei der Definition unärer Operatoren muss mit dem Schlüsselwort `prefix` bzw. `postfix` angegeben werden, ob der Operator vor oder nach dem Operanden angegeben wird. Die Definition des Operators für negative Vorzeichen bei komplexen Zahlen sieht so aus:

```
// negatives Vorzeichen für komplexe Zahlen
prefix func - (op: Complex) -> Complex {
  return Complex(re: -op.re, im: -op.im)
}

// Anwendung
var e = -d                        //  1 - 7i
```

Neuer Vergleichsoperator für Zeichenketten

Für aktuell nicht genutzte Zeichenkombinationen können Sie selbst neue Operatoren definieren. Dazu müssen Sie den Operator mit `infix|prefix|postfix operator` zuerst definieren und einer Prioritätsgruppe zuordnen (siehe Tabelle 3.2). Wenn Sie darauf verzichten, zählt Ihr Operator automatisch zur Gruppe `DefaultPrecedence`.

Das folgende Beispiel definiert einen Vergleichsoperator für Zeichenketten, der nicht zwischen Groß- und Kleinschreibung unterscheidet. `infix` bezeichnet dabei einen Operator für zwei Operanden. Der Operator `=~=` erhält dieselbe Priorität wie die anderen Vergleichsoperatoren.

```
// Datei comparision-operator.swift
// neuen Vergleichsoperator definieren, ...
infix operator =~= : ComparisonPrecedence
```

Die Implementierung greift auf die compare-Methode zurück. Besser lesbar, aber weniger effizient wäre return left.uppercased()== right.uppercased().

```
// ... implementieren,
func =~= (left: String, right: String) -> Bool {
  return left.compare(right, options: .caseInsensitive) == .
    orderedSame
}

// ... und ausprobieren
"abc" =~= "Abc"     // true
"äöü" =~= "ÄöÜ"     // true
```

Neuer Exponential-Operator in einer eigenen Prioritätsgruppe

Sie sind bei der Definition eigener Operatoren nicht auf die vorgegebenen Prioritätsgruppen beschränkt. Das folgende Beispiel greift eine Idee aus dem schon erwähnten Proposal 0077 auf und definiert den Exponential-Operator ∗∗ für Double-Zahlen. Der Operator wird der ebenso neuen Gruppe ExponentiationPrecedence zugeordnet. Diese Gruppe hat eine höhere Priorität als MultiplicationPrecedence, mehrere aufeinanderfolgende Exponential-Operatoren werden von links nach rechts verarbeitet.

```
// Datei comparision-operator.swift

// neue Prioritätsgruppe für Exponential-Operatoren
precedencegroup ExponentiationPrecedence {
   associativity: left
   higherThan: MultiplicationPrecedence
}

// neuer Exponential-Operator
infix operator ** : ExponentiationPrecedence

// Implementierung
func ** (base: Double, exponent: Double) -> Double {
  return pow(base, exponent)
}

let result = 1 + 2 ** 3   // 1 plus (2 hoch 3), Ergebnis 9
```

Weitere Beispiele für eigene Operatoren

In diesem Buch zeige ich Ihnen in mehreren Abschnitten, wie Sie eigene Operatoren gewinnbringend zur Formulierung klareren Codes definieren können:

- In Abschnitt 7.3, »CGFloat, CGPoint, CGSize und Co.«, zeige ich Ihnen, wie Sie Operatoren definieren, um bequem Berechnungen mit Koordinatenpunkten, Vektoren etc. durchzuführen.
- In Abschnitt 8.5, »Zeichenketten und Zahlen umwandeln«, stelle ich Ihnen einen Dreizeiler vor, der den aus Python bekannten Operator % zur Formatierung von Zeichenketten definiert.
- In Abschnitt 11.5, »Methoden«, habe ich in einem Beispiel, das den Unterschied zwischen verschiedenen Methodentypen zeigt, auch die Operatoren < und > definiert. Sie ermitteln, welcher von zwei 3D-Vektoren kürzer ist.

Kapitel 4
Variablen und Optionals

Dieses Kapitel führt in die Konzepte der Variablenverwaltung in Swift ein. Es erläutert den Unterschied zwischen Variablen und Konstanten sowie zwischen Wert- und Referenztypen. Außerdem geht es ausführlich auf Optionals ein, also auf Variablen, die zusätzlich auch den Wert bzw. Zustand `nil` enthalten können.

Dieses Kapitel ist gewissermaßen nur der Einstieg ins Thema »Variablen«. Viele weitere Aspekte folgen in anderen Kapiteln:

- elementare Datentypen:
    - Kapitel 7, »Zahlen und geometrische Strukturen«
    - Kapitel 8, »Zeichenketten«
    - Kapitel 9, »Datum und Uhrzeit«
- Arrays, Sets etc. (Kapitel 10, »Arrays, Dictionaries, Sets und Tupel«)
- Gültigkeitsebenen (Abschnitt 11.1, »Klassen und Strukturen«)
- Eigenschaften, also Variablen auf Klassenebene (Abschnitt 11.3, »Eigenschaften«)
- Lebensdauer von Objekten (Abschnitt 11.8, »Speicherverwaltung«)
- Reflection und Metatypen (Abschnitt 12.7)

4.1 Variablen und Konstanten

In den meisten Programmiersprachen sind Variablen die Regel und Konstanten die Ausnahme. Für die Programmierung in Swift wird hingegen empfohlen, möglichst oft mit Konstanten zu arbeiten (Schlüsselwort `let`) und Variablen nur einzusetzen, wenn dies tatsächlich notwendig ist (Schlüsselwort `var`).

Deklaration von Variablen

Variablen müssen bei oder vor der ersten Zuweisung mit `var` deklariert werden. Swift entscheidet sich selbst für einen geeigneten Datentyp. Dieser Typ kann sich später nicht mehr ändern.

```
var x = 3           // implizite Integer-Variable
x = 5               // OK
x = 1.4             // Fehler, x ist eine Fließkommazahl
```

Optional können Sie den Datentyp explizit festlegen – entweder durch eine Typenangabe (*Type Annotation*) in der Form `varname:typ` oder durch ein Literal, das den Datentyp eindeutig macht (`var y=3.0`).

```
var y: Double = 3   // explizite Double-Variable
y = 1.7             // OK
```

Sie können in einer durch Kommata getrennten Aufzählung mehrere Variablen auf einmal deklarieren – mit oder ohne Zuweisung. Sie *müssen* aber jeder Variablen zuerst einen Wert zuweisen, bevor Sie die Variable auslesen bzw. in einem Ausdruck verwenden können. Eine Ausnahme von dieser Regel sind Optionals (siehe Abschnitt 4.2), die automatisch mit dem Zustand `nil` initialisiert werden.

```
var a = 3, b = 8.4, c = false
var d, e, f: Double, g: Bool
print(d)      // Fehler, d ist nicht initialisiert
```

Regeln für Variablennamen

Variablennamen können aus nahezu allen Unicode-Zeichen zusammengesetzt werden. Auch Ziffern sind erlaubt, allerdings nicht als erstes Zeichen. Nicht zulässig sind Leer- und Tabulatorzeichen, Satzzeichen sowie mathematische Symbole. Es ist sogar zulässig, Schlüsselwörter als Variablennamen zu verwenden, wenn Sie diese in rechtsgerichtete Apostrophe setzen; empfohlen ist dies aber nicht.

```
var äöü = 3         // OK
var _xyz = 4        // OK
var _123 = 5        // OK
var `for` = 6       // OK
var a b = 3         // Fehler, keine Leerzeichen
var `a b` = 3       // Fehler, keine Leerzeichen
var 1abc = 3        // Fehler, Name darf nicht mit Ziffer beginnen
var $abc = 3        // Fehler, $ ist nicht erlaubt
var ef.gh = 3       // Fehler, . ist nicht erlaubt
```

Es ist üblich, Variablennamen mit einem Kleinbuchstaben beginnen zu lassen. Für zusammengesetzte Namen wird die CamelCase-Notation empfohlen, also `meineVariable` und nicht `meine_variable`.

Konstanten

Konstanten werden mit `let` deklariert. Eine spätere Änderung des anfänglichen Werts ist nicht erlaubt.

```
let max = 5    // Konstante
max = 7        // Fehler, Max kann nicht mehr verändert werden
```

Wenn der Swift-Compiler erkennen kann, dass von verschiedenen Code-Zweigen immer genau einer ausgeführt werden kann, dann sind unterschiedliche Zuweisungen erlaubt:

```
let c: String  // in c soll der Name einer Farbe gespeichert
     werden
if arc4random() % 2 == 0 {   // zufällig zwischen rot/grün wählen
  c = "Red"
} else {
  c = "Green"
}
```

Beachten Sie, dass Swift bei Konstanten zwar die Zuweisung eines neuen Werts bzw. Objekts verhindert, dass die Daten bzw. der Inhalt eines Objekts aber sehr wohl auch bei Konstanten verändert werden können!

```
// eine ganz einfache Klasse
class MyClass {
  var data: Double
  init(data: Double) {
    self.data = data
  }
}

let obj = MyClass(data: 2)   // obj.data enthält 2.0
obj = MyClass(data: 7)       // Fehler, obj ist eine Konstante
obj.data = 5                 // OK, obj.data ist jetzt 5.0
```

`let` kann zur Auswertung von Optionals mit `if`- oder `while`-Bedingungen kombiniert werden. Dabei wird getestet, ob der Ausdruck ungleich `nil` ist. Wenn das der Fall ist, gilt die Bedingung als erfüllt und der Ausdruck wird der Konstanten zugewiesen. Die folgende Zeile zeigt nur die Syntax, weitere Beispiele folgen in Abschnitt 4.2 und in Kapitel 5.

```
var s: String = numberInput() // Zeichenkette
if let x = Int(s) {           // x hat den Datentyp Int
  print(x)
}
```

Konstanten statt Variablen

Die offizielle Swift-Dokumentation empfiehlt, nach Möglichkeit `let` den Vorzug gegenüber `var` zu geben. Xcode weist zudem in Warnungen auf Variablen hin, die nie verändert werden und daher mit `let` deklariert werden könnten. Machen Sie also nur das variabel, was wirklich variabel sein muss. Gewöhnen Sie sich an, zuerst einmal `let` zu verwenden, und ändern Sie `let` erst bei Bedarf zu `var`.

Keine Großbuchstaben

Es ist in Swift unüblich, Konstanten mit lauter Großbuchstaben zu benennen, also `let MAX=3`. Im offiziellen Swift-E-Book von Apple (»The Swift Programming Language«) werden Konstanten wie Variablen benannt, also `let pi=3.1415` oder `let itemMax=10`.

Eigenschaften

Innerhalb einer Klasse definierte Variablen heißen in Swift *Eigenschaften* (Properties) und werden in Abschnitt 11.3, »Eigenschaften«, näher behandelt. An dieser Stelle möchte ich aber schon jetzt auf einen Spezialfall hinweisen, der durchaus auch außerhalb einer Klasse verwendet werden kann: *Computed Properties*, wörtlich übersetzt also *errechnete Eigenschaften*, sehen nur in der ersten Zeile wie Variablen aus:

```
// Syntax für Computed Properties
var name: datentyp {
  get {
    ...
    return result
  }
  set {
    ... newValue verarbeiten
  }
}
```

Computed Properties sind intern also Funktionen bzw. Methoden. Anders als echte Variablen bieten sie aber keine Möglichkeit, Daten zu speichern! Jedes Mal, wenn `name` ausgelesen wird, führt Swift den get-Code aus und liefert das dynamisch errechnete return-Ergebnis zurück. Umgekehrt läuft bei jeder Zuweisung der set-Code. An diesen wird der Parameter `newValue` übergeben. In anderen Programmiersprachen werden vergleichbare Funktionen oft durch sogenannte Getter- und Setter-Methoden realisiert, auch wenn die Syntax stark variiert.

Im folgenden Minibeispiel, das auch ohne die Definition eigener Klassen funktioniert, sollen die Variable s vom Typ String und die Eigenschaft x immer synchron sein. Der get-Code von x versucht daher, die Zeichenkette bei jedem Lesezugriff in eine ganze Zahl umzuwandeln. Gelingt dies nicht, liefert x den Wert 0. Umgekehrt wird bei jeder Veränderung von x auch s entsprechend geändert:

```
var s: String = "123"    // normale Variable, Datenspeicher
var x: Int {             // Computed Property
  get {
    // liefert den Wert von s oder 0, wenn s keine Zahl enthält
    return Int(s) ?? 0
  }
  set {
    s = "\(newValue)"
  }
}

x          // 123
x = 35     // s wird damit "35" zugewiesen
s
s = "abc"
x          // 0, weil "abc" keine Zahl ist
```

Weitere Beispiele folgen in Abschnitt 11.3, »Eigenschaften«. Werfen Sie auch einen Blick in das Stichwortverzeichnis und dort auf den Eintrag »Computed Properties«!

Enumerationen (Enums)

Mehrere Konstanten, die eine zusammengehörende logische Gruppe bilden, werden zweckmäßigerweise als Enumeration formuliert. Die Syntax hierfür ist simpel:

```
enum Color {
  case white
  case black
  case red, green, blue
}
```

Die zu definierenden Konstanten werden also einfach mit case aufgezählt, wobei Sie wahlweise immer nur eine oder aber mehrere durch Kommata getrennte Konstanten auf einmal nennen können. Swift weist den Konstanten selbst eindeutige Werte zu. Ab Swift 3 ist es üblich, die Namen von Enumerationselementen mit Kleinbuchstaben beginnen zu lassen.

Die Verwendung der Konstanten ist dann ebenso unkompliziert:

```
var c = Color.white
if c == Color.red {
  print("c enthält die Farbe 'rot'.")
}
```

Wenn aus dem Kontext ohnehin klar ist, dass es sich um Elemente einer bestimmten Enumeration handelt, ist die folgende Kurzschreibweise zulässig:

```
var c = Color.white
c = .green       // c ist eine Variable vom Typ 'Color'
if c == .green {
  print("grün")
}
```

Der Swift-Compiler betrachtet die Zuweisung c=.green bzw. den Vergleich c==.green als Fehler. Sie müssen Leerzeichen vor und nach = bzw. == angeben, damit der Compiler die Anweisungen richtig interpretiert.

Die Kurzschreibweise .enumerationswert funktioniert auch in switch-Ausdrücken (siehe Abschnitt 5.3, »Verzweigungen mit switch«). Auf den default-Block dürfen Sie verzichten, wenn in der switch-Konstruktion *alle* Elemente der Enumeration vorkommen.

```
switch c {
case .green:
  print("grün")
case .white, .black:
  print("schwarz/weiß")
default:
  print("andere Farbe")
}
```

> **Enumerationen definieren neue Datentypen**
>
> Enumerationen eignen sich nicht nur dazu, eine Gruppe von Konstanten zu bilden, sie definieren auch eigene Datentypen. Daraus ergeben sich weitere syntaktische Feinheiten, die in Kapitel 11, »Objektorientierte Programmierung I«, in Abschnitt 11.2, »Enumerationen«, zusammengefasst sind.

rawValues

Normalerweise weist Swift den Enumerationselementen eindeutige Werte zu. Sie können in diesen Prozess aber eingreifen und den Konstanten selbst Werte in einem Datentyp zuordnen, den Sie bei der Deklaration angeben. Swift achtet darauf, dass jedes Enumerationselement einen eindeutigen Wert erhält. Mit `.rawValue` können Sie den Wert auslesen.

```
enum Color1: String {
  case red  = "ff0000"
  case blue = "0000ff"
}
var c = Color1.red
c.rawValue          // "ff0000"
```

Wenn Sie Int als Datentyp verwenden, numeriert Swift die Elemente automatisch durch, entweder beginnend mit 0 oder ausgehend von angegebenen Startwerten:

```
enum Color: Int {
  case red = 4, blue, green
  case black = 10, white
}

Color.green.rawValue    // 6
Color.white.rawValue    // 11
```

Verwenden Sie dagegen String als Datentyp, nutzt Swift automatisch die Namen der Konstanten als Enumerationswerte:

```
enum Color : String {
  case white
  case black
  case red, green, blue
}

Color.green.rawValue    // "Green"
```

Beachten Sie, dass rawValue nur für solche Enumerationen zur Verfügung steht, bei denen bei der Definition explizit ein Datentyp angegeben ist – in den vorigen Beispielen also String bzw. Int. Fehlt der Datentyp, kommt es zu einem Fehler:

```
enum Color {
  case red
  case blue
}
var c = Color.red
c.rawValue            // Fehler
Color.blue.rawValue   // Fehler
```

4.2 Optionals

In den meisten Programmiersprachen können Objektvariablen den Zustand null im Sinne von »nicht initialisiert, nicht belegt« aufweisen. In Swift ist dies bei Variablen, die nicht als Optionals deklariert sind, unmöglich. Gewöhnlichen (also: nichtoptionalen) Variablen muss vor dem ersten Auslesen ein konkreter Wert zugewiesen werden.

Dafür kennt Swift neben gewöhnlichen Variablen bzw. Konstanten auch sogenannte *Optionals*. Das sind Variablen bzw. Konstanten, die den Zustand »noch nicht belegt/unbekannt/ungültig« aufweisen können. Dieser Zustand wird allerdings nicht durch das Schlüsselwort null, sondern durch das sinngemäß gleichwertige nil ausgedrückt. Im Unterschied zu manchen anderen Programmiersprachen gibt es Optionals in Swift nicht nur für Referenztypen, sondern auch für elementare Wertdatentypen wie Int oder String.

Optionals – Fluch oder Segen?

Wie Sie gleich sehen werden, gelten für den Umgang mit Optionals eine Menge spezieller Regeln. Die relativ sperrige Syntax wird damit begründet, dass man mit ihrer Hilfe einen ungewollten Zugriff auf eine nicht initialisierte Variable vermeidet, der in anderen Programmiersprachen ein häufiges Problem ist.

An sich ist die Idee gut – wenn Optionals die Ausnahme und nichtoptionale Variablen die Regel wären. In der Praxis ist es aber leider gerade umgekehrt: Bei der Entwicklung von Apps hat man manchmal das Gefühl, als würde nahezu jede Eigenschaft oder Methode Optionals liefern. Die ständig erforderlichen nil-Absicherungen bzw. unzählige if-let-Zuweisungen machen den Code langatmig und schwer lesbar.

Optionals deklarieren

Optionals deklarieren Sie, indem Sie nach dem Variablennamen den Datentyp sowie ein Ausrufe- oder Fragezeichen angeben. Optionals können für *alle* Datentypen deklariert werden, also nicht nur für Objektvariablen, sondern auch für Variablen, die elementare Datentypen, wie Int, Double oder String, aufnehmen (Werttypen bzw. Strukturen). Bei der Ausgabe mit print müssen Sie seit Swift 3.1 das Casting as Any durchführen, andernfalls kommt es zur Warnung (*implicitly coerced to Any*).

```
var op1: Int?         // Optional für Int (gewöhnlicher Optional)
var op2: Double!      // Optional für Double (Implicitly Unwrapped
                      //                     Optional)
print(op1 as Any)     // Ausgabe "nil"
print(op2 as Any)     // Fehler 'unexpectedly found nil
                      // while unwrapping an Optional value'
```

```
if op2 == nil {      // so ist es okay
  print("op2 ist nil")
}

op1 = 3              // Erst jetzt haben die Optionals
op2 = 1.4            // einen richtigen Wert.
```

Optionals kommen auch ohne explizite Deklaration zustande, wenn Sie Funktionen oder Methoden aufrufen, die Optionals als Rückgabewert liefern. Im folgenden Beispiel liefert `Int(s)` das Ergebnis im Datentyp `Int?` zurück. Das liegt daran, dass Int nicht von vornherein weiß, ob sich die Zeichenkette wirklich in eine Zahl umwandeln lässt. Bei `Int("123")` klappt das, aber bei `Int("bla")` nicht. Im zweiten Fall tritt kein Fehler auf, aber das Ergebnis lautet `nil`.

```
let s = "123"
var i = Int(s)       // i hat den Datentyp 'Int?'
print(i)             // Ausgabe "Optional(123)"
```

Optionals auslesen

Die Beispiele des vorigen Abschnitts haben gezeigt, dass es *zwei* Arten gibt, um Optionals zu deklarieren: entweder mit einem Ausrufezeichen oder mit einem Fragezeichen. Der Unterschied besteht darin, wie sich die Variable beim Zugriff auf die Daten verhält.

- **Optionals mit Fragezeichen (gewöhnliche Optionals):** Gewöhnliche Optionals müssen beim Auslesen jedes Mal explizit durch ein nachgestelltes Ausrufezeichen in den zugrunde liegenden Datentyp umgewandelt werden:

  ```
  var op1: Int? = 1
  print(op1 + 3)       // Fehler, 'Int' + 'Int?' ist nicht zulässig
  let i: Int = op1     // Fehler, 'Int' = 'Int?' ist nicht möglich
  print(op1! + 3)      // ok
  let i: Int = op1!    // ok
  ```

  Sollte sich beim Auslesen mit `op!` herausstellen, dass die Variable `nil` enthält, tritt ein Fehler auf! Dieser Fall muss vorweg durch einen Test, durch `if let` oder durch den Einsatz des Nil-Coalescing-Operators ausgeschlossen werden (siehe den nächsten Abschnitt).

  Generell gilt: Unwrapping ist nur beim Auslesen, aber nie beim Zuweisen erforderlich – also z. B. auf der rechten Seite von Zuweisungen (`let x = op!`). Merkwürdigerweise ist der Unwrapping-Operator aber auch auf der linken Seite erlaubt, wenn Sie ein Optional verändern. Der Compiler akzeptiert `op1! = 2` als korrekte Anweisung. `op1 = 2` wäre natürlich auch korrekt.

- **Optionals mit Ausrufezeichen (Implicitly Unwrapped Optionals):** Werden Optionals hingegen in der Form Datentyp! deklariert, dann erfolgt die Umwandlung in den zugrunde liegenden Datentyp, also das sogenannte »Unwrapping«, automatisch. Aber natürlich kommt es auch hierbei zu einem Fehler, sollte die Variable oder Konstante nil enthalten.

```
var op2: Double! = 1.4
print(op2 + 1.7)      // ok
let x: Double = op2   // ok
```

Implicitly Unwrapped Optionals sind übrigens auch dann als Datentyp erlaubt, wenn eine Funktion oder Methode ein gewöhnliches Optional zurückgibt:

```
let n: Int! = Int("abc")    // n enthält nun nil
```

Implicitly Unwrapped oder nicht?

Jetzt stellt sich natürlich die Frage: Welche der beiden Varianten sollen Sie vorziehen? Auf der sicheren Seite sind Sie mit gewöhnlichen Optionals. Hier zwingt die Swift-Syntax Sie zum Einsatz des Unwrapping-Operators. Weder Sie noch irgendjemand sonst, der Ihren Code liest, kann übersehen, dass hier Optionals im Spiel sind.

Für die Variante mit automatischem Unwrapping spricht der Umstand, dass der Code ein wenig kompakter und leichter lesbar wird. In Apps sind Variablen mit automatischem Unwrapping allgegenwärtig. Xcode verwendet Implicitly Unwrapped Optionals für alle Verbindungen zu Steuerelementen, also für die sogenannten »Outlets«.

---

nil-Test und if-let

Optionals setzen Sie immer dann ein, wenn Sie nicht von vornherein wissen, ob bzw. wann eine Variable gültige Daten enthält. Daraus folgt aber, dass Sie vor dem Auslesen von Optionals immer überprüfen müssen, ob Sie (schon) valide Daten haben oder nicht. Am einfachsten gelingt dieser Test mit var == nil bzw. var != nil, wobei bei Letzterem ein Leerzeichen zwischen dem Variablennamen und dem Operator notwendig ist – andernfalls interpretiert der Compiler den Test falsch im Sinne von var! = nil.

```
let inputString = "7"
let n = Int(inputString)    // n hat den Datentyp Int?
if n == nil {
  print("Fehler, die Eingabe kann nicht in " +
      "eine Zahl umgewandelt werden.")
} ...
```

```
... else {
  for i in 5...n! {
    print(i)   // Ausgabe: 5, 6, 7
  }
}
```

Mit if-let können Sie den nil-Test mit einer Zuweisung kombinieren. Wenn der Ausdruck auf der rechten Seite der Zuweisung ungleich nil ist, dann wird der Wert des Optionals in der Variablen auf der linken Seite gespeichert. In n wird also das ausgepackte Optional gespeichert, und der Datentyp ist Int:

```
if let n = Int(inputString)  { // n hat den Datentyp Int
  for  i in 5...7 {
    print(i)
  }
}
```

> **if-let-Varianten**
>
> Mit if let können Sie mehrere Optionals auf einmal auswerten und den gesamten Ausdruck gleichzeitig mit Bedingungen verknüpfen. Viele weitere if-let-Varianten stelle ich Ihnen in Abschnitt 5.1, »Verzweigungen mit if«, vor.

Optional Chaining

Mitunter entstehen ganze Ketten von Optionals: Wenn ein Optional ungleich nil ist, dann soll darauf eine Methode angewendet werden. Das Ergebnis ist aber selbst ein Optional – und wenn es ebenfalls ungleich nil ist, dann soll eine seiner Eigenschaften ausgelesen werden. Mit der vorhin erwähnten if-let-Kombination ergeben sich daraus solche Konstruktionen:

```
if let a = optional,
   let b = a.method(),
   let c = b.property
{
   // c verarbeiten
}
```

Swift sieht für solche Fälle die Operatorkombination ?. vor: Wenn der vorherige Ausdruck nil ist, dann lautet das Endergebnis nil, andernfalls wird die nachfolgende Methode oder Eigenschaft ausgewertet – und so weiter. »The Swift Programming Language« nennt diesen mehrfach verknüpften nil-Test *Optional Chaining*. Die Kurzschreibweise für den obigen Code lautet damit so:

```
if let c = optional?.method()?.property {
  // c verarbeiten
}
```

Optional Chaining ist in zwei Varianten besonders beliebt:

- `optional?.method()` bewirkt, dass die Methode nur dann aufgerufen wird, wenn der vorangestellte optionale Ausdruck nicht `nil` ist. Andernfalls wird die Anweisung ignoriert, und es tritt kein Fehler auf. Sie ersparen sich also umständlichen Code der Art `if optional != nil { optional!.method()}`.

- `optional?.property = xxx` bewirkt analog, dass die Eigenschaft nur dann verändert wird, wenn der vorangestellte optionale Ausdruck ungleich `nil` ist. Auch hier ersparen Sie sich den Test `optional != nil`.

Nil Coalescing

Speziell für die Variablenzuweisung ist der Nil-Coalescing-Operator hilfreich. Anstelle von

```
var i: Int
let inputString = "123"
let defaultvalue = 0
let n = Int(inputString)

// Variante 1: herkömmlicher Code
if n == nil {
  i = defaultvalue
} else {
  i = n!
}
```

oder der kürzeren Fassung mit dem ternären Operator

```
// Variante 2 mit dem ternären Operator
i = (n == nil) ? defaultvalue : n!
```

können Sie Optionals noch knapper so einer Variablen zuweisen:

```
// Variante 3 mit Nil-Coalescing-Operator
i = n ?? defaultvalue
```

Die zwei Fragezeichen repräsentieren also den Nil-Coalescing-Operator. `a ?? b` liefert den Inhalt von a zurück, wenn dieser nicht `nil` ist, oder andernfalls den Defaultwert aus b.

Syntaktischer Zucker

Hinter den Kulissen sind Optionals als Enumerationen mit einem generischen Datentyp realisiert. `typ?` entspricht `Optional<typ>`, und `typ!` ist eine Kurzschreibweise für `ImplicitlyUnwrappedOptional<typ>`. Dass der Swift-Compiler die Kurzschreibweisen `typ?` bzw. `typ!` akzeptiert, nennt man »syntaktischen Zucker« – also eine Bequemlichkeit für Programmierer.

```
var o1: Double?     // o1 und o2 haben den gleichen Datentyp
var o2: Optional<Double>
var o3: Double!     // o3 und o4 haben den gleichen Datentyp
var o4: ImplicitlyUnwrappedOptional<Double>
```

Noch mehr Optionals

Das Thema »Optionals« wird im gesamten weiteren Buch ständig präsent bleiben. Besonders hinweisen möchte ich auf die folgenden Aspekte:

- Abschnitt 5.1, »Verzweigungen mit if«: if-let-Konstruktionen zur Verarbeitung von Optionals
- Abschnitt 6.1, »Funktionen definieren und ausführen«: Optionals als Rückgabewerte von Funktionen bzw. Methoden
- Abschnitt 11.4, »Init- und Deinit-Funktion«: Init-Funktion als Optional (Failable Init Functions)
- Kapitel 13, »Fehlerabsicherung«: Optionals bei der Fehlerabsicherung (try?), doppelte Optionals

4.3 Wert- versus Referenztypen

Bei Zuweisungen sowie bei der Übergabe von Parametern an Methoden und Funktionen unterscheidet Swift zwischen Wert- und Referenztypen.

Werttypen

Bei Werttypen werden die Daten kopiert, während bei Referenztypen eine Art Zeiger auf die Daten kopiert wird. Zuerst ein Beispiel für Werttypen, zu denen in Swift auch Arrays zählen:

```
var x = [1, 2, 3]
var y = x           // y ist eine Kopie von x
y.removeLast()      // letztes Element entfernen
x                   // enthält immer noch [1, 2, 3]
y                   // enthält [1, 2]
```

Bei Werttypen wird der Inhalt der Variablen bei einer Zuweisung oder bei der Übergabe der Daten an eine Funktion oder Methode *kopiert*. Die Kopie ist losgelöst von den ursprünglichen Daten. Veränderungen in der Kopie haben keinen Einfluss auf das Original. Bemerkenswert ist, dass Veränderungen an einer Kopie auch dann möglich sind, wenn die ursprünglichen Daten unveränderlich waren:

```
let x = [1, 2, 3]    // x ist ein unveränderliches Array
var y = x            // y ist ein veränderliches Array
y.removeLast()       // letztes Element entfernen
x                    // enthält immer noch [1, 2, 3]
y                    // enthält [1, 2]
```

Geschwindigkeitsoptimierung

Erfahrenen Programmierern sträuben sich vermutlich die Haare bei dem Gedanken, dass Arrays bei jeder Zuweisung sowie bei jeder Übergabe an eine Funktion oder Methode kopiert werden. Das muss ja entsetzlich ineffizient sein. Tatsächlich geht Swift viel intelligenter vor: Kopiert werden aufwendige Werttypen wie Arrays erst, wenn dies bei einer Änderung der Daten tatsächlich erforderlich ist.

Referenztypen

Ganz anders verhält sich Swift beim Umgang mit Referenztypen. Als Beispiel für einen Referenztyp gilt hier die selbst definierte Klasse MyClass:

```
class MyClass {
  var data = 10
}
var a = MyClass()     // a verweist auf ein Objekt
var b = a             // b verweist auf dasselbe Objekt
b.data = 3            // b wird verändert
a.data                // die Änderung gilt auch für a
```

Wert- von Referenztypen unterscheiden

Die entscheidende Frage ist nun aber: Woher wissen Sie, ob Sie es mit Wert- oder mit Referenztypen zu tun haben? Die Antwort ist an sich einfach: Alle Datentypen, die intern ein struct oder ein enum sind, werden in Swift als Werttypen behandelt. Klassen bilden hingegen Referenztypen. Wie Datentypen intern deklariert sind, erkennen Sie am Symbol in der Vervollständigungsliste (C = class, S = struct) oder wenn Sie das betreffende Schlüsselwort im Code mit gedrückter ⎇-Taste anklicken (siehe Abbildung 4.1).

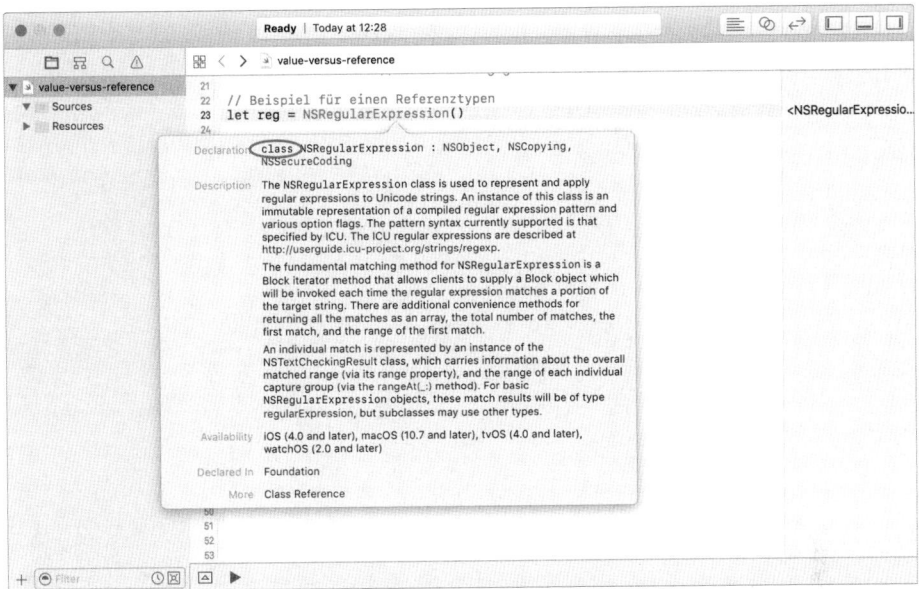

Abbildung 4.1 »alt«-Klick zeigt die Deklaration des Datentyps.

Als Faustregel gilt: Die Datentypen der Sprache Swift sind fast ausnahmslos Werttypen, während Bibliotheken wie Foundation, Cocoa oder UIKit überwiegend aus Klassen zusammengesetzt sind (siehe Tabelle 4.1), ergänzt durch Enumerationen und vergleichsweise wenige Strukturen. Dort gibt es dafür *Immutables*, also spezielle Klassen für unveränderliche Daten.

Werttypen	Referenztypen
alle Strukturen (struct)	alle Klassen (class)
alle Enumerationen (enum)	Funktionen und Closures
Int, Double, Bool	NSNumber
UInt8, Int16, UInt32 etc.	UIView, UIButton, UILabel etc.
String und Character	NSViewController, NSWindow etc.
Array, Dictionary und Set	NSArray, NSDictionary, NSSet

Tabelle 4.1 Beispiele für Wert- und Referenztypen

Generell findet mit Swift ein Paradigmenwechsel hin zu Werttypen statt. Diese haben insbesondere den Vorteil, dass sie in nebenläufigen Algorithmen weniger Probleme verursachen.

Kapitel 5
Verzweigungen und Schleifen

Verzweigungen mit if und Schleifen mit for sind in den vergangenen Kapiteln ja schon mehrfach vorgekommen. Dieses Kapitel geht der Steuerung des Programmflusses genauer nach. Sie lernen hier auch die if-Alternativen guard und switch sowie while-Schleifen kennen und erfahren, wie Sie Schleifen vorzeitig mit break verlassen bzw. teilweise mit continue überspringen können.

5.1 Verzweigungen mit if

»Verzweigungen« sind Code-Abschnitte, in denen bei der Ausführung des Programms in Abhängigkeit von einer Bedingung unterschiedliche Code-Pfade ausgeführt werden. In Swift werden Verzweigungen am häufigsten mit if gebildet. if funktioniert in Swift wie in den meisten anderen Programmiersprachen. Es gibt aber zwei syntaktische Feinheiten: Zum einen ist es nicht notwendig, die Bedingung in runde Klammern zu stellen, zum anderen *müssen* die resultierenden if- und else-Blöcke in geschwungene Klammern gesetzt werden – selbst dann, wenn sie nur aus einer einzigen Anweisung bestehen. Es sind beliebig viele else-if-Teile erlaubt. Der else-Block ist optional.

```
let n = Int(arc4random_uniform(100))   // Zahl zwischen 0 und 99
if n<10 {
  print("n ist kleiner 10")
} else if n<=50 {
  print("n liegt zwischen 10 und 50")
} else if n<75 && n%2==0 {
  print("n ist eine gerade Zahl zwischen 52 und 74")
} else {
  print("n ist eine andere Zahl: \(n)")
}
```

Ternärer Operator und Nil-Coalescing-Operator

In besonders einfachen Fällen kann anstelle von if der ternäre Operator oder der Nil-Coalescing-Operator eingesetzt werden. Diese Operatoren wurden in Kapitel 3 näher vorgestellt.

```
// das Ergebnis ist a, wenn die Bedingung erfüllt ist, sonst b
let ergebnis1 = bed ? a : b

// das Ergebnis lautet a, wenn das Optional a einen Wert
// enthält, sonst b
let ergebnis2 = a ?? b
```

if-let-Kombination für Optionals

Zur Verarbeitung von Optionals kennt Swift eine spezielle Kombination einer Zuweisung mit let oder var und einer Abfrage durch if:

```
if let x = optional {
  // dieser Code wird nur ausgeführt, wenn das
  // Optional nicht nil ist; x ist eine Konstante
}

if var y = optional {
  // dieser Code wird nur ausgeführt, wenn das
  // Optional nicht nil ist; y ist eine Variable
}
```

Wenn das Optional ungleich nil ist, dann speichert Swift den ausgepackten Inhalt des Optionals in x und führt den Code in den geschwungenen Klammern aus. x, y (oberes Beispiel) sowie n (folgendes Beispiel) sind jeweils nur bis zum Ende des if-Blocks gültig.

```
let someStringData = "10"
// Int("data") liefert den Datentyp 'Int?'
if let n = Int(someStringData) {
  // Int war erfolgreich, n ist eine Int-Zahl
  for var i in n...12 {
    print(i)
  }
} // hier endet der Geltungsbereich von n
```

Von den beiden Varianten ist if let bei Weitem populärer. Zumeist handelt es sich nur um wenige Zeilen Code, in denen Sie zuerst sicherstellen, dass ein Optional nicht nil enthält, und die Daten dann auf irgendeine Weise weiterverwenden. if var benötigen Sie dagegen nur, wenn Sie die aus dem Optional extrahierten Daten außerdem noch ändern wollen. In diesem Buch gibt es weit über 150 Beispiele für `if let`, aber nur zwei oder drei für `if var`.

Code aus der Praxis

Im folgenden Beispiel liefert die Methode `urls` des File-Managers ein Array von URLs (siehe auch Abschnitt 21.4, »Standardverzeichnisse«). `first` versucht, das erste Element des Arrays zu lesen. `first` liefert allerdings ein Optional: Sollte das Array leer sein, liefert `first` den Zustand `nil` zurück. Erst im Code-Abschnitt nach `if let` ist klar, dass die Variable `url` ein gültiges URL-Objekt enthält. Dort können Sie nun etwas mit dem Objekt machen, z. B. im betreffenden Verzeichnis eine neue Datei einrichten.

```
let fm = FileManager.default
// urls ist ein Array von URLs
let urls = fm.urls(for: .documentDirectory,
                   in: .userDomainMask)
// urls.first liefert den Datentyp 'URL?'
if let url = urls.first {
  // url hat den Datentyp 'URL'
  print(url.path)
}
```

if-let-Kaskaden

Sie können in einer `if-let`-Konstruktion mehrere Optionals zuweisen. Die einzelnen Ausdrücke werden durch Kommas voneinander getrennt. Die Ausdrücke dürfen auf die vorherigen Zwischenergebnisse zurückgreifen. Die Auswertung wird abgebrochen, sobald das erste Optional `nil` enthält.

```
if let var1 = opt1,
   let var2 = opt2,
   let var3 = opt3
{
   // hier stehen var1, var2 und var3 zur Verfügung
}
```

`if let` eignet sich auch für Zuweisungen mit dem Casting-Operator `as?`: Er testet, ob der gewünschte Datentyp vorliegt, und führt die Zuweisung nur dann aus. In der Praxis sieht das beispielsweise so aus:

```
if let nodeNow =
       ggraph.node(atGridPosition: [Int32(x), Int32(y)]),
   let target =
       ggraph.node(atGridPosition: [playerx, playery]),
   let path    =
       ggraph.findPath(from: nodeNow, to: target)
```

```
                  as? [GKGridGraphNode]
{
  // jetzt kann path verarbeitet werden
}
```

In diesem Beispiel aus dem Code des Pac-Man-Spiels (siehe Abschnitt 38.9, »Steuerung der Monster«) soll ein Pfad von einem Startpunkt mit den Koordinaten x und y zur aktuellen Position einer Spielfigur (playerx, playery) ermittelt werden. Die node-Methoden liefern Optionals. findPath liefert per Definition das Ergebnis als Array von GKGraphNode-Elementen. Im Beispielprogramm liegt aber ein Sonderfall vor, die möglichen Wege befinden sich in einem rechteckigen Raster. Wenn also nichts schiefgegangen ist, kann das Ergebnis in ein Array von GKGridGraphNode-Elementen umgewandelt werden. Dazu wird der Operator as? eingesetzt, der wiederum zur dritten Stufe der if-let-Kaskade führt.

> **if-let ist nur mit »as?« zulässig**
>
> Wenn Sie in einer if-let-Kombination ein Casting durchführen, müssen Sie dazu as? verwenden. as! ist nicht erlaubt!

if-let mit Bedingungen kombinieren

if-let-Konstruktionen dienen zwar primär zur Verarbeitung von Optionals, es dürfen aber auch herkömmliche Bedingungen integriert werden. (In Swift 2 wurden solche Bedingungen mit where formuliert.)

Abermals werden die Ausdrücke durch Kommas getrennt. Die Auswertung endet, wenn die erste let-Zuweisung nil ergeben würde oder wenn die erste Bedingung nicht erfüllt ist. Das folgende Konstrukt verdeutlicht die Syntax:

```
var opt1: Int? = 4    // lauter Optionals mit
var opt2: Int? = 2    // dem Datentyp 'Int?'
var opt3: Int? = 3
if let a=opt1,
   a == 4,
   let b=opt2,
   let c=opt3,
   a==b*b && c>2
{
  print("bingo")
}
```

5.2 Inverse Logik mit guard

if-let-Konstruktionen bergen eine Tendenz zu unübersichtlichem Code in sich: Es passiert recht oft, dass zuerst umfangreicher Code für den positiven Fall formuliert wird; zum Ende der Funktion folgen dann kurze Einzeiler, die ausgeführt werden, wenn if-let nicht erfolgreich war. Das führt zu unnötig verschachteltem Code.

Das Schlüsselwort guard ermöglicht es, die Logik auf den Kopf zu stellen: Nur wenn alle mit guard erfüllten Bedingungen erfüllt sind sowie alle Optional-Zuweisungen durchgeführt werden können, wird der Code fortgesetzt. Sind die Bedingungen hingegen nicht erfüllt, wird der else-Code-Abschnitt ausgeführt. Sehr häufig enthält else einfach die Anweisung return, um die aktuelle Funktion oder Methode zu beenden.

Wie bei if-let können Sie in guard-Konstruktionen auch mehrere Zuweisungen durchführen, Variablen anstelle von Konstanten verwenden (guard var = ...), weitere Bedingungen formulieren etc.:

```
// perhapsANumber hat den Rückgabetyp 'Int?'
guard let a = perhapsANumber(),
      var b = perhapsANumber(),
      a+b > 10
else {
  return
}
// a und b sind hier zugänglich, und es ist
// sichergestellt, dass sie nicht nil enthalten.
// Nun folgt Code, um a und b zu verarbeiten.
```

Beispiel-Code ohne guard

Im folgenden Beispiel ruft f zweimal die Funktion perhapsANumber auf und verarbeitet die Ergebnisse. Das folgende Listing zeigt die Implementierung von f ohne guard:

```
// Datei if-switch-guard.playground
func perhapsANumber() -> Int? {
  let n = Int(arc4random_uniform(100)) // Zufallszahl (0 bis 99)
  if n <= 50 {
    return n
  } else {
    return nil
  }
}

// ohne guard
func f() {
  if let a = perhapsANumber() {
```

```
    let n = 2 * a
    if let b = perhapsANumber() {
      print(n + b)
      // noch mehr Code, Teil 1
    } else {
      // zweite Bedingung nicht erfüllt, Abbruch
      return
    }
  } else {
    // erste Bedingung nicht erfüllt, Abbruch
    return
  }
  // noch mehr Code, Teil 2
}
```

Verbesserte Variante mit guard

guard stellt die Funktion von if-let gewissermaßen auf den Kopf: Ist die Bedingung erfüllt, wird der Code *nach* dem else-Block ausgeführt, wobei alle mit let definierten Variablen weiterhin gültig sind. Ist die Bedingung hingegen nicht erfüllt, wird der else-Block ausgeführt. Mit guard lässt sich die gleiche Aufgabe wie in f wesentlich eleganter erledigen:

```
// mit guard
func g() {
  guard let a = perhapsANumber() else { return }
  let n = 2 * a
  guard let b = perhapsANumber() else { return }
  print(n + b)
  // noch mehr Code, Teil 1
  // noch mehr Code, Teil 2
}
```

5.3 Verzweigungen mit switch

switch bietet sich vor allem dann als Alternative zu if an, wenn bei der Auswertung eines Ausdrucks viele unterschiedliche, klar definierte Fälle möglich sind. switch-Konstruktionen sind in solchen Fällen oft besser lesbar. Nachdem der erste zutreffende case-Block durchlaufen wurde, wird die gesamte Konstruktion verlassen. Sollten also mehrere Bedingungen zutreffen, wird nur der erste passende case-Block berücksichtigt.

Im folgenden Beispiel ermittelt eine switch-Konstruktion die Anzahl der Tage eines Monats:

5.3 Verzweigungen mit switch

```
let monat = "Oktober", jahr = 2016
var tage: Int?
switch monat {
case "Januar", "März", "Mai", "Juli", "August",
     "Oktober", "Dezember":
  tage = 31

case "April", "Juni", "September", "November":
  tage = 30

case "Februar":
  if jahr % 4 == 0 &&
    (jahr % 100 != 0 || jahr % 400 == 0)
  {
    tage = 29
  } else {
    tage = 28
  }

default:
  print("Ungültiger Monatsname!")
}

if tage != nil {
  print("\(tage!) Tage")
}
```

Im Vergleich zu anderen Programmiersprachen gibt es in Swift mehrere Besonderheiten:

- Nach der Ausführung des ersten zutreffenden case-Blocks wird die switch-Konstruktion verlassen. Es ist also nicht wie in Java oder C ein break am Ende jedes case-Blocks erforderlich.

  break ist aber durchaus ein zulässiges Schlüsselwort innerhalb eines case-Blocks. Mit break kann ein case-Block vorzeitig verlassen werden.

  Wenn Sie möchten, dass sich switch in Swift so wie in C oder Java verhält, formulieren Sie am Ende jedes case-Blocks die Anweisung fallthrough. Damit wird auch der nächste case-Block durchlaufen, und zwar ohne die dort formulierte Bedingung zu überprüfen.

- Jede switch-Konstruktion muss einen default-Block aufweisen. Die einzige Ausnahme ist die Auswertung einer Enumeration. Wenn der Compiler erkennt, dass alle möglichen Enumerationswerte abgefragt wurden, darf default entfallen.

Sie müssen default also auch dann vorsehen, wenn Ihr Code gar keinen Bedarf dafür hat. Welche Anweisung führen Sie dann aber im default-Block aus? Für solche Fälle bietet sich wiederum break an. Die Zeile default: break bewirkt also, dass Swift ganz einfach nichts tut, wenn keine der Fallunterscheidungen zutrifft.

▶ Zahlen- und Zeichenbereiche in case-Ausdrücken dürfen in der Range-Syntax n1...n2 oder n1..<n2 formuliert werden. Dabei dürfen der Start- und der Endwert auch Fließkommazahlen bzw. einzelne Zeichen sein ("a"..."z").

```
// Intervall-Tests in switch
let d = 1.5
switch d {
case 0.0...1.0:
  print("0 <= d <= 1")

case 1.0...2.0:
  print("1 < d <= 2")

default:
  print("anderer Wert")
}
```

switch für Tupel

switch kann auch mehrere Ausdrücke gleichzeitig auswerten, die als Tupel übergeben werden. (Ein Tupel ist in Swift eine in Klammern gestellte Gruppe von Ausdrücken – siehe auch Abschnitt 10.6, »Tupel«.) Daraus ergeben sich interessante Spielarten:

```
// Tupel-Auswertung in switch
let pt = (0.0, 0.0)
switch pt {
case (0, 0):
  print("Koordinatenursprung")

case (_, 0):
  print("Auf der X-Achse")

case (0, _):
  print("Auf der Y-Achse")

default:
  print("Sonstwo")
}
```

case-let-Kombination mit where

Die Tupel-Auswertung lässt sich noch weiter perfektionieren. Ähnlich wie bei if können Sie den switch-Ausdruck in einem case-Block durch var oder let einer neuen Variablen oder Konstanten zuweisen und diese Zuweisung außerdem an eine mit where formulierte Bedingung knüpfen:

```
// Tupel-Auswertung in switch
var pt = (0.0, 0.0)
switch pt {
case let (x, y) where x>0 && y>0:
  print("Im ersten Quadranten")
...
}
```

Mit where verknüpfte Zuweisungen sind auch für gewöhnliche switch-Ausdrücke zulässig:

```
let s = "bild.jpg"
switch s {
case let jpg  where jpg.hasSuffix(".jpg"):
  print("JPEG-Datei")

case let gif  where gif.hasSuffix(".gif"):
  print("GIF-Datei")

default:
  print("eine andere Datei")
}
```

Die folgende Variante kommt sogar mit Dateinamen zurecht, die die Kennung .jpg in Großbuchstaben enthält:

```
case let jpg  where jpg.lowercased().hasSuffix(".jpg"):
  print("JPEG-Datei")
```

> **»switch« für Enumerationen**
>
> Elementen von Swift-Enumerationen können Werte zugeordnet werden. Mit case let ... können Sie diese Werte in switch-Konstruktionen auslesen. Ein entsprechendes Beispiel finden Sie in Abschnitt 11.2.

5.4 Versions- oder plattformabhängiger Code

Bei der Entwicklung von Apps, die unter mehreren Versionen von iOS, tvOS oder macOS laufen sollen, stehen Sie vor einem Dilemma: Nutzen Sie die neuesten Features, dann läuft Ihre App nur auf Geräten, auf denen ebenfalls eine ganz aktuelle Version des Betriebssystems installiert ist. Orientieren Sie sich aber an einer älteren Version, dann müssen Sie und Ihre Kunden auf neue und oft nützliche Funktionen verzichten. Ähnliche Probleme haben Sie, wenn Sie Ihren Code für eine bestimmte Platform, Architektur oder Swift-Version optimieren möchten.

Versionstests mit #available

In manchen Fällen bietet das Schlüsselwort #available einen Ausweg: Damit können Sie Code-Teile markieren, die nur dann ausgeführt werden, wenn bestimmte Voraussetzungen erfüllt sind. Die Syntax ist einfach:

```
if #available(iOS 9.2, macOS 10.11, *) {
  // ausführen, wenn zumindest iOS 9.2 oder macOS 10.11
  // zur Verfügung steht
  print("iOS>=9.2 oder macOS >= 10.11")
} else {
  // bei älteren Versionen ausführen
  print("zu alt")
}
```

An #available übergeben Sie eine Aufzählung von Betriebssystemnamen und Versionsnummern. Der letzte Parameter * ist syntaktisch erforderlich und bedeutet, dass bei allen nicht explizit genannten Betriebssystemen (z. B. watchOS oder tvOS) beliebige Versionsnummern akzeptiert werden.

Natürlich können Sie #available auch mit guard kombinieren:

```
func m() {
  // bei älteren Versionen als iOS 9.1 return ausführen
  guard #available(iOS 9.1, *) else { return }

  // wenn zumindest iOS 9.1 zur Verfügung steht,
  // den weiteren Code ausführen
}
```

#available klingt in der Theorie toll. In der Praxis scheitert der Einsatz des neuen Schlüsselworts aber oft daran, dass sich damit nur einzelne Anweisungen versionsabhängig implementieren lassen, nicht aber ganze Methoden, Funktionen oder Erweiterungen.

Plattformtests mit #if

Mit #if / #elseif / #else / #endif können Sie Code formulieren, der nur unter bestimmten Bedingungen kompiliert wird. Bedingungen können Sie wie folgt angeben:

- os(name) ist erfüllt, wenn der Code für das betreffende Betriebssystem kompiliert wird. Zulässige Namen sind momentan iOS, macOS, tvOS, watchOS, bemerkenswerterweise aber auch Linux, Windows, Android und FreeBSD.
- arch(name) ist erfüllt, wenn der Code für die angegebene Architektur kompiliert wird. Zur Auswahl stehen i386, x86_64, arm und arm64.
- swift(>=n) ist erfüllt, wenn die Swift-Version größer oder gleich der angegebenen Versionsnummer ist.

Die folgenden Beispiele verdeutlichen die Syntax:

```
#if os(tvOS)
  print("läuft unter tvOS")
#else
  print("läuft unter einem anderen Betriebssystem")
#endif

#if swift(>=3.0)
  print("Die Swift-Version ist 3.0 oder größer.")
#endif
```

Weitere Details können Sie hier nachlesen:

https://developer.apple.com/library/content/documentation/Swift/Conceptual/ BuildingCocoaApps/InteractingWithCAPIs.html

5.5 Schleifen

Dieser Abschnitt stellt Ihnen im Schnelldurchgang drei Schleifenformen vor:

- die for-in-Schleife
- die while-Schleife
- die repeat-while-Schleife (ehemals do-while)

Bis Swift 2.n gab es eine vierte Schleifenform, die klassische for-Schleife, die es in nahezu allen gängigen Programmiersprachen gibt. Unbegreiflicherweise wurde diese Schleife eliminiert – in der Hoffnung, Swift so zu vereinfachen. Meine Meinung dazu: Dümmer geht immer. Wenn es Sie interessiert, können Sie die Argumentation, die zu dieser Entscheidung führte, hier nachlesen:

*https://github.com/apple/swift-evolution/blob/master/proposals/
0007-remove-c-style-for-loops.md*

Wie auch immer, ich werde Ihnen in Abschnitt 5.6, »Nicht triviale Schleifen«, zeigen, welche Möglichkeiten Swift bietet, Schleifen zu formulieren, die Ihren Anforderungen entsprechen. Einfacher als bei einer traditionellen for-Schleife wird der Code dabei selten, effizienter auch nicht …

for-in

Mit for-in können Sie unkompliziert alle Elemente eines Bereichs, eines Arrays, eines Dictionarys oder eines beliebigen Objekts durchlaufen, dessen Typ das Sequence-Protokoll erfüllt. Die Zeichen einer Zeichenkette können Sie durchlaufen, wenn Sie zuerst die Eigenschaft characters auf den String anwenden:

```
for i in 1...3 {            // i: Int
  print(i)
}
// Ausgabe: 1, 2, 3

for i in [1, 4, 7] {        // i: Int
  print(i)
}
// Ausgabe 1, 4, 7

let s = "abc"
for c in s.characters {     // c: Character
  print(c)
}
// Ausgabe: "a", "b", "c"

let dict = ["one": "eins", "two": "zwei"]
for (engl, germ) in dict {  // engl:String, germ:String
  print("\(engl) -- \(germ)")
}
// Ausgabe: one -- eins
//          two -- zwei
```

Die Schleifenvariable einer for-in-Schleife erhält automatisch den passenden Datentyp. for-in-Schleifen sind sehr bequem in der Handhabung, eignen sich aber in der Regel nur zum Auslesen, nicht zum Verändern der Elemente einer Aufzählung.

Wenn Sie eine Schleife n-mal ausführen möchten, aber an der Schleifenvariablen gar nicht interessiert sind, können Sie an deren Stelle das Pattern-Zeichen _ angeben:

```
// 10 Zufallszahlen zwischen 0 und 99 ausgeben
```

```
for _ in 1...10 {
  print(arc4random_uniform(100))
}
```

`for var in a...b` funktioniert nur für ganze Zahlen und nur für Bereiche, in denen a kleiner als b ist. `for i in 3...1` ist zwar syntaktisch erlaubt, führt aber bei der Ausführung zu einem Fehler. Um einen Bereich in umgekehrter Reihenfolge zu durchlaufen, können Sie diesen mit `reversed` umkehren. Das kostet glücklicherweise kaum Speicherplatz, macht eine leere Schleife aber circa um den Faktor drei langsamer. Bei kleinen Schleifen bzw. bei Schleifen mit einem aufwendigen Schleifenkörper spielt das keine Rolle. Bei zeitkritischen großen Schleifen in umgekehrter Reihenfolge sollten Sie aber auf `while` zurückgreifen.

```
// Vorwärtsschleife
var sum = 0
for i in 1...1_000_000_000 {
   sum += i
}

// Rückwärtsschleife, ca. dreimal langsamer
for i in (1...1_000_000_000).reversed() {
   sum += i
}
```

while

`while`-Schleifen werden so lange ausgeführt, wie die Bedingung erfüllt ist. Die folgende Schleife wird somit 10-mal durchlaufen:

```
var n=1
while n<=10 {
  print(n)
  n += 1
}
// Ausgabe: 1, 2, ..., 10
```

while-let-Kombination

Auch `while` kann ähnlich wie `if` und `switch-case` mit einer Zuweisung verbunden werden. Die Zuweisung kann wahlweise mit `let` oder mit `var` durchgeführt werden, häufiger ist aber `let`. Die `while`-Bedingung gilt als erfüllt, wenn der Ausdruck ungleich `nil` ist. Diese Art der `while-let`-Kombination bietet sich besonders dann an, wenn eine Schleife so lange ausgeführt werden soll, bis eine Sequenz, Datei etc. abgearbeitet ist und die Lesemethode oder -funktion dementsprechend `nil` liefert.

Das folgende Beispiel bildet mit generate einen Generator aus einem Array. Die Methode next liefert das jeweils nächste Element – so lange, bis alle Elemente abgearbeitet sind. Die gleiche Art von Schleife bildet übrigens auch der Swift-Compiler, wenn Sie for i in ar schreiben!

```
var ar = [28, 34, 12]
var gen = ar.makeIterator()     // Generator für das Array
while let i = gen.next() {      // i hat den Datentyp Int
  print(i)
}
```

repeat-while

repeat-while-Schleifen sehen auf den ersten Blick ganz ähnlich wie while-Schleifen aus. Der entscheidende Unterschied besteht darin, dass die Bedingung am Ende der Schleife angegeben ist. Deshalb wird der Ausdruck garantiert mindestens einmal durchlaufen. Bei allen anderen Schleifen kann es hingegen passieren, dass die Bedingung von Anfang an nicht erfüllt ist bzw. die Aufzählung keine Elemente aufweist und die Schleife daher sofort übersprungen wird.

```
var n=1
repeat {
  print(n)
  n += 1
} while n<=10
// Ausgabe: 1, 2, ..., 10
```

break

break verlässt eine Schleife vorzeitig, bricht also ihre Ausführung ab. Die folgende Schleife endet daher nach der Ausgabe des Werts 5:

```
for i in 1...10 {
  print(i)
  if i == 5 { break }
}
// Ausgabe: 1, 2, ..., 5
```

break kann gleichermaßen bei allen Schleifentypen verwendet werden. In switch-Konstruktionen bewirkt break ein vorzeitiges Verlassen des case-Blocks. Um mit break mehrere, ineinander verschachtelte Schleifen zu verlassen, müssen Sie vor der betreffenden Schleife ein sogenanntes Label platzieren. break label gilt dann für die so bezeichnete Schleife.

```
iloop:                // Label für die nachfolgende Schleife
for i in 1...10 {
```

```
    for j in 1...10 {
      print("i=\(i), j=\(j)")
      if i+j > 15 {
        break iloop   // die i-Schleife verlassen
      }
    }
  }
}
// Ausgabe:
// i=1, j=1
// i=1, j=2
// ...
// i=6, j=10
```

continue

Mit continue überspringen Sie den restlichen Schleifenkörper, setzen die Schleife dann aber fort, und zwar:

- bei for-in mit der Verarbeitung des nächsten Elements
- bei while bzw. repeat-while mit der Auswertung der Bedingung

continue bezieht sich normalerweise auf die innerste Schleife. Wie bei break können Sie aber mit einem Label die gewünschte Schleife auswählen.

```
for i in 1...20 {
  if i % 2 == 0 { continue }
  print(i)
  if i > 8 { break }
} // Ausgabe: 1, 3, 5, 7, 9
```

Implizite Schleifen

Wenn Ihre Daten als Sequenz vorliegen, also z. B. in einem Array, in einem Dictionary etc., ist es oft gar nicht notwendig, eine explizite Schleife zu formulieren. Stattdessen können Sie Methoden wie map, reduce oder forEach verwenden, um alle Elemente der Sequenz zu verarbeiten. Im Detail gehe ich auf diese Methoden in Abschnitt 10.2, »Arrays und Aufzählungen verarbeiten«, ein. Empfehlenswert ist diese Vorgehensweise vor allem dann, wenn nicht von vornherein sicher ist, ob Sie überhaupt alle Elemente verarbeiten müssen.

```
let data = [4, 74, 345, 13]
var sum = 0
// forEach bildet die Summe
data.forEach() {sum += $0}
print(sum)        // Ausgabe 436
```

```
// map erzeugt ein neues Array
let newData = data.map() { $0 + 7 }
print(newData)    // Ausgabe [11, 81, 352, 20]
```

5.6 Nicht triviale Schleifen

Dieser Abschnitt gibt einige Beispiele für Schleifen, die sich nicht ad hoc mit `for in` bilden lassen. Der Abschnitt soll gleichzeitig eine Hilfestellung für alle sein, denen der Abschied von der klassischen for-Schleife schwerfällt.

while statt for

Eines gleich vorweg: Sie können jede herkömmliche for-Schleife ganz unkompliziert in eine while-Schleife umwandeln. Dazu machen Sie aus

```
for(initialisierung; bedingung; fortsetzung) {
  schleifenkörper
}
```

ganz einfach:

```
initialisierung
while(bedingung) {
  schleifenkörper
  fortsetzung
}
```

Der einzige Unterschied im Vergleich zur herkömmlichen for-Schleife besteht darin, dass die Schleifenvariablen nun auch nach dem Ende der Schleife zur Verfügung stehen.

Ein konkretes Beispiel: Die folgende Schleife durchlief in Swift 2 die ungeraden Zahlen von 99 bis 1.

```
// Swift-2-Code
for i = 99; i > 0; i -= 2 {
  print(i)
}
```

Hier ist die äquivalente while-Implementierung:

```
// Swift-3-Code
var i = 99
while(i>0) {
  print(i)
  i -= 2
}
```

for-in statt for

Die populärste Form der klassischen `for`-Schleife, bei der eine Integer-Variable von einem Start- zu einem Endwert hochgezählt wird, kann auch mit `for-in` unkompliziert ausgedrückt werden. Die korrekte Umwandlung solcher Schleifen gelingt dem Swift-Code-Konverter automatisch:

```
// Swift-2-Code
for i = start; i < end; i++ { ... }

// Swift-3-Code
for i in start..<end { ... }
```

Array rückwärts durchlaufen

Den einfachsten Weg, ein Array rückwärts zu durchlaufen, bietet die `reversed`-Methode. Solange das Array nicht verändert wird, kopiert die `reversed`-Methode das Array nicht, sondern bietet einfach einen anderen Zugangsweg. Wenn Sie in der Schleife beispielsweise nur eine Summe ausrechnen möchten, dann ist Swift-3-Code mit `reversed` nicht nur übersichtlicher, sondern im Vergleich zu einer `while`-Schleife sogar um 10 Prozent schneller.

```
// Swift-2-Code
let data = [1, 2, 3, 4]
var sum = 0
for i = data.count-1; i>=0; i-- {
  sum += data[i]
}

// Swift-3-Code
for item in data.reversed() {
  sum += item
}
```

> **Beispieldateien**
>
> Die simplen Benchmarktests finden Sie im Projekt `loop-benchmarks` bei den Beispieldateien zu diesem Kapitel. Beachten Sie, dass ich bei dieser Datei die Schema-Einstellungen verändert habe: Beim Ausführen wird ein Release-Kompilat erstellt. Das ermöglicht aussagekräftige Benchmarktests, macht aber das Debugging unmöglich.

Anders sieht die Situation aus, wenn Sie den Inhalt der Array-Elemente verändern möchten. Der folgende Code funktioniert nicht!

```
// Vorsicht: In der Schleife wird die item-Variable
// zwar jedes Mal auf 0 gesetzt, das Array selbst
// bleibt aber unverändert!
for var item in data.reversed() {
  item = 0
}
```

Eine mögliche Lösung bietet wie immer while:

```
// korrekt
var i = data.count-1
while(i>=0) {
  data[i] = 0
  i -= 1
}
```

Eine weitere Lösung führt wiederum über reversed, wobei diese Methode diesmal aber nicht auf das Array, sondern auf dessen Indizes angewendet wird. Erstaunlicherweise wird der folgende Code etwa doppelt so schnell ausgeführt wie die while-Schleife:

```
// korrekt, schneller als while
for i in data.indices.reversed() {
  data[i] = 0
}
```

Eine dritte Variante besteht darin, dass Sie die Schleifenvariable von 0 bis count minus 1 laufen lassen, beim Zugriff auf die Array-Elemente den Index aber so umrechnen, dass für i=0 das letzte Element verändert wird, für i=1 das vorletzte etc. Bei meinen Tests hat sich diese Lösung als genau so schnell wie die reversed-Variante erwiesen.

```
// auch korrekt, ebenso schnell wie mit reversed, aber
// umständlicher, fehleranfälliger Code
let maxidx = data.count - 1
for i in 0...maxidx {
  data[maxidx - i] = 0
}
```

Schleifen mit Double-Variablen

Ein Kapitel für sich sind Schleifen für Fließkommazahlen. Ganz egal, ob mit klassischem for, mit while oder auf eine andere Art – Sie müssen immer darauf achten, dass Sie aufgrund von Rundungsfehlern nicht den Zielwert verpassen.

Das Ziel der folgenden Schleifenvarianten ist es in allen Fällen, eine Schleife von xstart bis xend in steps Schritten durchzuführen, wobei xstart und xend Fließkommazahlen sind. Der Einfachheit halber meint steps=10, dass nach dem Startwert 10 weitere Werte durchlaufen bzw. ausgegeben werden sollen, sodass zum Schluss elf Werte auf dem Bildschirm stehen.

Aus diesen drei Parametern kann berechnet werden, wie stark sich die Schleifenvariable jeweils ändert – das ist der Sinn der Variablen delta. Damit kann nun in jeder beliebigen Programmiersprache eine for- und in Swift eine entsprechende while-Schleife gebildet werden.

```
let xstart = 17.0, xend=18.0, steps=10
let delta = (xend - xstart) / Double(steps)
```

Vorweg der klassische for-Code (Swift 2) und der entsprechende while-Code:

```
// Swift 2
for x = xstart; x <= xend; x+= delta {
  print(x)
}

// Swift 3 (Vorsicht, führt nicht zum gewünschten Ergebnis)
var x = xstart
var delta = (xend - xstart) / Double(steps)
while(x <= xend) {
  print(x)
  x += delta
}
```

Alles sieht gut aus, bis Sie einen Blick auf die Ausgabe werfen:

17.0
17.1
...
17.8
17.9

Warum fehlt der Endwert 18.0? Wenn Sie die print-Anweisung durch den folgenden Code ersetzen, wird das Problem schon klarer:

```
// x mit 15 Nachkommastellen ausgeben
print( String(format: "%.15f", x) )
```

Damit sieht die Ausgabe so aus:

17.000000000000000
17.100000000000001
...
17.800000000000011
17.900000000000013

Swift macht also minimale Rechenfehler. Und bevor Sie nun glauben, Swift sei eine schlechte Programmiersprache: Diese Fehler macht die CPU, unabhängig von der Programmiersprache. Derartige Rundungsfehler sind unvermeidbar. Allerdings haben Sie manchmal Glück, z. B. wenn Sie die Schleife von 16.0 bis 18.0 laufen lassen. Dann wird der Endwert 17.999999999999993 im Rahmen eines winzigen Rundungsfehlers korrekt erreicht.

Es gibt verschiedene Wege, das Problem zu umgehen. Ich formuliere Schleifen nach Möglichkeit mit Integer-Variablen und berechne den Double-Wert in jedem Durchgang selbst:

```
// Schleife mit Integer-Variable, x wird in der Schleife
// berechnet (korrekte Lösung, Präferenz des Autors)
for i in 0...steps {
  let x = xstart + delta * Double(i)
  print( String(format: "%.15f", x) )
}
```

Alternativ können Sie auch bei while bleiben, wenn Sie die Bedingung etwas vorsichtiger formulieren. Anstatt x einfach mit xend zu vergleichen, fügen Sie zu xend einen kleinen Wert hinzu, z. B. ein Tausendstel von delta:

```
// while-Schleife mit Double-Variable,
// korrekte Schleifenbedingung mit epsilon
let epsilon = delta / 1000.0
x = xstart
while(x <= xend + epsilon) {
  print( String(format: "%.15f", x) )
  x += delta
}
```

stride-Funktion

Swift unterstützt Sie bei der Programmierung von Double-Schleifen mit der globalen Funktion stride. An diese Funktion übergeben Sie den Start- und Endwert und die Schrittweite. Damit gibt es eine weitere Möglichkeit, die Schleife von xstart bis xend zu programmieren:

```
// Schleife mit stride (Vorsicht, führt wieder nicht
// zum gewünschten Ergebnis)
let xstart = 17.0, xend=18.0, steps=10
let delta = (xend - xstart) / Double(steps)
for x in stride(from: xstart, to: xend, by: delta) {
  print(x)
}
// Ausgabe: 17.0, 17.1, ..., 17.9 (aber nicht 18!)
```

Wirklich glücklich macht diese Schleife niemanden. Die Verfechter der klassischen for-Schleife werden argumentieren, dass die Schleife in dieser Form definitiv nicht besser lesbar ist. Dem füge ich noch hinzu, dass die Schleife in dieser Form das gleiche Problem wie die erste while-Variante hat: Es ist nicht sicher, dass sie den Endwert erreicht. Im obigen Beispiel lautet die letzte Ausgabe wieder 17,9 und nicht wie erwartet 18,0.

Auch bei stride müssen Sie also den Endwert um ein kleines Epsilon vergrößern:

```
// korrekte Lösung mit stride
let epsilon = delta / 1000.0
for x in stride(from: xstart, to: xend + epsilon, by: delta) {
  print(x)
}
// Ausgabe: 17.0, 17.1, ..., 18.0
```

stride funktioniert auch, wenn der Endwert kleiner ist als der Startwert. Die Schrittweite muss dann negativ sein, und natürlich müssen Sie den Epsilon-Wert auch diesmal berücksichtigen:

```
// stride für negative Schleifen
for x in stride(from: xend, to: xstart - epsilon, by: -delta) {
  print(x)
}
// Ausgabe: 18.0, 17.9, ..., 17.0
```

Kapitel 6
Funktionen und Closures

Funktionen sind ein zentrales Element, um eigenen Code in überschaubare Einheiten zu gliedern. In Swift haben Funktionen vier Erscheinungsformen:

- **Globale Funktionen** werden auf Modulebene deklariert und können dann überall im Programm genutzt werden. In Swift gibt es einige vordefinierte globale Funktionen, die oft auch *Standardfunktionen* genannt werden. Darüber hinaus können Sie Ihre eigenen Funktionen definieren.

- **Closures** sind anonyme Funktionen, die ad hoc definiert und sofort an eine andere Funktion oder Methode zum Aufruf übergeben werden. In anderen Sprachen werden Closures häufig *Lambda-Ausdrücke* genannt, weil die theoretischen Grundlagen von Closures im sogenannten *Lambda-Kalkül* formuliert sind.

- **Methoden** und **Computed Properties** sind Funktionen auf Klassenebene, auch wenn dies bei Computed Properties nicht so offensichtlich ist.

In diesem Kapitel stehen die ersten zwei Varianten im Vordergrund. Auf die spezifischen Besonderheiten von Methoden gehe ich erst in Kapitel 11, »Objektorientierte Programmierung I«, näher ein. Dort werden dann auch generische Funktionen bzw. Methoden erläutert. Derartige Funktionen werden für einen allgemeinen, erst beim Aufruf festzulegenden Datentyp definiert.

6.1 Funktionen definieren und ausführen

Die prinzipielle Syntax zur Definition einer Funktion sieht so aus:

```
// Funktion ohne Rückgabe
func fnname1(pname1: typ1, pname2: typ2) {
  code
}
// Funktion mit Ergebnis
func fnname2(pname1: typ1, pname2: typ2) -> ergebnistyp {
  code
  return ergebnis
}
```

Falls die Funktion ein Ergebnis liefert, muss dieses innerhalb der Funktion mit return zurückgegeben werden. Dabei ist es wichtig, dass return in jedem Fall ausgeführt wird – also z. B. auch dann, wenn ungültige Daten an die Funktion übergeben wurden.

Das folgende Beispiel zeigt die Funktion strRepeat, die eine Zeichenkette n-mal vervielfältigt – d. h., strRepeat(s: "*", n: 4) liefert "****". Der Code sollte ohne weitere Erläuterungen verständlich sein. Beim Aufruf werden der Funktion die gewünschten Parameter in runden Klammern übergeben. Die runden Klammern müssen auch dann angegeben werden, wenn eine Funktion gar keine Parameter erwartet. Standardmäßig müssen allen Parametern außer dem ersten ihr Name und ein Doppelpunkt vorangestellt werden – beim zweiten Parameter also n:.

```
func strRepeat(s: String, n: Int) -> String {
  if n <= 0 {
    return ""
  } else {
    var result=s              // result mit s initialisieren
    for _ in 1..<n {          // noch (n-1)-mal s hinzufügen
      result += s
    }
    return result             // Ergebnis zurückgeben
  }
}
strRepeat(s: "abc", n: 3)    // "abcabcabc"
```

Reihenfolge von Definition und Aufruf

In Playgrounds oder in Terminal-Apps müssen Funktionen definiert werden, bevor sie ausgeführt werden können. Diese Regel gilt allerdings nicht für Methoden, also für Funktionen, die innerhalb einer Klasse, einer Struktur oder einer Enumeration definiert sind. Bei Methoden spielt die Reihenfolge keine Rolle. Sie können bereits am Beginn der Klasse eine Methode nutzen, die erst viel weiter unten im Code definiert wird.

Benannte Parameter

Für große Verwirrung, gerade bei Swift-Einsteigern, sorgen *benannte Parameter*: Beim Aufruf mancher Funktionen oder Methoden *müssen* Sie Parameternamen angeben:

```
// ein Locale-Objekt und ein Rechteck erzeugen
let locDe = Locale(identifier: "de_DE")
let rect = CGRect(x: 1, y: 1, width: 2, height: 2)
// let locFr = Locale("fr_FR")   // Fehler: Hier müssen Parameter-
                                 // namen verwendet werden.
```

Bei anderen ist die Nennung von Parameternamen dagegen nicht vorgesehen:

```
print("abc")
let i = Int("123")
let minimum = min(1, 2, 3)
```

Bei manchen Methoden (wie compare) hat der erste Parameter keinen Namen, die weiteren aber schon:

```
let s = "abc"
if s.compare("Abc",
             options: .caseInsensitive,
             range: nil,
             locale: nil) == .orderedSame
{
   print("gleichwertig")
}
```

Warum das so ist und wie Sie dieses Verhalten bei eigenen Funktionen steuern können, beschreibe ich in Abschnitt 6.2, »Parameter«, ausführlich. Kurz gesagt hängt es davon ab, wie die Funktion oder Methode deklariert ist. Glücklicherweise hilft Xcode Ihnen! Sobald Sie die ersten Buchstaben einer Funktion, einer Methode oder auch nur eines benannten Parameters einer Methode eingetippt haben, erscheint eine Auswahlliste passender Funktionen. Nach der Auswahl des gewünschten Eintrags baut Xcode Platzhalter für alle Parameter ein, die Sie dann mit ⇥ auswählen können.

Rückgabewerte

Funktionen können, müssen aber kein Ergebnis zurückgeben. Bei einer Funktion ohne Ergebnis entfällt -> ergebnistyp. Die Definition sieht also so aus:

```
func fnname(pname1: typ1, pname2: typ2) {
  code
}
```

Wenn es ein Ergebnis gibt, dann muss dessen Typ bei der Definition exakt angegeben werden. Als Ergebnistyp kommen nicht nur Zahlen oder Zeichenketten infrage, sondern jeder in Swift verarbeitbare Typ. Dazu zählen unter anderem auch Arrays, Dictionaries, jede Art von Klasse oder struct, Optionals, Tupel sowie sogar Funktionen. Innerhalb des Codes der Methode muss sichergestellt sein, dass jeder Ausführungszweig mit einer return-Anweisung endet, die Ergebnisdaten im vereinbarten Typ zurückgibt!

```
func f() -> String {          // String als Ergebnis
  return ""
}
```

```
func g() -> [Int] {           // Int-Array als Ergebnis
  return [1, 2, 3]
}

func h(n: Int) -> [Int]? {   // Int-Array oder nil
  if n<=0 {
    return nil
  } else {
    return [Int]()
  }
}
```

Tupel als Rückgabewerte

Tupel sind in Klammern gestellte und durch Kommas getrennte Wertfolgen, z. B. (1, 2, "abc"). Im Detail stelle ich Ihnen Tupel in Abschnitt 10.6, »Tupel«, vor.

In Swift dürfen Funktionen nicht nur Einzelwerte, sondern auch Tupel zurückgeben. Das ist vor allem für mehrteilige Ergebnisse ausgesprochen praktisch. In einigen anderen Programmiersprachen müssten Sie dazu erst eine neue Struktur oder gar eine Klasse definieren. In Swift geben Sie hingegen einfach ein Tupel zurück:

```
func sincos(_ x: Double) -> (Double, Double) {
  return (sin(x), cos(x))
}

let (s, c) = sincos(1.23)
print(s)    // 0.942488801931697
print(c)    // 0.334237727124503
```

Bei der Funktion sincos ist der Parameter x durch das vorangestellte Zeichen _ als unbenannter Parameter gekennzeichnet. Deswegen erfolgt der Aufruf in der Form sincos(1.23) und nicht mit sincos(x: 1.23).

Optionals als Rückgabewerte

Auch die Verwendung von Optionals ist im Kontext von Funktionen sehr nützlich. Sobald Sie den Rückgabewert mit einem zusätzlichen Fragezeichen oder Ausrufezeichen als Optional deklarieren, haben Sie die Möglichkeit, bei fehlerhaften Eingabeparametern nil als Ergebnis zurückzugeben.

Das folgende Beispiel implementiert die aus manchen Programmiersprachen sowie aus SQL bekannte Zeichenkettenfunktion left, die die ersten n Zeichen einer Zeichenkette zurückgibt. Die Verwendung eines Implicitly Unwrapped Optionals (String!) hat hier den Vorteil, dass bei korrekter Verwendung der Funktion das Ergebnis unmittelbar als String zur Verfügung steht. Würde der Rückgabewert String? lauten, dann müsste das Ergebnis mit if let ausgewertet oder mit ! explizit zu einen String ausgepackt werden.

```swift
// gibt die ersten n Zeichen von s zurück
func left(_ s: String, n: Int) -> String! {
  if n <= 0 {
    return nil   // unsinnig, nil zurückgeben
  } else if n >= s.characters.count {
    return s     // alles zurückgeben
  } else {
    // die ersten n Zeichen zurückgeben
    let start = s.startIndex
    let end   = s.index(start, offsetBy: n)
    return s[start..<end]
  }
}

left("Hello World!", n: 5)     // "Hello"
left("Hello World!", n: 100)   // "Hello World!"
left("Hello World!", n: -1)    // nil
```

Rückgabewert ignorieren

Wenn eine Funktion oder Methode einen Rückgabewert liefert, dann erwartet der Swift-Compiler von Ihnen, dass Sie diesen speichern oder auf andere Weise weiterverarbeiten (z. B. an print übergeben). Tun Sie das nicht, zeigt Xcode die Warnung *Result of call f() is unused* an. Diese Warnung können Sie vermeiden, indem Sie eine Zuweisung in der Form _ = f() durchführen, das Ergebnis also dem Pattern-Zeichen _ zuweisen. Damit machen Sie dem Compiler klar, dass Sie das Ergebnis ganz bewusst ignorieren möchten.

```swift
// Projekt discardable-test, Datei main.swift
func f() -> Int {
  return 42
}

f()       // Warnung: Result of call f() is unused
_ = f()   // OK
```

Die andere Möglichkeit besteht darin, der Definition der Funktion oder Methode das Attribut @discardableResult voranzustellen. Damit bringen Sie zum Ausdruck, dass der Rückgabewert in vielen Fällen nicht wichtig ist und deswegen ignoriert werden darf.

```
@discardableResult func g() -> Int {
  return 43
}
g()       // OK wegen @discardableResult
```

> **Sonderfall Playground**
>
> Im Playground gelten andere Regeln. Dort reicht das simple Ausführen einer Funktion schon aus, damit das Ergebnis in der rechten Spalte angezeigt wird. Deswegen wird im Playground nie die Warnung *Result of call is unused* angezeigt. Die Option `@discardableResult` ist also überflüssig.

Aufräumarbeiten automatisch ausführen (defer)

Viele Funktionen haben einen ähnlichen Aufbau wie der folgende Pseudo-Code:

```
func processFile(infile: String, outfile: String) {
  if let in = open(infile) {
    if let out = open(outfile) {
      while data = read_from(in) {
        let result = process(data)
        if !result { return }  // in und out bleiben offen
        let ok = write_to(out, result)
        if !ok { return }      // in und out bleiben offen
      }
      out.close()
    }
    in.close()
  } // äußeres if-Ende
} // func-Ende
```

Es soll also eine Datei gelesen und verarbeitet werden, wobei die Ergebnisse in eine zweite Datei geschrieben werden. Wenn dabei irgendetwas schiefgeht, wird die Funktion verlassen. Das Problem am obigen Code besteht darin, dass die In- und Out-Dateien nicht ordnungsgemäß geschlossen werden, wenn in der while-Schleife ein Fehler auftritt.

Nun könnten die Dateien natürlich an jeder Stelle geschlossen werden, an der return aufgerufen wird; aber je umfangreicher und verschachtelter der Code in processFile wird, desto unübersichtlicher wird die Berücksichtigung aller Sonderfälle und desto größer wird das Risiko, dass close in einer Verästelung des Codes vergessen wird.

In Swift lösen Sie dieses Problem ganz elegant mit defer. Mit diesem Schlüsselwort geben Sie Aufräumarbeiten an, um die sich Swift beim Abschluss des Blocks kümmern soll – ganz egal, an welcher Stelle die Funktion verlassen wird und ob dies durch return oder throw erfolgt (siehe Abschnitt 13.1, »Fehlerabsicherung mit try und catch«). Die defer-Aktionen werden in umgekehrter Reihenfolge ausgeführt. Im folgenden Beispiel wird daher zuerst out und dann in geschlossen:

```
func processFile(infile:String, outfile:String) {
  if let in = open(infile) {
    // in beim Verlassen von processFile schließen
    defer { in.close() }

    if let out = open(outfile) {
      // out beim Verlassen von processFile schließen
      defer { out.close() }

      while data = read_from(in) {
        let result = process(data)
        if !result { return }
        let ok = write_to(out, result)
        if !ok { return }
      }
    } // inneres if-Ende
  }   // äußeres if-Ende
}     // func-Ende
```

defer-Blöcke können natürlich selbst komplexen Code mit Verzweigungen etc. enthalten. Es gibt aber zwei Einschränkungen: In defer-Blöcken darf die Funktion nicht mit return verlassen werden, außerdem darf mit throw kein Fehler ausgelöst werden.

Um defer auszuprobieren, erstellen Sie am einfachsten ein kleines Projekt des Typs COMMAND LINE TOOL und fügen den folgenden Code ein. Anschließend führen Sie das Programm mehrere Male aus. Ganz egal, welchen Verlauf der Code nimmt – in jedem Fall enthält die Ausgabe zu jeder open-Zeile eine dazu passende close-Zeile.

```
// Projekt defer-test, Datei main.swift
func test() {
  print("open f1")
  defer { print("close f1") }
  if arc4random_uniform(100) > 50 { return }

  print("open f2")
  defer { print("close f2") }

  print("read from f1")
  if arc4random_uniform(100) > 50 { return }
  print("write to f2")
}

test()
```

Die Ausgaben des Programms variieren je nachdem, welche Zufallszahlen arc4-random_uniform liefert. Eine mögliche Ausgabe kann z. B. so aussehen:

```
open f1
open f2
read from f1
close f2
close f1
```

Funktionsnamen und Overloading

Grundsätzlich gelten für Funktionsnamen dieselben Regeln wie bei Konstanten und Variablen. Der Name muss mit einem Buchstaben oder mit _ beginnen, bei den weiteren Zeichen sind auch Ziffern erlaubt. Es ist üblich, dass Funktionsnamen mit Kleinbuchstaben beginnen.

Es ist zulässig, dass mehrere Funktionen denselben Namen haben (Overloading). Die Funktionen müssen dann aber anhand der Parametertypen, anhand der Namen der Parameter oder anhand des Rückgabedatentyps unterscheidbar sein. Der Compiler muss beim Aufruf der Funktion erkennen können, welche Variante der Funktion gemeint ist.

```
func f() -> Int          { return 1 }
func f(i: Int)           { print("f(i: Int)") }
func f(x: Double)        { print("f(x: Double)") }
func f(a: Int, b: Int)   { print("f(a: Int, b: Int)") }
func f(a: Int, c: Int)   { print("f(a: Int, c: Int)") }
```

Wenn Sie Funktionen global oder als Methoden von Klassen definieren, dann sind auch die beiden folgenden Definitionen erlaubt:

```
func f() -> String { return "Hello!" }
func f(i: Int32)   { print("f(i: Int32)") }
```

Wenn Sie die gleichen Definitionen allerdings auf einer lokalen Ebene durchführen (innerhalb einer Funktion oder innerhalb if true { ... }), dann kommt es zur Fehlermeldung *Definition conflicts with previous value*. Deswegen finden Sie die Overloading-Beispiele in der eigenen Datei overloading.playground.

Durch die obigen Definitionen gibt es nun Doppeldeutigkeiten. Beispielsweise gibt es zwei gleichnamige Funktionen f() ohne Parameter, von denen die eine eine Zahl und die andere eine Zeichenkette zurückgibt. Sie müssen dem Compiler klarmachen, welche Sie meinen – andernfalls meldet dieser den Fehler *ambiguous use of function*.

```
print( f() )    // Fehler
```

Der folgende Code funktioniert dagegen, weil aufgrund der Deklaration der Variablen s klar ist, dass hier eine Zeichenkette gespeichert werden soll.

```
let s: String = f()
print(s)
```

Gültigkeitsebenen von Variablen

Die vorhin definierte Funktion strRepeat ist eine »globale« Funktion, d. h., sie ist nicht in einer Klasse definiert (dann wäre es eine Methode) und kann deswegen überall in Ihrem Programm verwendet werden. Ein Detail müssen Sie aber beachten: Die Definition der Funktion muss *vor* ihrer Anwendung erfolgen.

Funktionen können auf Variablen und Konstanten zugreifen, die außerhalb der Funktion definiert sind, und sie können Variablen sogar verändern:

```
var x = 2              // globale Variable

func f(_ n: Int) -> Int {
  x = x + 1            // jeder Aufruf von f()
  return 2*n           // verändert x!
}

let ergebnis1 = f(7)   // 14
let ergebnis2 = f(9)   // 19
print(x)               // x ist jetzt 4
```

Umgekehrt gilt dies aber nicht! Wenn Sie in einer Funktion eine Konstante oder Variable definieren, dann gilt diese »lokal«. Sie ist nur innerhalb der Funktion gültig und kann von außen nicht gelesen oder verändert werden. Genau genommen beschränkt sich die Gültigkeit der Variablen auf die Zeit, in der die Funktion ausgeführt wird. Bei mehrfachen Funktionsaufrufen, wie sie unter anderem in rekursiven Algorithmen vorkommen, gelten für jeden Funktionsaufruf seine eigenen, lokalen Variablen. Es besteht keine Gefahr einer gegenseitigen Beeinflussung. Lokale Variablen dürfen den gleichen Namen wie globale Variablen haben. In diesem Fall ist die globale Variable, die außerhalb definiert wurde, in der Funktion nicht sichtbar.

```
func f(_ n: Int) -> Int {
  let result = n*2    // lokale Variable, gilt nur in f()
  return result
}

let ergebnis1 = f(4)
print(result)         // Fehler: 'result' ist nicht definiert
```

Verschachtelte Funktionen

Swift erlaubt es, innerhalb einer Funktion weitere Funktionen zu deklarieren. Solche verschachtelten Funktionen (Nested Functions) können von außen nicht aufgerufen werden. Sie können stattdessen zwei andere Aufgaben erfüllen:

- **Bessere Code-Strukturierung:** Wenn Ihre Funktion eine sehr komplexe Aufgabe erfüllen soll, können Sie Teilaufgaben in eigene Funktionen verpacken und auf diese Weise den Code übersichtlicher gestalten. Die verschachtelten Funktionen können allerdings nur innerhalb der Hauptfunktion aufgerufen werden.

- **Funktionen als Rückgabeergebnis:** Funktionen können selbst Funktionen als Ergebnis zurückgeben – unter anderem solche Funktionen, die als verschachtelte Funktionen innerhalb der Hauptfunktion definiert sind. Auf diesen Aspekt gehe ich in Abschnitt 6.4 näher ein.

Die folgenden Zeilen demonstrieren die Syntax verschachtelter Funktionen. Wie auf globaler Ebene gilt: Zuerst müssen die Funktionen definiert werden, erst dann können sie genutzt werden.

```swift
// globale Funktion f(x, y)
func f(x: Double, y: Double) -> Double {

  // Hilfsfunktion f1()
  func helpfunc1(a: Double, b: Double) -> Double {
    return sqrt(a * a + b * b)
  }

  // Hilfsfunktion f2()
  func helpfunc2(e: Double, f: Double) -> Double {
    return e * f
  }

  // Verwendung der Hilfsfunktionen
  return helpfunc1(a: y, b: y) + helpfunc2(e: x, f: y)
}

f(x: 3.0, y: 4.0)   // 17.0
```

Rekursion

Funktionen dürfen sich auch selbst aufrufen – dann spricht man von Rekursion. Das folgende Listing zeigt das »klassische« Rekursionsbeispiel aus jedem Lehrbuch – die Berechnung der Fakultät. Beachten Sie, dass bereits f(13) bzw. f(21) den Zahlenbereich für Int-Zahlen sprengt, je nachdem, ob Ihr Programm auf einem 32- oder einem 64-Bit-System läuft.

```
// rekursive Implementierung der Fakultätsfunktion
func f(_ n: Int) -> Int {
  if n<=0 {
    return 0
  } else if n<=2 {
    return n
  } else {
    // rekursiver Aufruf von n
    return n * f(n-1)
  }
}

f(6)    // 720
f(13)   // 6.227.020.800
```

Parameter und lokale Variablen werden beim Aufruf von Funktionen auf dem Stack zwischengespeichert und nach dem Ende der Funktion wiederhergestellt. Das gilt für jeden Funktions- und Methodenaufruf, ist aber bei rekursiven Algorithmen von besonderer Bedeutung: Die Größe des Stack-Speichers limitiert nämlich die Rekursionstiefe.

Ich habe in der Dokumentation keine Angaben gefunden, wie viel Stack-Speicher Swift-Programme für sich reservieren. Einfache Tests haben ergeben, dass sich eine Funktion mit einem Int-Parameter und ohne lokale Variablen ca. 130.000-mal selbst aufrufen kann, bevor es zu einem Fehler kommt. Je mehr Parameter und lokale Variablen auf dem Stack zwischengespeichert werden müssen, desto geringer wird die maximale Rekursionstiefe. In der Praxis werden sich daraus also kaum Einschränkungen ergeben; wenn sich eine Funktion mehr als 1000-mal selbst aufruft, ist dies in aller Regel ein Indiz für einen Programmierfehler.

> **Verzeichnisse rekursiv durchlaufen**
>
> Eine weitere Anwendung für Rekursion ist das Durchlaufen eines Verzeichnisbaums. Ein Beispiel finden Sie in Abschnitt 21.5, »Dateioperationen«.

Fehlerbehandlung

Funktionen, in denen Sie mit throw Fehler auslösen, müssen Sie mit throws deklarieren:

```
func f1(_ n: Int) throws -> Int { ... }
```

Auf diesen und andere Aspekte der Absicherung von Funktionen gehe ich ausführlich in Kapitel 13, »Fehlerabsicherung«, ein. Dort lernen Sie auch das Schlüsselwort rethrows kennen. Es ist dann wichtig, wenn Sie mit throws deklarierte Funktionen als Parameter in einer eigenen Funktion verwenden möchten.

Funktionen ohne Rückkehr (Never-Funktionen)

Normalerweise wird der Code nach der Abarbeitung einer Funktion fortgesetzt. In ganz seltenen Fällen ist dies aber nicht möglich – z. B. wenn Sie eine Funktion programmieren, die Ihr Programm beendet. Bei derartigen Funktionen wird in Swift als Rückgabedatentyp Never angegeben. (Bis zu Swift 2 wurden solche Funktionen stattdessen mit dem Attribut @noreturn gekennzeichnet.)

Bei der Implementierung der Funktion müssen Sie sicherstellen, dass die Funktion auf jeden Fall mit dem Aufruf einer anderen Never-Funktion endet. Eine derartige Funktion ist fatalError:

```
func f() -> Never {
  // Aufräumarbeiten durchführen und die App dann beenden
  fatalError("sorry, hier geht es nicht mehr weiter")
}
```

6.2 Parameter

Bei der Gestaltung der Parameterliste einer Funktion bestehen viele syntaktische Möglichkeiten, die dieser Abschnitt zusammenfasst. Vorweg die Kurzfassung in Listingform:

```
func f() { ... }                        // kein Parameter

func f(para: Int) { ... }               // gewöhnlicher Parameter
func f(_ para: Int) { ... }             // unbenannter Parameter
func f(ext para: Int) { ... }           // zweinamiger Parameter

func f(para: inout Int) { ... }         // veränderlicher Parameter
func f(_ para: inout Int) { ... }       // unbenannter ver. Parameter
func f(ext para: inout Int) { ... }     // zweinamiger ver. Parameter

func f(para: Int = 0) { ... }           // optionaler Parameter
func f(_ para: Int = 0) { ... }         // unbenannter opt. Parameter
func f(ext para: Int = 0) { ... }       // zweinamiger opt. Parameter

func f(para: Int ...) { ... }           // variadischer Parameter
func f(_ para: Int ...) { ... }         // unbenannter var. Parameter
func f(ext para: Int ...) { ... }       // zweinamiger var. Parameter
```

Grundsätzlich gilt, dass Funktionen natürlich mehrere Parameter mit einer beliebigen Kombination der oben skizzierten Formen haben können. Allerdings müssen optionale Parameter sowie der variadische Parameter am Ende der Parameterliste formuliert werden.

Gewöhnliche Parameter

Gewöhnliche Funktionsparameter formulieren Sie in der Parameterliste in der Form name: typ. Beim Aufruf der Funktion müssen Sie Daten in einem geeigneten Datentyp übergeben. Innerhalb der Funktion sind diese Daten über den Parameter zugänglich. Dieser verhält sich innerhalb der Funktion wie eine lokale Konstante und überdeckt eventuell gleichnamige globale Variablen oder Konstanten außerhalb. Dem Parameter kann innerhalb der Funktion kein neuer Wert zugewiesen werden:

```
func f(n: Int) {
  n = 3    // Fehler, n ist nicht veränderlich!
}
```

Wenn an eine Funktion ein struct oder ein Objekt übergeben wird, können in der Funktion dessen Methoden aufgerufen und Eigenschaften verändert werden. Die entscheidende Frage ist nun, ob die Änderungen nur innerhalb der Methode gelten oder ob ein an die Funktion übergebenes Objekt dauerhaft verändert wird. Das hängt davon ab, ob es sich um einen Wert- oder einen Referenztyp handelt (siehe Abschnitt 4.3):

- Bei **Werttypen** wird eine *Kopie* der Daten an die Funktion übergeben. Die Funktion kann nur die Kopie verändern. Die Daten, auf die die Variable ursprünglich verwiesen hat, bleiben unverändert. Dieses Verhalten gilt für alle Datentypen auf der Basis von struct. Dazu zählen neben Int oder Double auch nahezu alle Swift-Datenstrukturen, z. B. String, Array und Dictionary.

- Bei **Referenztypen** wird hingegen eine Referenz auf die Daten übergeben. Eine Veränderung der Daten in der Funktion wirkt sich damit auch außerhalb aus. Zu den Referenztypen zählen alle Typen auf der Basis von class. Neben selbst definierten Klassen zählen dazu auch viele häufig benötigte Typen aus den Bibliotheken Cocoa, UIKit etc. (UIButton, NSView etc.).

Das folgende Beispiel zeigt die dauerhafte Veränderung eines Elements eines Objekts, das in einem gewöhnlichen Parameter an eine Funktion übergeben wird:

```
// eine ganz simple Klasse
class MyClass {
  var a = 1, b = 2
}
```

```
// Funktion zur Verarbeitung von MyClass-Objekten
func f(para: MyClass) {
  para.a = 4
}

// Test
var mc = MyClass()    // mc.a ist 1
f(para: mc)           // MyClass ist ein Referenztyp
print(mc.a)           // mc.a ist jetzt 4
```

Unbenannte Parameter (namenlose Parameter)

Bei gewöhnlichen Parametern müssen Sie den Parameternamen beim Aufruf angeben. Die Beispielfunktion f(para: MyClass) muss also in der Form f(para: obj) aufgerufen werden. Die aus anderen Programmiersprachen vertraute Kurzschreibweise f(obj) ist nicht zulässig.

Es ist allerdings auch in Swift möglich, Parameter explizit als unbenannt (namenlos) zu kennzeichnen, und zwar indem Sie dem Namen bei der Definition das Pattern-Zeichen _ und ein Leerzeichen voranstellen:

```
func sum(_ a: Int, _ b: Int, _ c: Int, _ d: Int) -> Int {
  return a + b + c + d
}
let result = sum(1, 7, 12, -2)    // Ergebnis: 18
```

Zweinamige Parameter

Sie können Parametern bei der Definition der Funktion *zwei* Namen geben:

```
func f(externalName internalName:type) { ... }
```

In diesem Fall muss beim Aufruf der Funktion der externe Parametername vorangestellt werden. Innerhalb der Funktion wird der Parameter wie bisher über den lokalen/internen Namen angesprochen.

Im folgenden Beispiel erzeugt f() ein Double-Array aus count Elementen. Das erste Element erhält den Wert start, das letzte Element den Wert end. Die dazwischen liegenden Elemente erhalten entsprechend Werte zwischen start und end. Beachten Sie, dass die Parameternamen nun beim Aufruf angegeben werden müssen! Das hat den Vorteil, dass beim späteren Lesen des Codes sofort klar ist, welcher Parameter welchen Zweck hat. Trotzdem müssen Sie sich beim Aufruf an die Reihenfolge halten, die in der Definition der Funktion vorgegeben ist.

```
// liefert ein Double-Array mit count Elementen
// zwischen start und end
func f(start x1: Double, end x2: Double,
       count n: Int) -> [Double]?
{
  if n <= 1 { return nil }  // unsinnig, Fehler
  var result = [Double]()
  result.reserveCapacity(n)
  let delta = (x2 - x1) / Double(n - 1)
  for i in 0..<n {
    result += [ x1 + delta * Double(i) ]
  }
  return result
}

let ar = f(start: 100.0, end: 200.0, count: 5)!
print(ar)              // [100.0, 125.0, 150.0, 175.0, 200.0]
f(100.0, 200.0, 5)     // Fehler, Parameternamen fehlen
```

Die API-Design-Richtlinien

Jetzt stellt sich natürlich die Frage: Welche Parameter soll ich wie benennen? Wenn Sie eigene Funktionen definieren, haben Sie also die Wahl: Sie können beim Standardverhalten bleiben, alle Parameter benennen, keinen Parameter benennen, zweinamige Parameter verwenden oder eine Mischform wählen. Welche Variante ist aber die beste?

Apple gibt auf diese Fragen in den API-Design-Richtlinien eine Menge guter Ratschläge, von denen ich die wichtigsten hier zusammenfasse:

- Solange keine guten Gründe dagegensprechen, sollten Sie das Standardverhalten beibehalten. Der Name des Parameters soll den Inhalt (nicht den Typ!) der zu übergebenden Daten verdeutlichen. Das macht den Funktionsaufruf für jemanden, der die Deklaration der Funktion nicht kennt, besser verständlich.

- Umgekehrt führt der Verzicht auf Parameternamen zu kompakterem Code – und auch das ist ein Vorteil. In der Praxis kommt es zudem immer wieder vor, dass an Funktionen Variablen übergeben werden, die die gleichen Namen haben wie die Parameter, also z. B. `let pt = MyPoint(x: x, y: y)`. Die resultierende Verdoppelung sieht irritierend aus. `let pt = MyPoint(x, y)` ist perfekt lesbarer Code. Nur wissen Sie im Vorhinein natürlich nicht, wie Ihre Funktionen später verwendet werden. `let pt = MyPoint(3, 7)` ist schon weniger klar, wobei in diesem Fall die Bedeutung der beiden Parameter immer noch plausibel ist.

- Die API-Design-Richtlinien empfehlen unbenannte Parameter, wenn diese beim Aufruf ohnedies nicht sinnvollerweise unterschieden werden können, also z. B. bei `min(number1, number2)` oder bei `swap(&var1, &var2)`.
- Ebenso sind unbenannte Parameter wünschenswert, wenn die zu übergebenden Daten bereits aus dem Funktions- oder Methodennamen klar werden, z. B. bei `addSubview(sv)`.
- Zweinamige Parameter werden in den Standardbibliotheken oft verwendet, um Funktionen bzw. Methoden nicht nur inhaltlich klar, sondern auch sprachlich elegant zu gestalten:

```
func move(from start: Point, to end: Point)    // Definition
move(from: startpt, to: target)                // Aufruf
```

Die API-Design-Richtlinien berücksichtigen noch viel mehr Sonderfälle und geben auch Tipps zum Umgang mit Default-Parametern, Closures, Tupeln etc. Das Dokument ist absolut lesenswert!

https://swift.org/documentation/api-design-guidelines

Veränderlicher Parameter (inout)

Das vorangegangene Beispiel hat gezeigt, dass Sie in einer Funktion ein als Referenz übergebenes Objekt verändern können. Diese Veränderbarkeit hat aber Grenzen:

- Sie können dem Parameter in der Funktion kein neues Objekt zuweisen.
- Nur Referenztypen sind veränderlich, nicht aber elementare Datentypen oder -strukturen (also Werttypen).

Diese Grenzen können Sie überwinden, wenn Sie den Parameter mit dem Schlüsselwort `inout` als veränderlich markieren. In der Funktion durchgeführte Veränderungen wirken sich nun auf die zugrunde liegenden Daten aus, selbst bei Werttypen.

Allerdings muss beim Aufruf der Funktion nun eine Variable mit vorangestelltem &-Zeichen übergeben werden. Dieses Zeichen soll auch beim Aufruf verdeutlichen, dass die übergebenen Variablen verändert werden können. Der Aufruf der Funktion mit einem konstanten Wert oder einem errechneten Ausdruck ist anders als bei gewöhnlichen Funktionen nicht möglich, wie dies auch aus dem folgenden Listing hervorgeht:

```
// Funktion, die den Parameter n verändert
func f(n: inout Int) {
  n+=1
}

var x=3
f(n: &x)     // übergibt die Variable x (nicht deren Wert) an f()
print(x)     // 4
```

```
f(n: x)      // Fehler, & fehlt
f(n: 3)      // Fehler, es muss eine Variable übergeben werden
```

Im zweiten Beispiel soll in einer Funktion jedes Element eines Integer-Arrays um eins vergrößert werden. Der richtige Code sieht so aus:

```
// Elemente des Arrays verändern
func f(data: inout [Int]) {
  for i in data.indices {
    data[i] += 1
  }
}

var x = [1, 2, 7, 8]
f(data: &x)
print(x)   // Ausgabe [2, 3, 8, 9]
```

Der Parameter ist also wieder mit inout gekennzeichnet, und bei der Übergabe der Daten wird & verwendet. Beachten Sie, dass der folgende Versuch, f zu implementieren, falsch ist:

```
// funktioniert nicht, weil 'item' eine Kopie des
// jeweiligen Array-Elements enthält
func f(data: inout [Int]) {
  for var item in data {
    item += 1
  }
}
```

Natürlich können veränderliche Parameter auch in Kombination mit unbenannten Parametern bzw. zweinamigen Parametern verwendet werden, also:

```
func f(_ data: inout [Int]) { ...}          // Definition
f(&x)                                        // Aufruf

func f(modify data: inout [Int]) { ... }    // Definition
f(modify: &x)                                // Aufruf
```

Optionale Parameter und Defaultwerte

Mit der Syntax name: typ = defaultwert machen Sie Parameter optional. Wenn der Parameter beim Funktionsaufruf nicht angegeben wird, dann gilt für ihn der Defaultwert. Optionale Parameter müssen sich am Ende der Parameterliste befinden.

Die folgenden Zeilen zeigen nochmals eine Funktion zum Erzeugen eines Double-Arrays. Der dritte Parameter ist optional und hat den Defaultwert 10.

```
func f(start: Double, end:Double,
       n: Int = 10) -> [Double]?
{
  if n<=1 { return nil }   // unsinnig, Fehler
  var result = [Double]()
  result.reserveCapacity(n)
  let delta = (end - start) / Double(n - 1)
  for i in 0..<n {
    result += [ start + delta * Double(i) ]
  }
  return result
}
```

Beim Aufruf können Sie den optionalen Parameter weglassen:

```
let ar1 = f(start: 0.0, end: 4.0)          // 10 Elemente
let ar2 = f(start: 0.0, end: 4.0, n: 5)    //  5 Elemente
let ar3 = f(start: 0.0, end: 4.0, 7)       // Fehler, Parameter-
                                           // name fehlt
```

Auch optionale Parameter können je nach Definition unbenannt oder zweinamig sein:

```
// unbenannter optionaler Parameter
func f(start: Double, end:Double,
     _ n: Int = 10) -> [Double]? { ... }

// zweinamiger optionaler Parameter
func f(start: Double, end:Double,
       count n: Int = 10) -> [Double]? { ... }
```

Variable Parameteranzahl (Variadics)

Wenn Sie nicht im Vorhinein wissen, wie viele Parameter an eine Funktion übergeben werden, können Sie den letzten Parameter der Parameterliste in der Form name: typ ... als sogenannten *variadischen Parameter* definieren. Die drei dem Typ folgenden Punkte gelten dabei als Kennzeichnung für den variadischen Parameter.

Beim Aufruf können Sie anstelle dieses Parameters beliebig viele Daten im vorgesehenen Typ übergeben (auch gar keine). Innerhalb der Funktion sprechen Sie den Parameter einfach als Array an.

Die folgende Funktion ermittelt die kleinste der übergebenen Fließkommazahlen. Die Funktion gibt nil zurück, wenn die Parameterliste leer ist.

```
// ermittelt die kleinste der übergebenen Double-Zahlen
func min(_ data: Double...) -> Double? {
  if data.count == 0 { return nil }
  var result = data[0]
  for d in data {
    if d < result { result = d }
  }
  return result
}

min()                     // nil
min(4.0, 1.0, 2.0, 3.0)   // 1.0 als Optional
```

Bei einem variadischen Parameter bietet es sich oft an, diesen wie im obigen Beispiel unbenannt zu formulieren. Es sind aber auch benannte oder zweinamige variadische Parameter möglich. Die folgenden Zeilen zeigen die Definition und den Aufruf. Beachten Sie, dass der Name bei der Übergabe der Parameter nur beim ersten Argument genannt werden muss.

```
func min(data: Double ...) -> Double? { ... }    // Definition
min()                                            // Aufruf
min(data: 4.0, 1.0, 2.0, 3.0)                    // Aufruf


func min(of data: Double ...) -> Double? { ... } // Definition
min()                                            // Aufruf
min(of: 4.0, 1.0, 2.0, 3.0)                      // Aufruf
```

6.3 Standardfunktionen

In Swift stehen rund 35 sogenannte Standardfunktionen zur Verfügung. Mit einer davon haben Sie sicherlich schon ganz häufig gearbeitet: print führt Ausgaben im Debug-Fenster durch. In diesem Abschnitt stelle ich Ihnen zwei wenig bekannte optionale Parameter von print vor, mit denen Sie diese Ausgabe exakter steuern können.

print und alle anderen Standardfunktionen sind ein integrierter Bestandteil von Swift und können selbst dann genutzt werden, wenn Sie keine einzige externe Bibliothek mit import in Ihr Projekt einbeziehen. In diesem Abschnitt stelle ich Ihnen die wichtigsten Standardfunktionen (siehe Tabelle 6.1) beispielorientiert vor. Diese Funktionen kennenzulernen lohnt sich: Sie sind in der alltäglichen Swift-Programmierpraxis nahezu unverzichtbar.

6 Funktionen und Closures

Die Standardfunktionen werden vielfach auch als *globale Funktionen* bezeichnet, weil sie global in jedem Swift-Code zur Verfügung stehen. Das gilt aber natürlich auch für alle selbst definierten Funktionen.

> **Referenz aller Standardfunktionen**
>
> Die folgende Website präsentiert eine übersichtliche Auflistung aller Standardfunktionen:
>
> *http://swiftdoc.org*
>
> Dort scrollen Sie zum Ende der Startseite bis zur Überschrift GLOBALS/FUNCTIONS.

Dieser Abschnitt konzentriert sich auf die wichtigsten Standardfunktionen (siehe Tabelle 6.1), soweit diese nicht in anderen, passenderen Kapiteln beschrieben wurden oder werden. Beispielsweise habe ich Ihnen `stride` bereits in Abschnitt 5.6, »Nicht triviale Schleifen«, vorgestellt.

Funktion	Bedeutung
`abs(x)`	Liefert den Absolutbetrag.
`max(a, b, c, ...)`	Liefert das größte Element.
`min(a, b, c, ...)`	Liefert das kleinste Element.
`print(s)`	Gibt s und einen Zeilenumbruch aus.
`readLine()`	Liest eine Zeichenkette von der Standardeingabe.
`sizeof(type)`	Ermittelt den Speicherbedarf eines Datentyps.
`swap(&var1,&var2)`	Vertauscht die Inhalte von var1 und var2.
`stride(...)`	Generiert eine Zahlenfolge für Schleifen.
`zip(seq1, seq2)`	Bildet Tupel-Paare.

Tabelle 6.1 Die wichtigsten Standardfunktionen von Swift

> **Schlüsselwort »Swift«**
>
> Mitunter kommt es vor, dass Sie globale Funktionen innerhalb einer Klasse verwenden möchten, wo es bereits gleichnamige Methoden gibt. Dann verwendet der Compiler automatisch die Methode der betreffenden Klasse. Die gewünschte globale Funktion ist dann durch das vorangestellte Schlüsselwort `Swift` zugänglich, also z. B. `Swift.print("bla")`.

min und max

`min` und `max` ermitteln den kleinsten bzw. größten Wert aus allen übergebenen Einzeldaten. Alle übergebenen Parameter müssen denselben Datentyp aufweisen.

```
min(1, 2, 3)   // 1
max(1, 2, 3)   // 3
```

`min` und `max` akzeptieren keine Arrays als Parameter. Um die Extremwerte in einem Array oder einer anderen Sequenz zu ermitteln, wenden Sie die gleichnamigen Methoden `min` und `max` auf das Array an:

```
Array(1...10).min()              // 1
"Hello World".characters.max()   // "r"
```

print und readline

Die vertraute Funktion `print` gibt den als Parameter übergebenen Ausdruck als Zeichenkette aus. Bei Programmen, die innerhalb von Xcode ausgeführt werden, erfolgt die Ausgabe im Debug-Fenster. Projekte vom Typ COMMAND LINE TOOL schreiben in die Standardausgabe. Das führt dazu, dass der ausgegebene Text im Terminal angezeigt wird, in dem das Programm gestartet wurde.

```
print(1, 2, 3)
// Ausgabe: 1 2 3

print("Hello", "World!")
// Ausgabe: Hello World!
```

Standardmäßig stellt `print` zwischen die Parameter ein Leerzeichen und beendet die Ausgabe mit einem Zeilenumbruch. Alternativ können Sie mit den optionalen Parametern `separator` und `terminator` andere Trenn- bzw. Abschlusszeichenketten einstellen:

```
print(1, 2, 3, separator:"")     // Ausgabe: 123
print("Hello ", terminator:"")   // Hier kein Zeilenumbruch!
print("World!")                  // Ausgabe: Hello World!
```

`readLine` liest eine Zeile Text von der Standardeingabe. Damit eignet sich die Funktion zur Verarbeitung von Texteingaben in Terminal-Programmen. `readLine` ist insofern die Umkehrfunktion zur `print`-Funktion, die an die Standardausgabe schreibt.

swap

`swap` vertauscht den Inhalt von zwei Variablen oder Array-Elementen. Beachten Sie, dass Sie den Variablen das Zeichen & voranstellen müssen! Es ist ein Indikator für `inout`-Parameter.

> **Vorsicht**
>
> Wenn Sie an swap zweimal den gleichen Parameter übergeben, wird ein Fehler ausgelöst. Während swap(&a, &a) offensichtlich sinnlos ist, kann es durchaus zweckmäßig sein, zwei Array-Elemente mit swap(&x[n], &x[m]) zu vertauschen. Dabei müssen Sie sicherstellen, dass n und m immer unterschiedliche Indizes sind!

zip

zip verknüpft die Elemente aus zwei Sequenzen paarweise zu Tupeln. Das Ergebnis ist eine Datenstruktur vom Typ Zip2Sequence. Wenn die beiden Sequenzen unterschiedlich viele Elemente aufweisen, dann bestimmt die kürzere Sequenz die Anzahl der Ergebnis-Tupel.

```
// Messzeiten und Messwerte in zwei Arrays
let time  =  ["12:15", "12:30", "12:45", "13:00"]
let temp = [20.9, 20.8, 20.7, 20.9]
let combined = zip(time, temp)
```

Die resultierende Struktur können Sie unkompliziert in einer Schleife durchlaufen, wobei Sie die beiden Elemente in Form eines Tupels ansprechen:

```
for (tm, tmp) in combined {
  print("Zeit \(tm)  -- Temperatur \(tmp)")
}
```

Mathematische Funktionen und Konstanten

Mit Ausnahme von abs fehlen in den Standardfunktionen mathematische Grundfunktionen, wie sqrt, sin oder cos. Dennoch können Sie auch diese Funktionen in jedem Programm verwenden. Woher kommen also diese Funktionen?

Die mathematischen Grundfunktionen sind in der Bibliothek libSystem definiert, die wiederum von den Bibliotheken Foundation, Cocoa und UIKit importiert wird. Beachten Sie, dass Sie an die meisten Funktionen Fließkommazahlen übergeben müssen. sqrt(2) funktioniert nicht, es muss sqrt(2.0) heißen. In der Darwin-Bibliothek sind auch einige Konstanten definiert, darunter die Kreisteilungszahl M_PI und die eulersche Zahl M_E.

```
sqrt(2.0)           // 1,4142135623731
cos(0.0)            // 1,0
pow(10.0, 3.0)      // 1000
M_PI                // 3,14159265358979
M_E                 // 2.71828182845905
```

Die Kreisteilungszahl ist auch in den statischen Eigenschaften `Double.pi` bzw. `Float.pi` definiert. Zusammen mit weiteren `Double`- oder `Float`-Ausdrücken können Sie die Kreisteilungszahl in der Kurzform `.pi` verwenden. Der Compiler erkennt den Datentyp von `pi` dann aus dem Kontext:

```
let radius = 2.8   // radius hat den Datentyp Double
let area = radius * radius * .pi
```

6.4 Funktionale Programmierung

Swift wird mitunter als funktionale Programmiersprache bezeichnet. Ob das auch zutrifft, darüber lässt sich trefflich streiten. Richtig ist, dass Swift Funktionen als Variablenwerte, Parameter und Rückgabewerte akzeptiert. Zusammen mit den sehr universell einsetzbaren Aufzählungstypen (Arrays, Dictionaries), die Methoden wie `map`, `reduce` und `forEach` unterstützen, können viele Algorithmen im Sinne der funktionalen Programmierung realisiert werden (siehe auch Kapitel 10, »Arrays, Dictionaries, Sets und Tupel«).

Andererseits stellt Apple im E-Book »The Swift Programming Language« die prozeduralen, objekt- und protokollorientierten Sprachmerkmale von Swift eindeutig in den Vordergrund. Das trifft auch für die überwiegende Mehrheit aller Beispielprogramme zu, die im Internet zu finden sind, ganz egal, ob Sie die »offiziellen« Seiten von Apple oder andere Wissensportale konsultieren. In diesem Buch bevorzuge ich ebenfalls einen eher »traditionellen« Programmierstil.

An dieser Stelle mag ich gar nicht weiter darüber diskutieren, welche Merkmale einer funktionalen Programmiersprache Swift nun erfüllt und welche nicht. Vielmehr konzentriere ich mich in diesem Abschnitt auf zwei Features, die den funktionalen Anspruch von Swift untermauern und eine große Palette von Anwendungsmöglichkeiten bieten:

- **Funktionstypen:** Funktionen zählen zu den grundlegenden Datentypen von Swift. So wie Sie mit `var i: Int` eine Integer-Variable deklarieren können, deklariert `var f: (Double)-> String` eine Variable, die später eine Funktion aufnehmen kann, die wiederum eine `Double`-Zahl als Parameter erwartet und eine Zeichenkette als Ergebnis liefert.

    Funktionen und Closures sind Referenztypen, nicht Werttypen!

- **Funktionen als Parameter bzw. Funktionsergebnisse:** Eine logische Konsequenz aus dem ersten Punkt besteht darin, dass Methoden und Funktionen selbst Funktionen als Parameter verarbeiten und zurückgeben können.

Noch vielseitiger werden Swifts Möglichkeiten zur funktionalen Programmierung dadurch, dass Sie mit Closures Funktionen unkompliziert ad hoc erzeugen und sofort anwenden können (siehe Abschnitt 6.5).

Funktionen als eigener Datentyp

Funktionstypen werden in Swift durch den Operator -> gebildet: Somit bezeichnet (datentyp1)-> datentyp2 eine Funktion, die Parameter gemäß datentyp1 erwartet und Ergebnisse als datentyp2 liefert. Anstelle von datentyp1 kann eine ganze Liste von Parametern angegeben werden, wobei es großen syntaktischen Spielraum gibt (siehe Abschnitt 6.2, »Parameter«). Das Ergebnis einer Funktion darf auch ein Tupel sein.

Die folgenden Zeilen zeigen, wie Sie eine allgemeine Variable x so definieren, dass sie nur Funktionen mit einer bestimmten Signatur aufnehmen kann. Ebenso wäre es möglich, gleich x = func f(...)-> ... {...} zu schreiben.

```
// die Variable x kann Funktionen aufnehmen,
// die der folgenden Signatur entsprechen
var x: (Double, Double) -> (Int, Double)

// f ist eine mögliche Implementierung einer solchen Funktion
func f(a: Double, b: Double) -> (Int, Double) {
  if a > b { return (1, a * b) }
  else     { return (2, a + b) }
}
// nun kann x wie f verwendet werden
x = f
x(2.0, 3.0)        // Ergebnis (2, 5.0)
```

Sind f und x nun also gleichwertig? Nicht ganz! Zum einen müssen beim Aufruf von f beide Parameter benannt werden. Bei x ist dies nicht notwendig.

```
f(a: 2.0, b: 3.0)    // Ergebnis (2, 5.0)
```

Zum anderen kann f nicht mehr verändert werden. x können Sie hingegen jederzeit eine andere Funktion zuweisen, die der ursprünglichen Signatur entspricht. Die folgenden Zeilen verwenden dazu die Closure-Schreibweise, die in Abschnitt 6.5, »Closures«, näher erläutert wird:

```
// x wird eine andere Funktion zugewiesen
x = { (7, $0 / $1) }
x(2.0, 3.0)    // Ergebnis (7, 0.666667)
```

Funktionen als Parameter und Rückgabeergebnisse

Die im vorigen Abschnitt skizzierten syntaktischen Möglichkeiten können dazu verwendet werden, um Funktionen als Parameter an andere Funktionen zu übergeben. Die im Folgenden abgedruckte Funktion buildArray erzeugt ein Array aus n Elementen. buildArray durchläuft dazu die Variable x in n Schritten von start bis ende und übergibt x dann an die Funktion fn. Diese Funktion, die einen Double-Parameter verarbeitet und ein Double-Ergebnis liefert, muss als vierter Parameter an buildArray übergeben werden. Die Funktionsergebnisse fn(x) ergeben die Array-Elemente.

```
// Datei func-programming.playground
// erzeugt ein Double-Array mit Funktionsergebnissen
// Parameter: n: gewünschte Anzahl der Array-Elemente
//            start: Startwert
//            end: Endwert
//            fn: Funktion, deren Resultate gespeichert werden
func buildArray(n: Int,
                start: Double,
                end: Double,
                fn: (Double) -> Double)
    -> [Double]
{
  var result = [Double]()
  let delta = (end-start) / Double(n-1)
  for i in 0..<n {
    let x = start + delta * Double(i)
    result += [fn(x)]
  }
  return result
}
```

Um buildArray auszuprobieren, definieren wir zuerst die Funktion f, die als vierter Parameter beim ersten Aufruf von buildArray übergeben wird. Beim zweiten Aufruf übergeben wir einfach die ohnedies schon vordefinierte Sinusfunktion, die ebenfalls dem Muster (Double)-> Double entspricht. Zur Visualisierung werden die beiden Arrays in for-in-Schleifen durchlaufen. Ein Klick auf das Ergebnis-Icon im Playground zeigt dann die entsprechenden Kurvenverläufe (siehe Abbildung 6.1).

```
// einfache Funktion, berechnet 1 / (1+x)
func f(x: Double) -> Double {
  return 1.0 / (1.0 + x)
}

// zwei Testaufrufe von buildArray
let data1 = buildArray(n: 20, start: 0, end: 5, fn: f)
// Ergebnis: [1.0, 0.79, ...]
```

```
let data2 = buildArray(n: 10, start: 0, end: 3.14, fn: sin)
// Ergebnis: [0.0, 0.34, ...]

// zur Visualisierung im Playground
for d in data1 { d }
for d in data2 { d }
```

Abbildung 6.1 Visualisierung der Arrays »data1« und »data2« im Playground

Funktionen können auch selbst Funktionen zurückgeben. Im folgenden Beispiel ist fbuilder eine Funktion, die aus den drei Parametern a, b und c eine neue Funktion bildet, die einen Double-Wert verarbeitet und einen Double-Wert als Ergebnis zurückgibt. Die resultierende Funktion entspricht dem mathematischen Ausdruck $a + b x + c x^2$.

Zum Test von fbuilder werden damit die zwei Funktionen f1 und f2 erzeugt. In einer Schleife durchläuft x in 121 Schritten Werte zwischen −3 bis 3. Die Visualisierung der Funktionen erledigt der Playground (siehe Abbildung 6.2).

6.4 Funktionale Programmierung

Abbildung 6.2 Zwei Funktions-Plots im Playground

```
// Datei func-programming.playground
// bildet die Funktion a + x*b + x^2*c
func fbuilder(a:Double, b:Double, c:Double)
  -> ( (Double) -> Double )
{
  func f(x:Double) -> Double {
    return a + x*b + x*x*c
  }
  return f
}

// zwei Beispielfunktionen erzeugen
let f1 = fbuilder(a: 1.0, b: 2.0, c: -0.5)
let f2 = fbuilder(b: 2.0, b: 0.0,  c: 0.7)

// Funktionsergebnisse für x-Werte zwischen -3 und 3 ausrechnen
var x = -3.0
while(x < 3.0) {
  var y1 = f1(x)
  var y2 = f2(x)
  x += 0.05
}
```

6.5 Closures

Funktionen spielen in Swift eine große Rolle. Es ist häufig notwendig, eine Funktion als Parameter an eine andere Funktion oder Methode zu übergeben. Dazu können Sie natürlich jedes Mal mit func eine Funktion definieren und diese dann übergeben. Je häufiger Sie das tun, desto lästiger wird dieser Prozess. Eine Funktion zu definieren, die danach an Dutzenden Stellen im Code benötigt wird, macht ja Sinn. Aber für eine Funktion, die nur einmal benötigt wird, muss es einen besseren Weg geben. Diesen Weg bieten anonyme Funktionen, die in Swift Closures genannt werden. In Java oder C# ist hingegen meist von Lambda-Ausdrücken die Rede – gemeint ist dasselbe.

Syntax

Nehmen wir an, in Ihrem Programm gibt es ein Array mit ganzen Zahlen. Mit map wollen Sie nun auf jede dieser Zahlen die Funktion sin(x/10) anwenden, sodass Sie ein neues Array mit Fließkommazahlen erhalten. Der traditionelle Weg, diese Aufgabe zu lösen, besteht darin, zuerst mit func eine geeignete Funktion zu definieren und diese als Parameter an map zu übergeben. (Die Methode map steht für Arrays und einige weitere Aufzählungstypen zur Verfügung. Sie wendet eine Funktion auf alle Elemente der Sequenz an und liefert wiederum eine Sequenz bzw. im folgenden Beispiel ein Array. map stelle ich im Detail in Kapitel 10, »Arrays, Dictionaries, Sets und Tupel«, vor.)

```
let data = Array(1...20)        // Datentyp [Int]
func calc(n: Int) -> Double {
  return sin(Double(n) / 10.0)
}
var result = data.map(calc)     // Datentyp [Double]
result                          // 0,0998, 0,1987 ...
```

Anstatt die Funktion vorweg zu definieren, können Sie die Funktion auch als Closure direkt übergeben. *Closure* ist ein Begriff aus den Computerwissenschaften. Im Deutschen ist häufig von einem *Funktionsabschluss* die Rede. Closures zeichnen sich durch zwei Eigenschaften aus:

- Closures haben keinen Namen. Daher spricht man oft auch von *anonymen Funktionen*.
- Closures haben Zugriff auf die Daten, die im Programm an der Stelle ihrer Definition zugänglich sind, also im *Erstellungskontext*.

In Swift sieht die vollständige Syntax einer Closure wie folgt aus:

```
{ (Parameterliste) -> Datentyp in Code }
```

Mit anderen Worten: Die Closure wird in geschwungenen Klammern formuliert. Sie beginnt mit einer Parameterliste, für die weitgehend dieselben Regeln wie für die

Parameterliste einer Funktion gelten. Es sind auch Closures ohne Rückgabedatentyp möglich – dann reduziert sich die Parameterliste auf ein rundes Klammernpaar. Dann folgen der Operator -> und der Rückgabedatentyp der Funktion. Bei Closures ohne Parameter entfällt -> Datentyp. Vor dem eigentlichen Code der Funktion wird das Schlüsselwort in angegeben.

Um das obige Beispiel also mit einer Closure zu lösen, würde der Code so aussehen:

```
// Funktion als Closure übergeben
result =
  data.map( { (n:Int) -> Double in return sin(Double(n)/10) } )
```

Kurz und kürzer

Um die Anwendung von Closures angenehmer zu machen, sieht die Swift-Syntax eine Menge möglicher Abkürzungen vor: So kann auf return verzichtet werden, wenn die Closure nur aus einem Ausdruck besteht und nicht aus mehreren Anweisungen:

```
// kompaktere Syntax
result = data.map({ (n: Int) -> Double in sin(Double(n)/10) })
```

Sofern der Swift-Compiler aus dem Kontext den Datentyp der Parameter erkennen kann, brauchen Sie den Datentyp in der Parameterliste nicht anzugeben:

```
// noch kompaktere Syntax
result = data.map({ (n) -> Double in sin(Double(n)/10) })
```

Trifft dies auch auf den Rückgabedatentyp zu, dann können Sie auf die Parameterliste samt Ergebnistypdefinition ganz verzichten. Auch das Schlüsselwort in entfällt dann. Allerdings haben die Funktionsparameter jetzt keine Namen mehr. Deswegen müssen Sie die Parameter in der Form $0 für den ersten Parameter, $1 für den zweiten Parameter etc. angeben. Es ist diese Form, die in der Praxis – vor allem bei einfachen Funktionen – bevorzugt wird. Trotz der kompakten Schreibweise bleibt der Code verständlich.

```
// auf das Minimum reduzierte Syntax
result = data.map({ sin(Double($0)/10) })
```

Die meisten Funktionen oder Methoden erwarten Closures im letzten Parameter. In diesem Fall können Sie die Closure aus der Funktion gewissermaßen herausziehen, also hinter der Funktion angeben (*Trailing Closure*). Damit sieht der Aufruf so aus:

```
// alternative Syntaxvariante, gleichwertig
result = data.map() { sin(Double($0)/10) }
```

Das vermindert den Code zwar nicht mehr, reduziert aber die Anzahl der ineinander verschachtelten Klammerebenen. Das ist vor allem dann von Vorteil, wenn sich der Code der Closure über mehrere Zeilen erstreckt. Ansonsten ist es eher eine Geschmacksfrage, ob Sie nun die vorletzte oder die letzte Variante vorziehen. Auf den ersten Blick kann man bei der letzten Variante auch den irreführenden Eindruck gewinnen, es handele sich um eine Definition der Funktion map.

Trailing Closures funktionieren auch bei benannten Parametern. In diesem Fall entfällt der Name des letzten Parameters ersatzlos.

Noch mehr Syntaxbeispiele

Für das obige Beispiel mit sin(x/10) ist jetzt die kürzestmögliche Syntax erreicht. Manchmal geht es aber noch kürzer: Wenn es eine vor- oder selbst definierte Funktion gibt, deren Signatur der Aufgabenstellung entspricht, reicht es aus, nur den Funktionsnamen zu übergeben. In diesem Fall entfällt also auch die Nennung der anonymen Parameter $0, $1 etc.!

```
// Funktion als Closure
let data2 = [1.2, 4.5, 2.4]
data2.map(sin)            // [0,93, -0,97, 0,68]
```

Diese Syntax ist sogar für Operatoren erlaubt! Für Swift ist ein Operator nichts anderes als ein Funktionsname. Im folgenden Beispiel wird der Operator - im Sinne des negativen Vorzeichens interpretiert. Für Swift ist aus dem Kontext klar, dass hier nicht der Minus-Operator gemeint sein kann – denn das ist eine Funktion mit *zwei* Parametern. map erwartet aber eine Funktion, die mit einem Parameter zurechtkommt.

```
// Operator 'negatives Vorzeichen' als Closure
data2.map(-)              // [-1,2, -4,5, -2,4]
```

Besonders beliebt ist diese Kurzschreibweise bei den Methoden sort und sorted. Beide Methoden erwarten als Parameter eine Vergleichsfunktion, also eine Funktion, die zwei Objekte des gleichen Typs miteinander vergleicht und true oder false zurückgibt, je nachdem, ob ein Objekt größer oder kleiner als das andere ist. Genau diese Aufgabe übernimmt der Operator <:

```
// Vergleichsoperator als Closure
data2.sorted(<)           // [1,2, 2,4, 4,5]
```

> **sort versus sorted**
>
> Die Methode sorted liefert als Ergebnis ein neues sortiertes Array, rührt das ursprüngliche Array aber nicht an. sort verändert das Array. Das setzt natürlich voraus, dass das Array mit var deklariert wurde, nicht mit let.

6.5 Closures

Closures können auch aus mehreren Anweisungen bestehen. In diesem Fall dürfen Sie return nicht vergessen, damit das Ergebnis zurückgegeben wird. In den beiden folgenden Beispielen ist die Closure einmal direkt als Parameter übergeben, einmal nachgestellt. Beide Varianten sind in ihrer Funktion gleichwertig, die Trailing Closure ist aber übersichtlicher (weil es bei ihr weniger offene Klammern gibt).

```
let data = Array(1...20)      // Datentyp [Int]
let result1 = data.map(       // Closure als Parameter
  { (n) -> Double in
    let x = Double(n) / 10.0
    return sin(x)
  }
)

let result2 = data.map() {    // Trailing Closure
  (n) -> Double in
  let x = Double(n) / 10.0
  return sin(x)
}
```

Mitunter kommt es vor, dass Sie eine Funktion mit einem oder mehreren Parametern als Closure implementieren müssen, eine Auswertung der Parameter aber nicht notwendig ist. Aus syntaktischen Gründen können Sie die Parameter nicht weglassen, Sie können sie aber durch das Pattern-Zeichen _ ersetzen:

```
// liefert [12, 12, 12 ...]
let result3 = data.map({ (_) in 12 } )
```

> **»self« zum Zugriff auf Eigenschaften oder Methoden**
>
> Wenn Sie in Closures auf Eigenschaften oder Methoden des Typs zugreifen möchten, in dem Ihre Closure formuliert ist, dann müssen Sie self voranstellen, also z. B. self.methode(). Dieses Schlüsselwort stelle ich Ihnen in Abschnitt 11.1, »Klassen und Strukturen«, näher vor.

Auto-Closures

Wenn Sie den Parameter einer Funktion oder Methode mit dem Attribut @autoclosure kennzeichnen, dann betrachtet der Swift-Compiler an diese Funktion übergebene Argumente automatisch als Closure. Nähere Details dazu, was Attribute sind, folgen in Abschnitt 14.2.

Am einfachsten ist das Konzept von Auto-Closures anhand eines Beispiels zu verstehen. Die Funktion f erwartet eine boolesche Funktion als Parameter und wertet diese dann aus. Dieser Parameter ist vorerst noch ohne @autoclosure definiert.

```
func f(condition: () -> Bool) {
  if condition() {
    print("True!")
  }
}
f( condition: {7 % 2 == 1} )   // Ausgabe "True!"
```

An f muss wirklich eine Funktion übergeben werden. Im obigen Beispiel wird daher das Funktionsargument in geschwungenen Klammern angegeben. f(7 % 2 == 1) wäre ebenso wie f(true) ein Syntaxfehler, weil beide Parameter boolesche Ausdrücke, aber keine Funktionen sind.

In der folgenden Funktion g ist der Parameter hingegen als @autoclosure deklariert. Damit wird nun der übergebene Parameter automatisch als Closure betrachtet, und Sie dürfen, ja, Sie müssen sogar auf die geschwungenen Klammern verzichten:

```
func g(condition: @autoclosure () -> Bool) {
  if condition() {
    print("True!")
  }
}
g(condition: 7 % 2 == 1)   // Ausgabe "True!"
```

@autoclosure wird Swift-intern von assert sowie von einigen booleschen Operatoren verwendet.

RPN-Rechner

Der Ausgangspunkt für das folgende Beispiel ist die Funktion calculate: Sie liest die letzten zwei Einträge eines Arrays und verknüpft diese mit einer Funktion. Das Ergebnis wird wieder im Array gespeichert. Die Funktion könnte z. B. Teil eines Taschenrechners sein, der auf Basis der *Reverse Polish Notation* (RPN) arbeitet. Bei der RPN werden zuerst die zu verarbeitenden Zahlen eingegeben und gespeichert, bevor die Operatoren auf sie angewendet werden. Ein derartiger Taschenrechner ist zwar umständlicher zu bedienen als ein gewöhnlicher Taschenrechner, dafür aber einfacher zu programmieren.

```
// Datei rpn.playground
// Ziel 17,3 / (12,5 - 7,6 * 2,1) ausrechnen
var stack = [17.3, 12.5, 7.6, 2.1]

// zwei Werte vom Stack entfernen,
// durch die Funktion fn verknüpfen
// Ergebnis wieder auf dem Stack speichern
```

```
func calculate(_ fn:(Double, Double) -> Double) {
  if stack.count >= 2 {
    let op1 = stack.removeLast()
    let op2 = stack.removeLast()
    let result = fn(op2, op1)
    print(result)
    stack.append(result)
  }
}

calculate( * )    // Ausgabe 15,96
calculate( - )    // Ausgabe -3,46
calculate( / )    // Ausgabe -5,00
stack             // stack enthält nur noch [-5,00]
```

Die Übergabe der Funktion fn in Form eines Operators ist hier natürlich besonders elegant. Wenn Sie den Taschenrechner um mathematische Funktionen wie sin oder sqrt erweitern möchten, fügen Sie einfach eine zweite calculate-Funktion hinzu, die als Parameter eine Funktion erwartet, die nur einen Parameter verarbeitet:

```
// einen Wert vom Stack entfernen, darauf die Funktion fn
// anwenden, Ergebnis wieder auf dem Stack speichern
func calculate(_ fn: (Double) -> Double) {
  if stack.count >= 1 {
    stack.append( fn(stack.removeLast()) )
  }
}

stack = [4.0]
calculate( sqrt )
stack               // Stack enthält jetzt [2,0]
calculate( sin )
stack               // [0,91]
calculate( - )      // Fehler
calculate( {-$0} )
stack               // [-0,91]
```

Swift kann zumeist anhand der Parameter unterscheiden, welche der beiden calculate-Funktionen die richtige ist. Ein Sonderfall ist aber der Operator -, bei dem es sich sowohl um ein negatives Vorzeichen als auch um den Minus-Operator handeln kann. Anstelle von - müssen Sie nun explizit angeben, ob Sie das negative Vorzeichen meinen (also {-$0}) oder ob Sie zwei Stack-Werte voneinander abziehen wollen (also {$0-$1}).

> **RPN-Rechner als Klasse**
>
> In der Beispieldatei rpn.playground ist zusätzlich zum oben abgedruckten Code auch die Implementierung des RPN-Rechners als Klasse enthalten – gewissermaßen als Vorgriff auf Kapitel 11, »Objektorientierte Programmierung I«.

Capturing Values

Closures oder verschachtelte Funktionen können auf alle Variablen und Konstanten zugreifen, die in ihrem Kontext erreichbar sind – also an der Stelle im Code, wo die Closure bzw. die verschachtelte Funktion definiert ist. Wenn Closures dies tun (sie müssen ja nicht), dann »fangen« sie diese Variablen gleichsam ein. Bei einer späteren Verwendung der Funktion können die Konstanten weiterhin gelesen und Variablen sogar verändert werden. Das bedeutet, dass Swift bei Werttypen eine closure-interne Kopie bzw. bei Referenztypen eine zusätzliche Referenz auf das Objekt einrichten muss.

In der Praxis ist dieses »Variablen-Fangen« vor allem in objektorientiertem Code relevant. Das folgende Beispiel, das ich ein wenig modifiziert aus »The Swift Programming Language« übernommen habe, funktioniert aber selbst in einer winzigen Playground-Demo. Werfen Sie nun einen scharfen Blick auf das Listing – die Erklärung für den zugegebenermaßen nicht ganz trivialen Code folgt gleich:

```swift
// Beispieldatei closures.playground
// Funktion, um einen Inkrementor mit beliebiger
// Schrittweite zu erzeugen
func createIncrementor(_ incrAmount: Int = 1) -> () -> Int {
  var total = 0
  return {
    total += incrAmount
    return total
  }
}

let fn1 = createIncrementor()
let fn2 = createIncrementor(2)
let fn3 = createIncrementor(10)

for i in 1...10 {
  print("\(fn1()) \(fn2()) \(fn3()) ")
}
```

```
// Ausgabe:
// 1  2  10
// 2  4  20
// 3  6  30
// ...
// 10 20 100
```

Was passiert hier? Beginnen wir mit `createIncrementor`: Diese Funktion besitzt einen Parameter mit dem Defaultwert 1. Die Aufgabe dieser Funktion ist es, selbst eine Funktion zu liefern. Daher ist `-> () -> Int` kein Fehler. Vielmehr beginnt mit dem ersten Operator `->` der Rückgabedatentyp. Da es sich dabei selbst um eine Funktion handelt, die als Ergebnis eine `Int`-Zahl zurückgibt, ist auch der zweite Operator `->` erforderlich.

Innerhalb von `createIncrementor` ist die lokale Variable `total` definiert. Danach folgt sofort das `return`-Statement. Zurückgegeben wird eine Funktion, und diese Funktion ist als Closure formuliert – daher die geschwungenen Klammern.

Die Closure besteht aus zwei Anweisungen: Zuerst wird `total` um `incrAmount` vergrößert, also um den an `createIncrementor` übergebenen Parameter bzw. um den Defaultwert 1. Dieses Ergebnis wird dann zurückgegeben.

Die weiteren Zeilen zeigen die Anwendung dieses Funktionsgenerators. Zuerst werden drei derartige Inkrementor-Funktionen erzeugt: `fn1` mit der Schrittweite 1, `fn2` mit der Schrittweite 2 und `fn3` mit der Schrittweite 10.

Alle drei Funktionen werden nun zehnmal aufgerufen. Dabei ist zu sehen, dass jede der Funktionen wie vorgesehen arbeitet. `fn1` liefert also bei den ersten drei Aufrufen die Werte 1, 2 und 3, `fn2` liefert 2, 4 und 6, und `fn3` liefert 10, 20 und 30.

Warum ist das bemerkenswert? Weil das Beispiel beweist, dass sich `fn1` bis `fn3` jeweils den ihnen zugewiesenen `incrAmount`-Wert gemerkt haben und dass jede dieser drei Funktionen über einen eigenen `total`-Zähler verfügt – und das zu einem Zeitpunkt, wo es diesen Parameter bzw. diese Variable schon längst nicht mehr geben dürfte! Eigentlich endet die Gültigkeit von Parametern und lokalen Variablen mit dem Aufruf der Funktion – und der dreimalige Aufruf von `createIncrementor` ist längst vorbei. Aber die Closure hat den Parameter und die lokale Variable eben »eingefangen« und so ihre Lebensdauer so lange ausgedehnt, wie `fn1` bis `fn3` in Verwendung sind.

Gefahr von Memory Leaks (Capture Lists)

Capturing Values ist anfänglich eine faszinierende Eigenschaft von Closures. Diese Fähigkeit kann aber dazu führen, dass eine Closure die Freigabe eines ansonsten nicht mehr benötigten Objekts aus dem Speicher verhindert. Dazu kommt es, wenn durch eine Closure eine Eigenschaft eines Objekts oder das Objekt selbst verändert wird. Die

Eigenschaft des Objekts verweist dann auf die Closure, und diese zeigt zurück auf das Objekt.

Dieser geschlossene Kreislauf von Referenzen lässt sich verhindern, indem Sie für alle betroffenen Eigenschaften bzw. für `self` eine sogenannte *Capture List* definieren: Das ist eine der Closure vorangestellte Liste in eckigen Klammern, die Eigenschaften bzw. `self` explizit als weak (für Optionals) oder als unowned kennzeichnet. Die Syntax der gesamten Closure sieht dann so aus:

```
{ [unowned a, weak b] (Closure-Parameter ...) in
    Closure-Code ...
}
```

Innerhalb der eckigen Klammern können Sie auch Zuweisungen durchführen:

`{ [unowned self, weak b = ...] (Parameter ...) in Code ... }`

Weitere Details können Sie auf den folgenden Seiten nachlesen:

*https://developer.apple.com/library/content/documentation/Swift/Conceptual/
   Swift_Programming_Language/AutomaticReferenceCounting.html*
http://stackoverflow.com/questions/24320347
http://sketchytech.blogspot.co.at/2014/09/swift-rules-of-weak-and-unowned.html

Closures speichern und weitergeben (@escaping)

Standardmäßig gelten Closures ab Swift 3 als *non-escaping*. Das bedeutet, dass die Closure weder in einer Variablen gespeichert noch an eine andere Methode weitergegeben werden kann. Dieses Verhalten stellt sicher, dass die Closure nicht länger gespeichert wird, als die betreffende Methode läuft.

Normalerweise werden Sie wegen dem Non-escaping-Verhalten kaum auf Einschränkungen stoßen. Wenn Sie aber doch eine Closure speichern oder an eine andere Methode weitergeben möchten, dann müssen Sie den betreffenden Parameter mit dem Attribut @escaping kennzeichnen.

Von @noescape zu @escaping

Unter Swift 2 waren Closures standardmäßig *escaping*. Nur wenn Sie eine Closure *non-escaping* verwenden wollten, mussten Sie das Attribut @noescape verwenden. Weil aber gerade das in vielen Fällen das erwünschte Verhalten war, mussten Closure-Parameter von sehr vielen Methoden der Standardbibliothek mit @noescape gekennzeichnet werden. Deswegen hat man sich mit Swift 3 zum umgekehrten Ansatz entschlossen.

6.5 Closures

Das folgende Beispielprogramm verdeutlicht dies. Die globale Funktion callTwice erwartet eine Funktion ohne Parameter und ohne Rückgabewert. Diese Funktion wird zweimal aufgerufen – alles gemäß dem Swift-Standardverhalten, also *non-escaping*.

Die Funktion callTrice geht aber weiter. Anstatt einfach selbst dreimal die als Closure übergebene Funktion auszuführen, wird die Funktion zuerst in einer lokalen Variablen gespeichert und dann an callTwice übergeben. Beide Aktionen sind normalerweise nicht erlaubt. Deswegen habe ich den Parameter mit dem Attribut @escaping markiert.

Auf noch ein Detail möchte ich hier hinweisen: Wenn Sie an eine Closure Eigenschaften einer Klasse übergeben, müssen Sie der Eigenschaft self voranstellen. Normalerweise ist das nicht notwendig, bei Closures verlangt der Compiler self aber.

```
// Projekt escaping, Datei main.swift

// ruft die übergebene Funktion zweimal auf
func callTwice(_ fn: () -> ()) {
  fn()
  fn()
}

// ruft die übergebene Funktion dreimal auf,
// wobei die Funktion aber in einer lokalen
// Variablen zwischengespeichert und an eine
// fremde Funktion übergeben wird
func callTrice(_ fn:  @escaping () -> ()) {
  // nur mit @escaping erlaubt:
  let f = fn
  callTwice(f)
  fn
  f()
}

// callTrice ausprobieren
class MyClass {
  var somedata = 17
  func m() {
    // übergibt an callTrice() eine Closure,
    // die dreimal ausgeführt wird
    callTrice() {
      print(self.somedata)
    }
  }
}
```

```
let tst = MyClass()
tst.m() // Ausgabe: dreimal 17
```

> **Playground-Ärger**
>
> Das Testprogramm führte im Playground zu einem Absturz. Deswegen habe ich den Code in einer eigenen Terminal-App untergebracht.

Kapitel 7
Zahlen und geometrische Strukturen

Vordergründig geht es in diesem Kapitel um ein ganz simples Thema – um den Umgang mit Zahlen. Die zwei wichtigsten grundlegenden Datentypen, die Swift dazu anbietet, heißen Int und Double und sind aus anderen Programmiersprachen wohlvertraut.

Wie so oft sind es unzählige Varianten und Sonderfälle, die dieses Kapitel interessant, den Umgang mit Zahlen aber mitunter auch mühsam machen. So können Sie zur Speicherung ganzer Zahlen auch Typen wie UInt32 oder Int8 verwenden. Bei Fließkommazahlen stehen neben Double auch Float und CGFloat zur Auswahl. Letzterer Typ kommt besonders häufig vor, wenn geometrische Daten ausgedrückt werden sollen – z. B. in den Strukturen CGPoint, CGRect oder CGVector.

Quasi als universalen Übertyp, der gleichermaßen zur Speicherung von ganzen Zahlen und von Fließkommazahlen geeignet ist, gibt es NSNumber. Mit Daten dieses Typs arbeiten Sie in Swift eher selten. Mitunter müssen Sie aber darauf zurückgreifen, weil diverse Methoden aus den Standardbibliotheken partout darauf bestehen, dass Sie Ihre Zahlen als NSNumber-Typen übergeben.

Dieses Kapitel gibt Ihnen einen Überblick über die in der Praxis am häufigsten erforderlichen Datentypen, Strukturen und Methoden. Weitere Themen sind mathematische Funktionen und Konstanten sowie das Erzeugen von Zufallszahlen.

Gewissermaßen als Sahnehäubchen zeigt das Kapitel, wie Sie mit eigenen Operatoren und Methoden vorhandene Datenstrukturen erweitern können. Damit greife ich zwar inhaltlich auf Kapitel 12, »Objektorientierte Programmierung II«, vor, aber Sie werden sehen, dass der resultierende Code leicht zu verstehen und ungemein praktisch anzuwenden ist. Sie können damit z. B. zwei CGPoint-Strukturen mit dem Operator + addieren oder den Abstand zwischen zwei Punkten mühelos ermitteln.

7.1 Zahlen und boolesche Werte

Dieser Abschnitt fasst zusammen, was Sie für den Umgang mit Zahlen und booleschen Werten wissen müssen: die zugrunde liegenden Datentypen, die richtige Darstellung von Zahlen im Code (*Literale*), Umwandlungsfunktionen etc.

Ganze Zahlen

Swift verwendet standardmäßig den Datentyp Int zur Speicherung ganzer Zahlen. Hinter den Kulissen handelt es sich bei 32-Bit-Plattformen um einen 32-Bit-Integer mit Vorzeichen, bei 64-Bit-Plattformen um einen 64-Bit-Integer mit Vorzeichen. Apple empfiehlt, diesen Datentyp nach Möglichkeit zur Speicherung ganzer Zahlen zu verwenden.

Wenn Sie explizit einen anderen Integer-Zahlentyp wünschen, haben Sie die Wahl zwischen Int8, -16, -32 und -64 sowie den vorzeichenlosen Varianten UInt8, -16, -32 und -64. Den zulässigen Zahlenbereich können Sie bei Bedarf mit den Eigenschaften min und max ermitteln.

```
let imin = Int.min          //  -9.223.372.036.854.775.808 (64 Bit)
let imax = Int.max          //   9.223.372.036.854.775.807 (64 Bit)
let i32min = Int32.min      //                -2.147.483.648
let ui16max = UInt16.max    //                        65.535
```

Im Code werden ganze Zahlen normalerweise dezimal geschrieben. Alternativ können Sie 0b, 0o oder 0x voranstellen, um Zahlen in binärer, oktaler oder hexadezimaler Schreibweise zu formulieren:

```
let x = 0b110011            // 51
let y = 0o772               // 506
let z = 0x12                // 18
```

Wenn Sie Zahlen binär, oktal oder hexadezimal ausgeben möchten, verwenden Sie am besten den String-Konstruktor mit dem radix-Parameter:

```
let bin = String(127, radix: 2)    // "1111111"
let oct = String(127, radix: 8)    // "177"
let hex = String(127, radix: 16)   // "7f"
```

Bei vielstelligen Zahlen können Sie mit _ Zifferngruppen bilden:

```
let population = 7_287_726_818
let id = 0x23a4_d350_5499_aaef
```

Fließkommazahlen

Sobald in einer Zahl ein Dezimalpunkt vorkommt, betrachtet Swift die Zahl als Fließkommazahl mit dem Datentyp Double. Fließkommazahlen beanspruchen intern 8 Byte Speicherplatz und weisen eine Genauigkeit von ca. 16 Stellen auf. Die größtmögliche positive Zahl beträgt ca. 2×10^{308}. Wenn Sie Fließkommazahlen in einer reduzierten Genauigkeit von rund 8 Stellen speichern möchten, verwenden Sie den Typ Float.

```
let x = 1.4           // normale Double-Zahl
let y: Float = 1.3    // Float-Zahl mit reduzierter Genauigkeit
```

Fließkommaliterale müssen einen Dezimalpunkt oder den Buchstaben e bzw. E für die Exponentialschreibweise enthalten:

```
let d1 = 1000.0       // 1000.0
let d2 = 1e3          // 1000.0
let d3 = 1.23e-2      // 1.23 * 10^-2 = 0.0123
let d4 = 1.23E-2      // gleichwertig, 0.0123
```

Interessanterweise kennt Swift auch eine Exponentialschreibweise für hexadezimale Zahlen. Der Exponent folgt dem Buchstaben p oder P und bezieht sich auf die Basis 2:

```
let d5 = 0x100p3      // 256 * 2^3 = 2048.0
let d6 = 0xfp-2       // 15 * 2^-2 = 3,75
```

Swift enthält mit Ausnahme von abs keine mathematischen Funktionen. Diese befinden sich vielmehr in der Bibliothek libSystem, die wiederum von den Bibliotheken Foundation, Cocoa und UIKit automatisch importiert wird. Damit stehen in jedem Swift-Projekt die üblichen mathematischen Funktionen wie sin, cos, tan, pow, sqrt etc. zur Verfügung. Beachten Sie, dass auch diese Funktionen ausschließlich für Double- und Float-Parameter definiert sind!

BinaryFloatingPoint-Protokoll

Die Datentypen Double, Float, CGFloat und Float80 implementieren das gemeinsame Protokoll BinaryFloatingPoint und dessen Basis FloatingPoint. Die beiden Protokolle stellen eine Menge Init-Funktionen und Methoden zur Verfügung, von denen ich hier nur ganz wenige präsentiere:

```
var x = 1.23
x.add(12)             // addiert 12 zu x, verändert x
x.adding(12)          // addiert 12 zu x, verändert x nicht
x.subtract(3)
x.subtracting(3)
```

```
x.isFinite          // true, x ist eine endliche Zahl
x.isInfinite        // false, x ist nicht unendlich
x.squareRoot()      // berechnet die Wurzel, ändert x nicht
```

> **add versus adding**
>
> Auf den ersten Blick scheinen add und adding dieselbe Funktion zu haben: Sie führen eine Addition durch. Beide liefern das Ergebnis zurück. add verändert allerdings die zugrunde liegende Variable, adding hingegen nicht! Analog gilt dies auch für subtract und subtracting und diverse weitere Methodenpaare.

Die Protokolle FloatingPoint bzw. BinaryFloatingPoint geben Ihnen die Möglichkeit, generische Funktionen zu programmieren, die gleichermaßen für Double-, Float- und CGFloat-Parameter funktionieren. (Was generische Funktionen sind, erfahren Sie in Abschnitt 12.2, »Generics«.)

```
func sum<T: FloatingPoint>(_ a: T, _ b: T) -> T {
  return a.adding(b)
}
let a=2.0, b=3.0
let c: Float = 2.0, d: Float = 3.0
sum(a, b)
sum(c, d)
```

Typumwandlungen

Swift ist sehr restriktiv, was Typumwandlungen angeht. Beispielsweise kann ein Int-Wert nicht mit einem Double-Wert multipliziert werden, weil der Operator * nur für Zahlen desselben Typs definiert ist. Sie müssen also explizit einen der beiden Operanden in den Datentyp des anderen Operanden umwandeln oder zu diesem Zweck einen geeigneten Operator definieren.

Zur Umwandlung verwenden Sie den Konstruktor des Datentyps, also z. B. Double, Int, Float, Int64 oder UInt32. Beachten Sie, dass die Int-Konstruktoren nicht runden, sondern den Nachkommaanteil abschneiden. Wenn Sie mathematisch runden möchten, müssen Sie zuerst round ausführen.

```
let x = 3
let y = 2.2
let z1 = x * y            // Fehler, nicht erlaubt
let z2 = x * Int(y)       // 6
let z3 = Double(x) * y    // 6.6
let z4 = Int(2.9)         // 2
let z5 = Int(-2.9)        // -2
let z6 = Int(round(-2.9)) // -3
```

> **ScalarArithmetic-Bibliothek**
>
> Das GitHub-Projekt ScalarArithmetic enthält die Definition zusätzlicher Operatoren, die Grundrechenarten mit Operanden unterschiedlichen Datentyps durchführen und als Ergebnis immer einen Wert in der jeweils höheren Genauigkeit zurückliefern. Allerdings wurde die Bibliothek bisher nicht auf Swift 3.0 aktualisiert. Das gelingt zwar auch dem Code-Konverter von Xcode, dennoch ist es selten eine gute Idee, auf eine nicht mehr gewartete Bibliothek zurückzugreifen. Aber machen Sie sich selbst ein Bild:
>
> *https://github.com/seivan/ScalarArithmetic*

Zufallszahlen

Ganze Zufallszahlen zwischen 0 und n erzeugen Sie mit arc4random_uniform(n). Diese Funktion aus der Standard-C-Bibliothek steht automatisch zur Verfügung, wenn Sie die Cocoa-, die UIKit- oder zumindest die Foundation-Bibliothek importiert haben.

```
arc4random_uniform(10)   // Zufallszahl zwischen 0 und 9
```

Der Rückgabedatentyp von arc4random_uniform ist UInt32 und kann problemlos in Int umgewandelt werden:

```
let n = Int(arc4random_uniform(10))
```

arc4random ohne Parameter liefert Zufallszahlen im gesamten Zahlenbereich von UInt32. In diesem Fall kann die Umwandlung in Int zu Fehlern führen, wenn Ihr Programm auf einer 32-Bit-Plattform läuft.

```
let m =   arc4random()  // UInt32, 0 <= m <= 4294967295
```

Double-Zufallszahlen

Zufällige Fließkommazahlen zwischen 0 und 1 liefert der folgende Ausdruck:

```
let x = Double(arc4random()) / Double(UInt32.max)
```

Die Zufallszahlen sind innerhalb des Zahlenraums allerdings nicht gleichverteilt. Wenn Ihnen das wichtig ist, gehen Sie wie folgt vor:

```
var r: UInt64 = 0
arc4random_buf(&r, 8)
let y = Double(r) / Double(UInt64.max)
```

Eine effizientere Möglichkeit zur Erzeugung von Double-Zufallszahlen bietet die Funktion drand48. Vor ihrem Einsatz muss *einmalig* srand48 ausgeführt werden, damit drand48 nicht immer wieder die gleiche Folge von Zufallszahlen liefert.

```
srand48(Int(arc4random_uniform(10000000)))  // einmalig
let r1 = drand48()    // beliebig oft, Wertebereich
let r2 = drand48()    // 0 inklusive bis 1 exklusive
```

In Programmen, in denen ich häufig Zufallszahlen in verschiedenen Datentypen benötige, definiere ich mir häufig die folgenden Hilfsfunktionen:

```
func cRnd() -> CGFloat { return CGFloat(drand48()) }
func dRnd() -> Double  { return drand48() }
func iRnd(_ n: Int) -> Int {
  return Int(arc4random_uniform(UInt32(n)))
}
func initRnd() {  // drand48 initialisieren
  srand48(Int(arc4random_uniform(100000000)))
}
```

Wichtig ist, dass Sie nicht vergessen, `initRnd` aufzurufen, z. B. in der `AppDelegate`-Klasse oder in `didLoad` der ersten `UIViewController`-Klasse.

Boolesche Werte

Zur Speicherung boolescher Werte sieht Swift den Datentyp `Bool` vor. Boolesche Variablen können nur die Zustände `false` und `true` annehmen.

```
var result: Bool
result = true
result = !result    // result ist jetzt false
```

7.2 NSNumber

`NSNumber` ist eine in der Foundation-Bibliothek definierte universelle Klasse zur Darstellung von Zahlen. Beim Erzeugen eines `NSNumber`-Objekts übergeben Sie an den `value`-Parameter der Init-Funktion eine Zahl, wobei alle gängigen Typen unterstützt werden (`Int`, `Bool`, `Double`, `Float`, `UInt16` etc.). Über die Eigenschaften `intValue`, `doubleValue`, `boolValue` etc. können Sie die Zahl dann wieder auslesen, wobei bei Bedarf automatisch eine Umwandlung in den entsprechenden Typ erfolgt.

```
let n1 = NSNumber(value: 2.7)
let n2 = NSNumber(value: 17)
let n3 = NSNumber(value: true)
let n4 = NSNumber(value: arc4random())

n1.doubleValue    // 2.7
n1.intValue       // 2
n1.boolValue      // true
```

```
n2.doubleValue   // 17
n3.intValue      // 1 (bei false --> 0)
n4.intValue
```

NSNumber ist eine Klasse (Referenztyp), während elementare Swift-Typen wie Int oder Double Strukturen sind (struct, Werttypen). NSNumber-Objekte sind somit wesentlich schwerfälliger als simple Int- oder Double-Variablen.

NSNumber-Objekte sind unveränderlich (*immutable*). Wenn Sie Veränderungen durchführen möchten, müssen Sie neue Objekte erzeugen:

```
var cnt = NSNumber(value: 1)
cnt = NSNumber(value: cnt.intValue + 1)   // Inkrement
```

NSNumber-Objekte werden Sie in der Regel nur dann verwenden, wenn Sie Methoden aufrufen möchten, die mit den elementaren Swift-Datentypen nicht zurechtkommen. Das ist z. B. der Fall, wenn Sie »Binding« verwenden möchten – eine macOS-Technik, um Eigenschaften von Steuerelementen direkt mit Variablen zu verbinden. NSNumber-Ergebnisse erhalten Sie auch, wenn Sie einen NumberFormatter verwenden, um Zeichenketten als Zahlen zu interpretieren (zu »parsen«, siehe Abschnitt 8.5, »Zeichenketten und Zahlen umwandeln«).

Die NSNumber-Klasse unterstützt die Protokolle NSCoding und NSSecureCoding. Diese Protokolle ermöglichen es, NSNumber-Variablen in binärer Form in eine Datei zu schreiben (zu serialisieren) bzw. diese von dort wieder zu lesen. Eine kurze Einführung in diese Technik, wenn auch ohne die Verwendung von NSNumber-Variablen, finden Sie in Kapitel 33, »Schatzsuche«, im Abschnitt 33.2, »Datenmodell«.

7.3 CGFloat, CGPoint, CGSize und Co.

Das Kürzel CG stammt von der CoreGraphics-Bibliothek. Die dort definierten Typen (siehe Tabelle 7.1) sind bei der App-Programmierung für iOS und tvOS sowie bei der Programmierung von Spielen mit der SpriteKit-Bibliothek allgegenwärtig.

Typ	Bedeutung
CGFloat	Fließkommazahl
CGPoint	2D-Koordinatenpunkt
CGVector	Richtung (2D-Vektor)
CGSize	Länge und Breite eines Rechtecks
CGRect	Position, Länge und Breite eines Rechtecks

Tabelle 7.1 Wichtige Core-Graphics-Typen

In macOS-Apps gibt es außerdem noch NSSize, NSPoint etc. Diese Typen stimmen mit den entsprechenden CG-Typen überein. Hinter den Kulissen sind es simple typealias-Definitionen.

CGFloat-Zahlen

CGFloat-Zahlen werden auf 64-Bit-Plattformen, also mittlerweile auf nahezu allen Geräten, für die Sie Swift-Programme entwickeln können, intern durch Double abgebildet. Nur auf 32-Bit-Plattformen kommen Float-Zahlen zum Einsatz. Das ändert aber nichts daran, dass der Compiler Sie bei jeder erdenklichen Berechnung dazu zwingt, explizit Typumwandlungen durchzuführen – beispielsweise wenn Sie eine CGFloat-Zahl mit einer Double-Zahl multiplizieren möchten.

```
let x = 3.3                // Double
let y: CGFloat = 4.5       // CGFloat
let z = x * y              // Fehler!
let z1 = CGFloat(x) * y    // OK, Ergebnistyp CGFloat
let z2 = x * Double(y)     // auch OK, Ergebnis Double
```

Der beste Ausweg aus diesem Casting-Dilemma besteht darin, möglichst alle Variablen als CGFloat zu deklarieren:

```
var x: CGFloat = 3           // x-Koordinate
var y: CGFloat = 3           // y-Koordinate
var radius: CGFloat = 0.5    // Radius
```

CGXxx-Strukturen

Zum Erzeugen von CGPoint-, CGSize- und anderen CG-Elementen verwenden Sie Init-Funktionen. Diese sind dankenswerterweise redundant formuliert, Sie können wahlweise ganze Zahlen, Double-Zahlen oder CGFloat-Werte übergeben:

```
let rect1 = CGRect(x: 1, y: 1, width: 4, height: 3)
let rect2 = CGRect(x: 1.0, y: 1.0, width: 4.0, height: 3.0)
if rect1 == rect2 {
  print("Beide CGRect-Objekte stimmen überein.")
}
```

Die Init-Funktion von CGRect akzeptiert auch ein CGPoint- und ein CGSize-Element als Parameter:

```
let pt = CGPoint(x: 1, y: 1)
let sz = CGSize(width: 4, height: 3)
let rect3 = CGRect(origin: pt, size: sz)
if rect1 == rect3 {
  print("Auch diese beiden CGRect-Objekte sind gleich.")
}
```

7.3 CGFloat, CGPoint, CGSize und Co.

Überraschend oft werden in der Praxis mit 0 initialisierte CGXxx-Elemente benötigt. Dabei hilft die statische zero-Eigenschaft:

```
let pt0 = CGPoint.zero
let vec0 = CGVector.zero
```

Die CGXxx-Strukturen sind mit diversen Eigenschaften und Methoden ausgestattet, um einige elementare Daten bzw. Berechnungen durchzuführen. Das folgende Listing gibt dafür einige Beispiele:

```
let pt1 = CGPoint(x: 1, y: 2)
let pt2 = CGPoint(x: 4, y: 5)

if pt1.equalTo(pt2) {
  print("Die Punkte pt1 und pt2 stimmen überein.")
}
if rect3.contains(pt1)  {
  print("Punkt pt1 befindet sich im Rechteck rect1.")
}
if rect1.intersects(rect2) {
  print("Die Rechtecke rect1 und rect2 überschneiden sich.")
}

print("Minimale X-Koordinate von rect1: \(rect1.minX)")
print("Mittlere Y-Koordinate von rect1: \(rect1.midY)")
```

Die Methoden der CGXxx-Strukturen reichen allerdings nicht recht weit. Gerade in SpriteKit-Programmen wollen Sie mit CGxxx-Strukturen oft richtig rechnen, also z. B. zu einem Punkt einen Vektor addieren, um die Koordinaten eines neuen Punkts zu ermitteln. Dafür gibt es aber keine Operatoren, Sie müssen selbst die X- und Y-Komponenten ausrechnen und daraus ein neues CGPoint-Element erstellen. Das ist nicht nur unübersichtlich und mit viel Tippaufwand verbunden, sondern auch extrem fehleranfällig. x und y sind schnell verwechselt.

```
let v1 = CGVector(dx: 3, dy: 5)
// pt3 = pt1 + v1
let pt3 = CGPoint(x: pt1.x + v1.dx, y: pt1.y + v1.dy)
```

Eigene Operatoren für CGXxx-Strukturen

Glücklicherweise ist es in Swift vollkommen unkompliziert, für derartige Berechnungen neue Operatoren zu definieren (siehe Abschnitt 3.5, »Eigene Operatoren«). Ich habe mir für meine SpriteKit-Projekte deswegen die Datei CGOperators.swift zusammengestellt, die von mir häufig benötigte Operatoren enthält. Der hier aus Platzgründen etwas gekürzt abgedruckte Code sollte ohne Erläuterungen auf Anhieb klar sein:

```swift
// Projekt cgfloat-cgpoint, Datei CGOperators.swift

// CGPoints addieren/subtrahieren
public func + (left: CGPoint, right: CGPoint) -> CGPoint {
  return CGPoint(x: left.x + right.x, y: left.y + right.y)
}
public func += (left: inout CGPoint, right: CGPoint) {
  left = left + right
}
public func - (left: CGPoint, right: CGPoint) -> CGPoint {
  return CGPoint(x: left.x - right.x, y: left.y - right.y)
}
public func -= (left: inout CGPoint, right: CGPoint) {
  left = left - right
}

// CGPoint skalieren (plus analoger Code für Division)
public func * (point: CGPoint, scalar: CGFloat) -> CGPoint {
  return CGPoint(x: point.x * scalar, y: point.y * scalar)
}
public func *= (point: inout CGPoint, scalar: CGFloat) {
  point = point * scalar
}

// CGVectors addieren (plus analoger Code für Subtraktion)
public func + (left: CGVector, right: CGVector) -> CGVector {
  return CGVector(dx: left.dx + right.dx, dy: left.dy + right.dy)
}
public func += (left: inout CGVector, right: CGVector) {
  left = left + right
}

// CGVector skalieren (plus analoger Code für Division)
public func * (vector: CGVector, scalar: CGFloat) -> CGVector {
  return CGVector(dx: vector.dx * scalar, dy: vector.dy * scalar)
}
public func *= (vector: inout CGVector, scalar: CGFloat) {
  vector = vector * scalar
}

// CGPoint + CGVector (plus analoger Code für Subtraktion)
public func + (left: CGPoint, right: CGVector) -> CGPoint {
  return CGPoint(x: left.x + right.dx, y: left.y + right.dy)
}
```

```
// CGSize skalieren (plus analoger Code für Division)
public func * (size: CGSize, scalar: CGFloat) -> CGSize {
  return CGSize(width: size.width * scalar, height: size.height *
    scalar)
}
public func *= (size: inout CGSize, scalar: CGFloat) {
  size = size * scalar
}
```

Mit diesen Definitionen sind jetzt beispielsweise die folgenden Berechnungen möglich:

```
let pt4 = pt1 + v1        // Punkt plus Vektor -> Punkt
let v2 = v1 * 0.3         // Vektor mal Skalar -> Vektor
```

CGRect-Struktur erweitern

In einem Vorgriff auf Abschnitt 12.5, »Extensions«, verrate ich Ihnen schon hier, dass Sie in Swift sogar bereits vorhandene Datenstrukturen nachträglich um eigene Methoden erweitern können. Dazu leiten Sie Ihren Code einfach mit `public extension Klassenname` ein und formulieren dann Ihre eigenen Methoden.

Auch wenn die Grundlagen der objektorientierten Programmierung in Swift erst in den weiteren Kapiteln folgen, ist der folgende Code leicht verständlich: Die neuen Methoden `minPoint`, `middlePoint` und `maxPoint` erzeugen aus einer gegebenen CGRect-Struktur neue CGPoint-Elemente, die die Position der Eckpunkte bzw. des Mittelpunkts angeben:

```
// Projekt cgfloat-cgpoint, Datei CGOperators.swift
public extension CGRect {
  // Mittelpunkt
  func middlePoint() -> CGPoint {
    return CGPoint(x: self.midX, y: self.midY)
  }
  // links unten im iOS-Koordinatensystem
  func minPoint() -> CGPoint {
    return CGPoint(x: self.minX, y: self.minY)
  }
  // rechts oben im iOS-Koordinatensystem
  func maxPoint() -> CGPoint {
    return CGPoint(x: self.maxX, y: self.maxY)
  }
}
```

Eine mögliche Anwendung der neuen Methoden sieht so aus:

```
let midPt = rect1.middlePoint()    // Mittelpunkt
```

CGPoint-Struktur erweitern

Auch bei der `CGPoint`-Struktur gibt es naheliegende Erweiterungsmöglichkeiten. Die folgende Methode distance berechnet den Abstand zwischen zwei Punkten. length ermittelt den Abstand zum Koordinatennullpunkt. setWithin liefert einen neuen Punkt, der möglichst nah zum Ausgangspunkt ist, sich aber innerhalb eines gegebenen Rechtecks befindet.

print gibt die Koordinaten eines Punkts gut lesbar aus. Innerhalb der print-Methode wird auch print verwendet – diesmal, um den Punkt im Debug-Bereich auszugeben. Damit es hier nicht zu einer endlosen Rekursion kommt, muss Swift vorangestellt werden. Es soll also die globale print-Methode der Swift-Standardbibliothek verwendet werden.

```
// Projekt cgfloat-cgpoint, Datei CGOperators.swift
public extension CGPoint {
  // Abstand
  func distance(to other: CGPoint) -> CGFloat {
    return hypot(self.x - other.x, self.y - other.y)
  }

  // Länge (Abstand vom Nullpunkt)
  func length() -> CGFloat {
    return distance(to: CGPoint.zero)
  }

  // passt die Koordinaten des Punkts so an, dass dieser sich
  // innerhalb des Rechtecks befindet
  func setWithin(rect: CGRect) -> CGPoint {
    return CGPoint(x: min(rect.maxX, max(rect.minX, self.x)),
                   y: min(rect.maxY, max(rect.minY, self.y)))
  }

  // Ausgabe mit zwei Nachkommastellen
  func print(_ txt: String) {
    let s = String(format: "\(txt) x=%.2f y=%.2f", self.x, self.y
    )
    Swift.print(s)
  }
}
```

Die Anwendung dieser Erweiterungen könnte so aussehen:

```
let pt1 = CGPoint(x: 1, y: 2)
let pt2 = CGPoint(x: 4, y: 5)
let rect1 = CGRect(x: 1, y: 1, width: 4, height: 3)
```

```
let distance = pt1.distance(to: pt2)  // Abstand berechnen
let l = pt1.length()                  // Abstand zum Nullpunkt
let pt5 = pt1.setWithin(rect: rect1)  // sicherstellen, dass pt5
                                      // innerhalb von rect1
                                      // liegt
pt5.print("Punkt 5: ")   // Ausgabe: Punkt 5: x=1.00 y=2.00
```

Erweiterungsmöglichkeiten

Je nachdem, welche Berechnungen bzw. Vergleiche Sie in Ihren Apps anstellen möchten, wären natürlich noch viele andere Erweiterungen und zusätzliche Operatoren denkbar. Natürlich bin ich nicht der Erste, der auf diese Idee gekommen ist. Auch im Internet finden Sie diverse Bibliotheken, die die Strukturen rund um CGPoint deutlich umfassender erweitern:

- *https://raywenderlich.com/80818/operator-overloading-in-swift-tutorial*
- *https://github.com/seivan/VectorArithmetic*

Beachten Sie aber, dass diese Seiten zuletzt noch nicht im Hinblick auf Swift 3 aktualisiert waren.

Kapitel 8
Zeichenketten

Der Umgang mit Zeichenketten ist ein allgegenwärtiges Thema bei der App-Entwicklung. Ganz egal, in welcher Programmiersprache Sie bisher gearbeitet haben: In Swift müssen Sie sich beim Umgang mit Zeichenketten auf viele Eigenheiten einstellen. Die Apple-Entwickler haben bei der Konzeption des `String`-Datentyps ganz andere Schwerpunkte gesetzt als sonst üblich: Erste Priorität hatte offensichtlich der möglichst korrekte Umgang mit Unicode-Spezialitäten.

Dafür sind vollkommen elementare Funktionen auf der Strecke geblieben – etwa der einfache Zugriff auf Teilzeichenketten. Mir ist keine Programmiersprache bekannt, bei der der Zugriff auf Teilzeichenketten (z. B. drittes bis fünftes Zeichen) derart umständlich ist wie in Swift. Viele Einschränkungen lassen sich durch eigene Erweiterungen der `String`-Klasse umgehen. Dabei müssen Sie aber aufpassen, dass die Performance nicht auf der Strecke bleibt. Außerdem besteht das Risiko, dass eigene Erweiterungen inkompatibel mit der zukünftigen Entwicklung von Swift sind. Apple hat speziell für Zeichenketten in Swift 4 diverse Verbesserungen und Optimierungen versprochen.

In diesem Kapitel präsentiere ich Ihnen Grundlagenwissen und Techniken, damit Sie mit Zeichenketten effizient und sicher umgehen können. Sie lernen hier unter anderem, wie Sie Zeichenketten in ihre Bestandteile zerlegen, mit regulären Mustern durchsuchen und wie Sie Umwandlungen zwischen verschiedenen Datentypen vornehmen, also z. B. Zahlen formatieren bzw. Zeichenketten als Zahlen interpretieren (parsen).

8.1 Syntax

In Swift gibt es zwei Datentypen zum Umgang mit Zeichenketten:

- Ein `Character` speichert ein einzelnes Unicode-Zeichen. Genau genommen kann es sich dabei um ein *Extended Grapheme Cluster* handeln, also um ein Symbol, das sich aus mehreren Unicode-Skalaren zusammensetzt. Details dazu folgen gleich.
- Ein `String` entsteht aus einer Aneinanderreihung von `Character`-Objekten.

Sowohl Character als auch String ist intern als struct realisiert. Es handelt sich also um Werttypen, nicht um Referenztypen!

Einzelne Zeichen werden ebenso wie Zeichenketten in doppelte Anführungszeichen gestellt, also "abc". Standardmäßig verwendet Swift immer den Typ String, auch dann, wenn es sich nur um ein einzelnes Zeichen handelt.

```
let s1 = "abc"              // Datentyp String
let s2 = "a"                // ebenfalls Datentyp String
let c: Character = "a"      // Datentyp Character
```

Der Umgang mit Zeichenketten ist unkompliziert, wie die folgenden Zeilen beweisen:

```
var s3 = s1 + s2 + "xxx"    // "abcaxxx"
s3+="yz"                    // "abcaxxxyz"
s3.isEmpty                  // false
```

Zum Erzeugen neuer Zeichenketten können Sie an String() diverse Daten übergeben:

```
let s4 = String()                            // ""
let s5 = String(127, radix:16)               // "7f"
let s6 = String(repeating: "*-", count: 3)   // "*-*-*-"
let s7 = String(format:"%.2f", sqrt(2.0))    // "1.41"
```

Mehrzeilige Zeichenketten

Im Rahmen der Entwicklung von Swift 3 wurde heftig darüber diskutiert, eine Syntax zur Definition mehrzeiliger Zeichenketten festzulegen. Es konnte in diesem Punkt aber keine Einigkeit hergestellt werden. Vielleicht gelingt dies in Swift 4. Bis auf Weiteres müssen Sie lange Zeichenketten mühsamst stückweise zusammensetzen:

```
let longMsg = "Zeile 1
Zeile 2"                          // Fehler
let longMsg = "Zeile 1\n" +
              "Zeile 2"           // OK
```

Spezialzeichen

In Xcode können Sie Unicode-Zeichen wie das Euro-Zeichen direkt in den Code einbauen. Alternativ können Sie auch die Zeichenkombination \u{hexcode} verwenden. Daneben gibt es einige weitere Zeichenkombinationen (siehe Tabelle 8.1).

Zur effizienten Zusammensetzung von Zeichenketten kennt Swift eine besondere *String-Interpolation*-Syntax. Ausdrücke der Form \(ausdruck) werden ausgewertet und in die Zeichenkette eingebaut.

```
let euro = "\u{20ac}"
let txt = "Zeile 1\nZeile 2\nZeile 3"
```

```
let i = 1, x = 0.4
let s = "i=\(i), x=\(x)"   // i=1, x=0.4
let msg = "Die Wurzel von \(x) ist \(sqrt(x))"
```

Zeichenkombination	Bedeutung
\0	Null-Zeichen (Code 0)
\t	Tabulator (Code 9)
\n	Line Feed (Code 10)
\r	Carriage Return (Code 13)
\"	doppeltes Anführungszeichen (Code 34)
\'	einfaches Anführungszeichen (Code 39)
\\	Backslash (Code 94)
\u{hexcode}	Unicode-Zeichen mit dem angegebenen Code
\(ausdruck)	Wertet den Ausdruck aus (String-Interpolation).

Tabelle 8.1 Sonderzeichen in Zeichenketten

Schleifen

Eine Schleife über alle Zeichen einer Zeichenkette bilden Sie wie folgt:

```
// s hat den Typ String, c hat den Typ Character
let s = "Eine Zeichenkette"
for c in s.characters {
  print(c)
}
```

String versus NSString

Der Swift-Datentyp String hat intern wenig mit der Objective-C-Programmierern bekannten NSString-Klasse zu tun. Wenn Sie einen String als NSString-Parameter übergeben möchten oder umgekehrt einen NSString als String interpretieren wollen, müssen Sie explizit as NSString bzw. as String in Ihren Code einbauen:

```
func printString(_ s: String) {      // String-Parameter
  print(s)
}
func printNSString(_ s: NSString) {  // NSString-Parameter
  print(s)
}
```

```
let s = "abc"
let ns = NSString(format: "%04d", 12)   // NSString-Instanz

printString(ns)                // Fehler, Typen stimmen nicht
printNSString(s)               // ebenfalls Fehler
printString(ns as String)      // so klappt es
printNSString(s as NSString)
```

Mitunter stellt die `NSString`-Klasse Methoden zur Verfügung, die dem `String`-Datentyp in Swift fehlen. Auch dann ist eine Umwandlung notwendig, wobei Sie dazu anstelle von `as [NS]String` auch die Init-Funktionen von `String` und `NSString` verwenden können. Die doppelte Konversion macht den Code in jedem Fall unübersichtlich:

```
let path = "/Users/kofler"
let newpath1 =
  (path as NSString).appendingPathComponent("Documents")
  as String
let newpath2 =
  String(NSString(string: msg)
    .appendingPathComponent("Documents"))
// Ergebnis in beiden Fällen: "/Users/kofler/Documents"
```

> **Verzeichnispfade bearbeiten**
>
> Zur Manipulation von Verzeichnispfaden sollten Sie nicht Zeichenketten und die hier präsentierte Methode `appendingPathComponent` verwenden, sondern auf die URL-Struktur zurückgreifen. Entsprechende Beispiele finden Sie in Abschnitt 21.4, »Standardverzeichnisse«.

String-Eigenschaften

Bevor Sie die Details im Umgang mit Zeichenketten lernen, sollten Sie drei wesentliche Eigenschaften von Swift-Zeichenketten verinnerlichen:

▸ Zeichenketten sind veränderlich (*mutable*). Wenn Sie also beispielsweise einer Zeichenkette ein Zeichen hinzufügen, wird dabei kein neuer `String` erzeugt. Wenn Sie unveränderliche Zeichenketten wünschen, speichern Sie die Zeichenkette einfach in einer Konstanten (`let msg = "abc"`).

▸ Zeichenketten sind Werttypen (*Value Types*). Beim Aufruf einer Funktion oder Methode wird daher – falls notwendig – eine Kopie der Zeichenkette erstellt. Diese wird übergeben. Insofern brauchen Sie in einer Methode keine Angst haben, dass Ihre Zeichenkette in nebenläufigen Algorithmen verändert wird.

Intern verwendet Swift ein Copy-on-Write-Verfahren. Zu einer tatsächlichen Kopie der Daten kommt es erst, wenn eine Zeichenkette tatsächlich verändert wird.

▶ Swift betrachtet eine Zeichenkette als Aneinanderreihung von Character-Objekten. Jedes Character-Objekt entspricht *einem* Unicode-Zeichen. Gemäß der Unicode-Spezifikation kann ein Zeichen aber aus mehreren Unicode-Skalaren zusammengesetzt sein!

Beispielsweise kann das Zeichen »ä« (Umlaut-A) sowohl durch den Unicode-Skalar mit dem hexadezimalen Code 0xe4 dargestellt werden als auch durch die Kombination aus dem Buchstaben »a« (Code 0x61) und dem Zeichen »Combining Diaeresis« (Code 0x308). In diesem Fall spricht man von einem *Extended Grapheme Cluster* – das Umlaut-A ist also aus mehreren Einzelzeichen zusammengesetzt worden. Derartige Zeichenkombinationen kommen bei asiatischen Sprachen häufig vor.

Eine Besonderheit von Swift besteht nun darin, dass es Zeichen(ketten) unabhängig vom internen Aufbau dann als gleichwertig betrachtet, wenn ihre Unicode-Bedeutung gleichwertig ist. Das folgende Beispiel illustriert dies:

```
let single = "ä"           // ä als Einzelzeichen
let cluster = "a\u{308}"   // ä als Zeichenkombination a + "
cluster == single          // true!
```

Die dazu erforderlichen Algorithmen machen Zeichenkettenvergleiche aufwendig. Mehrere Beispiele zu Grapheme Clusters finden Sie im folgenden Blog-Beitrag:

https://oleb.net/blog/2016/08/swift-3-strings

8.2 Bearbeitung von Zeichenketten

Swift stellt eine riesige Palette von Funktionen zur Verarbeitung von Zeichenketten zur Verfügung. In diesem Kapitel muss ich mich auf die am häufigsten benötigten Funktionen konzentrieren, von denen einige in Tabelle 8.2 aufgelistet sind.

Methode/Eigenschaft	Funktion
s.characters	Liefert eine Collection aller Zeichen.
s.characters.count	Ermittelt die Anzahl der Zeichen.
s.isEmpty	Verrät, ob die Zeichenkette leer ist (true/false).
s.startIndex	Index-Element für das erste Zeichen von s
s.endIndex	Index-Element für das letzte Zeichen von s
s.hasPrefix(s2)	Testet, ob s mit s2 beginnt.
s.hasSuffix(s2)	Testet, ob s mit s2 endet.

Tabelle 8.2 Elementare String-Methoden

Methode/Eigenschaft	Funktion
s.lowercased()	Liefert s mit lauter Kleinbuchstaben.
s.uppercased()	Liefert s mit lauter Großbuchstaben.
s.range(of: f)	Liefert die Position von f innerhalb von s.
ar.joined(separator: s)	Verbindet die Array-Elemente, mit s als Trennzeichen.

Tabelle 8.2 Elementare String-Methoden (Forts.)

Länge von Zeichenketten ermitteln

Die vielleicht elementarste Fragestellung bei der Verarbeitung einer Zeichenkette lautet: Wie viele Zeichen umfasst eine Zeichenkette? Aufgrund von Swifts Umgang mit Extended Grapheme Clusters gibt es für diese simple Fragestellung aber mehrere Antworten. Welche davon zweckmäßig ist, hängt vom Kontext der Fragestellung ab. Am ehesten entspricht characters.count der aus anderen Programmiersprachen vertrauten Ermittlung der Zeichenanzahl.

```
let s = "abcäöüß€" + "a\u{308}"      // "abcäöüß€ä"
s.characters.count                    //  9 Zeichen
let start = s.startIndex
let end = s.endIndex
s.distance(from: start, to: end)      //  9 Zeichen
s.unicodeScalars.count                // 10 Unicode-Skalare
s.utf16.count                         // 10 UTF16-Zeichen
s.utf8.count                          // 17 Byte in UTF8-Codierung
```

Vergleichen und sortieren

Zeichenketten können direkt mit == verglichen werden. Dabei unterscheidet Swift zwischen Klein- und Großschreibung:

```
"abc" == "abc"          // true
"Abc" == "abc"          // false
"Abc" != "abc"          // true
```

Wenn Sie nicht die gesamte Zeichenkette vergleichen möchten, sondern nur deren Anfang oder Ende, stellt Swift die Methoden hasPrefix und hasSuffix zur Verfügung:

```
let lorem = "Lorem ipsum dolor sit amet"
lorem.hasPrefix("Lorem")       // true
lorem.hasPrefix("l")           // false
```

```
lorem.hasSuffix("et")          // true
lorem.hasSuffix("t amet")      // true
```

Bei Vergleichen mit <, <=, > und >= berücksichtigt Swift unabhängig von den Spracheinstellungen die *Unicode-Normalform D*:

http://unicode.org/reports/tr15/#Norm_Forms

Das führt dazu, dass Großbuchstaben immer vor Kleinbuchstaben angeordnet werden. Deutsche Umlaute werden beim Sortieren zwischen die benachbarten Buchstaben eingereiht, also *a – ä – b*. Das scharfe ß wird hingegen nach allen gewöhnlichen Buchstaben aufgelistet! Die Schreibweise sort(by: <) ist eine spezielle Closure-Syntax, bei der der Vergleichsoperator als Funktion an sort übergeben wird.

```
"A" < "a"                      // true
"Z" < "a"                      // true
"a" < "b"                      // true
"a" < "ä"                      // true
"ä" < "b"                      // true
"z" < "ß"                      // true

// Array mit Zeichenketten sortieren
var ar = ["A", "B", "C", "ä", "ö", "ü", "s", "t", "ß", "a", "z"]
ar.sort(by: <)
print(ar)
// Ausgabe: [A, B, C, a, ä, ö, s, t, ü, z, ß]
```

Wenn Sie beim Sortieren die aktuellen Spracheinstellungen berücksichtigen, aber nicht zwischen der Groß- und Kleinschreibung differenzieren möchten, übergeben Sie an sort einen Vergleichsausdruck mit der Funktion compare. Der Vergleichsausdruck ist abermals eine Closure, also eine ad hoc definierte Funktion ohne Namen, die die beiden Parameter $0 und $1 verarbeitet. Mit range können Sie den Vergleich auf einen bestimmten Bereich von Zeichen einschränken, mit locale explizit eine von den Spracheinstellungen abweichende andere Sortierordnung wählen. Der gesamte Ausdruck ist leider nicht gerade leicht zu lesen:

```
ar.sort() { $0.compare($1,
                options: .caseInsensitive,
                range: nil,
                locale: nil) == .orderedAscending   }
print(ar)
// Ausgabe: [A, a, ä, B, C, ö, s, ß, t, ü, z]
```

Um explizit eine bestimmte Sortierordnung auszuwählen, übergeben Sie an die compare-Methode ein entsprechendes NSLocale-Objekt. Das folgende Beispiel zeigt die schwedische Sortierordnung, in der Ä und Ü hinter dem Z eingeordnet werden:

```
let sv = Locale(identifier: "sv_SV")
ar.sort() { $0.compare($1,
                  options: .caseInsensitive,
                  range: nil,
                  locale: sv) == .orderedAscending   }
print(ar)
// Ausgabe: [a, A, B, C, s, ß, t, ü, z, ä, ö]
```

Zeichenketten manipulieren

Die Methoden uppercased und lowercased liefern jeweils eine neue Zeichenkette mit lauter Groß- bzw. Kleinbuchstaben. Beachten Sie, dass uppercased ß zu SS macht und somit die Anzahl der Zeichen verändert! Die Eigenschaft capitalized lässt jedes Wort mit einem Großbuchstaben beginnen.

```
let s = "abcäöüß€" + "a\u{308}"
s.uppercased()              // ABCÄÖÜSS€Ä
s.lowercased()              // abcäöüß€ä
s.capitalized               // Abcäöüß€Ä
"abc efg".capitalized       // Abc Efg
```

Um Leer- und Tabulatorzeichen (*Whitespace*) vom Beginn und Ende einer Zeichenkette zu entfernen, verwenden Sie die Methode trimmingCharacters, wobei Sie als Parameter eine Aufzählung der zu eliminierenden Zeichen übergeben:

```
let s = "  abc efg   "
s.trimmingCharacters(in: .whitespaces)   // "abc efg"
```

Um eine Zeichenkette umzudrehen, verwenden Sie die Methode reversed. Diese Methode liefert ein Array von Zeichen zurück. String bildet daraus wieder eine zusammenhängende Zeichenkette:

```
let s = "abcde"
let r = String(s.characters.reversed())
```

Ähnlich können Sie vorgehen, wenn Sie aus einer Zeichenkette bestimmte Zeichen herausfiltern möchten. filter wendet auf jedes Zeichen eine Testfunktion an und bildet aus allen zutreffenden Elementen ein Array. String macht daraus wieder eine Zeichenkette. Im folgenden Beispiel werden aus einer Zeichenkette alle Zahlen extrahiert. Die Closure verwendet den Vergleichsoperator ~=, um herauszufinden, ob sich das Zeichen im Bereich zwischen "0" und "9" befindet. Nur wenn dieser Ausdruck true ergibt, wird das Zeichen berücksichtigt.

```
let isbn = "978-3-8362-2933-3"
let cleanIsbn =
   String(isbn.characters.filter() {"0"..."9" ~= $0} )
//   cleanIsbn = "9783836229333"
```

Palindrom-Test

Deutlich schwieriger ist es, aus einer Zeichenkette alle Buchstaben herauszufiltern – zumindest dann, wenn dies auch für Nicht-ASCII-Zeichen wie äöüß funktionieren soll. Die folgende Funktion testet, ob eine Zeichenkette ein Palindrom ist, ob sie also von vorne und von hinten gelesen denselben Text ergibt.

Dabei werden alle Leer- und Satzzeichen ignoriert. palindromTest greift dazu auf die Methode rangeOfCharacter zurück, die den Ort (Range) des ersten Zeichens einer Zeichenkette findet, das im angegebenen Zeichen-Set enthalten ist. Als Zeichen-Set kommt die vordefinierte letters-Sammlung der CharacterSet-Struktur zum Einsatz. Wird das Zeichen in der Closure nicht gefunden, lautet der Rückgabewert nil – dann handelt es sich bei dem Zeichen offensichtlich nicht um einen Buchstaben.

```
// Datei palindrom.playground
func palindromTest(_ s:String) -> Bool {
  let lower = s.lowercased()
  let onlyLetters =
    lower.characters.filter()
      { String($0).rangeOfCharacter(from: .letters) != nil }
  let reverseLetters = onlyLetters.reversed()
  return String(onlyLetters) == String(onlyLetters.reversed())
}

palindromTest("abc")                              // false
palindromTest("Otto")                             // true
palindromTest("Die Liebe fleht: Helfe bei Leid!") // true
```

8.3 Suchen und ersetzen

Mit den bereits erwähnten Methoden hasPrefix und hasSuffix können Sie feststellen, ob eine Zeichenkette mit einem Substring beginnt oder endet. Den Test, ob needle in haystack irgendwo (nicht nur am Anfang oder am Ende) enthalten ist, führen Sie so aus:

```
let haystack = "abc efg hij"
let needle = "fg"
if haystack.range(of: needle) != nil {
  print("gefunden")
}
```

range liefert ein Range-Objekt mit der Position des Substrings oder nil zurück. Genau genommen ist der Rückgabetyp von range ein Optional (siehe Abschnitt 4.2, »Optionals«); wenn der Suchausdruck nicht zu finden ist, lautet das Ergebnis nil. Beachten Sie auch, dass das `Range`-Objekt nicht einfach Integerzahlen enthält, sondern `String.Index`-Elemente. Der Rückgabedatentyp lautet somit `Range<String.Index>?`.

```
let msg = "Lorem ipsum dolor sit amet"
let rng = msg.range(of: "ipsum")    // Range-Objekt (6..<11)
rng?.lowerBound                     // 6
rng?.upperBound                     // 11
msg.range(of: "xxx")                // nil
```

Beachten Sie, dass die hier angegebenen Zahlenwerte (6..<11) aus den `lower`- und `upperBound`-Eigenschaften nicht ohne Weiteres extrahiert werden können. In Playgrounds kann zwar ein Wert angezeigt werden (er stammt aus der eigens dafür vorgesehenen Eigenschaft `customPlaygroundQuickLook`), aber an sich sind `String.Index`-Elemente so vergleichbar mit Zeigern auf eine Position innerhalb einer Zeichenkette.

Die folgenden Zeilen zeigen, wie Sie eine Schleife über alle Vorkommen eines Substrings bilden und die gefundenen Einträge durch eine neue Zeichenkette ersetzen:

```
// Suchen und Ersetzen selbst gemacht
var txt = "abc efg abc xxx abc"
let find = "abc"
let replace = "***"
var start = txt.startIndex

var rng = txt.range(of: find)
while let rng = txt.range(of: find, range: start..<txt.endIndex)
{
  txt.replaceSubrange(rng, with: replace)
  start = rng.lowerBound
}
print(txt)
```

Im obigen Code sucht `range` beim ersten Aufruf nach dem ersten Vorkommen von `find`. Wenn die Suche erfolgreich war, wird die gefundene Zeichenkette ersetzt. Anschließend wird die Suche mit einem neuen Startpunkt wiederholt. Der Suchen-und-Ersetzen-Algorithmus funktioniert auch, wenn die `replace`-Zeichenkette eine andere Länge als die `find`-Zeichenkette hat. Das Suchmuster darf in `replace` aber nicht selbst wieder vorkommen.

Anstatt den Algorithmus zum Suchen und Ersetzen selbst zu programmieren, ist es natürlich viel einfacher, die fertige Methode `replacingOccurrences` zu verwenden:

```
// Suchen und Ersetzen mit replacingOccurrences
txt = txt.replacingOccurrences(of: find, with: replace)
print(txt)
```

Reguläre Ausdrücke

Reguläre Ausdrücke sind aus speziellen Formatcodes zusammengesetzte Zeichenketten für Mustervergleiche. Swift enthält zwar selbst keine Funktionen für reguläre Ausdrücke, kann aber natürlich auf die vielseitigen Methoden der NSRegularExpression-Klasse aus der Foundation-Bibliothek zurückgreifen:

*https://developer.apple.com/library/mac/documentation/Foundation/
Reference/NSRegularExpression_Class/*

Das folgende Beispiel testet, ob email eine auf den ersten Blick syntaktisch gültige E-Mail-Adresse ohne Kommentare enthält – zumindest soweit sich dies mit einem einfachen regulären Ausdruck testen lässt. (Es gibt viele Sonderfälle, siehe z. B. *http://stackoverflow.com/questions/201323*.) Sie sehen schon, dass der resultierende Code unübersichtlich ist und die Eleganz von Swift missen lässt. Wenn der Code nicht in einem Playground formuliert wird, muss anstelle von try die Variante try! verwendet oder eine richtige Fehlerabsicherung mit try-catch durchgeführt werden.

```
let email = "kontakt@kofler.info"
let ptn = "^[a-zA-Z0-9_.+-]+@[a-zA-Z0-9-]+\\.[a-zA-Z0-9-.]+$"
let regex = try NSRegularExpression(pattern: ptn, options: [])
let matches =
  regex.numberOfMatches(in: email,
                    options: [],
                    range: NSMakeRange(0, email.utf16.count))
if matches == 1 {
  print("Die E-Mail-Adresse sieht korrekt aus.")
}
```

Fortgeschrittene Swift-Programmierer, die häufig reguläre Ausdrücke benötigen, können mit wenigen Zeilen eine komfortabel zu nutzende RegEx-Struktur definieren. Das folgende Beispiel enthält einige Swift-Sprachmerkmale, die ich Ihnen erst in den weiteren Kapiteln genauer vorstellen werde: die Definition von Strukturen, die Verwendung einer Failable-Init-Funktion sowie die Fehlerabsicherung mit try-catch.

```
// Datei regex.playground
struct RegEx {
  let rx: NSRegularExpression!

  // RegEx-Struktur initialisieren
  init?(pattern: String,
        options: NSRegularExpression.Options = [])
  {
    do {rx = try NSRegularExpression(
                 pattern: pattern, options: options)
    } catch {
```

```
      print("Fehlerhafter regulärer Ausdruck")
      return nil
    }
  }

  // match-Methode zur Anwendung des regulären Ausdrucks
  func match(string: String,
             options: NSRegularExpression.MatchingOptions = [])
    -> Bool
  {
    return rx.numberOfMatches(
      in: string,
      options: options,
      range: NSMakeRange(0, string.utf16.count)) != 0
  }
}

// Anwendung der RexEx-Struktur: regulärer Ausdruck
// für Zeichenketten, die mit "A" beginnen
if let r = RegEx(pattern: "^A.*") {
  r.match(string: "Abc")       // true
  r.match(string: "abc")       // false
  r.match(string: "efgAbc")    // false
}
```

Operatoren für reguläre Ausdrücke

Als Swift vorgestellt wurde, waren manche enttäuscht, dass Swift keine Operatoren zum Umgang mit regulären Ausdrücken vorsieht. Glücklicherweise können Sie derartige Operatoren unkompliziert selbst definieren, wie dies beispielsweise auf den folgenden Seiten dokumentiert ist:

https://github.com/kasei/SwiftRegex
https://github.com/pNre/ExSwift
https://github.com/crossroadlabs/Regex

Alle drei Projekte waren zuletzt aber noch nicht auf Swift 3 aktualisiert.

8.4 Zeichenketten zerlegen und zusammensetzen

Zur Speicherung oder Weiterverarbeitung von Zeichenketten ist es oft erforderlich, diese in eine bestimmte Form umzuwandeln. Swift hilft dabei mit den vier Eigenschaften characters, utf8, utf16 und unicodeScalars.

- s.characters liefert eine Aneinanderreihung der Character-Elemente einer Zeichenkette. Der Datentyp von characters lautet String.CharacterView. Dieser Typ implementiert unter anderem das CollectionType-Protokoll. Deswegen können Sie unkompliziert eine Schleife über alle Character einer Zeichenkette bilden:

```
let s = "abcäöüß€" + "a\u{308}"
for c in s.characters {
  print(c)
}
// Ausgabe: a b c ä ö ü ß € ä
```

Sollten Sie ein Character-Array einer Zeichenkette benötigen, können Sie diese unkompliziert erzeugen:

```
let ar = Array(s.characters)
```

Hintergrundinformationen zum Umgang mit Arrays folgen in Abschnitt 10.1, »Arrays«.

- s.unicodeScalars liefert eine Aneinanderreihung von Unicode-Skalaren. Jedes Element dieser Aufzählung ist ein UnicodeScalar-Objekt. Seine value-Eigenschaft enthält eine 21-Bit-Integerzahl mit dem Skalarcode des Zeichens. (Zur Erinnerung: Ein Unicode-Zeichen kann aus mehreren Skalaren zusammengesetzt sein.)

```
let s = "abcäöüß€" + "a\u{308}"
for us in s.unicodeScalars {
  print("\(us) " + String(us.value, radix:16))
}
// Ausgabe
// a 61
// b 62
// c 63
// ä e4
// ö f6
// ü fc
// ß df
// € 20ac
// a 61
// ¨ 308
```

- s.utf8 liefert eine Folge von UInt8-Werten mit der UTF8-Codierung der Zeichenkette:

```
let s = "abcäöüß€" + "a\u{308}"
for i in s.utf8 {
  print(String(i, radix:16))
}
// Ausgabe: 61 62 63 c3 a4 c3 b6 c3 bc c3 9f e2 82 ac 61 cc 88
```

- s.utf16 liefert eine Folge von UInt16-Werten mit der UTF16-Codierung der Zeichenkette:

```
let s = "abcäöü" + "a\u{308}"
for i in s.utf16 {
  print(String(i, radix:16))
}
// Ausgabe: 61 62 63 e4 f6 fc df 20ac 61 308
```

Wenn Sie den Code eines Zeichens kennen und daraus ein Character-Element erzeugen möchten, übergeben Sie den Code an UnicodeScalar. Diesen Skalar wandeln Sie dann in ein Zeichen um:

```
Character(UnicodeScalar(97))    // "a"
```

Mehrere derartige Zeichen setzen Sie am besten mit append zu einer Zeichenkette zusammen:

```
var s = ""   // s ist ein String
s.append(Character(UnicodeScalar(97)))
s.append(Character(UnicodeScalar(98)))
s            // s enthält jetzt "ab"
```

components, split und joined

Mitunter wollen Sie Zeichenketten in Wörter oder andere logisch zusammengehörende Teilzeichenketten zerlegen. Am einfachsten gelingt dies mit der Methode components. An diese Methode übergeben Sie die Zeichenkette, die das Trennzeichen enthält. Das resultierende Array können Sie anschließend mit joined wieder zusammensetzen.

```
let txt1 = "Swift ist eine Programmiersprache."
let words1 = txt1.components(separatedBy: " ")
// words1 = ["Swift", "ist" ...]
let txt2 = words1.joined(separator: " ")
txt1 == txt2                    // true
```

Alternativ können Sie die Zeichenkette zuerst mit characters in einzelne Zeichen zerlegen und darauf die Methode split anwenden. An split übergeben Sie eine Funktion (Closure), die eine Bedingung für die Wort-Trennungen enthält. Die resultierenden Gruppen von Zeichen müssen dann mit map wieder zu Zeichenketten zusammengesetzt werden:

```
let words2 = txt1.characters.split() {$0 == " "}
              .map() { String($0) }
```

> **Closures und map**
>
> Der `split`-Aufruf ist syntaktisch nicht ganz leicht zu verstehen. Mit `{$0 == " "}` wird an diese Funktion eine Closure übergeben, also eine Funktion, die ad hoc definiert wird. Sie enthält die Bedingung, an welchen Stellen Gruppen gebildet werden sollen. Dabei ist $0 der einzige Funktionsparameter.
>
> `split` liefert als Ergebnis ein Array von `SubSequence`-Elementen. Jedes derartige Element beschreibt also einen Teil aus einer Collection. Die `map`-Methode wendet nun auf jedes Element die String-Init-Funktion an und macht daraus reguläre Zeichenketten. Auch `{ String($0)}` ist wieder eine Closure.

Teilzeichenketten extrahieren

In unzähligen Algorithmen müssen Sie Teile aus einer Zeichenkette extrahieren. Besonders elegant funktioniert dies in der Programmiersprache Python, wo beispielsweise s[n] das n-te Zeichen ausliest oder s[n1:n2] die Zeichen von der Position n1 bis zur Position n2. Swift bietet vergleichbare Möglichkeiten natürlich auch, diese sind aber leider ungleich mühsamer in der Handhabung.

Auf den ersten Blick scheint die Syntax in Swift ähnlich wie in Python auszusehen: s[n] liest das n-te Zeichen und gibt ein Character-Element zurück, s[n1...n2] liest die Zeichen von der Position n1 bis n2 und liefert eine entsprechende Zeichenkette. Das Problem besteht aber darin, dass n, n1 und n2 nicht einfach ganze Zahlen sind. Vielmehr müssen Sie als Parameter String.Index-Elemente angeben. Ein String.Index gibt die Position eines Zeichens innerhalb einer Zeichenkette an.

Zwei derartige Positionen liefert jede Zeichenkette frei Haus: startIndex verweist auf das erste Element, und endIndex zeigt auf die Position *hinter* dem letzten Element. Deswegen tritt in der dritten Zeile des folgenden Listings ein Fehler auf. Das letzte Zeichen sprechen Sie korrekt mit index(before: s.endIndex) an:

```
let s = "Lorem ipsum dolor sit amet"
s[s.startIndex]                    // erstes Zeichen, "L"
s[s.endIndex]                      // Fehler!
s[s.index(before: s.endIndex)]     // letztes Zeichen, "t"
s[s.startIndex..<s.endIndex]       // ganze Zeichenkette
```

Das erste bzw. letzte Zeichen einer Zeichenkette können Sie auch mit den Eigenschaften `first` und `last` ermitteln. Diese können aber nicht direkt auf die Zeichenkette angewendet werden, sondern nur auf deren `characters`-Eigenschaft. Beachten Sie, dass der Rückgabetyp dieser Eigenschaften ein Character-Optional ist. Bei leeren Zeichenketten liefern die Eigenschaften also nil. Um aus Character?-Ergebnissen wieder eine Zeichenkette zusammenzusetzen, müssen Sie die Einzelzeichen explizit in Strings umwandeln:

```
s.characters.first    // erstes Zeichen, "L" (Datentyp Character?)
s.characters.last     // letztes Zeichen, "t"
let fl = String(s.characters.first!) + String(s.characters.last!)
```

Wie aber kommen Sie zum dritten Zeichen oder zum vorletzten? Die naheliegende Angabe von Integerzahlen ist nicht zulässig! Auch Additionen oder Subtraktionen in der Art von s[s.startIndex+2] akzeptiert Swift nicht. Eine Möglichkeit besteht darin, sich ausgehend von einem String-Index durch den wiederholten Aufruf der Methoden index(before:) oder index(after:) nach vorne bzw. nach hinten zu hangeln:

```
let s = "Lorem ipsum dolor sit amet"
s[2]                                 // Fehler!

// drittes Zeichen ermitteln ("r")
s[s.index(after: s.index(after: s.startIndex))]

// vorletztes Zeichen ermitteln ("e")
s[s.index(before: s.index(before: s.endIndex))]
```

Wesentlich praktischer ist in solchen Fällen eine Variante der index-Methode, bei der Sie im zweiten Parameter einen Offset angeben können. Die folgenden Zeilen zeigen nochmals den Zugriff auf das dritte Zeichen bzw. auf das vorletzte Zeichen einer Zeichenkette:

```
// drittes Zeichen ermitteln ("r")
s[s.index(s.startIndex, offsetBy: 2)]

// vorletztes Zeichen ermitteln ("e")
s[s.index(s.endIndex, offsetBy: -2)]
```

Noch zwei Beispiele zur index-Methode zeigen, dass Sie diese auch relativ zu bereits ermittelten Positionen anwenden können:

```
// 6 Zeichen überspringen
let startpos = s.index(s.startIndex, offsetBy: 6)
// ab dieser Position 5 Zeichen vorwärts
let endpos = s.index(startpos, offsetBy: 5)
s[startpos..<endpos]                 // "ipsum"

let pos2 = s.endIndex                // Ende der Zeichenkette
let pos1 = s.index(pos2, offsetBy: -4)   // 4 Zeichen zurück
s[pos1..<pos2]                       // "amet"
```

Teilzeichenketten komfortabler auslesen

Das umständliche Hantieren mit Index-Elementen missfällt vielen Swift-Einsteigern. Im Internet gibt es dutzendweise Vorschläge zur Erweiterung der String-Struktur um zusätzliche subscript-Funktionen, die ganze Zahlen als Positionsangaben akzeptieren. Die folgenden Zeilen zeigen eine mögliche Implementierung:

```
// Datei string-subscript.playground
extension String {
  // liefert die Länge der Zeichenkette
  var len: Int {
    return self.characters.count
  }

  // liefert Substring von n1 bis n2
  subscript(start:Int, end:Int) -> String {
    var n1 = start, n2=end
    if n1 < 0        { n1 = 0 }           // auf gültigen
    if n1 > self.len { n1 = self.len }    // Wertebereich
    if n2 < 0        { n2 = 0 }           // achten
    if n2 > self.len { n2 = self.len }

    if n2 < n1   {                        // Anfang nach Ende:
      return ""                           // leere Zeichenkette
    } else {                              // OK
      let pos1 = self.index(self.startIndex, offsetBy: n1)
      let pos2 = self.index(self.startIndex, offsetBy: n2)
      return self[pos1..<pos2]
    }
  }

  // liefert das Zeichen an der Position n als String
  // (self[a, b] ruft den obigen subscript-Code auf)
  subscript(n: Int) -> String {
    return self[n, n+1]
  }

  // liefert Substring für Integer-Bereich
  subscript(rng: Range<Int>) -> String {
    return self[rng.lowerBound, rng.upperBound]
  }
}
```

Swift macht derartige Erweiterungen mit dem extension-Schlüsselwort möglich. len und subscript sind Computed Properties, die nur gelesen, aber nicht verändert werden können. Hintergrundinformationen dazu folgen in Abschnitt 11.3, »Eigenschaften«, sowie in Abschnitt 12.5, »Extensions«.

Der wie bei einer Funktion oder Methode formulierte `subscript`-Code wird aufgerufen, wenn Parameter in einem geeigneten Typ in eckigen Klammern übergeben werden. `s[2, 3]` führt also dazu, dass `subscript(start: end:)` ausgeführt wird. Die wiederholte Nennung von `self` ist im obigen Code erforderlich, um in Extensions auf die zugrunde liegenden Daten – hier also eine Zeichenkette – zuzugreifen.

Die Anwendung der soeben definierten `String`-Erweiterungen sieht so aus:

```
let s = "abcde"
s.len                 // 5
s[0]                  // "a"
s[4]                  // "e"
s[0..<5]              // "abcde"
s[0, 5]               // "abcde", gleichwertig
s[2..<4]              // "cd"

// Grenzfälle
s[-1]                 // ""
s[5]                  // ""
s[2..<10]             // "cde"
s[-3..<3]             // "abc"
```

Weitere Ideen, wie Sie `String` um nützliche Eigenschaften und Methoden erweitern können, finden Sie beispielsweise auf den folgenden Seiten:

https://github.com/pNre/ExSwift
https://gist.github.com/albertbori/0faf7de867d96eb83591

Leider waren beide Projekte zuletzt nicht aktuell zu Swift 3.

> **Kompatibilität**
>
> Egal, ob selbst gemacht oder aus einer externen Quelle geladen: Bei jeder derartigen Erweiterung besteht das Risiko, dass diese eventuell Kompatibilitätsprobleme mit zukünftigen Swift-Versionen verursacht!

8.5 Zeichenketten und Zahlen umwandeln

Häufig ist es notwendig, Zahlen in Zeichenketten umzuwandeln oder eine eingegebene bzw. aus einer Datei gelesene Zeichenkette als Zahl zu interpretieren. Der erste Vorgang wird ganz allgemein als Formatierung von Zahlen bezeichnet, der zweite als *Parsen* von Zeichenketten. Bei beiden Varianten ist es zumeist erforderlich, landessprachliche Besonderheiten zu berücksichtigen – also z.B. die richtige Formatierung von Fließkommazahlen mit deutschem Komma oder amerikanischem Dezimalpunkt. Dieser Abschnitt gibt einen Überblick über die vielen verschiedenen Vorgehensweisen, die Ihnen zur Auswahl stehen.

String-Interpolation

Der einfachste Weg, um Ausdrücke oder Variablen in Zeichenketten einzubauen, ist die sogenannte *String-Interpolation* mit der Syntax "\()". Dabei haben Sie aber keinen Einfluss auf die Formatierung. Fließkommazahlen werden beispielsweise mit allen Nachkommastellen und mit einem Dezimalpunkt dargestellt:

```
// Beispieldatei format-parse.playground
let x = 2.0
let sq = sqrt(x)
let s1 = "Die Wurzel von \(x) beträgt \(sq)."
// s1 = "Die Wurzel von 2.0 beträgt 1.4142135623731."
```

Zahlen formatieren

Die aus anderen Programmiersprachen vertraute `printf`-Syntax gilt auch für Swift, wenn Sie neue Zeichenketten in der Form `String(format: "code", daten)` erzeugen (siehe Tabelle 8.3):

```
let fmt = "Die Wurzel von %.3f beträgt %.3f."
let s2 = String(format:fmt, x, sq)
// s2 = "Die Wurzel von 2.000 beträgt 1.414."
```

Formatcode	Bedeutung
%@	Beschreibung (Zeichenkette) des Objekts
%d	32-Bit-Integer mit Vorzeichen
%u	32-Bit-Integer ohne Vorzeichen
%x / %X	32-Bit-Integer ohne Vorzeichen in hexadezimaler Schreibweise
%f	Fließkommazahl (Double)
%.3f	Fließkommazahl (Double) mit drei Nachkommastellen
%e	Fließkommazahl in Exponentialschreibweise
%%	das Zeichen %

Tabelle 8.3 Die wichtigsten Codes für »String(format:...)«

Beachten Sie, dass Sie statt des in anderen Programmiersprachen üblichen Codes %s für Zeichenketten besser %@ verwenden. Das bedeutet, dass Swift das betreffende Objekt in eine Zeichenkette umwandelt und diese einsetzt. Das funktioniert für beliebige Objekte. Die Syntax %s ist zwar auch erlaubt, geht aber davon aus, dass es sich um eine nullterminierte Zeichenkette aus 8-Bit-Zeichen handelt. Diese Voraussetzung ist in Swift praktisch nie gegeben! Noch mehr Formatcodes sind hier dokumentiert:

https://developer.apple.com/library/ios/documentation/Cocoa/Conceptual/ Strings/Articles/formatSpecifiers.html

Python-Freunde können den dort üblichen %-Operator unkompliziert nachbilden:

```
func % (format:String, args: [CVarArg]) -> String {
  return String(format: format, arguments:args)
}
let fmt = "Die Wurzel von %.3f beträgt %.3f."
let s3 = fmt % [x, sq]
// s3 = "Die Wurzel von 2.000 beträgt 1.414."
```

Damit anstelle des Dezimalpunkts ein Komma angegeben wird, übergeben Sie ein entsprechendes Locale-Objekt an String():

```
let de = Locale(identifier: "de_DE")
let s4 = String(format:fmt, locale: de, x, sq)
// s4 = "Die Wurzel von 2,000 beträgt 1,414."
```

> **Locale im Playground**
>
> Normalerweise liefert Locale.current die aktuell gültigen Sprach- und Ländereinstellungen. Eine Ausnahme ist allerdings der Playground, der grundsätzlich amerikanische Einstellungen verwendet. Locale.current.identifier lautet dort immer en_US.

Zahlen mit dem NumberFormatter formatieren

Deutlich mehr Gestaltungsmöglichkeiten als String(format:...) bietet die Klasse NumberFormatter, die ich Ihnen hier anhand einiger Beispiele vorstelle. Beim Erzeugen einer Instanz dieser Klasse wird in Programmen automatisch die gerade gültige Landeseinstellung berücksichtigt. Nur wenn Sie explizit eine andere Lokalisierung wünschen, geben Sie diese durch die Einstellung der locale-Eigenschaft an. (Beachten Sie aber, dass wie oben erwähnt im Playground immer die amerikanischen Ländereinstellungen gelten!)

Details der gewünschten Formatierung, z. B. die Anzahl der Stellen hinter dem Dezimalpunkt, stellen Sie durch Eigenschaften wie `minimumFractionDigits` ein. Anschließend wandeln Sie mit `stringFromNumber` Zahlen in Zeichenketten um.

```
let fmt = NumberFormatter()
fmt.locale = Locale(identifier: "de_DE")
fmt.usesGroupingSeparator = true
fmt.string(from: 1234567)      // 1.234.567
fmt.minimumFractionDigits = 2
fmt.maximumFractionDigits = 2
fmt.string(from: 1234.567)     // 1.234,57
fmt.string(from: 1234)         // 1.234,00
```

Zeichenketten in Zahlen umwandeln (parsen)

Für Umwandlungen von Zeichenketten in ganze Zahlen können Sie die Init-Funktion des `Int`-Datentyps verwenden. Der Rückgabedatentyp ist `Int?`, d. h., das Ergebnis ist entweder eine Zahl oder `nil`, wenn keine Umwandlung möglich war.

```
Int("123")            // 123
Int("123abc")         // nil
Int("12e3")           // nil
Int("123 ")           // nil
Int(" 123")           // nil
```

Wie die obigen Beispiele zeigen, ist `Int` sehr pingelig. Wenn in der Zeichenkette vor oder nach den Ziffern auch nur ein Leerzeichen steht, gilt die Zahl bereits als ungültig!

Zur Weiterverarbeitung von `Int`-Ergebnissen müssen Sie `if-let`-Konstruktionen bilden, den Nil-Coalescing-Operator einsetzen oder durch ein dem Variablennamen nachgestelltes Ausrufezeichen explizit die Umwandlung in den Datentyp `Int` erzwingen. Im folgenden Listing gibt der Kommentar jeweils den resultierenden Datentyp an. Beachten Sie, dass die letzte Zeile einen Fehler auslöst, wenn `m` den Zustand `nil` enthält!

```
let s = "123"
let n = Int(s) ?? 0   // Datentyp Int
let m = Int(s)        //          Int?
let o = m! + 3        //          Int
```

Analog zu `Int` gibt es zur Umwandlung von Zeichenketten in Fließkommazahlen die Init-Funktion des `Double`-Typs:

```
Double("123.5")       // 123,5 (Datentyp Double?)
Double("123,5")       // nil
Double("abc")         // nil
```

Zahlen mit dem NumberFormatter parsen

Double erwartet die Fließkommazahlen im amerikanischen Format mit einem Dezimalpunkt. Um auch Fließkommazahlen aus dem deutschen Sprachraum in Double-Werte umzuwandeln, erzeugen Sie zuerst ein NumberFormatter-Objekt. Für dieses gelten nun automatisch die Spracheinstellungen des Systems. Nur wenn Sie davon abweichen möchten, wählen Sie mit locale eine andere Lokalisierung. Auch im Playground ist die explizite Einstellung von locale erforderlich.

Die Methode number liefert entweder die resultierende Zahl oder nil, wenn eine fehlerfreie Erkennung unmöglich war. Der Rückgabedatentyp lautet NSNumber?, ist also ein Optional. Zur Weiterverarbeitung als Double-Zahl müssen Sie die Eigenschaft doubleValue auswerten:

```
let fmt = NumberFormatter()
fmt.numberStyle = .decimal
fmt.locale = Locale(identifier: "de_DE")
fmt.number(from: "1.234.567,89")     // 1234567,89 als NSNumber?
fmt.number(from: "abc")              // nil        als NSNumber?
if let x = fmt.number(from: "3,14159")  {
  // x enthält 3,14159, Datentyp NSNumber
  let y = x.doubleValue + 1.2        // 4,34159 als Double
}
```

Kapitel 9
Datum und Uhrzeit

Swift stellt keine eigenen Datentypen zum Umgang mit Datumsangaben und Zeiten zur Verfügung. Swift greift stattdessen auf diverse Klassen der Foundation-Bibliothek zurück, z. B. auf `NSDate`, `NSCalendar` und `NSDateFormatter`. Für diese Klassen gibt es aber eine eigene Swift-Schnittstelle. Ihr ist es zu verdanken, dass die Datentypen in Swift die Namen `Date`, `Calendar` und `DateFormatter` haben und dass `Date` und `Calendar` gar keine Klassen, sondern Strukturen (Werttypen) sind.

9.1 Datum und Uhrzeit ermitteln und darstellen

Das aktuelle Datum samt Uhrzeit als `Date`-Objekt liefert die Init-Funktion der Struktur. Eine direkte Ausgabe mit `print` sieht aber nicht besonders schön aus und berücksichtigt auch nicht die aktuelle Zeitzone. Vielmehr wird die GMT-Zeit angezeigt:

```
let now = Date()
print(now)   // Ausgabe 2016-09-13 07:37:41 +0000
```

Datum und Zeit formatieren (DateFormatter)

Mit einem `DateFormatter` können Sie die Ausgabe ordentlich formatieren. Die Klasse berücksichtigt automatisch die aktuelle Zeitzone des Rechners bzw. Geräts:

```
let formatter = DateFormatter()
formatter.dateFormat = "d.M.yyyy H:mm"
formatter.string(from: now)   // ""13.9.2016 9:37"
```

Wenn Sie in der Formatzeichenkette MMMM angeben, wird anstelle der Nummer des Monats dessen Name angezeigt – und das immer in der für den Rechner bzw. das Gerät eingestellten Sprache. Nur wenn Sie explizit eine bestimmte Sprache wünschen, stellen Sie die Eigenschaft `locale` ein:

```
formatter.locale = Locale(identifier: "de_DE")
formatter.dateFormat = "d. MMMM yyyy"
formatter.string(from: now)   // "13. September 2016"
```

Zur Formatierung der Zeit gibt es keinen eigenen `TimeFormatter`, vielmehr geben Sie nun in der `DateFormat`-Zeichenkette Formatierungszeichen für die Uhrzeit an:

```
formatter.dateFormat = "hh:mm"
formatter.string(from: now)   //  "09:37"
```

Eine Referenz der Zeichen für die Formatzeichenkette finden Sie in der offiziellen Dokumentation:

https://developer.apple.com/library/ios/documentation/Cocoa/Conceptual/ DataFormatting/Articles/dfDateFormatting10_4.html

Datum und Zeit parsen (DateFormatter)

Den `DateFormatter` können Sie auch zum Parsen von Zeichenketten und damit zur lesefreundlichen Initialisierung von Daten und Zeiten verwenden:

```
formatter.dateFormat = "yyyy-MM-dd"
let sylvester2016 = formatter.date(from: "2016-12-31")
```

Zeitkomponenten extrahieren

Um aus dem aktuellen Datum und der Uhrzeit die einzelnen Komponenten zu extrahieren, benötigen Sie einen `NSCalendar`. Dieser berücksichtigt ebenfalls die aktuelle Zeitzone. Seine Methode `components` ermittelt die im ersten Parameter als Array aufgezählten Komponenten, die dann in der Folge als Eigenschaften des `NSDateComponents`-Objekts ausgelesen werden können:

```
let now = Date()
let cal = Calendar.current
// Tag, Monat und Jahr extrahieren
// comps hat den Datentyp DateComponents
let comps = cal.dateComponents([.day, .month, .year], from: now)
let y = comps.year    // 2016, Datentyp Int?
let m = comps.month   //    9, Datentyp Int?
let d = comps.day     //   13, Datentyp Int?
```

Eine Auflistung aller Komponenten finden Sie wiederum in der Dokumentation:

https://developer.apple.com/library/ios/documentation/Cocoa/Reference/ Foundation/Classes/NSDateComponents_Class
https://developer.apple.com/library/ios/documentation/Cocoa/Reference/ Foundation/Classes/NSCalendar_Class

9.2 Rechnen mit Datum und Uhrzeit

Mit dem Anzeigen und Extrahieren der Daten ist es selten getan – zumeist wollen Sie auch Berechnungen durchführen. Welche Uhrzeit ist in zwei Stunden? Welches Datum in zwei Wochen?

In einfachen Fällen können Sie zu einem `Date`-Element einfach die gewünschte Anzahl von Sekunden addieren:

```
let now = Date()
let inTwoHours = now + 3600 * 2
```

Für größere Zeiträume ist diese Vorgehensweise naturgemäß weniger praktisch. Um beispielsweise das Datum in zwei Monaten zu ermitteln, benötigen Sie ein `DateComponents`-Element, dessen Eigenschaften Sie mit der gewünschten Zeitdifferenz initialisieren. Ausgehend von einem `Calendar`-Objekt können Sie dann mit der Methode `date` einen neuen Zeitpunkt errechnen. Das Ergebnis ist ein Optional, das bei Fehlern `nil` enthalten kann.

```
let now = Date()                            // 13.9.2016
let cal = Calender.current
var twoMonths = DateComponents()
twoMonths.month = 2
if let inTwoMonths = cal.date(byAdding: twoMonths, to: now) {
  let formatter = DateFormatter()
  formatter.dateFormat = "d.M.yyyy"
  formatter.string(from: inTwoMonths)     // 13.11.2016
}
```

> **Komfortabler mit Daten und Zeiten rechnen**
>
> Auf GitHub finden Sie das Projekt `SwiftDateTimeExtensions`. Damit können Sie in Swift ähnlich wie mit Ruby on Rails Berechnungen durchführen, z. B. in dieser Form: `8.days.fromNow` oder `2.weeks.ago`. Auch wenn die Erweiterung nicht alle Wünsche erfüllt und die Entwicklung offensichtlich schon seit 2014 stillsteht, kann das Projekt doch als Basis für eigene Ideen dienen.
>
> *https://github.com/schluete/SwiftDateTimeExtensions*

Zeit messen

Eine weitere häufige Aufgabenstellung besteht darin, Zeit zu messen – z. B. wie lange die Ausführung eines Programmteils benötigt. Dazu müssen Sie mit der Methode `timeIntervalSince` die Differenz zwischen zwei Zeiten berechnen. Die resultierende Zeitspanne in Sekunden hat den Datentyp `TimeInterval`. Das ist aber nur ein typealias für `Double` – das Ergebnis ist also eine `Double`-Zahl.

Das folgende Beispielprogramm misst, wie lange das Erzeugen und Summieren von 100.000.000 Zufallszahlen dauert. Auf meinem iMac (2015er-Modell mit i7-CPU) dauert die Ausführung der Debug-Version circa 1,9 Sekunden. Das Release-Kompilat erledigt dieselbe Aufgabe in rund 1,6 Sekunden.

```swift
// Projekt mini-benchmark, Datei main.swift
print("start")
let start = Date()

var sum=0
for _ in 1...100_000_000 {
  sum += Int(arc4random_uniform(100))
}

let end = Date()
let seconds = end.timeIntervalSince(start)
print("fertig nach \(seconds) Sekunden")
```

> **Aufgepasst bei Benchmarktests!**
>
> Mitunter sind Geschwindigkeitstests notwendig, wenn ein Kompromiss zwischen elegantem Code und angemessener Performance gefunden werden muss (siehe dazu auch das Beispiel in Abschnitt 10.7, »Lottosimulator«). Aussagekräftige Messungen können Sie allerdings nur in Release-Kompilaten durchführen. Der Playground ist für Benchmarktests vollkommen ungeeignet, und auch die standardmäßig von Xcode erzeugten Debug-Kompilate sind oft unverhältnismäßig langsam.

Zeiten vergleichen

Gerade in Spielen kommt es oft vor, dass Sie eine Zeitspanne vorgeben und nach deren Verstreichen etwas tun möchten, z. B. in der in SpriteKit-Apps regelmäßig aufgerufenen `update`-Methode. Dazu müssen Sie zwei Zeiten vergleichen. Dankenswerterweise funktioniert das in Swift 3 ganz einfach mit einem Vergleichsoperator:

```swift
let now = Date()
let inFiveSeconds = Date() + 5
inFiveSeconds > Date()    // liefert aktuell true
                          // ...
inFiveSeconds > Date()    // aber liefert 5 Sekunden später false
```

Kapitel 10
Arrays, Dictionaries, Sets und Tupel

Im Mittelpunkt dieses Kapitels stehen Datenstrukturen, um Aufzählungen mehrerer Elemente zu verwalten.

- **Arrays:** Arrays enthalten mehrere geordnete Elemente, die durch einen Index angesprochen werden, der von 0 bis n-1 reicht.
- **Dictionaries:** Dictionaries speichern Schlüssel-Wert-Paare. In anderen Programmiersprachen heißen Dictionaries auch Maps oder assoziative Arrays.
- **Sets:** Sets dienen zur ungeordneten Sammlung von Daten ohne Doppelgänger.
- **Option-Sets:** Dieser Sonderfall eines Sets hilft bei der Auflistung von Optionen, die beliebig miteinander kombiniert werden können.
- **Tupel:** Tupel sind mehrere durch Kommas getrennte Ausdrücke in runden Klammern. Anders als Arrays, Dictionaries oder Sets können Tupel nicht erweitert werden. Tupel sind direkt innerhalb der Sprache Swift implementiert, nicht wie Arrays, Dictionaries oder Sets in der Swift-Standardbibliothek.

Im Gegensatz zu vielen anderen Programmiersprachen sind alle hier genannten Datentypen in Swift als Werttypen realisiert, nicht als Referenztypen!

Viele der in diesem Kapitel präsentierten Programmiertechniken und insbesondere der Umgang mit Methoden wie map oder forEach spielen in Swift eine große Rolle: Diese Methoden eignen sich nicht nur zur Verarbeitung von Array-Elementen, sondern ganz allgemein für alle Datentypen, die das Sequence-Protokoll implementieren.

Am Ende des Kapitels gehe ich anhand eines einfachen Lottosimulators noch kurz auf das Thema Geschwindigkeit ein. Sie werden sehen, dass zeitkritische Programme mit ein wenig Mühe und durch Verzicht auf komfortable Datenstrukturen manchmal deutlich schneller gemacht werden können.

10.1 Arrays

In den meisten Programmiersprachen bieten Arrays die einfachste und vielfach auch effizienteste Möglichkeit, um mehrere Werte desselben Typs zu speichern und weiterzuverarbeiten – z. B. 20 Integer-Zahlen. Swift kennt ebenfalls Arrays, diese sind aber

10   Arrays, Dictionaries, Sets und Tupel

wesentlich flexibler als z. B. in Java oder C. Insbesondere ist die Größe des Arrays variabel, d. h., Sie können jederzeit Elemente hinzufügen oder löschen.

> **Geschwindigkeit**
>
> Der vielseitige Umgang mit Arrays ist auch mit Nachteilen verbunden: So sind Arrays in Swift bei manchen Operationen langsamer als herkömmliche Arrays, z. B. solche in Objective-C.
>
> Beachten Sie aber, dass Swift 3 mittlerweile *viel* schneller ist als die ersten Swift-Versionen. Im Internet gibt es diverse Seiten, die über die mangelnde Geschwindigkeit von Swift lamentieren. Die meisten dieser Seiten beziehen sich aber auf uralte Swift-Versionen und sind daher nicht mehr relevant!

Arrays sind intern als `struct` realisiert, sind also Werttypen. Daher werden Arrays bei Zuweisungen oder bei der Übergabe an eine Methode kopiert! Aus Geschwindigkeitsgründen erstellt Swift die Kopie allerdings erst dann, wenn dies bei der Veränderung eines der beiden Arrays erforderlich ist. Swift stellt aber auf jeden Fall sicher, dass die Kopien vollkommen unabhängig voneinander sind:

```
var ar1 = [1, 2, 3]
var ar2 = ar1     // ar2 enthält Kopie von ar1
ar2[1]=0
ar1               // ar1 ist unverändert [1, 2, 3]
ar2               // ar2 enthält [1, 0, 3]
```

Je nachdem, ob Sie ein Array in einer Variablen oder in einer Konstanten speichern, ist sein Inhalt veränderlich (*mutable*) oder unveränderlich (*immutable*). Bei ar4 können weder seine Werte verändert werden, noch können zusätzliche Elemente hinzugefügt oder vorhandene Werte verändert werden.

```
var ar3 = [1, 2, 3]   // Array kann später verändert werden
let ar4 = [2, 4, 6]   // unveränderliches Array (immutable)
```

Wenn Sie ein Array als Referenz an eine Funktion oder Methode übergeben möchten, müssen Sie den Parameter mit dem Schlüsselwort `inout` kennzeichnen und der Array-Variablen ein &-Zeichen voranstellen:

```
func changeArray(_ x: inout [Int]) {
  x[0] = -1
}
changeArray(&ar1)
ar1 // enthält jetzt [-1, 2, 3]
```

Zur Initialisierung und Verarbeitung von Arrays stehen unzählige Methoden zur Auswahl (siehe Tabelle 10.1). Einige davon lernen Sie auf den folgenden Seiten kennen. Methoden wie `filter`, `map` und `reduce`, die in Swift universell auch für andere Aufzählungsstrukturen verwendet werden können, behandle ich getrennt in Abschnitt 10.2, »Arrays und Aufzählungen verarbeiten«.

Methode/Eigenschaft	Funktion
`var ar = [1, 2, 3]`	Array initialisieren
`var ar = [Int]()`	leeres Array deklarieren
`ar.count`	Anzahl der Elemente
`ar[n]`	Element an der Position n lesen
`ar[n1...n2]`	auf Teil-Array zugreifen (Datentyp `ArraySlice`)
`ar+=[4]`	Element am Ende hinzufügen
`ar+=[6, 7, 8]`	mehrere Elemente am Ende hinzufügen
`ar.insert(-1, at:3)`	Element einfügen
`ar.removeFirst([n])`	erstes Element bzw. die ersten n Elemente entfernen
`ar.removeLast([n])`	letztes Element bzw. die letzten n Elemente entfernen
`ar.remove(at: n)`	Element entfernen
`ar[n1...n2] = [a, b, c]`	mehrere Elemente durch andere ersetzen
`ar[n1...n2] = []`	mehrere Elemente entfernen
`ar.sort(by: <)`	Array sortieren (ändert ar)
`ar2=ar1.sorted(by: <)`	neues, sortiertes Array erzeugen (ändert ar1 nicht)
`ar2=Array(ar1.reversed())`	neues Array in umgekehrter Reihenfolge erzeugen
`ar2=ar.filter(fn)`	Elemente, die fn entsprechen, in neues Array kopieren
`ar2=ar.map(fn)`	fn auf Elemente anwenden, neues Array bilden
`x=ar.reduce(start, fn)`	fn paarweise anwenden, Endergebnis zurückgeben
`ar.forEach(fn)`	fn auf alle Elemente anwenden (ohne Ergebnis)
`ar.split(...)`	Array in Teile zerlegen
`ar.joined(separator: x)`	Elemente vereinen, x als Trennelement verwenden

Tabelle 10.1 Ausgewählte Array-Eigenschaften, -Methoden und -Operatoren

Arrays initialisieren

Am einfachsten initialisieren Sie ein Array, indem Sie einige Werte in eckige Klammern stellen und einer Variablen oder Konstanten zuweisen:

```
var nmbs = [1, 2, 3, 4]
let strgs = ["abc", "efg", "xyz"]
```

Swift erkennt hier selbstständig den richtigen Datentyp, d. h., nmbs ist ein Array von Integer-Zahlen (Datentyp [Int]), strgs ein Zeichenketten-Array (Datentyp [String]).

Wenn Sie Elemente in unterschiedlichen Typen übergeben möchten, dann müssen Sie den Array-Typ explizit mit as [Any] angeben:

```
let various = [1, "abc", true] as [Any]
```

Ein derartiges Array bietet grenzenlose Freiheit dahingehend, dass in seinen Elementen jedes erdenkliche Objekt gespeichert werden kann. Gleichzeitig muss dann aber bei der Weiterverarbeitung der Elemente bei jedem Zugriff der Datentyp des Elements ermittelt werden.

Bei mit var deklarierten Arrays können zusätzliche Elemente hinzugefügt oder vorhandene Werte verändert werden:

```
nmbs.remove(at: 1)        // nmbs = [1, 3, 4]
nmbs.append(12)           // nmbs = [1, 3, 4, 12]
nmbs[0] = -4              // nmbs = [-4, 3, 4, 12]
strgs.append("zzz")       // Fehler, strgs ist
                          // unveränderlich
```

Es gibt verschiedene Syntaxvarianten, um ein neues Array zu erzeugen, ohne es mit Elementen zu füllen. Die erste Variante erfordert den geringsten Tippaufwand und ist vorzuziehen:

```
var sar = [String]()          // leeres String-Array
var dar = Array<Double>()     // leeres Double-Array
var iar: [Int] = Array()      // leeres Integer-Array
```

Wenn an die Init-Funktion Array() ein Objekt bzw. eine Datenstruktur übergeben wird, deren Elemente durchlaufen werden können, initialisiert Swift das Array mit den entsprechenden Elementen:

```
let s = "abcde"
var car = Array(s.characters)  // Character-Array mit den
                               // Elementen ["a", "b", ...]
var iar = Array(3...7)         // Int-Array mit den Elementen
                               // [3, 4, 5, 6, 7]
```

Mitunter ist es zweckmäßig, ein Array in einer bestimmten Größe vorweg mit einem Startwert zu initialisieren. Dazu übergeben Sie an die Init-Funktion Array entsprechende Parameter. Die Syntax ist leider ein wenig langatmig:

```
// Integer-Array erzeugen, das aus tausend 0-Werten besteht
var iar = [Int](repeating: 0, count: 1000)
```

Array-Elemente auslesen

nmbs.count verrät, wie viele Elemente das Array umfasst. Wenn das Array noch leer ist, liefert isEmpty das Resultat true. Der Zugriff auf Array-Elemente erfolgt über einen Index in eckigen Klammern, wobei das erste Element mit dem Index 0 angesprochen wird:

```
var nmbs = [1, 2, 3, 4]
nmbs.count        // 4
nmbs.isEmpty      // false
nmbs[0]           // 1
nmbs[3]           // 4
nmbs[4]           // Fehler, dieses Array-Element existiert nicht
```

Das erste bzw. letzte Array-Element können Sie bequem mit den Eigenschaften first bzw. last auslesen. Dabei ist aber zu beachten, dass diese Eigenschaften Optionals zurückgeben, weil als Ergebnis auch nil infrage kommt, sollte das Array leer sein. Sofern Sie nicht vorweg count überprüfen, sollten Sie zur Weiterverarbeitung if-let-Konstruktionen verwenden. Für Ad-hoc-Beispiele reicht es natürlich auch, den Unwrapping-Operator ! nachzustellen:

```
nmbs.first        // Optional mit Datentyp Int?
nmbs.first!       // 1 (Datentyp Int)
nmbs.last!        // 4
```

Die Elemente eines Arrays können mühelos in Schleifen verarbeitet werden:

```
for n in nmbs {
  print(n)
}
```

ArraySlices

Anstelle einer Indexzahl können Sie in eckigen Klammern auch einen Bereich angeben. Damit erhalten Sie ein Teil-Array mit den entsprechenden Elementen. Intern lautet der Datentyp ArraySlice<T>, im folgenden Beispiel also ArraySlice<Int>:

```
var nmbs = [1, 2, 3, 4]
var slc = nmbs[1...3]   // [2, 3, 4]
```

Ein `ArraySlice` (Stück, Tranche) ist anfänglich kein neues Array, sondern ein Paar von Zeigern (Links) auf zwei Elemente eines vorhandenen Arrays, also auf den Start- und den Endpunkt. Sie können das Slice wie ein Array auslesen, wobei die Indexpositionen des ursprünglichen Arrays erhalten bleiben. Interessanterweise sind sogar Veränderungen zulässig. Erst dann kommt es zu einer Kopie der Daten, damit das ursprüngliche Array und das Slice unabhängig voneinander bleiben.

```
var nmbs = Array(1...10)    // [1, 2, 3, 4, 5, 6, 7, 8, 9, 10]
var slc = nmbs[3...7]       // [4, 5, 6, 7, 8]
slc.count                   // 5
slc[3]                      // 4
slc[5] = -5
slc                         // [4, 5, -5, 7, 8]
nmbs                        // [1, 2, 3, 4, 5, 6, 7, 8, 9, 10]
```

Um aus einem Slice ein neues Array zu erzeugen, übergeben Sie das Slice an die Init-Funktion `Array()`. Das ist aber nur selten notwendig, weil die Standardfunktionen von Swift Slices häufig wie Arrays verarbeiten können.

```
var someNmbs = Array(slc)
```

Natürlich können auch die Elemente von Slices in Schleifen durchlaufen werden:

```
for n in slc {
  print(n)
}
```

Arrays manipulieren

Sofern Sie die Array-Variable mit `var` und nicht mit `let` deklariert haben, können Sie Ihr Array mit einer Reihe von Methoden verändern. `append` fügt ein Element am Ende hinzu, `insert` an der durch den zweiten Parameter angegebenen Position. Anstelle von `append` können Sie platzsparend den Operator `+=` verwenden. Dieser Operator akzeptiert auch Arrays mit mehreren Elementen.

```
var ar = Array(5...7)      // [5, 6, 7]
ar.append(8)               // [5, 6, 7, 8]
ar.insert(0, at: 3)        // [5, 6, 7, 0, 8]
ar += [17]                 // [5, 6, 7, 0, 8, 17]
ar += [18, 19, 20]         // [5, 6, 7, 0, 8, 17, 18, 19, 20]
```

Die insert-Variante mit dem Parameter `contentsOf` fügt nicht ein einzelnes Element, sondern gleich ein ganzes Array in ein vorhandenes Array ein:

```
var a1 = [1, 2, 3, 4]
var a2 = [7, 8, 9]
```

```
a1.insert(contentsOf: a2, at: 2)
a1     // enthält jetzt [1, 2, 7, 8, 9, 3, 4]
```

`removeLast` entfernt das letzte Element eines Arrays. Optional können Sie einen Parameter übergeben, um die ersten *n* Elemente zu entfernen. Analog gibt es auch die Methode `removeFirst`, deren Ausführung bei großen Arrays allerdings deutlich aufwendiger ist.

Mit `remove` können Sie ein Element an einer beliebigen Position herausnehmen. Die Methode gibt das betreffende Element als Ergebnis zurück. `removeSubrange` entfernt mehrere Elemente auf einmal, `removeAll` alle Elemente. Anstelle von `removeAll` können Sie auch die Schreibweise `ar[] = []` verwenden:

```
var ar = Array(5...12)    // ar = [5, 6, 7, 8, 9, 10, 11, 12]
ar.removeLast()           // ar = [5, 6, 7, 8, 9, 10, 11]
ar.remove(at: 3)          // ar = [5, 6, 7, 9, 10, 11]
ar.removeSubrange(0...2)  // ar = [9, 10, 11]
ar[1...2] = []            // ar = [9]
ar.removeAll()            // ar = []
```

Ein einzelnes Element können Sie einfach per Neuzuweisung verändern. `replaceSubrange` ersetzt mehrere Elemente auf einmal, wobei Sie im zweiten Parameter ein entsprechend großes Array oder ein `ArraySlice` übergeben müssen. Anstelle von `replaceSubRange` ist auch die Kurzschreibweise `ar[range] = [a, b, c]` erlaubt:

```
var ar = Array(5...12)    // ar = [5, 6, 7, 8, 9, 10, 11, 12]
ar[3] = -1                // ar = [5, 6, 7, -1, 9, 10, 11, 12]
ar.replaceSubrange(1...3, with: [-3, -4, -5])
                          // ar = [5, -3, -4, -5, 9, 10, 11, 12]
ar[3...6] = [-6, -5, -5, -6]
                          // ar = [5, -3, -4, -6, -5, -5, -6, 12]
```

Der Operator `+` fügt zwei Arrays aneinander und bildet dabei ein neues Array. Dabei müssen die Datentypen der beiden Ursprungs-Arrays übereinstimmen.

```
let ar1 = [1, 2, 3]
let ar2 = [4, 5, 6, 7]
let ar3 = ar1 + ar2    // ar3 = [1, 2, 3, 4, 5, 6, 7]
```

Arrays sortieren und umdrehen

`sort` sortiert ein vorhandenes Array. An die Methode kann eine Funktion übergeben werden, die ermittelt, wie zwei Elemente verglichen werden sollen. Für Zahlen oder Zeichenketten ist die kürzeste Syntaxform einfach die Angabe des Kleiner- oder Größer-Operators. Die folgenden Syntaxvarianten sind alle gleichwertig und unterscheiden sich nur in der Art und Weise, wie die Vergleichsfunktion ausgedrückt wird (siehe Abschnitt 6.5, »Closures«). Wenn Sie an sort keine Vergleichsfunktion übergeben, werden die Elemente aufsteigend sortiert.

```
var ar = [17, 12, 4, 19, 3]
ar.sort(by: { (i1, i2) -> Bool in i1 < i2 } )
ar.sort(by: {$0<$1} )    // Kurzschreibweise
ar.sort() {$0<$1}        // Closure nachgestellt
ar.sort(by: <)           // noch kürzer
ar.sort()                // Default-Sortierordnung aufsteigend
```

Alternativ zu sort gibt es auch die Methode sorted. Sie belässt das ursprüngliche Array unverändert und erzeugt stattdessen ein neues Array:

```
let ascending = ar.sorted(by: >)
```

Die Methode reversed ermöglicht es, die Elemente eines Arrays in umgekehrter Reihenfolge zu verarbeiten. Anders als sorted liefert reversed allerdings *kein* neues Array zurück. Vielmehr handelt es sich um ein Objekt des Typs ReversedRandomAccessCollection<Array<elementtyp>>.

```
let ar = [7, 1, 9, 2]
for item in ar.reversed() {
  print(item)
}
```

Wenn Sie das Ergebnis über die lazy-Eigenschaft ansprechen, werden die Elemente erst bei Bedarf geliefert. Das ist dann zweckmäßig, wenn es unwahrscheinlich ist, dass Sie alle Elemente verarbeiten werden:

```
for item in ar.reversed().lazy {
  print(item)
  if item > 3 { break }
}
```

Wenn Sie ein neues Array wünschen, übergeben Sie das Ergebnis von reversed an die Init-Funktion Array:

```
let ar1 = [7, 1, 9, 2]
let ar2 = Array(ar1.reversed())
```

Interna und Geschwindigkeitsüberlegungen

Hinter den Kulissen werden Swift-Array-Elemente wie die anderer Programmiersprachen in aneinanderliegenden Bereichen im Speicher angeordnet. Das Einfügen oder Entfernen von Elementen mitten in einem Array führt dazu, dass eine Menge Elemente im Speicher verschoben werden müssen.

Weniger problematisch ist es, Elemente am Ende eines Arrays hinzuzufügen oder zu löschen: Swift legt Arrays gewissermaßen auf Verdacht immer etwas größer als notwendig an und muss daher nicht jedes Mal alle Elemente in einen neuen Speicherblock kopieren.

Die Maximalanzahl der Elemente, die ohne Neuanforderung von Speicher gespeichert werden kann, geht aus der Eigenschaft capacity hervor. Bevor Sie einem Array eine Menge Elemente hinzufügen, können Sie die voraussichtliche Größe mit reserveCapacity festlegen. Weitere Swift-Array-Interna sind hier dokumentiert:

https://developer.apple.com/library/ios/documentation/Swift/Reference/
  Swift_Array_Structure
http://stackoverflow.com/questions/27943629

Mehrdimensionale Arrays

Wie das folgende Beispiel zeigt, kommt Swift auch mit mehrdimensionalen Arrays zurecht. Der Elementzugriff erfolgt dann in der Form ar[index1][index2][...]. Hinter den Kulissen handelt es sich freilich nicht um mehrdimensionale Arrays. Vielmehr kann ein Array selbst wieder Arrays aufnehmen. ar.count liefert im folgenden Beispiel daher den Wert 2 und nicht 6. ar ist also ein Array aus zwei Elementen. Jedes Element ist aber wiederum selbst ein Integer-Array.

```
var ar = [[1, 2, 3], [4, 5, 6]]
ar.count
for zeile in 0..<ar.count {
  for spalte in 0..<ar[zeile].count {
    print("\(ar[zeile][spalte]), ", terminator: "")
  }
  print()   // neue Zeile
}
// Ausgabe: 1, 2, 3,
//          4, 5, 6,
```

Wenn Sie ein mehrdimensionales Array ohne sofortige Initialisierung deklarieren möchten, gehen Sie so vor:

```
var ar2d = [[Int]]()       // zweidimensionales Int-Array
var ar3d = [[[Double]]]()  // dreidimensionales Double-Array
```

Auch eine automatische Initialisierung der Array-Elemente ist möglich, wenngleich die Syntax ein wenig umständlich ist. Die folgenden zwei Zeilen erzeugen ein Array mit 20 × 100 Elementen, wobei jedem Element der Wert 0 zugewiesen wird:

```
ar2d = [[Int]](repeating: [Int](repeating: 0, count: 100),
          count: 20)
```

Wenn Sie in einem Programm mit vielen zwei- oder mehrdimensionalen Arrays zu tun haben, lohnt sich die Definition einer generischen Funktion (siehe Abschnitt 12.2, »Generics«), die beim Erzeugen und Initialisieren solcher Arrays hilft:

```
func createArray2D<T>(_ n: Int, by m: Int, value:T)  -> [[T]] {
  return [[T]](
    repeating: [T](repeating: value, count: m),
    count: n)
}

// Anwendung
var ar1 = createArray2D(20, by: 100, value: 0)      // Int-Array
var ar2 = createArray2D(5, by: 5, value: "bla")     // String-Array
```

10.2 Arrays und Aufzählungen verarbeiten

Dass es einfach ist, über alle Elemente eines Arrays eine Schleife zu bilden, wissen Sie schon. Dieser Abschnitt macht Sie mit Methoden wie map, reduce, filter oder forEach vertraut. Diese Methoden ermöglichen eine in vielen Fällen besonders elegante und effiziente Verarbeitung von Array-Elementen.

> **Closures**
>
> Üblicherweise werden an die in diesem Abschnitt vorgestellten Methoden Closures übergeben. Ich ziehe dabei die nachgestellte Syntaxvariante vor, also beispielsweise ar.map() { closure }. Wenn Ihnen Closures noch nicht geläufig sind, sollten Sie vorher Abschnitt 6.5, »Closures«, lesen.

> **rethrows**
>
> An viele der hier vorgestellten Methoden, z. B. an map, dürfen Sie Funktionen übergeben, die selbst einen Fehler auslösen können. Derartige Methoden sind in der Swift-Standardbibliothek mit dem Schlüsselwort rethrows gekennzeichnet. Welche Bedeutung rethrows hat und was Sie beim Aufruf derartiger Methoden beachten müssen, erkläre ich Ihnen in Abschnitt 13.3, »Fehler in Funktionen weitergeben (rethrows)«.

Auch wenn sich die Beispiele dieses Abschnitts auf Arrays beziehen, eignen sich die meisten hier vorgestellten Methoden ebenso gut für andere Aufzählungen. Beispielsweise können Sie die map-Methode auf alle Datenstrukturen anwenden, die eine der folgenden Klassen bzw. Protokolle implementieren: AnyCollection, ArraySlice, CountableSlice, LazyMapSequence oder Sequence. Und darüber hinaus gibt es noch rund ein Dutzend weitere Protokolle – suchen Sie einfach in der Online-Hilfe von Xcode nach *map*.

first und last

Die Eigenschaften `first` und `last` liefern das erste bzw. letzte Element einer Sequenz als Optional. Gegebenenfalls müssen Sie durch ein nachgestelltes Ausrufezeichen das Unwrapping erzwingen. Wenn die Sequenz leer ist, liefern die Funktionen `nil` zurück. Die Sequenz bleibt in jedem Fall unverändert.

```
let ar = [1, 2, 3, 4]
let s = "Hello World!"
ar.first              // 1, Datentyp Int?
s.characters.last     // "!", Datentyp Character?
```

prefix und suffix

`prefix` und `suffix` liefern die ersten bzw. letzten *n* Elemente einer Sequenz. Wenn *n* größer als die Elementanzahl ist, liefern die Funktionen einfach alle Elemente. Ist die Sequenz bzw. das Array leer, ist konsequenterweise auch das Ergebnis leer. Der Rückgabedatentyp ist bei Arrays ein `ArraySlice` (also ein Teil-Array).

```
let ar = [1, 2, 3, 4]
let sub1 = ar.prefix(2)    // [1, 2], Datentyp ArraySlice<Int>
let sub2 = ar.suffix(2)    // [3, 4], Datentyp ArraySlice<Int>
var x = [Int]()
let sub3 = x.prefix(2)     // leer, weil auch x leer ist
```

dropFirst und dropLast

`dropFirst` und `dropLast` liefern eine neue Sequenz, die sich aus der Ausgangsmenge ergibt, aus der das erste oder letzte Element entfernt wurde. Die Daten, auf die die Methoden angewendet werden, ändern sich nicht.

```
let ar = [1, 2, 3, 4]
let new1 = ar.dropFirst()       // [2, 3, 4], Datentyp [Int]
let new2 = new1.dropLast(2)     // [2], Datentyp [Int]

let s = "Hello World!"
String(s.characters.dropFirst())  // "ello World!"
String(s.characters.dropLast())   // "Hello World"
```

starts, contains und index

Die Methode `starts` testet, ob eine Sequenz mit einer vorgegebenen Aufzählung von Elementen beginnt. Merkwürdigerweise gibt es keine entsprechende *ends*-Methode.

```
let ar = [1, 2, 3, 4, 5, 6]
ar.startsWith([1, 2])      // true
ar.startsWith([4, 5])      // false
```

contains überprüft, ob ein Wert in der Sequenz enthalten ist. Das Ergebnis lautet true oder false. Dabei kann an die Methode sowohl ein einzelnes Element übergeben werden als auch eine Funktion (eine Closure) mit einem Suchausdruck. Die beiden folgenden Beispielaufrufe ergeben beide true, weil das Array sowohl die Zahl 3 als auch gerade Zahlen enthält:

```
let ar = [1, 2, 3, 4, 5, 6]
ar.contains(3)             // true
ar.contains() {$0 % 2 == 0}   // true
```

index durchsucht eine Sequenz nach dem ersten Auftreten eines Elements. Anstelle eines Suchwerts kann auch eine Funktion (eine Closure) angegeben werden, die true ergeben muss. Das Ergebnis ist ein Optional mit der Indexnummer zum Zugriff auf das Element bzw. nil, wenn die Suche ergebnislos bliebt. Beachten Sie, dass die Index-Nummerierung mit 0 beginnt – d. h., wenn ein Element an der ersten Position gefunden wird, lautet das Ergebnis 0.

```
let data = Array(1...10)
data.index(of: 7)          // 6, Datentyp Index?
data.index(of: 12)         // nil
data.index() {$0 % 2 == 0} // 1, Datentyp Index?
```

Es ist nicht möglich, die Startposition der Suche anzugeben. Daher eignet sich die Funktion nicht, um mehrere gleiche Elemente in der Sequenz zu finden. Eine Funktion, die die Sequenz beginnend mit dem letzten Element durchsucht, fehlt ebenfalls.

> **Zeichenketten durchsuchen**
>
> index(of:) eignet sich auch für Zeichenketten, solange Sie nach einem einzigen Zeichen suchen (s.characters.index(of: 'x')). Deutlich flexibler ist die Methode range(of:), die ich bereits in Abschnitt 8.2, »Bearbeitung von Zeichenketten«, erwähnt habe. Sie lässt als Suchobjekt ganze Zeichenketten zu, weist einen Parameter für die Startposition auf und kann sogar rückwärts suchen.

filter

Die Methode filter liefert alle Elemente, die einer Filterfunktion entsprechen, als neues Array zurück. Im folgenden Beispiel wird ar1 mit den Wörtern eines Lorem-Ipsum-Satzes initialisiert. ar2 erhält dann alle Wörter aus ar1, die mehr als fünf Zeichen lang sind:

10.2 Arrays und Aufzählungen verarbeiten

```
let txt =
  "Lorem ipsum dolor sit amet, consetetur sadipscing elitr."
let ar1 = txt.components(separatedBy: " ")
let ar2 = ar1.filter() {$0.characters.count > 5}
print(ar2)    // ["consetetur", "sadipscing", "elitr."]
```

Im folgenden Beispiel liefert `filter` ein Array mit den Zahlen der Ausgangsdaten, die größer als 10, kleiner als 50 und durch 3 teilbar sind:

```
func testNumber(_ x: Int) -> Bool {
  return x>10 && x<50 && (x % 3 == 0)
}

var data = Array(1...100)
let result = data.filter() { testNumber($0) }
result      // [12, 15, 18, ..., 48]
```

Zum gleichen Ergebnis führt auch der folgende Code, bei dem die Testbedingung direkt in der Closure formuliert ist:

```
let result2 =
  data.filter() { $0>10  &&  $0<50  &&  ($0 % 3 == 0) }
```

map und flatMap

`map` wendet eine Funktion auf alle Elemente an und liefert die Ergebnisse als Array. Die im folgenden Beispiel definierte Funktion `f` erzeugt für jede als Parameter übergebene Integer-Zahl eine Zeichenkette aus ebenso vielen Sternen:

```
let data = [2, 5, 4]
func f(_ n: Int) -> String {
  var result = ""
  for _ in 1...n { result += "*" }
  return result
}
data.map(f)    // ["**", "*****", "****"]
```

Das zweite Beispiel liefert in `ar2` ein Integer-Array, das die Länge der Wörter aus `ar1` enthält. In diesem Fall macht `map` also aus einem String-Array ein Int-Array.

```
let txt =
  "Lorem ipsum dolor sit amet, consetetur sadipscing elitr."
let ar1 = txt.components(separatedBy: " ")    // [String]
let ar2 = ar1.map() { $0.characters.count }   // [Int]
```

Der Code lässt sich auch kompakter ohne die Zwischenspeicherung der String-Arrays formulieren. In diesem Fall erzeugt `components` ein Array, dessen Elemente direkt von `map` weiterverarbeitet werden. Diese Methode erzeugt dann selbst ein Int-Array.

```
let ar3 = txt.components(separatedBy: " ")
  .map() { $0.characters.count }            // [Int]
```

Zu map existiert die Variante flatMap. Sie eignet sich vor allem dann, wenn die map-Methode selbst Arrays verarbeitet. map liefert dann verschachtelte Arrays. flatMap bildet aus den Ergebniselementen hingegen ein einziges, eindimensionales Array:

```
var ar = [1, 2, 3]
let nested = ar.map( { Array(1...$0) } )
// nested = [[1], [1, 2], [1, 2, 3]]
let flat = ar.flatMap( { Array(1...$0) } )
// flat = [1, 1, 2, 1, 2, 3]
```

> **map-Interna**
>
> In Abschnitt 13.3, »Fehler in Funktionen weitergeben (rethrows)«, verwende ich map als Beispiel, um das Schlüsselwort rethrows zu erklären. In diesem Abschnitt zeige ich Ihnen auch, wie Sie map unkompliziert selbst implementieren können.

forEach

In einer simplen for-in-Schleife können Sie alle Elemente durchlaufen und auswerten, aber nicht ändern:

```
// Array durchlaufen, aber nicht ändern
let ar = Array(1...10)
for item in ar {
  print(item)
}
```

Weitgehend dieselbe Funktionalität bietet die Methode forEach, die Sie auf ein Array anwenden und an die Sie eine Funktion bzw. Closure übergeben:

```
ar.forEach() { print($0) }
```

forEach weist im Vergleich zur for-Schleife zwei Einschränkungen auf:

- break und continue funktionieren nicht.
- return bricht nur die Verarbeitung des aktuellen Werts ab. Die Schleife wird fortgesetzt. Es ist nicht möglich, mit return die Schleife oder den aktuellen Verarbeitungskontext (Funktion, Methode etc.) zu verlassen.

Die Methode forEach wendet eine Funktion oder Closure auf alle Elemente einer Sequenz an. forEach gibt kein Ergebnis zurück. Im Vergleich zu einer Schleife mit for ... in sequenz können Sie forEach weder durch break noch durch return abbrechen.

> **forEach versus map und flatMap**
>
> Sowohl forEach als auch map und flatMap wenden jeweils eine Funktion oder Closure auf die Elemente einer Aufzählung oder eines Arrays an. Worin besteht nun der Unterschied?
>
> forEach ruft die angegebene Funktion für jedes Element der Sequenz auf, ignoriert aber eventuell zurückgegebene Ergebnisse. map erstellt aus den Ergebnissen hingegen ein Array. Wenn die Ausgangsdaten selbst schon Arrays sind, entsteht dabei ein verschachteltes Array. Diesen Sonderfall vermeidet flatMap: Es erstellt ein »flaches«, eindimensionales Array.

Die folgenden Zeilen zeigen drei Anwendungsbeispiele für forEach: Der erste forEach-Ausdruck bildet eine Summe über ein Double-Array, der zweite Ausdruck gibt die Zeichen einer Zeichenkette einfach einzeln aus. Beim dritten Beispiel wurde die Closure zur besseren Lesbarkeit hinter forEach platziert, was die Anzahl der offenen Klammerebenen verringert. UnicodeScalar bildet aus den übergebenen Zeichencodes die entsprechenden Zeichen, und print gibt diese ohne Zeilenumbruch aus.

```
let data = [2.7, 3.9, 1.6]
var sum = 0.0
data.forEach( { sum += $0} )
print(sum)   // Ausgabe: 8,2

let s = "abc"
s.characters.forEach( { print($0) } )
// Ausgabe: "a", "b", "c"

(65...68).forEach()
  { print(UnicodeScalar($0) as Any, terminator: "") }
print("")
// Ausgabe "ABCD"
```

In der Praxis bietet sich der Einsatz von forEach vor allem in Kombination mit anderen Funktionen an, die selbst Arrays oder Sequenzen zurückgeben. Der folgende Ausdruck ist aus Übersichtsgründen über mehrere Zeilen verteilt, es handelt sich aber um *einen* Ausdruck. Dabei verarbeitet filter die Elemente von nmbs und gibt ein neues Array zurück, das nur die durch 3 teilbaren Zahlen enthält. map quadriert diese Zahlen und liefert ein weiteres Array. Dieses wird von forEach verarbeitet.

```
let nmbs = Array(1...20)
nmbs.filter( {$0 % 3 == 0} )
  .map( {$0*$0} )
  .forEach( {print($0)} )
// Ausgabe: 9, 36, 81, 144, 225, 324
```

Arrays ändern (indices und enumerated)

Weder mit einer gewöhnlichen `for-in`-Schleife noch mit `forEach` können Sie die Elemente des Arrays verändern. Um Änderungen durchzuführen, durchlaufen Sie die Indizes des Arrays und greifen auf die Elemente in der Form `array[index]` zu:

```
// Array-Elemente verändern
var ar = Array(1...10)
for i in ar.indices {
  ar[i] += 1
}
```

Eher von exotischer Bedeutung ist die `enumerated`-Methode: Sie bildet Index-Wertpaare, die Sie dann ebenfalls durchlaufen können.

```
var ar = [7, 3, 5]
for (n, value) in ar.enumerate() {
  print("Index \(n) -- Wert \(value)")
  ar[n] += 1
}
// Ausgabe: Index 0 -- Wert 7
//          Index 1 -- Wert 3
//          Index 2 -- Wert 5
```

reduce

`reduce` wendet ebenfalls eine Funktion auf jedes Element an, allerdings paarweise. Zuerst wird das erste Array-Element mit einem Startwert verknüpft, dann das Ergebnis mit dem zweiten Array-Element, dann das neue Ergebnis mit dem dritten Element usw. Letzten Endes destilliert `reduce` aus einem Array einen einzigen Wert. Das folgende Beispiel zeigt, wie mit `reduce` die Summe eines Integer-Arrays berechnet werden kann:

```
let ar = [1, 7, 12, 5]
let sum = ar.reduce(0) {$0+$1}    // 25
```

Im zweiten Beispiel werden drei Ziffern mit binärem Und verknüpft, wobei der Startwert `0xffff` lautet. Somit ist das Ergebnis auf Zahlen bis 65.535 limitiert.

```
let data = [0xff, 0xf0, 0x10]
let result = data.reduce(0xffff)  { $0 & $1 }
String(result, radix:16)   // Ergebnis hexadezimal "10"
```

split und joined

`split` zerlegt eine Sequenz in kleinere Teile und liefert das Ergebnis als Array zurück. Die Trennung erfolgt an Positionen, bei denen ein Element eine als Funktion formulierte Bedingung erfüllt. `split` erwartet bis zu drei Parameter, wobei der erste und der zweite Parameter optional sind:

- Der erste Parameter, `maxSplit`, bestimmt die Maximalanzahl der resultierenden Array-Elemente.
- Der zweite Parameter, `omittingEmptySubsequences`, gibt an, ob die Funktion bei einem mehrfachen Vorkommen des Trennzeichens leere Array-Elemente erzeugen soll. Standardmäßig ist das nicht der Fall.
- Im dritten Parameter, `whereSeparator`, erwartet `split` die Trennfunktion. Wenn Sie die Funktion nicht als Closure hintanstellen, müssen Sie den Parameternamen angeben, also `data.split(whereSeparator: {$0 == " "})`.

Wenn `split` auf ein Array angewendet wird, liefert es als Ergebnis ein Array von Arrays. Im folgenden Beispiel gelten 0-Elemente als Teiler:

```
let data = [1, 2, 0, 5, 6, 4, 0, 3, 0, 2]
let splitted = data.split {$0==0}
// Datentyp [ArraySlice<Int>]
splitted   // [[1, 2], [5, 6, 4], [3], [2]]
```

Die zu `split` umgekehrte Funktion bietet die Methode `joined`. Der Datentyp des Ergebnisses lässt das Herz von Generics-Fans höher schlagen (siehe Abschnitt 12.2, »Generics«) – und alle anderen verzweifeln: Das Ergebnis ist also eine `JoinSequence` von Arrays von `ArraySlice`-Elementen für Int-Werte. Aller klar?

```
let joined = splitted.joined(separator: [0])
// Datentyp JoinSequence<Array<ArraySlice<Int>>>
```

Erstaunlicherweise gelingt der Init-Funktion von `Array` ohne Weiteres die Zurückverwandlung in ein normales Array:

```
let newdata = Array(joined) as [Int]
newdata == data            // true
```

Im zweiten Beispiel wird ein Array von Zeichenketten zu einer langen Zeichenkette zusammengesetzt:

```
let s = ["e4", "e5", "c7", "c6"].joined(separator: ";")
// s = "e4;e5;c7;c6"
```

Shuffle-Algorithmen

Swift stellt eine Menge Standardfunktionen zur Bearbeitung von Arrays zur Verfügung, aber natürlich gibt es auch Aufgabenstellungen, die nicht ad hoc erfüllt werden können. Dazu zählt das zufällige Durcheinanderwürfeln der Elemente eines Arrays. Genau das erledigt die folgende Schleife. Sie durchläuft jedes Array-Element und vertauscht es mit einem zufällig ausgewählten anderen Element. Mühsam sind dabei nur die vielen Typumwandlungen: arc4random_uniform erwartet den Parameter als UInt32-Wert und liefert wiederum ein UInt32-Ergebnis. Als Array-Index akzeptiert Swift aber nur einen Int-Wert.

```
var ar = Array(1...10)
for i in 0..<ar.count {
  let n = Int(arc4random_uniform(UInt32(ar.count-1)))
  if n != i {
    swap(&ar[i], &ar[n])
  }
}
print(ar)     // Ausgabe z. B. [3, 10, 5, 1, 9, 4, 6, 8, 2, 7]
```

Doppelgänger entfernen

Eine andere Frage, die häufig auftaucht, ist das Eliminieren von Doppelgängern: Wenn die Reihenfolge der Elemente dabei erhalten bleiben soll, können Sie z. B. wie folgt vorgehen:

```
var ar = [1, 7, 3, 1, 5, 2, 3, 3, 3]
for i in 0 ..< ar.count-1 {
  var j = ar.count - 1
  while(j > i) {
    if ar[i] == ar[j] {
      ar.remove(at: j)
    }
    j -= 1
  }
}
print(ar)     // Ausgabe [1, 7, 3, 5, 2]
```

Wenn Ihnen die Reihenfolge der Elemente egal ist, lässt sich der Code drastisch vereinfachen:

```
ar = Array(Set(ar))
```

Die obige Anweisung macht sich die Tatsache zunutze, dass Sets (siehe Abschnitt 10.4, »Sets«) automatisch Doppelgänger eliminieren. In Sets ist die Reihenfolge der Elemente allerdings nicht definiert und kann sich ändern.

10.3 Dictionaries

Dictionaries sind neben Arrays die wichtigste in Swift integrierte Datenstruktur zur Verwaltung von Datenmengen. Dictionaries dienen zur Speicherung von Schlüssel-Wert-Paaren (*Key/Value Pairs*) und sind in anderen Programmiersprachen als Maps (Java) oder als assoziative Arrays (PHP) bekannt.

Dictionaries deklarieren und initialisieren

Das folgende Einführungsbeispiel zeigt, woher der Name Dictionary stammt. Schlüssel-Wert-Paare können dazu verwendet werden, ein einfaches Wörterbuch zu erstellen. Das Beispiel zeigt auch gleich die Syntax für die Initialisierung neuer Dictionaries in der Form [key1:value1, key2:value2, ...], für das Hinzufügen neuer Elemente und für den Zugriff auf Elemente. Die letzte Zeile des Beispiels macht auch klar, dass der Einsatz als Wörterbuch insofern eingeschränkt ist, als das Wörterbuch nur in eine Richtung funktioniert.

```
var dict = ["rot": "red", "grün": "green"]
dict["blau"] = "blue"    // Element hinzufügen/ändern
dict["rot"]              // Elementzugriff --> "red" als String?
dict["green"]            // ungültiger Elementzugriff --> nil
```

Um ein Element aus dem Dictionary wieder zu entfernen, weisen Sie einfach nil zu. Mit der Methode removeAll können Sie bei Bedarf alle Einträge löschen.

```
dict["blau"] = nil       // Element entfernen
dict.removeAll()         // alle Elemente entfernen
```

Wenn Sie ein Dictionary einrichten möchten, ohne es gleich zu initialisieren, sieht Swift hierfür die folgende Syntax vor:

```
var dict = [schlüsseltyp: werttyp]()
```

Schlüssel- und Werttyp sind vollkommen unabhängig voneinander. Wenn Sie also ein Dictionary erzeugen möchten, das Farbcodes für Farbnamen speichert, gehen Sie so vor:

```
var colors = [String: Int]()
colors["red"] = 0xff0000
colors["blue"] = 0x0000ff
...
```

Schlüssel müssen hashable sein

Als Schlüssel für Dictionaries sind nur Datentypen geeignet, die das Protokoll Hashable einhalten und daher eine geeignete hashValue-Methode zur Verfügung stellen.

Zugriff auf Dictionary-Elemente

dict[schlüssel] testet, ob es für den angegebenen Schlüssel ein Element im Dictionary gibt. Ist dies der Fall, liefert der Ausdruck den Wert als Optional, andernfalls das Resultat nil. Zur Weiterverarbeitung der Dictionary-Elemente müssen Sie also if-let oder den Unwrapping-Operator ! oder den Nil-Coalescing-Operator ?? verwenden.

```
// für das vorhin definierte Dictionary colors
if let col = colors["red"] {      // Int? --> Int
  ...
}
var mycol = colors["blue"] ?? 0;  // Default-Farbcode 0
```

Die Eigenschaft count verrät, wie viele Elemente ein Dictionary enthält. Wenn das Dictionary noch leer ist, liefert isEmpty das Resultat true. Die Eigenschaften keys und values liefern eine Auflistung aller Schlüssel bzw. Werte des Dictionary. Der Datentyp dieser Eigenschaften lautet LazyMapCollection. Die Aufzählung kann in einer Schleife durchlaufen oder mit der Eigenschaft array in ein Array umgewandelt werden. Die Reihenfolge der Elemente ist willkürlich und muss nicht mit der Reihenfolge übereinstimmen, in der Sie die Dictionary-Elemente erzeugt haben.

```
for s in colors.keys {
  print(s)
}  // Ausgabe: blue, white, red

for i in colors.values {
  print(i)
}  // Ausgabe: 255, 16777215, 16711680
```

Um in *einer* Schleife die Schlüssel *und* die zugehörigen Werte zu durchlaufen, gehen Sie so vor:

```
for (cname, ccode) in colors {
  print("Name \(cname) -- Code \(String(ccode, radix:16))")
}
// Ausgabe: Name blue   -- Code ff
//         Name white  -- Code ffffff
//         Name red    -- Code ff0000
```

10.4 Sets

Nachdem ich Ihnen Arrays und Dictionaries vorgestellt habe, fehlt nur noch der letzte Collection-Typ, den die meisten modernen Programmiersprachen anbieten: das Set. Ein Set ist eine ungeordnete Datenmenge ohne Doppelgänger.

Sets sind wie Dictionaries und Arrays als generische Struktur realisiert. Sie können nur Instanzen aufnehmen, die das Protokoll Hashable unterstützen. Zu den wichtigsten Methoden zählen insert, contains und remove. Wenn Sie bei insert ein bereits vorhandenes Element nochmals einfügen, wird die Methode ohne Fehler einfach ignoriert.

Das folgende Beispiel liefert Lottozahlen für das deutsche Lottosystem 6 aus 49. Es müssen also sechs Zufallszahlen zwischen 1 und 49 erzeugt werden, wobei es aber keine Doppelgänger geben darf. Ein Set ist hierfür die ideale Datenstruktur. Eine Schleife fügt so lange Zufallszahlen in das Set ein, bis dieses aus sechs Elementen besteht. Array bildet daraus ein Array, das unkompliziert sortiert werden kann. print gibt die geordneten Lottozahlen schließlich aus:

```
var set = Set<Int>()        // leeres Set erzeugen
repeat {                    // Lottozahlen einfügen
  set.insert(Int(arc4random_uniform(49))+1)
} while set.count<6
var lotto = Array(set).sorted()
print(lotto)                // z. B.: [27, 28, 39, 42, 46, 47]
```

In Abschnitt 10.7 greife ich den obigen Code zur Erzeugung der Lottozahlen nochmals auf – und gehe auch auf dessen Effizienzprobleme ein.

10.5 Option-Sets

Ein Sonderfall eines Sets ist eine Auflistung von Optionen, die beliebig miteinander kombiniert werden können. In vielen Programmiersprachen werden derartige Optionen durch Konstanten oder Enumerationen beschrieben, deren Werte Zweierpotenzen entsprechen (1, 2, 4, 8, 16 etc.). Damit können die Werte binär verarbeitet werden, also z. B. durch logisches Oder kombiniert oder durch logisches Und abgefragt werden.

Swift sieht zur Verwaltung derartiger Optionen das Protokoll OptionSet vor. Die Zielsetzung dieses Protokolls ist es, den Umgang mit Option-Sets zu vereinfachen. Viele entsprechende Strukturen aus den Standardbibliotheken (Foundation, Cocoa, UIKit etc.) wurden dahingehend portiert, sodass sie in Swift als OptionSet genutzt werden können.

> **Was sind Protokolle?**
>
> Option-Sets zählen zu den grundlegenden Datentypen in Swift, weswegen sie bereits an dieser Stelle vorgestellt werden. Hinter den Kulissen ist OptionSetType aber ein Protokoll. Was Protokolle sind und wie man sie anwendet, behandle ich in diesem Buch erst in Abschnitt 12.3, »Protokolle«.

Option-Sets werden als Arrays formuliert, wobei Sie ein leeres Array angeben, wenn keine der zur Auswahl stehenden Optionen aktiv sein soll. `optset1.contains(optset2)` testet, ob die durch `optset1` ausgedrückten Optionen in `optset2` gesetzt sind (das entspricht einem logischen Und). Daneben gibt es mehrere Methoden, um zwei Option-Sets logisch zu kombinieren: `insert`, `remove`, `union`, `formIntersection`, `formSymmetricIntersection` etc. Das Ergebnis ist jeweils ein neues Option-Set.

Eigene Option-Sets definieren

Eigene Option-Sets definieren Sie, indem Sie für eine Struktur das Protokoll `OptionSet` implementieren. Die Struktur benötigt eine `init`-Funktion für den Parameter `rawValue`. Dieser Wert muss innerhalb der Struktur gespeichert werden. Die einzelnen Optionen werden als statische Eigenschaften formuliert. (Hintergrundinformationen zur Programmierung eigener Strukturen folgen in Kapitel 11, »Objektorientierte Programmierung I«.)

```
// Datei sets.playground
// Definition eines eigenen Option-Sets
struct MyOptions: OptionSet {
  let rawValue: Int
  init(rawValue: Int) {
    self.rawValue = rawValue
  }

  static let A = MyOptions(rawValue: 1)
  static let B = MyOptions(rawValue: 2)
  static let C = MyOptions(rawValue: 4)
  static let D = MyOptions(rawValue: 8)

  // vordefinierte Kombination, die häufig
  // benötigt wird
  static let BD: MyOptions = [B, D]
}

let someOptions1: MyOptions = [.A, .C]
let someOptions2: MyOptions = [.A, .B, .D]
let someOptions3: MyOptions = [.BD]
let someOptions4: MyOptions = []

func testIfAC(_ opt: MyOptions) -> Bool {
  return opt.contains(.A) && opt.contains(.C)
}
```

```
testIfAC(someOptions1)    // true
testIfAC(someOptions2)    // false
testIfAC(someOptions3)    // false
testIfAC(someOptions4)    // false
```

10.6 Tupel

In Swift gelten mehrere, durch Kommas getrennte Ausdrücke in runden Klammern als Tupel. Im Unterschied zu Arrays, Dictionaries oder Sets können Tupel nicht erweitert werden. Die Elementanzahl wird bei der Deklaration unveränderlich festgeschrieben. Einige mögliche Tupel sind:

```
()                    // leeres Tupel
(1, 2, 3)             // Tupel aus drei Integer-Zahlen
(7, 3.234, "abc")     // Tupel aus drei unterschiedlichen Datentypen
```

Auf die Elemente eines Tupels können Sie in der Form tupel.0, tupel.1 etc. zugreifen:

```
let t = (1, "abc", 3.14159)
t.0                   // 1
t.1                   // "abc"
t.2                   // 3.14159
```

Alternativ können Sie den Tupel-Elementen auch Namen geben. Dann ist zusätzlich zum obigen Zugriffsmechanismus auch das namentliche Auslesen möglich:

```
let u = (nr:1, txt:"abc", nmb:3.14159)
u.nr                  // 1
u.txt                 // "abc"
```

Schließlich können Sie die Datentypen für Tupel im Voraus festlegen, wobei Sie die Elemente auch benennen können:

```
var t1: (Int, String, Double)
var t2: (nr: Int, txt: String, nmb: Double)
t1 = (1, "xx", 2.3)
t2 = (nr: 1, txt: 2, nmb: 3)   // Fehler, entspricht nicht
                               // den Datentypen
```

> **Tupel sind Compound Types**
>
> In Swift sind fast alle Datentypen benannte Typen (Named Types) – also Datentypen, denen bei der Definition ein Name gegeben wird. Es gibt nur zwei Ausnahmen: Closures und Tupel. Compound Types (verbundene Typen) sind Typen ohne Namen, die in Swift selbst definiert werden.

Anwendungen

Tupel finden innerhalb von Swift viele Anwendungen. Besonders praktisch ist die Möglichkeit, damit Funktionen zu definieren, die mehrere Rückgabewerte haben. Das folgende Beispiel zeigt eine Funktion, die den kleinsten und den größten Wert eines Integer-Arrays ermittelt.

```
// Funktion zur Minimum- und Maximumsuche
func minMax(_ data: [Int]) -> (min: Int?, max: Int?) {
  if data.isEmpty {
    return (nil, nil)
  }

  var min = data.first!, max = data.first!
  for itm in data {
    if itm < min { min = itm }
    if itm > max { max = itm }
  }

  return (min, max)
}
```

Sie können die Rückgabewerte der Funktion auf zwei Arten auswerten: Entweder speichern Sie das Ergebnis-Tupel in einer Variablen und werten dann die Komponenten min und max aus, oder Sie führen eine Tupel-Zuweisung durch und erhalten so zwei Variablen:

```
// Funktion ausprobieren
let ar = [2, 7, 4, -2, 5]
let ergebnis = minMax(ar)    // (-2, 7)
ergebnis.min                 // -2
ergebnis.max                 // 7
let (a, b) = minMax(ar)
b                            // 7
```

Faszinierend sind auch Auswertemöglichkeiten von Tupeln in switch-Konstruktionen. Dabei ist _ ein allgemeiner Pattern-Ausdruck, der immer zutrifft. Bei case(_, 0) wird also nur getestet, ob das zweite Tupel-Element 0 ist. Das erste Element wird ignoriert.

```
var pt = (0.0, 0.0)
switch pt {
case (0, 0):
  print("Koordinatenursprung")

case (_, 0):
  print("Auf der X-Achse")
```

```
case (0, _):
  print("Auf der Y-Achse")

case (-1.0...1.0, -1.0...1.0):
  print("Nahe dem Koordinatenursprung")

default:
  print("Sonstwo")
}
```

Tupel sind ein Compiler-Konstrukt, kein eigener Datentyp wie ein Array oder ein Dictionary! Daher gibt es keine Möglichkeit, die Anzahl der Elemente eines Tupels zu ermitteln, die Elementanzahl durch Methoden zu vergrößern oder zu verkleinern etc.

> **Einelementige Tupel**
>
> Swift erlaubt Tupel ohne Elemente sowie mit zwei, drei oder mehr Elementen. Die einzige Ausnahme ist ein Tupel aus nur einem Element – das gibt es nicht. Das ist deswegen erforderlich, weil sonst die runden Klammern nicht mehr zur Gruppierung von Ausdrücken verwendet werden könnten, also im Sinne von a * (b + c).

Vergleiche

Tupel mit bis zu sechs Elementen können mit == bzw. != miteinander verglichen werden:

```
(1, 2, 3) == (1, 2, 3)   // true
(1, 2) == (2, 1)         // false
(1, 2) != (1, 1)         // true
```

10.7 Lottosimulator

Das folgende Beispiel für den praktischen Einsatz von Arrays und Sets beweist einmal mehr, dass Lottospielen Geldverschwendung ist. Ursprünglich war das Beispiel eher dazu gedacht, etwas Abwechslung in dieses Kapitel zu bringen. Rasch hat sich aber herausgestellt, dass das Beispiel auch einen anderen Aspekt der Swift-Programmierung ausgezeichnet beleuchtet: die Geschwindigkeitsoptimierung. Die erste Version des Programms hat sich nämlich als inakzeptabel langsam herausgestellt.

Version 1: elegant, aber langsam

Das Ziel des Programms ist, so lange Lottoziehungen zu simulieren, bis die sechs gezogenen Zahlen mit den eigenen Zahlen übereinstimmen. Auf die Superzahl, die Erkennung von fünf übereinstimmenden Zahlen und andere Sonderfälle habe ich verzichtet.

Im folgenden Code läuft die äußere Schleife so lange, bis eine mit Zufallszahlen durchgeführte Ziehung den eigenen sechs »Glückszahlen« entspricht. Die innere Schleife simuliert Lottoziehungen: Dabei werden so lange Zufallszahlen zwischen 1 und 49 in ein Set eingetragen, bis dieses aus sechs Elementen besteht. Zur einfacheren Vergleichbarkeit werden diese in ein sortiertes Array umgewandelt.

```
// Projekt cmd-lotto, Datei main.swift
// Funktion lottoSimulator1()

// diese Zahlen müssen geordnet sein!
let meineZahlen = [1, 6, 12, 14, 25, 33]
var lotto: [Int]
var cnt = 0

repeat {
  var set = Set<Int>()    // leeres Set erzeugen
  repeat {                // Ziehung simulieren
    set.insert(Int(arc4random_uniform(49)) + 1)
  } while(set.count < 6)

  // Keys des Dictionarys in sortiertes Array umwandeln
  lotto = Array(set).sorted(by: <)

  cnt += 1
  if cnt % 100_000 == 0 {
    print("Bisher \(cnt) Ziehungen")
  }
  // Schleife ausführen, bis beide Arrays übereinstimmen
} while meineZahlen != lotto

print("Sechs richtige Zahlen nach \(cnt) Versuchen")
```

Das Programm ist aus Geschwindigkeitsgründen für den Playground ungeeignet. Damit der Lottosimulator in einer angemessenen Geschwindigkeit ausgeführt wird, müssen Sie den Code in ein »richtiges« Projekt verpacken. Dazu erstellen Sie mit File • New • Project ein macOS • Application • Command Line Tool. Um dieses zu einer Release-Version zu kompilieren, führen Sie in Xcode Product • Scheme • Edit

SCHEME aus, wählen den Eintrag RUN und das Dialogblatt INFO aus, und stellen dort die BUILD CONFIGURATION auf RELEASE um und deaktivieren die Option DEBUG EXECUTABLE (siehe Abbildung 10.1).

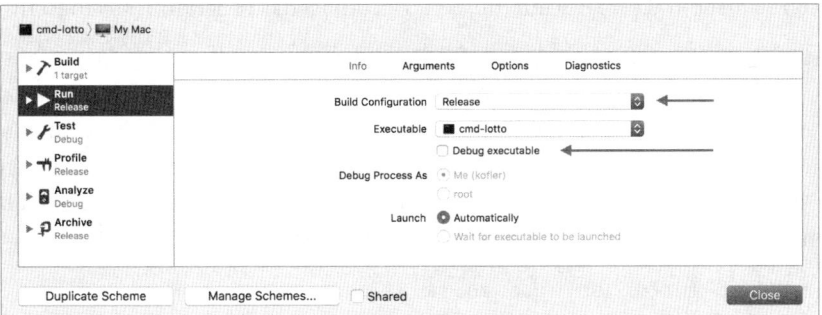

Abbildung 10.1 Xcode-Einstellung für ein Release-Kompilat

Selbst in dieser Konfiguration und auf einem leistungsfähigen iMac dauert die Ausführung des Programms etwa eine halbe Minute, bis im Debug-Bereich von Xcode die Erfolgsmeldung erscheint (siehe Abbildung 10.2). Statistisch gesehen sind dafür rund 15 Millionen simulierte Ziehungen erforderlich.

```swift
// Lottosimulator, ursprüngliche Variante
func lottoSimulator1() {
    let start = Date()

    // diese Zahlen müssen geordnet sein!
    let meineZahlen = [1, 6, 12, 14, 25, 33]
    var lotto: [Int]
    var cnt = 0

    repeat {
        var set = Set<Int>()       // leeres Set erzeugen
        repeat {                    // Ziehung simulieren
            set.insert(Int(arc4random_uniform(49)) + 1)
        } while(set.count < 6)

        // Keys des Dictionary in sortiertes Array umwandeln
        lotto = Array(set).sorted(by: <)

        cnt += 1
        if cnt % 100_000 == 0 {
            print("Bisher \(cnt) Ziehungen")
        }
        // Schleife ausführen, bis beide Arrays übereinstimmen
    } while meineZahlen != lotto

    print("Sechs richtige Zahlen nach \(cnt) Versuchen")

    let end = Date()
    let seconds = end.timeIntervalSince(start)
    print("fertig nach \(seconds) Sekunden\n")
}
```

```
Bisher 26000000 Ziehungen
Bisher 26100000 Ziehungen
Bisher 26200000 Ziehungen
Bisher 26300000 Ziehungen
Bisher 26400000 Ziehungen
Bisher 26500000 Ziehungen
Bisher 26600000 Ziehungen
Bisher 26700000 Ziehungen
Bisher 26800000 Ziehungen
Bisher 26900000 Ziehungen
Bisher 27000000 Ziehungen
Bisher 27100000 Ziehungen
Sechs richtige Zahlen nach 27122830 Versuchen
fertig nach 49.6572089791298 Sekunden

Program ended with exit code: 0
```

Abbildung 10.2 Ein Sechser im Lottosimulator

Einige Benchmarktests

Vergleichbare Aufgabenstellungen habe ich in der Vergangenheit auch schon mit anderen Programmiersprachen gelöst – und habe dabei weniger lange auf meinen simulierten Sechser im Lotto warten müssen. Warum ist das Programm so langsam?

Mein erster Verdacht richtete sich auf das Erzeugen der Zufallszahlen. Da Zufallszahlen in vielen Kryptografie-Algorithmen benötigt werden, legt arc4random_uniform Wert darauf, möglichst zufällige Zahlen zu liefern. (Vom Computer generierte Zufallszahlen sind freilich nie *wirklich* zufällig.) Aber ein kurzer Test bewies: Das Erzeugen von 100 Millionen Zufallszahlen dauert auf meinem Testrechner gerade eineinhalb Sekunden. Das ist nur ein verschwindender Bruchteil der Gesamtrechenzeit.

```
// Projekt cmd-lotto, Datei main.swift
let start = Date()
var sum=0
for _ in 1...100_000_000 {
  sum += Int(arc4random_uniform(100))
}
let end = Date()
let seconds = end.timeIntervalSince(start)
print("fertig nach \(seconds) Sekunden")
```

arc4random ist also unschuldig. Mein nächster Verdächtiger war das Set, das ich zum bequemen Erzeugen von Lottozahlen missbraucht habe. Das Set kommt hier zum Einsatz, weil es nur eindeutige Werte zulässt. Ohne Set muss beim Hinzufügen jeder neuen Lottozahl überprüft werden, ob es sich hierbei nicht um einen Doppelgänger handelt. Das erfordert eine zusätzliche Schleife und macht den Code unübersichtlicher – aber auch um mehr als fünfmal schneller als mit dem ursprünglichen Set-Code!

```
for _ in 1...1_000_000 {
  var lotto = [Int](repeating: 0, count: 6)
  var n=0
  repeat {
    lotto[n] = Int(arc4random_uniform(49))+1
    // Doppelgängertest
    for i in 0..<n {
      if lotto[i] == lotto[n] {
        n -= 1    // die n-te Lottozahl ist ein Doppel-
        break     // gänger, neu erzeugen
      }
    }
    n += 1
  } while(n<6)
  lotto.sort(by: <)
}
```

Aber auch mit der verbesserten Variante war ich noch nicht glücklich. Das Erzeugen von 100.000.000 Zufallszahlen hat bewiesen, dass es noch schneller gehen müsste. Glücklicherweise fiel mir auf, dass ich das lotto-Array eigentlich nicht eine Million Mal neu erzeugen muss.

Ich habe die Zeile var lotto=... also oberhalb der for-Schleife angeordnet, ohne mir davon Wunder zu versprechen. Doch genau dieses Wunder traf ein: Die Rechenzeit sank auf meinem Testrechner von 0,32 auf 0,21 Sekunden, also auf circa zwei Drittel der ursprünglichen Zeit. Oder, anders formuliert: Im obigen Code beansprucht die Zeile var lotto = [Int](repeating: 0, count: 6) beachtliche 30 Prozent der Rechenzeit!

```
// wie oben, aber mit Recycling des lotto-Arrays:
// nochmals um 30 % schneller
var lotto = [Int](repeating: 0, count: 6)  // <-- neu platziert
for _ in 1...1_000_000 {
  var n=0
  repeat {
    // Code wie oben
  } while(n<6)
  lotto.sort(by: <)   // beansprucht ca. 1/2 der Rechenzeit!
}
```

Im Versuch, den Algorithmus weiter zu optimieren, habe ich den Datentyp des Arrays von Int auf UInt8 umgestellt – ohne Erfolg. Die Rechenzeit blieb im Rahmen der Messgenauigkeit unverändert.

Optimierungspotenzial habe ich dann nur noch bei sort gefunden: Ohne das Sortieren sinkt die Rechenzeit nochmals auf die Hälfte. Die Zahlen müssen aber sortiert werden, damit sie mit den ebenfalls geordneten Glückszahlen verglichen werden können. Wenn Sie das Programm also weiter optimieren wollten, könnten Sie versuchen, einen effizienteren Sortieralgorithmus zu implementieren oder den Zahlenvergleich ohne vorheriges Sortieren durchzuführen. Darauf habe ich verzichtet.

Version 2: Swift zeigt, was es kann

Mit dem so gewonnenen Wissen habe ich dann die endgültige Version des Lottosimulators fertiggestellt. Der Code sieht so aus:

```
// Projekt cmd-lotto, Datei main.swift
// Funktion lottoSimulator2()

let meineZahlen = [1, 6, 12, 14, 25, 33]
var lotto =  [Int](repeating: 0, count: 6)
var cnt=0
```

```
repeat {
  // Lottoziehung simulieren
  var n=0
  repeat {
    lotto[n] =  Int(arc4random_uniform(49))+1
    // Doppelgängertest
    for i in 0..<n {
      if lotto[i] == lotto[n] {
        n -= 1     // die n-te Lottozahl ist ein Doppel-
        break      // gänger, neu erzeugen
      }
    }
    n += 1
  } while(n<6)
  lotto.sort(by: <)

  cnt += 1
  if cnt % 100_000 == 0 {
    print("Bisher \(cnt) Ziehungen")
  }

// Schleife ausführen, bis beide Arrays übereinstimmen
} while meineZahlen != lotto

print("Sechs Richtige nach \(cnt) Versuchen")
```

Kapitel 11
Objektorientierte Programmierung I

Die bisherigen Beispiele haben bewiesen, dass man in Swift relativ weit kommen kann, ohne selbst objektorientierten Code zu verfassen. Ob in Playground-Experimenten oder in Terminal-Apps: Sie müssen mit Strukturen und Klassen umgehen können, aber Swift zwingt Sie anfänglich nicht, Ihren eigenen Code objektorientiert zu strukturieren.

Spätestens dann, wenn Sie beginnen, Apps für iOS oder eine andere Apple-Plattform zu entwickeln, stoßen Sie an eine Grenze: Ohne eigene Klassen geht es dann einfach nicht mehr! Und das wäre auch gar nicht sinnvoll, denn die Konzepte der objektorientierten Programmierung (OOP) kamen ja gerade deswegen zustande, um komplexe Projekte auf eine solide, übersichtliche Code-Basis stellen zu können. OOP vermeidet Redundanzen im Code, hilft bereits vorhandenen Code bestmöglich wiederzuverwenden und stellt sicher, dass sich Code längerfristig weiterentwickeln und warten lässt.

Dieses Kapitel wird freilich auf die Ideen der OOP kaum eingehen, sondern vielmehr deren praktische Implementierung unter Swift in den Vordergrund stellen. Konkrete Themen der folgenden Abschnitte sind:

- Klassen und Strukturen (`class` versus `struct`)
- Enumerationen
- Eigenschaften
- die Init- und die Deinit-Funktion
- Methoden
- Subscripts
- Typ-Aliasse
- Speicherverwaltung

Im folgenden Kapitel »Objektorientierte Programmierung II« geht es dann um fortgeschrittene OOP-Konzepte:

- Vererbung
- Generics
- Protokolle
- Extensions

- Protokollerweiterungen
- Reflection und Metatypen

11.1 Klassen und Strukturen

In Swift gibt es zwei sehr ähnliche Möglichkeiten, um neue Typen zu definieren: Klassen und Strukturen (`class` bzw. `struct`). Während es bei anderen Sprachen oft erhebliche syntaktische Einschränkungen für Strukturen gibt, die dort zumeist als »Verbundtypen« bezeichnet werden, sind die beiden Konstrukte in Swift nahezu gleichwertig (siehe Tabelle 11.1). Klassen können ebenso wie Strukturen mit Eigenschaften und Methoden ausgestattet werden, Init-Funktionen (Konstruktoren) aufweisen, Protokolle erfüllen und nachträglich erweitert werden (Extensions).

Merkmal	Klassen	Strukturen	Enumerationen
Schlüsselwort	class	struct	enum
Verhalten	Referenztyp	Werttyp	Werttyp
Init-Funktion	ja	ja	ja
Convenience Init	ja	nein	nein
Deinit-Funktion	ja	nein	nein
Eigenschaften (Properties)	ja	ja	nein
Eigenschaften ändern	ja	ja, mit `mutating`	nein
Statische Eigenschaften	nein	ja	nein
Computed Properties	ja	ja	ja
Methoden	ja	ja	ja
Statische Methoden	ja	ja	ja
Subscripts	ja	ja	ja
Protokolle erfüllen	ja	ja	ja
Nachträglich erweitern	ja	ja	ja
Vererbung	ja	nein	nein
Type Casting	ja	nein	nein

Tabelle 11.1 Klassen versus Strukturen versus Enumerationen

Der größte Unterschied zwischen Klassen und Strukturen bezieht sich darauf, dass Klassen Referenztypen sind, Strukturen hingegen Werttypen (siehe Abschnitt 4.3, »Wert- versus Referenztypen«). Insofern sollten Sie sich immer zuerst die Frage stellen, wie sich die Instanzen Ihrer Typen später bei Variablenzuweisungen bzw. bei einer Parameterübergabe verhalten sollen: Wollen Sie, dass Ihre Daten kopiert werden (Werttypen) oder dass nur Referenzen (Zeiger) auf die Daten ausgetauscht werden? Ersteres ist gerade bei nebenläufigen Algorithmen sicherer, Letzteres mitunter effizienter.

Ein weiterer wichtiger Unterschied besteht darin, dass nur Klassen das Prinzip der Vererbung unterstützen. Gewissermaßen eine Konsequenz daraus ist die Möglichkeit, Typentests und Typumwandlungen (Up- und Downcasts) durchzuführen.

Ein wenig befremdlich beim Umgang mit Strukturen ist, dass Swift es normalen Methoden verbietet, Eigenschaften (also die Datenelemente der Struktur) der Instanz zu verändern. Nach der erstmaligen Initialisierung aller Datenelemente ist eine weitere Veränderung zwar von außen möglich (rect.width = 3), nicht aber von innen (self.width = 3). Wollen Sie Eigenschaften durch eine Methode verändern, müssen Sie der Methode das Schlüsselwort mutating voranstellen.

Paradigmenwechsel von Klassen zu Strukturen

Bei den in Swift inkludierten Typen ist ein Paradigmenwechsel festzustellen: Während in den meisten Programmiersprachen komplexe Datenstrukturen bevorzugt als Klassen implementiert werden, gibt Swift in nahezu allen Fällen Strukturen den Vorzug. Beispielsweise sind Arrays und Dictionaries in Swift Strukturen und somit Werttypen, während vergleichbare Datenstrukturen z. B. in Java oder C# als Klassen (Referenztypen) realisiert sind.

In Swift 3 wurden bei den Schnittstellen zu den Standardbibliotheken sogar einige Datentypen von class zu struct geändert. Während NSDate aus Objective-C-Sicht eine Klasse ist, ist das gleichwertige Date in Swift eine Struktur!

Bei der App-Programmierung werden Sie Ihren eigenen Code voraussichtlich dennoch überwiegend in Klassen formulieren – in erster Linie deswegen, weil Sie nur in Klassen Vererbung nutzen können.

Auch Enumerationen sind Datentypen!

Oft wird vergessen, dass es in Swift neben Klassen und Strukturen mit Enumerationen eine dritte Möglichkeit gibt, um neue Datentypen zu definieren. Enumerationen wurden bereits in Abschnitt 4.1, »Variablen und Konstanten«, kurz erwähnt, wobei dort der Fokus auf der Definition von Konstantengruppen lag. In diesem Kapitel greife ich Enumerationen nochmals in Abschnitt 11.2 auf. Dort geht es um einige fortgeschrittene Funktionen, die Enumerationen bieten.

Glossar

Wenn Sie bisher mit anderen objektorientierten Sprachen gearbeitet haben, dann werden Ihnen manche Swift-Begriffe fremdartig erscheinen. Ich habe mich deswegen bemüht, als erste Orientierungshilfe einige besonders oft auftretende Begriffe und die in anderen Sprachen üblichen Bezeichnungen gegenüberzustellen (siehe Tabelle 11.2). Beachten Sie aber, dass es sich hier nicht immer um 1:1-Entsprechungen handelt. Beispielsweise entspricht zwar der Zustand nil weitgehend null aus anderen Sprachen, allerdings ist nil in Swift eng mit Optionals verbunden und insofern nur bedingt vergleichbar (siehe Abschnitt 4.2).

Swift	Andere OO-Sprachen
Instanz	Objekt
Eigenschaft (Property)	Attribut, Member, Instanzvariable
Init-Funktion	Konstruktor
Deinit-Funktion	Destruktur
Computed Property	Getter/Setter-Methoden
Type Methods	statische Methoden
Protokoll	Schnittstelle (Interface)
nil	null

Tabelle 11.2 OO-Glossar für Swift

Syntax

Wie das folgende Listing zeigt, ist die Syntax zur Definition eigener Klassen bzw. Strukturen sowie zu deren Anwendung einfach. Bei der Definition unterscheiden sich Klassen und Strukturen nur durch die Schlüsselwörter class und struct. Es ist üblich, den Klassen- bzw. Strukturnamen mit einem Großbuchstaben beginnen zu lassen.

Innerhalb des neuen Datentyps leiten var bzw. let die Deklaration von Variablen bzw. Konstanten ein. Im Kontext von Klassen bzw. Strukturen werden diese als Eigenschaften bezeichnet (Properties). Auch der in anderen Programmiersprachen übliche Begriff *Klassenvariable* ist natürlich nicht falsch.

Alle Eigenschaften *müssen* initialisiert werden – andernfalls akzeptiert der Swift-Compiler Ihren Code nicht. Zur Initialisierung haben Sie zwei Möglichkeiten: Sie können den Eigenschaften gleich bei der Deklaration einen Defaultwert zuweisen, oder Sie können eine Funktion mit dem Namen init dazu vorsehen. Der Aufruf der init-Funktion erfolgt beim Erzeugen einer Instanz, im folgenden Beispiel also z. B. durch r1 = RectangleClass(12, 10).

In einer Klasse oder Struktur definierte Funktionen heißen »Methoden«. Sie können die Eigenschaften der Klasse bzw. Struktur verarbeiten.

```
// Datei oo-intro.playground
// Rechteck-Klasse                      // Rechteck-Struktur
class RectangleClass {                  struct RectangleStruct {
  // zwei Eigenschaften bzw.              // zwei Eigenschaften bzw.
  // Klassenvariablen                     // Klassenvariablen
  var length: Double                      var length: Double
  var width: Double                       var width: Double

  // Init-Funktion                        // Init-Funktion
  init(_ length: Double,                  init(_ length: Double,
       _ width: Double) {                      _ width: Double) {
    self.length = length                    self.length = length
    self.width = width                      self.width = width
  }                                       }

  // Methode                              // Methode
  func getArea() -> Double {              func getArea() -> Double {
    return length * width                   return length * width
  }                                       }
}                                       }

// Anwendung                            // Anwendung
let r1 =                                let r3 =
  RectangleClass(12, 10)                  RectangleStruct(4.3, 2.5)
r1.length = 13                          r3.getArea()    // 10.75
r1.width                                let r4 = r3    // Kopie
r1.getArea()     // 130.0
let r2 = r1      // Referenz
```

Um eine neue Instanz einer Klasse oder Struktur zu erzeugen, nennen Sie einfach den Klassen- oder Strukturnamen samt runden Klammern. Wenn Ihre Klasse/Struktur eine Init-Funktion aufweist, wird diese aufgerufen. In den runden Klammern müssen Sie dann die Parameter der Init-Funktion angeben.

Beachten Sie, dass RectangleClass und RectangleStruct mit Ausnahme von class bzw. struct durch exakt denselben Code definiert sind. Die resultierenden Instanzen verhalten sich aber unterschiedlich!

Beispielsweise können Sie bei r1 die Länge des Rechtecks nachträglich verändern, obwohl r1 eine Konstante ist. Konstant ist hier aber nur die Referenz auf das Objekt! Bei r3 handelt es sich hingegen um einen Werttyp. Hier ist auch eine Veränderung des Inhalts ausgeschlossen:

```
let r3 = RectangleStruct(4.3, 2.5)
r3.length = 4.5    // Fehler, funktioniert nur mit 'var r3=...'
```

Auch die Zuweisungen r2=r1 und r4=r3 werden Swift-intern vollkommen unterschiedlich verarbeitet. Im ersten Fall wird einfach eine weitere Referenz auf das schon vorhandene Objekt eingerichtet. r1 und r2 zeigen also beide auf dieselbe Instanz eines Rechteckobjekts. Im zweiten Fall werden die Daten hingegen kopiert. r4 ist eine vollkommen unabhängige Kopie von r3.

Das Schlüsselwort »self«

Bemerkenswert innerhalb der init-Funktion ist das Schlüsselwort self. Damit verweisen Sie im Code einer Klasse oder Struktur auf die aktuelle Instanz, bei einer Enumeration auf den aktuellen Enumerationswert. In Strukturen oder Klassen ist die Verwendung von self nur notwendig, wenn andernfalls Doppeldeutigkeiten im Code entstehen – vorhin also zwischen dem init-Parameter length und der gleichnamigen Eigenschaft.

> **»self« versus »Self«**
>
> Swift kennt neben self auch das Schlüsselwort Self. Es bezeichnet nicht die aktuelle Instanz, sondern den aktuellen Typ. Besonders häufig benötigen Sie Self bei der Definition von Protokollen, um wie im folgenden Listing den Typ anzugeben, den das Protokoll implementiert. Eine genaue Beschreibung von Protokollen folgt in Abschnitt 12.3.

```
// Protokoll P
protocol P {
  // die Funktion m gibt als Ergebnis eine Instanz
  // der Enumeration, Struktur oder Klasse zurück,
  // die das Protokoll implementiert
  func m() -> Self
}
```

Zugriffsebenen und Zugriffssteuerung

Swift unterscheidet grundsätzlich zwischen zwei Arten von Code-Ebenen:

- Ein **Modul** ist ein vollständiges Programm bzw. ein ganzes Framework, das Sie in anderen Projekten mit `import` nutzen können. In Xcode sind Build Targets für die Erzeugung eines Moduls verantwortlich.

  Bei der Entwicklung einfacher Apps enthält Ihr Xcode-Projekt normalerweise nur ein Target (mal abgesehen von eventuellen Test-Targets). In solchen Fällen können Sie einfach das gesamte Projekt als »Modul« betrachten.

- Module bestehen in der Regel aus vielen **Code-Dateien**. In objektorientierten Programmen ist es üblich, größere Klassen oder Strukturen jeweils in eigenen Code-Dateien zu definieren. Es gibt dafür aber keine Syntaxregel! Sie dürfen also beliebig viele Klassen, Strukturen, Funktionen etc. in einer Datei definieren.

Nun stellen sich folgende Fragen: Welche Klassen eines importierten Moduls sind im eigenen Projekt zugänglich? Welche Eigenschaften und Methoden einer anderen Klasse dürfen an der aktuellen Stelle im Code gelesen oder verändert werden? Welche Klassen dürfen als Basisklassen zur Vererbung verwendet werden?

Swift steuert den Zugriff auf Code-Elemente durch fünf Schlüsselwörter:

```
open          // Zugriff und Vererbung in anderen Modulen
public        // Zugriff auch in anderen Modulen,
              // aber Vererbung nur im eigenen Modul
internal      // Zugriff und Vererbung nur im eigenen Modul
fileprivate   // Zugriff und Vererbung nur in der aktuellen Datei
private       // Zugriff nur in der aktuellen Klasse
```

Wenn Sie Klassen oder Elemente nicht kennzeichnen, gilt automatisch `internal`. Im Detail sieht die Bedeutung der Schlüsselwörter zur Zugriffssteuerung so aus:

- `open` und `public`: **Öffentliche Elemente** sind überall zugänglich, also in anderen Klassen, in anderen Dateien und auch aus anderen Modulen heraus.

  Das Schlüsselwort `open` (neu in Swift 3) ist insofern noch liberaler, als es bei Klassen auch die Vererbung in andere Module zulässt. Eine als `public` deklarierte Klasse kann zwar ebenfalls vererbt werden, aber nur *innerhalb* des aktuellen Moduls.

  Bei Methoden und Eigenschaften besteht der Unterschied zwischen `open` und `public` darin, dass diese Elemente im ersten Fall auch in anderen Modulen überschrieben werden dürfen, im zweiten Fall aber nur durch andere Klassen im selben Modul.

- `internal` (Standardeinstellung): **Interne Elemente** sind nur für das aktuelle Modul gedacht. Ein Zugriff von anderen Modulen ist unmöglich. Die Vererbung innerhalb des aktuellen Moduls ist erlaubt.

- fileprivate: Der Zugriff auf **private Elemente**, also auf Klassen, Methoden und Eigenschaften, ist nur innerhalb der aktuellen Code-Datei zulässig. Bei Klassen ist innerhalb der gleichen Datei auch Vererbung erlaubt.

  fileprivate ist neu in Swift 3. In Swift 2 hatte private die Bedeutung, die jetzt fileprivate hat. private im Sinne von Swift 3 gab es nicht.

- private: Dieses Schlüsselwort ist noch restriktiver als fileprivate, weil es die Nutzung des Elements sogar dann verbietet, wenn diese in einer anderen Klasse in derselben Code-Datei erfolgen soll. Vererbung ist in diesem Fall ganz unmöglich.

  fileprivate und private unterscheiden sich nur dann, wenn mehrere Klassen in einer gemeinsamen Code-Datei definiert werden. Wenn Sie dagegen für jede Klasse eine eigene Datei verwenden, dann spielt es keine Rolle, ob Sie private oder fileprivate verwenden.

In Swift gilt per Default immer internal. Es ist vergleichsweise selten erforderlich, die Zugriffsrechte explizit zu ändern. In der Praxis sind vor allem diese drei Fälle relevant:

- Wenn Sie eine App entwickeln und dabei gewisse Implementierungsdetails einer Klasse oder Struktur vor irrtümlichem Zugriff schützen möchten, markieren Sie die betreffenden Eigenschaften oder Methoden als private. Ein wichtiges Konzept der objektorientierten Programmierung, nämlich die Kapselung von Daten, baut darauf auf.

- Wenn Sie ein Framework für andere Entwickler gestalten, kennzeichnen Sie die von außen zugänglichen Klassen, Strukturen, Methoden und Eigenschaften als public.

- Wenn Sie ein Framework gestalten und dabei explizit zulassen möchten, dass bestimmte Klassen extern durch Vererbung erweitert werden dürfen, dann markieren Sie diese Klassen als open.

Um die Default-Zugriffsrechte zu verändern, stellen Sie der Definition des jeweiligen Elements eines der fünf aufgezählten Schlüsselwörter voran.

```
class RectangleClass {              // per Default internal,
                                    // kann im Modul verwendet
                                    // und vererbt werden

  fileprivate var length: Double    // Zugriff auf diese Elemente
  fileprivate var width: Double     // nur in der aktuellen Datei

  private var internal: Int         // noch privater, Zugriff nur
                                    // innerhalb der aktuellen
                                    // Klasse
  ...
}
```

Sie können den Zugriff auf eine Eigenschaft oder Methode nie liberaler einstellen als den Zugriff der zugrunde liegenden Klasse oder Struktur. Eine Klasse mit der Standardeinstellung internal kann also keine öffentliche Methode (public) haben. Wenn das erforderlich ist, müssen Sie zuerst die ganze Klasse als public kennzeichnen.

> **Elementzugriff bei Unit-Test**
>
> Losgelöst von den oben skizzierten Regeln können Sie Elemente, die internal, fileprivate oder private sind, durch das Attribut @testable für Test-Targets zugänglich machen.

Modifizierer

Modifizierer sind Schlüsselwörter, die der Definition eines Typs, einer Eigenschaft oder einer Methode vorangestellt werden und die so dessen bzw. deren Verhalten verändern. Zu den meisten Schlüsselwörtern folgen im weiteren Verlauf des Kapitels noch mehr Details.

- Die im vorigen Abschnitt vorgestellten Schlüsselwörter open, public, internal, fileprivate und private steuern die Gültigkeitsebene von Typen, Eigenschaften oder Methoden.

- dynamic bewirkt, dass die Methode oder Eigenschaft immer dynamisch durch die Objective-C-Runtime verarbeitet wird. Das verhindert bestimmte Swift-spezifische Optimierungen des Compilers, führt aber zu einer höheren Kompatibilität mit Objective-C und erlaubt insbesondere die Nutzung der Eigenschaft in einem Key-Value-Observer (KVO). dynamic ist unter anderem dann erforderlich, wenn eine Eigenschaft mit Cocoa Bindings mit einem Steuerelement synchronisiert werden soll. (Xcode bietet diese Möglichkeit bei macOS-Apps im Bindings Inspector. Das funktioniert aber nur in trivialen Fällen zufriedenstellend, weswegen ich in diesem Buch nicht weiter darauf eingehe.) Beachten Sie, dass dynamic bei optionalen Variablen nicht zulässig ist. Objective-C kennt ja keine Optionals!

- final verhindert, dass eine Methode oder Eigenschaft durch Vererbung verändert wird. Gleichzeitig kann der Swift-Compiler etwas effizienteren Code erzeugen.

- lazy bewirkt bei Eigenschaften, dass diese erst initialisiert werden, wenn sie tatsächlich benötigt werden.

- weak drückt aus, dass in der Eigenschaft gespeicherte Objektverweise nicht für das Automatic Reference Counting berücksichtigt werden sollen (siehe Abschnitt 11.8, »Speicherverwaltung«).

- optional kennzeichnet in Protokollen Elemente, deren Implementierung freiwillig ist.

▸ required bewirkt bei Init-Funktionen, dass diese auch durch die erbende Klasse implementiert werden müssen.

Verschachtelte Klassen, Strukturen und Enumerationen

Klassen, Strukturen, Enumerationen und Methoden bzw. Funktionen können beliebig ineinander verschachtelt werden. Sie können also innerhalb einer Klasse weitere Klassen, Strukturen und Enumerationen definieren, innerhalb einer globalen Funktion eine Struktur etc.

Relativ häufig wird diese Möglichkeit dazu genutzt, um interne Datentypen zu definieren, die nach außen hin gar nicht eingesetzt werden sollen. Dann kennzeichnen Sie die Unterklassen, -strukturen etc. einfach mit `private`.

Syntaktisch gesehen spricht aber nichts dagegen, Subklassen öffentlich zu definieren. Sie können dann wie im folgenden Beispiel auch von außerhalb genutzt werden, wobei sich ein zusammengesetzter Typname ergibt. Innerhalb der Swift-Typenbibliothek gibt es dafür bei der `String`-Struktur einige Beispiele: Innerhalb dieser Struktur sind weitere Typen wie `String.CharacterView`, `String.UTF8View` etc. definiert.

```
class A {                  // Klasse 'A'
  class Special {          // Klasse 'A.Special'
    var data: Int = 0
  }
}
// Anwendung
var asp = A.Special()
asp.data = 3
```

Code-Dateien

Dateien wurden ja vorhin schon angesprochen, als es um die Gültigkeitsebenen von Swift-Sprachelementen ging. Gibt es auch Regeln, wie die Namen von Klassen- oder anderen Typ-Dateien aussehen müssen? Insbesondere im Vergleich zu Java ist Swift hier sehr liberal: Sie dürfen Swift-Code-Dateien benennen, wie Sie möchten, und Sie dürfen durchaus in einer Datei mehrere Klassen, Strukturen, Enumerationen, Funktionen etc. definieren.

Trotz dieser Freiheiten ist es üblich, für jede wichtige Klasse oder Struktur eine eigene Datei zu verwenden und diese wie den Typnamen zu benennen – also `MyClass.swift` oder `MyStruct.swift` für die Klasse `MyClass` bzw. die Struktur `MyStruct`.

11.2 Enumerationen

Im vorigen Abschnitt habe ich bereits kurz erwähnt, dass sich Enumerationen in Swift nicht nur zur Definition einer Gruppe zusammengehöriger Konstanten eignen, sondern dass das Schlüsselwort `enum` einen neuen Datentyp definiert. Dafür stellt Swift beinahe so viele syntaktische Möglichkeiten wie bei Strukturen zur Verfügung.

Swift macht von Enumerationen selbst intensiv Gebrauch. Beispielsweise sind der Datentyp `Character` sowie Optionals intern als Enumerationen realisiert, auch wenn der Compiler durch sogenannten »syntaktischen Zucker« dazu beiträgt, dass sich Optionals bei ihrer Anwendung nicht wie Enumerationen anfühlen.

```
// Swift-interne Definition eines Optionals
public enum Optional<Wrapped> : ExpressibleByNilLiteral {
  case none
  case some(Wrapped)
  // sowie diverse Init-Funktionen, map(), flatMap(),
  // unsafelyUnwrapped
}
```

Vorweg zur Wiederholung nochmals die Definition einer »gewöhnlichen« Enumeration, wie Sie sie vielleicht von anderen Programmiersprachen kennen:

```
enum Color {
   case white, black, red, green, blue
}
```

Enumerationen sind wie Strukturen Werttypen. Der größte Unterschied zu Strukturen besteht darin, dass Enumerationen keine Eigenschaften (Stored Properties) besitzen können. Eine Instanz einer Enumeration kann daher nur ein Element der durch `case` vordefinierten Werte enthalten. Aus diesem Grund gibt es in der Init-Funktion einer Enumeration normalerweise wenig zu tun. Sie können die Init-Funktion dazu verwenden, um `self` einen der Enumerationswerte zuzuweisen:

```
enum Color {
   case white, black, red, green, blue
   init() {
     self = .white      // Weiß ist die Default-Farbe
   }
}

var c1 = Color()        // diese beiden Anweisungen
var c2 = Color.white    // sind gleichwertig
```

Datentypen und Protokolle für Enumerationen

Normalerweise definieren Enumerationen für sich einen neuen Werttyp. Sie können einer Enumeration aber auch explizit einen vorhandenen Typ zuweisen, z. B. `Int` oder `String`. Das gibt Ihnen die Möglichkeit, den Enumerationswerten explizit eigene Werte zuzuweisen. Die Enumeration definiert aber weiterhin für sich einen Datentyp. Wertvergleiche sind nur mit der Eigenschaft `rawValue` zulässig.

```
enum Color : Int {
  case white = 1
  case black = 2
  case red = 3
}

let c = Color.black

if c == Color.black    { print("schwarz") }  // OK
if c.rawValue == 2     { print("schwarz") }  // OK
if c == 2              { print("schwarz") }  // Fehler
```

Enumerationen können auch Protokolle implementieren. (Was Protokolle sind, erfahren Sie in Abschnitt 12.3, »Protokolle«.) Besonders häufig wird diese Möglichkeit genutzt, um eigene Fehlerzustände zu definieren. Die `MyErrors`-Enumeration implementiert dazu das `Error`-Protokoll:

```
enum MyErrors : Error {
  case tooSmall
  case tooBig(maximum: Int)
  case missing
  case other(explanation: String)
}
```

Der Umgang mit Fehlern sowie die Verwendung von `try`, `catch` und des `Error`-Protokolls sind die Themen von Kapitel 13, »Fehlerabsicherung«.

Zuordnung von Zusatzdaten (Associated Values)

Eine Besonderheit von Swift-Enumerationen besteht darin, dass Sie jedem Wert der Enumeration (also jedem `case`) einen Datentyp oder auch mehrere Datentypen zuordnen können. Die Swift-Dokumentation spricht in diesem Zusammenhang von *Associated Values*. Das gibt Ihnen die Möglichkeit, je nach Art des Elements unterschiedliche Zusatzdaten zu speichern.

Das folgende Beispiel verdeutlicht dies. `Token` ist eine Enumeration, um die Elemente eines Codes zu speichern, wobei dieser Code aus Texten, Zahlen und Operatoren zusammengesetzt sein kann. Da operator ein Schlüsselwort ist, musste es bei der Definition der Enumeration in nach rechts gerichtete Apostrophe gesetzt werden. (Seit Swift 3 sind Schlüsselwörter an vielen Stellen erlaubt, z. B. als Parameter von Methoden. Für Enumerationswerte gilt dies aber nicht.)

```
enum Token {
  case `operator`(String)
  case number(Int)
  case text(String)
}

var stack = [Token]()    // ein Array von 'Token'-Elementen
stack.append(Token.text("abc"))
stack.append(Token.number(123))
stack.append(Token.operator("+"))
```

Die Auswertung derartiger Daten gelingt am einfachsten in switch-Konstruktionen. Dort können Sie mit let die Daten eines Enumerationselements einer lokalen Variablen zuweisen:

```
for data in stack {
  switch data {
  case let .operator(op):
    print("Operator: \(op)")
  case let .number(n):
    print("Number: \(n)")
  case let .text(t):
    print("Text: \(t)")
  }
}
```

Ein Nachteil von Enumerationen mit zugeordneten Werten besteht darin, dass der Vergleichsoperator == nicht mehr funktioniert. Swift liefert dann die folgende Fehlermeldung: *Binary operator == cannot be applied to two 'Token' operands.*

```
let t = Token.Operator("+")
if t == Token.Operator { ... }         // Fehler
if t == Token.Operator("+") { ... }    // auch Fehler
```

Associated Values nur für Enumerationen ohne Datentyp

Sie können mit enum MyEnum : Typ { ... } den Werten einer Enumeration einen Datentyp zuweisen, z. B. Int oder String. Wenn Sie das tun, müssen Sie auf die hier vorgestellten Associated Values verzichten.

Rekursive bzw. indirekte Enumerationen

Gruppenkonstante (case)

Eine Enumeration akzeptiert als zugeordneten Wert wieder eine Enumeration, sofern dieser Fall mit indirect gekennzeichnet ist. Das ermöglicht es, Enumerationen rekursiv zu verwenden und beispielsweise zur Modellierung von Baumstrukturen einzusetzen:

```
// Projekt indirect-enums, Datei main.swift
enum Tree {
  case leaf(value: String)
  indirect case node(Tree, Tree)
}
```

indirect kann wahlweise nur den betreffenden case-Ausdrücken oder der gesamten Enumeration vorangestellt werden. Daher ist die folgende Enumeration gleichwertig:

```
indirect enum Tree {
  case Leaf(value:String)
  case Node(Tree, Tree)
}
```

Auf diese Weise können Sie eine verschachtelte Struktur zusammenstellen (siehe Abbildung 11.1):

```
let mytree =
  Tree.node(
    Tree.leaf(value: "a"),
    Tree.node(Tree.leaf(value: "b"),
              Tree.leaf(value: "c")))
```

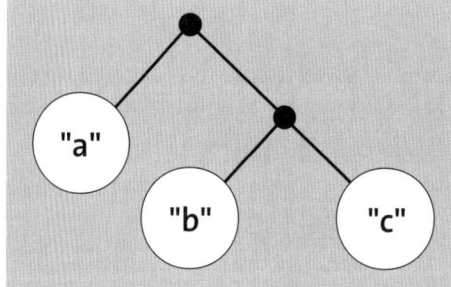

Abbildung 11.1 Eine einfache Baumstruktur

Die folgenden Zeilen zeigen eine rekursive Funktion zur Verarbeitung derartiger Daten:

```
// Baum ausgeben, wobei die Ausgaben je nach
// Verschachtelungstiefe eingerückt werden
func showTree(_ t: Tree, indent n: Int = 0) {
  switch t {
```

```
    case .leaf(let value):
      let indentation = String(repeating: " ", count: n)
      print(indentation + value)
    case .node(let leaf1, let leaf2):
      showTree(leaf1, indent: n + 2)
      showTree(leaf2, indent: n + 2)
  }
}
```

Wenn Sie den Code in einem kompilierten Programm ausführen, sieht die Ausgabe wie folgt aus:

```
showTree(mytree)
// Ausgabe:
//   a
//     b
//     c
```

Das obige Beispiel eignet sich nur für Zeichenketten. Sie können den Datentyp aber auch generisch festlegen (siehe Abschnitt 12.2, »Generics«) und den Datentyp so für die spätere Verwendung offen lassen:

```
enum genericTree<T> {
  case leaf(value: T)
  indirect case node(genericTree, genericTree)
}
```

Wenn Sie auf der Suche nach einem ausführlicheren Tree-Beispiel auf der Basis indirekter Enumerationen sind, sollten Sie unbedingt einen Blick in den folgenden Blog-Beitrag werfen:

http://airspeedvelocity.net/2015/07/22/a-persistent-tree-using-indirect-enums-in-swift

11.3 Eigenschaften

Variablen oder Konstanten, die innerhalb einer Klasse oder Struktur definiert sind, werden »Eigenschaften« bzw. »Stored Properties« genannt. Sie dienen als Datenspeicher für den neu definierten Typ.

Der Swift-Compiler zwingt Sie bei Klassen, jede Eigenschaft entweder direkt bei der Definition oder sonst in der `init`-Funktion zu initialisieren. Bei Strukturen scheint diese Regel auf den ersten Blick nicht zu gelten. Beispielsweise wird die folgende Struktur ohne Fehlermeldung akzeptiert:

```swift
struct Person {
  var name: String
  var address: String
  var telnr: [String]

  func showData() {
    print("Name:      \(name)")
    print("Adresse:   \(address)")
    print("Tel.nr.:   \(telnr)")
  }
}
```

Sobald Sie aber versuchen, eine Instanz dieser Datenstruktur zu erzeugen, wird klar, dass Swift hinter den Kulissen eine Default-Init-Funktion zur Initialisierung aller Eigenschaften eingerichtet hat. An diese Funktion müssen Sie alle Parameter übergeben:

```swift
var p = Person(name: "Michael", address: "Graz",
               telnr: ["0043 676 98765432", "0043 316 98765432"])
```

Innerhalb des Codes einer Klasse erfolgt der Zugriff auf die Eigenschaften einfach durch deren Namen, wie die Methode `showData` zeigt. Bei der Nutzung der Daten lautet die Schreibweise `instanz.name`:

```swift
p.name              // "Michael"
p.name = "Peter"    // ändert den Namen
```

> **Konstante Eigenschaften**
>
> Eigenschaften von Strukturen oder Klassen dürfen auch Konstanten sein (also `let x: Int`). Diese müssen bei der Initialisierung der Instanz eingestellt werden und können danach nicht mehr verändert werden.

Verzögerte Initialisierung von Eigenschaften (Lazy Properties)

Normalerweise müssen Eigenschaften beim Erzeugen einer Instanz sofort intialisiert werden. Eine Ausnahme sind Lazy Properties, die durch das vorangestellte Schlüsselwort `lazy` gekennzeichnet werden. Der Inhalt solcher Eigenschaften wird erst dann ermittelt, wenn der Anwender des Datentyps zum ersten Mal darauf zugreift. Die Verwendung von Lazy Properties kann aus Geschwindigkeitsgründen zweckmäßig sein oder wenn der Startwert beim Erzeugen der Instanz noch gar nicht bekannt ist. `lazy` ist nur für Variablen, aber nicht für Konstanten zulässig.

Im folgenden Beispiel ist `MyData` eine Struktur, bei der zwei Eigenschaften ohne großen Aufwand initialisiert werden können, die dritte aber eine aufwendige Berechnung erfordert. Die Variable `c` ist als `lazy` definiert, deswegen kommt es erst beim Auslesen von `c` zum Aufruf der Funktion `complicatedCalc`. Die im folgenden Listing dokumentierten Ausgaben sind in dieser Reihenfolge nur nachzuvollziehen, wenn Sie den Code in einem Terminal-Programm ausführen.

```swift
// Projekt lazy-properties, Datei main.swift
func complicatedCalc() -> Double {
  print("calc")
  return 3.0
}

struct MyData {
  var a = 1.0
  var b = 2.0
  lazy var c = complicatedCalc()
}

var md = MyData()
print(md.a)
print(md.b)
print(md.c)    // erst jetzt wird complicatedCalc() ausgeführt
// Ausgabe: 1,0
//          2,0
//          calc
//          3,0
```

Anstelle eines Funktionsaufrufs kann bei einer Lazy Property auch eine Closure angegeben werden. Syntaktisch ist außerdem noch ein nachgestelltes Klammernpaar erforderlich – der Variablen soll ja nicht die Closure an sich, sondern deren Ergebnis zugewiesen werden. Ganz egal, wie oft auf `c` zugegriffen wird – die Closure wird nur beim ersten Lesezugriff ausgewertet. Danach verhält sich `c` wie eine gewöhnliche Instanzvariable bzw. Eigenschaft.

Swift verlangt, dass alle Eigenschaften eines Datentyps sofort oder durch die Init-Funktion mit einem Startwert initialisiert werden (siehe Abschnitt 11.4, »Init- und Deinit-Funktion«). Lazy Properties werden vom Compiler als initialisiert betrachtet. Das kann mitunter ein Henne-Ei-Problem lösen: Sie wollen eine Methode Ihrer Klasse aufrufen, um eine Eigenschaft zu initialisieren. Das dürfen Sie aber nicht, weil der Aufruf von Methoden erst nach der Initialisierung aller Eigenschaften zulässig ist. Der Ausweg ist eine Lazy Property, die durch eine Closure initialisiert wird. Deswegen gilt `c` im folgenden Beispiel für Swift als initialisiert:

```
// Projekt lazy-properties, Datei main.swift
class MyClass {
  var a: Double
  var b: Double
  // c wird erst bei Bedarf durch die Auswertung
  // der folgenden Closure initialisiert
  lazy var c: Double = { self.m() }()

  init() {
    a=2
    b=3
  }

  func m() -> Double {
    return sqrt(a + b)
  }
}
let mc = MyClass()
mc.c  // 2,2361
```

Eigenschaften beobachten (Property Observer mit willSet und didSet)

Sie können die Definition einer Eigenschaft um zwei Funktionen erweitern: willSet und didSet. Diese Funktionen werden in der englischen Dokumentation *Property Observer* genannt. Die erste Funktion wird aufgerufen, bevor die Eigenschaft verändert wird, die zweite unmittelbar danach. Die entsprechende Syntax sieht so aus:

```
var myproperty: typ [ = startwert ] {
  willSet(newValue) {
     ...   // kann 'newValue' und den bisherigen
           // Wert 'myproperty' lesen
  }
  didSet(oldValue)  {
     ...   // kann 'oldValue' und den neuen Wert
           // aus 'myproperty' lesen
  }
}
```

In willSet können Sie anstelle von newValue einen beliebigen anderen Parameternamen angeben. Unter diesem Namen können Sie den Wert auslesen, auf den name gesetzt wird. Innerhalb von didSet steht Ihnen die lokale Variable oldValue zur Verfügung, die den bisherigen Wert der Eigenschaft enthält. new- und oldValue können nur gelesen, aber nicht verändert werden.

Beachten Sie, dass willSet und didSet nicht bei der Initialisierung ausgeführt werden, egal, ob diese durch eine Zuweisung bei der Deklaration oder in einer Init-Funktion erfolgt.

> **Vorsicht**
>
> In didSet enthält oldValue nicht den aktuellen Wert, sondern den bisherigen, der Sie in der Regel gar nicht interessiert! Auf den aktuellen Wert können Sie natürlich auch zugreifen, ganz einfach unter dem Eigenschaftsnamen (hier also myproperty).

Wenn Sie am bisherigen bzw. alten Wert nicht interessiert sind, können Sie auf den Parameter von willSet bzw. didSet auch verzichten. Dann entfallen auch die runden Klammern!

```
var myproperty: typ [ =startwert ] {
  willSet { ... } // myproperty enthält noch den alten Wert
  didSet  { ... } // myproperty enthält schon den neuen Wert
}
```

Property Observers bieten einen unkomplizierten Weg, um den Wertebereich einer Eigenschaft zu limitieren – im folgenden Beispiel für Werte zwischen 0 und 100:

```
// garantiert Wertebereich 0.0 bis 1.0
var percent: Double = 0.5 {
  didSet {
    percent = max(0.0, min(1.0, percent))
  }
}
```

Oft werden Property Observers auch dazu verwendet, um bei einer Änderung eine andere Eigenschaft oder ein Steuerelement zu synchronisieren:

```
// UILabel-Text bei jeder Änderung aktualisieren
var percent: Double = 0.0 {
  didSet {
    mylabel.text = "\(percent)"
  }
}
```

> **Wozu Property Observers?**
>
> In eigenen Datentypen können Sie anstelle von Property Observers auch die gleich vorgestellten Computed Properties verwenden. Der wichtigste Unterschied im Vergleich zu Property Observers besteht darin, dass die get- und set-Methoden vom Datenspeicher getrennt sind.

> Richtig praktisch sind Property Observers aber bei der Vererbung: Swift gibt Ihnen nämlich die Möglichkeit, vorhandene Eigenschaften der abgeleiteten Klasse durch Property Observers zu erweitern! In Abschnitt 12.1, »Vererbung«, finden Sie dazu ein Beispiel.

Statische Eigenschaften

In Strukturen und Klassen können Sie mit `static` sogenannte statische Eigenschaften bzw. *Type Properties* definieren. Das sind von den Instanzen unabhängige Datenspeicher. Der Zugriff auf sie erfolgt nicht mit `instanzname.varname`, sondern mit `Strukturname.varname` bzw. `Klassenname.varname`. Deswegen werden statische Eigenschaften in einigen Sprachen als Klassenvariablen bezeichnet.

```
struct MyData {
  var a = 1.0
  static var b = 2.0
}

var md = MyData()
md.a         // OK, 1,0
MyData.b     // OK, 2,0
md.b         // Fehler!
```

Mit einer statischen Variablen können Sie unkompliziert das sogenannte Singleton-Muster implementieren. Damit können sich verschiedene Code-Passagen eines Programms *eine* gemeinsame Objektinstanz teilen:

```
class SingletonClass {
  static let shared = SingletonClass()
}
```

Wo immer im Code nun eine Instanz der Singleton-Klasse benötigt wird, lautet die entsprechende Zuweisung:

```
let sc = SingletonClass.shared
```

> **Singletons**
>
> Das obige Beispiel ist genau genommen eine unvollständige Singleton-Implementierung: Sie ermöglicht zwar einen gemeinsamen Zugriff auf ein Objekt, verhindert aber nicht die Erzeugung mehrerer Instanzen. Hintergründe zu Singletons können Sie in der Wikipedia nachlesen:
>
> *https://de.wikipedia.org/wiki/Singleton_(Entwurfsmuster)*

Computed Properties (get und set)

Computed Properties, wörtlich übersetzt also *berechnete Eigenschaften*, sind keine Datenspeicher. Vielmehr handelt es sich hierbei um zwei Funktionen, von denen jeweils eine ausgeführt wird, wenn der Anwender der Klasse oder Struktur die Eigenschaft liest bzw. verändert. Die folgenden Zeilen fassen die Syntax einer Computed Property zusammen:

```
var name: typ {
  get { return xxx }        // liefert ein Ergebnis
  set { ... }               // verarbeitet 'newValue'
}
```

Wenn Sie mit dem Parameternamen `newValue` nicht glücklich sind, können Sie hierfür in runden Klammern nach `set` einen eigenen Namen angeben. Die Syntax sieht dann so aus:

```
var name: typ {
  get            { return xxx }   // liefert ein Ergebnis
  set(neuerwert) { ... }          // verarbeitet 'neuerwert'
}
```

Computed Properties ermöglichen es, die interne Speicherung der Daten von der externen Darstellung zu trennen. Das ist dann zweckmäßig, wenn Sie Eigenschaften nach außen hin anders darstellen möchten als intern. Oft ist die interne Datenverwaltung im Hinblick auf Effizienz und einfache Programmierung optimiert. Nach außen hin soll sich die Klasse oder Struktur aber möglichst »anwenderfreundlich« geben und die Daten so darstellen, wie der Anwender sie erwartet.

Temperaturumrechnung mit Computed Properties

Das folgende Beispiel zeigt eine Struktur zur Speicherung und Umrechnung von Temperaturen. Intern wird die Temperatur in Kelvin gespeichert. Nach außen hin ist die Temperatur aber auch über die Eigenschaften `celsius` und `fahrenheit` zugänglich.

```
// Datei temperatur.playground
struct Temperature {
  var kelvin: Double   // interne Speicherung in Kelvin

  // Init-Funktionen für Kelvin, Celsius und Fahrenheit
  init(kelvin: Double)  { self.kelvin = kelvin    }
  init(celsius: Double) { self.kelvin = celsius + 273.15 }
  init(fahrenheit: Double) {
    self.kelvin = (fahrenheit - 32.0) / 1.8 + 273.15
  }
```

```
  // Computed Properties für Celsius und Fahrenheit
  var celsius: Double {
    get { return kelvin - 273.15 }
    set { kelvin = newValue + 273.15 }
  }
  var fahrenheit: Double {
    get { return celsius * 1.8 + 32.0 }
    set { kelvin = (newValue - 32.0) / 1.8 + 273.15 }
  }
}

var t = Temperature(celsius: 100)
t.celsius       // 100
t.fahrenheit    // 212
t.kelvin        // 373.15
```

Read-Only-Eigenschaften

Sie können bei einer Computed Property nur den get-Teil implementieren und auf set verzichten. Das Ergebnis ist dann eine Read-Only-Eigenschaft:

```
// Read-Only-Eigenschaft
var name: typ {
  get  { ...; return xxx }  // liefert ein Ergebnis
}
```

Für Read-Only-Eigenschaften sieht Swift auch eine verkürzte Syntax vor, in der Sie auf das Schlüsselwort get und die dazugehörenden Klammern verzichten können:

```
// Read-Only-Eigenschaft, verkürzte Syntax
var name: typ {
  ...
  return xxx    // liefert ein Ergebnis
}
```

Es geht sogar noch kürzer: Indem Sie einer Eigenschaft private(set) voranstellen, wird sie zur Read-Only-Eigenschaft:

```
// Read-Only-Eigenschaft, noch kürzere Syntax
private(set) var name:typ = xxx
```

Übersetzt heißt das: Für get gelten die normalen Zugriffsregeln, aber set ist private und somit nur innerhalb der Klasse zugänglich. Das folgende Minibeispiel zeigt eine Klasse mit der Read-only-Eigenschaft counter. Beim Erzeugen einer Instanz wird die Eigenschaft auf 0 gesetzt. Von außen kann die Eigenschaft nur gelesen werden, innerhalb der Klasse kann die Eigenschaft aber verändert werden – z. B. in der Methode increment:

```
class Counter {
  private(set) var counter:Int = 0
  func increment() {
    self.counter = self.counter + 1
  }
}

var c = Counter()
c.increment()
print(c.counter)   // 1
c.increment()
print(c.counter)   // 2
c.counter = 10     // Fehler, nicht erlaubt
```

> **Read-Only-Eigenschaft versus Methode**
>
> Anstelle einer Read-Only-Eigenschaft können Sie natürlich auch eine Methode ohne Parameter definieren. Eindeutige Vor- oder Nachteile dieser beiden Varianten gibt es nicht – es ist eher eine Geschmacksfrage.

Beispiel: Rectangle-Struktur

Das erste Beispiel greift nochmals die Rechteck-Struktur auf. Stellen Sie sich vor, Sie wollen sichergehen, dass Länge und Breite eines Rechtecks immer größer als 0 sind. Die erste Implementierung aus Abschnitt 11.1, »Klassen und Strukturen«, hindert den Nutzer Ihrer Datenstruktur nicht, ein Rechteck in der Form let r = Rectangle(-2, -3) zu erzeugen oder nachträglich mit r.length = -5 eine negative Länge einzustellen.

Der folgende Code verwendet die Eigenschaften _length und _width zur internen Datenspeicherung. Diese Eigenschaften sind als private gekennzeichnet und sind von außen nicht zugänglich, sofern die Struktur Rectangle in einer eigenen Datei definiert wird.

Der Zugriff auf Länge und Breite erfolgt hingegen durch die Computed Properties length und width. Die get-Code-Teile liefern einfach den in _length bzw. _width gespeicherten Wert. Die set-Code-Teile überprüfen, ob der neue Wert newValue größer 0 ist. Wenn das der Fall ist, wird der Wert gespeichert, andernfalls ein Fehler ausgelöst.

> **Warum NSException?**
>
> Der Aufruf von NSException(...).raise() ist gewissermaßen die Holzhammer-methode, um auf einen Fehler hinzuweisen. Das Programm wird dadurch beendet; es ist nicht möglich, den Fehler abzufangen.

> Seit Swift 2.0 gibt es mit throw auch die Möglichkeit, Fehler auszulösen, die mit try/catch verarbeitet werden können. throw ist allerdings nur für Funktionen und Methoden, nicht für Computed Properties geeignet. Mehr Details zum Thema »Fehlerabsicherung« folgen in Kapitel 13.
>
> Eine pragmatische Lösung des Problems könnte darin bestehen, den Zugriff auf die Eigenschaften _length und _width nur über Read-Only-Properties zu erlauben. Das macht die nachträgliche Einstellung fehlerhafter Werte unmöglich. Ein entsprechendes Beispiel finden Sie ebenfalls in Kapitel 13. Generell ist es häufig eine gute Idee, Strukturen unveränderlich (immutable) zu konzipieren:
>
> http://stackoverflow.com/questions/24035648/swift-and-mutating-struct
> http://stackoverflow.com/questions/441309/why-are-mutable-structs-evil

Die init-Funktion greift auf die Computed Properties zurück. Die Anweisung self.length=length führt beispielsweise dazu, dass der set-Code von length ausgeführt wird:

```swift
// Datei rectangle.playground
// Struktur zur Speicherung eines Rechtecks
struct Rectangle {
  // interner Datenspeicher, 'private'
  private var _length = 0.0
  private var _width = 0.0

  // Init-Funktion, greift auf Computed Properties zurück
  init(_ length: Double, _ width: Double) {
    self.length = length
    self.width = width
  }

  // Computed Property 'length'
  var length: Double {
    // _length auslesen
    get {
      return _length
    }
    // _length verändern
    set {
      if newValue > 0 {
        _length = newValue
      } else {
        NSException(
          name: NSExceptionName(rawValue: "invalid argument"),
          reason: "must be > 0", userInfo: nil).raise()
```

11.3 Eigenschaften

```
      }
    }
  }

  // Computed Property 'width' (analoger Code)
  var width: Double {
    get { return _width }
    set {
      if newValue > 0 {
        _width = newValue
      } else {
        NSException(
          name: NSExceptionName(rawValue: "invalid argument"),
          reason: "must be > 0", userInfo: nil).raise()
      }
    }
  }
}

// Rectangle-Struktur ausprobieren
var r = Rectangle(1.2, 2.4)
r.length
r.length = 2.7
```

Beispiel: ChessFigure-Struktur

Das zweite Beispiel ist etwas komplexer: Die Struktur ChessFigure speichert die Position einer Schachfigur. Um die weitere Verarbeitung der Daten zu vereinfachen, wird die Position durch die Integer-Variablen col und row ausgedrückt, wobei der Wertebereich jeweils von 0 bis 7 reicht. Ideal also, um Berechnungen in einem 8×8-Array durchzuführen.

Nach außen hin soll die Position aber in der üblichen Notation "a1" oder "e5" ausgedrückt werden. Dazu dient die Computed Property position. Der get-Teil bildet aus row und col die Position in der Schachnotation. Der Code macht sich den Umstand zunutze, dass die ASCII- und Unicodes der Zeichen "a" bis "h" bzw. "1" bis "8" ganz einfach in der Form 97 + col bzw. 49 + row berechnet werden können.

Der set-Teil ist deutlich aufwendiger: Einerseits muss sichergestellt werden, dass die übergebene Position in newValue korrekt ist. Es muss sich dabei um eine Zeichenkette handeln, die aus zwei Unicode-Skalaren besteht, wobei der Code des ersten Skalars zwischen 97 und 104 liegt (entspricht "a" bis "h") und der Code des zweiten Skalars zwischen 49 und 56 (entspricht "1" bis "8").

```
struct ChessFigure {
  private var col = -1   // Spalte, Wertebereich 0-7 für a-h
  private var row = -1   // Zeile, Wertebereich 0-7 für 1-8
  var figure: String     // Art der Figur, z. B. "king"

  init(_ position: String, _ figure: String) {
    self.figure = figure
    self.position = position   // -> position-set
  }

  // Position in der üblichen Schachnotation,
  // beispielsweise "a1" oder "e5" oder "h8"
  var position: String {
    get {      // Position zurückgeben
      if col == -1 || row == -1 { return "" }
      var position = ""
      position.append(Character(UnicodeScalar(97 + col)!))
      position.append(Character(UnicodeScalar(49 + row)!))
      return position
    }
    // Position in 'newValue' verarbeiten und in
    // row und col speichern, falls valid
    set {
      if newValue.unicodeScalars.count != 2 {
        row = -1
        col = -1
      } else {
        let code1 =
          Int(newValue.lowercased()
              .unicodeScalars.first!.value)
        let code2 = Int(newValue.unicodeScalars.last!.value)
        if code1 < 97 || code1 > 104 ||
           code2 < 49 || code2 > 56
        {
          row = -1
          col = -1
        } else {
          col = code1 - 97
          row = code2 - 49
        }
      }
    } // set-Ende
  } // var-Ende
} // struct-Ende
```

```
// ChessFigure-Struktur ausprobieren
var king = ChessFigure("e1", "king")    // col=4, row=0
var dPawn = ChessFigure("d2", "pawn")   // col=3, row=1
dPawn.position                           // "d2"
var ePawn = ChessFigure("e2", "pawn")   // col=4, row=1
ePawn.position = "e4"                    // col=4, row=3
```

11.4 Init- und Deinit-Funktion

Die Init-Funktion dient zur Initialisierung der Eigenschaften eines neuen Datentyps. Der Swift-Compiler verlangt, dass jede nicht optionale Eigenschaft initialisiert wird, lässt Ihnen aber die Wahl, wie Sie dies erledigen: Sie können Ihren Eigenschaften entweder schon bei der Definition einen Defaultwert zuweisen oder Sie können die Init-Funktion dazu verwenden. Diese Regel gilt unabhängig davon, ob die Eigenschaft mit var oder mit let deklariert ist. Wenn Sie also allen Eigenschaften einen Defaultwert zuweisen, ist keine Init-Funktion erforderlich.

```
struct Test {   // alle Eigenschaften sind initialisiert,
                // daher ist die Init-Funktion optional
  var a = 0
  var b = 1
  var c: Int?                    // automatisch nil
}
var t1 = Test()                  // a=0, b=1, c=nil
var t2 = Test(a: 2, b: 3, c: 2)  // ruft Default-Init-Funktion auf
```

> **Default-Init-Funktionen**
>
> Wenn Sie bei einer Struktur keine Init-Funktion definieren, aber allen Eigenschaften Defaultwerte zuweisen, dann erzeugt der Swift-Compiler selbstständig zwei Init-Funktionen: eine ohne Parameter und eine mit Parametern für alle Eigenschaften in der Reihenfolge, in der diese in der Struktur definiert sind. Bei Klassen verhält sich der Compiler ähnlich. Allerdings wird in diesem Fall nur eine Init-Funktion ohne Parameter erzeugt.
>
> Sobald Sie auch nur eine einzige Init-Funktion selbst definieren, verzichtet der Swift-Compiler auf Eigenmächtigkeiten.

Syntax für Init-Funktionen

Die Init-Funktion beginnt mit dem Schlüsselwort init. Diesem folgt eine Parameterliste wie bei einer gewöhnlichen Methode. Der init-Funktion darf das Schlüsselwort func nicht vorangestellt werden. Die Funktion darf auch keinen Rückgabedatentyp aufweisen. Die Init-Funktion unterscheidet sich somit syntaktisch klar von Methoden.

```
struct/class MyType {
  // Init-Funktion
  init(parameterliste) {
    // Code zur Initialisierung der Eigenschaften
  }
}
```

Der Aufruf der init-Funktion erfolgt implizit beim Erzeugen einer Instanz des Datentyps. Anstelle von init geben Sie dabei aber den Struktur- oder Klassennamen an:

```
var mt = MyType(parameter)
```

Diese Schreibweise ist eine Kurzschreibweise (sogenannter »syntaktischer Zucker«) für die folgende exaktere Formulierung:

```
var mt = MyType.init(parameter)
```

Parameterliste

Für den Aufbau der Parameterliste gelten dieselben Regeln wie bei Funktionen (siehe Abschnitt 6.2, »Parameter«).

```
struct Test {
  var a = 0
  var b = 1
  init(a: Int, b: Int) {
    self.a = a
    self.b = b
  }
}
// die Parameternamen müssen angegeben werden!
var t = Test(a: 2, b: 3)
```

Wenn Sie das nicht wünschen, geben Sie bei der Definition der init-Funktion bei jedem Parameter vorweg das Pattern-Zeichen _ an:

```
struct Test {
  var a = 0
  var b = 1
  // Init-Funktion mit unbenannten Parametern
  init(_ a: Int, _ b: Int) {
    self.a = a
    self.b = b
  }
}
```

```
// die Parameter werden ohne Namen angegeben
var t = Test(2, 3)
```

Innerhalb der Init-Funktion können Sie wie im gesamten Code der Klasse bzw. Struktur das Schlüsselwort `self` verwenden, um explizit auf die aktuelle Instanz zu verweisen. In der Init-Funktion ist das besonders häufig erforderlich, um Doppeldeutigkeiten zwischen Parametern und Eigenschaften zu vermeiden, die gleich heißen (siehe auch das obige Listing).

Eventuell vorhandene Property Observer, also `willSet`- und `didSet`-Funktionen, werden während der Initialisierung der Eigenschaften nicht ausgeführt. Die Beobachtung der Eigenschaften beginnt also erst *nach* der Initialisierung.

Code-Reihenfolge in Init-Funktionen

Anweisungen in der Init-Funktion müssen eine exakte Reihenfolge einhalten:

- Zuerst müssen *alle* eigenen Eigenschaften initialisiert werden. Als automatisch initialisiert gelten auch Eigenschaften mit Defaultwerten (`var x = 3`) und Optionals. Ebenfalls als initialisiert gelten Lazy Properties.

- Falls die eigene Klasse von einer anderen Klasse abgeleitet wurde, muss im zweiten Schritt `super.init()` aufgerufen werden. Mehr Details zum nicht ganz unkomplizierten Thema der Init-Funktionen im Zusammenhang mit Vererbung folgen in Abschnitt 12.1.

- Erst jetzt dürfen Methoden der Klasse genutzt und Eigenschaften ausgelesen werden.

Init-Overloading

Sie dürfen beliebig viele Init-Funktionen definieren, sofern diese anhand der Parameterliste für den Compiler unterscheidbar sind. Allerdings muss gewährleistet sein, dass jede Init-Funktion alle Eigenschaften initialisiert, für die es nicht ohnehin Defaultwerte gibt. Die Init-Funktionen dürfen sich dazu nicht gegenseitig aufrufen.

Wenn Sie eine Instanz einer Struktur oder Klasse erzeugen, können Sie sich für eine beliebige der zur Auswahl stehenden Init-Funktionen entscheiden.

Designated versus Convenience Init

Die bisher beschriebenen Init-Funktionen werden in der Swift-Dokumentation als *Designated Init Functions* bezeichnet, also gewissermaßen als vollwertige Init-Funktionen. Daneben haben Sie bei Klassen (nicht bei Strukturen!) die Möglichkeit, sogenannte *Convenience Init Functions* zu definieren. Das sind ebenfalls Init-Funktionen, für die aber zwei Sonderregeln gelten:

- Sie können keine Eigenschaften initialisieren, sondern müssen diese Arbeit an eine designierte Init-Funktion delegieren.
- Sie rufen andere Init-Funktionen in der Form `self.init(...)` auf.

Der Hintergedanke dieses Konzepts besteht darin, dass es oft zweckmäßig ist, *eine* vollwertige Init-Funktion zu schreiben, die *alle* Eigenschaften initialisiert und sich um alle Sonderfälle kümmert. Daneben kann es weitere Init-Funktionen geben, die mit dem Schlüsselwort `convenience` gekennzeichnet sind. An sie müssen nur wenige Parameter übergeben werden. Die fehlenden Daten werden durch Defaultwerte ersetzt, die an die Haupt-Init-Funktion übergeben werden:

```
// Testklasse mit vier Eigenschaften
class Test {
  var a: Int
  var b: Int
  var c: Double
  var d: String

  // Designated Init Function für alle Eigenschaften
  init(a: Int, b: Int, c: Double, d: String) {
    self.a = a
    self.b = b
    self.c = c
    self.d = d
  }

  // Convenience Init Function
  convenience init(c: Double) {
    // ruft die Designated Init Function auf
    self.init(a: 0, b: -1, c: c, d: "")
  }
}

// erzeugt eine Instanz mit Convenience Init Function
var t = Test(c: 2.5)   // t.a=0, t.b=-1, t.c=2,5, t.d=""
```

Init-Funktion als Optional (Failable Init Functions)

Oft soll bei der Initialisierung einer Instanz überprüft werden, ob die übergebenen Parameter überhaupt sinnvoll sind. Es ist nicht zweckmäßig, überhaupt eine Instanz zu erstellen, wenn diese Bedingung nicht erfüllt ist. In Swift können Sie in solchen Fällen die Init-Funktion mit einem nachgestellten Fragezeichen als Optional definieren und bei fehlerhaften Parametern einfach `nil` zurückgeben. Solche Init-Funktionen heißen *Failable Init Functions*.

11.4 Init- und Deinit-Funktion

Beachten Sie, dass sich damit der Datentyp der durch die Init-Funktion erzeugten Instanz zu einem Optional ändert. Im folgenden Beispiel überprüft die Init-Funktion der Rechteck-Struktur, ob Länge und Breite größer 0 sind. Ist dies nicht der Fall, gibt die Init-Funktion `nil` zurück. Durch `var r = Rectangle(...)` ist r nun aber nicht mehr einfach eine Variable für `Rectangle`-Daten, sondern eine für ein Optional, also `Rectangle?`. Bei der Weiterverarbeitung der Variablen muss getestet werden, ob überhaupt Daten vorliegen. Nur wenn dies der Fall ist, kann durch das nachgestellte Ausrufezeichen ein Unwrapping erzwungen werden.

```
// Datei rectangle-failable.playground
// Struktur zur Speicherung eines Rechtecks
struct Rectangle {
  var length: Double
  var width: Double

  // Init-Funktion mit Validitätskontrolle
  init?(_ length: Double, _ width: Double) {
    if length <= 0 || width <= 0 { return nil }
    self.length = length
    self.width = width
  }
}

// Beispiel 1: ein korrektes Rechteck
if var r1 = Rectangle(1.2, 2.4)  {
  print(r1.length)
  r1.length = 2.7
}
// Beispiel 2: ein fehlerhaftes Rechteck
if var r2 = Rectangle(-1.2, 2.4)  {
  // dieser Code wird nicht ausgeführt,
  // weil Rectangle(-1.2, 2.4) nil zurückgibt
  print(r2.length)
  r2.length = 2.7
}
```

> **Syntaxfeinheiten**
>
> Syntaktisch gesehen ist `return nil` eine merkwürdige Konstruktion. Die Aufgabe einer Init-Funktion ist es, eine Instanz zu initialisieren. Innerhalb der Init-Funktion ist aber normalerweise keine Ergebnisrückgabe vorgesehen. (Wenn überhaupt, wäre wohl `return self` am logischsten.)

> **Init-Funktion mit throws**
>
> Swift bietet eine zweite Möglichkeit, mit ungeeigneten Parametern in einer Init-Funktion umzugehen: Sie können der Init-Funktion `throws` hintanstellen und auf diese Weise ausdrücken, dass innerhalb der Init-Funktion ein Fehler auftreten kann. Lästig bei dieser Syntaxvariante ist aber der Umstand, dass `throw` erst *nach* der Initialisierung aller Eigenschaften der Klasse verwendet werden kann, was der Vorweg-Prüfung aller Parameter widerspricht. Eine weitere Variante der rectangle-Klasse mit `throws` lernen Sie in Kapitel 13, »Fehlerabsicherung«, kennen.

Deinit-Funktion

Bei Klassen können Sie eine Deinit-Funktion vorsehen. Der darin enthaltene Code wird ausgeführt, unmittelbar bevor die Instanz einer Klasse aus dem Speicher entfernt wird (siehe auch Abschnitt 11.8, »Speicherverwaltung«).

Eine Deinit-Funktion kann es nur in Klassen, nicht in Strukturen geben. Strukturen sind ja Werttypen, die sofort aus dem Speicher entfernt werden, sobald sie nicht mehr benötigt werden. Bei Referenztypen ist dies schwieriger: Wenn es mehrere Referenzen auf das Objekt gibt, darf dieses erst aus dem Speicher entfernt werden, wenn die letzte Referenz aufgelöst wurde.

11.5 Methoden

Methoden sind Funktionen auf Klassen- bzw. Strukturebene. Syntaktisch ändert sich im Vergleich zu Funktionen nicht viel (siehe Kapitel 6), es gibt aber doch einige Besonderheiten:

- Instanzmethoden: Gewöhnliche Methoden werden auf Instanzen angewendet, werden also in der Form `var.meth()` aufgerufen. Diesen Methoden stehen die Daten der Instanz zur Verfügung. Innerhalb der Klasse bzw. Struktur kann mit dem schon bekannten Schlüsselwort `self` auf die Instanz als Ganzes zugegriffen werden.

- `mutating`: Methoden von Klassen können die Eigenschaften einer Instanz ohne Weiteres ändern. Methoden von Strukturen dürfen dies normalerweise nicht, es sei denn, sie werden mit dem Schlüsselwort `mutating` gekennzeichnet.

- `static`: Im Gegensatz zu Instanzmethoden – egal, ob `mutating` oder nicht – stehen statische Methoden bei Strukturen bzw. bei Klassen. Sie werden bei der Definition mit dem vorangestellten Schlüsselwort `static` gekennzeichnet und können aufgerufen werden, ohne vorher eine Instanz des Datentyps zu erzeugen: `Struktur/Klassenname.methode()`. Sie eignen sich zum Erzeugen neuer Instanzen oder für Aufgaben, zu deren Erledigung keine Instanzdaten erforderlich sind.

Instanzmethoden

Gewöhnliche Methoden werden innerhalb einer Klasse oder Struktur mit dem Schlüsselwort func eingeleitet. Dem Methodennamen folgen die Parameterliste und gegebenenfalls der Rückgabedatentyp. Das folgende Beispiel definiert die Datenstruktur Vector3 für dreidimensionale Vektoren. Darin gibt es mehrere Instanzmethoden:

- length liefert die Länge des Vektors.
- getNormalized erzeugt einen neuen Vektor, der in die gleiche Richtung zeigt wie der ursprüngliche Vektor, aber die Länge 1 hat. Bei einem Nullvektor liefert die Methode nil als Ergebnis.
- toString gibt eine Zeichenkette zurück, die die Daten des Vektors in der Form "(x, y, z)" zusammenfasst.
- greater und smaller vergleicht den Vektor mit einem anderen und liefert true oder false zurück, je nachdem, welcher Vektor größer ist.

```
// Datei vector.playground
struct Vector3 {
  var x = 0.0
  var y = 0.0
  var z = 0.0

  // liefert die Länge des Vektors als Double-Zahl
  func length() -> Double {
    return sqrt(x * x + y * y + z * z)
  }
  // erzeugt eine neue Vector3D-Instanz
  func getNormalized() -> Vector3? {
    if length() > 0 {
      return Vector3(x: x / length(),
                     y: y / length(),
                     z: z / length())
    } else {
      return nil
    }
  }
  // gibt die Vektorkomponenten als Zeichenkette zurück
  func toString() -> String {
    return "(\(x), \(y), \(z))"
  }
  // verrät, welcher Vektor länger ist
  func greater(than other: Vector3) -> Bool {
    return self.length() > other.length()
  }
```

```
  func smaller(than other: Vector3) -> Bool {
    return self.length() < other.length()
  }
}

// ausprobieren
let v1 = Vector3(x: 2, y: 3, z: 1)
v1.length()      // 3,7417

let v2 = v1.getNormalized()!
v2.toString()    // "(0.5345, 0.8018, 0.2673)"
v2.length()      // 1,0
```

Mutating Methods

Nehmen Sie an, wir wollten für die obige Vector3-Struktur eine neue Methode normalize entwickeln, die einen vorhandenen Vektor »normalisiert«, also die drei Komponenten so skaliert, dass der resultierende Vektor die Länge 1 hat. Der naheliegende Code sieht so aus:

```
// Vektor normalisieren
struct Vector3 {
  ... Code wie bisher

  // Vektor normalisieren
  func normalize() {
    let len = length()
    if len != 0 {
      x = x / len   //  Fehler: cannot assign to x in self
      y = y / len
      z = z / len
    }
  }
}
```

Allerdings liefert der Swift-Compiler nun bei den drei Zuweisungen x=..., y=... und z=... Fehlermeldungen: Methoden von Strukturen dürfen die Eigenschaften einer Instanz nicht verändern. Dieses Problem lässt sich auf drei Arten lösen:

▸ Sie stellen der Methode das Schlüsselwort mutating voran, also:

```
// Methode als 'mutating' kennzeichnen
mutating func normalize() { ... }
```

- Sie machen aus der Struktur eine Klasse, ersetzen also struct durch class. Methoden von Klassen ist die Veränderung von Eigenschaften generell erlaubt. Allerdings müssen Sie den Code der Klasse nun noch um eine Init-Funktion ergänzen, die der Swift-Compiler bei Strukturen automatisch generiert:

  ```
  init(x: Double, y: Double, z: Double) {
    self.x = x
    self.y = y
    self.z = z
  }
  ```

- Sie bleiben bei einer Struktur, verändern die Daten aber von außen durch eine Struktur, an die der Vektor als inout-Parameter übergeben wird:

  ```
  // globale Funktion zur Normalisierung eines Vektors
  func normalize(inout v:Vector3) {
    let len = v.length()
    if len != 0 {
      v.x = v.x / len
      v.y = v.y / len
      v.z = v.z / len
    }
  }

  var v3 = Vector3(x: 4, y: 2, z: 1)
  normalize(&v3)
  v3.x
  ```

Von diesen drei Lösungswegen ist eine *Mutating Method* sicherlich die naheliegendste. Das Schlüsselwort mutating wurde eingeführt, weil die Swift-Entwickler die Veränderung der Daten/Eigenschaften einer Struktur nicht als den Normalfall betrachten, sondern als Ausnahme. Deswegen verlangt der Swift-Compiler von den Programmierern, dass sie solche Methoden explizit als mutating (wörtlich: verändernd) kennzeichnen.

Swift-intern ist das Schlüsselwort mutating auch aus Effizienzgründen wichtig: Strukturen sind Werttypen und werden bei Zuweisungen kopiert. Das kostet aber Zeit, weswegen Swift eine »echte« Kopie oft auf später verschiebt. Erst wenn Daten verändert werden (z. B. durch den Aufruf einer Methode, die als mutating gekennzeichnet ist) und eine Trennung zwischen Original und Kopie also unbedingt erforderlich ist, wird die Kopie tatsächlich durchgeführt.

In Mutating Methods gilt noch eine Besonderheit: Sie können self eine neue Instanz zuweisen. Diese ersetzt dann die aktuelle Instanz. Damit tut sich ein weiterer Lösungsweg für die normalize-Methode auf:

```
struct Vector3 {
  ... wie bisher

  // normalize verändert die aktuelle Instanz
  mutating func normalize() {
    let len = length()
    if len != 0 {
      self = Vector3(x: x / len, y: y / len, z: z / len)
    }
  }
}

// ausprobieren
var v3 = Vector3(x: 2, y: -2, z: 3)
v3.normalize()
v3.toString()   // "(0,4851, -0.4851, 0.7276)"
```

Statische Methoden

Gewöhnliche Methoden werden auf Instanzen angewendet und verarbeiten in der Regel die dort gespeicherten Daten. Statische Methoden werden syntaktisch hingegen direkt auf den Typnamen angewendet. Es ist nicht erforderlich, vor ihrem Aufruf eine Instanz zu erzeugen. Dafür kann eine statische Methode allerdings auch auf keine Instanzdaten zugreifen.

Statische Methoden werden in Strukturen und Klassen mit dem Schlüsselwort static gekennzeichnet. Statische Methoden von Klassen können statt durch static auch durch das in diesem Kontext gleichwertige Schlüsselwort class gekennzeichnet werden. Die Swift-Dokumentation bezeichnet statische Methoden von Klassen vielfach auch als *Type Methods*, also als Typmethoden.

```
struct TestStruct {
  // statische Methoden in Strukturen
  static func m() -> Int { return 42 }
}
class TestClass {
  // statische Methoden = Typmethoden in Klassen
  static func m() -> Int { return 42 }
  class func n() -> Int { return 43}     // class = static
}
```

Um noch einmal zum Vector3-Beispiel zurückzukehren: Dort könnte man die Methoden greater und smaller auch statisch implementieren. Diese Methoden vergleichen zwei als Parameter übergebene Vector3-Instanzen und geben true zurück, wenn die erste größer bzw. kleiner als die zweite ist, wobei als Vergleichsmaßstab length() dient:

```
struct Vector3 {
  ... Code wie bisher

  // verrät, welcher Vektor länger ist
  static func greater(v1: Vector3, v2: Vector3) -> Bool {
    return v1.length() > v2.length()
  }
  static func smaller(v1: Vector3, v2: Vector3) -> Bool {
    return v1.length() < v2.length()
  }
}
```

Damit ist es nun ein Kinderspiel, ein Array von Vektoren zu sortieren:

```
var v = [Vector3]()
v.append(Vector3(x: 1, y: 2, z: 3))
v.append(Vector3(x: 2, y: 2, z: 3))
v.append(Vector3(x: 1, y: 0, z: 1))

// sortiert das Array v, der längste Vektor wird
// zuerst aufgelistet
v.sort(by: Vector3.greater)

// sortiert das Array in umgekehrter Reihenfolge
v.sort(by: Vector3.smaller)
```

Noch eleganter wird der Code, wenn Sie die Operatoren < und > außerhalb der Vector3-Struktur wie folgt definieren:

```
func < (lhs: Vector3, rhs: Vector3) -> Bool {
  return lhs.smaller(than: rhs)
}
func > (lhs: Vector3, rhs: Vector3) -> Bool {
  return lhs.greater(than: rhs)
}
```

Damit können Sie noch eleganter sortieren:

```
v.sort(by: <)
```

Statische Eigenschaft

Der Vollständigkeit halber verfügt das Beispiel auch über eine statische Eigenschaft, um einen Null-Vektor zu erzeugen:

```
struct Vector3 {
  static let zero = Vector3(x: 0, y: 0, z: 0)
  ...
}

let v0 = Vector3.zero
let v0 = Vector3()      // gleichwertig, aber weniger klar
```

Signaturen von Methoden

Wenn Sie in Xcode in einem Code-Fenster in die Titelleiste klicken, wird eine Referenz aller Methoden der Swift-Datei angezeigt. Xcode verwendet dazu eine spezielle Kurzschreibweise, um die »Signatur« der Methode auszudrücken. Darin sind neben dem Namen der Methode auch die Namen der benannten Parameter zusammengefasst, nicht aber deren Typen.

In der Signaturschreibweise werden die Parameter wie üblich in runden Klammern angegeben. Jedem Parameter, auch dem letzten, folgt ein Doppelpunkt. Nicht benannte Parameter werden durch das Zeichen _ ausgedrückt.

Die folgenden Zeilen stammen aus Kapitel 36, »Icon-Resizer«. Die Methoden befinden sich in einer Klasse ViewController, die von NSViewController abgeleitet ist und die außerdem die Protokolle NSTableViewDataSource und NSTableViewDelegate implementiert. Der Inhalt der Methoden ist hier nicht relevant, er wird deswegen nur mit { ... } angedeutet.

```
// einige Methoden, ...
class ViewController : NSViewController,
   NSTableViewDataSource, NSTableViewDelegate
{
  func numberOfRows(in tableView: NSTableView) -> Int { ... }

  func tableView(_ tableView: NSTableView, heightOfRow row: Int)
    -> CGFloat { ... }

  func tableViewColumnDidResize(_ notification: Notification)
    { ... }

  func tableView(_ tableView: NSTableView,
    viewFor tableColumn: NSTableColumn?,
    row: Int) -> NSView? {... }
}
```

Die dazugehörenden Swift-Signaturen sehen so aus:

```
//  ...  ihre Swift-Signaturen ...
numberOfRows(in:)
tableView(_:heightOfRow:)
tableViewColumnDidResize(_:)
tableView(_:viewFor:row:)
```

In vielen Bibliotheken existieren gleichnamige Methoden, die sich nur durch die Parameterliste unterscheiden. Die Signatur kann die betreffende Methode dann eindeutig identifizieren. Deswegen wird die Signaturschreibweise fallweise auch in diesem Buch verwendet, um auf eine bestimmten Variante von mehreren gleichnamigen Methoden hinzuweisen.

#selector-Syntax

Signaturen spielen eine Rolle, wenn Sie in einer action-Eigenschaft oder einem action-Parameter eine Referenz auf eine Methode übergeben müssen, wie dies z. B. in Abschnitt 16.5, »Auto Layout«, auf Seite 426 vorkommt. Dazu verwenden Sie die Schreibweise #selector(signatur), wobei die Signatur auch den Klassennamen beinhalten muss.

```
btn.addTarget(
  self,
  action: #selector(ViewController.buttonAction(_:)),
  for: .touchUpInside)
```

Bei Methoden ohne Parameter entfallen die Klammern. Die folgenden Zeilen zeigen, wie eine App auf Nachrichten eines AVPlayer-Objekts reagieren kann, die dieser Player an das Notification Center sendet (siehe auch Abschnitt 26.2, »Audio-Wiedergabe mit dem AVPlayer«):

```
NotificationCenter.default.addObserver(self,
  selector: #selector(ViewController.playerHasStopped),
  name: .AVPlayerItemDidPlayToEndTime,
  object: nil)
```

Die playerHasStopped-Methode kann dann so in der ViewController-Klasse implementiert werden:

```
class ViewController: UIViewController {
  // ... sonstiger code
  func playerHasStopped() {
    //  Reaktion auf das Ereignis
  }
}
```

Die Methoden, auf die ein Selektor verweist, dürfen nicht fileprivate oder private sein.

11.6 Subscripts

Bei einigen Swift-Datenstrukturen können Sie über einen Index in eckigen Klammern auf einzelne Elemente zugreifen. Dies gilt unter anderem für Arrays, Dictionaries und Zeichenketten:

```
var ar = [17, 29, 31, 47]
ar[2]                              // 31, Datentyp Int

var dict = ["GRZ": "Graz", "VIE": "Wien", "SZG": "Salzburg"]
dict["VIE"]                        // "Wien", Datentyp String?

var s = "Hello World!"
let start = s.startIndex
let end = s.index(start, offsetBy: 3)
s[start..<end]                     // "Hell", Datentyp String
```

Swift bietet Ihnen nun die Möglichkeit, diese sogenannte Subscript-Syntax auch für Ihre eigenen Datentypen zu nutzen. Dazu müssen Sie Ihre Klasse oder Struktur lediglich um spezielle Methoden ergänzen, die mit dem Schlüsselwort `subscript` beginnen und ähnlich wie bei Computed Properties einen get- und einen set-Teil aufweisen, um so Daten zu ändern bzw. auszulesen. Die folgenden Zeilen fassen die Syntax zusammen:

```
struct Test {
  // subscript-Methode für Test[index]-Zugriffe
  subscript(index: indexDatentyp) -> Datentyp {
     get          { return ... }
     set(newValue) { newValue speichern ... }
  }
}
```

Sowohl für den Index als auch für die Daten an sich ist jeweils ein beliebiger Datentyp zulässig. Bei generischen Klassen bzw. Strukturen kann natürlich auch der Datentyp generisch sein. Subscripts eignen sich besonders gut für eigene Datentypen, die selbst Aufzählungen (Collections) verwalten.

Beispiel: Schachbrett

Das folgende Beispiel greift nochmals das Schachspiel auf. Die folgenden Zeilen definieren zuerst zwei Enumerationen für die Figuren und Farben eines Schachspiels. Die Struktur `Figure` bildet aus je einem Element dieser beiden Enumerationen eine Schachfigur – z. B. einen weißen Springer. Derartige Figuren sollen nun auf einem Schachbrett platziert werden. Dazu dient die Struktur `ChessBoard`, die zur Datenspeicherung ein 8×8-Array vom Typ Figure? verwendet: Wenn ein Feld des Schachbretts frei bleibt, lautet der entsprechende Wert im Array nil.

Damit kommen wir zu den subscript-Funktionen: Der Zugriff auf die Felder des Schachbretts soll nicht über Spalten- und Zeilennummern erfolgen, sondern in der Schachnotation. Die Umrechnung zwischen Zeichenketten wie "a1" oder "e5" in ein Tupel, das aus Spalten- und Zeilennummer besteht, übernimmmt die Funktion getRowCol.

```
// Datei schach2.playground

// Aufzählungen zur Definition der Schachfiguren
enum Pieces { case king, queen, rook, bishop, knight, pawn }
enum Colors { case white, black }

// Struktur zur Darstellung einer Schachfigur (ohne Position)
struct Figure {
  let col: Colors
  let fig: Pieces
  init(_ col: Colors, _ fig: Pieces) {
    self.col = col
    self.fig = fig
  }
}

// Schachbrett zur Speicherung der Figuren
struct ChessBoard {
  // interner Datenspeicher
  private var _board:[[Figure?]]

  // Initialisierung des 8x8-Arrays
  init() {
    _board = [[Figure?]](repeating: [Figure?](repeating: nil,
                                              count: 8),
                        count: 8)
  }

  // subscript-Funktionen zum komfortablen Zugriff
  // auf das Schachbrett
  subscript(pos: String) -> Figure? {
    get {
      let (row, col) = ChessBoard.getColRow(pos: pos)
      return _board[row][col]
    }
```

```
    set(newValue) {
      let (row, col) = ChessBoard.getColRow(pos: pos)
      _board[row][col] = newValue
    }
  }

  // Umrechnung "e3" --> (4, 2)
  private static func getColRow(pos:String) -> (Int, Int) {
    if pos.unicodeScalars.count != 2 {
      print("wrong position")
      return (-1, -1)
    }

    let code1 =
      Int(pos.lowercased().unicodeScalars.first!.value)
    let code2 = Int(pos.unicodeScalars.last!.value)
    if code1>=97 && code1<=104 && code2>=49 && code2<=56 {
      return (code1 - 97, code2 - 49)
    } else {
      print("wrong position")
      return (-1, -1)
    }
  }
}

// ChessBoard-Struktur ausprobieren
var cb = ChessBoard()
cb["a1"] = Figure(.white, .rook)    // weißer Turm auf a1
cb["h8"] = Figure(.black, .rook)    // schwarzer Turm auf h8
```

> **Einfachere »subscripts« für Zeichenketten**
>
> Ein weiteres Beispiel für eine subscript-Funktion gibt es in Abschnitt 8.4, »Zeichenketten zerlegen und zusammensetzen«: Am Ende dieses Abschnitts finden Sie Code zur Erweiterung der String-Struktur, um auf Teilzeichenketten unkompliziert mit ganzen Zahlen zugreifen zu können.

11.7 Typ-Aliasse

Mit typealias können Sie einem vorhandenen Datentyp einen zweiten Namen zuweisen, unter dem Sie den Typ von nun an ebenfalls nutzen können. Die folgende typealias-Anweisung macht Temperature gleichwertig zu Double:

```
typealias Temperature = Double
var temp: Temperature = 2.7
2.3 + Temperature(2.5)        // 4.8, entspricht 2.3 + Double(2.5)
```

Die Swift-Sprachdefinition enthält eine ganze Reihe von Typ-Aliassen, von denen hier auszugsweise einige wiedergegeben sind:

```
// trifft auf Instanzen aller Klassen zu
// (siehe nächstes Kapitel)
@objc typealias AnyClass = AnyObject.Type
typealias CBool = Bool
typealias CChar = Int8
typealias IntegerLiteralType = Int
typealias Void = ()                         // leeres Tupel
...
```

Seit Version 3 erlaubt Swift auch die Definition generischer Typ-Aliasse (siehe auch Abschnitt 12.2, »Generics«):

```
typealias IntFunction<T> = (T) -> Int
```

11.8 Speicherverwaltung

Wie bei den meisten Programmiersprachen müssen Sie sich in Swift nur in Ausnahmefällen um die Speicherverwaltung kümmern. Objekte, auf die Sie im Code nicht mehr verweisen, werden automatisch aus dem Arbeitsspeicher entfernt. Sie müssen keine Angst haben, dass Ihr Programm aufgrund vergessener Aufräumarbeiten mehr und mehr Speicher beansprucht.

Interessant zu wissen ist, dass es in Swift im Gegensatz zu vielen anderen Sprachen keinen sogenannten Garbage Collector gibt, der nicht mehr genutzte Ressourcen aus dem Speicher räumt. Stattdessen zählt Swift mit, wie viele Referenzen auf ein Objekt zeigen (*Automatic Reference Counting*, ARC). Wenn die Anzahl der Referenzen auf null sinkt, wird das Objekt sofort aus dem Speicher entfernt. Beide Verfahren haben in manchen Fällen Vorteile. Hintergrundinformationen können Sie hier nachlesen:

*https://developer.apple.com/library/content/documentation/Swift/Conceptual/
  Swift_Programming_Language/AutomaticReferenceCounting.html*
*https://quora.com/Why-doesnt-Apple-Swift-adopt-the-memory-
  management-method-of-garbage-collection-like-in-Java*

Wenn Sie verfolgen möchten, wann ein Objekt aus dem Speicherplatz entfernt wird, implementieren Sie die `deinit`-Funktion. Sie wird unmittelbar aufgerufen, bevor ARC eine Instanz des Objekts aus dem Speicher entfernt.

Im folgenden Beispiel wird zuerst eine Instanz von MyClass erzeugt. Mit b=a und c=a verweisen schließlich drei Variablen auf das Objekt, d. h., der Reference Counter erreicht den Wert 3. Anschließend werden die Objektverweise alle auf nil gesetzt. Mit der dritten nil-Zuweisung sinkt der Reference Counter auf 0, die deinit-Funktion wird ausgeführt und das Objekt dann aus dem Speicher entfernt. Beachten Sie bitte, dass Sie ein echtes, kompiliertes Programm benötigen, um das zu testen. Der Playground ist hierfür ungeeignet.

```
// Projekt memory, Datei main.swift
class MyClass {
  var data: String
  init(data: String) {
    self.data = data
  }
  deinit {
    print("deinit")
  }
}

var a: MyClass? = MyClass(data: "abc")
var b: MyClass? = a
var c: MyClass? = a
b = nil
a = nil
c = nil
print("fertig")
// Ausgabe: zuerst 'deinit', dann 'fertig'
```

weak und unowned

Das größte Problem von ARC besteht darin, dass es Fälle gibt, in denen der Reference Counter nie auf 0 sinkt. Das betrifft insbesondere geschlossene Verweisketten, wo also z. B. Objekt 1 auf Objekt 2 verweist, dieses auf Objekt 3 und dieses wieder zurück auf Objekt 1. Selbst wenn es im Programm keine direkten Verweise mehr auf Objekt 1 bis 3 gibt, diese also alle drei nicht mehr benötigt werden, verhindern die inneren Referenzen die Speicherfreigabe.

Um selbst derartige Sonderfälle korrekt zu verarbeiten, bietet Swift die Möglichkeit, Objektvariablen mit dem Schlüsselwort weak oder unowned zu kennzeichnen:

```
weak var name1: typ1?
unowned var name2: typ2
unowned let name2: typ2 = ...
```

- **weak:** Wenn es nur noch »schwache« Objektverweise gibt, darf ARC das Objekt aus dem Speicher entfernen. weak ist nur für optionale Variablen geeignet. In der Praxis kommen weak-Eigenschaften sehr oft in View-Controller-Klassen vor, wenn Sie dort Outlets einfügen. Outlets sind Eigenschaften, die auf ein Steuerelement innerhalb einer Ansicht eines iOS-Programms verweisen.

  Wenn eine weak-Variable auf ein Objekt verweist, das via ARC aus dem Speicher entfernt wird, dann wird diese Variable automatisch auf nil gesetzt. Das erklärt auch, warum weak Optionals voraussetzt.

- **unowned:** Ein »herrenloser« Objektverweis gilt für ARC als schwacher Objektverweis. Der syntaktische Unterschied besteht darin, dass unowned für Variablen bzw. Konstanten gedacht ist, die nie nil sein können, während weak für Optionals vorgesehen ist.

Übrigens gibt es auch das Schlüsselwort strong, das anstelle von weak oder unowned verwendet werden kann; da strong per Default gilt, ist sein Einsatz im Code überflüssig. Mehr Details sowie Beispiele für den Umgang mit weak und unowned, auch im Zusammenhang mit Closures, finden Sie auf den folgenden Seiten:

*https://developer.apple.com/library/content/documentation/Swift/Conceptual/
  Swift_Programming_Language/AutomaticReferenceCounting.html
http://stackoverflow.com/questions/24320347
http://sketchytech.blogspot.com/2014/09/swift-rules-of-weak-and-unowned.html*

weak-Beispiel

Um zyklische Verweise zu illustrieren, sind im Beispielprojekt weak-references sechs Klassen definiert: Class1a, Class2a und Class3a enthalten jeweils Eigenschaften, damit Instanzen dieser Klassen aufeinander verweisen können (siehe Abbildung 11.2). Class1b, Class2b und Class3b enthalten einen ganz ähnlichen Code, allerdings sind die Eigenschaften pointsToXxx nun mit dem Schlüsselwort weak versehen.

Abbildung 11.2 Zyklische Verweise von Instanzen können die ARC-Speicherverwaltung aus dem Takt bringen.

```swift
// Projekt weak-references, Datei main.swift
// drei Klassen mit strong-Referenzen
class Class1a {
  var pointsTo2: Class2a?
  deinit {
    print("deinit Class 1a")
  }
}
class Class2a {
  var pointsTo3: Class3a?
  deinit {
    print("deinit Class 2a")
  }
}
class Class3a {
  var pointsTo1: Class1a?
  deinit {
    print("deinit Class 3a")
  }
}
// noch drei Klassen, aber mit weak-Referenzen
class Class1b {
  weak var pointsTo2: Class2b?
  deinit {
    print("deinit Class 1b")
  }
}
class Class2b {
  weak var pointsTo3: Class3b?
  deinit {
    print("deinit Class 2b")
  }
}
class Class3b {
  weak var pointsTo1: Class1b?
  deinit {
    print("deinit Class 3b")
  }
}
```

In einem if-true-Block werden nun Instanzen von allen sechs Klassen erzeugt und miteinander verbunden. Da die sechs Variablen nur innerhalb des if-Blocks gültig sind, sollten die durch die Variablen belegten Ressourcen eigentlich anschließend wieder freigegeben werden. Bei den a-Instanzen scheitert dies an den zyklischen Verweisen, während die b-Instanzen wunschgemäß freigegeben werden:

11.8 Speicherverwaltung

```
// ARC ausprobieren
if true {
  var c1a = Class1a()
  var c2a = Class2a()
  var c3a = Class3a()
  c1a.pointsTo2 = c2a
  c2a.pointsTo3 = c3a
  c3a.pointsTo1 = c1a

  var c1b = Class1b()
  var c2b = Class2b()
  var c3b = Class3b()
  c1b.pointsTo2 = c2b
  c2b.pointsTo3 = c3b
  c3b.pointsTo1 = c1b
  print("if-Block endet")
}
print("nach dem if-Block")
```

Das Programm liefert die folgenden Ausgaben:

```
if-Block endet
deinit Class 3b
deinit Class 2b
deinit Class 1b
nach dem if-Block
```

Und wenn Sie jetzt denken, dass die drei Instanzen eigentlich kein großes Problem darstellen, dann verpacken Sie den if-true-Block in eine Schleife:

```
for(i in 1...10_000_000 {
  if true {
    var c1a = Class1a()
    // weiter wie oben
  }
}
```

Abbildung 11.3 Den steigenden Speicherbedarf können Sie in Xcode beobachten.

Der Speicherbedarf dieses Programms wächst und wächst und wächst – ungebremst. Je länger die Schleife läuft, desto mehr Speicherplatz beansprucht das Programm. Das ist ein klassisches Beispiel für einen *Memory Leak*, den es unbedingt zu vermeiden gilt! In Xcode können Sie den Speicherhunger des Programms übrigens wunderbar im Dialogblatt DEBUG NAVIGATOR verfolgen (siehe Abbildung 11.3).

Kapitel 12
Objektorientierte Programmierung II

Nachdem ich in Kapitel 11 die Sprachelemente von Swift zur Definition von Strukturen und Klassen mit Eigenschaften, Init-Funktionen, Methoden und Subscripts erläutert habe, folgen in diesem Kapitel einige fortgeschrittene Funktionen zur objektorientierten Programmierung:

- Vererbung
- Generics
- Protokolle und Standardprotokolle
- Extensions
- Protokollerweiterungen
- Reflecion und Metatypen

12.1 Vererbung

Vererbung ist ein Mechanismus, der nur Klassen, nicht aber Strukturen zur Verfügung steht. Mit Vererbung kann eine neue Klasse alle Eigenschaften und Methoden einer frei wählbaren Basisklasse übernehmen und darauf aufbauen: Die eigene Klasse kann zusätzliche Eigenschaften und Methoden hinzufügen sowie vorhandene Methoden durch neue Implementierungen ersetzen.

Syntaktisch gesehen ist Vererbung denkbar einfach implementiert: Sie geben einfach nach dem Namen Ihrer neuen Klasse einen Doppelpunkt und dann den Namen der Basisklasse an:

```
class BasisKlasse {                   // Basisklasse
  var x = 1                           // Eigenschaft
  func m1(...) { ... }                // Methode
}
class NeueKlasse : BasisKlasse {      // erweiterte Klasse
  var y = 1                           // neue Eigenschaft
  override func m1(...) { ... }       // vorhandene Methode ändern
  func m2(...) { ... }                // neue Methode
}
```

Anstelle von Vererbung ist auch der Begriff *Subclassing* üblich. Die neu definierte Klasse ist die *Sub-Klasse*, die vorhandene Basisklasse heißt *Super-Klasse*.

> **Es gibt keine universelle Basisklasse**
>
> Anders als beispielsweise in Java gibt es in Swift keine universelle Basisklasse, von der alle anderen Klassen abgeleitet werden. Wenn Sie also selbst eine Klasse definieren und dabei keine Vererbung nutzen, beginnen Sie bei null. Ihre neue Klasse wird also zu einer Basisklasse in Swift.
>
> In manchen Fällen ist es aber erforderlich, eigene Klassen von NSObject abzuleiten. NSObject gilt als Basisklasse für Objective-C. Eine Ableitung von NSObject ist beispielsweise unumgänglich, wenn Ihre Klasse ein Protokoll implementiert, das selbst auf das Objective-C-Protokoll NSObject zurückgreift. Vergessen Sie die Angabe der Basisklasse NSObject, liefert der Compiler die Fehlermeldung *type does not conform to NSObjectProtocol*. Der Widerspruch zwischen NSObject und NSObjectProtocol besteht deswegen, weil das Objective-C-Protokoll NSObject unter Swift den Namen NSObjectProtocol hat. Weitere Details können Sie hier nachlesen:
>
> *http://stackoverflow.com/questions/24057525/swift-native-base-class-or-nsobject*

Mehrfachvererbung

Swift unterstützt wie Java und C# keine Mehrfachvererbung: Jede Klasse kann also immer nur von einer Basisklasse erben. Anders als beim Vorbild aus der Biologie kann eine neue Klasse nicht gleichzeitig Eigenschaften von Mutter und Vater erben.

```
class A1 { ... }           // Basisklasse A1
class A2 { ... }           // Basisklasse A2
class B : A1, A2 { ... }   // FEHLER: B kann nur von einer
                           // Klasse abgeleitet sein!
```

Sehr wohl zulässig ist aber das Vererben in mehreren Schritten: Sie können also zuerst die Basisklasse A definieren, davon B und davon wiederum C ableiten:

```
class A { ... }            // Basisklasse A
class B : A { ... }        // erweiterte Klasse B
class C : B { ... }        // nochmals erweiterte Klasse C
```

Vererbung versus Protokolle versus Extensions

Vererbung zählt zu den elementarsten Konzepten der objektorientierten Programmierung. Swift bietet mit Protokollen und Extensions aber noch zwei weitere Mechanismen an, um Klassenbibliotheken zu gestalten (siehe Tabelle 12.1).

Merkmal	Vererbung	Protokolle	Extensions
Für Klassen geeignet	ja	ja	ja
Für Strukturen geeignet	nein	ja	ja
Für Enumerationen geeignet	nein	ja	ja
Stored Properties hinzufügen	ja	—	nein
Computed Properties hinzufügen	ja	—	ja
Property Observer hinzufügen	ja	—	nein
Methoden hinzufügen	ja	—	ja
Methoden ändern (override)	ja	—	nein
Retroactive Modeling	nein	—	ja
Generics-Syntax	<T>	associatedtype	—

Tabelle 12.1 Vererbung versus Protokolle versus Extensions

Details zu Protokollen und Extensions folgen in Abschnitt 12.3, »Protokolle«, und Abschnitt 12.5, »Extensions«.

Vererbung ist allgegenwärtig!

Dieser Abschnitt konzentriert sich auf die Beschreibung der Syntax der Vererbung. Praktische Beispiele folgen dann ab Kapitel 15, »Hello iOS-World!« – und zwar dutzendweise! Vererbung ist nämlich ein allgegenwärtiges Prinzip in allen Apps: Dort sind es vor allem Klassen zur Gestaltung grafischer Benutzeroberflächen aus dem UIKit oder Cocoa, die Sie als Basis für Ihre Apps verwenden und dann um Eigenschaften zum Zugriff auf Ihre Steuerelemente, um Methoden zur Reaktion auf Benutzerereignisse etc. erweitern. Bei jeder noch so einfachen iOS-App beginnt der Code für das »Storyboard« mit Vererbung:

```
class MyViewController : UIViewController { ... }
```

override bei Methoden

Sie können in der neuen Klasse Methoden, Computed Properties, Property Observer sowie Subscript-Funktionen durch eine neue Implementierung ersetzen. Dabei müssen Sie allerdings zwei Dinge beachten:

- Sie müssen Ihrer Neudefinition das Schlüsselwort override voranstellen und so klarmachen, dass Sie ein vorhandenes Merkmal einer Klasse überschreiben möchten.
- Sie müssen die Attribute, die Parameterliste, die Datentypen und die anderen Merkmale exakt übernehmen. Eine private Methode kann nicht durch eine öffentliche Methode überschrieben werden; aus einer Methode, die ein Double-Ergebnis liefert, kann keine Methode werden, die eine Int-Zahl zurückgibt etc.

Anders als in Java, wo @overrides ein optionales Attribut ist, ist override in Swift zwingend erforderlich. Das folgende Beispiel zeigt, wie Methode m1 der Klasse X in Y durch eine neue Implementierung überschrieben wird:

```
// Datei vererbung.playground
class X {
  var a = 1, b=2
  func m1() -> Int {
    return a+b
  }
}
class Y : X {
  override func m1() -> Int {
    return a*b
  }
}

var x = X()     // Instanz der Klasse X, a=1, b=2
var y = Y()     // Instanz der Klasse Y, a=1, b=2
x.m1()          // 1+2 ergibt 3
y.m1()          // 1*2 ergibt 2
```

override bei Eigenschaften

Ein direktes Überschreiben von Eigenschaften (*Stored Properties*) ist in Swift nicht vorgesehen. Mit override können Sie aber eine aus der Basisklasse gegebene Eigenschaft um eigene Property Observer erweitern. Dabei müssen Sie den Datentyp der Variable explizit angeben.

```
class A {
  var x = 1
}

// B erweitert A um Property Observer
// für die Eigenschaft x
```

```
class B : A {
  override var x: Int {
    willSet(newX) {
      print("willSet: current=\(x) new will be=\(newX)")
    }
    didSet(oldX) {
      print("didSet:  current=\(x) old was=\(oldX)")
    }
  }
}

// Test
var b = B()
b.x = 2
// Ausgabe: willSet: current=1 new will be=2
//          didSet:  current=2 old was=1
```

> **»override« erweitert Property Observers und Computed Properties**
>
> Das Schlüsselwort override impliziert eigentlich, dass eine vorhandene Implementierung überschrieben wird. Das stimmt nicht. Vielmehr wird eine zusätzliche Implementierung hinzugefügt. So bleiben die Property Observers bzw. Computed Properties der Basisklasse aktiv, d. h., ihr Code wird weiter ausgeführt. Allerdings kommt nun in der eigenen Klasse zusätzlicher Code hinzu, der ebenfalls ausgeführt wird.
>
> Bei Methoden und Init-Funktionen ist es ähnlich. Der wesentliche Unterschied besteht aber darin, dass Sie sich um den Aufruf des Codes der Basisklasse durch super.init() oder super.methode() bei Bedarf selbst kümmern müssen.

Das Schlüsselwort super

Sobald Sie in einer Klasse Methoden oder andere Elemente der Basisklasse überschreiben, haben Sie das Problem, dass die zugrunde liegende Methode bzw. ein anderes Element nicht mehr zugänglich ist. (Beide Methoden haben ja den gleichen Namen.)

Abhilfe schafft in solchen Fällen das Schlüsselwort super: Damit können Sie sich explizit auf die Basisklasse beziehen. super hat damit eine ähnliche Funktion wie self – nur dass sich self auf die aktuelle Instanz bezieht, super hingegen auf die Instanz der Basisklasse (»Superklasse«).

```
// Datei super.playground
// Basisklasse A mit den Eigenschaften a1 und a2
class A {
  var a1: Int
  var a2: Int
```

```
    init(a1: Int, a2: Int) {
      self.a1 = a1
      self.a2 = a2
    }
    func m() -> Int {   // Methode
      return a1 + a2
    }
    var p: Int {         // Computed Property
      get {
        return a1 + a2
      }
      set {
        a1 = 0
        a2 = newValue
      }
    }
}

// Spezialklasse B mit der zusätzlichen Eigenschaft b
class B : A {
  var b: Int

  init(a1: Int, a2: Int, b: Int) {
    self.b = b
    // Init-Funktion der Basisklasse aufrufen
    super.init(a1: a1, a2: a2)
  }

  // Methode überschreiben
  override func m() -> Int {
    // m1() der Basisklasse plus
    // B-spezifische Ergänzung
    return super.m() + b
  }

  // Computed Property überschreiben
  override var p: Int {
    get { return a1 + a2 + b }
    set { a1 = 0
          a2 = 0
          b  = newValue
        }
  }
}
```

Das Schlüsselwort final

Wenn Sie vermeiden möchten, dass eine ganze Klasse oder auch nur eine Methode oder eine Computed Property durch Vererbung verändert wird, dann kennzeichnen Sie das entsprechende Element einfach mit dem Schlüsselwort final:

```
final class A {         // diese Klasse kann nicht
  ...                   // vererbt   werden
}

class B {               // diese schon, aber
  final func m() { ...} // die Methode m() darf nicht
                        // überschrieben werden
}
```

Der Swift-Compiler muss normalerweise auf dynamische Erweiterungen von Klassen und Methoden Rücksicht nehmen. Finale Klassen oder Methoden können aber nicht mehr erweitert werden. Das Kompilat kann »statischer« und damit effizienter formuliert werden. Insofern führt final zu einer (minimal) schnelleren Code-Ausführung.

> **Vererbung und Zugriffsebenen**
>
> Losgelöst von final ist eine Vererbung nur möglich, wenn die Zugriffsebene der Basisklasse dies erlaubt. private-Klassen können nie vererbt werden, fileprivate-Klassen nur innerhalb der aktuellen Datei, nicht gekennzeichnete Klassen (internal) und public-Klassen nur innerhalb des aktuellen Moduls. Über Modulgrenzen hinweg ist Vererbung nur bei open-Klassen möglich (siehe auch Abschnitt 11.1, »Klassen und Strukturen«).

Initialisierung

Die Initialisierung von vererbten Klassen ist in »The Swift Programming Language« in vielen Details beschrieben. Zumindest die Grundidee ist einfach: Der Compiler stellt sicher, dass alle Eigenschaften in allen Ebenen der Klassenhierarchie initialisiert werden. Dazu muss auf jeder Ebene eine vollwertige Init-Funktion aufgerufen werden, und es muss die folgende Reihenfolge eingehalten werden:

- Zuerst werden die spezifischen Eigenschaften der eigenen Klasse initialisiert.
- Dann wird super.init() aufgerufen, um die Eigenschaften der Basisklasse(n) zu initialisieren.
- Erst jetzt kann die Init-Funktion bei Bedarf weitere Aufgaben erledigen und dabei Eigenschaften der Klasse auslesen bzw. Methoden aufrufen.

Wenn *Convenience Init Functions* im Spiel sind, müssen diese eine *Designated Init Function* ihrer eigenen Klasse aufrufen. Aus nicht ganz einsichtigen Gründen ist es hingegen nicht erlaubt, dass aus der eigenen Init-Funktion eine *Designated Init Function* der übergeordneten Klasse aufgerufen wird.

Eine Init-Funktion der Basisklasse rufen Sie mit super.init(...) auf. Entscheidend ist dabei die Reihenfolge: Die Init-Funktion der eigenen Klasse muss zuerst alle eigenen Eigenschaften initialisieren, bevor der Aufruf von super.init() zulässig ist. Das war vorhin bereits im override-Beispiel zu sehen: Die Init-Funktion von B hat zuerst die eigene Klassenvariable b initialisiert und dann mit super.init() die Init-Funktion von A aufgerufen.

Erst nachdem die gesamte Initialisierungskette durchlaufen ist, darf die Init-Funktion auf Eigenschaften der übergeordneten Klasse zugreifen. Die Kommentare im folgenden Listing verdeutlichen die vorgeschriebene Initialisierungsabfolge nochmals. Vergessen Sie nicht das Schlüsselwort override, wenn die Parameterliste Ihrer neuen Init-Funktion mit der der Basisklasse übereinstimmt!

```swift
// Beispieldatei init.playground
class A {        // Basisklasse A
  var a1: Int, a2: Int
  init(_ a1: Int, _ a2: Int) {   // Designated Init Function
    self.a1 = a1
    self.a2 = a2
  }
  convenience init() {       // Convenience Init Function
    self.init(0, 0)          // mit Defaultwerten
  }
}

class B : A {  // erweiterte Klasse B
  var b: Int

  // Designated Init Function für B
  init(_ a1: Int, _ a2: Int, _ b: Int) {
    self.b = b
    // super.init(...) darf erst nach der Initialisierung
    // aller eigenen Eigenschaften (hier 'b')
    // aufgerufen werden. super.init() wäre
    // nicht erlaubt, weil init() nur eine
    // Convenience Init Function ist!
    super.init(a1, a2)
    // Der Zugriff auf Eigenschaften von A ist erst
    // hier, also nach super.init(), zulässig.
    self.a1 += b
  }
```

```
  // Convenience Init Function für B
  convenience init() {
    // darf nur Init-Funktionen von B aufrufen,
    // aber keine Init-Funktionen von A!
    self.init(0, 0, 0)
  }
}
```

> **Vererbung von Init-Funktionen**
>
> Wenn Sie Ihre neue Klasse *nicht* mit eigenen Init-Funktion ausstatten, dann erbt die neue Klasse einfach die Init-Funktionen der Basisklasse (auch die Convenience Init Functions) – alles erledigt also! Aber sobald Sie *eine* eigene Init-Funktion programmieren, müssen Sie sich um *alle* Init-Funktionen kümmern. Es gilt also: »Alles oder nichts.«

Das Schlüsselwort required

In der Basisklasse können Init-Funktionen mit dem Schlüsselwort required gekennzeichnet werden. Das hat zur Folge, dass die abgeleitete Klasse diese Init-Funktion implementieren muss. Wenn die abgeleitete Klasse gar keine Init-Funktionen implementiert, gilt diese Bedingung wegen der automatischen Vererbung von Init-Funktionen ebenfalls als erfüllt.

In der abgeleiteten Klasse muss die Init-Funktion ebenfalls als required gekennzeichnet werden, dafür entfällt override. Das folgende Beispiel zeigt, dass aus required für die Basisklasse ein required convenience in der abgeleiteten Klasse werden darf:

```
// Beispieldatei required-init.playground
// Basisklasse
class A {
  var a1: Int, a2: Int

  // jede Subklasse muss diese Init-Funktion
  // auch implementieren
  required init(_ a1: Int, _ a2: Int) {
    self.a1 = a1
    self.a2 = a2
  }
}
```

```swift
// erweiterte Klasse B
class B : A {
  var b: Int

  // Designated Init Function zur Initialisierung
  // aller Eigenschaften von A und B
  init(_ a1: Int, _ a2: Int, _ b: Int) {
    self.b = b
    super.init(a1, a2)
  }

  // Convenience Init Function, erfüllt zugleich
  // die 'required'-Anforderung aus A
  required convenience init(_ a1: Int, _ a2: Int) {
    self.init(a1, a2, 0)
  }
}
```

Redundanz in Init-Funktionen vermeiden

Wenn Sie Ihre eigene Klasse von einer anderen Klasse mit mehreren Init-Funktionen ableiten, müssen Sie in Ihrem Code oft entsprechend mehrere Init-Funktionen implementieren. Dabei tritt das Problem auf, dass Sie in *jeder* Init-Funktion zuerst alle Eigenschaften initialisieren müssen, bevor Sie super.init aufrufen können. Der Aufruf einer gemeinsamen Initialisierungsfunktion scheitert an dieser Stelle, weil andere Funktionen/Methoden erst *nach* der vollständigen Initialisierung aller Eigenschaften aufgerufen werden können.

Die nun fast zwangsweise auftretende Redundanz können Sie vermeiden, indem Sie Ihre Eigenschaften als Optionals deklarieren. Damit gelten sie von Anfang an als mit nil initialisiert, und es ist syntaktisch erlaubt, die Initialisierung nach dem Aufruf von super.init durch eine zentrale Methode durchzuführen.

Die folgenden Zeilen zeigen eine eigene View-Controller-Klasse, wie sie in vielen iOS-Apps vorkommt. Die drei Eigenschaften x, y und z wurden als Optionals definiert, was die Initialisierung *nach* dem super.init-Aufruf ermöglicht. Die Deklaration von x, y und z als Implicitly Unwrapped Optionals hat den Vorteil, dass Sie bei weiteren Zugriffen nicht jedes Mal an das Unwrapping denken müssen.

```swift
class ViewController: UIViewController {
  var x: Int!
  var y: Int!
  var z: Int!
```

```
  override init(nibName nibNameOrNil: String?,
                bundle nibBundleOrNil: NSBundle?)
  {
    super.init(nibName: nibNameOrNil, bundle: nibBundleOrNil)
    sharedInit()
  }

  required init?(coder aDecoder: NSCoder) {
    super.init(coder: aDecoder)
    sharedInit()
  }

  // zentrale Initialisierung optionaler Eigenschaften
  func sharedInit() {
    x = 1; y = 2; z = 3
  }
}
```

Generalisierung, Polymorphie und Casting

Wie in den meisten anderen objektorientierten Programmiersprachen können Sie auch in Swift die Konzepte der Generalisierung und der Polymorphie nutzen:

- Kurz gesagt bedeutet Generalisierung, dass Sie in einer Variablen oder einem Parameter eines allgemeinen Typs (einer Basisklasse, aber auch eines Protokolls, siehe Abschnitt 12.3) eine Instanz eines spezielleren Typs speichern dürfen (also einer erweiterten Klasse).

- Polymorphie besagt, dass Swift erkennen kann, welcher Klasse die Daten tatsächlich angehören, und entsprechend die richtigen Methoden aufruft.

Wenn Ihnen diese Begriffe nicht vertraut sind, finden Sie in der Wikipedia eine umfassende Erklärung:

https://de.wikipedia.org/wiki/Vererbung_(Programmierung)
https://de.wikipedia.org/wiki/Polymorphie_(Programmierung)

Das folgende Beispiel zeigt die Umsetzung dieser Begriffe in die Praxis: Zuerst werden drei Klassen definiert: eine allgemeine Klasse für Schachfiguren und dann zwei abgeleitete Klassen für einen Bauern bzw. einen König. Die abgeleiteten Klassen überschreiben jeweils die Methode toString.

Aufgrund des Prinzips der Generalisierung ist es zulässig, in einem Array für die Basisklasse ChessFigure auch Instanzen der abgeleiteten Klassen Pawn oder King zu speichern. In der OO-Nomenklatur spricht man in diesem Zusammenhang von einem *impliziten Upcast*.

Und weil Swift mit Polymorphie umgehen kann, wird in der Schleife durch f.toString() immer die passende Methode aufgerufen – bei einem Bauer also toString der Pawn-Klasse, bei einem König hingegen toString der King-Klasse. Das erscheint selbstverständlich, ist es aber nicht, weil f zum Zeitpunkt der Kompilierung eine Variable vom Typ ChessFigure ist. Swift kann daher erst zur Laufzeit ergründen, welchen Datentyp die Instanz hat, auf die f gerade zeigt.

```
// Datei schach3.playground
// Basisklasse für eine allgemeine Schachfigur
class ChessFigure {
  var position: String

  required init(at position: String) {
    self.position = position
  }

  func toString() -> String {
    return "ChessFigure @ \(position)"
  }
}

// abgeleitete Klassen für Bauer und König
class Pawn : ChessFigure {
  override func toString() -> String {
    return "Pawn @ \(position)"
  }
}
class King : ChessFigure {
  var hasCastled = false    // Rochade
  override func toString() -> String {
    return "King @ \(position)"
  }
}

// impliziter Upcast
var cf1: ChessFigure = Pawn(at: "h2")
var cf2 = Pawn(at: "h2") as ChessFigure  // gleichwertig

// Generalisierung: Obwohl Figures ein Array
// für ChessFigure-Elemente ist, dürfen darin
// auch Bauern, Könige etc. gespeichert werden:
var figures = [ChessFigure]()
figures.append(Pawn(at: "a2"))
figures.append(Pawn(at: "b2"))
figures.append(King(at: "b2"))
```

```
// Polymorphie: Es wird immer die 'richtige'
// toString-Methode aufgerufen:
for f in figures {
  print(f.toString())
}
// Ausgabe: Pawn @ a2
//         Pawn @ b2
//         King @ b2
```

Nun ist es zwar toll, dass Swift zur Laufzeit erkennen kann, welchen Datentyp die Instanz eines Objekts hat. Oft wollen Sie das aber selbst erkennen bzw. gezielt eine Datentypumwandlung (ein *Casting*) vornehmen. Dafür sind die Operatoren is sowie as, as? bzw. as! vorgesehen. as! erzwingt einen sogenannten Downcast. Das Ausrufezeichen deutet darauf hin, dass hier ein Fehler auftritt, wenn der Datentyp nicht stimmt, der Downcast also unmöglich ist. as? ist fehlertoleranter und liefert bei inkompatiblen Datentypen nil zurück. Die Verwendung von as ist nur zulässig, wenn der Compiler erkennen kann, dass die Umwandlung auf jeden Fall funktioniert. Das ist bei Upcasts der Fall.

```
if figures[1] is Pawn {               // Typtest
    let p = figures[1] as! Pawn       // impliziter Downcast mit as!,
    p.toString()                      // p hat den Datentyp 'Pawn'
}
if let k = figures[2] as? King {      // Typtest und Downcast
    print(k.hasCastled)               // zugleich mit as?,
                                      // liefert als Ergebnis false
}
```

Während figures den allgemeinen Datentyp ChessFigure hat, sind p bzw. k für Swift eindeutig Pawn- bzw. King-Instanzen. Für k ist somit die King-spezifische Eigenschaft hasCastled zugänglich.

12.2 Generics

Die Grundidee generischer Typen ist es, einzelne Datentypen bei der Programmierung nicht von vornherein festzulegen. Anstatt also z. B. eine Klasse zu entwerfen, die mit Instanzen des Typs A umgehen kann, und eine zweite Klasse für Instanzen des Typs B, wird bei der Deklaration der Klasse ein variabler Datentyp T festgelegt (Schreibweise <T>). Der Datentyp wird dann erst bei der Nutzung der generischen Klasse fixiert.

Grundsätzlich sind generische Typen für Funktionen und Methoden sowie für Enumerationen, Strukturen und Klassen erlaubt. Merkwürdigerweise sieht Swift keine generischen Typen für Protokolle vor. Bei Protokollen müssen Sie sich stattdessen mit einem `associatedtype` behelfen (siehe Abschnitt 12.3, »Protokolle«).

In der Praxis kommen generische Typen am häufigsten bei Collections zum Einsatz, also bei Datenstrukturen, die eine Sammlung gleichartiger Daten verwalten.

Dieser Abschnitt gibt lediglich eine Generics-Einführung. Weitere Erklärungen und Beispiele folgen in den nächsten Abschnitten, wo es um Protokolle und Extensions geht. Wie Sie sehen werden, sind beide Themen in der Praxis oft eng mit Generics verknüpft.

Syntax

Der generische Typ oder die generischen Typen folgen unmittelbar nach dem Namen des Elements in spitzen Klammern. Als Name wird oft nur ein einzelner Großbuchstabe verwendet, syntaktisch ist aber jeder Name erlaubt. Wie bei allen Typen sollte der Name aber mit einem Großbuchstaben beginnen. In der Folge können die dort genannten Typen dazu verwendet werden, um den Datentyp von Parametern, Eigenschaften oder Rückgabewerten festzulegen.

Das folgende Beispiel definiert die Struktur `Triple` zur Speicherung von drei Datenelementen desselben Typs. Welcher Typ tatsächlich verwendet wird, entscheidet sich erst beim Erzeugen einer Instanz. In vielen Fällen erkennt der Swift-Compiler den richtigen Typ selbst, andernfalls geben Sie den gewünschten Typ explizit an:

```
// Struktur mit dem generischen Typ 'T'
struct Triple<T> {
  var a: T, b: T, c: T
  init (_ a: T, _ b: T, _ c: T) {
    self.a = a
    self.b = b
    self.c = c
  }
}
var t1 = Triple(1, 2, 3)                 // Datentyp Triple<Int>
var t2 = Triple("abc", "efg", "xyz")     // Datentyp Triple<String>
var t3 = Triple<UInt64>(1, 2, 3)         // Datentyp Triple<UInt64>
t3.b                                     // 2, Datentyp UInt64
```

Generics in der Swift-Standardbibliothek

Generics werden in der Swift-Standardbibliothek intensiv genutzt, z. B. für die Strukturen `Array` und `Dictionary` sowie für eine Menge Protokolle und Funktionen zum Umgang mit Aufzählungen (Sequenzen). Die folgenden Zeilen zeigen exemplarisch einige generische Definitionen:

```
struct Array<Element> : RandomAccessCollection, MutableCollection
    { ... }
struct Dictionary<Key : Hashable, Value> :
      Collection, ExpressibleByDictionaryLiteral { ... }
func swap<T>(_ a: inout T, _ b: inout T)       { ... }
func max<T : Comparable>(_ x: T, _ y: T) -> T  { ... }
extension Collection {
    public func map<T>
       (_ transform: (Self.Iterator.Element) throws -> T) rethrows
       -> [T] { ... }
}
```

Dazu einige Erläuterungen: Wenn Sie eine Array-Variable mit var x = [Int]() deklarieren, dann ist das nur eine Kurzschreibweise für var x = Array<Int>(). Derartige Kurzschreibweisen, um deren Interpretation sich der Compiler kümmert, nennt man »syntaktischen Zucker«.

```
var x1 = [Int]()
var d2 = Array<Int>()   // gleichwertig
```

Das bedeutet, dass x nicht einfach irgendein Array ist, sondern eines, das ausschließlich Integer-Zahlen speichern kann. Egal, ob Sie ein Element hinzufügen oder auslesen – für den Swift-Compiler ist es klar, dass es sich dabei wieder um eine Integer-Zahl handeln muss. Der Compiler kann damit sicherstellen, dass Ihr Code korrekt ist. Seit Sie mit Arrays arbeiten, arbeiten Sie also mit generischen Typen – vermutlich, ohne sich jemals Gedanken darüber gemacht zu haben. Ähnlich verhält es sich bei Dictionaries:

```
var d1 = [Int: String]()
var d2 = Dictionary<Int, String>()  // gleichwertig
```

Die Standardfunktion swap vertauscht die Inhalte zweier Variablen. Hier stellt der generische Typ T sicher, dass an swap nur zwei Parameter desselben Typs übergeben werden können. Es ist also unmöglich, die Werte einer Int- und einer Double-Variablen miteinander zu vertauschen.

Die Standardfunktion max erwartet ebenfalls zwei Parameter vom selben Typ. Der Typ T ist hier aber nicht frei wählbar: Es sind nur Typen erlaubt, die das Protokoll Comparable unterstützen. Dieses Protokoll ist erforderlich, damit max den größeren der beiden Parameter herausfinden und zurückgeben kann. Naturgemäß hat auch der Rückgabewert den Typ T. Neben der oben angegebenen Funktionsdefinition von max gibt es übrigens eine zweite Definition für drei und mehr Parameter.

Schon viel schwerer lesbar ist die Definition von map als Erweiterung für das Collection-Protokoll: Der Parameter muss eine Funktion sein, die als Parameter Daten vom Typ Self.Iterator.Element verarbeiten kann, also Daten einer Aufzählung, die dem Collection-Protokoll entspricht. Diese Funktion liefert Ergebnisse vom Typ T zurück. map bildet daraus ein Array von Elementen des Typs T – daher also -> [T].

Regeln für generische Typen (Type Constraints)

In der Syntax struct Name<T> akzeptiert Swift *jeden* Datentyp für die Struktur Name. Das ist aber nicht immer zweckmäßig. Vielleicht wollen Sie eine generische Methode definieren, die mehrere Daten eines bestimmten Typs vergleichen soll. Dazu muss es eine Möglichkeit geben, den generischen Datentyp einzuschränken. Tatsächlich kennt Swift gleich mehrere Varianten zur Einschränkung des generischen Typs:

- **Protokolle:** Dem generischen Typ kann ein bzw. können mehrere Protokolle folgen. Swift akzeptiert dann nur solche Datentypen, die diese Protokolle erfüllen:

    struct MyStruct<T: Protocol1> { ... }

    Wenn T mehrere Protokolle gleichzeitig einhalten muss, geben Sie diese mit protocol<P1 & P2 & ...> an:

    struct MyStruct<T: protocol<P1 & P2 & P3>> { ... }

- **Klassen:** Wenn dem generischen Typ eine Klasse folgt, dann akzeptiert Swift nur Typen dieser Klasse bzw. von abgeleiteten Klassen:

    func myFunc<T: MyClass>(...) [-> ErgebnisTyp] { ... }

- **Bedingungen:** Generischen Definitionen dürfen mit where formulierte Regeln folgen, die die zulässigen Datentypen einschränken:

    class MyClass<T> (...) -> ergebnistyp
       where bedingung1, bed2, bed3 { ... }

Mitunter geht es gar nicht um die Bedingung an sich, sondern vielmehr darum, den Datentyp des Ergebnisses festzulegen. Das folgende Beispiel definiert eine globale Funktion toArray, die alle Elemente einer Sequenz in ein Array umwandelt. An toArray muss eine Instanz eines Typs S übergeben werden, der das Sequence-Protokoll erfüllt. Das Ergebnis der Funktion ist ein Array vom Typ T. Dieser Typ T wird durch where bestimmt und ergibt sich aus dem Datentyp der Elemente der Sequenz. Auf diesen Typ können Sie in der Form S.Generator.Element zugreifen:

```
func toArray<S: Sequence, T> (_ seq : S) -> [T]
   where T == S.Iterator.Element
{
  var ar = [T]()
  for x in seq {
    ar.append(x)
  }
```

```
    return ar
}
let ar = toArray("abc".characters)   // ["a", "b", "c"]
```

Das obige Beispiel soll nur das Prinzip verdeutlichen. Davon losgelöst ist die toArray-Funktion überflüssig, weil diese Aufgabe bereits von der Init-Funktion von Array übernommen wird: var ar = Array("abc".characters)

Generische Typ-Aliasse

typealias bietet die Möglichkeit, einem vorhandenen Datentyp einen neuen Namen zu geben (siehe Abschnitt 11.7, »Typ-Aliasse«). Seit Version 3 können Sie in Swift auch generische Typ-Aliasse definieren:

```
typealias StringDictionary<T> = Dictionary<String, T>
typealias IntFunction<T> = (T) -> Int
typealias MatchingTriple<T> = (T, T, T)
typealias BackwardTriple<T1, T2, T3> = (T3, T2, T1)
```

12.3 Protokolle

Ein Protokoll definiert eine bestimmte Funktionalität, die eine Klasse, eine Struktur oder eine Enumeration erfüllt. Als Entwickler können Sie sich dazu entschließen, mit Ihrem neuen Datentyp ein Protokoll oder auch mehrere Protokolle einzuhalten. Das ist für Sie zwar mit einem gewissen Zusatzaufwand verbunden, dafür verhalten sich Instanzen Ihres Datentyps nun aber hinsichtlich des Protokolls genau so wie andere Objekte, deren Typen dasselbe Protokoll implementieren. Protokolle machen es also möglich, dass sich Daten, die von ihrer Natur ganz unterschiedlich sind, hinsichtlich gewisser Funktionen einheitlich verhalten und dass sie somit auch einheitlich verarbeitet werden können.

Protokolle definieren neue Datentypen – aber ohne konkrete Implementierung oder gespeicherte Eigenschaften. Die kommen erst hinzu, wenn eine Struktur, eine Enumeration oder eine Klasse ein Protokoll implementiert (einhält). Dessen ungeachtet können Sie ein Protokoll wie einen Datentyp verwenden, z. B. bei der Deklaration von Variablen, Eigenschaften und Parametern.

Protokolle spielen auch eine wichtige Rolle für grundlegende Entwurfsmuster der objektorientierten Programmierung: Beispielsweise kann ein Typ durch *Delegation* Aufgaben an die Instanz eines anderen Typs weitergeben (delegieren). Die formale Beschreibung der Aufgaben erfolgt durch ein Protokoll.

Das klingt hier sehr abstrakt, ist aber ein gängiges Muster, um auf Ereignisse in grafischen Benutzeroberflächen zu reagieren. Das erste konkrete Beispiel in diesem Buch finden Sie in Abschnitt 16.7, »Texteingaben«.

Protokoll == Schnittstelle == Interface

Wenn Sie bisher mit anderen Programmiersprachen gearbeitet haben, kennen Sie Protokolle unter den Begriffen *Schnittstelle* bzw. *Interface*. In jedem Fall sind Mechanismen gemeint, um ein *Application Programming Interface* (API) syntaktisch zu definieren.

Swift als protokollorientierte Programmiersprache

Im Internet gibt es Diskussionen darüber, ob Swift mehr objektorientierte oder mehr funktionale Merkmale aufweist. Dave Abraham, Mitglied des Swift-Entwicklerteams bei Apple, hielt auf der WWDC 2015 einen Vortrag über die Wichtigkeit von Protokollen für Swift – speziell für die Typenbibliothek.

Abraham hat dabei einen dritten Begriff verwendet und Swift als *protokollorientierte* Programmiersprache bezeichnet. (Tatsächlich treffen natürlich alle drei Aspekte zu: Swift unterstützt die funktionale Programmierung ebenso wie die objekt- und protokollorientierte.)

Seine Empfehlungen gehen dahin, beim Design von objektorientierten Bibliotheken nach Möglichkeit Protokolle und Strukturen zu verwenden, Klassen hingegen nur, wo diese unbedingt erforderlich seien. Diese Ansichten mögen umstritten sein, aber sein Vortrag ist durchaus hörenswert und regt an, etablierte Konzepte der objektorientierten Programmierung zu hinterfragen:

https://developer.apple.com/videos/play/wwdc2015/408

Eine gute Ergänzung dieses eher trockenen Vortrags bietet Erik Kerber auf der bekannten Webseite von Ray Wenderlich. Er präsentiert eine Menge praktischer Beispiele zum Umgang mit Protokollen:

https://raywenderlich.com/109156

Vorhandene Protokolle implementieren

Die Syntax für die Definition von Klassen, Strukturen und Enumerationen, die ein bestimmtes Protokoll einhalten sollen, sieht ähnlich aus wie bei der Vererbung: Dem Typnamen folgt ein Doppelpunkt und dann die Liste der Protokolle. Anders als bei der Vererbung kann ein Typ nämlich *mehrere* Protokolle gleichzeitig erfüllen. Bei Klassen können Protokolle auch mit Vererbung kombiniert werden. In diesem Fall muss die Basisklasse zuerst genannt werden, anschließend folgen die Protokollnamen:

```
struct MyStruct  : Protocol1, Protocol2, Protocol3 { ... }
enum MyEnum      : Protocol1, Protocol2, Protocol3 { ... }
class MyClass1   : Protocol1, Protocol2, Protocol3 { ... }
class MyClass2   : SuperClass, Proto1, Proto2, Proto3 { ... }
```

Indem Sie bei der Definition des Datentyps das Protokoll bzw. die Protokolle angeben, verpflichten Sie sich, die durch das Protokoll aufgelisteten Methoden oder Eigenschaften innerhalb Ihres Datentyps zu implementieren. Der Swift-Compiler kontrolliert dies – und er prüft auch, ob Sie in Ihrer Implementierung exakt dieselben Parameter und Datentypen verwenden.

> **Benannte Parameter**
>
> Wenn ein Protokoll Methoden mit benannten Parametern definiert, dann muss dieser Parametername auch bei der Implementierung verwendet werden!

Selbst Protokolle definieren

Protokolle werden mit dem Schlüsselwort `protocol` eingeleitet. Sie können die folgenden Anforderungen umfassen:

- Methoden
- Eigenschaften
- Init-Funktionen

Bei Methoden geben Sie nach `func` den Methodennamen, die Namen und Datentypen der Parameter sowie den Datentyp des Ergebnisses an. Wenn die Methode statisch sein soll, verwenden Sie das Schlüsselwort `class`. In Klassen muss die Methode dann ebenfalls mit `class` definiert werden, Strukturen oder Enumerationen hingegen mit `static`. Ähnlich differenziert ist die Sache mit `mutating`: Wenn eine Methode im Protokoll als `mutating` beschrieben ist, hat dies keinen Einfluss auf Klassen, die dieses Protokoll implementieren. Strukturen oder Enumerationen müssen die Methode aber ebenfalls als `mutating` definieren.

Eigenschaften werden durch `var name:Typ { get [set] }` definiert, wobei `set` optional ist. Die Klasse oder Struktur, die das Protokoll erfüllt, muss dann eine Eigenschaft mit dem angegebenen Namen oder Typ implementieren, wobei sowohl eine Stored als auch eine Computed Property zulässig ist. Konstanten können im Protokoll nur in der Form `var name:Type {get}`, nicht aber mit `let name:Type` deklariert werden.

Wenn Protokolle Init-Funktionen vorschreiben, sind dabei die Schlüsselwörter `convenience` oder `required` nicht zulässig. Der abgeleitete Typ muss die Init-Funktion mit `required` kennzeichnen oder die ganze Klasse als `final` deklarieren.

Failable Init Functions im Protokoll können wahlweise als gewöhnliche oder eben als Failable Init Functions in der abgeleiteten Klasse implementiert werden. Eine gewöhnliche Init-Funktion im Protokoll muss aber auf jeden Fall einer gewöhnlichen Init-Funktion im abgeleiteten Typ entsprechen; die Failable-Variante ist in diesem Fall nicht erlaubt.

```
// Syntaxbeispiele für ein Protokoll
protocol P {
  // Methoden
  func m1(a: Int) -> String        // gewöhnliche Methode
  static func m2() -> Double       // statische Methode
  mutating func m3(p: Int)         // Mutating Method

  // Eigenschaften
  var p1: Int {get set}            // gewöhnliche Eigenschaft
  var p2: String {get}             // Konstante bzw. read-only
  static var p3: Double {get set}  // statische Eigenschaft

  // Init-Funktionen
  init(x: Int, y: Bool)            // gewöhnliche Init-Funktion
  init?(z: Double)                 // Failable Init Function
}
```

Protokolle sind vererbbar. Für das folgende Protokoll P müssen sowohl die Protokolle M, N und O erfüllt werden als auch die Methoden m und die Eigenschaft p:

```
// das Protokoll P umfasst auch die Protokolle
// M, N und O
protocol P : M, N, O {
  func m()
  var p: Double {get set}
}
```

Swift bietet die Möglichkeit, Protokolle zu definieren, die sich nur von Klassen erfüllen lassen, nicht aber von Strukturen oder Enumerationen. Dazu geben Sie in der Liste der vererbten Protokolle zuerst das Schlüsselwort class an, danach gegebenenfalls vererbte Protokolle.

```
// das Protokoll P kann nur von einer Klasse
// erfüllt werden, nicht von Strukturen und Enums
protocol P : class {
  func m()
  var p: Double {get set}
}
```

Innerhalb der Definition eines Protokolls können Sie mit `Self` auf den Datentyp der Klasse, Struktur oder Enumeration verweisen, die das Protokoll später implementiert. Das bietet sich für die Datentypen von Eigenschaften, Parametern und Methoden an:

```
protocol P {
   // die Funktion m gibt als Ergebnis eine Instanz
   // der Enumeration, Struktur oder Klasse zurück,
   // die das Protokoll implementiert
   func m() -> Self
}
```

> **Generische Protokolle**
>
> Sie können innerhalb eines Protokolls einen oder mehrere Typ-Aliasse vorsehen. Diese Aliasse funktionieren wie generische Typen, d. h., der zugeordnete Typ wird erst bei der Nutzung des Protokolls festgelegt. Auf diese Weise können Sie generische Protokolle definieren, auch wenn die Syntax von den üblichen generischen Typen abweicht. Details zu generischen Protokollen folgen am Ende dieses Abschnitts.

Protokolle sind Datentypen

Swift-intern definieren Protokolle eigene Datentypen. Sie können Protokolle also als Datentyp für Variablen und Parameter verwenden:

```
var x: Protocol1
func f(x: Protocol1, y: Protocol2) -> Protocol3 { ... }
```

Um auszudrücken, dass ein Element *mehrere* Protokolle gleichzeitig erfüllt, können Sie ein eigenes, durch Vererbung zusammengesetztes Protokoll definieren. Alternativ ist auch die Schreibweise `protocol<P1 & P2 & P3>` zulässig. Sie besagt, dass das betreffende Element alle drei Protokolle erfüllen muss. Die Swift-Dokumentation nennt das *Protocol Composition*.

```
var x: protocol<P1 & P2 & P3>
```

Wie das folgende Beispiel beweist, gelten die Prinzipien der Generalisierung und Polymorphie auch für Protokolle. Ebenso sind die in Abschnitt 12.1, »Vererbung«, erwähnten Schlüsselwörter `is` zum Typtest und `as` für explizite Downcasts auch auf Protokolle anwendbar.

Beispiel

Das folgende Beispiel definiert zuerst das `Geometry`-Protokoll. Jeder Datentyp, der dieses Protokoll erfüllt, muss die Methoden `getArea` und `getPerimeter` zur Verfügung stellen. Für die danach definierten Strukturen `Rectangle` und `Circle` ist dies der Fall.

Auf der Basis des gemeinsamen Protokolls können nun verschiedene Geometrieinstanzen einheitlich verarbeitet werden. Im Beispiel-Code werden drei geometrische Objekte in einem Array vom Typ Geometry gespeichert, anhand ihres Flächeninhalts sortiert und schließlich in einer Schleife durchlaufen.

```swift
// Datei geometry.playground
// Geometry-Protokoll
protocol Geometry {
  func getArea() -> Double
  func getPerimeter() -> Double
}

// Rechteck-Struktur
struct Rectangle : Geometry {
  var length:Double, width:Double
  init(_ l: Double, _ w: Double) {
    length = l
    width = w
  }
  func getArea() -> Double {
    return length * width
  }
  func getPerimeter() -> Double {
    return 2 * (length + width)
  }
}
// Kreis-Struktur
struct Circle : Geometry {
  var radius: Double
  init(_ r: Double) {
    radius = r
  }
  func getArea() -> Double {
    return radius * radius * .pi
  }
  func getPerimeter() -> Double {
    return 2 * radius * .pi
  }
}

// Beispieldaten zusammenstellen
var geos = [Geometry]()
geos.append(Circle(3.5))
geos.append(Rectangle(4.8, 3.6))
geos.append(Circle(2.2))
```

```
// nach Flächeninhalt sortieren und ausgeben
geos.sort( by: {$0.getArea() < $1.getArea() } )
for g in geos {
  print(g.getArea())
}
```

Natürlich hätte das obige Beispiel auch mit Computed Properties statt mit Methoden realisiert werden können. Die folgenden Zeilen zeigen als Beispiele das Protokoll und eine passende Circle-Struktur:

```
// alternative Implementierung mit Computed Properties
protocol Geometry {
  var area: Double {get}
  var perimeter: Double {get}
}

struct Circle : Geometry {
  var radius: Double
  init(_ r: Double) { radius = r }
  var area: Double { return radius * radius * .pi }
  var perimeter: Double { return 2 * radius * .pi }
}
```

Optionale Protokollanforderungen

Eine Besonderheit von Swift besteht darin, dass Protokolle mit dem Schlüsselwort `optional` Zusatzanforderungen formulieren können, die der abgeleitete Typ einhalten kann – oder auch nicht. Das scheint ein Widerspruch in sich zu sein: Entweder fordert ein Protokoll eine Methode oder Eigenschaft – oder eben nicht.

> **Wozu optionale Methoden?**
>
> Der Sinn optionaler Protokollregeln besteht darin, auch für den freiwilligen Teil eines Protokolls Regeln vorzugeben: Wenn also eine Struktur ein optionales Protokollelement implementiert, dann schreibt das Protokoll für diesen Fall immerhin Namen und Datentypen fest.
>
> Tatsächlich gibt es in den Bibliotheken zur App-Programmierung unzählige Beispiele für Protokolle mit optionalen Methoden. Fast immer handelt es sich dabei um Delegate-Methoden – also um Methoden, mit denen Ihre Klasse über bestimmte Ereignisse informiert wird. Es steht Ihnen frei, die Methoden zu implementieren. Tun Sie es, erhalten Sie die entsprechenden Informationen; sind Sie an den Informationen aber nicht interessiert, verzichten Sie einfach auf die entsprechende Methode, und syntaktisch ist alles in bester Ordnung.

Protokolle mit optionalen Regeln sowie alle optionalen Parameter müssen mit dem Attribut `@objc` gekennzeichnet werden. Dieses Attribut dient zur Kennzeichnung von Elementen, die auch in Objective-C dargestellt werden können.

Optionale Methoden und Eigenschaften liefern als Datentyp immer ein Optional zurück und müssen als solches verarbeitet werden. Für die Auswertung von ganzen Ketten von Optionals ist auch die Optional-Chaining-Syntax zulässig, also z. B. `obj.prop?.otherProp?`.

Die folgenden Zeilen greifen nochmals das obige Beispiel auf. Das Protokoll `Geometry` verlangt nun nur noch eine `area`-Eigenschaft, während die `perimeter`-Eigenschaft freiwillig ist:

```
// Variante des Geometry-Protokolls
@objc protocol Geometry  {
  var area:Double {get}                    // zwingend erforderlich
  @objc optional var perimeter:Double {get}     // freiwillig
  @objc optional func m() -> Double              // freiwillig
}
```

Wegen des `@objc`-Attributs muss das Protokoll als Klasse implementiert werden. Um den Umgang mit optionalen Protokollregeln zu demonstrieren, verzichtet die folgende `Square`-Klasse auf die `perimeter`-Eigenschaft:

```
class Square : Geometry {
  var side: Double
  init(_ s: Double) { side = s }
  @objc var area: Double  { return side*side }
}
```

Bei der Auswertung von `Geometry`-Instanzen können Sie nun auf die Eigenschaft `perimeter` wie auf ein Optional zugreifen. Da die `Square`-Klasse auf die Implementierung verzichtet hat, ist das Ergebnis `nil`:

```
var s:Geometry = Square(2.4)
s.area          // 5,76
s.perimeter     // nil, weil von 'Square' nicht implementiert
s.m?()          // ebenfalls nil
```

Beachten Sie, dass die Syntax für den Zugriff auf optionale Methoden `m?()` lautet, nicht `m()?`. Sie müssen das Optional-Fragezeichen also *vor* den Klammern der Parameterliste angeben!

Generische Protokolle mit »associatedtype«

Merkwürdigerweise gilt für generische Protokolle in Swift eine vollkommen andere Syntax als für generische Methoden oder Klassen. Anstelle von protocol P<T> müssen Sie innerhalb des Protokolls eine oder mehrere associatedtype-Anweisungen einbauen. Dabei geben Sie den generischen Elementen nur einen Namen, weisen ihnen aber keinen Typ zu. Die Typzuweisung erfolgt erst bei der Nutzung des Protokolls.

Im folgenden Beispiel wird das Generator-Protokoll definiert: Es besagt im Wesentlichen, dass die implementierende Klasse oder Struktur mit next das nächste Element liefern soll – oder nil, wenn alle Elemente durchlaufen sind. Der Datentyp der Elemente ist aber noch offen – er wird erst bei der Implementierung des Protokolls festgelegt.

```
// Datei generator.playground
// protocol Generator<Element> ist syntaktisch nicht erlaubt
protocol Generator {
  associatedtype Element
  mutating func next() -> Element?
}
```

Eine mögliche Implementierung dieses Protokolls könnte wie folgt aussehen:

```
// die Struktur MyGenerator implementiert das Generator-Protokoll
struct MyGenerator<T: IntegerArithmetic> : Generator {
  typealias Element = T

  private var current:T
  private let end:T
  private let delta:T

  init(start: T, end: T, delta: T) {
    current = start
    self.end = end
    self.delta = delta
  }

  mutating func next() -> T? {
    let result = current
    if current > end {
      return nil
    } else {
      current += delta
      return result
    }
  }
}
```

Bemerkenswert ist hier vor allem die erste Zeile, die den assoziierten Typ Element des Protokolls mit dem generischen Datentyp T der Struktur verbindet. Für T ist jeder Integer-Datentyp zulässig (Protokoll IntegerArithmetic). Die Funktion next zählt die Variable current mit einer Schrittweite von delta hoch, bis der Zielwert end überschritten wird.

```
// Test für T = Int
var gen1 = MyGenerator(start: 0, end: 10, delta: 2)
while let x = gen1.next() {
  print(x)
}
// Ausgabe: 0, 2, 4, 6, 8, 10 (Datentyp Int)

// T = UInt8
var gen2 = MyGenerator<UInt8>(start: 0, end: 10, delta: 2)
while let x = gen2.next() {
  print(x)
}
// Ausgabe: 0, 2, 4, 6, 8, 10 (Datentyp UInt8)
```

12.4 Standardprotokolle

In der Swift-Typenbibliothek sind eine Menge Protokolle vordefiniert. Diese lassen sich in mehrere Gruppen gliedern (ohne Anspruch auf Vollständigkeit):

- **Grundlegende Datentypen:** AnyObject, BinaryFloatingPoint, FloatingPoint, Integer, IntegerArithmetic etc.

- **Eigenschaften grundlegender Datentypen:** AbsoluteValuable, Comparable, CustomStringConvertible, CustomReflectable, Equatable, Hashable, RawRepresentable, Strideable etc.

- **Eigenschaften von Aufzählungen:** Collection, MutableCollection, RandomAccessCollection etc.

- **Literale:** ExpressibleByArrayLiteral, ExpressibleByFloatLiteral, ExpressibleByIntegerLiteral, ExpressibleByNilLiteral, ExpressibleByStringLiteral etc. Diese Protokolle sind dafür verantwortlich, dass Swift 12 als ganze Zahl, 2.5 als Double-Wert und [2.5] als Double-Array interpretiert.

- **Sonstige:** ErrorProtocol (siehe Kapitel 13, »Fehlerabsicherung«)

In den folgenden Abschnitten gehe ich auf einige ausgewählte Protokolle und deren Anwendung näher ein.

CustomStringConvertible

Damit Sie Instanzen eines eigenen Typs einfach mit `print(x)` ausgeben können, muss der zugrunde liegende Typ das Protokoll `CustomStringConvertible` erfüllen. Dieses Protokoll hieß in Swift 1 etwas naheliegender `Printable`. Wie viele Protokolle ist `CustomStringConvertible` ein sehr einfaches Protokoll. Es besteht aus der Deklaration einer einzigen Eigenschaft, nämlich `description`:

```
// Definition des CustomStringConvertible-Protokolls
protocol CustomStringConvertible {
  var description: String { get }
}
```

In Ihrer eigenen Klasse, Struktur oder Enumeration müssen Sie also eine Eigenschaft `description` implementieren. Wie Sie das tun, ist Ihnen überlassen – es liegt aber nahe, `description` als Computed Property so zu realisieren, dass die Eigenschaft eine Zeichenkette mit einer sinnvollen Repräsentation der Instanz liefert.

Im folgenden Beispiel implementiert die Struktur `Person` das Protokoll `CustomStringConvertible`:

```
// Datei person.playground
class Person : CustomStringConvertible {
  var name: String
  var tel = [String]()
  var mail = [String]()
  init (_ name:String) {
    self.name = name
  }

  // die Implementierung dieser Eigenschaft ist
  // durch das CustomStringConvertible-Protokoll vorgeschrieben
  var description: String {
    let telnr = tel.joined(separator: ", ")
    let email = mail.joined(separator: ", ")
    return "\(name): \(telnr); \(email)"
  }
}
// Test
var p = Person("Hermann Huber")
p.tel.append("0123 5325345")
p.tel.append("0699 44556677")
p.mail.append("hermann@huber.com")
print(p)
// Ausgabe:
// Hermann Huber: 0123 5325345, 0699 44556677; hermann@huber.com
```

Wenn Sie Ihre Klasse von NSObject ableiten, wird das Protokoll CustomStringConvertible redundant. NSObject enthält bereits eine description-Eigenschaft, die den Klassennamen und einen Zahlencode liefert. Wenn Sie stattdessen aussagekräftigere Daten wünschen, müssen Sie Ihre eigene description-Eigenschaft mit override definieren. (NSObject ist ja eine Klasse, kein Protokoll!)

```
class Person2: NSObject {
  var vorname: String
  var nachname: String
  init(vorname: String, nachname: String) {
    self.vorname = vorname
    self.nachname = nachname
  }
  override var description: String {
    return "\(vorname) \(nachname)"
  }
}
let t = Person2(vorname: "Hermann", nachname: "Huber")
print(t)  // Ausgabe "Hermann Huber"
```

Hashable und Equatable

Eigene Typen können Sie nur dann als Schlüssel in einem Dictionary verwenden, wenn diese das Protokoll Hashable erfüllen. Abermals ist das Protokoll an sich minimalistisch – es besteht nur aus der Deklaration der Eigenschaft hashValue. Das Hashable-Protokoll baut allerdings auf dem Equatable-Protokoll auf, das demzufolge ebenfalls implementiert werden muss:

```
// Definition des Equatable-Protokolls
protocol Equatable {
  func ==(lhs: Self, rhs: Self) -> Bool
}
// Definition des Hashable-Protokolls
protocol Hashable : Equatable {
  var hashValue: Int { get }
}
```

> **Implementieren Sie für eigene Strukturen Equatable!**
>
> Apple empfiehlt, in Strukturen das Protokoll Equatable zu implementieren. Wie Sie gleich sehen werden, ist dies mit minimalem Aufwand verbunden – Sie müssen lediglich den Vergleichsoperator == für Ihren Datentyp definieren. Dafür können Sie nun die Elemente Ihres Typs in den Swift-Aufzählungstypen (Arrays, Dictionaries etc.) wesentlich komfortabler verwalten.

12.4 Standardprotokolle

> Auf der WWDC 2015 gab es einen eigenen Vortrag, der die Vor- und Nachteile von Strukturen und Klassen zum Thema hatte und viele Tipps zur Programmierung eigener Typen gab. Aus diesem Vortrag stammt auch die Empfehlung *All value types should be equatable*.
>
> https://developer.apple.com/videos/play/wwdc2015/414

Beginnen wir mit dem Protokoll Equatable: Dessen Implementierung erfordert die Definition des Operators ==, der zwei Instanzen des Datentyps (Self) vergleicht und true oder false zurückgibt, je nachdem, ob die Instanzen vollkommen übereinstimmen oder nicht. Der Operator == ist aus der Sicht von Swift nichts anderes als eine Funktion mit zwei Parametern – siehe auch Abschnitt 3.5, »Eigene Operatoren«. Dabei ist aber zu beachten, dass der Operator als globale Funktion implementiert werden muss, nicht als Methode innerhalb des Typs! Für die im vorigen Beispiel verwendete Person-Struktur können Sie die Gleichheit unkompliziert feststellen, indem Sie überprüfen, ob der Name und die beiden Arrays übereinstimmen.

Die Implementierung von Hashable ist etwas schwieriger: Der Hash-Wert sollte unterschiedliche Instanzen eines Typs möglichst eindeutig identifizieren können. Der Hashcode muss außerdem reproduzierbar sein: Instanzen mit demselben Inhalt müssen immer wieder denselben Hashcode liefern.

Der Code für die Computed Property hashValue greift dabei auf die Hash-Werte des Namens sowie der Telefonnummern und E-Mail-Adressen zurück. Die Hash-Werte werden mit Primzahlen multipliziert (&* ist ein Multiplikationsoperator ohne Überlaufkontrolle) und dann mit Exklusive-Oder verknüpft.

```
// Datei person.playground
struct Person : CustomStringConvertible, Hashable {
  // ... Code wie bisher
  // für das Protokoll Hashable (Eigenschaft)
  var hashValue: Int {
    var hash = name.hashValue
    for t in tel  { hash ^= (t.hashValue &* 13) }
    for m in mail { hash ^= (m.hashValue &* 17) }
    return hash
  }
}
// für das Protokoll Equatable (globale Funktion außerhalb
// der Struktur)
func ==(lhs: Person, rhs: Person) -> Bool {
  return lhs.name == rhs.name &&
         lhs.tel  == rhs.tel &&
         lhs.mail == rhs.mail
}
```

Comparable

Datentypen, die unkompliziert mit Kleiner- und Größer-Operatoren verglichen werden, sollten das Protokoll Comparable erfüllen. Es baut wiederum auf dem schon bekannten Equatable-Protokoll auf:

```swift
// Definition des Comparable-Protokolls
protocol Comparable : Equatable {
  func <= (lhs: Self, rhs: Self) -> Bool
  func >= (lhs: Self, rhs: Self) -> Bool
  func <  (lhs: Self, rhs: Self) -> Bool
  func >  (lhs: Self, rhs: Self) -> Bool
}
```

Auf den ersten Blick sieht es so aus, als müssten nun *vier* weitere Operatoren implementiert werden, zusätzlich zum schon vorhandenen Operator == also auch <, >, <= und >=. Die Swift-Dokumentation hält aber fest, dass die Operatoren == und < ausreichen. Alle anderen Operatoren können daraus durch logische Verknüpfungen gebildet werden. Daher muss die Person-Struktur aus den vorangegangenen Beispielen nur um eine globale Funktion ergänzt werden:

```swift
struct Person : CustomStringConvertible, Hashable, Comparable {
  // ... Code wie bisher
}

// für das Protokoll Equatable (globale Funktion)
func ==(lhs: Person, rhs: Person) -> Bool {
  return lhs.name == rhs.name &&
         lhs.tel == rhs.tel &&
         lhs.mail == rhs.mail
}

// für das Protokoll Comparable (globale Funktion)
func <(lhs: Person, rhs: Person) -> Bool {
  return lhs.name < rhs.name
}

// Test
var p1 = Person("Harald Hosp")
var p2 = Person("Hermann Huber")

p1==p2    // false
p1<p2     // true
p1<=p2    // true
p1>p2     // false
p1>=p2    // false
```

Any und AnyObject

Wenn Sie eine Funktion oder Methode entwickeln möchten, an die Sie jede Art von Daten übergeben können, dann bieten sich für den Parameter die Datentypen Any oder AnyObject an:

- Any kann jede beliebige Dateninstanz annehmen. id in Objective-C entspricht Any in Swift.
- AnyObject kann nur für Instanzen von Klassen verwendet werden, aber nicht von Enumerationen oder Strukturen.

Any war in Swift 2 als Typ-Alias für ein leeres Protokoll definiert. In Swift 3 lässt sich das nicht mehr feststellen. Any ist jetzt vermutlich ein Compiler-Konstrukt. AnyObject ist aber auch in Swift 3 ein leeres Protokoll, dem das Attribut @objc vorangestellt ist:

```
// leeres Protokoll 'Any' für alle Typen (galt in Swift 2)
// typealias Any = protocol<>

// leeres Protokoll 'AnyObject' nur für Klassen
@objc public protocol AnyObject { }
```

An die folgende Funktion f1 können Sie beliebig viele Parameter eines beliebigen Typs übergeben. Die Funktion gibt an, wie viele Parameter sie erhalten hat, und versucht für einige Datentypen eine Weiterverarbeitung:

```
func f1(_ all: Any ...) {
  for p in all {
    if let i = p as? Int {
      print("  Integer: \(i)")
    } else if let d = p as? Double {
      print("  Double: \(d)")
    } else if let s = p as? String {
      print("  String: \(s)")
    } else {
      print("  Sonstige: \(type(of: p))")
    }
  }
}
// Test
class MyClass {}
f1(8, 2.5, "abc", false, Date(), MyClass())
// Ausgabe: Integer: 8
//          Double: 2.5
//          String: abc
//          Sonstige: Bool
//          Sonstige: Date
//          Sonstige: MyClass
```

AnyObject funktioniert im Prinzip wie Any, erwartet aber Instanzen von Klassen. Wenn Sie ungeeignete Daten übergeben, reklamiert der Swift-Compiler einen Fehler:

```
let any: AnyObject = 123   // Fehler, Value type of 'Int' does
                           // not conform to specified type
                           // 'AnyObject'
```

Sie können den Compiler aber »überreden«, indem Sie die Anweisung um as AnyObject ergänzen. Dann wird die Integer-Zahl 123 in ein Objekt verpackt:

```
// Der Datentyp von 'any' ist 'AnyObject', nicht 'Int'!
let any : AnyObject = 123 as AnyObject
```

AnyClass

Im Kontext von AnyObject ist auch der selten genutzte Typ-Alias AnyClass von Interesse. Dieser Typ ist wie folgt definiert:

```
public typealias AnyClass = AnyObject.Type
```

Während der Datentyp AnyObject auf *Instanzen* jeder beliebigen Klasse zutrifft, bezieht sich AnyClass auf den *Typ* der Klasse. Wenn Sie einen Parameter oder eine Variable vom Typ AnyClass definieren, können Sie darin den Klassentyp speichern. Dabei hilft das Schlüsselwort self:

```
class MyClass {}
// die Variable aType speichert hier
// den Typ der Klasse 'MyClass'
var aType: AnyClass = MyClass.self
```

ExpressibleByStringLiteral

Das Protokoll ExpressibleByStringLiteral ist dafür verantwortlich, dass der Swift-Compiler "abc" als Zeichenkette erkennt. Vergleichbare Protokolle gibt es auch für Zahlen und boolesche Werte, aber an dieser Stelle konzentriere ich mich auf das Protokoll ExpressibleByStringLiteral, für das es viele Anwendungsmöglichkeiten gibt. Dieses Protokoll basiert wiederum auf zwei anderen Protokollen, sodass die vollständige Definition so aussieht:

```
public protocol ExpressibleByUnicodeScalarLiteral {
    associatedtype UnicodeScalarLiteralType
    public init(unicodeScalarLiteral value:
            Self.UnicodeScalarLiteralType)
}
```

```
public protocol ExpressibleByExtendedGraphemeClusterLiteral :
            ExpressibleByUnicodeScalarLiteral
{
   associatedtype ExtendedGraphemeClusterLiteralType
   public init(extendedGraphemeClusterLiteral value:
            Self.ExtendedGraphemeClusterLiteralType)
}

public protocol ExpressibleByStringLiteral :
            ExpressibleByExtendedGraphemeClusterLiteral
{
  associatedtype StringLiteralType
  public init(stringLiteral value: Self.StringLiteralType)
}
```

Die Implementierung des Protokolls ExpressibleByStringLiteral für einen eigenen Typ hat den Vorteil, dass Sie Instanzen des Typs besonders komfortabel direkt aus einer Zeichenkette erzeugen können. Sie müssen sich allerdings die Mühe machen, zwei Typ-Aliasse sowie drei Init-Funktionen zu definieren. Das folgende Beispiel greift nochmals die Struktur Person auf:

```
// Datei person.playground
class Person: ExpressibleByStringLiteral {
  var name: String
  var tel = [String]()
  var mail = [String]()

  // Designated Init Function
  init(_ name: String){
    self.name = name
  }

  // generische Typen für ExpressibleByStringLiteral
  typealias ExtendedGraphemeClusterLiteralType = String
  typealias UnicodeScalarLiteralType = String

  // Init-Funktionen für ExpressibleByStringLiteral
  required convenience init(stringLiteral name:
                        StringLiteralType)
  {
    self.init(name)
  }
```

```
    required convenience init(extendedGraphemeClusterLiteral name:
                              ExtendedGraphemeClusterLiteralType)
    {
       self.init(name)
    }
    required convenience init(unicodeScalarLiteral name:
                              UnicodeScalarLiteralType)
    {
       self.init(name)
    }
}
```

Für diesen doch sehr abstrakten Code werden Sie nun bei der Anwendung der Person-Klasse belohnt: Sie können einer Variablen vom Typ Person direkt eine Zeichenkette zuweisen. Swift erzeugt dann ein Person-Element und initialisiert die name-Eigenschaft korrekt.

```
// Anwendung
var p: Person
p = "Maria Müller"   // statt bisher p = Person("Maria Müller")
p.tel.append("0234 32345345")
```

12.5 Extensions

Sogenannte *Extensions* (also Erweiterungen) geben Ihnen die Möglichkeit, eine vorhandene Klasse, Struktur, Enumeration und ein vorhandenes Protokoll nachträglich um die folgenden Merkmale zu erweitern:

- Computed Properties (aber keine Stored Properties!)
- Methoden (auch Mutating Methods)
- Init-Funktionen
- Subscripts
- Sub-Strukturen und -Klassen (Nested Types)
- Protokolle

Bemerkenswert sind dabei zwei Dinge: Zum einen können Sie auf diese Weise Typen erweitern, auf deren Code Sie gar keinen Zugriff haben. Man bezeichnet diesen Vorgang auch als *Retroactive Modeling*. Und zum anderen funktioniert das Extensions-Konzept nicht nur für Klassen (wo Sie Erweiterungen auch durch Vererbung realisieren könnten), sondern auch für Enumerationen, Strukturen und Protokolle.

In Ihrem Programm definierte Extensions gelten für *alle* Instanzen des betreffenden Typs, sogar für solche Instanzen, die schon vor der Definition der Extension erzeugt wurden!

Freilich gibt es auch Einschränkungen:

- Sie können vorhandene Typen nicht um neue Stored Properties erweitern. Sie können dem Typ also keinen zusätzlichen Datenspeicher hinzufügen.
- Sie können keine Property Observer hinzufügen.
- Sie können Merkmale hinzufügen, aber nicht vorhandene Merkmale ändern. Anders als bei der Vererbung gibt es kein override.

Intern haben Extensions große Ähnlichkeiten mit *Kategorien* in Objective-C. Ein wesentlicher Unterschied besteht aber darin, dass Extensions in Swift keinen Namen haben.

Syntax

Die Syntax ist denkbar einfach:

```
extension MyType {
  // Code, der die Klasse, Struktur oder Enumeration
  // 'MyType' erweitert
}
```

Im Zuge von Extensions können Sie einem vorhandenen Typ ein zusätzliches Protokoll hinzufügen:

```
extension MyType : Protocol1, Protocol2 {
  // Code für zusätzliche Eigenschaften und Methoden,
  // damit 'MyType' die Regeln von 'Protocol1' und
  // 'Protocol2' einhält
}
```

Mitunter kommt es vor, dass ein Typ die für ein Protokoll erforderlichen Methoden oder Eigenschaften bereits enthält, das Protokoll in der Definition des Typs aber nicht angegeben wurde. In diesem Fall erfordert die nachträgliche Erweiterung um das Protokoll keinen Zusatzcode.

Die Struktur Person im folgenden Beispiel enthält bereits die vom CustomStringConvertible-Protokoll vorgeschriebene Computed Property description. Das Protokoll CustomStringConvertible ist bei der Typdefinition aber nicht angegeben. Wenn Sie auf den Code von Person keinen Zugriff haben, können Sie die Struktur durch eine Erweiterung kompatibel zum Protokoll CustomStringConvertible machen:

```
struct Person {
  var name: String
  init(_ name: String) {
    self.name = name
  }
}
```

```
  var description: String {
    return name
  }
}
// nachträgliche Erweiterung von 'Person' um
// das Protokoll 'CustomStringConvertible'
extension Person : CustomStringConvertible {
  // kein Code erforderlich
}
```

Es gibt Fälle, in denen der erforderliche Code für eine Erweiterung außerhalb des extension-Blocks formuliert wird. Ein Beispiel ist das Protokoll Equatable, das ich Ihnen in Abschnitt 12.4, »Standardprotokolle«, vorgestellt habe. Wenn Sie dieses Protokoll für eine Struktur nachträglich realisieren möchten, erweitern Sie zuerst die Struktur um dieses Protokoll:

```
// die vorhandene Car-Struktur ...
struct Car {
  var model: String
  var typenr: String
}

// ... soll nachträglich erweitert werden
extension Car : Equatable { }
```

Damit das Equatable-Protokoll erfüllt ist, müssen Sie nun den Operator == als globale Funktion definieren – also außerhalb der extension:

```
func == (lhs: Car, rhs: Car) -> Bool {
  return lhs.model == rhs.model &&
         lhs.typenr == rhs.typenr
}
```

Sie können auch generische Typen erweitern (siehe auch Abschnitt 12.2, »Generics«). In diesem Fall dürfen Sie bei der Erweiterung die generischen Typen nicht angeben. Es gelten automatisch die Typenregeln und -namen des Grundtyps. Die folgenden Zeilen zeigen die Erweiterung der Array-Struktur um eine Suchmethode, an die eine Vergleichsfunktion übergeben werden muss:

```
// Definition der Array-Struktur, vorgegeben durch
// die Swift-Standardbibliothek
struct Array<Element> : RandomAccessCollection,
                        MutableCollection { ... }
```

```
// Datei find-extension.playground
// Erweiterung um eine neue find-Methode
extension Array {
  func find(condition: (Element) -> Bool) -> Int? {
    for i in 0 ..< self.count {
      if condition(self[i]) {
        return i
      }
    }
    return nil
  }
}

// Anwendung
var ar = [7, 12, 30]
if let index = ar.find(condition: {$0 == 12})  {
  print("Gefunden an Position \(index)")
  // Ausgabe: 1 (also das zweite Element)
}
```

Nicht immer stellen Erweiterungen den optimalen Lösungsweg dar. Die obige find-Methode ließe sich auch als globale generische Funktion definieren. Für den Datentyp Element kann nun die Bedingung formuliert werden, dass er das Protokoll Equatable erfüllen muss. Das hat den Vorteil, dass der gesuchte Wert direkt anstatt durch eine Vergleichsfunktion angegeben werden kann:

```
// find als globale Funktion
func find<T: Equatable>(data: [T], what: T) -> Int? {
  for i in 0 ..< data.count {
    if data[i] == what { return i }
  }
  return nil
}
find(data: ar, what: 12)!   // 1 (also das zweite Element)
```

Übersichtlicherer Code durch Extensions

In Apps müssen in einzelnen Klassen oft unzählige Protokolle implementiert werden. Der einfachste Weg besteht darin, alle Protokolle direkt bei der Klassendefinition anzugeben und die erforderlichen Methoden der Reihe nach innerhalb der Klasse zu formulieren:

```
class ViewController: UIViewController, UITextFieldDelegate,
                 UITableViewDataSource, UITableViewDelegate ...
{
  // für UIViewController
  func viewDidLoad() {...}
  // für UITextFieldDelegate
  func textFieldShouldReturn(...) {...}
  // für UITableViewDataSource
  func tableView(...) {...}
  func numberOfSections(...) {...}
  ...
}
```

Der Code für den ViewController erstreckt sich dann über Hunderte von Zeilen und wird zunehmend unübersichtlich. Ein anderer Weg besteht darin, zuerst den Code für die Basisklasse zu schreiben und dann die für die verschiedenen Protokolle notwendigen Methoden als Erweiterungen durchzuführen. Damit wird auf den ersten Blick klar, welche Methode für welches Protokoll erforderlich ist. Gerade nicht relevanter Code lässt sich zudem leichter in Xcode ausblenden.

```
class ViewController: UIViewController
{
  // Basiscode mit Outlets und Actions
  func viewDidLoad(...) {...}
}
extension ViewController: UITextFieldDelegate {
  // Methoden für das UITextFieldDelegate-Protokoll
  func textFieldShouldReturn(...) {...}
}
extension ViewController: UITableViewDataSource {
  // Methoden für das UITableViewDataSource-Protokoll
  func tableView(...) {...}
  func numberOfSectionsInTableView(...) {...}
}
```

Beispiel: Rechnen mit Kilo-, Mega- und Gigabyte

Die folgenden Zeilen zeigen eine Erweiterung des Datentyps Int um eine ganze Reihe von Computed Properties, die bei der Umrechnung von Speicher zwischen binären und metrischen Byte-Werten helfen:

```
// Datei kilobyte.swift
extension Int {
  var kB:Int    { return self * 1000 }
  var KiB:Int   { return self * 1024 }
  var MB:Int    { return self * 1000_000 }
```

```
    var MiB:Int    { return self * 1_048_576 }
    var GB:Int     { return self * 1000_000_000 }
    var GiB:Int    { return self * 1_073_741_824 }

    var tokB:Int   { return self / 1000 }
    var toKiB:Int  { return self / 1024 }
    var toMB:Int   { return self / 1000_000 }
    var toMiB:Int  { return self / 1_048_576 }
    var toGB:Int   { return self / 1000_000_000 }
    var toGiB:Int  { return self / 1_073_741_824 }
}

let memory = 2.GiB    // 2.147.483.648
memory.toMiB          // 2.048
memory.tokB           // 2.147.483
```

> **Vorsicht**
>
> Bei der Anwendung dieser neuen Eigenschaften müssen Sie zwei Dinge beachten. Zum einen besteht auf 32-Bit-Systemen rasch die Gefahr von Überlauffehlern. Der Zahlenbereich von 32-Bit-Integern mit Vorzeichen endet ja schon bei zwei Gigabyte (GiB). Zum anderen führen die toXxx-Eigenschaften eine ganzzahlige Division durch. Dabei wird nicht gerundet!

Weitere Beispiele

In Abschnitt 8.4, »Zeichenketten zerlegen und zusammensetzen«, erweitere ich den Datentyp String um neue Subscript-Funktionen, die Integer-Zahlen als Parameter akzeptieren. Das vereinfacht den Zugriff auf Teilzeichenketten. Mit der Erweiterung liefert beispielsweise "abc".[2] das Ergebnis "c".

In Abschnitt 13.3, »Fehler in Funktionen weitergeben (rethrows)«, zeige ich Ihnen im Zusammenhang mit der Fehlerabsicherung, wie Sie die Array-Methode map selbst implementieren können. Erstaunlicherweise gelingt das mit weniger als 10 Zeilen Code.

12.6 Protokollerweiterungen

Mit *Protocol Extensions* können auch Protokolle nachträglich ergänzt werden. Insbesondere lassen sich durch Protokollerweiterungen neue Defaultmethoden für alle implementierenden Klassen eines Protokolls definieren.

Dabei gilt wie für alle Erweiterungen: Der Code des ursprünglichen Protokolls ist nicht erforderlich. Wie das folgende Beispiel beweist, sind Protokollerweiterungen syntaktisch gesehen ganz einfach:

```swift
// Beispieldatei extensions.swift
// ein Protokoll
protocol MyProtocol {
  func methodA() -> Double
  func methodB() -> Int
}

// Erweiterung des Protokolls
extension MyProtocol {
  // neue Methode
  func methodC() -> Double {
    return methodA() + Double(methodB())
  }
  // neue Computed Property
  var propertyD: Int {
    get { return 3 }
  }
}
```

Als Protokollerweiterungen sind Methoden und Computed Properties mit konkreter Implementierung erlaubt. Anders als im Protokoll selbst ist es in einer Erweiterung unmöglich, Methoden oder Computed Properties nur zu deklarieren und so die Implementierung durch den jeweiligen Typ zu erzwingen – eben weil Protokollerweiterungen kompatibel zu vorhandenem Code sein müssen. Würde man ein Protokoll nachträglich um eine Deklaration einer Methode erweitern, wären alle Typen, die das Protokoll bisher implementieren, unvollständig.

Durch Protokollerweiterungen realisierte Methoden bzw. Computed Properties gelten als Defaultimplementierung. Sie können im Code des Typs, der das Protokoll implementiert, durch eigenen Code ersetzt werden:

```swift
struct MyStruct : MyProtocol {
  // durch MyProtocol vorgeschrieben
  func methodA() -> Double { return 1.2 }
  func methodB() -> Int    { return 3 }
  // Erweiterung, Defaultimplementierung wird
  // durch eigenen Code ersetzt
  func methodC() -> Double { return 2.2 }
}
```

Bedingte Protokollerweiterungen

Mit where besteht die Möglichkeit, Protokollerweiterungen so zu formulieren, dass sie nur für Typen gelten, die bestimmte Voraussetzungen erfüllen. Die Bedingung kann wahlweise für Self, also für den jeweiligen Typ, oder für eine Eigenschaft des Typs formuliert werden; außerdem geben Sie an, welches Protokoll Self bzw. die Eigenschaft erfüllen muss:

```
extension ExistingProtocol where Self : Protocol1 { ... }
extension ExistingProtocol where SomeProperty : Protocol1 { ... }
```

In der Swift-Typenbibliothek kommen bedingte Protokollerweiterungen häufig vor. Beispielsweise steht die Methode sorted nicht für alle Typen zur Verfügung, die das MutableCollection-Protokoll implementieren, sondern nur für jene, deren Eigenschaft Iterator.Element gleichzeitig das Protokoll BidirectionalIndexType erfüllt. Dies trifft beispielsweise für Arrays zu, aber nicht für Sets.

```
// Deklaration von 'sorted' für MutableCollections
// in der Swift-Typenbibliothek
extension MutableCollection where Self.Iterator.Element :
    Comparable {
  public func sorted() -> [Self.Iterator.Element]
}
```

Es sind auch mehrere, durch Kommas getrennte Bedingungen möglich. Die folgenden Zeilen zeigen die Deklaration der dropFirst-Methode zur Erweiterung des MutableCollectionType-Protokolls:

```
// Deklaration von 'dropFirst' für Sequences
// in der Swift-Typenbibliothek
extension Sequence
    where SubSequence : Sequence,
          SubSequence.Iterator.Element == Iterator.Element,
          SubSequence.SubSequence == SubSequence
{
  public func dropFirst(_ n: Int)
              -> AnySequence<Self.Iterator.Element>
     { ... }
}
```

Beispiel: Die uniqueElements-Methode

Die folgenden Zeilen Code erweitern das Collection-Protokoll um die neue Methode uniqueElements. Diese Methode liefert ein Array als Ergebnis, das jedes Element der Collection nur einmal enthält:

```
// Datei unique-elements.playground
extension Collection where Iterator.Element : Comparable {

  // liefert ein Array zurück, das jedes Element
  // nur einmal enthält
  func uniqueElements() -> [Iterator.Element] {
    // Ergebnis: ein vorerst leeres Array
    // für Elemente vom Typ Generator.Element
    var result : [Iterator.Element] = []

    // gegebenenfalls leeres Array zurückgeben
    if self.count == 0 { return result }

    // Schleife über alle Elemente
    for e in self {
      if !result.contains(e) {
        result.append(e)
      }
    }
    return result
  }
}
```

Die neue Methode kann beispielsweise so angewendet werden:

```
var ar = Array("Hello World!".characters)
ar.uniqueElements()
// Ergebnis: ["H", "e", "l", "o", " ", "W", "r", "d", "!"]
```

Um den Code zu verstehen, müssen Sie zuerst einen Blick in die Definition von Collection werfen. Dieses Protokoll ist von zwei anderen Protokollen abgeleitet. Eines davon ist das Sequence-Protokoll, in dem Iterator als Alias für IteratorProtocol deklariert ist. In IteratorProtocol bewirkt associatedtype Element, dass der Typ, der dieses Protokoll implementiert, als Element angesprochen werden kann.

```
// Deklaration von Collection in der Swift-Standardbibliothek
// (zu lesen mit cmd-Klick auf 'Collection')
public protocol Collection : Indexable, Sequence { ... }

// Deklaration von Sequence
public protocol Sequence {
  associatedtype Iterator : IteratorProtocol
  public func makeIterator() -> Self.Iterator
  ...
}
```

```
// Deklaration von IteratorProtocol
public protocol IteratorProtocol { {
  associatedtype Element
  public mutating func next() -> Self.Element?
}
```

Die `uniqueElements`-Methode kann nur für Collections verwendet werden, deren Elemente vergleichbar sind – also `where Iterator.Element : Comparable`. Die Vergleichsfunktion ist zur Feststellung der Eindeutigkeit erforderlich. Ohne diese Einschränkung stünde die `contains()`-Methode nicht zur Verfügung. Anstelle von `Iterator.Element` können Sie auch `Self.Iterator.Element` schreiben; beide Formulierungen sind gleichwertig.

Die `uniqueElements`-Methode beginnt mit der Definition des Ergebnis-Arrays vom Typ `Iterator.Element`. Die Schleife `for e in self` ist möglich, weil `Collection` das `IteratorProtocol` implementiert. Sofern das Element nicht schon im Ergebnis-Array enthalten ist, wird es mit `append` hinzugefügt.

Beispiel: Die uniqueSet-Methode

Bei einer Sammlung einmaliger Elemente spielt die Reihenfolge normalerweise keine Rolle. Insofern wäre es naheliegend, das Ergebnis von `uniqueElements` gleich als Set zurückzugeben. Wie Sie gleich sehen werden, ist dies prinzipiell kein Problem; allerdings muss `Iterator.Element` nun noch stärker eingeschränkt werden: Sets können nur Elemente enthalten, die `Hashable` sind. Daher muss die Bedingung für die Protokollerweiterung so lauten: `where Iterator.Element : Hashable`.

Die folgenden Zeilen zeigen den Code für die Methode `uniqueSet`, die die Elemente einer Collection als Set zurückgibt:

```
// Datei unique-elements.playground
extension Collection where Iterator.Element : Hashable {

  // liefert Set zurück
  func uniqueSet() -> Set<Iterator.Element> {
    // Ergebnis: ein vorerst leeres Set
    // für Elemente vom Typ Generator.Element
    var result = Set<Iterator.Element>()

    // gegebenenfalls leeres Set zurückgeben
    if self.count == 0 { return result }

    // Schleife über alle Elemente von self
    for e in self {
      result.insert(e)
```

```
        }
        return result
    }
}
```

Die Anwendung sieht so aus:

```
var ar = Array("Hello World!".characters)
ar.uniqueSet()
// Ergebnis: {"H", "r", "!", "e", "o", "l", " ", "W", "d"}
```

Beachten Sie, dass die Elemente eines Sets generell ungeordnet sind!

12.7 Reflection und Metatypen

Im letzten Abschnitt dieses Kapitels geht es darum, wie Sie Informationen über den Typ einer Variablen herausfinden können. Ich beginne mit einer kurzen Wiederholung zu den Operatoren is und as. Um zu testen, ob eine Variable einem bestimmten Datentyp entspricht, verwenden Sie den Operator is:

```
// Beispieldatei reflection.playground
func f(_ obj: Any) -> String {
  if obj is Int {
    return "Integer"
  } else if obj is Double {
    return "Double"
  } else if obj is Date {
    return "Datum/Zeit"
  } else {
    return "weder noch"
  }
}
```

Sofern Sie sicher sind, dass der Datentyp geeignet ist, können Sie mit as! einen sogenannten *Downcast* durchführen und das Ergebnis speichern oder weiterverarbeiten. Im folgenden Beispiel werden drei Klassen definiert: die Basisklasse A, die davon abgeleitete Klasse B und die wiederum von B abgeleitete Klasse C (siehe Abschnitt 12.1, »Vererbung«). Nun ist es möglich, in einer Variablen vom Typ A Instanzen von A, B oder C zu speichern. Mit is kann dann der tatsächliche Typ ermittelt werden:

```
class A {}          // Basisklasse
class B: A {}       // B ist von A abgeleitet
class C: B {}       // C ist von B abgeleitet

let obj:A           // Variable vom Typ A
obj = C()           // Instanz vom Typ C
```

```
if obj is C {
  let c = obj as! C
}
```

Oft ist es zweckmäßig, den Typentest und die Zuweisung mit as? zu kombinieren. Auch hier können Sie zwischen if var oder if let wählen, je nachdem, ob Sie den Inhalt der Variablen später noch ändern möchten oder nicht:

```
if let c = obj as? C {
  // c hat den Datentyp C
} else {  // obj enthält keine Instanz des Typs C
  print("Fehler ...")
}
```

Reflection

Recht schwierig ist es, über den Typ- oder Klassennamen hinaus weitere Eigenschaften zu ermitteln, wie z. B. die Liste der zur Auswahl stehenden Methoden. Leider fehlt Swift hierfür ein allgemeingültiger Ansatz, etwa in der Art der Reflection-Funktionen, die in Objective-C, C# oder Java eine Selbstverständlichkeit sind. In Swift 4 sind diesbezüglich aber Verbesserungen geplant.

Die folgenden Absätze und Code-Beispiele zeigen, wie weit Swift zur Selbstreflexion in der Lage ist. Mit der Init-Funktion von Mirror erzeugen Sie eine gleichnamige Struktur, die das Element bzw. Objekt beschreibt. Das Mirror-Element verrät, wie viele Eigenschaften das betroffene Objekt hat. Diese Subelemente können in einer Schleife durchlaufen werden. Das funktioniert aber nur für Typen, die in Swift definiert sind.

```
// Datei reflection.playground
// Klasse als Testbasis
class MyClass {
  var a: Double = 1.0
  var b: Int = 2
  func f() -> Double { return a + Double(b) }
}

var x = MyClass()           // ein Objekt der Klasse
let mirr = Mirror(reflecting: x)
mirr.description            // "Mirror for MyClass"
mirr.children.count         // 2
for c in mirr.children {
  print("Label: \(c.label), Value: \(c.value)")
}
// Ausgabe: Label: Optional("a"), Value: 1.0
//          Label: Optional("b"), Value: 2
```

Wenn Sie den Namen eines Datentyps eines Objekts ermitteln möchten, wandeln Sie das Ergebnis der im vorigen Abschnitt präsentierten Funktion type(of:) in eine Zeichenkette um:

```
String(describing: type(of: x))   // "MyClass"
```

Die folgenden Zeilen zeigen die Typennamen für einige elementare Daten:

```
func typename(_ obj: Any) -> String {
  return String(describing: type(of: (obj)))
}

typename(x)             // "MyClass"
typename(2.4)           // "Double"
typename(Date())        // "Date"
typename([1, 2, 3])     // "Array<Int>"
typename( (1, 2, 3) )   // "(Int, Int, Int)"
```

> **Reflection-Bibliothek**
>
> Auf GitHub gibt es eine Bibliothek, die die Reflection-Möglichkeiten von Swift erheblich verbessert. Wenn Sie also Reflection-Funktionen benötigen und nicht auf Swift 4 oder 5 warten können, ist es sicher einen Versuch wert, diese Bibliothek auszuprobieren:
>
> *https://github.com/Zewo/Reflection*

Metatypen

Die Überschrift klingt wissenschaftlich, aber keine Angst, es ist halb so schlimm! In Swift gelten Klassen, Strukturen, Enumerationen und Protokolle als *Typen*. Normalerweise verwenden Sie diese Typen, um davon konkrete Objekte (Elemente, Instanzen) zu erzeugen. Mitunter ist es aber notwendig, die Typen als solche anzusprechen – und zwar dann, wenn nicht der Inhalt einer Variablen variabel sein soll, sondern auch der Typ selbst. Die Swift-Dokumentation spricht dann von *Metatypen*. Je nachdem, welche Ausgangsdaten Sie haben, gibt es verschiedene Wege, um auf den Metatyp zuzugreifen:

▸ Bei Klassen, Strukturen und Enumerationen beschreibt die Ergänzung .Type den Metatyp, also z. B. MyClass.Type. Die Ergänzung .Type kann nur bei der Angabe von Datentypen verwendet werden, z. B. let x = obj as Class.Type oder typealias AnyClass = AnyObject.Type.

▸ Bei Protokollen gilt die Ergänzung .Protocol, also z. B. MyProtocol.Protocol.

- Bei Klassen, Protokollen etc. liefert `MyClass.self` den Metatyp. Die folgenden Beispiele zeigen die Anwendung von `self`.
- Bei Instanzen liefert `obj.self` den Typ (nicht den Metatyp) der tatsächlich enthaltenen Instanz – unabhängig davon, ob `obj` vielleicht als Variable des Basistyps deklariert wurde.
- Den Metatyp einer Instanz ermitteln Sie mit der gerade vorgestellten Funktion `type(of: obj)`.

Im ersten Beispiel enthält `datetype` den Datentyp `Foundation.Date.Type`. Daher kann in der nächsten Zeile mit `datetype.init()` ein neues `Date`-Objekt erzeugt werden – so, als würde `Date()` ausgeführt. Beachten Sie, dass `init()` hier explizit genannt werden muss, was ja sonst in Swift beim Aufruf von Init-Funktionen unüblich ist.

```
// Datei metatypes.playground
let datetype = Date.self     // speichert den Datentyp
                             // Foundation.Date.Type
let d1 = datetype.init()     // erzeugt ein Date-Objekt
print("Aktuelles Datum und Uhrzeit: \(d1)")
```

Mit der Methode `NSClassFromString` können Sie den Metatyp einer Klasse einer Objective-C-Bibliothek erzeugen, deren Namen Sie als Zeichenkette angeben. Die Methode funktioniert nicht für Swift-Klassen.

`NSClassFromString` liefert den Ergebnisdatentyp `AnyClass?`. Sofern ein gültiger Klassenname angegeben wird, ist ein Casting auf `NSObject.Type` möglich, also auf einen allgemeinen Metatyp. Mit `mytype.init()` wird nun die Init-Funktion dieser Klasse ausgeführt und eine `NSDate`-Instanz erzeugt. (Dieses Beispiel funktioniert nicht für die verwandte Swift-`Date`-Klasse.)

```
let mytype = NSClassFromString("NSDate") as! NSObject.Type
let d2 = mytype.init()       // erzeugt ein NSDate-Objekt
print("Aktuelles Datum und Uhrzeit: \(d2)")
```

Die folgenden Zeilen zeigen die Anwendung von `self` für Typen und `type(of:)` für Variablen. `myvar` wird als Variable des Typs `A` deklariert. Tatsächlich wird darin aber eine Instanz der davon abgeleiteten Klasse `B` gespeichert – im Sinne der Vererbung also nichts Ungewöhnliches.

```
class A { }          // Basisklasse A
class B: A {         // B ist von A abgeleitet
  func m() { print("bla") }
}

let myvar: A = B()
let type1 = A.self             // Datentyp A.Type
let type2 = B.self             // Datentyp B.Type
```

```
let type3 = type(of: myvar)     // Datentyp B.Type
if type(of: myvar) == B.self {
  print("myvar enthält eine Instanz von B.")
}
```

Kapitel 13
Fehlerabsicherung

Programmierer machen Fehler, Anwender auch: Egal, ob Ihr Programm versucht, auf ein nicht vorhandenes Array-Element zuzugreifen, eine Datei zu speichern, obwohl das Dateisystem voll ist, oder eine Seite aus dem Internet zu laden, obwohl gerade keine Internetverbindung besteht – in jedem Fall tritt ein Fehler auf.

Dieses Kapitel zeigt Ihnen, welche Möglichkeiten Sie haben, mit solchen Situationen umzugehen. Im Mittelpunkt stehen dabei die Schlüsselwörter try, catch und defer sowie throw, throws und rethrows. Außerdem beschreibe ich die Unterschiede zwischen dem Error-Protokoll von Swift und der weiterhin relevanten NSError-Klasse, die alle Objective-C-Programmierer kennen.

13.1 Fehlerabsicherung mit try und catch

Auf Flüchtigkeitsfehler im Code reagiert ein Swift-Programm unbarmherzig. Ein Programm mit den folgenden Code-Zeilen wird sofort beendet, wenn versucht wird, auf das nicht existierende Array-Element ar[3] zuzugreifen:

```
let ar = [7, 12, -1]
for  i in 0...3 { // Fehler, sollte 0..<3 sein
  print(ar[i])
}
```

In Xcode sehen Sie die Fehlermeldung *fatal error* samt einer kurzen Erklärung: Beim obigen Beispiel lautet sie *Array index out of range*. Anschließend können Sie im Programmcode den aktuellen Wert der Variablen etc. analysieren. Wenn der gleiche Fehler aber in einer iOS-App auftritt, wird die App kommentarlos geschlossen. Und, um es gleich vorwegzunehmen: Derartige Fehler lassen sich nicht mit try abfangen.

Es gibt eine ganze Reihe von Möglichkeiten, Fehler unbeabsichtigt auszulösen. Ich habe mich hier bemüht, die »populärsten« Kandidaten aufzuzählen:

- **Integer-Arithmetik:** Division durch null, Überlauf
- **Arrays:** Zugriff auf nicht vorhandene Elemente

- **Zeichenketten:** Zugriff auf nicht vorhandene Zeichen:

  ```
  let s1 = "abc"
  s1[s1.endIndex]
  ```

- **Optionals:** Unwrapping durch var! oder ausdruck!, wenn der Inhalt nil ist
- **Casting:** Umwandlung in einen ungeeigneten Datentyp durch as!
- **Collections:** Manche Eigenschaften und Methoden zur Bearbeitung von Arrays und anderen Aufzählungen lösen Fehler aus, wenn sie auf leere Sequenzen angewendet werden (z. B. removeLast) oder wenn ungültige Parameter übergeben werden (z. B. removeAt).

Die einzige Möglichkeit, derartige Fehler zu vermeiden, besteht darin, die Parameter im Voraus strikt zu kontrollieren. Gewöhnen Sie es sich an, Ihren Code sorgfältig zu verfassen und Parameter von Funktionen oder Methoden bzw. Benutzereingaben generell zu validieren.

try-catch-Syntax

try-catch-Konstruktionen sind zur Absicherung von Funktionen und Methoden gedacht, die mit throws deklariert sind und somit Fehler auslösen können. Die try-catch-Syntax von Swift weicht ein wenig von der anderer Programmiersprachen ab:

- Der abzusichernde Code-Block wird mit do eingeleitet.
- Innerhalb dieses Codes können Funktionen oder Methoden, die einen Fehler auslösen können, jeweils mit try ausgeführt werden. try gilt immer für eine gesamte Anweisung, nicht nur für einen einzelnen Methodenaufruf. Wenn xxx() und yyy() Fehler auslösen können, lautet der korrekte Aufruf zur Berechnung der Summe dieser Funktionen try xxx()+ yyy(), nicht try xxx()+ try yyy().

  Bei Zuweisungen muss try unmittelbar nach dem Zuweisungsoperator angegeben werden, also let c = try xxx() oder var v = try xxx(), aber nicht try let n = xxx(). Analog lautet die korrekte Syntax return try xxx(), nicht try return xxx().

- Tritt tatsächlich ein Fehler auf, bricht Swift den do-Block ab, sucht nach einem passenden catch-Block und führt dessen Code aus. Anschließend wird das Programm fortgesetzt, als wäre nichts passiert.

- Der restliche Code innerhalb des do-Blocks ist nicht abgesichert! Integer-Arithmetik-Fehler, Zugriff auf nicht vorhandene Zeichen oder Array-Elemente etc. führen auch innerhalb des do-Blocks zum Programmende.

Einführungsbeispiel

Das folgende Listing beginnt mit der Definition einer Enumeration, die das Protokoll Error implementiert. Die Enumeration dient lediglich zur Bereitstellung von Fehler-Zuständen. Die Funktionen f1 und f2 lösen gegebenenfalls einen der dort aufgezählten Fehler aus. (Details zum Protokoll Error und den Schlüsselwörtern catch, throws und throw folgen in den weiteren Abschnitten.)

```
// Projekt try-catch, Datei main.swift
// Definition eigener Fehlerzustände
enum MyErrors : Error {
  case tooSmall
  case tooBig(maximum: Int)
  case missing
  case other(explanation: String)
}

// Definition von Funktionen, die Fehler auslösen können
func f1(_ n: Int) throws -> Int {
  if n < 0   { throw MyErrors.tooSmall }
  if n > 100 { throw MyErrors.tooBig(maximum: 100) }
  return n + 1
}
func f2(_ n:Int?) throws -> Int {
  if n == nil { throw MyErrors.missing }
  return n! + 1
}

// Test der Funktionen
do {
  let a = try f1(101)
  let b = try f2(a)
  let c = a / (a - 6)  // kann nicht abgesichert werden
  try print(12 + f1(1) +  f2(7))
}

// für den Fehler .tooSmall
catch MyErrors.tooSmall {
  print("Fehler: Parameter zu klein")
}

// für den Fehler .tooBig
catch MyErrors.tooBig(let maximum) {
  print("Fehler: Parameter zu groß")
  print("Maximalwert = \(maximum)")
}
```

```
// alle anderen Fehler
catch {
  print("Ein anderer Fehler:")
  print(error)
}
print("Hier geht es weiter, wenn kein Fehler " +
      "oder ein abgesicherter Fehler aufgetreten ist.")
```

> **try ist nicht freiwillig**
>
> Die Verwendung von try ist keine Option, um Code bei Bedarf abzusichern; vielmehr ist der Einsatz von try zwingend erforderlich, sobald Sie eine mit dem Schlüsselwort throws gekennzeichnete Methode ausführen möchten.
>
> Umgekehrt ist try aber nur für Funktionen bzw. Methoden gedacht, die mit throws deklariert sind und somit Fehler auslösen können. Alle anderen Anweisungen können nicht mit try abgesichert werden! Xcode meldet gegebenenfalls einen Syntaxfehler (*No calls to throwing functions occur within try expression*).

Reaktion auf Fehler mit catch

Einem do-Block mit einer oder mehreren try-Anweisungen muss zumindest ein catch-Block folgen. Wenn ein durch try abgesicherter Fehler auftritt, verarbeitet Swift der Reihe nach die catch-Ausdrücke. Der erste zutreffende catch-Ausdruck wird als Reaktion auf den Fehler ausgeführt. Anschließend wird das Programm fortgesetzt.

Im Anschluss an catch kann ein beliebiger Ausdruck übergeben werden, der dem Error-Protokoll entspricht. Swift vergleicht diesen Ausdruck mit dem aufgetretenen Fehler, wobei intern wie bei switch der Pattern-Operator ~= zum Einsatz kommt (siehe Abschnitt 3.2, »Vergleichsoperatoren und logische Operatoren«).

Im einfachsten Fall geben Sie nach catch direkt einen konkreten Fehlerwert an. Sie haben dann allerdings im weiteren catch-Code keinerlei Zugriff auf die weiteren Eigenschaften des Fehlers.

```
// catch für einen expliziten Fehler
catch MyError.tooSmall {
  // wird ausgeführt, wenn der angegebene Fehler
  // aufgetreten ist
}
```

Wenn zusammen mit dem Enumerationswert des Fehlers weitere Daten übergeben werden, wie dies im vorigen Beispiel bei MyError.tooBig der Fall war, können diese Daten mit let in eine Konstante übertragen und im folgenden Code-Block ausgewertet werden:

```
// catch für einen expliziten Fehler mit Zusatzinformationen
catch MyErrors.tooBig(let maximum) {
  // maximum enthält Details zum Fehler, in
  // diesem Fall den maximal zulässigen Wert
}
```

Die folgende catch-Variante trifft für *alle* Fehler zu, die in der MyErrors-Enumeration definiert sind. Die Details des aufgetretenen Fehlers können Sie der Konstanten myerror entnehmen. Sofern es sich bei der Fehlerenumeration um simple Konstanten handelt, kann ein Vergleich einfach mit myerror == MyError.xxx erfolgen. Die MyError-Enumeration aus dem Einführungsbeispiel macht aber von zugeordneten Werten Gebrauch (*Associated Values*, siehe Abschnitt 11.2, »Enumerationen«). Die Unterscheidung der möglichen Fehler erfolgt in diesem Fall am besten durch switch:

```
// catch für eine Gruppe von Fehlern
catch let myerror as MyErrors {
  switch myerror {
  case .tooSmall:
    print("Parameter zu klein")
  case let .tooBig(n):
    print("Parameter zu groß, Maximum=\(n)")
  case .missing:
    print("Parameter darf nicht nil sein")
  case let .other(msg):
    print("Anderer Fehler: \(msg)")
  }
}
```

Default-catch

Ein catch ohne Ausdruck leitet den Default-Block ein, der für alle bisher nicht berücksichtigten Fehler gilt. In diesem Block steht die Konstante error (Datentyp Error) zur Verfügung, die Auskunft über den aufgetretenen Fehler gibt. Dieser Block muss immer zuletzt angegeben werden.

```
// Default-catch, Auswertung von 'error'
catch {
  print(error)
  // Ausgabe z. B. "tooBig(100)"

  print(error.localizedDescription)
  // Ausgabe z. B. "The operation couldn't be completed.
  //                (try_catch.MyErrors error 1.)"
}
```

Zur detaillierten Auswertung von error ist es zweckmäßig, daraus ein NSError-Objekt abzuleiten und dann dessen Eigenschaften auszuwerten (siehe Abschnitt 13.5, »Fehlerabsicherung von API-Methoden (NSError)«).

```
// Default-catch, Auswerung von 'error' als NSError-Instanz
catch {
  let nserr = error as NSError
  print("Fehlerbeschreibung: \(nserr.description)")
  // Ausgabe z. B. "Fehlerbeschreibung: Error
  //                Domain=try_catch.MyErrors Code=1"
}
```

Sie können das NSError-Casting auch direkt im catch-Ausdruck durchführen:

```
// Default-catch mit integriertem NSError-Casting
catch let nserr as NSError {
  print("Fehlerbeschreibung: \(nserr.description)")
}
```

Sollten Sie weder am error- noch am NSError-Objekt Interesse haben, ist catch _ am effizientesten:

```
// Default-catch ohne Fehleranalyse
catch _ {
  print("Irgendein Fehler ist aufgetreten ...")
}
```

Wenn der Default-catch fehlt, betrachtet der Swift-Compiler die gesamte Konstruktion als unvollständig (*not exhaustive*) – es werden also nicht alle Fehlermöglichkeiten behandelt. Es gibt zwei Möglichkeiten, diesen Fehler zu beheben:

- Sie fügen einen Default-catch ein.
- Sie deklarieren die Methode oder Funktion, in der sich Ihre try-catch-Konstruktion befindet, selbst mit throws. Damit gibt sich der Compiler zufrieden. Sollte ein nicht behandelter Fehler auftreten, wird dieser einfach an die Stelle weitergegeben, an der die Methode/Funktion aufgerufen wurde.

Leider agiert der Swift-Compiler bei der Erkennung der catch-Zweige weniger intelligent als bei switch-case: Selbst wenn Sie alle vier MyErrors-Fehler des Einführungsbeispiels berücksichtigen oder catch let myerror as MyErrors verwenden, gilt die Konstruktion ohne Default-catch als unvollständig. Das hat damit zu tun, dass aus der Deklaration von Funktionen oder Methoden nicht hervorgeht, *welche* Fehler auftreten können. Bei eigenem Code könnte der Compiler den Quellcode analysieren, aber bei Methoden aus externen Bibliotheken fällt diese Möglichkeit weg.

try ohne do-catch

Innerhalb des Playgrounds dürfen Methoden mit try ausgeführt werden, ohne try in eine do-catch-Konstruktion einzuschließen. Das gilt auch innerhalb von Funktionen oder Methoden, die selbst mit throws deklariert sind. Sollte es hier zu einem Fehler kommen, wird der Fehler einfach weitergegeben. throws entbindet Sie also von der do-catch-Absicherung. try bleibt aber weiter erforderlich!

Im folgenden Beispiel wird der Aufruf von f1 zum Fehler TooBig führen. Diesen Fehler gibt f3 weiter an die Stelle im Code, wo f3 aufgerufen wird.

```
// auch in kompiliertem Code OK
func f3() throws -> Int {
  return try f1(101) + f2(88)
}
```

try! und try? (Forced Try und Optional Try)

Zum gewöhnlichen Schlüsselwort try existieren die Variante try! mit einem nachgestellten Ausrufezeichen (*Forced Try*) und die Variante try? mit einem nachgestellten Fragezeichen (*Optional Try*). Im Unterschied zum gewöhnlichen try darf try! ohne eine do-catch-Konstruktion verwendet werden, um Methoden aufzurufen, die einen Fehler auslösen können. In der Praxis verwenden Sie try! nur in Testcode oder wenn Sie absolut sicher sind, dass kein Fehler auftreten wird. Passiert dies doch, so führt der Fehler unmittelbar zum Programmende (*Fatal Error*).

```
let a = try! f1(7)
try! f2(12)
```

try? ruft eine Funktion oder Methode auf, die einen Fehler verursachen kann. Tritt tatsächlich ein Fehler auf, liefert try? den Wert nil zurück, andernfalls das Ergebnis. Die folgenden Zeilen beziehen sich wieder auf die in der Einleitung des Abschnitts definierte Funktion f1:

```
var result1 = try? f1(10)     // Datentyp Int?
print(result1 as Any)         // Ergebnis Optional(11)
result1 = try? f1(1000)
print(result1 as Any)         // Ergebnis nil
```

Üblicherweise verwenden Sie try? in Kombination mit if let:

```
if let result = try? f1(50) {
  // result ist hier eine Int-Variable
  print("Ergebnis \(result)")
}
```

Doppelte Optionals

An sich bietet try? eine ausgesprochen angenehme Möglichkeit, die Fehlerabsicherung elegant durchzuführen. Es gibt allerdings einen Sonderfall, der häufig Verwirrung stiftet und in der Praxis gar nicht so selten auftaucht: Wenn die abzusichernde Funktion oder Methode an sich schon ein Optional liefert, dann ergibt sich in Kombination mit try? ein doppeltes Optional. Hinter den Kulissen wird dieser Datentyp als Optional<Optional<typ>> abgebildet.

Ausgangspunkt für das folgende Beispiel ist die Funktion f5. Sie liefert normalerweise eine ganze Zahl als Ergebnis. Ist der Parameter kleiner 0, lautet der Rückgabewert allerdings nil. Und für Parameter größer 100 wird ein Fehler ausgelöst:

```
// Projekt try-catch, Datei main.swift
func f5(_ n: Int) throws -> Int? {
  if n < 0    { return nil }
  if n > 100 { throw MyErrors.tooBig(maximum: 100) }
  return n + 1
}
```

Wenn Sie nun let result5 = try? f5(10) ausführen, dann hat result den Datentyp Int??. Eine Optional-Ebene stammt von der Funktion f5, die zweite von try?. Das macht die if-let-Auswertung ebenso umständlich wie unübersichtlich:

```
let result5 = try? f5(1000)   // result5 hat den Datentyp Int??
if let n = result5 {          // n hat den Datentyp Int?
  if let m = n {              // m hat den Datentyp Int
    print("Ergebnis \(m)")
  } else {
    print("f5 hat nil zurückgegeben.")
  }
} else {
  print("f5 hat einen Fehler ausgelöst.")
}
```

Deutlich kürzer lässt sich der Code formulieren, wenn Ihnen egal ist, auf welcher Ebene warum eventuell nil auftritt. Das erste let kümmert sich hier um das try-Optional, das zweite let um das Optional der Funktion f5.

```
if let tmp = try? f5(60),    // tmp hat den Datentyp Int?
   let result = tmp          // result hat den Datentyp Int
{
  print("Ergebnis \(result)")
}
```

Aufräumarbeiten mit defer

In einigen Programmiersprachen können Sie in try-catch-Konstruktionen einen finally-Block Code formulieren, der auf jeden Fall ausgeführt wird – egal, ob im zuvor ausgeführten try-Block Fehler aufgetreten sind oder nicht. Der finally-Block eignet sich gut für Aufräumarbeiten, z. B. zum Schließen von Dateien bzw. von Datenbank- oder Netzwerkverbindungen.

Swift kennt zwar kein finally, stellt eine ähnliche Funktionalität aber über das Schlüsselwort defer zur Verfügung, das bereits in Abschnitt 6.1, »Funktionen definieren und ausführen«, vorgestellt wurde. Das Schlüsselwort defer kann also vollkommen losgelöst von try-catch verwendet werden. Seine Anwendung bietet sich aber häufig in try-catch-Konstruktionen an, wie der folgende Pseudo-Code zeigt: Die Datenbankverbindung wird in jedem Fall geschlossen, egal, ob während der Programmausführung Fehler auftreten oder nicht.

```
func f() {
  do {
    let db = open("database-connection")
    defer { db.close() }
    let result try db.execute("SELECT ...")
    if result = "xxx" { return }
    try db.execute("UPDATE ...")
  } catch {
    print("Fehler")
  }
}
```

Debugging-Hilfe assert

Wenn Sie in Ihrem Programm nach dem Auftreten eines Fehlers bzw. bei der Übergabe ungeeigneter Parameter absolut keine Möglichkeit sehen, das Programm fortzusetzen, empfiehlt »The Swift Programming Language« den Einsatz von assert. Im ersten Parameter dieser Funktion geben Sie eine Bedingung an. Ist diese erfüllt, wird das Programm fortgesetzt und alles ist in Ordnung. Ist die Bedingung hingegen nicht erfüllt, wird das Programm im Debug-Modus unterbrochen. Optional können Sie im zweiten Parameter noch eine Fehlermeldung an assert übergeben.

> **assert ist nur für das Debugging geeignet!**
>
> assert ist ausschließlich ein Hilfsmittel zur Fehlersuche, aber kein geeigneter Weg zur Fehlerabsicherung! assert wird bei Release-Kompilaten automatisch aus dem Code entfernt und ist dort wirkungslos.

Im folgenden Minibeispiel löst die print-Zeile bei einem Debug-Kompilat einen Fehler aus. Wird das Programm hingegen für ein Release kompiliert, lautet die Ausgabe nan (Not a Number). assert wird nicht kompiliert, und sqrt(-1) löst keinen Fehler aus, sondern gibt einen speziell für solche Fälle vorgesehenen Double-Wert zurück.

```
// eigene sqrt-Funktion
func mysqrt(_ x: Double) -> Double {
  assert(x>=0, "x must be greater than 0")
  return sqrt(x)
}

print(mysqrt(-1))   // Testbetrieb: löst Fehler aus
                    // Release: Ausgabe 'nan'
```

13.2 Selbst Fehler auslösen (throws und throw)

Wenn Sie eine Funktion oder Methode programmieren, die selbst Fehler auslösen soll, müssen Sie diese mit throws deklarieren. Dieses Schlüsselwort folgt dem Klammerpaar der Parameterliste. Bei Funktionen oder Methoden, die ein Ergebnis zurückgeben, ist throws vor dem Pfeiloperator mit dem Ergebnisdatentyp anzugeben. Im Gegensatz zu Sprachen wie Java, wo nach throws der oder die möglichen Fehler anzugeben sind, entfällt diese Information in Swift. throws besagt also nur, dass eine Funktion oder Methode Fehler auslösen kann, gibt aber keinen Hinweis, um *welche* Fehler es sich dabei handeln könnte.

```
func m1() throws { ... }
func m2(p1: Int, p2: Double) throws -> { ... }
```

Wenn Sie nun im Code Ihrer Funktion/Methode einen Zustand feststellen, auf den Sie nur durch das Auslösen eines Fehlers reagieren können, dann geben Sie im Anschluss an das Schlüsselwort throw einen Fehlercode an. Als *Fehlercode* gilt jedes Element bzw. jede Instanz einer Enumeration, Struktur oder Klasse, die das Protokoll Error implementiert. Der übliche Weg besteht darin, wie im Einführungsbeispiel zur Formulierung von Fehlerzuständen eine simple Enumeration zu verwenden, die mit EnumName : Error definiert ist.

```
// Fehler auslösen
if n == nil { throw MyErrors.missing }
```

throw bewirkt, dass die Funktion oder Methode sofort und ohne Rückgabewert verlassen wird. Auf den Fehler kann nun im entsprechenden catch-Block reagiert werden. throw darf nur in Funktionen bzw. Methoden verwendet werden, die mit throws deklariert sind!

> **Geschwindigkeit**
>
> Im E-Book »The Swift Programming Language«, also in der offiziellen Swift-Dokumentation, können Sie nachlesen, dass throw in Swift ebenso schnell ausgeführt wird wie return. Das try-catch-Modell von Swift sieht so aus, als würde es wie z. B. in Java Exceptions verarbeiten. Tatsächlich ist das aber nicht der Fall. Vielmehr erzeugt throw ein NSError-Objekt, dessen Klasse schon seit vielen Jahren in der Foundation-Bibliothek existiert. try und catch verpacken lediglich die Verarbeitung von derartigen NSError-Objekten.
>
> *https://developer.apple.com/library/content/documentation/Swift/Conceptual/Swift_Programming_Language/ErrorHandling.html*

Fehler in Init-Funktionen auslösen

throws ist auch in Init-Funktionen erlaubt, sofern diese mit throws gekennzeichnet sind. Hier gilt aber die merkwürdige Regel, dass alle Eigenschaften des Typs initialisiert werden müssen, bevor throw verwendet werden darf. Das widerspricht der in anderen Sprachen üblichen Vorgehensweise, in der Init-Funktion die Parameter zu überprüfen und gegebenenfalls noch *vor* der Erzeugung eines neuen Objekts einen Fehler auszulösen.

Das folgende Beispiel greift nochmals die Rectangle-Struktur auf, die unter anderem schon in Abschnitt 11.3, »Eigenschaften«, vorkam. Bei dieser Variante löst die Init-Funktion einen Fehler aus, wenn die Länge oder Breite kleiner 0 ist. Die Struktur ist mit Read-Only-Properties so konzipiert, dass Länge und Breite eines einmal erzeugten Rechtecks nachträglich nicht mehr verändert werden können. Diese Vorgehensweise wurde auch deswegen gewählt, weil Computed Properties in Swift keine Fehler auslösen und nicht mit throws gekennzeichnet werden können.

```
// Datei rectangle-throw.playground
enum RectangleError : Error {
  case lengthTooSmall
  case widthTooSmall
}

// Struktur zur Speicherung eines Rechtecks
struct Rectangle {
  // interner Datenspeicher
  private var _length = 0.0
  private var _width = 0.0

  // init-Funktion, greift auf Computed Properties
  // zurück
```

```
  init(_ length: Double, _ width: Double) throws {
    _length = length
    _width = width
    if length < 0.0 { throw RectangleError.lengthTooSmall }
    if width  < 0.0 { throw RectangleError.widthTooSmall  }
  }

  // Read-Only-Properties
  var length: Double { return _length }
  var width:  Double { return _width  }
}

// Beispiel 1: ein korrektes Rechteck
do {
  let r = try Rectangle(1.2, 2.4)
  print(r.length)
} catch {
  print("Fehler: \(error)")
}
// Beispiel 2: ein fehlerhaftes Rechteck
do {
  let r = try Rectangle(-1.2, 2.4)
  print(r.length)
} catch {
  print("Fehler: \(error)")
}
```

Failable Init Functions

Als Alternative zu einer Init-Funktion mit throws können Sie eine *Failable Init Function* definieren, die bei fehlerhaften Parametern nil anstelle des gewünschten Elements liefert (siehe auch Abschnitt 11.4, »Init- und Deinit-Funktion«). In der Anwendung sind solche Init-Funktionen oft angenehmer, weil Sie auf try verzichten und stattdessen mit if-let oder guard arbeiten können. Die folgenden Zeilen skizzieren die Vorgehensweise:

```
struct Rectangle {
  var length: Double, width: Double

  // Init-Funktion mit Validitätskontrolle
  init?(_ length: Double, _ width: Double) {
    if length <= 0 || width <= 0 { return nil }
    self.length = length
    self.width = width
  }
}
```

```
if let r = Rectangle(-1.2, 2.4) {
  print("alles ok")
} else {
  print("Fehler")
}
```

Fehler in Computed Properties

Computed Properties dürfen in Swift keine Fehler auslösen. Die Schlüsselwörter throws und throw sind dort unzulässig.

Wenn Sie im Code einer Computed Property dennoch einen Fehler auslösen wollen, können Sie zur Not ein NSException-Objekt erzeugen. Derart ausgelöste Exceptions lassen sich allerdings nicht mit try-catch abfangen und führen immer zum Programmende. Ein entsprechendes Beispiel finden Sie in Abschnitt 11.3, »Eigenschaften«.

Parameterabsicherung mit guard

Das Schlüsselwort guard wird oft im Kontext mit der Fehlerabsicherung erwähnt. Es hat aber genau genommen nichts mit Exceptions oder try-catch zu tun. Vielmehr ist guard (siehe Abschnitt 5.2, »Inverse Logik mit guard«) eine Variante zu if-let: Sie testen damit, ob einige Ausdrücke bestimmten Regeln entsprechen, und führen entsprechende Zuweisungen durch. Kommt es zu einer Regelverletzung, können Sie darauf im else-Block reagieren. Andernfalls stehen die mit guard zugewiesenen Variablen und Konstanten auch *nach* dem guard-Block zur Verfügung.

Der Vorteil von guard besteht darin, dass der Haupt-Code weniger stark verschachtelt und somit besser lesbar ist. Im Kontext dieses Kapitels ist guard ausgesprochen praktisch, um mit throw einen Fehler auszulösen, wenn die Parameter einer Funktion oder Methode nicht den Erwartungen entsprechen:

```
// Projekt try-catch, Datei main.swift
func f4(_ n: Int?) throws -> Int {
  guard let a = n , a >= 0, a <= 100  else {
    throw MyErrors.other(explanation: "ungültiger Parameter")
  }
  return a * 2
}
```

Die NSException-Klasse

Bei vielen Programmiersprachen basiert das try-catch-Konzept auf Exceptions. In Swift ist dies aber nicht der Fall! try-catch ist lediglich eine neue Verpackung zum Aufruf von Methoden, die über NSError-Objekte Fehlerzustände mitteilen.

Überraschenderweise sieht die Foundation-Bibliothek dennoch eine Möglichkeit vor, Exceptions auszulösen. Dazu erzeugen Sie ein `NSException`-Objekt und führen dann dessen `raise`-Methode aus:

```
NSException(name: "Name ...",
            reason: "Begründung",
            userInfo: nil).raise()
```

Exceptions sind in der Logik der Frameworks und Programmiersprachen von Apple ausschließlich dazu gedacht, nicht abfangbare Fehler auszulösen. Solche Fehler deuten üblicherweise auf Programmier- oder Logikfehler hin. Zu dieser Art von Fehlern zählen die in der Einleitung von Abschnitt 13.1, »Fehlerabsicherung mit try und catch«, genannten Fehler, also z. B. der Zugriff auf nicht vorhandene Array-Elemente. Exceptions sind nicht für den Endanwender des Programms, sondern für dessen Entwickler(innen) gedacht.

In eigenem Swift-Code ist es nur selten zweckmäßig, Exceptions einzusetzen. Eine Ausnahme ist die Entwicklung von Bibliotheken, wo Exceptions auf die fehlerhafte Verwendung von Methoden hinweisen können.

13.3 Fehler in Funktionen weitergeben (rethrows)

Die Array-Methode `map` ist ebenso wie unzählige weitere Collection-Methoden mit dem Schlüsselwort `rethrows` deklariert:

```
// Definition von map in der Swift-Standardbibliothek
public struct Array<Element> : RandomAccessCollection,
                               MutableCollection
{
  public func map<T>(_ transform: (Element) throws -> T)
              rethrows -> [T]
}
```

`rethrows` wird anstelle von `throws` nach der Parameterliste, aber vor einem eventuellen Rückgabedatentyp angegeben. Das Schlüsselwort `rethrows` bedeutet:

▶ Wenn an `map` eine Funktion übergeben wird, die keinen Fehler auslöst, dann muss `map` nicht abgesichert werden. `map` verspricht laut Deklaration, selbst keinen Fehler auszulösen.

▶ Die gute Nachricht besteht darin, dass Sie `map` sogar eine Funktion oder Closure übergeben dürfen, die selbst einen Fehler auslösen kann. Deswegen ist der Parameter `transform` mit `throws` deklariert.

Sollte bei der Ausführung von map tatsächlich ein Fehler auftreten, gibt map diesen Fehler zurück. Der Fehler wird also neuerlich ausgelöst (daher die Bezeichnung rethrows).

▶ Die logische Konsequenz besteht aber darin, dass Sie – sobald Sie an map eine Funktion mit throws übergeben – den gesamten Aufruf von map selbst wieder absichern müssen.

Wie Sie anhand der folgenden Beispiele gleich sehen werden, gibt es dabei durchaus einige Sonderfälle zu beachten.

rethrows in der Praxis

Das folgende Beipiel geht davon aus, dass f1 unverändert die Funktion aus dem Einführungsbeispiel dieses Kapitels ist:

```
// Beispieldatei rethrows.playground
enum MyErrors: Error { ... } // Code wie bisher
func f1(_ n: Int) throws -> Int {
  if n < 0   { throw MyErrors.tooSmall }
  if n > 100 { throw MyErrors.tooBig(maximum: 100) }
  return n + 1
}
```

Die zu verarbeitenden Daten befinden sich in einem Array:

```
let data = [1, 2, 3, 200]
```

Wenn Sie nun map auf data anwenden und die Closure { $0 + 1} übergeben, kann nichts schiefgehen. map muss nicht durch try abgesichert werden:

```
// new1 hat den Datentyp [Int], Ergebnis [2, 3, 4, 201]
let new1 = data.map() { $0 + 1}
```

Syntaktisch nicht erlaubt ist es hingegen, einfach f1 an map zu übergeben. Xcode reklamiert *call can throw but is not marked with try* und meint damit, dass map jetzt sehr wohl einen Fehler auslösen kann – eben weil f1 mit throws deklariert ist.

```
let new2 = data.map(f1)    // nicht erlaubt
```

Sie können sich jetzt für eine do-try-catch-Konstruktion entscheiden oder wie im folgenden Beispiel einfach try? voranstellen. new3 enthält in diesem Fall als Ergebnis nil, weil f1 beim data-Element 200 einen Fehler auslöst.

```
// new3 hat den Datentyp [Int]?, Ergebnis nil
let new3 = try? data.map(f1)
```

Auf den ersten Blick sieht die folgende Variante gleichwertig aus: f1 wird nicht unmittelbar als Parameter von map übergeben, sondern nachgestellt in eine Closure verpackt. Die Variante ist aber nicht gleichwertig. Durch die Verpackung betrachtet Swift die Closure als *neue* Funktion – und zwar als eine, die nicht mit throws deklariert ist. (Das ist syntaktisch gar nicht vorgesehen.)

```
let new4 = try? data.map() {  f1($0) }  // nicht erlaubt
```

Der Compiler beklagt auch bei der obigen Zeile, dass ein Funktionsaufruf einen Fehler verursachen kann, aber nicht durch try abgesichert werden kann. Diesmal meint er aber nicht map, sondern f1. Und tatsächlich bietet ein try? vor f1($0) eine andere Variante, um f1 an map zu übergeben:

```
// new5 hat den Datentyp [Int?], Ergebnis
// [Optional(2), Optional(3), Optional(4), nil]
let new5 = data.map() { try? f1($0) }
```

Die Closure kann nun keinen Fehler mehr auslösen. Vielmehr liefert f1 entweder eine Integer-Zahl oder nil, der Datentyp ist also Int?. Deswegen erhält new5 den Datentyp [Int?], nicht [Int]? wie bei new3.

rethrows in eigenen Funktionen und Methoden

Wenn Sie selbst Funktionen oder Methoden mit rethrows kennzeichnen, verpflichten Sie sich damit, selbst nur Fehler im catch-Teil der Fehlerabsicherung Ihrer Funktion bzw. Methode auszulösen. An anderen Stellen ist throws nicht erlaubt.

Die folgenden Zeilen zeigen eine minimalistische Neuimplementierung von map für Arrays – zum besseren Verständnis zeige ich Ihnen zuerst eine Variante ohne rethrows. Die transform-Funktion verarbeitet also die Array-Elemente vom Typ Element (dieser Name ist durch die Array-Definition vorgegeben) und liefert Ergebnisse vom Typ T. Dabei darf kein Fehler auftreten.

```
// Beispieldatei rethrows.playground
extension Array {
  func map1<T>(_ transform: (Element) -> T) -> [T] {
    var result = [T]()
    for item in self {
      result.append(transform(item))
    }
    return result
  }
}
```

Die map2-Variante akzeptiert wie die echte map-Methode Transformationsfunktionen mit throws und gibt gegebenenfalls die resultierenden Fehler mit rethrows weiter. Die Deklaration sieht jetzt wie bei der richtigen map-Methode aus. Die Implementierung ist möglicherweise weniger effizient, aber funktionell gleichwertig. Der Aufruf der transform-Funktion erfolgt mit try. Sollte dabei ein Fehler auftreten, wird das resultierende Error-Objekt im catch-Zweig einfach durch throw an den Aufrufer von map weitergegeben. Hier findet also der *Rethrow* statt.

```
extension Array {
  func map2<T>(_ transform: (Element) throws -> T) rethrows
       -> [T]
  {
    var result = [T]()
    for item in self {
      do {
        let newitem = try transform(item)
        result.append(newitem)
      } catch {
        throw error
      }
    }
    return result
  }
}
```

Swifts Syntax erlaubt eine noch kürzere Variante, die auf do und catch verzichtet. try ist weiter vorgeschrieben und hat dieselbe Wirkung wie die gesamte do-try-catch-Konstruktion von map2:

```
extension Array {
  func map3<T>(_ transform: (Element) throws -> T) rethrows
       -> [T]
  {
    var result = [T]()
    for item in self {
      let newitem = try transform(item)
      result.append(newitem)
    }
    return result
  }
}
```

Der obige Code verpackt in erstaunlich wenigen Zeilen viele fortgeschrittene Swift-Sprachmerkmale: neben der Fehlerbehandlung sind hier auch Extensions und Generics mit im Spiel (siehe auch Kapitel 12, »Objektorientierte Programmierung II«).

Ein kurzer Test stellt sicher, dass map3 sich wie map verhält:

```
let new7 = try? data.map3(f1)
// new7: Datentyp [Int]?, Ergebnis nil

let new8 = data.map3() { try? f1($0) }
// new8: Datentyp [Int?],
// Ergebnis [Optional(2), Optional(3), Optional(4), nil]
```

Weitere Informationen zu rethrows finden Sie im Swift-Handbuch:

https://developer.apple.com/library/content/documentation/Swift/Conceptual/ Swift_Programming_Language/Types.html

https://developer.apple.com/library/content/documentation/Swift/Conceptual/ Swift_Programming_Language/Declarations.html

13.4 Das Error-Protokoll

Für das try-catch-Modell von Swift spielt das Error-Protokoll eine große Rolle:

- An throw können nur Daten übergeben werden, deren Typen diesem Protokoll entsprechen.
- Analog kann catch nur Fehlerzustände auf der Basis dieses Protokolls vergleichen.

Definition einer Error-Enumeration

In Berührung kommen Sie mit dem Error-Protokoll primär dann, wenn Sie selbst Fehlerzustände definieren. Der übliche und im Swift-Handbuch empfohlene Weg besteht darin, eine Enumeration zu erstellen, die Error implementiert:

```
// Projekt try-catch, Datei main.swift
enum MyErrors : Error {
  case tooSmall
  case tooBig(maximum: Int)
  case missing
  case other(explanation: String)
}
```

Erstaunlicherweise definiert das Error-Protokoll keinerlei Regeln. Ein ⌘-Click auf das Schlüsselwort offenbart die folgende Definition:

```
public protocol Error { }
```

Das bedeutet: Sie können für jede Enumeration, für jede Struktur und für jede Klasse ohne irgendeinen Zusatzaufwand das Error-Protokoll implementieren.

Definition einer Error-Struktur

Wenn Sie zusammen mit einem Fehler Zusatzinformationen verpacken möchten, z. B. zum Kontext, in dem der Fehler aufgetreten ist, dann definieren Sie dazu am besten eine Struktur, wobei Sie anstelle von contextinfo1 und -2 natürlich für Ihren Fehler passende Namen wählen:

```
struct DetailedError : Error {
  enum ErrorKind {
    case tooSmall
    case tooBig(maximum: Int)
    case missing
    case other(explanation: String)
  }

  let kind: ErrorKind
  let contextinfo1: String
  let contextinfo2: Int
}
```

Der entsprechende throw-Aufruf kann so aussehen:

```
throw DetailedError(kind: .tooSmall,
                    contextinfo1: "bla",
                    contextinfo2: 42)
```

Das Error-Protokoll enthält eine Defaultimplementierung für die Eigenschaft localizedDescription. Es ist mir allerdings nicht gelungen, diese Implementierung durch eigenen Code zu ersetzen.

13.5 Fehlerabsicherung von API-Methoden (NSError)

Unzählige Methoden aus dem Foundation-Framework sowie aus anderen Bibliotheken wurden ursprünglich für die Verwendung durch Objective-C konzipiert. Bei der Verwendung dieser Programmiersprache, aber auch unter Swift 1.n, liefern diese Methoden true oder false zurück, je nachdem, ob sie erfolgreich waren oder nicht. Die Details über einen eventuell aufgetretenen Fehler können einem NSError-Objekt entnommen werden.

Bereits in Swift 2 hat Apple die Deklarationen aller derartigen Methoden so abgewandelt, dass diese kompatibel zum try-catch-Konzept sind. Das folgende Beipiel zeigt, wie Sie eine Zeichenkette in einer Textdatei speichern:

```
var s = "Hello World!"
do {
  try s.write(toFile: "/bla/test.txt",
              atomically: true,
              encoding: .utf8)
} catch let nserr as NSError {
  print("Fehler beim Speichern: \(nserr.localizedFailureReason)")
}
```

> **Error versus NSError**
>
> Es ist nicht zwingend notwendig, auf das NSError-Objekt zurückzugreifen. Sie können auch das Error-Objekt auswerten, das Swift standardmäßig zur Verfügung stellt. Das NSError-Objekt gibt aber Zugriff auf mehr Daten und Kontextinformationen.

Der obige Code wird eine Fehlermeldung liefern, weil der Pfad /bla nicht existiert. Aber auch dann, wenn Sie einen korrekten Pfad angeben, z. B. /Users/loginname, scheitert die Ausführung der Zeilen im Playground mit der Fehlermeldung *You don't have permissions ...* Schuld sind in diesem Fall die Sicherheitsmechanismen des Playgrounds. Das Speichern gelingt aber, sobald Sie das Programm in Xcode als ein COMMAND LINE TOOL kompilieren. Eine eventuell vorhandene Datei wird dabei überschrieben.

Wenn Sie weder am Fehler an sich noch an dessen Details interessiert sind, können Sie den obigen Code wie folgt verkürzen. Der Code ist damit formal korrekt, auch wenn das stille Ignorieren von Fehlern in der Praxis natürlich selten sinnvoll ist.

```
// Fehler stillschweigend ignorieren (Kurzschreibweise)
do {
  try s.write(toFile: "/bla/test.txt",
              atomically: true,
              encoding: .utf8)
} catch _ { }
```

Und es geht noch kürzer, ganz ohne do und catch:

```
// Fehler stillschweigend ignorieren (Kurzschreibweise)
try? s.write(toFile: "/bla/test.txt",
             atomically: true,
             encoding: .utf8)
```

try? liefert gegebenenfalls nil, aber im obigen Code wird der Rückgabewert gar nicht erst ausgewertet. In Test-Programmen ist es in solchen Fällen zumeist sinnvoller, try! einzusetzen. Dann kann es nämlich nicht passieren, dass Sie Probleme übersehen.

13.5 Fehlerabsicherung von API-Methoden (NSError)

Ein Fehler führt jetzt sofort zum Programmende. Damit ist für Sie als Entwickler(in) unmissverständlich klar, dass hier etwas schiefgegangen ist.

```
// formal korrekter Code, führt bei Fehlern zum Programmabbruch
try! s.write(toFile: "/bla/test.txt",
             atomically: true,
             encoding: .utf8)
```

Die NSError-Klasse

Die `NSError`-Klasse stellt diverse Eigenschaften zur Verfügung, mit denen Sie weitere Informationen über den Fehler ermitteln können (siehe Tabelle 13.1). Zur Anzeige der Fehlermeldung ist `localizedDescription` am hilfreichsten. `domain` enthält eine Zeichenkette mit dem Namen der Bibliothek bzw. des Systems, in der bzw. in dem der Fehler aufgetreten ist – z. B. `NSCocoaErrorDomain`. Die Eigenschaft `code` ergänzt diese Daten um eine domainspezifische Fehlernummer.

Merkmal	Bedeutung
code	Fehlernummer, domainabhängig
domain	Name der Bibliothek bzw. des Systems
userInfo	Array mit Detailinformationen
localizedDescription	ausführliche Fehlermeldung
localizedFailureReason	kurze Fehlermeldung
localizedRecoveryOptions	Hilfevorschlag (nur macOS, oft nil)
localizedRecoverySuggestion	Hilfevorschlag (nur macOS)
helpAnchor	Text für Hilfe-Button (nur macOS, oft nil)

Tabelle 13.1 Eigenschaften der NSError-Klasse

Kapitel 14
Importe, Attribute und Systemfunktionen

Dieses Kapitel fasst einige Funktionen von Swift zusammen, die nicht wirklich in die anderen Kapitel passen. Zu den behandelten Themen zählen:

- Module, Bibliotheken und Importe
- Attribute
- Systemfunktionen

14.1 Module, Frameworks und Importe

Aus der Sicht von Xcode ist ein Modul einfach ein Build Target eines Projekts. An dieser Stelle geht es allerdings nicht um jede Art von Modulen, sondern um Frameworks, die in Swift genutzt werden können. Ein Framework ist eine Sammlung von Datentypen, Funktionen etc., auf die eigene Programme wie auf eine Bibliothek zugreifen können. Die bekanntesten Frameworks der Apple-Welt sind Foundation, Cocoa und UIKit. Daneben gibt es aber viele weitere, wie CoreData, CoreGraphics, SpriteKit etc.

Damit Sie in Swift ein Framework nutzen dürfen, müssen Sie das betreffende Modul mit `import` importieren:

```
import Foundation
```

> **Frameworks in Xcode aktivieren**
>
> Alle nicht elementaren Frameworks müssen auch in den Einstellungen Ihres Xcode-Projekts aktiviert werden, damit die entsprechenden Bibliotheken mit Ihrem Programm verbunden werden. Dazu bestehen zwei Möglichkeiten: Entweder aktivieren Sie in den Projekteinstellungen für das App-Target im Dialogblatt CAPABILITIES die entsprechende Funktion (z. B. MAPS, wenn Sie das `MapKit`-Framework verwenden wollen), oder Sie fügen das erforderliche Framework im Dialogblatt BUILD PHASES beim Eintrag LINK BINARY WITH LIBRARIES manuell hinzu.

Eine Liste der Module, die Apple zur Verfügung stellt, ermitteln Sie am einfachsten, indem Sie in einem Terminal mit find nach Dateien mit der Endung .swiftmodule suchen. Dabei handelt es sich um binäre Dateien, die die Definition aller Typen, Funktionen, Methoden in einer für den Swift-Compiler lesbaren Form enthalten.

```
cd /Applications/Xcode.app/
find . -name '*.swiftmodule'
```

Eine swiftmodule-Datei allein reicht für den Import nicht aus. Dazu ist außerdem die kompilierte Bibliothek erforderlich, die sich in einer Datei mit der Endung .a oder .dylib befindet. Bei Frameworks befindet sich die zumeist dynamische Bibliothek als Datei mit dem Namen des Frameworks ohne Endung im Framework-Ordner. Die meisten Frameworks stellen außerdem noch .swiftdoc-Dateien mit Dokumentation zur Verfügung.

Selbst Frameworks erzeugen

Xcode bietet die Möglichkeit, selbst Frameworks zu erzeugen. Darauf gehe ich in diesem Buch nicht ein. Wenn Sie sich dafür interessieren, wie Sie mit Swift Frameworks zur Weitergabe an andere Entwickler zusammenstellen, finden Sie auf den folgenden Seiten gute Einführungsbeispiele:

https://raywenderlich.com/126365/ios-frameworks-tutorial
https://robots.thoughtbot.com/creating-your-first-ios-framework
http://basememara.com/creating-cross-platform-swift-frameworks-ios-watchos-tvos-via-carthage-cocoapods

Bibliotheken verwalten

Selbst Frameworks zu erstellen ist sicherlich toll, häufiger kommt es aber sicherlich vor, dass Sie Frameworks anderer Entwickler verwenden wollen. Entsprechende Klassen, Bibliotheken und Frameworks finden Sie zuhauf auf GitHub, teilweise aber auch auf anderen Webseiten. Achten Sie auf die Lizenz! Wenn Sie Apps entwickeln möchten, deren Code nicht als Open Source frei zur Verfügung stehen soll, brauchen Sie eine Lizenz, die die Nutzung auch in Nicht-Open-Source-Projekten erlaubt (z. B. MIT-, BSD- oder LGPL-Lizenz).

> **Wie zukunftssicher sind nicht offizielle Swift-Erweiterungen?**
>
> Als größtes Problem beim Einsatz der vielen frei verfügbaren Erweiterungen hat sich deren Wartung herausgestellt: Für Swift 2 gab es unzählige durchaus praktische Erweiterungen, die mittlerweile verwaist sind und die nie auf Swift 3 portiert wurden. Und wenn Sie heute eine Swift-3-kompatible Erweiterung finden, wissen Sie nicht, was damit in ein, zwei Jahren passiert.

Die einfachste Art der Verwendung externer Bibliotheken besteht darin, den Quellcode herunterzuladen und in Ihr eigenes Projekt einzufügen. Für einige Beispiele in diesem Buch, die die Bibliotheken SWXMLHash bzw. Gloss verwenden (siehe Kapitel 22, »Netzwerk, XML und JSON«), bin ich so vorgegangen. Diese Vorgehensweise hat aber Nachteile:

- Ihr Xcode-Projekt wird unnötig groß.
- Bei jedem Update der Bibliothek müssen Sie den Import der Dateien in Xcode wiederholen.
- In je mehr Projekten Sie mehrere externe Bibliotheken verwenden, desto redundanter und unübersichtlicher wird der Prozess.

Zur Lösung dieser Probleme bieten sich Projekte wie CocoaPods oder Carthage an:

https://cocoapods.org
https://github.com/Carthage/Carthage

Diese Projekte vereinfachen zwar den Umgang mit externen Projekten, setzen aber diverse Installationen voraus und verändern zum Teil die sonst üblichen Xcode-Arbeitstechniken. Insofern sind CocoaPods und Carthage nur für fortgeschrittene Entwickler geeignet, die keine Scheu vor dem Terminal haben. Ich beschränke mich hier auf die Beschreibung von CocoaPods.

CocoaPods

Bevor Sie CocoaPods installieren können, muss unter macOS eine aktuelle Version von Ruby oder zumindest eine aktuelle Version der Bibliothek activesupport installiert sein:

```
sudo gem install activesupport -v 4.2.6
sudo gem install cocoapods
```

Anschließend wechseln Sie im Terminal in das Verzeichnis des Xcode-Projekts, in dem Sie externe Bibliotheken verwenden möchten. Mit dem Kommando pod init erzeugen Sie darin die Datei Podfile. Diese Datei fasst zusammen, auf welche Bibliotheken Ihr Projekt zurückgreifen möchte. Diese Musterdatei müssen Sie nun nur noch erweitern, pro Bibliothek um eine Zeile, die mit pod beginnt und den Namen und die Versionsnummer der Bibliothek enthält. Die Datei kann z. B. so aussehen, wobei Sie targetname durch den Namen des Targets Ihres Projekts ersetzen müssen:

```
# Datei <ihr-xcode-projektverzeichnis>/Podfile
target 'targetname' do
  use_frameworks!
  pod 'SWXMLHash', '~> 3.0'
end
```

targetname will also die Bibliothek SWXMLHash zumindest in der Version 3.0 verwenden. Schließen Sie nun Ihr Xcode-Projekt, und installieren Sie die erforderlichen Bibliotheken mit dem folgenden Kommando im Terminal:

```
cd ihr-xcode-projektverzeichnis
pod install

  Setting up CocoaPods master repo
  Setup completed
  Analyzing dependencies
  Downloading dependencies
  Installing SWXMLHash (3.0.2)
  Generating Pods project
  Integrating client project

  [!] Please close any current Xcode sessions and
  use `targetname.xcworkspace` for this project from now on.
  Pod installation complete! There is 1 dependency from the
    Podfile
  and 1 total pod installed.
```

Bei meinen Tests hat die Ausführung von pod installs mehrere Minuten ohne sichtbares Feedback gedauert, endete aber schließlich doch erfolgreich.

Wenn Sie Ihr Projekt nun in Xcode wieder öffnen, müssen Sie dies im Finder per Doppelklick auf die Datei projektname.xcworkspace tun (nicht projektname.xcodeproj). Alternativ führen Sie im Terminal einfach open aus:

```
open projektname.xcworkspace
```

Die xcworkspace-Datei umfasst sowohl ihr ursprüngliches Projekt als auch alle durch CocoaPods hinzugefügten Bibliotheken. Im Code Ihres eigenen Targets müssen Sie nun nur noch import Bibliothek hinzufügen und können die durch CocoaPod installierte Bibliothek nutzen. Fertig!

Sollte es später Updates der von Ihrem Projekt genutzten Bibliotheken geben, schließen Sie den Xcode-Workspace und führen im Terminal im Projektverzeichnis pod update durch.

Beispiele

In den Beispieldateien zu diesem Kapitel finden Sie das Projekt cocoapods-test. Es wertet mit der SWXMLHash-Bibliothek die Sitemap meiner Webseite *https://kofler.info* aus. Der Code ist in Abschnitt 22.2, »XML-Dokumente auswerten«, beschrieben.

Ein weiteres Beispiel finden Sie in Abschnitt 26.7, »YouTube-Videos abspielen«. Dort zeige ich Ihnen den Einsatz der youtube-ios-player-helper-Bibliothek.

Package Manager

Parallel zu Swift 3 hat Apple den *Package Manager* entwickelt. Das ist eine Sammlung von Low-Level-Werkzeugen, die ebenfalls dabei hilft, ein Projekt zusammen mit abhängigen Bibliotheken zu kompilieren. Der Package Manager ist allerdings speziell für das Kompilieren von Swift-Projekten in der Kommandozeile optimiert und ist besonders interessant, wenn Sie unter Linux arbeiten bzw. nicht Xcode als Entwicklungsumgebung verwenden möchten. Weitere Informationen finden Sie hier:

https://swift.org/package-manager
https://github.com/apple/swift-package-manager/blob/master/Documentation

14.2 Attribute

Attribute stellen dem Compiler Zusatzinformationen zur Verfügung. Attribute werden der betreffenden Deklaration vorangestellt, z. B. einer Klasse, einer Methode oder einem Parameter. Attribute beginnen mit dem Zeichen @ und können Parameter aufweisen. Die Übergabe von Werten an die Parameter erfolgt in Swift wie bei Funktionen und Methoden in der Schreibweise `parameter: wert`. (Bis Swift 2 lautete die Syntax entgegen den sonstigen Regeln `parameter = wert`.)

Swift bietet keine Möglichkeit, selbst Attribute zu definieren. Die folgende Liste fasst die gängigsten Swift-Attribute zusammen:

- `@autoclosure` kennzeichnet, dass ein Parameter automatisch als Closure betrachtet werden soll (siehe Abschnitt 6.5). `@autoclosure` wird Swift-intern von `assert` sowie von einigen booleschen Operatoren verwendet.

- `@available` dokumentiert, ab welcher Version ein Element verfügbar ist, ob es als veraltet gilt etc. An das Attribut können einige Parameter übergeben werden, wobei der erste immer angibt, für welche Plattform das Element zur Verfügung steht. Zur Auswahl stehen `iOS`, `iOSApplicationExtension`, `macOS`, `macOSApplicationExtension` etc. sowie `*` für plattformübergreifende Elemente.

  Anschließend kann eine beliebige Kombination von Parametern in der Form `introduced=n`, `deprecated=n`, `obsoleted=n`, `message=s` und `renamed=s` folgen. Dabei ist n eine Versionsnummer bzw. s eine Zeichenkette. Ein typisches `@available`-Attribut sieht so aus:

```
@available(iOS, introduced: 7.0, deprecated: 10.0,
           message: "Use textView:shouldInteractWithURL:
                     inRange:forInteractionType: instead")
optional public func textView(...)
```

- `@discardableResult` kennzeichnet Methoden und Funktionen, bei denen es zulässig ist, das Ergebnis zu ignorieren. Bei allen anderen Methoden und Funktionen, die ein Ergebnis zurückgeben, die aber so aufgerufen werden, dass das Ergebnis weder gespeichert noch weiterverarbeitet wird, liefert der Compiler eine Warnung (siehe Abschnitt 6.1, »Funktionen definieren und ausführen«).

- `@escaping` ist für Parameter einer Methode gedacht, an die eine Closure übergeben wird. Standardmäßig gelten Closures ab Swift 3 als *non-escaping*. Das bedeutet, dass die Closure weder in einer Variablen gespeichert noch an eine andere Methode weitergegeben werden kann. Wenn Sie das doch tun möchten, müssen Sie den Parameter mit dem Attribut `@escaping` kennzeichnen. Weitere Informationen können Sie in Abschnitt 6.5, »Closures«, nachlesen.

- `@IBAction` und `@IBOutlet` werden von Xcode verwendet, um Methoden und Eigenschaften zu kennzeichnen, die mit Steuerelementen verbunden sind. Die Abkürzung IB steht für »Interface Builder«, also den Teil von Xcode, der für die Gestaltung von Benutzeroberflächen verantwortlich ist. Die beiden Attribute sind im Code vieler Apps allgegenwärtig. Das erste entsprechende Beispiel finden Sie in Kapitel 15, »Hello iOS-World!«.

- `@IBInspectable` und `@IBDesignable` sind für eigene Steuerelemente gedacht. Sie machen deren Eigenschaften für den Attributinspektor zugänglich und ermöglichen eine Live-Vorschau des Steuerelements in Xcode. Ein Anwendungsbeispiel finden Sie in Abschnitt 25.2, »Kompass-Steuerelement«. Für SpriteKit-Apps gibt es das analoge Attribut `GKInspectable`.

- `@objc` dient zur Kennzeichnung von Elementen, die auch aus Objective-C-Code heraus genutzt bzw. aufgerufen werden können. Bei Klassen, die von `NSObject` abgeleitet sind, kann das Attribut entfallen. Mit `@objc` gekennzeichnete Klassen, die nicht von `NSObject` abgeleitet sind, müssen eine andere in Objective-C definierte Basisklasse aufweisen.

- `@testable` macht Elemente, die `internal`, `fileprivate` oder `private` sind, für Test-Targets zugänglich. Mit dem Attribut vermeiden Sie, dass Sie alle in Unit-Tests aufgerufenen Typen, Funktionen und Methoden öffentlich deklarieren müssen.

- `@UIApplicationMain` kennzeichnet die Klasse, die die Delegate-Aufrufe des Programms verarbeitet. Das Attribut entspricht dem Aufruf der `UIApplicationMain`-Funktion samt der Übergabe des Klassennamens. In iOS-Apps wird standardmäßig die `AppDelegate`-Klasse mit diesem Attribut ausgestattet.

Einige weitere Attribute sind in »The Swift Programming Language« dokumentiert:

https://developer.apple.com/library/content/documentation/Swift/Conceptual/ Swift_Programming_Language/Attributes.html

14.3 Systemfunktionen aufrufen

In diesem Abschnitt geht es darum, Systemfunktionen auszuführen, die in Swift nicht unmittelbar zur Verfügung stehen. Als Beispiel dient die Funktion getifaddrs, mit der Sie die IP-Adresse(n) eines macOS-Rechners bzw. eines iOS- oder tvOS-Geräts herausfinden können. Außerdem zeige ich Ihnen hier, wie Sie unter macOS Terminal-Kommandos wie find oder grep ausführen und in Swift auswerten können.

Bridging-Header-Datei verwenden

Die Foundation-Bibliothek sieht dazu die Funktion getifaddrs vor, um die IP-Adressen des Computers bzw. Geräts zu ermitteln. Diese in der Programmiersprache C entwickelte Funktion steht aber nur unter Objective-C zur Verfügung, eine Swift-Schnittstelle fehlt.

Damit Sie derartige Funktionen in Swift dennoch aufrufen können, fügen Sie Ihrem Projekt mit FILE • NEW • FILE eine leere OBJECTIVE-C FILE hinzu. Sie können der Datei einen beliebigen Namen geben – z. B. myheader.h.

Die Datei enthält standardmäßig nur die Import-Anweisung für die Foundation-Bibliothek. Diese eine Zeile ist für unsere Zwecke bereits ausreichend – damit werden die Header-Definitionen der Foundation-Bibliothek für die Nutzung in Objective-C-Code importiert.

```
// Datei myheader.h
#import <Foundation/Foundation.h>
```

Noch bevor Sie sich die Header-Datei ansehen können, fragt Xcode, ob es eine Bridging-Header-Datei einrichten soll (siehe Abbildung 14.1). Diese Datei stellt die Verbindung zwischen Swift- und Objective-C-Code her und macht es möglich, Objective-C-Funktionen der Foundation auch in Swift zu nutzen.

Abbildung 14.1 Xcode soll eine Bridging-Datei einrichten

Mit CREATE BRIDGING HEADER erzeugt Xcode nicht nur die Datei projektname-Bridging-Header.h, sondern verändert auch die Build-Einstellungen des Projekts (siehe Abbildung 14.2).

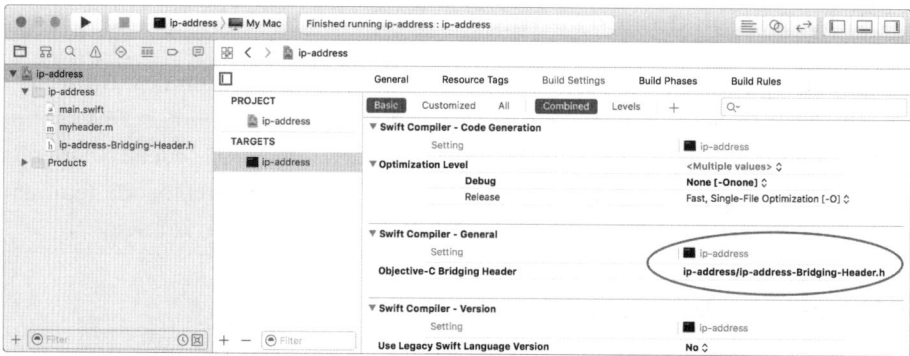

Abbildung 14.2 Die Bridging-Datei wird in den Build-Einstellungen verankert

Die Bridging-Datei ist anfänglich vollständig leer. In diese Datei fügen Sie nun eine include-Anweisung für die Header-Datei ifaddrs.h ein. Diese Header-Datei enthält nicht nur die Deklaration der getifaddrs-Funktion, sondern auch die dazu passenden Datenstrukturen.

```
// Datei ip-address-Bridging-Header.h
#include <ifaddrs.h>
```

Nach diesen Vorbereitungsarbeiten ist es wieder an der Zeit, Swift-Code zu erstellen. Die Funktion getAddresses habe ich mit minimalen Änderungen von der Webseite Stackoverflow übernommen. Der Code beweist, dass das Ausführen von Funktionen, die nicht für Swift optimiert wurden, ausgesprochen mühsam ist und zu weitgehend unlesbarem Code führt.

Kurz einige Erläuterungen: getifaddrs schreibt die Ergebnisse in eine ifaddrs-Struktur und schreibt die Adresse des Speicherblocks in den inout-Parameter der Funktion. Deswegen ist ifaddr als UnsafeMutablePointer deklariert und wird mit dem &-Zeichen als veränderlicher Parameter an getifaddrs übergeben.

Die while-Schleife durchläuft nun die Einträge des Ergebnisses. (Ein macOS-Rechner kann gleichzeitig mehrere IP-Adressen haben, z. B., wenn sowohl eine Ethernet- als auch eine WLAN-Verbindung besteht.) defer stellt sicher, dass ptr am Ende jedes Schleifendurchgangs auf das jeweils nächste Element zeigt.

Die weiteren Zeilen werten die Daten aus und berücksichtigen diese nur, wenn es sich um eine aktive Schnittstelle handelt (aber nicht um die Loopback-Schnittstelle mit der Adresse 127.0.0.1). Schließlich kann die IP-Adresse in eine Zeichenkette umgewandelt und dem addresses-Array hinzugefügt werden. Nach dem Abschluss der Schleife wird die Speicherstruktur, auf die ifaddr zeigt, wieder freigegeben.

```swift
// Projekt ip-address, Datei main.swift
// liefert IP-Adressen als Zeichenkette oder nil
// Quelle: http://stackoverflow.com/questions/25626117
func getIPAddresses() -> [String] {
  var addresses = [String]()   // Ergebnis

  // getifaddrs liefert Liste aller Netzwerkschnittstellen
  var ifaddr : UnsafeMutablePointer<ifaddrs>? = nil
  if getifaddrs(&ifaddr) == 0 {

    // Schleife über alle Schnittstellen
    var ptr = ifaddr
    while ptr != nil {
      // am Ende des Schleifenkörpers nächstes Element lesen
      defer { ptr = ptr?.pointee.ifa_next }

      let flags = Int32((ptr?.pointee.ifa_flags)!)
      var addr = ptr?.pointee.ifa_addr.pointee

      // nur aktive Schnittstellen, Loopback ignorieren
      if (flags & (IFF_UP|IFF_RUNNING|IFF_LOOPBACK)) ==
         (IFF_UP|IFF_RUNNING)
      {
        // IPv4 und IPv6
        if addr?.sa_family == UInt8(AF_INET) ||
           addr?.sa_family == UInt8(AF_INET6)
        {
          // in lesbare Form umwandeln
          var hostname = [CChar](repeating: 0,
                                 count: Int(NI_MAXHOST))
          if getnameinfo(&addr!,
              socklen_t((addr?.sa_len)!),
              &hostname,
              socklen_t(hostname.count),
              nil,
              socklen_t(0),
              NI_NUMERICHOST) == 0
          {
            if let address = String(validatingUTF8: hostname) {
              addresses.append(address)
            }
          }     // Ende von if getnameinfo()
        }       // Ende von if addr ...
      }         // Ende von if (flags ...)==...
    }           // Ende der while-Schleife
```

```
    // ifaddrs-Struktur wieder freigeben
    freeifaddrs(ifaddr)
  }
  return addresses
}
```

Der Aufruf der Funktion sieht so aus:

```
for  ipaddr in getIPAddresses() {
  print("Adresse: \(ipaddr)")
}
```

Hintergrundinformationen zur Funktion `getifaddrs` sowie zum Umgang mit Bridging-Dateien finden Sie hier:

http://stackoverflow.com/questions/25626117
*https://developer.apple.com/library/ios/documentation/Swift/Conceptual/
   BuildingCocoaApps/MixandMatch.html*
http://stackoverflow.com/questions/31716413

macOS-Terminal-Kommandos aufrufen

Swift stellt selbst keine Funktionen zur Verfügung, um in macOS-Apps die im Terminal verfügbaren Kommandos aufzurufen, also z. B. `find` oder `grep`. Sie können dazu aber die `Process`-Klasse aus der Foundation zu Hilfe nehmen. In `launchPath` geben Sie an, welches Kommando Sie aufrufen möchten, in `arguments` übergeben Sie die Parameter an dieses Kommando als Array. `launch` führt das Kommando schließlich aus.

Die Ausgabe des Kommandos leiten Sie in ein `Pipe`-Objekt. Dieses können Sie dann wie eine Datei mit `readDataToEndOfFile` auslesen. Damit erhalten Sie einen Byte-Stream in UTF8-Codierung, den Sie zuerst in einen `NSString` und dann in eine Swift-Zeichenkette umwandeln. `components` zerlegt die Zeichenkette in die einzelnen Zeilen.

```
// Projekt call-terminal-command, Datei main.swift

// mit dem find-Kommando alle Dateien in /usr/bin suchen
let pipe = Pipe()
let task = Process()
task.launchPath = "/usr/bin/find"
task.arguments = ["/usr/bin", "-type", "f"]
task.standardOutput = pipe
task.launch()
```

```swift
// Datentyp data (binäre Daten)
let data = pipe.fileHandleForReading.readDataToEndOfFile()

// in Zeichenkette umwandeln
if let s = String(bytes: data, encoding: .utf8) {
  // Ergebnis von find zeilenweise ausgeben
  let lines = s.components(separatedBy: "\n")
  for line in lines {
    print(line)
  }
}
```

TEIL II

App-Programmierung

Kapitel 15
Hello iOS-World!

Mit diesem Kapitel beginnt nun endlich die konkrete iOS-Programmierung. In seinem Zentrum steht ein einfaches Hello-World-Programm. Das Ziel ist es, Sie mit den Grundfunktionen von Xcode sowie mit einigen Konzepten der iOS-Programmentwicklung bekannt zu machen.

Bei der Lektüre dieses und auch des nächsten Kapitels werden Sie feststellen, dass Swift vorübergehend in den Hintergrund rückt. Natürlich müssen wir da und dort ein paar Zeilen Code schreiben; aber gerade bei den ersten iOS-Programmen geht es vielmehr darum, den effizienten Umgang mit Xcode zu erlernen, die grafische Gestaltung von Apps kennenzulernen und grundlegende Konzepte der iOS-Programmentwicklung zu verstehen. Dennoch setze ich ab diesem Kapitel voraus, dass Sie zumindest über elementare Grundkenntnisse in Swift verfügen. Insbesondere die grundlegenden Sprachstrukturen, Datentypen und der Umgang mit Optionals sollte Ihnen geläufig sein.

> **Xcode per Video kennenlernen**
>
> Ich wäre nicht seit 30 Jahren mit Begeisterung Autor, würde ich nicht aus vollster Überzeugung das Medium Buch lieben. Aber es heißt ja, ein Bild sagt mehr als tausend Worte, und man könnte diese Analogie noch fortführen: Ein Video sagt mehr als tausend Bilder. Mitunter stimmt das sogar, z. B. wenn es darum geht, die Bedienung von Xcode zu erlernen.
>
> Ohne Sie hier an die Konkurrenz verweisen zu wollen, möchte ich Ihnen doch ein Video-Tutorial ans Herz legen, das qualitativ meilenweit über den vielen YouTube-Filmchen der Art »Jetzt lerne ich iOS-Programmierung« steht. Die renommierte Stanford Universität hat eine rund 20-stündige Vorlesung zum Thema »Developing iOS 8 Apps with Swift« kostenlos im iTunes-U-Programm verfügbar gemacht. Um die Videos ansehen zu können, benötigen Sie entweder iTunes auf Ihrem Mac oder die App *iTunesU* für das iPad. Grundlegende Englischkenntnisse reichen aus, um dem mit vielen Screencasts unterlegten Vortrag zu folgen. Die Videos basieren momentan auf Swift 2.0, es ist aber zu hoffen, dass es Anfang 2017 eine aktualisierte Fassung gibt, die iOS 10 und vor allem Swift 3 berücksichtigt.
>
> https://itunes.apple.com/de/course/developing-ios-9-apps-swift/id1104579961

15.1 Projektstart

Um eine App für ein iOS-Gerät zu entwickeln, also für ein iPhone, ein iPad oder einen iPod, starten Sie in Xcode ein neues Projekt und wählen zuerst den Typ IOS • SINGLE VIEW APPLICATION. Das ist die einfachste Art von iOS-Apps. Anfänglich besteht eine derartige App aus einer einzigen Ansicht, also aus einem »Bildschirm«, aus einer »Seite«. Sie können aber später problemlos weitere Ansichten hinzufügen. Der anfängliche Projekttyp schränkt Sie also nicht bei der späteren Weiterentwicklung der App ein.

Im nächsten Dialogblatt geben Sie Ihrem Projekt einen Namen und wählen als Programmiersprache SWIFT sowie als Device UNIVERSAL aus. Das bedeutet, dass Sie die App später sowohl auf einem iPhone als auch auf einem iPad ausführen können.

Der Dialog enthält drei Optionen (siehe Abbildung 15.1), die Sie allesamt deaktiviert lassen können und die in diesem Buch nicht weiter behandelt werden:

▶ USE CORE DATA ist nur dann relevant, wenn Sie die Daten Ihrer App in einem Objekt-Relationen-Mapping-Modell speichern möchten.

▶ INCLUDE UNIT TESTS und INCLUDE UI TESTS fügen Ihrem Projekt jeweils ein eigenes Verzeichnis hinzu, in dem Sie Testfunktionen für Ihren Code bzw. für die Benutzeroberfläche unterbringen können.

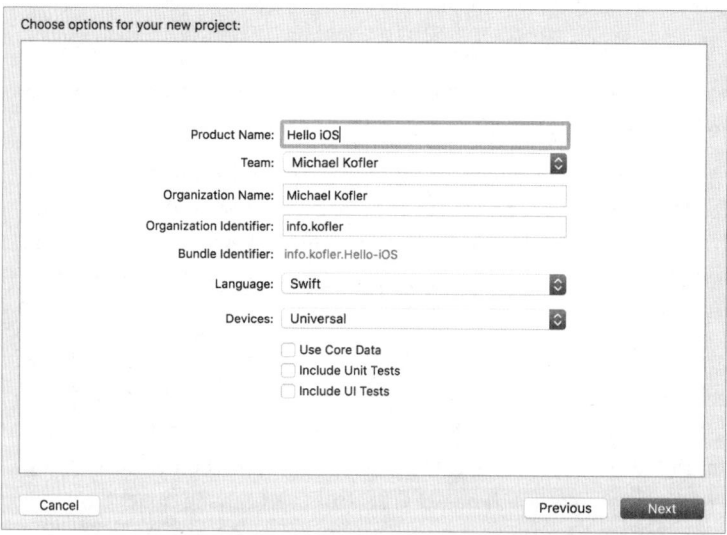

Abbildung 15.1 Projektoptionen für das Hello-iOS-Projekt

Zuletzt müssen Sie noch das Verzeichnis angeben, in dem Xcode die Code-Dateien des neuen Projekts speichern soll.

15.2 Gestaltung der App

Das neue Projekt besteht aus einer ganzen Reihe von Dateien, deren Namen in der linken Spalte von Xcode im Projektnavigator zu sehen sind. Sollte Xcode den Projektnavigator nicht anzeigen, führen Sie VIEWS • NAVIGATOR • PROJECT NAVIGATOR aus oder drücken einfach ⌘+1. Im Projektnavigator klicken Sie nun auf die Datei Main.storyboard.

Im Hauptbereich von Xcode sehen Sie jetzt das sogenannte *Storyboard* (siehe Abbildung 15.2). Anfänglich besteht dieses Drehbuch für iOS-Apps aus nur einer, vorerst leeren Szene, also einer Bildschirmansicht der App. Bei vielen Apps gesellen sich dazu später weitere Seiten, zwischen denen die Anwender dann navigieren können. Im Hello-World-Beispiel wird es aber bei einer Ansicht bleiben.

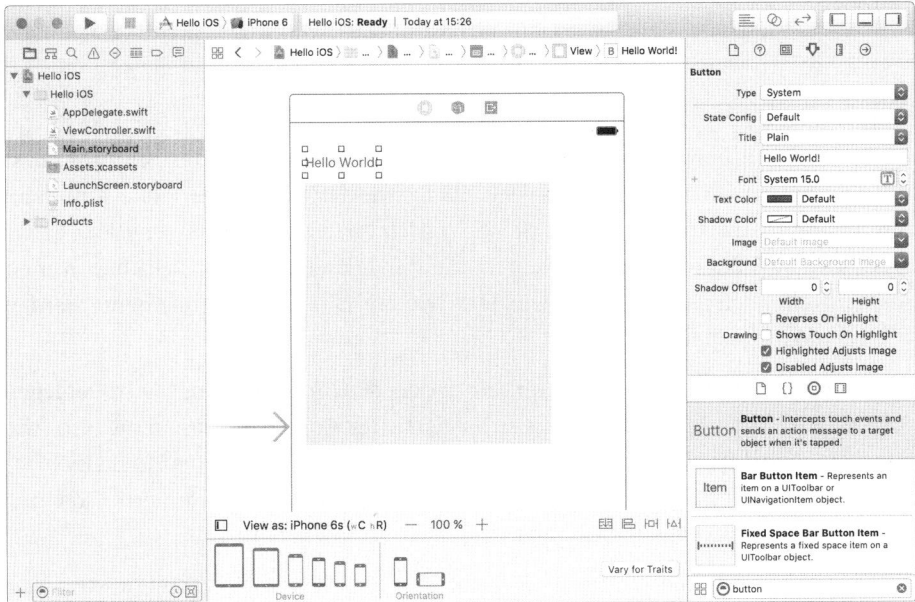

Abbildung 15.2 Das Storyboard mit der einzigen Programmansicht der Hello-World-App

---

Device-Größe

Bei neuen iOS-Apps zeigt Xcode die Ansichten der App im Storyboard so an, wie diese auf einem iPhone 6 im Hochformat aussehen würden. Wenn Sie in der Fußleiste des Storyboard-Editors auf VIEW AS IPHONE 6S klicken, blendet Xcode eine Auswahl von iOS-Geräten mit anderen Bildschirmformaten ein. Per Knopfdruck können Sie nun zwischen einem dieser Formate wählen (siehe Abbildung 15.2).

Dieses Feature ist neu in Xcode 8 und ermöglicht es Ihnen, blitzschnell zu überprüfen, wie Ihre App auf unterschiedlichen Geräten aussehen wird. Anfänglich wird Ihre App nicht auf die unterschiedlichen Bildschirmproportionen und -maße reagieren. Abhilfe schaffen sogenannte Layout-Regeln, die ich Ihnen in Abschnitt 15.5, »Layout optimieren«, und detaillierter nochmals in Abschnitt 16.5, »Auto Layout«, vorstellen werde.

Ich verwende bei der Entwicklung meiner Apps meistens die Device-Größe »iPhone SE«. Das spart einerseits wertvollen Platz im Storyboard-Editor und gibt mir andererseits eine gute Vorstellung davon, wie die App auf dem kleinsten infrage kommenden Gerät für iOS 10 aussehen wird. In der Regel ist die Optimierung für kleine Bildschirme schwieriger als die für große. (Wenn Sie in den Projekteigenschaften das DEPLOYMENT TARGET auf iOS 9.n zurücksetzen, können Sie auch noch Apps für das iPhone 4S entwickeln.)

Mini-Glossar

Bevor Sie damit beginnen, die Hello-World-App zu gestalten, sollten Sie zumindest die wichtigsten Grundbegriffe aus der iOS-Entwicklerwelt kennen: Eine App kann aus mehreren Ansichten bestehen. Solche Ansichten nennt Xcode *Szenen*. Jede Szene kann diverse Steuerelemente enthalten, die das Aussehen der Ansicht bestimmen. Alle Einstellungen aller Szenen sowie der darin enthaltenen Steuerelemente werden im *Storyboard* gespeichert.

Jede Szene wird mit einer Code-Datei verbunden, dem *Controller*. Im Controller legen Sie fest, wie Ihre App auf Ereignisse reagiert. Der Controller bestimmt also, wie sich Ihre App verhalten soll, wenn ein Benutzer einen Button berührt, einen Slider verschiebt etc. Das dem Controller zugrunde liegende Programmiermuster, den *Model-View-Controller*, stelle ich Ihnen in Abschnitt 16.1 näher vor.

Standardmäßig enthält ein neues Projekt vom Typ SINGLE VIEW APPLICATION die Storyboard-Datei Main.storyboard mit der Szene »View-Controller« und dem zugeordneten Controller in der Datei ViewController.swift. Um später weitere Szenen hinzuzufügen, verschieben Sie einen VIEW-CONTROLLER aus der Xcode-Objektbibliothek in das Storyboard. Während im Storyboard beliebig viele Szenen gespeichert werden können, benötigen Sie im Regelfall zu jeder Szene eine eigene Swift-Code-Datei mit dem Controller. Mitunter können Sie auch eine Controller-Klasse mehreren ähnlichen Szenen zuordnen. Wie Sie selbst neue Controller-Klassen einrichten, beschreibe ich in Abschnitt 17.1, »Storyboard und Controller-Klassen verbinden«.

15.2 Gestaltung der App

Vorsicht bei Umbenennungen!

Die grafische Darstellung des Storyboards in Xcode ist sehr ansprechend. Intern handelt es sich beim Storyboard aber um eine simple XML-Datei. Dabei ist es wichtig zu wissen, dass die Referenzen vom Storyboard auf Code-Elemente und Komponenten ausschließlich in Form von Zeichenketten erfolgen.

Oft ist die Versuchung groß, Outlets, Actions, Klassennamen etc. nachträglich zu verändern, wenn sich die ursprünglich gewählten Namen als irreführend oder zu wenig prägnant erweisen. Damit geraten Sie aber schnell in Teufels Küche. Xcode beklagt sich dann über unbekannte Objekte in den Interface-Builder-Dateien, die aus dem Storyboard generiert werden. Abhilfe schafft das Neueinfügen bzw. Neuverbinden von Actions und Outlets bzw. die Neuzuordnung von Klassen; mitunter ist es aber gerade für Xcode-Einsteiger schwierig, die wahre Ursache des Problems zu finden.

Steuerelemente einfügen

Die Benutzeroberfläche unserer Hello-World-App ist anfänglich leer. In die Ansicht sollen nun zwei Bestandteile (Steuerelemente) eingebaut werden: Ein Button mit der Aufschrift HELLO WORLD! und ein leeres Textfeld. Jedes Mal, wenn Sie den Button HELLO WORLD! anklicken, soll im Textfeld eine neue Zeile mit dem aktuellen Datum und der Uhrzeit eingefügt werden (siehe Abbildung 15.3).

Abbildung 15.3 Die Hello-World-App im iOS-Simulator

Xcode zeigt die zur Auswahl stehenden Steuerelemente normalerweise rechts unten in der Objektbibliothek an. Sollten die Steuerelemente bei Ihnen nicht sichtbar sein, blenden Sie diesen Bereich der Werkzeugleiste mit View • Utilities • Show Object Library bzw. mit ⌃+⌥+⌘+3 ein.

Xcode kann die Objektbibliothek in einer kompakten Icon-Ansicht oder in einer Listenansicht darstellen. Wechseln Sie gegebenenfalls mit dem Button am unteren Rand der Objektbibliothek in die übersichtlichere Listenansicht. Im daneben befindlichen Suchfeld können Sie in der Liste rasch die gewünschten Einträge ermitteln – suchen Sie nach *button* bzw. *text view*.

Klicken Sie zuerst den Button an, und verschieben Sie ihn per Drag & Drop in den quadratischen View-Controller des Storyboards. Platzieren Sie den Button links oben, und ändern Sie dann den Text von Button zu Hello World (siehe Abbildung 15.2). Wenn Sie möchten, können Sie im Attributinspektor links oben in der Werkzeugleiste die Button-Schrift etwas größer einstellen. Den Attributinspektor blenden Sie bei Bedarf mit ⌥+⌘+4 ein.

Nun ist das Text-View-Steuerelement an der Reihe: Auch dieses verschieben Sie per Drag & Drop aus der Objektbibliothek in das Storyboard. Platzieren Sie das Steuerelement unterhalb des Buttons, und stellen Sie die Größe so ein, dass es circa ein Viertel des quadratischen Storyboards füllt. Wie gesagt, mit den Feinheiten des Layouts beschäftigen wir uns später. Stellen Sie nun die gewünschte Textgröße ein, und löschen Sie den Blindtext »Lorem ipsum …« im Attributinspektor.

Wenn Sie möchten, können Sie dem Textfeld auch noch eine andere Hintergrundfarbe zuweisen – dann erkennen Sie später bei der Programmausführung besser die tatsächlichen Ausmaße des Steuerelements. Zur Farbeinstellung scrollen Sie im Attributinspektor nach unten, bis Sie im Bereich View das Feld Background finden.

Ein erster Test mit dem iOS-Simulator

Nachdem wir nun die minimalistische Oberfläche unserer App gestaltet haben, spricht nichts dagegen, das Programm ein erstes Mal zu starten. Dazu wählen Sie in der Symbolleiste des Xcode-Fensters zuerst das Gerät aus, das Sie simulieren möchten. Zur Auswahl steht die gängige iOS-Hardware-Palette.

Ein Klick auf den dreieckigen Run-Button kompiliert das Programm und übergibt es zur Ausführung an den iOS-Simulator (siehe Abbildung 15.3). Dabei handelt es sich um ein eigenständiges Programm, das getrennt von Xcode läuft. Wie der Name vermuten lässt, simuliert es ein iPhone bzw. iPad, wobei das zu testende Programm zur Ausführung automatisch installiert wird. Der Simulator ist zumindest für erste Tests gut geeignet. Für »echte« Apps führt an Tests auf richtiger Hardware aber natürlich kein Weg vorbei.

> **Spracheinstellungen im Simulator**
>
> Im Simulator gelten anfänglich englische Spracheinstellungen. Das lässt sich wie auf einem richtigen Gerät in den Systemeinstellungen beheben. Dazu beenden Sie die laufende Hello-World-App durch einen per Menü mit HARDWARE • HOME simulierten Druck auf den iPhone-Button. Anschließend starten Sie die vorinstallierte App SETTINGS, navigieren in den Dialog GENERAL • LANGUAGE & REGION und stellen dort die Sprache DEUTSCH und die Region GERMANY ein.
>
> Diesen Vorgang müssen Sie für jedes iOS-Gerät wiederholen, das Sie testen möchten. Die Einstellungen werden also nicht über alle simulierten Geräte geteilt.
>
> Da die Veränderung der Spracheinstellungen in allen iOS-Geräten recht umständlich ist, bietet Xcode auch die Möglichkeit, mit PRODUCT • SCHEME • EDIT SCHEME festzulegen, in welcher Sprache die App ausgeführt werden soll. Das Hello-World-Kapitel ist aber nicht der richtige Ort für diese schon recht fortgeschrittenen Funktionen. Details zum Umgang mit Schemes und zur Entwicklung mehrsprachiger Apps folgen in Abschnitt 29.4.

Im iOS-Simulator können Sie nun den Button HELLO WORLD! anklicken. Das Programm wird darauf aber nicht reagieren, weil der Button ja noch nicht mit Code verbunden ist. Wenn Sie das Textfeld anklicken, können Sie über die Tastatur Ihres Computers sowie über die im Simulator eingeblendete Bildschirmtastatur Text eingeben. Die Test-App läuft, bis Sie sie in Xcode mit dem Stopp-Button beenden.

> **Ärger mit der Tastatur**
>
> Sie können im iOS-Simulator mit der Tastatur Ihres Computers Eingaben durchführen. Das ist effizient, aber nicht realitätsnah: Der Simulator betrachtet Ihre Tastatur als mit dem iOS-Gerät verbunden und blendet deswegen die iOS-Bildschirmtastatur aus. Mit dem Kommando HARDWARE • KEYBOARD • CONNECT HARDWARE KEYBOARD im iOS-Simulator können Sie auswählen, ob Sie Ihre Computertastatur oder die Bildschirmtastatur von iOS verwenden möchten.
>
> Sobald die iOS-Bildschirmtastatur einmal im iOS-Simulator erscheint, tritt ein weiteres Problem auf: Es scheint keine Möglichkeit zu geben, die Tastatur wieder loszuwerden. Das ist das in iOS vorgesehene Verhalten – wenn die Eingabe abgeschlossen ist, muss die Tastatur per Code explizit ausgeblendet werden, in der Regel durch die Anweisung `view.endEditing(true)`. Im Hello-World-Projekt verzichten wir darauf.
>
> Praktische Details zum richtigen Umgang mit Textfeldern folgen in Abschnitt 16.7, »Texteingaben«, sowie in mehreren Beispielprojekten in Teil IV dieses Buchs.

15.3 Steuerung der App durch Code

Damit das Berühren bzw. im Simulator das Anklicken des Buttons eine sichtbare Wirkung zeigt, soll die App jetzt so erweitert werden, dass in das Textfeld jedes Mal eine Zeile mit dem Datum und der aktuellen Uhrzeit hinzugefügt wird. Das erfordert einige Zeilen eigenen Swift-Code.

Den Button mit einer Methode verbinden (Actions)

Mit der App-Ansicht (*Szene*) verbundener Code muss nun in die bereits vorgesehene Datei `ViewController.swift` eingetragen werden. Xcode unterstützt diesen Vorgang, sofern das Storyboard und die damit verbundene Datei `ViewController.swift` nebeneinander angezeigt werden. Genau das bewirkt der Button mit den »Eheringen«: Er blendet zur gerade aktiven Datei den sogenannten Assistenzeditor ein, also eine zugeordnete zweite Datei.

> **Platz sparen in Xcode**
>
> Wenn Sie nicht gerade auf einem sehr großen Monitor arbeiten, wird der Platz in Xcode jetzt knapp. Links sitzt der Projektnavigator, in der Mitte das Storyboard und der Code des Controllers und rechts noch die Werkzeugleiste – das ist zu viel! Blenden Sie deswegen vorübergehend die beiden Seitenleisten aus. Die entsprechenden Buttons finden Sie rechts oben in der Xcode-Symbolleiste.

`ViewController.swift` enthält den Swift-Code für eine Klasse mit dem Namen `ViewController`. Diese Klasse ist von der `UIViewController`-Klasse abgeleitet. Wie der Name vermuten lässt, steuert diese Klasse das App-Erscheinungsbild. Der View-Controller enthält bereits zwei leere Methoden. Diese sind für uns vorerst aber nicht von Interesse; wenn Sie möchten, können Sie sie löschen. In diesem Hello-World-Beispiel benötigen wir sie nicht.

Dafür möchten wir nun eine Methode in den Code einbauen, die ausgeführt wird, wenn der Button HELLO WORLD angeklickt wird. Dazu drücken Sie die Taste [ctrl] und ziehen den Button vom Storyboard in den Assistenzeditor. Die Methode soll direkt in der Klasse und *nicht* innerhalb einer anderen Methode eingefügt werden. Achten Sie darauf, die Maus- bzw. Trackpad-Taste an der richtigen Stelle loszulassen! Bis dahin markiert eine blaue Linie die Verbindung, die Sie herstellen möchten.

Sobald Sie die Maus bzw. das Trackpad losgelassen haben, erscheint ein Dialog, in dem Sie die Details der Verbindung einstellen können (siehe Abbildung 15.4). Für uns sind folgende Einstellungen zweckmäßig:

15.3 Steuerung der App durch Code

- CONNECTION = ACTION: Wir wollen auf ein Ereignis reagieren. Der Begriff »Action« bezieht sich dabei auf das Target-Action-Entwurfsmuster, bei dem eine Methode in die eigene Controller-Klasse eingebaut wird. Sie gilt als »Ziel«, das angesprungen wird, wenn das entsprechende Ereignis auftritt.

- NAME: Hier geben wir der zu erstellenden Methode einen möglichst aussagekräftigen Namen. Ich habe mich bei diesem Beispiel für hwButtonTouch entschieden. Wenn Sie das Beispiel selbst ausprobieren, können Sie hier einen beliebigen anderen Namen wählen.

- TYPE = ANYOBJECT oder UIBUTTON: Diese Einstellung gibt an, in welcher Form Daten an die Methode übergeben werden sollen. Im Hello-World-Beispiel werten wir diese Daten aber ohnehin nicht aus – insofern ist die Einstellung egal. Wollten wir den Text des Buttons oder andere Eigenschaften auslesen, wäre es zweckmäßig, hier UIBUTTON einzustellen.

- EVENT = TOUCH UP INSIDE: Hier wird festgelegt, auf welches Ereignis wir reagieren möchten. Die Defaulteinstellung passt hier: Wenn der Button innen berührt wird, soll unser Code ausgeführt werden.

- ARGUMENTS = SENDER: In der Auswahlliste können Sie festlegen, welche Daten an die Methode übergeben werden sollen. Zur Auswahl stehen SENDER, SENDER AND EVENT oder NONE. Die Einstellung SENDER bedeutet, dass eine Referenz auf das Objekt übergeben wird, das die Aktion ausgelöst hat. Das vereinfacht die Auswertung der Daten dieses Objekts – insbesondere dann, wenn Sie eine Action-Methode mit mehreren Steuerelementen verbinden.

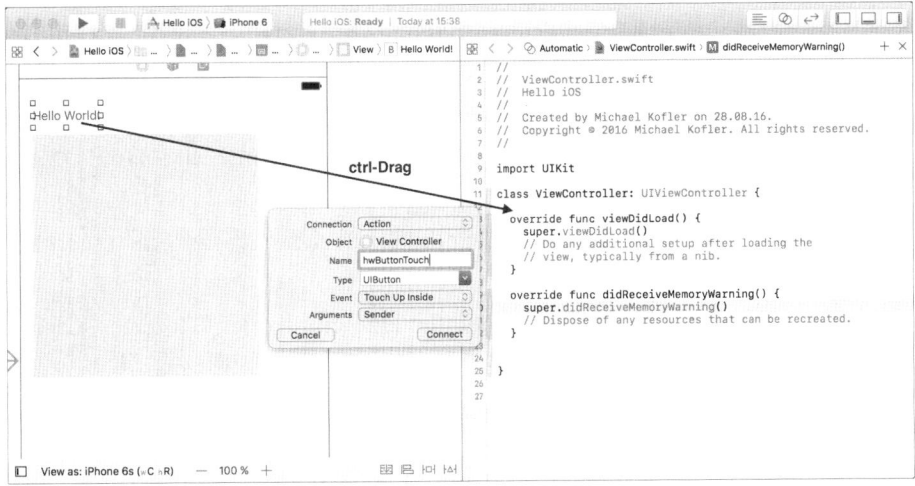

Abbildung 15.4 Der Button des Storyboards (links) wird durch ctrl-Drag mit einer neuen Methode im ViewController-Code (rechts) verbunden.

Die hier so langatmig beschriebenen Einstellungen nehmen Sie mit etwas Übung in gerade mal 15 Sekunden vor. Xcode belohnt diese Arbeit mit einer Methodendefinition, die aus zwei Zeilen Code besteht:

```
// Projekt hwios-world, Datei ViewController.swift
@IBAction func hwButtonTouch(_ sender: UIButton) {
  // todo: Code verfassen
}
```

> **Der Code allein reicht nicht!**
>
> Angesichts des doch recht umständlichen Mausgeklickes liegt es nahe, den wenigen Code einfach selbst einzutippen. Das ist aber keine gute Idee! Mit dem Code an sich ist es nämlich nicht getan. Hinter den Kulissen merkt sich Xcode auch, mit welchem Steuerelement und mit welchem Ereignis die Methode verknüpft ist. Diese Metadaten landen in der XML-Datei Main.storyboard. Die Verbindung stellt Cocoa Touch dynamisch zur Laufzeit her. Das kompilierte Storyboard enthält dafür eine Referenz auf den serialisierten View-Controller und den Selektor auf die Methode.

Zugriff auf das Textfeld über eine Eigenschaft (Outlets)

Bevor wir die Methode hwButtonTouch mit konkretem Code füllen können, benötigen wir noch eine Möglichkeit, um auf das Textfeld zuzugreifen. Dazu stellen wir eine weitere Verbindung zwischen der App-Ansicht im Storyboard und dem Code her: Wieder mit ⌃ ziehen wir diesmal das Text-View-Steuerelement in den Codebereich, verwenden diesmal aber andere Einstellungen (siehe Abbildung 15.5):

- CONNECTION = OUTLET: Wir wollen auf das Steuerelement zugreifen können. Xcode soll also eine entsprechende Eigenschaft in die ViewController-Klasse einbauen, die auf das Objekt verweist. In der iOS-Nomenklatur wird das als *Outlet* bezeichnet.
- NAME: Das ist der Name, unter dem wir das Steuerelement ansprechen möchten. Ich habe textView angegeben.
- TYPE = UITEXTVIEW: Das Steuerelement ist eine Instanz der UITextView-Klasse – und unter diesem Typ möchten wir auf das Steuerelement auch zugreifen.
- STORAGE = WEAK: Hier geht es darum, ob die Referenz auf das Steuerelement sicherstellt, dass dieses im Speicher bleibt. Das ist nicht notwendig: Das Steuerelement kommt uns sicher nicht abhanden. Insofern können wir die Defaulteinstellung WEAK bedenkenlos übernehmen.

15.3 Steuerung der App durch Code

Abbildung 15.5 Einstellungen für das textView-Outlet

Die resultierende Code-Zeile sieht so aus:

`@IBOutlet weak var textView: UITextView!`

Damit ist also eine neue Eigenschaft (Klassenvariable) mit dem Namen `textView` definiert. Wir können damit auf ein Steuerelement vom Typ `UITextView` zugreifen, wobei der Typ als Optional angegeben ist. Der Grund dafür ist, dass die Initialisierung des Steuerelements möglicherweise nicht sofort beim App-Start, sondern erst etwas später erfolgt. Indem die Eigenschaft als Optional deklariert ist, wird klar, dass ein Zugriff auf das Steuerelement unter Umständen noch gar nicht möglich ist.

> **Die Attribute »@IBAction« und »@IBOutlet«**
>
> Sicher ist Ihnen aufgefallen, dass Xcode die Methode mit dem Attribut `@IBAction` und die Eigenschaft mit dem Attribut `@IBOutlet` gekennzeichnet hat. Der Interface Builder erkennt anhand dieser Attribute, zu welchen Elementen der Programmierer Verbindungen erlaubt bzw. herstellen darf. Der Interface Builder ist jener Teil von Xcode, der zur Gestaltung grafischer Benutzeroberflächen dient.

Endlich eigener Code

Sie können die App zwischenzeitlich noch einmal starten. Am Verhalten der App hat sich aber nichts verändert. Die Methode `hwButtonTouch` ist ja noch leer, und auch die zusätzliche Eigenschaft `textView` ist noch ungenutzt. Aber das ändert sich jetzt endlich! Jedes Mal, wenn der Button HELLO WORLD berührt wird, soll das Textfeld um eine Zeile mit Datum und Uhrzeit ergänzt werden. In einer ersten Testversion könnte der Code wie folgt aussehen:

```
// Projekt Hello iOS, Datei ViewController.swift
import UIKit
class ViewController: UIViewController {
  @IBOutlet weak var textView: UITextView!
```

```
@IBAction func hwButtonTouch(_ sender: UIButton) {
  let now = Date()
  let formatter = DateFormatter()
  formatter.dateFormat = "d.M.yyyy H:mm:ss"
  textView.text? += formatter.string(from: now) + "\n"
  }
}
```

Auf den Abdruck der standardmäßig vorhandenen, aber leeren Methoden `viewDid-Load` und `didReceiveMemoryWarning` habe ich verzichtet. In diesem Beispiel können Sie diese Methoden aus dem Code löschen, wir brauchen sie nicht.

Outlets wie die Eigenschaft `textView` sind Optionals. Es liegt in der Natur von Optionals, dass diese den Zustand `nil` haben können. Tatsächlich ist dies aber nur vor der Initialisierung der Ansicht der Fall. Sobald die Ansicht auf einem iOS-Gerät sichtbar wird und Action-Methoden ausführen kann, können Sie sich darauf verlassen, dass Outlet-Eigenschaften nicht `nil` sind. Genau genommen gilt dies ab dem Zeitpunkt, zu dem im View-Controller die Methode `viewDidLoad` ausgeführt wurde (siehe Abschnitt 16.3, »Die UIViewController-Klasse«).

Hintergrundinformationen zum Umgang mit Datum und Uhrzeit können Sie bei Bedarf in Kapitel 9 nachlesen. Somit bleibt nur noch der Ausdruck `textView.text` zu erklären: Ein Blick in die Dokumentation des `UITextView`-Steuerelements zeigt, dass der Inhalt des Textfelds über die Eigenschaft `text` gelesen und verändert werden kann. Der Datentyp von `text` lautet `String?`, es handelt sich also um ein Optional, das beim Zugriff explizit durch ein nachgestelltes Fragezeichen oder Ausrufezeichen ausgepackt werden muss.

Der schnellste Weg zur Dokumentation

Wenn Sie zum ersten Mal ein `UITextView`-Steuerelement nutzen, kennen Sie die Elemente dieser Klasse noch nicht. Eine kurze Beschreibung der Klasse erhalten Sie, wenn Sie das Schlüsselwort `UITextView` im Code zusammen mit alt anklicken. Am unteren Rand der eingeblendeten Infobox befindet sich ein Link auf die Klassenreferenz, die in einem eigenen Fenster geöffnet wird (siehe Abbildung 15.6).

Jetzt ist es höchste Zeit, die App im Simulator endlich auszuprobieren. Einige Klicks auf den Button beweisen, dass das Programm wie erwartet funktioniert (siehe Abbildung 15.3). Einen Preis für innovatives Layout wird es freilich nicht gewinnen.

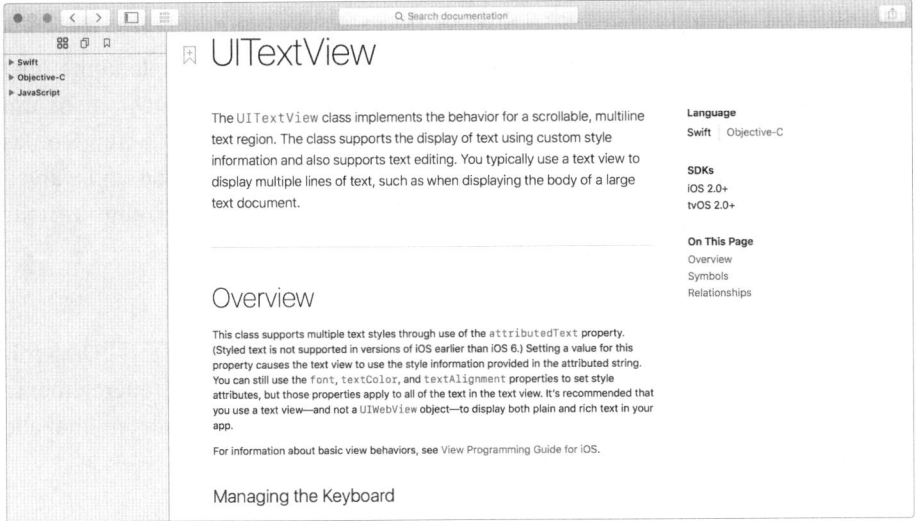

Abbildung 15.6 Der Hilfebrowser von Xcode

15.4 Actions und Outlets für Fortgeschrittene

Sie haben nun eine erste Vorstellung davon, wie Actions und Outlets funktionieren. Dieser Abschnitt weist auf einige Besonderheiten im Umgang mit Actions und Outlets hin.

Eine Action für mehrere Steuerelemente

Es ist zulässig, ein und dieselbe Action-Methode für mehrere Steuerelemente zu verwenden. Dazu richten Sie zuerst für ein Steuerelement die Methode ein. Danach führen Sie eine ctrl -Drag-Operation für das zweite Steuerelement aus, wobei Sie als Ziel die bereits vorhandene Methode verwenden. Achten Sie darauf, dass die gesamte Methode blau unterlegt wird – dann hat Xcode erkannt, dass Sie nicht eine Action *in* der Methode einfügen möchten (das funktioniert nicht), sondern dass Sie das Steuerelement mit der vorhandenen Methode verbinden möchten.

Naturgemäß müssen Sie die Methode nun ein wenig modifizieren: Erst mit einer Auswertung des sender-Parameters können Sie erkennen, welches Steuerelement den Aufruf der Methode ausgelöst hat. Wenn Sie beispielsweise mehrere Buttons mit einer Methode verbunden haben, können Sie wie folgt den Text des Buttons ausgeben:

```
@IBAction func btnAction(_ sender: UIButton) {
  print(sender.currentTitle!)
}
```

Ein Outlet für mehrere Steuerelemente (Outlet Collections)

Auch der umgekehrte Fall ist möglich – Sie können mehrere Steuerelemente über ein Outlet ansprechen. Genau genommen handelt es sich dann nicht mehr um ein einfaches Outlet, sondern um eine *Outlet Collection*. Dazu markieren Sie das erste Steuerelement, ziehen es mit ctrl-Drag in den Controller-Code und wählen CONNECTION = OUTLET COLLECTION (siehe Abbildung 15.7). Xcode erzeugt anstelle einer einfachen Outlet-Variablen nun ein Array:

```
@IBOutlet var allButtons: [UIButton]!
```

In der Folge verbinden Sie auch die weiteren Steuerelemente durch ctrl-Drag mit diesem Array. Xcode ist leider nicht in der Lage, mehrere markierte Steuerelemente auf einmal zu verbinden. Im Code können Sie nun unkompliziert Schleifen über alle so verbundenen Steuerelemente bilden.

Abbildung 15.7 Dialog zum Einrichten einer Outlet-Collection

Actions oder Outlets umbenennen

Wenn Sie im Code Actions oder Outlets einfach umbenennen, funktioniert Ihre App nicht mehr. Xcode merkt sich die Verknüpfung zu Ihren Methoden bzw. Eigenschaften in Form von Zeichenketten. Nach der Umbenennung ist keine korrekte Zuordnung mehr möglich.

Abhilfe: Klicken Sie im Storyboard-Editor das betreffende Steuerelement mit der rechten Maus- oder Trackpad-Taste an. Ein Kontextmenü zeigt nun alle Zuordnungen zu Actions oder Outlets (siehe Abbildung 15.8). Dort löschen Sie die Action- oder Outlet-Verknüpfung, die Sie umbenannt haben. Sollten Sie das vergessen, wird die App abstürzen, wobei die Fehlermeldung *unrecognized selector* lautet.

Anschließend wiederholen Sie die ctrl-Drag-Operation und ziehen die Verknüpfungslinie direkt zur schon vorhandenen, von Ihnen umbenannten Methode oder Eigenschaft. Damit wird die Verknüpfung wieder neu hergestellt, und Sie müssen nicht alle Einstellungen wiederholen.

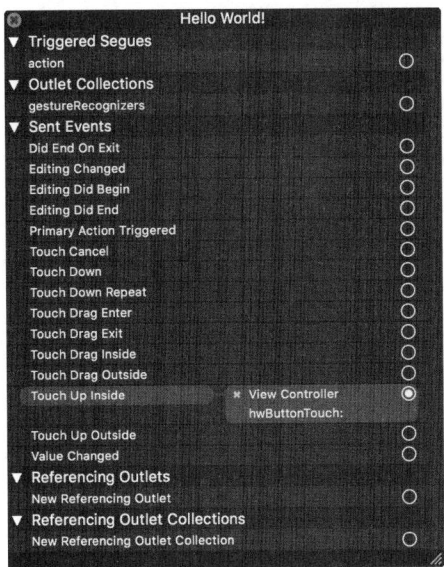

Abbildung 15.8 Die rechte Maus- oder Trackpad-Taste führt in eine Liste aller Actions und Outlets eines Steuerelements.

Steuerelemente kopieren

Wenn Sie Steuerelemente mit ⌘+C und ⌘+V kopieren, werden dabei alle möglichen unsichtbaren Attribute und Eigenschaften mitkopiert, unter anderem zugeordnete Actions. Oft erspart Ihnen das eine wiederholte Einstellung dieser Merkmale, aber mitunter führt dieses Verhalten zu unerwarteten Nebenwirkungen. Ein Klick auf das Steuerelement mit der rechten Maus- oder Trackpad-Taste offenbart alle zugeordneten Outlets und Actions.

15.5 Layout optimieren

Es ist Ihnen sicher aufgefallen, dass das Layout unserer App, also die Anordnung und Größe der Steuerelemente, verbesserungswürdig ist. Die Größe der Steuerelemente ist willkürlich. Wenn Sie die App in verschiedenen iOS-Geräten ausprobieren, werden Sie feststellen, dass teilweise große Teile des Bildschirms ungenutzt bleiben, während das Textfeld bei anderen Geräten womöglich sogar abgeschnitten und unvollständig dargestellt wird. Besonders deutlich werden die Layoutdefizite, wenn Sie den iOS-Simulator mit HARDWARE • ROTATE in das Querformat drehen.

Wie würden unsere Layoutwünsche denn aussehen?

- Der Button soll ohne unnötige Abstände links oben im Bildschirm dargestellt werden.
- Das Textfeld soll darunter platziert sein.
- Es soll die gesamte verbleibende Größe des Bildschirms nutzen.
- Es soll seine Größe bei einer Drehung des Geräts automatisch anpassen.

Momentan wird unser Programm diesen Wünschen deswegen nicht gerecht, weil wir die Position und Größe der Steuerelemente absolut festgelegt haben. Wir haben die Steuerelemente im View weitgehend nach Gutdünken platziert.

Layoutregeln

Die Lösung, die Xcode bzw. eigentlich das UIKit, also das Framework zur iOS-Programmierung, hierfür anbietet, heißt Layoutregeln (*Constraints*). Sie können also für jedes Steuerelement Regeln aufstellen, die dieses einhalten soll. Das UIKit bemüht sich dann, in Abhängigkeit von der gerade vorliegenden Form und Größe des iOS-Geräts, allen Regeln gerecht zu werden. Beispiele für derartige Regeln sind:

- Der horizontale Abstand zwischen dem Steuerelement A und seinem nächstgelegenen linken oder rechten Nachbarn soll 8 Punkte betragen. Bei Retina-Geräten mit doppelter Auflösung entspricht das 16 Pixeln.
- Der vertikale obere Abstand zwischen dem Steuerelement A und dem Bildschirmrand soll 16 Punkt betragen.
- Steuerelement A soll genauso breit sein wie Steuerelement B.
- Steuerelement A soll innerhalb seines Containers vertikal und/oder horizontal zentriert werden.
- Die linken Ränder der Steuerelemente A, B und C sollen in einer Linie verlaufen.

Wenn wir also erreichen möchten, dass die Steuerelemente der Hello-World-App wie oben formuliert angeordnet werden, müssen wir nur die entsprechenden Regeln formulieren. Mit etwas Erfahrung gelingt dies rasch; gerade Einsteiger in die iOS-Programmierung scheitern aber oft an der damit verbundenen Komplexität.

Glücklicherweise macht Xcode 8 es einfacher denn je, Layoutregeln sofort zu testen, ohne die App jedes Mal neu starten zu müssen: Dazu verändern Sie einfach in der Fußleiste von Xcode das iOS-Device und seine Orientierung. Xcode passt dann die View an die neue Gerätegröße an, und Sie erkennen sofort, ob die Steuerelemente wunschgemäß platziert werden.

15.5 Layout optimieren

Layoutregeln für den »Hello-World«-Button

Eine detaillierte Erklärung der Layoutregeln erhalten Sie in Abschnitt 16.5. An dieser Stelle möchte ich Ihnen nur rezeptartig erklären, wie Sie das Layout der Hello-World-App korrekt einstellen. Dazu klicken Sie im Storyboard zuerst auf den Button HELLO WORLD, dann auf den Button PIN, der sich rechts unten im Editor befindet (siehe Abbildung 15.9).

Abbildung 15.9 Die vier winzigen Layout-Button befinden sich rechts unten im Storyboard-Editor.

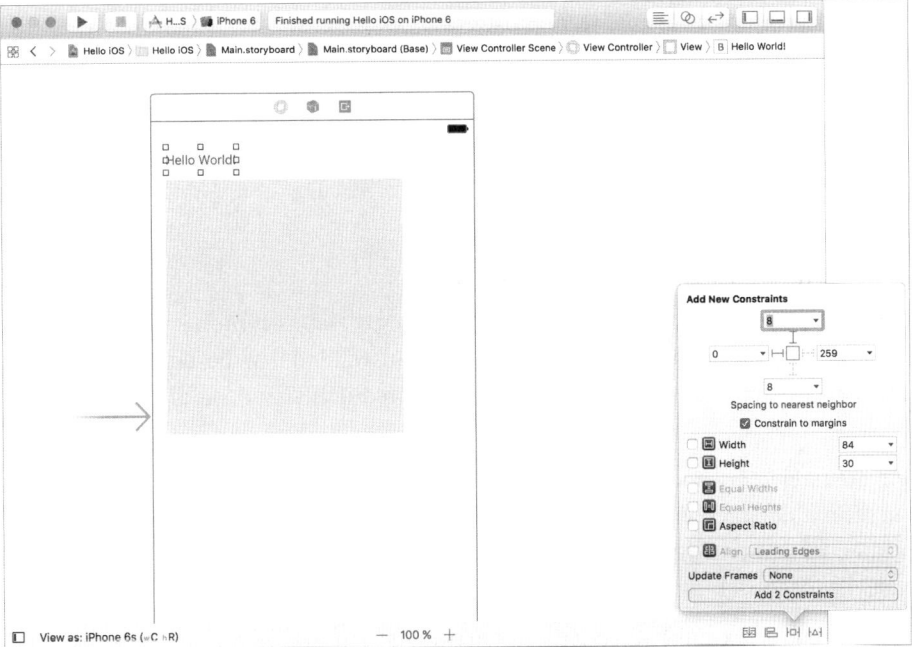

Abbildung 15.10 Layoutregeln für den Hello-World-Button festlegen

Damit erscheint der Dialog ADD NEW CONSTRAINTS zur Einstellung diverser Abstände (siehe Abbildung 15.10). Dort klicken Sie zuerst die Verbindungsstege für die Abstände nach oben bzw. zur linken Seite an, sodass diese Stege durchgängig rot angezeigt werden. Anschließend geben Sie für den Abstand nach oben 8 Punkte und für den seitlichen Abstand 0 Punkte an. Standardmäßig ist die Option CONSTRAIN TO MARGINS aktiv. Sie bewirkt, dass diese Abstände relativ zu einem vom jeweiligen iOS-Gerät vorgegebenen Standardrahmen gerechnet werden. Zuletzt schließen Sie den Dialog mit dem Button ADD 2 CONSTRAINTS. Damit werden zwei neue Regeln zur Positionierung des Buttons festgelegt.

Überraschenderweise führen die neuen Regeln nicht zu einer Veränderung der Position des Steuerelements. Vielmehr zeigen orange strichlierte Linien an, wo der Button bei der Programmausführung platziert wird (siehe Abbildung 15.11), wenn die Position zur Laufzeit eine andere ist als momentan im Storyboard-Editor. Außerdem visualisieren zwei orange Stege die von Ihnen aufgestellten Regeln. Aus den Zahlenwerten geht hervor, um wie viele Punkte das Element aktuell falsch positioniert ist.

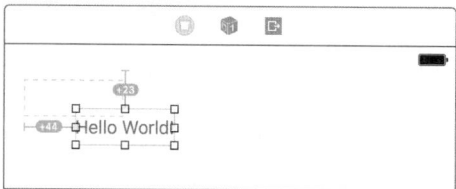

Abbildung 15.11 Der Storyboard-Editor zeigt, wo der Button später platziert wird.

Um den Button den neuen Regeln entsprechend zu positionieren, klicken Sie auf den Button RESOLVE AUTO LAYOUT ISSUES und führen dort das Kommando SELECTED VIEWS • UPDATE FRAMES aus.

Stack-View-Button rückgängig machen

Die Buttons ALIGN, PIN und RESOLVE AUTO LAYOUT ISSUES führen jeweils in Dialoge oder Menüs, in denen Sie die jeweilige Aktion auswählen bzw. bestätigen. Es besteht also keine Gefahr, dass Sie irrtümlich eine Aktion durchführen, die Sie nicht wollen.

Ganz anders verhält sich der Button STACK VIEW: Sofern im Storyboard-Editor gerade ein Steuerelement markiert ist bzw. mehrere Steuerelemente markiert sind, werden diese in eine Stack-View verpackt, also in einen Container, der bei der Anordnung der Steuerelemente helfen soll. Diese Aktion erfolgt sofort, ohne Rückfrage und ohne visuelles Feedback, also oft ungewollt und unbemerkt.

Ungewollte Stack-View-Verschachtelungen erkennen Sie, wenn Sie im Storyboard-Editor die Seitenleiste DOCUMENT OUTLINE aktivieren. Sie zeigt die hierarchische Struktur aller Steuerelemente im Storyboard-Editor. Dort können Sie bei Bedarf die betroffenen Steuerelemente aus der Stack-View herausziehen (siehe Abbildung 15.12). Danach können Sie die Stack-Views in der Seitenleiste anklicken und löschen.

15.5 Layout optimieren

Abbildung 15.12 Ungewollte Stack-View-Verschachtelungen auflösen

---

Stack-Views richtig einsetzen

Stack-Views sind ein durchaus nützliches Feature, das dabei hilft, allzu komplizierte Layout-Regeln zu vermeiden. Den richtigen Umgang mit Stack-Views erläutere ich Ihnen in Abschnitt 16.6.

Die Document-Outline-Seitenleiste verstehen

Die Document-Outline zeigt, wie die Steuerelemente (Views) innerhalb eines View-Controllers ineinander verschachtelt sind (siehe Abbildung 15.12), und sie hilft dabei, das gewünschte Element auszuwählen, wenn zwei Elemente übereinander platziert sind. Innerhalb des Objektbaums erhält jedes Element standardmäßig einen Namen, der seiner Klasse entspricht – z. B. View für ein UIView-Objekt. Bei einigen Steuerelementtypen, z. B. bei Buttons und Labels, wird der dort eingetragene Text angezeigt – also Noch ein Button statt einfach Button.

Sie können im Objektbaum alle Objekte durch einfaches Anklicken umbenennen. Das ist dann sinnvoll, wenn es mehrere gleichartige Objekte gibt, die Sie im Storyboard-Editor leichter identifizieren wollen. Beachten Sie aber, dass die Objektnamen in der Document-Outline-Seitenleiste ausschließlich für den Storyboard-Editor von Xcode gelten!

Im Code Ihrer View-Controller-Klasse haben Sie keine Möglichkeit, den Namen festzustellen, den Sie einem Objekt in der Outline-Seitenleiste gegeben haben. Sie können zur Identifizierung von Steuerelementen im Code auf die tag-Eigenschaft zurückgreifen. In dieser auch in Xcode zugänglichen Eigenschaft können Sie allerdings nur eine ganze Zahl speichern. Eine zweite Möglichkeit besteht darin, eine eigene Klasse mit einer neuen Eigenschaft zu definieren. Ein Beispiel dafür finden Sie in Abschnitt 20.3, »Focus Engine«.

Layoutregeln für das Textfeld

Nun ist das Textfeld an der Reihe: Nachdem Sie dieses angeklickt haben, öffnen Sie wieder mit dem PIN-Button den Dialog ADD NEW CONSTRAINTS. Dort stellen Sie die folgenden Abstände ein (siehe Abbildung 15.13):

- Links: 0 Punkte. Dieser Abstand gilt wegen der Option CONSTRAIN TO MARGINS relativ zum Standardrahmen.
- Oben: 0 Punkte. Dieser Abstand wird relativ zum nächstgelegenen Steuerelement gerechnet, in diesem Fall also zum Button.
- Rechts: 0 Punkte. Dieser Abstand gilt wieder relativ zum Standardrahmen.
- Unten: 16 Punkte. Auch dieser Abstand gilt relativ zum Standardrahmen. Dieser sieht nach unten aber keinen Rand vor. Damit das Textfeld von allen Rändern gleich weit entfernt ist, muss hier ein etwas größerer Wert angegeben werden.

Abbildung 15.13 Layoutregeln für das Textfeld

ADD 4 CONSTRAINTS beendet die Eingabe und fügt vier Regeln hinzu. Um auch das Textfeld gemäß der neuen Regeln korrekt zu platzieren, klicken Sie nochmals auf den Button RESOLVE AUTO LAYOUT ISSUES und führen dort das Kommando SELECTED VIEWS • UPDATE FRAMES aus.

Damit sollten nun beide Steuerelemente korrekt angeordnet sein. Ändern Sie nun in der Fußleiste des Storyboard-Editors das iOS-Device und die Ausrichtung. Der Ort und die Größe der Steuerelemente sollten nun immer korrekt an die jeweilige Bildschirmgröße angepasst werden (siehe Abbildung 15.14).

Abbildung 15.14 Die Hello-World-App im iPhone-7-Plus-Querformat

Wenn es Probleme gibt

Der Umgang mit Layoutregeln ist schwierig und führt häufig dazu, dass sich Xcode über fehlende oder über zueinander im Konflikt stehende Regeln beklagt. In Abschnitt 16.5, »Auto Layout«, folgt eine Menge weiterer Details zu diesem Thema. Bis dahin vertröste ich Sie hier mit einigen Tipps:

- Sobald Sie *eine* Regel für ein Steuerelement festlegen, müssen Sie die Größe und Position des Steuerelements *vollständig* durch Regeln bestimmen. Mit anderen Worten: Solange es gar keine Regeln gibt, betrachtet Xcode das Steuerelement als unbestimmt und meckert nicht. Sobald Sie aber beginnen, Regeln festzulegen, müssen Sie dies so tun, dass keine Unklarheiten verbleiben.

  Die Anzahl der erforderlichen Regeln ist nicht bei jedem Steuerelement gleich. Manche Steuerelemente können ihre optimale Größe aus dem Inhalt selbst ermitteln. Das trifft z. B. bei einem Button zu. Hier reichen also Regeln, die die Position festlegen. Bei anderen Steuerelementen müssen Sie die Größe selbst einstellen – und das erfordert zwei weitere Regeln.

- Sie können vorhandene Regeln nicht ohne Weiteres ändern. Die Dialoge ADD NEW ALIGNMENT CONSTRAINTS bzw. ADD NEW CONSTRAINTS ersetzen bzw. verändern nicht vorhandene Regeln, sondern definieren zusätzliche Regeln. Das führt oft zu Regeln, die sich widersprechen. Einen Überblick über alle Regeln erhalten Sie, wenn

Sie die Seitenleiste des Storyboard-Editors einblenden (EDITOR • SHOW DOCUMENT OUTLINE). Dort finden Sie eine Liste aller CONSTRAINTS. Wenn Sie eine der Regeln anklicken, wird die betreffende Regel markiert.

- Bei kleinen Projekten ist es bei Problemen oft am einfachsten, alle Regeln zu löschen und noch einmal von vorne zu beginnen. Dazu klicken Sie auf den Button RESOLVE AUTO LAYOUT ISSUES und führen ALL VIEWS IN VIEW CONTROLLER • CLEAR CONSTRAINTS aus.

15.6 Textgröße mit einem Slider einstellen

Als letzte Erweiterung für das Programm fügen wir diesem nun neben dem Button noch einen Slider hinzu, mit dem die Schriftgröße des Textfelds verändert werden kann (siehe Abbildung 15.15).

Abbildung 15.15 Die Hello-World-App mit einem Slider zur Einstellung der Textgröße

Das Slider-Steuerelement hinzufügen   View / Utilities / Show Object Lib.

Sie finden das Steuerelement in der Xcode-Objektbibliothek unter dem Namen *Slider*. Zur Positionierung stellen Sie zuerst mit dem PIN-Button die horizontalen Abstände ein: Der linke Abstand zum HELLO WORLD-Button soll 24 Punkte betragen, der rechte

Abstand zum Rand 0 Punkte. Definieren Sie aber keine Regeln für die vertikale Position!

In einem zweiten Schritt markieren Sie nun mit ⇧ sowohl den Hello World-Button als auch den Slider. Mit dem Align-Button öffnen Sie dann den Dialog New Add Align Constraints und wählen dort die Option Vertical Centers. Diese Regel bewirkt, dass der Button und der Slider vertikal mittig angeordnet werden, was in diesem Fall harmonisch aussieht. Über den Button Resolve Auto Layout Issues führen Sie nun das Kommando Selected Views • Update Frames aus, damit der Slider im Storyboard-Editor an der richtigen Stelle angezeigt wird.

Mit dem Slider soll die Textgröße in einem Bereich zwischen 12 und 30 Punkt verändert werden. Dazu wählen Sie den Slider aus und stellen im Attributinspektor die folgenden Eigenschaften ein:

- Minimum: 12
- Maximum: 30
- Current: 16

Den Slider mit einer Methode verbinden

Damit sind die Arbeiten an der Oberfläche abgeschlossen, und wir können uns wieder der Programmierung zuwenden: Öffnen Sie den Assistenz-Editor, und verschieben Sie den Slider mit ctrl in den Code-Bereich. Die Verbindungsparameter stellen Sie wie folgt ein:

- Connection = Action: Wir wollen in einer Methode auf das Verschieben des Sliders reagieren.
- Name: Die Methode muss einen Namen bekommen. Ich habe mich für sliderMove entschieden.
- Type = UISlider: In der Methode müssen wir die aktuelle Position des Sliders herausfinden. Deswegen soll die Instanz des Sliders an die Methode übergeben werden.
- Event = Value Changed: Die Defaulteinstellung passt hier gut – andere Ereignisse interessieren uns nicht.
- Arguments = Sender: Damit wird die Instanz des Sliders als Parameter an die Methode übergeben. Den Datentyp des Parameters haben wir ja bereits mit UISlider festgelegt.

Zu Testzwecken bauen wir in die Methode vorerst nur die print-Funktion ein, um eine Veränderung des Sliders in Xcode verfolgen zu können. Uns interessiert die value-Eigenschaft, die die Slider-Position im eingestellten Wertebereich als Fließkommazahl liefert.

```
// wird bei jeder Slider-Bewegung ausgeführt
@IBAction func sliderMove(_ sender: UISlider) {
  // Testausgabe im Debug-Fenster
  print(sender.value)
}
```

Jetzt geht es nur noch darum, die Schrift des Textfelds entsprechend zu verändern. Dazu lesen wir mit `textView.font?` die aktuelle Font-Instanz aus, bilden daraus mit der Methode `withSize` eine neue Instanz in der gewünschten Größe und weisen diese der `font`-Eigenschaft des Textfelds wieder zu. Da `fontWithSize` einen `CGFloat`-Parameter erwartet, muss die Fließkommazahl von `sender.value` in den `CGFloat`-Typ umgewandelt werden. `CGFloat` ist auf 32-Bit-Architekturen ein `Float`, auf 64-Bit-Architekturen aber ein `Double`.

```
@IBAction func sliderMove(_ sender: UISlider) {
  textView.font =
    textView.font?.withSize(CGFloat(sender.value))
}
```

15.7 Apps auf dem eigenen iPhone/iPad ausführen

Den iOS-Simulator in Ehren, aber natürlich wollen Sie Ihre Programme auch auf »richtiger« Hardware testen. Während dazu früher ein kostenpflichtiger Apple-Developer-Account erforderlich war, ist das Ausführen eigener Apps auf eigenen Geräten seit Mitte 2015 kostenlos möglich (»Free Provisioning«). Dazu verbinden Sie im Dialog PREFERENCES • ACCOUNTS Xcode mit Ihrer Apple ID. Außerdem muss Ihr iOS-Gerät durch ein USB-Kabel mit dem Computer verbunden sein. Nach diesen Vorbereitungsarbeiten können Sie das iOS-Gerät in der Symbolleiste von Xcode auswählen.

Wenn Sie ⌘+R drücken bzw. den RUN-Button anklicken, überträgt Xcode die Hello-World-App auf das angeschlossene iPhone oder iPad und startet sie dort. Das gelingt nur, wenn Ihr Smartphone oder Tablet entsperrt ist. Wenn also eine Ziffern- oder Fingerabdruck-Sperre aktiv ist, müssen Sie das Gerät zuerst einschalten, bevor Sie Ihre App in Xcode starten. Bemerkenswert ist, dass trotz der externen Programmausführung die Debugging-Funktionen von Xcode aktiv bleiben. Wenn Sie also z. B. einen Breakpoint setzen, wird die App an dieser Stelle angehalten. Sie können in Xcode den Zustand der Variablen ergründen und das Programm dann wieder fortsetzen.

Die App bleibt jetzt auf dem iPhone oder iPad. Sie kann dort losgelöst von Xcode ausgeführt werden – dann aber ohne Debugging-Möglichkeiten. Sie können Ihre App wie jede andere installierte App problemlos wieder löschen, indem Sie sie zuerst länger anklicken und dann auf das x-Symbol drücken.

> **Einschränkungen des Free Provisioning**
>
> Apple bezeichnet das Verfahren zum Ausführen von Apps auf iOS-Geräten ohne Apple-Developer-Account als *Free Provisioning*. Dabei gibt es aber Einschränkungen: Der Test von einigen Zusatzfunktionen erfordert weiterhin einen kostenpflichtigen Apple-Developer-Account. Das gilt z. B. für In-App-Käufe, den Datenaustausch mit der iCloud oder die Verwendung der Apple-Pay-Funktionen.

Apple Developer Program

Bevor Sie eine App in den App Store hochladen können, müssen Sie Ihre App speziell vorbereiten und signieren (siehe Kapitel 29, »App Store und Co.«). Das ist nur mit dem Schlüsselsystem des Apple Developer Program möglich. Die Mitgliedschaft hat auch andere Vorteile – etwa den unkomplizierten Zugang zu Beta-Versionen von iOS, macOS und Xcode, den Zugang zu Entwicklerforen etc.:

https://developer.apple.com/programs

Dieses Service-Paket lässt sich Apple mit zurzeit 100 EUR pro Jahr bezahlen. Im Gegensatz zu früher, als es verschiedene Entwicklerprogramme für iOS, macOS und Safari gab, hat Apple diese Programme nun zu einem einzigen verbunden.

> **Eine vorhandene oder eine neue Apple-ID verwenden?**
>
> Bevor Sie sich dem Entwicklerprogramm anschließen, müssen Sie sich überlegen, welche Apple-ID Sie hierfür verwenden. Normalerweise spricht nichts gegen Ihre gewöhnliche Apple-ID. Sollten Sie diese ID aber schon im Rahmen von *iTunes Connect* zum Verkauf von Musik oder Büchern nutzen, dann benötigen Sie eine zweite Apple-ID für das Entwicklerprogramm.

Sie können dem Entwicklerprogramm wahlweise als Einzelperson oder als Team beitreten. Als Einzelperson benötigen Sie dazu lediglich eine Kreditkarte. Nach Abschluss des Bezahlprozesses kann es ein paar Minuten dauern, bis Ihr Entwicklerzugang freigeschaltet wird und Sie die entsprechende *Welcome*-E-Mail erhalten.

Nun können Sie in den Xcode-Einstellungen im Dialogblatt ACCOUNTS mit ADD APPLE ID Ihre Apple-ID mit Xcode verbinden. Von dort gelangen Sie mit VIEW DETAILS in einen weiteren Dialog, in dem Sie Schlüssel generieren können (siehe Abbildung 15.16). Vorerst benötigen Sie lediglich einen Schlüssel zur iOS-Entwicklung (also den Eintrag IOS DEVELOPMENT).

Nach diesen Vorbereitungsarbeiten können Sie nun ein mit einem USB-Kabel angeschlossenes iOS-Gerät in der Symbolleiste von Xcode auswählen. Das Gerät wird damit in das Entwicklungsprogramm aufgenommen. Insgesamt dürfen Sie pro Jahr maximal 500 Geräte mit Ihrem Konto verbinden: 100 iPhones, 100 iPods, 100 iPads sowie je 100 Apple-TV- und Apple-Watch-Geräte. Einen Überblick über alle mit Ihrem Konto verbundenen iOS-Geräte finden Sie auf der Webseite des Entwicklerprogramms:

https://developer.apple.com/account/ios/device

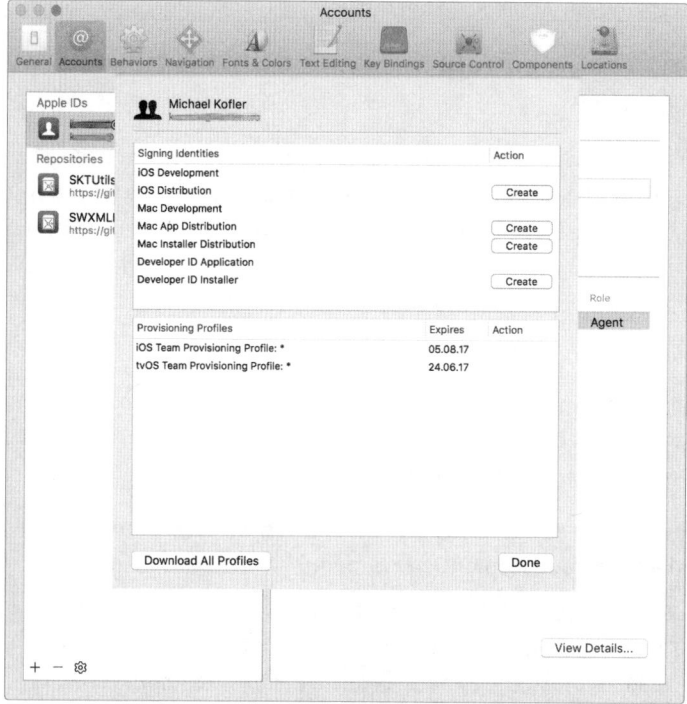

Abbildung 15.16 Verwaltung der Schlüssel des iOS-Entwicklerprogramms in Xcode

15.8 Komponenten und Dateien eines Xcode-Projekts

Wenn Sie in Xcode ein neues iOS-Projekt starten, besteht dieses standardmäßig schon aus einer Menge Dateien (siehe Abbildung 15.17) – und dabei bleibt es nicht. Dieser Abschnitt gibt Ihnen einen kurzen Überblick darüber, welche Datei welchen Zweck hat. Detaillierte Erläuterungen zu vielen Dateien folgen dann in den weiteren Kapiteln.

- `AppDelegate.swift` enthält Code zur Verarbeitung von Ereignissen des App-Lebenszyklus (siehe Abschnitt 16.4, »Phasen einer iOS-App«).

- `LaunchScreen.xib` enthält eine spezielle Ansicht der App, die während des Starts als eine Art Willkommensdialog angezeigt wird (siehe Abschnitt 29.1, »iOS-Artwork (Icons, Launch Screen)«).

- `Assets.xcassets` dient als Container für die Bilddateien der App. Dazu zählen neben dem Icon der App auch alle anderen Bitmaps, die Sie irgendwann anzeigen möchten. Die Besonderheit von Xcassets-Dateien besteht darin, dass Bitmaps in mehreren Auflösungen gespeichert werden können. Bei der Ausführung verwendet iOS dann automatisch die Datei, die am besten zum Display des iOS-Geräts passt (siehe Abschnitt 16.8, »Image-Views und Xcassets« und in Abschnitt 29.1, »iOS-Artwork (Icons, Launch Screen)«).

- `Info.plist` enthält diverse Projekteinstellungen in Form einer sogenannten Property List (Key-Value-Datei).

- `Main.storyboard` beschreibt das Aussehen und die Eigenschaften der Ansichten (View-Controller) einer App.

- `ViewController.swift` enthält den Controller-Code der ersten Ansicht des Storyboards. Für jede weitere Ansicht im Storyboard müssen Sie in der Regel eine weitere Swift-Datei hinzufügen, die eine von `UIViewController` abgeleitete Klasse definiert (siehe Kapitel 17, »iOS-Apps mit mehreren Ansichten«).

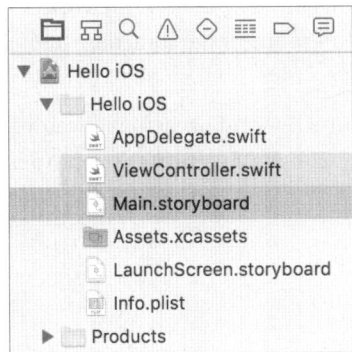

Abbildung 15.17 Überblick über die Code-Dateien im Projektnavigator von Xcode

---

Dateien im Navigator verschieben

Sie können die Dateien des Projekts im Navigator verschieben und in Gruppen gliedern. Zwei Dinge sind in diesem Zusammenhang bemerkenswert: Zum einen spielt es für Xcode keine Rolle, in welcher Gruppe die Dateien sich befinden. Xcode findet in jedem Fall alle zum Kompilieren erforderlichen Dateien. Und zum anderen sind Gruppen *keine* Unterverzeichnisse im Projektverzeichnis. Gruppen helfen bei der Organisation der Dateien, haben aber keinen Einfluss darauf, wo Dateien tatsächlich gespeichert werden. Der Projektnavigator ist also kein Abbild des Dateisystems!

Weitere Dateien

Bei »richtigen« Apps, die also nicht nur Test- oder Beispielcharakter haben, kommen zu den anfänglich vorhandenen Dateien zumeist viele Dateien hinzu:

- Weitere Swift-Code-Dateien verbinden Objekte Ihrer Oberfläche mit eigenen Klassen bzw. bilden die innere Logik Ihres Programms ab, also das Datenmodell gemäß des MVC-Musters (siehe Abschnitt 16.1, »Model-View-Controller (MVC)«).

- Zusätzliche Lokalisierungsdateien enthalten Zeichenketten für alle Sprachen, in denen die App später ausgeführt werden kann (siehe Abschnitt 29.4, »Mehrsprachige Apps«).

- Ja nach Zielsetzung der App sind außerdem Text-, XML-, HTML-, Datenbank- sowie Audio- und Video-Dateien erforderlich. Diese Dateien werden zusammen mit der App ausgeliefert (»Bundle-Dateien«).

Test- und Produktgruppe

Neben der eigentlichen Projektgruppe, deren Name mit dem Projektnamen übereinstimmt, kann ein Projekt bis zu drei weitere Gruppen aufweisen:

- `projektnameTests` und `projektnameUITests` enthält Code und Einstellungen zum automatisierten Test Ihres Projekts. Das zugrunde liegende XCTest-Framework hat eine ähnliche Zielsetzung wie Unit Tests in anderen Programmiersprachen. In diesem Buch gehe ich darauf allerdings nicht ein.

- `Products` enthält das kompilierte Programm. Bei der iOS-App-Entwicklung werden die hier enthaltenen Dateien aber selten benötigt, weil die Ausführung von Apps durch Xcode automatisiert ist und eine Weitergabe von Apps an andere Benutzer nur über den App Store möglich ist.

Kapitel 16
iOS-Grundlagen

Zu den wichtigsten Themen dieses Kapitels, das etwas langatmiger auch »Grundlagen der Entwicklung von iOS-Apps mit Swift« hätte heißen können, zählen:

- Model-View-Controller (MVC)
- Klassenhierarchie
- View-Controller (UIViewController-Klasse)
- Phasen eines iOS-Programms (AppDelegate-Klasse)
- App-Gestaltung mit Auto-Layout und Stack-View
- Texteingabe (UITextField-Steuerelement)
- Bilder (UIImageView-Steuerelement, Xcassets)

Damit erhalten Sie bereits einen recht guten Überblick über elementare Grundlagen und Arbeitstechniken. Quasi als Fortsetzung zeigt Kapitel 17, »iOS-Apps mit mehreren Ansichten«, wie Sie Apps gestalten, die aus mehreren Ansichten bestehen (Tab-Controller, Navigation-Controller, Popup-Dialoge).

Weitere Programmiertechniken folgen dann in Teil III des Buchs. Dort beschreibe ich unter anderem das UITableView-Steuerelement, die Anzeige von Webseiten in Apps, die Auswertung von Geo-Daten und die Anzeige von Karten in der Map-View etc. Außerdem erfahren Sie, welche Schritte notwendig sind, bevor Sie Ihre App im App Store einreichen können.

16.1 Model-View-Controller (MVC)

Ein Model-View-Controller (MVC) ist ein Architekturmuster zur Entwicklung grafischer Benutzeroberflächen. Die Grundidee besteht darin, die Daten (das Modell) von der Benutzeroberfläche (der View) zu trennen. Die Steuerung des Gesamtprogramms erfolgt durch den Controller (siehe Abbildung 16.1).

Konkret bedeutet das, dass es für eine Ansicht (eine Seite, einen Dialog) eines iOS-Programms in der Regel mindestens *drei* Klassen gibt, die miteinander in Kontakt stehen:

- **Modell (Daten):** Die Modell-Klassen kümmern sich um die Verwaltung der Daten und um die Logik des Programms. Bei einem Spiel enthält das Modell den aktuellen Spielstand, also z. B. die Position aller Figuren. Außerdem stellt die Klasse des Modells Methoden zur Verfügung, um den nächsten Zug durchzuführen, um einen Zug rückgängig zu machen etc. Bei vielen Apps bietet das Modell auch Möglichkeiten, Daten bleibend zu speichern, sodass bei einem späteren Neustart des Programms der zuletzt gültige Zustand wiederhergestellt wird. Je nach Komplexität der App kann das Modell natürlich aus vielen Klassen bestehen.

- **View (Aussehen):** Das äußere Erscheinungsbild von iOS-Apps wird durch die auf dem Bildschirm sichtbaren Texte, Bilder und Bedienungselemente geprägt. Hinter den Kulissen befinden sich diese Objekte alle in einem UIView-Objekt. Dieses stellt gewisse Grundfunktionen zur Verfügung und dient als Container für alle weiteren Komponenten. Die Entwicklungsoberfläche speichert Ihre Einstellungen in einer Storyboard-Datei und erstellt beim Kompilieren eine serialisierte, binäre Darstellung der so definierten Objekte.

- **Controller (Verhalten):** Der Controller bestimmt, wie sich die App verhält. Was beim Berühren eines Buttons passiert, wie sich die Darstellung des Bildschirminhalts bei einer Pan-Bewegung ändert, welche Methoden des Modells aufgerufen werden, um nach den Antippen von OK Daten bleibend zu speichern – all das ist Aufgabe des Controllers. Die entsprechenden Anweisungen formulieren Sie in der Swift-Datei des Controllers.

Die Trennung zwischen View und Controller ist nicht immer ganz so streng wie hier formuliert. Manche Aktionen, die eigentlich dem Controller zuzuordnen sind, können Sie direkt im Storyboard-Editor festlegen. Sie werden dann in der Storyboard-Datei gespeichert, also letztlich in der View. Ein typisches Beispiel ist ein Übergang (Segue) von einer Ansicht in eine andere beim Anklicken eines Buttons. Sie können den entsprechenden Code selbst im Controller schreiben, Sie können aber auch in Xcode den Button zusammen mit ctrl in die Ziel-View verschieben, und Xcode kümmert sich um die »Verdrahtung«.

Der größte Vorteil des MVC-Modells gegenüber anderen Entwicklungsmodellen besteht darin, dass die Modellklassen unabhängig von der Benutzeroberfläche bleiben. Daher lassen sie sich in der Folge relativ unkompliziert auch für andere Apps oder für eine macOS-Version nutzen bzw. an neue Bedienkonzepte – z. B. in künftigen iOS-Versionen – anpassen.

Der MVC-Ansatz ist seit vielen Jahren populär, aber bei den meisten Programmiersprachen bzw. Entwicklungsumgebungen optional. Sie können MVC zur Strukturierung Ihres Codes verwenden, müssen es aber nicht tun. Bei der Entwicklung von iOS-Apps geht an MVC aber kein Weg vorbei. Das machen schon die Klassennamen aus Cocoa Touch, dem iOS-Framework, klar: UIView, UIViewController zeigen deutlich, in welche Richtung die Reise geht. Insofern ist ein Grundverständnis von MVC zur iOS-Entwicklung unabdingbar. Jede noch so einfache App besteht zumindest aus View und Controller.

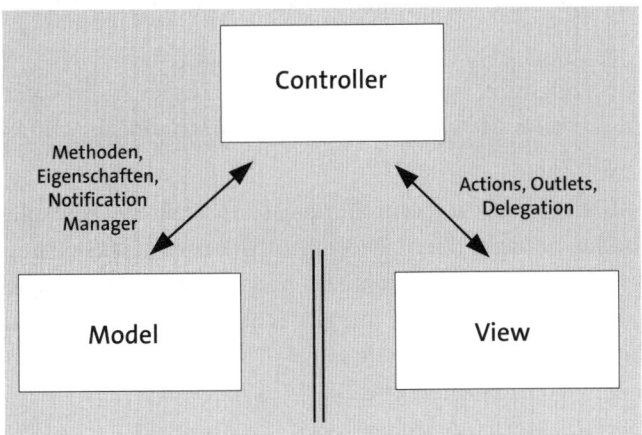

Abbildung 16.1 Kommunikation im Model-View-Controller

In ganz einfachen Apps wie dem Hello-World-Programm aus dem vorigen Kapitel kann ein eigenes Datenmodell entfallen. Auch in den kurzen Beispielprogrammen in diesem Kapitel fehlt das Datenmodell – ganz einfach deswegen, weil die Apps nur bestimmte Techniken demonstrieren, aber von ein paar Zeichenketten abgesehen keine Daten verwalten. In solchen Fällen liegt es nahe, die Funktionalität des Modells direkt im Controller zu realisieren.

Kommunikation in MVC-Apps

Model, View und Controller müssen naturgemäß miteinander kommunizieren. Für diese Kommunikation gibt es Regeln bzw. Muster, die Sie einhalten sollten:

- **Trennung zwischen Model und View:** Eine direkte Kommunikation zwischen Model und View ist unüblich. Sie widerspricht dem Grundgedanken, das Datenmodell von den Details der Benutzeroberfläche zu trennen. Die Steuerungslogik geht daher über den Controller.

- **Actions** ordnen Ereignisse der View einer Methode im Controller zu. Jedes Mal, wenn ein bestimmtes Ereignis auftritt, kommt es also zum Aufruf der betreffenden Methode im Controller. Ihr Code kann so auf das Ereignis reagieren.

- **Outlets** ordnen Elemente der View einer Eigenschaft im Controller zu. Auf diese Weise kann Code des Controllers den Inhalt oder andere Details eines Steuerelements lesen oder auch verändern.

Wie Sie im vorigen Kapitel schon gesehen haben, können Sie Actions und Outlets in Xcode unkompliziert erstellen, indem Sie das betreffende Element mit `ctrl` vom Storyboard in den Code verschieben. Es gibt kein iOS-Beispielprogramm in diesem Buch, das nicht an irgendeiner Stelle Actions und Outlets verwendet.

- **Delegation:** Für manche Ereignisse, vor allem solche von Zusatz-Frameworks, sehen die Controller-Klassen keine Methoden vor. Der oben beschriebene Actions-Ansatz ist somit nicht möglich.

  In solchen Fällen ist es üblich, dass die Controller-Klasse zusätzliche Protokolle einhält und deren Methoden implementiert. Die Controller-Klasse muss sich nun quasi anmelden und der View verraten, dass sie auf ein bestimmtes Ereignis reagieren möchte. In der Folge kommt es dann zum Aufruf der betreffenden Methoden, deren Namen häufig mit did- oder will- beginnen und so zum Ausdruck bringen, dass etwas passiert ist oder gleich passieren wird.

  Der zugrunde liegende Mechanismus wird in der objektorientierten Programmierung *Delegation* genannt: Eine Klasse delegiert also die Verarbeitung bestimmter Ereignisse an eine andere Klasse. Das erste konkrete Beispiel für diesen Mechanismus finden Sie in Abschnitt 16.7, »Texteingaben«: Dort lernen Sie unter anderem, wie Sie die Onscreen-Tastatur nach der Eingabe von `⏎` ausblenden.

  Ein weiteres Beispiel folgt in Abschnitt 24.2, »Wegstrecke aufzeichnen«, wo es darum geht, die aktuelle Position des iOS-Geräts auf einer Karte einzutragen. Der Controller reagiert auf Ereignisse des Location Managers, also einer Klasse, die für GPS-Funktionen zuständig ist.

- **Kommunikation mit dem Model:** Der Controller enthält üblicherweise Variablen, die auf Objekte der Model-Klassen zeigen. Damit hat der Controller direkten Zugriff auf die Methoden und Eigenschaften des Datenmodells.

  Mitunter ist aber auch ein Datentransport in die umgekehrte Richtung erforderlich, also vom Model zum Controller – z. B. dahingehend, dass ein Download abgeschlossen ist und neue Daten verfügbar sind, die nun angezeigt werden können. Grundsätzlich wäre es denkbar, hierfür wieder den Delegation-Mechanismus einzusetzen. Gängiger sind in diesem Kontext aber zwei andere Verfahren: Nachrichten, die über den zentralen Notification Manager der App versendet und empfangen werden, sowie *Key Value Observers* (KVOs). Den Notification Manager lernen Sie in Kapitel 33, »Schatzsuche«, näher kennen.

MVC bei Apps mit mehreren Dialogen

Viele Apps bestehen nicht aus einem einzigen Dialog, sondern aus vielen Dialogen, Fenstern, Szenen, Ansichten, Views – welcher Begriff auch immer Ihnen am liebsten ist. Für das MVC-Modell bedeutet das: Es gibt viele Views und in der Regel existiert zu jeder View ein Controller.

Innerhalb von Xcode ist die Aufteilung oft nicht ganz so klar: Zum einen enthält eine Storyboard-Datei üblicherweise alle Ansichten eines Programms. Das ändert aber nichts daran, dass hinter den Kulissen jede Ansicht für sich eigenständig ist. Zum anderen teilen sich die Ansichten einer App häufig (aber nicht immer) ein gemeinsames Datenmodell.

Auf jeden Fall benötigt jede Programmansicht, die auf Ereignisse reagieren kann, einen Controller. In größeren Projekten ist es durchaus möglich, dass ein und dieselbe Controller-Klasse für mehrere ähnliche Views eingesetzt werden kann.

Ein typisches Xcode-Projekt für eine iOS-App besteht somit aus:

- einem Storyboard für alle App-Ansichten
- je einer *.swift-Datei für den Controller zu jeder Ansicht
- eventuell *.swift-Dateien mit den Klassen selbst erweiterter Steuerelemente
- einer oder mehreren *.swift-Dateien für die Klassen des Datenmodells
- diversen Hilfsdateien (z. B. Bildern, Unit-Tests)

Grundsätzlich können Sie die Übergänge zwischen den einzelnen App-Ansichten vollkommen manuell durch sogenannte Segues steuern. Alternativ können Sie aber auch auf Controller-Klassen zurückgreifen, die bei der Navigation bzw. Darstellung von Ansichten helfen:

- Mit dem **Navigation-Controller** können Sie Oberflächen realisieren, in denen die Anwender ausgehend von einer Startseite in oft tief verzweigte Detailseiten navigieren. Ein Zurück-Button links oben ermöglicht es, unkompliziert zur Startseite zurückzukehren.

- Der **Tab-Bar-Controller** kann mehrere Ansichten einer Oberfläche in Form von Dialogblättern anzeigen, zwischen denen die Anwender über Icons einer Tab-Bar am unteren Bildschirmrand wechseln.

- Der **Split-View-Controller** teilt den Bildschirm in eine Master-Ansicht (links bzw. ausgeblendet) und eine Detailansicht (rechts).

- Die **Table-** und **Page-View-Controller** helfen dabei, Oberflächen zu gestalten, in denen die Benutzer durch Tabellenelemente bzw. Seiten blättern.

Ein gemeinsames Merkmal all dieser Controller besteht darin, dass die Darstellung auf dem Bildschirm des iOS-Geräts aus Bestandteilen unterschiedlicher Ansichten zusammengesetzt wird. Hinter den Kulissen kommt es zu einer MVC-Verschachtelung. Eine ganze Menge konkreter Beispiele zur Realisierung von Apps mit mehreren Ansichten folgen in Kapitel 17.

16.2 Klassenhierarchie einer App-Ansicht

Jede Szene bzw. jede Ansicht eines Storyboards setzt sich aus mehreren Objekten zusammen. Dieser Abschnitt beschreibt ganz kurz das Zusammenspiel der zugrunde liegenden UIKit-Klassen (siehe Abbildung 16.2).

Abbildung 16.2 Zusammenspiel wichtiger UIKit-Klassen in einer einfachen iOS-App

- UIApplication und AppDelegate: Diese Klassen sind für die Ausführung der App als Ganzes und zur Kommunikation mit iOS erforderlich. Details dazu folgen in Abschnitt 16.4, »Phasen einer iOS-App«.

- UIWindow: Diese Klasse beschreibt den Zeichenbereich der App. Normalerweise gibt es nur ein UIWindow – auch dann, wenn die App aus vielen Ansichten besteht. Die

Xcode-Datei `AppDelegate.swift` enthält die Eigenschaft `window`, die auf das `UIWindow`-Objekt der App verweist.

Mitunter sind auch mehrere `UIWindow`-Objekte im Spiel – z. B. wenn ein Alert angezeigt wird. Das ist eine Nachrichtenbox, die über der normalen Ansicht abgebildet wird.

- `UIScreen`: Die `screen`-Eigenschaft von `UIWindow` verweist auf ein `UIScreen`-Objekt. Es beschreibt den Bildschirm des iOS-Geräts im Detail. In seltenen Fällen kann eine App über mehrere Screens verfügen, etwa wenn via AirPlay ein externer Bildschirm angesteuert wird.

- `UIViewController`: Diese Klasse verwaltet eine Ansicht einer App. Die Klasse wird nicht direkt genutzt; vielmehr ist die Controller-Klasse (`ViewController.swift` in einer SINGLE VIEW APPLICATION) von `UIViewController` abgeleitet. Somit übernimmt der selbst gestaltete Controller alle zugrunde liegenden Methoden und Eigenschaften.

- `UIView`: Der `UIViewController` nimmt in einfachen Fällen direkt ein Objekt der `UIView`-Klasse auf. Dieses dient dann als Container für Steuerelemente, wobei auch diese von `UIView` abgeleitet sind und zum Teil selbst wieder als Container andere Steuerelemente aufnehmen.

Grundsätzlich ist es auch zulässig, in einen `UIViewController` anstelle eines `UIViews` direkt ein Steuerelement einzufügen. Dieses füllt dann aber immer die gesamte Ansicht aus und schränkt die weiteren Gestaltungsmöglichkeiten ein.

Bei der Entwicklung von iOS-Apps mit Swift haben Sie es am häufigsten mit `UIViewController`- sowie mit `UIView`-Klassen bzw. deren Sub-Klassen zu tun. Sie können mit relativ wenig Aufwand auch eigene Steuerelemente entwickeln. Diese verwenden als Basisklasse wiederum `UIView`. Konkrete Beispiele dazu finden Sie in Kapitel 25, »Grafik und Animation«.

> **UI-Nomenklatur**
>
> Das Buchstabenkürzel UI steht für *User Interface* und leitet die Namen aller Klassen des UIKit-Frameworks ein. Dieses Framework enthält die Basisklassen zur Gestaltung grafischer Benutzeroberflächen unter iOS.
>
> UIKit ist wiederum ein Bestandteil von Cocoa Touch, also einer Sammlung von Frameworks zur iOS-Programmierung. Andere wichtige Bestandteile sind z. B. GameKit und Sprite Kit (Spieleprogrammierung) oder Map Kit (GPS- und Kompassfunktionen).

Innerhalb von Xcode können Sie den Baum aller Objekte, aus denen sich eine Szene einer App zusammensetzt, in der Seitenleiste DOCUMENT OUTLINE des Storyboard-Editors ansehen (siehe Abbildung 16.3). Der Objektbaum beginnt in diesem Fall mit dem View-Controller.

Während die App im Debug-Modus läuft, kann Xcode außerdem eine 3D-Ansicht aller Komponenten darstellen (siehe Abbildung 16.4). Das entsprechende Menükommando versteckt sich unter DEBUG • VIEW DEBUGGING • CAPTURE VIEW HIERARCHY.

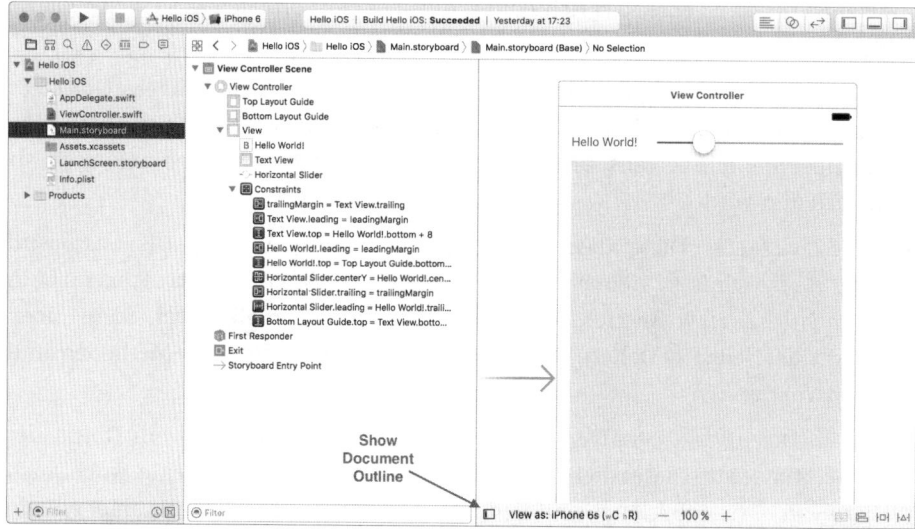

Abbildung 16.3 Der Objektbaum der »Hello World!«-App

Abbildung 16.4 3D-Ansicht der Zeichenebenen einer iOS-App

16.3   Die UIViewController-Klasse

Wie Sie im vorigen Abschnitt gesehen haben, verbergen sich hinter jeder App-Ansicht zahllose Klassen – aber mit keiner haben Sie in Ihrem Swift-Code so intensiv zu tun wie mit der UIViewController-Klasse. Das liegt daran, dass jede eigene Controller-Klasse von UIViewController abgeleitet ist. Beim Projekttyp SINGLE VIEW APPLICATION betrifft dies die Datei ViewController.swift, bei Projekten mit mehreren Apps kommen weitere vergleichbare Klassen hinzu.

Lebenszyklus eines View-Controllers

Zuerst sollten Sie sich mit der Idee vertraut machen, dass View-Controller Wegwerfobjekte sind: Wenn eine App eine bestimmte Ansicht anzeigen will, erzeugt sie das betreffende View-Controller-Objekt. Aber sobald die Ansicht nicht mehr benötigt wird, gibt die App alle Referenzen auf den View-Controller wieder frei und das Objekt wird aus dem Speicher entfernt. Bei Apps mit mehreren Ansichten ist es also nichts Ungewöhnliches, dass von ein und demselben View-Controller immer neue Instanzen erzeugt und wenig später wieder gelöscht werden.

Eine Ausnahme ist die Startansicht, also der View-Controller, der zuerst angezeigt wird und der oft der Dreh- und Angelpunkt der gesamten App ist. Er wird über die Eigenschaft rootViewController des UIWindow-Objekts angesprochen und bleibt im Speicher, bis die App endet oder bis diese explizit einen anderen Root-View-Controller einstellt. (Das ist möglich, aber nur in seltenen Fällen notwendig.)

Während der mitunter also recht kurzen Lebensdauer eines View-Controllers werden unter anderem die folgenden Methoden aufgerufen:

- init(coder:) initialisiert den View-Controller aus einem Storyboard.
- Bei Übergängen von anderen Ansichten, also bei sogenannten Segues, wird jetzt prepare aufgerufen – allerdings nicht für den anzuzeigenden View-Controller, sondern für den View-Controller, der den Übergang ausgelöst hat. Mehr Informationen zu Segues und zur Methode prepare folgen in Kapitel 17, »iOS-Apps mit mehreren Ansichten«.
- viewDidLoad wird aufgerufen, nachdem auch der Inhalt des View-Controllers, also seine Steuerelemente, fertig initialisiert sind. viewDidLoad ist der ideale Ort, um eigene Initialisierungsarbeiten durchzuführen.
- viewWillAppear verkündet, dass die Ansicht jetzt gleich tatsächlich sichtbar wird.
- viewDidAppear wird ausgeführt, nachdem die Ansicht sichtbar wurde.
- viewWillDisappear und viewDidDisappear geben an, dass die Ansicht wieder verschwindet.

Im Lebenszyklus eines View-Controllers kommt es nur zu einem einzigen view-DidLoad-Aufruf. Es kann aber sein, dass ein- und derselbe Controller mehrfach ein- und ausgeblendet wird – und entsprechend oft werden die vier viewXxxAppear-Methoden ausgeführt.

- Während der Lebenszeit einer Ansicht treten zahlreiche Aufrufe von viewWill- und viewDidLayoutSubviews auf – und zwar bevor und nachdem iOS alle Layoutregeln verarbeitet und so die Größe und Position aller Steuerelemente festlegt bzw. festgelegt hat.

- In seltenen Fällen, wenn das iOS-Gerät zu wenig Arbeitsspeicher hat, kann es zu einem Aufruf von didReceiveMemoryWarning kommen. Eine Implementierung dieser Methode ist dann zweckmäßig, wenn Ihre App eine Menge Ressourcen bindet und diese bei Bedarf freigeben kann.

- deinit wird aufgerufen, bevor der View-Controller aus dem Speicher entfernt wird.

Wenn Sie den Aufruf dieser Methoden verfolgen möchten, führen Sie das Beispielprojekt ios-viewcontroller-lifecycle aus. Es besteht aus zwei View-Controllern, in denen die oben erwähnten Methoden alle implementiert sind und die ihren Aufruf mit print protokollieren.

In Wirklichkeit gibt es natürlich noch viel mehr Methoden, die über alle erdenklichen Zustände des View-Controllers informieren. Eine umfassende Beschreibung finden Sie in der Dokumentation der UIViewController-Klasse.

> **App-Lebenszyklus**
>
> Gewissermaßen die logische Ergänzung zu diesem Abschnitt folgt in Abschnitt 16.4, »Phasen einer iOS-App«. Dort geht es nicht mehr um einzelne View-Controller, sondern um die App als Ganzes. Deren Lebenszyklus durchläuft ebenfalls vordefinierte Phasen, über die Sie durch Methoden der AppDelegate-Klasse informiert werden.

Init-Funktion

Für den UIViewController gibt es zwei Init-Funktionen:

- Die UIViewController-eigene Init-Funktion dient dazu, um den View-Controller aus einer NIB- bzw. XIB-Datei zu erzeugen. NIB stand ursprünglich für den *NeXT Interface Builder*. Das war ein Programm zur Erstellung grafischer Benutzeroberflächen für NeXT-Computer. Diese Funktionen sind jetzt in Xcode integriert. Sämtliche Steuerelemente, Einstellungen etc. werden dabei in NIB-Dateien gespeichert. Das ursprünglich binäre NIB-Format wurde später auf XML umgestellt, woraus die Dateikennung .xib resultiert. Dennoch ist weiterhin von NIB-Dateien die Rede.

- Die zweite Init-Funktion resultiert aus dem NSCoding-Protokoll. Sie ist erforderlich, um den View-Controller aus einem Decoder heraus zu erzeugen (zu deserialisieren). Diese Init-Funktion kommt zum Einsatz, wenn Sie – wie in allen Beispielen dieses Buchs – mit Storyboards arbeiten.

  Storyboards werden seit iOS 5 unterstützt und haben gegenüber NIBs den Vorteil, dass alle Bildschirme einer App in *einer* zentralen Datei verwaltet werden können.

Solange Sie in Ihren vom UIViewController abgeleiteten Klassen selbst keine Init-Funktionen implementieren, werden einfach die Init-Funktionen der Basisklasse genutzt. Es findet also ein impliziter Aufruf von super.init statt. Bei Bedarf können Sie die Decoder-Init-Funktion allein implementieren. Sobald Sie aber eine eigene NIB-Init-Funktion definieren, *müssen* Sie auch die Decoder-Init-Funktion überschreiben.

```
class MyViewController: UIViewController {
  // Init-Funktion der UIViewController-Klasse, wird nicht
  // ausgeführt, weil diese App keine NIBs verwendet
  override init(nibName nibNameOrNil: String?,
                bundle nibBundleOrNil: Bundle?)
  {
    // Eigenschaften der Basisklasse initialisieren
    super.init(nibName: nibNameOrNil, bundle: nibBundleOrNil)
    // eigener Code ...
  }

  // Init-Funktion des NSCoding-Protokolls, das die
  // UIViewController-Klasse erfüllt
  required init?(coder aDecoder: NSCoder) {
    // Eigenschaften der Basisklasse initialisieren
    super.init(coder: aDecoder)
    // eigener Code ...
  }
}
```

viewDidLoad-Methode

Auf die von Xcode eingefügten @IBOutlet-Eigenschaften können Sie in den Init-Funktionen nicht zugreifen, weil diese zu diesem Zeitpunkt noch nil enthalten. Im folgenden Beispiel befindet sich in Ihrem View-Controller ein Textfeld (UITextView): Sie wollen dieses Textfeld mit einem Rahmen darstellen. Im Attributinspektor fehlen entsprechende Einstellmöglichkeiten.

Also geht es darum, während der Initialisierung einige Eigenschaften des Core Animation Layers (CALayer) zu verändern. Naheliegend wäre es, den Code nach super.init() in der eigenen Init-Funktion einzubauen, also:

```swift
class MyViewController: UIViewController {
  @IBOutlet weak var txtView: UITextView!

  required init(coder aDecoder: NSCoder) {
    super.init(coder: aDecoder)
    // die folgende Zeile löst einen Fehler aus!
    txtView.layer.borderColor = UIColor.lightGray.cgColor
    txtView.layer.borderWidth = 1
    txtView.layer.cornerRadius = 6
  }
}
```

Die resultierende App liefert nun aber beim Start die Fehlermeldung *unexpectedly found nil while unwrapping an Optional value*. Im Klartext: Das Steuerelement ist nicht initialisiert, `txtView` enthält noch nil. Die Lösung besteht darin, die Einstellungen erst in der Methode `viewDidLoad` durchzuführen. Sie wird einmal aufgerufen, sobald der View-Controller seinen Inhalt vollständig initialisiert hat, und ist somit der ideale Ort für derartige Arbeiten. Dank `viewDidLoad` können Sie auf die eigene Implementierung der Init-Funktionen praktisch immer verzichten.

```swift
class MyViewController: UIViewController {
  @IBOutlet weak var txtView: UITextView!
  // Eigenschaften von Steuerelementen einstellen,
  // nachdem deren Initialisierung abgeschlossen ist
  override func viewDidLoad() {
    super.viewDidLoad()
    txtView.layer.borderColor = UIColor.lightGray.cgColor
    txtView.layer.borderWidth = 1
    txtView.layer.cornerRadius = 6
  }
}
```

Beachten Sie, dass Sie in `viewDidLoad` zwar schon auf alle Steuerelemente zugreifen können, dass deren Position aber noch nicht festgelegt ist! Die Ansicht hat noch keine Größe, die Regeln des Auto-Layout-Systems sind noch nicht aktiv.

> **Vergessen Sie »super.viewDidLoad« nicht!**
>
> Bei allen View-Controller-Methoden mit Namen wie xxxWillYyy oder xxxDidYyy, die Sie mit `override` implementieren, sollten Sie zuerst `super.methodenname()` aufrufen. Damit kann die Basisklasse die erforderlichen Arbeiten erledigen. Erst dann folgt Ihr eigener Code.

16.4 Phasen einer iOS-App

Jede iOS-App durchläuft während ihrer Ausführung vordefinierte Phasen (siehe Abbildung 16.5):

- **Not running:** Die App wurde noch nicht gestartet bzw. bereits beendet.
- **Inactive:** Die App läuft und ist im Vordergrund, aber erhält gerade keine Ereignisse. Hierbei handelt es sich um einen kurzzeitigen Übergangsstatus in eine andere Phase.
- **Active:** Die App ist aktiv und reagiert auf Ereignisse, z. B. auf Fingerbewegungen auf dem Display. Das ist der Normalzustand einer gerade aktiven App.
- **Background:** Die App läuft im Hintergrund und führt Code aus. Bei den meisten Apps ist dies ähnlich wie *Inactive* eine kurze Übergangsphase hin zu einem anderen Zustand.

    Es gibt aber Apps, die explizit um Rechenzeit im Hintergrund bitten, weil sie dort Aufgaben erfüllen – beispielsweise Audio-, AirPlay-, Bluetooth- oder Navigationsfunktionen. Wenn Ihre App derartige Funktionen nutzen will, aktivieren Sie diese in Xcode in den Target-Einstellungen (siehe auch Abbildung 24.8 in Kapitel 24, »GPS- und Kompassfunktionen«).

- **Suspended:** Sofern eine App keine Hintergrunddienste erfüllen muss, werden im Background befindliche Apps von iOS vollständig gestoppt. Solange das Gerät genug Speicher hat, bleibt die App im Speicher und kann später fortgesetzt werden. Wird der Speicher aber knapp, entfernt iOS die App aus dem Speicher. Wird die App später wieder benötigt, muss sie neu gestartet werden.

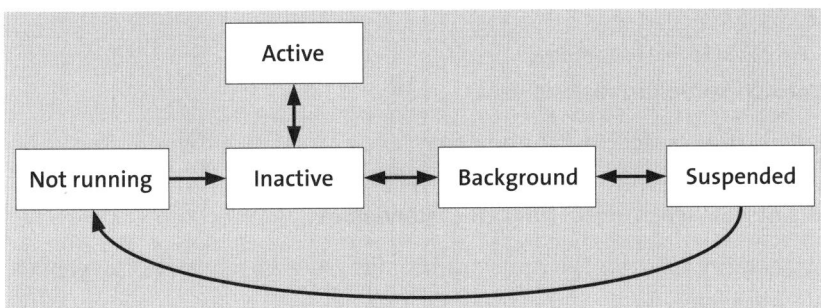

Abbildung 16.5 Der Lebenszyklus einer App

Die AppDelegate-Klasse

Die Programmausführung einer iOS-App beginnt in der AppDelegate-Klasse, die in jedem mit Xcode erstellten Projekt in der Datei AppDelegate.swift definiert ist. Die Klasse ist mit dem Attribut @UIApplicationMain ausgestattet. Dieses Attribut bewirkt, dass der Compiler Code für die `main`-Funktion generiert und an sie den Namen der AppDelegate-Klasse übergibt.

```
// Datei AppDelegate.swift
@UIApplicationMain
class AppDelegate: UIResponder, UIApplicationDelegate {
  var window: UIWindow?
  // diverse Methoden
}
```

Unmittelbar nach dem Programmstart wird ein UIApplication-Objekt erzeugt. Es ist für die Verarbeitung von Ereignissen verantwortlich (für den sogenannten *Event Loop*) und kommuniziert über Methoden des Protokolls UIApplicationDelegate mit der AppDelegate-Klasse. Diese Methoden informieren die App über anstehende Zustandswechsel. Standardmäßig enthält AppDelegate.swift leere Codeschablonen für die folgenden Methoden:

- application mit dem Parameter didFinishLaunchingWithOptions: Die App wurde gestartet.

- applicationWillResignActive: Die App wird in den Zustand *Inactive* wechseln. Die wahrscheinlichsten Ursachen sind das Drücken der Home-Taste des iPhones oder iPads oder eine durch eine andere App verursachte Unterbrechung, z. B. ein Telefonanruf oder eine eintreffende SMS. Spiele sollten hier pausiert werden.

- applicationDidEnterBackground: Die App ist in den Hintergrundstatus gewechselt. Sie sollte jetzt alle nicht unbedingt erforderlichen Ressourcen freigeben und alle Daten speichern, die es der App später ermöglichen, den zuletzt aktiven Zustand wiederherzustellen.

- applicationWillEnterForeground: Der App-Status wechselt vom Hintergrund- zurück in den Vordergrundstatus.

- applicationDidBecomeActive: Die App ist jetzt aktiv. Die Methode wird auf jeden Fall kurz nach dem Start aufgerufen, unter Umständen aber auch später immer wieder, wenn die App zwischen verschiedenen Zuständen wechselt.

- applicationWillTerminate: Die App wird beendet. Hier ist die letzte Gelegenheit, um Daten zu speichern.

Es ist Ihnen freigestellt, diese Methoden mit eigenem Code zu füllen. Neben den oben aufgezählten Methoden gibt es unzählige weitere, die in der UIApplicationDelegate-Dokumentation beschrieben sind. Wenn Sie den Aufruf der Methoden beobachten möchten, starten Sie einfach das Beispielprojekt ios-viewcontroller-lifecycle. Es enthält in allen oben aufgezählten Methoden print-Anweisungen.

Wenn Ihre App persistent Daten speichern soll, muss sie dies durchaus nicht unbedingt in den Methoden der `AppDelegate`-Klasse tun. Ein anderer Ansatz besteht darin, Daten in einer laufenden App ständig zu speichern, also immer dann, wenn Daten geändert wurden. Das ist vor allem bei solchen Apps ein zweckmäßiger Ansatz, bei denen kleine Datenmengen verwaltet werden und bei denen es relativ selten Änderungen gibt – z. B. bei einer App zur Speicherung von To-do-Listen.

Zugriff auf den Root-View-Controller und das AppDelegate-Objekt

In den meisten Apps sind das `AppDelegate`-Objekt und der Root-View-Controller standardmäßig die einzigen Objekte, die während der gesamten Lebenszeit der App zur Verfügung stehen. Sie eignen sich, um in Ihren Klassen Referenzen auf global für die App verfügbare Daten einzurichten. Das macht aber nur Sinn, wenn es gelingt, aus der `AppDelegate`-Klasse heraus auf den Root-View-Controller zuzugreifen und umgekehrt.

Beginnen wir mit dem ersten Fall. In jeder View-Controller-Klasse Ihrer App können Sie wie folgt auf das `AppDelegate`-Objekt zugreifen:

```
// Zugriff von einem beliebigen View-Controller
// auf das AppDelegate-Objekt
class MyViewController: UIViewController {
  ...
  let appDelegate =
    UIApplication.shared.delegate as! AppDelegate
```

Die Eigenschaft `shared` der `UIApplication`-Klasse verweist auf das zentrale `UIApplication`-Objekt der App (siehe Abbildung 16.2). Dieses verwendet ein `AppDelegate`-Objekt zur Delegation – also muss seine `delegate`-Eigenschaft auf das gesuchte Objekt zeigen.

Umgekehrt gelingt der Zugriff auf den Root-View-Controller über die `window`-Eigenschaft der `AppDelegate`-Klasse. Sie verweist auf das `UIWindow`-Objekt der App, und dessen Eigenschaft `rootViewController` führt uns zum View-Controller.

```
// Zugriff aus der AppDelegate-Klasse
// auf den aktuellen Root-View-Controller
class AppDelegate: ... {
  ...
  if let root = window?.rootViewController as? ViewController {
    print(root.title)
  }
}
```

Sollten Sie nicht am Root-View-Controller, sondern am gerade aktiven View-Controller interessiert sein, werten Sie die Eigenschaft `presentedViewController` des Root-View-Controllers aus.

16.5 Auto Layout

Unter iOS ist das Auto-Layout-System dafür verantwortlich, die Steuerelemente einer App richtig zu positionieren – und das in Abhängigkeit von der Größe und der Ausrichtung des Geräts, auf dem die App läuft. Zu den größten Herausforderungen angehender App-Entwickler zählt die korrekte Einstellung der entsprechenden Layoutregeln.

Diese Regeln bestimmen, wie groß ein Steuerelement ist, wie weit es von welchem Rand entfernt ist, wie es relativ zu anderen Steuerelementen positioniert wird etc. Die Kunst besteht nun darin, die Layoutregeln möglichst effizient festzulegen. Dazu stellt Xcode eine Menge Hilfsmittel zur Auswahl. In der Praxis kommen Sie zumeist mit einer Kombination dieser Verfahren am schnellsten zum Ziel.

Es ist noch kein Auto-Layout-Meister vom Himmel gefallen. Der Umgang mit Layoutregeln erfordert Übung und Erfahrung. Dieser Abschnitt vermittelt nur die Grundlagen. Konkrete Layoutbeispiele folgen – quasi nebenbei – in den weiteren iOS-Kapiteln dieses Buchs.

> **Punkt versus Pixel**
>
> Absolute Maße werden grundsätzlich in Punkt ausgedrückt. Auf iPhones und iPads der ersten Generation entspricht ein Punkt einem Pixel. Bei Retina-Geräten entspricht ein Punkt pro Dimension zwei Pixeln, d. h., es werden 2 × 2 = 4 Pixel gezeichnet. Beim iPhone 6/7 Plus sind es sogar noch mehr.

Grundeinstellungen

Bevor Sie mit den Layoutregeln beginnen, sollten Sie einige Grundeinstellungen Ihrer App überdenken:

- **Universal App oder dezidierte iPhone/iPad-Apps:** Beim Einrichten eines neuen Projekts fragt Xcode, ob Sie eine Universal-App entwickeln möchten, die gleichermaßen auf iPhones und iPads läuft, oder ob Ihre App speziell für einen Gerätetyp optimiert ist. Bei Bedarf können Sie diese Einstellung auch nachträglich ändern. Dazu klicken Sie im Projektnavigator das Projekt und im Editor das App-Target an. Die Einstellung für die Geräteart finden Sie nun im Dialogblatt GENERAL (Listenfeld DEVICES).

- **Geräteausrichtung:** Bei reinen iPhone-Apps kann es zweckmäßig sein, die Geräteausrichtung auf PORTRAIT einzuschränken. Wenn eine Ausführung der App im Querformat ohnedies keine Vorteile mit sich bringt, ersparen Sie sich so Arbeit für Layoutoptimierungen. Die entsprechenden Optionen finden Sie in den gerade erwähnten Target-Einstellungen.

- **View-Größe (Simulated Metrics):** In der Fußleiste des Storyboard-Editors können Sie zwischen verschiedenen Display-Größen sowie zwischen Hoch- und Querformat umschalten. Das ermöglicht einen raschen Test, wie Ihre Oberfläche auf unterschiedlichen iPhone- und iPad-Modellen aussehen wird. Oft ist es zweckmäßig, hier das kleinste mögliche Gerät auszuwählen, für das Sie entwickeln. In der Regel wird das ein 4-Zoll-Display sein, wie es im iPhone 5S und im iPhone SE zum Einsatz kommt. Diese Einstellung hat noch einen Vorteil: Sie spart Platz im Storyboard-Editor, insbesondere bei der Entwicklung von Apps mit vielen Seiten.

> **Arbeiten ohne Auto Layout**
>
> Xcode zwingt Sie nicht, Layoutregeln zu verwenden. Für erste Tests können Sie Steuerelemente frei im View Controller platzieren. Die Größe und Position ändert sich dann aber nicht, wenn Sie die App im Querformat oder auf einem größeren Gerät ausführen.
>
> Sozusagen als Kompromiss zwischen exakten Regeln und gar keinen Regeln bietet Xcode 8 die neuen Autoresizing-Optionen an. Damit lassen sich einfache Layouts ohne komplizierte Regeln realisieren.
>
> Sie können das Auto-Layout-System sogar ganz abschalten. Dazu wählen Sie zuerst das Storyboard aus und deaktivieren dann im File Inspector in der rechten Seitenleiste die Option USE AUTO LAYOUT. Ich rate Ihnen von dieser Option aber ab, nicht zuletzt deswegen, weil Ihre App dann inkompatibel zu den in iOS 9 eingeführten Multitasking-Funktionen ist.

Viele Wege führen zum Ziel

Bevor ich Ihnen verschiedene Arbeitstechniken zur Einstellung der Layoutregeln im Detail beschreibe, fasse ich die Alternativen in einem Überblick zusammen:

- Mit `ctrl`-Drag können Sie den Rand eines Steuerelements zu einem anderen Element ziehen. Anschließend können Sie festlegen, welche Regel für die Ausrichtung der beiden Steuerelemente zueinander gelten soll.

- Die Buttons ALIGN, PIN und RESOLVE AUTO LAYOUT ISSUES rechts unten im Storyboard-Editor helfen dabei, Regeln manuell festzulegen, sie an geänderte Voraussetzungen anzupassen bzw. sie zu löschen (siehe Abbildung 16.6).

- Eine ganz andere Funktion hat der Button STACK: Er bettet die gerade markierten Steuerelemente in eine Stack-View ein. Sie hilft dabei, mehrere Steuerelemente gleichmäßig in einer Zeile oder Spalte zu verteilen. Wie Sie damit effizient umgehen, lernen Sie in Abschnitt 16.6, »Steuerelemente in einer Stack-View anordnen«.

16 iOS-Grundlagen

- Die Storyboard-Seitenleiste DOCUMENT OUTLINE weist auf Layoutprobleme hin und bietet die Möglichkeit, vorhandene Regeln anzupassen oder fehlende Regeln hinzuzufügen.
- Der Size Inspector listet alle Regeln für das gerade ausgewählte Steuerelement auf und gibt Ihnen die Möglichkeit, Details zu verändern.
- Im Attributinspektor können Sie selten benötigte Regeldetails einstellen.
- Einige Steuerelemente, wie Buttons oder Label, können ihre optimale Größe selbst ermitteln. Entsprechende Optionen finden Sie im Attributinspektor.
- Neu in Xcode 8 ist die Möglichkeit, das Layout ohne starre Regeln, sondern nur durch die Einstellung von Autoresizing-Optionen vorzugeben. In einfachen Fällen funktioniert das gut und erspart viel Arbeit.

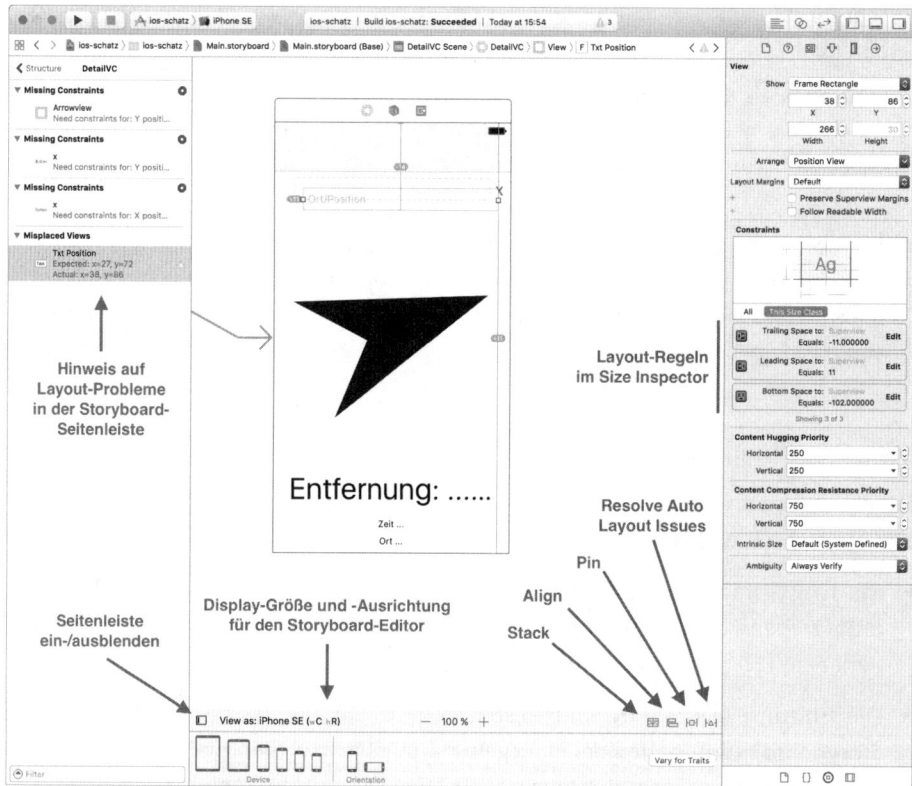

Abbildung 16.6 Hilfsmittel zur Bearbeitung von Layoutregeln in Xcode

Soll- versus Ist-Position

Der Storyboard-Editor ändert den Ort und die Größe von Steuerelementen nicht automatisch, wenn Sie eine neue Layoutregel definieren! Vielmehr wird das Steuerelement nun orange statt blau umrandet (Ist-Position). Die Position, an der das Steuerelement aufgrund der Layoutregeln platziert wird, wird orange gestrichelt angezeigt (siehe Abbildung 16.7). Wenn Sie die App starten, wird das Steuerelement richtig platziert. Um die korrekte Platzierung auch im Storyboard-Editor zu erreichen, öffnen Sie mit dem Button RESOLVE AUTO LAYOUT ISSUES ein kleines Menü und führen dort UPDATE FRAMES aus.

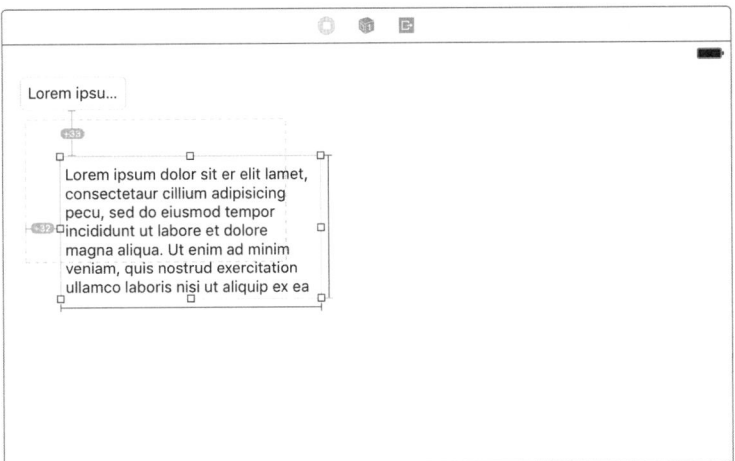

Abbildung 16.7 Links oben sehen Sie gestrichelt die Soll-Position des Buttons, die dieser in der laufenden App annehmen wird, rechts nach unten versetzt die aktuelle Ist-Position im Storyboard-Editor.

Layoutregeln im Storyboard-Editor einstellen

Eine einfache und in vielen Fällen praktische Vorgehensweise zur Definition von Layoutregeln besteht darin, die Steuerelemente zuerst in der gewünschten Größe und Form im View-Controller zu platzieren. Anschließend ziehen Sie mit gedrückter ctrl-Taste eine Linie über einen der vier Ränder des Steuerelements zu einem anderen Objekt bzw. in den Container, in dem sich das Steuerelement befindet. Xcode markiert dabei das Partnerobjekt in blauer Farbe.

Sobald Sie die Maus- oder Trackpad-Taste loslassen, erscheint ein Kontextmenü, in dem Sie die Art der Verbindung festlegen können (siehe Abbildung 16.8). Die zur Auswahl stehenden Optionen hängen davon ab, in welche Richtung Sie die ctrl-

Bewegung durchgeführt haben und von welcher Art die beiden Objekte sind, die durch Regeln verbunden werden sollen (siehe Tabelle 16.1). Wenn Sie mehrere Optionen auswählen möchten, drücken Sie zusammen mit der Maustaste ⇧ – dann bleibt der Optionsdialog für die weitere Auswahl auf dem Bildschirm.

Bezeichnung	Funktion
Trailing Space to Container Margin	horizontaler Abstand zum rechten Rand
Leading Space to Container Margin	horizontaler Abstand zum linken Rand
Horizontal Spacing	horizontaler Abstand zu einem anderen Objekt
Top Space to Container Margin	vertikaler Abstand zum oberen Rand
Top Space to Xxx Guide	vertikaler Abstand zu einer Hilfslinie
Bottom Space to Container Margin	vertikaler Abstand zum unteren Rand
Bottom Space to Xxx Guide	vertikaler Abstand zu einer Hilfslinie
Vertical Spacing	vertikaler Abstand zu einem anderen Objekt
Top	Ausrichtung am oberen Rand
Center Y	Ausrichtung an der vertikalen Mitte
Baseline	Ausrichtung an der Textunterkante
Bottom	Ausrichtung am unteren Rand
Left	Ausrichtung am linken Rand
Center X	Ausrichtung an der horizontalen Mitte
Right	Ausrichtung am rechten Rand
Center Horizontally in Container	im Container horizontal zentrieren
Center Vertically in Container	im Container vertikal zentrieren
Equal Widths	gleiche Breite
Equal Heights	gleiche Höhe
Aspect Ratio	gleiches Verhältnis von Länge zu Breite

Tabelle 16.1 Verschiedene Constraint-Typen

16.5 Auto Layout

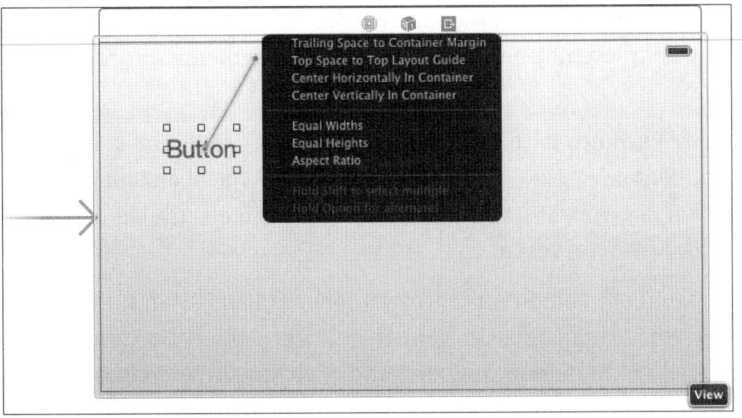

Abbildung 16.8 Layoutregeln mit ctrl-Drag festlegen

Layoutregeln manuell einstellen

Der Layout-Button ALIGN ermöglicht es, die Ausrichtung eines Steuerelements relativ zu einem anderen exakt festzulegen (siehe Abbildung 16.9). Die meisten Optionen können nur verwendet werden, wenn zumindest zwei Steuerelemente ausgewählt sind. Zusammen mit jeder Regel können Sie den Default-Offset-Wert 0 anders einstellen. Wenn Sie beispielsweise zwei Steuerelemente an der Unterkante ausrichten und einen Offset-Wert von 50 verwenden, dann wird das eine Steuerelement 50 Punkte unterhalb des anderen dargestellt. Die Option CANVAS VALUE bedeutet, dass als Offset der aktuelle Abstand der Steuerelemente verwendet werden soll.

Abbildung 16.9 Layoutregeln manuell festlegen. Links der Dialog des Align-Button, rechts der des Pin-Buttons.

417

Im Listenfeld UPDATE FRAMES bewirkt die Einstellung ITEMS OF NEW CONSTRAINTS, dass alle von den neu definierten Regeln betroffenen Steuerelemente sofort neu positioniert werden.

Der Layoutdialog des PIN-Buttons hilft, die Abstände und Größe eines Steuerelements relativ zum Container bzw. zum nächstgelegenen Nachbarsteuerelement exakt festzulegen. Von den vier Abstandsregeln werden nur die aktiv, bei denen Sie die roten Verbindungslinien anklicken.

iOS sieht bei Steuerelementen einen unsichtbaren inneren Rand (Margin) von standardmäßig 8 Punkt vor. Abstandsregeln können mit der Option CONSTRAINT TO MARGINS wahlweise relativ zu diesem inneren Rand oder zum äußeren Rand formuliert werden. Bereits festgelegte Abstände werden beim (De-)Aktivieren dieser Option sofort umgerechnet, sodass sich am resultierenden Layout nichts ändert. Relevant ist die Option nur, wenn Sie ineinander verschachtelte Container mit Steuerelementen verwenden. Eine detaillierte Erläuterung mit vielen Abbildungen finden Sie auf der Webseite Stackoverflow:

http://stackoverflow.com/questions/25807545

> **Regeln ändern statt hinzufügen**
>
> Vorsicht, die beiden gerade beschriebenen Dialoge fügen ausschließlich neue Regeln hinzu. Weder werden vorhandene Regeln verändert noch werden sie durch neue ersetzt. Änderungen an vorhandenen Regeln können Sie nur im Size Inspector durchführen. Dort können Sie auch gezielt einzelne Regeln löschen. Um *alle* Regeln für ein bestimmtes Steuerelement zu löschen, klicken Sie auf RESOLVE AUTO LAYOUT ISSUES, was ich im nächsten Abschnitt beschreibe, und führen CLEAR CONSTRAINTS aus.

Layoutregeln aus der aktuellen Position und Größe ableiten

Der vielleicht schnellste Weg zur Festlegung von Layoutregeln besteht darin, die Steuerelemente von Anfang an immer an blauen Linien auszurichten. Wenn Sie ein Steuerelement mit der Maus oder dem Trackpad im Storyboard-Editor bewegen, blendet Xcode immer wieder blaue Hilfslinien ein: an den Rändern des View-Controllers, an den Rändern anderer Steuerelemente, an Flucht- oder Mittellinien mehrerer Objekte etc.

Diese Hilfslinien zeigen nicht nur Orte an, an denen eine optisch ansprechende Platzierung oder Ausrichtung gelingt, sondern sie markieren auch Orte, die Xcode für Layoutregeln zweckmäßig erscheinen.

Zur Festlegung der Layoutregeln klicken Sie dann auf den Button RESOLVE AUTO LAYOUT ISSUES und wählen den Eintrag ADD MISSING CONSTRAINTS, wahlweise nur für das gerade ausgewählte Steuerelement oder für alle Steuerelemente im View-Controller oder innerhalb eines anderen Containers (siehe Abbildung 16.10).

Abbildung 16.10 Layoutregeln mit »Add Missing Constraints« automatisch erzeugen

Grundsätzlich funktioniert die Erkennung der Layoutregeln gut – das Problem ist nur, dass Xcode viel zu viele Regeln aufstellt, wenn es mehrere Steuerelemente gibt. Gibt es beispielsweise zwei Buttons, die untereinander am linken Rand angeordnet sind, dann erzeugt Xcode jeweils *zwei* Regeln, die die horizontale Position festlegen: einerseits für den Abstand zum linken Rand, andererseits für die Ausrichtung zueinander.

Anfänglich sind die vielen Regeln kein Problem, weil sie sich nicht widersprechen. Aber sobald Sie Änderungen am Layout durchführen möchten und z. B. einen Button neu positionieren, kommt es zu Konflikten. Die vielen Regeln machen das Layoutsystem unwartbar.

Daher ist es empfehlenswert, ADD MISSING CONSTRAINTS immer nur für ein Steuerelement auszuführen. Anschließend sehen Sie sich alle Regeln im Size Inspector an und löschen sofort alle nicht erforderlichen Regeln.

Regeln ändern und löschen, Steuerelemente neu positionieren

Das gerade beschriebene Menü des Buttons RESOLVE AUTO LAYOUT ISSUES weist noch einige weitere Kommandos auf (siehe Abbildung 16.10), die im Folgenden näher erläutert werden. Alle Kommandos können wahlweise auf den SELECTED VIEW oder ALL VIEWS IN VIEW-CONTROLLER angewendet werden. Der Begriff »View« ist in diesem Kontext ein wenig irreführend. Er bezeichnet Steuerelemente, weil iOS-intern alle Steuerelemente von der `UIView`-Klasse abgeleitet sind.

▶ UPDATE FRAMES: Sie haben ja schon gemerkt, dass Steuerelemente nach der Definition von Layoutregeln nicht sofort neu positioniert werden. Abhilfe schafft UPDATE FRAMES. Es ordnet das ausgewählte Steuerelement bzw. alle Steuerelemente im View-Controller entsprechend Ihrer Regeln neu an.

- UPDATE CONSTRAINTS: Sollten Sie später eine kleine Änderung am Layout eines Steuerelements vornehmen, z. B. indem Sie es mit Maus oder Trackpad an eine neue Position ziehen oder seine Größe verändern, dann funktioniert UPDATE CONSTRAINTS ausgezeichnet. Dieses Kommando setzt neue Werte in bereits vorhandene Regeln ein. Es kommen keine neuen Regeln hinzu.

- RESET TO SUGGESTED CONSTRAINTS löscht zueinander in Konflikt stehende Regeln. Die Wirkung des Kommandos ist nicht immer genau vorhersehbar, weil ja nicht immer eindeutig ist, welche von zwei oder mehr Regeln die vernünftigste ist. Spötter meinen, das Kommando macht im Zweifelsfall immer genau das Falsche.

- CLEAR CONSTRAINTS löscht alle Regeln für das ausgewählte Steuerelement bzw. für alle Steuerelemente des View-Controllers.

Layoutprobleme in der Document-Outline-Seitenleiste beheben

Solange es für ein Steuerelement keine Layoutregeln gibt, betrachtet Xcode das Steuerelement als unbestimmt und beschwert sich nicht. Aber kaum gibt es auch nur eine einzige Regel, verlangt Xcode, dass Position und Größe vollständig bestimmt sind. Bei einem Button sind hierfür zumindest zwei Regeln erforderlich, die die Position festlegen. Die Größe des Buttons ergibt sich aus dem Inhalt von selbst. Bei anderen Steuerelementen, deren Größe frei einstellbar ist, müssen Sie hingegen zumindest vier Regeln festlegen.

Sobald Xcode Layoutprobleme erkennt, weist es darauf an verschiedenen Stellen der Entwicklungsumgebung durch gelbe oder rote Symbole hin. In der Seitenleiste des Storyboard-Editors mit dem DOCUMENT OUTLINE führt ein Klick auf das Layoutfehler-Icon in eine Detailansicht, in der für alle Steuerelemente die festgestellten Probleme aufgelistet sind (siehe Abbildung 16.11). Dazu zählen:

- CONFLICTING CONSTRAINTS: Die Layoutregeln für das Steuerelement widersprechen sich.

- MISSING CONSTRAINTS: Die vorhandenen Layoutregeln reichen nicht aus, um die Position und Größe des Steuerelements vollständig zu bestimmen.

- MISPLACED VIEWS: Es gibt Layoutregeln für ein Steuerelement, dieses befindet sich aber nicht an der vorgesehenen Position.

Sobald Sie im Outline Inspector eine Regel anklicken, wird diese im Storyboard-Editor hervorgehoben, sodass sofort klar wird, um welches Steuerelement es sich handelt und welche Regel gemeint ist.

Die Zusammenstellung aller Layoutprobleme kann bei größeren Projekten mitunter Panikgefühle verursachen – nämlich dann, wenn die Liste schier endlos erscheint. Der große Vorteil dieser Ansicht besteht aber darin, dass Xcode Ihnen bei der Behebung der Probleme unter die Arme greift. Ein Klick auf die Fehler- oder Warn-Icons öffnet einen kleinen Dialog mit einem Lösungsvorschlag:

- Bei widersprüchlichen Regeln werden diese aufgelistet, und Sie können die Regeln auswählen, die Sie löschen möchten.
- Bei fehlenden Regeln bietet Xcode an, geeignete Regeln hinzuzufügen. Die so erzeugten Regeln erfüllen dann zwar alle formalen Anforderungen, sind aber selten glücklich gewählt. Definieren Sie Layoutregeln besser selbst!
- Bei Widersprüchen zwischen den Layoutregeln und der tatsächlichen Position der Steuerelemente fragt Xcode, ob es die Steuerelemente korrekt positionieren soll (UPDATE FRAMES), ob es die Layoutregeln an die aktuelle Position anpassen soll (UPDATE CONSTRAINTS) oder ob es die vorhandenen Regeln durch Standardregeln verbessern soll (siehe Abbildung 16.11). Alle drei Maßnahmen können wahlweise nur für das betroffene Steuerelement oder gleich für alle Steuerelemente im View-Controller ausgeführt werden.

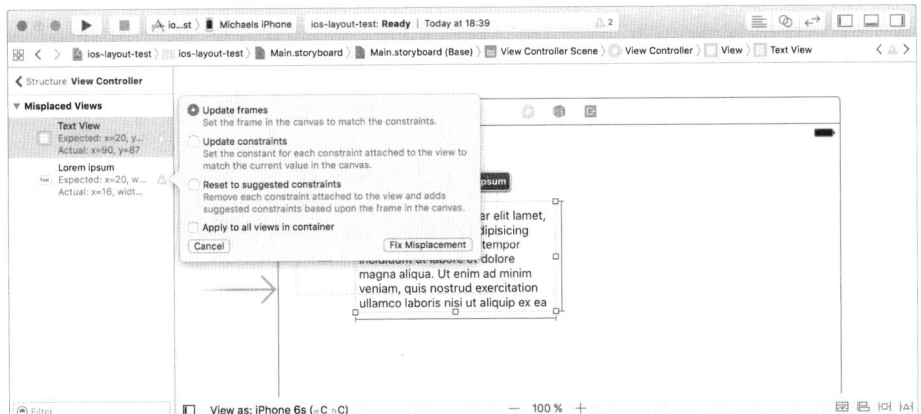

Abbildung 16.11 Zusammenstellung von Layoutproblemen in der Document-Outline-Seitenleiste

Layoutregeln im Size Inspector bearbeiten

Eine große Hilfe bei der Bearbeitung der Layoutregeln ist der Size Inspector (siehe Abbildung 16.12). Sobald Sie ein Steuerelement auswählen, werden dort alle Layoutregeln aufgelistet. Das darüber dargestellte Diagramm CONSTRAINTS zeigt auf einen Blick, für welche Ränder des Steuerelements es Regeln gibt.

Wenn Sie im Size Inspector eine Regel anklicken, wird diese im Storyboard visualisiert. Der Layout Inspector bietet damit eine ausgezeichnete Möglichkeit, um aus der Liste der Regeln diejenigen herauszufinden, die wirklich erforderlich sind. Alle anderen löschen Sie unkompliziert mit ⌫ .

16 iOS-Grundlagen

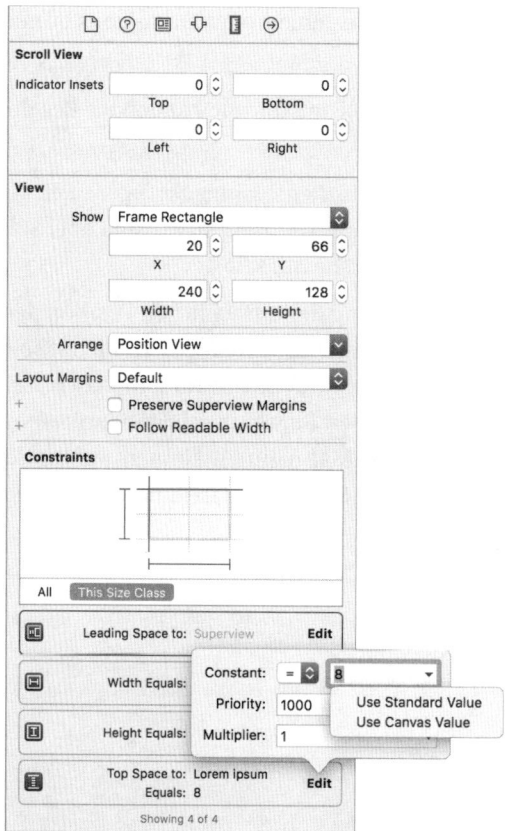

Abbildung 16.12 Layoutregeln im Size Inspector bearbeiten

Der Size Inspector bietet Ihnen auch die Möglichkeit, Layoutregeln gezielt zu verändern, beispielsweise um den Abstand zwischen zwei Steuerelementen von 8 auf 16 Punkt zu vergrößern. In keiner anderen Komponente von Xcode gelingt dies so schnell und unkompliziert wie hier.

Oft enthalten Regeln, die sich aus dem Entwurf im Storyboard Editor ergeben, krumme Zahlen für Abstände. Ein harmonisches und zweckmäßiges Layout erzielen Sie in aller Regel, wenn Sie diese Werte durch 0 ersetzen bzw. die Option USE STANDARD VALUE auswählen. Damit werden die Abstände zwischen den Steuerelementen minimiert. Die Option USE CANVAS VALUE bedeutet, dass die momentan im Storyboard Editor geltenden Abstände übernommen werden sollen.

Content Hugging und Content Compression Resistance

Der Size Inspector enthält im unteren Bereich die relativ selten benötigten Einstellmöglichkeiten für das Content Hugging und die Content Compression Resistance (siehe Abbildung 16.13). Beide Optionen sind dann relevant, wenn die Größe eines Steuerelements dynamisch je nach Platzangebot geregelt werden soll und der Platz zwischen zwei oder mehr Steuerelementen *ungleich* verteilt werden soll.

- **Content Hugging** (»Inhaltsumarmung«): Ein höherer Wert als bei den anderen Steuerelementen bewirkt, dass sich das Steuerelement so klein wie möglich macht – so klein, dass der gesamte Inhalt gerade noch dargestellt werden kann.
- **Content Compression Resistance** (»Widerstand gegen die Inhaltskomprimierung«): Ein kleinerer Wert als bei den anderen Steuerelementen bewirkt, dass das Steuerelement so stark verkleinert wird, dass sein Inhalt nicht bzw. nicht mehr optimal dargestellt wird.

Die beiden Parameter sind häufig dann eine Hilfe, wenn in einem `UIImageView`-Steuerelement eine Bitmap dargestellt werden soll. Dieses Steuerelement stellt Bitmaps bevorzugt pixelgenau dar – und das ist in der Praxis oft zu groß. Eine hochauflösende Bitmap führt dazu, dass alle anderen Steuerelemente gleichsam an den Rand gedrängt werden. Abhilfe schafft die Reduktion der Content Compression Resistance.

Abbildung 16.13 Steuerung von Content Hugging und Content Compression Resistance im Size Inspector

Layoutdetails im Attributinspektor modifizieren

Wenn Sie in der Document-Outline-Seitenleiste oder direkt im Storyboard-Editor eine Layoutregel auswählen, können Sie diese im Attributinspektor weiterbearbeiten. Dort offenbart sich die ganze Einstellungsvielfalt für Layoutregeln (siehe Abbildung 16.14):

- First und Second Item geben die Steuerelemente und die Bezugspunkte im Steuerelement an – z. B. die Oberkante, die Mittellinie etc.
- Relation gibt an, in welcher Beziehung die Bezugspunkte zueinander stehen sollen. Standardmäßig sollen beide Seiten übereinstimmen (Equal), zur Auswahl stehen aber auch Less Than und Greater Than. Das ist praktisch, um beispielsweise eine Minimalbreite für ein Steuerelement vorzugeben (größer als 100 Punkte).
- Constant gibt einen Offsetwert an, der zur Regel addiert wird. Bei dem Wert kann es sich z. B. um den exakten Abstand zwischen zwei Elementen handeln.

- PRIORITY gibt an, wie wichtig die Regel ist. Standardmäßig gilt für alle Regeln der gleiche Wert 1000. Wenn Sie hier kleinere oder größere Werte angeben, weiß iOS, welcher Regel es bei Konflikten den Vorzug geben soll. Der zulässige Wertebereich reicht von 1 bis 1000, wobei der Wert 1000 bedeutet, dass die Regel zwingend eingehalten werden muss.

- MULTIPLIER gibt einen Faktor an, in dem zwei Bezugswerte zueinander stehen sollen. Das ist z. B. bei Größenangaben sinnvoll, wenn etwa das eine Element genau doppelt so breit wie das andere sein soll. Das Maß zwischen zwei Elementen wird so berechnet:

```
item1.attributeA == item2.attributeB * multiplier + constant
```

Abbildung 16.14 Noch mehr Layoutoptionen im Attributinspektor

Regelloses Layout (Autoresizing-Optionen)

Neu in Xcode 8 ist die Möglichkeit, anstelle von Regeln Autoresizing-Optionen zu setzen. Der Size Inspector sieht dazu einen neuen Abschnitt vor, der allerdings nur dann sichtbar ist, wenn es für das gerade ausgewählte Steuerelement keine Layoutregeln gibt (siehe Abbildung 16.15).

In der AUTORESIZING-Box können Sie sechs Verbindungslinien anklicken:

- Die vier Verbindungslinien an den Rändern fixieren den Abstand zur übergeordneten View, also zum Container, in dem sich das Steuerelement befindet. Beachten Sie, dass das Setzen *beider* Ränder nur dann Wirkung zeigt, wenn außerdem der entsprechende Doppelpfeil für die Größenanpassung angeklickt wird.

- Das Anklicken der beiden Doppelpfeile links/rechts bzw. oben/unten bewirkt, dass das Steuerelement je nach Platzangebot horizontal bzw. vertikal größer oder kleiner wird. Wenn nur einer der beiden Ränder fixiert ist, verläuft die Größenänderung anteilig. Wenn ein Steuerelement anfänglich also die halbe Breite des Containers nutzt, bleibt es dabei.

16.5 Auto Layout

Abbildung 16.15 Die Autoresizing-Optionen sind nur für Steuerelemente sichtbar, für die keine expliziten Layoutregeln definiert wurden.

Neben der AUTORESIZING-Box gibt es ein kleines Vorschaufenster, in dem eine Animation anzeigt, wie sich Position und Größe des Steuerelements je nach Platzangebot verändern werden.

In einem WWDC-Video werden die Autoresizing-Optionen insbesondere für einen inkrementellen Layout-Prozess empfohlen. Sie können damit mit wenig Aufwand ein einigermaßen gut funktionierendes Layout erzielen. Erst wenn Sie mit den Autoresizing-Optionen nicht mehr weiter kommen, beginnen Sie mit der Definition »richtiger« Layout-Regeln:

https://developer.apple.com/videos/play/wwdc2016/236

Hinter den Kulissen kommen übrigens auch bei den Autoresizing-Optionen Regeln zum Einsatz. Diese werden aber erst zur Laufzeit generiert.

Tipps und Tricks

- Weniger ist mehr! Löschen Sie von Xcode durch ADD MISSING CONSTRAINTS erzeugte, aber nicht erforderliche Regeln sofort.
- Bei einer Fülle von Layoutfehlern führt ein kompletter Neustart (CLEAR CONSTRAINTS) oft schneller zum Ziel als eine Fehlersuche.
- Views (also `UIView`-Objekte) eignen sich als unsichtbare Platz- oder Abstandshalter, für die Sie alle erdenklichen Regeln formulieren können.
- Textfelder verkleinern standardmäßig die Schriftgröße, um auch längere Texte vollständig darzustellen (Optionen ADJUST TO FIT und MINIMAL FONT SIZE).

- Ziehen Sie den Einsatz der neuen Stack-View in Erwägung (siehe Abschnitt 16.6, »Steuerelemente in einer Stack-View anordnen«)!

- Image-Views versuchen große Bitmaps unverkleinert darzustellen. Daher ist es oft notwendig, ihre Breite und Höhe durch Regeln klar zu limitieren.

  Achten Sie auch auf die richtige Einstellung des CONTENT MODE im Attributinspektor: Dieser Wert steuert, ob und wie die Bildgröße angepasst werden darf. Beispielsweise bewirkt die Einstellung ASPECT FIT, dass die vorgegebene Größe optimal genutzt wird, das Bild aber weder verzerrt noch beschnitten wird. ASPECT FILL erhält ebenfalls die Proportionen des Bilds, beschneidet seine Ränder aber so, dass es die Image View vollständig ausfüllt.

- Wenn Sie ein Container-Steuerelement auswählen möchten, das sich hinter (unter) einem anderen Steuerelement befindet, drücken Sie ⇧ und klicken die rechte Maus- bzw. Trackpad-Taste. Xcode zeigt dann ein Kontextmenü mit allen Steuerelementen an, die sich unter dem Cursor befinden.

Layoutregeln durch Code definieren

Die Grundidee des Auto-Layout-Systems ist es, das Layout vorab in Xcode festzulegen. Swift-Code ist nur zur Einstellung oder Auswertung der Daten in den Steuerelementen erforderlich, aber nicht zur Lösung von Layoutproblemen. Aber natürlich gibt es Ausnahmen – etwa, wenn Sie in einer App per Code Steuerelemente erzeugen und diese durch Layoutregeln positionieren möchten.

Die folgenden Zeilen in `viewDidLoad` erzeugen einen Button und platzieren diesen mit Autolayout-Regeln. Zum Erzeugen des Buttons wird eine Init-Funktion der `UIButton`-Klasse verwendet. Mit dem Parameter `.system` liefert die Methode einen Button, der »normal« aussieht, also die gleichen Farben, Schriften etc. wie ein im Storyboard-Editor erzeugter Button aufweist.

`addTarget` gibt an, welche Methode beim Berühren des Buttons ausgeführt werden soll – im vorliegenden Beispiel `buttonAction()` aus der aktuellen Klasse (daher `self`). Mit dem `action`-Parameter wird ein sogenannter Selektor übergeben.

Selektor-Syntax

Ein Selektor gibt die Signatur einer Methode in der Objective-C-Syntax an. Dabei folgt dem Methodennamen die Parameterliste. Parameter werden durch `:name` ausgedrückt, unbenannte Parameter mit dem in Swift üblichen Unterstrich.

`addSubview` fügt den Button in das `UIView`-Objekt des View-Controllers ein. Anstelle von `self.view` funktioniert auch einfach `view`. Das vorangestellte `self` soll hier nur verdeutlichen, dass `view` eine Eigenschaft der `UIViewController`-Klasse ist.

```swift
// Projekt ios-layout-code, Datei ViewController.swift
class ViewController: UIViewController {
  override func viewDidLoad() {
    super.viewDidLoad()

    // Button erzeugen
    let btn = UIButton(type: .system)
    btn.setTitle("Dieser Button wurde mit Code erzeugt",
                 for: UIControlState())
    btn.addTarget(
      self,
      action: #selector(ViewController.buttonAction(_:)),
      for: .touchUpInside)
    self.view.addSubview(btn)
```

Wenn Sie keine Layoutregeln verwenden wollen, können Sie die Position und Größe des Buttons mit btn.frame = CGRect(...) einfach fixieren. Wenn Sie aber Layoutregeln nutzen möchten, dann müssen Sie zuerst mit translatesAutoresizingMaskIntoConstraints automatisch generierte Layoutregeln eliminieren. Vergessen Sie die Einstellung dieser Eigenschaft, treten Regelkonflikte auf, die sich in der folgenden Fehlermeldung äußern: *Unable to simultaneously satisfy constraints*.

Die Layoutregeln werden in Form von NSLayoutConstraint-Objekten formuliert. Die erste Regel bedeutet, dass der linke Rand des Buttons 8 Punkte vom linken Rand des UIView-Objekts des View-Controllers platziert werden soll. addConstraint fügt die Regel dem UIView-Objekt hinzu.

```swift
    // Fortsetzung von class ViewController ... {
    // zuerst automatische Constraints eliminieren
    btn.translatesAutoresizingMaskIntoConstraints = false

    // Button links oben
    let left = NSLayoutConstraint(
      item:       btn,
      attribute:  .left,
      relatedBy:  .equal,
      toItem:     self.view,
      attribute:  .left,
      multiplier: 1,
      constant:   8)
    let top = NSLayoutConstraint(
      item:       btn,
      attribute:  .top,
      relatedBy:  .equal,
      toItem:     self.topLayoutGuide,
```

```
        attribute:  .bottom,
        multiplier: 1,
        constant:   0)
     view.addConstraint(left)
     view.addConstraint(top)
  }

  // wird beim Berühren des Buttons ausgeführt
  func buttonAction(_ sender:UIButton!) {
    print(sender.currentTitle!)
  }
} // class-Ende
```

Für eine mittige Platzierung des Buttons brauchen Sie die folgenden zwei NSLayout-Constraint-Objekte:

```
// alternativ: Button zentriert
let center1 = NSLayoutConstraint(
   item:       btn,
   attribute:  .centerX,
   relatedBy:  .equal,
   toItem:     self.view,
   attribute:  .centerX,
   multiplier: 1,
   constant:   0)

let center2 = NSLayoutConstraint(
   item:       btn,
   attribute:  .centerY,
   relatedBy:  .equal,
   toItem:     self.view,
   attribute:  .centerY,
   multiplier: 1,
   constant:   0)

view.addConstraint(center1)
view.addConstraint(center2)
```

Die im action-Parameter angegebene Methode (also #selector(...)) sieht so aus:

```
func buttonAction(_ sender: UIButton!) {
  print(sender.currentTitle)
}
```

16.6   Steuerelemente in einer Stack-View anordnen

Das `UIStackView`-Steuerelement dient als Container für andere Steuerelemente und kann diese unter- oder nebeneinander ausrichten. Dabei sind nur ganz wenige Layout-Regeln erforderlich, mitunter gar keine! Stack-Views können auch ineinander verschachtelt werden.

Bei der Arbeit mit Stack-Views hilft ein neuer Button, der sich rechts unten in der Statusleiste des Storyboard-Editors befindet. Ein Klick auf diesen Button platziert alle zuvor markierten Steuerelemente in eine Stack-View. Sollten Sie den Button irrtümlich anklicken, schieben Sie die nun in der Stack-View enthaltenen Steuerelemente in der Seitenleiste DOCUMENT OUTLINE aus der Stack-View heraus und löschen dann die leere Stack-View. Diese Vorgehensweise habe ich schon im vorigen Kapitel illustriert (siehe Abbildung 15.12).

> **Stack-View per Video kennenlernen**
>
> Auf der WWDC 2015 wurde die Stack-View im Rahmen des Vortrags »Mysteries of Auto Layout, Part 1« vorgestellt. Sehen Sie sich die ersten 15 Minuten dieser Session an, es lohnt sich!
>
> *https://developer.apple.com/videos/wwdc/2015/?id=218*
>
> Die Präsentation der Stack-View endet mit der Empfehlung, eigene Layouts grundsätzlich mit Stack-Views zu starten und Layout-Regeln erst dann zu verwenden, wenn die Stack-View an ihre Grenzen stößt. Der Vorschlag ist vielleicht ein wenig radikal, zeigt aber, dass selbst Apple-Entwicklern die schwer beherrschbare Komplexität des Auto-Layout-Systems bekannt ist.

Funktionsprinzip

Innerhalb einer Stack-View können mehrere andere Steuerelemente per Drag & Drop oder mit dem STACK-Button eingefügt werden. Die Elemente werden unter- oder nebeneinander angezeigt (AXIS = VERTICAL/HORIZONTAL). Über die Anordnung der Steuerelemente innerhalb der Stack-View bestimmen drei Eigenschaften (siehe Abbildung 16.16):

- ALIGNMENT gibt an, wie jedes Steuerelement für sich im Container angeordnet ist. Bei AXIS = VERTICAL stehen die Optionen links- und rechtsbündig sowie zentriert zur Auswahl, bei AXIS = HORIZONTAL oben, mittig, Unterkante und Baseline.

  Außerdem können Sie bei beiden Varianten FILL einstellen: Die Steuerelemente nutzen dann die gesamte zur Verfügung stehende Breite bzw. Höhe. Das ist natürlich nur bei Steuerelementen mit variabler Breite/Höhe zweckmäßig – etwa bei Bildern (Image-View), bei Textfeldern etc.

- DISTRIBUTION gibt an, wie die Steuerelemente zueinander positioniert werden sollen. Hier gibt es die folgenden Einstellungen:
    - FILL: Steuerelemente mit variabler Breite/Höhe erhalten möglichst viel Platz, alle anderen Steuerelemente nur so viel, wie sie zur Darstellung ihres Inhalts benötigen.
    - FILL EQUALLY: Jedes Steuerelement erhält gleich viel Platz, egal, ob es diesen nutzen kann (Bitmap) oder nicht (Button).
    - FILL PROPORTIONALLY: Große Steuerelemente erhalten proportional mehr Platz als kleine. Diese Einstellung ist vor allem dann zweckmäßig, wenn Bitmaps im Spiel sind.
    - EQUAL SPACING: Die Steuerelemente werden so angeordnet, dass die Abstände zwischen ihnen jeweils gleich groß sind.
    - CENTERING: Die Steuerelemente werden so angeordnet, dass ihre Mittellinien jeweils den gleichen Abstand zueinander haben.
- SPACING bestimmt einen fixen Abstand zwischen den Steuerelementen bzw. zum Rand der Stack-View. Der SPACING-Wert wird nur bei manchen DISTRIBUTION-Einstellungen berücksichtigt.

Bei meinen Tests hat sich herausgestellt, dass Sie sich auf die Vorschau im Storyboard-Editor nicht immer verlassen können. In der laufenden App sieht die Platzverteilung oft ein wenig anders aus. Testen Sie vor allem die Extremfälle, also z. B. die App-Ausführung auf kleinen Geräten im Querformat!

Ein weiteres Problem besteht darin, dass Xcode mitunter je nach Darstellung fehlende Layoutregeln reklamiert oder den Inhalt der Stack-Views überhaupt vollkommen falsch (oft nahezu leer) darstellt. Zur Lösung reicht es in solchen Fällen zumeist aus, in Xcode vorübergehend eine andere Display-Größe auszuwählen oder zwischen Hoch- und Querformat umzuschalten.

Sie sehen schon: Obwohl es Stack-Views schon seit iOS 9 gibt, wirken sie immer noch ein wenig unausgereift.

Beispiel

Um mit der Stack-View vertraut zu werden, empfiehlt es sich, einfach ein wenig zu experimentieren. Dazu habe ich ein winziges Beispielprogramm zusammengestellt, das einige geometrische Figuren (Bitmaps) und andere Steuerelemente in zwei Stack-Views verpackt (siehe Abbildung 16.16). Im Folgenden sind die wichtigsten Einstellungen aller Steuerelemente zusammengefasst:

16.6 Steuerelemente in einer Stack-View anordnen

- ▶ Äußere Stack-View:
  - AXIS = VERTICAL
  - ALIGNMENT = CENTER
  - DISTRIBUTION = EQUAL SPACING
  - SPACING = 0
- ▶ Innere Stack-View:
  - AXIS = HORIZONTAL
  - ALIGNMENT = CENTER
  - DISTRIBUTION = FILL EQUALLY
  - SPACING = 0
- ▶ Alle Image-Views mit Bitmaps:
  - MODE = ASPECT FIT
- ▶ Label:
  - LINES = 2
  - VERTICAL CONTENT COMPRESSION RESISTANCE PRIORITY = 751

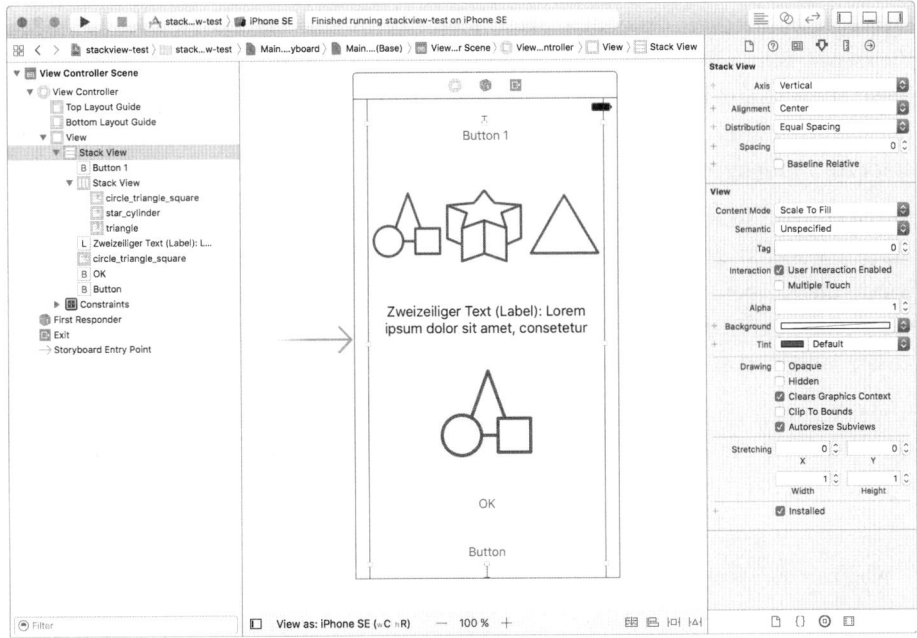

Abbildung 16.16 Testprogramm, um die Stack-View auszuprobieren

Während Sie bei den Steuerelementen innerhalb einer Stack-View normalerweise keine oder nur ganz wenige Layout-Regeln benötigen, müssen Position und Größe der Stack-View wie üblich durch Regeln festgelegt werden. Im Beispielprogramm wurden einfach alle vier Ränder der äußeren Stack-View durch Regeln mit den Rändern des iOS-Geräts verbunden. In der Praxis ist es oft auch zweckmäßig, Höhe oder Breite durch Regeln starr vorzugeben.

Damit die Beispiel-App die Statuszeile auch im Querformat anzeigt, enthält die View-Controller-Klasse den folgenden Code:

```
// Projekt ios-stackview, Datei ViewController.swift
class ViewController: UIViewController {
  // Statusbar immer anzeigen
  override var prefersStatusBarHidden: Bool {
    get { return false }
    set {}
  }
}
```

Content Compression Resistance Priority

Bei manchen DISTRIBUTION-Einstellungen kann es passieren, dass einzelne Steuerelemente zu stark »zusammengedrückt« werden, um Platz für die anderen Steuerelemente zu machen. Das gilt insbesondere, wenn eine Stack-View sowohl Image-Views mit Bitmaps als auch andere Steuerelemente enthält. Dieses Problem tritt beispielsweise auf, wenn das iPhone bzw. der Simulator für das vorhin beschriebene Beispielprogramm im Querformat ausgeführt wird. Die Buttons werden dann zu stark zusammengedrückt (siehe Abbildung 16.17).

Abhilfe schafft in solchen Fällen eine geringfügige Verkleinerung der CONTENT COMPRESSION RESISTANCE aller Image-Views im Size Inspector. Im Beispielprogramm wurde diese Eigenschaft des Images vom Standardwert 750 auf 749 verringert. Das sorgt schon dafür, dass sich diese Steuerelemente sich nicht mehr so stark gegen das Zusammendrücken »wehren«.

Leider kommt es nun zum Effekt, dass die einzelne Bitmap stark zusammengedrückt wird, während die Bitmap-Dreiergruppe ihre ursprüngliche Größe behält. Ich habe keine Möglichkeit gefunden, dass alle Bitmaps gleichmäßig verkleinert werden.

> **Noch ein Beispiel**
>
> Ein weiteres Anwendungsbeispiel für die Stack-View gibt es in Kapitel 34, »Währungskalkulator«: Die dort vorgestellte App finden Sie unter den Beispieldateien in zwei Varianten vor, bei denen die Gestaltung einmal mit herkömmlichen Auto-Layout-Regeln erfolgt ist und das andere Mal mit Stack-Views.

Abbildung 16.17 Die Bitmaps nehmen zu viel Platz weg (oben).
Abhilfe schafft eine verkleinerte vertikale Content Compression Resistance (unten).

16.7 Texteingaben

Für eine systematische Vorstellung aller iOS-Steuerelemente reicht der Platz in diesem Buch nicht aus. In diesem Kapitel konzentriere ich mich stattdessen auf zwei Steuerelemente, die besonders wichtig sind: Dieser Abschnitt erläutert den Umgang mit Textfeldern (UITextField), Abschnitt 16.8 die Verwendung von Bildfeldern (UIImageView). Bei der Beschreibung des Textfelds geht es mir nicht nur darum, Ihnen eine fertige Sammlung von Tipps und Tricks zu präsentieren; vielmehr möchte ich die zugrunde liegenden Konzepte und Techniken erläutern, die Sie dann auch bei anderen Steuerelementen anwenden können.

> **Querverweise**
>
> Diverse weitere Steuerelemente stelle ich Ihnen im Rahmen von Programmiertechniken bzw. Beispielprojekten in Teil III und Teil IV vor. Besonders hinweisen möchte ich auf die folgenden Kapitel:
>
> Kapitel 22, »Netzwerk, XML und JSON«: `UIWebView`, `WKWebView` etc.
> Kapitel 24, »GPS- und Kompassfunktionen«: `MKMapView`
> Kapitel 23, »Tabellen und Listen darstellen«: `UITableView`, `UIListView`
> Kapitel 25, »Grafik und Animation«: eigene Steuerelemente mit `UIView`-Basis
> Kapitel 34, »Währungskalkulator«: `UIPickerView`

UITextField-Eigenschaften

Standardmäßig ist das `UITextField` für einzeilige universelle Eingaben vorgesehen. Einige in Xcode veränderliche Eigenschaften steuern das Verhalten:

- **Clear Button:** Diese Option führt dazu, dass im Textfeld ein kleines rotes X zum Löschen der Eingabe eingeblendet wird.

- **Correction/Spell Checking:** Die Option steuert, ob die Autokorrektur und die Rechtschreibkontrolle aktiv sind. Für E-Mail-Adressen, Passwörter etc. sollten Sie beide Optionen deaktivieren.

- **Keyboard Type:** Diese Option bestimmt, welche Tastatur eingeblendet wird. Beispielsweise gibt es hier die Einstellmöglichkeit E-MAIL ADDRESS. Sie bewirkt, dass das @-Zeichen in der Tastatur neben dem Leerzeichen erreichbar ist.

- **Return Key:** Hier können Sie einstellen, welcher Text auf der Return-Taste der Online-Tastatur angezeigt werden soll. Zulässige Einstellungen sind z. B. GO (Öffnen) oder SEARCH (Suchen). Die Option hat keinen Einfluss auf das Verhalten der App beim Drücken von Return – dafür sind Sie als Programmierer zuständig (siehe die Überschrift »Reaktion auf Return (Hello World, Delegation!)«).

- **Secure Text Entry:** Diese Option bewirkt, dass Passwörter in Form von Punkten dargestellt werden, um ein Mitlesen während der Eingabe zu verhindern. Allerdings ist das zuletzt eingegebene Zeichen kurzzeitig sichtbar.

Das `UITextField` kann keine mehrzeiligen Texte anzeigen – dazu müssen Sie das `UITextView`-Steuerelement verwenden.

Reaktion auf Eingaben

Bei der Eingabe jedes einzelnen Zeichens tritt das Ereignis *Editing Changed* auf. Sie können dafür unkompliziert in Xcode eine Action-Methode einrichten. Achten Sie aber darauf, dass Sie den richtigen Event-Typ auswählen (siehe Abbildung 16.18).

Das eigentlich plausibler klingende Ereignis *Value Changed* ist bei Textfeldern nicht relevant!

Abbildung 16.18 Dialog zum Einrichten der Editing-Changed-Action-Methode

In der Action-Methode können Sie über die text-Eigenschaft auf den gesamten, bisher eingegebenen Text zugreifen. Die Methode bietet aber keine Möglichkeit, das zuletzt eingegebene Zeichen festzustellen. Sie wird auch nicht aufgerufen, wenn der Anwender ⏎ drückt.

Reaktion auf Return (Hello World, Delegation!)

Im Regelfall soll Ihre App beim Drücken von ⏎ etwas tun: die Eingabe validieren, eine Suche starten, eine Seite öffnen, die Tastatur ausblenden (siehe die übernächste Überschrift) – was auch immer. Die Suche nach einer passenden Action-Methode für das Textfeld bleibt in diesem Fall ergebnislos, weil keine der in Abbildung 16.18 beim Feld EVENT zur Auswahl stehenden Typen passt.

Auf dieses Problem werden Sie später noch bei vielen anderen Steuerelementen stoßen: Vorgefertigte Action-Methoden können nur für ausgewählte Ereignisse per ctrl-Drag in den Code eingebaut werden. Stattdessen müssen Sie in solchen Fällen den Delegation-Mechanismus nutzen, um das Ereignis zu verarbeiten. Delegation bedeutet, dass Sie in einer selbst programmierten Klasse – in der Praxis ganz oft in der View-Controller-Klasse – die Methode eines fremden Objekts verarbeiten. Diese Methode ist wiederum in einem Delegation-Protokoll definiert. Die eigene Klasse muss dieses Protokoll implementieren, damit der Methodenaufruf möglich ist (siehe Abbildung 16.19).

> **Delegation ohne Ende**
>
> Um es nochmals zu betonen: Delegation ist in den Cocoa- und Cocoa-Touch-Bibliotheken ein allgegenwärtiges Muster. Um Delegation zu verstehen, sollten Sie wissen, wie Protokolle in Swift funktionieren (siehe Abschnitt 12.3, »Protokolle«).
>
> Noch mehr Beispiele für Delegation folgen in nahezu allen weiteren Kapiteln dieses Buchs. Besonders hervorheben möchte ich Kapitel 23, »Tabellen und Listen darstellen« (Table-View- und Datasource-Delegation), und Kapitel 33, »Schatzsuche« (Definition eines eigenen Delegation-Protokolls, siehe speziell Abschnitt 33.7).

16 iOS-Grundlagen

```
                    ┌─────────────────────────────────┐
                    │    UITextFieldDelegate-Protokoll │
┌──────────────────┐│  textFieldShouldBeginEditing(...)│
│ ViewController-Klasse │ textFieldDidBeginEditing(...) │
│ ViewController:  ││  textFieldShouldReturn(...)     │
│   UIViewController,│  ...                            │
│   UITextFieldDelegate {                              │
│                  │└─────────────────────────────────┘
│   func viewDidLoad(...) {
│     txtfield.delegate = self
│   }              ┌─────────────────────────────────┐
│                  │       UITextField-Klasse        │
│   func textFieldShouldReturn(...) {                  │
│     ...          │  var delegate:UITextFieldDelegate?│
│   }              │  Wenn <Return> erkannt wird:    │
│ }                │  delegate?.textFieldShouldReturn()│
└──────────────────┘└─────────────────────────────────┘
```

Abbildung 16.19 Delegation-Mechanismus für Textfelder

In unserem Fall ist das »fremde Objekt« ein Textfeld. Um ⏎ zu erkennen, sieht das `UITextFieldDelegate`-Protokoll die Methode `textFieldShouldReturn` vor. Damit es in der View-Controller-Klasse zum Aufruf dieser Methode kommt, sind drei Dinge erforderlich:

- Die View-Controller-Klasse muss das `UITextFieldDelegate`-Protokoll implementieren. Dieses Protokoll definiert diverse optionale Methoden, um auf verschiedene Tastaturereignisse zu reagieren.

- In `viewDidLoad` gibt `txtfield.delegate = self` an, dass wir `UITextFieldDelegate`-Ereignisse innerhalb unserer View-Controller-Klasse selbst verarbeiten möchten.

- In der Controller-Klasse müssen wir nun die für das Ereignis passende Methode implementieren. Für die Reaktion auf ⏎ ist dies die Methode `textFieldShouldReturn`.

Im Code sieht das so aus:

```
class ViewController: UIViewController,     // (1) Protokoll
                      UITextFieldDelegate   // implementieren
{
  @IBOutlet weak var myTextField: UITextField!

  override func viewDidLoad() {
    super.viewDidLoad()
    myTextField.delegate = self             // (2) Delegate
  }                                         // einrichten
```

```
// (3) Delegate-Methode implementieren
func textFieldShouldReturn(_ textField: UITextField) -> Bool {
    // Code, um auf Return zu reagieren
    return false   // <Return> nicht als Eingabe betrachten
  }
}
```

Ein konkretes Beispiel folgt gleich.

> **Xcode hilft bei der Eingabe der Delegate-Methode**
>
> Wenn Sie eine Delegate-Methode in Ihren Code einbauen, muss nicht nur der Methodenname, sondern auch die Parameterliste exakt mit der Definition der Methode im entsprechenden Protokoll übereinstimmen. Glücklicherweise hilft Xcode Ihnen bei der Eingabe: Geben Sie einfach die ersten Buchstaben der Methode an (ohne vorangestelltes func). Xcode zeigt dann eine Liste aller passenden Methoden an. Mit ⏎ wählen Sie eine aus, und Xcode fügt den gesamten erforderlichen Code samt func, der Parameterliste und den geschwungenen Klammern ein.
>
> Viele Delegate-Protokolle sehen unzählige Methoden vor. Bei der Tastatureingabe reicht es, außer dem Anfangsbuchstaben jeweils die Großbuchstaben der Camel-Case-Notation anzugeben. Um also die Methode textFieldShouldReturn auszuwählen, reicht die Eingabe der Buchstaben tfsr aus!

Eingabe bestimmter Zeichen verhindern

Mitunter wollen Sie bei der Eingabe nur bestimmte Zeichen akzeptieren oder die Eingabe ausgewählter Zeichen verhindern. Wenn die Action-Methode für das Ereignis *Editing Changed* aufgerufen wird, ist es dafür schon zu spät. Besser für derartige Tests geeignet ist die folgende textField-Methode des vorhin schon erwähnten UITextFieldDelegate-Protokolls:

```
func textField(_ textField: UITextField,
               shouldChangeCharactersIn range: NSRange,
               replacementString string: String)
  -> Bool
{
  // Parameter string auswerten, true oder false zurückgeben
}
```

An die Methode wird im dritten Parameter eine Zeichenkette mit der neuen Eingabe übergeben. Je nachdem, ob Ihr Code nach der Auswertung dieser Zeichenkette true oder false zurückgibt, ersetzt die neue Eingabe den aktuell markierten Text oder auch nicht. Eine Anwendung dieser Methode finden Sie in Abschnitt 34.4, »Umrechnungsansicht«: Dort geht es darum, in einem Textfeld die Eingabe von maximal neun Zeichen und von maximal einem Komma- oder Dezimalpunkt-Zeichen zuzulassen.

Tastatur ein- und ausblenden

Normalerweise wird die Bildschirmtastatur automatisch eingeblendet, sobald Sie ein Textfeld anklicken. Die Tastatur erscheint nicht, wenn eine externe Tastatur mit Ihrem iPhone oder iOS verbunden ist. Wenn Sie Apps im Simulator testen, gilt normalerweise die Tastatur Ihres Computers als externe Tastatur. Wollen Sie die iOS-Bildschirmtastatur auch im Simulator sehen, deaktivieren Sie HARDWARE • KEYBOARD • CONNECT HARDWARE KEYBOARD.

Bei Dialogen mit mehreren Steuerelementen erscheint die Tastatur nur dann automatisch, wenn der Eingabefokus auf das richtige Steuerelement gesetzt ist. Bei Bedarf können Sie hier per Code mit der becomeFirstResponder-Methode nachhelfen:

```
// Eingabefokus auf ein Textfeld setzen und damit
// die Bildschirmtastatur einblenden
myTextField.becomeFirstResponder()
```

> **First Responder**
>
> Der Begriff »First Responder« bezeichnet das Steuerelement oder Objekt, das gerade für die Verarbeitung von Eingaben zuständig ist. Sie bekommen es intensiver mit dem First Responder zu tun, wenn Sie unter macOS Tastatureingaben verarbeiten möchten (siehe Abschnitt 19.5, »Tastatur«).

Die Bildschirmtastatur des iPads hat einen Button, um die Tastatur wieder auszublenden. Dieser Button fehlt auf der iPhone-Tastatur. Die Benutzer haben selbst keine Chance, die Tastatur auszublenden – außer Ihre App hilft mit, indem Sie zum gegebenen Zeitpunkt die Methode endEditing ausführt:

```
// Tastatur ausblenden
self.view.endEditing(true)
```

Beispiel

Die Beispiel-App zeigt einen einfachen Login-Dialog (siehe Abbildung 16.20). ⏎ im ersten Textfeld aktiviert das zweite Textfeld. ⏎ im zweiten Textfeld oder das Berühren des LOGIN-Buttons überprüft den Login. Dieser gilt als korrekt, wenn die E-Mail-Adresse a@b.c und das Passwort 1234 eingegeben werden. Wenn ein Fehler auftritt, wird ein Hinweis angezeigt und der Tastaturfokus zurück in das betreffende Textfeld gesetzt.

Abbildung 16.20 Ein einfacher Login-Dialog

Zum Code gibt es nicht viel zu sagen: Die Methode loginTest liefert true oder false zurück, je nachdem, ob der Login korrekt war oder nicht. Dieses Ergebnis wird in der App aber nicht ausgewertet. Damit Xcode keine Warnungen anzeigt, erfolgt der Aufruf in der Form _ = loginTest().

Beim Status-Label habe ich im Attributinspektor LINES = 0 und LINE BREAK = WORD WRAP eingestellt. Damit können beliebig lange Texte angezeigt werden. Allerdings passt das Label die erforderliche Höhe nicht selbst an. Deswegen wird in loginTest nach jeder Änderung des Texts die Methode sizeToFit ausgeführt:

```swift
// Projekt ios-text, Datei ViewController.swift
class ViewController: UIViewController,
                      UITextFieldDelegate
{
  // Zugriff auf Textfelder und Label
  @IBOutlet weak var txtEmail: UITextField!
  @IBOutlet weak var txtPassword: UITextField!
  @IBOutlet weak var lblStatus: UILabel!

  // Initialisierung
  override func viewDidLoad() {
    super.viewDidLoad()
```

```swift
  // Fokus in erstes Textfeld, Tastatur anzeigen
  txtEmail.becomeFirstResponder()

  // Delegates für beide Textfelder
  txtEmail.delegate = self
  txtPassword.delegate = self
}

// auf die Eingabe von <Return> reagieren
func textFieldShouldReturn(_ textField: UITextField) -> Bool {
  if textField == txtEmail {
    // Return im E-Mail-Feld: weiter zum Passwort
    txtPassword.becomeFirstResponder()
  } else {
    // Return im Passwort-Feld: Login überprüfen
    _ = testLogin()
  }
  return false   // <Return> nicht als Eingabe verarbeiten
}

// Login-Button
@IBAction func btnLogin(_ sender: UIButton) {
  _ = testLogin()
}


// Überprüfen, ob Login OK ist.
// OK bedeutet: E-Mail ist a@b.c
private func testLogin() -> Bool {
  if txtEmail.text != "a@b.c" {
    lblStatus.text = "Unbekannte E-Mail-Adresse, " +
                     "verwenden Sie a@b.c."
    lblStatus.textColor = .red
    lblStatus.sizeToFit()
    txtEmail.becomeFirstResponder()
    return false
  } else if txtPassword.text != "1234" {
    lblStatus.text = "Falsches Passwort, verwenden Sie 1234."
    lblStatus.textColor = .red
    lblStatus.sizeToFit()
    txtPassword.becomeFirstResponder()
    return false
  }
```

```
    // OK, Tastatur ausblenden, true zurückgeben
    lblStatus.text = "OK"
    lblStatus.textColor = .green
    lblStatus.sizeToFit()
    self.view.endEditing(true)
    return true
  }
}
```

16.8 Image-Views und Xcassets

Um eine Bitmap in einer iOS-App darzustellen, sei es als Hintergrundbild oder als Symbol auf einem Button oder in der Tab-Bar, sind üblicherweise zwei Schritte erforderlich: Zuerst fügen Sie die gewünschte Bitmap in eine Xcassets-Datei ein, und danach stellen Sie die Bitmap in einem Image-View-Steuerelement dar.

Xcassets-Dateien

Jedes iOS-Projekt, das Sie mit Xcode einrichten, enthält bereits die Xcassets-Datei Assets.xcassets. Diese enthält anfangs nur ein vorgefertigtes App-Icon. Xcassets-Dateien können beliebig viele Bitmaps enthalten. Sie dienen also in erster Linie als Container, damit Ihr Projekt auch mit vielen Bitmap-Dateien übersichtlich bleibt.

Xcassets-Dateien unterscheiden sich von simplen Verzeichnissen in einem wesentlichen Punkt: Sie können Bitmaps unter einem Namen in mehreren Auflösungen speichern. Die App verwendet dann automatisch die Bitmap-Version, die für das jeweilige iOS-Gerät am besten geeignet ist. Dabei gilt die einfache Auflösung für kaum noch verfügbare Geräte ohne Retina-Auflösung, die doppelte Auflösung für die meisten üblichen iPhones und iPads und die dreifache Auflösung aktuell nur für die iPhone-Plus-Modelle.

Die Dateinamen für die drei Auflösungen lauten üblicherweise name.png, name@2x.png und name@3x.png oder analog name.jpeg, name@2x.jpeg und name@3x.jpeg. Beim Einfügen per Drag & Drop spielen die Dateinamen aber keine Rolle. Sie müssen nur darauf achten, dass Sie die Bitmaps an der richtigen Stelle fallen lassen.

Wenn Ihre Bilddatei nur in einer Auflösung vorliegt, verwenden Sie in Images.xcasset nur die 1x-Version (siehe Abbildung 16.21). Die Bitmap wird dann auf allen Geräten verwendet und entsprechend skaliert. Wenn Sie von vornherein für Retina-Geräte ausreichend aufgelöste Bitmaps verwenden, ist die Qualität auf allen Geräten ausreichend hoch. SVG-Dateien sind in Xcassets-Dateien leider nicht zulässig, obwohl sie eigentlich eine ideale Lösung für das Problem der unterschiedlichen Auflösungen wären. PDF-Dateien sind prinzipiell erlaubt, aber selten optimal geeignet.

16 iOS-Grundlagen

Abbildung 16.21 Bilder in einer Xcassets-Datei

> **App-Icon**
>
> Das App-Icon ist ein Sonderfall einer Xcassets-Bitmap. Das Icon muss in besonders vielen Auflösungen vorliegen. Details zu diesem Thema folgen in Abschnitt 29.1, »iOS-Artwork (Icons, Launch Screen)«.

Bleibt als letzte Frage nur noch zu klären, woher Sie geeignete Bilder nehmen. Wenn Sie nicht gerade ein Photoshop- oder Gimp-Künstler sind und Sie auch auf Ihre Arbeitszeit achten müssen, bietet sich der Erwerb einer Icon-Sammlung an. Im Internet finden Sie hierfür diverse Angebote. Empfehlenswert sind beispielsweise die Bitmaps von *https://pixellove.com*.

> **Verwaltung vieler Bilder**
>
> Sollten Sie in einer App sehr viele Bilder benötigen, empfiehlt es sich, mit FILE • NEW • FILE einfach weitere *.xcassets-Dateien einzurichten. Dazu verwenden Sie den Dateityp RESOURCE • ASSET CATALOG. Für Ihre App bzw. Ihren Code spielt es keine Rolle, in welcher Xcassets-Datei sich ein Bild befindet.

Image-View-Steuerelement

Zur Anzeige von Bitmaps in einer App verwenden Sie das Image-View-Steuerelement, also eine Instanz der `UIImageView`-Klasse. Sofern Sie die Bitmap in Xcode zuvor in eine Xcassets-Datei eingefügt haben, können Sie die Image-Eigenschaft direkt im Attributinspektor einstellen. Um das Bild dynamisch per Code zuzuweisen, gehen Sie wie folgt vor (siehe auch Abschnitt 21.3, »Bundle-Dateien und Xcassets-Bilder«):

```
// Bundle-Datei oder Xcassets-Datei laden
let myImageView.image = UIImage(named: "foto.jpg")
```

Die interessanteste Eigenschaft des Image-View-Steuerelements ist contentMode (CONTENT MODE im Attributinspektor). Sie steuert, wie die Größe der Bitmap an die Größe des Steuerelements angepasst werden soll:

- ASPECT FIT bewirkt, dass die vorgegebene Größe optimal genutzt wird, das Bild aber weder verzerrt noch beschnitten wird.
- ASPECT FILL erhält ebenfalls die Proportionen des Bilds, skaliert es aber so, dass es die Image View vollständig ausfüllt. Dabei kommt es oft dazu, dass die Bitmap über das Steuerelement hinaus angezeigt wird. Wenn das nicht erwünscht ist, aktivieren Sie im Attributinspektor die Option CLIP TO BOUNDS (Eigenschaft clipsToBounds).

Wenn Sie eine Bitmap zur Laufzeit in eine Image-View laden und es keine Layout-Regeln gibt, die das verhindern, versucht die Image-View die Bitmap in voller Größe anzuzeigen. Das kann dazu führen, dass die Image-View andere Steuerelemente an den Rand drängt. Abhilfe: Fixieren Sie die Breite oder Höhe des Steuerelements, oder reduzieren Sie den Wert der Option CONTENT COMPRESSION RESISTANCE.

> **contentMode-Eigenschaft von Buttons**
>
> Auch in Buttons können Sie Bitmaps darstellen, und auch für Buttons gibt es die contentMode-Eigenschaft. Allerdings funktioniert sie dort nicht wie erwartet, weil sie sich auf den Button als Ganzes und nicht auf die in den Button eingebettete Image-View bezieht. Damit also eine Bitmap innerhalb eines Buttons korrekt skaliert wird, müssen Sie contentMode wie folgt im Code einstellen (z. B. in viewDidLoad):
>
> `myButton.imageView?.contentMode = .scaleAspectFit`

Kapitel 17
iOS-Apps mit mehreren Ansichten

Eine Ansicht bzw. Storyboard-Szene ist für die meisten Apps zu wenig. Deswegen setzen sich Apps zumeist aus vielen Ansichten zusammen. Derartige Apps stehen im Mittelpunkt dieses Kapitels. Grundsätzlich stehen Ihnen dabei drei Vorgehensweisen zur Auswahl:

- Sie können die Übergänge zwischen mehreren unabhängigen Ansichten des Programms selbst durch sogenannte *Segues* steuern.
- Sie können zur Verwaltung diverser App-Ansichten spezielle Controller verwenden. In diesem Kapitel stelle ich Ihnen den Navigation-Controller, den Tab-Bar-Controller und den Split-Controller näher vor.
- Sie können Popup-Dialoge einsetzen, die die vorhandene Ansicht nur teilweise überlagern.

17.1 Storyboard und Controller-Klassen verbinden

Ganz egal, welche Techniken Sie verwenden, um Apps mit mehreren Ansichten zu entwickeln – eine Grundvoraussetzung besteht darin, dass Sie jede Ansicht des Storyboards mit der dazugehörenden Controller-Klasse verbinden.

Das Storyboard enthält anfänglich bei den meisten Projekttypen nur eine oder nur ganz wenige Ansichten (View-Controller). Mit der Maus oder einem Trackpad können Sie unkompliziert aus der Objektbibliothek weitere Controller in das Storyboard einfügen.

Diesen neuen Controller-Objekten ist anfänglich aber keine eigene Klasse zugeordnet. Zur Darstellung der Ansicht in einer App ist auch durchaus kein Code erforderlich – wohl aber, wenn Sie auf Ereignisse in dieser Ansicht reagieren wollen. Deswegen ist es in der Regel so, dass Sie jedem View-Controller eine Klasse zuordnen, die von `UIViewController` abgeleitet ist.

Konkret sieht die Vorgehensweise so aus, dass Sie Ihrem Projekt mit DATEI • NEU • DATEI eine weitere Datei hinzufügen. Als Dateityp wählen Sie SOURCE • COCOA TOUCH CLASS. Im nächsten Schritt geben Sie der Klasse einen möglichst aussagekräftigen

Namen – beispielsweise InfoViewController für eine Ansicht, die einen Infotext anzeigt – und wählen aus, dass die neue Klasse eine Subklasse von UIViewController sein soll (siehe Abbildung 17.1).

Abbildung 17.1 Eine neue Controller-Klasse für eine App-Ansicht erzeugen

Alle weiteren Optionen lassen Sie unverändert. In einem dritten Dialog fragt Xcode noch, in welchem Verzeichnis es die neue Swift-Datei speichern soll. Zweckmäßig ist in der Regel das mit dem Projektnamen übereinstimmende Verzeichnis.

Xcode erzeugt damit eine neue Swift-Datei zur Definition dieser Klasse. Die neue Klassendatei muss nun noch mit dem View-Controller im Storyboard verbunden werden: Dazu wählen Sie die Ansicht im Storyboard-Editor aus und stellen dann im Identity Inspector in der Gruppe CUSTOM CLASS den Klassennamen ein (siehe Abbildung 17.2).

Abbildung 17.2 Verbindung zwischen Ansicht und Controller herstellen

17.2 Ansichten durch Segues verbinden

Als *Segue* (wörtlich übersetzt: *Übergang*) wird in der iOS-Welt der Wechsel von einer Ansicht in eine zweite bezeichnet. Segues werden normalerweise als Verbindungen zwischen Objekten – z. B. zwischen einem Button und einer View – in Xcode definiert und im laufenden Programm automatisch ausgelöst, wenn dieser Button gedrückt wird. Segues lassen sich aber natürlich auch per Code auslösen. Die Segue-Einstellungen werden dann innerhalb des Storyboards gespeichert.

Um Segues auszuprobieren, starten Sie ein neues Projekt vom Typ SINGLE VIEW APPLICATION. In die erste, bereits vorhandene Ansicht fügen Sie ein Label mit dem Text »View 1« und den Button WEITER ein. Um Platz im Storyboard zu sparen, stellen Sie die Option VIEW AS auf IPHONE SE oder, wenn die heute ungewohnten Proportionen

Sie nicht irrtieren, auf IPHONE 4. Grundsätzlich ist die optische Gestaltung der App für dieses und die folgenden Beispiele nicht von Belang. Ich versuche Ihnen hier nur in möglichst überschaubaren Beispielen die Logik von mehrseitigen Apps nahezubringen.

Nun fügen Sie Ihrer App eine zweite Ansicht hinzu, indem Sie aus der Objektbibliothek einen View-Controller in den Storyboard-Editor ziehen. Diese Ansicht nennen Sie nun mit einem Label »View 2« und fügen zwei Buttons namens WEITER und ZURÜCK ein. Analog verfahren Sie dann mit einer dritten Ansicht, wobei diese nur einen ZURÜCK-Button benötigt.

Nun geht es darum, dass der WEITER-Button von »View 1« zur »View 2« führt und dessen WEITER-Button zur »View 3«. Dazu ziehen Sie zuerst den WEITER-Button aus »View 1« bei gedrückter ctrl-Taste in die »View 2«. Xcode zeigt daraufhin einen kleinen Dialog an, in dem Sie auswählen können, wie der Übergang von »View 1« zu »View 2« erfolgen soll. In unserem Fall eignet sich SHOW am besten. Nach der Auswahl zeigt Xcode den Übergang in Form eines Verbindungspfeils an. Auf die gleiche Weise verfahren Sie nun mit dem WEITER-Button aus »View 2«, den Sie mit ctrl in die »View 3« ziehen (siehe Abbildung 17.3).

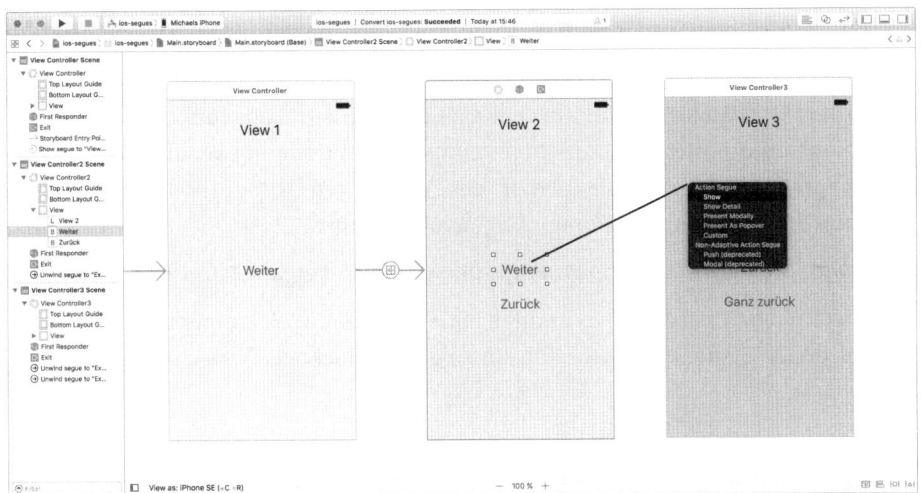

Abbildung 17.3 Mit der »ctrl«-Taste stellen Sie Segues zwischen zwei App-Ansichten her.

Welcher Segue-Typ ist der richtige?

Die verschiedenen Segue-Typen wirken bei einem ersten Test in einem iPhone (-Simulator) alle sehr ähnlich. Optische Unterschiede werden zum Teil nur auf einem iPad sichtbar, funktionelle Eigenheiten gelten mitunter nur im Zusammenspiel mit einem Navigation-Controller.

- **Show** wechselt in die nächste Ansicht. Diese Variante ist auch der übliche Weg, um die nächste Ansicht im Presentation-Controller zu aktivieren. Der Presentation-Controller ist für die Darstellung der Hauptansicht auf dem Bildschirm des iOS-Geräts verantwortlich. Er kümmert sich um Animationen bei Übergängen, um Drehungen, wenn der Benutzer das Gerät anders ausrichtet etc. Solange Sie in diesen Prozess nicht eingreifen möchten, haben Sie mit dem Presentation-Controller nichts zu tun. Er erledigt einfach seine Arbeit, und Sie merken nicht einmal, dass es dieses Objekt gibt.

- **Show Detail** ändert die Detailansicht (den Secondary-View-Controller) in einem Split-Controller. Der Split-Controller ermöglicht es, zwei Ansichten parallel nebeneinander anzuzeigen. Oft enthält die linke Ansicht eine Liste; nach der Auswahl eines Elements werden rechts Details zum Eintrag, z. B. in Form einer Webseite, dargestellt.

- **Present Modally** funktioniert bei unabhängigen iPhone-Ansichten wie *Show*, bietet allerdings mehr Möglichkeiten, die Animation des Übergangs zu beeinflussen. Auf iPads werden modale Dialoge hingegen über dem Hintergrund der letzten Ansicht dargestellt. Im Unterschied zu Popups (siehe den nächsten Punkt) blockieren modale Dialoge die App, bis sie explizit geschlossen werden. *Present Modally* ist nicht für Übergänge innerhalb eines Presentation-Controllers gedacht.

- **Popover presentation** zeigt die neue Ansicht als Popup an, also in einem Dialog, der die aktuelle Ansicht nur teilweise bedeckt. Auf iPads funktioniert dies auf Anhieb, auf iPhones sind außerdem einige Zeilen Code notwendig. Popups können durch eine Berührung außerhalb des eigentlichen Dialogs geschlossen werden. Details zum Umgang mit Popups folgen in Abschnitt 17.7.

- **Custom** ermöglicht die Implementierung eigener Übergänge bzw. Effekte.

Für gewöhnliche Übergänge verwenden Sie einfach *Show*. Noch mehr Details zu den verschiedenen Segue-Varianten sind im folgende Stackoverflow-Artikel gut zusammengefasst:

http://stackoverflow.com/questions/25966215

Zurück an den Start mit Unwind

Wenn Sie die App nun ausführen, können Sie durch zweimaliges Anklicken von WEITER die Views 1 bis 3 durchlaufen. Allerdings gibt es momentan keinen Weg zurück. Der für Einsteiger in die iOS-Programmierung naheliegendste Weg würde so aussehen, dass Sie einfach zwei weitere Segues hinzufügen, jeweils vom ZURÜCK-Button in die vorige Ansicht. Aber dieser Weg ist falsch! Er würde dazu führen, dass iOS mit jedem Segue neue Instanzen der Views erzeugt. Der Speicherbedarf Ihrer App würde mit jedem Segue wachsen!

Der richtige Weg besteht vielmehr darin, die Übergänge durch *Unwind* rückabzuwickeln. Xcode unterstützt Sie mit dem Storyboard-Editor auch bei dieser Arbeit. Vorher müssen Sie aber (ganz wenig) Code verfassen. Für den Rücksprung in eine Ansicht muss der Controller dieser Ansicht eine Methode zur Verfügung stellen, an die ein UIStoryboardSegue-Objekt als Parameter übergeben werden kann. Den Namen der Methode dürfen Sie frei wählen. Es ist zweckmäßig, die Bezeichnung der Ansicht zu integrieren.

Im vorliegenden Beispiel können Sie eine geeignete Methode wie folgt in die vorhandene Code-Datei ViewController.swift einbauen:

```
// Beispielprojekt ios-segues
// in der Datei ViewController.swift
class ViewController: UIViewController {
  @IBAction func unwindToView1(_ segue: UIStoryboardSegue) {
    // optional: Code, der den segue-Parameter auswertet
  }
}
```

Die von Xcode automatisch eingerichtete Datei ViewController.swift ist allerdings nur für die erste Ansicht der App zuständig. Den beiden anderen Ansichten ist im Xcode-Projekt momentan noch kein Controller zugeordnet. Bisher hat uns der Controller nicht gefehlt, weil unsere App keine richtige Aufgabe erfüllt. Aber spätestens jetzt müssen wir zumindest für »View 2« einen Controller hinzufügen.

Dazu führen Sie in Xcode FILE • NEW • FILE aus oder drücken ⌘+N, wählen die Kategorie IOS • SOURCE und dann den Typ COCOA TOUCH CLASS aus (siehe Abschnitt 17.1, »Storyboard und Controller-Klassen verbinden«).

Im nächsten Dialog geben Sie den Namen Ihrer Klasse an. In unserem Beispiel bietet sich ViewController2 an – es handelt sich ja um den Controller zur »View 2«. In »richtigen« Apps werden Sie die Controller-Klassen natürlich nicht durchnummerieren, sondern ihnen aussagekräftigere Namen geben. Entscheidend ist, dass Sie im Feld SUBCLASS OF die Klasse UIViewController auswählen.

Die neue Klassendatei muss nun noch mit der Ansicht »View 2« verbunden werden. Dazu wählen Sie die Ansicht im Storyboard-Editor aus und stellen dann im Identity Inspector in der Gruppe CUSTOM CLASS als Klassenname ViewController2 ein. Nach diesen Vorbereitungsarbeiten können Sie nun in der Datei ViewController2.swift eine unwind-Methode einbauen. Geben Sie der Methode diesmal den Namen unwindToView2:

```
// in der Datei ViewController2.swift
class ViewController2: UIViewController {
  @IBAction func unwindToView2(_ segue: UIStoryboardSegue) {
    // optional: Code, der den segue-Parameter auswertet
  }
}
```

Nachdem es nun für »View 1« und für »View 2« jeweils Rücksprungmethoden gibt, kann die verbleibende Arbeit im Storyboard-Editor erledigt werden. Dort ziehen Sie zuerst den ZURÜCK-Button von »View 2« mit gedrückter ctrl-Taste zum EXIT-Icon der Ansicht (siehe Abbildung 17.4). Damit sagen Sie Xcode, dass der ZURÜCK-Button diese Ansicht schließen soll. Xcode fragt Sie, welche der infrage kommenden unwind-Methoden das Ziel des Übergangs sein soll. Sie wählen unwindToView1.

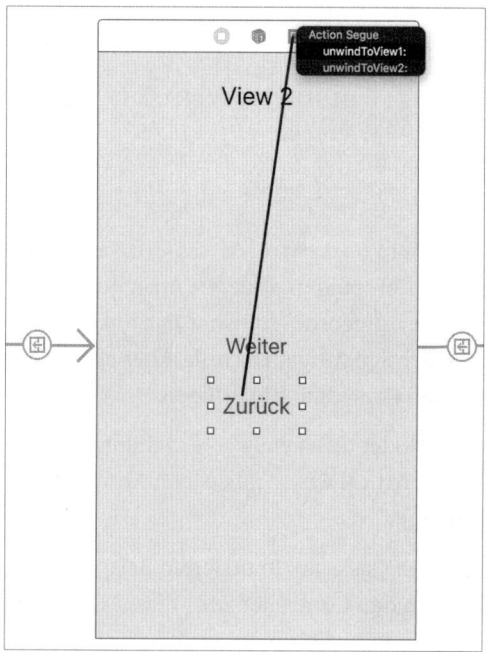

Abbildung 17.4 Der »Zurück«-Button soll »View 2« schließen und zu »View 1« zurückkehren.

Analog verfahren Sie nun mit dem ZURÜCK-Button von »View 3«: Sie schieben diesen zum EXIT-Icon von »View 3« und wählen die unwindToView2-Methode aus. Ein neuerlicher Test des Programms zeigt, dass Sie nun alle drei Views hin und zurück durchlaufen können. Hinter den Kulissen werden mit jedem Unwind Segue die geschlossenen Ansichten freigegeben. Sofern es in Ihrem Code keine anderen Referenzen mehr auf diese Ansichten oder deren Daten gibt, werden die betroffenen Objekte automatisch aus dem Speicher entfernt.

Mehrere Schritte zurück

Sie können bei einem Unwind Segue auch eine Methode einer Ansicht auswählen, die mehrere Schritte zurückliegt. Dann werden beim Unwind-Übergang alle dazwischenliegenden Ansichten übersprungen und aus dem Speicher entfernt. Sie können das ausprobieren, indem Sie in »View 3« den Button GANZ ZURÜCK einbauen und diesen mit `ctrl` ebenfalls in den EXIT-Button der Ansicht verschieben. Als Ziel des Unwind Segues wählen Sie nun unwindToView1 an. In der laufenden App können Sie jetzt direkt von »View 3« zu »View 1« zurückspringen.

17.3 Segues mit Datenübertragung

Der vorherige Abschnitt hat einen guten Einstieg in die Welt der Segues geboten, das Beispiel war aber in einem Punkt nicht sehr realitätsnah: In der Praxis ist es bei Übergängen von einer Ansicht zur nächsten häufig erforderlich, Daten zu übertragen. Nebenbei lernen Sie in diesem Beispiel auch, wie Sie Segues (auch Unwind Segues) per Code auslösen.

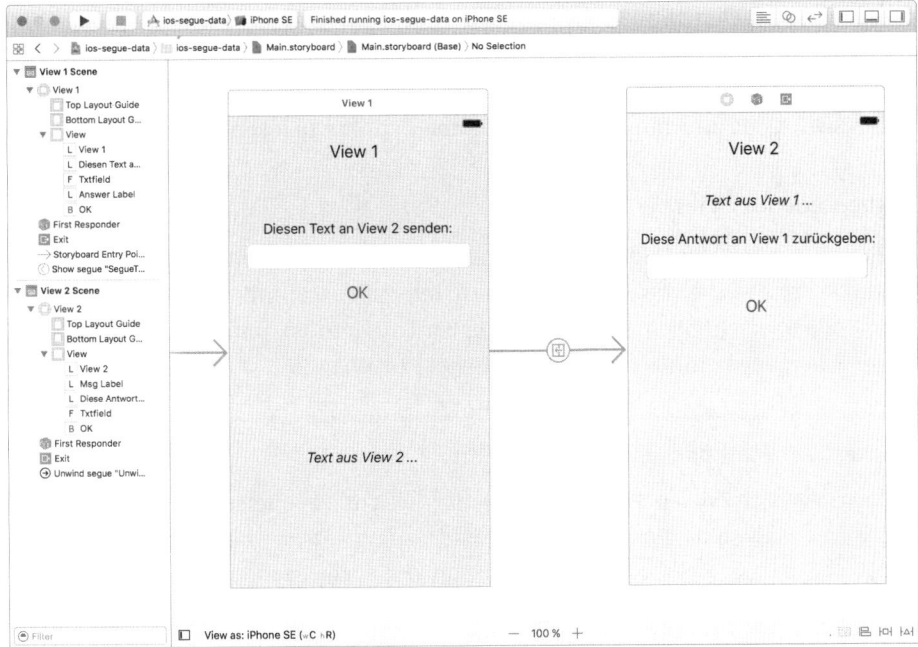

Abbildung 17.5 Mini-App zur Demonstration der Datenübertragung bei Segues

Das folgende Beispiel geht auf den Aspekt der Datenübertragung näher ein: Es handelt sich um eine Mini-App mit zwei Ansichten, die jeweils ein Textfeld enthalten (siehe Abbildung 17.5). Der Inhalt des ersten Textfelds soll in die zweite Ansicht übertragen werden, und der Inhalt des Textfelds der zweiten Ansicht soll später zurück in die erste übertragen werden.

Der Zusammenbau der beiden App-Ansichten erfolgt ganz ähnlich wie im vorigen Beispiel:

- Projekttyp SINGLE VIEW APPLICATION
- zweiten View-Controller von der Objektbibliothek in das Storyboard einfügen
- neue Code-Datei ViewController2.swift einrichten und mit »View 2« verbinden
- Steuerelemente einfügen
- bei beiden Views jeweils Outlets für das Textfeld und den Label in den Code einbauen
- unwindToView1-Methode in ViewController.swift programmieren (der Code folgt gleich)
- Segue vom OK-Button aus »View 1« zu »View 2« anlegen
- Unwind-Segue vom OK-Button aus »View 2« zu dessen EXIT-Icon anlegen

Wenn Sie die App in diesem Zustand, also nur mit einer leeren unwind-Methode als eigenem Code, testen, dann sollte der Übergang zwischen den Views funktionieren, aber natürlich nicht der Text-Transfer. Außerdem tritt ein weiteres Problem auf: Sobald Sie ein Textfeld antippen, erscheint erwartungsgemäß die Onscreen-Tastatur. Danach gibt es aber keine Möglichkeit, diese wieder zu entfernen. Zeit also, ein paar Zeilen Swift-Code zu schreiben und die offenen Punkte zu lösen!

Segue-Code für »View 1«

Beginnen wir mit dem Code des Controllers von »View 1«. Interessant ist hier die Methode prepare, die von der UIViewController-Klasse stammt, die wir aber mit eigenem Code überschreiben. Diese Methode wird aufgerufen, unmittelbar bevor es zu einem Übergang kommt – in unserem Beispiel zu »View 2«.

»override«-Methoden effizient eingeben

Wahrscheinlich wissen Sie nicht auswendig, welche Parameter prepare erwartet. Ersparen Sie sich das Nachschlagen in der Dokumentation – beginnen Sie einfach die Eingabe des Methodennamens, ganz ohne die eigentlich notwendigen Schlüsselwörter override oder func! Schon nach wenigen Buchstaben bietet Xcode Ihnen die Vervollständigung der Methode an. Mit ↵ fügt Xcode den kompletten erforderlichen Code samt allen Parametern ein. ↹ führt nun an die Stelle, wo Sie Ihren eigenen Code hinzufügen.

Über `segue.destination` können Sie nun bereits auf die Instanz des demnächst aktiven View-Controllers zugreifen. Allerdings sind zu diesem Zeitpunkt die Steuerelemente der Ansicht noch nicht verfügbar. Deswegen müssen Sie zur Datenübergabe eine selbst definierte Eigenschaft des Controllers verwenden. Erst in dessen `viewDidLoad`-Methode (siehe den folgenden Abschnitt) können Sie die Daten dann von der `msg`-Eigenschaft in das betreffende Steuerelement übertragen.

Gewissermaßen die Umkehrfunktion zu `prepare` ist `unwindToView`: Die Idee dieser Methode ist ja schon aus dem ersten Segue-Beispiel bekannt. Sie können den Methodennamen hier frei wählen. Wichtig ist aber, dass die Methode mit einem `UIStoryboardSegue`-Parameter ausgestattet ist. Das dort übergebene Segue-Objekt enthält eine Referenz auf den View-Controller, die der Ausgangspunkt des Unwind Segue war.

Diesmal werten wir den Parameter aus und können so Daten aus der vorherigen Ansicht auslesen, bevor diese aus dem Speicher entfernt wird – in unserem Fall lesen wir den Inhalt des Textfelds (Outlet `txtfield`). In »echten« Apps werden Sie in der Regel die Daten nicht direkt den Steuerelementen entnehmen, sondern Eigenschaften des View Controllers verwenden, die die Verbindung zu Ihrem Datenmodell herstellen.

```swift
// Projekt ios-segue-data, Datei ViewController.swift
class ViewController: UIViewController {
  // Zugriff auf das Textfeld und das Ergebnis-Label
  @IBOutlet weak var txtfield: UITextField!
  @IBOutlet weak var answerLabel: UILabel!

  // Initialisierung
  override func viewDidLoad() {
    super.viewDidLoad()
    answerLabel.text = ""   // Ergebnis-Label-Text löschen
  }

  // Vorbereitung für den Segue zu View 2
  override func prepare(for segue: UIStoryboardSegue,
                        sender: Any?)
  {
    if let dest = segue.destination as? ViewController2 {
      // den Inhalt des Textfelds in die Eigenschaft 'msg'
      // des ViewController2 übertragen
      dest.msg = txtfield.text!
    }
  }
}
```

```
    // Rückkehr aus View 2
    @IBAction func unwindToView1(_ segue: UIStoryboardSegue) {
      if let src = segue.sourceViewController as? ViewController2 {
        // Antwort anzeigen
        answerLabel.text = src.txtfield.text

        // Texteingabefeld leeren
        txtfield.text = ""
      }
    }
}
```

Segue-Code für »View 2«

Der Controller-Code der »View 2« ist kurz. Neben den beiden Outlets enthält die Klasse die Zeichenketteneigenschaft `msg` zur Übergabe der Daten aus »View 1«. In `viewDidLoad` wird diese Eigenschaft ausgelesen und in den `msgLabel` übertragen.

```
// Projekt ios-segue-data, Datei ViewController2.swift
class ViewController2: UIViewController {
  @IBOutlet weak var txtfield: UITextField!
  @IBOutlet weak var msgLabel: UILabel!
  var msg = ""

  // msg-Text in das nun initialisierte Label-Control übertragen
  override func viewDidLoad() {
    super.viewDidLoad()
    msgLabel.text = msg
  }
}
```

Segues per Code auslösen

Sie können Segues mit der Methode `performSegue` unkompliziert per Code auslösen. Vorher müssen Sie den Segue aber benennen. Beim Segue von View 1 zu View 2 ist das unkompliziert: Sie klicken den Segue im Storyboard-Editor an und geben ihm im Attributinspektor einen Namen (IDENTIFIER-Feld).

Bei Unwind-Segues ist die Benennung etwas komplizierter, weil diese im Storyboard-Editor nicht als anklickbare Objekte sichtbar sind. Sie können den Unwind Segue aber in der Seitenleiste des Storyboard-Editors auswählen (1) und können ihn dann im Attributinspektor einen IDENTIFIER zuweisen (2) (siehe Abbildung 17.6).

17.3 Segues mit Datenübertragung

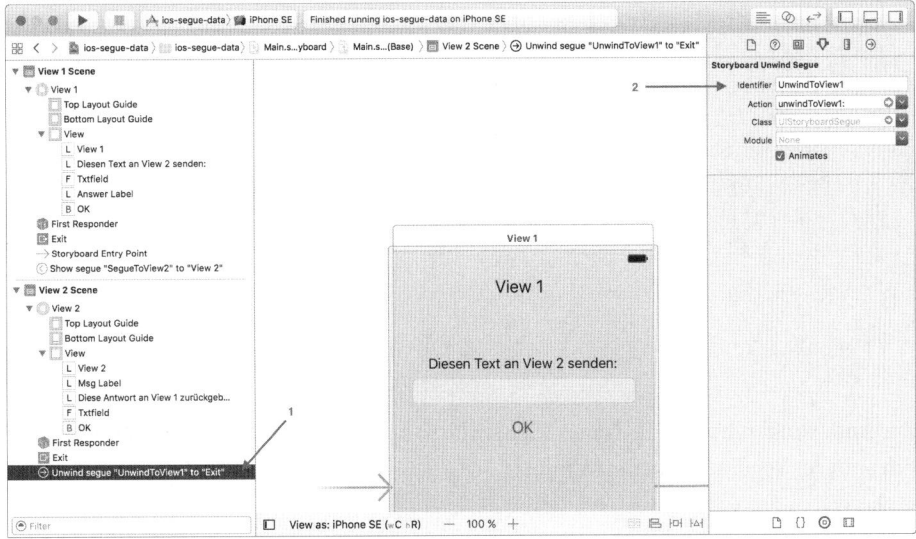

Abbildung 17.6 Unwind Segue in Xcode benennen

An `performSegue` übergeben Sie dann den Namen des Segues, und im zweiten Parameter `sender` legen Sie mit `self` eine Referenz auf den gerade aktuellen View-Controller an. Wenn der Segue durch verschiedene Buttons ausgelöst werden kann und Sie diese Information auswerten möchten, können Sie als `sender` auch die Instanz des betreffenden Buttons übergeben.

```
performSegue(withIdentifier: "SegueToView2", sender: self)
```

Segues im Textfeld mit Return auslösen

Um die Beispiel-App ein wenig eleganter zu gestalten, soll der Wechsel von View 1 zu View 2 und wieder zurück automatisch ausgelöst werden, sobald die Tastatureingabe in einem der Textfelder mit ⏎ beendet wird. Um die Eingabe von ⏎ zu erkennen, müssen wir das `UITextFieldDelegate`-Protokoll implementieren. Grundlagen zu dieser Vorgehensweise habe ich im vorigen Kapitel in Abschnitt 16.7, »Texteingaben«, erläutert.

In `ViewController1` sind die folgenden Änderungen erforderlich:

```
// Projekt ios-segue-data, Datei ViewController1.swift
class ViewController: UIViewController,
                      UITextFieldDelegate   // neu
{
  override func viewDidLoad() {
    // wie bisher ...
    txtfield.delegate = self               // neu
  }
```

```
// neue Methode: Reaktion auf 'Return'
func textFieldShouldReturn(_ textField: UITextField) -> Bool {
  // Eingabe beenden, Tastatur ausblenden
  view.endEditing(true)
  // Segue zu View 2 initiieren
  performSegue(withIdentifier: "SegueToView2", sender: self)
  // 'Return' nicht als Eingabe weitergeben
  return false
}

// restlicher Code der Klasse unverändert
}
```

Die Änderungen in der `ViewController2`-Klasse sehen analog aus, allerdings wird dort ein anderes Segue-Objekt verwendet:

```
// Projekt ios-segue-data, Datei ViewController1.swift
performSegue(withIdentifier: "UnwindToView1", sender: self)
```

17.4 Navigation-Controller

Cocoa Touch stellt mehrere Klassen zur Auswahl, die bei der Verwaltung von App-Ansichten helfen. Als ersten Vertreter stelle ich Ihnen hier den `UINavigation-Controller` näher vor. In Abschnitt 17.5 folgt der `UITabController`. Diese und einige weitere Controller sind in der Objektbibliothek zu finden.

> **Controller-Kombinationen**
>
> Der Navigation-Controller wird oft zusammen mit anderen Controllern verwendet. Beliebte Partner-Controller sind der `UITabController` und der `UISplitController`.

Funktionsweise

Der Navigation-Controller hilft dabei, mehrstufige Hierarchien von Ansichten einfach zu verwalten – sowohl aus der Sicht der App-Entwickler als auch aus der Sicht der Anwender. Der Navigation-Controller reserviert innerhalb der App am oberen Bildschirmrand eine Art Menüleiste. Auf der Startseite der App kann hier ein beliebiger Text angezeigt werden. In den weiteren App-Ansichten befindet sich links in der Menüleiste ein ZURÜCK-Button, dessen Text frei eingestellt werden kann. Dieser Button führt jeweils zurück zur vorigen Seite.

Das Bedienkonzept des Navigation-Controllers wird oft mit einem Stapel Karten verglichen: Mit jeder Vorwärts-Navigation wird dem Stapel oben eine Karte hinzugefügt

– die gerade sichtbare Ansicht. Jede Rückwärts-Navigation entfernt eine Karte und gibt die Sicht auf die darunter befindliche Karte/Ansicht frei.

Im Storyboard Editor ist der Umgang mit einem Navigation-Controller unkompliziert: Sie fügen den Controller aus der Objektbibliothek ein und stellen dann mit `ctrl`-Drag die Verbindung zu einem bereits vorhandenen View-Controller her. Damit legen Sie die Startansicht innerhalb des Navigation-Controllers fest und betten die Ansicht in den Navigation-Controller ein. Beachten Sie, dass aufgrund der Kopfleiste des Navigation-Controllers der für die Ansicht verfügbare Platz etwas schrumpft.

> **Tipp**
>
> Anstatt den Navigation-Controller aus der Objektbibliothek in das Storyboard zu verschieben, können Sie die Startansicht auch auswählen und dann EDITOR • EMBED IN • NAVIGATION-CONTROLLER ausführen. Das Ergebnis ist dasselbe.

Als Startpunkt des Programms legen Sie den Navigation-Controller fest – entweder, indem Sie im Storyboard-Editor den Startpfeil dorthin bewegen oder indem Sie im Attributinspektor für den Navigation-Controller die Option IS INITIAL VIEW CONTROLLER anklicken.

Die Übergänge von einer Ansicht zur nächsten stellen Sie ebenfalls mit `ctrl`-Drag her – beispielsweise von einem Button der Startansicht zum View-Controller der nächsten Ansicht. Als Segue-Typ wählen Sie SHOW aus. Damit wird auch diese Ansicht in den Navigation-Controller eingebettet.

Um die Rückwärts-Navigation müssen Sie sich nicht kümmern – das erledigt der Navigation-Controller für Sie. Anders als bei von Hand verbundenen Ansichten sind keine Unwind-Methoden erforderlich.

Einstellungen

Wenn Sie die Navigationsleiste in der ersten mit dem Navigation-Controller verbundenen Ansicht im Storyboard-Editor anklicken, können Sie im Attributinspektor drei Eigenschaften einstellen (siehe Abbildung 17.7):

- TITLE ist der Text, der in der Navigationsleiste auf der Startseite angezeigt wird.
- PROMPT ist ein optionaler Text, der in etwas kleinerer Schrift oberhalb des Titels angezeigt wird. Normalerweise bleibt dieser Text leer.
- BACK BUTTON gibt den Text für den ersten Button zur Rückwärts-Navigation an. Wird hier kein Text eingestellt, verwendet iOS automatisch ZURÜCK in der jeweiligen Sprache.

17 iOS-Apps mit mehreren Ansichten

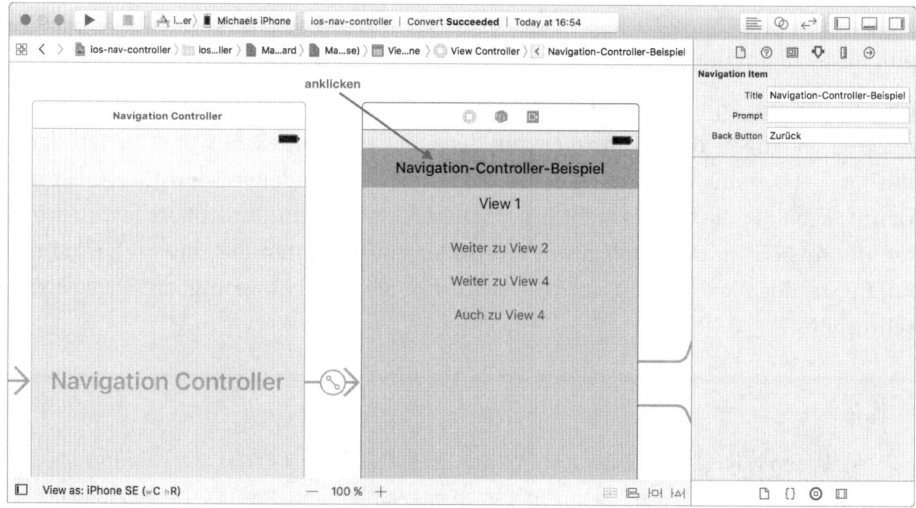

Abbildung 17.7 Einstellung der Navigationsleiste

In den weiteren mit dem Navigation-Controller verbundenen Ansichten fehlen diese Einstellmöglichkeiten anfangs. Oft werden sie auch gar nicht benötigt: Der Titel ergibt sich aus dem Titel des View-Controllers, und als Text für den Zurück-Button wird der View-Controller-Titel der jeweils vorherigen Ansicht verwendet. Die Eigenschaft TITLE stellen Sie im Attributinspektor ein. Dazu müssen Sie aber zuerst für die jeweilige Szene das Icon VIEW-CONTROLLER angeklickt haben.

Um wie in der ersten Ansicht TITLE, PROMPT und BACK BUTTON frei einstellen zu können, fügen Sie aus der Objektbibliothek ein NAVIGATION ITEM (UINavigationItem-Klasse) in den Menübereich der jeweiligen Ansicht ein. Das gibt Ihnen auch die Möglichkeit, am linken und rechten Rand je einen Button einzubauen, wobei der linke Button den Zurück-Button ersetzt. Beachten Sie, dass Sie innerhalb der Navigationsleiste keine gewöhnlichen UIButtons verwenden können, sondern *Bar-Button-Items* (UIBarButtonItem-Klasse) nutzen müssen, die Sie im Objektkatalog ganz unten finden.

Störender Balken

Je nachdem, welchen Inhalt Sie in eine durch den Navigation Controller gesteuerte Seite einbauen, kann es passieren, dass am oberen Rand ein weißer oder grauer Balken ohne erkennbare Funktion angezeigt wird. Abhilfe: Klicken Sie in Xcode den View-Controller an, und deaktivieren Sie im Attributinspektor die Layoutoption ADJUST SCROLL VIEW INSETS. Beispielsweise ist das Problem in Kapitel 31, »New-York-Times-Bestseller«, aufgetreten (siehe Abbildung 31.4). Die unklaren Hintergründe dieses Problems können Sie hier nachlesen:

http://stackoverflow.com/questions/18880341

Steuerung per Code

Dieser kurze Abschnitt fasst zusammen, wie Sie in Ihrem Code auf Navigationsereignisse reagieren können und wie Sie die Navigation beeinflussen können:

- **Vorbereitung auf Segue:** Wie bei Segues ohne Navigation-Controller kommt es vor der Navigation in eine neue Ansicht, also bei der Vorwärts-Navigation, zum Aufruf der Methode prepare. Die Methode wird immer in dem Navigation-Controller ausgeführt, der der Startpunkt für den jeweiligen Übergang ist.

- **Rückwärts-Navigation erkennen:** Anders als bei Ansichten ohne Navigation-Controller müssen Sie nicht selbst Unwind-Methoden einrichten – um die Rückwärts-Navigation kümmert sich ja der Navigation-Controller. Das macht es allerdings auch schwieriger, im Code auf den Wechsel der Ansicht zu reagieren.

  Eine Möglichkeit besteht darin, im betreffenden Controller die Methoden viewWillAppear und viewWillDisappear zu implementieren. Diese Methoden werden aufgerufen, bevor eine Ansicht auf dem Bildschirm erscheint bzw. bevor sie wieder verschwindet. Bei einer Navigation über mehrere Ansichten geht aus dem Aufruf dieser Methoden leider nicht hervor, in welche Richtung die Navigation gerade erfolgt – vorwärts oder rückwärts. In einfachen Fällen reicht viewWillDisappear aber aus. Abschnitt 33.7, »Detailansicht mit Richtungspfeil«, zeigt, wie viewWillDisappear zum Aufruf einer selbst definierten Delegate-Methode verwendet werden kann.

  In dieser Hinsicht eindeutiger ist didMove: Wenn der an diese Methode übergebene Parameter parent den Zustand nil hat, dann wurde der aktuelle View-Controller gerade aus dem Navigation-Controller entfernt, d. h., die Navigationsrichtung ist rückwärts.

  Der Nachteil im Vergleich zu eigenen Unwind-Methoden besteht darin, dass Sie keine Referenz auf die zukünftige bzw. vorherige Ansicht haben und daher keine Daten übertragen können. Das gelingt nur, wenn Sie ein eigenes Delegate-Protokoll definieren und implementieren oder in prepare eine Referenz auf den aktuellen View-Controller an eine Eigenschaft des zukünftigen View-Controllers übergeben.

- **Vorwärts-Navigation auslösen:** Ganz einfach ist es, eine Vorwärts-Navigation per Code zu initiieren: Dazu geben Sie einfach der Segue im Storyboard Editor einen Namen und führen dann die aus Abschnitt 17.3, »Segues mit Datenübertragung«, schon bekannte Methode performSegue aus:

  ```
  performSegue(withIdentifier: "segue-name", sender: self)
  ```

▶ **Rückwärts-Navigation auslösen:** Ebenso unkompliziert erfolgt die Rückwärts-Navigation mit der Methode popViewControllerAnimated, die auf den Navigation-Controller angewendet werden muss. Der Parameter gibt an, ob die Navigation mit oder ohne Animation erfolgen soll.

```
navigationController!.popViewController(animated: true)
```

Wenn Sie in der Navigationshistorie weiter zurück springen wollen, bieten sich die Methoden popToRootViewController sowie popToViewController an. Die erste Methode navigiert zur Startseite des Navigation-Controllers zurück, die zweite zu einem bestimmten View-Controller, dessen Instanz als Parameter übergeben werden muss.

Beispiel

Als Experimentierwiese für den Navigation-Controller finden Sie in den Beispieldateien zu diesem Buch das Projekt ios-nav-controller. Ein Navigation-Controller ermöglicht den Wechsel zwischen mehreren verschiedenfarbigen Ansichten (siehe Abbildung 17.8). Sie können damit zwischen vier Ansichten hin und zurück navigieren und dabei im Debugging-Bereich von Xcode beobachten, in welcher Reihenfolge die Methoden viewWillAppear, viewWillDisappear, prepare und didMove aufgerufen werden.

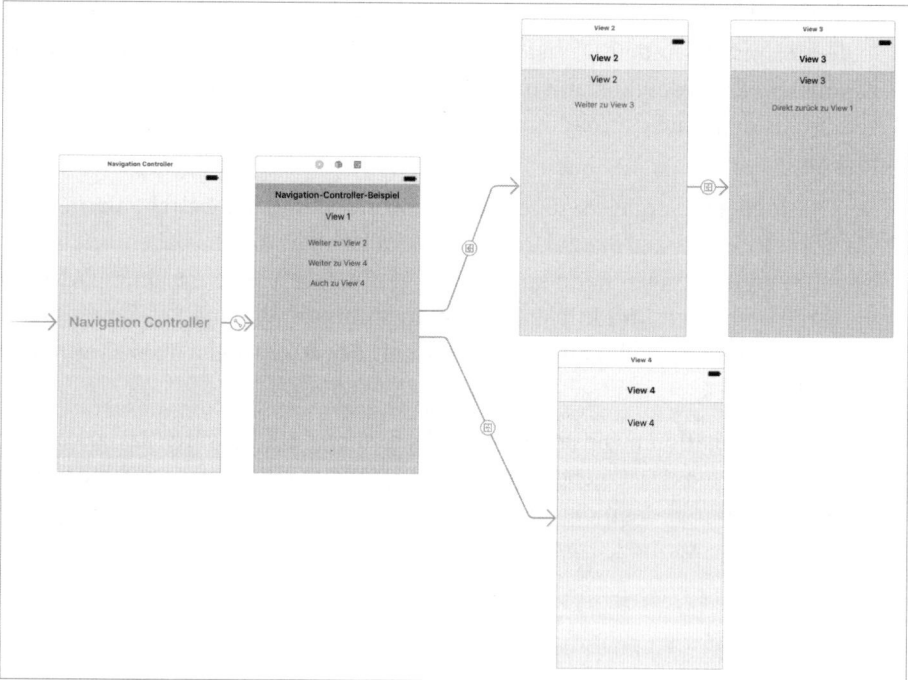

Abbildung 17.8 Vier durch einen Navigation-Controller verbundene App-Ansichten

In der Startansicht löst der Button WEITER ZU VIEW 4 einen automatischen Übergang zur Ansicht 4 aus, während in der Action-Methode des Buttons AUCH ZU VIEW 4 derselbe Segue codegesteuert ausgelöst wird:

```
// Projekt ios-nav-controller, Datei ViewController.swift
@IBAction func btnToVC4(_ sender: UIButton) {
  performSegue(withIdentifier: "SegueToVC4", sender: self)
}
```

In Ansicht 3 ermöglicht der Button DIREKT ZURÜCK ZU VIEW 1 einen Rücksprung zur Startansicht, wobei View 2 übersprungen wird:

```
// Projekt ios-nav-controller, Datei ViewController3.swift
@IBAction func btnBackToVC1(_ sender: UIButton) {
  navigationController!.popToRootViewController(animated: true)
}
```

17.5 Tab-Bar-Controller

Der Tab-Bar-Controller verbindet mehrere Ansichten, wobei die gerade aktive Ansicht über die Icons einer Symbolleiste am unteren Bildschirmrand ausgewählt wird (eben über die Tab-Bar).

Wenn Sie einen Tab-Bar-Controller aus der Objektbibliothek in das Storyboard schieben, werden in Wirklichkeit gleich drei Controller eingefügt: ein Tab-Bar-Controller, der mit zwei gewöhnlichen View-Controllern bereits verbunden ist. Den beiden Ansichten sind allerdings keine Controller-Dateien zugeordnet. Diese müssen Sie selbst mit FILE • NEW • FILE anlegen (Dateityp COCOA TOUCH CLASS sowie SUBCLASS = UIViewController) und im Identity Inspector mit dem jeweiligen View-Controller verbinden (Eigenschaft CUSTOM CLASS).

Um weitere Ansichten als Tabs hinzuzufügen, führen Sie einen ctrl-Drag vom Tab-Bar-Controller in die betreffende Ansicht durch und wählen dann als Segue-Typ RELATIONSHIP SEGUE = VIEW CONTROLLERS aus. Wenn es mehr als fünf Tabs gibt, wird in die Symbolleiste automatisch ein WEITER-Button eingebaut, der die Auswahl der weiteren Dialogblätter ermöglicht. Nach Möglichkeit sollten Sie aber versuchen, mit maximal fünf Seiten auszukommen.

> **Hintergrundfarbe der Tab-Bar einstellen**
>
> Die Tab-Bar verwendet ein helles Grau als Hintergrundfarbe. Wenn Sie eine andere Farbe wünschen, blenden Sie im Storyboard Editor die Dokumentstruktur ein und markieren dort das Element TAB BAR der TAB BAR CONTROLLER SCENE. Eine direkte Markierung der Symbolleiste per Maus oder Trackpad ist leider unmöglich.

> Im Attributinspektor können Sie nun entweder STYLE = BLACK oder mit BAR TINT eine beliebige andere Hintergrundfarbe einstellen. Alternativ können Sie auch ein eigenes Hintergrundbild einstellen (Eigenschaft BACKGROUND).

Der Projekttyp »Tabbed-Application«

Wenn bei der Entwicklung einer neuen App von vornherein klar ist, dass Sie einen Tab-Bar-Controller einsetzen werden, können Sie beim Einrichten des Projekts den Projekttyp TABBED APPLICATION verwenden. Damit erzeugt Xcode ein Projekt, das aus einem Tab-Bar-Controller und zwei Ansichten besteht. Beide Ansichten sind von Anfang an mit einer Controller-Datei ausgestattet (First- und SecondViewController.swift). Außerdem haben beide Ansichten bereits Navigations-Buttons, die auf zwei Grafiken in Images.xcassets zurückgreifen. Sie ersparen sich mit dem Projekttyp TABBED APPLICATION also einige Arbeitsschritte.

Xcode-Bug

In der finalen Version von Xcode 8 befindet sich ein Bug, der bewirkt, dass ein View-Controller, der in einen Tab-Bar-Controller eingebettet wurde, im Storyboard-Editor vollständig blau angezeigt wird. Das macht dort eine weitere Bearbeitung nahezu unmöglich. Wird die App aber ausgeführt, werden alle Controller korrekt angezeigt.

Es ist zu hoffen, dass der Bug behoben ist, bevor dieses Buch erscheint. Wenn nicht, können Sie den Bug so umgehen: Sie suchen in der Document-Outline-Seitenleiste im eingebetteten View-Controller nach dem UITabBarItem. Danach stellen Sie für dieses Element im Attributinspektor ein neues Button-Bar-Image ein. Wählen Sie einfach bei der IMAGE-Eigenschaft eine passende Bitmap aus, die Sie zuvor in die Xcassets-Datei eingefügt haben. Mit der (Neu-)Einstellung der Image-Eigenschaft verschwindet der Darstellungsfehler.

Tab-Bar-Items

Dem Programm fehlen nun noch die Tab-Bar-Items, also die Buttons, die in der Symbolleiste angezeigt werden. In den beiden Ansichten des Tab-Bar-Controllers scheint es bereits derartige Buttons zu geben (»Item 1« und »Item 2«). Diese lassen sich aber weder anklicken noch bearbeiten. Ziehen Sie daher aus der Objektbibliothek je ein TAB BAR ITEM in den Navigationsbereich der beiden Ansichten. Nun klicken Sie die Buttons an und stellen deren Eigenschaften im Attributinspektor ein (siehe Abbildung 17.9).

17.5 Tab-Bar-Controller

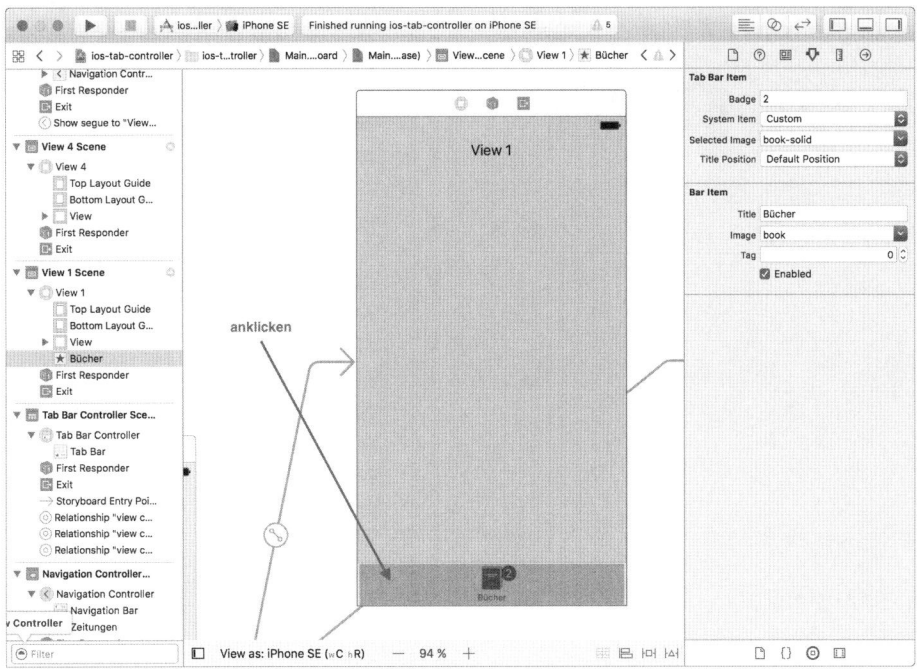

Abbildung 17.9 Die Tab-Bar-Item-Einstellungen

Sie haben die Wahl zwischen zwei Vorgehensweisen:

- Sie können mit SYSTEM ITEM einen der vordefinierten Buttons auswählen (CONTACTS, FAVORITES, HISTORY etc.). Damit sind sowohl das Symbol als auch der Text des Buttons vorgegeben.

- Oder Sie verwenden die Einstellung SYSTEM ITEM = CUSTOM: Dann können Sie bei der Einstellungsgruppe BAR ITEM den Text frei eingeben und ein Bild auswählen. Als Icon-Symbol kommen allerdings nur Bilder infrage, die Sie zuvor in eine Xcassets-Datei eingefügt haben. Tipps zum Umgang mit dem Xcassets-Editor finden Sie in Abschnitt 16.8, »Image-Views und Xcassets«.

Als Bilder für die Tab-Bar-Items sollen Sie gemäß den *Human Interface Guidelines* von Apple jeweils *drei* Bitmaps zur Verfügung stellen: eine in einfacher, eine in doppelter und eine in dreifacher Auflösung. Diese Bitmaps müssen transparent sein, nur die Form des Icons soll als schwarze Linie erkennbar sein. Die Auflösung der drei Bitmaps soll zumindest 25 × 25, 50 × 50 bzw. 75 × 75 Pixel betragen.

*https://developer.apple.com/library/ios/documentation/UserExperience/
Conceptual/MobileHIG/BarIcons.html*

17 iOS-Apps mit mehreren Ansichten

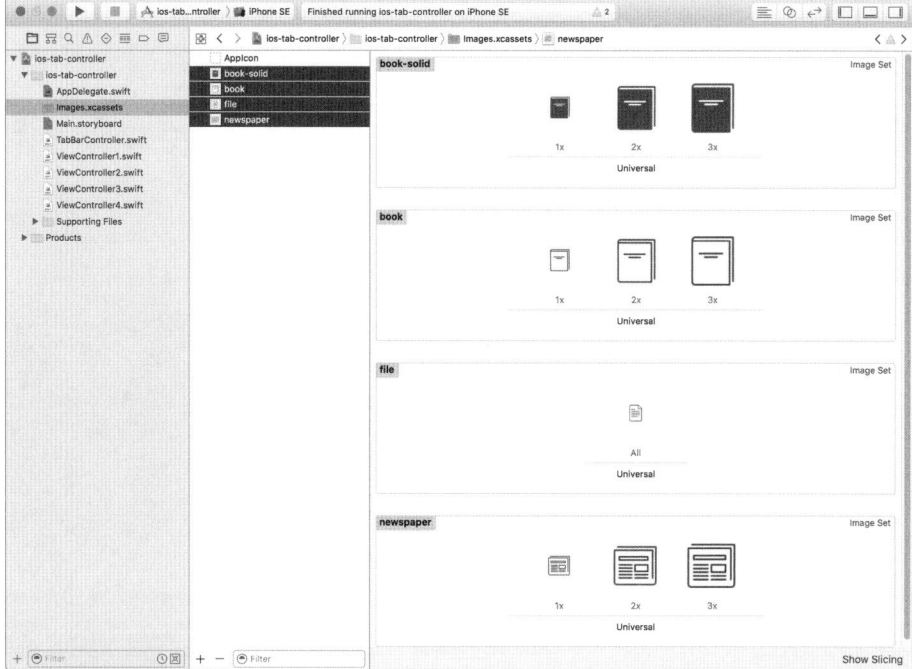

Abbildung 17.10 Die Tab-Bar-Bitmaps für die Beispiel-App

Tab-Bar-Items weisen noch drei interessante Eigenschaften auf:

- Die Eigenschaft BADGE kann einen zusätzlichen Text enthalten, der in einem roten Feld rechts oberhalb des Icons dargestellt wird. In der Praxis wird BADGE meist erst während der App-Ausführung eingestellt, z. B. um die App-Benutzer auf eine bestimmte Anzahl neuer Objekte hinzuweisen (E-Mails, Bookmarks etc.).

- Die Eigenschaft TAG können Sie mit einer Zahl zur App-internen Auswertung einstellen.

- Mit SELECTED IMAGE können Sie ein zweites Bild auswählen, das dann verwendet wird, wenn das Tab-Bar-Item gerade ausgewählt ist. Wenn das SELECTED IMAGE fehlt, dann invertiert iOS einfach das gewöhnliche Icon, was in der Regel ausreichend ist. Für eine wirklich perfekte Optik können Sie aber eben eine zweite Bitmap auswählen.

Reihenfolge der Tabs ändern

Die Reihenfolge der Tabs können Sie unkompliziert durch eine Drag-Operation im Tab-Bar-Controller verändern.

Kombination aus Tab-Bar- und Navigation-Controller

Sie können einen Tab-Bar-Controller mit einem oder mehreren Navigation-Controllern kombinieren. Dabei muss der Tab-Bar-Controller der Startpunkt in der Hierarchie Ihrer Ansichten sein. Anstelle von normalen Ansichten (View-Controllern) können die Seiten des Tab-Bar-Controllers aber auch auf einen Navigation-Controller zeigen, der dann wieder mehrere Seiten enthält. In der laufenden App wird dann unten die Symbolleiste des Tab-Bar-Controllers angezeigt, oben die Navigationsleiste des Navigation-Controllers. Ein bekanntes Beispiel für eine derartige Benutzeroberfläche ist die auf allen iPhones vorinstallierte App *Uhr*.

Um einen Navigation-Controller mit einem Tab-Bar-Controller zu verbinden, fügen Sie zuerst die beiden Controller und ihre Ansichten in den Storyboard-Editor ein. Dann stellen Sie mit `ctrl`-Drag eine Verbindung vom Tab-Bar- zum Navigation-Controller her, und anschließend legen Sie nochmals mit `ctrl`-Drag die Verbindung vom Navigation-Controller zur darin enthaltenen Startansicht an. Weitere Ansichten für den Navigation-Controller verbinden Sie wie üblich durch Segues.

> **Der Tab-Bar-Controller muss immer der erste Controller sein!**
>
> Die *Human Interface Guidelines* von Apple schreiben vor, dass bei Apps mit einem Tab-Bar-Controller dieser als Startpunkt der App agieren muss. Sie dürfen also nicht einen Tab-Bar-Controller in einen Navigation-Controller einbauen.

Programmierung

Als Spielwiese zum Ausprobieren des Tab-Bar-Controllers können Sie das Projekt ios-tab-controller aus den Beispieldateien verwenden. Es verbindet vier Ansichten zu Dialogblättern einer App (siehe Abbildung 17.11). Dabei sind die Ansichten 3 und 4 wiederum in einen Navigation-Controller eingebettet.

Der Tab-Bar-Controller verwendet keine Segues zum Wechseln zwischen den Ansichten. Daher unterbleibt auch der Aufruf von prepare. Um den Wechsel zwischen den Tabs festzustellen, verwenden Sie am einfachsten die Methoden viewWillAppear oder viewDidAppear im jeweiligen Controller.

```swift
// Projekt ios-tab-controller, Datei ViewController1.swift
class ViewController1: UIViewController {
  override func viewDidAppear(_ animated: Bool) {
    super.viewDidAppear(animated)
    print("viewDidAppear in VC1")
  }
}
```

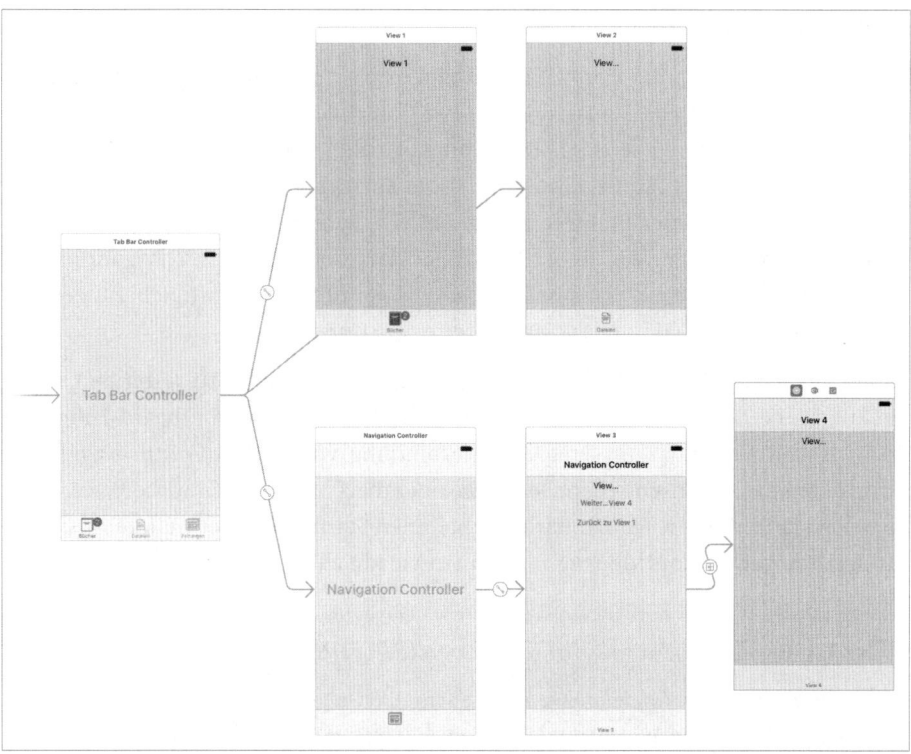

Abbildung 17.11 Aufbau der Beispiel-App zum Test des Tab-Bar-Controllers

Alternativ können Sie auch das UITabBarControllerDelegate-Protokoll implementieren – beispielsweise in AppDelegate.swift und mit einer Initialisierung in der Methode viewDidLoad des ersten View-Controllers. Dann verrät Ihnen die Methode tabBarController, welcher View-Controller als nächster aktiviert wird. Hintergrundinformationen zur AppDelegate-Klasse finden Sie in Abschnitt 16.4, »Phasen einer iOS-App«.

```
// Projekt ios-tab-controller, Datei ViewController1.swift
class ViewController1: UIViewController {
  override func viewDidLoad() {
    super.viewDidLoad()
    self.tabBarController!.delegate =
      UIApplication.shared.delegate as! AppDelegate
  }
}

// Projekt ios-tab-controller, Datei AppDelegate.swift
extension  AppDelegate: UITabBarControllerDelegate {
  func tabBarController(_ tabBarController: UITabBarController,
               didSelect viewController: UIViewController)
```

```
   {
     print("tabBar -- didSelectItem")
     if let title = viewController.title  {
       print("  \(title)")
     }
   }
}
```

Im Controller-Code einer Ansicht, die von einem Tab-Bar-Controller verwaltet wird, können Sie über die Eigenschaft tabBarController auf den übergeordneten Tab-Bar-Controller zugreifen. Dessen Eigenschaft viewControllers zeigt auf ein Array mit allen View-Controllern in der Reihenfolge der Tab-Bar-Items. Beachten Sie, dass die Elemente dieses Arrays zwar von Anfang an alle existieren, dass Sie sich aber nicht darauf verlassen können, dass die View-Controller auch schon vollständig initialisiert sind. Die Initialisierung inklusive des viewDidLoad-Aufrufs erfolgt erst, wenn die betreffende Ansicht zum ersten Mal angezeigt wird – und erst dann können Sie auch auf die Steuerelemente der Views zugreifen. Den Zustand des View-Controllers können Sie mit der Methode isViewLoaded feststellen:

```
// Projekt ios-tab-controller, Datei ViewController1.swift
// Beispielcode in der Methode viewDidAppear
let tab = tabBarController!
if let vcs = tab.viewControllers {
  for vc in vcs {
    let title = vc.title ?? "kein Titel"
    let loaded = vc.isViewLoaded
    print("Titel = \(title), isViewLoaded = \(loaded)")
  }
}
```

Der gerade aktive View-Controller und dessen Indexnummer gehen aus den Eigenschaften selectedViewController und selectedIndex hervor. Eine Zuweisung an eine der beiden Eigenschaften ändert den aktiven View-Controller. Beachten Sie, dass es bei einem derartigen durch Code ausgelösten Tab-Wechsel nicht zum Aufruf der tabBar-Methode mit dem Parameter didSelectItem kommt! Die folgenden Zeilen zeigen den durch einen Button initiierten Wechsel in die erste Ansicht des Tab-Bar-Controllers:

```
// Projekt ios-tab-controller, Datei ViewController3.swift
class ViewController3: UIViewController {
  // in die erste Ansicht des Tab-Bar-Controllers wechseln
  @IBAction func btnActivateView1(_ sender: UIButton) {
    tabBarController!.selectedIndex = 0
  }
}
```

17.6 Split-View-Controller

Der Split-View-Controller (Klasse `UISplitController`) hilft dabei, eine zweigeteilte Ansicht zu gestalten. Dabei wird üblicherweise in der linken Spalte eine Liste angezeigt. Nach der Auswahl eines Eintrags erscheinen die dazu passenden Details in der breiteren rechten Ansicht und können dort betrachtet oder verarbeitet werden.

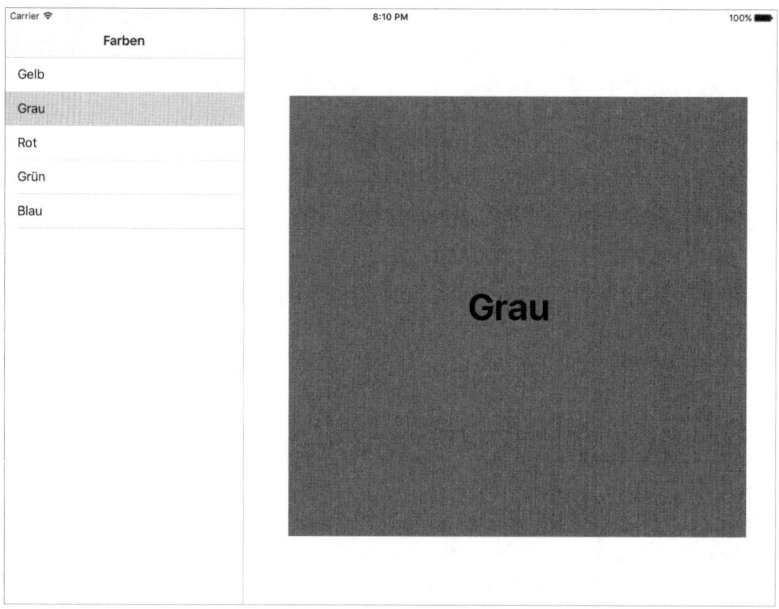

Abbildung 17.12 Split-View-Controller-Beispiel auf dem iPad im Querformat

Besonders angenehm ist die Bedienung solcher Apps auf einem iPad oder iPhone Plus im Querformat. Damit der Split-View-Controller auch auf iPads im Hochformat sowie auf iPhones verwendet werden kann, wird er üblicherweise mit einem Navigation-Controller kombiniert. Anstatt beide Ansichten nebeneinander anzuzeigen, führt die Auswahl eines Listenelements in die Detailansicht.

Zur Entwicklung von Apps mit einem Split-View-Controller sieht Xcode den Projekttyp MASTER-DETAIL APPLICATION vor. An sich ist die Verwendung dieses Projekttyps empfehlenswert. Dennoch gehe ich in diesem Abschnitt davon aus, dass Sie die Entwicklung Ihrer App als SINGLE VIEW APPLICATION begonnen haben. Das hat den didaktischen Vorteil, dass ich Ihnen das Zusammenspiel der einzelnen Klassen in der Reihenfolge beschreiben kann, wie sie sich beim Programmieren ergibt.

17.6 Split-View-Controller

Listendarstellung im UITableViewController

Der Split-View-Controller wird in aller Regel in Kombination mit einer Liste verwendet. Der Umgang mit dem UITableView-Steuerelement und dem dazu verwandten UITableViewController wird allerdings erst in Kapitel 23, »Tabellen und Listen darstellen«, behandelt. Zum besseren Verständnis des hier präsentierten Beispiels ist es empfehlenswert, wenn Sie zuerst einen Blick in dieses Kapitel werfen.

Beispiel

Die denkbar einfache Beispiel-App zeigt in der Liste die Namen einiger Farben an. Sie können nun eine Farbe auswählen – dann zeigt die Detailansicht ein Rechteck in dieser Farbe (siehe Abbildung 17.12 und Abbildung 17.13).

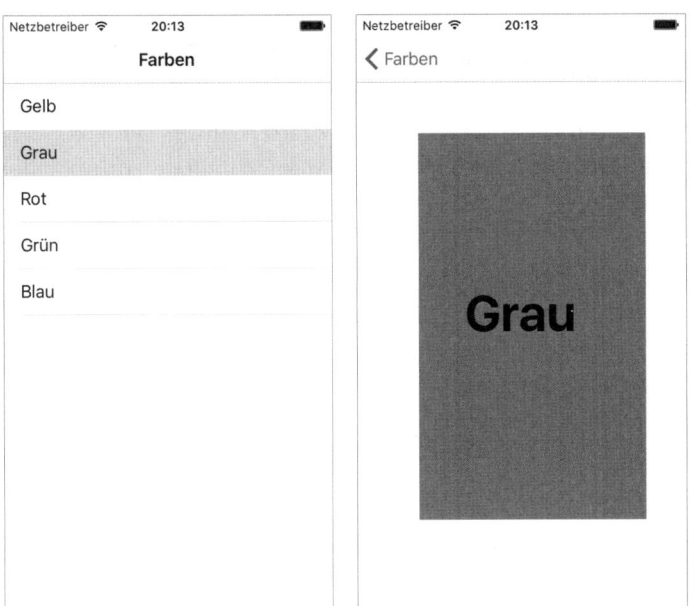

Abbildung 17.13 Master- und Detail-Ansicht der Beispiel-App auf einem iPhone

Das Datenmodell der App gründet auf der MyColor-Klasse, deren Code so aussieht:

```
// Projekt ios-split, Datei MyColor.swift
class MyColor {
  var name: String
  var color: UIColor

  init(_ name: String, color: UIColor) {
    self.name = name
    self.color = color
  }
```

```
  static func makeDefault() -> [MyColor] {
    return [
      MyColor("Gelb", color: .yellow),
      MyColor("Grau", color: .gray),
      ...
      MyColor("Blau", color: .blue)
    ]
  }
}
```

> **Noch ein Beispiel**
>
> Ein weiteres Beispiel für die Anwendung des Split-View-Controllers finden Sie in Kapitel 31, »New-York-Times-Bestseller«.

Split-View-Controller einfügen

Zur Gestaltung der Benutzeroberfläche habe ich zuerst den im Projekt standardmäßig enthaltenen View-Controller sowie die dazugehörende Klassendatei ViewController.swift gelöscht und dann aus der Objektbibliothek einen Split-View-Controller eingefügt. Xcode macht daraus ungefragt gleich vier miteinander verbundene Controller. Im Storyboard habe ich VIEW AS IPHONE 7 PLUS im Querformat eingestellt. Das Querformat hat hier den Vorteil, dass es einen besseren visuellen Eindruck von der fertigen App vermittelt. Schließlich habe ich die vier Controller so verschoben, dass die Anordnung für mich logisch ist.

Sobald Sie den Split View Controller zum Start-View-Controller Ihrer App machen (Option IS INITIAL VIEW CONTROLLER), können Sie die App bereits starten. Das prinzipielle Erscheinungsbild wird dabei bereits erkennbar – sonst funktioniert aber natürlich noch nichts.

Liste füllen (MasterTVC-Klasse)

Als ersten Schritt, um die App zum Leben zu erwecken, erzeugen Sie eine neue Cocoa-Touch-Klasse, die von einem UITableViewController abgeleitet ist. Ich habe als Klassennamen MasterTVC gewählt (siehe Abbildung 17.14). Diese Klasse muss durch die Einstellung der CLASS-Eigenschaft mit dem Table-View-Controller verbunden werden. Die Aufgabe dieser Klasse ist es, die Zellen der Liste mit den Namen der Farben zu füllen.

17.6 Split-View-Controller

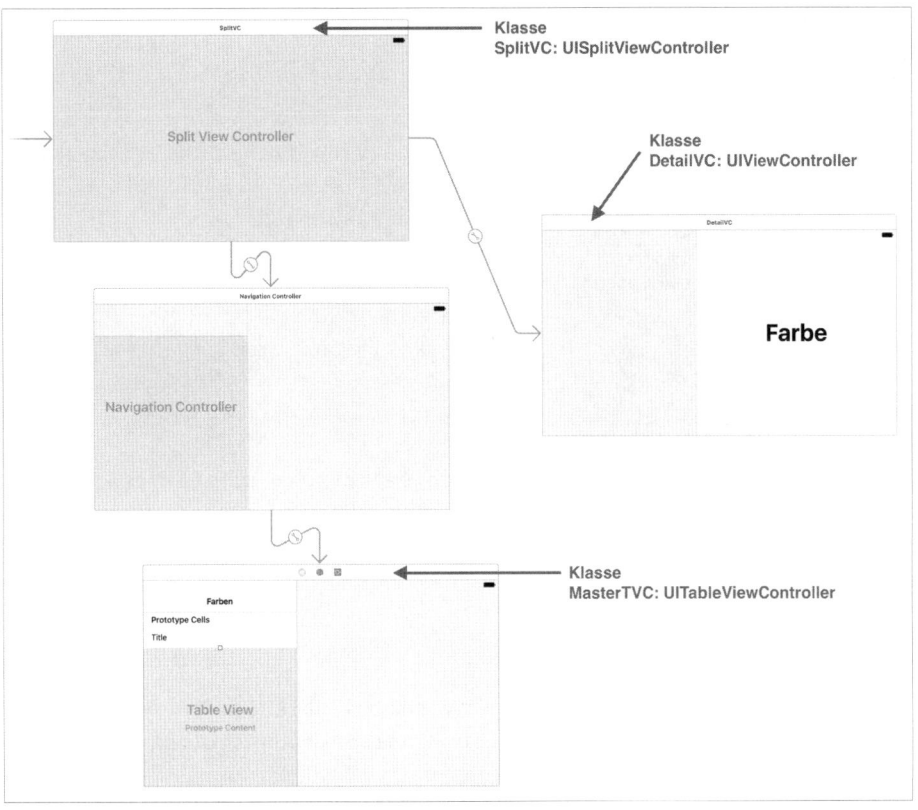

Abbildung 17.14 Die vier Controller einer minimalen Split-View-Controller-App

Zum Verständnis des folgenden Codes werfen Sie bitte einen Blick in Kapitel 23, »Tabellen und Listen darstellen«. Im Gegensatz zu den dort präsentierten Techniken ist es hier nicht erforderlich, die `delegate`- und die `datasource`-Eigenschaften einzustellen – wir implementieren hier ja unmittelbar und nicht über den Umweg von Delegates die Table-View-Controller-Klasse. Der Code der Methode `tableView(_:cellForRowAt:)` setzt voraus, dass Sie in Xcode die Prototypzelle im Table-View-Controller mit `mycell` benannt und STYLE = BASIC eingestellt haben.

```
// Projekt ios-split, Datei MainTVC.swift
class MasterTVC: UITableViewController {
  // Datenbasis
  let mycolors = MyColor.makeDefault()

  // Initialisierungsarbeiten
  override func viewDidLoad() {
    super.viewDidLoad()
```

```
    // Auswahl erhalten
    self.clearsSelectionOnViewWillAppear = false

    // keine leeren Zellen unten
    self.tableView.tableFooterView = UIView(frame: CGRect.zero)

    // ersten Eintrag in Master-Liste auswählen
    let idx = IndexPath(row: 0, section: 0)
    self.tableView.selectRow(at: idx,
                             animated: true,
                             scrollPosition: .top)
}

// nur ein Abschnitt
override func numberOfSections(in tableView: UITableView)
  -> Int
{
  return 1
}

// mycolors.count Listeneinträge
override func tableView(_ tableView: UITableView,
                        numberOfRowsInSection section: Int)
  -> Int
{
  return mycolors.count
}

// Zellen erzeugen
override func tableView(_ tableView: UITableView,
                        cellForRowAt indexPath: IndexPath)
  -> UITableViewCell
{
  let cell = tableView.dequeueReusableCell(
    withIdentifier: "mycell", for: indexPath)
  cell.textLabel!.text = mycolors[indexPath.row].name
  return cell
}
}
```

Wenn Sie die App in dieser Form starten, wird die Liste korrekt angezeigt. Im obigen Code fehlen allerdings noch einige Details. Insbesondere zeigt die App momentan keine Reaktion, wenn ein Listenelement ausgewählt wird. Dieser Code folgt gleich, vorher sind aber noch ein paar Vorbereitungsarbeiten notwendig.

Detailansicht (DetailVC-Klasse)

In den View-Controller der Detailansicht habe ich in Xcode eine leere View und ein Label eingefügt und zentriert angeordnet. Die beiden Elemente sollen die ausgewählte Farbe optisch und in Textform zeigen.

Anschließend habe ich eine weitere Cocoa-Touch-Klasse eingerichtet, diesmal abgeleitet von UIViewController und mit dem Namen DetailVC. Die Aufgabe dieser Klasse ist es, bei der Veränderung der Eigenschaft mycolor die Farbe der View und den Text des Labels zu verändern. Wenige Code-Zeilen reichen dazu aus:

```
// Projekt ios-split, Datei DetailVC.swift
class DetailVC: UIViewController {
  @IBOutlet weak var lblColorName: UILabel!
  @IBOutlet weak var viewColor: UIView!

  // bei jeder Änderung dieser Eigenschaft den
  // Label-Text und die View-Farbe ändern
  var mycolor : MyColor? {
    didSet(oldcolor) { refresh() }
  }

  // damit die Anzeige beim ersten Erscheinen aktuell ist
  override func viewDidLoad() {
    super.viewDidLoad()
    refresh()
  }

  // Label-Text und die View-Farbe aktualisieren
  private func refresh() {
    lblColorName?.text = mycolor?.name
    viewColor?.backgroundColor = mycolor?.color
  }
}
```

Vergessen Sie nicht, die Klasse in Xcode mit dem View-Controller zu verbinden!

Verbindung zwischen den Controller-Instanzen herstellen (AppDelegate-Klasse)

Eine zentrale Frage, die sich bei allen Split-View-Controller-Apps stellt, lautet: Wie kommunizieren die über mehrere Klassen verteilten Code-Teile miteinander? Ich habe dazu die von Xcode bereits vorgegebene Datei AppDelegate.swift um einige Eigenschaften ergänzt, die auf Instanzen aller relevanten Klassen verweisen. Damit kann ich überall im Code über den Umweg der AppDelegate-Instanz auf die jeweils anderen Controller-Instanzen zugreifen. Zur Initialisierung dieser Variablen habe ich auf diverse xxxViewController-Eigenschaften der UIWindow-Klasse zurückgegriffen.

```
@UIApplicationMain
class AppDelegate: UIResponder, UIApplicationDelegate {
  var window: UIWindow?

  // Querverweise auf diverse Controller hier zentral
  // zugänglich machen
  var splitVC:   UISplitViewController?
  var leftNC:    UINavigationController?
  var masterTVC: MasterTVC?
  var detailVC:  DetailVC?

  // Controller-Variablen initialisieren
  func application(_ application: UIApplication,
                   didFinishLaunchingWithOptions launchOptions:
                      [UIApplicationLaunchOptionsKey: Any]?)
    -> Bool
  {
    splitVC =
      self.window!.rootViewController as? UISplitViewController
    leftNC =
      splitVC?.viewControllers.first as? UINavigationController
    masterTVC =
      leftNC?.topViewController as? MasterTVC
    detailVC =
      splitVC?.viewControllers.last as? DetailVC

    return true
  }
}
```

> **Die Delegation-Alternative**
>
> Ein alternativer Weg bestünde darin, ein eigenes Delegation-Protokoll zur Kommunikation zwischen dem Master- und dem Detail-Controller zu definieren. Die Delegation-Verbindung zwischen den betreffenden Klassen müsste dann abermals in AppDelegate.swift eingerichtet werden. Für die simplen Anforderungen dieses Beispiels ergeben sich daraus keine Vorteile, der Code würde noch unübersichtlicher.

Reaktion auf die Auswahl eines Listeneintrags

Nun ist es an der Zeit, die MasterTVC-Klasse zu erweitern. Als Erstes wird am Beginn der Klasse die Variable myapp definiert, die einen unkomplizierten Zugriff auf die AppDelegate-Instanz gibt:

```
// Projekt ios-split, Datei MasterTVC.swift
let myapp = UIApplication.shared.delegate as! AppDelegate
```

Als Zweites soll jetzt nach jeder Auswahl einer Farbe aus der Master-Liste diese in der Detailansicht angezeigt werden. Dazu muss die Methode `tableView(_:did-SelectRowAt)` implementiert werden. In der ersten Anweisung wird einfach die `mycolor`-Eigenschaft des Detail-Controllers aktualisiert – so weit, so klar.

Der Aufruf von `showDetailViewController` ist nur dann relevant, wenn die App auf einem iPhone oder einem iPad im Hochformat ausgeführt wird: Dann muss die Detailansicht explizit sichtbar gemacht werden.

```
override func tableView(_ tableView: UITableView,
                         didSelectRowAt indexPath: IndexPath)
{
  myapp.detailVC?.mycolor = mycolors[indexPath.row]
  myapp.splitVC?.showDetailViewController(myapp.detailVC!,
                                          sender: nil)
}
```

Beim Start den ersten Eintrag auswählen

Bis auf Kleinigkeiten entspricht die App jetzt den Erwartungen. Der Rest dieses Abschnitts beschäftigt sich mit diesen Kleinigkeiten, die App-Entwicklern das Leben oft schwer machen.

Beim Start der App wird die Liste zwar angezeigt, es ist aber noch kein Eintrag ausgewählt. Die Detailansicht zeigt keine Farbe, sondern sieht so trostlos wie im Entwurfsmodus in Xcode aus. Um beim Start den ersten Listeneintrag zu aktivieren und auch die Detailansicht entsprechend zu aktualisieren, sind zwei Ergänzungen in `viewDidLoad` in der `MasterTVC`-Klasse notwendig:

```
// Projekt ios-split, Datei MasterTVC.swift
override func viewDidLoad() {
  // Code wie bisher ...

  // ersten Eintrag in Master-Liste auswählen ...
  let idx = IndexPath(row: 0, section: 0)
  self.tableView.selectRow(at: idx,
                           animated: true,
                           scrollPosition: .top)

  // ... und in der Detailansicht anzeigen
  myapp.detailVC?.mycolor = mycolors[0]
}
```

Beim Start die Master-Ansicht anzeigen

Auf einem iPhone bzw. iPad im Portrait-Modus erscheint beim Start die Detail-Ansicht. Je nach Art der App wäre es oft besser, wenn stattdessen die Master-Ansicht mit den Listenelementen angezeigt werden würde. Nichts leichter als das, werden Sie vielleicht denken. Falsch gedacht! Apple hat sich große Mühe gegeben, die erforderlichen Methoden im letzten Winkel der UIKit-Bibliothek zu verstecken und mit irrwitzigen Namen auszustatten. Der einzige Weg zur Lösung führt (wie so oft) nicht über die Apple-Dokumentation, sondern über Stackoverflow.

Um die App also in der Master-Ansicht zu starten, müssen Sie Ihr Projekt mit einer weiteren Klasse ausstatten – diesmal für den Split-View-Controller, der bisher ohne eigenen Code funktionierte. Die Klasse muss das UISplitViewControllerDelegate-Protokoll und davon wiederum die splitViewController-Methode implementieren, deren Parameternamen weitere drei Zeilen füllen. Wen wundert es, dass uns keiner der drei Parameter interessiert – wir geben einfach true zurück.

```
class SplitVC: UISplitViewController,
               UISplitViewControllerDelegate
{
  override func viewDidLoad() {
    super.viewDidLoad()
    self.delegate = self
  }

  // beim Programmstart Master-Ansicht anzeigen (nicht Detail)
  // http://stackoverflow.com/questions/25875618
  func splitViewController(
      _ splitViewController: UISplitViewController,
      collapseSecondary secondaryViewController:
    UIViewController,
      onto primaryViewController: UIViewController)
    -> Bool
  {
    return true
  }
}
```

Zurück-Button für das iPad im Hochformat

Wenn Sie die App auf einem iPad im Hochformat ausprobieren, wird es Sie vielleicht irritieren, dass es von der Detailansicht scheinbar keinen Weg zurück zur Master-Liste gibt. Der ZURÜCK-Button, also der Pfeil nach links, fehlt.

17.6 Split-View-Controller

Häufige Nutzer des iPads wissen natürlich, wie sie zur Master-Leiste gelangen: Ein Wischen vom linken Rand nach rechts blendet die Liste ein. Wenn Ihnen das zu wenig intuitiv ist, müssen Sie den Detail-Controller in einen eigenen Navigation-Controller einbetten. Dazu markieren Sie den Detail-View-Controller und führen EDITOR • EMBED IN • NAVIGATION CONTROLLER aus. Damit gibt es in der App nun zwei Navigation-Controller: einen für die Master-Ansicht und einen weiteren für die Detail-Ansicht (siehe Abbildung 17.15).

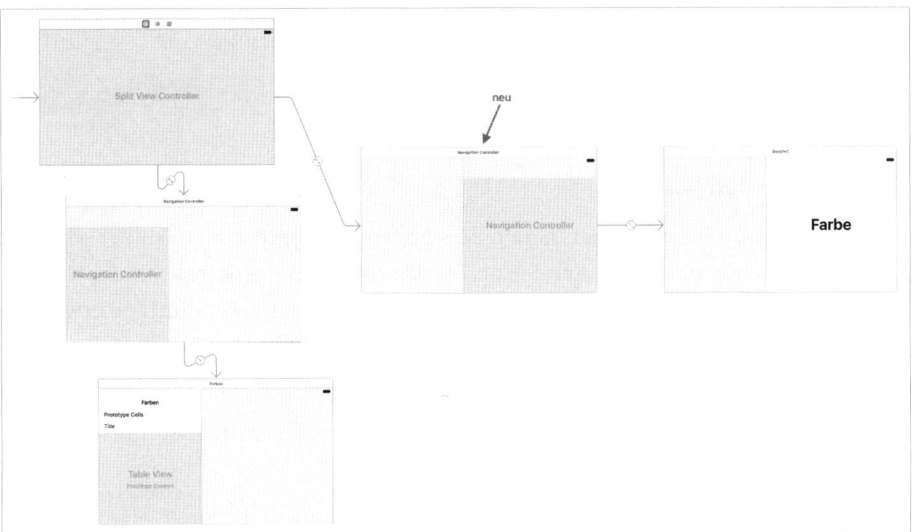

Abbildung 17.15 Ein ganzer Wald von Controllern ist erforderlich, damit die Split-View-App auf jedem Gerät zufriedenstellend läuft.

Parallel dazu sind auch einige Code-Änderungen erforderlich. Nach der Auswahl eines Listeneintrags muss nun der Navigation-Controller der Detailansicht geöffnet werden:

```
// Projekt ios-split-2nc, Datei MasterTVC.swift
override func tableView(_ tableView: UITableView,
                        didSelectRowAt indexPath: IndexPath)
{
  myapp.detailVC?.mycolor = mycolors[indexPath.row]
  myapp.splitVC?.showDetailViewController(
    myapp.detailVC!.navigationController!,   // geändert
    sender: nil)
}
```

In der `AppDelegate`-Klasse erfolgt der Zugriff auf den Detail-View-Controller nun indirekt über den neuen Navigation-Controller:

```
// Projekt ios-split-2nc, Datei AppDelegate.swift
let secondNC = splitVC?.viewControllers.last as?
   UINavigationController
   detailVC =
     secondNC?.topViewController as? DetailVC
```

Außerdem muss dort der Pfeil-Button zur Master-Ansicht explizit aktiviert werden:

```
// Back-Button immer anzeigen (Quelle: https://raywenderlich.com
   /94443)
detailVC?.navigationItem.leftItemsSupplementBackButton = true
detailVC?.navigationItem.leftBarButtonItem =
   splitVC?.displayModeButtonItem
```

Die Master-Detail-Vorlage

Wenn Sie beim Erstellen einer neuen iOS-App die Projektvorlage MASTER-DETAIL APPLICATION verwenden, erhalten Sie als Startpunkt bereits eine vollständig funktionierende App. In ihr können Sie mit einem Plus-Button die Listeneinträge erweitern und später sogar verschieben. Die Listeneinträge und die Detailansicht bestehen jeweils aus dem gerade aktuellen Datum samt Uhrzeit.

Die Implementierung unterscheidet sich in drei Details vom hier präsentierten Muster:

▸ Das `UISplitViewControllerDelegate`-Protokoll wird nicht in einer eigenen Split-View-Controller-Klasse implementiert, sondern in der `AppDelegate`-Klasse.

▸ Der Übergang zur Detailansicht bei der Auswahl eines Listeneintrags erfolgt nicht durch `showDetailViewController` in `tableView(_:didSelectRowAt)`, sondern durch das in Xcode vordefinierte Segue-Objekt mit dem Identifier `showDetail`. Startpunkt des Segues ist die Prototypzelle des Table-View-Controllers.

▸ Konsequenterweise ist für die Datenübergabe in die Detail-Ansicht nun die `prepare`-Methode in `MasterDetailController.swift` zuständig. Dort wird auch der ZURÜCK-Button im zweiten Navigation-Controller eingerichtet.

Das Xcode-Projekt `ios-split-master-detail` enthält den Muster-Code, ergänzt um ein paar erläuternde Kommentare.

17.7 Popups

Popups bzw. im Apple-Jargon *Popovers* sind Ansichten oder Dialoge, die *über* der gerade aktuellen Ansicht angezeigt werden. Dabei gelten zwei Besonderheiten:

▸ Popups sind kleiner als der Bildschirm. Die im Hintergrund weiterhin sichtbare Ansicht wird abgedunkelt.

▶ Popups können unkompliziert durch einen Klick auf den Hintergrund verlassen werden.

Intern verhalten sich Popups weitgehend wie »normale« Ansichten: Sie verfügen über einen eigenen View-Controller. Das Ein- und Ausblenden erfolgt über Segues.

Hello Popup!

Um Popups schnell und unkompliziert auszuprobieren, erstellen Sie ein neues iOS-Projekt, wobei Sie wie üblich den Typ SINGLE VIEW APPLICATION verwenden. In den vorgegebenen View-Controller fügen Sie einen Button ein. Dann richten Sie einen zweiten View-Controller ein, in den Sie z. B. ein Text-View-Steuerelement einfügen. Erstellen Sie mit ctrl-Drag einen Segue vom Button zum zweiten View-Controller, und wählen Sie als Segue-Typ PRESENT AS POPOVER (siehe Abbildung 17.16). Fertig!

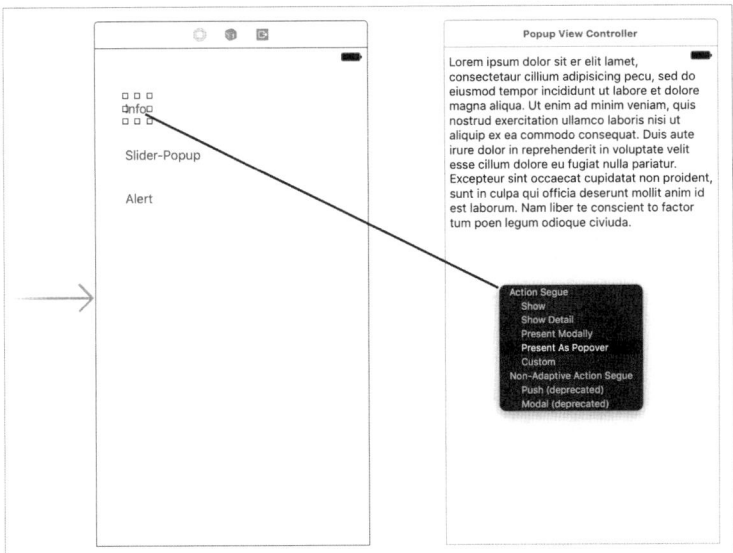

Abbildung 17.16 Popup-Segue vom Button zum zweiten View-Controller einrichten

Nun starten Sie die App, wobei Sie als Gerät aber ein iPad-Modell auswählen. Prinzipiell funktioniert das Beispiel, allerdings sind Größe und Position des Popups verbesserungswürdig (siehe Abbildung 17.17).

Nicht zufriedenstellend verläuft der erste Popup-Test hingegen, wenn Sie als iOS-Gerät ein iPhone auswählen: Anstatt des Popups stellt iOS den zweiten View-Controller in einer ganz gewöhnlichen Ansicht dar. Noch schlimmer: Es gibt keinen Weg zurück in die ursprüngliche Ansicht, weil es keinen Hintergrund zum Anklicken gibt.

Abbildung 17.17 Die minimalistische Popup-Demo läuft in einem simulierten iPad.

Popups auch auf dem iPhone

Der Grund für das unerwartete Versagen der Popup-Demonstration besteht darin, dass iOS per Default der Meinung ist, dass Popups auf dem relativ kleinen Display eines iPhones nicht zweckmäßig sind. Daher ignoriert iOS den Wunsch nach einer POPOVER PRESENTATION. Stattdessen macht es aus dem Popup-Dialog eine eigenständige Ansicht, in die ein »normaler« Segue führt.

Abhilfe schafft die Methode adaptivePresentationStyle des Protokolls UIPopoverPresentationControllerDelegate. (Es geht nichts über kurze, prägnante Namen ...) Die Methode wird vor der Anzeige des Popups aufgerufen. Dort können Sie Einfluss darauf nehmen, wie das Popup angezeigt werden soll. Der Rückgabewert .none bedeutet, dass Sie explizit eine nichtmodale Anzeige wünschen, unabhängig davon, welche Ansicht iOS zu diesem Thema hat.

Damit die Methode im View-Controller verarbeitet werden kann, muss dieser das Protokoll implementieren. Außerdem muss in prepare die delegate-Eigenschaft des Popup-Presentation-Controllers eingestellt werden. Im folgenden Code setze ich voraus, dass dem View-Controller des Popups die Klasse PopupViewController zugeordnet ist.

```swift
// Projekt ios-popup, Datei ViewController.swift
// Code im View-Controller, der den Popup-Aufruf initiiert
class ViewController: UIViewController,
                      UIPopoverPresentationControllerDelegate
{
  // wird ausgeführt, bevor der Info-Popup-Dialog angezeigt wird
  override func prepare(for segue: UIStoryboardSegue,
                        sender: Any?)
  {
    if let dest = segue.destination as? PopupViewController,
       let popPC = dest.popoverPresentationController
    {
      // popPC.permittedArrowDirections = .Right
      popPC.delegate = self
    }
  }

  // Popups auch auf iPhone als solche anzeigen
  // Aufruf aufgrund von popPC.delegate = self
  func adaptivePresentationStyle(for controller:
      UIPresentationController) -> UIModalPresentationStyle
  {
    return .none
  }
}
```

Größe des Popups einstellen

Wenn Sie bereits während des Designs Ihrer App genau wissen, wie groß Ihr Popup-Dialog sein wird, können Sie dessen Größe unveränderlich vorgeben. Die Vorgehensweise ist leider außergewöhnlich umständlich:

- Zuerst stellen Sie die Größe der Text-View so ein, dass diese den gesamten View-Controller ausfüllt. Im Size-Inspector klicken Sie bei Auto-Resizing alle sechs Verbindungslinien und Pfeile an, damit die Text-View auch bei einer Größenänderung immer den gesamten Platz ausfüllt. Alternativ können Sie natürlich auch entsprechende Layoutregeln definieren.
- Als Nächstes wählen Sie den View-Controller aus und stellen im *Attributinspektor* °*Size = Freeform* und STATUS BAR = NONE ein.
- Dann wählen Sie innerhalb des View-Controllers die Hintergrund-View aus (das gelingt am einfachsten in der Seitenleiste DOCUMENT OUTLINE) und stellen deren gewünschte Größe absolut ein, also WIDTH und HEIGHT im Size Inspector (siehe Abbildung 17.18). Der View-Controller übernimmt jetzt die Größe der View.

▶ Schließlich wählen Sie wieder den View-Controller aus und stellen im Attributinspektor CONTENT SIZE = PREFERRED EXPLICIT SIZE ein. Damit fixieren Sie die bisherigen Einstellungen endgültig. Sollten Sie die View-Größe später nochmals ändern, müssen Sie die Option PREFERRED EXPLICIT SIZE erneut deaktivieren und wieder aktivieren, damit der View-Controller die neue Größe berücksichtigt.

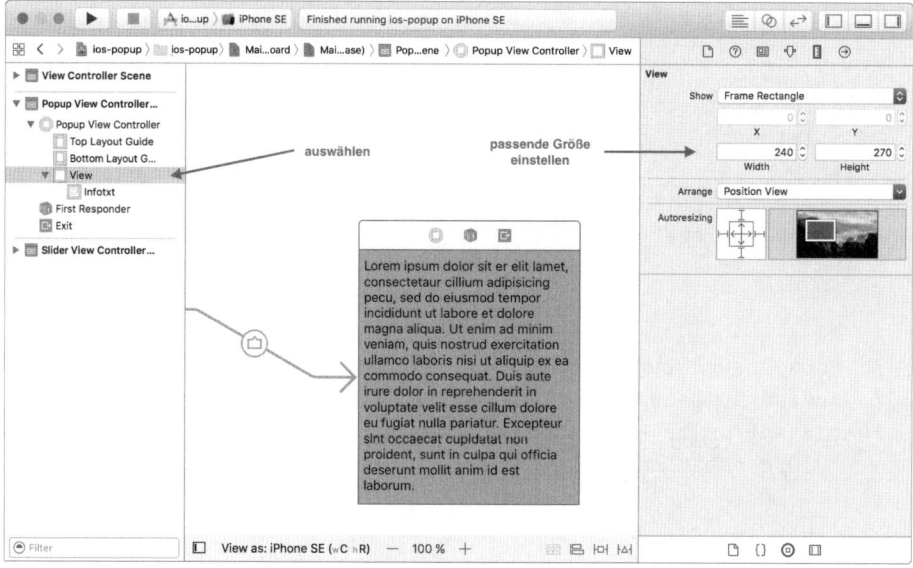

Abbildung 17.18 Absolute Einstellung der View-Größe

Nicht immer ist die Größe von vornherein klar: Vielleicht wollen Sie einen Text anzeigen, dessen Inhalt sich aus dem Programmverlauf ergeben hat. Oder die Größe der Steuerelemente im Popup hängt von der Sprache ab. In solchen Fällen müssen Sie im Controller der Popup-View die Eigenschaft `preferredContentSize` durch eigenen Code überschreiben. Diese Eigenschaft gibt an iOS die gewünschte Größe des Popup-Dialogs weiter. iOS versucht sich daran zu halten, garantiert dies aber nicht. Wenn etwa die gewünschte Größe die des Bildschirms überschreitet, muss iOS den Popup-Dialog verkleinern.

Der folgende Beispielcode geht davon aus, dass der View-Controller des Popups nur ein Textfeld enthält, dass dieses Textfeld den gesamten View-Controller ausfüllt und dass es Auto-Layout-Regeln gibt, die die vier Seiten des Textfelds mit den Rändern des View-Controllers verbinden. In der Klassendatei des Popups bauen Sie nun den folgenden Code ein:

```swift
// Projekt ios-popup, Datei PopupViewController.swift
class PopupViewController: UIViewController {
  @IBOutlet weak var infotxt: UITextView!

  // dieser Code ist nur notwendig, wenn die Größe dynamisch
  // an den Inhalt angepasst werden soll
  override var preferredContentSize: CGSize {
    get {
      if infotxt != nil, let pvc = presentingViewController {
        return infotxt.sizeThatFits(pvc.view.bounds.size)
      }
      return super.preferredContentSize
    }
    set { super.preferredContentSize = newValue }
  }
}
```

Im get-Teil dieser Computed Property wird getestet, ob das Textfeld bereits initialisiert ist und ob `presentingViewController` auf einen anderen View-Controller zeigt. In unserem Beispiel verweist `presentingViewController` auf den ersten View-Controller, dessen Button die Anzeige des Popups ausgelöst hat. Sind diese Voraussetzungen erfüllt, berechnet `sizeThatFits` die optimale Größe des Textfelds unter Berücksichtigung der Grenzen des übergeordneten View-Controllers. Die resultierende `CGSize`-Struktur wird zurückgegeben.

Sollte die Initialisierung hingegen noch nicht abgeschlossen sein bzw. wurde der View-Controller des Popups in einem anderen Kontext verwendet, dann greift `super.preferredContentSize` auf die Wunschgröße der Basisklasse zurück, also auf die Größe des `UIViewControllers`. Ähnlich agieren wir im set-Teil: Wenn `preferredContentSize` verändert wird, geben wir diese Information einfach an die Basisklasse weiter.

Popup-Richtung festlegen

Um den App-Benutzern zu verdeutlichen, welches Element die Anzeige des Popups initiiert hat, platziert iOS das Popup nach Möglichkeit neben oder unter das betreffende Steuerelement und baut in das Popup eine pfeilförmige Ausbuchtung ein, im vorigen Beispiel links oben (siehe Abbildung 17.17).

iOS entscheidet normalerweise selbst über die optimale Platzierung. Sie können im Attributinspektor des Segue aber vorgeben, welche Orte für Sie akzeptabel sind und welche nicht (siehe Abbildung 17.19). Die Richtungen beziehen sich dabei nicht auf das Popup, sondern auf dessen Pfeil. Wenn Sie als einzige Option DIRECTIONS = UP anklicken, wird das Popup *unterhalb* des Buttons angezeigt, die Pfeilrichtung zeigt entsprechend nach oben.

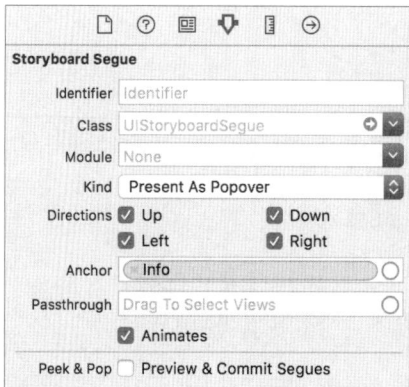

Abbildung 17.19 Segue-Eigenschaften steuern, in welche Richtung der Popup-Pfeil zeigen darf.

Bei der Einstellung ist Vorsicht angebracht: Eine ungünstige Einstellung kann dazu führen, dass das Popup sehr klein oder überhaupt nicht sichtbar wird. Denken Sie auch daran, dass Ihre App vielleicht auch im Landscape-Modus ausgeführt wird! In vielen Fällen ist es am besten, einfach alle vier Richtungsoptionen aktiviert zu lassen, wie die Defaulteinstellungen dies vorsehen.

Bei meinen Tests hat sich die Einstellung der vier Richtungsoptionen in Xcode als sehr unzuverlässig erwiesen. Alternativ können Sie die zulässige Richtung mit der Eigenschaft permittedArrowDirection auch per Code in prepareSegue einstellen, wobei Sie die zur Auswahl stehenden Optionen als Array übergeben.

```
// Projekt ios-popup, Datei ViewController.swift
override func prepare(for segue: UIStoryboardSegue,
                      sender: Any?)
{
  if let dest = segue.destination as? PopupViewController,
     let popPC = dest.popoverPresentationController
  {
    // steuert die erlaubte Richtung des Pfeils
    popPC.permittedArrowDirections = [.up]
    // damit die Popup-Anzeige auf iPhones funktioniert
    popPC.delegate = self
  }
}
```

Trotz all dieser Mühen gelingt es iOS leider nicht immer, Popups optimal zu platzieren (siehe Abbildung 17.20). Grundsätzlich gilt: Je kleiner das Popup ist, desto größer ist die Chance, dass es dort erscheint, wo Sie es sich wünschen.

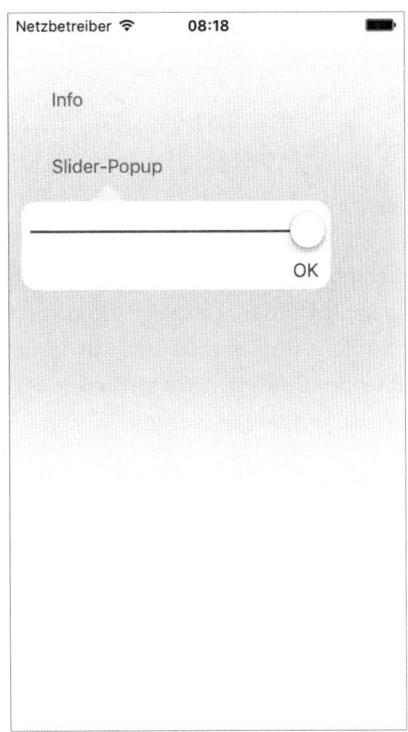

Abbildung 17.20 Links: Das Popup überdeckt den Button. Es sollte eigentlich etwas weiter unten angezeigt werden. Rechts: Popup mit Slider, diesmal korrekt platziert.

Popups per Code anzeigen und entfernen

Um ein Popup ohne einen im Storyboard-Editor eingerichteten Segue per Code anzuzeigen, müssen Sie dem View-Controller des Popups zuerst einen Namen geben (STORY BOARD ID im Identity Inspector).

Ist diese Voraussetzung erfüllt, können Sie mit der Methode instantiateViewController eine Instanz des View-Controllers des Popup-Dialogs erzeugen. Wichtig ist die Einstellung der Eigenschaft modalPresentationStyle = .Popover, damit der Slider wirklich als Popup präsentiert wird.

Für die eigentliche Darstellung ist ein Presentation-Controller zuständig (Klasse UIPopoverPresentationController). Hier müssen die Eigenschaften sourceView und sourceRect eingestellt werden, damit iOS weiß, welches Steuerelement die Popup-Anzeige initiiert und in welchen Bildschirmbereich der Popup-Pfeil weisen soll. Die Position des Rechtecks wird relativ zu den Koordinaten des Source-Views angegeben.

> **View-Koordinatensysteme**
>
> Hintergrundinformationen zu den Koordinatensystemen in iOS- und macOS-Programmen finden Sie in Abschnitt 19.4, »Maus«. Dort geht es eigentlich um die Verarbeitung von Mausereignissen unter macOS, die dort behandelten Grundlagen gelten aber ebenso für iOS.

Wie beim ersten Beispiel muss die delegate-Eigenschaft des Presentation-Controllers auf self gestellt werden. Deswegen kommt es zum Aufruf der adaptivePresentation-Style-Methode. Diese muss .none zurückgeben, damit der Popup-Dialog auch auf dem iPhone funktioniert. Nach all diesen Vorbereitungsarbeiten kann der Dialog endlich mit present angezeigt werden.

In diesem Beispiel steuert ein Slider im Popup-Dialog die Hintergrundfarbe der Hauptansicht zwischen Weiß und Schwarz (siehe Abbildung 17.20). Die gerade aktuelle Farbe wird vor dem Aufruf ermittelt und über die Eigenschaft sliderValue an den Popup-View-Controller übergeben. Die Größe des Popups wurde vorweg im Storyboard durch die Einstellung von USE PREFERRED EXPLICIT SIZE fixiert.

```
// Projekt ios-popup, Datei ViewController.swift
@IBAction func btnSlider(_ sender: UIButton) {
  // aktuelle Hintergrundfarbe ermitteln
  var white: CGFloat = 0
  self.view.backgroundColor?.getWhite(&white, alpha: nil)

  // Slider-Popup-VC erzeugen und initialisieren
  let sliderVC = storyboard?
    .instantiateViewController(withIdentifier: "SliderPopup")
    as! SliderViewController
  sliderVC.sliderValue = Float(white)
  sliderVC.mainVC = self

  // Slider-Popup vorbereiten
  sliderVC.modalPresentationStyle = .popover
  let popPC = sliderVC.popoverPresentationController!
  popPC.sourceView = sender
  popPC.sourceRect = sender.bounds
  popPC.permittedArrowDirections = .up
  popPC.delegate = self  // damt es auf iPhones funktioniert

  // und vorbereiten
  present(sliderVC, animated:true, completion: nil)
}
```

SliderViewController

Dem Popup-Slider ist die Klasse `SliderViewController` zugeordnet. `viewDidLoad` wertet die Eigenschaft `sliderValue` aus und stellt die Slider-Position entsprechend ein. Bei jeder Änderung des Sliders kommt es zum Aufruf der Action-Methode `sliderChanged`. Dort wird die Hintergrundfarbe des Haupt-View-Controllers geändert:

```swift
// Projekt ios-popup, Datei SliderViewController.swift
class SliderViewController: UIViewController,
        UIPopoverPresentationControllerDelegate
{
  var sliderValue: Float = 0       // Startwert für Slider
  weak var mainVC: ViewController! // Verweis auf Haupt-View-
                                   // Controller

  @IBOutlet weak var slider: UISlider!

  // Initialisierung
  override func viewDidLoad() {
    super.viewDidLoad()
    slider.value = sliderValue
  }

  // Hintergrundfarbe des zugrunde liegenden
  // Haupt-View-Controllers verändern
  @IBAction func sliderChanged(_ sender: UISlider) {
    mainVC.view.backgroundColor =
      UIColor(white: CGFloat(slider.value), alpha: 1)
  }
}
```

Im `SliderViewController` fehlen jetzt noch einige Zeilen Code zur Implementierung des Protokolls `UIPopoverPresentationControllerDelegate`. Bevor ich darauf eingehe, muss ich aber den »gewöhnlichen« Unwind-Prozess beschreiben.

Unwind für Popups

Für den Unwind-Vorgang ist in `ViewController.swift` die Methode `unwindToMainVC` vorgesehen. Es ist wichtig, dass Sie die Methode selbst mit `@IBAction` kennzeichnen, damit im nächsten Schritt die Verknüpfung zum Exit-Button gelingt.

```swift
// Projekt ios-popup, Datei ViewController.swift
class ViewController: UIViewController, ... {
```

```
// Popup wurde mit 'OK' beendet
@IBAction func unwindToMainVC(_ segue: UIStoryboardSegue) {
  if let src = segue.source as? SliderViewController {
    print("Slider-Popup mit OK geschlossen")
    print("Eingestellt: \(src.slider.value)")
  }
}
```

Im Storyboard-Editor verbinden Sie nun den OK-Button durch einen `ctrl`-Drag zum EXIT-Button mit dieser Methode (siehe Abbildung 17.21). Die unwindToMainVC-Methode liest den Zustand des Sliders aus, speichert ihn in der Eigenschaft gray und ändert außerdem die Hintergrundfarbe der Hauptansicht.

Abbildung 17.21 Verbindung des OK-Buttons mit der unwind-Methode im Storyboard

Die unwind-Methode wird nur aufgerufen, wenn der Popup-Dialog explizit durch den OK-Button geschlossen wurde – nicht aber, wenn der Popup-Dialog durch einen Klick auf den Hintergrund ausgeblendet wird. Sollten Sie diese Information in Ihrem Programm benötigen, müssen Sie im View-Controller des Popups das Protokoll UIPopoverPresentationControllerDelegate implementieren und die delegate-Eigenschaft des Presentation-Controllers auf self stellen. Dann kommt es zum Aufruf der Methode popoverPresentationControllerShouldDismissPopover:

```
// Projekt ios-popup, Datei SliderViewController.swift
class SliderViewController: UIViewController,
             UIPopoverPresentationControllerDelegate
{
  // restlicher Code wie bisher ..

  override func viewDidLoad() {
    popoverPresentationController?.delegate = self
  }

  // Die folgenden Methode wird aufgerufen, bevor das Popup durch
  // einen Klick außerhalb ausgeblendet wird, nicht aber, wenn es
  // regulär durch 'OK' plus Segue geschlossen wird.
```

```
func popoverPresentationControllerShouldDismissPopover(
    _ popoverPresentationController:
    UIPopoverPresentationController) -> Bool
{
    // Aufräumarbeiten etc.
    print("should dismiss")
    return true
  }
}
```

dismiss-Methode

Anstatt den OK-Button des Popup-Dialogs mit dem EXIT-Button und so mit einer selbst programmierten `dismiss`-Methode zu verbinden, können Sie den OK-Button auch mit einer ganz gewöhnlichen Action-Methode des Popup-View-Controllers verbinden. Dort lösen Sie dann bei Bedarf mit der Methode `dismiss` das Ausblenden des Popups aus.

```
@IBAction func btnOK(_ sender: UIButton) {
  // ...
  dismiss(animated: true,
    completion: { // Closure
       // .. diesen Code ausführen,
       // sobald der Popup-Dialog
       // verschwunden ist
  })
}
```

Im Parameter `completion` können Sie eine Funktion bzw. eine Closure übergeben, deren Code nach dem Schließen des Popups ausgeführt wird. Gleich eine ganze Sammlung entsprechender Beispiele finden Sie in Abschnitt 35.6, »Der Popup-Dialog (PopupVC.swift)«.

17.8 Ja-Nein-Dialoge (UIAlertController)

Nicht immer ist es notwendig, gleich einen eigenen Popup-Dialog zu gestalten. In manchen Fällen können Sie auch auf die `UIAlertController`-Klasse zurückgreifen, um Sicherheitsabfragen, Ja-Nein-Dialoge oder andere Entscheidungsdialoge darzustellen (siehe Abbildung 17.22). Ein wichtiger Unterschied zu Popups besteht darin, dass die App-Benutzer sich für eine der Optionen entscheiden müssen; ein Klick außerhalb des Dialogs ist nicht erlaubt.

Abbildung 17.22 Eine wesentliche Frage für iOS-Entwickler

Der Umgang mit einem UIAlertController ist unkompliziert: Sie erzeugen einen UIAlertController, fügen mit addAction die gewünschten Optionen hinzu und zeigen den Dialog schließlich mit der Methode present an. Beim Erzeugen haben Sie die Wahl zwischen zwei Präsentationsformen:

- preferredStyle: .Alert zeigt den Dialog in der Bildschirmmitte an. Die Texte werden in schwarzer Schrift angezeigt.

- preferredStyle: .ActionSheet zeigt den Dialog am unteren Bildschirmrand an. Die Textfarbe ist grau, d. h., der Dialog wirkt unauffälliger und weniger wichtig.

Bei addAction fügen Sie dem Button eine UIAlertAction hinzu. Dabei können Sie zwischen drei Button-Varianten unterscheiden:

- style: .Default verwendet die Standardformatierung zur Gestaltung des Buttons. Für mehrere gleichwertige Optionen sollten Sie diese Variante wählen.

- style: .Cancel ist dazu gedacht, die Option hervorzuheben, mit der der Dialog abgebrochen werden kann. iOS verwendet eine fette Schrift für den Button-Text. Dieser Stil darf nur bei einer Aktion pro Controller verwendet werden.

- style: .Destructive warnt App-Benutzer vor einem gefährlichen Vorgang, z. B. vor dem Löschen eines Objekts. Der Button wird in roter Schrift dargestellt.

Interessant ist der dritte Parameter der Init-Funktion von UIAlertAction: Mit handler geben Sie eine Funktion an, die nach der Wahl der Option ausgeführt werden soll. An die Funktion wird das zugrunde liegende UIAlertAction-Objekt übergeben.

In einfachen Fällen bietet es sich an, die Handler-Funktion wie im folgenden Listing direkt als Closure zu realisieren. Wenn Sie am UIAlertAction-Parameter nicht interessiert sind, geben Sie anstelle des Parameters einfach das Pattern-Zeichen _ an.

Der folgende Code zeigt zwei Varianten, wie Sie die Closure übergeben können: Entweder direkt als Parameter (Antwort 1) oder der Methode nachgestellt (Antwort 2 und 3). Bei der zweiten Variante brauchen Sie den handler-Parameternamen nicht anzugeben.

17.8 Ja-Nein-Dialoge (UIAlertController)

Sind diese Vorbereitungsarbeiten erledigt, zeigen Sie den Dialog mit der Methode present an. Im completion-Parameter dieser Methode können Sie eine Funktion angeben, die im Anschluss an den Dialog ausgeführt werden soll. Das ist hier aber nicht zweckmäßig.

```swift
// Projekt ios-popup, Datei ViewController.swift
class ViewController: UIViewController, ... {
  @IBAction func btnAlert(_ sender: UIButton) {
    // Dialog zusammenstellen
    let alert = UIAlertController(
      title: "Programmiersprache",
      message: "Womit programmieren Sie iOS-Apps?",
      preferredStyle: .alert)

    // Antwort 1
    alert.addAction(
      UIAlertAction(title: "Swift", style: .default, handler:
        // Closure als Parameter
        { (_) in self.label.text =
                  "Natürlich, womit sonst?" }
    ))

    // Antwort 2
    alert.addAction(
      UIAlertAction(title: "Objective C", style: .default)
        { // nachgestellte Closure
          (_) in self.label.text =
            "Da haben Sie aber das falsche Buch gekauft!"
        }
    )

    // Antwort 3
    alert.addAction(
      UIAlertAction(title: "Java", style: .default)
        { (_) in self.label.text =
            "Sie sind auf der falschen Hochzeit. " +
            "Wahrscheinlich entwickeln Sie für Android ..." }
    )

    // Dialog anzeigen
    present(alert, animated: true, completion: nil)
  }
}
```

Kapitel 18
Hello macOS-World!

In den vorigen drei Kapiteln habe ich Ihnen die Grundlagen der iOS-App-Programmierung präsentiert. Dieses und das nächste Kapitel widmen sich der zweitwichtigsten Apple-Plattform, nämlich macOS (ehemals OS X). Dabei gibt es zum Glück eine Menge Ähnlichkeiten. Deswegen setze ich voraus, dass Ihnen zumindest die Grundbegriffe und -konzepte der iOS-Programmierung bekannt sind – andernfalls müsste ich viele Dinge hier nochmals präsentieren und das Buch mit unnötigen Redundanzen aufblähen.

Dieses Hello-World-Kapitel zeigt Ihnen gleich vier verschiedene Varianten zur Programmierung eines einfachen Lottozahlengenerators. Die Vielfalt der Programmierverfahren ist historisch entstanden. In den weiteren macOS-Kapiteln werde ich mich dann auf das Verfahren konzentrieren, das die größte Ähnlichkeit zu iOS hat: auf den Programmentwurf auf der Basis eines Storyboards.

18.1 Von iOS zu macOS

Vor dem ersten Beispielprogramm gibt dieser Abschnitt Ihnen einen kurzen Überblick darüber, wo es Ähnlichkeiten zwischen iOS und macOS gibt und welche Unterschiede bestehen. Aus der historischen Perspektive ist das natürlich ein wenig absurd. macOS gab es schon lange vor iOS, und insofern wäre es logischer, in diesem Buch zuerst die macOS-Programmierung zu behandeln und erst dann auf iOS und dessen Besonderheiten einzugehen.

Faktum ist aber, dass die Mehrheit der Entwickler im Apple-Universum momentan an iOS-Apps arbeitet. Das ist mittlerweile auch bei den Entwicklungswerkzeugen spürbar. Xcode-Funktionen, Steuerelemente und Bibliotheken, die zuerst für iOS entwickelt wurden, finden nach und nach Eingang in die macOS-Welt. Das begründet, warum ich in diesem Buch iOS den Vorzug gegeben und es ausführlicher behandelt habe.

Gemeinsamkeiten

Die folgende Liste nennt ohne Anspruch auf Vollständigkeit einige Gemeinsamkeiten zwischen iOS- und macOS-Projekten:

- ähnliche Xcode-Arbeitstechniken
- ähnlicher Xcode-Projektaufbau inklusive `Info.plist` und `Assets.xcassets`
- gemeinsame Foundation-Basisbibliothek
- gleiche Programmiertechniken (MVC-Modell, Delegation, Notifications etc.)
- teilweise ähnlich konzipierte Steuerelemente
- Actions und Outlets (aber keine Outlet Collections)
- Auto-Layout-System
- Storyboards und Segues (seit Version 10.10)
- Lokalisierung

Außerdem gibt es sicher noch hundert weitere Themen, auf die ich in diesem Buch aus Platzgründen nicht eingehen konnte, die aber dennoch unter iOS und macOS ähnlich oder sogar gleich gehandhabt werden.

Unterschiede

Die wesentlichsten Unterschiede zwischen iOS-Apps und macOS-Programmen ergeben sich aus den geänderten Voraussetzungen: Während unter iOS das Gerät die Bildschirmgröße vorgibt, laufen macOS-Programme in Fenstern beliebiger Größe. Die Steuerung erfolgt nicht über Wischbewegungen auf dem Bildschirm, sondern über eine richtige Tastatur sowie eine Maus oder ein Trackpad. Darüber hinaus gibt es viele weitere Unterschiede:

- zusätzliche Xcode-Komponenten (Bindings Inspector, View Effects Inspector etc.)
- Window-Controller statt bzw. ergänzend zum View-Controller
- viele Steuerelemente, die ganz anders als für iOS konzipiert sind
- Drag & Drop
- Menüs
- unkompliziertere App-Weitergabe, der App Store ist freiwillig

Als Basis für alle macOS-Programme dient das Cocoa-Framework. Die dort definierten Klassen beginnen mit dem Kürzel `NS`, das an die NextStep-Herkunft erinnert. Bei vielen Steuerelementen und anderen Basisklassen stimmt der Name bis auf das Kürzel überein – also `UIButton` aus dem UIKit-Framework versus `NSButton` aus dem Cocoa-Framework. Verlassen Sie sich aber nicht darauf, dass die Klassen kompatibel sind – zum Teil gibt es erhebliche Unterschiede!

Window- versus View-Controller

iOS-Apps sind im Regelfall auf den Bildschirm des jeweiligen Geräts beschränkt. (Ausgenommen von dieser Regel sind Apps, die per Air Play ein externes Display ansteuern.) Innerhalb dieses Displays verwendet die App Ansichten (Views), um verschiedene Programmzustände darzustellen. Für die Steuerung dieser Ansichten ist der View-Controller verantwortlich, der ja in allen iOS-Kapiteln omnipräsent ist.

Ganz anders ist das Konzept von macOS-Programmen: Diese nutzen Fenster, oft mit variabler Größe. Sind Einstellungen zu erledigen oder sollen Zusatzinformationen angezeigt werden etc., kann jederzeit ein weiteres Fenster geöffnet werden.

Fenster werden in Cocoa durch die `NSWindow`-Klasse abgebildet. Bei der Verwaltung des Fensters hilft der zugeordnete `NSWindowController`. Zu den Aufgaben des Window-Controllers zählen das Laden, Anzeigen und Schließen von Fenstern. Bei einfachen Programmen kann es sein, dass Sie mit dem Window-Controller nie in Kontakt kommen. Bei Programmen mit mehreren Fenstern kann es aber zweckmäßig sein, die Controller-Funktionen des Programms jeweils in Klassen zu realisieren, die vom `NSWindowController` abgeleitet sind. Der Window-Controller kann dann ähnliche Aufgaben wie der View-Controller unter iOS erfüllen, also z. B. auf einen Button-Klick reagieren.

macOS-Steuerelemente sind grundsätzlich von der `NSView`-Klasse abgeleitet. Diese Klasse kann auch eigenständig als Container für andere Steuerelemente verwendet werden. Ein `NSWindow`-Objekt verweist über die `contentView`-Eigenschaft auf das Basis-View-Objekt. Die zur Verwaltung von Views vorgesehene `NSViewController`-Klasse war bis macOS 10.9 (das damals noch OS X 10.9 alias OS X Mavericks hieß) primär zum Laden von Views aus XIB/NIB-Dateien sowie für die Verwaltung des Inhalts verantwortlich. Die wichtigsten Methoden sind `viewDidLoad`, `viewWillAppear` und `viewDidAppear`, `viewWillLayout` und `viewDidLayout` sowie schließlich `viewWill`- und `viewDidDisappear`.

Beginnend mit Version 10.10 ist es darüber hinaus möglich, von `NSViewController` abgeleitete Klassen wie unter iOS dazu einzusetzen, um mit Actions und Outlets die Controller-Logik des Programms zu realisieren. Wirklich vorteilhaft ist dies, wenn Sie in komplexen Anwendungen mehrere Fensterbereiche durch eigene Views realisieren. Ebenfalls möglich, wenngleich unüblich, ist der Wechsel der aktiven Ansicht innerhalb eines Fensters – also wie in iOS-Programmen.

Langer Rede kurzer Sinn: Die in Version 10.10 erweiterte Klasse `NSViewController` führt in die macOS-Welt Steuerungsmöglichkeiten ein, die bisher iOS vorbehalten waren. Es ist Ihnen freigestellt, diese zu nutzen.

Storyboards

Eine weitere große Neuerung in Version 10.10 besteht darin, dass Sie zur Entwicklung von macOS-Programmen Storyboards verwenden können – so wie es unter iOS schon seit Jahren gebräuchlich ist. Wenn Sie sich für diese Variante entscheiden, erstellt der Storyboard-Editor für jedes Fenster einen Window- *und* einen View-Controller. Ihr eigener Code landet in einer Klasse, die von der `NSViewController`-Klasse abgeleitet ist. Diese Vorgehensweise hat primär zwei Vorteile:

- Die Ähnlichkeit zu iOS macht den Umstieg einfacher.
- Mehrere Fenster bzw. Ansichten können durch Segues verbunden werden.

Wenn Sie sich in eigenen Projekten für die Storyboard-Variante entscheiden, dann bedeutet das auch, dass Ihr eigener Controller-Code in View-Controller-Klassen landet. Im vorigen Abschnitt habe ich schon ausgeführt, dass sich daraus nur bei anspruchsvollen Projekten Vorteile ergeben. View-Controller schaden aber auch in einfachen Projekten nicht, und sie ebnen den Weg für spätere Erweiterungen.

Der einzige wesentliche Nachteil von Storyboards besteht darin, dass damit entwickelte Programme macOS 10.10 voraussetzen und unter älteren macOS-Versionen nicht laufen. Für Einsteiger ist es zudem verwirrend, dass sich im Internet und in Büchern verfügbare Anleitungen, Tipps und Problemlösungen selten auf die Storyboard-Variante beziehen.

Für dieses Buch habe ich mich dazu entschlossen, alle Beispielprogramme auf der Basis von Storyboards zu entwickeln – mit der Ausnahme von drei Hello-World-Varianten, die ich Ihnen im weiteren Verlauf dieses Kapitels noch präsentiere. Ich sehe den Hauptvorteil von macOS-Storyboards darin, dass diese die Programmentwicklung für iOS und macOS einheitlicher machen. Und da Sie Swift als Programmiersprache einsetzen, nehme ich an, dass Sie auch sonst neuen Entwicklungen gegenüber aufgeschlossen sind.

18.2 Lottozahlengenerator (Storyboard-Variante)

Mit dem mittlerweile erworbenen Swift- und Xcode-Know-how würde ein ganz simples Hello-World-Programm Sie unterfordern. Deswegen habe ich mich für ein minimal anspruchsvolleres Projekt entschieden. Die Funktionen des Programms sind schnell umrissen:

- Das Programm generiert Lotto-Tipps (siehe Abbildung 18.1). Der erste Tipp wird direkt nach dem Start angezeigt. Wenn Ihnen das nicht reicht, klicken Sie auf den Button NOCH EIN TIPP!.
- Sie können zwischen dem deutschen und dem österreichischen Lottosystem umschalten.
- Die Fenstergröße ist unveränderlich vorgegeben. Ein Klick auf den roten Schließen-Button in der Fensterleise beendet das Programm.

18.2 Lottozahlengenerator (Storyboard-Variante)

Abbildung 18.1 Ein einfacher Lottozahlengenerator

Projekt einrichten

Um das Programm als Storyboard-Projekt zu entwickeln, führen Sie in Xcode FILE • NEW • PROJECT aus und wählen als Projekttyp MACOS • COCOA APPLICATION. Im zweiten Dialog geben Sie dem Projekt einen Namen und wählen als Programmiersprache SWIFT. Die Option USE STORYBOARDS muss gesetzt werden, wohingegen die restlichen Optionen für uns nicht relevant sind (siehe Abbildung 18.2). Im letzten Dialog müssen Sie nur noch den Speicherort akzeptieren oder ändern – das ist Ihnen ja von iOS-Projekten vertraut.

Abbildung 18.2 Ein macOS-Projekt mit Storyboard einrichten

Gestaltung der Benutzeroberfläche

Im Projektnavigator sieht das neue Projekt wie ein iOS-Projekt aus. Aber sobald Sie Main.storyboard öffnen, sehen Sie den ersten wesentlichen Unterschied: Während es unter iOS nur ein Pseudo-Fenster für den View-Controller gab, kommen nun zwei weitere Fenster für das Menü und den Window-Controller hinzu (siehe Abbildung 18.3).

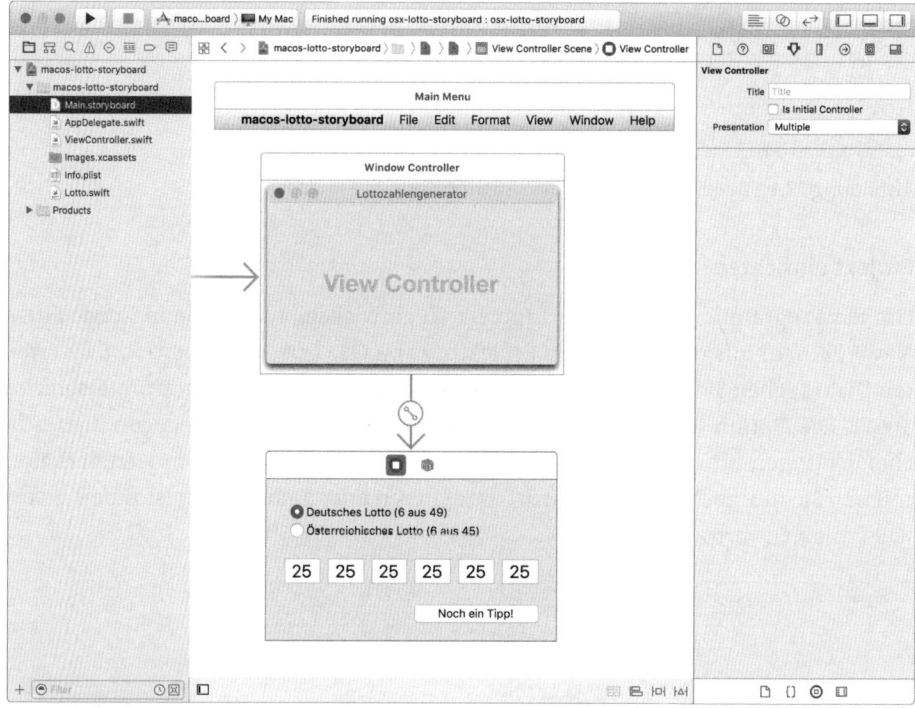

Abbildung 18.3 Menü (oben), Window-Controller (Mitte) und View-Controller (unten)

Diese Unterscheidung zwischen Innerem (View) und Äußerem (Menü und Fenster) ist zweckmäßig, weil unter macOS ja auch der Fensterrahmen gestaltet und seine Merkmale verändert werden können. Die meiste Zeit werden Sie aber wie bisher damit verbringen, Steuerelemente in den View-Controller einzufügen und deren Eigenschaften einzustellen.

Um die Benutzeroberfläche des Lottogenerators zu gestalten, fügen Sie nun aus der Objektbibliothek die folgenden drei Steuerelemente in den View-Controller ein, also in das unterste der drei Objekte im Storyboard-Editor:

- einen Radiobutton
- ein Label
- einen Push-Button

Effizient arbeiten mit Kopieren und Einfügen

Warum habe ich Ihnen empfohlen, nur einen Radiobutton und nur ein Label einzufügen, wo wir doch zwei bzw. sechs Stück benötigen? Weil es effizienter ist, zuerst möglichst viele Eigenschaften einzustellen und die Steuerelemente dann durch ⌘+C und ⌘+V zu duplizieren.

Beim Radiobutton ist vorerst nichts einzustellen. Dafür müssen Sie beim Textfeld im Attributinspektor einige Optionen verändern:

- TITLE = 25 (Auch jede andere zweistellige Zahl ist okay. Es geht nur darum, den Platzbedarf für den Text richtig einzuschätzen.)
- ALIGNMENT = mittig
- BORDER = Rechteck
- FONT = SYSTEM 20

> **Was ist ein Label?**
>
> Während es unter iOS ein eigenes Label-Steuerelement gibt (UILabel-Klasse), ist unter macOS die NSTextField-Klasse sowohl für Textfelder mit Eingabemöglichkeit als auch für statische Texte (also »Label«) zuständig.
>
> In der Objektbibliothek scheint es zwar ein Label zu geben, aber in Wirklichkeit ist dieses intern als NSTextField realisiert – wenn auch mit einer speziellen Voreinstellung der Eigenschaften. Später können Sie im Attributinspektor durch die Veränderung der BEHAVIOR-Eigenschaft jederzeit aus einem Label ein Textfeld machen – und umgekehrt!

Nun stellen Sie die Größe mit der Maus noch passend ein und erstellen dann fünf Kopien des Textfelds. Bei der Anordnung der sechs Textfelder hilft Ihnen Xcode: Platzieren Sie die Steuerelemente so, dass sie entlang der blauen Linien einrasten. Beim ersten Radiobutton wählen Sie schließlich noch STATE = ON, beim zweiten belassen Sie STATE = OFF.

Im Storyboard-Editor gelten dieselben Prinzipien zur Einstellung der Layoutregeln wie für iOS-Apps. Im Lottozahlengenerator sind aber gar keine Layoutregeln erforderlich, weil wir im nächsten Schritt die Fenstergröße fix einstellen.

Fenstergröße und Fenstertitel einstellen

Beim ersten Start eines macOS-Programms erscheint dieses in der Größe des Window-Controllers (nicht des View-Controllers!) auf dem Bildschirm. Wenn Sie das Fenster während der Ausführung ändern, merkt macOS sich die neue Größe und verwendet diese beim nächsten Start.

Für den Lottozahlengenerator ist eine veränderliche Fenstergröße aber gar nicht zweckmäßig. Vielmehr geht es nun darum, die optimale Fenstergröße zu ermitteln und diese dann fix einzustellen. Dazu verändern Sie die Größe des View-Controller so, dass rechts unten ein angemessener Rand zu den Steuerelementen entsteht. Dann klicken Sie das Innere des View-Controllers an (genau genommen dessen erstes NSView-Element) und ergründen im Size Inspector dessen Größe (siehe Abbildung 18.4). Merken Sie sich diese Maße!

Abbildung 18.4 Der Size Inspector verrät die Größe der ersten View im View-Controller.

Nun klicken Sie in das Innere des Window-Controllers und wählen so das darin enthaltene NSWindow-Objekt aus. Im Size Inspector stellen Sie anschließend die zuvor ermittelten Maße als CONTENT SIZE ein und aktivieren dann die Optionen MINIMUM CONTENT SIZE und MAXIMUM CONTENT SIZE (siehe Abbildung 18.5). Damit wird die Fenstergröße unveränderlich fixiert. Je nach Art des Programms können Sie an dieser Stelle natürlich auch nur die minimale oder maximale Größe einstellen und außerdem festlegen, wo auf dem Bildschirm das Fenster beim Start erscheinen soll.

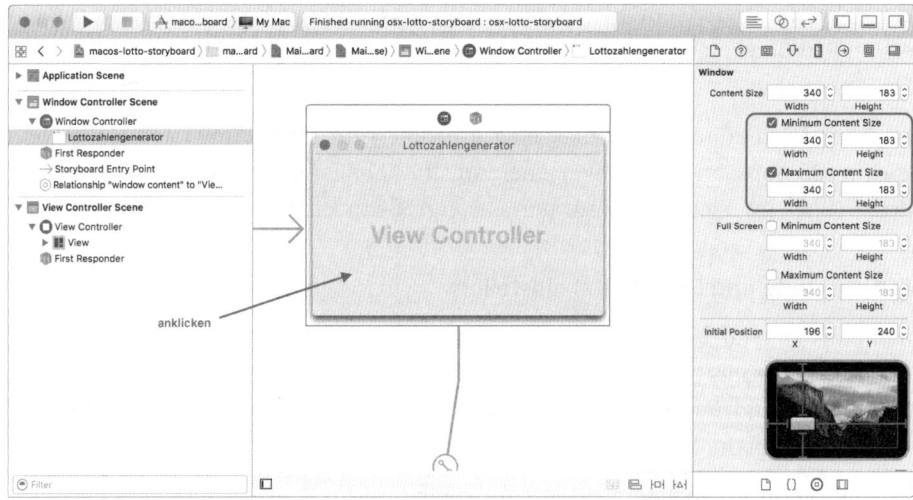

Abbildung 18.5 Sie können die Fenstergröße durch die Einstellung der Minimal- und Maximalgröße fixieren.

Immer noch für das Window stellen Sie im Attributinspektor noch zwei Eigenschaften ein:

- TITLE = Lottozahlengenerator
- RESIZE deaktivieren

Wenn Sie das Programm versuchsweise starten, sollte es optisch bereits wie das fertige Programm aussehen. Nur die Funktionalität fehlt noch – Zeit also, endlich wieder ein paar Zeilen Swift-Code zu verfassen!

> **Menü**
>
> Jedes gewöhnliche macOS-Programm besitzt ein eigenes Menü. Xcode stellt dafür ein Defaultmenü zur Verfügung, das Sie nach Ihren Vorstellungen anpassen können. Für dieses Lottozahlen-Beispiel ignorieren wir das Menü aber ganz einfach. Tipps zur Organisation eigener Menüs folgen in Abschnitt 19.6, »Menüs«.

viewDidLoad und representedObject

Bevor Sie zu programmieren beginnen, klicken Sie auf den Button ASSISTENZEDITOR (»Eheringe«). Neben dem Storyboard sollte nun die Datei ViewController.swift angezeigt werden. Sollte das nicht klappen, hilft es zumeist, die Datei einmal im Projektnavigator auszuwählen. Standardmäßig enthält die Klasse bereits einige Zeilen Code:

```
class ViewController: NSViewController {
  override func viewDidLoad() {
    super.viewDidLoad()
    // Do any additional setup after loading the view.
  }

  override var representedObject: Any? {
    didSet {
      // Update the view, if already loaded.
    }
  }
}
```

- Die Methode viewDidLoad wird wie in iOS-Apps ausgeführt, sobald die Ansicht vollständig geladen ist. viewDidLoad eignet sich ausgezeichnet dazu, um eigene Eigenschaften zu initialisieren oder um Änderungen an den geladenen Steuerelementen durchzuführen. In unserem Beispielprogramm ermöglicht uns die Methode, gleich beim Start die ersten Lottozahlen zu erzeugen und anzuzeigen.

▶ Die Eigenschaft `representedObject` bietet bei einigen Cocoa-Klassen die Möglichkeit, ein beliebiges Datenobjekt (Datentyp `Any?`) zuzuordnen. Damit können Sie eine Verbindung zum Datenmodell herstellen bzw. Daten übergeben. Bei einem View-Controller ist das aber selten zweckmäßig. Viel besser ist es, dazu eigene Eigenschaften mit einem klar definierten Datentyp zu verwenden und diese gegebenenfalls in einer `prepare`-Methode zu initialisieren. Im Lottozahlengenerator brauchen wir das `representedObject` jedenfalls nicht. Löschen Sie die entsprechenden Zeilen einfach aus dem Code.

Outlets und Actions

Wie bei iOS-Apps geht es nun darum, in den Code Outlet-Eigenschaften zum Zugriff auf die Steuerelemente sowie Action-Methoden zur Reaktion auf Ereignisse einzufügen (siehe Abschnitt 15.3, »Steuerung der App durch Code«). Dazu ziehen Sie die jeweiligen Steuerelemente mit ctrl-Drag in den View-Controller. Für den Lottozahlengenerator benötigen wir gleich acht Outlets – je eines für jeden Radiobutton sowie je eines für jedes der sechs Textfelder.

Außerdem müssen wir zwei Action-Methoden für drei Steuerelemente definieren. Das klingt wie ein Widerspruch – aber es ist keiner. Beginnen wir mit dem Button Noch ein Tipp!, für den Sie einfach mit ctrl-Drag eine Action-Methode in den Code einfügen. Etwas diffiziler ist es bei den Radiobuttons: Auch hier fügen Sie mit ctrl-Drag zuerst eine Methode ein. Danach stellen Sie mit ctrl-Drag eine Verbindung zwischen dem zweiten Radiobutton und der schon vorhandenen Methode her (siehe Abbildung 18.6).

Abbildung 18.6 Beide Radiobuttons werden mit derselben Action-Methode verbunden.

Damit sind nun beide Radiobuttons mit einer Action-Methode verbunden. Diese Verbindung ist unter anderem deswegen notwendig, weil Xcode nun erkennt, dass die Radiobuttons zusammengehören. Klicken Sie den einen an, wird der andere automatisch deaktiviert.

Die Lotto-Klasse

Bevor wir nun den View-Controller mit eigenem Code gleichsam zum Leben erwecken, benötigen wir noch das Datenmodell unseres Programms. Dazu ergänzen Sie das Projekt mit FILE • NEW • FILE um die Swift-Datei Lotto.swift und fügen dort den folgenden Code ein:

```
// Projekt macos-lotto-storyboard, Datei Lotto.swift
class Lotto {
  let count: Int
  let max: UInt32

  init(count:Int, max:Int) {
    self.count = count
    self.max   = UInt32(max)
  }

  func generateNumbers() -> [Int] {
    var set = Set<Int>()         // leeres Set erzeugen
    repeat {                     // Lottozahlen einfügen
      set.insert(Int(arc4random_uniform(max)) + 1)
    } while(set.count < count)

    let lotto = Array(set)
    return lotto.sorted(by: <)   // sortieren
  }
}
```

Den Code zum Erzeugen der Lottozahlen habe ich ja schon in Abschnitt 10.4, »Sets«, beschrieben. Er ist hier in eine Klasse verpackt, deren Eigenschaften count und max festlegen, nach welchem Schema die Lottozahlen erzeugt werden sollen.

Die View-Controller-Klasse

In der View-Controller-Klasse benötigen wir die Eigenschaft lotto, um darin das gerade gültige Lotto-Objekt zu speichern. viewDidLoad initialisiert die Eigenschaft für das deutsche Lottomodell und ruft die Methode newNumbers auf, um sechs Lottozahlen zu erzeugen und in den sechs Textfeldern anzuzeigen.

Das Anklicken eines der Radiobuttons führt zum Aufruf von changeSystem. Hier wird lotto neu initialisiert und dann ebenfalls newNumbers aufgerufen. Auch das Anklicken von NOCH EIN TIPP! führt zum Aufruf von newNumbers. Dort wird die Eigenschaft stringValue verwendet, um die anzuzeigende Zeichenkette der Textfelder einzustellen.

```swift
// Projekt macos-lotto-storyboard, Datei ViewController.swift
class ViewController: NSViewController {
  @IBOutlet weak var radioDeutsch: NSButton!
  @IBOutlet weak var radioÖsterr:  NSButton!
  @IBOutlet weak var txt1: NSTextField!
  @IBOutlet weak var txt2: NSTextField!
  @IBOutlet weak var txt3: NSTextField!
  @IBOutlet weak var txt4: NSTextField!
  @IBOutlet weak var txt5: NSTextField!
  @IBOutlet weak var txt6: NSTextField!

  var lotto:Lotto!

  // Initialisierung
  override func viewDidLoad() {
    super.viewDidLoad()
    lotto = Lotto(count: 6, max: 49)
    newNumbers()
  }

  // einer der beiden Radiobuttons wurde angeklickt
  @IBAction func changeSystem(_ sender: NSButton) {
    if sender === radioDeutsch {
      lotto = Lotto(count: 6, max: 49)
    } else {
      lotto = Lotto(count: 6, max: 45)
    }
    newNumbers()
  }

  // Button 'Noch ein Tipp!' wurde angeklickt
  @IBAction func btnAgain(_ sender: NSButton) {
    newNumbers()
  }

  // neue Lottozahlen erzeugen und in den Textfeldern anzeigen
  func newNumbers() {
    let nmbs = lotto.generateNumbers()
    txt1.stringValue = "\(nmbs[0])"
    txt2.stringValue = "\(nmbs[1])"
    txt3.stringValue = "\(nmbs[2])"
    txt4.stringValue = "\(nmbs[3])"
    txt5.stringValue = "\(nmbs[4])"
    txt6.stringValue = "\(nmbs[5])"
  }
}
```

Programmende

Anders als unter iOS sollten macOS-Programme explizit beendet werden können. Für den Lottozahlengenerator ist dies bereits der Fall – und zwar, wenn der Benutzer über das Menü QUIT ausführt. Eleganter wäre es freilich, wenn das Programm bereits beim Schließen des Fensters enden würde.

Dazu ist lediglich eine Zeile Code in der Methode viewDidDisappear innerhalb der View-Controller-Klasse erforderlich. Die Schablone für die Methode fügen Sie ein, indem Sie die Anfangsbuchstaben von viewDidDisappear eintippen und dann die gewünschte Methode aus der Vervollständigungsliste auswählen. Danach greifen Sie mit sharedApplication auf das NSApplication-Objekt des Programms zu und leiten mit terminate dessen Ende ein. terminate bewirkt kein sofortiges Ende, vielmehr wird das Programm geordnet heruntergefahren. Dabei wird unter anderem die Methode applicationWillTerminate der AppDelegate-Klasse ausgeführt, um dem Programm die Gelegenheit für letzte Aufräumarbeiten zu geben.

```
// Projekt macos-lotto-storyboard, Datei ViewController.swift
class ViewController: NSViewController {
  ...
  override func viewDidDisappear() {
    super.viewDidDisappear()
    NSApplication.shared().terminate(self)
  }
}
```

> **Programmende bei Programmen mit mehreren Fenstern**
>
> Die hier skizzierte Vorgehensweise ist nur bei Programmen mit genau einem Fenster sinnvoll. Programme, die mehrere (Dokumenten)-Fenster öffnen können, bieten zumeist im Menü ein QUIT-Kommando an.

18.3 Lottozahlengenerator (XIB/AppDelegate-Variante)

Ich habe es in der Einleitung schon erwähnt, dass ich die Storyboard-Variante für die beste halte. Sollten Sie dennoch ein macOS-Programm ohne Storyboard entwickeln wollen, z. B. um eine Anleitung aus dem Internet zu befolgen, gibt es verschiedene Möglichkeiten, wie Sie die Komponenten Ihres Programms und die dazugehörenden Klassen organisieren:

- **Actions und Outlets in AppDelegate:** Am einfachsten ist es, die von Xcode vorgegebene Projektstruktur zu behalten und den eigenen Code in der AppDelegate-Klasse einzufügen. Empfehlenswert ist dies aber nur bei einfachen Programmen mit nur einem einzigen Fenster. Der Lottozahlengenerator ist dafür ein gutes Beispiel. Diese Vorgehensweise wird in diesem Abschnitt behandelt.

- **Fenster mit eigenem Window-Controller:** Bei Programmen mit mehreren Fenstern ist es zumeist sinnvoll, für jedes Fenster eine von NSWindowController abgeleitete Klasse mit XIB-Datei einzurichten (siehe Abschnitt 18.4).

- **Fenster mit einem oder mehreren View-Controllern:** Komplexe macOS-Programme vereinen oft in einem einzigen Fenster verschiedene Bereiche mit unterschiedlichen Funktionen. Dies trifft in besonderem Maße für Xcode selbst zu, aber auch für das mit macOS mitgelieferte Mail-Programm. In solchen Fällen ist es empfehlenswert, jedem Bereich einen eigenen View Controller zuzuordnen. Sozusagen als ersten Schritt dorthin zeigt Abschnitt 18.5 eine Variante des Lottozahlengenerators mit eigenem View-Controller.

Natürlich gibt es noch mehr Varianten – ganz nach dem Motto: Viele Wege führen nach Rom. Aber die in diesem Kapitel erläuterten Arbeitstechniken sollten Ihnen zumindest einen ersten Überblick geben.

XIB-Dateien

Der größte Unterschied zwischen Storyboard-Projekten und herkömmlichen Projekten besteht darin, dass im ersten Fall alle Window- und View-Controller-Einstellungen in einer zentralen Storyboard-Datei gespeichert werden, im zweiten Fall aber in getrennten XIB-Dateien. Das sind XML-Dateien, die die Interface-Builder-Einstellungen eines Objekts enthalten – z. B. eines Window- oder View-Controllers.

Organisation des Projekts

Beim Einrichten eines neuen Projekts müssen Sie im zweiten Dialog darauf achten, dass die Option USE STORYBOARDS (siehe Abbildung 18.2) *nicht* aktiviert ist. Auch alle anderen in diesem Dialog vorgesehenen Optionen sind für unsere Zwecke nicht erforderlich.

Im Projektnavigator fehlen nun die vertrauten Dateien Main.storyboard und ViewController.swift. Stattdessen gibt es die Datei MainMenu.xib mit dem Defaultmenü und einem leeren Fenster (siehe Abbildung 18.7). Da es keinen View-Controller als Xcode-Objekt gibt, entfällt die im Storyboard anfangs ungewohnte Trennung zwischen Window und View. Sie können das Programm sofort starten – dann erscheint das leere Fenster auf dem Bildschirm.

Die Gestaltung der Benutzeroberfläche erfolgt genau so wie bei der Storyboard-Variante: Sie fügen die erforderlichen Steuerelemente aus der Objektbibliothek in das Fenster ein und modifizieren im Attributinspektor die Eigenschaften so, wie ich es in Abschnitt 18.2, »Lottozahlengenerator (Storyboard-Variante)«, beschrieben habe.

18.3 Lottozahlengenerator (XIB/AppDelegate-Variante)

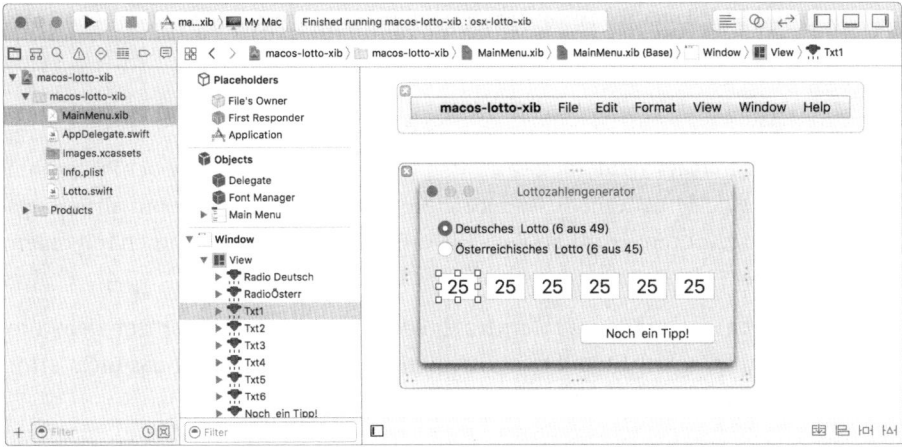

Abbildung 18.7 Xcode-Projekt mit XIB-Datei für das Menü und ein Fenster

In einem Punkt macht Ihnen die XIB-Variante das Leben leichter: Da die Trennung zwischen Window und View entfällt, brauchen Sie bei der Einstellung der Fenstergröße nicht zwischen diesen Objekten hin- und herzuspringen. Sie stellen einfach die gewünschte Fenstergröße im Editor ein und aktivieren dann im Size Inspector die Optionen CONTENT MINIMUM SIZE und MAXIMUM SIZE.

Die AppDelegate-Klasse

Die AppDelegate-Klasse enthält Methoden, die beim Start bzw. beim Ende des Programms ausgeführt werden. Das trifft für jedes macOS-Programm zu, also auch für Storyboard-Programme.

Bei Programmen, die wie dieses Beispiel keinen Window- und keinen View-Controller verwenden, spielt die AppDelegate-Klasse aber eine viel wichtigere Rolle. Sie nimmt Actions und Outlets auf und enthält den Code zur Steuerung der Benutzeroberfläche – also für das C aus dem MVC-Modell. Anfänglich enthält die AppDelegate-Klasse den folgenden Code:

```
@NSApplicationMain
class AppDelegate: NSObject, NSApplicationDelegate {
  @IBOutlet weak var window: NSWindow!

  func applicationDidFinishLaunching(
    _ aNotification: Notification)
  {
    // Insert code here to initialize your application
  }
```

```
    func applicationWillTerminate(_ aNotification: Notification) {
        // Insert code here to tear down your application
    }
}
```

Die Methode `applicationDidFinishLaunching` wird aufgerufen, sobald der Programmstart geglückt ist. Diese Methode ist der richtige Ort, um nun eigene Initialisierungsarbeiten durchzuführen – ganz ähnlich wie `viewDidLoad` bei Programmen mit einem View-Controller.

In der Methode `applicationWillTerminate` können Sie unmittelbar vor dem Programmende Aufräumarbeiten durchführen. In unserem Beispiel ist das nicht erforderlich. Sie können die Methode daher aus `AppDelegate.swift` löschen.

Bemerkenswert ist, dass die `AppDelegate`-Klasse bereits ein Outlet enthält. Über die Eigenschaft `window` können Sie auf das in `MainMenu.xib` enthaltene Fenster zugreifen – d. h. genauer gesagt natürlich auf dessen `NSWindow`-Objekt.

Eigener Code

Das Beispielprogramm verwendet dieselbe Lotto-Klasse wie die Storyboard-Variante. Fügen Sie dem Projekt also eine neue Swift-Datei mit der Definition der `Lotto`-Klasse hinzu.

Der gesamte weitere Code landet in `AppDelegate.swift`. Zum Einfügen der Outlets und Actions öffnen Sie in Xcode links `MainMenu.xib` und rechts im Assistenzeditor `AppDelegate.swift`. Per ctrl-Drag definieren Sie nun Outlets für die beiden Radiobuttons und für die sechs Textfelder, eine Action-Methode für den Button NOCH EINEN TIPP! sowie eine gemeinsame Action-Methode für die zwei Radiobuttons.

Jetzt müssen Sie der `AppDelegate`-Klasse nur noch Ihren eigenen Code hinzufügen:

▸ eine Eigenschaft `lotto` zum Zugriff auf das gerade aktuelle Lotto-Objekt
▸ Initialisierungscode in `applicationDidFinishLaunching`
▸ Code zur Reaktion auf das Drücken der Buttons
▸ die Methode `newNumbers` wie bei der Storyboard-Variante

Der gesamte Code der `AppDelegate`-Klasse sieht damit so aus:

```
// Projekt macos-lotto-xib, Datei AppDelegate.swift
import Cocoa

@NSApplicationMain
class AppDelegate: NSObject, NSApplicationDelegate {
    @IBOutlet weak var window: NSWindow!
```

```swift
// eigene Outlets
@IBOutlet weak var radioDeutsch: NSButton!
@IBOutlet weak var radioÖsterr: NSButton!
@IBOutlet weak var txt1: NSTextField!
// analog für txt2 bis txt6

// Zugriff auf das Lotto-Objekt
var lotto:Lotto!

// Initialisierung
func applicationDidFinishLaunching(_ aNotification:
  Notification) {
  lotto = Lotto(count: 6, max: 49)
  newNumbers()
}

// einer der beiden Radio-Buttons wurde angeklickt
@IBAction func changeSystem(_ sender: NSButton) {
  if sender === radioDeutsch {
    lotto = Lotto(count: 6, max: 49)
  } else {
    lotto = Lotto(count: 6, max: 45)
  }
  newNumbers()
}

// Button 'Noch ein Tipp!' wurde angeklickt
@IBAction func btnAgain(_ sender: NSButton) {
  newNumbers()
}

// neue Lottozahlen erzeugen und in den Textfeldern anzeigen
func newNumbers() {
  let nmbs = lotto.generateNumbers()
  txt1.stringValue = "\(nmbs[0])"
  txt2.stringValue = "\(nmbs[1])"
  // analog für txt3 bis txt6
}
}
```

Programmende

Damit sollte die zweite Variante des Lottozahlengeneratos exakt genauso funktionieren wie die erste – bis auf ein Detail: Das Schließen des Fensters führt nicht zum Programmende. Bei der Storyboard-Variante haben wir dieses Problem gelöst, indem

18 Hello macOS-World!

wir die `viewDidDisappear`-Methode der `NSViewController`-Klasse überschrieben haben. Diese Möglichkeit haben wir hier aber mangels View-Controller nicht.

Stattdessen müssen wir einen Weg finden, wie wir uns vom Schließen des Fensters benachrichtigen lassen. Dieser Weg führt über das `NSWindowDelegate`-Protokoll, das hierfür und für unzählige weitere `NSWindows`-spezifische Ereignisse Methoden vorsieht. Damit wir diese Methoden in der `AppDelegate`-Klasse nutzen können, müssen wir die Klasse um das Protokoll erweitern und in `applicationDidFinishLaunching` die `delegate`-Eigenschaft des `NSWindow`-Objekts auf `self` stellen. Damit können wir nun die Methode `windowWillClose` implementieren und dort wie gehabt durch `terminate` das Programmende einleiten.

```
// Projekt macos-lotto-xib, Datei AppDelegate.swift
// Ergänzungen
class AppDelegate: NSObject, NSApplicationDelegate,
                   NSWindowDelegate    // <-- neu
{
  // ... Eigenschaften und Methoden wie bisher

  // Abschluss der Initialisierungsarbeiten
  func applicationDidFinishLaunching(
    _ aNotification: Notification)
  {
    // ... wie bisher
    window.delegate = self         // <-- neu
  }

  // Programmende                         <-- neu
  func windowWillClose(_ notification: Notification) {
    NSApplication.shared().terminate(self)
  }
}
```

> **Delegate-Einstellung in Xcode**
>
> Anstatt im Code `window.delegate = self` auszuführen, können Sie die Verbindung auch in Xcode herstellen: Dazu klicken Sie in `MainMenu.xib` das Fenster an und stellen dann mit ctrl-Drag eine Verbindung vom `delegate`-Outlet im Connections Inspector zum Objekt APP DELEGATE in der Document Outline her. Mir ist die eine Code-Zeile sympathischer, weil so die Struktur des Programms dokumentiert ist.

18.4 Lottozahlengenerator (XIB/WindowController-Variante)

Aus iOS-Sicht wirkt der Code in der `AppDelegate`-Klasse des vorherigen Beispiels fehlplaziert, und spätestens mit dem zweiten Fenster werden sich selbst Minimalisten nach einer besseren Strukturierung des Controller-Codes sehnen. Der naheliegendste Weg für ein macOS-Programm besteht dann darin, jedes Fenster mit seinem eigenen Window-Controller auszustatten.

Die dritte Variante des Lottozahlengenerators illustriert die dazu erforderlichen Arbeitsschritte. Sie beginnen wieder mit einem Xcode-Projekt ohne Storyboard. Im neuen Projekt öffnen Sie `MainMenu.xib` und löschen daraus das vordefinierte Fenster. Danach öffnen Sie `AppDelegate.swift` und löschen dort die Outlet-Eigenschaft, die auf das nicht mehr vorhandene Fenster zeigt.

```
// diese Zeile aus AppDelegate entfernen
@IBOutlet weak var window: NSWindow!
```

Das so beschnittene Projekt ist weiterhin ausführbar! Wenn Sie das Programm starten, erscheint dessen Menü. Es gibt aber keine Fenster, Sie können das Programm lediglich mit QUIT beenden.

Window-Controller mit XIB-Datei

Nun fügen Sie dem Projekt mit FILE • NEW • FILE eine Datei vom Typ SOURCE • COCOA CLASS hinzu. Im zweiten Schritt geben Sie der Klasse einen Namen, wählen als Basisklasse `NSWindowController` aus und aktivieren die Option ALSO CREATE XIB FILE FOR USER INTERFACE (siehe Abbildung 18.8). Das bedeutet, dass Sie nicht nur eine neue Swift-Code-Datei erzeugen möchten, sondern auch eine dazugehörende XIB-Datei – also eine XML-Datei mit den Komponenten und Einstellungen der Benutzeroberfläche des Fensters.

Abbildung 18.8 Window-Controller mit XIB-Datei hinzufügen

Im Projektnavigator klicken Sie nun die neue XIB-Datei an, um in den vertrauten Interface Builder zu gelangen. Das Einfügen der Steuerelemente und die Einstellung der Eigenschaften erfolgt exakt so wie bei den vorigen Varianten des Beispielprogramms (siehe Abbildung 18.9).

Abbildung 18.9 Gestaltung der Benutzeroberfläche für den Lottozahlengenerator

Wenn Sie das Programm nun starten, werden Sie möglicherweise enttäuscht sein: Obwohl Sie sich so viel Mühe mit der Benutzeroberfläche gemacht haben, erscheint kein Fenster. Weiterhin ist das Menü der einzige Indikator, dass das Programm überhaupt läuft.

Das Fenster in der AppDelegate-Klasse anzeigen

Der Grund für das scheinbare Fehlverhalten besteht darin, dass sich niemand darum kümmert, das Fenster anzuzeigen. Bei der ersten XIB-Variante hat Xcode die Aufgabe übernommen, das in MainMenu.xib enthaltene Fenster beim Start zu erzeugen und anzuzeigen. Wenn Sie aber einen eigenen Window-Controller verwenden, müssen Sie diese Aufgabe selbst übernehmen. Dazu modifizieren Sie AppDelegate.swift wie folgt:

```
// Projekt macos-lotto-xib-windowcontroller
// Datei AppDelegate.swift
@NSApplicationMain
class AppDelegate: NSObject, NSApplicationDelegate {
  var lottoWinCtrl:LottoWindowController!

  // beim Programmstart WindowController erzeugen und anzeigen
  func applicationDidFinishLaunching(
    _ aNotification: Notification)
  {
    lottoWinCtrl = LottoWindowController(
      windowNibName: "LottoWindowController")
    lottoWinCtrl.showWindow(self)
  }
}
```

18.4 Lottozahlengenerator (XIB/WindowController-Variante)

Um den Window-Controller zu erzeugen, verwenden wir dessen in der NSWindow-Controller-Klasse definierte Init-Funktion. Im Parameter windowNibName müssen Sie den Dateinamen der XIB-Datei ohne Kennung übergeben. Tatsächlich verwendet die Init-Funktion nicht die XIB-Datei, sondern die von Xcode daraus kompilierte NIB-Datei. showWindow zeigt das Fenster an und übergibt dabei eine Referenz auf das AppDelegate-Objekt.

> **Die Windows-Controller-Referenz muss gespeichert werden!**
>
> Es ist unbedingt notwendig, das Window-Controller-Objekt in einer Eigenschaft in der AppDelegate-Klasse zu speichern. Vergessen Sie das, gibt es keine Referenz auf das Objekt. Die Speicherverwaltung entfernt das Objekt wieder aus dem Speicher, und das Fenster verschwindet sofort wieder, sofern es überhaupt je sichtbar wurde.

Ein nochmaliger Programmstart beweist, dass das Fenster nun wie vorgesehen angezeigt wird. Es erfüllt aber noch nicht seine Aufgabe, weil der Controller-Code fehlt.

Windows-Controller-Code

Für die Programmlogik ist wieder die Lotto-Klasse zuständig, die Sie dem Projekt wie gehabt in der Datei Lotto.swift hinzufügen. Den gesamten weiteren Code verfassen Sie in LottoWindowController.swift. Dazu ordnen Sie in Xcode die XIB- und die Swift-Datei des Window-Controllers nebeneinander an und erstellen mit ⌃-Drag dieselben acht Outlets und zwei Actions wie bisher.

Für die Initialisierungsarbeiten ist nun die von Xcode schon als Schablone eingefügte Methode windowDidLoad verantwortlich. Sie wird aufgerufen, sobald das Fenster komplett geladen ist und Sie über die Outlet-Eigenschaften auf alle Steuerelemente zugreifen können. Die folgenden Zeilen geben einen Überblick über den gesamten Code, ohne aber alle schon bekannten Anweisungen zu wiederholen:

```
// Projekt macos-lotto-xib-windowcontroller
// Datei LottoWindowController.swift
class LottoWindowController: NSWindowController {
  @IBOutlet weak var radioDeutsch: NSButton!
  @IBOutlet weak var radioÖsterr: NSButton!
  @IBOutlet weak var txt1: NSTextField!
  // ... analog für txt2 bis txt6

  var lotto:Lotto!

  // Initialisierung
  override func windowDidLoad() {
    super.windowDidLoad()
```

```
    lotto = Lotto(numbers: 6, max: 49)
    newNumbers()
  }

  // einer der beiden Radiobuttons wurde angeklickt
  @IBAction func changeSystem(_ sender: NSButton) {
    // ... wie bisher
  }

  // Button 'Noch ein Tipp!' wurde angeklickt
  @IBAction func btnAgain(_ sender: AnyObject) {
    newNumbers()
  }

  // neue Lottozahlen erzeugen und in den Textfeldern anzeigen
  func newNumbers() {
    let nmbs = lotto.generateNumbers()
    txt1.stringValue = "\(nmbs[0])"
    // ... analog für txt2 bis txt6
  }
}
```

Programmende

Das letzte ungelöste Problem ist das Programmende, zu dem es beim Schließen des Fensters kommen soll. Die Lösung sieht ganz analog wie bei der XIB-Variante ohne Window-Controller aus: Wir müssen das `NSWindowDelegate`-Protokoll implementieren und die `delegate`-Eigenschaft des `NSWindow`-Objekts auf `self` stellen; dann wird die Methode `windowWillClose` beim Schließen des Fensters aufgerufen, und wir können das Programm beenden. Die folgenden Zeilen fassen die erforderlichen Änderungen zusammen. Der Zugriff auf das `NSWindow`-Objekt gelingt über die `window`-Eigenschaft des Window-Controllers.

```
// Projekt macos-lotto-xib-windowcontroller
// Datei LottoWindowController.swift, Ergänzungen
class LottoWindowController: NSWindowController,
                             NSWindowDelegate {  // <-- neu

  override func windowDidLoad() {
    // ... wie bisher
    self.window?.delegate = self              // <-- neu
  }
```

```
  // Programmende beim Schließen des Fensters       <-- neu
  func windowWillClose(_ notification: Notification) {
    NSApplication.shared().terminate(self)
  }
}
```

18.5 Lottozahlengenerator (XIB/ViewController-Variante)

Während iOS-Apps ständig von einer Ansicht in eine andere wechseln und der View-Controller daher unabdingbar ist, besteht in macOS-Programmen dazu oft keine Notwendigkeit. Das heißt aber nicht, dass dies unmöglich wäre. In der folgenden letzten Inkarnation des Lottozahlengenerators zeige ich Ihnen, wie Sie das in einem leeren XIB-Projekt vorgegebene Fenster mit einem eigenen View-Controller verbinden.

> **Verwenden Sie Storyboards!**
>
> Dieser Abschnitt zeigt, wie Sie einen View-Controller zur Steuerung eines Programms verwenden, das nicht als Storyboard entwickelt wird. Viel einfacher ist es in solchen Fällen aber, das Projekt gleich rund um ein Storyboard zu konzipieren.

Sie beginnen also wieder mit einem neuen Projekt, wobei die STORYBOARD-Option deaktiviert bleibt. Diesem Projekt fügen Sie nun mit FILE • NEW • FILE eine neue COCOA CLASS hinzu, wobei Sie als Basisklasse NSViewController verwenden und die Option ALSO CREATE XIB FILE FOR USER INTERFACE aktivieren.

Öffnen Sie nun LottoViewController.xib zur Bearbeitung, und fügen Sie wieder die schon bekannten zwei Radiobuttons, vier Textfelder und den Push-Button ein. Da es sich um einen View-Controller handelt, können Sie im Attributinspektor dessen Größe nicht einstellen. Das und die Einstellung des Fenstertitels müssen Sie in MainMenu.xib für das dort schon vorhandene Fenster erledigen.

Das Fenster mit dem View-Controller verbinden

Wenn Sie das Programm nun starten, erscheint nur ein leeres Fenster. Das liegt daran, dass das Fenster nichts vom View-Controller weiß und diesen nicht nutzt. Abhilfe schaffen einige Codezeilen in applicationDidFinishLaunching in der AppDelegate-Klasse. Wichtig ist, dass eine Referenz auf den LottoViewController in der AppDelegate-Klasse gespeichert wird (Eigenschaft mainvc) – sonst entfernt die ARC-Speicherverwaltung den View-Controller gleich wieder aus dem Arbeitsspeicher!

```
// Projekt macos-lotto-xib-viewcontroller
// Datei AppDelegate.swift
@NSApplicationMain
class AppDelegate: NSObject, NSApplicationDelegate {
  @IBOutlet weak var window: NSWindow!
  var mainvc:LottoViewController?

  func applicationDidFinishLaunching(
    _ aNotification: Notification)
  {
    if let lvc = LottoViewController(
      nibName: "LottoViewController", bundle:nil)
    {
      window.contentView!.addSubview(lvc.view)
      lvc.view.frame = window.contentView!.bounds
      mainvc = lvc
    }
  }
}
```

An die Init-Funktion der `LottoViewController`-Klasse müssen der Name der XIB/NIB-Datei sowie ein Verweis auf eine Bundle-Datei übergeben werden. Wenn wie in unserem Fall das Main-Bundle verwendet werden soll, übergeben Sie `nil`.

Mit `addSubview` wird das `NSView`-Objekt des View-Controllers in das Fenster eingefügt. Jetzt muss noch die Größe des Views eingestellt werden. Dieser soll exakt genauso groß sein wie die Innenmaße des Fensters.

Controller-Code

Der gesamte weitere Code landet im `LottoViewController.swift`. Zuerst platzieren Sie die XIB- und die Swift-Datei nebeneinander, um die Outlets und Actions einzufügen, dann ergänzen Sie den Code. Für die Initialisierung ist nun `viewDidLoad` zuständig, für das Programmende `viewDidDisappear`.

```
// Projekt macos-lotto-xib-viewcontroller
// Datei LottoViewController.swift
class LottoViewController: NSViewController {
  // ... Outlets wie bisher
  var lotto: Lotto!

  // Initialisierung
  override func viewDidLoad() {
    super.viewDidLoad()
    lotto = Lotto(count: 6, max: 49)
    newNumbers()
  }
```

```
  // Programmende, wenn das Fenster mit der View
  // geschlossen wird
  override func viewDidDisappear() {
    super.viewDidDisappear()
    NSApplication.shared().terminate(self)
  }

  @IBAction func changeSystem(sender: NSButton) { ... }
  @IBAction func btnAgain(sender: NSButton) { ... }
  func newNumbers() { ... wie bisher  }
}
```

Kapitel 19
macOS-Grundlagen

Dieses Kapitel bietet Ihnen einen systematischen Einstieg in einige grundlegende Themen der macOS-Programmierung. In den folgenden Abschnitten lernen Sie:

- wie Sie Storyboard-Projekte mit mehreren Fenstern, View-Controllern und Segues organisieren
- wie Sie mit dem Tab-View-Controller einen Einstellungsdialog zusammensetzen und Optionen in den User-Defaults speichern
- wie Sie Standarddialoge zur Auswahl von Dateien, Schriften und Farben aufrufen
- wie Sie Maus- und Tastaturereignisse verarbeiten
- wie Sie das Hauptmenü und Kontextmenüs gestalten und auf die Menüauswahl reagieren
- wie Sie Programme ohne Menüs gestalten (sogenannte »Menubar-Apps«)
- wie Sie Ihre App Drag & Drop-tauglich machen

Schon an dieser Stelle sei betont, dass dieses Kapitel keinen Anspruch auf Vollständigkeit erhebt. Es gibt genug Themen rund um die macOS-Programmierung, um gleich ein ganzes Dutzend derartiger Kapitel zu füllen. Das Ziel dieses Kapitels besteht also darin, ein Fundament zu schaffen und wichtige Arbeitstechniken vorzustellen. Mit diesem Wissen und etwas Internet-Recherche sollte es Ihnen möglich sein, sich selbst in weitere Themen einzuarbeiten.

19.1 Programme mit mehreren Fenstern

Der Lottozahlengenerator aus dem vorigen Kapitel bestand aus nur einem Fenster. In diesem Abschnitt gebe ich Ihnen anhand eines Beispiels Tipps zur Verwaltung von mehreren Fenstern. Dabei setze ich wie bei allen weiteren Programmen voraus, dass Sie mit Storyboards arbeiten.

Das Beispielprogramm zeigt anfänglich ein Startfenster an. Mit dessen Buttons erzeugen Sie dann beliebig viele weitere Fenster. Dabei können Sie eine Nachricht übergeben. Die Buttons der neuen Fenster demonstrieren verschiedene Möglichkeiten, eine an das Fenster gekoppelte Ansicht als *Sheet*, als Popup-Fenster oder als modalen Dialog zu öffnen (siehe Abbildung 19.1).

Abbildung 19.1 Beispielprogramm zur Fensterverwaltung

Das Storyboard für das Beispiel besteht aus zwei Window- und vier View-Controllern (siehe Abbildung 19.2). Neue Window- oder View-Controller fügen Sie aus der Objektbibliothek in den Storyboard-Editor ein. Die View-Controller sind anfänglich mit NSViewController-Klassen verbunden.

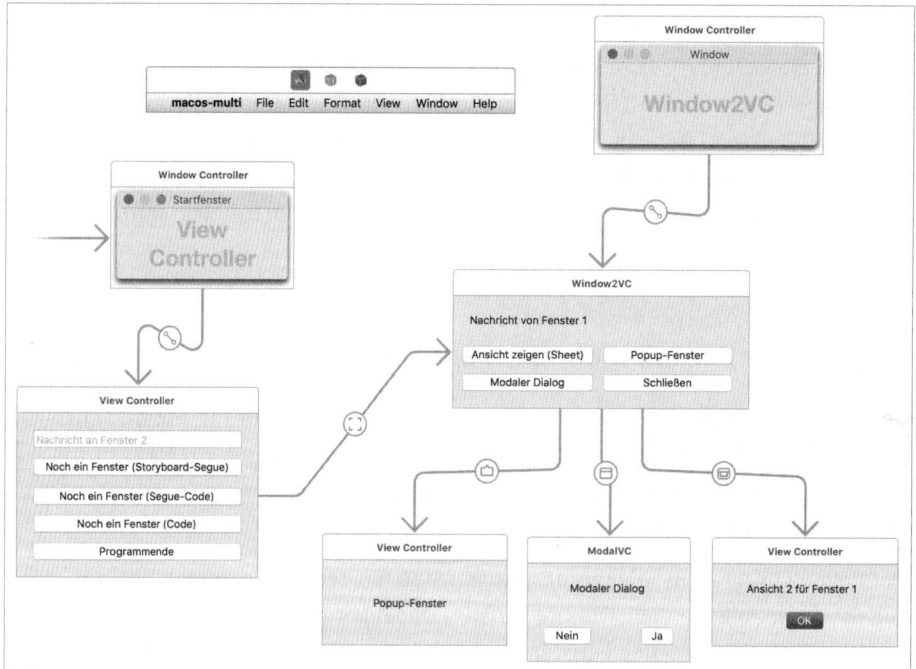

Abbildung 19.2 Storyboard des Beispielprogramms zur Fensterverwaltung

Um die View-Controller mit eigenem Code zu verbinden, fügen Sie dem Projekt eine neue Datei vom Typ COCOA CLASS hinzu, wählen NSViewController als Basisklasse und deaktivieren die Option ALSO CREATE XIB FILE. Anschließend wählen Sie den View-Controller im Storyboard aus und stellen im Identity Inspector die gerade erzeugte Klasse als CUSTOM CLASS ein.

Segues

Segues dienen in iOS-Programmen dazu, Übergänge zwischen Ansichten zu gestalten. Unter macOS können Segues aber auch einfach Verbindungen zwischen Controllern herstellen – dann spricht man von »Containment Segues« oder »Presenting Segues«.

Gewöhnliche Segues erzeugen Sie, indem Sie mit [ctrl]-Drag eine Verbindung von einem Steuerelement zu einem View-Controller herstellen. Dabei haben Sie die Wahl zwischen verschiedenen Typen:

- SHEET: den View-Controller als an die Fensterleiste fixierten Subdialog anzeigen
- POPOVER: den View-Controller in einem Popup-Fenster anzeigen
- MODAL: den View-Controller als modalen Dialog anzeigen; damit wird das Hauptprogramm bis zum Schließen dieses Dialogs blockiert.
- SHOW: den View-Controller als neues, eigenes Fenster anzeigen
- CUSTOM: ermöglicht eine individuelle Gestaltung.

Containment Segues erstellen Sie, falls notwendig, indem Sie eine Verbindung vom Window-Controller zum View-Controller herstellen. Sie starten den [ctrl]-Drag-Vorgang im blauen Icon WINDOW CONTROLLER in der Titelleiste. Als einziger Typ steht dann WINDOW CONTENT zur Auswahl.

Im Beispielprogramm gibt es die folgenden Segues:

- vom Start-Window-Controller zum View-Controller (Containment Segue, wurde von Xcode bei der Projekterstellung eingerichtet)
- vom zweiten Window-Controller zum View-Controller Window2VC (Containment Segue, wurde von Xcode erstellt, als ein zweiter Window-Controller in das Storyboard eingefügt wurde)
- vom Button NOCH EIN FENSTER (STORYBOARD-SEGUE) zum View-Controller Window2VC
- vom Button ANSICHT ZEIGEN (SHEET) zum View-Controller des Popup-Fensters (Typ SHEET)
- vom Button MODALER DIALOG zum View-Controller ModalVC (Typ MODAL)
- vom Button POPUP-FENSTER zum View-Controller mit dem Text ANSICHT 2 (Typ POPOVER)

Datenübergabe mit der Methode prepare

Grundsätzlich erfolgt die Anzeige der neuen Ansicht automatisch, also ohne Code. Oft wollen Sie aber vom Quell-Controller Daten an den Ziel-Controller übergeben. Dabei hilft Ihnen die aus der iOS-Programmierung schon vertraute Methode prepare. Sie wird vor dem Segue aufgerufen und ermöglicht es, auf den Ziel-Controller zuzugreifen. Dabei dürfen Sie aber noch nicht auf dessen Steuerelemente (Outlets) zugreifen, weil diese noch nicht initialisiert sind. Stattdessen übergeben Sie die Daten an Eigenschaften der Klasse des Ziel-Controllers.

In der viewDidLoad-Methode des Ziel-Controllers können Sie die Eigenschaften dann auslesen und gegebenenfalls in Steuerelemente übertragen. Im Beispielprogramm wird dieser Mechanismus verwendet, um einen Text aus dem Startfenster in ein neues Fenster zu übergeben. Der erforderliche Code im Quell-Controller sieht so aus:

```swift
// Projekt macos-multi, Datei ViewController.swift
class ViewController: NSViewController {
  @IBOutlet weak var txtfield: NSTextField!

  // Datenübergabe an den Ziel-Controller
  override func prepare(for segue: NSStoryboardSegue,
                        sender: Any?)
  {
    if let dest = segue.destinationController as? Window2VC {
      dest.data = txtfield.stringValue
    }
  }
}
```

Im Ziel-Controller wertet viewDidLoad die Eigenschaft data aus:

```swift
// Projekt macos-multi, Datei Window2VC.swift
class Window2VC: NSViewController {
 @IBOutlet weak var label: NSTextField!
  var data: String?

  // Initialisierung eines Labels
  override func viewDidLoad() {
    super.viewDidLoad()
    label.stringValue = data ?? "keine Nachricht"
  }
}
```

Oft wollen Sie beim Schließen des Ziel-Controllers Daten zurück an den Quell-Controller übergeben. Das gelingt am einfachsten, wenn Sie im Ziel-Controller eine weak-Variable einrichten, die zurück auf den Quell-Controller zeigt. Die Variable muss weak sein, damit kein zyklischer Verweis zwischen Quell- und Ziel-Controller entsteht. Ein zyklischer Verweis würde verhindern, dass die Speicherverwaltung den Ziel-Controller wieder aus dem Speicher entfernt, wenn dieser nicht mehr benötigt wird.

Eleganter, aber aufwendiger zu programmieren als der Rückverweis, wäre ein eigenes Delegation-Protokoll, wie ich es in Abschnitt 33.7, »Detailansicht mit Richtungspfeil«, demonstriert habe.

Die Variable initialisieren Sie in prepare. Der Ziel-Controller kann damit nun auf Daten und Methoden des Quell-Controllers zugreifen. Im Beispielprogramm wird dieser Mechanismus anhand des modalen Ja/Nein-Dialogs demonstriert. Der Aufruf dieses Dialogs erfolgt durch einen Button des Window2VC-Controllers und führt zu einem Aufruf von prepare:

```
// Projekt macos-multi, Datei Window2VC.swift
class Window2VC: NSViewController {
  override func prepare(for segue: NSStoryboardSegue,
                        sender: Any?)
  {
    if let dest = segue.destinationController as? ModalVC {
      dest.srcVC = self
    }
  }
}
```

Der Ziel-Controller, also in der Klasse ModalVC, kann nun über die Eigenschaft srcVC auf den Quell-Controller zugreifen. Beim Anklicken eines Buttons wird der Dialog mit dismiss wieder entfernt.

```
// Projekt macos-multi, Datei Window2VC.swift
class ModalVC: NSViewController {
  weak var srcVC: Window2VC!
  @IBAction func btnNo(_ sender: NSButton) {
    srcVC.label.stringValue = "Nein"
    dismiss(sender)
  }
  @IBAction func btnYes(_ sender: NSButton) {
    srcVC.label.stringValue = "Ja"
    dismiss(sender)
  }
}
```

Fenstergröße fixieren

Neue Fenster/Dialoge/Popups übernehmen grundsätzlich die Größe des View-Controllers. Die Größe von Fenstern, die durch einen SHOW- oder MODAL-Segue erzeugt werden, ist aber in der Regel veränderlich. Wenn Sie das nicht möchten, bestehen zwei Möglichkeiten:

- Sie können die Größe durch Layoutregeln fixieren.
- Sie können nach dem Erzeugen des Fensters dessen Eigenschaften als unveränderlich festlegen.

Dieser Abschnitt behandelt die erste Variante, Tipps zum zweiten Lösungsweg folgen im nächsten Abschnitt. Das Problem mit den Layoutregeln besteht darin, dass Sie die Größe der ersten View in dem View-Controller nicht durch Regeln fixieren können. Sie müssen stattdessen den umgekehrten Weg beschreiten und für zumindest ein Steuerelement im View eine fixe Größe einstellen. Anschließend legen Sie auch den Abstand dieses Steuerelements zu den Rändern des Containers fix fest.

Diese Vorgehensweise habe ich beim View-Controller Window2VC gewählt (siehe Abbildung 19.3): Das Textfeld hat eine Größe von 322 × 17 Punkten, die Abstände zum Container (SUPERVIEW) sind in allen vier Richtungen fixiert.

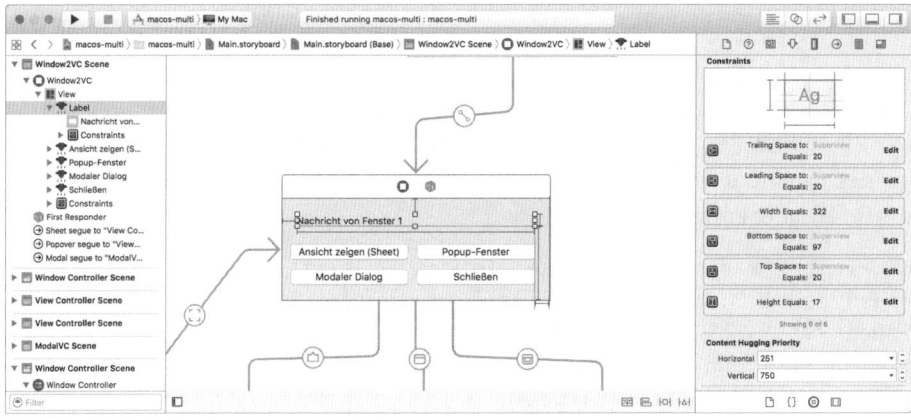

Abbildung 19.3 Layoutregeln für das Textfeld fixieren die Größe der Ansicht.

Window-Eigenschaften des Ziel-Controllers einstellen

Bei Übergängen vom Typ MODAL oder VIEW erscheint der View-Controller in einem neuen Fenster, das unabhängig vom Ausgangsfenster ist. Selbst wenn der Ziel-Controller mit einem Window-Controller verbunden ist, werden die dort eingestellten Fenstereigenschaften ignoriert. Wenn Sie individuelle Einstellungen für das Fenster wünschen, müssen Sie diese in der Methode viewDidAppear des Ziel-Controllers einstellen. Beachten Sie, dass eine Einstellung in viewDidLoad nicht möglich ist! Zu diesem Zeitpunkt existiert noch kein Fenster; die Eigenschaft window enthält daher nil.

Im Beispielprogramm stellt viewDidAppear der Window2VC-Klasse den Fenstertitel ein:

```
// Projekt macos-multi, Datei Window2VC.swift
class Window2VC: NSViewController {
  override func viewDidAppear() {  // nicht viewDidLoad!
    super.viewDidAppear()
    let win = view.window!
    win.title = "Noch ein Fenster"
  }
}
```

Auch beim modalen Dialog (Klasse ModalVC) wird der Fenstertitel auf diese Weise eingestellt. Außerdem soll die Fenstergröße unveränderlich sein. Das Fenster darf nicht minimiert oder geschlossen werden. Um das zu erreichen, wird die Eigenschaft styleMask ohne die sonst üblichen Attribute .resizable, .closable und .miniaturizable eingestellt. Das Fenster soll also lediglich den Titel anzeigen.

```
// Projekt macos-multi, Datei ModalVC.swift
override func viewDidAppear() {
  super.viewDidAppear()
  view.window?.title = "Ein modaler Dialog"
  view.window?.styleMask = .titled
}
```

Wenn Sie mehrere Attribute angeben möchten, müssen Sie diese in einem Array kombinieren:

```
view.window?.styleMask = [.titled, .closable]
```

Ansichten/Fenster schließen

Ansichten, die mit einem Segue des Typs POPOVER, MODAL oder SHEET erzeugt wurden, können mit der Methode dismissController geschlossen werden. Selbst diese eine Zeile Code können Sie sich oft sparen, indem Sie mit ctrl-Drag eine Verbindung vom Button zum blauen View-Controller-Icon zeichnen. Im nun erscheinenden Menü wählen Sie unter RECEIVED ACTIONS den Eintrag DISMISSCONTROLLER aus. Beachten Sie aber, dass diese Auswahl eine eventuell andere für den Button eingerichtete Action ersetzt. Wenn es also eine Action-Methode gibt, dann müssen Sie die Methode dismissController dort ausführen.

Ein Sonderfall sind Ansichten, die mit einem SHOW-Segue in einem eigenen, unabhängigen Fenster angezeigt werden. Hier bleibt dismissController wirkungslos. Sie müssen explizit das Fenster mit close schließen.

```
// Projekt macos-multi, Datei Window2VC.swift
class Window2VC: NSViewController {
  // Fenster schließen
  @IBAction func btnClose(_ sender: NSButton) {
    view.window?.close()
  }
}
```

Segues per Code ausführen

Um einen Segue per Code auszuführen, müssen Sie ihm zuerst im Attributinspektor einen Namen (IDENTIFIER) geben. Anschließend können Sie ihn mit `performSegueWithIdentifier` ausführen:

```
// Projekt macos-multi, Datei ViewController.swift
@IBAction func btnOpen(_ sender: NSButton) {
  performSegue(withIdentifier: "SegueToAnother", sender: self)
}
```

Fenster per Code erzeugen

Wenn Sie ein neues Fenster ohne Segue per Code erzeugen möchten, müssen Sie im Storyboard sowohl einen Window- als auch einen View-Controller einrichten. Dem Window-Controller müssen Sie im Identity Inspector im Feld STORYBOARD ID einen Namen geben.

In jedem View-Controller können Sie über die Eigenschaft `storyboard` auf das Storyboard des Programms zugreifen. Die Methode `instantiateControllerWithIdentifier` erzeugt eine Instanz des namentlich genannten Window-Controllers. `showWindow` zeigt das Fenster an.

Vergessen Sie nicht, eine Referenz auf den neuen Controller in einer Variablen oder in einem Array zu speichern! Gibt es keine Referenz, löscht die Speicherverwaltung das neu erzeugte Objekt und das Fenster verschwindet sofort wieder vom Bildschirm.

Im folgenden Beispielcode sollen zusätzlich Daten an den View-Controller im neuen Fenster übergeben werden. Das ist prinzipiell kein Problem, die Vorgehensweise ist aber anders als in `prepare`. Der View-Controller ist nämlich bereits initialisiert, und der Code in `viewDidLoad` wurde schon ausgeführt. Dafür ist es nun möglich, Eigenschaften des Ziel-View-Controllers einzustellen, und ein Property Observer überträgt die Daten dann auf die bereits zur Verfügung stehenden Steuerelemente.

```
// Projekt macos-multi, Datei ViewController.swift
class ViewController: NSViewController {
  var win2array:[NSWindowController] = []

  // anderes Fenster ohne Segue erzeugen
  @IBAction func btnOpen2(_ sender: NSButton) {
    if let winctrl = storyboard!
      .instantiateController(withIdentifier: "w2vc")
      as? NSWindowController
    {
      if let w2vc = winctrl.contentViewController as? Window2VC {
        // w2vc.label.stringValue =  txtfield.stringValue
        w2vc.data =  txtfield.stringValue
      }
      winctrl.showWindow(self)
      win2array.append(winctrl)  // sonst sofort wieder weg!
    }
  }
}

// Projekt macos-multi, Datei Window2VC.swift
class Window2VC: NSViewController {
  @IBOutlet weak var label: NSTextField!
  // Property Observer für 'data', wenn das
  // Textfeld zur Verfügung steht, werden
  // Änderungen sofort dort angezeigt
  var data: String? {
    didSet {
      label?.stringValue = data!
    }
  }
  // ... weiterer Code
}
```

19.2   Tab-View-Controller

Der in macOS 10.10 eingeführte Tab-View-Controller ergänzt das schon lange verfügbare Tab-View-Steuerelement um eine Variante, die besonders gut für das Storyboard geeignet ist: Mit dem Tab-View-Controller können Sie mehrblättrige Dialoge gestalten, bei denen für jede Dialogseite ein eigener View-Controller zuständig ist.

Das Beispielprogramm in diesem Abschnitt zeigt, wie Sie mit dem Tab-View-Controller einen Einstellungsdialog gestalten (siehe Abbildung 19.4). Der Einstellungsdialog kann wahlweise über den Menüeintrag EINSTELLUNGEN oder einen gleichnamigen Button im Hauptfenster geöffnet werden. Als einzige Einstellung wird dabei die Textgröße bleibend in den sogenannten User-Defaults gespeichert. Alle anderen Radio- und Checkbox-Buttons im Einstellungsdialog dienen nur als Platzhalter.

Abbildung 19.4 Veränderung der Textgröße in einem Einstellungsdialog

Dieser Abschnitt ist eine logische Fortsetzung des View-Controller-Beispiels aus dem vorigen Abschnitt. Gleichzeitig greift er aber das Thema der User-Defaults auf, das in diesem Buch eigentlich erst in Kapitel 21, »Dateien und User-Defaults«, behandelt wird. User-Defaults bieten eine unkomplizierte Möglichkeit, Benutzer- und Programmeinstellungen zu speichern. Werfen Sie gegebenenfalls rasch einen Blick in den Abschnitt 21.1, »User-Defaults«.

Storyboard und Tab-View-Controller-Einstellungen

Das Beispielprogramm besteht im Wesentlichen aus einem gewöhnlichen Fenster und einem Einstellungsdialog. In Kombination mit den dazugehörenden View-Controllern und Segues ergibt das ein eindrucksvolles Storyboard (siehe Abbildung 19.5).

Wenn Sie einen Tab-View-Controller aus der Objektbibliothek in das Storyboard einfügen, bildet Xcode eine Kombination aus dem Tab-View-Controller und zwei View-Controllern, die für zwei Seiten des mehrblättrigen Dialogs zuständig sind. Benötigen Sie mehr Seiten, fügen Sie einfach weitere View-Controller ein und stellen mit ctrl-Drag eine Verbindung vom Tab-View-Controller zum neuen View-Controller her.

Für den Tab-View-Controller selbst führen Sie im Attributinspektor normalerweise nur eine einzige Einstellung durch: Die STYLE-Eigenschaft bestimmt das Erscheinungsbild des Dialogs, wobei TABS ON TOP, TABS ON BOTTOM oder TOOLBAR zur Auswahl stehen. Letztere Option kommt bei diesem Beispiel zur Anwendung und gibt dem Dialog das aus anderen Programmen vertraute Erscheinungsbild von Einstellungsdialogen.

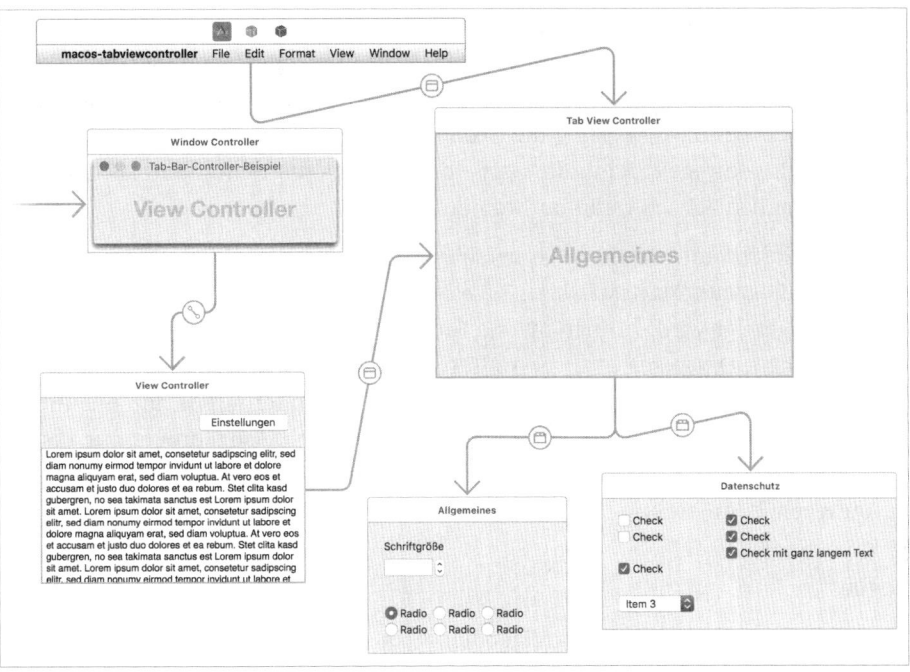

Abbildung 19.5 Storyboard des Tab-View-Controller-Beispiels

> **Tab-Reihenfolge ändern**
>
> Mit der Einstellung Style = Toolbar geht dem Tab-View-Controller leider die Vorschaufunktion verloren. Wenn Sie die Reihenfolge der Tabs ändern möchten, schalten Sie vorübergehend auf Tabs on Top um und verschieben die Dialogblätter in der Tab-Leiste nach Bedarf.

Der Tab-View-Controller übernimmt die Beschriftung der Reiter automatisch aus den Titeln der enthaltenen View-Controller. Damit jedes Dialogblatt die für Einstellungsdialoge typischen Icons zeigt, fügen Sie zuerst passende Bilder in Images.xcassets ein. Anschließend wählen Sie in der Document Outline oder direkt im Storyboard die Reiter aus (Tool-Bar-Items) und stellen im Attributinspektor die Image-Eigenschaft ein.

Dialogblattgröße

Die Größe des mehrblättrigen Dialogs ergibt sich aus der Größe des gerade aktiven View-Controllers. Wenn Sie vermeiden möchten, dass sich die Fenstergröße mit jedem Seitenwechsel ändert, achten Sie darauf, alle Dialogblätter gleich groß zu gestalten.

Ob die Größe des Dialogs verändert werden kann, hängt davon ab, wie die Größe des View-Controllers bestimmt ist. Gibt es im View-Controller (zumindest) ein Steuerelement, das eine fixe Größe und fixe Abstände zu den vier Rändern des Controllers aufweist, übernimmt der Dialog die Größe unveränderlich. Gibt es hingegen keine derartigen Layoutregeln, kann die Größe des Fensters mit dem mehrblättrigen Dialog im laufenden Betrieb verändert werden.

Im Beispielprogramm können Sie beide Effekte ausprobieren. Im View-Controller für das Dialogblatt ALLGEMEINES gibt es keine Layoutregeln. Solange dieses Dialogblatt angezeigt wird, können Sie die Fenstergröße ändern. Wechseln Sie aber in das Dialogblatt DATENSCHUTZ, vergrößert sich der Einstellungsdialog so weit, dass der gesamte View-Controller Platz findet. Eine Größenänderung ist nun nicht mehr möglich. Die Größe des View-Controllers ergibt sich im Beispielprogramm aus der Checkbox CHECK MIT GANZ LANGEM TEXT. Für dieses Steuerelement wurden sechs Layoutregeln definiert, um Länge, Breite sowie Randabstände zu fixieren.

Segues

Im Beispielprogramm gibt es die folgenden Verbindungen und Segues:

- vom Window-Controller zum View-Controller mit dem Lorem-Ipsum-Text (Typ: WINDOW CONTENT)
- vom Tab-View-Controller zu den View-Controllern mit den Dialogseiten (Typ: TAB ITEM)
- vom Button EINSTELLUNGEN zum Tab-View-Controller (Typ: MODAL)
- vom Menüeintrag PREFERENCES zum Tab-View-Controller (Typ: MODAL)

Mehr Details zum Umgang mit Menüeinträgen folgen in Abschnitt 19.6, »Menüs«, aber auf ein Detail möchte ich an dieser Stelle schon hinweisen: Da das Menü ein eigenes, vom View-Controller unabhängiges Objekt ist, kommt es im View-Controller des Fensters zu keinem prepare-Aufruf!

Splitter-Steuerelement

Der View-Controller ALLGEMEINES enthält ein Textfeld und einen sogenannten *Splitter*. Dieses durch die NSSplitter-Klasse abgebildete Steuerelement enthält zwei winzige Buttons mit Pfeilspitzen, die nach oben und unten zeigen. Für den Splitter ist im Attributinspektor ein zulässiger Wertebereich von 6 bis 127 eingestellt. Größere oder kleinere Werte können im Textfeld direkt eingegeben werden, aber nicht durch einen Klick auf den Splitter.

Klassen

Der Code zu dem Beispiel verteilt sich über drei Klassen:

- `AppDelegate` enthält eine eigene Init-Funktion, die die Datei `appdefaults.plist` mit den User-Defaults verbindet.
- `ViewController` mit dem View-Controller zum Hauptfenster lädt beim Erscheinen des Fensters die zuletzt eingestellte Schriftgröße aus den User Defaults.
- `SettingsGeneralVC` mit dem View-Controller zur Dialogseite ALLGEMEINES synchronisiert das Textfeld zur Veränderung der Schriftgröße mit dem Splitter, den Einstellungen in den User-Defaults und der Schriftgröße im Hauptfenster.

Application Defaults mit den User-Defaults verbinden (AppDelegate.swift)

Die `UserDefaults`-Klasse bietet die Möglichkeit, mit der Methode `register` ein Dictionary mit Defaulteinstellungen festzulegen. Die dort enthaltenen Einstellungen kommen zum Einsatz, wenn noch nie Benutzereinstellungen gespeichert wurden oder wenn es für den betreffenden Schlüssel keinen Eintrag gibt.

Im Beispielprogramm wird dieses Dictionary aus der Datei `appdefaults.plist` extrahiert. Damit können die Defaulteinstellungen sehr komfortabel direkt in Xcode eingetragen und verwaltet werden (siehe Abbildung 19.6).

Abbildung 19.6 Die Datei appdefaults.plist mit Defaulteinstellungen für das Programm

---

Defaults für User-Defaults?

Die vielen »Defaults« können einen hier schwindlig werden lassen. Eine kurze Erklärung: Die *User-Defaults* sind Benutzereinstellungen, die in einer *.plist-Datei gespeichert werden. Sobald ein Programm einmal einen Wert dort gespeichert hat, kann es später wieder auf ihn zurückgreifen.

Was geschieht aber, wenn das Programm zum ersten Mal läuft und die User Defaults noch leer sind? Dann müssen Standardwerte (Defaults) zum Einsatz kommen. Hier geht es also um diese Default-Werte. Die hier vorgestellten Techniken gelten auch für iOS.

Die Verbindung zwischen den User-Defaults und den dazugehörigen Defaultwerten muss ganz früh unmittelbar nach dem Programmstart durchgeführt werden, also noch bevor Window- oder View-Controller geladen werden. Aus diesem Grund wurde in AppDelegate.swift die Init-Funktion der AppDelegate-Klasse überschrieben. Würde derselbe Code in den Methoden applicationWillFinishLaunching oder applicationDidFinishLaunching eingebaut, wäre es zu spät: Die Defaultwerte blieben unberücksichtigt.

Der eigentliche Code ist unspektakulär: standardUserDefaults liefert eine Referenz auf die immer zur Verfügung stehende UserDefaults-Instanz des Programms. URLForResource ermittelt den Pfad zu der mit dem Programm mitgelieferten Bundle-Datei appdefaults.plist. Die Init-Funktion der NSDictionary-Klasse bildet aus dieser Datei eine NSDictionary-Instanz. Diese wird mit der schon erwähnten Methode register weiterverarbeitet.

Die AppDelegate-Klasse enthält darüber hinaus die Eigenschaft mainVC. Sie wird später in viewDidLoad der View-Controller-Klasse initialisiert und gibt dann allen Klassen des Programms die Möglichkeit, über das AppDelegate-Objekt auf die Steuerelemente des Hauptfensters zuzugreifen.

```
// Projekt macos-tabviewcontroller
// Datei AppDelegate.swift
@NSApplicationMain
class AppDelegate: NSObject, NSApplicationDelegate {
  // Verweis auf den View-Controller des Hauptfensters
  var mainVC: ViewController!

  // Defaultwerte für die Benutzereinstellungen laden
  override init() {
    super.init()
    let userDefaults = UserDefaults.standard
    if let url = Bundle.main.url(
      forResource: "appdefaults", withExtension: "plist"),
      let appDefaults = NSDictionary(contentsOf: url)
    {
      userDefaults.register(
        defaults: appDefaults as! [String : AnyObject])
    }
  }
}
```

Textgröße aus den User-Defaults lesen (ViewController.swift)

Die Klasse ViewController enthält die beiden Eigenschaften userDefaults und app, die auf Instanzen von AppDelegate und der UserDefaults zeigen. Die beiden Ausrufezeichen bei der Initialisierung der app-Eigenschaft sind normalerweise etwas, was den erfahrenen Swift-Programmierer nervös macht. In diesem Fall besteht aber kein Grund zur Sorge: Die delegate-Eigenschaft hat zwar den Typ NSApplicationDelegate?, aber so, wie das Programm aufgebaut ist, *muss* diese Eigenschaft auf eine Instanz der gerade oben beschriebenen AppDelegate-Klasse verweisen.

In viewDidLoad wird zuerst die Eigenschaft mainVC der AppDelegate-Instanz initialisiert. Danach wird aus den User-Defaults die zuletzt gespeicherte Schriftgröße gelesen. Ein Aufruf von setFontSize verändert die Schrift. Dabei wird ein neues NSFont-Objekt erzeugt, das bis auf die Größe die anderen Eigenschaften der bisherigen Schrift übernimmt.

```
// Projekt macos-tabviewcontroller, Datei ViewController.swift
class ViewController: NSViewController {
  @IBOutlet var txtfield: NSTextView!

  // Zugriff auf die User-Defaults und die AppDelegate-Instanz
  var userDefaults = UserDefaults.standard
  let app = NSApplication.shared().delegate! as! AppDelegate

  override func viewDidLoad() {
    app.mainVC = self
    // Schriftgröße aus Defaults laden und setzen
    let size = userDefaults.integer(forKey: "fontsize")
    setFontSize(size)
  }

  // Schriftgröße von txtfield ändern
  func setFontSize(_ size: Int) {
    txtfield.font = NSFont(
      descriptor: txtfield.font!.fontDescriptor,
      size: CGFloat(size))
  }
}
```

Andere Schriftattribute ändern

Um aus einer vorhandenen Schrift ein neues NSFont-Objekt mit einer anderen Schriftgröße zu machen, gibt es die im obigen Listing eingesetzte Init-Funktion. Wenn Sie andere Schriftattribute ändern möchten, setzen Sie am besten einen NSFont-Manager ein:

```
let fontmanager = NSFontManager.shared()
let newfont = fontmanager.convert(oldfont, toHaveTrait: .boldFontMask)
```

Einstellungen ändern (SettingsGeneralVC.swift)

Auch die `SettingsGeneralVC`-Klasse beginnt mit der schon bekannten Definition der Variablen app und userDefaults. In viewDidLoad wird die delegate-Eigenschaft des Textfeldes auf self gesetzt. Damit kommt es bei Änderungen im Textfeld zum Aufruf der Methode controlTextDidChange.

Außerdem lädt userForKey den zuletzt gespeicherten Wert für die Textgröße und ruft setAndSaveFontSize auf. Diese Methode synchronisiert das Textfeld, den Splitter, die Textgröße im Hauptfenster und den Wert in den User-Defaults. Auch die Methoden sizestepper und controlTextDidChange rufen diese Methode auf, sobald ein Benutzer einen neuen Wert im Textfeld eingibt oder diesen durch die Pfeil-Buttons vergrößert oder verkleinert.

```
// Projekt macos-tabviewcontroller, Datei SettingsGeneralVC.swift
class SettingsGeneralVC: NSViewController, NSTextFieldDelegate {
  var app = NSApplication.shared().delegate! as! AppDelegate
  var userDefaults = UserDefaults.standard
  @IBOutlet weak var sizestepper: NSStepper!
  @IBOutlet weak var fntsize: NSTextField!

  override func viewDidLoad() {
    super.viewDidLoad()
    fntsize.delegate = self
    // aktuelle Schriftgröße
    let size = userDefaults.integer(forKey: "fontsize")
    setAndSaveFontSize(size)
  }
  // Änderungen an den Steuerelementen
  @IBAction func sizestepper(_ sender: NSStepper) {
    setAndSaveFontSize(Int(sizestepper.stringValue)!)
  }
  override func controlTextDidChange(_ obj: NSNotification) {
    if let newsize = Int(fntsize.stringValue) {
      setAndSaveFontSize(newsize)
    }
  }
  // Schriftgröße in den Steuerelementen des Settings-Dialogs
  // und im Hauptfenster einstellen, außerdem in den
  // User-Defaults speichern
  private func setAndSaveFontSize(_ size: Int) {
    sizestepper.stringValue = "\(size)"
    fntsize.stringValue = "\(size)"
    userDefaults.set(size, forKey: "fontsize")
    app.mainVC.setFontSize(size)
  }
}
```

19.3 Standarddialoge

Nicht jeden Dialog müssen Sie selbst programmieren. Für einige, häufig vorkommende Aufgaben stellt das AppKit-Framework fertige Dialoge zur Verfügung. Dazu zählen:

- die Anzeige von Nachrichten und einfachen Auswahldialogen (Ja, Nein, Abbrechen etc.)
- die Auswahl einer vorhandenen Datei oder eines Verzeichnisses zum Öffnen
- die Auswahl einer neuen Datei zum Speichern
- die Auswahl einer Schrift
- die Auswahl einer Farbe

Das Beispielprogramm macos-dialogs zeigt die Anwendung dieser Standarddialoge (siehe Abbildung 19.7). Ein wenig befremdlich ist dabei, dass die dazu erforderlichen Techniken je nach Dialog stark variieren.

Abbildung 19.7 Demonstration verschiedener Standarddialoge

Der gesamte Code befindet sich in ViewController.swift. Der Code beginnt mit Outlets für die fünf Ergebnis-Label und die sogenannte *Color Well*:

```
// Projekt macos-dialogs, Datei ViewController.swift
class ViewController: NSViewController {
  @IBOutlet weak var txtMessage: NSTextField!
  @IBOutlet weak var txtFilename: NSTextField!
  @IBOutlet weak var txtFilename2: NSTextField!
  @IBOutlet weak var txtFont: NSTextField!
  @IBOutlet weak var txtColor: NSTextField!
  @IBOutlet weak var colorwell: NSColorWell!

  // ... diverse Methoden, Details folgen gleich
}
```

Nachrichten anzeigen und Ja/Nein-Entscheidungen treffen

Zur Anzeige von Nachrichten, die üblicherweise mit einem OK-Button zu bestätigen sind, und einfachen Dialogen zur Entscheidung zwischen JA/NEIN oder anderen Optionen verwenden Sie eine Instanz der NSAlert-Klasse. Bevor Sie den Dialog mit runModal anzeigen, stellen Sie mit der Eigenschaft messageText die Nachricht ein. addButtonWithTitle fügt beliebig viele Buttons hinzu, wobei der erste Button ganz rechts angezeigt wird.

Die Nachrichtenbox zeigt normalerweise links das Programm-Icon an. Über die icon-Eigenschaft wählen Sie bei Bedarf ein anderes Bild aus Images.xcassets. Mit der zusätzlichen Einstellung alertStyle = .critical erreichen Sie, dass Ihr Icon um ein Warndreick erweitert wird.

runModal blockiert das restliche Programm, bis der Dialog geschlossen ist. Die Methode gibt für die ersten drei Buttons NSAlertFirst-, NSAlertSecond- bzw. NSAlertThirdButtonReturn zurück. Gibt es mehr Buttons, müssen Sie deren Rückgabewerte selbst mit NSAlertThirdButtonReturn+n errechnen.

```
// Projekt macos-dialogs, Datei ViewController.swift
// Fortsetzung
class ViewController: NSViewController {
  @IBAction func btnMessage(_ sender: NSButton) {
    let alert = NSAlert()
    alert.messageText = "Wollen Sie das Objekt löschen?"
    alert.addButton(withTitle: "Abbrechen")
    alert.addButton(withTitle: "Löschen")
    alert.alertStyle = .warning
    alert.icon = NSImage(named: "warning")  // aus Images.xcassets

    switch alert.runModal() {
    case NSAlertFirstButtonReturn:
      txtMessage.stringValue = "Abbrechen"
    case NSAlertSecondButtonReturn:
      txtMessage.stringValue = "Löschen"
    default:
      break
    }
  }
}
```

Datei- und Verzeichnisauswahl

Zur Datei- und Verzeichnisauswahl stehen die Klassen NSOpenPanel bzw. NSSavePanel zur Auswahl. Obwohl die mit runModal angezeigten Dialoge ganz ähnlich aussehen, gibt es doch einige grundlegende Unterschiede. So unterstützt nur NSOpenPanel eine Mehrfachauswahl und die Auswahl von Verzeichnissen. Dafür können Sie mit `NSFilePanel` einen Dateinamen angeben, den es noch gar nicht gibt. Tun Sie dies nicht, erscheint eine Rückfrage, ob Sie die vorhandene Datei überschreiben möchten.

Der Umgang mit den beiden Panel-Klassen ist ganz ähnlich wie beim `NSAlert`: Sie stellen zuerst einige Eigenschaften ein, öffnen den Dialog dann mit `runModal` und werten danach die Eigenschaft `url` oder `urls` aus. Die folgenden Zeilen zeigen den Umgang mit dem `NSSavePanel`:

```swift
// Projekt macos-dialogs, Datei ViewController.swift
@IBAction func btnFileSave(_ sender: NSButton) {
  let saveFile = NSSavePanel()
  saveFile.title = "Datei speichern"
  saveFile.prompt = "Speichern"
  saveFile.worksWhenModal = true
  saveFile.canCreateDirectories = true
  saveFile.runModal()
  if let url = saveFile.url {
    txtFilename2.stringValue = url.path
  }
}
```

Auf die Wiedergabe des ganz ähnlichen Codes für das `NSOpenPanel` habe ich hier verzichtet – werfen Sie gegebenenfalls einen Blick in die Beispieldateien zum Buch. Wie Sie die Dateiauswahl durch die richtige Einstellung der `allowedFileTypes`-Eigenschaft auf bestimmte Dateitypen einschränken, zeigt ein Beispiel in Abschnitt 36.5, »Drag & Drop-Empfänger für Icons (OriginalIconView.swift)«.

Schrift einstellen

Jedem macOS-Programm steht eine Instanz des `NSFontManager` zur Verfügung, der bei allen erdenklichen Aufgaben im Zusammenhang mit Schriften hilft. Der Zugriff auf die Instanz erfolgt über die statische Methode `shared`. Sie können mit `convert` aus einer vorhandenen Schrift eine neue mit einem veränderten Attribut erstellen, mit `traits` die Attribute eines gegebenen `NSFont`-Objekts herausfinden, mit `availableFonts` alle verfügbaren Fonts auflisten etc.

Für uns ist hier aber die Methode `orderFrontFontPanel` am interessantesten. Sie zeigt den aus allen macOS-Programmen bekannten Dialog zur Schriftauswahl an, der intern durch die `NSFontPanel`-Klasse realisiert ist. Beachten Sie, dass es sich dabei nicht um einen modalen Dialog handelt. Das Hauptprogramm bleibt weiter benutzbar, der Schriftendialog kann parallel dazu offen bleiben, solange der Benutzer dies wünscht.

Vor dem Aufruf von `orderFrontFontPanel` müssen Sie die Eigenschaften `delegate` und `target` auf `self` stellen, damit in Ihrer View-Controller-Klasse die Methode `changeFont` aufgerufen wird. Zumeist ist es außerdem zweckmäßig, mit `setSelectedFont` die gerade aktuelle Schrift voreinzustellen.

Ein wenig merkwürdig ist die richtige Vorgehensweise in der Methode `changeFont`: Der Font-Manager stellt Ihnen die gerade ausgewählte Schrift nicht als fertiges `NSFont`-Objekt zur Verfügung. Stattdessen müssen Sie ausgehend von einem beliebigen vorhandenen `NSFont`-Objekt mit `convert` ein neues Objekt erzeugen, das der durchgeführten Auswahl entspricht.

```swift
// Projekt macos-dialogs, Datei ViewController.swift
@IBAction func btnChooseFont(_ sender: NSButton) {
  let fontmanager = NSFontManager.shared()
  fontmanager.target = self
  fontmanager.setSelectedFont(txtFont.font!, isMultiple: false)
  fontmanager.orderFrontFontPanel(self)
}

// Reaktion auf die Auswahl einer neuen Schriftart
// http://stackoverflow.com/questions/13614769
override func changeFont(_ sender: Any?) {
  let oldfont=txtFont.font!
  let newfont = NSFontManager.shared().convert(oldfont)
  txtFont.font = newfont
}
```

Beachten Sie, dass `changeFont` von nun an immer wieder aufgerufen wird, wenn der Benutzer Änderungen im Schriftendialog durchführt. Wenn Sie in Ihrem Programm verschiedene Schriften einstellen können, müssen Sie in `changeFont` darauf Rücksicht nehmen.

Farbe einstellen

Das Beispielprogramm zeigt gleich zwei Varianten, um die Farbe eines Textfelds einzustellen:

- Der Button FARBE AUSWÄHLEN führt zum Aufruf der Action-Methode `btnChooseColor`. Dort greift der Code über `shared` auf die in jedem macOS-Programm vorhandene Instanz des `NSColorPanel` zu.

  Die Methoden `setTarget` und `setAction` geben an, dass bei einer Farbauswahl die Methode `colorSelect` der eigenen Klasse aufgerufen werden soll. `makeKeyAndOrderFront` zeigt das Color Panel an. Bei der Farbauswahl können Sie in der durch `setAction` definierten Methode über die `color`-Eigenschaft des `NSColorPanel` die ausgewählte Farbe auslesen.

▶ Noch deutlich einfacher ist es, zur Farbauswahl das Color-Well-Steuerelement zu verwenden (Klasse `NSColorWell`). Das Steuerelement zeigt einen farbigen Button an. Beim Anklicken erscheint automatisch der Farbauswahldialog. Jedes Mal, wenn der Benutzer eine Farbe auswählt, kommt es zum Aufruf der zugeordneten Action-Methode, in der das als `sender` übergebene `NSColorWell`-Objekt die ausgewählte Farbe verrät.

```swift
// Projekt macos-dialogs, Datei ViewController.swift
// Farbauswahl mit Button
@IBAction func btnChooseColor(_ sender: NSButton) {
  let colorpanel = NSColorPanel.shared()
  colorpanel.setTarget(self)
  colorpanel.setAction(#selector(ViewController.newColor(_:)))
  colorpanel.makeKeyAndOrderFront(self)
}

// wird bei Farbauswahl aufgerufen
func newColor(_ sender:AnyObject?) {
  let colorpanel = NSColorPanel.shared()
  txtColor.textColor =  colorpanel.color
  colorwell.color = colorpanel.color
}

// Farbauswahl mit Color Well
@IBAction func colorSelect(_ sender: NSColorWell) {
  txtColor.textColor = sender.color
}
```

19.4 Maus

In vielen Fällen müssen Sie sich um Maus- oder Trackpad-Ereignisse gar nicht kümmern: Das gerade angeklickte Steuerelement erhält den Fokus, es werden Button-Ereignisse ausgelöst, Scrollbalken lassen sich verschieben, Text lässt sich markieren etc. – alles ohne eine Zeile Code.

Aber wie immer gibt es Ausnahmen, und zwar insbesondere dann, wenn Sie mit View- oder Image-View-Elementen arbeiten: Diese Steuerelemente sehen nämlich keine Actions zur Verarbeitung von Mausklicks vor, und es gibt auch kein Delegate-Protokoll mit entsprechenden Methoden. Vielmehr müssen Sie eine eigene, von `NSView` oder `NSImageView` abgeleitete Klasse erzeugen und diese dann im Identity Inspector als CUSTOM CLASS angeben.

Mausereignisse

In der von `NSView` abgeleiteten Klasse können Sie nun die folgenden Methoden überschreiben:

- `mouseEntered`: Der Mauszeiger wurde in das Steuerelement hineinbewegt.
- `mouseDown`: Die linke Maus- oder Trackpad-Taste wurde gedrückt.
- `mouseDragged`: Die Maus wurde bei gedrückter Maustaste bewegt.
- `mouseUp`: Die Maustaste wurde losgelassen.
- `mouseExited`: Der Mauscursor hat das Steuerelement verlassen oder befindet sich momentan über einem anderen Steuerelement innerhalb der View.

Die Methoden `mouseDown`, `mouseDragged` und `mouseUp` gelten nur für die linke Maustaste. Für die rechte gibt es drei weitere Methoden:

- `rightMouseDown`: Die rechte Maus- oder Trackpad-Taste wurde gedrückt.
- `rightMouseDragged`: Die Maus wurde bei gedrückter Maustaste bewegt.
- `rightMouseUp`: Die Maustaste wurde losgelassen.

An all diese Methoden wird ein `NSEvent`-Objekt übergeben, aus dem die Mausposition sowie der Status der Zustandstasten ⇧, ctrl, alt und ⌘ ermittelt werden kann. Bevor wir uns mit der Mausposition beschäftigen können, sind aber noch einige Grundlagen zum Koordinatensystem erforderlich, das innerhalb eines `NSView`-Steuerelements gilt.

Koordinatensysteme, Bounds und Frames

Grundsätzlich gilt sowohl für das Fenster als Ganzes als auch für jedes einzelne darin enthaltene Steuerelement ein Koordinatensystem, dessen Ursprung in der Ecke links unten ist (siehe Abbildung 19.8).

Abbildung 19.8 Koordinatensystem des Fensters und einer darin enthaltenen View

Als Einheit werden Punkte verwendet, wobei aber bei Retina-Bildschirmen in jede Richtung zwei Pixel gezeichnet werden. Sehr hilfreich ist in diesem Zusammenhang, dass Koordinaten und Größen schon seit jeher mit CGFloat-Zahlen ausgedrückt werden, also mit Fließkommazahlen. Intern handelt es sich bei CGFloat-Zahlen unter macOS um Double-Zahlen, weil es alle aktuellen Versionen von macOS nur noch in 64-Bit-Versionen gibt.

Jedes Steuerelement gibt anhand von zwei Eigenschaften Auskunft über seine Position und Größe:

- bounds enthält NSRect-Daten im Koordinatensystem des Steuerelements.
- frame enthält ein weiteres NSRect-Element, das aber das Koordinatensystem des Containers verwendet, also der View, in der das Steuerelement enthalten ist.

Grundsätzlich gilt, dass keine der beiden Eigenschaften das Koordinatensystem des Fensters verwendet! Die frame-Koordinaten stimmen nur dann mit den Fensterkoordinaten überein, wenn sich Steuerelemente direkt in der ersten View des Fensters befinden, die dieses vollständig ausfüllt.

> **NSPoint, NSSize, NSRect versus CGPoint, CGSize, CGRect**
>
> Beim Umgang mit bounds und frame werden Sie mit drei Datenstrukturen konfrontiert, die Sie auch sonst häufig benötigen. NSPoint enthält einen Koordinatenpunkt, dessen Position aus den Eigenschaften x und y hervorgeht. NSSize enthält eine Größenangabe, die durch die Eigenschaften width und height definiert ist. Ein NSRect-Element beschreibt Position und Größe eines Rechtecks. Intern setzt es sich aus einem NSPoint- und einem NSSize-Element zusammen. Die beiden Strukturen sprechen Sie über die Eigenschaften origin und size an.
>
> NSPoint, NSSize und NSRect sind als typealias der Strukturen CGPoint, CGSize und CGRect definiert, die aus der CoreGraphics-Bibliothek stammen. Deswegen können Sie zwischen diesen Strukturen beliebig wechseln.

Mausposition ergründen

Das an die diversen mouse-Methoden übergebene NSEvent-Objekt verrät über die Eigenschaft locationInWindow die Position des Mauscursors. Wie der Name der Eigenschaft schon vermuten lässt, wird die Position des Mauscursors im Koordinatensystem des Fensters angegeben.

Häufig werden Sie die Koordinatenposition aber im Koordinatensystem der NSView-Klassen benötigen, die Sie implementieren. Zur Umrechnung stellt die NSView-Klasse die Methode convert zur Verfügung. An diese Methode übergeben Sie im ersten Parameter die Position. Im zweiten Parameter können Sie ein anderes NSView-Objekt angeben, wenn die ursprüngliche Position relativ zu diesem Objekt ist. Bei Positionen im Fensterkoordinatensystem übergeben Sie hier einfach `nil`:

```
class MyView: NSView {
  override func mouseDown(theEvent: NSEvent) {
    let locationInView =
      convert(theEvent.locationInWindow, from: nil)

    ...
  }
}
```

Statustasten

In vielen Programmen müssen in Mausereignissen auch die Zustandstasten ⇧, ctrl, alt und ⌘ berücksichtigt werden. Das `NSEvent`-Objekt stellt Ihnen entsprechende Informationen in der `modifierFlags`-Eigenschaft als `OptionSet` (siehe Abschnitt 10.5, »Option-Sets«) zur Verfügung. Um zu testen, ob ein bestimmtes Flag gesetzt ist, verwenden Sie am besten die `contains`-Methode:

```
if theEvent.modifierFlags.contains(.shift) { ... } // Shift ist
    gedrückt
```

Beispielprogramm

Das Beispielprogramm besteht aus einem Fenster, das im Inneren mit einem Abstand von 20 Punkten zu den Rändern ein View-Steuerelement mit weißem Hintergrund enthält. Dort können Sie per Mausklick rote Kreise zeichnen. Wenn Sie außerdem die ⇧-Taste drücken, werden die Kreislinien stärker ausgeführt (siehe Abbildung 19.9).

Abbildung 19.9 Kreise zeichnen mit der Maus

Das Beispielprogramm definiert außer den von Xcode vorgesehenen Klassen die eigene Klasse `MyView` sowie die Datenstruktur `Circle`, um die Daten eines Kreises zu speichern. Der Swift-Compiler erzeugt für die Circle-Struktur eine Init-Funktion, an die die Parameter in der Reihenfolge übergeben werden, in der sie definiert sind.

```
// Projekt macos-mouse, Datei Circle.swift
struct Circle {
  var x: CGFloat            // x-Koordinate
  var y: CGFloat            // y-Koordinate
  var radius: CGFloat       // Radius
  var lineWidth: CGFloat    // Linienstärke
  var color: NSColor        // Farbe
}
```

Die MyView-Klasse ist von NSView abgeleitet. Im Identity Inspector ist diese Klasse als CUSTOM CLASS für das View-Steuerelement im Zentrum des View-Controllers eingestellt (siehe Abbildung 19.10).

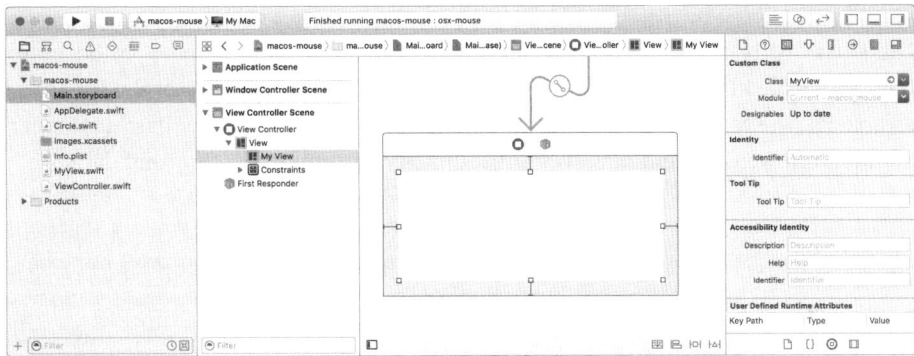

Abbildung 19.10 Das Storyboard des Beispielprogramms

> **Eigene Steuerelemente zur Grafikprogrammierung**
>
> Dieses Beispiel ist ein Vorgriff auf Kapitel 25, »Grafik und Animation«. Dort finden Sie eine ausführliche Erklärung, warum es unter iOS und macOS üblich ist, zur Grafikprogammierung eine eigene Klasse von UIView bzw. NSView abzuleiten.

Die MyView-Klasse

Die MyView-Klasse hat zwei Aufgaben:

- Einerseits reagiert sie auf Mausklicks. Sie ermittelt die Position und fügt dann dem Array circles ein neues Circle-Element mit den Eckdaten des Kreises hinzu.
- Andererseits zeichnet sie den Inhalt der View bei Bedarf neu – also immer dann, wenn ein neuer Kreis hinzukommt, wenn das Fenster vorübergehend verdeckt war oder wenn sich die Fenstergröße ändert.

Bei Änderungen der Fenstergröße bleibt die Position der bisher gezeichneten Kreise unverändert. Das ist insofern nicht selbstverständlich, als eine direkte Interpretation der Koordinaten dazu führen würde, dass die Kreise bei einer Vergrößerung des Fensters nach unten wandern würden. Deswegen speichert das Programm die Y-Koordinate so, als würde sich der Koordinatenursprung oben befinden. Beim Zeichnen wird die Y-Koordinate dann wieder in das macOS-Koordinatensystem gerechnet.

Auf noch ein Detail möchte ich hinweisen: Die vielleicht naheliegendere Lösung der Aufgabenstellung bestünde darin, einfach in der mouseDown-Methode einen Kreis an der Mausposition zu zeichnen. Das ist aber zum einen gar nicht vorgesehen; gelänge es doch, ergibt sich der Nachteil, dass die Zeichenoperation nicht nachhaltig ist. Das Programm und somit auch die selbst implementierte View muss ja zu einem späteren Zeitpunkt in der Lage sein, seinen bzw. ihren Inhalt wieder neu zu zeichnen. Aus diesem Grund speichert das Programm Position, Größe, Farbe etc. jedes Kreises in einem Array von Circle-Strukturen.

Die Klasse MyView ist mit dem Attribut @IBDesignable gekennzeichnet. Das bedeutet, dass Xcode die Klasse sofort kompiliert und das Steuerelement im Storyboard-Editor so anzeigt, wie es später aussehen wird. In unserem Fall bewirkt dies, dass das Steuerelement mit weißem und nicht wie sonst üblich mit grauem Hintergrund dargestellt wird.

```
// Projekt macos-mouse, Datei MyView.swift
@IBDesignable
class MyView: NSView {
  var circles = [Circle]()

  // Code folgt gleich
  override func drawRect(_ dirtyRect: NSRect) { ... }
  override func mouseDown(with theEvent: NSEvent) { ... }
}
```

Die draw-Methode

In eigenen Steuerelementen muss die draw-Methode überschrieben werden, um den Inhalt des Steuerelements zu zeichnen. In diesem Buch gibt es dafür noch mehrere Beispiele, z. B. beim Steuerelement zur Richtungsanzeige in der »Schatzsuche«-App (siehe Abschnitt 33.4).

Bei diesem Beispiel ist die Aufgabenstellung einfach: Zuerst wird mit NSRectFill ein weißer Hintergrund gezeichnet; danach wird für jeden Kreis aus dem circles-Array ein NSBezierPath-Objekt erzeugt und gezeichnet. Der Code sollte auch ohne Hintergrundwissen in der Grafikprogrammierung plausibel sein. Beachten Sie die

Berechnung der Y-Koordinate des Kreismittelpunkts: Diese ergibt sich aus der Innengröße der View minus dem im Circle-Element gespeicherten Wert.

Eine denkbare Optimierung bestünde darin, vorweg bei jedem Kreis zu überprüfen, ob dieser überhaupt innerhalb des Zeichenbereichs liegt, der durch den dirtyRect-Parameter vorgegebenen ist (Bounding-Box-Test). Wenn sehr viele komplexe Grafikelemente effizient dargestellt werden sollen, könnte das zu einem flüssigeren Bildaufbau führen. Bei diesem Beispiel lohnt sich die Mühe aber nicht.

```swift
// Projekt macos-mouse, Datei MyView.swift
@IBDesignable
class MyView: NSView {
  var circles = [Circle]()

  override func draw(_ dirtyRect: NSRect) {
    // Hintergrund
    NSColor.white.setFill()
    NSRectFill(dirtyRect)

    // falls nicht NSView als Basisklasse,
    // sondern z. B. NSImageView:
    // Inhalt des Steuerelements zeichnen
    // super.drawRect(dirtyRect)

    // Vordergrund
    for c in circles {
      let path = NSBezierPath()
      path.appendArc(
        withCenter: NSPoint( x: c.x,
                             y: bounds.size.height - c.y),
           radius: c.radius,
        startAngle: 0,
          endAngle: 360)
      c.color.set()
      path.lineWidth = c.lineWidth
      path.stroke()
    }
  }
}
```

> **Aufruf von super.drawRect**
>
> Bei Steuerelementen, die direkt von NSView abgeleitet sind, enthält die drawRect-Methode der Basisklasse keinen Code. Ein Aufruf ist daher überflüssig.

> Bei anderen Steuerelementen müssen Sie aber in Ihrer eigenen drawRect-Methode super.drawRect aufrufen, wenn das Steuerelement zuerst seinen eigenen Inhalt zeichnen soll. Der Aufruf von super.drawRect sollte nach dem Zeichnen eines eigenen Hintergrunds erfolgen, aber vor weiteren Grafikausgaben, die zuletzt über dem Originalsteuerelement sichtbar sein sollen.

Die mouseDown-Methode

In mouseDown wird die Position des Mauscursors in das View-Koordinatensystem umgerechnet. Die Y-Koordinate wird außerdem so umgerechnet, dass sie den Abstand von oben und nicht von unten bestimmt. Je nachdem, ob die ⇧-Taste gedrückt wird oder nicht, verwendet die Methode eine unterschiedliche Linienstärke. Das so erzeugte Kreiselement wird nun dem circles-Array hinzugefügt.

Jetzt könnten wir es uns einfach machen und mit der Anweisung

```
setNeedsDisplay(bounds)
```

einfach ein Neuzeichnen des gesamten Steuerelements auslösen. Aber stellen Sie sich vor, das Programm läuft im Vollbildmodus auf einem Retina-iMac mit rund 15 Millionen Pixel: Der gesamte Fensterinhalt würde neu gezeichnet, obwohl sich nur ein vergleichsweise kleiner Bereich geändert hat. Deswegen ist es hier wirklich zweckmäßig, ein NSRect-Element zusammenzusetzen, das den Kreis umhüllt. Dabei dürfen Sie die Linienstärke nicht vergessen, sonst wird der Kreis beim Zeichnen an den Rändern beschnitten! Wichtig ist auch, dass die Methode setNeedsDisplay die Y-Koordinate natürlich im Koordinatensystem der View erwartet.

```
// Projekt macos-mouse, Datei MyView.swift, Fortsetzung
class MyView: NSView {
  override func mouseDown(with theEvent: NSEvent) {
    let locationInView =
      convert(theEvent.locationInWindow, from: nil)
    let x  = locationInView.x
    let y1 = locationInView.y          // macOS-Koordinatensystem
    let y2 = bounds.size.height - y1 // eigenes Koordinatensystem

    let r = CGFloat(20)
    let lw: CGFloat
    if theEvent.modifierFlags.contains(.shift) {
      lw = CGFloat(4)
    } else {
      lw = CGFloat(2)
    }
```

```
        let color = NSColor.red
        circles.append(Circle(x: x, y: y2,
                              radius: r,
                              lineWidth: lw,
                              color: color))

        // neu zu zeichnenden Bereich festlegen
        let rect = NSRect(
             x: x - r - lw ,
             y: y1 - r - lw,
         width: 2 * (r + lw),
        height: 2 * (r + lw))

        setNeedsDisplay(rect)
        // setNeedsDisplay(bounds)   // wesentlich langsamer!
    }
}
```

Wenn Sie durch eine Mausbewegung mit gedrückter Maustaste viele Kreise hintereinander zeichnen möchten, rufen Sie `mouseDown` einfach auch aus der `mouseDragged`-Methode auf. Auf die `mouseDragged`-Methode werden wir dann wieder in Abschnitt 19.8, »Drag & Drop«, stoßen, wo sie verwendet wird, um eine Drag & Drop-Operation zu initiieren.

```
// bei gedrückter Maustaste viele Kreise zeichnen
override func mouseDragged(with theEvent: NSEvent)  {
  mouseDown(with: theEvent)
}
```

19.5 Tastatur

Mit Tastaturereignissen ist es ähnlich wie mit Mausereignissen: In vielen Fällen kümmert sich macOS bzw. das Cocoa-Framework um deren Verarbeitung, z. B. in Textfeldern. Es gibt aber zwei Ausnahmen:

▶ In Textfeldern wollen Sie mitunter sofort bei jeder Eingabe auf diese reagieren, z. B. um bestimmte Eingaben zu unterbinden oder um andere Objekte zu synchronisieren. In solchen Fällen implementieren Sie in der View-Controller-Klasse das `NSTextFieldDelegate`-Protokoll, setzen die `delegate`-Eigenschaft des Textfelds auf `self` und können dann in diversen `controlText`-Methoden auf Textereignisse reagieren.

Ein Beispiel für diese Vorgehensweise gibt die Klasse `SettingsGeneralVC.swift` im Projekt `macos-tabviewcontroller`, das ich in Abschnitt 19.2, »Tab-View-Controller«, beschrieben habe.

- Bei Steuerelementen, die von sich aus keine Tastatureingaben verarbeiten, müssen Sie eine eigene Klasse mit diversen Responder-Methoden programmieren. Der Umgang mit der NSResponder-Klasse steht im Mittelpunkt dieses Abschnitts.

Die NSResponder-Klasse

Die NSView-, die NSWindow- und die NSApplication-Klasse haben eine Gemeinsamkeit: Sie sind alle von der NSResponder-Klasse abgeleitet. Das gibt ihnen die Möglichkeit, zu einem sogenannten *First Responder* zu werden. Mit diesem Begriff wird dasjenige Objekt bezeichnet, das als Erstes Tastatureingaben, Menükommandos etc. verarbeitet. In jedem Fenster kann immer nur ein Objekt bzw. Steuerelement der First Responder sein. Es ist aber erlaubt, dass mehrere Fenster jeweils ihren eigenen First Responder aufweisen. In diesem Fall verarbeitet das gerade aktive Fenster die Eingaben.

Wenn der Benutzer in einem Fenster mit mehreren Textfeldern eines davon anklickt, dann muss zuerst das gerade aktive Steuerelement seinen First-Responder-Status abgeben. Anschließend muss das angeklickte Steuerelement den First-Responder-Status akzeptieren. Erst danach kann das Textfeld Eingaben empfangen. In anderen GUI-Frameworks würde man sagen: Es hat den Eingabefokus erhalten.

Damit Ihre eigene View-Klasse als First Responder agieren kann, sind nur wenige Zeilen Code erforderlich:

```
class MyView: NSView {
  override var acceptsFirstResponder: Bool { return true }
  override func becomeFirstResponder() -> Bool {
    return true
  }
  override func resignFirstResponder() -> Bool {
    return true
  }
}
```

Eine kurze Erklärung:

- Die Read-only-Eigenschaft acceptsFirstResponder muss den Wert true zurückgeben. Damit bringt das NSView-Objekt zum Ausdruck, dass es bereit ist, als First Responder Tastaturereignisse zu verarbeiten.

- Die Methode becomeFirstResponder wird aufgerufen, wenn die View zum First Responder wird. Diese Methode gibt üblicherweise true zurück, d. h., die View akzeptiert den First-Responder-Status.

  In Fenstern mit mehreren Steuerelementen ist es zumeist zweckmäßig, das Steuerelement jetzt zu kennzeichnen. Beispielsweise können Sie in Ihrer Klasse eine highlight-Eigenschaft definieren, diese in drawRect auswerten und dort bei Bedarf einen Rahmen rund um das Steuerelement zeichnen. Ein Beispiel für diese Vorgehensweise finden Sie in Abschnitt 19.8, »Drag & Drop«.

▶ Die Methode `resignFirstResponder` wird aufgerufen, wenn die View den First-Responder-Status wieder verliert. Wenn das aus irgendeinem Grund gerade nicht möglich ist, können Sie das durch die Rückgabe von `false` verhindern.

Tastaturereignisse

Sobald Ihre View der First Responder ist, führt jede Tastatureingabe zum Aufruf der folgenden Methoden:

▶ `keyDown`: Eine Taste wurde gedrückt. Diese Methode wird mehrfach aufgerufen, wenn die Taste länger gedrückt bleibt (Auto-Repeat).
▶ `keyUp`: Eine Taste wurde losgelassen.
▶ `flagsChanged`: Die Zustandstasten ⇧, ctrl, alt oder ⌘ haben sich geändert.

An diese Methoden wird jeweils ein `NSEvent`-Objekt übergeben, das Ihnen von den Mausereignissen ja schon vertraut ist. Sie können nun einige tastaturspezifische Eigenschaften dieses Objekts auswerten:

▶ `characters` enthält eine Zeichenkette mit dem eingegebenen Zeichen.
▶ `keyCode` enthält den Code der gedrückten Taste.
▶ `modifierFlags` enthält eine Kombination von Werten, die den Zustand von ⇧, ctrl, alt oder ⌘ widerspiegeln.

Es ist grundsätzlich möglich, in `keyDown` diese Eigenschaften auszuwerten und im Programm dann entsprechend darauf zu reagieren. Allerdings bereitet speziell die Interpretation des `keyCode`-Werts Probleme. Das Cocoa-Framework enthält nämlich keine Enumeration bzw. keine Konstanten mit den zulässigen Werten.

Einfacher ist es in der Regel, das `NSEvent`-Objekt an die Methode `interpretKeyEvents` zu übergeben. Dann kümmert sich diese Methode um die Auswertung der Eingabe. In der Folge kommt es für jede denkbare Aktion zur Ausführung einer entsprechenden Methode. Die Dokumentation der `NSResponder`-Klasse zählt über 80 derartige Methoden auf. Zu ihnen zählen:

▶ `cancelOperation`: Der Vorgang soll abgebrochen werden (esc).
▶ `deleteXxx`: Es sollen Daten gelöscht werden.
▶ `insertText`: Es wurde ein Zeichen eingegeben.
▶ `insertXxx`: Es sollen Sonderzeichen eingefügt werden, z. B. ein Tabulatorzeichen.
▶ `moveXxx`, `pageXxx`: Die Cursorposition soll verändert werden.
▶ `scrollXxx`: Der sichtbare Ausschnitt der Daten soll verändert werden.
▶ `selectXxx`: Der ausgewählte Bereich der Daten soll verändert werden.

Beispielprogramm

Das Beispielprogramm zu diesem Abschnitt zeigt das Icon eines Hockey-Spielers. Dessen Position können Sie mit den Cursortasten oder mit den Tasten [I], [J], [K] und [M] steuern. Bei einer Bewegung nach links ändert das Icon-Symbol sogar seine Richtung – der Hockey-Schläger zeigt also immer nach vorne.

Abbildung 19.11 Beispielprogramm zur Verarbeitung von Tastaturereignissen

---

Verwenden Sie Sprite Kit zur Spielprogrammierung!

Der spielerische Charakter dieses Beispiels soll Sie keineswegs dazu animieren, selbst auf dieser Basis Spiele zu programmieren! Dazu gibt es eigene Bibliotheken, z. B. SpriteKit (siehe Kapitel 27).

Das Beispielprogramm besteht lediglich aus einem Fenster mit der standardmäßig bereits enthaltenen View. Deren CUSTOM CLASS wurde auf MyView umgestellt. Bis auf wenige Zeilen in viewDidLoad des View-Controllers befindet sich der gesamte Code dieses Beispiels in MyView.swift.

Bei der Initialisierung eines MyView-Objekts werden aus Images.xcassets zwei Icons mit den nach vorne bzw. nach hinten laufenden Hockey-Spielern geladen. Die Klasseneigenschaften x und y bestimmen die aktuelle Position des Spielers, img verweist auf das gerade gültige Icon. x, y und img werden in viewDidLoad der View-Controller-Klasse mit Startwerten belegt.

```
// Projekt macos-keyboard, Datei MyView.swift
class MyView: NSView {
  // Bitmaps sind im Images.xcassets
  let forward = NSImage(named: "hockey")!
  let backward = NSImage(named: "hockey-back")!
  let size: CGFloat = 64   // Größe des Icons
```

```
  // Eigenschaften
  var x: CGFloat!     // x-Koordinate
  var y: CGFloat!     // y-Koordinate, von oben gerechnet!
  var img: NSImage!

  // als First Responder auftreten
  override var acceptsFirstResponder:Bool { return true }
  override func becomeFirstResponder() -> Bool {
    return true
  }
  override func resignFirstResponder() -> Bool {
    return true
  }

  // ... weitere Methoden, Details folgen
}
```

draw zeichnet das Hockey-Icon mit der Methode drawInRect an die aktuelle Position. Vorher stellen zwei verschachtelte min/max-Funktionen sicher, dass sich der Hockey-Spieler innerhalb der View befindet. Die Kontrolle an dieser Stelle vereinfacht nicht nur den restlichen Code, sondern ist auch bei einer Veränderung der Fenstergröße wirksam. Dabei kommt es nämlich immer zu einem draw-Aufruf.

```
// Projekt macos-keyboard, Datei MyView.swift, Fortsetzung
class MyView: NSView {
  // den Hockey-Spieler zeichnen
  override func draw(_ dirtyRect: NSRect) {
    if img == nil { return }
    // Position muss innerhalb der View sein
    x = max(0, min(bounds.width - size, x))
    y = max(0, min(bounds.height - size, y))
    let rect = NSRect(x: x,
                      y: bounds.height - y - size,
                      width: size,
                      height: size)
    img.draw(in: rect)
  }
}
```

Beim Drücken einer Taste wird die Methode keyDown aufgerufen. Sie übergibt das NSEvent-Objekt direkt an interpretKeyEvents. Wenn diese Methode das Drücken der Cursortasten erkennt, kommt es zum Aufruf der vier move-Methoden. Eingaben von Buchstaben führen zum Aufruf von insertText, wo die Tasten [I], [J], [K] und [M] wie Cursortasten behandelt werden. In den move-Methoden wird der Einfachheit halber ein Neuzeichnen der gesamten View ausgelöst.

```swift
// Projekt macos-keyboard, Datei MyView.swift, Fortsetzung
class MyView: NSView {
  // Eingabe auswerten
  override func keyDown(with theEvent: NSEvent) {
    interpretKeyEvents( [theEvent] )
  }
  override func insertText(_ insertString: Any) {
    if let input = insertString as? String {
      switch input.lowercaseString {
      case "j":
        moveLeft(self)
      case "k":
        moveLeft(self)
      case "i":
        moveUp(self)
      case "m":
        moveDown(self)
      default:
        break
      }
    }
  }
  // Figur bewegen
  override func moveLeft(_ sender: Any?) {
    x = x - 10
    img = backward
    setNeedsDisplayInRect(bounds)
  }
  override func moveRight(_ sender: Any?) {
    x = x + 10
    img = forward
    setNeedsDisplayInRect(bounds)
  }
  override func moveDown(_ sender: Any?) {
    y = y + 10
    setNeedsDisplayInRect(bounds)
  }
  override func moveUp(_ sender: Any?) {
    y = y - 10
    setNeedsDisplayInRect(bounds)
  }
}
```

19.6 Menüs

Menüs sind ein zentrales Steuerungselement vieler macOS-Programme, wenngleich viele Programme für eine möglichst menülose Bedienung optimiert sind. Dieser Abschnitt gibt Ihnen einen Überblick über die verschiedenen Erscheinungsformen von Menüs und über deren Anwendung in eigenen Programmen. Das dazugehörende Beispielprogramm `macos-menu` besteht aus zwei Fenstern. Das Menü EIGENES MENÜ besteht aus den folgenden Einträgen:

- TEST 1 ist immer verwendbar, die Action-Methode befindet sich in `AppDelegate`.
- TEST 2 ist nur verwendbar, wenn Fenster 1 aktiv ist. Die Action-Methode befindet sich in der `ViewController`-Klasse.
- TEST 3 und TEST 4 sind verwendbar, wenn eine Instanz von Fenster 2 aktiv ist. TEST 4 zeigt ein Auswahlhäkchen an, das durch die Menüauswahl gesetzt bzw. wieder entfernt wird. Die Action-Methoden befinden sich im `ViewController2`.

Innerhalb des zweiten Fensters steht außerdem ein Kontextmenü mit drei Einträgen zur Verfügung (siehe Abbildung 19.12).

Abbildung 19.12 Menübeispielprogramm

Die Responder-Kette

Wie die Verarbeitung von Menüaktionen vor sich geht, lässt sich nur mit etwas Grundwissen über den sogenannten First Responder und die nachfolgende Responder-Kette begreifen. Auf den First Responder sind Sie ja im vorigen Abschnitt schon gestoßen: So wird das Objekt bezeichnet, das Tastaturereignisse empfangen und verarbeiten kann. Oft handelt es sich dabei um ein Textfeld, aber prinzipiell sind alle

Objekte von Klassen dazu in der Lage, die von NSResponder abgeleitet sind. Zu diesen Klassen zählen:

- NSView und somit alle Steuerelemente
- NSViewController
- NSWindow und NSWindowController
- NSDocumentController (hilft bei der Konzeption von Programmen, die in ihren Fenstern Dokumente verwalten – also Editoren jeder Art, Office-Programme etc.)
- NSApplication

Der Nachrichtenfluss beginnt beim First Responder. Ist dieser an der Nachricht nicht interessiert, leitet er die Nachricht an das nächste Objekt in der Responder-Kette weiter (siehe Abbildung 19.13). Dieser Nachrichtenfluss endet, wenn ein Objekt das Ereignis verarbeitet. »Eine Nachricht empfangen« bedeutet, dass eine entsprechende Methode aufgerufen wird.

Wie die Responder-Kette ausgeprägt ist, hängt von der Gestaltung des Programms ab. Gibt es einen Window-Controller? Gibt es View-Controller? Gibt es einen Document-Controller? Sind Window-Delegates implementiert? Wie verschachtelt sind die Steuerelemente im Fenster?

Zudem ändert sich die Responder-Kette während der Programmausführung ständig: Mal ist das eine Fenster mit einem Textfeld aktiv, dann wieder ein Dialog mit anderen Steuerelementen. Sicher ist nur: Am Ende der Responder-Kette stehen immer das NSApplication-Objekt sowie dessen Delegates, in einem typischen Storyboard-Projekt also die AppDelegate-Klasse.

Abbildung 19.13 Eine mögliche Responder-Kette für Ereignisse

Und warum ist dies für Menüs relevant? Weil auch Menüereignisse, also die Auswahl eines Menükommandos, über die Responder Chain zuerst an den First Responder geleitet werden und anschließend über alle anderen Objekte der Responder-Kette.

Gestaltung der Menüleiste

Neue Xcode-Projekte enthalten eine umfangreiche vordefinierte Menüleiste. Nicht benötigte Menüs oder Menüeinträge klicken Sie einfach an und löschen sie mit ⌫.

Wenn Sie neue Menüs hinzufügen möchten, suchen Sie in der Objektbibliothek nach *menu*. Lassen Sie sich von den vielen Ergebnissen nicht irritieren – die meisten Einträge sind einfach vordefinierte Menüs, z. B. das Font-Menü zur Veränderung der Schrift. Vorerst reicht es aus, wenn Sie zwischen zwei Menüklassen differenzieren:

- `NSMenu` (MENU in der Objektbibliothek) ist ein Menü, also eine aus mehreren Einträgen bestehende Box.
- `NSMenuItem` (MENU ITEM) ist ein *Eintrag* eines Menüs, also z. B. SPEICHERN.

Um also einen zusätzlichen Eintrag in ein schon vorhandenes Menü einzubauen, verschieben Sie per Drag & Drop ein MENU ITEM an die gewünschte Stelle im Menü. Während des Verschiebevorgangs klappen die Menüs nach einigen Sekunden bei Bedarf auf. Nach dem Einfügen verändern Sie den Menütext per Doppelklick oder im Attributinspektor. Auch das zugeordnete Tastenkürzel kann direkt im Menü verändert werden. Ein Doppelklick im rechten Bereich eines Menüeintrags zeigt eine kleine, rechteckige Box. Sie können nun eine beliebige Tastenkombination drücken, die dann als Kürzel eingetragen wird. Unter macOS übliche Tastenkürzel sollten Sie möglichst vermeiden.

> **Programmname-Menü**
>
> Der Name des ersten Menüs in der Menüleiste ist durch den Programmnamen vorgegeben. Sie können zwar im Storyboard-Editor einen anderen Namen einstellen, im laufenden Programm wird dann aber doch der Programmname angezeigt.

Um ein ganzes Menü einzufügen, verschieben Sie ein SUBMENU MENU ITEM aus der Objektbibliothek in die Menüleiste. Dabei handelt es sich in Wirklichkeit um drei Objekte: um ein `NSMenuItem` mit dem Eintrag für die Menüleiste (Beschriftung MENU), um ein `NSMenu` mit dem neuen Menü und um ein darin befindliches `NSMenuItem` (Beschriftung MENUITEM).

Wenn Sie Ihr Programm nun starten, werden Sie feststellen, dass Ihre eigenen Menüeinträge in grauer Schrift angezeigt werden und nicht verwendbar sind. Das liegt daran, dass die Einträge im aktuellen Kontext, also für das geöffnete Fenster, nicht mit einer Aktion verbunden sind. (Was bedeutet hier »im aktuellen Kontext«? Es ist möglich, dass ein Menü mit einer Methode eines View-Controllers verbunden ist. Dadurch ist der Menüeintrag dann verwendbar, wenn ein Fenster mit diesem View-Controller das aktive Fenster ist und der View-Controller oder ein darin enthaltenes Steuerelement der First Responder ist, also Eingaben verarbeitet. Klicken Sie ein anderes Fenster an, wird der Menüeintrag wieder grau.)

Responder-Aktionen

Natürlich soll nach der Auswahl eines Menüeintrags auch etwas passieren. Einige Menüeinträge des Default-Menüs sind standardmäßig schon mit Aktionen verbunden.

Um eigene Menüeinträge mit vordefinierten Responder-Aktionen zu verbinden, zeichnen Sie mit ctrl-Drag eine Verbindungslinie vom Menüeintrag zum orangenen Icon FIRST RESPONDER in der Titelleiste des Menüs. In einem Popup-Dialog stehen weit über 100 Aktionen zur Auswahl (siehe Abbildung 19.14). Es handelt sich dabei um alle Action-Methoden der Systemklassen und des Projekts. Um eine Aktion auszuwählen, tippen Sie am besten deren Anfangsbuchstaben ein.

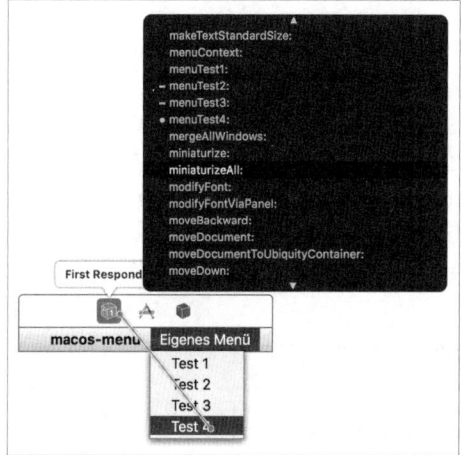

Abbildung 19.14 Menüeintrag mit Responder-Aktion verbinden

Bei der Aktionsliste handelt es sich um eine Zusammenstellung der Methoden der NSResponder-, NSDocumentController- und NSApplication-Klassen sowie um @IBAction-Methoden Ihrer eigenen Klassen. Die Zusammenstellung ist insofern irreführend, als die aufgelisteten Methoden nur dann tatsächlich ausgeführt werden können, wenn das betreffende Objekt auch Teil der Responder-Kette ist. Bei vielen Methoden ist dies aber normalerweise nicht der Fall – z. B. wenn es in Ihrem Programm gar keinen NSDocumentController gibt.

Menüaktionen in der AppDelegate-Klasse

In der Regel wollen Sie eigene Menüeinträge mit eigenen Methoden verbinden. Naheliegend wäre es, wie bei Steuerelementen mit ctrl-Drag eine Action-Methode in der View-Controller-Klasse einzufügen. Leider unterstützt Xcode das nicht. Wie Sie dennoch Menüaktionen auf View-Controller-Ebene verarbeiten können, erkläre ich Ihnen gleich.

Vorerst konzentrieren wir uns aber auf den Weg, den Xcode vorsieht: Sie öffnen im Haupteditor das Storyboard und im Assistenzeditor `AppDelegate.swift` und stellen dann mit ctrl-Drag eine Verbindung her. Auf diese Weise können Sie sowohl Actions als auch Outlets einfügen. Da sich die `AppDelegate`-Klasse am Ende der Responder-Kette befindet (siehe Abbildung 19.13), ist sichergestellt, dass die Aktion auf jeden Fall ausgeführt wird – ganz egal, welches Fenster bzw. ob überhaupt ein Fenster geöffnet ist bzw. welches Steuerelement gerade als First Responder agiert.

Leider ist die `AppDelegate`-Klasse für viele Aktionen nicht der am besten geeignete Ort – vor allem, wenn das Menükommando eigentlich ein Fenster oder einen Bereich eines Fensters betrifft. Wenn es in Ihrem Programm ohnedies nur ein einziges Fenster gibt, macht die Verwendung der `AppDelegate`-Klasse für Menükommandos den Code auch nicht wesentlich unübersichtlicher. Für Mehr-Fenster-Anwendungen ist die hier skizzierte Vorgehensweise aber weder empfehlenswert noch sinnvoll durchführbar.

Die Kompromisslösung sieht so aus, dass Sie in der `AppDelegate`-Klasse eine Eigenschaft definieren, die auf den View-Controller Ihres einzigen Fensters zeigt. In `viewDidLoad` des View-Controllers initialisieren Sie diese Eigenschaft. Damit können Sie nun von der `AppDelegate`-Klasse auf alle Eigenschaften und Methoden des View-Controllers zugreifen. Das folgende Listing mit Code aus beiden Klassen veranschaulicht den Lösungsweg.

```swift
// Projekt macos-menu, Datei AppDelegate.swift
@NSApplicationMain
class AppDelegate: NSObject, NSApplicationDelegate {
  // Zugriff auf den View-Controller des Fensters
  var mainVC: ViewController?

  // Action-Methode für einen Menüeintrag
  @IBAction func menuTest1(_ sender: NSMenuItem) {
    mainVC?.mylabel.stringValue = "Test 1"
  }
}

// Projekt macos-menu, Datei ViewController.swift
class ViewController: NSViewController {
  @IBOutlet weak var mylabel: NSTextField!

  override func viewDidLoad() {
    super.viewDidLoad()
    let app = NSApplication.shared().delegate as! AppDelegate
    app.mainVC = self
  }
}
```

> **Segues**
>
> Menüs können per ctrl-Drag direkt mit einem View-Controller verbunden werden. In diesem Fall wird der betreffende Controller bei einer Menüauswahl in einem Fenster angezeigt. Ein Beispiel für einen derartigen Segue finden Sie in Abschnitt 19.2, »Tab-View-Controller«.

Menüaktionen in eigenen View-Klassen

Selbstverständlich ist es möglich, Menüeinträge mit Action-Methoden zu verbinden, die in einem View-Controller definiert sind. Dazu müssen Sie die Methode aber selbst eintippen, ein ctrl-Drag vom Menüeintrag in das Code-Fenster funktioniert nicht. Vergessen Sie nicht, dass an die Action-Methode ein Parameter vom Typ NSMenuItem übergeben wird.

```
// Projekt macos-menu, Datei ViewController.swift
// Fortsetzung
class ViewController: NSViewController {
  @IBOutlet weak var mylabel: NSTextField!

  // Action-Methode für 'Test 2'
  @IBAction func menuTest2(_ sender: NSMenuItem) {
    mylabel.stringValue = "Test 2"
  }
}
```

Die Verbindung vom Menüeintrag zur gerade verfassten Action-Methode stellen Sie her, indem Sie einen ctrl-Drag vom Menüeintrag zum orangen Icon FIRST RESPONDER des Menüfensters durchführen. In der endlosen Liste der Responder-Aktionen ist nun auch menuTest2 enthalten – diese Methode wählen Sie aus.

Es gibt eine wichtige systembedingte Einschränkung: Der so verbundene Menüeintrag kann nur ausgewählt werden, wenn ein Steuerelement im View-Controller der First Responder ist – denn nur dann ist der View-Controller ein Glied der Responder-Kette! In der Praxis heißt das:

- Das Menükommando ist nur dann aktiv, wenn es ein Objekt in der Responder-Kette mit einer passenden Action-Methode gibt. Ist das nicht der Fall, wird der Menüeintrag in grauer Schrift angezeigt und kann nicht ausgewählt werden.
- Das Menükommando ist auch dann nicht benutzbar, wenn Ihr View-Controller gar kein Steuerelement enthält, das ein First Responder ist.

Letzteres Problem tritt am ehsten in Testprogrammen auf, wenn ein Fenster z. B. nur ein Label enthält. Aber natürlich gibt es auch »reale« Anwendungen, bei denen ein Fenster ohne Buttons, Textfelder etc. auskommt. Zum Glück gibt es eine einfache

Lösung: Sie implementieren einfach eine von NSView abgeleitete Klasse mit First-Responder-Funktionen (siehe Abschnitt 19.5, »Tastatur«) und ordnen diese Klasse der ersten View im View-Controller zu.

Das Beispielprogramm zu diesem Abschnitt demonstriert diese Vorgehensweise beim zweiten Fenster. Der Code der Klasse MyView für die View im View-Controller 2 sieht so aus:

```swift
// Projekt macos-menu, Datei MyView.swift
class MyView: NSView {
  override var acceptsFirstResponder: Bool { return true }

  override func becomeFirstResponder() -> Bool {
    return true
  }

  override func resignFirstResponder() -> Bool {
    return true
  }
}
```

Veränderung von Menüeinträgen per Code

An die Action-Methode wird das NSMenuItem-Objekt im sender-Parameter übergeben. Das gibt Ihnen die Möglichkeit, den Menüeintrag in der Methode zu verändern. Ein einfaches Beispiel dafür ist das Anzeigen bzw. Entfernen eines Auswahlhäkchen vor dem Menüeintrag.

```swift
// Projekt macos-menu, Datei ViewController.swift
class ViewController2: NSViewController {
  @IBOutlet weak var label: NSTextField!

  // Action-Methode für den Menüeintrag 'Test 4'
  @IBAction func menuTest4(_ sender: NSMenuItem) {
    label.stringValue = "Test 4"
    // Auswahlhäkchen setzen/entfernen
    if sender.state == NSOffState {
      sender.state = NSOnState
    } else {
      sender.state = NSOffState
    }
  }
}
```

Auf die gesamte Menüleiste können Sie über die menu-Eigenschaft des NSApplication-Objekts zugreifen. Mit addItem können Sie nun bei Bedarf NSMenu und NSMenuItem-

Objekte hinzufügen und auf diese Weise dynamische Menüs realisieren. Ein Beispiel für ein per Code erzeugtes Menü finden Sie in Abschnitt 19.7, »Programme ohne Menü«. Dort geht es darum, eine sogenannte *Menubar-App* zu programmieren, also ein Programm ohne ein reguläres Menü, aber dafür mit einem Icon im rechten Bereich der Menüleiste.

> **Menüeinträge je nach Kontext aktivieren oder deaktivieren**
>
> Wenn Sie Menüeinträge per Code aktivieren bzw. deaktivieren möchten, implementieren Sie hierfür das NSMenuValidation-Protokoll. Dessen Methode validateMenuItem wird aufgerufen, bevor ein Menüeintrag sichtbar wird. Je nachdem, in welchem Zustand sich Ihr Programm gerade befindet, können Sie nun entscheiden, ob der Menüeintrag aktiv sein soll oder nicht. Dementsprechend muss Ihre Methode true oder false zurückgeben.

Kontextmenüs

Um ein Kontextmenü zu definieren, ziehen Sie ein MENU aus der Objektbibliothek in den Titelbereich des View-Controllers oder an die entsprechende Stelle in der Document Outline. Auch die Bearbeitung der Einträge muss dort erfolgen. Eine Menüvorschau wie beim Hauptmenü gibt es also nicht. Dafür können Sie für die Menüeinträge unkompliziert per [ctrl]-Drag Outlets und Actions in die View-Controller-Klasse einfügen (siehe Abbildung 19.15).

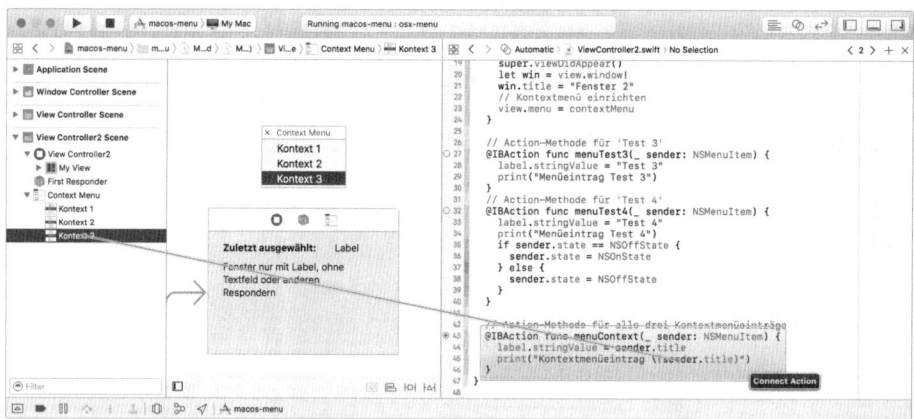

Abbildung 19.15 Action-Methode für einen Kontextmenüeintrag einrichten

Damit das Kontextmenü automatisch angezeigt wird, sobald der Anwender die rechte Maustaste bzw. die linke Taste zusammen mit [ctrl] drückt, müssen Sie nur die menu-Eigenschaft der View einstellen, beispielsweise in viewDidLoad. Im Beispielprogramm gibt es im zweiten Fenster ein Kontextmenü. Alle drei Einträge dieses Menüs sind mit derselben Methode menuContext verbunden:

```
// Projekt macos-menu, Datei ViewController.swift
// Fortsetzung
class ViewController2: NSViewController {
  @IBOutlet weak var label: NSTextField!
  @IBOutlet var contextMenu: NSMenu!

  override func viewDidAppear() {
    // ...
    view.menu = contextMenu
  }

  // Action-Methode für alle drei Kontextmenüeinträge
  @IBAction func menuContext(_ sender: NSMenuItem) {
    label.stringValue = sender.title
  }
}
```

19.7 Programme ohne Menü

Für Programme, die überwiegend im Hintergrund laufen, besteht die Möglichkeit, auf ein Menü ganz zu verzichten. Dazu reicht es aus, in der Projektdatei Info.plist den Eintrag APPLICATION IS AGENT (UIELEMENT) = YES einzufügen (siehe Abbildung 19.16). Das Programm lässt sich weiter ganz normal starten und bedienen. Es besitzt nun aber weder ein eigenes Menü noch wird es im Dock angezeigt.

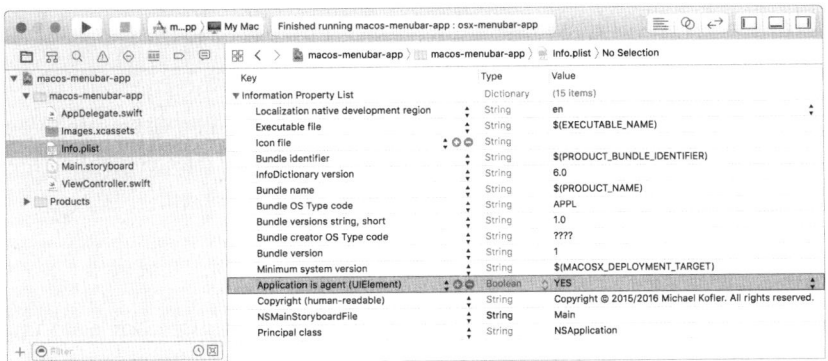

Abbildung 19.16 Das Menü mit einer Info.plist-Einstellung ausblenden

Im Prinzip sind Sie damit auch schon fertig. Sie müssen nur darauf achten, dass beim Schließen des einzigen bzw. letzten Fensters das Programm beendet wird – andernfalls läuft es im Hintergrund weiter, ohne dass es eine Möglichkeit gibt, es wieder zu aktivieren.

Menubar-Apps

In der Praxis werden menülose Programme zumeist als sogenannte *Menubar-Apps* ausgeführt. Solche Programme präsentieren sich im rechten Bereich der Menüleiste, also dort, wo die Uhrzeit angezeigt wird, in Form eines kleinen Icons. Das Anklicken dieses Icons führt wahlweise in ein kleines Menü zur Steuerung der Programmfunktionen oder zeigt einfach das Programmfenster an.

Der rechte Bereich der Menüleiste wird *Menubar* genannt. Etwas inkonsequent ist es, dass die Namen der dafür verantwortlichen Klassen alle mit NSStatusBar beginnen. Das folgende Minibeispiel besteht aus einem Fenster, das mit einem Button aus- und über das Menü des Menubar-Icons wieder eingeblendet werden kann (siehe Abbildung 19.17).

Abbildung 19.17 Eine winzige Menubar-App

Die Gestaltung von Menubar-Apps erfolgt weitestgehend durch Code. Dem Storyboard-Editor von Xcode fehlen momentan Werkzeuge zur visuellen Gestaltung von Status-Menüs. Das hat aber den Vorteil, dass dieser Abschnitt mir die Gelegenheit bietet, Ihnen zu zeigen, wie Sie eigene Menüs per Code zusammensetzen.

Die AppDelegate-Klasse

Der Großteil des Codes befindet sich in AppDelegate.swift. Dort wird, wie schon in vielen Beispielen, eine Variable definiert, die auf den View-Controller des einzigen Fensters des Programms zeigt. Die Variable wird später in viewDidLoad des View-Controllers initialisiert.

statusBarItem enthält ein neues NSStatusBarItem-Objekt, das mit der Methode statusItem erzeugt wurde. In applicationDidFinishLaunching wird dieser Eintrag in der Menubar mit einem Icon aus Images.xcassets ausgestattet. Die Bitmap sollte 16 × 16 Pixel groß sein, die Retina-Variante 32 × 32 Pixel.

Die weiteren Zeilen erzeugen ein neues Menü mit zwei Einträgen und verbinden dieses mit dem neuen Statusbar-Element. Die action-Eigenschaften verweisen jeweils auf die Methoden, die bei einer Menüauswahl auszuführen sind. showMyWindow greift über die Eigenschaften view und window auf das einzige Fenster des Programms zu und bringt dieses mit makeKeyAndOrderFront in den Vordergrund.

```swift
// Projekt macos-menubar, Datei AppDelegate.swift
@NSApplicationMain.
class AppDelegate: NSObject, NSApplicationDelegate {
  var mainVC: ViewController!
  let statusBarItem =
    NSStatusBar.system().statusItem(withLength: -1)

  func applicationDidFinishLaunching(_ aNotification:
    Notification) {
    // Icon für MenuBar-Eintrag
    let icon = NSImage(named: "flag")
    // icon?.setTemplate(true)   // bei Bitmaps ohne Transparenz
    statusBarItem.image = icon

    // Menüeinträge hinzufügen
    let menu: NSMenu = NSMenu()
    var menuItem  = NSMenuItem()
    menuItem.title = "Fenster anzeigen"
    menuItem.action = #selector(AppDelegate.showMyWindow(_:))
    menu.addItem(menuItem)

    menuItem  = NSMenuItem()
    menuItem.title = "Beenden"
    menuItem.action = #selector(AppDelegate.quit(_:))
    menu.addItem(menuItem)

    // Menü mit Statusbar-Element verbinden
    statusBarItem.menu = menu
  }

  // Reaktion auf Menüeintrag
  func showMyWindow(_ sender: NSMenuItem) {
    mainVC?.view.window?.makeKeyAndOrderFront(self)
  }
  func quit(_ sender: NSMenuItem) {
    NSApplication.shared().terminate(self)
  }
}
```

View-Controller

Der View-Controller initialisiert die `mainVC`-Eigenschaft der `AppDelegate`-Klasse. Die Action-Methode `btnHide` zeigt das Gegenstück zu `makeKeyAndOrderFront`: Die Methode `orderOut` blendet das Fenster aus.

```
// Projekt macos-menubar, Datei ViewController.swift
class ViewController: NSViewController {
  override func viewDidLoad() {
    super.viewDidLoad()
    let app = NSApplication.shared().delegate as! AppDelegate
    app.mainVC = self
  }

  // Fenster ausblenden
  @IBAction func btnHide(_ sender: NSButton) {
    view.window?.orderOut(self)
  }
}
```

19.8 Drag & Drop

Wenn Sie Drag & Drop-Operationen unterstützen sollen, haben Sie die Wahl, ob Steuerelemente Ihres Programms als Empfänger oder als Sender (Initiator) eines Drag & Drop-Vorgangs fungieren sollen. Natürlich ist auch beides möglich. Die prinzipielle Vorgehensweise sieht so aus, dass Sie eine eigene Klasse entwickeln, die von `NSView` oder einer anderen Steuerelementklasse abgeleitet ist. In Ihrer Klasse implementieren Sie nun das Protokoll bzw. die Protokolle `NSDraggingDestination` und/oder `NSDraggingSource`.

Die beiden folgenden Abschnitte fassen die wichtigsten Schritte und Methoden kurz zusammen. Ein längeres Beispielprogramm illustriert dann die wichtigsten Programmiertechniken im Detail. Ein weiteres Beispiel finden Sie in Kapitel 36, »Icon-Resizer«.

Drag-Operationen empfangen (NSDraggingDestination)

Damit Ihr Steuerelement Drag-Operationen empfangen kann, müssen Sie zuerst mit der Methode `register` angeben, welche Art von Daten Ihr Steuerelement empfangen kann. Das erledigen Sie üblicherweise während der Initialisierung des View-Controllers.

Außerdem muss Ihre Steuerelementklasse das Protokoll `NSDraggingDestination` implementieren. Dieses Protokoll sieht neun Methoden vor, von denen aber zum Glück nicht alle in jedem Fall erforderlich sind. Unabdingbar sind in der Regel nur draggingEntered und performDragOperation. Die folgende Liste beschreibt die wichtigsten Methoden in der Reihenfolge ihres Aufrufs:

- draggingEntered wird aufgerufen, wenn ein Anwender Ihres Programms mit der Maus bzw. mit dem Touchpad ein Drag & Drop-Objekt in das Steuerelement bewegt. Sie müssen nun entscheiden, ob Daten vorliegen, die Ihr Programm verarbeiten kann. Die Methode gibt zurück, welche Arten von Drag & Drop-Operationen Ihr Programm unterstützt – z. B. Verschieben, Kopieren oder Löschen. Außerdem ist es in der Regel zweckmäßig, ein optisches Feedback zu geben, also die Hintergrundfarbe zu ändern oder einen Rahmen zu zeichnen.

- draggingUpdated wird nun während der Bewegung des Drag & Drop-Objekts innerhalb Ihres Steuerelements kontinuierlich aufgerufen. Abhängig von der Mausposition und anderen Parametern können Sie nun die erlaubten Drag & Drop-Operationen ändern. Eine Implementierung dieser Methode ist beispielsweise dann erforderlich, wenn sich das beabsichtigte Verhalten während des Drag & Drop-Vorgangs noch ändern kann – beispielsweise durch das Drücken der alt - oder ⌘-Taste.

- draggingExited informiert Ihr Programm, dass das Drag & Drop-Objekt das Steuerelement verlassen hat, ohne dass das Objekt losgelassen wurde (Drop). Wenn Sie Ihr Steuerelement markiert haben, entfernen Sie die Markierung jetzt wieder. Sonst gibt es nichts zu tun.

- prepareForDragOperation wird aufgerufen, wenn ein Anwender Ihres Programms das Drag & Drop-Objekt tatsächlich fallen gelassen hat. Wenn Sie die Methode implementieren, können Sie hier entscheiden, ob Sie den Drop-Vorgang akzeptieren oder ablehnen (Rückgabe true/false).

- performDragOperation wird aufgerufen, nachdem die optische Darstellung des Drag-Objekts vom Bildschirm entfernt wurde. In dieser Methode müssen Sie die eigentliche Drag & Drop-Operation im Kontext Ihres Programms durchführen. Die erforderlichen Daten befinden sich im sender-Parameter der Methode (Datentyp NSDraggingInfo).

- concludeDragOperation schließt die Drag & Drop-Aktion ab. Wenn Sie das Empfängersteuerelement optisch markiert haben, müssen Sie diese Markierung hier wieder entfernen.

Drag-Operationen initiieren (NSDraggingSource)

Dass der Benutzer Ihres Programms eine Drag & Drop-Aktion initiieren möchte, erkennen Sie am Aufruf der mouseDragged-Methode. Dort stellen Sie die zu übermittelnden Daten sowie deren bildliche Darstellung in einer NSDraggingItem-Instanz zusammen und übergeben diese dann an die Methode beginDraggingSession.

Für den weiteren Verlauf der Drag & Drop-Operation sind nun Methoden des `NSDraggingSource`-Protokolls zuständig. Das Protokoll definiert zwölf verschiedene Methoden; oft reicht es aber aus, nur zwei davon zu implementieren:

- In `draggingSession(_:sourceOperationMaskFor:)` geben Sie an, welche Drag & Drop-Operationen Sie unterstützen, z.B. das Verschieben und das Kopieren. Diese Methode ist unbedingt erforderlich.

- `draggingSession(_:endedAtPoint:operation:)` gibt an, an welchem Punkt und mit welcher Aktion (z.B. Löschen) die Drag & Drop-Operation beendet wurde. Nach Verschiebe- oder Löschoperationen müssen Sie hier die entfernten Daten löschen oder ausblenden, sodass für die Programmanwender optisch ersichtlich ist, dass die gewünschte Aktion durchgeführt wurde.

Beispielprogramm

Das Programm `macos-drag-drop` veranschaulicht die praktischen Details der Drag &- Drop-Programmierung. Beim Start zeigt das Programm vier nebeneinander angeordnete Icons an (siehe Abbildung 19.18). Sie können nun die folgenden Aktionen durchführen:

- die Icons aus den ersten drei Containern verschieben bzw. kopieren
- die Icons aus den ersten drei Containern löschen, indem Sie diese in den vierten Container oder in den Mülleimer von macOS verschieben
- PNG- oder JPG-Dateien aus dem Finder oder aus dem macOS-Desktop in die drei ersten Container einfügen

Container, in die gerade ein gültiges Objekt hineingeschoben wird, werden mit einem blauen Rand gekennzeichnet. Der vierte Container mit dem Mülleimer ist nur ein Drag & Drop-Ziel und kann selbst keine Drag & Drop-Aktion initiieren. Dieser Mülleimer ist nur für programminterne Drag & Drop-Bewegungen gedacht. Sie können ihn also z.B. nicht verwenden, um eine Datei aus dem Finder zu löschen.

Abbildung 19.18 Drag & Drop-Beispielprogramm

Alles in allem liest sich die Programmbeschreibung also recht unspektakulär. Sie werden aber gleich merken, dass die wenigen Funktionen dennoch eine Menge Code erfordern.

Projektaufbau

Das Projekt verwendet ein Storyboard. Als einzige Datei im Vergleich zu den Vorgaben von Xcode ist die Datei MyView.swift hinzugekommen. Sie enthält die MyView-Klasse, eine von NSImageView abgeleitete Klasse mit Drag & Drop-Funktionalität.

In den View-Controller wurden vier Image-Views eingefügt. Layoutregeln sind nicht notwendig, weil die Fenstergröße im Size Inspector für das Window-Objekt fix eingestellt wurde: SIZE, MINIMUM SIZE und MAXIMUM SIZE enthalten also jeweils dieselben Werte.

Die vier Image-Views verwenden Bitmaps aus Images.xcassets. Die Symbole stammen übrigens aus der empfehlenswerten iOS-Icon-Sammlung von PixelLove. Darüber hinaus gelten für die vier Image-Views die folgenden Einstellungen:

- Identity Inspector: CLASS = MYVIEW
- Attribut Inspektor: BORDER = BEZEL

View-Controller

Die View-Controller-Klasse enthält vier Outlets für die vier Bild-Container. In viewDidLoad werden diese Steuerelemente initialisiert. Dabei legt die Methode register fest, welche Objekte per Drag & Drop in die Steuerelemente hineingezogen werden dürfen: Dateinamen und Zeichenketten. Die Dokumentation zu register zählt diverse weitere Datentypen auf, die macOS für Drag & Drop unterstützt – Webadressen (URLs), formatierter Text (RTF) etc. Beachten Sie, dass Sie die zulässigen Typen in jedem Fall als Array übergeben müssen, auch wenn Ihr Programm nur einen Typ unterstützt.

Die beiden Eigenschaften dragSrcOp und dragDestOp sind in der Klasse MyView definiert. Sie legen fest, welche Art von Drag & Drop-Operationen das jeweilige Steuerelement als Empfänger bzw. als Initiator des Drag & Drop-Vorgangs unterstützt. Beachten Sie, dass für das mvtrash-Outlet ganz andere Einstellungen gelten, damit dieser Container als Mülleimer agiert.

```
// Projekt macos-drag-drop, Datei ViewController.swift
import Cocoa

class ViewController: NSViewController {
  @IBOutlet weak var mv1: MyView!
  @IBOutlet weak var mv2: MyView!
  @IBOutlet weak var mv3: MyView!
  @IBOutlet weak var mvtrash: MyView!
```

```
override func viewDidLoad() {
  super.viewDidLoad()

  // Was kann in die View gezogen werden?
  let dragtypes = [NSFilenamesPboardType, NSStringPboardType]
  mv1.register(forDraggedTypes: dragtypes)
  mv2.register(forDraggedTypes: dragtypes)
  mv3.register(forDraggedTypes: dragtypes)
  mvtrash.register(forDraggedTypes: [NSStringPboardType])

  // Welche Operationen werden als Quelle unterstützt?
  mv1.dragSrcOp = [.copy, .move, .delete]
  mv2.dragSrcOp = [.copy, .move, .delete]
  mv3.dragSrcOp = [.copy, .move, .delete]
  mvtrash.dragSrcOp =  NSDragOperation()

  // Welche Operationen werden als Empfänger unterstützt?
  mv1.dragDestOp = [.copy, .move]
  mv2.dragDestOp = [.copy, .move]
  mv3.dragDestOp = [.copy, .move]
  mvtrash.dragDestOp =  .delete
}
}
```

Die MyView-Klasse

Die `MyView`-Klasse erweitert die `NSImageView`-Klasse um einige Eigenschaften und Methoden, damit die Klasse sowohl Drag & Drop-Vorgänge initiieren als auch empfangen kann. Der Code ist in drei Teilen organisiert:

▶ Im ersten Teil sind die Eigenschaften `dragSrcOp`, `dragDestOp` und `myhighlight` definiert. Die Methode `drawRect` kümmert sich darum, bei Bedarf einen blauen Rahmen um das Bildfeld zu zeichnen.

▶ Der zweite Teil der Klasse fasst alle Methoden zusammen, die das Steuerelement zu einem Drag & Drop-Empfänger macht.

▶ Der dritte Teil enthält die Methoden, die erforderlich sind, damit das Steuerelement selbst Drag & Drop-Aktionen initiieren kann.

Natürlich wäre es auch möglich, die Klasse mit `class MyView: NSImageView, NSDraggingSource, NSDraggingDestination` einzuleiten und dann einfach alle Methoden einzubauen. Die Organisation als Basis plus Erweiterungen strukturiert den Code aber besser. Die mit `MARK:` eingeleiteten Kommentare helfen zudem dabei, im Editor rasch zur gewünschten Methode zu springen (siehe Abbildung 19.19).

19.8 Drag & Drop

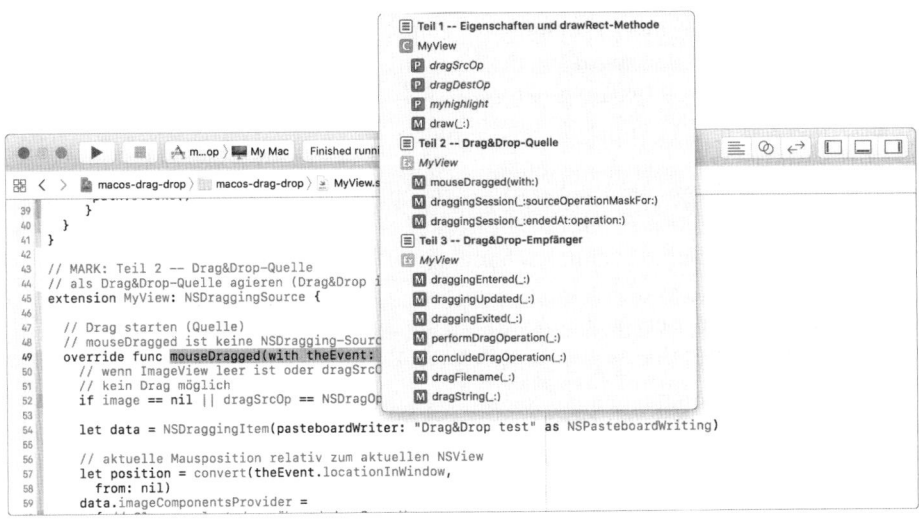

Abbildung 19.19 Übersichtliche Code-Struktur durch Extensions und MARK:-Kommentare

Die beiden `dragXxx`-Eigenschaften legen fest, welche Drag & Drop-Operationen der Bild-Container zulassen soll. Zulässig sind jeweils eine beliebige Kombination aus `.copy`, `.move` und `.delete`.

Jede Veränderung von `myhighlight` bewirkt aufgrund von `setNeedsDisplay`, dass es zum sofortigen Neuzeichnen des Steuerelements durch die Methode `draw` kommt. In dieser Methode kümmert sich `super.draw` darum, zuerst einmal das Steuerelement wie üblich zu zeichnen.

Wenn `myhighlight` wahr ist, fügt `appendBezierPathWithRoundedRect` ein abgerundetes Rechteck in den `NSBezierPath` ein. `bounds` ist dabei eine Eigenschaft der zugrunde liegenden `NSView`-Klasse. Sie enthält eine `NSRect`-Struktur mit den Ausmaßen des Steuerelements. `NSInsetRect` verkleinert das Rechteck nach innen hin um 2,5 Punkt. Die weiteren Parameter von `appendRoundedRect` bestimmen den Eckradius. Das so definierte abgerundete Rechteck wird nun mit `stroke` in blauer Farbe und einer Linienstärke von 2,5 Punkt gezeichnet. Ein weiteres Beispiel zum Umgang mit Bézier-Pfaden für die verwandte `UIBezierPath`-Klasse finden Sie in Abschnitt 33.4, »Steuerelement zur Richtungsanzeige (UIBezierPath)«.

```
// Projekt macos-drag-drop, Datei MyView.swift
// MARK: Teil 1 -- Eigenschaften und drawRect-Methode
class MyView: NSImageView {
  // welche Operationen unterstützt die View
  // als Quelle und als Ziel?
  var dragSrcOp: NSDragOperation = NSDragOperation()
  var dragDestOp: NSDragOperation = NSDragOperation()
```

```
  // zur Kennzeichnung, wenn aktiv als Drag-Empfänger
  var myhighlight = false {
    didSet { setNeedsDisplay() }
  }

  // blauen Rahmen um Element zeichnen, wenn myhighlight = true
  override func draw(_ dirtyRect: NSRect) {
    // Inhalt wie üblich zeichnen
    super.draw(dirtyRect)
    // danach Rahmen dazu
    if myhighlight {
      let path = NSBezierPath()
      path.appendRoundedRect(
        NSInsetRect(bounds, 2.5, 2.5), xRadius:3, yRadius:3)
      path.lineWidth = 2.5
      NSColor.blue.set()
      path.stroke()
    }
  }
}
```

Drag & Drop initiieren

Die Methode `mouseDragged` ist zwar nicht im `NSDraggingSource`-Protokoll definiert, sie ist aber meistens der Ausgangspunkt für Drag & Drop-Operationen. Zu ihrem Aufruf kommt es, wenn ein Benutzer die Maus mit gedrückter Taste ein kleines Stück bewegt.

In der Methode wird zuerst getestet, ob überhaupt Daten vorliegen (`image`-Eigenschaft) und ob in der `dragSrcOp`-Eigenschaft Drag & Drop-Operationen vorgesehen sind. Sind diese Voraussetzungen erfüllt, geht es darum, die Drag & Drop-Daten in einem `NSDraggingItem`-Objekt zusammenzustellen. In diesem Beispiel reicht es aus, wenn bei programminternen Drag & Drop-Operationen einfach eine Zeichenkette übergeben wird – hier "`Drag&Drop test`". Sie können versuchen, aus dem Beispielprogramm eine Drag & Drop-Operation in einen Texteditor durchzuführen – dann wird auch dort diese Zeichenkette eingefügt.

Wesentlich aufwendiger ist die Einstellung von `imageComponentsProvider` des `NSDraggingItem`-Objekts: An diese Eigenschaft muss eine Funktion übergeben werden, die macOS später ausführt, um ein Vorschaubild des Objekts anzuzeigen, das verschoben werden soll. Die Funktion ist hier als Closure formuliert.

Die Erstellung des Bilds ist im Beispielprogramm einfach – wir können auf die `image`-Eigenschaft des Steuerelements zurückgreifen. Das Bild wird in einem 50 × 50 Punkt großen Container angezeigt, der wiederum mittig zur aktuellen Mausposition platziert wird. Der hier verwendete Code führt allerdings dazu, dass nichtquadratische

Bilder verzerrt werden. Wenn das stört, müssen Sie component.frame so berechnen, dass die Proportionen des Bilds in image erhalten bleiben.

Das so vorbereitete NSDraggingItem kann schließlich an die beginDraggingSessionWithItems-Methode übergeben werden. Dabei ist zu beachten, dass Sie die Daten als Array übergeben müssen, selbst wenn es nur ein Drag & Drop-Objekt gibt.

```swift
// Projekt macos-drag-drop, Datei MyView.swift
// MARK: Teil 2 -- Drag&Drop-Quelle
extension MyView: NSDraggingSource {

  // Drag starten (Quelle)
  override func mouseDragged(with theEvent: NSEvent) {
    // wenn ImageView leer ist oder dragSrcOp == .none:
    // kein Drag möglich
    if image == nil || dragSrcOp == NSDragOperation() { return }

    let data = NSDraggingItem(pasteboardWriter: "Drag&Drop test"
    as NSPasteboardWriting)

    // aktuelle Mausposition relativ zum aktuellen NSView
    let position = convert(theEvent.locationInWindow,
                           from: nil)
    data.imageComponentsProvider =
      { // Closure, legt das während des Drag-Vorgangs
        // anzuzeigende Bild fest
        let component = NSDraggingImageComponent(
                         key: NSDraggingImageComponentIconKey)
        component.contents = self.image

        // 50x50-Vorschaubild mittig um aktuelle Mausposition
        component.frame = NSRect(
          origin: NSPoint(x: position.x-25, y: position.y-25),
          size: NSSize(width: 50, height: 50))
        return [component]
      }

    // mit dieser Methode enden die mouseDragged-Aufrufe
    beginDraggingSession(
      with: [data], event: theEvent, source: self)
  } // func-Ende
```

draggingSession(_:sourceOperationMaskFor:) muss als einzige Methode des NSDraggingSource-Protokolls zwingend implementiert werden. Die Methode gibt eine Kombination von NSDragOperation-Werten zurück, die beschreiben, welche Drag & Drop-Operationen unterstützt werden. Vorgesehen sind neben den im Programm implementierten Werten .copy, .move und .delete auch .link, .generic und .private.

Zum Abschluss des selbst initiierten Drag & Drop-Vorgangs wird die Methode draggingSession(_:endedAtPoint:operation:) aufgerufen. Sie ist *nicht* für die Ausführung der Drag & Drop-Operation beim Empfänger zuständig, sondern nur für Aufräumarbeiten beim Sender. Im Beispielprogramm wird in dieser Methode nach einer abgeschlossenen .move- oder .delete-Operation die image-Eigenschaft des Steuerelements auf nil gesetzt.

```
// Fortsetzung Teil 2
// welche Drag-Operationen werden unterstützt (als Quelle)?
func draggingSession(_ session: NSDraggingSession,
    sourceOperationMaskFor context: NSDraggingContext)
  -> NSDragOperation
{
  if self.image == nil {
    // image ist leer, also gibt es nichts
    // zum Verschieben/Kopieren etc.
    return NSDragOperation()
  } else {
    return dragSrcOp
  }
}


// Benachrichtigung über Ende des Drag-Vorgangs an die Quelle
func draggingSession(_ session: NSDraggingSession,
    endedAt screenPoint: NSPoint,
    operation: NSDragOperation)
{
  if operation == .delete || operation == .move {
    image = nil
  }
}   // func-Ende
}   // extension-Ende
```

Drag & Drop-Empfang zulassen

Zuletzt sind nun noch die Methoden des NSDraggingDestination-Protokolls zu beschreiben, die für den Empfang einer Drag & Drop-Operation verantwortlich sind. Dabei sei vorausgeschickt, dass die folgende Implementierung bereits ziemlich viele Sonderfälle berücksichtigt. Dass es auch einfacher geht, beweist die in Abschnitt 36.5, »Drag & Drop-Empfänger für Icons (OriginalIconView.swift)«, beschriebene Klasse OriginalIconView, die ohne viel Firlefanz vom Finder verschobene Dateien verarbeitet.

Vermutlich hätten Sie erwartet, dass der Code für die Erweiterungen gemäß des `NSDraggingDestination`-Protokolls mit

`extension MyView: NSDraggingDestination { ...`

beginnen würde. Normalerweise ist das auch der richtige Ansatz. In unserem Fall dient aber die `NSImageView`-Klasse als Ausgangspunkt, und diese Klasse implementiert so wie auch die `NSView`-Klasse das `NSDraggingDestination`-Protokoll bereits. Deswegen würde die obige Anweisung zu einem Syntaxfehler führen (*redundant conformance to protocol xxx*). Um den eigenen Code für den Drag & Drop-Empfang dennoch übersichtlich zu bündeln, ist es daher bei

`extension MyView { ...`

geblieben.

Die Methode `draggingEntered` wird aufgerufen, wenn ein Drag & Drop-Objekt in das Steuerelement hineingeschoben wird. In der Methode müssen zwei Dinge kontrolliert werden:

- Handelt es sich um Daten, die verarbeitet werden können?
- Welche von mehreren infrage kommenden Drag & Drop-Operationen soll durchgeführt werden?

Als Ergebnis muss dann ein Wert der `NSDragOperation`-Enumeration zurückgegeben werden – eventuell auch `.none`, wenn die Daten ungeeignet sind. Das Beispielprogramm kann zwei Arten von Daten verarbeiten: einerseits die Zeichenkette "Drag& Drop test", die ein programminternes Drag & Drop-Ereignis anzeigt, andererseits eine einzelne PNG- oder JPEG-Datei. Ob derartige Daten vorliegen, wird in den Methoden `dragString` bzw. `dragFilename` überprüft.

Im ersten Fall muss noch entschieden werden, welche Operation tatsächlich ausgeführt werden soll. Das hängt von mehreren Faktoren ab: welche Operationen der Sender vorsieht, welche der Empfänger erlaubt und ob die resultierenden Kombinationen (z. B. `.move` oder `.copy`) durch das Drücken von alt reduziert wurden. Um Letzteres kümmert sich die Methode `draggingSourceOperationMask`, die die Sender-Operationen beim Drücken von Zustandstasten automatisch beschneidet.

Die Methode `intersect`, die einer binären Und-Verknüpfung mit den Empfänger-Operationen entspricht, reduziert die infrage kommenden Operationen weiter. Sollten dann noch mehrere Operationen zur Auswahl stehen, bevorzugt die folgende if-Kaskade `.move` und `.copy`. Die infrage kommenden Drag & Drop-Operationen werden dabei mit `contains` getestet.

Sofern `draggingEntered` entscheidet, dass die Drag & Drop-Operation akzeptiert wird, setzt die Methode gleichzeitig `myhighlight` auf `true`. Damit wird das Empfänger-Steuerelement vorübergehend durch einen blauen Rahmen hervorgehoben.

```swift
// Projekt macos-drag-drop, Datei MyView.swift
// MARK: Teil 3 -- Drag&Drop-Empfänger
// implementiert Methoden des NSDraggingDestination-Protokolls
extension MyView: {
  override func draggingEntered(_ sender: NSDraggingInfo)
    -> NSDragOperation
  {

    // Quelle und Ziel dürfen nicht übereinstimmen
    if let view = sender.draggingSource() as? MyView,
      view === self
    {
      return NSDragOperation()
    }

    // String-Drags
    if dragString(sender)  {
      // mask: erlaubte Sender-Operationen, eventuell
      // durch alt-Taste auf Copy reduziert
      let mask = sender.draggingSourceOperationMask()
      // and-Verknüpfung mit erlaubten Ziel-Operationen
      let result = mask.intersection(dragDestOp)

      // es ist möglich, dass nun mehrere Operationen zulässig
      // sind; eine auswählen
      if result.contains(.move) {
        myhighlight = true
        return .move
      } else if result.contains(.copy)  {
        myhighlight = true
        return .copy
      } else if result.contains(.delete)  {
        myhighlight = true
        return .delete
      }
    }
    // File-Drags: nur Copy akzeptieren
    if dragFilename(sender) != nil &&
       dragDestOp.contains(.copy)
    {
      myhighlight = true
      return .copy
    }
    // keine passenden Daten
    return NSDragOperation()
  }
```

Sobald der Drag & Drop-Vorgang begonnen hat, wird draggingUpdated fortwährend aufgerufen. Auch diese Methode erwartet eine Rückmeldung, ob die Operation zugelassen wird – also können wir einfach die Methode draggingEntered aufrufen und deren Ergebnis zurückgeben.

Die vorhin erwähnten Methoden dragString und dragFilename werten das NSDraggingInfo-Objekt aus. dragString reizt die Möglichkeiten der if-let-Syntax weitgehend aus: Die mehrzeilige Konstruktion testet, ob die Anzahl der Objekte genau eins beträgt, ob die Methode readObjects ein String-Array liefert und ob schließlich das erste Element dieses Arrays die magische Zeichenkette "Drag&Drop test" ist.

```
// Fortsetzung Teil 3
override func draggingUpdated(_ sender: NSDraggingInfo)
  -> NSDragOperation
{
  return draggingEntered(sender)
}

// Zeichenkette in NSDraggingInfo suchen
private func dragString(_ draginfo: NSDraggingInfo) -> Bool {
  let pboard = draginfo.draggingPasteboard()
  if draginfo.numberOfValidItemsForDrop == 1,
     let data = pboard.readObjects(forClasses: [NSString.self],
                                   options: [:]) as? [String],
     data.first == "Drag&Drop test"
  {
    return true
  }
  return false
}
```

Ganz ähnlich agiert dragFilename, wobei hier aber das PasteBoard-Objekt mit propertyList ausgewertet wird, um darin nach Dateinamen zu suchen. Haben diese auch die richtige Kennung, gibt die Methode den Dateinamen zurück, sonst nil.

```
// Fortsetzung Teil 3
// NSFilenamesPboardType in NSDraggingInfo suchen
private func dragFilename(_ draginfo: NSDraggingInfo)
             -> String?
{
  let pboard = draginfo.draggingPasteboard()
  if draginfo.numberOfValidItemsForDrop == 1,
     let data = pboard.propertyList(
                forType: NSFilenamesPboardType) as? [String],
     let fname = data.first
  {
```

```
      let nsFname = NSString(string: fname)
      switch nsFname.pathExtension.lowercased() {
      case "png", "jpeg", "jpg":
        return String(fname)
      default:
        return nil
      }
   }  // if-let-Ende
   return nil
}      // func-Ende
```

Drag & Drop-Empfang verarbeiten

Verlässt das Drag & Drop-Objekt das Steuerelement wieder, kümmert sich dragging-Exited darum, den blauen Markierungsrahmen rund um das Steuerelement wieder zu entfernen.

Kommt es hingegen wirklich zum Abschluss der Drag & Drop-Operation, ist die Methode performDragOperation für deren Durchführung zuständig. Bei einem programminternen Drag & Drop wird mit contains getestet, ob der Empfänger .move oder .copy erlaubt und ob es sich beim Sender tatsächlich um ein MyView-Objekt handelt. Trifft dies alles zu, kann das NSImage-Objekt einfach übernommen werden. Geht hingegen ein File-Drag & Drop zu Ende, muss die Datei geladen werden.

concludeDragOperation stellt sicher, dass mit Abschluss der Drag & Drop-Operation auch die optische Hervorhebung des Steuerelements endet.

```
// Projekt macos-drag-drop, Datei MyView.swift
// Fortsetzung Teil 3
// Drag-Objekt verlässt View ohne Drop
override func draggingExited(_ sender: NSDraggingInfo?) {
  myhighlight = false
}

// Drop verarbeiten (als Ziel)
override func performDragOperation(_ sender: NSDraggingInfo)
    -> Bool
{
  // String-Drag abgeschlossen
  if dragString(sender)  {
    // wenn Destination Move oder Copy erlaubt und
    // wenn das Quellobjekt ein MyView-Objekt ist:
    // Bild kopieren
    if dragDestOp.contains(.move) ||
       dragDestOp.contains(.copy),
       let src = sender.draggingSource() as? MyView
```

```
      {
        self.image = src.image
      }
      return true
    }

    // File-Drag abgeschlossen: Icon-Datei laden
    if let fname = dragFilename(sender)  {
      image = NSImage(byReferencingFile: fname)
      return true
    }
    return false
  } // func-Ende

  // Drop abschließen (als Ziel)
  override func concludeDragOperation(_ sender: NSDraggingInfo?)
  {
    // Hintergrundfarbe wieder zurücksetzen
    myhighlight = false
  }
} // extension-Ende (Teil 3)
```

Kapitel 20
tvOS

Seit der vierten Generation läuft auf Apple-TV-Geräten das Betriebssystem tvOS. Es ermöglicht erstmals die Programmierung von Apps für tvOS, wobei es zwei Arten von Apps gibt:

- Herkömmliche Apps verwenden wie iOS-Apps UIKit, SpriteKit, SceneKit, Metal etc.
- TVML-Apps setzen ein Client-Server-Modell voraus. Zur Gestaltung der App-Oberfläche kommt die *Television Markup Language* (TVML) zum Einsatz. Zu jeder TVML-App muss es einen dazu passenden Server geben, der in der Regel Metadaten und Vidoes zur Verfügung stellt.

Dieses Buch behandelt nur herkömmliche Apps, die in Swift programmiert werden. Die zweite Variante setzt JavaScript als Programmiersprache voraus und hat insofern nichts mit Swift zu tun.

tvOS versus iOS

tvOS basiert weitestgehend auf iOS. Viele Bibliotheken stehen vollkommen identisch unter iOS und tvOS zur Verfügung. Das macht die Portierung vorhandener iOS-Apps auf tvOS relativ einfach und erklärt, warum es bereits wenige Wochen nach der Auslieferung der ersten Geräte der vierten Apple-TV-Generation ein riesiges App-Angebot gab.

Die größten Unterschiede zwischen tvOS und iOS betreffen die Benutzerschnittstelle: tvOS wird über eine Fernbedienung gesteuert, die aus nur wenigen Tasten und einem kleinen Touchpad besteht. Es gibt keinen Zeiger (kein Maus-Symbol), stattdessen wird das gerade aktive Element auf dem Bildschirm farblich und durch einen Schatten hervorgehoben. Die Auswahl des aktiven Elements erfolgt durch das Touchpad. Durch das Drücken des mechanischen Tasters unterhalb des Touchpads wird das ausgewählte Element aktiviert. Das entspricht einer Berührung des iPhone-Bildschirms bzw. einem Mausklick unter macOS.

Eine fundamentale Einschränkung in tvOS im Vergleich zu iOS besteht darin, dass Sie im Dokumenten-Verzeichnis keine eigenen Dateien speichern dürfen. Zur dauerhaften Speicherung von kleinen Datenmengen dürfen Sie die User-Defaults verwenden. Außerdem dürfen Sie Dateien im Cache-Verzeichnis zwischenspeichern; es kann aber sein, dass die Dateien bereits beim nächsten Start der App dort wieder verschwunden sind. Wenn es für Ihre App notwendig ist, größere Datenmengen dauerhaft zu speichern, müssen Sie eine server-basierte Lösung suchen (iCloud oder andere Cloud-Angebote, eigener Server etc.).

tvOS in diesem Buch

Dieses kurze Kapitel setzt voraus, dass Sie mit iOS bereits vertraut sind. Es fasst die wichtigsten tvOS-spezifischen Details zusammen und gibt erste Programmierbeispiele. Darüber hinaus finden Sie in diesem Buch aber eine Menge weiterer Informationen speziell für tvOS:

- In Kapitel 26, »Audio, Video und Fotos«, beschreibe ich diverse Methoden, um Videos abzuspielen.
- In Abschnitt 23.6, »Collections asynchron füllen (UITableView)«, demonstriere ich Ihnen, wie Sie in einer tvOS-App eine UICollectionView mit Daten aus einer Film-Trailer-Datenbank füllen.
- In Kapitel 29, »App Store und Co.«, erkläre ich Ihnen, wie Sie tvOS-Apps mit den für den App Store erforderlichen Parallax-Icons ausstatten.
- Abschnitt 27.3, »Spielsteuerung durch Touch-Ereignisse«, und Abschnitt 27.4, »Bewegungssteuerung (Gyroskop und Accelerometer)«, zeigen, wie Sie Ereignisse der Apple-TV-Fernbedienung auswerten, um SpriteKit-Spiele zu steuern.
- Richtige tvOS-Apps folgen dann in Teil IV des Buchs. In Kapitel 38, »Pac-Man selbst gemacht«, zeige ich Ihnen, wie Sie aus dem iOS-Spiel »Pac-Man« eine tvOS-Variante erstellen.
- Kapitel 39, »Asteroids«, zeigt die Programmierung eines weiteren Spiels, in dem Sie die Erde vor Asteroiden schützen müssen. Das Spiel enthält einen Konfigurationsbildschirm mit einem Menü, das über die Fernbedienung gesteuert wird.

20.1 Hello tvOS!

Eine neue tvOS-App starten Sie in Xcode wie üblich mit FILE • NEW • PROJECT. Dabei wählen Sie als Vorlage TVOS APPLICATION • SINGLE VIEW APPLICATION aus. Das aus der Vorlage produzierte Projekt ist im Simulator sofort ausführbar, auch wenn es lediglich einen grau melierten Hintergrund anzeigt.

> **USB-C-Kabel erforderlich**
>
> Um die App auf dem Apple-TV-Gerät auszuführen, müssen Sie dieses mit einem USB-C-Kabel mit Ihrem Mac verbinden. Ein Lightning-Kabel ist nicht geeignet – das Apple-TV-Gerät verfügt befremdlicherweise über keine Lightning-Buchse. (Eine solche Buchse hat dafür die Fernbedienung. Das dem Apple-TV-Gerät beiliegende Lightning-Kabel dient dazu, den in die Fernbedienung eingebauten Akku aufzuladen. Da hat Apple ein merkwürdiges Kabel-Chaos angerichtet.)

Eine weitere Voraussetzung für die Ausführung eigener Apps besteht darin, dass Ihr Apple-TV-Gerät zur Liste der Geräte Ihres Apple-Developer-Accounts hinzugefügt wird. Darum kümmert sich Xcode – und lädt gleich die erforderlichen Signing Identities und Provisioning Profiles herunter (siehe XCODE • EINSTELLUNGEN • ACCOUNTS • DETAILS). Die folgende Seite zeigt eine Liste aller tvOS-Geräte an, die mit Ihrem Developer Account verbunden sind:

https://developer.apple.com/account/ios/device/tvOS

Gestaltung der Benutzeroberfläche

Die Hello-World-App besteht aus vier Buttons und einem Textfeld. Wenn ein Button ausgewählt und per Fernbedienung angeklickt wird, zeigt die App die entsprechenden Informationen im Textfeld an (siehe Abbildung 20.1).

Abbildung 20.1 Hello-World-App für tvOS

> **Apple-TV-Screenshots**
>
> Um Screenshots der App zu erstellen, öffnen Sie in Xcode WINDOW • DEVICES und wählen dort das Apple-TV-Gerät aus. Im Hauptfenster erscheint dann der Button TAKE SCREENSHOT. Die Screenshots werden auf dem macOS-Schreibtisch (Desktop) gespeichert.

Die Gestaltung der Benutzeroberfläche erfolgt wie bei iOS- und macOS-Apps: Sie öffnen die in der Projektvorlage bereits enthaltene Storyboard-Datei und fügen die Steuerelemente per Drag & Drop in die View ein (siehe Abbildung 20.2).

Abbildung 20.2 Gestaltung der Benutzeroberfläche im Storyboard-Editor von Xcode

Eigener Code

Auch die weiteren Schritte, mit denen die Benutzeroberfläche mit Code verbunden wird, erfolgen exakt wie bei iOS- oder macOS-Apps: Zuerst machen Sie in Xcode Platz und schließen die beiden Seitenleisten, dann blenden Sie zur verkleinerten View den Assistenzeditor ein. Mit ctrl und der Maus bzw. dem Trackpad richten Sie nun ein Outlet für das Textfeld sowie vier Actions für die vier Buttons in der Datei ViewController.swift ein.

Vollkommen unkompliziert ist der Code zur Anzeige der aktuellen Uhrzeit samt Datum: die description-Eigenschaft eines Date-Objekts liefert eine korrekt formatierte Zeichenkette entsprechend der Sprach- und Landeseinstellungen des tvOS-Geräts.

```
// Projekt tvos-hello-world, Datei ViewController.swift
class ViewController: UIViewController {

  @IBOutlet weak var outputText: UITextView!

  // keine eigenen Initialisierungsarbeiten erforderlich
  override func viewDidLoad() {
    super.viewDidLoad()
  }


  // Zeit und Datum anzeigen
  @IBAction func showDateTime(_ sender: UIButton) {
    let now = Date()
    outputText.text = now.description(with: Locale.current)
  }
}
```

tvOS-Versionsnummer ermitteln

Wenn Sie wissen möchten, welche Version von tvOS auf dem Apple-TV-Gerät installiert ist, werten Sie die Eigenschaft systemVersion der UIDevice-Klasse aus:

```
@IBAction func showVersion(_ sender: UIButton) {
  let v = UIDevice.current.systemVersion
  outputText.text = "tvOS-Version \(v)"
}
```

Diese Vorgehensweise funktioniert so auch unter iOS.

IP-Adresse ermitteln

Das Ermitteln der IP-Adresse eines iOS- oder tvOS-Geräts ist schwierig, weil die erforderliche Funktion getifaddr eigentlich nur für Objective-C-Programme zur Verfügung steht. Eine Schnittstelle für Swift fehlt. Wie Sie diese Hürde mit einer Bridging-Header-Datei umgehen können, habe ich Ihnen bereits in Abschnitt 14.3, »Systemfunktionen aufrufen«, erklärt. Dort ist die Funktion getIPAddresses abgedruckt, die in showIpAddress aufgerufen wird:

```
@IBAction func showIpAddress(_ sender: UIButton) {
  var out = ""
  for s in getIPAddresses() {
    out += s + "\n"
  }
  outputText.text = "IP-Adresse(n): " + out
}
```

20 tvOS

Immer nur eine aktive Schnittstelle

Wenn Ihr Apple-TV-Gerät sowohl über WLAN als auch über ein Ethernet-Kabel verbunden ist, dann hat die Ethernet-Verbindung Vorrang. Die Hello-World-App zeigt entsprechend nur die IP-Adresse der Ethernet-Schnittstelle. Das ist ein Unterschied zu macOS, wo durchaus mehrere Schnittstellen gleichzeitig aktiv sein können.

Speicherplatz ermitteln

Die Größe des RAMs lässt sich ganz einfach der Eigenschaft `physicalMemory` einer `ProcessInfo`-Instanz entnehmen. Schon schwieriger ist es, die Größe des Flash-Speichers sowie den noch freien Bereich dieses Speichers zu ermitteln. Ich habe dazu zwei Hilfsfunktionen programmiert, die ich gleich erläutern werde. Der Code in `showMemory` konzentriert sich auf die Formatierung der Speicherangaben in GiB.

```
// Datei ViewController.swift
@IBAction func showMemory(_ sender: UIButton) {
  let gbyte = Double(1024*1024*1024)
  let ram = ProcessInfo.processInfo.physicalMemory
  let flashtotal = deviceTotalInBytes()
  let flashfree = deviceRemainingFreeSpaceInBytes()

  // formatieren
  let fmt = NumberFormatter()
  fmt.minimumFractionDigits = 2
  fmt.maximumFractionDigits = 2
  let ramfmt =
      fmt.string(from: NSNumber(value: Double(ram) / gbyte))!
    let flashfreefmt =
      fmt.string(from: NSNumber(value: Double(flashfree) / gbyte)
    )!
    let flashtotalfmt =
      fmt.string(from:
        NSNumber(value: Double(flashtotal) / gbyte))!

  // ausgeben
  outputText.text =
    "Arbeitsspeicher (RAM, insgesamt):  \(ram) Byte = " +
                                 "\(ramfmt) GiB\n" +
    "Gerätespeicher (Flash, insgesamt): \(flashtotalfmt) GiB\n" +
    "Gerätespeicher (Flash, noch frei): \(flashfreefmt) GiB"
}
```

Die Größe des Flash-Speichers wird in `deviceTotalInBytes` über einen Umweg ermittelt: Zuerst werden in `systemAttributes` die Eigenschaften des Dateisystems ermittelt, in dem sich das Heimatverzeichnis befindet; danach wird dessen Attribut `systemSize` ausgewertet. Das Ergebnis liefert aus mehreren Gründen nicht exakt die erwarteten 32 oder 64 GByte: Zum einen kann es auf dem Flash-Datenträger des Apple-TV-Geräts mehrere Dateisysteme geben; wir berücksichtigen aber nur eines davon (das größte). Zum anderen ist jedes Dateisystem mit einem gewissen Overhead verbunden.

```swift
// liefert die Größe des Dateisystems, in dem sich das
// Home-Verzeichnis befindet
func deviceTotalInBytes() -> Int64 {
  do {
    let systemAttributes =
      try FileManager.default.attributesOfFileSystem(
          forPath: NSHomeDirectory() as String)
    let space = (systemAttributes[.systemSize]
                as? NSNumber)?.int64Value
    return space!
  } catch {
    return 0
  }
}
```

Die Methode `deviceRemainingFreeSpaceInBytes` funktioniert analog, wertet aber das Attribut `systemFreeSize` aus.

```swift
// liefert freien Speicherplatz des Dateisystems, in dem
// sich das Home-Verzeichnis befindet
func deviceRemainingFreeSpaceInBytes() -> Int64 {
  do {
    let systemAttributes =
      try FileManager.default.attributesOfFileSystem(
          forPath: NSHomeDirectory() as String)
    let freeSize = (systemAttributes[.systemFreeSize]
        as? NSNumber)?.int64Value
    return freeSize!
  } catch {
    return 0
  }
}
```

20.2 Fernbedienung auswerten

Im einfachsten Fall, das hat das Hello-World-Beispiel gezeigt, brauchen Sie sich um die Auswertung der Fernbedienung gar nicht zu kümmern. tvOS merkt sich, wo auf dem Bildschirm sich der unsichtbare Cursor befindet, und gibt dem Button, der sich darunter befindet, selbstständig den Fokus. Ein Druck auf die Touchpad-Fläche wird als Klick auf den Button interpretiert.

Leider ist es nicht immer so einfach: Oft müssen Sie die per Fernbedienung durchgeführten Eingaben selbst auswerten. Im Mittelpunkt dieses Abschnitts stehen die Methoden touchesXxx, die über Fingerbewegungen auf der Touchpad-Fläche der Fernbedienung informieren, sowie die Methoden pressesXxx, die melden, welche Tasten gedrückt wurden.

touches-Ereignisse

Jede Berührung der Touchpad-Oberfläche der Fernbedienung führt zum Aufruf von touches-Methoden für das betroffene Objekt. Zu Beginn der Bewegung wird einmal touchesBegan ausgeführt, dann regelmäßig touchesMoved und zuletzt touchesEnded oder in Ausnahmefällen touchesCanceled (z. B., wenn die App während der Bewegung durch das Drücken der Menü-Taste verlassen wird).

In gewöhnlichen tvOS-Apps können Sie diese Methoden z. B. auf View-Controller-Ebene oder in einer eigenen UIView-Klasse verarbeiten. In SpriteKit-Apps stehen Ihnen äquivalente Methoden in eigenen SKScene-Klassen zur Verfügung. An die touches-Methoden werden UIEvent-Objekte übergeben, aus denen der Ort des unsichtbaren Cursors hervorgeht.

Einstein hatte recht: Alles ist relativ, nichts absolut!

Jede Bewegung beginnt immer in der Mitte des Bildschirms! Weder spielt es eine Rolle, wo die letzte Bewegung geendet hat, noch, an welcher Position auf der Touchpad-Fläche die neue Bewegung beginnt.

Für Sie als Entwickler(in) bedeutet das: Die touches-Methoden informieren Sie nur *relativ* über Berührungen auf der Fernbedienung. Die Idee eines absoluten Cursors gibt es in tvOS nicht! Wenn Sie eine derartige Funktion benötigen, müssen Sie den aktuellen Koordinatenpunkt selbst speichern und bei jeder Berührung entsprechend ändern.

Um die Relativität der Koordinatenpunkte zu verdeutlichen, die in den touches-Methoden übertragen werden, habe ich ein winziges Beispielprogramm entwickelt. Im View-Controller der App befindet sich ein UIView-Feld, das den gesamten Bildschirm ausfüllt und das der eigenen Klasse MyView zugeordnet ist.

Dort werden die touches-Methoden ausgewertet. Am Beginn jeder neuen Bewegung wird eine zufällige Farbe festgelegt. Danach werden an den Koordinatenpunkten, die in den UIEvent-Objekten übertragen werden, bunte Kreise gezeichnet. Wenn Sie die App ausführen, werden Sie sofort bemerken, dass jede neue Bewegung immer im Mittelpunkt beginnt.

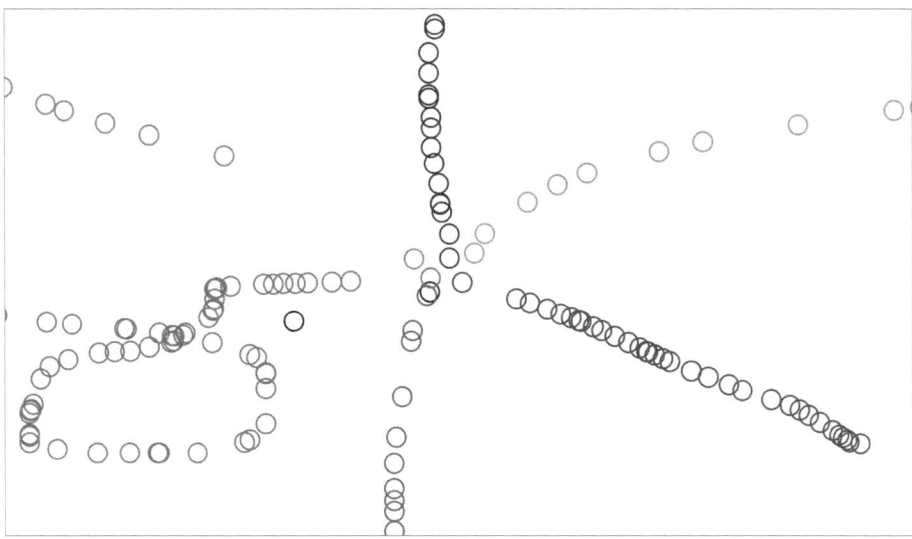

Abbildung 20.3 Die App »tvos-touches« visualisiert Touchpad-Bewegungen.

Der relevante Code der Beispiel-App befindet sich in der Datei MyView.swift. Die Grundidee ist dieselbe wie im Beispielprogramm aus Abschnitt 19.4, »Maus«, wo es um die Auswertung von Mausereignissen unter macOS geht: Bei jedem touchesMoved-Aufruf wird ein neues Circle-Objekt erzeugt, das den Ort und die Farbe eines Kreises speichert. Die Methode draw zeichnet alle Kreise in der von UIView abgeleiteten Klasse. Das Beispiel greift damit auf Kapitel 25, »Grafik und Animation«, vor. Dort erkläre ich Ihnen im Detail, wie Sie eigene von UIView bzw. NSView abgeleitete Klassen mit Grafikfunktionen programmieren.

```
// Projekt tvos-remote, Datei MyView.swift
class MyView: UIView {

  // Position aller Kreise speichern
  var circles = [Circle]()

  // Farbe für die gerade aktuelle Touchpad-Bewegung
  var currentColor: UIColor = .red
```

```
// Inhalt von MyView zeichnen
override func draw(_ dirtyRect: CGRect) {
  // zeichnet alle im circles-Array
  // gespeicherten Kreise, Code analog zu
  // dem aus Abschnitt 19.4
}

// Beginn der Bewegung: neue, zufällige Farbe festlegen
override func touchesBegan(_ touches: Set<UITouch>,
                           with event: UIEvent?)
{
  currentColor = UIColor(red: cRnd(), green: cRnd(),
                         blue: cRnd(), alpha: 1)
}

//  Verlauf der Bewegung
override func touchesMoved(_ touches: Set<UITouch>,
                           with event: UIEvent?)
{
  let pt = touches.first!.location(in: self)
  circles.append(Circle(x: pt.x, y: pt.y,
                        radius: 20,
                        lineWidth: 4,
                        color: currentColor))

  // neu zu zeichnenden Bereich festlegen
  // radius 20 + linewidth 4 + 1 --> 25
  let rect = CGRect(x: pt.x - 25,
                    y: pt.y - 25,
                    width: 2 * 25,
                    height: 2 * 25)
  setNeedsDisplay(rect)
}

// Hilfsfunktion, erzeugt CGFloat-Zufallszahl zwischen 0 und 1
private func cRnd() -> CGFloat { return CGFloat(drand48()) }

}
```

Die Tasten der Fernbedienung

Die Fernbedienung aktueller Apple-TV-Geräte verfügt über sechs sichtbare Tasten. Unter der Touchpad-Fläche der Fernbedienung ist ein weiterer mechanischer Taster verborgen, sodass es insgesamt sieben Tasten gibt:

- Lautstärke leiser
- Lautstärke lauter
- Play/Pause
- Siri
- Menü
- Home
- Select (Touchpad-Fläche in der Mitte drücken)

Darüber hinaus können Sie auch ein kurzzeitiges Berühren (einen »Tap«) der Touchpad-Fläche an den Rändern feststellen.

Leider können Sie über diese sieben Tasten nicht frei verfügen:

- Das Drücken der Lautstärketasten, der Siri-Taste sowie der Home-Taste wird von tvOS verarbeitet, ohne dass Sie darauf Einfluss haben.

- Die *Human Interface Guidelines* (HIG) legen fest, dass die Menü-Taste von der Hauptebene Ihrer App zurück in den tvOS-Hauptbildschirm führen muss. Das geschieht normalerweise automatisch – außer Sie vergessen in Ihren `pressesXxx`-Methoden, `super.pressesXxx(...)` aufzurufen. Ihre App wird dadurch nur unterbrochen, nicht beendet. Wenn Sie die App explizit beenden möchten, führen Sie dazu `exit(EXIT_SUCCESS)` aus.

  Wenn Sie in Ihrer App mehrere Darstellungs-, Steuerungs- oder Konfigurationsebenen realisiert haben, dann muss die Menü-Taste von den höheren Ebenen jeweils eine Ebene zurückführen, bis zuletzt die obige Regel gilt.

  Bei Spielen kann die Menü-Taste dazu verwendet werden, um das Spiel zu pausieren bzw. fortzusetzen. (Diese von Apple vorgegebene Regel widerspricht jeder Logik. Viel plausibler wäre es, wenn die Play/Pause-Taste diese Funktion übernehmen würde.)

- Ebenfalls in den HIGs ist nachzulesen, wie die Play/Pause-Taste zwischen dem Abspielen und einem Pause-Modus hin- und herzuschalten hat. Dies gilt z. B. für Audio- oder Video-Player. Einzig bei Spielen darf der Play/Pause-Knopf gegebenenfalls sekundäre Aufgaben übernehmen.

*https://developer.apple.com/tvos/human-interface-guidelines/
remote-and-controllers*

Wenn Sie die HIGs nicht einhalten, wird Ihre App im App Store nicht akzeptiert. Daraus ergibt sich die folgende bittere Konsequenz: Die einzige Taste, über die Sie in Ihren Apps uneingeschränkt verfügen können, ist die Select-Taste des Touchpads. Zu allem Überfluss erfordert das Drücken dieser Taste relativ viel Kraft, was feine Steuerungsaufgaben nahezu unmöglich macht. Komplexe Spiele lassen sich so nur schwer realisieren. Apple erlaubt zwar, dass Spiele eine alternative Fernbedienung mit mehr Steuerungsmöglichkeiten voraussetzen dürfen; da aber nur wenige Apple-TV-Benutzer derartige Fernbedienungen besitzen, werden Sie für Spiele mit dieser Voraussetzung kaum hohe Verkaufs- oder Download-Zahlen erzielen.

presses-Methoden

Das Drücken der Menü-, Select- und Play/Pause-Tasten sowie das kurzzeitige Berühren der Ränder der Touchpad-Fläche können Sie unkompliziert in den presses-Methoden des View-Controllers verarbeiten. pressesBegin wird sofort beim Drücken einer Taste aufgerufen, pressesChanged bei Änderungen der gedrückten Tasten, pressesEnded beim Loslassen und pressesCancelled beim Abbruch der Aktion.

In der Praxis reicht zumeist die Implementierung von pressesBegan aus. Dabei dürfen Sie nicht vergessen, die Methode auch für die Basisklasse auszuführen, also für super.pressesBegan. Das stellt unter anderem sicher, dass die App durch das Drücken der Menü-Taste auf der Hauptebene verlassen wird.

```
// Projekt tvos-remote, Datei ViewController.swift
// Reaktion auf Klicks auf die Tasten der Fernbedienung
// sowie auf Berührungen (Taps) der Touchpad-Fläche
override func pressesBegan(_ presses: Set<UIPress>,
                           with event: UIPressesEvent?)
{
  super.pressesBegan(presses, with: event)
  for p in presses {
    let key = p.type
    switch key {
    case .select:
      print("Touchpad-Klick")

    case .downArrow:
      // Tap, nicht Klick!
      print("Touchpad-Tap am Rand: unten")
    case .upArrow:
      print("Touchpad-Tap am Rand: oben")
    case .leftArrow:
      print("Touchpad-Tap am Rand: links")
    case .rightArrow:
      print("Touchpad-Tap am Rand: rechts")

    case .menu:
      print("Menü")
      // führt automatisch zum Exit auf tvOS-Hauptebene,
      // sofern super.pressesBegan() aufgerufen wird
```

```
    case .playPause:
      print("Play/Pause")
    }
  }
}
```

Beachten Sie bitte, dass – entgegen dem, was der Methodenname presses vermuten lässt – die Fälle .down-, .up-, .left- und .rightArrow *nicht* durch das Drücken der Touchpad-Fläche am Rand ausgelöst werden, sondern durch ein kurzes Berühren. Zum Aufruf von pressesBegan kommt es auch, wenn die Fläche nahe der Mitte berührt wird. Dann ist eine zuverlässige Erkennung der Richtung bzw. des Rands nicht möglich.

Die presses-Methoden sind in der UIResponder-Klasse implementiert, von der UIApplication, UIViewController und UIView abgeleitet sind. Es ist mir allerdings nicht gelungen, die Verarbeitung der presses-Methoden in einer eigenen UIView-Klasse durchzuführen, auch nicht, nachdem ich dort die diversen become- und resignResponder-Eigenschaften neu implementiert habe, damit das Objekt zum First Responder werden kann.

Gesture Recognizer

Alternativ zur Auswertung der touches- und presses-Methoden können Sie auch Gesture Recognizer einrichten, die eine bestimmte Art der Bewegung oder Berührung auf der Touchpad-Oberfläche erkennen und dann eine entsprechende Methode ausführen. Sie finden diverse vordefinierte Gesture Recognizer in der Objektbibliothek des Storyboard-Editors. Sie können ein derartiges Objekt in den View-Controller ziehen und dann das resultierende Gesture-Element in der Seitenleiste anklicken, benennen und seine Attribute einstellen.

Ebenso schnell können Sie den gewünschten Gesture Recognizer in viewDidLoad des View-Controllers per Code einrichten:

```
// Projekt tvos-remote, Datei ViewController.swift
super.viewDidLoad()
  let tapRecognizer1 = UITapGestureRecognizer(
    target: self,
    action: #selector(ViewController.tappedLeft(_:)))
  tapRecognizer1.allowedPressTypes =
    [ NSNumber(value: UIPressType.leftArrow.rawValue) ]
  self.view.addGestureRecognizer(tapRecognizer1)

  let tapRecognizer2 = UITapGestureRecognizer(
    target: self,
    action: #selector(ViewController.tappedRight(_:)))
```

```
    tapRecognizer2.allowedPressTypes =
      [ NSNumber(value: UIPressType.rightArrow.rawValue) ]
    self.view.addGestureRecognizer(tapRecognizer2)
}

func tappedLeft(_ tapGR: UITapGestureRecognizer) {
    print("Tap Gesture: links")
}
func tappedRight(_ tapGR: UITapGestureRecognizer) {
    print("Tap Gesture: rechts")
}
```

20.3 Focus Engine

Beim Hello-World-Beispiel mussten Sie sich nicht um die Fokus-Steuerung der Buttons kümmern. Die *Focus Engine* von tvOS berücksichtigt selbst die horizontale und vertikale Anordnung der vier Buttons, die über die Fernbedienung ausgewählt werden können, und hebt den gerade ausgewählten Button farblich und durch einen Schatten hervor. Andere fokussierbare Steuerelemente sind UITextField, UITableView, UICollectionView, UITextView, UISegmentedControl und UISearchBar.

Eigene Steuerelemente mit Fokus

Sie können in iOS, tvOS und macOS mit relativ kleinem Aufwand selbst Steuerelemente programmieren, die von vordefinierten Klassen abgeleitet sind. Die prinzipielle Vorgehensweise erkläre ich Ihnen in Kapitel 25, »Grafik und Animation«, speziell in Abschnitt 25.1, »Eigene Steuerelemente mit Grafikfunktionen«. Wenn Ihnen diese Technik noch nicht vertraut ist, werfen Sie bitte zuerst einen Blick in dieses Kapitel, bevor Sie hier weiterlesen!

Um eigene Steuerelemente über die Fernbedienung fokussierbar zu machen, müssen sie zwei Voraussetzungen erfüllen:

- Ihre Steuerelementklasse muss die Methode canBecomeFocused durch eigenen Code überschreiben. Die Eigenschaft muss true zurückgeben.
- In der View-Controller-Klasse müssen Sie die Methode didUpdateFocus implementieren. Diese Methode wird immer dann aufgerufen, wenn die Fokus-Engine ein Steuerelement deaktiviert und ein anderes aktiviert. In der Methode müssen Sie das nun fokussierte Steuerelement auf irgendeine Art kennzeichnen, damit die Benutzer Ihrer App ein visuelles Feedback erhalten.

Beispiel

Der Bildschirm der App tvos-focus-engine besteht aus drei Buttons und neun bunten Rechtecken (siehe Abbildung 20.4), die durch die eigene Klasse MyView realisiert sind. Die Benutzer der App können sowohl die Buttons als auch die Rechtecke mit der Fernbedienung auswählen. Ein Klick auf die Fernbedienung zeigt im Label-Feld unten auf dem Bildschirm den Text des Buttons bzw. den Namen des angeklickten Rechtecks an. Die Hervorhebung der Buttons erfolgt automatisch durch tvOS. Zur Hervorhebung der Rechtecke wird deren alpha-Eigenschaft von 0.5 auf 1 angehoben. Das so markierte Rechteck scheint damit zu leuchten.

Abbildung 20.4 Die bunten Rechtecke sind fokussierbar.

Die Klasse MyView zur Darstellung der bunten Rechtecke besteht aus wenigen Zeilen Code:

```swift
// Projekt tvos-focus-engine, Datei MyView.swift
@IBDesignable
class MyView : UIView {

  // Eigenschaft zur Benennung/Identifizierung des Steuerelements
  @IBInspectable
  var name: String = ""

  // das Steuerelement ist fokussierbar
  override var canBecomeFocused: Bool {
    return true
  }
}
```

Die Farbsteuerung erfolgt über die Eigenschaften background und alpha, die durch die UIView-Klasse vorgegeben sind und im Attributinspektor von Xcode eingestellt werden können. Die zusätzliche Eigenschaft name ermöglicht es, den Rechtecken in Xcode Namen zu geben. Das erleichtert die weitere Auswertung. Die Attribute @IBDesignable und @IBInspectable bewirken, dass die name-Eigenschaft ebenfalls im Attributinspektor angezeigt wird und dort verändert werden kann.

Nach der Programmierung von MyView kann die Benutzeroberfläche der Test-App im Storyboard-Editor zusammengestellt werden. Dazu fügen Sie die drei Buttons sowie neun UIView-Elemente ein. Für jedes UIView-Element stellen Sie dann im IDENTITY INSPECTOR als CUSTOM CLASS MyView ein. Außerdem stellen Sie im Attributinspektor für jedes Rechteck einen Namen, die gewünschte Farbe sowie einen Alpha-Wert von 0,5 ein. Ich habe in der Test-App die Namen mv1 bis mv9 verwendet (siehe Abbildung 20.5).

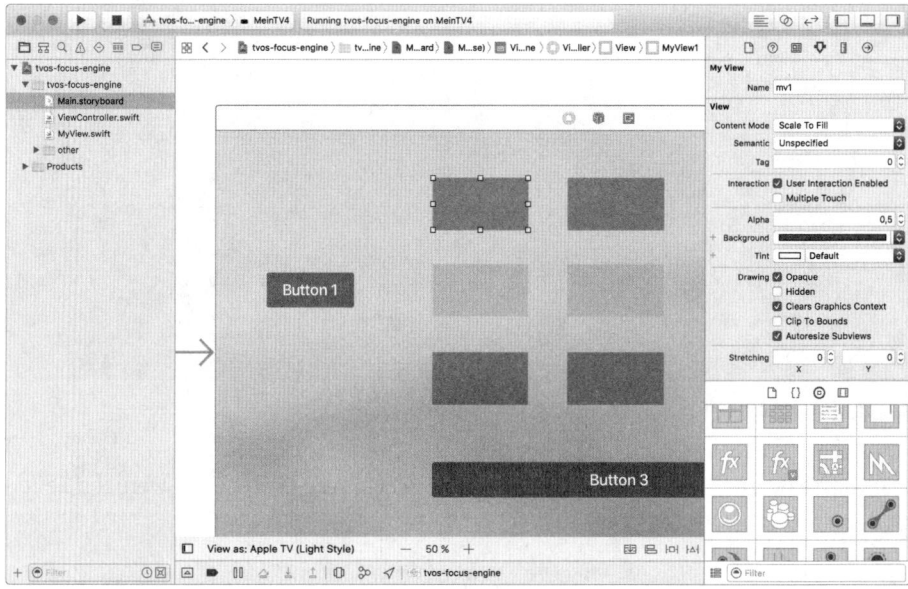

Abbildung 20.5 Die Fokus-Test-App im Entwurfsstadium

View-Controller mit didUpdateFocus-Methode

Der Code des View-Controllers enthält eine Variable, in der später eine Referenz auf das gerade ausgewählte MyView-Steuerelement gespeichert wird. Die Outlet-Variable msgLabel macht das UILabel-Feld im Code zugänglich. Die Action-Methode buttonClicked wird aufgerufen, wenn einer der drei Buttons angeklickt wird.

```
// Projekt tvos-focus-engine, Datei ViewController.swift
class ViewController: UIViewController {

  var currentlySelected: MyView? = nil

  @IBOutlet weak var msgLabel: UILabel!

  // ein Button wurde angeklickt
  @IBAction func buttonClicked(_ sender: UIButton) {
    msgLabel.text = "Der Button " +
      "\(sender.title(for: .normal)!) wurde angeklickt."
  }
}
```

Interessant wird es nun in der Methode didUpdateFocus. Die Methode wird aufgerufen, wenn sich der Fokus ändert. Der Parameter context gibt dabei Informationen weiter, welches Steuerelement bisher fokussiert war und welches in Zukunft ausgewählt sein wird. Für die Test-App ist die Benachrichtigung nur dann relevant, wenn es sich bei den Steuerelementen um MyView-Objekte handelt. (Um die Buttons kümmert sich tvOS ja selbst.) Beim nicht mehr fokussierten Element wird die alpha-Eigenschaft auf 0,5 zurückgesetzt, beim neu fokussierten Element auf 1 erhöht. Das Steuerelement scheint damit zu leuchten. Außerdem wird eine Referenz auf das fokussierte Element in der Variablen currentlySelected gespeichert.

```
override func didUpdateFocus(
  in context: UIFocusUpdateContext,
  with coordinator: UIFocusAnimationCoordinator)
{
  // dieses Steuerelement ist nicht mehr fokussiert
  if let prev = context.previouslyFocusedItem as? MyView {
    prev.alpha = 0.5
  }

  // dafür ist nun dieses Steuerelement ausgewählt
  if let next = context.nextFocusedItem as? MyView {
    next.alpha = 1
    currentlySelected = next
  } else {
    currentlySelected = nil
  }
}
```

Die Variable currentlySelected ist notwendig, damit die Test-App bei einem Klick auf die Touchpad-Fläche der Fernbedienung weiß, ob ein bzw. welches MyView-Element gerade ausgewählt ist:

```
override func pressesBegan(_ presses: Set<UIPress>,
                           with event: UIPressesEvent?)
{
  for p in presses {
    if p.type == .select, let mv = currentlySelected   {
      msgLabel.text =
          "Das Rechteck \(mv.name) wurde angeklickt."
    }
  }
}
```

Fokussiertes Element per Code auswählen

Beim Programmstart aktiviert die Fokus-Engine automatisch das Steuerelement links oben. Wenn Sie ein anderes Steuerelement vorauswählen möchten, müssen Sie in viewDidLoad die Methoden updateFocusIfNeeded und setNeedsFocusUpdate aufrufen sowie die Eigenschaft preferredFocusEnvironments neu implementieren. Diese Eigenschaft muss das gewünschte Element in einem Array zurückgeben.

Bei der Beispiel-App habe ich das mittlere der neun Rechtecke per ctrl-Drag in das Code-Fenster gezogen. Die resultierende Action-Variable wird im Code der Eigenschaft preferredFocusEnvironments verwendet.

```
// Projekt tvos-focus-engine, Datei ViewController.swift
class ViewController: UIViewController {
  // dieses Steuerelement wird beim Programmstart vorausgewählt
  @IBOutlet weak var startMv: MyView

  override func viewDidLoad() {
    super.viewDidLoad()
    self.updateFocusIfNeeded()
    self.setNeedsFocusUpdate()
  }
  override var preferredFocusEnvironments: [UIFocusEnvironment] {
    return [startMv]
  }

  // sonstiger Code wie bisher ...
}
```

Fokus in SpriteKit-Programmen

Die hier präsentierten Techniken funktionieren analog auch in SpriteKit-Programmen (siehe Kapitel 27, »SpriteKit«). Als Muster für eigene Experimente zeige ich Ihnen hier ein kleines Beispielprogramm, bei dem einige bunte Quadrate auf dem Bildschirm über die Fernbedienung ausgewählt werden können (siehe Abbildung 20.6).

20.3 Focus Engine

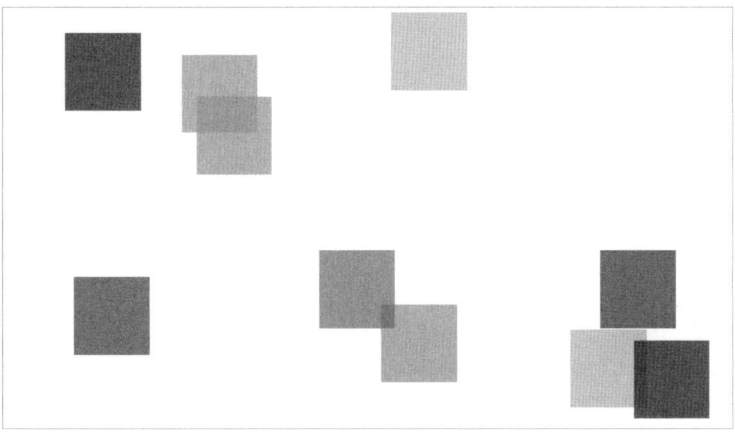

Abbildung 20.6 Fokussierbare Quadrate in einer SpriteKit-App

Der Startpunkt ist in diesem Fall die Implementierung einer eigenen, von SKSpriteNode abgeleiteten Klasse, in der canBecomeFocused den Wert true zurückgibt:

```swift
// Projekt tvos-spritekit-getfocus, Datei MySprite.swift
class MySprite : SKSpriteNode {
  override var canBecomeFocused: Bool {
    return true
  }
}
```

Wichtig ist, dass Sie in der View-Controller-Klasse die Methode preferredFocusEnvironments implementieren und dort eine Referenz auf die Szene zurückgeben, in der Sie die fokussierbaren Sprites verwenden. Der Code dieser Klasse kann z. B. so aussehen:

```swift
// Projekt tvos-spritekit-getfocus,
// Datei GameViewController.swift
class GameViewController: UIViewController {
  // Referenz auf Szene mit fokussierbaren Sprites
  var myscene: SKScene!

  override func viewDidLoad() {
    super.viewDidLoad()
    // Szene erzeugen und anzeigen
    if let view = self.view as! SKView? {
      myscene = GameScene(
        size: CGSize(width: 1920, height: 1080))
      myscene.scaleMode = .aspectFill
      view.presentScene(myscene)
    }
  }
```

```
    // Referenz auf aktive Szene mit fokussierbaren Sprites
    // zurückgeben
    override var preferredFocusEnvironments: [UIFocusEnvironment] {
      if myscene != nil {
        return [myscene]
      } else {
        return []
      }
    }
  }
}
```

Die Fokusverarbeitung erfolgt in der GameScene-Klasse in der schon vertrauten Methode didUpdateFocus.

```
class GameScene: SKScene {
  override func didMove(to view: SKView) {
    self.backgroundColor = .white

    // zufällige Zufallszahlen
    srand48(Int(arc4random_uniform(100000000)))

    // fokussierbare Quadrate erzeugen
    for _ in 1...10   {
      let mySp = MySprite()
      mySp.size = CGSize(width: 200, height: 200)
      mySp.color = SKColor(red: cRnd(),    green: cRnd(),
                           blue: cRnd(), alpha: 1)
      mySp.colorBlendFactor = 1
      mySp.position = CGPoint(x: 100 + cRnd()*1720,
                              y: 100 + cRnd()*880)
      mySp.zPosition = 1 + cRnd()
      mySp.alpha = 0.5   // halb transparent
      mySp.isUserInteractionEnabled = true
      self.addChild(mySp)
    }
  }

  // Fokus-Wechsel
  override func didUpdateFocus(
    in context: UIFocusUpdateContext,
    with coordinator: UIFocusAnimationCoordinator)
  {
    if let prev = context.previouslyFocusedItem as? MySprite {
      prev.alpha = 0.5
    }
```

```
    if let next = context.nextFocusedItem as? MySprite {
      next.alpha = 1
    }
  }

  // Hilfsfunktion, erzeugt CGFloat-Zufallszahl zwischen 0 und 1
  private func cRnd() -> CGFloat { return CGFloat(drand48()) }
}
```

> **SpriteKit-Menü per Fernbedienung steuern**
>
> Eine reale Anwendung für fokussierbare SpriteKit-Objekte zeigt das Spiel »Asteroids«: Dessen Einstellungsbildschirm verwendet ein Menü aus fokussierbaren MyLabel-Objekten (siehe Abschnitt 39.6, »Fokussierbare Menütexte (MyLabel)«, und Abschnitt 39.7, »Der Einstellungsdialog (MainScene)«). Die MyLabel-Klasse ist in diesem Fall von SKLabelNode abgeleitet.

TEIL III

Programmier- und Arbeitstechniken

Kapitel 21
Dateien und User-Defaults

Egal, für welche Plattform Sie Ihre App entwickeln – ganz häufig wollen Sie Daten in Dateien speichern oder von dort lesen. Dieses Kapitel stellt dafür diverse Programmiertechniken vor, wobei ich unter anderem die folgenden Themen behandle:

- Umgang mit Dateinamen und URLs
- Zugriff auf Bundle-Dateien und Xcassets-Bilder
- Ort von Standardverzeichnissen ermitteln
- Dateien kopieren, verschieben und löschen
- Textdateien lesen und schreiben

Eine attraktive Alternative zu eigenen Dateien sind die sogenannten User-Defaults: Darin können Sie unkompliziert Key-Value-Paare ablegen bzw. auslesen. User-Defaults sind, wie der Name bereits andeutet, speziell für Benutzereinstellungen gedacht. Aus technischer Sicht hindert nichts Sie daran, dort auch andere Daten zu speichern. Aber Vorsicht: Die missbräuchliche Verwendung der User-Defaults kann ein Grund sein, weswegen Apple Ihre App-Store-Einreichung abgelehnt.

> **Sofort speichern!**
>
> iOS- und tvOS-Apps werden im Gegensatz zu macOS-Programmen nicht explizit per Menükommando oder durch ⌘+Q beendet. Vielmehr entscheidet iOS/tvOS, welche gerade nicht aktiven Programme es bei Bedarf aus dem Speicher entfernt. Starten Sie Ihr selbst entwickeltes Programm später neu, hat es alles vergessen – auch den Zustand, in dem es sich zuletzt befand. Daten werden nur dann bleibend gespeichert, wenn Sie sich als Programmierer darum explizit kümmern. Speichern sollten Sie nach Möglichkeit sofort, d. h., sobald sich neue Daten oder neue App-Zustände aus Benutzereingaben ergeben.

21.1 User-Defaults

Die UserDefaults-Klasse dient dazu, programmspezifische Einstellungen unkompliziert zu verwalten. Hinter den Kulissen werden die Daten als Property List in einer *.plist-Datei gespeichert – womit Sie als Entwickler aber nichts zu tun haben: Sie kommen mit der Datei nie in Berührung. Allerdings sind Sie auf die durch das PLIST-Format vorgegebenen Datentypen beschränkt. Dazu zählen Zeichenketten, Zahlen, Daten/Zeiten, Arrays, Dictionaries und Binärdaten.

Das Speichern und Auslesen von UserDefaults-Daten ist denkbar einfach. Sie benötigen eine UserDefaults-Instanz, speichern Daten mit set und lesen sie mit Methoden wie string, integer oder double wieder aus – immer unter Angabe eines Schlüssels.

```
// Zugriff auf die UserDefaults-Instanz
let defaults = UserDefaults.standard
// Zeichenkette speichern
defaults.set("mydata", forKey: "mykey")
// Zeichenkette lesen
let data = defaults.string(forKey: "mykey") // Datentyp String?
```

Methode	Bedeutung	Rückgabedatentyp
array	Array lesen	[Any]?
bool	booleschen Wert lesen	Bool
data	binäre Daten lesen	Data?
dictionary	Dictionary lesen	[String : Any]?
double	Fließkommazahl lesen	Double
float	Fließkommazahl lesen	Float
integer	ganze Zahl lesen	Int
object	beliebige Daten lesen	Any?
stringArray	String-Array lesen	[String]?
string	Zeichenkette lesen	String?
url	URL lesen	URL?
set(b, ...)	Bool-Wert speichern	–
set(d, ...)	Double-Zahl speichern	–
set(f, ...)	Float-Zahl speichern	–
set(i, ...)	Int-Zahl speichern	–
set(u, ...)	URL-Element speichern	–
set(obj, ...)	String/Objekt/Array/Dictionary speichern	–

Tabelle 21.1 UserDefaults-Methoden

Die Methode set(_:forKey:) gibt es in mehreren Varianten, die im ersten Parameter Daten in den Typen Int, Double, Float, Bool, URL oder Any erwarten. Bei der Any-Variante sind allerdings nicht beliebige Daten erlaubt, sondern nur Zeichenketten, Instanzen der Typen Date, Data und NSNumber sowie Arrays und Dictionaries, die selbst wiederum Elemente in den gerade aufgezählten Datentypen enthalten.

Größer ist die Methodenauswahl zum Auslesen der Daten (siehe Tabelle 21.1). Die meisten Methoden liefern als Ergebnis ein Optional. Wenn es für den angegebenen Schlüssel keine Daten gibt oder nur solche im falschen Typ, dann liefert die Methode einfach nil. Bemerkenswert ist aber, dass einige Methoden wie bool und integer *nicht* Optionals verwenden. Diese Methoden liefern einfach 0 bzw. false, wenn der Schlüssel nicht existiert oder die Datentypen nicht zusammenpassen. Das liegt daran, dass die UserDefaults-Klasse ursprünglich für Objective-C entwickelt wurde, wo es keine Optionals gibt.

Für einige PLIST-kompatible Datentypen wie Date gibt es keine eigenen Methoden. Zum Speichern verwenden Sie einfach set(obj, ...). Beim Auslesen verwenden Sie die object-Methode. Das folgende Beispiel zeigt, wie Sie die resultierenden Daten dann mit as? in den Typ umwandeln, den Sie erwarten.

Beispiel

In der folgenden Mini-App können Sie Ihren Namen und Ihr Geburtsdatum angeben (siehe Abbildung 21.1). Zur Datumseingabe kommt ein UIDatePicker mit der Einstellung MODE = DATE zum Einsatz. Die App merkt sich diese Daten und zeigt sie beim nächsten Start wieder an.

Abbildung 21.1 Der Name und das Geburtsdatum werden in den User-Defaults gespeichert.

> **Verwenden Sie Konstanten statt Zeichenketten als Schlüssel!**
>
> In diesem Beispiel habe ich anstelle der Zeichenkette "Birthdate" die Konstante keyDate als Schlüssel verwendet. Damit ist ausgeschlossen, dass Sie versehentlich an einer Stelle im Code den Schlüssel "Birthdate" und woanders "Birth-Date" verwenden.

Der Code sollte auf Anhieb verständlich sein: Beim Start werden die zuletzt gespeicherten Daten – falls vorhanden – aus den User-Defaults gelesen. Die if-let-Konstruktion für das Datum testet zuerst, ob es überhaupt Daten gibt, und dann, ob diese dem Date-Typ entsprechen. Bei jeder Eingabe werden die Daten in Action-Methoden sofort gespeichert.

```swift
// Projekt ios-user-defaults, Datei ViewController.swift
class ViewController: UIViewController {
  @IBOutlet weak var txtName: UITextField!
  @IBOutlet weak var dtBirth: UIDatePicker!

  let keyDate = "Birthdate"
  let keyName = "Name"
  let ud = UserDefaults.standard

  // zuletzt gespeicherten Namen + Geburtsdatum
  // aus den User-Defaults laden
  override func viewDidLoad() {
    super.viewDidLoad()
    txtName.text = ud.string(forKey: keyName)
    if let obj = ud.object(forKey: keyDate),
       let bdate = obj as? Date
    {
      dtBirth.date = bdate
    }
  }

  // Änderungen sofort speichern
  @IBAction func txtNameEditingChanged(_ sender: UITextField) {
    ud.set(txtName.text, forKey: keyName)
  }
  @IBAction func dtBirthChanged(_ sender: UIDatePicker) {
    ud.set(dtBirth.date, forKey: keyDate)
  }
}
```

Interna

Die User-Defaults eines macOS-Programms werden in einer binären *.plist-Datei im Library-Verzeichnis gespeichert. Der Dateiname dieser Datei ergibt sich aus dem Bundle Identifier des Programms. Das ergibt z. B. den folgenden Dateinamen:

```
~/Library/Preferences/info.kofler.projektname.plist
```

Prinzipiell gilt diese Regel auch für iOS. Dort gibt es aber für jede App ein eigenes Unterverzeichnis Library/Preferences. Um den vollständigen Pfad herauszufinden, bauen Sie den folgenden Swift-Code in Ihre App ein, z. B. in viewDidLoad:

```
let urls = FileManager.default.urls(for: .libraryDirectory,
                                    in: .userDomainMask)
print(urls.first!.path)
```

Bei meinen Tests mit einem iOS-Simulator führte das zur folgenden Ausgabe:

```
/Users/kofler/Library/Developer/CoreSimulator/Devices/
672F1ADF-1512-48B0-8205-EC843E4EEC59/data/Containers/
Data/Application/E9DC3585-F769-465E-BF03-8B226B6782DE/Library
```

In einem Terminalfenster können Sie nun mit cd in dieses Verzeichnis wechseln. open öffnet die *.plist-Datei dann in einem Xcode-Fenster (siehe Abbildung 21.2):

```
cd /Users/.../Library
open Preferences/info.kofler.ios-user-defaults.plist
```

Key	Type	Value
▼ Root	Dictionary	(2 items)
Birthdate	Date	01.01.2000, 15:15:07
Name	String	Michael

Abbildung 21.2 Die User-Defaults im Property-List-Editor von Xcode ansehen

---

Mehr User-Defaults

User-Defaults waren bereits in Abschnitt 19.2, »Tab-View-Controller«, im Rahmen der macOS-Programmierung ein Thema: Dort ging es primär darum, Programmeinstellungen in einem mehrblättrigen Dialog abzubilden. Der Abschnitt zeigte aber auch, wie Sie Defaultwerte für die User-Default-Datenbank definieren. Derartige Defaulteinstellungen sind praktisch, wenn ein Programm zum ersten Mal läuft und die User-Defaults daher noch gar nicht existieren oder zumindest einzelne Einstellungen fehlen. Die in diesem Zusammenhang erläuterten Programmiertechniken gelten gleichermaßen für iOS und macOS.

> User-Defaults kommen in etlichen Beispielprojekten dieses Buchs zum Einsatz – unter anderem in Kapitel 34, »Währungskalkulator«, in Kapitel 33, »Schatzsuche«, oder in Kapitel 39, »Asteroids«.

21.2 Dateinamen und URLs

Viele Methoden zur Bearbeitung von Dateien erwarten den Dateinamen als Parameter. Daneben gibt es aber eine Reihe von Klassen bzw. Methoden, die gleichermaßen für lokale Dateien wie für im Netzwerk befindliche Dokumente gedacht sind. Diese Methoden erwarten den Ort der Datei in Form einer URL (Uniform Resource Locator). Typische URLs sind:

```
file:///Users/kofler/foto.jpg
https://kofler.info/uploads/foto.jpg
```

URLs für Dateien enthalten wirklich oft drei aufeinanderfolgende /-Zeichen. Die ersten zwei kennzeichnen das Protokoll (hier file://), das dritte leitet den absoluten Pfad ein.

Dateinamen in URLs umwandeln

In Swift werden URLs allerdings nicht durch Zeichenketten dargestellt, sondern durch Elemente der URL-Struktur (ehemals NSURL). Um ein URL-Element aus einem Dateinamen zu erzeugen, sollten Sie grundsätzlich die Init-Funktion mit dem fileURLWithPath-Parameter verwenden:

```
// liefert den Datentyp URL
let url = URL(fileURLWithPath: "/User/kofler/foto.jpg")
```

Wenn Sie dabei keinen absoluten Pfad angeben, wird Ihre Zeichenkette relativ zum aktuellen Verzeichnis interpretiert. Die Zeichenkette darf auch Leerzeichen enthalten, diese werden korrekt verarbeitet.

Die problematische Init-Funktion mit dem string-Parameter werden Sie häufig sehen:

```
// Vorsicht, das liefert den Datentyp 'URL?'
let url = URL(string: "file:///User/kofler/foto.jpg")
```

Diese Init-Funktion sollten Sie nur verwenden, wenn Sie sich sicher sind, dass die Zeichenkette alle URL-Regel einhält. So sollte die Zeichenkette mit file:// beginnen – sonst fehlt der URL das Schema und gewisse Operationen funktionieren nicht. Außerdem darf die Zeichenkette in diesem Fall keine Leerzeichen enthalten. Das würde den Syntaxregeln für URLs widersprechen. Die Init-Funktion liefert dann nil. Wenn der Dateiname wirklich ein Leerzeichen enthält, müssen Sie das URL-Objekt so erzeugen: `URL(string: "file:///bla%20bla")`. Wie gesagt: Viel einfacher ist `URL(fileURLWithPath: "bla bla")`

URL in Dateinamen umwandeln

Um in umgekehrter Richtung aus einem URL-Element den Dateinamen als Zeichenkette herauszuholen, werten Sie einfach die `path`-Eigenschaft aus. Verwenden Sie nicht `absoluteString`! Diese Eigenschaft liefert die komplette URL-Zeichenkette inklusive `file://`.

URLs bearbeiten

Der Hauptvorteil von URL-Elementen im Vergleich zu simplen Zeichenketten besteht darin, dass Sie mit diversen Methoden einzelne Komponenten der URL extrahieren bzw. neue Komponenten hinzufügen können:

```
// Beispieldatei ios-url.playground
let url = URL(fileURLWithPath: "/Users/kofler/foto.jpg")
url.deletingPathExtension()
// liefert /Users/kofler/foto     (url bleibt unverändert)

url.deletingLastPathComponent()
// liefert /Users/kofler/         (url bleibt unverändert)

url.appendingPathExtension("bak")
// liefert /Users/kofler/foto.jpg.bak    (url unverändert)

url.lastPathComponent
// liefert foto.jpg

url.deletingLastPathComponent()
  .appendingPathComponent("unterverzeichnis")
  .appendingPathComponent(url.lastPathComponent)
// liefert /Users/kofler/unterverzeichnis/foto.jpg
```

Testen, ob eine Datei existiert

Sie können URL-Elemente für beliebige Dateinamen erzeugen. Das bedeutet aber keinesfalls, dass diese Dateien auch existieren. Den Test, ob eine Datei oder ein Verzeichnis tatsächlich für Ihre App zugänglich ist (d. h., dass die App auch die erforderlichen Zugriffsrechte hat), können Sie mit der Methode `checkResourceIsReachable` überprüfen. Dabei ist zu beachten, dass diese Methode einen Fehler auslösen kann.

Daher ist eine Absicherung erforderlich, am einfachsten wie im folgenden Code-Schnipsel mit try?:

```
if (try? url.checkResourceIsReachable()) == true {
  print("Datei/Verzeichnis existiert")
}
```

Wie Sie noch mehr Eigenschaften einer Datei ergründen, zeige ich Ihnen in Abschnitt 21.5, »Dateioperationen«.

21.3 Bundle-Dateien und Xcassets-Bilder

Xcode bietet zwei Möglichkeiten, um eigene Dateien mit einer App zu verbinden:

- Am einfachsten ist es, die Datei einfach per Drag & Drop in den Projektbaum einzufügen. Die Datei wird standardmäßig mit der App ausgeliefert. Sie gilt als *Bundle-Datei*, sie wird also in das Bündel von Dateien integriert, das eine App ausmacht.

- Bei Bilddateien bietet es sich stattdessen an, diese in eine Xcassets-Datei einzufügen. Daraus ergeben sich zwei Vorteile: Einerseits können so mehrere Bitmaps an einem Ort verwaltet werden, ohne den Projektbaum unübersichtlich zu machen. Andererseits können die Bilder in mehreren Auflösungen gespeichert werden. Ihre App wird immer die Bitmap in der richtigen Auflösung verwenden. (Dieses Argument wird zunehmend hinfällig, weil es in der iOS-Welt ohnedies praktisch keine Nicht-Retina-Geräte mehr gibt. Anders sieht es zugegebenermaßen bei macOS- oder tvOS-Apps aus.)

Zugriff auf Bundle-Dateien

In Ihr Xcode-Projekt eingefügte Dateien werden, soweit es sich nicht um Code handelt, gemeinsam mit der App als sogenanntes *Bundle* ausgeliefert. Dieses Dateibündel umfasst auch die für die Auflösung des Zielgeräts geeigneten Xcassets-Bitmaps.

Sollte Ihr Projekt mehrere Targets umfassen, müssen Sie explizit angeben, für welche Targets eine bestimmte Datei relevant ist. Dazu markieren Sie die Datei im Projekt-Navigator und stellen im File-Inspector die Target Membership korrekt ein. Von dieser Möglichkeit habe ich z.B. im Pac-Man-Spiel Gebrauch gemacht (siehe Abbildung 38.11): Das Projekt besteht aus je einem Target für die iOS- und die tvOS-Version der App.

In Xcode finden Sie einen Überblick über alle Bundle-Dateien in den Projekteinstellungen des App-Targets im Dialogblatt Build Phases (siehe Abbildung 21.3).

21.3 Bundle-Dateien und Xcassets-Bilder

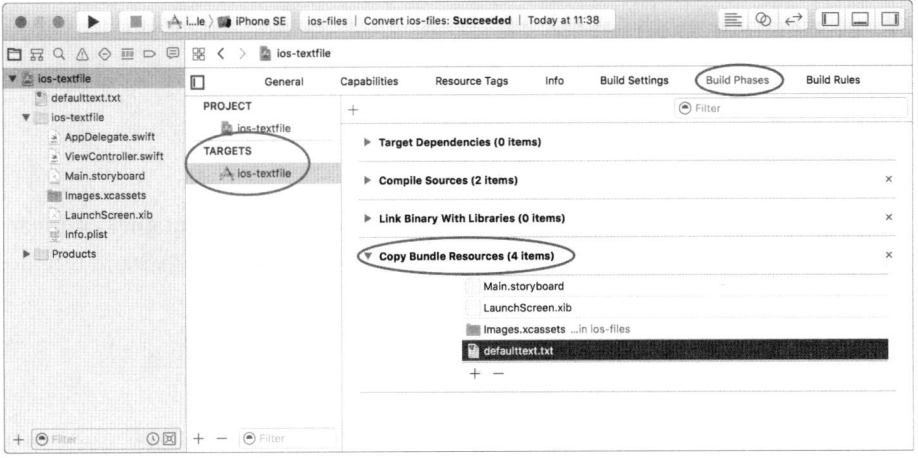

Abbildung 21.3 Der in Xcode gut versteckte Überblick über die Bundle-Dateien

Im Code können Sie über Bundle.main auf die zugehörige Bundle-Instanz zugreifen. Deren Methode path verrät, unter welchem Pfad Sie auf die Datei zugreifen können. Dabei übergeben Sie im ersten Parameter den Dateinamen ohne Kennung, im zweiten Parameter die Kennung. Es spielt keine Rolle, in welchem Verzeichnis sich die Datei – hier name.html – innerhalb der Xcode-Projektdateien befindet.

```
// Pfad zur Bundle-Datei "name.html" ermitteln
if let path = Bundle.main.path(forResource: "name",
                               ofType: "html")
{
  // path (Datentyp String) enthält den absolutem Pfad
}
```

Wenn Sie die Bundle-Datei nicht über eine Zeichenkette mit dem Pfad ansprechen wollen, sondern über ein URL-Element, werten Sie die Methode Bundle.main.url aus.

Mitunter können Sie sich das Ermitteln des Dateinamens ersparen. Einige Klassen haben spezielle Methoden oder Init-Funktionen zum Zugriff auf Bundle-Dateien. Deren Methoden- oder Parametername enthält oft named. Ein Beispiel ist die Methode playSoundFileNamed der SKAction-Klasse (SpriteKit):

```
// Bundle-Datei shot.wav in einer SpriteKit-Action abspielen
let shotSound =
      SKAction.playSoundFileNamed("shot.wav",
                                  waitForCompletion: false)
```

Zugriff auf Xcassets- und Bundle-Dateien

Für den Zugriff auf Xcassets-Dateien gibt es eigene Init-Funktionen oder Methoden. Ein Beispiel dafür ist die Init-Funktion der UIImage-Klasse mit dem named-

Parameter. Sie kommt gleichermaßen mit Xcassets-Dateien als auch mit Bundle-Dateien zurecht:

```
// funktioniert für Bundle- und Xcassets-Dateien
// (Dateiname mit Kennung)
let img = UIImage(named: "foto.jpg")
```

Wenn Sie die Datei foto.png per Drag & Drop in einen Xcassets-Container einfügen, erhält das Bild automatisch den Namen foto (ohne die Kennung .jpg). Dann funktioniert auch die folgende Anweisung:

```
// funktioniert nur für Xcassets-Datei (Name ohne Kennung)
let img = UIImage(named: "foto")
```

> **Vermeiden Sie deutsche Sonderzeichen in Xcassets-Dateien!**
>
> Der Zugriff auf Xcassets-Bilder scheitert, wenn der Bildname deutsche Sonderzeichen enthält. Bei Bundle-Dateien, die sich direkt im Xcode-Projekt befinden, tritt dieses Problem nicht auf.

21.4 Standardverzeichnisse

In iOS- und tvOS-Apps dürfen Sie ausschließlich in den dafür vorgesehenen Standardverzeichnissen eigene Dateien ablegen – z. B. das Cache-Verzeichnis als Zwischenspeicher oder das Dokumentenverzeichnis für Benutzerdaten. Ihre Apps haben keinen generellen Zugriff auf das Dateisystem. macOS ist in dieser Hinsicht weniger restriktiv, aber auch dort sollten Sie nach Möglichkeit Standardverzeichnisse vorziehen. Vorweg ein kurzer Überblick über den Ort der wichtigsten Verzeichnisse, getestet unter iOS 10:

- Heimatverzeichnis:
  /var/mobile/Containers/Data/Application/<id>
- Dokumentenverzeichnis:
  /var/mobile/Containers/Data/Application/<id>/Documents
- Library-Verzeichnis:
  /var/mobile/Containers/Data/Application/<id>/Library
- Cache-Verzeichnis:
  /var/mobile/Containers/Data/Application/<id>/Library/Caches
- Temporäres Verzeichnis:
  /private/var/mobile/Containers/Data/Application/<id>/tmp

Dabei ist <id> eine UUID, also eine lange hexadezimale Zahl, die die App auf dem Gerät identifiziert.

Verzeichnisse mit dem File-Manager ermitteln

Bei vielen wichtigen Verzeichnissen hilft ein File-Manager dabei, den Ort zu ergründen. Die `FileManager`-Klasse stellt darüber hinaus Methoden für unterschiedliche Operationen zur Verfügung, z. B. zum Erzeugen, Verschieben, Kopieren und Löschen von Dateien und Verzeichnissen (siehe Abschnitt 21.5, »Dateioperationen«).

Auf den File-Manager greifen Sie einfach mit `FileManager.default` zu. Über die Methode `urls` können Sie nun gezielt nach Verzeichnissen suchen. Dabei geben Sie im ersten Parameter durch ein Element der `SearchPathDirectory`-Enumeration die Art des gesuchten Verzeichnisses an. Mit dem zweiten Parameter schränken Sie durch die Angabe von `SearchPathDomainMask`-Konstanten die Suche auf bestimmte Domänen ein.

Dieser allgemeingültige Ansatz wirkt komplizierter, als er tatsächlich ist. Die Art des Verzeichnisses ist z. B. `document`-, `downloads`-, `pictures`-, `caches`- oder `trashDirectory` – das ist leicht zu verstehen. Und als Domäne geben Sie so gut wie immer `userDomainMask` an. Die `urls`-Methode liefert zwar ein Array vor URLs, bei der hier skizzierten Anwendung wird das Array aber genau ein Element enthalten, das Sie mit `first` auslesen. Also:

```
// Beispieldatei ios-url.playground
// Documents-Verzeichnis ermitteln
let fm = FileManager.default
let urls = fm.urls(for: .documentDirectory,
                   in: .userDomainMask)
if let url = urls.first {
  print(url.path)
}
```

Heimatverzeichnis

iOS-Apps und tvOS-Apps laufen immer in einer Sandbox, die nur einen Zugriff auf Dateien innerhalb des App-spezifischen Heimatverzeichnisses zulässt. Dazu gibt es für jede App ein eigenes Heimatverzeichnis, innerhalb dessen es dann weitere Unterverzeichnisse gibt (z. B. `Documents` und `Library`).

Merkwürdigerweise liefert die `urls`-Methode für den Enumerationswert `userDirectory` *kein* Ergebnis:

```
// funktioniert nicht, urls enthält ein leeres Array
let urls = fm.urls(for: .userDirectory, in: .userDomainMask)
```

Um das Heimatverzeichnis zu ermitteln, werten Sie stattdessen einfach die Foundation-Funktion `NSHomeDirectory` aus:

```
let homepath = NSHomeDirectory()
```

Grundsätzlich funktioniert das auch bei macOS-Apps. In diesem Fall ist das Ergebnis aber davon abhängig, ob die App in einer Sandbox läuft oder nicht. Im ersten Fall erhalten Sie wie unter iOS das App-spezifische Heimatverzeichnis, beispielsweise `/Users/kofler/Library/Containers/<bundle-name>/Data`. Im zweiten Fall liefert `NSHomeDirectory` hingegen tatsächlich das Heimatverzeichnis des Benutzers, beispielsweise `/Users/kofler`.

Aktuelles Verzeichnis ermitteln und ändern

Um das aktuelle Verzeichnis herauszufinden, also das Verzeichnis, in dem Ihre App ausgeführt wird und auf das sich relative Pfadangaben und URLs beziehen, erzeugen Sie einfach ein `URL`-Element für einen leeren Dateinamen:

```
// aktuelles Verzeichnis ermitteln
let current = URL(fileURLWithPath: "")
print(current.path)
```

Alternativ können Sie auch die Eigenschaft `currentDirectoryPath` des File-Managers auswerten. Sie liefert kein `URL`-Element, sondern eine Zeichenkette:

```
print(fm.currentDirectoryPath)
```

Nach dem Start einer App ist das aktuelle Verzeichnis kein geeigneter Ort, um darin eigene Dateien zu speichern. Sie können das aktuelle Verzeichnis aber wechseln und z. B. das Dokumentenverzeichnis Ihrer App zum aktuellen Verzeichnis machen. Die dazu vorgesehene Methode `changeCurrentDirectoryPath` des File-Managers liefert `true` oder `false` zurück, je nachdem, ob die Änderung möglich war oder nicht.

```
// aktuelles Verzeichnis ändern
// die Variablen urls und fm stammen aus dem vorigen Beispiel
// (Documents-Verzeichnis ermitteln)
if let url = urls.first {
   let ok = fm.changeCurrentDirectoryPath(url.path)
}
```

Temporäres Verzeichnis

Die `urls`-Methode des File-Managers sieht keine Möglichkeit vor, den Ort des temporären Verzeichnisses zu ermitteln. Dazu gibt es stattdessen die Foundation-Funktion `NSTemporaryDirectory`, die den Ort als Zeichenkette liefert.

Eine vergleichbare Funktion, die einen Namen für eine temporäre Datei vorschlägt, gibt es nicht. Sie können sich aber damit behelfen, dass Sie eine zufällige UUID-Zeichenkette als Dateinamen verwenden:

```
let tmpfilepath = NSTemporaryDirectory() + NSUUID().uuidString
```

Das temporäre Verzeichnis ist ein geeigneter Ort, an der Ihre App eine Datei einrichten und später wieder löschen kann. Das macOS-Beispielprogramm »Icon-Resizer« richtet innerhalb dieses Verzeichnisses ein eigenes Unterverzeichnis ein und löscht dieses beim Programmende wieder. Die Vorgehensweise ist im Detail in Abschnitt 36.7, »Temporäres Verzeichnis erstellen und löschen«, beschrieben.

Den Inhalt von Verzeichnissen auflisten

Mit der File-Manager-Methode `contentsOfDirectory` finden Sie heraus, welche Dateien und Unterverzeichnisse sich in einem Verzeichnis befinden. Sofern kein Fehler auftritt, liefert die Methode ein Array von Zeichenketten mit Dateinamen. Die Dateinamen sind relativ, enthalten also keine Pfadangaben. Die folgenden Zeilen geben die Namen der Dateien und Unterverzeichnisse aus, die sich im Heimatverzeichnis befinden:

```
// Projekt macos-file, Datei main.swift
let fm = FileManager.default
let homepath = NSHomeDirectory()
if let files = try? fm.contentsOfDirectory(atPath: homepath) {
  for file in files {  // file hat den Datentyp String
    print(file)
  }
}
```

Ein weiteres Beispiel mit Rekursion folgt in Abschnitt 21.5, »Dateioperationen«.

Welches Verzeichnis für welchen Zweck?

Je nach Plattform gibt es unterschiedliche Vorgaben, wo Sie welche Daten speichern dürfen. Halten Sie sich nicht an diese Regeln, kann es Ihnen passieren, dass Ihr Programm im App Store abgelehnt wird.

- **iOS:** Daten des Benutzers sollten im Dokumentenverzeichnis gespeichert werden. Dort befindliche Dateien werden bei Backups in der iCloud bzw. durch iTunes automatisch gesichert. Wenn Ihre App große Datenmengen beansprucht, sollten Sie dem Benutzer eine Möglichkeit anbieten, Daten wieder zu löschen. (Ich weiß, auch in vielen populären Apps fehlt diese Möglichkeit. Das führt dazu, dass man Apps wie Twitter bei Platzmangel regelmäßig deinstallieren muss. Keine elegante Lösung!)

Nichts im Dokumentenverzeichnis verloren haben Daten, die später neuerlich heruntergeladen werden können oder die sonstwie rekonstruierbar sind; solche Dateien gehören in das Cache-Verzeichnis.

- **tvOS:** tvOS erlaubt keine persistente Speicherung von Dateien! Selbst wenn Sie beispielsweise Dateien im Dokumentenverzeichnis ablegen, kann es sein, dass diese bereits beim nächsten Start der App wieder von dort verschwunden sind. Der einzig zulässige Speicherort sind die User-Defaults – aber dort sind keine großen Datenmengen erlaubt. Wenn die Speicherung von Daten unumgänglich ist, müssen Sie eine (i)Cloud-Lösung anstreben.

  Natürlich können Sie das Cache-Verzeichnis verwenden, um gerade benötigte Bilder, Filme etc. zwischenzuspeichern – aber Ihre App muss damit zurechtkommen, dass beim letzten Mal heruntergeladene Dateien beim nächsten Start nicht mehr da sind und eben neuerlich heruntergeladen werden müssen.

- **macOS:** Bei macOS hängt es stark davon ab, ob Sie die Sandbox-Funktion aktivieren oder nicht. Wenn nicht, haben Sie nahezu unbegrenzten Zugriff auf das ganze Dateisystem. Die einzigen Schranken ergeben sich durch die Rechte, mit denen Ihre App später ausgeführt wird. macOS-Sandbox-Apps verhalten sich dagegen recht ähnlich wie iOS-Apps, wobei Sie in Xcode auswählen können, auf welche Standardverzeichnisse Ihre App zugreifen darf.

Für alle Plattformen gilt: Programmeinstellungen (und nur die) sollten in den User-Defaults gespeichert werden. Weitere Informationen können Sie unter anderem auf den folgenden Seiten nachlesen:

https://developer.apple.com/library/mac/documentation/FileManagement/ Conceptual/FileSystemProgrammingGuide/FileSystemOverview/ FileSystemOverview.html
https://developer.apple.com/icloud/documentation/data-storage/index.html
http://stackoverflow.com/questions/19964831
https://developer.apple.com/library/mac/documentation/Security/Conceptual/ AppSandboxDesignGuide/AppSandboxInDepth/AppSandboxInDepth.html

---

Core Data

Wenn Ihre App große Mengen komplexer Daten verwalten soll, sollten Sie sich mit Core Data anfreunden. Das ist ein Framework zur Organisation von Daten, wobei die Modellierung in einem grafischen Editor in Xcode erfolgt. Die Daten werden letztlich wahlweise als XML-Datei, als Binärdatei oder in einer SQlite-Datenbank gespeichert.

21.5 Dateioperationen

Ausgangspunkt für nahezu alle elementaren Dateioperationen ist eine File-Manager-Instanz, die Sie ja bereits kennengelernt haben. Ich setze in allen Beispielen dieses Abschnitts voraus, dass fm auf ein FileManager-Objekt zeigt.

```
let fm = FileManager.default
```

Eigenschaften von Dateien ermitteln

Wenn ein Dateiname als Zeichenkette oder URL-Element vorliegt, werden Sie oft wissen wollen: Gibt es die Datei überhaupt? Wie groß ist sie? Darf sie verändert werden?

Das folgende Listing beantwortet all diese Fragen. Viele Tests können durch File-Manager-Methoden wie fileExists oder isWritableFile ohne Weiteres beantwortet werden. Vergessen Sie dabei nicht, dass alle Pfadangaben relativ zum gerade aktuellen Verzeichnis verarbeitet werden, wenn sie nicht mit / beginnen!

Einzig die Ermittlung der Dateigröße ist etwas aufwendiger: Dazu muss zuerst mit attributesOfItem ein Dictionary erzeugt werden. Der Zugriff auf dessen Elemente erfolgt durch FileAttributeKey-Konstanten. Die size-Konstante liefert ein Any-Objekt, das wiederum in ein NSNumber-Objekt umgewandelt werden kann. Die Dateigröße geht schließlich aus dessen int64Value-Eigenschaft hervor.

```
// Beispieldatei macos-file.playground
let path = "/Users/kofler/foto.jpg"

// testen, ob die Datei existiert
if fm.fileExists(atPath: path) {
  print("Die Datei existiert.")
  if fm.isReadableFile(atPath: path) {
    print("Die Datei kann gelesen werden.")
  }
  if fm.isWritableFile(atPath: path) {
    print("Die Datei kann verändert werden.")
  }
  if fm.isDeletableFile(atPath: path) {
    print("Die Datei kann gelöscht werden.")
  }
  // Größe
  if let attr = try? fm.attributesOfItem(atPath: path) {
    if let nmb = attr[.size] as? NSNumber   {
      let size = nmb.int64Value
      print("Dateigröße: \(size) Byte")
    }
  }
}
```

Verzeichnistest

Etwas komplizierter wird es, wenn Sie nicht wissen, ob ein Pfad auf eine Datei oder ein Verzeichnis zeigt. Von der Methode fileExists gibt es eine Variante, die nicht nur testet, ob der angegebene Pfad ein Objekt im Dateisystem ist, sondern die auch in die als zweiten Parameter übergebene Variable schreibt, ob es nun ein Verzeichnis ist oder nicht. Dieser Parameter muss im Datentyp ObjCBool vorliegen, zur Auswertung unter Swift muss dessen Eigenschaft boolValue ausgewertet werden. Zur Verkürzung des Codes können Sie == true weglassen – ich habe den Vergleich aber stehen lassen, damit das Listing leichter verständlich ist.

```
let dirpath = "/Users/kofler/subdir"
var isDir : ObjCBool = false
if fm.fileExists(atPath: dirpath,
                 isDirectory: &isDir),
   isDir.boolValue == true
{
  print("Es ist ein Verzeichnis.")
}
```

Rekursiv die Verzeichnisgröße ermitteln

Mit den oben präsentierten Techniken und der im vorigen Abschnitt vorgestellten Methode contentsOfDirectory können Sie nun ohne allzu große Schwierigkeiten eine rekursive Funktion programmieren, die einen Verzeichnisbaum durchläuft und dabei die Größe aller Dateien zusammenzählt: dirSize durchläuft alle Elemente des Startverzeichnisses. Wenn es sich dabei um ein Verzeichnis handelt, wird die Funktion rekursiv wieder aufgerufen.

```
// Projekt macos-file, Datei main.swift
// Größe einer Datei ermitteln
func fileSize(path: String) -> Int64? {
  if let attr = try? fm.attributesOfItem(atPath: path) {
    if let nmb = attr[.size] as? NSNumber  {
      return nmb.int64Value
    }
  }
  return nil
}


// Summe der Größe aller Dateien rekursiv ermitteln
func dirSize(at dirpath: String) -> Int64 {
  var result: Int64 = 0
  // Verzeichniseinträge ermitteln
```

```swift
    if let paths = try? fm.contentsOfDirectory(atPath: dirpath) {
      // alle Elemente durchlaufen; Test ob Verzeichnis/Datei
      for path in paths {
        let fullpath = dirpath + "/" + path
        var isDir : ObjCBool = false
        if fm.fileExists(atPath: fullpath,
                         isDirectory: &isDir)
        {
          if isDir.boolValue {
            // es ist ein Verzeichnis:
            // dessen Inhalt verarbeiten
            result += dirSize(at: fullpath)
          } else {
            // es ist eine Datei:
            // deren Größe hinzufügen
            if let size = fileSize(path: fullpath) {
              result += size
            }
          }
        }   // Ende if-fileExists
      }     // Ende for-path
    }       // Ende if-let-try
    return result
}
```

Der Aufruf kann z. B. so aussehen:

```swift
let docdir = fm.urls(for: .documentDirectory, in: .userDomainMask
    ).first!
let docsize = dirSize(at: docdir.path)
print("\(docsize) Byte")
```

Benchmarking

Wenn Sie mit dem obigen Programm ein viele GByte großes Verzeichnis durchlaufen, werden Sie zwei Dinge feststellen: Das Programm ist zum einen langsam und es verbraucht zum anderen laut den Informationen des Debug-Navigators unglaublich viel Speicherplatz. Lassen Sie sich davon nicht irritieren! Es gibt keinen Memory-Leak, vielmehr sind es die Debug-Informationen, die so viel Speicherplatz brauchen. Erstellen Sie gegebenenfalls ein Release-Kompilat (PRODUCT • SCHEME • EDIT SCHEME), und testen Sie dieses – es verhält sich vollkommen unauffällig. Stackoverflow warnt ganz generell davor, die Informationen des Debug-Navigators bei Debug-Kompilaten von Swift-Programmen ernst zu nehmen:

http://stackoverflow.com/questions/28545108

Dateien kopieren, verschieben und löschen

Diverse Methoden des File-Managers helfen Ihnen dabei, Dateien zu kopieren, zu verschieben oder zu löschen. Alle hier vorgestellten Methoden gibt es in zwei Varianten, die wahlweise Zeichenketten oder URL-Elemente als Parameter erwarten, um den Ort der Dateien anzugeben. Die Methoden müssen mit `try` gegen mögliche Fehler abgesichert werden. Alle Methoden liefern `true` oder `false` zurück, je nachdem, ob die Operation erfolgreich durchgeführt werden konnte.

- **Datei kopieren:** `copyItem(at: f1, to: f2)` kopiert Datei f1 in die Datei f2. Wenn es f2 schon gibt, tritt ein Fehler auf.
- **Datei umbenennen:** `moveItem(at: f1, to: f2)` benennt die Datei f1 in f2 um. Wenn es f2 schon gibt, tritt ein Fehler auf.
- **Datei löschen:** `removeItem(at: f)` löscht die Datei f unwiderruflich.
- **Datei in den Papierkorb bewegen:** Unter macOS ist `trashItem(at: f)` eine sichere Alternative zu `removeItem`. Die angegebene Datei wird nicht wirklich gelöscht, sondern nur in den Papierkorb verschoben.

Die `FileManager`-Klasse stellt darüber hinaus eine Menge weitere Methoden zur Verfügung, mit denen Sie z. B. Links einrichten oder iCloud-Objekte bearbeiten können.

Das folgende Listing zeigt die Anwendung aller drei Methoden: Im Dokumentenverzeichnis soll die Datei `myfile123.txt` gespeichert werden. Wenn diese Datei schon existiert, wird davon die Backup-Datei `myfile123.bak` erstellt. Und sollte es schon ein älteres Backup geben, wird dieses zuvor gelöscht. Von `myfile123.txt` wird außerdem ein Duplikat unter dem Namen `myfile123.duplicate` angelegt. Dabei wird ein Fehler auftreten, sobald der Playground zum zweiten Mal ausgeführt wird – weil es das Duplikat dann schon gibt und im Code Anweisungen fehlen, um dieses Duplikat vorher zu löschen. Auf die Auswertung der Rückgabewerte der Methoden habe ich in diesem Minibeispiel verzichtet.

```
// Beispieldatei macos-file.playground
// VORSICHT: überschreibt ~/Documents/myfile123.txt und .bak
let docurl = fm.urls(for: .documentDirectory,
                     in: .userDomainMask).first!
let myfile   =   docurl.appendingPathComponent("myfile123.txt")
let mybackup =   docurl.appendingPathComponent("myfile123.bak")
let mycopy   =   docurl.appendingPathComponent(
                                      "myfile123.duplicate")

do {
  // gibt es schon ein Backup? --> löschen
  if fm.fileExists(atPath: mybackup.path) {
    try fm.removeItem(at: mybackup)
```

```
   }
   // gibt es die Zieldatei schon? --> umbenennen
   if fm.fileExists(atPath: myfile.path) {
     try fm.moveItem(at: myfile, to: mybackup)
   }
   // neue Datei speichern
   let txt = "Zeile 1\nZeile 2 äöü\nZeile 3\n"
   try txt.write(toFile: myfile.path,
                 atomically: true,
                 encoding: .utf8)
   // Kopie der Datei erzeugen
   try fm.copyItem(at: myfile, to: mycopy)
} catch {
   print(error.localizedDescription)
}
```

Textdateien lesen und schreiben

Ganz nebenbei hat das vorige Beispiel gezeigt, wie einfach es ist, eine Zeichenkette als Textdatei zu speichern: Dazu wenden Sie einfach die write-Methode auf die String-Variable an. Falls die angegebene Datei bereits existiert, wird sie überschrieben. write muss mit try gegen mögliche Fehler abgesichert werden.

Als Parameter übergeben Sie den Pfad, die gewünschte Codierung (in der Regel utf8) sowie den Parameter atomically. Dieser Parameter steuert, wie die Datei gespeichert wird:

- Bei false wird eine eventuell schon vorhandene Datei sofort überschrieben. Sollte der Schreibvorgang aus irgendeinem Grund nicht beendet werden können, ist auch die ursprüngliche Datei verloren.

- Mit true wird die Zeichenkette zuerst in eine temporäre Datei geschrieben. Erst wenn das erfolgreich war, wird die ursprüngliche Datei durch die neue ersetzt (Alles-oder-nichts-Prinzip). true ist also sicherer und hat lediglich den Nachteil, das es kurzzeitig zwei Versionen der Datei im Dateisystem gibt. Textdateien sind selten so groß, dass dies zu Platzproblemen führen kann.

```
let txt = "Zeile 1\nZeile 2 äöü\nZeile 3\n"
do {
   // Textdatei schreiben
   try txt.write(toFile: myfile.path,
                 atomically: true,
                 encoding: .utf8)

   // Textdatei lesen

} catch { ... }
```

Ebenso einfach ist es, eine Textdatei zu laden. Dazu verwenden Sie die Init-Funktion der String-Klasse mit dem Parameter contentsOf bzw. contentsOfFile und übergeben wahlweise eine URL bzw. den Pfad. Abermals müssen Sie die Methode durch try absichern:

```
let newtxt = try String(contentsOfFile: myfile.path,
                        encoding: .utf8)
```

Wenn Sie die Codierung der Textdatei nicht wissen, können Sie eine Variante mit dem inout-Parameter usedEncoding verwenden. Der hier übergebenen Variablen können Sie hinterher entnehmen, für welche Codierung sich die Init-Funktion entschieden hat:

```
var enc: String.Encoding = .ascii // muss irgendwie initialisiert
                                  // werden
let newtxt = try String(contentsOfFile: myfile.path,
                        usedEncoding: &enc)
print(enc.description)
```

Wenn Sie die resultierende Zeichenkette zeilenweise in ein Array umwandeln möchten, verwenden Sie dazu am besten die Methoden split und map: split bildet an jeder New-Line-Position Gruppen einzelner Zeichen. map setzt die einzelnen Zeichen wieder zu Zeichenketten zusammen, sodass lines schließlich den Datentyp [String] hat. Die Bedingung bzw. die String-Init-Funktion in den geschwungenen Klammern wird jeweils als Closure an split bzw. map übergeben:

```
let lines = newtxt.characters
            .split() { $0 == "\n" }
            .map { String($0) }
```

Dateien zeilenweise lesen oder schreiben

Unbegreiflicherweise gibt es weder in der Foundation noch in Cocoa oder UIKit Methoden, um Textdateien zeilenweise zu verarbeiten oder um auch nur eine Zeichenkette am Ende einer vorhandenen Datei hinzuzufügen. Sie müssen in solchen Fällen auf Low-Level-Klassen wie NSFileHandle, NSInput- oder NSOutputStream zurückgreifen. Auf der Website Stackoverflow finden Sie dazu diverse Beispiele, z. B. hier:

http://stackoverflow.com/questions/26989493
http://stackoverflow.com/questions/24581517

Noch ein Beispiel

Das Beispielprogramm `ios-textfile` demonstriert das persistente Speichern und Laden von Dateien. Die kleine Test-App besteht aus vier Buttons und einem Textfeld (siehe Abbildung 21.4). Den Inhalt des Textfelds löschen Sie mit Neu. Der Button Speichern speichert den aktuellen Inhalt in einer Datei, Laden lädt die Datei von dort wieder. Das erfolgt auch automatisch bei jedem Programmstart. Reset setzt den Text auf einen Lorem-ipsum-Blindtext zurück, wobei dieser Text aus der Bundle-Datei `defaulttext.txt` geladen wird.

Abbildung 21.4 Die Mini-App demonstriert den Umgang mit Dateien.

Der Code sollte ohne weitere Erläuterungen verständlich sein. Die Ermittlung eines Dateinamens im Document-Verzeichnis habe ich in die Methode `docpath` ausgelagert, um Redundanzen zu vermeiden.

```swift
// Projekt ios-files, Datei ViewController.swift
class ViewController: UIViewController {
  @IBOutlet weak var txtView: UITextView!

  // zuletzt gespeicherten Text automatisch laden
  override func viewDidLoad() {
    btnLoad()
  }

  // Inhalt der TextViews löschen
  @IBAction func btnNew() {
    txtView.text = ""
  }

  // Inhalt der TextViews in der Document-Datei speichern
  @IBAction func btnSave() {
    if let url = docurl("data.txt") {
      do {
        try txtView.text.write(to: url,
          atomically: true,
          encoding: .utf8)
      } catch {
        print(error)
      }
    }
  }

  // Inhalt der TextViews aus der Document-Datei laden
  @IBAction func btnLoad() {
    if let url = docurl("data.txt") {
      do {
        txtView.text = try String(contentsOf: url,
                                  encoding: .utf8)
      } catch {
        txtView.text = nil
        print(error)
      }
    }
  }

  // Inhalt der TextViews aus der Bundle-Datei laden
  @IBAction func btnReset() {
    if let path = Bundle.main.path(forResource: "defaulttext",
                                   ofType: "txt")
    {
```

```
      do {
        txtView.text = try String(contentsOfFile: path,
                                  encoding: .utf8)
      } catch {
        txtView.text = nil
        print("error")
      }
    }
  }

  // URL für eine Datei im Document-Verzeichnis
  // der App ermitteln
  func docurl(_ filename:String) -> URL? {
    let fm = FileManager.default
    if let docurl = fm.urls(for: .documentDirectory,
                            in: .userDomainMask).first {
      return docurl.appendingPathComponent(filename)
    } else {
      return nil
    }
  }
}
```

21.6 Wie geht's weiter?

Zum Thema Dateien ließe sich natürlich noch viel mehr schreiben, worauf ich an dieser Stelle aber verzichtet habe. Stattdessen habe ich hier ein paar Leseempfehlungen zusammengefasst, die sowohl andere Kapitel dieses Buchs betreffen als auch diverse Seiten im Internet:

▶ **Datei- und Verzeichnisauswahl, Drag & Drop:** In Kapitel 19 habe ich bereits den Umgang mit Standarddialogen behandelt, unter anderem zur Auswahl einer Datei oder eines Verzeichnisses in einer macOS-App (siehe Abschnitt 19.3, »Standarddialoge«). Im gleichen Kapitel beschreibe ich auch die Grundlagen von Drag & Drop-Operationen. Damit können Sie unter anderem Dateien vom Finder in Ihre App verschieben (siehe Abschnitt 19.8, »Drag & Drop«).

▶ **Größe des Dateisystems ermitteln:** Ebenfalls schon vorgestellt habe ich Ihnen in Abschnitt 20.1, »Hello tvOS!«, die Systemattribute systemSize und systemFreeSize, mit denen Sie unter iOS und tvOS die Größe des Flash-Speichers und den noch freien Speicherplatz ermitteln können.

- **XML- und JSON-Dokumente verarbeiten:** Kapitel 22, »Netzwerk, XML und JSON«, beschäftigt sich damit, wie Sie Dokumente aus dem Internet herunterladen und verarbeiten. Die dabei präsentierten Programmiertechniken zur Auswertung von XML- und JSON-Dokumenten gelten natürlich gleichermaßen für lokale Dateien.

- **Textdateien lesen:** In Kapitel 23, »Tabellen und Listen darstellen«, geht es primär um den Umgang mit den `UITableView`- und `NSTableView`-Steuerelementen. Die Testdateien werden dabei aus einer einfachen Textdatei gelesen, die dem App-Bundle beigefügt ist (siehe Abschnitt 23.2, »Prototypzellen«).

- **Textdatei speichern und wieder lesen:** Kapitel 32, »To-do-Listen«, stellt eine minimalistische To-do-App vor, bei der die abzuarbeitende Liste in einer simplen Textdatei gespeichert und von dort wieder gelesen wird (siehe Abschnitt 32.2, »Datenmodell«).

- **Eigene Daten mit NSCoding binär speichern:** In Kapitel 33, »Schatzsuche«, zeige ich Ihnen, wie Sie ein Array von Instanzen einer eigenen Klasse binär in einer Datei sichern bzw. von dort wieder lesen. Für die betreffende Klasse muss dazu das `NSCoding`-Protokoll implementiert werden, was rasch erledigt ist (siehe Abschnitt 33.2, »Datenmodell«).

- **Bitmaps erzeugen und speichern:** Gleich in zwei Beispielprojekten werden eigene Bitmaps erzeugt und in Dateien gespeichert – einmal in Abschnitt 38.12, »Pac-Man-Figuren zeichnen«, und dann noch einmal in Abschnitt 36.2, »Icons verwalten (IconSize-Struktur)«.

- **Temporäres Verzeichnis erstellen, anwenden und wieder löschen:** Das macOS-Beispielprogramm »Icon-Resizer« verwendet ein eigenes temporäres Verzeichnis und räumt dieses beim Programmende wieder auf. Die Details sind in Abschnitt 36.7, »Temporäres Verzeichnis erstellen und löschen«, beschrieben.

- **Persistenz in iOS-Apps:** Einen guten Überblick über verschiedene Möglichkeiten, Daten von iOS-Apps dauerhaft zu speichern, gibt der folgende Artikel (allerdings ohne Swift-Code):

    http://code.tutsplus.com/tutorials/data-persistence-and-sandboxing-on-ios--mobile-14078

- **Core Data:** Das ist ein Framework zur hierarchischen Organisation von Daten, die die App verwaltet. Zu Core Data gibt es nicht nur umfassende Dokumentation bei Apple, sonder auch gleich ein ganzes, vollständig auf Swift abgestimmtes E-Book des Ray-Wenderlich-Autorenteams:

    https://developer.apple.com/library/watchos/documentation/Cocoa/Conceptual/CoreData
    https://raywenderlich.com/store/core-data-by-tutorials

Kapitel 22
Netzwerk, XML und JSON

Dieses kurze Kapitel fasst einige Programmiertechniken zusammen, mit denen Sie Dateien aus dem Netzwerk laden und XML- und JSON-Dokumente verarbeiten. Sie benötigen diese Grundlagen immer dann, wenn Sie Dateien aus dem Internet in einer App herunterladen und auswerten möchten.

Außerdem stelle ich Ihnen das UIWebView-Steuerelement und dessen modernere Varianten WKWebView und SafariViewController vor. Damit können Sie Webseiten in Ihrer App oder in einem externen Webbrowser öffnen.

22.1 Dateien per HTTP/HTTPS laden

Grundsätzlich erfolgt der Zugriff auf Webdokumente ganz ähnlich wie auf lokale Dateien: Sie erzeugen zuerst ein URL-Element, das den Ort des Dokuments angibt. Danach laden Sie die Datei. Die Init-Funktion von URL liefert den Wert nil, wenn die URL-Zeichenkette syntaktisch falsch ist.

Beim Laden des Dokuments kann naturgemäß alles Mögliche schiefgehen: Es besteht gerade keine Internetverbindung, oder der Server ist gerade nicht erreichbar, oder die gewünschte Seite existiert gar nicht mehr. In all diesen Fällen kommt es bei der Ausführung von String(contentsOf: url) zu einem Fehler.

```
// Datei ios-http.playground
var content: String = ""
let str = "https://kofler.info"
if let url = URL(string: str) {
  do {
    content = try String(contentsOf: url)
  } catch {
    print(error.localizedDescription)
  }
}
```

Die Init-Funktion von String versucht, die Codierung automatisch zu erkennen. Zu welchem Ergebnis die Funktion gekommen ist, können Sie dem inout-Parameter usedEncoding entnehmen:

```
var enc = String.Encoding.ascii
content = try String(contentsOf: url, usedEncoding: &enc)
print(enc)
```

Um eine bestimmte Codierung zu erzwingen, geben Sie die Codierung bzw. den Zeichensatz explizit an:

```
content = try String(contentsOf: url,
                     encoding: String.Encoding.isoLatin1)
```

Binäre Daten und Bilder

Wenn Sie nicht Zeichenketten, sondern binäre Daten herunterladen möchten, verwenden Sie die Init-Methode der Data-Klasse. Die folgenden Zeilen laden eine Bilddatei und stellen diese in einem UIImageView-Steuerelement dar:

```
let iv =
  UIImageView(frame: CGRect(x:0, y:0, width: 600, height: 400))
let picurl = URL(string: "https://kofler.info/uploads/foto.jpg")!
do {
  let bindata = try Data(contentsOf: picurl)
  iv.image = UIImage(data: bindata)
} catch {
  print(error.localizedDescription)
}
```

Noch einfacher gelingt dies in macOS-Apps. Die NSImageView-Klasse verfügt über eine eigene Init-Funktion mit dem Parameter contentsOfUrl, der Umweg über ein Data-Objekt kann dort entfallen.

Unsichere Downloads

Apps, die für aktuelle Versionen von iOS & Co. kompiliert werden, betrachten jede HTTP-Verbindung als unsicher. Der Versuch, ein Dokument via HTTP zu laden, führt zum folgenden Fehler: *App Transport Security has blocked a cleartext HTTP resource load since it is insecure.* Selbst HTTPS wird nur akzeptiert, wenn ausreichend moderne Verschlüsselungsverfahren zum Einsatz kommen (aktuell TSL v1.2).

Wenn es für Ihre App unumgänglich ist, Dokumente per HTTP oder über eine HTTPS-Verbindung mit alten TSL-Verfahren zu übertragen, dann müssen Sie für die betroffenen Webseiten in der Datei Info.plist Ausnahmeregeln definieren. Beispielsweise habe ich dies für einen Währungsumrechner benötigt, der die aktuellen Kurse

22.1 Dateien per HTTP/HTTPS laden

von der Europäischen Zentralbank liest (siehe Kapitel 34, »Währungskalkulator«). Der Webserver der EZB verwendete im August 2016 ein veraltetes Verschlüsselungsverfahren, weswegen iOS die Verbindung als unsicher betrachtet und einen Fehler auslöst. Um dieses Problem zu umgehen, muss in Info.plist eine Ausnahmeregel definiert werden, die den unverschlüsselten HTTP-Zugriff auf die Kurse erlaubt (siehe Abbildung 22.1).

Abbildung 22.1 Ausnahmeregel zum HTTP-Zugriff auf die Kurse der Europäischen Zentralbank

Die Eingabe dieser Ausnahmeregel im *.plist-Editor von Xcode ist mühsam und fehleranfällig. Besser ist es, die Datei in Xcode in einer einfachen Textansicht zu öffnen. Dazu klicken Sie die Datei im Projekt-Navigator mit der rechten Maus- oder Trackpad-Taste an und führen OPEN AS • SOURCE CODE aus. Nun fügen Sie am Ende dieser Datei die folgenden Zeilen ein:

```
<?xml version="1.0" encoding="UTF-8"?>
<!DOCTYPE plist PUBLIC "-//Apple//DTD PLIST 1.0//EN"
   "http://www.apple.com/DTDs/PropertyList-1.0.dtd">
<plist version="1.0">
<dict>
  <!-- vorhandene Einträge nicht ändern -->

  <!-- neuer Code beginnt hier -->
  <key>NSAppTransportSecurity</key>
  <dict>
    <key>NSExceptionDomains</key>
    <dict>
      <key>ecb.europa.eu</key>
      <dict>
        <key>NSIncludesSubdomains</key>
        <true/>
```

```xml
        <key>NSTemporaryExceptionAllowsInsecureHTTPLoads</key>
        <true/>
        <key>NSTemporaryExceptionMinimumTLSVersion</key>
        <string>TLSv1.0</string>
        <key>NSTemporaryExceptionRequiresForwardSecrecy</key>
        <false/>
      </dict>
    </dict>
  </dict>
  <!-- Ende des neuen Codes -->

</dict>
</plist>
```

Schreiben Sie den obigen XML-Code nicht ab! Muster-Code zum Kopieren und Einfügen sowie weitere Hintergrundinformationen finden Sie auf der folgenden Stackoverflow-Seite:

http://stackoverflow.com/questions/30720813

Wenn Sie nicht Ausnahmeregeln für einzelne Seiten machen, sondern HTTP generell akzeptieren möchten, dann fügen Sie an derselben Stelle den folgenden Code in Info.plist ein:

```xml
<!-- Start des eigenen Codes -->
<key>NSAppTransportSecurity</key>
<dict>
  <key>NSAllowsArbitraryLoads</key>
  <true/>
</dict>
<!-- Ende des eigenen Codes -->
```

Downloads im Hintergrund

Wenn Sie mit `String(contentsOf: url)` oder `Data(contentsOf: url)` ein Dokument herunterladen, wird Ihr Programm erst fortgesetzt, wenn der Download fertig ist oder wenn ein Fehler auftritt. Es gibt keine Möglichkeit, einen eigenen Timeout zu definieren oder einen bereits begonnenen Download zu stoppen. Deswegen ist es bei großen oder mehrfachen Downloads empfehlenswert, diese asynchron durchzuführen, also im Hintergrund. Leider ist ein asynchroner Download mit erheblichem Code-Aufwand verbunden:

- Sie brauchen ein `URLSession`-Objekt. Es dient als Ausgangspunkt für alle asynchronen Downloads Ihrer App.

- Sie müssen in einer Klasse das URLSessionDownloadDelegate-Protokoll implementieren. Die in diesem Protokoll definierten urlSession-Delegate-Methoden halten Sie über den Status aller aktiven Downloads auf dem Laufenden.
- Um einen Download zu initiieren, erzeugen Sie ein URLSessionDownloadTask-Objekt und führen dessen Methode resume aus. (Es gibt keine start-Methode. resume dient gleichermaßen dazu, einen Download zu starten als auch einen unterbrochenen Download fortzusetzen.)

NSURLConnection

In der Vergangenheit bot die NSURLConnection einen weiteren Weg, um asynchrone Downloads durchzuführen. Diese Klasse gilt inzwischen als veraltet, weswegen ich nicht auf sie eingehe.

Den Umgang mit URLSession illustriere ich im Folgenden anhand eines kleinen iOS-Beispielprogramms. Es beginnt nach dem Start, eine größere Bilddatei von meiner Webseite *https://kofler.info* herunterzuladen. Während des Downloads wird ein Fortschrittsbalken angezeigt. Um zu zeigen, dass der Download die App nicht blockiert, können Sie während des Downloads mit drei Buttons die Hintergrundfarbe der App verändern.

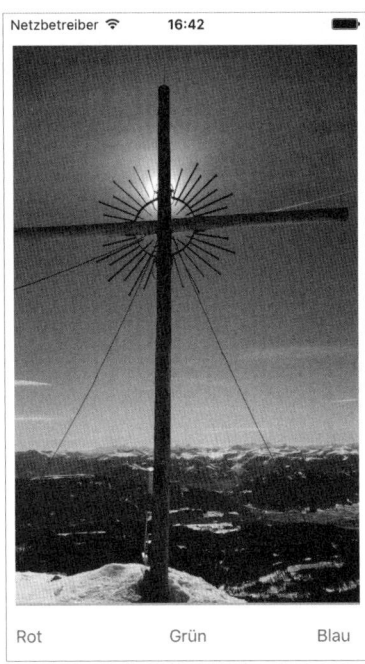

Abbildung 22.2 Das Foto vom Gipfel des Lugauers (Steiermark) wird nach dem Start der Beispiel-App im Hintergrund von der Webseite kofler.info heruntergeladen.

In der View-Controller-Klasse gibt die Variable uSession Zugriff auf das URLSession-Objekt. Das Objekt wird dank lazy erst bei Bedarf durch den Aufruf einer Closure erzeugt. In der Dokumentation der URLSession-Klasse können Sie nachlesen, dass dabei verschiedene Konfigurationsvarianten zur Auswahl stehen. Ich habe mich hier für die Default-Konfiguration entschieden. Die alternative Ephemeral-Konfiguration (*ephemeral* = kurzlebig) ist dann zweckmäßig, wenn Sie jegliche Zwischenspeicherung von heruntergeladenen Dokumenten vermeiden möchten (*Private Browsing*). Falls Downloads auch dann fortgesetzt werden sollen, wenn Ihre App gar nicht mehr aktiv ist, müssen Sie zusätzlich die Eigenschaft shouldUseExtendedBackgroundIdleMode auf true setzen. Diese Eigenschaft ersetzt die ehemalige Background-Konfiguration.

viewDidLoad erzeugt zuerst mit downloadTask einen neuen Download-Job und startet diesen dann mit resume. Der Download wird nun asynchron ausgeführt, die Benachrichtigung erfolgt durch Delegate-Methoden an self (siehe den zweiten Parameter der Init-Funktion von URLSession), also an die ViewController-Klasse.

```swift
// Projekt ios-async-image, Datei ViewController.swift
class ViewController: UIViewController {
  // Zugriff auf die Image-View- und die Progress-Bar
  @IBOutlet weak var imgview: UIImageView!
  @IBOutlet weak var progress: UIProgressView!

  // Session-Objekt erst bei Bedarf mit Closure erzeugen
  lazy var uSession: URLSession = {
    let config = URLSessionConfiguration.default
    return URLSession(configuration: config,
                      delegate: self,
                      delegateQueue: nil)
  }()

  // asynchronen Download starten
  override func viewDidLoad() {
    super.viewDidLoad()
    let url =
      URL(string: "https://kofler.info/uploads/lugauer.jpg")!
    let uTask = uSession.downloadTask(with: url)
    uTask.resume()   // Download starten
  }
}
```

URLSession-Delegates

Die Delegate-Methoden des URLSessionDownloadDelegate-Protokolls sind zur besseren Übersichtlichkeit in einer Erweiterung der ViewController-Klasse formuliert. Die Methoden heißen alle urlSession und unterscheiden sich nur durch ihre Parameter.

22.1 Dateien per HTTP/HTTPS laden

urlSession(::didFinishDownloadingTo) wird aufgerufen, wenn der Download erfolgreich endet. Die heruntergeladene Datei befindet sich nun vorübergehend in einem temporären Verzeichnis. Der genaue Ort geht aus dem dritten Parameter hervor. Innerhalb der Methode muss die Datei entweder vollständig gelesen und verarbeitet oder an einen anderen Ort verschoben werden. Sollte sich die Datei nach dem Ende der Methode noch im temporären Verzeichnis befinden, wird sie automatisch gelöscht.

Beachten Sie, dass die Variable img trotz der Formulierung if let img ein Optional ist! UIImage liefert an sich schon ein Optional (weil nicht alle Daten in ein Bild umgewandelt werden können), und durch die Fehlerabsicherung mit try? kommt eine zweite Optional-Ebene hinzu. if let reduziert nur eine Ebene. Auf die Methoden setProgressAndImage bzw. setFailedImage gehe ich etwas weiter unten ein.

```
// Projekt ios-async-image, Datei ViewController.swift
extension ViewController : URLSessionDownloadDelegate {
  // Download abgeschlossen,  Bild laden
  func urlSession(_ session: URLSession,
                  downloadTask _: URLSessionDownloadTask,
                  didFinishDownloadingTo loc: URL)
  {
    if let img = try? UIImage(data: Data(contentsOf: loc)),
       img != nil
    {
      setProgressAndImage(progress: 0, image: img)
    } else {
      setFailedImage()
    }
  }

  // ... weitere urlSession-Methoden, Code folgt gleich
}
```

Den Download-Fortschritt verfolgen Sie in der Methode urlSession(::didWriteData::). Wenn beim Download Probleme auftreten, können die Parameter negativ sein.

```
// Download-Fortschritt
func urlSession(_ session: URLSession,
                downloadTask: URLSessionDownloadTask,
                didWriteData bytesWritten: Int64,
                totalBytesWritten: Int64,
                totalBytesExpectedToWrite: Int64)
{
```

```
    let prg = Float(totalBytesWritten) /
              Float(totalBytesExpectedToWrite)
    if prg > 0 {
      setProgressAndImage(progress: prg)
    }
}
```

Sollte beim Download ein Fehler auftreten, z. B. weil der Server nicht erreichbar ist, wird die Methode `urlSession(::didCompleteWithError)` aufgerufen. Aus dem dritten Parameter geht die Art des Fehlers hervor. Beachten Sie, dass diese Methode merkwürdigerweise auch nach einem korrekten Download aufgerufen wird. In diesem Fall enthält der `Error`-Parameter `nil`.

```
func urlSession(_ session: URLSession,
                task: URLSessionTask,
                didCompleteWithError usError: Error?)
{
  print("Fehler: \(usError)")
  if usError == nil { return }
  setFailedImage()
}
```

> **Fehler 404**
>
> Wenn Sie für das Bild eine falsche Download-Adresse angeben, wäre eigentlich zu erwarten, dass `urlSession(::didCompleteWithError)` über diesen Fehler informiert. Viele Webseiten sind aber so konfiguriert, dass sie bei fehlerhaften Adressen eine Hinweisseite anzeigen. Anstelle der gewünschten Datei wird dann dieses HTML-Dokument heruntergeladen, und dieser Download kann problemlos durchgeführt werden. Sie erhalten daher keine Fehlermeldung. Allerdings scheitert beim vorliegenden Beispiel dann die Umwandlung des heruntergeladenen Fehlerdokuments in ein Bild.

Im gerade beschriebenen Beispiel gibt es nur einen Download. Sie können mit einem `URLSession`-Objekt aber beliebig viele Dateien gleichzeitig herunterladen. Allerdings müssen Sie dann in den `urlSession`-Methoden jeweils den `downloadTask`-Parameter auswerten, um die Delegate-Aufrufe dem passenden Download zuzuordnen. Daher ist es zumeist zweckmäßig, in einem Array oder einer Liste alle Downloads samt dem `URLSessionDownloadTask`-Objekt zu speichern, damit Sie in Ihrer App die Kontrolle darüber behalten, welche Downloads gerade aktiv sind, welche bereits abgeschlossen sind etc. Außerdem können Sie über das jeweilige `downloadTask`-Objekt einzelne Downloads gezielt ab- oder unterbrechen und eventuell später wieder fortsetzen.

GUI-Synchronisierung

Ein Aspekt fehlt jetzt noch – die Anzeige des Bilds bzw. die Veränderung der Fortschrittsbalken. Das simple Ausführen von

```
imgview.image = img
progress.progress = 0
```

in den urlSession-Methoden führt nicht zum gewünschten Erfolg: Die Änderungen werden zwar durchgeführt, auf dem Bildschirm aber erst angezeigt, wenn dieser berührt wird. Der Grund: Die urlSession-Methoden werden nicht im Main-Thread ausgeführt. Deswegen bemerkt die für die Bildschirmdarstellung zuständige Logik die Veränderung der Eigenschaften nicht – und erneuert den Bildschirm erst, wenn dies aus einem anderen Grund notwendig ist.

Um diese Verzögerung zu vermeiden, müssen Steuerelemente der App-Oberfläche immer im Main-Thread manipuliert werden. Dazu werden diese Änderungen in den Methoden setProgressAndImage bzw. setFailedImage als Closure formuliert und mit der async-Methode im Main-Thread ausgeführt – asynchron also zum Hintergrund-Thread der URLSession.

```
// Image-View und Progressbar aktualisieren
private func setProgressAndImage(progress: Float,
                                 image: UIImage? = nil)
{
  DispatchQueue.main.async {
    // Closure
    self.progress.progress = progress
    if image != nil {
      self.imgview.image = image
      self.imgview.contentMode = .scaleAspectFill
    }
  }
}

// File-not-found-Icon anzeigen
private func setFailedImage() {
  DispatchQueue.main.async {
    // Closure
    self.progress.progress = 0
    self.imgview.image = UIImage(named: "fil-warning")
    self.imgview.contentMode = .center
  }
}
```

> **Lesetipps**
>
> Es gibt noch viel mehr Varianten, um Dateien aus dem Internet herunter- bzw. auf einen Server hinaufzuladen. Einen ausgezeichneten Überblick gibt dieser Stackoverflow-Artikel:
>
> *http://stackoverflow.com/questions/24176362*
>
> Wenn Ihnen mehr nach einem umfangreicheren praktischen Beispiel zumute ist, sollten Sie die Webseite von Ray Wenderlich besuchen. Dort finden Sie den Code für eine iPhone-App, die aus dem iTunes-Store 30-Sekunden-Hörproben herunterlädt. Es können mehrere Downloads parallel laufen. Jeder Download wird durch einen Fortschrittsbalken visualisiert und lässt sich pausieren oder ganz abbrechen:
>
> *https://raywenderlich.com/110458/nsurlsession-tutorial-getting-started*
>
> Beide Artikel bezogen sich zuletzt noch auf Swift 2, sie werden aber vielleicht später auf Swift 3 aktualisiert.

22.2 XML-Dokumente auswerten

Die Foundation-Bibliothek stellt diverse XMLXxx-Klassen zur Verfügung (ehemals NSXMLXxx), die bei der Verarbeitung von XML-Daten helfen. Speziell zum Lesen von XML-Dokumenten ist die XMLParser-Klasse gedacht. Deren Anwendung ist allerdings ausgesprochen unhandlich, weswegen ich Ihnen in diesem Kapitel stattdessen die SWXMLHash-Bibliothek vorstelle. Wenn Sie sich dennoch mit dem XMLParser auseinandersetzen möchten, gibt die folgende Seite eine gute, auf Swift abgestimmte Einführung:

http://theappguruz.com/tutorial/xml-parsing-using-nsxmlparse-swift

Die SWXMLHash-Bibliothek

Eine geniale und vor allem Swift-freundliche Alternative zum XMLParser stellt die SWXMLHash-Bibliothek dar. Die Bibliothek untersteht der MIT-Lizenz und kann somit auch in kommerziellen Projekten kostenlos eingesetzt werden.

https://github.com/drmohundro/SWXMLHash

Auf der Projektseite sind diverse Installationsanleitungen beschrieben. Ich habe die Bibliothek in etlichen Beispielprogrammen dieses Buchs eingesetzt, z. B. im Währungskalkulator und im Spiel Pac-Man. Dabei habe ich mich jeweils für die einfachste Installationsvariante entschieden: Ich habe einfach die Source-Datei SWXMLHash.swift heruntergeladen und in das betreffende Projekt eingefügt – fertig!

22.2 XML-Dokumente auswerten

> **SWXMLHash mit CocoaPods installieren**
>
> Sie können die SWXMLHash-Bibliothek auch mit CocoaPods installieren. Das erfordert anfänglich einige Vorbereitungsarbeiten, vereinfacht es aber später, die Bibliothek auf die gerade neueste Version zu aktualisieren. CocoaPods bietet sich vor allem bei Projekten an, die mehrere externe Bibliotheken verwenden. Eine kurze Einführung zu CocoaPods finden Sie in Abschnitt 14.1, »Module, Frameworks und Importe«.

Die Grundidee der Bibliothek besteht darin, dass Sie aus der XML-Zeichenkette zuerst ein XMLIndexer-Objekt bilden und dann auf dessen XML-Elemente über Indizes mit den Elementnamen zugreifen. Bei XML-Elementen gibt die Methode attribute Zugriff auf ein bestimmtes Attribut. Wenn Sie ein Dictionary mit allen Attributen benötigen, werten Sie allAttributes aus:

```
let xml = SWXMLHash.parse(xmlstring)    // Typ XMLIndexer
let x1 = xml["Root"]                    // Typ XMLIndexer
// alle Level1-Elemente verarbeiten
for x2 in xml["root"]["Level1"] {       // Typ XMLIndexer
   ...
}
let e = xml["Root"]["Level1"].element   // Typ XMLElement?
let s = e?.text                         // Typ String? (Inhalt)
let a = e?.attribute(by: "attrname")    // Typ XMLAttribute?
let an = a?.name                        // Typ String?
let at = a?.text                        // Typ String?
let allA = e?.allAttributes       // Typ [String : XMLAttribute]?
```

Die SWXML-Bibliothek ist sehr fehlertolerant. Falsche XML-Elementnamen oder -Attributnamen führen einfach dazu, dass der entsprechende Ausdruck nil liefert.

XML-Sitemap lesen

Das folgende Beispiel zur Anwendung der SWXMLHash-Bibliothek zeigt, wie Sie eine XML-Sitemap auswerten und alle Seiten ermitteln, die sich in den letzten zwei Monaten geändert haben. Der Aufbau der Sitemap-Startseite meiner Webseite *https://kofler.info* sieht wie folgt aus (zur besseren Lesbarkeit gekürzt):

```
<!-- https://kofler.info/sitmape.xml -->
<?xml version="1.0" encoding="UTF-8"?>
<?xml-stylesheet type="text/xsl" href="..."?>
<sitemapindex xmlns:xsi="..." ...>
  <sitemap>
    <loc>https://kofler.info/sitemap-misc.xml</loc>
    <lastmod>2016-08-05T17:35:57+00:00</lastmod>
  </sitemap>
```

```
     <sitemap>
        <loc>https://kofler.info/sitemap-pt-post-2016-07.xml</loc>
        <lastmod>2016-08-01T04:59:37+00:00</lastmod>
     </sitemap>
     <sitemap>
        <loc>https://kofler.info/sitemap-pt-post-2016-06.xml</loc>
        <lastmod>2016-06-30T12:42:17+00:00</lastmod>
     </sitemap>
     ...
</sitemapindex>
```

Die Sitemap-Startseite verweist also in den weiteren `<sitemap>`-Einträgen auf Sub-Dokumente, von denen die meisten einfach eine Auflistung aller im jeweiligen Monat neuen Seiten enthalten. Jedes Sub-Dokument enthält wiederum eine Liste (`<urlset>`) von `<url>`-Einträgen, die einzelne Webseiten beschreiben:

```
<!-- https://kofler.info/sitemap-pt-post-2016-07.xml -->
<?xml version="1.0" encoding="UTF-8"?>
<?xml-stylesheet type="text/xsl" href="..."?>
<urlset xmlns:xsi="..." xsi:schemaLocation="..." xmlns="...">
  <url>
     <loc>https://kofler.info/plaene-fuer-swift-3-0/</loc>
     <lastmod>2016-08-01T04:59:37+00:00</lastmod>
     <changefreq>monthly</changefreq>
     <priority>0.2</priority>
  </url>
  <url>
     <loc>https://kofler.info/swift-fuer-kinder-teil-ii/</loc>
     <lastmod>2016-07-14T11:43:48+00:00</lastmod>
     <changefreq>monthly</changefreq>
     <priority>0.2</priority>
  </url>
  ...
</urlset>
```

Die macOS-Terminal-App verarbeitet die XML-Sitemap zur folgenden Ausgabe:

```
process https://kofler.info/sitemap-misc.xml
   2016-06-30: https://kofler.info/
process https://kofler.info/sitemap-pt-post-2016-07.xml
   2016-08-01: https://kofler.info/plaene-fuer-swift-3-0/
   2016-07-14: https://kofler.info/swift-fuer-kinder-teil-ii/
   2016-07-29: https://kofler.info/30-jahre-buchautor/
   2016-07-07: https://kofler.info/fedora-24/
process https://kofler.info/sitemap-pt-post-2016-06.xml
```

```
2016-06-30: https://kofler.info/kostet-ubuntu-in-der-cloud-
   etwas/
2016-06-24: https://kofler.info/swift-fuer-kinder-teil-i/
...
```

Um eine Liste der zuletzt hinzugefügten Seiten zu generieren, muss also zuerst sitemap.xml ausgelesen werden. In einer Schleife werden die ersten drei `<sitemap>`-Elemente ermittelt und anschließend durch den Aufruf der Funktion processUrlset ausgewertet:

```swift
// Projekt macos-swxmlhash, Datei main.swift
let adr = "https://kofler.info/sitemap.xml"
let url = URL(string: adr)!
if let xmlstring = try? String(contentsOf: url) {
  let xmlhash = SWXMLHash.parse(xmlstring)
  var cnt=0
  // Schleife über XML-Dokument
  for subsitemap in xmlhash["sitemapindex"]["sitemap"] {
    if let loc = subsitemap["loc"].element?.text {
      processUrlset(location: loc)
    }
    cnt += 1  // maximal drei Sub-Sitemaps
    if cnt>=3 { break }
  }
}
```

processUrlset initialisiert zuerst mit guard die Variablen url und data und richtet zwei DateFormatter ein: den ersten zum Lesen (Parsen) der Zeitangaben in der Sitemap, den zweiten zur kompakten Ausgabe der Daten. Eine Schleife durchläuft dann alle `<url>`-Elemente in der XML-Datei. Ein dreistufiges if-let-Kommando wertet die darin enthaltenen `<loc>`- und `<lastmod>`-Tags aus. Sie sehen: Die SWXMLHash-Bibliothek ermöglicht eleganten, kompakten und gleichzeitig leicht lesbaren Code!

```swift
// Sub-Sitemap mit URL-Set auswerten
func processUrlset(location: String) {
  print("process \(location)")
  guard let url = URL(string: location) else { return }
  guard let data = try? String(contentsOf: url) else { return }

  // zwei Formatter zum Lesen und Ausgeben
  let formatter1 = DateFormatter()
  formatter1.dateFormat = "yyyy-MM-dd'T'HH:mm:ssZZZZZ"
  let formatter2 = DateFormatter()
  formatter2.dateFormat = "yyyy-MM-dd"
```

```
    // Schleife über XML-Dokument
    let xmlhash = SWXMLHash.parse(data)
    for siteurl in xmlhash["urlset"]["url"] {
      if let loc = siteurl["loc"].element?.text,
         let modified = siteurl["lastmod"].element?.text,
         let modDate = formatter1.date(from: modified)
      {
        print("  \(formatter2.string(from: modDate)): \(loc)")
      }
    }
  }
}
```

22.3 JSON-Dokumente auswerten

Die *JavaScript Object Notation* (JSON) ist ein beinahe ebenso beliebtes Format wie XML, wenn es darum geht, zumeist kleinere Datenmengen von einem Programm zum anderen zu übertragen – bzw. von einer Webseite zum Client.

JSON-Auswertung mit der JSONSerialization-Klasse

Die Foundation-Bibliothek unterstützt Sie bei der Verarbeitung von JSON-Dokumenten mit der JSONSerialization-Klasse.

Das folgende Beispiel zeigt, dass die Anwendung dieser Klasse leider reichlich unkomfortabel ist. Unser Ziel ist es, die in den Playground eingebettete Datei sample.json auszuwerten (Quelle: *http://json.org/example.html*).

```
{ "menu": {
  "id": "file",
  "value": "File",
  "popup": {
    "menuitem": [
                {"value": "New", "onclick": "CreateNewDoc()"},
                {"value": "Open", "onclick": "OpenDoc()"},
                {"value": "Close", "onclick": "CloseDoc()"}
                ]
  }
}}
```

Das Beispielprogramm versucht, in einer vierfachen if-let-Kaskade

- den Pfad zur Bundle-Datei sample.json zu ermitteln,
- diese Datei in ein Data-Objekt zu lesen,
- diese Daten mit jsonObject im JSON-Format zu interpretieren und
- das Ergebnis vom Typ Any als [String: AnyObject]-Dictionary zu verarbeiten.

22.3 JSON-Dokumente auswerten

Gelingen alle vier Teile der if-let-Anweisung, beginnt die Auswertung der Daten. Dabei liefert jsonobj["name"] das entsprechende Element – aber leider wiederum im Datentyp AnyObject. Deswegen sind unzählige Typumwandlungen erforderlich, die im Beispiel mit as! durchgeführt werden. Das ist natürlich unschön: Sollte der Aufbau der JSON-Datei nicht den Erwartungen entsprechen, kommt es sofort zu einem Fehler und zum Programmabbruch. Wenn Sie Ihren Code besser absichern wollten, wären unzählige weitere if-let-Konstrukte notwendig:

```
// Datei ios-json.playground
// Bundle-Datei lesen ...
if let url = Bundle.main.url(forResource: "sample",
                             withExtension: "json"),
   let data = try? Data(contentsOf: url),
   // ... und als JSON-Daten interpretieren
   let object = try?
        JSONSerialization.jsonObject(
            with: data,
            options: JSONSerialization.ReadingOptions()),
   let json = object as? [String: AnyObject]
{
  // Auswertung der JSON-Daten
  let menu = json["menu"] as! [String: AnyObject]
  let id = menu["id"] as! String
  print("id=\(id)")

  let value = menu["value"] as! String
  print("value=\(value)")

  let popup = menu["popup"] as! [String: AnyObject]
  let items = popup["menuitem"] as! [[String: String]]
  for item in items {
    let itemvalue = item["value"]
    let onclick = item["onclick"]
    print("  value=\(itemvalue) -- onclick=\(onclick)")
  }
}
```

Im Debug-Bereich des Playgrounds wird die folgende Ausgabe angezeigt:

```
id=file
value=File
  value=New -- onclick=CreateNewDoc()
  value=Open -- onclick=OpenDoc()
  value=Close -- onclick=CloseDoc()
```

JSON-Auswertung mit der Gloss-Bibliothek

Der unhandliche Umgang mit JSON-Daten war vielen Entwicklern ein Dorn im Auge. Verschiedene Bibliotheken bieten sich an, um JSON-Daten komfortabler auszuwerten. Ich konzentriere mich hier auf die Gloss-Bibliothek. Der Open-Source-Code steht unter der MIT-Lizenz und ist damit auch für kommerzielle Projekte geeignet.

http://harlankellaway.com/Gloss
https://github.com/hkellaway/Gloss/archive/swift_3.0.zip

Um die Bibliothek in eigenen Projekten zu verwenden, laden Sie am einfachsten das komplette Gloss-ZIP-Paket herunter und verschieben dann den Source-Ordner in Ihr Xcode-Projekt.

Die Grundidee der Gloss-Bibliothek besteht darin, dass Sie zuerst Datenstrukturen definieren, die dem Aufbau des JSON-Dokuments entsprechen. Für jede Ebene der JSON-Struktur ist dazu ein struct erforderlich, das das Protokoll Decodable erfüllt. Die struct-Eigenschaften entsprechen den Elementen der JSON-Ebene. Außerdem benötigen Sie eine Init-Funktion, die die Eigenschaften aus den JSON-Daten initialisiert. Zur Decodierung der JSON-Daten können Sie dabei auf den Operator <~~ zurückgreifen. Dieser Operator erkennt selbstständig den erforderlichen Datentyp. Das folgende Listing zeigt die Datenstrukturen zu der JSON-Beispieldatei aus dem vorigen Abschnitt:

```
// Projekt ios-gloss.swift, Datei JsonModel.swift
// bildet die oberste Ebene der JSON-Beispieldatei ab
struct Top : Decodable {
  let menu: Menu?

  init?(json: JSON) {
    self.menu = "menu" <~~ json
  }
}

// bildet die 'Menu'-Ebene ab
struct Menu : Decodable {
  let id: String?
  let value: String?
  let popup: Popup?

  init?(json: JSON) {
    self.id = "id" <~~ json
    self.value = "value" <~~ json
    self.popup = "popup" <~~ json
  }
}
```

```
struct Popup : Decodable {
  // Array, weil es pro Popup mehrere
  // Menuitem-Objekte geben kann!
  let menuitem: [Menuitem]?

  init?(json:JSON) {
    self.menuitem = "menuitem" <~~ json
  }
}

struct Menuitem : Decodable {
  let value: String?
  let onclick: String?

  init?(json: JSON) {
    self.value = "value" <~~ json
    self.onclick = "onclick" <~~ json
  }
}
```

Das obige Listing beginnt mit der obersten Ebene des JSON-Dokuments, weil der Code so besser lesbar ist. Bei der Entwicklung eigener Datenstrukturen sollten Sie aber mit der untersten Ebene (hier `Menuitem`) beginnen und sich dann in der Ebenenhierarchie schrittweise nach oben arbeiten (Bottom-up-Design). Das ist deswegen zweckmäßig, weil Sie in den Eigenschaften höherer Ebene auf Datentypen zurückgreifen, die die unteren Ebenen abbilden.

Generell ist der Aufbau des Datenmodells nicht schwierig, aber natürlich mit einigem Tippaufwand verbunden. In der Praxis ist es zum Glück selten notwendig, die Strukturen vollständig zu modellieren. Oft sind Sie in Ihrer App ja nur an ganz spezifischen Feldern interessiert; dann reicht es aus, im Datenmodell nur die betreffenden Elemente und den Weg dorthin durch Eigenschaften zu implementieren.

Dass sich die umfangreichen Vorarbeiten lohnen, zeigt sich beim Auslesen des JSON-Dokuments. Dieses muss wie gehabt zuerst mit `JSONSerialization.jsonObject` zur Auswertung vorbereitet werden. Danach können die einzelnen Elemente des JSON-Dokuments direkt in der Form

`top?.zweiteEbene?.dritteEbene?`

ausgelesen werden. Diese Syntax ist nicht nur ausgesprochen fehlertolerant, sondern liefert die JSON-Elemente auch sofort im richtigen Datentyp.

```
// Datei ViewController.swift, in viewDidLoad()
if let url = Bundle.main.url(forResource: "sample",
                             withExtension: "json"),
```

```
    let data = try? Data(contentsOf: url),
    let json = try? JSONSerialization.jsonObject(
        with: data,
        options: JSONSerialization.ReadingOptions())
      as! [String: AnyObject]
{
  let top = Top(json: json)
  print("value=\(top?.menu?.value)")
  print("id=\(top?.menu?.id)")
  if let items = top?.menu?.popup?.menuitem {
    for item in items {
      print("   value=\(item.value!) -- onclick=\(item.onclick!)")
    }
  }
}
```

Ein weiteres Beispiel zur Anwendung der Gloss-Bibliothek finden Sie in Kapitel 31, »New-York-Time-Bestseller«: Dieses Kapitel präsentiert eine kleine App, mit der Sie durch die in den USA gerade populärsten Bücher der Kategorie *Hardcover/Fiction* stöbern können. Die App greift auf eine API der New York Times zurück, die diese Datei im JSON-Format zur Verfügung stellt.

SwiftyJSON

Eine interessante Alternative zu Gloss ist die ebenfalls sehr beliebte SwiftyJSON-Bibliothek. Sie funktioniert ganz ähnlich wie SWXMLHash, d. h., es ist nicht erforderlich, vorweg mit einem Objektmodell die JSON-Struktur nachzubilden.

https://github.com/SwiftyJSON/SwiftyJSON

22.4 Webseiten anzeigen

Oft besteht in Apps die Notwendigkeit, eine Webseite anzuzeigen – sei es extern im Webbrowser des Geräts oder direkt in der App. Dieser Abschnitt geht kurz auf beide Varianten ein.

Webseite im Webbrowser anzeigen

Um eine Webseite unter macOS im Standard-Browser des Betriebssystems zu öffnen, erzeugen Sie zuerst ein entsprechendes URL-Objekt und übergeben es an die open-Methode des NSWorkspace-Objekts. Die Methoden des NSWorkspace-Objekts ermöglichen es Ihnen, Verzeichnisse im Finder, Dokumente in der ihnen zugeordneten App sowie Webseiten im Browser zu öffnen. Außerdem können Sie mit launchApplication ein beliebiges anderes Programm starten, herausfinden, welche App gerade aktiv ist, Geräte aus dem Verzeichnisbaum lösen etc. Sie sehen also: Hinter der NSWorkspace-Klasse verbergen sich durchaus interessante Funktionen. Für unsere Zwecke benötigen wir aber wie gesagt nur open:

```
// Webseite in macOS im Standard-Webbrowser anzeigen
let url = URL(string: "https://kofler.info")!
NSWorkspace.shared().open(url)
```

Ganz ähnlich ist die Vorgehensweise unter iOS: Dort brauchen Sie ein UIApplication-Objekt, dessen open-Methode gleich drei Parameter erwartet. Leider sind die Parameter in der mit Xcode 8 enthaltenen Dokumentation nicht erläutert.

```
// Projekt ios-webkit, Datei ViewController.swift
// Webseite in iOS in Safari öffnen
let uiapp = UIApplication.shared
let url = URL(string: "https://kofler.info")!
uiapp.open(url, options: [:], completionHandler: nil)
```

Webseite in der App anzeigen

Zur Anzeige von Webseiten *innerhalb* der App stehen Ihnen unter iOS gleich drei Varianten zur Auswahl:

- UIWebView: Sie können aus der Objektbibliothek die Web-View in Ihre App einfügen. Diese Möglichkeit besteht schon seit iOS 2, ist aus Entwicklersicht am bequemsten und bietet die Möglichkeit, die Web-View wie jedes andere Steuerelement zu platzieren.

- WKWebView: Die Klasse WKWebView aus der WebKit-Bibliothek gibt es seit iOS 8. Der größte Vorteil im Vergleich zur UIWebView ist die deutlich höhere Geschwindigkeit, besonders bei der Verarbeitung von JavaScript-Code der anzuzeigenden Webseite. Die WKWebView läuft in einem eigenen Prozess, nutzt die neuesten Optimierungstechniken von Safari und beansprucht weniger Speicherplatz als die UIWebView.

  Natürlich gibt es auch Nachteile: Die WKWebView muss das Wurzel-View-Objekt des View-Controllers ersetzen. Sie können die WKWebView nicht mit eigenen Steuerelementen kombinieren. Außerdem sind zwei, drei Zeilen mehr Code erforderlich, um eine WKWebView zu erzeugen und zu initialisieren.

- SFSafariViewController: Seit iOS 9 bietet Apple in der Bibliothek SafariServices die SFSafariViewController-Klasse an. Geschwindigkeit und Speicherverbrauch sind in etwa wie bei der WKWebView, der Vorteil besteht aber darin, dass sich der View-Controller wie ein Safari-Tab verhält und auf den gemeinsamen Cache, gespeicherte Passwörter, Cookies etc. zugreifen kann. (Ihre App hat darauf aus

Sicherheitsgründen keinen Zugriff, der Safari-View-Controller läuft in einem eigenen Thread.)

»Wo ist diesmal der Nachteil?«, werden Sie fragen: Sie geben noch mehr Kontrolle ab. Während die WKWebView immerhin noch innerhalb der View eines Navigation- oder Tab-Bar-Controllers ausgeführt werden kann, ist der SFSafariViewController sein eigener View-Controller. Er wird per Code erzeugt und mit present angezeigt. Der einzige Weg zurück in die Seiten Ihrer App führt über einen vordefinierten FERTIG-Button. Immerhin können Sie Einfluss auf die Farbgestaltung der Bedienungselemente des Browsers nehmen.

Im Beispielprojekt ios-webkit zeige ich Ihnen alle Varianten (siehe Abbildung 22.3). Die anzuzeigende Webseite ist dabei in Global.swift als globale Konstante für die gesamte App zentral festgelegt:

```
// Projekt ios-webkit, Datei Global.swift
let myurl = URL(string: "http://derspiegel.de")!
```

Abbildung 22.3 Eine trostlose Spiegel-Online-Schlagzeile in drei verschiedenen Web-Views

Das Beispiel beschränkt sich allerdings darauf, eine Webseite einfach anzuzeigen. Alle drei Web-Viewer bieten wesentlich mehr Funktionen: Sie können lokale Dateien oder durch Ihre App generierten HTML- und JavaScript-Code anzeigen und ausführen, Sie können Delegates zur Verarbeitung von Browsing-Ereignissen einrichten, je nach Web-Viewer-Variante Einfluss auf die Darstellung und den Bedienungsablauf nehmen, Cookies setzen und löschen etc.

Wenn Sie derart fortgeschrittene Funktionen benötigen, müssen Sie sich genauer in die jeweiligen Programmiermodelle einlesen. Ein erster Startpunkt sind die folgenden Seiten, die die Unterschiede zwischen den drei Web-View-Varianten mit noch mehr Details erläutern:

http://nshipster.com/wkwebkit
https://macstories.net/stories/ios-9-and-safari-view-controller-the-future-of-web-views

> **Webseiten in tvOS anzeigen**
>
> Vielleicht wundert es Sie, dass ich hier nicht auf tvOS eingehe. Das hat damit zu tun, dass es in tvOS zwar wie unter iOS eine UIWebView-Klasse gibt, dass deren Anwendung aber nicht erlaubt ist – zumindest nicht, wenn Sie vorhaben, Ihre App im App Store anzubieten. Die Bibliotheken WebKit und SafariServices stehen unter tvOS nicht zur Verfügung.
>
> Wenn Sie ohnedies nur an einer Test-App arbeiten, verrät der folgende Stackoverflow-Artikel, wie Sie eine Webseite unter tvOS anzeigen. Das funktioniert wunderbar, allerdings gibt es keine Möglichkeit, einen Link oder Button auf der Seite anzuklicken und so weiter zu navigieren.
>
> *http://stackoverflow.com/a/32715013*

UIWebView-Klasse

Um eine Seite in der UIWebView anzuzeigen, bauen Sie dieses Steuerelement einfach in Xcode in Ihre App-Oberfläche ein. Außerdem richten Sie wie üblich eine Outlet-Variable ein. Die Adresse der anzuzeigenden Seite übergeben Sie in Form eines URLRequest-Objekts:

```swift
// Projekt ios-webkit, Datei VC_UIWebKit.swift
class ViewController: UIViewController {
  // Outlet für Web-View
  @IBOutlet weak var webview: UIWebView!

  override func viewDidLoad() {
    super.viewDidLoad()
    // Seite in Web-View öffnen
    webview.loadRequest(URLRequest(url: myurl))
  }
}
```

22 Netzwerk, XML und JSON

> **Adjust Scroll View Insets**
>
> Die `UIWebView` wird in einer View innerhalb eines Navigation-Controllers angezeigt. Damit innerhalb der `UIWebView` kein grauer Balken angezeigt wird, müssen Sie die Option ADJUST SCROLL VIEW INSETS des View Controllers deaktivieren.

WKWebView-Klasse

Die `WKWebView`-Klasse steht nicht als Steuerelement in der Objektbibliothek zur Auswahl, sondern ist in der `WebKit`-Bibliothek definiert, die Sie importieren müssen. Das `WKWebView`-Objekt erzeugen Sie in `viewDidLoad` oder noch besser bereits in der Methode `loadView` per Code und weisen es der `view`-Eigenschaft des View-Controllers zu. Die Web-View ersetzt damit den gesamten Inhalt des View-Controllers. Die Eigenschaft `wkwv` habe ich hier nur definiert, um gegebenenfalls später in anderen Methoden noch eine Zugriffsmöglichkeit auf die Web-View zu haben.

```swift
// Projekt ios-webkit, Datei VC_WKWebKit.swift
import UIKit
import WebKit

class VC_WKWebView: UIViewController {
  var wkwv: WKWebView!

  // loadView() wird bereits vor viewDidLoad() aufgerufen
  override func loadView() {
    super.loadView()

    // WKWebView erzeugen und der root-View zuweisen
    wkwv = WKWebView()
    self.view = wkwv

    // Seite laden und anzeigen
    wkwv.load(URLRequest(url: myurl))
  }
}
```

Gerade bei Apps für das iPad wäre es mitunter praktisch, wenn man analog zur obigen Vorgehensweise auch die `view`-Eigenschaft eines `UIView`-Elements verändern könnte, um so die Web-View nicht bildschirmfüllend, sondern innerhalb eines vorgegebenen Rechtecks anzuzeigen. Das funktioniert aber leider nicht:

http://stackoverflow.com/questions/32399066

SFSafariViewController-Klasse

Die `SFSafariViewController`-Klasse beinhaltet, wie der Name bereits sagt, einen eigenen View-Controller. Deswegen sieht die Vorgehensweise zur Anzeige einer Webseite ein wenig anders aus: Sie erzeugen eine Instanz der Klasse und verwenden dann die Methode `present`, um den neuen View-Controller zu aktivieren. Der Anwender Ihrer App gelangt mit dem Button FERTIG zurück zum bisherigen View-Controller. An den `completion`-Parameter können Sie eine Closure übergeben, die verarbeitet wird, sobald die Web-View sichtbar wird und das Laden der Webseite beginnt.

```swift
// Projekt ios-webkit, Datei ViewController.swift
import UIKit
import SafariServices

class ViewController: UIViewController {
  // Webseite intern in einem neuen Safari-View-Controller öffnen
  @IBAction func openInSafariViewController(_ sender: UIButton) {
    let svc = SFSafariViewController(url: myurl)
    svc.preferredBarTintColor =
      UIColor(red: 0.9, green: 0.9, blue: 1, alpha: 1)
    svc.preferredControlTintColor = .black
    present(svc, animated: true, completion: nil)
  }
}
```

Die Eigenschaften `preferredBarTintColor` und `preferredControlTintColor` steuern die Hintergrund- und Vordergrundfarben der Adressleiste und der Statusbar der Web-View. Diese Bedienungselemente verschwinden, sobald der Anwender die Webseite verschiebt, und tauchen erst wieder auf, wenn das Ende der Seite erreicht ist. Eine Möglichkeit, diese Elemente anfänglich auszublenden, habe ich nicht gefunden.

HTTP-Seiten anzeigen

Die `UIWebView`- und `WKWebView`-Steuerelemente funktionieren für HTTPS-Seiten wunderbar. Bei HTTP-Seiten bleiben die Steuerelemente allerdings leer. Lediglich im Debug-Bereich lässt sich mit etwas Mühe die folgende Warnung finden: *App Transport Security has blocked a cleartext HTTP resource load since it is insecure.* iOS weigert sich also wiederum aus Sicherheitsgründen, HTTP-Seiten anzuzeigen.

An sich ist die Präferenz für HTTPS sicherlich lobenswert, aber in diesem Fall schießt Apple doch über das Ziel hinaus. Damit die Web-View alle Seiten anzeigen kann, fügen Sie die folgenden Zeilen kurz vor dem Ende von `Info.plist` ein:

Abbildung 22.4 Info.plist muss verändert werden, damit die Web-View auch HTTP-Seiten anzeigt.

```
<!-- Projekt ios-webkit, Datei Info.plist -->
<?xml version="1.0" encoding="UTF-8"?>
<plist version="1.0">
<dict>
  ...
  <!-- Start des eigenen Codes -->
  <key>NSAppTransportSecurity</key>
  <dict>
    <key>NSAllowsArbitraryLoads</key>
    <true/>
  </dict>
  <!-- Ende des eigenen Codes -->
</dict>
</plist>
```

Die Veränderung führen Sie durch, indem Sie Info.plist per Kontextmenü mit OPEN AS • SOURCE CODE öffnen (siehe Abbildung 22.4).

Wenn Sie mit dem Safari-View-Controller arbeiten, ist diese Änderung nicht erforderlich! In diesem Fall gelten die Einstellungen von Safari. Dort akzeptiert Apple glücklicherweise das Protokoll HTTP ohne Einschränkungen.

Kapitel 23
Tabellen und Listen darstellen

In vielen Apps ist es notwendig, Tabellen oder Listen darzustellen, aus denen der Anwender einen Eintrag auswählen kann. Manche Apps bieten zudem die Möglichkeit, Listeneinträge hinzuzufügen, zu verändern bzw. wieder zu löschen.

Dieses Kapitel gibt eine Einführung in den Umgang mit dem Table-View- und dem Collection-View-Steuerelement. Für iOS- und tvOS-Apps basieren die Steuerelemente auf der Klasse UITableView bzw. UICollectionView. Wenn Sie macOS-Apps entwickeln, müssen Sie sich dagegen mit den verwandten Klassen NSTableView und NSCollectionView anfreunden, die sich durch ein paar Eigenheiten von ihrem iOS-Gegenstück absetzen.

Konkrete Anwendungsbeispiele für die Steuerelemente finden Sie unter anderem in den folgenden Abschnitten bzw. Kapiteln:

- Abschnitt 26.9, »Fotos in einer AVCaptureSession aufnehmen«
- Kapitel 31, »New-York-Times-Bestseller«
- Kapitel 32, »To-do-Listen«
- Kapitel 33, »Schatzsuche«
- Kapitel 36, »Icon-Resizer«

Die in diesem Kapitel präsentierten Techniken gelten auch für die Picker-View (UIPickerView-Klasse, siehe Kapitel 34, »Währungskalkulator«).

23.1 Listen in iOS-Apps (UITableView)

Das UITableView-Steuerelement zählt zu den universellsten Gestaltungselementen von iOS-Programmen. Es bietet die Möglichkeit, Elemente einer Liste in den unterschiedlichsten Formen darzustellen. Aus den vielen Anwendungsvarianten ergibt sich aber leider auch eine große Komplexität bei der Anwendung des Steuerelements.

In diesem Buch kann ich nur eine Einführung in den Umgang mit dem Steuerelement geben. Gruppierte und hierarchische Listen bleiben außen vor, ebenso viele fortgeschrittene Bearbeitungsfunktionen. Von Apple gibt es außer der UITableView-

Klassenbeschreibung einen eigenen *Programming Guide*, dessen PDF-Version 70 Seiten umfasst:

*https://developer.apple.com/library/ios/documentation/UIKit/
   Reference/UITableView_Class*
*https://developer.apple.com/library/ios/documentation/UserExperience/Conceptual/
   TableView_iPhone/AboutTableViewsiPhone/AboutTableViewsiPhone.html*

UITableView versus UITableViewController

Viele Beispiele in diesem Kapitel basieren auf einem `UITableView`-Steuerelement (graues Icon in der Objektbibliothek). Im Storyboard-Editor fügen Sie dieses Steuerelement in ein `UIView`-Steuerelement ein – bei Bedarf mit anderen Steuerelementen, die zusammen die Ansicht der App gestalten.

Alternativ stellt die Objektbibliothek aber auch einen `UITableViewController` zur Verfügung (gelbes Icon). Dabei handelt es sich um einen selbstständigen View-Controller, der sich wie ein `UIView`-Steuerelement mit einem randfüllenden `UITableView`-Steuerelement verhält.

Mit anderen Worten: Wenn eine Ansicht Ihrer App ausschließlich aus einer Table-View besteht, ist es egal, ob Sie ein `UITableView`-Steuerelement in eine gewöhnliche View einfügen oder ob Sie gleich einen `UITableViewController` einsetzen. Wenn man davon absieht, dass Sie die Eigenschaften `delegation` und `datasource` nicht einstellen müssen, ist die Verwendung des `UITableViewController` mit keinerlei Vorteilen verbunden; dem steht aber der Nachteil gegenüber, dass es unmöglich ist, später doch noch einen Button oder ein Label hinzuzufügen.

Ein Anwendungsbeispiel für den `UITableViewController` gab es in diesem Buch bereits in Abschnitt 17.6, »Split-View-Controller«: Sobald Sie einen Split-View-Controller in das Storyboard einfügen, wird automatisch auch ein Table-View-Controller für die Listenelemente eingerichtet.

Hello UITableView!

Eine Art »Hello World!«-Projekt soll Sie mit dem Steuerelement vertraut machen. Unser Ziel besteht vorerst nur darin, die Bundesländer Deutschlands als Liste darzustellen.

Starten Sie also ein neues Projekt, und fügen Sie ein Table-View-Steuerelement in den View-Controller ein. Achten Sie darauf, dass Sie nicht irrtümlich einen Table-View-Controller verwenden! Stellen Sie die Größe des Table-Views mit Regeln so ein, dass das Steuerelement den gesamten Bildschirm ausfüllt. Sie können die App in dieser Form bereits ausführen, werden dann aber nur eine leere Liste sehen.

23.1 Listen in iOS-Apps (UITableView)

Es geht jetzt also darum, die Liste mit Daten zu füllen. Der vielleicht naheliegende Ansatz wäre, dass Sie in `viewDidLoad` Daten an die Table-View übergeben. Aber so (einfach) ist es nicht: Nicht Sie teilen dem Tabellenfeld mit, welche Daten es gibt – nein, umgekehrt fragt das Tabellenfeld Ihr Programm erst bei Bedarf, welche Daten es im Eintrag *n* der Tabelle bzw. Liste anzeigen soll. Dieses Fragespiel findet, wie so oft in Cocoa, durch den Aufruf von Delegate-Methoden statt. Der entscheidende Vorteil dieses Konzepts besteht darin, dass bei einer langen Liste nicht von vornherein alle Daten übergeben werden müssen. Das spart Zeit und Speicherplatz.

Es ist Ihnen freigestellt, wo im Code Sie die Delegate-Methoden implementieren. Gerade bei einfachen Apps bietet sich dazu die ohnedies schon vorhandene View-Controller-Klasse an. Fügen Sie also per ctrl-Drag eine Outlet-Variable für die Table-View in die Klasse ein, und geben Sie in `viewDidLoad` an, dass Sie in der Controller-Klasse die Delegate-Methoden der Protokolle `UITableViewDataSource` und `UITableViewDelegate` verarbeiten möchten. Das erste Protokoll ist für das schon erwähnte Fragespiel zur Datenbefüllung notwendig. Das zweite Protokoll sieht unter anderem die Methode `tableview(:didSelectRowAt:)` vor, die Ihr Programm darüber informiert, dass der Anwender ein Listenelement durch eine Berührung mit dem Finger ausgewählt hat:

```
// Projekt ios-list1, Datei ViewController.swift
class ViewController: UIViewController {
  // Zugriff auf das Table-View-Steuerelement
  @IBOutlet weak var tableView: UITableView!

  // Daten
  var mydata = ["Baden-Württemberg", "Bayern", "Berlin", ...
    "Schleswig-Holstein", "Thüringen"]

  // Delegate- und DataSource-Verarbeitung per
  // Code einstellen
  override func viewDidLoad() {
    super.viewDidLoad()
    tableView.delegate = self
    tableView.dataSource = self
  }
}
```

> **Delegation und Datenquelle in Xcode einstellen**
>
> In allen meinen Beispielprogrammen stelle ich `delegate`- und `dataSource`-Eigenschaften im Code ein, bei iOS-Apps zumeist in der `viewDidLoad`-Methode des View-Controllers.

Das ist aber nicht der einzige mögliche Weg. Sie können die beiden Eigenschaften auch in Xcode einstellen. Dazu wählen Sie zuerst das Steuerelement aus – hier also die Table-View – und öffnen den Connections Inspector. Von dort ziehen Sie eine Verbindungslinie zum View-Controller (siehe Abbildung 23.1), ausnahmsweise ohne gleichzeitig ctrl zu drücken.

Der Code zur Einstellung von delegate und dataSource ist schneller eingetippt, als es dauert, die Verbindung in Xcode herzustellen. Außerdem hat der Code den Vorteil, dass die Zuweisung damit nachvollziehbar dokumentiert ist. Die Xcode-Einstellung ist hingegen unsichtbar; Sie müssen im Connections Inspector explizit danach suchen.

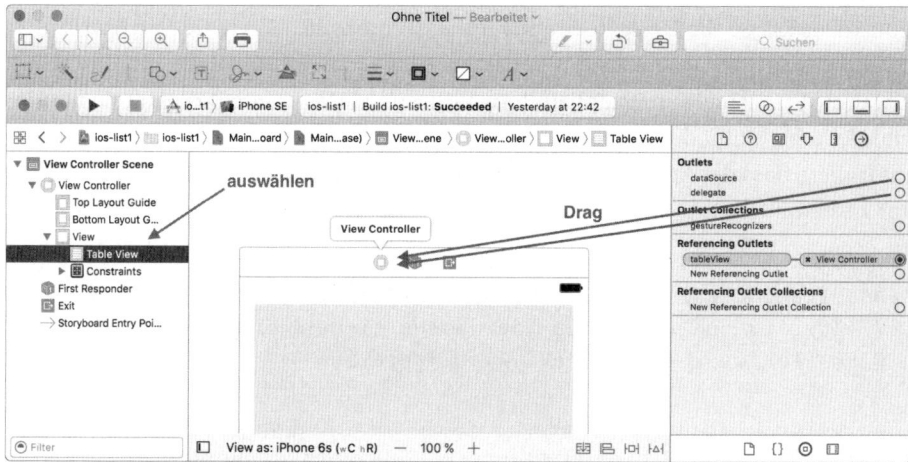

Abbildung 23.1 Delegation und Datenquelle in Xcode einstellen

Für die minimale Implementierung des UITableViewDataSource-Protokolls sind drei Methoden erforderlich:

▸ In numberOfSections(in:) geben Sie an, aus wie vielen Abschnitten Ihre Liste besteht. Bei einfachen Listen gibt es nur einen Abschnitt.

▸ In tableView(_:numberOfRowsInSection:) geben Sie an, aus wie vielen Einträgen der jeweilige Abschnitt der Liste besteht. Da es im vorliegenden Beispiel nur einen Abschnitt gibt, ist eine Auswertung dieses Parameters nicht erforderlich. Die Methode gibt einfach die Anzahl der Array-Elemente von mydata zurück.

▸ Interessant wird es in tableView(_:cellForRowAt:): Diese Methode erwartet als Rückgabewert ein UITableViewCell-Objekt, das das betreffende Listenelement darstellt. Beim Erzeugen einer neuen Zelle mit der Init-Funktion von UITableViewCell haben Sie die Wahl zwischen verschiedenen Musterzellen. Ich habe hier den .default-Typ verwendet, der in der Zelle ein Text- und ein optionales Image-Feld vorsieht. Andere Muster sind .value1, .value2 und .subtitle, die jeweils zwei Textfelder in unterschiedlichen Formatierungen vorsehen. Details zu den Formatierungsvarianten folgen im nächsten Abschnitt.

Als zweiten Parameter übergeben Sie eine Zeichenkette, die den Typ der Zelle beschreibt. Diese Zeichenkette hilft beim Recycling der Tabellenzellen. Bevor Sie eine neue Zelle erzeugen, sollten Sie aus Performance-Gründen immer testen, ob iOS Ihnen mit der Methode dequeueReusable eine geeignete Zelle anbieten kann. Sofern die Methode nicht nil zurückgibt, verwenden Sie diese Zelle, sonst erzeugen Sie eine neue.

Jetzt müssen Sie nur noch die Zelleneigenschaften einstellen. In unserem Fall betrifft das nur die textLabel-Eigenschaft. Um die eigentliche Anzeige der Listenelemente müssen Sie sich nicht kümmern – das erledigt das Steuerelement für Sie (siehe Abbildung 23.2).

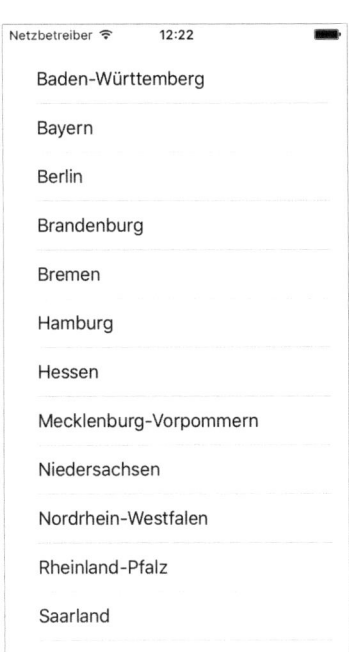

Abbildung 23.2 Die Darstellung der Bundesländerliste in der laufenden App

```
// Projekt ios-list1, Datei ViewController.swift (Fortsetzung)
// DataSource-Methoden
extension ViewController: UITableViewDataSource {
  func numberOfSections(in tableView: UITableView) -> Int
  {
    // die Liste hat nur einen Abschnitt
    return 1
  }
```

```
func tableView(_ tableView: UITableView,
               numberOfRowsInSection section: Int) -> Int
{
  // der einzige Abschnitt der Liste hat mydata.count Elemente
  return mydata.count
}

func tableView(_ tableView: UITableView,
               cellForRowAt indexPath: IndexPath)
  -> UITableViewCell
{
  // versuchen, eine Zelle wiederzuverwenden
  var cell = tableView.dequeueReusableCell(
    withIdentifier: "cell")
  if cell == nil {
    // nicht möglich, daher neue Zelle erzeugen
    cell = UITableViewCell(
      style: .default, reuseIdentifier: "cell")
  }

  // Eigenschaften der Zelle einstellen
  cell!.textLabel!.text = mydata[indexPath.row]

  // Zelle zurückgeben
  return cell!
  }
}
```

Reaktion auf die Auswahl eines Listeneintrags

Damit die App auf die Auswahl eines Listenelements reagieren kann, muss sie noch die Methode tableView mit dem zweiten Parameter didSelectRowAtIndexPath aus dem UITableViewDelegate-Protokoll implementieren:

```
// Projekt ios-list1, Datei ViewController.swift (Fortsetzung)
// TableView-Delegates
extension ViewController: UITableViewDelegate {
  func tableView(_ tableView: UITableView,
                 didSelectRowAt indexPath: IndexPath)
  {
    print(mydata[indexPath.row])
  }
}
```

Listeneintrag per Code auswählen

Umgekehrt wollen Sie mitunter einen Listeneintrag per Code auswählen. Dazu verwenden Sie die Methode `selectRow`, die im ersten Parameter allerdings nicht einfach die Nummer des gewünschten Eintrags erwartet, sondern ein `IndexPath`-Objekt. Das hat damit zu tun, dass Listen aus mehreren Abschnitten bestehen können. Die folgenden Zeilen zeigen, wie Sie zuerst ein `IndexPath`-Objekt für den ersten Eintrag des ersten Abschnitts erzeugen (die Zählung beginnt wie immer mit 0) und dieses Element dann so anzeigen, dass es innerhalb der Liste oben angezeigt wird. Alternativen für den Parameter `scrollPosition` sind `.middle` und `.bottom`.

```
let idx = IndexPath(row: 0, section: 0)
tableView.selectRow(at: idx,
                    animated: true,
                    scrollPosition: .top)
```

Anzeige leerer Listeneinträge vermeiden

Wenn Ihre Liste weniger Einträge umfasst, als innerhalb des Steuerelements Platz finden, erscheinen am Ende der Liste als Platzhalter lauter leere Listeneinträge. Das sieht unschön aus und lässt sich durch folgende Anweisung in `viewDidLoad` vermeiden:

```
tableView.tableFooterView = UIView(frame: CGRect.zero)
```

23.2 Prototypzellen

Mit der einfachen Anzeige einer Textzeile pro Zelle ist es selten getan. Dieser Abschnitt erläutert zuerst die Darstellungsvarianten der Standardzellen und zeigt dann, wie Sie Listenzellen vollkommen frei selbst gestalten können.

Anstatt (wie im vorigen Abschnitt beschrieben) die Zellen als neue `UITableViewCell`-Objekte zu erzeugen, können Sie vorweg einen Prototyp der Zellen in Xcode vorbereiten. Dazu klicken Sie die Table-View an und setzen im Attributinspektor die Anzahl der Prototypzellen auf 1 (Option PROTOTYPE CELLS). Es wird dann eine leere Prototypzelle angezeigt. Wenn Sie mehrere unterschiedliche Arten von Zellen benötigen, können Sie entsprechend mehr Prototypzellen einrichten.

Um die Prototypzelle zu bearbeiten, klicken Sie diese im Storyboard-Editor oder, was zuverlässiger funktioniert, in der Document-Outline-Leiste an. Nun geben Sie der Zelle bei der Option IDENTIFIER einen Namen. Tatsächlich eingestellt wird so die Eigenschaft `reuseIdentifier`. Der Name ist erforderlich, damit Sie im Code auf den Prototyp zugreifen können.

Die Prototypzelle erscheint im Storyboard-Editor vorerst einfach in Weiß. Das liegt an der Einstellung STYLE = CUSTOM. Wenn Sie im STYLE-Feld eines der vier im nächsten Abschnitt beschriebenen Default-Schemata auswählen, dann werden in der Zelle ein oder zwei Textfelder angezeigt. Deren Formatierung können Sie anschließend verändern.

In der Delegate-Methode tableView(:cellForRowAt:) erzeugen Sie die Zellen nun nicht mehr mit UITableViewCell(:style:reuseIdentifier), sondern durch den Aufruf der Methode tableView.dequeueReusableCell.

> **Verwirrender Umgang mit Prototypzellen in Xcode**
>
> Der Umgang mit Prototypzellen im Storyboard-Editor ist sehr gewöhnungsbedürftig. Sobald Sie zumindest eine Prototypzelle anlegen, wird die Darstellung der Table-View zweigeteilt: Oben werden mit weißem Hintergrund zuerst die Überschrift »Prototype Cells« und dann die Zelle(n) angezeigt. Es ist optisch nicht erkennbar, wo die Überschrift endet und die Zelle anfängt. Die Zweiteilung hat auch nichts mit dem Aussehen der Table-View im laufenden Programm zu tun, sondern ist nur für die Entwicklungsphase gedacht.
>
> Mit dem quadratischen Anfasser zwischen dem weißen und dem grauen Bereich stellen Sie die Zellenhöhe ein.
>
> Bei einigen Prototypzellen können Sie im IMAGE-Feld ein Bild auswählen. Das Bild wird im Storyboard aber nicht angezeigt. Sie bemerken nur, dass der Platz für die Textfelder kleiner wird.
>
> Kurz und gut: Mit etwas Routine und nach vielen Versuch-und-Irrtum-Tests stellt man irgendwann fest, dass Prototypzellen doch ein praktisches Feature sind. Leicht macht es Apple den Entwicklern hier aber nicht.

Listenzellen mit Bild und Zusatzinformationen

Bei Zellen, die Sie mit UITableViewCell(style: xxx) erzeugen, bzw. bei Prototypzellen, die Sie in Xcode einrichten, haben Sie die Wahl zwischen vier verschiedenen Erscheinungsformen (UITableViewCellStyle-Enumeration):

- .default / BASIC: Bild links, Titel rechts, ohne Zusatzinformationen
- .subtitle / SUBTITLE: Bild links, Titel rechts, darunter Zusatzinformationen
- .value1 / RIGHT DETAIL: Bild links, Titel in der Mitte, rechts Zusatzinformationen
- .value2 / LEFT DETAIL: links die Zusatzinformationen, rechts der Titel, kein Bild

Je nach Stil können Sie später in Ihrem Programm drei Eigenschaften der Zelle einstellen:

- `textLabel` gibt den Titel der Zelle an.
- `detailTextLabel` kann Zusatzinformationen bzw. einen Untertitel enthalten.
- `imageView` kann ein Bild (`UIImage`-Objekt) enthalten. Wird kein Bild übergeben, wird der so freie Platz für Text verwendet.

Wie diese drei Datenelemente angezeigt werden, hängt vom `style`-Parameter ab, an den Sie ein Element der `UITableViewCellStyle`-Enumeration übergeben. Bei in Xcode erzeugten Prototypzellen können Sie auch diverse Eigenschaften wie Schriftart, Farbe und Position einstellen.

Bundesländerliste mit Flaggen

Zur Illustration der Gestaltungsmöglichkeiten zeigt die Beispiel-App `ios-list2` zu jedem Bundesland auch den Namen der Hauptstadt sowie eine Flagge an (siehe Abbildung 23.3). Die App verwendet Prototypzellen mit STYLE = SUBTITLE. Auch die Formatierung der Textfelder (blaue, fette Schrift für das Bundesland, kursiver Text für die Hauptstadt) erfolgte in Xcode (siehe Abbildung 23.4).

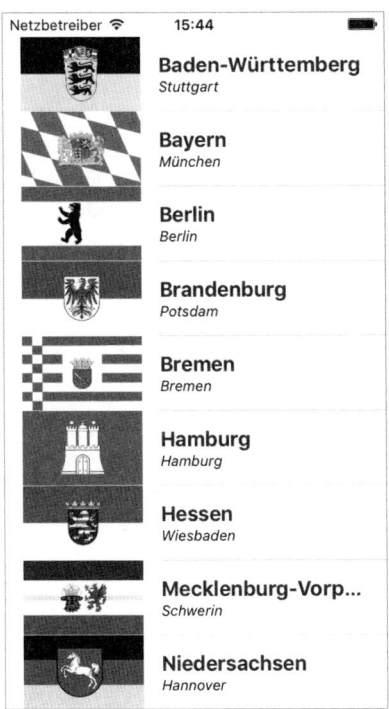

Abbildung 23.3 Darstellung der Listenelemente mit Untertitel und Bild

23 Tabellen und Listen darstellen

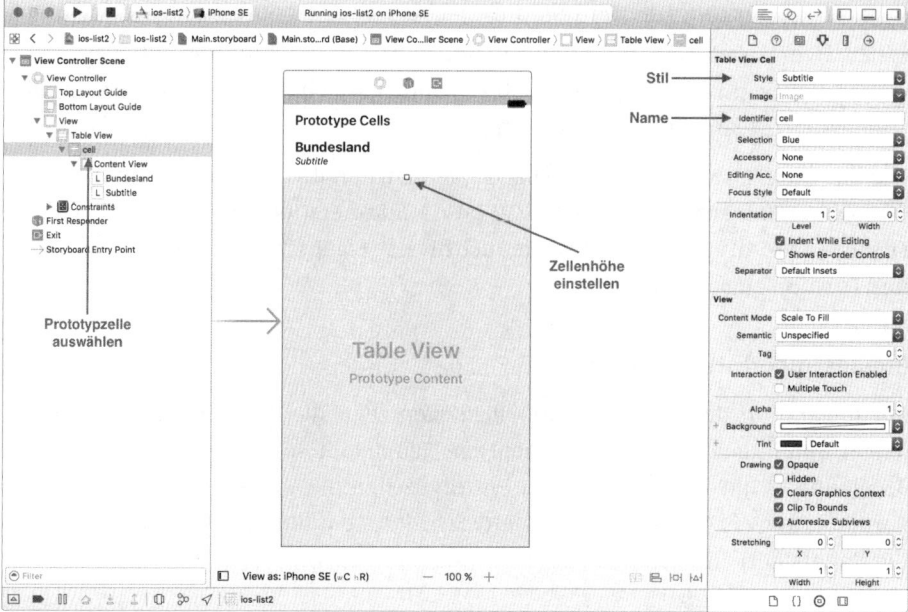

Abbildung 23.4 Verwendung von Prototypzellen in Xcode

Bundesländerdaten verwalten

Die Datenbasis für das Programm befindet sich in der Textdatei bundesländer.txt. Jede Zeile enthält, durch Tabulator-Zeichen getrennt, den Namen eines Bundeslands, seine Fläche, die Einwohneranzahl (Stand: Ende 2012) sowie den Namen der Landeshauptstadt:

Zur Speicherung eines Datensatzes im Programm dient die Struktur Country:

```
// Projekt ios-list2, Datei Country.swift
struct Country {
  var name:String
  var population:Int
  var area:Double
  var capital:String

  static func readFromBundle() -> [Country] { ... }
}
```

Dort ist auch die statische Methode readFromBundle definiert, die bundesländer.txt einliest. Grundlagen zum Zugriff auf Bundle-Dateien können Sie in Abschnitt 21.3, »Bundle-Dateien und Xcassets-Bilder«, nachlesen. Auf eine explizite Fehlerbehandlung für den Fall, dass das Einlesen der Datei nicht funktioniert, habe ich verzichtet.

660

Die beiden recht unübersichtlichen split/map-Kombinationen dienen dazu, die Textdatei zuerst in Zeilen und dann in Spalten zu zerlegen. Dabei muss die ursprüngliche Zeichenkette jeweils Zeichen für Zeichen ausgelesen werden; die resultierenden Character-Arrays werden dann in String($0) wieder zu Zeichenketten zusammengefügt.

```
static func readFromBundle() -> [Country] {
  var data = [Country]()
  let fmt = NumberFormatter()
  fmt.numberStyle = .decimal
  fmt.locale = Locale.de_DE

  if let path =  Bundle.main.path(
    forResource: "bundesländer", ofType: "txt")
  {
    do {
      let txt =   try String(contentsOfFile: path,
                             encoding: .utf8)
      let lines = txt.characters.split() {$0 == "\n"}
        .map { String($0) }
      for line in lines {
        let columns = line.characters.split() {$0 == "\t"}
          .map { String($0) }
        if columns.count == 4 {
          let name = columns[0]
          let area = Double(fmt.number(from: columns[1]) ?? 0.0)
          let pop = Int(columns[2]) ?? 0
          let cap = columns[3]
          data.append(Country(name: name,
                              population: pop,
                              area: area,
                              capital: cap))
        }
      } // for
    } catch _ {}
  } // if let

  return data
}
```

Table-View-Code

Der restliche Aufbau der App sieht ganz ähnlich wie beim Beispiel in Abschnitt 23.1, »Listen in iOS-Apps (UITableView)« aus. mydata mit den Länderdaten wird direkt bei der Deklaration initialisiert:

```
// Projekt ios-list2, Datei ViewController.swift
class ViewController: UIViewController {
  var mydata = Country.readFromBundle()
}
```

Am interessantesten ist der Code der Methode `tableView(:cellForRowAt:)`:

- Zum einen können wir uns jetzt darauf verlassen, dass `dequeueReusableCell` immer ein Ergebnis liefert. Die Methode liefert nämlich die Prototypzelle zurück.
- Zum anderen sind nun gleich drei Eigenschaften der Zelle einzustellen: `textLabel`, `detailTextLabel` und `imageView`.

Die Flaggen liegen als PNG-Dateien vor, die innerhalb von `Images.xcassets` gespeichert wurden. Der Zugriff auf die Inhalte der Bilddatenbank erfolgt denkbar einfach in der Init-Funktion von `UIImage` mit dem `named`-Parameter:

```
UIImage(named: "name aus images.xcasset")
```

Dabei hat sich herausgestellt, dass das Laden von Bitmaps aus `Images.xcassets` nicht funktioniert, wenn der Name den deutschen Umlaut »ü« enthält. Aus diesem Grund ersetzt `stringByReplacingOccurrencesOfString` »ü« durch »ue«. Die betreffenden Flaggen in `Images.xcassets` habe ich natürlich entsprechend umbenannt. Die eingesetzten Bilddateien mit einer relativ geringen Auflösung von 400 × 240 Pixel stammen von der folgenden Webseite:

http://nationalflaggen.de/flaggen-zum-download.html

Höherauflösende Bilder finden Sie bei Bedarf in der Wikipedia. Dort ist auch nachzulesen, dass Flaggen in Deutschland gemeinfrei sind (also *public domain*):

http://de.wikipedia.org/wiki/Liste_der_Flaggen_deutscher_Länder

```
// Projekt ios-list2, Datei ViewController.swift
extension ViewController: UITableViewDataSource {
  // liefert Tabellenzellen zur Darstellung im Steuerelement
  func tableView(_ tableView: UITableView,
    cellForRowAt indexPath: IndexPath)
    -> UITableViewCell
  {
    // Zelle aus einer Prototypzelle lesen
    let cell = tableView.dequeueReusableCell(
      withIdentifier: "cell")!

    // Titel und Untertitel einstellen
    let row = indexPath.row
    cell.textLabel!.text = mydata[row].name
    cell.detailTextLabel?.text = mydata[row].capital
```

```
    // Bilder aus Xcassets-Datei
    let name = mydata[row].name.replacingOccurrences(
      of: "ü", with: "ue")
    cell.imageView!.image = UIImage(named: name)

    return cell
  }
}
```

23.3 Individuelle Gestaltung von Listenzellen

Wenn die vier vordefinierten Varianten der `UITableCellView`-Klasse nicht Ihren Vorstellungen entsprechen, müssen Sie sich die Mühe machen, für die Zellen ein eigenes Layout zu entwickeln. Das können Sie auf zwei Arten tun: Entweder per Code, indem Sie die Zellen Schritt für Schritt aus verschiedenen, von `UIView` abgeleiteten Komponenten zusammensetzen; oder in Xcode, indem Sie mit Prototypzellen mit STYLE = CUSTOM arbeiten.

Die erste Vorgehensweise ist naturgemäß mühsamer. Die Details erkläre ich in Abschnitt 23.5, »Tabellen in macOS-Apps (NSTableView)«. Dieser Abschnitt bleibt hingegen auf den von Apple vorgezeichneten Xcode-Pfaden und beweist, welche Möglichkeiten Prototypzellen bieten. Dabei wird die aus den vorigen Abschnitten schon vertraute Bundesländer-App nochmals so erweitert, dass das Anklicken eines Listeneintrags in eine Detailsicht führt (siehe Abbildung 23.5).

Den Inhalt von Prototypzellen selbst zusammenstellen

Für das Beispiel habe ich die Table-View wieder mit einer Prototypzelle ausgestattet, wobei ich diesmal die Voreinstellung STYLE = CUSTOM beibehalten habe. Innerhalb der Zelle sieht Xcode eine sogenannte *Content-View* vor. Das ist der Bereich der Zelle, den Sie selbst gestalten können. Darin fügen Sie nun die für Ihre Anwendung erforderlichen Steuerelemente ein und definieren durch Auto-Layout-Regeln deren Ausrichtung. Die Höhe der Zelle bleibt ja in jedem iOS-Gerät dieselbe, die Breite kann aber stark variieren (denken Sie an ein iPad im Querformat).

Für das hier vorliegende Beispiel habe ich in die Zelle zwei Label und ein Image-View-Steuerelement eingefügt (siehe Abbildung 23.6). Im Vergleich zur bisherigen Gestaltung befindet sich die Flagge nun rechts und wird etwas kleiner dargestellt – und mit einem kleinen Rand innerhalb des Listeneintrags, um die Gestaltung etwas luftiger zu machen.

23 Tabellen und Listen darstellen

Abbildung 23.5 Links die Listenansicht der Beispiel-App, rechts die Detailansicht

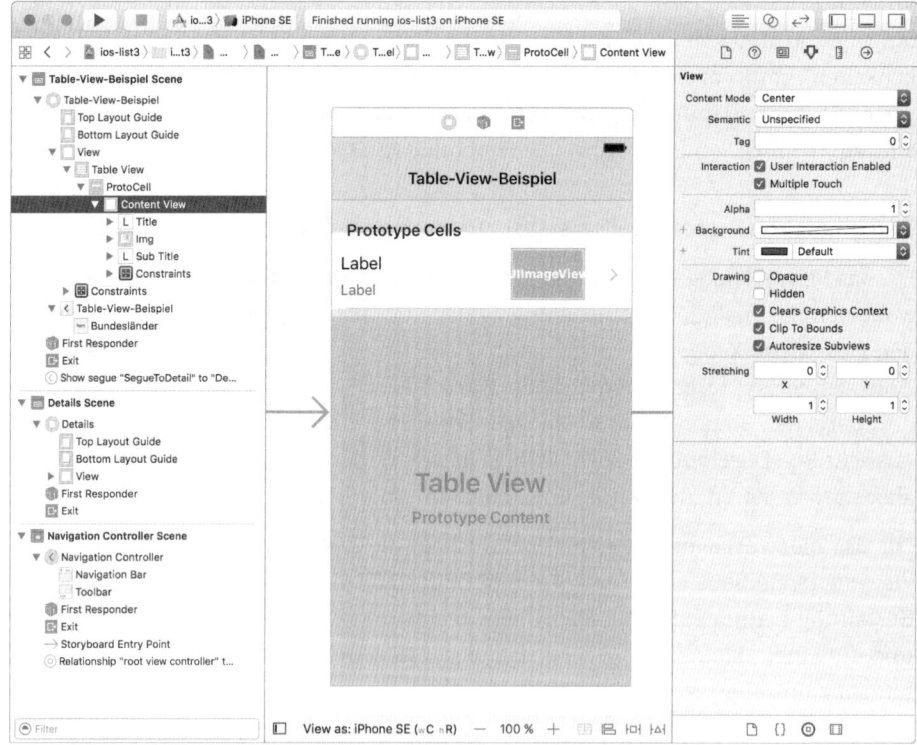

Abbildung 23.6 Individuelle Gestaltung einer Prototypzelle in Xcode

Die Zellenhöhe können Sie direkt mit der Maus oder dem Trackpad einstellen. Alternativ finden Sie im Size Inspector das Feld ROW HEIGHT, in dem Sie die vertikale Größe punktgenau angeben können.

> **Objektauswahl leicht gemacht**
>
> Wenn im Storyboard mehrere Steuerelemente, Zellen etc. übereinander angeordnet bzw. ineinander verschachtelt sind, wird es zunehmend schwierig, das gewünschte Objekt mit der Maus oder dem Trackpad zu treffen.
>
> Viel einfacher ist es, wenn Sie die Storyboard-Seitenleiste DOCUMENT OUTLINE einblenden und das betreffende Element dort auswählen. Eine andere Möglichkeit besteht darin, das Steuerelement mit ⇧ und der rechten Maustaste anzuklicken: Dann erscheint ein Kontextmenü zur Auswahl aller darunter befindlichen Steuerelemente bzw. Container.

Abermals müssen Sie der Prototypzelle einen Namen geben (Feld IDENTIFIER im Attributinspektor). Ich habe wieder die Zeichenkette `ProtoCell` verwendet. Außerdem müssen Sie die Zelle nun auch mit einer eigenen Klassendatei ausstatten. Dazu führen Sie FILE • NEW • FILE aus, wählen die Vorlage COCOA CLASS, geben der neuen Klasse einen Namen (hier `MyCell`) und geben an, dass Ihre Klasse von der UITableViewCell-Klasse abgeleitet werden soll (siehe Abbildung 23.7).

Abbildung 23.7 Neue Klassendatei für die Prototypzelle einrichten

Nun wählen Sie die Prototypzelle aus und verbinden diese mit Ihrer eigenen Klasse (CUSTOM CLASS • CLASS im Identity Inspector). Anschließend ordnen Sie in Xcode den Storyboard-Editor und die Code-Datei `MyCell.swift` nebeneinander an und verschieben die Steuerelemente der Prototypzelle mit ctrl in den Code. Dabei geben Sie den drei Outlets sinnvolle Namen. Weitere Änderungen am Code sind in diesem Beispiel nicht erforderlich, sodass der Code der neuen Klasse ungewöhnlich kurz ausfällt:

```swift
// Projekt ios-list3, Datei MyCell.swift
class MyCell: UITableViewCell {
  @IBOutlet weak var title: UILabel!
  @IBOutlet weak var subTitle: UILabel!
```

23 Tabellen und Listen darstellen

```
  @IBOutlet weak var img: UIImageView!
}
```

Zuletzt sind in der Methode `tableView` mit dem Parameter `cellForRowAt` Änderungen erforderlich: Der Datentyp der Prototypzelle lautet nun `MyCell`, und der Zugriff auf die Steuerelemente erfolgt über die vorhin definierten Outlet-Namen.

```
// Projekt ios-list3, Datei ViewController.swift
extension ViewController: UITableViewDataSource {
  // liefert Tabellenzellen zur Darstellung im Steuerelement
  func tableView(_ tableView: UITableView,
    cellForRowAt indexPath: IndexPath)
    -> UITableViewCell
  {
    // Prototypzelle erzeugen und als MyCell-Objekt verwenden
    let cell = tableView.dequeueReusableCell(
      withIdentifier: "ProtoCell", for: indexPath) as! MyCell
    let row = (indexPath as NSIndexPath).row
    cell.title.text = mydata[row].name
    cell.subTitle.text = mydata[row].capital

    // Zugriff auf Bilder aus Images.xcasset
    let name = mydata[row].name.replacingOccurrences(
      of: "ü", with: "ue")
    cell.img.image = UIImage(named: name)
    return cell
  }
}
// restlicher Code der Klasse wie in den vorigen Beispielen
```

Detailansicht zu Listeneinträgen

In vielen iOS-Anwendungen gelangen Sie mit der Auswahl eines Listenelements in eine Detailansicht, die weitere Informationen zum Listeneintrag anzeigt bzw. Bearbeitungsfunktionen anbietet. Um den App-Benutzern einen optischen Hinweis zu geben, dass eine Detailansicht verfügbar ist, wählen Sie im Storyboard-Editor die Prototypzelle aus und stellen dann im Attributinspektor ACCESSORY = DISCLOSURE INDICATOR ein. Damit wird am rechten Rand jeder Listenzelle ein kleiner Pfeil nach rechts angezeigt (siehe Abbildung 23.5). Dadurch verkleinert sich der nutzbare Bereich der Listenzelle, also die Content-View-Größe, entsprechend.

Der nächste Arbeitsschritt besteht darin, dass Sie Ihren View-Controller mit dem Table-View-Steuerelement in einen Navigation-Controller verpacken. Am einfachsten gelingt das mit dem Xcode-Kommando EDITOR • EMBED IN • NAVIGATION CONTROLLER. Oberhalb der Liste wird nun ein grauer Balken angezeigt, der später den

23.3 Individuelle Gestaltung von Listenzellen

ZURÜCK-Button aufnehmen wird. Für das vorliegende Beispiel habe ich den Balken per Doppelklick mit TABLE-VIEW-BEISPIEL beschriftet.

> **Mehr Platz mit »Hide Bars • On Swipe«**
>
> Die Navigation-Controller-Option HIDE BARS • ON SWIPE bewirkt, dass der Beschriftungsbalken beim Scrollen verschwindet und so bei der aktiven Nutzung der App keinen Platz wegnimmt. In der Listenansicht ist dies praktisch, aber leider gilt die Einstellung auch für die Detailansicht. Dort ist für den Benutzer der App nicht unmittelbar einsichtig, dass er auf dem Bildschirm nach unten wischen muss, damit der ZURÜCK-Button erscheint. Deswegen habe ich in dieser App darauf verzichtet, diese Option zu setzen.

Nach diesen Vorbereitungsarbeiten fügen Sie dem Storyboard nun einen weiteren View-Controller hinzu und beschriften ihn z. B. mit *Details*. Mit FILE • NEW • FILE richten Sie für den Controller eine neue Klassendatei ein und verbinden diese mit dem View-Controller. Für das vorliegende Beispiel lautet der Klassenname `DetailVC`.

Mit ctrl richten Sie nun den Segue von der Prototypzelle in den neuen View-Controller ein. Das gelingt am einfachsten, wenn Sie die Zieh-Operation nicht aus dem Table-View-Controller heraus starten (dort ist es nämlich schwierig, die Prototypzelle als solche anzuklicken), sondern vielmehr den Eintrag PROTOCELL aus dem Objektbaum in der Seitenleiste DOCUMENT OUTLINE ziehen (siehe Abbildung 23.8). Außerdem müssen Sie die Detailansicht nun mit den erforderlichen Labeln und einer Image-View ausstatten.

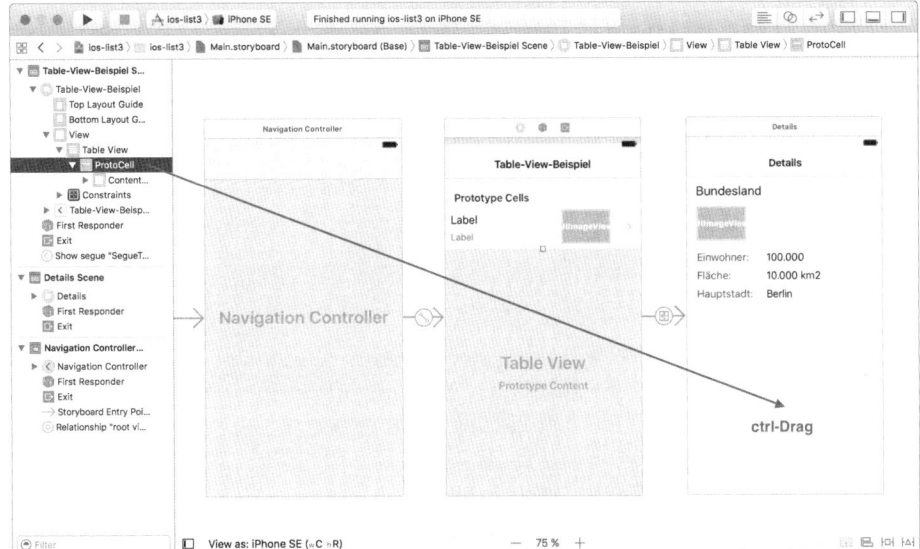

Abbildung 23.8 Die Controller der Beispiel-App beim Einrichten des Segue von der Prototypzelle in die Detailansicht

In der Code-Datei DetailVC.swift benötigen Sie Outlets zum Zugriff auf die Steuerelemente sowie eine Eigenschaft für die Country-Daten. Die Initialisierung der Steuerelemente erfolgt in viewDidLoad:

```swift
// Projekt ios-list3, Datei DetailVC.swift
class DetailVC: UIViewController {
  var data:Country!     // die anzuzeigenden Daten

  @IBOutlet weak var country: UILabel!
  @IBOutlet weak var population: UILabel!
  @IBOutlet weak var area: UILabel!
  @IBOutlet weak var capital: UILabel!
  @IBOutlet weak var flag: UIImageView!

  // Initialisierung der Steuerelemente
  override func viewDidLoad() {
    super.viewDidLoad()
    if data == nil { return }

    // Bundesland
    country.text = data.name

    // Einwohneranzahl im Format 1.234.567
    let fmt = NumberFormatter()
    fmt.usesGroupingSeparator = true
    population.text =
      fmt.string(from: NSNumber(value: data.population))

    // Fläche im Format 1.234,56 km2
    fmt.minimumFractionDigits=2
    fmt.maximumFractionDigits=2
    area.text   =
      (fmt.string(from: NSNumber(value: data.area)) ?? "?") +
      " km$^2$"

    // Hauptstadt
    capital.text = data.capital

    // Flagge: Zugriff auf xcassets-Dateien mit äöü
    // klappt nicht; daher ü durch ue ersetzen
    let name = data.name.replacingOccurrences(
      of: "ü", with: "ue")
    flag.image = UIImage(named: name)
  }
}
```

Die Datenübergabe an die Detailsicht erfolgt in der prepare-Methode in View-Controller.swift. Dort stellen die beiden ersten if-let-Kommandos sicher, dass es sich um den richtigen Segue handelt und alle erforderlichen Daten zur Verfügung stehen. An den sender-Parameter wird eine Tabellenzelle übergeben. Die Methode indexPath ermittelt daraus die Nummer des Eintrags, sodass in der data-Eigenschaft des DetailVC-Objekts die passenden Country-Daten gespeichert werden können.

```
// Projekt ios-list3, Datei ViewController.swift (Fortsetzung)
class ViewController: UIViewController {
  // Detailansicht anzeigen
  override func prepare(for segue: UIStoryboardSegue,
                        sender: Any?)
  {
    if let dest = segue.destination as? DetailVC,
       let cell = sender as? MyCell,
       let indexPath = tableView.indexPath(for: cell)
    {
      dest.data = mydata[indexPath.row]
    }
  }

}
```

23.4 Veränderliche Listen

In den bisherigen Beispielen hat sich die Liste während der Laufzeit nie verändert. Für manche Apps trifft diese Annahme zu, in anderen Apps ist es aber erforderlich, Listen dynamisch zu verändern, indem Elemente hinzugefügt, verändert und wieder gelöscht werden.

Die Methode reloadData

Grundsätzlich ist die Veränderung von Listen unkompliziert: Sie führen die Änderung zuerst in der zugrunde liegenden Datenquelle durch und führen dann die Table-View-Methode reloadData aus. Damit werden alle sichtbaren Zellen der Table-View neu gezeichnet, natürlich unter Berücksichtigung der aktuellen Daten. Wenn Sie nur einzelne Listenelemente verändert haben, können Sie reloadRows aufrufen, um so nur ausgewählte Elemente neu zu zeichnen.

Die Scroll-Position der Liste ändert sich durch reloadData nicht. Sollte das in Ihrer App notwendig sein, helfen Sie mit der Methode scrollToRow nach. Dabei können Sie allerdings nicht einfach eine ganze Zahl mit dem gewünschten Element angeben. Sie müssen vielmehr vorher ein IndexPath-Objekt erzeugen, das die Position angibt. Am einfachsten gelingt das mit den diversen `indexPath`-Methoden, mit denen Sie gezielt nach Objekten innerhalb der Liste suchen können. Ein Beispiel für den Einsatz von `scrollToRowAtIndexPath` folgt in Kapitel 32, »To-do-Listen«.

Edit-Modus

Mit der Methode `setEditing` können Sie das Table-View-Steuerelement in einen Bearbeitungsmodus versetzen. Dort werden dann, je nachdem, welche Delegate-Methoden implementiert sind, rote Lösch- und grüne Einfüge-Buttons sowie graue Verschiebebalken angezeigt. Damit können Sie die Reihenfolge der Listenelemente verändern. Jede dieser Operationen führt wiederum zum Aufruf von Delegate-Methoden, in denen Sie die gewünschten Änderungen auch im Datenmodell nachvollziehen müssen.

Auch der aus vielen Apps bekannte Links-Wisch zum Löschen von Listeneinträgen ist im Table-View-Steuerelement bereits vorgesehen. Auch in diesem Fall reicht die Implementierung einer Delegate-Methode, um die Funktion zu aktivieren.

Gestaltung der Benutzeroberfläche

Die eigentliche Herausforderung bei veränderlichen Listen besteht darin, eine gut bedienbare Benutzeroberfläche zu gestalten. Etabliert sind dabei zwei Wege:

- **Inline-Veränderung:** Bei Listen mit strukturell einfachen Daten ist es am elegantesten, Veränderungen direkt in der Listenansicht durchzuführen. Spielen Sie ein wenig mit der Apple-App *Erinnerungen* – dort finden Sie viele Anregungen, wie die Steuerung elegant durchzuführen ist. Die größte Herausforderung bei der Programmierung besteht darin, dass in die gerade aktive Zelle statt eines Labels ein Textfeld eingebettet werden muss und dass die dort durchgeführten Änderungen anschließend auch im Datenmodell gespeichert werden.

- **Eigene Eingabe- und Änderungsansicht:** Bei komplexeren Daten ist zur Neueingabe bzw. Veränderung der Daten ein eigener Dialog erforderlich. Die Navigation in diesen Dialog erfolgt in der Regel bei der Auswahl eines Elements, also wie im zuletzt vorgestellten Beispiel ios-list3.

Beispiele

Die in Kapitel 32, »To-do-Listen«, vorgestellte To-do-App beschreibt den ersten Weg, wenngleich anstelle von Inline-Veränderungen Popup-Dialoge eingesetzt werden. Dort erfahren Sie auch, wie Sie Listenelemente durch einen Links-Wisch löschen, Listenelemente nach oben bzw. nach unten verschieben etc.

Ein Beispiel für die Veränderung von Listenelementen in einem Detaildialog finden Sie in Kapitel 33, »Schatzsuche«: Dort können Sie den gerade aktuellen Ort als Listenelement speichern, um später dorthin zurückzukehren.

23.5 Tabellen in macOS-Apps (NSTableView)

Das Table-View-Steuerelement ist das vermutlich vielseitigste macOS-Steuerelement. Ihm liegt die `NSTableView`-Klasse zugrunde – und eine ganze Menge weiterer Klassen und Protokolle, die für die Teilkomponenten wie die Spaltenbeschriftung zuständig sind.

Mit dem `NSTableView`-Steuerelement arbeiten Sie ähnlich wie mit dem `UITableView`-Steuerelement, das auf den vorangegangenen Seiten dieses Kapitels im Mittelpunkt stand. Es gibt aber auch grundlegende Unterschiede. Diese haben damit zu tun, dass unter macOS mehrere Spalten erlaubt sind, die Breite und Anordnung der Spalten oft variabel sind, die Zeilen sortiert werden können etc.

Hello NSTableView!

Wenn Sie ein Table-View-Steuerelement in den View-Controller einfügen, wird in Wirklichkeit ein ganzes Konglomerat von Objekten erzeugt und eingebaut. Am einfachsten lässt sich die Hierarchie der Elemente in der Seitenleiste DOCUMENT OUTLINE ergründen (siehe Abbildung 23.9).

> **Die Document Outline effizient nutzen**
>
> Cocoa-Steuerelemente bestehen oft aus vielen ineinander verschachtelten Objekten. Im Storyboard-Editor ist es schwierig und oft unmöglich, das gerade erforderliche Objekt anzuklicken. Abhilfe: Verwenden Sie die Seitenleiste DOCUMENT OUTLINE, um Objekte auszuwählen, Actions und Outlets in den Code einzufügen, Verbindungen herzustellen etc.
>
> Das Ausklappen der vielen Ebenen in der DOCUMENT OUTLINE gelingt am schnellsten zusammen mit `alt` – dann werden gleich auch alle Unterebenen ausgeklappt.

Die Anzahl der gewünschten Spalten legen Sie im Attributinspektor für das Objekt *Table* fest. Zur Beschriftung klicken Sie auf die entsprechende TABLE-COLUMN-Objekte in der Document Outline. Im Identity Inspector können Sie zudem für jede Spalte den IDENTIFIER festlegen. Diese Zeichenkette benötigen Sie später, um in den Delegate-Methoden zu erkennen, welche Spalte gemeint ist.

Für dieses Hello-World-Beispiel erstellen Sie ein neues Cocoa-Projekt mit Storyboard, fügen das Table-View-Steuerelement in den View-Controller ein, passen seine Größe

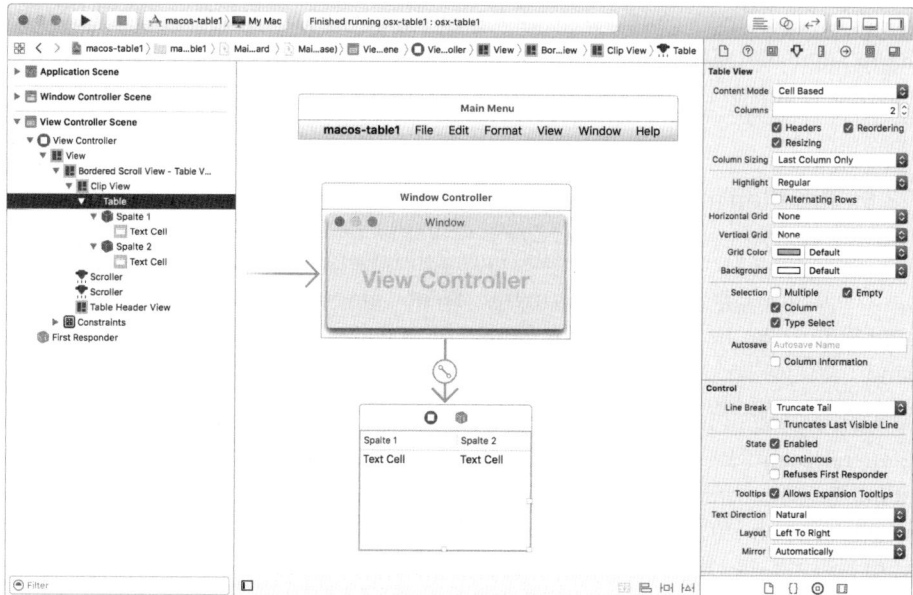

Abbildung 23.9 Table-View-Einstellungen in Xcode

an die des View-Controllers an und legen dann mit ADD MISSING CONSTRAINTS entsprechende Layout-Regeln fest. Anschließend führen Sie die folgenden Einstellungen durch (siehe Abbildung 23.9):

- Table: CONTENT MODE = CELL BASED
- Table Column (erste Spalte): TITLE = *Spalte 1*, IDENTIFIER = *1*
- Table Column (zweite Spalte): TITLE = *Spalte 2*, IDENTIFIER = *2*

Was ist der CONTENT MODE? Das `NSTableView`-Steuerelement kann auf zwei Arten verwendet werden:

- **Cell Based:** Bei dieser Variante ist für jede Tabellenzelle ein Textfeld vorgesehen. Die zugrunde liegende Klasse heißt `NSTextFieldCell`. Anstelle von Textzellen können auch Buttons, Slider, Popups etc. verwendet werden. Geeignete Steuerelemente finden Sie, wenn Sie in der Objektbibliothek nach *Cell* suchen.

- **View Based:** Bei dieser Variante müssen Sie für jede Tabellenzelle ein `NSView`-Objekt erzeugen. Das gibt Ihnen viel mehr Gestaltungsmöglichkeiten, allerdings zum Preis eines etwas höheren Programmieraufwands. Ein Beispiel dazu folgt im nächsten Abschnitt.

Nachdem Sie mit ctrl-Drag ein Outlet des Table-Views in die View-Controller-Klasse eingefügt haben, geht es nun darum, die Tabelle mit Daten zu befüllen. Wie bei der `UITableView` verwenden Sie dazu Datenquellmethoden. In diesem Beispiel habe ich dazu die Instanz der View-Controller-Klasse verwendet. Der Code in der `viewDidLoad`-

Methode stellt die Datenquelle und das Delegate-Objekt auf `self`. In vielen Tutorials im Internet kommt stattdessen die `AppDelegate`-Klasse zum Einsatz.

Welches der bessere Ort ist, hängt davon ab, wie Ihr Programm konzipiert ist, d. h. davon, wo Sie die Verbindung zwischen dem Controller und dem Datenmodell vorsehen: Bei Programmen mit nur einem Fenster ist der View-Controller naheliegend; bei Programmen mit mehreren Fenstern, aber gemeinsamen Daten bietet sich dagegen die `AppDelegate`-Klasse an.

> **Datenquelle und Delegation im Connections Inspector einstellen**
>
> Wie in iOS-Apps besteht auch in macOS-Programmen die Möglichkeit, das Delegation-Objekt und die Datenquelle im Connections Inspector einzustellen. Dazu wählen Sie zuerst die Table-View aus und öffnen den Connections Inspector. Dort ziehen Sie vom Verbindungsknopf der Datasource- bzw. Delegate-Eigenschaft eine Verbindungslinie zum View-Controller-Icon, also zum ersten Icon im View-Controller-Fenster des Storyboard-Editors.
>
> Mir ist die Initialisierung in `viewDidLoad` sympathischer – die zwei Codezeilen sind rasch geschrieben, kaum zu übersehen und leicht nachzuvollziehen.

Die weiteren Zeilen erweitern die `ViewController`-Klasse um die Protokolle `NSTableViewDataSource` und `NSTableViewDelegate`. Für dieses Beispiel reicht es aus, nur zwei Methoden tatsächlich zu implementieren:

- `numberOfRowsInTableView(_:)` gibt an, wie viele Zeilen die Tabelle umfasst.
- `tableView(_:objectValueForTableColumn:row)` wird aufgerufen, wenn macOS eine Tabellenzelle darstellen will. Die resultierenden Objekte werden dann als Zeichenketten dargestellt (siehe Abbildung 23.10).

Spalte 1	Spalte 2
Zeile 1 / Spalte 1	Zeile 1 / Spalte 2
Zeile 2 / Spalte 1	Zeile 2 / Spalte 2
Zeile 3 / Spalte 1	Zeile 3 / Spalte 2
Zeile 4 / Spalte 1	Zeile 4 / Spalte 2
Zeile 5 / Spalte 1	Zeile 5 / Spalte 2
Zeile 6 / Spalte 1	Zeile 6 / Spalte 2
Zeile 7 / Spalte 1	Zeile 7 / Spalte 2
Zeile 8 / Spalte 1	Zeile 8 / Spalte 2
Zeile 9 / Spalte 1	Zeile 9 / Spalte 2
Zeile 10 / Spalte 1	Zeile 10 / Spalte 2

Abbildung 23.10 Ein Miniprogramm zum Kennenlernen des Table-View-Steuerelements

Beim Ausprobieren des Miniprogramms werden Sie feststellen, dass Sie einzelne Zeilen auswählen, die Spaltenbreite verändern und sogar die Reihenfolge der Spalten ändern können.

```swift
// Projekt macos-table1, Datei ViewController.swift
class ViewController: NSViewController {
  @IBOutlet weak var table: NSTableView!

  override func viewDidLoad() {
    super.viewDidLoad()
    // Datenquelle und Delegate des Tabellen-Steuerelements
    // einstellen
    table.dataSource = self
    table.delegate = self
  }
}

extension ViewController: NSTableViewDataSource,
                          NSTableViewDelegate
{
  // die Tabelle hat 20 Zeilen
  func numberOfRows(in tableView: NSTableView) -> Int {
    return 20
  }

  // diese Methode gibt den Inhalt der Zellen der Tabelle zurück
  func tableView(_ tableView: NSTableView,
                 objectValueFor tableColumn: NSTableColumn?,
                 row: Int) -> Any?
  {
    let colid = tableColumn?.identifier
    let content = "Zeile \(row+1) / Spalte \(colid!)"
    print(content)
    return content
  }
}
```

Table-View mit eigenen Views

Im zweiten Beispiel geht es wie bei den iOS-Beispielen darum, die Eckdaten der deutschen Bundesländer samt ihrer Flagge in einer Tabelle darzustellen. Diesmal werden diese Daten als Tabelle angezeigt, wobei die Sortierung geändert werden kann (siehe Abbildung 23.11). Die Einwohner- und Flächenangaben sind jeweils rechtsbündig ausgerichtet.

Die Realisierung dieses Beispielprogramms ist schon mit deutlich mehr Arbeit verbunden. Die ersten Schritte erfolgen im Storyboard-Editor, wo eine Menge Eigenschaften des Table-View-Steuerelements bzw. dessen Spalten eingestellt werden müssen.

23.5 Tabellen in macOS-Apps (NSTableView)

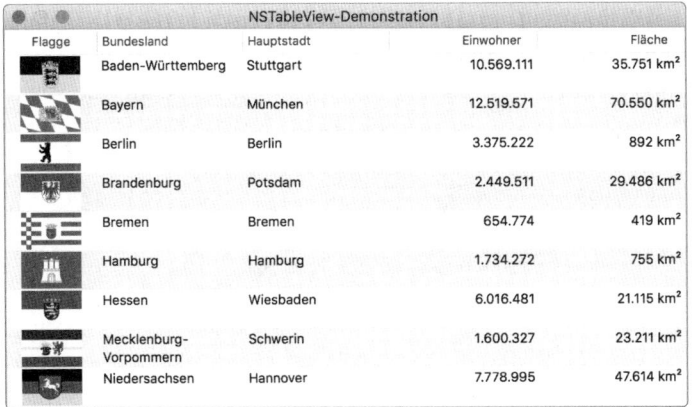

Abbildung 23.11 Die deutschen Bundesländer in einem Table-View-Steuerelement

Beginnen wir mit den Table-View-Einstellungen:

- CONTENT MODE = VIEW BASED bedeutet, dass Sie die Tabellenzellen selbst in Form von NSView-Objekten zur Verfügung stellen wollen.
- COLUMNS = 5 bedarf keiner Erklärung.
- COLUMN SIZING = UNIFORM bedeutet, dass bei einer Größenänderung des Steuerelements alle Spalten gleichmäßig verkleinert bzw. vergrößert werden sollen.
- Die Highlight-Option ALTERNATING ROWS bewirkt, dass die Zeilen wechselweise weiß und grau hinterlegt werden. Das erhöht die Lesbarkeit vor allem bei langen Zeilen.

Anschließend sind für jede der fünf Spalten einige Einstellungen erforderlich, die Sie in Xcode durchführen (siehe Abbildung 23.12):

- Im Identity Inspector geben Sie im Feld IDENTITY jeder Spalte eine interne Bezeichnung. Ich habe dabei die Zeichenketten *flag*, *name*, *capital*, *population* und *area* verwendet.
- Im Attributinspektor stellen Sie mit TITLE die Spaltenbeschriftung ein.
- Hier können Sie auch angeben, ob die Beschriftung zentriert (erste Spalte), linksbündig (per Default, zweite und dritte Spalte) oder rechtsbündig erfolgen soll (vierte und fünfte Spalte).
- Für Spalten, nach deren Inhalt die Tabelle sortiert werden soll, geben Sie im Feld SORT KEY eine Zeichenkette zur Identifizierung der Spalte an (siehe Abbildung 23.12). Ich habe für die zweite bis fünfte Spalte die Zeichenketten *name*, *capital*, *population* und *area* angegeben. Diese Namen müssen mit den Namen der Eigenschaften der Country-Klasse des Datenmodells übereinstimmen. Xcode stellt automatisch für das nächste Feld SELECTOR = COMPARE: ein – diese Information ist für unser Programm aber nicht relevant.

► Zu guter Letzt geben Sie im Size Inspector die gewünschte Startbreite jeder Spalte an. Ich habe für die erste Spalte 70, für alle weiteren Spalten 120 Punkt verwendet. An dieser Stelle können Sie auch die minimale und maximale Breite für jede Spalte festlegen.

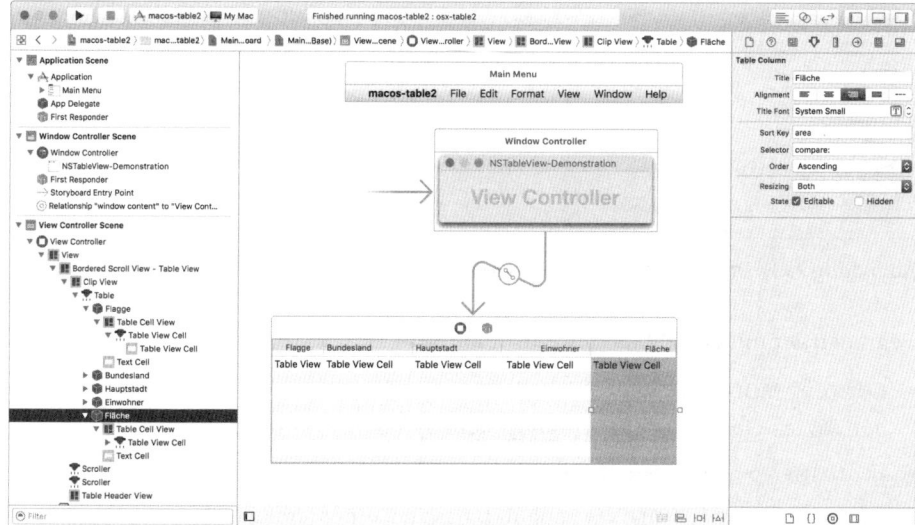

Abbildung 23.12 Einstellungen für die Tabellenspalten in Xcode

Programmaufbau und Country-Klasse

Das Beispielprogramm `macos-table2` besteht aus den folgenden Dateien:

► `AppDelegate.swift`: unverändert wie von Xcode erzeugt

► `bundesländer.txt`: CSV-Text mit den Bundesländerdaten

► `Country.swift`: Klasse zur Speicherung eines Bundeslands

► `Images.xcassets`: enthält die PNG-Bitmaps der Flaggen, wobei für Baden-Württemberg und Thüringen die Schlüssel `Baden-Wuerttemberg` und `Thueringen` verwendet wurden

► `Main.storyboard`: enthält die Fenster-, View- und Table-View-Einstellungen

► `ViewController.swift`: Controller-Klasse, Details folgen gleich.

Die Ausgangsdaten und die `Country`-Struktur habe ich bereits in Abschnitt 23.2, »Prototypzellen«, erläutert. Für dieses Beispiel habe ich das Datenmodell angepasst: Aus `struct Country` wurde `class Country : NSObject`. Da Klassen anders als Strukturen nicht automatisch eine Init-Funktion erhalten, musste diese hinzugefügt werden:

23.5 Tabellen in macOS-Apps (NSTableView)

```
// Projekt macos-table2, Datei Country.swift
class Country : NSObject {
  var name: String
  var population: Int
  var area: Double
  var capital: String

  // Init-Funktion
  init(name:String, population:Int,
       area:Double, capital:String)
  {
    self.name = name
    self.population = population
    self.area = area
    self.capital = capital
  }

  // aus Textdatei 'bundesländer.txt' lesen,
  // wie im Beispiel ios-table2
  static func readFromBundle() -> [Country] { ... }
}
```

Der Grund für den Wechsel von struct zu einer von NSObject abgeleiteten Klasse besteht darin, dass ein NSArray von NSObject-Objekten mit sortedArrayUsingDescriptors sortiert werden kann. Wie Sie gleich sehen werden, erleichtert das die geordnete Darstellung der Bundesländerdaten in der Table-View enorm.

Table-View-Code

Der gesamte für das Table-View-Steuerelement relevante Code befindet sich in ViewController.swift. Dort verweist mydata auf die Bundesländerdaten, die während der Initialisierung des Controllers mit der Methode readFromBundle aus bundesländer.txt gelesen werden. viewDidLoad richtet wie im ersten Beispiel die Datenquelle und das Delegation-Objekt ein. Die entsprechenden Delegation-Methoden sind in einer Erweiterung der Klasse formuliert und werden in den weiteren Abschnitten behandelt.

```
// Projekt macos-table2, Datei ViewController.swift
class ViewController: NSViewController {
  // die anzuzeigenden Daten
  var mydata = Country.readFromBundle()

  // Zeilenhöhe
  let cellheight: CGFloat = 33
```

```
  // Outlet zum Zugriff auf das Table-View-Steuerelement
  @IBOutlet weak var table: NSTableView!

  override func viewDidLoad() {
    super.viewDidLoad()
    // Datenquelle und Delegate der Tabelle
    table.dataSource = self
    table.delegate = self
  }
}

extension ViewController: NSTableViewDataSource,
                          NSTableViewDelegate
{
  // ... alle weiteren Methoden
}
```

Die Tabelle mit Daten füllen

numberOfRows(in:) legt die Anzahl der Tabellenzeilen fest, tableView(_:heightOfRow:) die Zeilenhöhe. Die jeweilige Größe ist so gewählt, dass in schmalen Spalten lange Texte zur Not über zwei Zeilen verteilt werden können.

```
// Projekt macos-table2, Datei ViewController.swift, Fortsetzung
// Anzahl der Zeilen
func numberOfRows(in tableView: NSTableView) -> Int {
  return mydata.count
}

// Höhe der Zeilen
func tableView(_ tableView: NSTableView, heightOfRow row: Int)
  -> CGFloat
{
  return cellheight
}
```

Der interessanteste Code befindet sich in tableView(_:viewFor:row:). Diese Methode wird aufgerufen, wenn macOS eine Tabellenzelle auf dem Bildschirm darstellen will. Als Ergebnis muss nun ein NSView-Objekt oder ein Objekt einer davon abgeleiteten Klasse zurückgegeben werden.

Die Methode ermittelt zuerst die identifier-Zeichenkette der Spalte und ruft dann makeImage oder makeLabel auf, die ein passendes NSImageView- oder ein NSTextField-Objekt erzeugt. Bei den Spalten für die Fläche bzw. für die Einwohner wird ein NSNumberFormatter verwendet, um die Zahlen übersichtlich und gemäß den Ländereinstellungen darzustellen.

23.5 Tabellen in macOS-Apps (NSTableView)

```swift
// Projekt macos-table2, Datei ViewController.swift, Fortsetzung
// Tabellenzellen erzeugen
func tableView(_ tableView: NSTableView,
               viewFor tableColumn: NSTableColumn?,
               row: Int) -> NSView?
{
  if let colid = tableColumn?.identifier {
    let width = tableColumn!.width
    let formatter = NumberFormatter()
    formatter.usesGroupingSeparator = true
    // je nach Spalte differenzieren
    switch colid {
    case "flag":
      return makeImage(mydata[row].name)
    case "name":
      return makeLabel(mydata[row].name, width)
    case "capital":
      return makeLabel(mydata[row].capital, width)
    case "area":
      let area = NSNumber(value: mydata[row].area)
      let txt = formatter.string(from: area) ?? ""
      return makeLabel("\(txt) km$^2$", width, .right)
    case "population":
      let popul = NSNumber(value: mydata[row].population)
      let txt = formatter.string(from: popul)
      return makeLabel(txt ?? "", width, .right)
    default:
      break
    }
  }
  return nil
}
```

makeLabel erzeugt ein NSTextField. Position und Größe werden dabei durch eine CGRect-Struktur bestimmt, die die frame-Eigenschaft des Objekts festlegt. Position und Größe werden also absolut und nicht durch Layoutregeln festgelegt. Das erfordert wesentlich weniger Code. Beachten Sie, dass sich der Koordinatenursprung innerhalb von Views links unten befindet, nicht wie in manchen anderen Systemen zur GUI-Programmierung links oben!

stringValue = txt stellt den anzuzeigenden Text ein. isEditable = false und isBezeled = false bewirken, dass das Textfeld ohne Rahmen angezeigt wird. (Anders als Cocoa Touch kennt Cocoa ja keine richtige Label-Klasse. Label sind einfach NSTextField-Objekte mit besonderen Eigenschaften.)

drawsBackground = false ist wichtig, damit die alternierende Spaltenhintergrundfarbe unter den Texten sichtbar bleibt und damit bei markierten Zeilen das farbige Hervorheben funktioniert. Die alignment-Eigenschaft bestimmt schließlich, ob der Text innerhalb des NSTextField links- oder rechtsbündig dargestellt wird.

Eigentlich wollte ich den Text auch vertikal zentrieren. Das NSTextField-Steuerelement sicht das aber nicht vor. Ein relativ komplizierter Ausweg hätte darin bestanden, das Textfeld mit Layout-Regeln in ein NSView-Steuerelement vertikal zentriert einzubetten.

```swift
// Projekt macos-table2, Datei ViewController.swift, Fortsetzung
// Textzelle für die Tabelle erzeugen
private func makeLabel(_ txt: String,
                       _ width: CGFloat,
                       _ align: NSTextAlignment = .left)
  -> NSTextField
{
  let rect = CGRect(x: 0, y: 0,
                    width: width, height: cellheight)
  let lbl = NSTextField(frame: rect)
  lbl.stringValue = txt
  lbl.isEditable = false
  lbl.isBezeled = false
  lbl.drawsBackground = false   // damit Highlight und Alternate
                                // funktioniert
  lbl.alignment = align
  return lbl
}
```

Analog erzeugt die Methode makeImage eine NSImageView mit der Flagge des Bundeslands. Das Laden von Bitmaps aus Images.xcassets funktioniert merkwürdigerweise nur, wenn der Name keine deutschen Umlaute enthält. Daher ersetzt replacingOccurrences »ü« durch »ue«. Die betreffenden Flaggen in Images.xcassets habe ich natürlich entsprechend umbenannt.

```swift
// Projekt macos-table2, Datei ViewController.swift, Fortsetzung
// NSImageView mit Bundeslandflagge erzeugen
private func makeImage(_ flagname:String)
            -> NSImageView
{
  let rect = CGRect(x: 0, y: 0, width: 50, height: cellheight)
  let img = NSImageView(frame: rect)
  let name = flagname.replacingOccurrences(of: "ü", with: "ue")
  img.image = NSImage(named: name)
  return img
}
```

Tabelle sortieren

Beim Klick auf eine Tabellenspalte soll die Tabelle entsprechend sortiert werden. Für alle Spalten, bei denen im Attributinspektor ein SORT KEY angegeben wurde, kommt es dann zum Aufruf der Methode tableView(_:sortDescriptorsDidChange:). Die an diese Methode übergebenen Parameter sind für uns irrelevant. Dafür interessiert uns die sortDescriptors-Eigenschaft des NSTableView-Objekts.

Diese enthält ein Array von NSSortDescriptor-Objekten. Jedes Objekt gibt an, welche Spalte auf- oder absteigend sortiert wird. Die detaillierte Auswertung dieses Arrays können wir uns zum Glück ersparen – für NSArrays existiert nämlich die Methode sortedArray, die die enthaltenen Daten gemäß der NSSortDescriptor-Daten selbstständig sortiert! Damit wir diese Methode anwenden können, müssen aber zwei Voraussetzungen erfüllt sein:

- Die zu sortierenden Objekte müssen Instanzen einer von NSObject abgeleiteten Klasse sein. Strukturen oder »gewöhnliche« Swift-Klassen sind nicht geeignet. Das ist der Grund, weswegen die Country-Struktur für dieses Beispiel in eine Klasse umgewandelt wurde.
- Das Array muss ein NSArray sein. Für Swift-Arrays steht eine vergleichbare sortedArray-Methode leider nicht zur Verfügung.

Die zweite Voraussetzung bedingt, dass wir unser Array mydata vor dem Sortieren in ein NSArray und danach zurück in ein Swift-Array verwandeln müssen. Das klingt alles recht kompliziert, aber der gesamte Code ist nur drei Zeilen lang! reloadData bewirkt anschließend, dass die gesamte Tabelle neu gezeichnet wird.

```
// Projekt macos-table2, Datei ViewController.swift, Fortsetzung
// Tabelle neu sortieren
func tableView(_ tableView: NSTableView,
               sortDescriptorsDidChange oldDescriptors:
                  [NSSortDescriptor])
{
  // Swift-Array in NSArray umwandeln
  let nsa = mydata as NSArray
  // NSArray sortieren und dann wieder
  // in Swift-Array zurückverwandeln
  mydata = nsa.sortedArray(
    using: tableView.sortDescriptors) as! [Country]
  table.reloadData()
}
```

Auswahl einer Zeile

Wenn der Benutzer eine Zeile der Tabelle anklickt, kommt es zum Aufruf der Methode `tableViewSelectionDidChange`. Da diese Methode aber auch nach dem Anklicken einer Spalte aufgerufen wird, muss zuerst überprüft werden, ob die Eigenschaft `selectedRow` positiv ist.

```
// Projekt macos-table2, Datei ViewController.swift, Fortsetzung
// wird nach der Auswahl einer Zeile oder Spalte aufgerufen
func tableViewSelectionDidChange(_ notification: Notification) {
  if table.selectedRow >= 0 {
    print("Ausgewählt: \(mydata[table.selectedRow].name)")
  }
}
```

23.6 Collections asynchron füllen (UICollectionView)

Das abschließende Beispiel dieses Kapitels stellt die Collection-View vor. Sie unterscheidet sich insofern von der Table-View, als sie die Listenelemente nicht nur untereinander, sondern außerdem in mehreren Spalten nebeneinander anordnet. Bei der Programmierung gibt es aber glücklicherweise kaum Unterschiede zur Table-View.

Als Beispiel dient eine tvOS-App: Sie lädt eine RSS-Datei der Webseite *Apple Movie Trailers* und präsentiert die neuesten Trailer in einer Collection-View (siehe Abbildung 23.13).

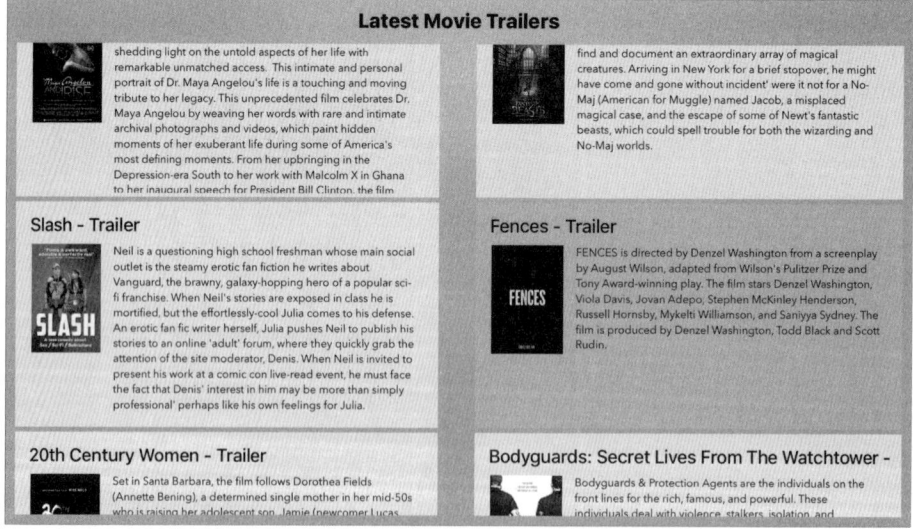

Abbildung 23.13 Die Trailer-Texte und -Bilder werden asynchron geladen.

23.6 Collections asynchron füllen (UICollectionView)

Dieses Beispiel unterscheidet sich in einem wesentlichen Punkt von den bisherigen Beispielen: Sowohl die RSS-Datei als auch die Vorschaubilder der Trailer werden asynchron geladen. Damit startet die App verzögerungsfrei. Die Texte zur Beschreibung der Filme werden angezeigt, noch bevor die Bilder erscheinen. Alles in allem läuft die App auch bei einer langsamen Internetverbindung sehr flüssig. Generell ist eine asynchrone Befüllung von Tabellen- und Listenfeldern immer dann zu empfehlen, wenn die Beschaffung der Daten Zeit beansprucht – z. B. weil Bilder aus dem Internet geladen werden müssen.

Das Beispiel stellt einen Vorgriff auf Kapitel 28, »Asynchrone Programmierung«, dar. Sie werden aber sehen, dass die asynchrone Verarbeitung nur Auswirkungen auf wenige Code-Zeilen hat und leicht zu verstehen ist.

Trailer ansehen unmöglich gemacht

Mit der Fernbedienung können Sie durch die Filme scrollen – aber leider den Trailer nicht starten. Das scheitert daran, dass Apple weder in der RSS-Datei noch auf der Webseite des jeweiligen Films direkte Links zu den Video-Dateien angibt. Stattdessen verbirgt sich die Logik zur Trailer-Wiedergabe in JavaScript-Code. Es gibt im Internet Anleitungen, wie Sie eventuell doch die Download-Links herausfinden können, aber das führt an der Zielsetzung des Beispiels vorbei.

Wenn Sie eine iOS-Version der App entwickeln, könnten Sie das Problem umgehen, indem Sie einfach die Webseite des ausgewählten Trailers in einem Web-Viewer öffnen. Diese Möglichkeit besteht unter tvOS leider nicht.

Der Code der App ist über die folgenden Dateien verteilt:

- `Film.swift` definiert die `Film`-Klasse. Objekte dieser Klasse enthalten die Daten des jeweiligen Trailers (Titel, Beschreibung, URLs zum Vorschaubild und zur Webseite).
- `MyCell.swift` definiert eine von `UICollectionViewCell` abgeleitete Klasse zur Darstellung einer Zelle der Collection-View.
- `ViewController.swift` enthält den Code, um die Collection-View mit Daten zu füllen.

RSS-Datei laden und auswerten (Film-Klasse)

Der Aufbau der `Film`-Klasse ist simpel:

```
// Projekt tvos-trailer, Datei Film.swift
class Film {
  let title: String
  let descr: String
  let filmLink: URL?
  let imgLink: URL?
```

```
  init(title: String, descr: String, film: String, img: String) {
    self.title = title
    self.descr = descr
    self.filmLink = URL(string: film)
    self.imgLink = URL(string: img)
  }
}
```

Die Klasse enthält darüber hinaus die statische Methode loadFilmsFromRss. Bei der Verarbeitung der RSS-Datei hilft die SWXMLHash-Bibliothek, die ich in Abschnitt 22.2, »XML-Dokumente auswerten«, vorgestellt habe.

```
static func loadFilmsFromRss() -> [Film] {
  var films = [Film]()
  let adr = "http://trailers.apple.com/trailers/" +
            "home/rss/newtrailers.rss"
  if let url = URL(string: adr),
     let s = try? String(contentsOf: url)
  {
    let xml = SWXMLHash.parse(s)
    // Schleife über alle items in der RSS-Datei
    for item in xml["rss"]["channel"]["item"] {
      if let title = item["title"].element?.text,
         let link = item["link"].element?.text,
         let descr = item["description"].element?.text,
         let content = item["content:encoded"].element?.text
      {
        let film = Film(title: fixEncodingErrors(title),
                        descr: fixEncodingErrors(descr),
                        film: link,
                        img: getImageAdr(of: content))
        films.append(film)
      }
    }
  }
  return films
}
```

Die Datei newtrailers.rss hat den folgenden Aufbau (stark gekürzt):

```
<rss xmlns:content="..." version="2.0">
  <channel>
    <title>Latest Movie Trailers</title>
    ...
    <item>
      <title>Rules Don`t Apply - Trailer 2</title>
```

```
      <link>
        http://trailers.apple.com/trailers/fox/rulesdontapply/
      </link>
      <description>
      An aspiring young actress (Lily Collins) ...
      </description>
      <content:encoded>
      <![CDATA[
        <table>
          <tr valign="top">
            <td width="67"><a href=..."">
              <img src="http://trailers.apple.com/.../poster.jpg"
                width="65" height="97" border="0">
              ...
        ]]>
      </content:encoded>
    </item>
    <item> ... nächster Film ... </item>
  </channel>
</rss>
```

Der Link auf die Image-Datei ist also leider nicht direkt als XML-Element enthalten, sondern ist in einen CDATA-Block als HTML-Code eingebettet. Die Methode getImageAdr extrahiert den Link aus der HTML-Zeichenkette – und beweist einmal mehr, wie umständlich es in Swift ist, Zeichenketten zu extrahieren.

```swift
// Projekt tvos-trailer, Datei Film.swift
private static func getImageAdr(of s: String) -> String {
  // pos1: Bereich, in dem <img src=" gefunden wurde
  // pos2: Position am Ende dieses Bereichs
  // pos3: Bereich, in dem sich das nächstfolgende "-Zeichen
  //       befindet
  // pos4: Position am Anfang dieses Bereichs
  if let pos1 = s.range(of: "<img src=\"") {
    let pos2 = pos1.upperBound
    if let pos3 = s.range(of: "\"", range: pos2..<s.endIndex)
    {
      let pos4 = pos3.lowerBound
      return s[pos2..<pos4]
    }
  }
  return ""
}
```

Bei der Auswertung der RSS-Datei sind Zeichensatzprobleme aufgetreten. Wenn die Filmbeschreibung Zeichen außerhalb des ASCII-Zeichensatzes enthält, werden diese falsch dargestellt. Interessanterweise tritt dieses Problem auch in Google Chrome auf, wenn der XML-Code der RSS-Datei angezeigt wird (siehe Abbildung 23.14).

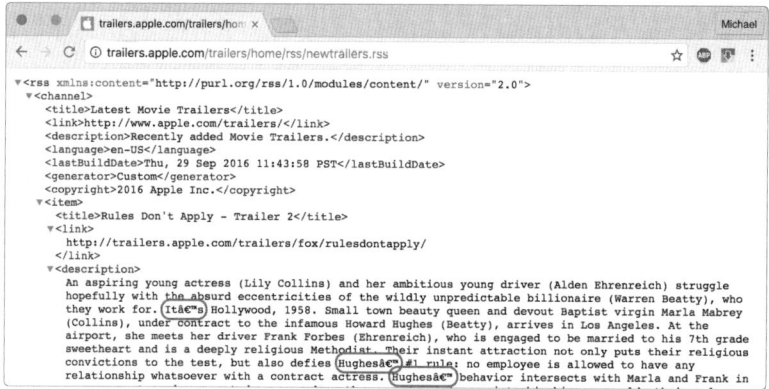

Abbildung 23.14 Zeichensatz-Probleme

Trotz mehrstündiger Versuche habe ich keinen Weg gefunden, die Texte in der richtigen Codierung aus der RSS-Datei zu extrahieren. Ich bin mir nicht ganz sicher, ob tatsächlich die gesamte RSS-Datei fehlerhaft ist bzw. in einer mir unbekannten Codierung vorliegt oder ob das Problem mit dem Auslesen einzelner XML-Elemente zu tun hat. Allerdings hat der probeweise Wechsel zu einer anderen XML-Bibliothek (SwiftyXML) keine Verbesserung gebracht. Letztlich habe ich als Ad-hoc-Lösung mit der hier nicht abgedruckten Methode `fixEncodingErrors` die am häufigsten auftretenden Sonderzeichen durch simples Suchen und Ersetzen ausgetauscht, um den Fehler zu umgehen.

Collection-View verwenden

Im Storyboard-Editor beginnen Sie damit, dass Sie die Collection-View (ein graues Icon in der Objektbibliothek) in den View-Controller einfügen. Achten Sie darauf, dass Sie nicht versehentlich einen Collection-View-Controller verwenden (gelbes Icon)!

Standardmäßig enthält die Collection-View die Einstellung Items = 1 und somit eine Prototypzelle. Das ist für unser Beispiel ausreichend. Stellen Sie die Größe der Zelle so ein, dass sie etwas kleiner als ein Viertel des Bildschirms ist, und fügen Sie dann ein Label, ein Textfeld und eine Image-View in die Zelle ein. Ich habe für das Beispiel die Hintergrundfarbe der Collection-View auf Transparent gestellt, die der Prototypzellen auf Hellgrau – aber natürlich gibt es viele andere Gestaltungsmöglichkeiten.

Damit Sie auf die Prototypzelle im Code zugreifen können, geben Sie ihr im Attributinspektor einen Namen (Identifier = `mycell`) und weisen ihr im Dialogblatt Custom

23.6 Collections asynchron füllen (UICollectionView)

CLASS die eigene, von UICollectionViewCell abgeleitete Klasse MyCell zu. Der Code für diese Klasse folgt gleich. Wenn Sie in Xcode links den Storyboard-Editor und im Assistenzeditor MyCell.swift darstellen, können Sie per ctrl-Drag die Outlets der Prototypzelle einrichten (siehe Abbildung 23.15).

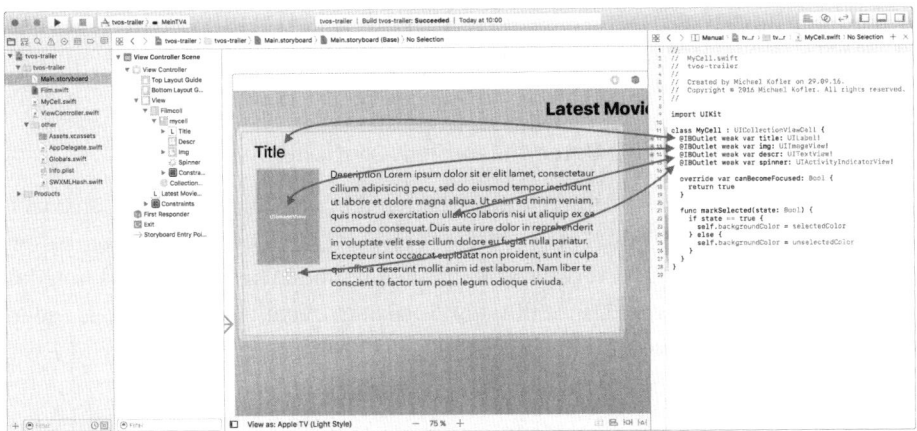

Abbildung 23.15 Die Prototypzelle und die ihr zugeordnete Klassendatei mit Outlets

Der Code zur Prototypzelle enthält neben den Outlets nur die Eigenschaft canBecomeFocused, die eine Auswahl der Zelle in tvOS ermöglicht (siehe Abschnitt 20.3, »Focus Engine«), und die Methode markSelected, mit der die Hintergrundfarbe der Zelle verändert werden kann – je nachdem, ob die Zelle gerade ausgewählt ist oder nicht.

```
// Projekt tvos-trailer, Datei MyCell.swift
class MyCell : UICollectionViewCell {
  @IBOutlet weak var title: UILabel!
  @IBOutlet weak var img: UIImageView!
  @IBOutlet weak var descr: UITextView!
  @IBOutlet weak var spinner: UIActivityIndicatorView!

  override var canBecomeFocused: Bool {
    return true
  }

  func markSelected(state: Bool) {
    if state == true {
      self.backgroundColor = selectedColor
    } else {
      self.backgroundColor = unselectedColor
    }
  }
}
```

687

Die Farbcodes sind in Globals.swift definiert:

```
// Projekt tvos-trailer, Datei Globals.swift
let unselectedColor = UIColor(white: 0.9, alpha: 1)
let selectedColor = UIColor(red: 0.8,
                            green: 0.8,
                            blue: 1,
                            alpha: 1)
```

Collection-View mit Trailer-Daten füllen (ViewController.swift)

Nach diesen umfassenden Vorbereitungsarbeiten fällt der Code der View-Controller-Klasse recht kurz aus. viewDidLoad stellt die dataSource- und delegate-Eigenschaften der Collection-View ein und verwendet dann die Methode loadFilmsFromRss, um das Film-Array zu initialisieren. Damit die App beim Start nicht gleich durch das Laden der Datei blockiert ist, wird loadFilmsFromRss asynchron ausgeführt. Dazu wird async auf eine der vordefinierten globalen Dispatch Queues angewendet.

Sobald das Laden fertig ist, muss die Collection-View aufgefordert werden, ihren Inhalt zu aktualisieren. Das darf aber nur im Main-Thread erfolgen. Deswegen muss reloadData in eine zweite Closure verpackt werden, die asynchron im Main-Thread ausgeführt wird, also in dem Thread, der für alle Aspekte der Benutzeroberfläche verantwortlich ist.

```
// Projekt tvos-trailer, Datei ViewController.swift
class ViewController: UIViewController {
  @IBOutlet weak var filmcoll: UICollectionView!

  // Trailer-Daten
  var films = [Film]()

  // Initialisierung
  override func viewDidLoad() {
    super.viewDidLoad()
    filmcoll.dataSource = self
    filmcoll.delegate = self
    DispatchQueue.global().async {
      // Filmdaten asynchron laden
      self.films = Film.loadFilmsFromRss()
      DispatchQueue.main.async {
        // im Main-Thread Anzeige aktualisieren
        self.filmcoll.reloadData()
      } // Ende der main.async-Closure
    }   // Ende der global.async-Closure
  }     // Ende von func
}
```

23.6 Collections asynchron füllen (UICollectionView)

Die Logik der Collection-View-Methoden ist Ihnen ja von der Table-View schon bekannt. Interessant ist die Methode mit dem `cellForItemAt`-Parameter: Dort liefert `dequeueReusableCell` eine eventuell schon benutzte Prototypzelle. Abweichend von den Einstellungen im Storyboard-Editor wird die Hintergrundfarbe neu gesetzt. Anschließend werden das Label und das Textfeld für den Filmtitel bzw. die Beschreibung des Films eingestellt. Das geht schnell, wird also direkt (synchron) gemacht.

Das Herunterladen des Bilds kann unter Umständen ein wenig dauern – deswegen wird dieser Vorgang asynchron durchgeführt. Vorher wird (noch im Main-Thread) die Spinner-Animation gestartet. Sobald der Download abgeschlossen ist, wird nochmals `async` ausgeführt, diesmal aber für die Dispatch Queue des Main-Threads. Dort wird die `image`-Eigenschaft der Zelle mit dem neu geladenen Bild gesetzt. Das Muster, also der verschachtelte Aufruf der beiden `async`-Methoden, ist exakt dasselbe wie in `viewDidLoad`.

```
extension ViewController : UICollectionViewDelegate,
                           UICollectionViewDataSource
{
  func numberOfSections(in collectionView: UICollectionView)
    -> Int
  {
    return 1           // nur ein Abschnitt
  }

  func collectionView(_ collectionView: UICollectionView,
               numberOfItemsInSection section: Int)
    -> Int
  {
    return films.count  // so viele Zellen
  }

  func collectionView(_ collectionView: UICollectionView,
                cellForItemAt indexPath: IndexPath)
    -> UICollectionViewCell
  {
    let cell = filmcoll.dequeueReusableCell(
      withReuseIdentifier: "mycell", for: indexPath)
    cell.backgroundColor = unselectedColor
    if let mycell = cell as? MyCell {
      let n = indexPath.row
      mycell.title.text = films[n].title
      mycell.descr.text = films[n].descr
      mycell.img.image = nil
      if let url = films[n].imgLink {
        mycell.spinner.startAnimating()
```

```
          DispatchQueue.global().async {
            // asynchron Bild herunterladen
            if let bindata = try? Data(contentsOf: url) {
              DispatchQueue.main.async {
                // im Main-Thread Bild ändern, Spinner stoppen
                mycell.img.image = UIImage(data: bindata)
                mycell.spinner.stopAnimating()
              }
            }   // Ende if let bindata = ...
          }     // Ende von async()-closure
        }       // Ende von if let url = ...
      }         // Ende von if let mycell = ...
    return cell
  }   // Ende von func
}     // Ende von extension
```

Zellenauswahl

Um die Auswahl der Zellen durch die Fernbedienung kümmert sich die Focus Engine von tvOS (siehe Abschnitt 20.3, »Focus Engine«). Sie ruft bei jedem Fokuswechsel die Methode didUpdateFocus auf.

```
// Projekt tvos-trailer, Datei ViewController.swift (Fortsetzung)
class ViewController: UIViewController {

  // Fokuswechsel
  override func didUpdateFocus(
    in context: UIFocusUpdateContext,
    with coordinator: UIFocusAnimationCoordinator)
  {
    // diese Zelle ist nicht mehr ausgewählt
    if let prev = context.previouslyFocusedItem as? MyCell {
      prev.markSelected(state: false)
    }

    // dafür ist nun diese Zelle ausgewählt
    if let next = context.nextFocusedItem as? MyCell {
      next.markSelected(state: true)
    }
  }
}
```

Kapitel 24
GPS- und Kompassfunktionen

In diesem Kapitel geht es um die Nutzung der GPS- und Kompassfunktionen Ihres Smartphones. Visuell besonders eindrucksvoll ist das MapView-Steuerelement: Wenige Zeilen Code reichen aus, um Ihre Programme mit einer Vielzahl der aus der Apple-App *Karten* bekannten Funktionen auszustatten. Wenn Sie Ort und Himmelsrichtung dagegen numerisch auswerten möchten, hilft Ihnen der *Location Manager*. Ein kleines Beispielprogramm zeigt, wie Sie auf einer Karte die zuletzt zurückgelegte Strecke aufzeichnen können. Umfangreichere Anwendungen folgen dann in anderen Abschnitten bzw. Kapiteln:

- Abschnitt 25.2, »Kompass-Steuerelement«, zeigt, wie Sie ein eigenes Kompass-Steuerelement programmieren.
- Kapitel 33, »Schatzsuche«, präsentiert eine App, die Sie zurück an einen vorher gespeicherten Ort bringt – sei es bei einer Schatzsuche oder bei einer Wanderung im Nebel.

> **Motion Manager**
>
> Der Motion Manager bietet Funktionen, die mit denen des Location Managers verwandt sind. Er verrät, wie das iPhone gerade gehalten wird, ob es beschleunigt etc. Der Motion Manager gibt also Zugriff auf die im iPhone integrierten Gyroskop- und Accelerometer-Sensoren. Den Motion Manager und andere Klassen und Methoden zur Auswertung von Bewegungsdaten lernen Sie im Rahmen der Spieleprogrammierung mit SpriteKit in Abschnitt 27.4 kennen.

24.1 Hello MapView!

Das MapView-Steuerelement mit dem Klassennamen `MKMapView` (MK = Map Kit) ermöglicht es Ihnen, mit geringem Aufwand eine App mit Navigationsfunktionen zu erstellen. Grundsätzlich dient dieses Steuerelement dazu, eine Karte darzustellen, optional auch mit Satellitenbildern und – wo verfügbar – in 3D-Ansicht.

MapKit-Framework

Beim ersten Test des Steuerelements in einer neuen App wird diese mit der folgenden nichtssagenden Fehlermeldung abbrechen: *Could not instantiate class named MKMapView*. Schuld daran ist, dass Xcode zwar das Steuerelement eingefügt hat, die erforderliche MapKit-Bibliothek aber nicht automatisch in die App einbindet. Dieses Problem lösen Sic, indem Sie zuerst im Projektnavigator Ihr Projekt und anschließend das zugehörige App-Target auswählen. Im Dialogblatt CAPABILITIES aktivieren Sie nun die Funktion MAPS (siehe Abbildung 24.1).

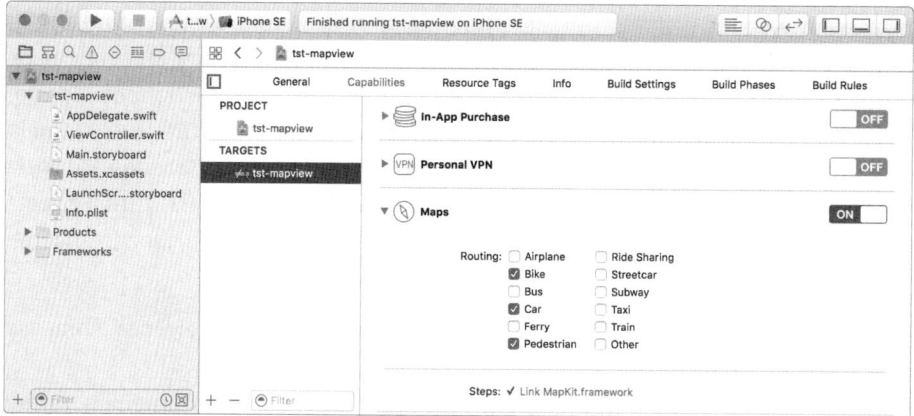

Abbildung 24.1 Aktivierung der Maps-Capabilities

Damit weiß Xcode nun, dass Sie Maps-Funktionen nutzen möchten. Das entsprechende MapKit-Framework wird nun automatisch in die App integriert. Davon überzeugen Sie sich durch einen Blick in das Dialogblatt GENERAL, an dessen Ende Sie den Eintrag LINKED FRAMEWORKS AND LIBRARIES finden (siehe Abbildung 24.2).

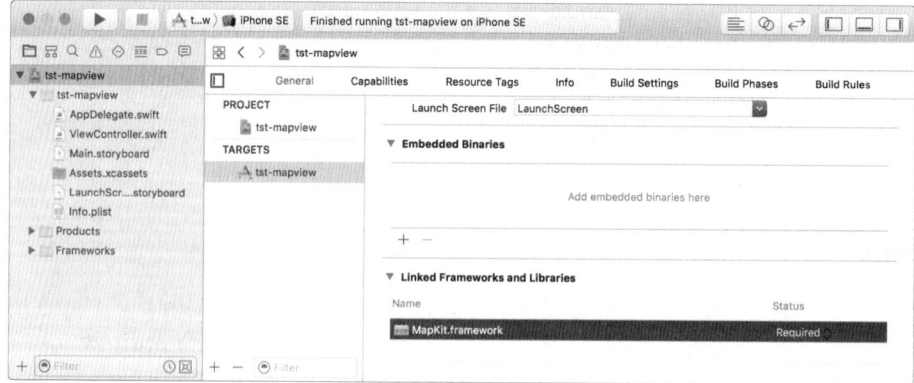

Abbildung 24.2 Zusammenstellung der Zusatz-Frameworks der App

Um Erlaubnis fragen

Wenn Sie Ihre App mit dem MapView-Steuerelement jetzt ausführen, zeigt sie zwar eine Europakarte in großem Maßstab, nicht aber Ihren aktuellen Ort an. »Na gut«, werden Sie sich denken, »dann aktiviere ich eben im Attributinspektor die Option SHOWS USER LOCATION.« An sich ist die Idee richtig, aber auch das reicht nicht aus.

Bevor Ihre App Ortsdaten empfangen kann, muss sie explizit um Erlaubnis fragen (siehe Abbildung 24.3). Das ist aus zweierlei Gründen notwendig. Zum einen schätzen es viele Smartphone-Anwender nicht, wenn jedes Programm ständig weiß, wo sich das Telefon und in der Regel auch sein Besitzer gerade aufhält, und zum anderen kosten die GPS-Funktionen relativ viel Strom und verkürzen somit die Akkulaufzeit. Deswegen muss der Benutzer bei jeder App dem Zugriff auf Standortdaten zuerst zustimmen.

Abbildung 24.3 Darf die App auf Standortdaten zugreifen?

Das »Um-Erlaubnis-Fragen« erledigen Sie am einfachsten in der `viewDidLoad`-Methode des View-Controllers. Dort erzeugen Sie einen `CLLocationManager` (CL steht hier für »Core Location«) und führen dann die Methode `requestWhenInUseAuthorization` aus. Falls Ihre App die Position auch im Hintergrund abfragen soll, also wenn die App gerade nicht aktiv im Vordergrund läuft, verwenden Sie stattdessen die Methode `requestAlwaysAuthorization`. Vergessen Sie nicht, die CoreLocation-Bibliothek zu importieren!

```swift
// Projekt ios-test-gps, Datei ViewController.swift
import CoreLocation
class ViewController: UIViewController {
  var locmgr = CLLocationManager()

  override func viewDidLoad() {
    super.viewDidLoad()
    // um Erlaubnis fragen, ob die Ortungsdienste
    // verwendet werden dürfen
    locmgr.requestWhenInUseAuthorization()
```

24 GPS- und Kompassfunktionen

```
        // alternativ, falls GPS im Hintergrund genutzt werden soll
        // locmgr.requestAlwaysAuthorization()
    }
}
```

Info.plist-Einstellungen

In den von Apple gestalteten Erlaubnisdialog wird eine Begründung eingebaut, warum die App diesen Dienst nutzen will (siehe Abbildung 24.3). Einen entsprechenden Eigenschaftseintrag müssen Sie in der Datei Supporting Files/Info.plist mit ADD ROW hinzufügen (siehe Abbildung 24.4). Sie dürfen die Zeichenkette mit der Begründung leer lassen, aber Sie müssen den entsprechenden Eintrag in die Property List einfügen. Wenn Sie das vergessen, wird der Erlaubnis-Dialog gar nicht angezeigt, und die App läuft ohne Zugriff auf die Standortdaten!

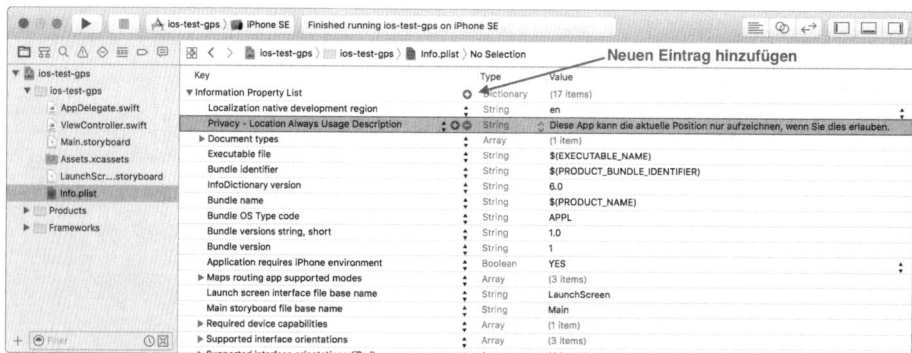

Abbildung 24.4 Begründung für die Nutzung der Ortungsdienste

Die beiden Eigenschaften haben ausufernd lange Namen. Beim Einfügen neuer Einträge in die Property List funktioniert die automatische Vervollständigung nur, wenn Sie auf die richtige Groß- und Kleinschreibung achten.

- PRIVACY – LOCATION ALWAYS USAGE DESCRIPTION für
  requestAlwaysAuthorization()
- PRIVACY – LOCATION WHEN IN USE USAGE DESCRIPTION für
  requestWhenInUseAuthorization()

Erste Tests

Die Beschreibung der Voraussetzungen für eine erste funktionierende App mit einer MapView waren recht lang. Tatsächlich dauert es, sobald Sie etwas Übung mit Xcode haben, kaum länger als eine Minute, um eine Hello-MapView-App zusammenzuschustern und die zwei erforderlichen Swift-Code-Zeilen einzufügen. Das Ergebnis sieht auf den ersten Blick beinahe wie die Apple-App *Karten* aus. Die App zeigt also eine Landkarte mit der gerade aktuellen Position (siehe Abbildung 24.5).

Abbildung 24.5 Eine Mini-App mit einem MapView-Steuerelement

Den sichtbaren Kartenausschnitt können Sie wie üblich durch Schieben, Zoomen und Drehen verändern. Ansonsten kann unsere Mini-App aber natürlich nicht mit *Karten* mithalten. Such- und Navigationsfunktionen fehlen ebenso wie die Möglichkeit, die Darstellungsform umzuschalten.

Die entsprechenden Einstellungen können Sie vorweg im Attributinspektor durchführen (siehe Abbildung 24.6), oder Sie müssen in der laufenden App Eigenschaften des `MKMapView`-Steuerelements durch Swift-Code verändern.

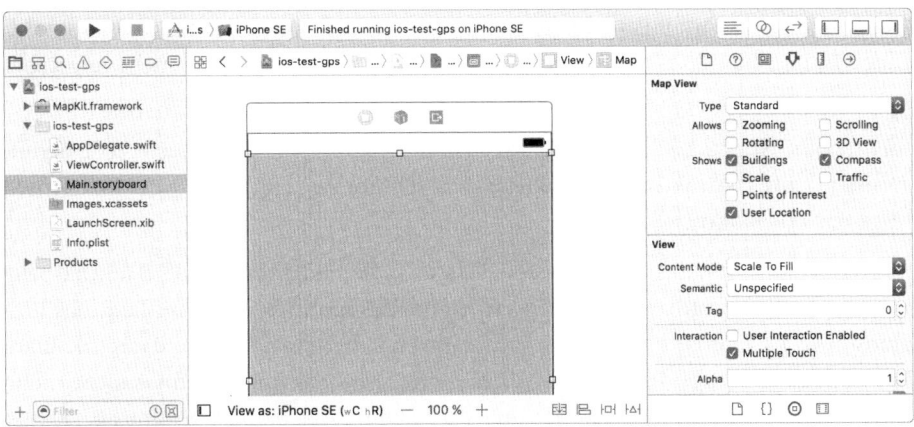

Abbildung 24.6 MapView-Eigenschaften im Attributinspektor einstellen

Kartenfunktionen im iOS-Simulator

Auf den ersten Blick erweckt der iOS-Simulator den Eindruck, als könnten Sie den sichtbaren Kartenausschnitt dort nur verschieben, nicht aber drehen oder zoomen.

Das täuscht aber: Sobald Sie ⌥ drücken, erscheinen im Simulator zwei graue Punkte, die zwei Fingern entsprechen. Diese Punkte bewegen sich rund um den Mittelpunkt der Karte. Mit gedrückter Maus- oder Trackpad-Taste können Sie nun eine Zoom- oder Drehbewegung durchführen. Das erfordert anfänglich etwas Übung, funktioniert aber bald schon ganz zufriedenstellend.

Darüber hinaus bietet das Programm die Möglichkeit, verschiedene Bewegungsabläufe zu simulieren. Die entsprechenden Kommandos sind im Menü DEBUG • LOCATION versteckt. Trotzdem ist der Test von Programmen mit geografischen Funktionen im Simulator natürlich nur eingeschränkt möglich.

24.2 Wegstrecke aufzeichnen

Im folgenden Beispielprogramm geht es um eine App, die nach dem Start die gerade aktuelle Position des Benutzers verfolgt und in der Karte einzeichnet. Wenn Sie die App starten und dann einen Spaziergang unternehmen, wird Ihr Weg also in Form einer roten Linie auf der Karte nachgezeichnet. Gleichzeitig wird im unteren Bildschirmbereich Ihre aktuelle Position, Geschwindigkeit etc. angezeigt (siehe Abbildung 24.7).

Programmaufbau und Auto Layout

Die App besteht aus zwei Steuerelementen: einer MapView und einem Label. Das mehrzeilige Label ist am linken, unteren und rechten Rand fixiert, außerdem ist seine Höhe fix mit 61 Punkten vorgegeben. Das darüber befindliche MapView-Steuerelement ist am linken, oberen und rechten Rand sowie an der Oberkante des Labels fixiert. Damit füllt es den gesamten freien Bildschirm aus, der nicht vom Label beansprucht wird.

Im Attributinspektor ist die MapView-Darstellung auf STANDARD gestellt. Jede Benutzerinteraktion ist deaktivert (also alle ALLOWS-Optionen), dafür ist die Option SHOWS USER LOCATION aktiv.

Im Dialogblatt CAPABILITIES ist neben MAPS diesmal auch der Punkt BACKGROUND MODES für LOCATION UPDATES aktiviert (siehe Abbildung 24.8). Damit läuft das Programm, so es einmal gestartet ist, auch im Hintergrund weiter und protokolliert Positionsdaten. Vergessen Sie diese Einstellung, wird die App, wenn sie nicht mehr aktiv ist, nach einiger Zeit gestoppt und stürzt beim »Wiederaufwachen« ab. Details zu den verschiedenen App-Zuständen (Vordergrund, Hintergrund, Suspended) lesen Sie bitte in Abschnitt 16.4, »Phasen einer iOS-App«, nach.

24.2 Wegstrecke aufzeichnen

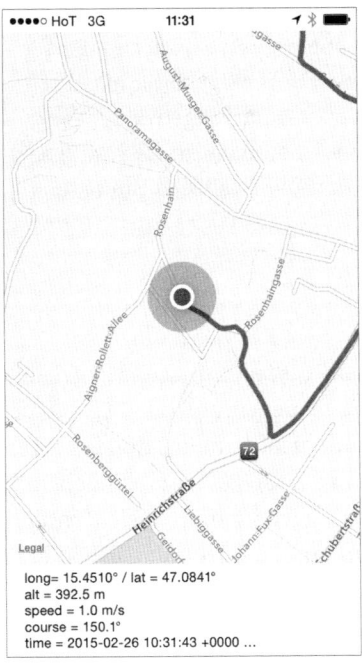

Abbildung 24.7 App zur grafischen Aufzeichnung einer Wegstrecke

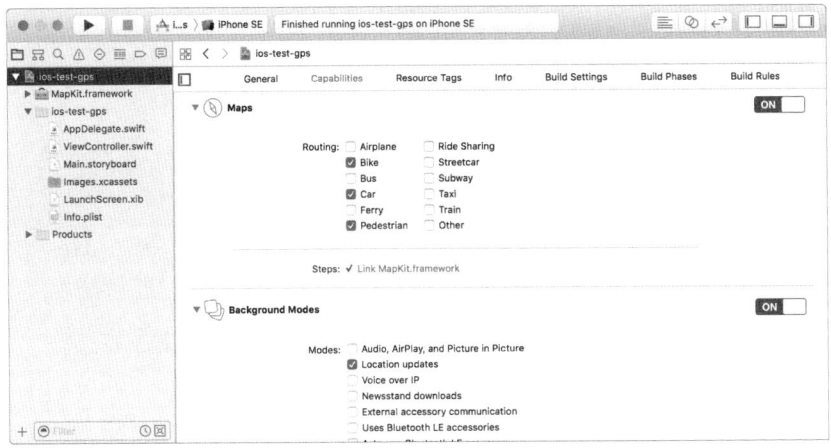

Abbildung 24.8 Die Test-App nutzt die abgebildeten iOS-Funktionen.

> **Achtung, verminderte Akkulaufzeit**
>
> Diese Test-App läuft unbegrenzt im Hintergrund, was nicht nur die Akkulaufzeit mindert, sondern auch die Chancen, dass das Programm im App Store akzeptiert wird.

> Wenn Sie aus dem Testprogramm eine »richtige« App entwickeln möchten, sollten Sie startMonitoringSignificantLocationChanges aufrufen, damit die Position nicht ständig, sondern nur bei nennenswerten Veränderungen aktualisiert wird. Dadurch wird die weiter unten beschriebene Methode locationManager (_:didUpdateLocations:) viel seltener aufgerufen. Auch eine zeitliche Limitierung der Aufzeichnung kann zweckmäßig sein.

Die ViewController-Klasse

Die eigene ViewController-Klasse ist wie üblich von UIViewController abgeleitet. Die Klasse implementiert aber außerdem noch die beiden Protokolle CLLocationManagerDelegate und MKMapViewDelegate. Sie sind erforderlich, damit die App Location- bzw. MapView-Ereignisse in Methoden verarbeiten kann. Zwei IBOutlets ermöglichen wie üblich den Zugriff auf die Steuerelemente, zwei Eigenschaften speichern den Location Manager sowie die aufgezeichneten Positionen. Die eigentliche Arbeit erledigen drei Methoden, die im folgenden Listing nur angedeutet sind. Die detaillierte Beschreibung folgt gleich.

```swift
// Projekt ios-test-gps, Datei ViewController.swift
// Aufbau der ViewController-Klasse
import UIKit
import CoreLocation
import MapKit
class ViewController: UIViewController,
                      CLLocationManagerDelegate,
                      MKMapViewDelegate
{
  @IBOutlet weak var map: MKMapView!          // Zugriff auf die
  @IBOutlet weak var label: UILabel!          // Steuerelemente

  var locmgr:CLLocationManager!               // Location Manager
  var coords:[CLLocationCoordinate2D] = []    // Positions-Array

  override func viewDidLoad() { ... }         // Initialisierung
  func locationManager(...) { ... }           // neue Position
  func mapView(...) -> ... { ... }            // Route zeichnen
}
```

Initialisierung in viewDidLoad

Die Methode viewDidLoad wird aufgerufen, sobald iOS mit der Low-Level-Initialisierung der App fertig ist. Jetzt ist der Zeitpunkt gekommen, um die eigenen Initialisierungsarbeiten zu erledigen. In unserem Fall geht es dabei um zwei Dinge:

- Der Location Manager soll uns in Zukunft regelmäßig mit Informationen darüber versorgen, wo sich das iPhone gerade befindet. Dazu erzeugen wir wie im vorigen Abschnitt eine Instanz der `CLLocationManager`-Klasse. Neu sind die weiteren Einstellungen:
  - Mit `locmgr.delegate = self` geben wir an, dass unsere `ViewController`-Instanz Location-Ereignisse verarbeiten soll. Das ist nur zulässig, weil die `ViewController`-Klasse das Protokoll `CLLocationManagerDelegate` implementiert. Somit können wir unsere Klasse mit im Protokoll definierten Methoden ausstatten, die dann beim Auftreten eines Ereignisses aufgerufen werden. In diesem Beispiel gibt es nur eine derartige Methode, nämlich die im nächsten Abschnitt beschriebene Methode `locationManager`.
  - Mit `desiredAccuracy = kCLLocationAccuracyBest` geben wir an, dass wir die Position des iOS-Geräts mit größtmöglicher Genauigkeit wissen möchten.
  - `requestAlwaysAuthorization` sorgt beim erstmaligen Start der App für den schon bekannten Dialog mit der Frage, ob die App Standortdaten verarbeiten darf. Vergessen Sie nicht, in der Datei `Info.plist` die Eigenschaft `NSLocationAlwaysUsageDescription` hinzuzufügen und ihr einen Erklärungstext zuzuweisen.
  - `startUpdatingLocation` startet schließlich die Ereignisverarbeitung und führt dazu, dass wenig später erstmals die `locationManager`-Methode aufgerufen wird, wenn neue Positionsdaten zur Verfügung stehen.
- Anders als im ersten Beispiel wollen wir diesmal auch auf die Darstellung des Map-View-Steuerelements Einfluss nehmen. Deswegen hält unser View-Controller auch das `MKMapViewDelegate`-Protokoll ein. `map.delegate = self` bewirkt auch hier, dass wir die resultierenden Methodenaufrufe verarbeiten können. Das betrifft in diesem Beispiel die Methode `mapView`, die etwas weiter unten beschrieben wird.

```
override func viewDidLoad() {
  super.viewDidLoad()

  // Location Manager initialisieren
  locmgr = CLLocationManager()
  locmgr.delegate = self
  locmgr.desiredAccuracy = kCLLocationAccuracyBest
  locmgr.requestAlwaysAuthorization()
  locmgr.startUpdatingLocation()

  // Map-Methoden verarbeiten
  map.delegate = self
}
```

locationManager-Delegate

Die Delegate-Methode `locationManager(_:didUpdateLocations:)` wird von nun an circa einmal pro Sekunde aufgerufen. Im ersten Parameter wird der für das Ereignis verantwortliche Location Manager übergeben. Interessanter ist der zweite Parameter, der ein Array mit den aktuellen Positionsangaben übergibt, wobei das letzte Element die aktuellsten Daten enthält. Ein erfreulicher Unterschied zwischen Swift 1 und Swift 2 besteht darin, dass die API besser an Swift angepasst wurde: Positionen werden nicht mehr als `AnyObject`-Array, sondern direkt als `CLLocation`-Array übergeben.

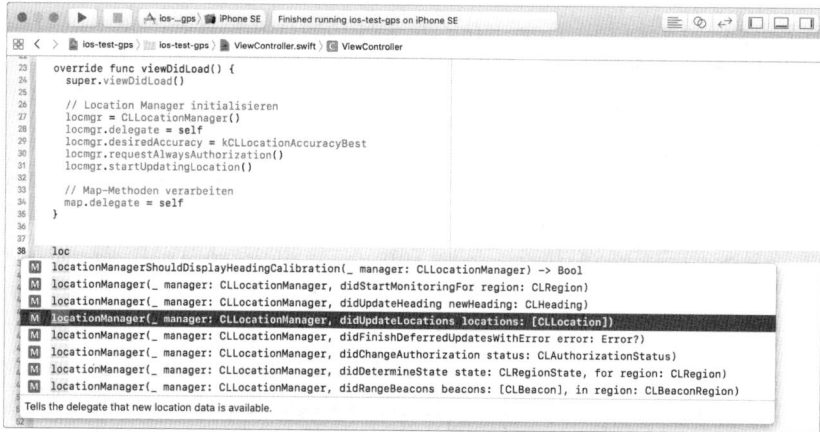

Abbildung 24.9 Die Auto-Vervollständigung hilft bei der Eingabe von Delegate-Methoden.

Eingabe von Delegation-Methoden in Xcode

Vielleicht fragen Sie sich, woher Sie wissen, welche Parameter diese Methode erwartet, und wie Sie die Methode am besten in Xcode eingeben. Ganz einfach: Tippen Sie die Anfangsbuchstaben der Methode ein. Xcode zeigt nun eine Liste der zur Auswahl stehenden Methoden, die in unserem Fall zwar alle `locationManager` heißen, sich aber durch den zweiten Parameter unterscheiden (siehe Abbildung 24.9).

Wir benötigen die Variante der Methode, bei der der zweite Parameter `didUpdateLocations` heißt — was auch aus der im vorigen Absatz angegebenen Signatur `locationManager(_:didUpdateLocations:)` hervorgeht. Wählen Sie die richtige Methode aus, und drücken Sie ⏎.

Die folgenden Zeilen extrahieren aus dem aktuellsten `CLLocation`-Objekt den Längen- und Breitengrad, die Seehöhe (leider nicht besonders genau), die Geschwindigkeit und die Bewegungsrichtung in Grad. All diese Informationen werden in mehreren Zeilen im Label angezeigt.

24.2 Wegstrecke aufzeichnen

setRegion stellt ein, welchen Kartenausschnitt die MapView zeigen soll. Mit den gewählten Daten wird die gerade aktuelle Position immer mittig im Steuerelement dargestellt. Der sichtbare Ausschnitt soll circa eine Breite von einem Kilometer haben.

Zuletzt geht es noch darum, die aktuelle Position im Array coords zu speichern. Da die ersten Positionen oft sehr ungenau sind, ignorieren wir sie. Aber sobald zumindest fünf Positionen vorliegen, erzeugen wir aus den letzten beiden Positionen ein MKPolyline-Objekt. Dieses Objekt fügen wir mit mapOverlay in einen Speicher ein, der sich alle Daten merkt, die auf der Karte dargestellt werden sollen. Beachten Sie, dass an dieser Stelle noch nichts gezeichnet wird! Darum kümmert sich die Map-View selbst, wobei wir diesen Prozess in der mapView-Methode unterstützen.

```swift
// Projekt ios-test-gps, Datei ViewController.swift
func locationManager(_ manager:CLLocationManager,
   didUpdateLocations locations:[CLLocation])
{
  for loc in locations {
    // Position anzeigen und dem coords-Array hinzufügen
    let long  =   String(format: "%.4f", loc.coordinate.longitude)
    let lat   =   String(format: "%.4f", loc.coordinate.latitude)
    let alt   =   String(format: "%.1f", loc.altitude)
    let speed =   String(format: "%.1f", loc.speed)
    let course =  String(format: "%.1f", loc.course)
    label.text = "long= \(long)° / lat = \(lat)° \n" +
                 "alt = \(alt) m \n" +
                 "speed = \(speed) m/s \n" +
                 "course = \(course)° \n" +
                 "time = \(loc.timestamp) \n"

    // sichtbaren Bereich der Karte (inkl. Zoom) einstellen
    // aktuelle Position immer zentriert
    let span = 0.01  // in Grad; 1° entspricht 111 km,
                     // 0.01° entspricht 1100 m
    let reg = MKCoordinateRegion(
      center: map.userLocation.coordinate,
      span: MKCoordinateSpanMake(span, span))
    map.setRegion(reg, animated: false)

    // Koordinaten speichern
    coords.append(loc.coordinate)

    // fügt dem Map-Overlay eine Linie vom letzten
    // zum vorletzten Punkt hinzu
    let n = coords.count
```

```
            if n > 4 {  // die ersten Messpunkte ignorieren, oft ungenau
              var pts = [coords[n-1], coords[n-2]]
              let polyline =
              MKPolyline(coordinates: &pts, count: pts.count)
              map.add(polyline)
            }
    } // for-Ende
}   // func-Ende
```

> **Location-Benachrichtigungen ohne MapView**
>
> Es bietet sich oft an, Ereignisse des Location Managers in Kombination mit einer Map-View zu verarbeiten, aber das ist keineswegs zwingend. Auch ohne MapView kann Ihr Programm einen Location Manager einrichten und dessen Daten verarbeiten. Unbedingt erforderlich ist aber die Abfrage, ob Ihre App Standortdaten empfangen darf (also requestXxxAuthorization in viewDidLoad).

Die mapView-Methode

Die folgende, im CLLocationManagerDelegate-Protokoll definierte mapView-Methode wird immer dann aufgerufen, wenn das MapView-Steuerelement neu gezeichnet wird. Unsere Aufgabe ist es, darin für unsere Daten ein Overlay-Renderer-Objekt zu erzeugen und zurückzugeben. Dieses Objekt bestimmt, wie die Liniensegmente zu zeichnen sind, die auf der Karte erscheinen sollen – in unserem Beispiel als roter, 3 Punkt breiter Linienzug.

```
func mapView(_ mapView: MKMapView,
             rendererFor overlay: MKOverlay)
  -> MKOverlayRenderer
{
  if overlay is MKPolyline {
    // falls Polyline-Overlay: passenden
    // MKPolylineRenderer erzeugen
    let polylineRenderer = MKPolylineRenderer(overlay: overlay)
    polylineRenderer.strokeColor = UIColor.red
    polylineRenderer.lineWidth = 3
    return polylineRenderer
  } else {
    // leere MKOverlayRenderer-Instanz zurückgeben
    return MKOverlayRenderer()
  }
}
```

> **Zeichnen auf einem MapView versus Grafik in einer UIView/NSView**
>
> Wenn Sie schon einen Blick in Kapitel 25, »Grafik und Animation«, geworfen haben, irritiert es Sie vielleicht, dass ich Ihnen hier ganz andere Grafikmethoden präsentiere. Das hat damit zu tun, dass innerhalb der MapView die »normalen« Grafikmethoden (UIBezierPath, Core Graphics etc.) nicht zugänglich sind. Hier müssen wir mit den Möglichkeiten vorlieb nehmen, die das MapView-Steuerelement anbietet.

Erweiterungsmöglichkeiten

Wenn Sie Spaß an dem kleinen Programm haben, gibt es eine Menge Erweiterungsmöglichkeiten:

- Das Programm bietet im laufenden Betrieb keine Möglichkeit, den sichtbaren Ausschnitt einzustellen. Die aktuelle Position wird immer im Bildschirmmittelpunkt angezeigt, der Zoom-Faktor ist unveränderlich. Schuld daran ist der Aufruf von map.setRegion in der Methode locationManager.

  Ein anderer Ansatz könnte darin bestehen, setRegion nur einmal nach dem Start der App aufzurufen und dem Benutzer die Kontrolle über die MapView ansonsten zu überlassen. Dazu müssen die Optionen ALLOWS ZOOMING, SCROLLING und ROTATING im Attributinspektor aktiviert werden.

- Ebenso fehlt der App die Möglichkeit, zwischen den verschiedenen Darstellungsvarianten (also Karte, Satellit, Hybrid) umzustellen. Ein Button und eine Code-Zeile wie map.mapType = MKMapType.Hybrid könnten da rasch Abhilfe schaffen.

- Das Programm speichert die aufgezeichnete Route nicht. Sobald das Programm von iOS aus dem Speicher entfernt wird, hat es alles vergessen. Wenn Sie Routen aufzeichnen möchten, müssen Sie eine Speichermöglichkeit für das Array coords anbieten.

- Als logische Ergänzung würden sich nun ein paar Buttons oder ein eleganterer Steuerungsmechanismus anbieten, um die Positionsaufzeichnung zu starten, zu stoppen bzw. zurückzusetzen.

24.3 Kompassfunktionen

Zwar gibt es in Xcode kein eigenes Kompasssteuerelement, ansonsten ist die Nutzung der Kompassfunktionen aber denkbar einfach: Wir benötigen wie in den vorangegangenen Beispielen einen Location Manager und müssen im View-Controller das Protokoll CLLocationManagerDelegate implementieren. In viewDidLoad erzeugen wir wie gehabt den Location Manager. Anstelle von startUpdatingLocation führen wir diesmal aber startUpdatingHeading aus: Wir sind nicht an Positionsinformationen, sondern nur an Richtungsangaben interessiert. Dafür müssen wir nicht einmal um Erlaubnis bitten.

Die für uns relevante Delegate-Methode locationManager ist am Namen des zweiten Parameters zu erkennen. Dieser muss didUpdateHeading lauten, d. h., die Signatur der Methode lautet locationManager(_:didUpdateHeading:). Der Parameter stellt uns ein CLHeading-Objekt zur Verfügung. Von dessen vielen Eigenschaften interessiert uns nur eine: trueHeading gibt an, in welche Richtung das obere Ende der Benutzeroberfläche des iPhones oder iPads zeigt. Die Angabe erfolgt in Grad. 0° bedeutet, dass das Gerät aus der Sicht des Benutzers nach Norden zeigt, 90° gelten für Osten etc.

> **iPad-Kompass**
>
> Die Kompassfunktionen sind auch bei iPads ohne Mobilfunk- und GPS-Funktionen verwendbar. Beachten Sie aber, dass der Kompass durch Gehäuse mit Magnetverschluss massiv aus dem Gleichgewicht kommt!

Eine minimale Auswertung der Kompassdaten mit Debugging-Anzeige in Xcode erfordert somit nur wenige Zeilen Code:

```
import UIKit
import CoreLocation

class ViewController: UIViewController,
                      CLLocationManagerDelegate
{
  var locmgr:CLLocationManager!

  // Location Manager initialisieren
  override func viewDidLoad() {
    super.viewDidLoad()
    locmgr = CLLocationManager()
    locmgr.delegate = self
    locmgr.desiredAccuracy = kCLLocationAccuracyBest
    locmgr.startUpdatingHeading()
  }

  // wird aufgerufen, wenn das iPhone/iPad in eine
  // andere Richtung zeigt
  func locationManager(_ manager: CLLocationManager,
                       didUpdateHeading newHeading: CLHeading) {
    print(newHeading.trueHeading)
  }
}
```

Kompasskalibrierung

Mitunter erkennen iOS-Geräte die Notwendigkeit, die Kompassfunktion neu zu kalibrieren. Das ist vor allem dann der Fall, wenn die Funktion zum ersten Mal nach langer Zeit verwendet wird oder wenn das Gerät ein störendes Magnetfeld in der Nähe feststellt.

Es ist Ihrer App überlassen, ob bzw. wie sie auf diese Kalibrierungsaufforderung reagiert. Wenn Sie keinen entsprechenden Code vorsehen, dann verzichtet iOS auf die Kalibrierung; es kann dann aber sein, dass die Richtungsangaben ungenau sind. Besser ist es daher, in den View-Controller den folgenden Code einzubauen:

```
func locationManagerShouldDisplayHeadingCalibration(
  _ manager: CLLocationManager) -> Bool
{
  return true
}
```

Das führt dazu, dass Ihre App, wann immer sie es für notwendig hält, einen Kompasskalibrierdialog einblendet. Ihre App-Benutzer müssen nun die Kalibrierung durchführen, ob sie wollen oder nicht. In einer »echten« App ist es vermutlich zweckmäßiger, die Benutzer vorher zu informieren und ihnen die Möglichkeit zu geben, diesen Prozess abzubrechen.

> **Grafische Darstellung eines Kompasses**
>
> Es ist zwar kein Problem, den trueHeading-Wert in einem Label anzuzeigen, besonders hilfreich ist das aber selten. Wer einen Kompass braucht, will in der Regel einen nach Norden gerichteten Pfeil sehen. Die grafische Darstellung ist an sich nicht schwirig, allerdings muss der Code in ein eigenes Steuerelement verpackt werden. Wie das geht, verrate ich Ihnen in Abschnitt 25.2, »Kompass-Steuerelement«.

Kapitel 25
Grafik und Animation

Dieses Kapitel gibt eine kurze Einführung in die Themen Grafik und Animation. Im Grafikteil geht es darum, in eigenen Apps nicht nur vorgegebene Steuerelemente oder aus den Xcassets geladene Bitmaps anzuzeigen, sondern dynamisch generierte Grafik.

Der Animationsteil erklärt, wie Sie Änderungen in der Oberfläche Ihrer App durch Animationen eleganter gestalten oder gerade wichtige Elemente hervorheben können.

Wie so oft gilt auch für dieses Kapitel: In diesem Buch ist gerade einmal Platz für den Einstieg. Eine detaillierte Beschreibung der Grafikfunktionen und Animationsmöglichkeiten von iOS und macOS könnte ein kleineres Buch füllen. Das Ziel dieses Kapitels ist es also, Ihnen bei den ersten Schritten zu helfen. Haben Sie die Grundkonzepte einmal verstanden, wird es Ihnen nicht allzu schwer fallen, mithilfe von Stackoverflow und anderen Seiten eigene Effekte zu programmieren.

Konkrete Beispiele zur Grafikprogrammierung bzw. für Animationen finden Sie in den folgenden Abschnitten bzw. Kapiteln:

- Abschnitt 19.4, »Maus«: eigenes Steuerelement zum Zeichnen von Kreisen unter macOS
- Kapitel 33, »Schatzsuche«: eigenes Steuerelement mit Richtungspfeil
- Kapitel 35, »Fünf Gewinnt«: einfache Animationen
- Kapitel 36, »Icon-Resizer«: Bitmaps skalieren
- Kapitel 38, »Pac-Man selbst gemacht«: PNGs erzeugen und speichern

Gewissermaßen auch um Grafikprogrammierung geht es, wenn Sie Spiele mit SpriteKit entwickeln (siehe Kapitel 27, »SpriteKit«). Dabei wird aber primär mit animierten Bitmaps gearbeitet, und es kommen vollkommen andere Klassen und Methoden zum Einsatz.

25.1 Eigene Steuerelemente mit Grafikfunktionen

Hinter den Kulissen sind alle Steuerelemente Instanzen von Klassen, die wiederum von UIView (iOS, watchOS) bzw. NSView (macOS) abgeleitet sind. Was tun Sie, wenn Sie eine vorhandene Klasse um neue Funktionen erweitern möchten? Sie nutzen den Mechanismus der Vererbung (siehe Abschnitt 12.1). Das gelingt umso unkomplizierter, je einfacher das Basissteuerelement ist.

Das Ziel dieses Abschnitts ist es, eigene Grafik in einer iOS-App darzustellen. Naheliegend wäre es jetzt vielleicht, dass Sie mit draw-Methoden in den Hintergrund der App oder in bzw. über ein Standardsteuerelement zeichnen. Das ist in dieser simplen Form allerdings nicht vorgesehen.

Der richtige Weg sieht vielmehr so aus, dass Sie an der Stelle Ihrer App, an der Sie Grafikausgaben durchführen möchten, eine View einfügen, also bei iOS-Apps ein vorerst leeres UIView-Steuerelement. Dieses Steuerelement verbinden Sie dann mit einer eigenen, von UIView abgeleiteten Klasse. Diese enthält den Code, um das Innere des Steuerelements zu zeichnen. Und da eine View die denkbar einfachste Form eines Steuerelements ist, wird sich gleich zeigen, dass die Erweiterung der UIView-Klasse mit wenig Aufwand verbunden ist: Sie müssen lediglich die draw-Methode neu implementieren.

Eine Klasse für ein neues Steuerelement

Um ein neues Steuerelement zu erzeugen, brauchen Sie als Erstes eine neue Klasse. Dazu führen Sie im aktuellen iOS-Projekt FILE • NEW • FILE aus und wählen die Vorlage COCOA TOUCH CLASS aus. Im zweiten Schritt benennen Sie die Klasse, z. B. mit MyView, und geben im Listenfeld SUBCLASS OF an, von welcher vorhandenen Klasse Sie Ihre Kreation ableiten möchten (siehe Abbildung 25.1). Für unsere Zwecke eignet sich UIView am besten. Dabei handelt es sich um einen rechteckigen Bereich, dessen Inhalt Sie selbst grafisch gestalten können. Dazu müssen Sie lediglich die drawRect-Methode überschreiben und mit eigenem Code ausstatten.

Abbildung 25.1 Eine neue Klasse für das Steuerelement anlegen

Zuletzt müssen Sie noch angeben, wo Sie die neue *.swift-Datei speichern möchten. Sofern Ihr iOS-Projekt nicht schon aus sehr vielen Dateien besteht, spricht nichts

25.1 Eigene Steuerelemente mit Grafikfunktionen

dagegen, dies einfach im Grundverzeichnis Ihres Projekts zu tun. In diesem Fall bestätigen Sie den Vorschlag von Xcode einfach mit CREATE. Xcode zeigt die neue Datei an, die anfänglich folgenden Inhalt hat:

```
// Projekt ios-grafik, Datei MyView.swift
class MyView: UIView {
  // Only override draw: if you perform custom drawing.
  // An empty implementation adversely affects performance during
  // animation.
  override func draw(_ rect: CGRect) {
    // Drawing code
  }
}
```

Die draw-Methode

In der neuen Klasse wird die Methode draw immer dann aufgerufen, wenn das ganze Steuerelement oder auch nur Teile davon neu zu zeichnen sind. Der neu zu zeichnende Bereich geht aus dem Parameter rect hervor. Im Regelfall werden Sie diesen Parameter ignorieren und einfach alles neu zeichnen.

Beginnen wir mit einem Beispiel: Um innerhalb des neuen Steuerelements eine rote, drei Punkte breite Linie zu zeichnen, ist der folgende Code erforderlich, den ich gleich erläutern werde:

```
// im Steuerelement eine rote, schräge Linie zeichnen
override func draw(_ rect: CGRect) {
  let start = CGPoint(x: 10, y: 20)    // links oben
  let end   = CGPoint(x: 400, y: 900)  // rechts unten

  let line = UIBezierPath()
  line.move(to: start)       // Startpunkt festlegen
  line.addLine(to: end)      // Linie zum Endpunkt
  line.lineWidth = 3         // Linienbreite
  UIColor.red.setStroke()    // Farbe einstellen
  line.stroke()              // Linie zeichnen
}
```

> **Koordinatensystem**
>
> Das Koordinatensystem für alle Ausgaben beginnt mit (0, 0) in der linken oberen Ecke. Die X-Achse zeigt nach rechts, die Y-Achse nach unten. Die Größe der Zeichenfläche können Sie self.bounds.width und self.bounds.height entnehmen.

Das neue Steuerelement verwenden

Nun stellt sich die Frage, wie das neue Steuerelement in die App eingefügt werden kann: In der Objektbibliothek erscheint MyView nämlich nicht. Tatsächlich ist die Vorgehensweise (zumindest beim ersten Mal) ein wenig merkwürdig: Sie fügen in die App nämlich nicht Ihr MyView-Steuerelement ein, sondern das zugrunde liegende Basissteuerelement – in diesem Beispiel also eine UIView. Dieses Minimalsteuerelement, das in seiner Grundfunktion nichts tut und nur als Platzhalter dient, ist nämlich sehr wohl in der Objektbibliothek enthalten.

Dann klicken Sie das Steuerelement an, öffnen in der rechten Seitenleiste den IDENTITY INSPECTOR und stellen im Feld CUSTOM CLASS die Steuerelementklasse ein, die Sie *tatsächlich* nutzen möchten – also MyView (siehe Abbildung 25.2). Im Auswahlfeld stehen nur passende Steuerelemente zur Auswahl, also solche, die von dem Steuerelement abgeleitet sind, das Sie ursprünglich in den View-Controller eingefügt haben.

Diese Vorgehensweise ist dieselbe, die Ihnen aus dem Umgang mit mehreren View-Controllern schon vertraut ist: Auch dort wird der View-Controller, also genau genommen ein Objekt der UIViewController-Klasse, nachträglich mit einer eigenen Klasse verbunden – z. B. mit MyViewController oder wie immer Sie Ihre Klasse genannt haben.

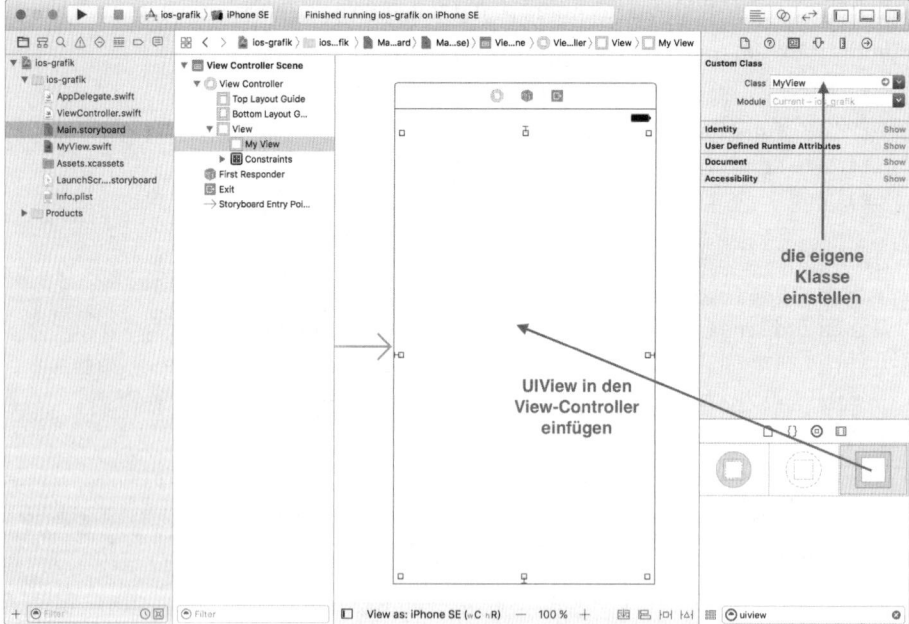

Abbildung 25.2 »Custom Class« bestimmt die tatsächlich genutzte Steuerelementklasse.

Wenn Sie das Programm jetzt starten, dann wird in der UIView, die bei diesem Programm der einzige Bestandteil der App-Oberfläche ist, eine rote Linie gezeichnet (siehe Abbildung 25.3). Dass die Linie unten abgeschnitten ist, liegt daran, dass unser UIView-Steuerelement zu klein ist. Alle Grafikausgaben sind auf die Größe des jeweiligen Steuerelements begrenzt.

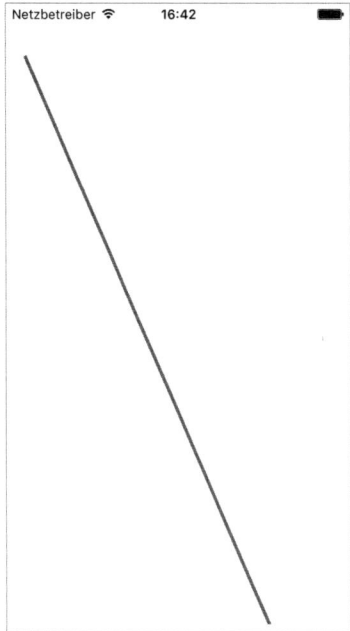

Abbildung 25.3 Recht unspektakulär – die erste eigene Grafikausgabe

Die UIBezierPath-Klasse

Nachdem die prinzipielle Vorgehensweise hin zur ersten Grafikausgabe nun klar ist, muss ich Ihnen die UIBezierPath-Klasse näher vorstellen. Sie bietet zwar keineswegs die einzige Möglichkeit, Grafikausgaben durchzuführen, aber mit dieser einen Klasse kommen Sie schon ziemlich weit. Lassen Sie sich vom Namen der Klasse nicht irritieren: Sie können damit keineswegs nur Bezierkurven zeichnen, sondern auch Linien, Polygone, Kreise und viele andere geometrische Formen.

Die Grundidee sieht so aus:

- Sie erzeugen ein UIBezierPath-Objekt. Dabei können Sie zuerst ein leeres Objekt erzeugen, dem Sie später durch move, addLine etc. Grafikelemente hinzufügen, oder Sie verwenden eine der diversen Init-Funktionen, um gleich den Pfad für einen Kreis, für ein abgerundetes Rechteck etc. zu erzeugen.
- Sie stellen mit den Methoden setStroke und setFill die Farben ein, die für die Umrandung des Objekts bzw. zum Ausfüllen des Inhalts verwendet werden sollen.

▶ Sie zeichnen das Objekt mit den Methoden fill (Inhalt) bzw. stroke (Umrandung). Wenn Sie ein Objekt mit einer Farbe füllen, aber mit einer anderen umranden wollen, ist es wichtig, dass Sie zuerst fill und dann stroke ausführen. Bei einer umgekehrten Reihenfolge würde fill die Ausgabe von stroke zumindest teilweise überschreiben.

Bei komplexen Grafiken wiederholen Sie diesen Vorgang und setzen so Ihre Ausgabe aus beliebig vielen Teilen zusammen. Tatsächlich ausgeführt werden die Grafikausgaben immer dann, wenn iOS erkennt, dass der Inhalt des Steuerelements neu gezeichnet werden muss. Dann kommt es automatisch zum Aufruf der draw-Methode. Bei einer Drehung des iPhones, bei Animationen etc. kann das mehrere Male pro Sekunde der Fall sein. Sie sollten sich also bemühen, den Code in der draw-Methode möglichst effizient zu gestalten.

Das folgende Listing zeigt einige Anwendungsbeispiele, um die Syntax zu verdeutlichen (siehe Abbildung 25.4). Wenn Sie im Internet nach *swift uibezierpath* suchen, finden Sie unzählige weitere Beispiele und Varianten.

```
// Kreis
let midpt = CGPoint(x: 250, y: 100)
let circle = UIBezierPath(arcCenter:  midpt,
                          radius:     50,
                          startAngle: 0,
                          endAngle:   2 * .pi,
                          clockwise:  true)
circle.lineWidth = 4
UIColor.black.setStroke()
UIColor.yellow.setFill()
circle.fill()
circle.stroke()

// abgerundetes Rechteck mit strichlierter Linie
let rrect = CGRect(x: 100, y: 220,
                   width: 200, height: 100)
let rrectpath = UIBezierPath(roundedRect: rrect,
                             cornerRadius: 10)
rrectpath.lineWidth = 5
let dashes:[CGFloat] = [4, 2]
rrectpath.setLineDash(dashes, count: 2, phase: 0)
UIColor.gray.setStroke()
rrectpath.stroke()

// gefülltes Polygon
let pts = [
  CGPoint(x:  80, y: 400),
```

```
    CGPoint(x: 180, y: 450),
    CGPoint(x: 180, y: 490),
    CGPoint(x: 140, y: 520),
    CGPoint(x:  70, y: 410)
]

let poly = UIBezierPath()
poly.move(to: pts[0])
for i in 1..<pts.count {
    poly.addLine(to: pts[i])
}
poly.close()
UIColor.blue.setFill()
poly.fill()
```

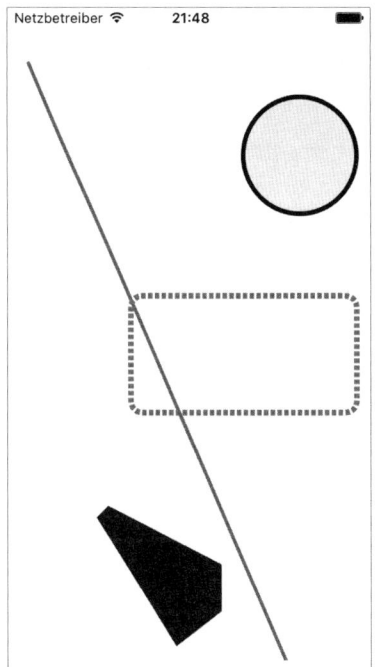

Abbildung 25.4 Einfache UIBezierPath-Grafiken

Hintergrundfarbe einstellen

Die Hintergrundfarbe der View können Sie wie üblich in Xcode im Attributinspektor einstellen. Im Beispielprogramm habe ich die Voreinstellung auf Weiß belassen. Wenn Sie den Hintergrund dynamisch innerhalb der draw-Methode variieren möchten, beginnen Sie Ihre Ausgabe so:

```
override func draw(_ rect: CGRect) {
  // grauer Hintergrund
  UIColor.gray.setFill()
  UIBezierPath(rect: rect).fill()
  // ... weitere Ausgaben
}
```

Damit erzeugen Sie ein rechteckiges Bézier-Objekt, speichern dieses jedoch nicht, sondern zeichnen seinen Inhalt sofort mit `fill`.

25.2 Kompass-Steuerelement

Als Beispiel dafür, mit wie wenig Aufwand sich ein »richtiges« neues Steuerelement gestalten lässt, zeigt dieser Abschnitt die Realisierung des CompassView-Steuerelements. Es zeigt eine Kompassnadel im gewünschten Winkel an. Zum Schluss des Abschnitts wird das Steuerelement mit ein paar Zeilen Code mit den Richtungsdaten des Location Managers verknüpft. Das Ergebnis ist eine App, die immer nach Norden zeigt (siehe Abbildung 25.5).

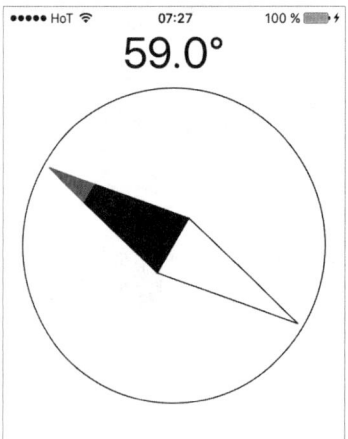

Abbildung 25.5 Die fertige Kompass-App

Im Vergleich zur Einführung in die Grafikprogrammierung ist bei diesem Beispiel noch ein Aspekt neu: Ich zeige Ihnen, wie Sie das Steuerelement so gestalten, dass Sie bereits in Xcode (und nicht erst im laufenden Programm) eine Vorschau sehen und im Attributinspektor Eigenschaften der CompassView einstellen können.

Die CompassView-Klasse

Wie beim Einführungsprojekt besteht der erste Schritt darin, eine neue, von UIView abgeleitete Klasse einzurichten. Diese erhält diesmal den Namen CompassView. Das

Steuerelement soll die Richtung nach Norden anzeigen. Deswegen ergänzen wir die neue Klasse zuerst um die Eigenschaft heading. Diese Double-Zahl entspricht der trueHeading-Eigenschaft der CLHeading-Klasse, auf die wir später bei der Auswertung des Location Managers stoßen werden. Ein Beispiel: Liefert trueHeading beispielsweise den Wert 90, weil das iOS-Gerät gerade nach Osten zeigt, dann muss die Kompassnadel entsprechend nach links zeigen – weil Norden, relativ zum Standpunkt des Nutzers, jetzt links ist.

Damit der Kompass bei jeder Änderung dieser Eigenschaft neu gezeichnet wird, versehen wir die Eigenschaft mit einem Property Observer. Jede Änderung führt nun dazu, dass die Methode setNeedsDisplay ausgeführt wird. Diese von der UIView-Klasse vererbte Methode löst einen Aufruf von drawRect aus.

Die Variablen color und northColor steuern, in welcher Farbe die Kompassnadel und in welcher Farbe ihre Spitze gezeichnet werden soll.

```swift
class CompassView: UIView {
  var heading = 0.0    {    // Kompassrichtung in Grad, 0 = Norden
    didSet {             // bei Änderung neu zeichnen
      setNeedsDisplay()
    }
  }

  // Farbe für die Kompassrose und die Nadel
  var color: UIColor = .black

  // Farbe für die nach Norden zeigende Kompassspitze
  var northColor: UIColor =.red

  // Kompassnadel zeichnen
  override func draw(_ rect: CGRect) { ... }
}
```

Nun müssen wir noch draw um Grafikkommandos ergänzen, die mittig im Steuerelement einen Kreis und darin eine symbolisierte Kompassnadel zeichnen. Der erforderliche Code ist ziemlich lang, aber nicht allzu schwer zu verstehen, wenn Sie die Sinus- und Cosinus-Funktionen kennen. In side wird die Seitenlänge des Quadrats ausgerechnet, das innerhalb der CompassView zur Darstellung des Kompasses vorgesehen ist. Die Seitenlänge ergibt sich aus dem kleineren Wert der Steuerelementlänge bzw. -breite. Die diversen x- und y-Variablen geben die Eckpunkte der Kompassnadel an. Wenn Sie mit den Sinus- und Cosinus-Funktionen nicht vertraut sind, empfehle ich Ihnen eine kurze Wikipedia-Nachhilfe:

https://de.wikipedia.org/wiki/Sinus_und_Kosinus

Im Code kommen außerdem zwei neue Zeichenmethoden vor: `CGContextAddArc` zeichnet den Kreis, `CGContextDrawPath` zeichnet ein gefülltes umrandetes Polygon.

```swift
// Projekt ios-compass, Datei CompassView.swift
override func draw(_ rect: CGRect) {
  // Winkel im Zahlenbereich 0 bis 2*Pi
  let rad = heading / 180.0 * .pi

  // Kompassgröße
  let side   = Double(min(bounds.size.width,
                          bounds.size.height))
  let side2  = side / 2
  let radout = side2 * 0.95   // Radius zur Spitze
  let radin  = side2 * 0.20   // Radius für Ost/West-Punkte

  // Kompassspitze Nord
  let xnorth = side2 - radout * sin(rad)
  let ynorth = side2 - radout * cos(rad)

  // Kompassspitze Süd
  let xsouth = side2 - radout * sin(rad + .pi)
  let ysouth = side2 - radout * cos(rad + .pi)

  // Kompassseite Ost/West
  let xeast  = side2 - radin * sin(rad + .pi / 2)
  let yeast  = side2 - radin * cos(rad + .pi / 2)
  let xwest  = side2 - radin * sin(rad + 3 * .pi / 2)
  let ywest  = side2 - radin * cos(rad + 3 * .pi / 2)

  // Kompasseite Ost/West für farblich abgesetzte Spitze
  let xeast2  = (2 * xnorth + xeast) / 3
  let yeast2  = (2 * ynorth + yeast) / 3
  let xwest2  = (2 * xnorth + xwest) / 3
  let ywest2  = (2 * ynorth + ywest) / 3

  // Kreis
  let circle = UIBezierPath(arcCenter:
                     CGPoint(x: side2, y: side2),
                 radius: CGFloat(side2 - 2),
                 startAngle: 0,
                 endAngle: 2 * .pi,
                 clockwise: true)
  UIColor.black.setStroke()
  circle.stroke()
```

```
// Kompassnadelspitze Nord
northColor.setFill()
northColor.setStroke()
with( UIBezierPath() ) { // Closure, with ist in
                         // Global.swift definiert
  $0.move(to: CGPoint(x: xnorth, y: ynorth))
  $0.addLine(to: CGPoint(x: xeast, y: yeast))
  $0.addLine(to: CGPoint(x: xwest, y: ywest))
  $0.addLine(to: CGPoint(x: xnorth, y: ynorth))
  $0.fill()     // Fill und Stroke
  $0.stroke()
}

// Kompassnadelbasis Nord
color.setFill()
color.setStroke()
with( UIBezierPath() ) {
  $0.move(to: CGPoint(x: xeast2, y: yeast2))
  $0.addLine(to: CGPoint(x: xeast,  y: yeast))
  $0.addLine(to: CGPoint(x: xwest,  y: ywest))
  $0.addLine(to: CGPoint(x: xwest2, y: ywest2))
  $0.addLine(to: CGPoint(x: xeast2, y: yeast2))
  $0.fill()
  $0.stroke()
}

// Kompassnadel Süden
color.setStroke()
with( UIBezierPath() ) {
  $0.move(to: CGPoint(x: xsouth, y: ysouth))
  $0.addLine(to: CGPoint(x: xeast, y: yeast))
  $0.addLine(to: CGPoint(x: xwest, y: ywest))
  $0.addLine(to: CGPoint(x: xsouth, y: ysouth))
  $0.stroke()   // nur Stroke
  }
}
```

Naturgemäß können Sie die optische Gestaltung des Steuerelements noch optimieren, z. B. indem Sie die vier Himmelsrichtungen auf der Rose markieren, Gradangaben wie auf einem Zifferblatt einfügen etc. Auch 3D-Effekte wären denkbar – aber Sie wissen ja: Spätestens seit iOS 7 gilt bei der grafischen Gestaltung von Apps die Devise »Weniger ist mehr«.

Hilfsfunktion »with«

Beim Arbeiten mit UIBezierPath-Objekten kommt es oft zu einem Code nach diesem Muster:

```
let geometricform = UIBezierPath()
geometricform.move(to: CGPoint(x: xnorth, y: ynorth)
geometricform.addLine(to: CGPoint(x: xeast, y: yeast))
geometricform.addLine(to: CGPoint(x: xwest, y: ywest))
geometricform.addLine(to: CGPoint(x: xnorth, y: ynorth))
geometricform.fill()     // Fill und Stroke
geometricform.stroke()
```

Es wird also ein UIBezierPath-Objekt erzeugt, etliche Male manipuliert und schließlich gezeichnet. Dabei muss ein- und derselbe Variablenname immer wieder geschrieben werden; gleichzeitig werden die Zeilen sehr lang und unübersichtlich. In der draw-Methode habe ich das vermieden, indem ich die Verarbeitung des UIBezierPath-Objekts in eine Closure verpackt habe. Damit das funktioniert, habe ich in Globals.swift die folgende generische Funktion definiert:

```
func with<T>(_ object: T, closure: (T)->()) {
  closure(object)
}
```

Automatischer Redraw bei Größenänderung

Wenn sich die Größe des Steuerelements ändert, z. B. bei einer Drehung eines iOS-Geräts, dann erwarten wir natürlich, dass das Steuerelement in der neuen Größe neu gezeichnet wird. iOS kümmert sich darum – aber tut dies nicht automatisch. Vielmehr müssen Sie dazu das Steuerelement im Storyboard zuerst anklicken und dann im Attributinspektor die View-Eigenschaft MODE auf REDRAW stellen (siehe Abbildung 25.6). Hinter den Xcode-Kulissen heißt die betreffende Eigenschaft der UIView-Klasse contentMode.

Abbildung 25.6 Die Einstellung »Mode = Redraw« stellt sicher, dass das Steuerelement bei Größenänderungen korrekt neu gezeichnet wird.

Kompassnadel einstellen

Nun geht es nur noch darum, im laufenden Programm die Kompassnadel entsprechend der Lage des iPhones auszurichten. Dazu müssen Sie im View-Controller zuerst das `CLLocationManagerDelegate`-Protokoll implementieren (siehe Abschnitt 24.3, »Kompassfunktionen«). Die relevanten Zeilen sehen so aus:

```
// Projekt ios-compass, Datei ViewController.swift
class ViewController: UIViewController,
                      CLLocationManagerDelegate
{
  // Zugriff auf ein Label und das Compass-View-Steuerelement
  @IBOutlet weak var label: UILabel!
  @IBOutlet weak var compass: CompassView!

  // Location Manager
  var locmgr: CLLocationManager!

  // Initialisierung
  override func viewDidLoad() {
    super.viewDidLoad()

    // Location Manager für Richtungsinformationen einrichten
    locmgr = CLLocationManager()
    locmgr.delegate = self
    locmgr.desiredAccuracy = kCLLocationAccuracyBest
    locmgr.startUpdatingHeading()
  }
}
```

Nach diesen Vorbereitungen können Sie die `heading`-Eigenschaft der `CompassView` in der `locationManager`-Methode ausrichten und die Abweichung gegenüber der Nordrichtung in einem Label anzeigen:

```
func locationManager(_ manager: CLLocationManager,
                didUpdateHeading newHeading: CLHeading)
{
  let head = newHeading.trueHeading
  label.text = String(format:"%.1f°", head)
  compass.heading = head
}
```

Im Simulator lässt sich dieses Programm nicht sinnvoll testen, aber die probeweise Ausführung auf einem iPhone zeigt, dass das Programm wie erwünscht funktioniert (siehe Abbildung 25.5).

Den Kompass an die Ausrichtung des Geräts anpassen

Allerdings fördert der Test ein neues Problem zutage: Wird das iPhone ins Querformat gedreht, zeigt die Kompassnadel plötzlich nicht mehr nach Norden! Schuld daran ist, dass der Location Manager nichts von der Drehung der iOS-Benutzeroberfläche weiß. Abhilfe ist zum Glück nicht schwierig: Sie müssen bei jeder Änderung der Ausrichtung des Geräts auch die Ausrichtung des Kompasses anpassen.

Dazu richten Sie in viewDidLoad die Methode rotated ein, die immer dann automatisch ausgeführt werden soll, wenn sich die Geräteausrichtung ändert. addObserver meldet rotated beim Notification Center an. Dabei handelt es sich um eine zentrale Kommunikationseinheit für iOS-Apps. Detaillierte Informationen zum Notification Center folgen in Abschnitt 33.3, »Location Manager selbst gemacht«.

In rotated werten Sie die orientation-Eigenschaft von currentDevice aus und stellen entsprechend die headingOrientation des Location Managers ein. Die naheliegende Zuweisung

```
locmgr.headingOrientation = UIDevice.current.orientation
```

ist übrigens nicht möglich, weil die Eigenschaften headingOrientation und orientation unterschiedliche Datentypen aufweisen.

```swift
// Projekt ios-compass, Datei ViewController.swift
override func viewDidLoad() {
  super.viewDidLoad()
  locmgr = CLLocationManager()
  // ... wie bisher

  // bei einer Änderung der Geräteausrichtung
  // die Methode rotated() ausführen und auf die
  // Drehung des iOS-Geräts reagieren
  NotificationCenter.default.addObserver(
    self,
    selector: #selector(ViewController.rotated),
    name: NSNotification.Name.UIDeviceOrientationDidChange,
    object: nil)
}

// Kompassausrichtung an die Geräteausrichtung anpassen
func rotated() {
  switch UIDevice.current.orientation {
  case .portrait:
    locmgr.headingOrientation = .portrait
  case .landscapeLeft:
    locmgr.headingOrientation = .landscapeLeft
  case .landscapeRight:
```

```
    locmgr.headingOrientation = .landscapeRight
  case .portraitUpsideDown:
    locmgr.headingOrientation = .portraitUpsideDown
  default: break
  }
}
```

Xcode-Integration mit IBDesignable und IBInspectable

Prinzipiell erfüllen das Kompasssteuerelement und seine Integration in die Kompass-App nun alle Aufgaben. Der Umgang mit dem Steuerelement in Xcode ist aber wenig elegant: Im Storyboard wird das Steuerelement nur als rechteckiger Rahmen dargestellt; seine Eigenschaften heading, color und northColor können nur per Code, aber nicht wie bei anderen Steuerelementen im Attributinspektor eingestellt werden.

Mit ein wenig Mühe können wir aus dem CompassView-Steuerelement ein vollwertiges Steuerelement machen. Dazu müssen wir die CompassView-Klasse mit dem Attribut @IBDesignable versehen und die für Xcode zugänglichen Eigenschaften der Klasse mit dem Attribut @IBInspectable kennzeichnen. Vorweg ein paar Hintergrundinformationen:

▶ @IBInspectable macht eigene Eigenschaften für den Attributinspektor von Xcode zugänglich. Wenn Sie also mit Swift ein neues Steuerelement entwickeln und eine Eigenschaft mit dem Attribut @IBInspectable auszeichnen, können Sie diese Eigenschaft im Attributinspektor einstellen. Dabei werden unter anderem die folgenden Datentypen unterstützt: Bool, CGFloat, CGPoint, CGRect, CGSize, Double, Int, String, UIColor und UIImage.

▶ @IBDesignable ist für eigene Steuerelemente gedacht, die von der UIView-Klasse abgeleitet sind. Xcode kann mit diesem Attribut ausgestattete Steuerelemente im Storyboard-Editor direkt darstellen.

Damit das Steuerelement in Xcode eine »Live View« bietet, also bereits in der Vorschau korrekt angezeigt wird, stellen Sie der Klasse @IBDesignable voran. Außerdem machen Sie Eigenschaften des Steuerelements mit @IBInspectable für den Attributinspektor zugänglich.

```
// Projekt ios-compass, Datei CompassView.swift
@IBDesignable class CompassView: UIView {

  // diese drei Eigenschaften in Xcode zugänglich machen
  @IBInspectable var heading: Double = 0.0   {
    didSet {              // bei Änderung neu zeichnen
      setNeedsDisplay()
    }
  }
```

```
  @IBInspectable var color: UIColor = .black
  @IBInspectable var northColor: UIColor = .red

  // weiterer Code wie bisher
}
```

Bei meinen Tests hat sich herausgestellt, dass der Datentyp der Eigenschaft explizit angegeben werden muss – hier also mit `Double` bzw. `UIColor`. Der folgende, eigentlich gleichwertige Code funktioniert nicht!

```
// so funktioniert es nicht
@IBInspectable var heading = 0.0  {
  didSet { setNeedsDisplay() }
}
@IBInspectable var color: = UIColor.black
@IBInspectable var northColor = UIColor.red
```

Der Lohn dieser Umstellarbeiten zeigt sich in Xcode: Das Kompasssteuerelement wird nun bereits in der Vorschau korrekt angezeigt, und seine Eigenschaften können direkt eingestellt werden (siehe Abbildung 25.7). Beachten Sie übrigens, dass Xcode die Eigenschaftsnamen nicht einfach unverändert übernimmt. Vielmehr wird der erste Buchstabe zu einem Großbuchstaben, außerdem wird die Bezeichnung bei einem Wechsel von Klein- zu Großbuchstaben getrennt. Aus `northColor` wird also NORTH COLOR. Schade, dass Xcode das Steuerelement nicht auch in der Objektbibliothek anzeigt!

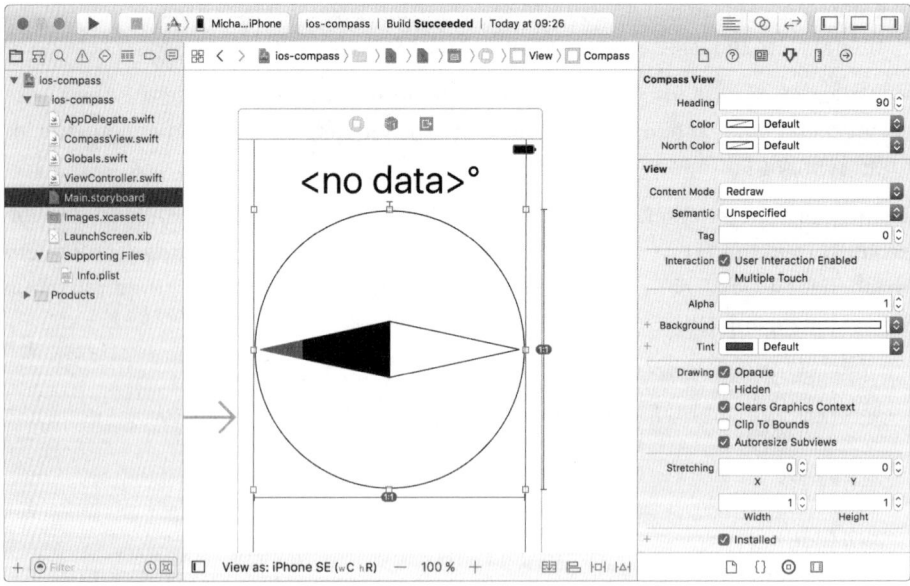

Abbildung 25.7 Vorschau des »CompassView«-Steuerelements in einem Storyboard, Einstellung seiner Eigenschaften im Attributinspektor

25.3 Core Graphics

Die Verwendung von `UIBezierPath`-Objekten unter iOS bzw. tvOS bzw. von `NSBezierPath`-Objekten unter macOS ist gewissermaßen die moderne Form der Grafikprogrammierung. Eine Ebene weiter unten in den Apple-Bibliotheken befindet sich `CoreGraphics` mit dem Kürzel CG. Die hier versammelten Funktionen sind mitunter weniger bequem in der Anwendung, bieten zum Teil aber zusätzliche Möglichkeiten. Um Ihnen an dieser Stelle zumindest das Konzept von Core Graphics zu präsentieren, habe ich vom vorhin vorgestellten `CompassView`-Steuerelement eine Core-Graphics-Variante zusammengestellt. Der gesamte Code ist fast identisch; die einzige Ausnahme ist die `draw`-Methode, auf die ich mich hier konzentriere:

Grundvoraussetzung für die Anwendung der Core-Graphics-Methoden ist ein Grafikkontext, den Sie mit `UIGraphicsGetCurrentContext` ermitteln. Alle Grafikmethoden werden auf das `CGContext`-Objekt angewendet. Die folgenden Zeilen zeichnen eine diagonale rote Linie in einem `UIView`-Container:

```
override func draw(_ rect: CGRect) {
  let start = CGPoint(x: 10, y: 20)
  let end   = CGPoint(x: 400, y: 900)
  let context = UIGraphicsGetCurrentContext()
  context?.setLineWidth(3)
  context?.move(to: start)
  context?.addLine(to: end)
  UIColor.red.set()
  context?.strokePath()
}
```

Nach diesem Muster ist es kein Problem, den `UIBezierPath`-Code der ersten CompassView-Version auf `CoreGraphics` umzustellen. Die konzeptuellen Ähnlichkeiten sind unverkennbar:

```
// Projekt ios-grafik-cg, Datei CompassView.swift
// Inhalt des Steuerelements zeichnen
override func draw(_ rect: CGRect) {
  let context = UIGraphicsGetCurrentContext()

  // Berechnung von rad, side, x<name> und y<name>
  // wie bei der UIBezierPath-Variante ...

  // Kreis
  context?.setLineWidth(2.0)
  context?.setStrokeColor(color.cgColor)
  UIColor.black.set()
  context?.addArc(center: CGPoint(x: side2, y: side2),
```

```
                radius: side2 - 2,
                startAngle: 0.0,       // Start- und Endwinkel
                endAngle: .pi * 2,
                clockwise: true)
    context?.strokePath()

    // Kompassnadelspitze (rot)
    context?.setLineWidth(1.0)
    context?.setFillColor(northColor.cgColor)
    context?.setStrokeColor(northColor.cgColor)
    context?.move(to: CGPoint(x: xnorth, y: ynorth))
    context?.addLine(to: CGPoint(x: xeast, y: yeast))
    context?.addLine(to: CGPoint(x: xwest, y: ywest))
    context?.addLine(to: CGPoint(x: xnorth, y: ynorth))
    context?.drawPath(using: .fillStroke)    // zuerst Stroke, dann
      Fill

    // Kompassnadel schwarz (Norden)
    context?.setFillColor(color.cgColor)
    context?.setStrokeColor(color.cgColor)
    context?.move(to: CGPoint(x: xeast2, y: yeast2))
    context?.addLine(to: CGPoint(x: xeast,  y: yeast))
    context?.addLine(to: CGPoint(x: xwest,  y: ywest))
    context?.addLine(to: CGPoint(x: xwest2, y: ywest2))
    context?.addLine(to: CGPoint(x: xeast2, y: yeast2))
    context?.drawPath(using: .fillStroke)

    // Kompassnadel weiß (Süden)
    context?.setStrokeColor(color.cgColor)
    context?.move(to: CGPoint(x: xsouth, y: ysouth))
    context?.addLine(to: CGPoint(x: xeast, y: yeast))
    context?.addLine(to: CGPoint(x: xwest, y: ywest))
    context?.addLine(to: CGPoint(x: xsouth, y: ysouth))
    context?.strokePath()    // nur Stroke
}
```

25.4 Animationen

iOS stellt innerhalb des UIKit ein ganzes Framework von Klassen und Methoden zur Verfügung, um Elemente von Benutzeroberflächen mit Animationen zu verändern. Einmal gestartete Animationen blockieren das Hauptprogramm nicht. Wenn mehrere Animationen auf einmal gestartet werden, laufen diese gleichzeitig ab. Animieren lassen sich unter anderem die Form und die Größe aller Steuerelemente

25.4 Animationen

(Views), deren Farben und Transparenzeinstellungen sowie diverse andere Eigenschaften, die für das visuelle Erscheinungsbild verantwortlich sind.

Hello World!

Dieses Buch ist nicht der geeignete Ort für eine enzyklopädische Beschreibung des Animation-Frameworks. Stattdessen möchte ich Ihnen hier nur die elementarsten Konzepte anhand von Beispielen näherbringen. Als Ausgangspunkt dient das Projekt ios-animation: Es enthält einen Tab-Bar-Controller mit drei Seiten, wobei auf jeder Seite eine Animation mit dem START-Button ausgeführt werden kann. Auf der ersten Seite wandert ein anfänglich graues Quadrat nach unten. Dabei verändert sich seine Form in ein Rechteck und seine Farbe in Blau (siehe Abbildung 25.8).

Der für die Animation verantwortliche Code ist verblüffend kurz und einfach: In der Action-Methode des Buttons wird die statische Methode animateWithDuration ausgeführt. An diese Methode werden zwei Parameter übergeben: die Zeitdauer der Animation, hier also eineinhalb Sekunden, sowie eine Closure mit Einstellungen, die das animierte Objekt zum Schluss haben soll. In diesem Beispiel sollen also Ort, Größe und Hintergrundfarbe des in Xcode eingefügten UIView-Objekts myview verändert werden. Die animate(withDuration:)-Methode wird sofort beendet, und die Animation wird anschließend im Hintergrund automatisch fortgesetzt.

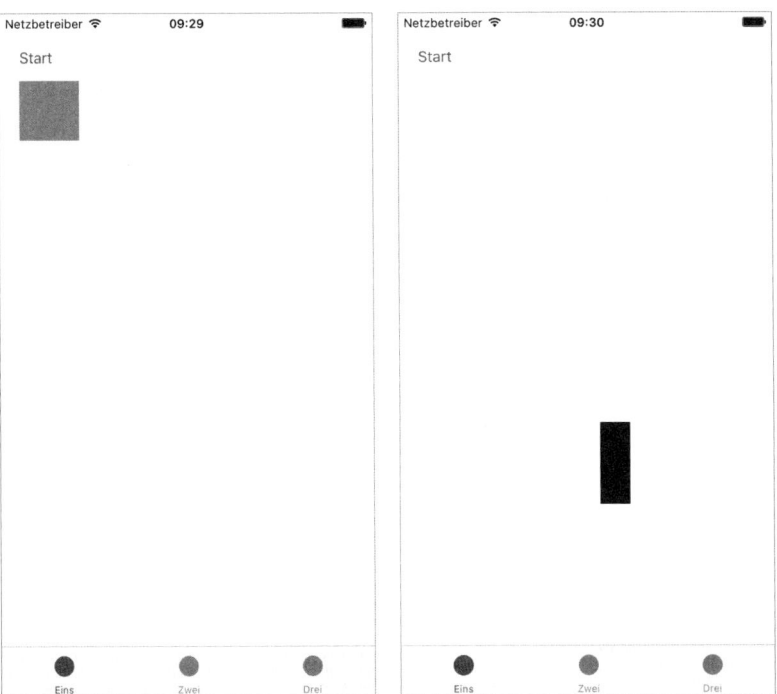

Abbildung 25.8 Die Tab-Seite zu Beginn und am Ende der Animation

```
// Projekt ios-animation, Datei FirstViewController.swift
class FirstViewController: UIViewController {
  @IBOutlet weak var myview: UIView!

  // Action-Methode des Start-Buttons
  @IBAction func start(_ sender: AnyObject) {

    // Animation ohne Reset
    UIView.animate(withDuration: 1.5, animations:
      { // Closure
        self.myview.frame = CGRect(x: 200, y: 400,
                                   width: 30, height: 80)
        self.myview.backgroundColor = .blue
      }
    )
  }
}
```

Alternativ können Sie die Closure auch nachgestellt an animateWithDuration übergeben und so eine Klammerebene einsparen:

```
UIView.animate(withDuration: 1.5) { // Closure
  self.myview.frame = CGRect(x: 200, y: 400,
                             width: 30, height: 80)
  self.myview.backgroundColor = .blue
}
```

In Anleitungen zum Thema Animation, die man im Internet findet, wird die Closure mitunter mit [unowned self] in ... eingeleitet. Diese Formulierung kann Memory Leaks verhindern, wenn eine geschlossene Referenzkette zwischen self und der Closure entsteht. Bei animate besteht diese Gefahr nicht, unowned self ist überflüssig.

animate(withDuration::) gibt es auch in einer Variante mit einem optionalen dritten Parameter completion. Der hiermit übergebene Code wird nach dem Ende der Animation ausgeführt. An diese Closure wird ein boolescher Parameter übergeben, der die Closure darüber benachrichtigt, ob die Animation korrekt beendet oder vorzeitig abgebrochen wurde. Wenn Sie den Parameter berücksichtigen wollen, formulieren Sie die Closure so:

```
completion: { (finished: Bool) in Code ... }
```

Sie können den Parameter aber auch wie im folgenden Beispiel mit dem Pattern-Zeichen _ ignorieren. Dadurch setzt animate das animierte Rechteck zum Schluss wieder an seine Startposition zurück:

```
UIView.animate(
  withDuration: 1.5,
```

```
  animations: { // Closure
    self.myview.frame = CGRect(x: 200, y: 400,
                               width: 30, height: 80)
    self.myview.backgroundColor = .blue
  },
  completion: { // Closure
    (_) in
    self.myview.frame = CGRect(x: 20, y: 60,
                               width: 60, height: 60)
    self.myview.backgroundColor = .gray
  }
)
```

Fade-in-Effekt

Das zweite Dialogblatt der Beispiel-App enthält eine Bitmap. Diese ist aber nicht sofort sichtbar, sondern wird nach der Auswahl des Dialogblatts im Verlauf einer Sekunde eingeblendet. Der erforderliche Code sieht so aus:

```
// Projekt ios-animation, Datei SecondViewController.swift
class SecondViewController: UIViewController {
  @IBOutlet weak var imgview: UIImageView!

  // Bitmap ist anfänglich transparent
  override func viewDidLoad() {
    super.viewDidLoad()
    imgview.alpha = 0
  }

  // Animation beim Anzeigen der Tab-Seite starten
  override func viewDidAppear(_ animated: Bool) {
    UIView.animate(withDuration: 2.5) {
        self.imgview.alpha = 1
      }
    }
}
```

Bemerkenswert ist hier zuerst einmal, dass die Animation in viewDidAppear gestartet wird. Die sonst so allgegenwärtige Methode viewDidLoad ist zum Start von Animationen ungeeignet, weil die View zu diesem Zeitpunkt zwar geladen, aber noch nicht sichtbar ist. Der Aufruf von animateWithDuration würde wirkungslos bleiben.

Der eigentliche Code ist leicht zu verstehen: Die Bitmap wird bereits in viewDidLoad mit alpha=0 transparent (also unsichtbar) gemacht. Mit dem Beginn der Animation wird die Transparenz dann schrittweise so reduziert, dass die Bitmap zum Schluss vollkommen sichtbar ist.

> **Animationszeiten**
>
> Eine Animationszeit von zweieinhalb Sekunden wie in diesem Beispiel ist ungewöhnlich lang. Im Regelfall sollten Animationen schnell vor sich gehen und unaufdringlich sein. Dafür reichen Zeitspannen zwischen 0,2 und 0,5 Sekunden vollkommen aus.

Steuerelemente animiert erscheinen und verschwinden lassen

Die dritte Tab-Ansicht zeigt oben vier Schalter (UISwitch-Objekte) und darunter vier Buttons (siehe Abbildung 25.9). Mit den Schaltern können Sie einzelne Buttons aus- und wieder einblenden. Dieser Vorgang erfolgt jeweils animiert. Selbstverständlich funktioniert dies nicht nur für Buttons, sondern für jede Art von Steuerelementen bzw. UIView-Objekten.

Abbildung 25.9 Mit den Schaltern kann die Sichtbarkeit von vier Buttons eingestellt werden.

Zur Anordnung der Steuerelemente kommen zwei Stack-Views zum Einsatz. Die erste ist horizontal ausgerichtet und verteilt die vier Schalter über die ganze Breite des iOS-Geräts. Die zweite Stack-View verteilt die Buttons gleichmäßig über die restliche Anzeigefläche.

Die Stack-Views sind hier nicht nur praktisch, um der mühseligen Einstellung von Layoutregeln aus dem Weg zu gehen, sie eignen sich auch besonders gut für Animationen: Zum Ein- und Ausblenden von Steuerelementen bzw. ganz generell von UIView-Objekten wird einfach die Eigenschaft hidden auf true oder false gestellt. Derartige Ja/Nein-Eigenschaften lassen sich normalerweise schlecht animieren. Die Stack-View kommt aber auch mit diesem Sonderfall zurecht und kann die Steuerelemente animiert neu anordnen. Die gleichzeitige Animation der Transparenz der Steuerelemente macht den Effekt noch eleganter.

Der Code sollte auf Anhieb verständlich sein. Der Zustand der Schalter geht aus der Eigenschaft on hervor. Die Auswertung von on erfolgt durch den ternären Operator (siehe Abschnitt 3.4, »Operatoren für Fortgeschrittene«).

```swift
// Projekt ios-animation, Datei ThirdViewController.swift
class ThirdViewController: UIViewController {
  @IBOutlet weak var btn1: UIButton!
  @IBOutlet weak var btn2: UIButton!
  @IBOutlet weak var btn3: UIButton!
  @IBOutlet weak var btn4: UIButton!

  // Schalterzustand hat sich geändert
  @IBAction func switch1changed(sender: UISwitch) {
    sender.on ?  show(btn1) : hide(btn1)
  }
  @IBAction func switch2changed(sender: UISwitch) {
    sender.on ?  show(btn2) : hide(btn2)
  }
  @IBAction func switch3changed(sender: UISwitch) {
    sender.on ?  show(btn3) : hide(btn3)
  }
  @IBAction func switch4changed(sender: UISwitch) {
    sender.on ?  show(btn4) : hide(btn4)
  }
  // UIView in Stack-View ein- und ausblenden
  func show(_ v: UIView) {
    UIView.animate(withDuration: 0.35) {
      v.isHidden = false
      v.alpha = 1
    }
  }
  func hide(_ v: UIView) {
    UIView.animate(withDuration: 0.35) {
      v.isHidden = true
      v.alpha = 0
    }
  }
}
```

Kapitel 26
Audio, Video und Fotos

Dieses Kapitel beschäftigt sich mit diversen Multimedia-Funktionen, die in unterschiedlicher Ausprägung unter macOS, iOS und tvOS zur Verfügung stehen. Der Schwerpunkt des Kapitels liegt aber bei iOS. Im Detail verrate ich Ihnen in diesem Kapitel, wie Sie Folgendes tun können:

- Audio-Dateien abspielen bzw. über das Mikrofon aufnehmen
- Videos (auch solche von YouTube) abspielen bzw. mit der Kamera aufnehmen
- Fotos aus der Mediathek auswählen bzw. neue Fotos mit der Kamera aufnehmen
- Barcodes erkennen

Das Kapitel ist deswegen relativ umfangreich, weil sich die meisten der aufgezählten Aufgaben auf unterschiedliche Art und Weise realisieren lassen. Mit dem geringsten Programmieraufwand kommen Sie ans Ziel, wenn Sie auf Standardfunktionen bzw. -dialoge von iOS bzw. tvOS zurückgreifen. Dann haben Sie allerdings wenig Kontrolle über die Gestaltung der Benutzeroberfläche.

Die optisch ansprechende Integration der Multimedia-Funktionen in eine eigene App erfordert eine zum Teil recht intensive Beschäftigung mit zahllosen AVXxx-Klassen, deren Namen oft verwirrend ähnlich klingen und deren Zusammenwirken sich nur nach ausführlichem Studium der Dokumentation erschließt.

Erschwerend kommt hinzu, dass die AVFoundation-Bibliothek, in der die meisten Klassen enthalten sind, die ich in diesem Kapitel vorstelle, offensichtlich vor Swift konzipiert wurde und seither nicht wirklich an Swift angepasst wurde. Oft müssen Parameter in Form von AVXxx-Konstanten übergeben werden, und auch davon abgesehen wirkt der resultierende Code oft äußerst umständlich und *unswifty*.

26.1 Audio-Wiedergabe mit dem AVAudioPlayer

Die Wiedergabe von Audio-Dateien war historisch gesehen schon auf Macs und iPods erforderlich, bevor es das erste iPhone gab. Im Laufe der Zeit hat sich der Zugang zu den Musikdateien gewandelt: von MP3-Dateien, die über iTunes auf das jeweilige Gerät übertragen wurden, bis hin zum Immer-Online-Zeitalter, wo die Musik aus dem Internet heruntergeladen oder gestreamt wird (Internet-Radios).

Gleichzeitig sind Audio-Funktionen auch notwendig, um Systemklänge abzuspielen bzw. um Spiele mit einer Geräuschkulisse auszustatten. Schließlich bieten sowohl macOS als auch iOS eine Menge Funktionen, um Klänge bzw. Audio-Dateien zu erzeugen, zu verändern, zu mischen und zu recodieren.

Bibliotheks- und Klassen-Überblick

Die vielen unterschiedlichen Anforderungen und der sich wandelnde technische Zugang haben dazu geführt, dass es sowohl unter macOS als auch unter iOS eine verwirrende Anzahl oft ähnlich konzipierter Bibliotheken und Klassen gibt. Zum Abspielen, Aufnehmen und Verarbeiten von Audio-Dateien können Sie je nach Plattform (siehe Tabelle 26.1) unter anderem auf die folgenden Bibliotheken zurückgreifen:

- Die `CoreAudio`-Bibliothek enthält Low-Level-Audio-Funktionen, auf die ich in diesem Buch allerdings nicht eingehe.
- Die `AudioToolbox`-Bibliothek enthält Klassen zur Verarbeitung und Recodierung von Audio-Daten und -Streams.
- Die `AVFoundation`-Bibliothek ist in vielen Fällen die erste Wahl, wenn es darum geht, Audio-Dateien oder -Streams in einer App mit eigener Benutzeroberfläche abzuspielen.
- Die `AVKit`-Bibliothek enthält die Klassen `AVPlayerViewController` (iOS/tvOS) bzw. `AVPlayerView` (macOS). Diese Klassen ermöglichen es mit wenigen Zeilen Code, Audio-Dateien oder Videos in einer vorgefertigen Benutzeroberfläche abzuspielen. Das ist einerseits bequem, schränkt aber andererseits Ihren Spielraum bei der optischen Gestaltung der App stark ein.
- Die nur unter iOS und tvOS verfügbare `MediaPlayer`-Bibliothek gibt Ihnen Zugang zu Audio-Dateien, die Sie über iTunes erworben bzw. synchronisiert haben, und ist insofern von sinkender Bedeutung. Die `MPMusicPlayerController`-Klasse bietet einen fertigen Player für derartige Audio-Dateien. Weitere Klassen dieser Bibliothek helfen aber auch bei universelleren Aufgaben, z. B. bei der Einstellung der Systemlautstärke.

Bibliothek	iOS	tvOS	watchOS	macOS
AudioToolbox	•	•		•
AVFoundation	•	•	•	•
AVKit	•	•		•
CoreAudio	•	•	•	•
MediaPlayer	•	•		

Tabelle 26.1 Wichtige Audio-Bibliotheken

Für nahezu jede Audio-Aufgabe gibt es mehrere Lösungswege, und es ist nicht immer leicht zu entscheiden, welcher Weg der optimale ist. In diesem Kapitel beschränke ich mich darauf, Ihnen die populärsten Klassen zum Abspielen und Aufnehmen von Audio-Dateien bzw. -Streams vorzustellen. In diesem Abschnitt konzentriere ich mich nach der Einführung auf die `AVAudioPlayer`-Klasse aus der `AVFoundation`-Bibliothek. In den folgenden Abschnitten lernen Sie dann den `AVPlayer`, den `AVPlayerViewController` und den `AVAudioRecorder` kennen.

Audio-Formate

Die vorhin aufgezählten Bibliotheken kommen mit den meisten gängigen Audio-Formaten zurecht und können unter anderem AAC-, MP3-, MP4-, WAV- und CAF-Dateien abspielen. Die Formate AAC und HE-AAC (zwei MPEG-4-Varianten), ALAC (Apple Lossless) und sowie MP3 werden besonders effizient durch Hardware decodiert. Allerdings ist es unmöglich, mehrere derartige Audio-Dateien parallel abzuspielen. Bei WAV-Dateien ist das erlaubt, was vor allem in Spielen wichtig ist, wo sich häufig mehrere Geräusche überlagern. Detaillierte Informationen, welche Formate wie unterstützt werden, finden Sie auf der folgenden Webseite:

https://developer.apple.com/library/content/documentation/MusicAudio/ Reference/CAFSpec/CAF_intro/CAF_intro.html

Um Audio-Dateien von einem Format in ein anderes umzuwandeln, können Sie unter macOS im Terminal das Kommando `afconvert` verwenden. Beispielsweise erzeugt das folgende Kommando aus einer WAV-Datei eine wesentlich kleinere MP4-Datei:

```
afconvert -f m4af  piano.wav piano.m4a
```

Einen guten Überblick über die Anwendung von `afconvert` gibt diese Webseite:

http://alvinalexander.com/mac-os-x/convert-caf-sound-file-aif-aiff-mp3-format

Natürlich gibt es im Internet unzählige weitere Converter, sowohl zur Anwendung im Terminal (`ffmpeg` oder `avconv`) als auch mit grafischer Benutzeroberfläche.

Kostenlose Audio-Dateien finden Sie z. B. auf der Webseite *https://freesound.org*. Achten Sie aber unbedingt auf die Lizenz der jeweiligen Datei! Viele Audio-Dateien verwenden die *CC Attribution License*. Sie müssen in Ihrer App also die Quelle angeben. Bei manchen Audio-Dateien ist zudem die kommerzielle Verwendung verboten.

Audio-Dateien mit einem AVAudioPlayer abspielen

Die `AVAudioPlayer`-Klasse bietet in der Regel den einfachsten Weg, um mit Ihrer App mitgelieferte oder später aus dem Internent heruntergeladene Audio-Dateien abzuspielen. Um eine Bundle-Datei abzuspielen, richten Sie z. B. in `viewDidLoad` ein `AVAudioPlayer`-Objekt ein und bereiten mit `prepareToPlay` die spätere Wiedergabe vor.

Zum Abspielen verwenden Sie die play-Methode. Die Audio-Wiedergabe erfolgt asynchron, d. h., play gibt die Kontrolle sofort an Ihr Programm zurück. Bei Bedarf können Sie die Wiedergabe mit stop pausieren.

play funktioniert auch ohne die vorherige Ausführung von prepareToPlay. Allerdings kommt es dann beim ersten Mal zu einer kleinen Verzögerung, was inbesondere in Spielen nicht wünschenswert ist.

```
// Projekt ios-avaudioplayer, Datei ViewController.swift
import AVFoundation
class ViewController: UIViewController {
  var audioPlayer: AVAudioPlayer!

  override func viewDidLoad() {
    super.viewDidLoad()

    // Audio-Player einmal vorbereiten
    if let path = Bundle.main.path(
      forResource: "piano", ofType: "m4a")
    {
      let url = URL(fileURLWithPath: path)
      audioPlayer = try? AVAudioPlayer(contentsOf: url,
                                      fileTypeHint: nil)
      audioPlayer?.prepareToPlay()
    }
  }

  // Audio-Player starten und stoppen
  @IBAction func playPiano(_ sender: AnyObject) {
    audioPlayer?.play()
  }
  @IBAction func stopPiano(_ sender: AnyObject) {
    audioPlayer?.stop()
  }
}
```

play beendet die Wiedergabe normalerweise nach dem Abspielen – außer Sie stellen vorher mit numberOfLoops mehrere Durchläufe ein. Mit numberOfLoops = -1 spielt die App die Musik endlos ab, solange die App im Vordergrund ist.

stop pausiert die Wiedergabe. Wenn Sie anschließend wieder play ausführen, wird die Wiedergabe fortgesetzt, nicht neu gestartet. Einen Start vom Beginn an erreichen Sie, wenn Sie vor play die Eigenschaft currentTime auf 0 setzen. currentTime erwartet eine Zeitangabe in Sekunden als Double-Zahl.

```
// Wiedergabe beim Beginn des Stücks starten
audioPlayer?.currentTime = 0
audioPlayer?.play()
```

> **SpriteKit-Actions**
>
> In SpriteKit-Apps können Sie zum Abspielen von Audio-Dateien auch Actions verwenden. Ein Beispiel finden Sie in Abschnitt 39.4, »Initialisierung des Spiels (GameScene)«, wo die Sound-Kulisse für das Spiel »Asteroids« vorbereitet wird.

Andere Audio-Datei abspielen

Der AVAudioPlayer ist nur zum Abspielen *einer* Audio-Datei gedacht. Um eine weitere Datei abzuspielen, erzeugen Sie einen neuen AVAudioPlayer.

Lautstärke einstellen

Mit der Methode setVolume des AVAudioPlayer-Objekts können Sie die Lautstärke der Wiedergabe ändern. Der Parameter fadeDuration steuert dabei, wie schnell die Lautstärke verändert wird (0: sofort).

```
// relative Lautstärke auf 50 % stellen
audioPlayer?.setVolume(0.5, fadeDuration: 0.1)
```

setVolume gilt allerdings nur relativ zur Systemlautstärke. Um die Lautstärke des ganzen Geräts zu ändern, benötigen Sie ein MPVolumeView-Objekt aus der MediaPlayer-Bibliothek. Es ist für die Lautstärkeregelung gedacht. Eine Schleife durchläuft nun alle Views des Lautstärkereglers. Sobald das UISlider-Objekt gefunden ist, kann dessen Methode setValue aufgerufen werden.

Ob der Parameter animated auf true oder false gesetzt wird, hat bei meinen Tests keine Rolle gespielt: Das iOS-Lautstärke-Icon wird auf jeden Fall kurz eingeblendet. Davon abgesehen, funktioniert die Vorgehensweise unter iOS wunderbar.

```
// Quelle: http://stackoverflow.com/questions/10286744
import MediaPlayer
func setSystemVolume(volume: Float) {  // von 0 bis 1
  let volumeView = MPVolumeView()
  for view in volumeView.subviews {
    if NSStringFromClass(view.classForCoder) == "MPVolumeSlider"
    {
      let slider = view as! UISlider
      slider.setValue(volume, animated: false)
    }
  }
}
```

Abbildung 26.1 Die Beispiel-App mit zwei Lautstärkereglern und einem weiteren Slider für die Abspielposition

Abspielposition steuern

Beim Abspielen längerer Audio-Dateien sollten Sie Ihren Hörern Feedback darüber geben, wie weit das Musikstück abgespielt wurde, und ihnen die Möglichkeit geben, diese Position zu steuern. Dazu können Sie in Ihrer App z. B. einen Slider vorsehen. Ich gehe im folgenden Beispiel-Code davon aus, dass Sie dessen Wertebereich unverändert belassen (also von 0 bis 1).

Bei einer Veränderung des Sliders durch den Hörer passen Sie die Abspielposition des Audio-Players entsprechend an (currentTime-Eigenschaft, Methode changePosition). Damit umgekehrt die Slider-Position regelmäßig vorrückt, während ein Stück abgespielt wird, richten Sie einen Timer ein, der einmal pro Sekunde die Methode updatePositionSlider aufruft.

```
// Projekt ios-avaudioplayer, Datei ViewController.swift
class ViewController: UIViewController {
  // restlicher Code wie bisher

  // Outlet für Slider
  @IBOutlet weak var positionSlider: UISlider!

  override func viewDidLoad() {
    // ..

    // Abspielposition regelmäßig aktualisieren
    Timer.scheduledTimer(
      timeInterval: 1,
      target: self,
```

```
                selector: #selector(ViewController.updatePositionSlider),
                userInfo: nil,
                repeats: true)
}

// wird bei Slider-Veränderung aufgerufen
@IBAction func changePosition(_ sender: AnyObject) {
  audioPlayer.currentTime =
    audioPlayer.duration * Double(positionSlider.value)
}

// Slider-Position einmal pro Sekunde anpassen
func updatePositionSlider() {
  positionSlider.value =
    Float(audioPlayer.currentTime) / Float(audioPlayer.duration)
  }
}
```

Audio-Dateien im Hintergrund spielen (Control-Panel-Integration)

Ohne zusätzliche Vorbereitungsarbeiten endet die Audio-Wiedergabe beim Verlassen der App. Wenn Sie möchten, dass die Musik im Hintergrund und sogar nach dem Ausschalten des iPhones weiterläuft, müssen Sie zwei Dinge tun:

▸ Bevor Sie mit der Wiedergabe beginnen, müssen Sie Ihre App als *Playback Session* einrichten. Das bedeutet, dass die Wiedergabe von Musik die zentrale Funktion Ihrer App ist und dass diese auch im Hintergrund fortgesetzt werden soll. Dazu sind drei Zeilen Code notwendig, die Sie mit do/try/catch absichern müssen. Üblicherweise führen Sie diesen Code beim Start der App aus, z. B. in einer geeigneten AppDelegate-Methode oder in viewDidLoad.

```
do {
  let session = AVAudioSession.sharedInstance()
  try session.setCategory(AVAudioSessionCategoryPlayback)
  try session.setActive(true)
} catch { ... }
```

▸ Sie müssen Ihre App als Hintergrund-App kennzeichnen (siehe Abbildung 26.2).

Wenn Sie Ihre App nun probeweise starten und eine Audio-Datei abspielen, dann wird die Wiedergabe auch im Hintergrund fortgesetzt. Wenn Sie im iPhone eine Wischbewegung vom unteren Rand nach oben machen, dann zeigt die erste Seite des Control Panels das Icon und den Namen Ihrer App und gibt Ihnen die Möglichkeit, die Systemlautstärke zu verändern (siehe Abbildung 26.3).

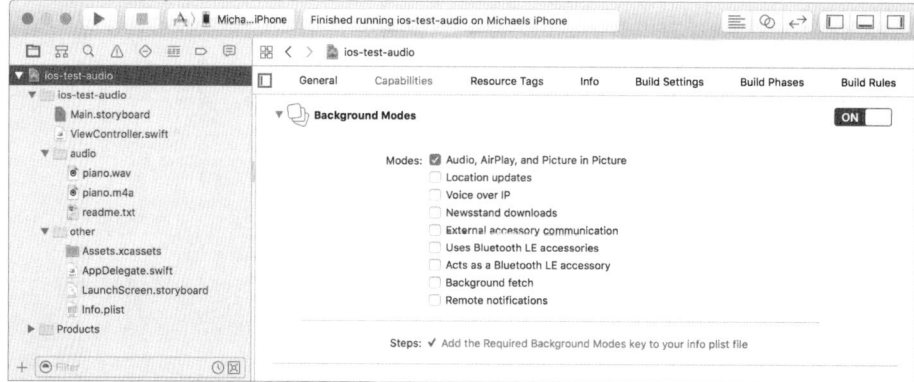

Abbildung 26.2 Die App soll auch im Hintergrund Audio-Dateien abspielen.

Abbildung 26.3 Audio-Steuerung im Control Panel (rechts mit Playing Info)

Die restlichen Buttons im Control Panel sind allerdings vorerst wirkungslos: Weder können Sie die Musikwiedergabe stoppen und wiederaufnehmen, noch können Sie zum nächsten Stück springen. Glücklicherweise lässt sich auch dieses Problem einfach lösen. Sie müssen zum einen die Methode beginReceivingRemoteControlEvents ausführen, damit Ihre App informiert wird, wenn ein Benutzer einen Control-Panel-Button berührt. Zum anderen müssen Sie in der Methode remoteControlReceived auf die entsprechenden Ereignisse reagieren. Der erforderliche Code kann beispielsweise so aussehen:

26.1 Audio-Wiedergabe mit dem AVAudioPlayer

```swift
// Projekt ios-avaudioplayer, Datei ViewController.swift
class ViewController: UIViewController {
  override func viewDidLoad() {
    // sonstiger Code wie bisher
    UIApplication.shared.beginReceivingRemoteControlEvents()
  }

  // Reaktion auf Control-Panel-Buttons
  override func remoteControlReceived(with event: UIEvent?) {
    if let eventtype = event?.subtype {
      switch eventtype {
      case .remoteControlPlay:
          audioPlayer.play()
      case .remoteControlPause:
          audioPlayer.stop()
      case .remoteControlNextTrack,
           .remoteControlPreviousTrack:
        // wieder von Anfang an beginnen
        audioPlayer.currentTime = 0
        audioPlayer.play()
      default:
        break
      }
    }
  }
}
```

Jetzt wäre es noch schön, wenn das Control Panel den Titel des aktuellen Stücks und vielleicht ein CD-Cover oder ein anderes Bild anzeigen würde. Dazu müssen Sie ein Dictionary zusammenstellen, dessen Schlüssel vordefinierte MPMedia-Zeichenketten verwenden. Das Bild kann nicht einfach als UIImage übergeben werden, sondern muss umständlich über eine Closure in ein MPMediaItemArtwork verpackt werden. Das Dictionary verwenden Sie anschließend, um die nowPlayingInfo-Eigenschaft des MPNowPlayingInfoCenter-Objekts neu einzustellen.

```swift
override func viewDidLoad() {
  // ... restlicher Code wie bisher
  let mpArt = MPMediaItemArtwork(
    boundsSize: CGSize(width: 256, height: 256)) {
      _ in
      return UIImage(named: "piano")!
  }
  let info: [String: Any] = [
    MPMediaItemPropertyTitle: "Ambient somber piano music",
    MPMediaItemPropertyArtist: "Lemoncreme",
```

```
    MPMediaItemPropertyArtwork: mpArt
]
MPNowPlayingInfoCenter.default().nowPlayingInfo = info
}
```

Systemklänge abspielen

Zum Abspielen von Systemklängen benötigen Sie gar keinen Audio-Player. Vielmehr spielt die Funktion `AudioServicesPlaySystemSound` einen der vorgegebenen Systemklänge ab. Die Wiedergabe erfolgt im Hintergrund, die Funktion wird also asynchron verarbeitet. Wenn Ihre App die folgende Anweisung ausführt, dann ertönt der Klang »Neue E-Mail«:

```
AudioServicesPlaySystemSound(1000)
```

Eine Referenz mit den ID-Nummern aller derartigen Klänge finden Sie auf der folgenden Webseite:

http://iphonedevwiki.net/index.php/AudioServices

Für manche Systemklänge gibt es `kSystemSoundID`-Konstanten, z. B. um das Gerät vibrieren zu lassen:

```
AudioServicesPlaySystemSound(kSystemSoundID_Vibrate)
```

Beachten Sie bitte, dass Sie den Klang auf einem iPhone nicht hören, wenn das Gerät auf LAUTLOS gestellt ist! Wenn Sie den Vibrationsalarm aktiviert haben, vibriert das Gerät aber. Als Entwickler(in) haben Sie keine Kontrolle über die Lautstärke, mit der der Klang abgespielt wird.

26.2 Audio-Wiedergabe mit dem AVPlayer

Der `AVPlayer` ist eine Alternative zu dem im vorigen Abschnitt beschriebenen `AVAudioPlayer`. Der Hauptvorteil des `AVPlayers` besteht darin, dass er gut mit Audio-Streams zurechtkommt und als Internet-Radio-Empfänger taugt. Ärgerlich ist aber, dass sich die Programmierschnittstelle in vielen Details vom `AVAudioPlayer` unterscheidet. Sowohl der `AVPlayer` als auch der `AVAudioPlayer` sind Teil der `AVFoundation`-Bibliothek.

AVItems und AVAssets

An den `AVPlayer` übergeben Sie nicht direkt die Adresse der Datei oder des Streams, den Sie abspielen möchten, sondern ein `AVItem`-Objekt, das wiederum aus einem `AVAsset`-Objekt gebildet wird. Mit der Methode `replaceCurrentItem` ersetzen Sie das aktuelle Item durch ein neues. `play` startet wie üblich die Wiedergabe. Die folgenden Zeilen zeigen die Vorgehensweise für eine mit der App mitgelieferte Bundle-Datei:

26.2 Audio-Wiedergabe mit dem AVPlayer

```swift
// Projekt ios-avplayer, Datei ViewController.swift
class ViewController: UIViewController {
  let avPlayer = AVPlayer()

  @IBAction func playLocal(_ sender: AnyObject) {
    let path = Bundle.main.path(
      forResource: "piano", ofType: "mp3")!
    let ava = AVAsset(url: URL(fileURLWithPath: path))
    let avItem = AVPlayerItem(asset: ava)
    avPlayer.replaceCurrentItem(with: avItem)
    avPlayer.play()
  }
}
```

Der Code zum Abspielen eines Audio-Streams, bei diesem Beispiel vom österreichischen Radio-Sender FM4, sieht ganz ähnlich aus. Vergessen Sie nicht, dass Sie in Info.plist eine Ausnahmeregel für die *App Transport Security* einrichten müssen (siehe Abschnitt 22.1, »Dateien per HTTP/HTTPS laden«)!

```swift
@IBAction func playRadio(_ sender: AnyObject) {
  let url = URL(string:
    "http://mp3stream1.apasf.apa.at:8000/listen.pls")!
  let ava = AVAsset(url: url)
  let avItem = AVPlayerItem(asset: ava)
  avPlayer.replaceCurrentItem(with: avItem)
  avPlayer.play()
}
```

AVPlayer steuern

Um das Abspielen zu beenden, führen Sie die pause-Methode aus. Die vom AVAudioPlayer bekannte Eigenschaft currentTime gibt es zwar auch beim AVPlayer, sie liefert allerdings ein CMTime-Element, das mit CMTimeGetSeconds recht umständlich in eine Zahl umgewandelt werden muss. Die Eigenschaft isPlaying fehlt. Um festzustellen, ob der Audio-Player gerade aktiv ist, können Sie den folgenden Test durchführen:

```swift
if avPlayer.rate != 0.0 && avPlayer.error == nil {
  let time = CMTimeGetSeconds(avPlayer.currentTime())
  statusLbl.text = "playing \(time)"
} else {
  statusLbl.text = "not playing"
}
```

Anstatt diesen Test regelmäßig durchzuführen (z. B. durch einen Timer), können Sie sich auch vom Notification Center informieren lassen, wenn die Wiedergabe stoppt.

In der `Notification.Name`-Struktur sind einige weitere `AVPlayerXxx`-Zeichenketten für andere Ereignisse definiert:

```
NotificationCenter.default.addObserver(self,
  selector: #selector(ViewController.playerHasStopped),
  name: .AVPlayerItemDidPlayToEndTime,
  object: nil)
```

Die beiden folgenden Methoden zeigen, wie Sie bei der Wiedergabe um 10 Sekunden vor- oder zurückspringen können. Beim Abspielen eines Streams ist ein Sprung in die Zukunft naturgemäß nicht möglich. Sie können aber z. B. zuerst 10 Sekunden zurück- und dann wieder 10 Sekunden vorspringen. Abermals sind es die erforderlichen Umrechnungen zwischen `CMTime` und gewöhnlichen Fließkommazahlen, die die Angelegenheit umständlicher als nötig machen. Die Methode `CMTimeMakeWithSeconds` erwartet im zweiten Parameter einen ganzzahligen Skalierungsfaktor, dessen Sinn allein Apple versteht. Verwenden Sie 1!

```
@IBAction func forwards(_ sender: AnyObject) {
  let time = avPlayer.currentTime()
  let tensecs = CMTimeMakeWithSeconds(10, 1)
  avPlayer.seek(to: CMTimeAdd(time, tensecs))
}
@IBAction func backwards(_ sender: AnyObject) {
  let time = avPlayer.currentTime()
  let tensecs = CMTimeMakeWithSeconds(10, 1)
  avPlayer.seek(to: CMTimeSubtract(time, tensecs))
}
```

Die `rate`-Eigenschaft ermöglicht es, Audio-Dateien langsamer oder schneller abzuspielen. Zulässige Werte sind 0,5, 0,67, 0,8, 1,25, 1,5 und 2,0. Musik wird dadurch stark entstellt, aber einen langsamen Vortrag können Sie so akustisch durchaus erträglich beschleunigen. Die `rate`-Eigenschaft muss *nach* der `play`-Methode eingestellt werden!

```
avPlayer.play()
avPlayer.rate = 1.5
```

26.3 Audio-Wiedergabe mit dem AVPlayerViewController

Wenn Sie mit minimalem Code-Aufwand eine Audio-Datei abspielen möchten und keinen Wert auf die eigene Gestaltung einer Benutzeroberfläche legen, dann bietet sich der Einsatz eines `AVPlayerViewController`-Objekts aus der `AVKit`-Bibliothek an (siehe Abbildung 26.4).

26.3 Audio-Wiedergabe mit dem AVPlayerViewController

Abbildung 26.4 Links die Default-Gestaltung des »AVPlayerViewController«, rechts eine individuelle Gestaltung mit einem eigenen Bild

Dem View-Controller müssen Sie zuerst einen AVPlayer zuordnen und ihn dann mit present anzeigen. Der Audio-Player ersetzt damit die Oberfläche Ihrer App. Die completion-Closure startet schließlich die Wiedergabe. Der DONE-Button führt zurück in Ihre Oberfläche.

```
// Projekt ios-avplayerview,
import AVFoundation
import AVKit

@IBAction func play1(_ sender: AnyObject) {
  if let path = Bundle.main.path(
    forResource: "piano", ofType: "mp3")
  {
    let player = AVPlayer(url: URL(fileURLWithPath: path))
    let playerVC = AVPlayerViewController()
    playerVC.player = player
    self.present(playerVC, animated: true) {
      playerVC.player!.play()
    }
  }
}
```

Die Anzeige des QuickTime-Logos im Player können Sie vermeiden, indem Sie über contentOverlayView auf den Innenbereich des Players zugreifen und dort z. B. ein eigenes Bild anzeigen:

```
self.present(playerVC, animated: true) {
  playerVC.player!.play()
  let img = UIImage(named: "piano")!
  let imgView = UIImageView(image: img)
  imgView.frame = (playerVC.contentOverlayView?.bounds)!
  playerVC.contentOverlayView?.addSubview(imgView)
}
```

Das Problem bei dieser Vorgehensweise ist, dass die Positionierung des Bilds nur für die aktuelle Geräteausrichtung stimmt. Dreht der Benutzer sein iPhone jetzt in das Querformat, ist das Bild links platziert, und daneben erscheint wieder das QuickTime-Logo.

> **macOS**
>
> Unter macOS müssen Sie anstelle der AVPlayerViewController-Klasse die AVPlayerView-Klasse verwenden und diese selbst in einen View-Controller einbetten.

26.4 Audio-Aufnahmen mit dem AVAudioRecorder durchführen

Audio-Aufnahmen über das Mikrofon des iPhones oder eines anderen Gerätes führen Sie am einfachsten mit der AVAudioRecorder-Klasse durch, die im Mittelpunkt dieses Abschnitts steht. Die Vorgehensweise beschreibe ich hier anhand des Beispielprojekts ios-avrecord. Diese Mini-App wird über drei Buttons bedient (siehe Abbildung 26.5). Wiederholte Aufnahmen werden dabei immer überschrieben. Die letzte Aufnahme kann mit dem PLAY-Button abgespielt werden.

Abbildung 26.5 App zum Test von Audio-Aufnahmen

26.4 Audio-Aufnahmen mit dem AVAudioRecorder durchführen

Der gesamte Code befindet sich in der View-Controller-Klasse. Dort gibt es fünf Outlets für die Buttons und die beiden Label sowie zwei Eigenschaften, über die alle Methoden auf einen Audio-Recorder und einen Audio-Player zugreifen können:

```swift
// Projekt ios-avrecord, Datei ViewController.swift
class ViewController: UIViewController {
  @IBOutlet weak var recordBtn: UIButton!
  @IBOutlet weak var stopBtn: UIButton!
  @IBOutlet weak var playBtn: UIButton!
  @IBOutlet weak var statusLbl: UILabel!
  @IBOutlet weak var timeLbl: UILabel!

  var recorder: AVAudioRecorder?
  var player: AVAudioPlayer?

  // restlicher Code folgt
}
```

Erlaubnis einholen

Da Audio-Aufnahmen ein Eingriff in die Privatsphäre der Anwender sind, müssen Sie vor dem Start um Erlaubnis fragen. Dazu müssen Sie auf die systemweite Instanz des AVAudioSession-Objekts zugreifen, dieses aktivieren und dann mit requestRecordPermission die Erlaubnis einholen. iOS zeigt dann einen Warndialog an (siehe Abbildung 26.6). Der im Warndialog angezeigte Text muss vorweg in Info.plist als Eintrag vom Typ PRIVACY – MICROPHONE USAGE DESCRIPTION eingefügt werden (siehe Abbildung 26.7). Sobald die requestRecordPermission-Methode ein Ergebnis erhält, wird die nachgestellte Closure mit dem allowed-Parameter ausgeführt:

```swift
override func viewDidLoad() {
  super.viewDidLoad()

  do {
    let recSession = AVAudioSession.sharedInstance()
    try recSession.setCategory(
      AVAudioSessionCategoryPlayAndRecord)
    try recSession.setActive(true)
    recSession.requestRecordPermission() {
      allowed in
      if allowed {
        self.recordBtn.isEnabled = true
        self.statusLbl.text = "OK"
      } else {
        self.statusLbl.text = "Init-Fehler"
```

```
            }
        }
    } catch {
        statusLbl.text = "Init-Fehler"
    }
}
```

Abbildung 26.6 Erlaubnis zur Aufnahme einholen

Abbildung 26.7 »Info.plist« muss den Eintrag »Privacy – Microphone Usage Description« enthalten.

Aufnahme durchführen

Um die Aufnahme durchzuführen, erzeugen Sie ein `AVAudioRecorder`-Objekt. Das ist allerdings einfacher gesagt als getan: Sie müssen an die Init-Funktion die URL der Datei übergeben, in der die Aufnahme gespeichert werden soll, sowie ein Dictionary mit Einstellungen. Dabei haben Sie die Wahl zwischen unzähligen Parametern, die die Codierung und Qualität der Aufnahme steuern. Ich habe mich hier für eine Mono-Aufnahme in hoher Qualität entschieden. Hintergrundinformationen zu den Parametern finden Sie auf den folgenden Webseiten:

https://developer.apple.com/reference/avfoundation/ 1668872-av_foundation_audio_settings_con
http://stackoverflow.com/questions/26472747
http://stackoverflow.com/questions/2149280

```swift
// Record-Button
@IBAction func record(_ sender: AnyObject) {
  // eine eventuell gerade laufende Audio-Wiedergabe stoppen
  player?.stop()

  // Aufnahme im MPEG-4-Format
  let settings = [
    AVFormatIDKey:            Int(kAudioFormatMPEG4AAC),
    AVSampleRateKey:          44100,
    AVNumberOfChannelsKey:    1,    // 1 = Mono, 2 = Stereo
    AVEncoderAudioQualityKey: AVAudioQuality.high.rawValue
  ]

  do {
    recorder = try AVAudioRecorder(url: getFileUrl(),
                                   settings: settings)
    recorder?.delegate = self
    recorder?.record()
    stopBtn.isEnabled = true
    statusLbl.text = "Aufnahme läuft"
  } catch {
    statusLbl.text = "Aufnahme konnte nicht gestartet werden."
  }
}

// URL zur Datei zur Speicherung der Aufnahme
func getFileUrl() -> URL {
  let fm = FileManager.default
  let path = fm.urls(for: .documentDirectory,
                     in: .userDomainMask).first!
  return path.appendingPathComponent("record.m4a")
}
```

Der `AVAudioRecorder` informiert über die Delegate-Methode `audioRecorderDidFinishRecording`, wenn die Aufnahme endet. Normalerweise ist das der Fall, wenn Ihre App die stop-Methode ausführt. Zu einem Ende kann es aber gewissermaßen auch durch höhere Gewalt kommen, z. B. wenn das iPhone gerade einen Anruf empfängt. Der Parameter `flag` gibt an, ob die Aufnahme erfolgreich abgeschlossen werden konnte oder nicht:

```swift
extension ViewController: AVAudioRecorderDelegate {
  // wird aufgerufen, wenn die Aufnahme endet
  func audioRecorderDidFinishRecording(
              _ recorder: AVAudioRecorder,
              successfully flag: Bool)
```

```
    {
      if flag {
        statusLbl.text = "Die Aufnahme wurde abgeschlossen."
        playBtn.isEnabled = true
      } else {
        statusLbl.text = "Die Aufnahme wurde abgebrochen."
        playBtn.isEnabled = false
      }
    }
}
```

Aufnahmelänge anzeigen

Von der `audioRecorderDidFinishRecording`-Methode abgesehen, gibt der Recorder keinerlei Feedback über den Fortschritt der Aufnahme. Deswegen ist es zweckmäßig, dass Sie sich selbst darum kümmern. Am einfachsten richten Sie einen Timer ein, der regelmäßig eine Methode zur Anzeige der Aufnahmelänge aufruft. In der Beispiel-App habe ich das so gelöst:

```
override func viewDidLoad() {
  // ... bisheriger  Code unverändert

  // Zeitangabe regelmäßig aktualisieren
  Timer.scheduledTimer(withTimeInterval: 0.2, repeats: true) {
    _ in self.updateRecordPlayTime()
  }
}

// Aufnahme- oder Abspielzeit anzeigen
func updateRecordPlayTime() {
  if player != nil && player!.isPlaying {
    timeLbl.text = formatTime(span: player!.currentTime)
    timeLbl.textColor = .black
  } else if recorder != nil && recorder!.isRecording {
    timeLbl.text = formatTime(span: recorder!.currentTime)
    timeLbl.textColor = .red
  } else {
    timeLbl.text = "00:00"
    timeLbl.textColor = .black
  }
}
```

```
// Double-Zahl in der Form 00:00 formatieren
private func formatTime(span: Double) -> String {
  let min = Int(span) / 60
  let sec = Int(span) % 60
  return String(format: "%02i:%02i", min, sec)
}
```

Aufnahme stoppen und abspielen

Der Stopp-Button führt dazu, das gleichermaßen die Aufnahme oder eine eventuell laufende Wiedergabe gestoppt wird. Um die Aufnahme anzuhören, wird die URL der Datei an einen `AVAudioPlayer` übergeben.

```
// Stop-Button
@IBAction func stop(_ sender: AnyObject) {
  player?.stop()
  recorder?.stop()   // führt zum Aufruf von
                     // audioRecorderDidFinishRecording
}

// Play-Button
@IBAction func play(_ sender: AnyObject) {
  player = try? AVAudioPlayer(contentsOf: getFileUrl())
  player?.play()
}
```

26.5 Videos abspielen

Der `AVPlayerViewController`, den Sie schon aus Abschnitt 26.3, »Audio-Wiedergabe mit dem AVPlayerViewController«, kennen, ist das einfachste Mittel, um eine lokale oder im Internet befindliche Video-Datei in einer eigenen App abzuspielen. Wenige Sekunden nach dem Start des Videos werden die Steuerungselemente (siehe Abbildung 26.8) automatisch ausgeblendet.

```
// Projekt ios-video, Datei ViewController.swift
import AVKit
import AVFoundation
// ...

@IBAction func playVideo(_ sender: AnyObject) {
  // NASA-Video von einem Raketenstart
  let url = URL(string: "http://s3.amazonaws.com/" +
      "akamai.netstorage/HD_downloads/Orion_SM.mp4")!
```

```
let player = AVPlayer(url: url)
let playerVC = AVPlayerViewController()
playerVC.player = player
self.present(playerVC, animated: true) {
  playerVC.player!.play()
}
}
```

Abbildung 26.8 Video in einem »AVPlayerViewController« abspielen

---

App Transport Security

Vergessen Sie nicht, dass Sie zum Abspielen von Videos, die sich auf HTTP-Webseiten befinden, in Info.plist eine Ausnahmeregel für die *App Transport Security* einrichten müssen (siehe Abschnitt 22.1, »Dateien per HTTP/HTTPS laden«)!

Videos in einem eigenen View abspielen (AVPlayerLayer)

Auch wenn Sie Videos nicht bildschirmfüllend abspielen oder eine eigene Oberfläche gestalten möchten, können Sie auf den AVPlayer zurückgreifen. Aber anstatt die Bildschirmanzeige einem AVPlayerViewController zu überlassen, platzieren Sie einen AVPlayerLayer an der gewünschten Stelle auf dem Bildschirm. Die videoGravity-Eigenschaft bestimmt, wie das Video an die Maße des Layers angepasst wird.

Was sind Layer?

Jede View einer App ist mit einem Layer verbunden, genau genommen mit einer Instanz der CALayer-Klasse. Dieser Layer ist für die grafische Darstellung der View zuständig und wird oft auch dazu verwendet, um Animationen durchzuführen. Mit addSublayer können Sie zum standardmäßig vorhandenen Layer weitere hinzufügen und so die Darstellung der View überlagern.

26.5 Videos abspielen

> Dieser Weg wird hier genutzt, um die Video-Wiedergabe an dem durch eine View vorgegebenen Ort durchzuführen. In Abschnitt 26.9, »Fotos in einer AVCaptureSession aufnehmen«, kommen nochmals Layer zum Einsatz. Dort geht es darum, den von der Kamera eines iPhones oder iPads gelieferten Video-Stream in bzw. genau genommen über einer View anzuzeigen.
>
> Ein weiteres Layer-Beispiel finden Sie in Abschnitt 35.4, »Darstellung des Spielbretts und der Steine (BoardView.swift)«: Dort wird die Form des Default-Layers einer View verändert, um so die Steine eines Spiels zu gestalten.

Die Beispiel-App geht davon aus, dass die Maße des Video-Players durch das UIView-Element mit dem Outlet-Namen myview vorgegeben sind (siehe Abbildung 26.9). Die Platzierung des Layers erfolgt nicht in viewDidLoad, weil dort die Maße von myview noch nicht bekannt sind. Die App funktioniert nur im Querformat; die zulässigen Orientierungen sind in Xcode bei den Target-Eigenschaften (DEPLOYMENT INFO) entsprechend eingeschränkt. Wenn Sie einen Betrieb sowohl im Hoch- als auch im Querformat erlauben wollen, müssen Sie Ort und Maße des AVPlayerLayer-Objekts bei jeder Drehung des Geräts anpassen.

```
// Projekt ios-video-in-view, Datei ViewController.swift
class ViewController: UIViewController {
  @IBOutlet weak var myview: UIView!
  @IBOutlet weak var timeLbl: UILabel!

  var player: AVPlayer!
  var layer: AVPlayerLayer!

  override func viewDidLoad() {
    super.viewDidLoad()
    myview.backgroundColor = self.view.backgroundColor

    let url = URL(string: "http://s3.amazonaws.com/" +
        "akamai.netstorage/HD_downloads/Orion_SM.mp4")!
    player = AVPlayer(url: url)
    layer = AVPlayerLayer(player: player)
    layer.videoGravity = AVLayerVideoGravityResizeAspect
    myview.layer.addSublayer(layer)

    // Abspielzeit in einem Label anzeigen
    Timer.scheduledTimer(withTimeInterval: 0.2,
                         repeats: true) {
      _ in self.updatePlayTime()
    }
  }
}
```

```
// Play-Button
@IBAction func play(_ sender: AnyObject) {
  layer.frame = myview.bounds
  player?.play()
}
}
```

Abbildung 26.9 Ein einfacher, selbst gestalteter Video-Player

Im obigen Listing ist nur der Code des Play-Buttons abgedruckt. Die Methoden stop, seekForward, seekBackward sowie updatePlayTime sehen ganz ähnlich aus wie bei den Beispielen aus Abschnitt 26.4, »Audio-Aufnahmen mit dem AVAudioRecorder durchführen«.

Videos unter tvOS abspielen

Der obige Code funktioniert unverändert auch unter tvOS. (Ein entsprechendes Projekt finden Sie in den Beispieldateien.) Die tvOS-Variante des AVPlayerViewControllers zeigt allerdings keinen Button zur Rückkehr auf die Oberfläche der App an. Stattdessen müssen Sie auf der Fernbedienung die Menü-Taste drücken.

HDCP-Fehlermeldung

Das Apple-TV-Gerät kann durch Kopierschutzmechanismen geschützte Inhalte nur abspielen, wenn es mit einem Fernseher oder Monitor über ein HDMI-Kabel verbunden ist, der HDCP unterstützt. Ist dies nicht der Fall, erscheint eine Fehlermeldung (siehe Abbildung 26.10).

Das Kürzel HDCP steht für *High-bandwidth Digital Content Protection* und ist eines der vielen Verfahren, mit denen die Medienindustrie ihre Konsumenten quält, ohne diejenigen abzuhalten, die sich nicht an die Spielregeln halten und sich Filme illegal besorgen.

https://de.wikipedia.org/wiki/High-bandwidth_Digital_Content_Protection

Die HDCP-Fehlermeldung ist aber mitunter irreführend. Sie erscheint auch dann, wenn Sie beim Erzeugen des `AVPlayer`-Objekts eine URL angeben, die nicht auf eine Video-Datei oder einen Stream zeigt, sondern auf eine gewöhnliche Webseite. Testen Sie den Link gegebenenfalls in einem Webbrowser oder auf einem iOS-Gerät!

Abbildung 26.10 Die HDCP-Fehlermeldung von tvOS führt mitunter in die Irre. Sie erscheint auch, wenn Sie eine URL abzuspielen versuchen, die gar nicht auf eine Video-Datei zeigt.

26.6 Videos mit der Picker-View auswählen und aufnehmen

Unter iOS können Sie mit der Kamera-App Fotos und Videos aufnehmen. Diese werden dann in der Medienbibliothek gespeichert, eventuell auch in die iCloud übertragen, mit Dropbox synchronisiert etc.

Um in eigenen Apps ein derartiges Video auszuwählen, erzeugen Sie ein Objekt der `UIImagePickerController`-Klasse. Diese Klasse stellt einen kompletten View-Controller zur Auswahl von Fotos oder Videos zur Verfügung.

Vorweg sollten Sie mit der Methode `isSourceTypeAvailable` testen, ob es überhaupt eine lokale Foto- und Video-Sammlung gibt. Da wir nur an Videos interessiert sind (nicht an Fotos), muss die `mediaTypes`-Eigenschaft des Image-Pickers mit `kUTType-Movie` eingestellt werden. Diese Konstante mit dem Datentyp `CFString` ist in der `MobileCoreServices`-Bibliothek definiert, die daher auch importiert werden muss.

```
// Projekt ios-video, Datei ViewController.swift
import MobileCoreServices   // für kUTType-Konstanten
```

```
@IBAction func chooseVideo(_ sender: AnyObject) {
  // gibt es überhaupt eine lokale Foto/Video-Sammlung?
  if UIImagePickerController
      .isSourceTypeAvailable(.savedPhotosAlbum) == false {
    return
  }

  // Image-Picker erzeugen
  let imgPicker = UIImagePickerController()
  imgPicker.sourceType = .savedPhotosAlbum
  imgPicker.mediaTypes = [kUTTypeMovie as String]
  // imgPicker.allowsEditing = true

  // damit eine Reaktion auf die Auswahl möglich ist
  imgPicker.delegate = self

  // Image-Picker anzeigen
  self.present(imgPicker, animated: true, completion: nil)
}
```

Nach dem Abschluss dieser Vorbereitungen kann der Image-Picker-Controller mit present angezeigt werden. Der Benutzer der App muss vor der ersten Auswahl von Videos oder Fotos Ihrer App diesen Vorgang erlauben (siehe Abbildung 26.11).

Abbildung 26.11 Beim ersten Mal fragt die App, ob sie auf die Kamera-Aufnahmen des Benutzers zugreifen darf.

In den Dialog dieser Rückfrage wird die Zeichenkette PRIVACY - PHOTO LIBRARY USAGE DESCRIPTION eingebaut, die Sie zuvor in Info.plist einfügen müssen (siehe Abbildung 26.12). Vergessen Sie das, stürzt Ihre App ab!

Der Image-Picker-Controller erscheint auf iPhones *immer* im Hochformat, auch wenn die App ansonsten im Querformat läuft. Wenn Sie das ausgewählte Video später in Ihrer App verändern möchten, müssen Sie die Image-Picker-Eigenschaft allowsEditing auf true setzen. In der Beispiel-App ist das nicht notwendig.

26.6 Videos mit der Picker-View auswählen und aufnehmen

Abbildung 26.12 Die Begründung für den Zugriff auf Kamera-Aufnahmen (dieses Beispiel) sowie auf die Kamera und das Mikrofon (nächstes Beispiel) wird in »Info.plist« formuliert.

Sollte es zu einer erfolgreichen Auswahl kommen, wird die Methode imagePicker-Controller des UIImagePickerControllerDelegate-Protokolls mit dem Parameter didFinishPickingMediaWithInfo aufgerufen. Dort schließen Sie mit dismiss den Image-Picker. Die nachfolgende Closure wird ausgeführt, sobald das erledigt ist. Sie stellt nochmals sicher, dass das ausgewählte Element wirklich ein Video ist, ermittelt dessen URL und spielt dieses in einem AVPlayerViewController ab.

Die delegate-Eigenschaft des Image-Pickers setzt auch das UINavigationController-Delegate-Protokoll voraus. In diesem Beispiel muss aber keine einzige Methode dieses Protokolls implementiert werden.

```
// erforderlich für imgPicker.delegate = self
extension ViewController : UIImagePickerControllerDelegate,
                   UINavigationControllerDelegate   {
  // wird nach abgeschlossener Auswahl aufgerufen
  func imagePickerController(_ picker: UIImagePickerController,
           didFinishPickingMediaWithInfo info: [String : Any])
  {
    let mediaType = info[UIImagePickerControllerMediaType]
                  as! NSString
    // Image-Picker schließen
    dismiss(animated: true) {
      // Closure ausführen, nachdem ImagePicker verschwunden ist
      if mediaType == kUTTypeMovie {
        let url = info[UIImagePickerControllerMediaURL] as! URL
        let player = AVPlayer(url: url)
        let playerVC = AVPlayerViewController()
        playerVC.player = player
        self.present(playerVC, animated: true) {
          playerVC.player!.play()
        }
      } // Ende von if
    } // Ende der completion-Closure von dismiss()
  } // Ende von func
} // Ende von extension
```

Das ausgewählte Video wird nun in das Verzeichnis für temporäre Dateien Ihrer App kopiert. In diesem Beispiel wird das Video nach seiner Auswahl einfach abgespielt. Das ist selten sinnvoll, weil der Benutzer dies ja sowohl in der App *Fotos* als auch im Image-Picker-Dialog machen kann. Die Auswahl eines Videos werden Sie in der Praxis nur dann durchführen, wenn Sie das Video in irgendeiner Form weiterbearbeiten möchten, z. B. mit Effekten verändern oder auf eine Webseite hochladen.

Videos aufnehmen

Der im vorigen Abschnitt beschiebene Image-Picker-Controller kann nicht nur bereits vorhandene Aufnahmen auswählen, sondern auch neue Video-Aufnahmen durchführen. Bevor Ihre App die erste Aufnahme durchführt, fragt sie zuerst zweimal um Erlaubnis – einmal für die Kamera und ein zweites Mal für das Mikrofon. Die entsprechenden Erklärungen müssen abermals in `Info.plist` eingetragen werden, diesmal für die Schlüssel PRIVACY – MICROPHONE USAGE DESCRIPTION und PRIVACY – CAMERA USAGE DESCRIPTION (siehe Abbildung 26.12).

Der Code zur Durchführung der Aufnahme sieht ganz ähnlich aus wie der zur Auswahl eines vorhandenen Videos. Zuerst vergewissern Sie sich, dass das Gerät überhaupt eine Kamera besitzt. (Eigentlich ist diese Kontrolle überflüssig, weil es momentan meines Wissens kein iOS-Gerät ohne Kamera gibt.) Als `sourceType` für den Image-Picker geben Sie diesmal `.camera` an.

```
// Projekt ios-video, Datei ViewController.swift
@IBAction func recordVideo(_ sender: AnyObject) {
  if UIImagePickerController
      .isSourceTypeAvailable(.camera) == false
  {
    return
  }

  let imgPicker = UIImagePickerController()
  imgPicker.sourceType = .camera
  imgPicker.mediaTypes = [kUTTypeMovie as String]
  imgPicker.delegate = self
  present(imgPicker, animated: true, completion: nil)
}
```

Wenn der Benutzer tatsächlich ein Video aufnimmt, kommt es anschließend wie bei der Video-Auswahl zum Aufruf der Delegate-Methode `imagePickerController` mit dem Parameter `didFinishPickingMediaWithInfo`. Abermals landet das Video im Verzeichnis für temporäre Dateien Ihrer App. Das Video wird allerdings nicht zu den Aufnahmen der Kamera-App hinzugefügt und kann daher in der App *Fotos* nicht angezeigt werden.

Temporäres Verzeichnis aufräumen

Sowohl bei der Auswahl eines Videos als auch beim Aufnehmen neuer Videos landen mitunter riesige Datenmengen im temporären Verzeichnis Ihrer App. Idealerweise sollten Sie die Dateien dort sofort wieder löschen, sobald Sie sie nicht mehr brauchen. Ist das nicht möglich, sollten Sie Ihren Benutzern zumindest die Möglichkeit bieten, entweder einzelne Dateien selektiv zu löschen oder, noch besser, das gesamte temporäre Verzeichnis aufzuräumen.

Unbegreiflicherweise bietet iOS bis heute keine systemweite Möglichkeit, den Datenmüll der installierten Apps aufzuräumen. Die einzige Möglichkeit, Ihr iPhone oder iPad von Hunderten von MByte temporärer Daten von Apps wie Twitter oder Facebook zu befreien, besteht darin, die jeweilige App zu löschen und dann neu zu installieren. Ärgerlich!

Machen Sie es besser als die Programmierer der erwähnten Apps, und bieten Sie Ihren Benutzern die Möglichkeit, das temporäre Verzeichnis aufzuräumen. Analog gilt dies natürlich auch für das Cache-Verzeichnis, falls Sie dieses nutzen. Den Inhalt des temporären Verzeichnisses können Sie so ermitteln und in einer Text-View anzeigen:

```swift
// Projekt ios-video, Datei ViewController.swift
@IBAction func showTmp(_ sender: AnyObject) {
  txtTmp.text = ""
  let fm = FileManager.default
  let tmp = NSTemporaryDirectory()
  if let files = try? fm.contentsOfDirectory(atPath: tmp) {
    for file in files {  // file hat den Datentyp String
      txtTmp.text = txtTmp.text! + file + "\n"
    }
  }
}
```

Ganz ähnlich sieht der Code aus, um die enthaltenen Dateien zu löschen:

```swift
@IBAction func deleteTmp(_ sender: AnyObject) {
  let fm = FileManager.default
  let tmp = NSTemporaryDirectory()
  if let files = try? fm.contentsOfDirectory(atPath: tmp) {
    for file in files {  // file hat Datentyp String
      try? fm.removeItem(atPath: tmp + file)
    }
  }
}
```

26.7 YouTube-Videos abspielen

YouTube-Videos sind in HTML-Seiten eingebettet und können daher nicht ohne Weiteres durch einen `AVPlayer` abgespielt werden. Es gibt aber mehrere Wege aus diesem Dilemma.

Umweg über einen Web-Viewer

Unter iOS ist es am einfachsten, die YouTube-Seite eben in einem Webbrowser zu öffnen. Dort muss der Benutzer der App das Video anklicken, dann beginnt die Wiedergabe. Ein automatischer Start scheint laut StackOverflow aber unmöglich zu sein:

http://stackoverflow.com/questions/17228858

Die folgenden Zeilen funktionieren unter iOS, aber nicht unter tvOS, wo es keinen offiziellen Weg gibt, um Webseiten anzuzeigen:

```
import SafariServices
...
let url = URL(string: "https://youtu.be/BQ91R9wutjs")!
let svc = SFSafariViewController(url: url)
self.present(svc, animated: true, completion: nil)
```

Die youtube-ios-player-helper-Bibliothek

Gleichsam die offizielle Lösung besteht darin, dass Sie in Ihr Projekt die Bibliothek `youtube-ios-player-helper` einbauen. Bei meinen Tests hat sich der Prozess allerdings als eher mühsam und fehleranfällig erwiesen. Informationen und Download-Links zu dieser Bibliothek finden Sie hier:

https://developers.google.com/youtube/v3/guides/ios_youtube_helper

Bevor Sie die Bibliothek nutzen können, müssen Sie CocoaPods einrichten (siehe Abschnitt 14.1, »Module, Frameworks und Importe«). Danach erzeugen Sie in Xcode ein neues iOS-Projekt, speichern es und schließen es. Dann öffnen Sie ein Terminalfenster, wechseln in das Projektverzeichnis und führen dort `pod init` aus. Damit wird die Datei `Podfile` erzeugt. Diese öffnen Sie nun in einem Texteditor und fügen die Zeile `pod 'youtube-xxx'` hinzu, sodass die Datei wie folgt aussieht:

```
target 'ios-youtube-helper' do
  use_frameworks!
  pod 'youtube-ios-player-helper', '~> 0.1.1'
end
```

Achtung, die Webseite des Projekts war zumindest bis Oktober 2016 in diesem Punkt fehlerhaft: Dort ist die Zeile `pod "YouTube-Player-iOS-Helper", "~> 0.1"` angegeben. Diese Zeichenkette gilt aber für eine veraltete Version.

26.7 YouTube-Videos abspielen

Nach diesen Vorbereitungsarbeiten öffnen Sie Ihr Projekt wahlweise durch einen Doppelklick auf die Datei projektname.xcworkspace im Finder bzw. durch das gleichwertige Terminal-Kommando open projektname.xcworkspace.

In Ihrem iOS-Projekt können Sie nun im Storyboard-Editor eine UIView einfügen und dieser im Identity Inspector die Klasse YTPlayerView zuordnen. Der folgende Beispiel-Code geht davon aus, dass die App sofort nach dem Start damit beginnen soll, das Video zu laden, um dieses dann baldmöglichst abzuspielen:

```
// Projekt ios-youtube-helper, Datei ViewController.swift
import UIKit
import youtube_ios_player_helper

class ViewController: UIViewController, YTPlayerViewDelegate {
  @IBOutlet weak var ytView: YTPlayerView!

  override func viewDidLoad() {
    super.viewDidLoad()
    // Video laden
    ytView.load(withVideoId: "BQ91R9wutjs")
    ytView.delegate = self
  }

  // YTPlayerViewDelegate-Methode
  func playerViewDidBecomeReady(_ playerView: YTPlayerView) {
    ytView.playVideo()
  }
}
```

Beachten Sie, dass playVideo unmittelbar nach load wirkungslos bleibt. Das Laden erfolgt im Hintergrund, playVideo führt aber erst dann zum gewünschten Ergebnis, wenn zumindest ein Teil des Videos bereits geladen ist. Deswegen habe ich im obigen Code das YTPlayerViewDelegate-Protokoll implementiert. Damit kommt es zum Aufruf der Methode playerViewDidBecomeReady, sobald der Start des Videos möglich ist.

Die YTPlayerView-Klasse kennt auch diverse loadVideo-Methoden, an die diverse Parameter übergeben werden können. Bei meinen Tests haben diese Methoden aber nicht funktioniert. Die Vorschau-View blieb leer, das Video ließ sich nicht abspielen.

```
// hat bei meinen Tests jeweils nicht funktioniert
let link = ""https://youtu.be/BQ91R9wutjs""
ytView.loadVideo(byURL: link,
                 startSeconds: 0.0,
                 suggestedQuality: .small)
```

```
ytView.loadVideo(byId: "BQ91R9wutjs",
           startSeconds: 0,
           suggestedQuality: .HD720)
```

Beim Abspielen des Videos – egal, ob dieses durch die `playVideo`-Methode oder durch das Berühren der View mit einem Finger ausgelöst wird – wird ein `AVPlayerViewController` geöffnet. Das Video wird also immer bildschirmfüllend abgespielt und nicht in dem `UIView`-Rechteck, in dem die Vorschau angezeigt wird.

> **tvOS: Fehlanzeige**
>
> Die ios-youtube-player-helper-Bibliothek ist nicht kompatibel zu tvOS. Das ist betrüblich, weil tvOS ja eigentlich eine besonders attraktive Zielplattform zum Abspielen von YouTube-Videos ist und dies gerade unter tvOS besonders schwerfällt.

Abbildung 26.13 Die Test-App vor dem automatischen Start der Video-Wiedergabe

Die YoutubeSourceParceKit-Bibliothek

Eine dritte Option zur YouTube-Wiedergabe bietet die `YoutubeSourceParceKit`-Bibliothek:

https://github.com/movielala/YoutubeSourceParserKit

Das Prinzip der Bibliothek besteht darin, den Code der YouTube-Webseite auszuwerten und daraus die URL für die Video-Datei zu extrahieren. Allerdings sprechen zwei Gründe gegen diese Bibliothek: Zum einen wurde sie bisher nicht auf Swift 3 aktualisiert, was in der Regel anzeigt, dass das Projekt tot ist. Und zum anderen widerspricht die Vorgehensweise den YouTube-Nutzungsregeln.

26.8 Fotos mit der Picker-View auswählen und aufnehmen

Der bequemste Weg, um ein Foto aus der Bibliothek der App *Fotos* auszuwählen bzw. um ein neues Foto zu erstellen, führt über die Picker-View, die ich Ihnen bereits in Abschnitt 26.6, »Videos mit der Picker-View auswählen und aufnehmen«, vorgestellt habe. Die Vorgehensweise ist ganz ähnlich, weswegen ich mich hier etwas kürzer als im entsprechenden Video-Abschnitt fasse.

Die erste Voraussetzung besteht darin, dass Sie in Ihrer App in der Datei Info.plist zwei neue Einträge hinzufügen:

- PRIVACY - CAMERA USAGE DESCRIPTION erläutert, warum Ihre App Zugriff auf die Kamera braucht.
- PRIVACY - PHOTO LIBRARY USAGE DESCRIPTION begründet, warum Ihre App Zugriff auf die Fotos-Bibliothek des Geräts haben möchte.

Beim ersten Start werden zwei entsprechende Dialoge angezeigt, die die Benutzer Ihrer App bestätigen müssen.

Die folgenden Zeilen überprüfen zuerst, ob es auf dem Gerät überhaupt gespeicherte Fotos gibt, und erzeugen dann einen UIImagePickerController zur Bildauswahl. Bei der sourceType-Eigenschaft haben Sie die Wahl zwischen .savedPhotosAlbum, um die Auswahl auf die mit dem Gerät aufgenommenen Fotos einzuschränken (auf die sogenannte *Camera Roll*), und .photoLibrary, um auch auf Alben zuzugreifen, die z. B. mit iTunes von einem Computer auf das iPhone oder iPad synchronisiert wurden. present öffnet den Auswahldialog, der auf einem iPhone immer im Hochformat erscheint. (Nur die iPad-Variante funktioniert auch im Querformat.)

```
// Projekt ios-photo, Datei ViewController.swift
import MobileCoreServices   // für kUTType-Konstanten

@IBAction func choosePhoto(_ sender: AnyObject) {
  // Gibt es überhaupt eine lokale Foto/Video-Sammlung?
  if UIImagePickerController
    .isSourceTypeAvailable(.savedPhotosAlbum) == false {
    return
  }

  // Image-Picker erzeugen
  let imgPicker = UIImagePickerController()
  // imgPicker.sourceType = .photoLibrary      // alle Bilder
  imgPicker.sourceType = .savedPhotosAlbum     // 'Camera Roll'

  // damit eine Reaktion auf die Auswahl möglich ist
  imgPicker.delegate = self
```

```
  // Image-Picker anzeigen
  self.present(imgPicker, animated: true, completion: nil)
}
```

Wenn die Bildauswahl abgeschlossen wird, kommt es zum Aufruf der Delegate-Methode imagePickerController mit dem Parameter didFinishPickingMediaWithInfo. Anders als bei Videos muss das Bild nicht aus einer Datei gelesen werden, sondern kann direkt aus dem info-Array als UIImage ausgelesen werden. In den folgenden Zeilen wird es dann in einer Image-View angezeigt (Outlet-Eigenschaft img).

```
extension ViewController : UIImagePickerControllerDelegate,
  UINavigationControllerDelegate
{
  func imagePickerController(_ picker: UIImagePickerController,
          didFinishPickingMediaWithInfo info: [String : Any])
  {
    let mediaType =
      info[UIImagePickerControllerMediaType] as! NSString
    if mediaType == kUTTypeImage {
      self.img.image =
        (info[UIImagePickerControllerOriginalImage] as! UIImage)
    }

    // Image-Picker schließen
    dismiss(animated: true, completion: nil)
  }
}
```

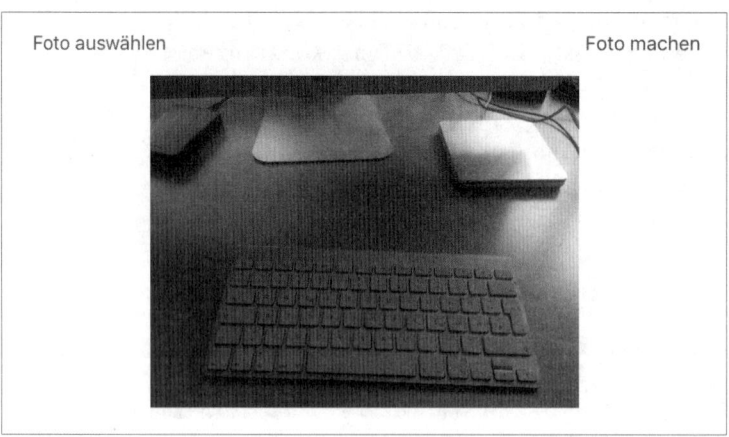

Abbildung 26.14 Die Test-App mit einem Foto von meinem Arbeitsplatz

Foto aufnehmen

Auch zur Aufnahme eines neuen Fotos erzeugen Sie einen Image-Picker. Als `source-Type` stellen Sie nun `.camera` ein. Je nachdem, ob Sie die Kamera auf der Rück- oder auf der Vorderseite des Geräts benutzen möchten, verwenden Sie `cameraDevice = .rear` oder `.front`.

```
@IBAction func takePhoto(_ sender: AnyObject) {
  let imgPicker = UIImagePickerController()
  imgPicker.sourceType = .camera
  imgPicker.cameraDevice = .rear
  imgPicker.delegate = self
  self.present(imgPicker, animated: true, completion: nil)
}
```

Zur Durchführung der Aufnahme erscheint die übliche Kameraansicht. Das neue Foto wird aber nicht in der Bibliothek der mit der *Kamera*-App erstellten Bilder gespeichert, sondern wird Ihrer App über die oben abgedruckte `imagePickerController`-Methode geliefert. Es steht Ihnen nun frei, das Bild weiterzubearbeiten, es einfach nur anzuzeigen, es auf eine Webseite hochzuladen etc.

26.9 Fotos in einer AVCaptureSession aufnehmen

Die Verwendung der Picker-View ist mit minimalem Code-Aufwand verbunden, bietet Ihrer App aber kaum Gestaltungsmöglichkeiten. Wenn Sie die Benutzeroberfläche zum Fotografieren selbst gestalten möchten, dann müssen Sie sich mit `AVCaptureSession` und diversen weiteren AV-Klassen anfreunden. Sie bieten die Grundlage für die freie Gestaltung eigener Apps, die das von der Kamera gerade aufgenommene Bild live anzeigen und dann Fotos oder Videos aufnehmen bzw. einfache Bilderkennungsaufgaben erledigen können.

Dieser Abschnitt konzentriert sich auf eine ganz einfache Anwendung einer Capture-Session zum Fotografieren. Dabei habe ich bewusst die vielen Sonderfälle weggelassen, die in einer »echten« Kamera-App berücksichtigt werden müssten: die Drehung (Orientierung) der Bilder, die Speicherung in JPEG- oder RAW-Dateien, die zusätzliche Verwendung kleinerer Preview-Bilder, die manuelle Fokussierung, die Zoom-Funktion, die Serienaufnahme vieler Fotos hintereinander, Live-Fotos (ab iPhone 6S), Fotos mit Tiefenschärfe (iPhone 7 Plus) etc. Auch ohne diese Funktionen umfasst das resultierende Programm rund 200 Zeilen Code.

Klassenüberblick

Vorweg ein kurzer Überblick über die wichtigsten Klassen, die alle in der AVFoundation-Bibliothek definiert sind:

- Eine Instanz der AVCaptureSession-Klasse verbindet alle weiteren Objekte, die zur Bildaufnahme, -anzeige und -speicherung erforderlich sind. Die AVCaptureSession wird üblicherweise beim Programmstart einmal eingerichtet und wird dann bis zum App-Ende verwendet (bzw. solange Aufnahmen durchgeführt werden sollen).

- Die Capture-Session benötigt als Bildquelle ein AVCaptureDeviceInput-Objekt. Es stellt über ein AVCaptureDevice-Objekt die Verbindung zu einer der Kameras des Geräts her.

- Um die Live-Vorschau der Bildquelle kümmert sich ein AVCaptureVideoPreview-Layer-Objekt.

- Damit ein aufgenommenes Bild oder Video gespeichert werden kann, ist schließlich ein Output-Objekt erforderlich. Bei Fotos verbinden Sie die Capture-Session dazu mit einer Instanz der AVCapturePhotoOutput-Klasse.

- Um dann tatsächlich ein Foto zu erstellen, müssen Sie noch ein AVCapturePhotoSettings-Objekt einrichten. Es fasst alle Einstellungen für das nächste aufzunehmende Foto zusammen, also z. B., ob ein Blitz verwendet werden soll. Während alle anderen hier aufgezählten Objekte über einen längeren Zeitraum aktiv bleiben, müssen Sie das AVCapturePhotoSettings-Objekt für jede Aufnahme neu erstellen.

Die eigentliche Aufnahme initiieren Sie schließlich mit der capturePhoto-Methode, die Sie auf das Output-Objekt der Session anwenden. Das resultierende Foto erhalten Sie über die Delegate-Methode capture des AVCapturePhotoCaptureDelegate-Protokolls.

Wenn Sie sich intensiver mit der Programmierung einer eigenen Kamera-App und mit der perfekten Nutzung der Kamera befassen möchten, sind die beiden folgenden WWDC-Videos ein perfekter Startpunkt in die komplexe Welt der Kameraprogrammierung:

https://developer.apple.com/videos/play/wwdc2016/501
https://developer.apple.com/videos/play/wwdc2016/511

Ebenfalls unverzichtbar, aber leider oft sehr unzusammenhängend und mit zu wenigen Beispielen versehen, ist die Online-Dokumentation zu den erwähnten Klassen. Werfen Sie insbesondere einen Blick auf diese beiden Seiten:

https://developer.apple.com/reference/avfoundation/avcapturephotooutput
https://developer.apple.com/reference/avfoundation/avcapturesession

Die Beispiel-App

Um das Zusammenspiel der vielen vorhin aufgezählten Klassen zu demonstrieren, habe ich eine Beispiel-App zusammengestellt. Mit ihr können Sie im Hochformat (Portrait-Modus) Fotos aufnehmen, wahlweise mit der Standardkamera (hinten) oder mit der Selfie-Kamera (vorne). Vor dem Auslösen wird eine Live-Vorschau des Kamerabilds angezeigt. Bei Bedarf können Sie den Blitz hinzuschalten. Durch die resultierenden Aufnahmen können Sie auf einer zweiten Seite der App scrollen (siehe Abbildung 26.15). Die Aufnahmen werden allerdings nicht bleibend gespeichert und gehen verloren, wenn die App von iOS aus dem Speicher entfernt wird.

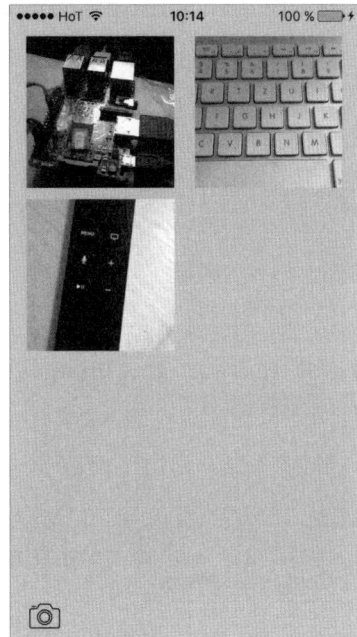

Abbildung 26.15 Eine einfache Kamera-App, links die Hauptansicht, rechts die Bildansicht

Die App besteht aus den folgenden Code-Dateien:

- `ViewController.swift`: Hauptansicht mit dem Großteil des Codes
- `ImagesVC.swift`: Bildansicht mit einer Collection View
- `PhotoCell.swift`: Klasse für die Prototypzelle der Collection View

Wie bei den vorherigen Beispielen ist auch bei dieser App in `Info.plist` ein Eintrag für den Schlüssel PRIVACY - CAMERA USAGE DESCRIPTION (NSCameraUsageDescription) erforderlich. Der hier angegebene Text begründet beim ersten Start der App, warum diese Zugriff auf die Kamera benötigt.

Die `ViewController`-Klasse beginnt mit Outlets für eine `UIView`, die den Ort und die Größe der Live-Vorschau bestimmt, und mit dem Button zum Ein- und Ausschalten des Blitzes. Mehrere Eigenschaften geben allen Methoden der Klasse Zugriff auf diverse AV-Objekte sowie auf die aktuellen Einstellungen:

```swift
// Projekt ios-photo-capture-session, Datei ViewController.swift
import UIKit
import AVFoundation

class ViewController: UIViewController {
  @IBOutlet weak var previewView: UIView!
  @IBOutlet weak var flashBtn: UIButton!

  let captureSession = AVCaptureSession()
  let photoOut = AVCapturePhotoOutput()

  var videoInp: AVCaptureDeviceInput!
  var previewLayer: AVCaptureVideoPreviewLayer!

  var useRearCamera = true
  var useFlash = false

  // hier werden die Fotos gespeichert
  var photos = [UIImage]()

  // ... restlicher Code folgt gleich
}
```

Initialisierung der Capture-Session

Die Eigenschaften für die `AVCaptureSession`- und `AVCapturePhotoOutput`-Objekte können direkt bei der Deklaration initialisiert werden und bleiben während des gesamten Programmablaufs erhalten. `viewDidLoad` erzeugt zuerst ein `AVCaptureDevice`-Objekt für die Defaultkamera des Geräts. Aus dem Device wird im nächsten Schritt ein `AVCaptureDeviceInput`-Objekt erzeugt. Die Methode `addInput` verbindet dieses mit der Capture-Session.

Analog wird mit `addOutput` auch das Output-Objekt zur Session hinzugefügt. Zuletzt wird von der Capture-Session ein `AVCaptureVideoPreviewLayer` abgeleitet und der Preview-View als zusätzlicher Layer hinzugefügt.

```swift
override func viewDidLoad() {
  super.viewDidLoad()

  // Aufnahme-Gerät wählen
  let device: AVCaptureDevice!
```

26.9 Fotos in einer AVCaptureSession aufnehmen

```
  device =
    AVCaptureDevice.defaultDevice(
      withMediaType: AVMediaTypeVideo)
  if device == nil {
    print("Kann nicht auf Kamera zugreifen.")
    exit(EXIT_FAILURE)
  }

  // Session mit Kamera-Input verbinden
  videoInp =
    try? AVCaptureDeviceInput(device: device)
  if (captureSession.canAddInput(videoInp)) {
    captureSession.addInput(videoInp)
  } else {
    print("Kann AVCaptureSession nicht einrichten.")
    exit(EXIT_FAILURE)
  }

  // Session mit Photo-Output verbinden
  if captureSession.canAddOutput(photoOut) {
    captureSession.addOutput(photoOut)
  } else {
    print("Kann Output nicht zur CaptureSession hinzufügen.")
    exit(EXIT_FAILURE)
  }

  // Zugriff auf den Preview-Layer der Session
  previewLayer = AVCaptureVideoPreviewLayer(session:
    captureSession)
  previewLayer.videoGravity = AVLayerVideoGravityResizeAspect
  previewView.layer.addSublayer(previewLayer)
}
```

Die Einstellung von Ort und Größe des Layers erfolgt etwas später in viewDidAppear, weil erst in dieser Methode die Position der Preview-View feststeht. Dort wird die Capture-Session auch mit startRunning aktiviert:

```
override func viewDidAppear(_ animated: Bool) {
  super.viewWillAppear(animated)
  previewLayer.frame = previewView.bounds
  captureSession.startRunning()
}
```

Zwischen Rear- und Front-Kamera wechseln

Die Action-Methode `flip` schaltet die Capture-Session zwischen der Default-Kamera und der Front-Kamera um. Dazu muss der aktuelle Input entfernt und ein neuer `AVCaptureDeviceInput` für die gewünschte Kamera erzeugt und zur Session hinzugefügt werden. Bei der Ausführung dieser Aktion zeigt die Vorschau für einen Moment ein leeres Bild an.

Recht umständlich ist der Zugriff auf die Front-Kamera: Sie müssen zuerst ein `AVCaptureDeviceDiscoverySession`-Objekt erzeugen, das eine Auflistung aller geeigneten Kameras liefert. Wir sind auf der Suche nach Weitwinkelkameras auf der Vorderseite. Bei den momentan erhältlichen iPhone-Modellen gibt es nur eine solche Kamera, aber, wer weiß, vielleicht sind angesichts des Selfie-Wahns in Zukunft mehrere derartiger Kameras notwendig, um das iPhone weiterhin in großen Stückzahlen zu verkaufen.

```
// Button 'Kamera wechseln'
@IBAction func flip(_ sender: AnyObject) {
  useRearCamera = !useRearCamera

  let newDevice: AVCaptureDevice!
  if useRearCamera {
    // Default-Kamera
    newDevice =
      AVCaptureDevice.defaultDevice(
        withMediaType: AVMediaTypeVideo)
  } else {
    // Front-Kamera suchen
    let avcdds = AVCaptureDeviceDiscoverySession(
      deviceTypes: [.builtInWideAngleCamera],
      mediaType: AVMediaTypeVideo,
      position: .front)
    if avcdds != nil && avcdds!.devices.count > 0 {
      newDevice = avcdds!.devices.first!
    } else {
      print("Es gibt keine Selfie-Kamera.")
      useRearCamera = true
      return
    }
  }

  // vorhandenen Input lösen
  captureSession.removeInput(videoInp)
```

```
    // Session mit neuem Kamera-Input verbinden
    videoInp =
      try? AVCaptureDeviceInput(device: newDevice)
    captureSession.addInput(videoInp)
}
```

Blitz-Modus umschalten

Die Action-Methode `changeFlash` invertiert die Eigenschaft `useFlash` und ändert gleichzeitig die im Button dargestellte Bitmap.

```
// Button für Blitz-Modus
@IBAction func changeFlash(_ sender: AnyObject) {
  useFlash = !useFlash
  print("Flash = \(useFlash)")
  let imgname = useFlash ? "pho-flash" : "php-flash-off"
  flashBtn.setImage(UIImage(named: imgname), for: .normal)
}
```

Endlich ein Foto!

Nach diesen Vorbereitungsarbeiten dient die Action-Methode `takePhoto` gleichsam als Auslöser für ein neues Foto. In der Methode wird ein neues `AVCapturePhoto`-`Settings`-Objekt erzeugt. Als einzige Einstellung wird der Blitz-Modus verändert (Eigenschaft `flashMode`), und auch das nur, wenn die Kamera dies unterstützt. Bei der Front-Kamera ist dies aktuell nicht der Fall.

```
@IBAction func takePhoto(_ sender: AnyObject) {
  // Default-Settings
  let settings = AVCapturePhotoSettings()

  // Blitz einschalten, wenn die Kamera es erlaubt
  let wantsFlashMode =
    useFlash ? AVCaptureFlashMode.on : AVCaptureFlashMode.off
  if photoOut.supportedFlashModes.contains(
    NSNumber(value: Int(wantsFlashMode.rawValue)))
  {
    settings.flashMode = useFlash ? .on : .off
  }

  photoOut.capturePhoto(with: settings, delegate: self)
}
```

`capturePhoto` führt die Aufnahme durch. Das Ergebnis erhält Ihre App wenig später in der Delegate-Methode `capture` mit dem Parameter `didFinishProcessingPhotoSampleBuffer`. Bei dieser Methode des `AVCapturePhotoCaptureDelegate`-Protokolls haben sich die Apple-Entwickler wieder einmal ausgetobt – ausschweifend benannte Parameter mit ebenso langen Datentypnamen produzieren sieben Zeilen unleserlichen Code nur zur Übergabe der Parameter!

Tatsächlich interessiert uns nur ein einziger Parameter: photoSampleBuffer enthält das Bild in JPEG-Form. Die Methode überprüft, ob die Daten im richtigen Format vorliegen, macht daraus ein UIImage und speichert dieses im Array photos.

```swift
extension ViewController : AVCapturePhotoCaptureDelegate {
  // wird aufgerufen, nachdem ein Foto gemacht wurde
  func capture(_ captureOutput: AVCapturePhotoOutput,
    didFinishProcessingPhotoSampleBuffer
        photoSampleBuffer: CMSampleBuffer?,
    previewPhotoSampleBuffer: CMSampleBuffer?,
    resolvedSettings: AVCaptureResolvedPhotoSettings,
    bracketSettings: AVCaptureBracketedStillImageSettings?,
    error: Error?)
  {
    if let buffer = photoSampleBuffer,
       let imgData =
         AVCapturePhotoOutput.jpegPhotoDataRepresentation(
           forJPEGSampleBuffer: buffer,
           previewPhotoSampleBuffer: nil),
       let img = UIImage(data: imgData)
    {
       photos.append(img)
    }
  }
}
```

Segues von und zur Bildansicht

Der vierte Button der Hauptansicht führt über einen im Storyboard-Editor eingerichteten Segue in die Bildansicht. Vorher wird in der prepare-Methode die Capture-Session pausiert:

```swift
// Projekt ios-photo-capture-session, Datei ViewController.swift
// Fotos anzeigen
override func prepare(for segue: UIStoryboardSegue, sender: Any?)
    {
  // Capture-Session pausieren
  captureSession.stopRunning()
  if let dest = segue.destination as? ImagesVC {
    dest.mainVC = self
  }
}
```

26.9 Fotos in einer AVCaptureSession aufnehmen

In der Bildansicht ist der Kamera-Button mit der Methode unwindToMainVC verbunden. Dort wird die Capture-Session wieder aktiviert:

```
// zurück
@IBAction func unwindToMainVC(_ segue: UIStoryboardSegue) {
  // Live-Vorschau wieder einschalten
  previewLayer.frame = previewView.bounds
  captureSession.startRunning()
}
```

Die Bildansicht

Die Bildansicht ist mit einer Collection-View realisiert. Grundlagen zum Umgang mit dieser Ansicht finden Sie in Abschnitt 23.6, »Collections asynchron füllen (UITableView)«. In der Beispiel-App ist die Collection-View selbst unsichtbar. Das erreichen Sie, indem Sie die Hintergrundfarbe im Attributinspektor auf CLEAR COLOR stellen (nicht auf DEFAULT!).

Die Collection-View enthält eine quadratische Prototypzelle, die mit der Klasse PhotoCell verbunden ist. Die Prototypzelle wird vollständig durch eine Image-View mit der Einstellung CONTENT MODE = ASPECT FILL ausgefüllt. Das führt dazu, dass von jedem Foto nur der quadratische Bereich in der Mitte angezeigt wird.

```
// Projekt ios-photo-capture-session, Datei PhotoCell.swift
class PhotoCell: UICollectionViewCell {
  @IBOutlet weak var imgView: UIImageView!
}
```

Die Befüllung der Zellen erfolgt in den Delegate-Methoden der ImagesVC-Klasse:

```
class ImagesVC: UIViewController,
                UICollectionViewDelegate,
                UICollectionViewDataSource
{
 weak var mainVC: ViewController!
 @IBOutlet weak var collView: UICollectionView!

 override func viewDidLoad() {
    super.viewDidLoad()
    collView.delegate = self
    collView.dataSource = self
 }
 // es gibt nur einen Abschnitt
 func numberOfSections(in collectionView: UICollectionView) ->
    Int {
    return 1
 }
```

```
// es gibt photos.count Fotos
func collectionView(_ collectionView: UICollectionView,
  numberOfItemsInSection section: Int) -> Int
{
  return mainVC.photos.count
}
// Zelle zur Darstellung eines Fotos erzeugen
func collectionView(_ collectionView: UICollectionView,
                cellForItemAt indexPath: IndexPath)
  -> UICollectionViewCell
{
  let cell = collView.dequeueReusableCell(
    withReuseIdentifier: "mycell",
    for: indexPath) as! PhotoCell
  cell.imgView.image = mainVC.photos[indexPath.row]
  return cell
}
}
```

26.10 Barcodes in einer AVCaptureSession erkennen

In einer Capture-Session können Sie nicht nur Fotos oder Videos aufnehmen, Sie können in begrenztem Umfang sogar automatische Bilderkennungsfunktionen nutzen. Im Vergleich zum Beispiel des vorigen Abschnitts müssen Sie dazu vor allem ein anderes Output-Objekt mit der Capture-Session verbinden: Statt einer Instanz der AVCapturePhotoOutput-Klasse benötigen Sie nun ein AVCaptureMetadataOutput-Objekt. Die zugrunde liegende Klasse erkennt je nach Konfiguration im Bild befindliche Bar- oder QR-Codes und ruft dann eine captureOutput-Methode des Protokolls AVCaptureMetadataOutputObjectsDelegate auf.

Beispiel

Die Beispiel-App läuft wie das vorige Beispiel ausschließlich im Portrait-Modus. Sobald im Live-Bild ein Barcode erkannt wird, friert das Bild ein und der erkannte Code wird in einem Label angezeigt (siehe Abbildung 26.16). Mit dem Play-Button können Sie die Bilderkennung neuerlich starten. Wenn Sie möchten, können Sie mit wenig Mühe die Barcode-Erkennung mit einer Artikelsuche oder einem Preisvergleich im Internet verbinden.

Die View-Controller-Klasse beginnt wie üblich mit der Deklaration von Outlet-Variablen und Eigenschaften:

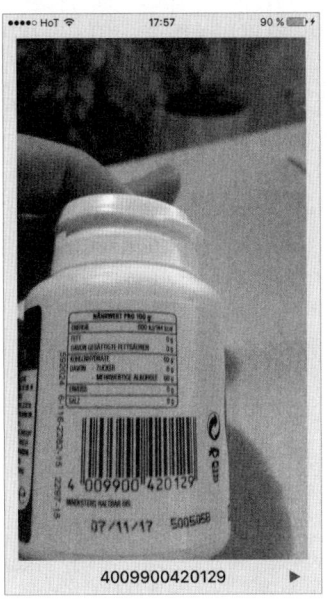

Abbildung 26.16 Die Beispiel-App hat den Barcode einer Kaugummidose entziffert.

```
// Projekt ios-barcode, Datei ViewController.swift
class ViewController: UIViewController,
                      AVCaptureMetadataOutputObjectsDelegate
{
  @IBOutlet weak var statusLbl: UILabel!
  @IBOutlet weak var previewView: UIView!
  @IBOutlet weak var startBtn: UIButton!

  var captureSession = AVCaptureSession()
  var previewLayer: AVCaptureVideoPreviewLayer!

  // restlicher Code folgt gleich
}
```

Nahezu die gesamte Initialisierung – und damit gewissermaßen der interessanteste Teil des Codes – befindet sich in der Methode viewDidLoad. Die App verwendet die Defaultkamera, um das Bild aufzunehmen. Neu im Vergleich zum vorigen Beispiel ist die Auto-Fokus-Konfiguration: Die Kamera soll kontinuierlich nahe gelegene Objekte in der Bildmitte fokussieren. Bevor diese Einstellungen vorgenommen werden können, muss für das Capture-Device die Methode lockForConfiguration ausgeführt werden. Nach der Einstellung der focus-Eigenschaften ist entsprechend ein Aufruf von unlockForConfiguration erforderlich.

Die Verwendung des Kamera-Devices als Video-Input erfolgt genau so wie im vorigen Beispiel. Neu ist aber das Output-Objekt vom Typ `AVCaptureMetadataOutput`. Beachten Sie, dass das Objekt zuerst mit `addOutput` zur Capture-Session hinzugefügt werden muss, bevor die Konfiguation der Barcode-Varianten (Eigenschaft `metadataObject-Types`) erfolgen kann, die erkannt werden sollen. Die Methode `setMetadataObjects-Delegate` legt fest, dass bei einer erfolgreichen Barcode-Erkennung die Delegate-Methode `capture` im Thread der Benutzeroberfläche (also in der Main-Queue) ausgeführt werden soll.

```swift
override func viewDidLoad() {
  super.viewDidLoad()

  // Aufnahme-Gerät wählen
  let device: AVCaptureDevice!
  device =
    AVCaptureDevice.defaultDevice(
      withMediaType: AVMediaTypeVideo)
  if device == nil { exit(EXIT_FAILURE) }

  // Auto-Fokus konfigurieren
  // http://stackoverflow.com/questions/5391203
  do {
    try device.lockForConfiguration()
    // Bildmitte
    device.focusPointOfInterest = CGPoint(x: 0.5, y: 0.5)
    // Macro-Modus
    device.autoFocusRangeRestriction = .near
    // Auto-Fokus ständig aktualisieren
    device.focusMode = .continuousAutoFocus
    device.unlockForConfiguration()
  } catch {
    print("Kann Fokus nicht einstellen.")
  }

  // Device als Video-Input für Capture-Session verwenden
  let videoInput =
    try? AVCaptureDeviceInput(device: device)
  if (captureSession.canAddInput(videoInput)) {
    captureSession.addInput(videoInput)
  } else {
    print("Kann AVCaptureSession nicht einrichten.")
    exit(EXIT_FAILURE)
  }
```

26.10 Barcodes in einer AVCaptureSession erkennen

```
  // versuche, Barcode zu erkennen, bei Erfolg
  // delegate-Methode im Thread der Main-Queue aufrufen
  let metadataOutput = AVCaptureMetadataOutput()
  if captureSession.canAddOutput(metadataOutput) {
    captureSession.addOutput(metadataOutput)
    metadataOutput.metadataObjectTypes =
      [AVMetadataObjectTypeEAN8Code,
       AVMetadataObjectTypeEAN13Code,
       AVMetadataObjectTypePDF417Code]
    metadataOutput.setMetadataObjectsDelegate(
      self, queue: DispatchQueue.main)
  } else {
    print("Barcode-Scanner kann nicht eingerichtet werden")
    exit(EXIT_FAILURE)
  }

  // Preview kann nicht in viewDidLoad() eingerichtet
  // werden, weil dort previewView noch nicht positioniert ist
  previewLayer = AVCaptureVideoPreviewLayer(
    session: captureSession)
  previewLayer.videoGravity = AVLayerVideoGravityResizeAspectFill
  previewView.layer.addSublayer(previewLayer)
}
```

Damit die App eine Live-Vorschau des Kamerabilds liefern kann, wird wie im vorigen Beispiel ein `AVCaptureVideoPreviewLayer` eingerichtet. Die Positionierung des Layers erfolgt in `viewDidAppear`, weil erst zu diesem Zeitpunkt der Ort des Preview-Rechtecks feststeht. Mit `startRunning` wird die Bilderkennung hier auch gestartet.

```
override func viewDidAppear(_ animated: Bool) {
  super.viewWillAppear(animated)
  previewLayer.frame = previewView.bounds
  captureSession.startRunning()
}
```

Die Delegate-Methode

An die Delegate-Methode `captureOutput` wird gleich ein ganzes Array von Metadaten übergeben, weil es passieren kann, dass der Scanner in einem Bild gleich mehrere Barcodes erkennt. Die Methode versucht nun, die Metadaten als Zeichenkette auszuwerten. Gelingt das, vibriert das Smartphone. Der Barcode wird in einem Label angezeigt, die Bilderkennung stoppt und die Schleife wird mit `break` verlassen. Die App berücksichtigt also nur den ersten erkannten Barcode im Bild.

```
func captureOutput(_ captureOulpul: AVCaptureOutput!,
           didOutputMetadataObjects metadataObjects: [Any]!,
           from connection: AVCaptureConnection!)
{
  for metaObj in  metadataObjects {
    if let readableObject = metaObj
           as? AVMctadataMachineReadableCodeObject,
       let bcode = readableObject.stringValue
    {
      AudioServicesPlaySystemSound(kSystemSoundID_Vibrate)
      statusLbl.text = bcode
      // Bild-Updates stoppen, das letzte Bild bleibt sichtbar
      captureSession.stopRunning()
      // Button für neuerliches Scannen
      startBtn.isEnabled = true
      break
    }
  }
}
```

Kapitel 27
SpriteKit

SpriteKit (Bibliothekskürzel SK) ist eine Bibliothek zur Programmierung von 2D-Spielen. Ein »Sprite« bezeichnet eine Bitmap bzw. eine Folge von Bitmaps, das bzw. die zur Darstellung animierter Spielfiguren und anderer Objekte verwendet wird. SpriteKit hilft dabei, Sprite-Objekte zu erzeugen, zu manipulieren und über den Bildschirm zu bewegen. SpriteKit stellt darüber hinaus eine Menge Zusatzfunktionen zur Verfügung, die beispielsweise bei der Realisierung von Audio-Effekten, bei Animationen, bei der Darstellung von Explosionen (Partikel-System), bei der Erkennung von Kollisionen oder bei der Simulierung physikalischer Effekte (Schwerkraft, Reibung etc.) helfen.

Im Vergleich zu anderen Bibliotheken zeichnet sich SpriteKit durch eine besonders einfache Handhabung aus. Das Programmieren von Spielen auf der Basis von SpriteKit macht Spaß und ist auch für Programmiereinsteiger rasch erlernbar.

SpriteKit steht gleichermaßen für iOS, macOS und tvOS zur Verfügung. Tatsächlich lassen sich manche Spiele für alle drei Plattformen gleichzeitig programmieren – bei richtiger Code-Strukturierung mit ganz wenig plattformabhängigem Code und nahezu frei von Redundanzen. Allerdings ist nicht jede Spielidee auch für jede Plattform geeignet. In diesem Kapitel setze ich den Schwerpunkt auf iOS. In Teil IV des Buchs folgen dann drei größere Beispielprojekte, die für iOS und tvOS gedacht sind.

Alternativen zu SpriteKit

Apple stellt zwei weitere Bibliotheken zur Verfügung, die ebenfalls zur Spieleprogrammierung geeignet sind: SceneKit hilft bei der Programmierung von 3D-Spielen, und Metal stellt eine besonders effiziente Low-Level-Schnittstelle zur Grafikprogrammierung dar.

Ein gemeinsamer Nachteil von SpriteKit, SceneKit und Metal besteht freilich darin, dass damit erstellte Apps auf das Apple-Universum beschränkt sind. Wenn Sie plattformunabhängig programmieren möchten, müssen Sie sich mit externen Toolkits wie Unity anfreunden. Allerdings sind derartige Bibliotheken oft mit (erheblichen) Zusatzkosten verbunden. Außerdem müssen Sie in der Regel auf Swift verzichten und stattdessen in C, C++ oder C# programmieren.

> **Pseudo-3D**
>
> Sie können mit SpriteKit auch sogenannte 2,5-D oder Pseudo-3D-Spiele erstellen. Dabei bleibt die Spiellogik zweidimensional. Durch geschickte Gestaltung der Sprites wird aber ein dreidimensionaler Anschein erweckt. Hintergrundinformationen können Sie hier nachlesen:
>
> *https://en.wikipedia.org/wiki/2.5D*

27.1 Hello SpriteKit!

Um ein erstes SpriteKit-Projekt zu starten, wählen Sie die Vorlage IOS • GAME und achten beim zweiten Dialog darauf, GAME TECHNOLOGY = SPRITEKIT einzustellen (siehe Abbildung 27.1). Den Mustercode können Sie sofort kompilieren und ausführen. Auf Ihrem iOS-Gerät oder im Simulator erscheint der Text »Hello World!«.

Abbildung 27.1 Ein neues SpriteKit-Projekt starten

Davon abgesehen gibt es keine Interaktion oder Animation. Das liegt daran, dass Apple fehlerhafte Musterdateien in Xcode 8.0 eingebaut hat. Öffnen Sie die Datei GameViewController.swift, und ersetzen Sie dort in der Methode viewDidLoad eine Zeile:

```
// falsch
if let scene = SKScene(fileNamed: "GameScene") {

// richtig
if let scene = GameScene(fileNamed: "GameScene") {
```

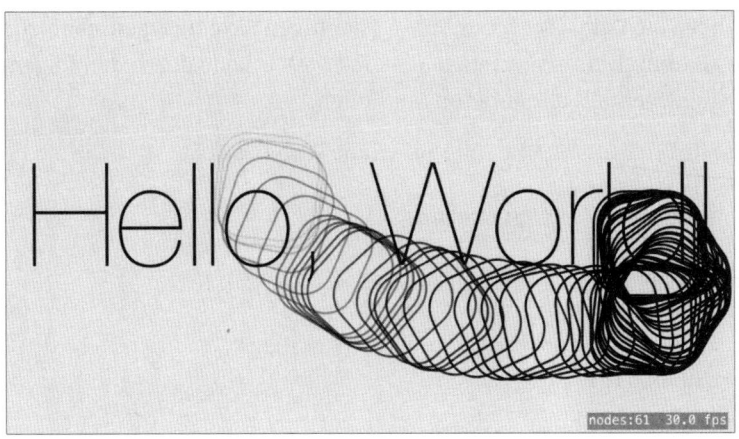

Abbildung 27.2 So sollte das Hello-World-Programm von Apple funktionieren.

Wenn Sie die App jetzt neuerlich starten, erscheinen sich drehende Rechtecke an den Stellen, an denen Sie das Display mit dem Finger berühren. Ich nehme an, Apple wird diesen doch ein wenig peinlichen Fehler mit der nächsten Xcode-Version beheben, noch bevor dieses Buch erschienen ist.

»Hello World!« selbst gemacht

Damit Sie die Konzepte von SpriteKit selbst kennenlernen können, löschen Sie nun aus dem Musterprojekt die Dateien GameScene.sks und Actions.sks. In der Datei GameViewController.swift löschen Sie alle Methoden außer viewDidLoad. Diese Methode vereinfachen Sie wie folgt:

```
// Projekt ios-hello-spritekit, Datei GameViewController.swift
class GameViewController: UIViewController {
  override func viewDidLoad() {
    super.viewDidLoad()

    if let view = self.view as! SKView? {
      // GameScene anzeigen
      let scene = GameScene()
      view.presentScene(scene)
      view.ignoresSiblingOrder = true    // schneller
      view.showsFPS = true                // FPS anzeigen
      view.showsNodeCount = true          // Node-Anzahl anzeigen
    }
  }
}
```

Danach bearbeiten Sie die Datei GameScene.swift. Hier fügen Sie eine Eigenschaft zur Speicherung eines Raumschiffs ein, ersetzen die didMove-Methode durch den folgenden Code und löschen ebenfalls alle anderen Methoden:

```swift
// Projekt ios-hello-spritekit, Datei GameScene.swift
class GameScene: SKScene {
  private var spaceship: SKSpriteNode!

  override func didMove(to view: SKView) {
    // Größe der Szene einstellen
    self.size = CGSize(width: 1024, height: 1024)
    self.backgroundColor = .gray
    self.scaleMode = .aspectFill

    // Raumschiff in der Mitte anzeigen
    let midPt = CGPoint(x: self.size.width / 2,
                        y: self.size.height / 2)
    spaceship = SKSpriteNode(imageNamed: "Spaceship")
    spaceship.position = midPt
    spaceship.zPosition = 1
    self.addChild(spaceship)
  }
}
```

Wenn Sie das Programm nun starten, wird in der Mitte des Bildschirms ein Raumschiff auf grauem Hintergrund angezeigt (siehe Abbildung 27.3). Die folgenden Abschnitte erklären nun, was bei der Ausführung dieser Mini-App vor sich geht.

Abbildung 27.3 Das »Hello-World!«-Programm auf einem iPhone im Querformat

> **Versteckte Funktionen im Hello-World-Programm**
>
> Das Projekt ios-hello-spritekit aus den Beispieldateien zu diesem Buch enthält in GameScene.swift einige weitere Code-Passagen, die standardmäßig nicht aktiv sind. Sie erzeugen weitere Sprites und lassen das Raumschiff rotieren. Um den Code auszuprobieren, entfernen Sie einfach die entsprechenden Kommentare. Erläuterungen zum Code folgen in Abschnitt 27.2, »Sprites erzeugen und bewegen«.

UIController- und SKView-Klasse

SpriteKit-Programme unter iOS oder tvOS verwenden wie gewöhnliche Apps einen View-Controller (Klasse UIViewController). Bei der Initialisierung der App wird dessen Methode viewDidLoad ausgeführt. Die Methode erzeugt das GameScene-Objekt und zeigt es in der vorhandenen SKView-Instanz an (Methode presentScene). Die SKView-Klasse ist spezifisch für SpriteKit-Apps und verbindet den UIViewController mit einer SpriteKit-View.

Für das SKView-Objekt werden drei globale Einstellungen vorgenommen:

- ignoresSiblingOrder = true optimiert die Zeichengeschwindigkeit.

- showFPS = true zeigt an, wie viele Frames pro Sekunde gezeichnet werden. Das ist während der Entwicklungsphase ein wichtiger Geschwindigkeitsindikator. Der Wert sollte auf physikalischen iOS-Geräten immer 60 FPS erreichen.

  Generell ist es selten zielführend, SpriteKit im iOS-Simulator zu testen. Dieser ist selbst auf leistungsstarken Macs zu langsam. Ideale Testgeräte für SpriteKit-Apps sind etwas ältere iPhones oder iPads, z. B. ein iPhone 5S oder ein iPad Retina. Wenn Ihr Spiel auf diesen Geräten keine Geschwindigkeitsprobleme hat, wird es auch auf aktuelleren Modellen gut laufen.

- showsNodeCount = true gibt an, aus wie vielen Objekten (Sprites) die Szene besteht. Auch dieser Wert ist beim Testen eine große Hilfe. Wenn die Nodes-Anzahl ständig größer wird, haben Sie vermutlich irgendwo im Code vergessen, nicht mehr benötigte Sprites zu löschen. Im vorliegenden Hello-World-Programm beträgt die Nodes-Anzahl 2: Ein Objekt ist für den Hintergrund verantwortlich, das zweite stellt ein Raumschiff dar.

Sichtbaren Bereich der SKScene-Klasse einstellen

Die SKScene-Klasse ist der Container für alle SpriteKit-Objekte einer Szene oder eines Levels Ihres Spiels. Insbesondere bei ersten Testprojekten wird ein Großteil Ihres Codes in einer von SKScene abgeleiteten Klasse landen. Bei aus Xcode-Vorlagen erstellten SpriteKit-Projekten lautet der Klassenname GameScene.

> **Model-View-Controller auch für Spiele!**
>
> Sobald Sie damit beginnen, ernsthaft Spiele zu programmieren, sollten Sie wie bei anderen Apps versuchen, die Spiellogik in eigene Klassen auszulagern (MVC-Muster). Das macht Ihren Code besser wartbar, besser erweiterbar und leichter an verschiedene Plattformen anpassbar.

Beim Koordinatensystem von SpriteKit-Spielen zeigt die X-Achse nach rechts, die Y-Achse nach oben (siehe Abbildung 27.4). Es sind keine Einheiten vorgegeben. In diesem Beispiel wurde die Größe der GameScene quadratisch eingestellt, wobei die X- und Y-Koordinaten jeweils von 0 bis 1024 reichen. (Bei Spielen mit sehr großen Szenen können Sie auch nur einen Teilausschnitt anzeigen, am einfachsten durch die Verwendung eines SKCameraNode-Objekts.)

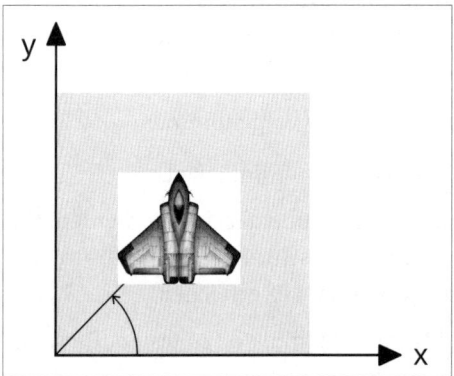

Abbildung 27.4 Koordinatensystem von SpriteKit-Apps

Der GameScene-Container wird in iOS-Geräten mittig und unverzerrt dargestellt, wobei die Ränder abgeschnitten werden (wegen scaleMode = .aspectFill im vorhin abgedruckten Listing der GameScene-Klasse).

```
// Datei GameScene.swift, in der Methode didMove()
self.size = CGSize(width: 1024, height: 1024)
self.scaleMode = .aspectFill
```

Auf einem iPhone 6 oder 7 im Querformat ist der gesamte X-Koordinatenbereich sichtbar, aber nur der Y-Bereich zwischen 224 und 800. Diese Werte ergeben sich, wenn Sie 1024 gemäß dem Bildschirmverhältnis von 16:9 verkleinern und dann mittig anordnen.

Wenn Sie das iPhone im Hochformat verwenden, ist der gesamte Y-Bereich sichtbar. Nun wird aber der X-Bereich beschnitten. Sichtbar sind nur Objekte, deren X-Koordinate zwischen 224 und 800 liegt.

Wenn Sie ein anderes Gerät verwenden (iPhone SE, iPad etc.), dann wird die jeweils längere Seite des Geräts den vollständigen X- oder Y-Koordinatenbereich abbilden, während die kürzere Seite den Koordinatenbereich abschneidet. Wie stark beschnitten wird, hängt von den Proportionen des Geräts ab.

SKSpriteNode-Objekt anzeigen

Die verbleibenden Zeilen der `GameScene`-Klasse zeigen »typischen« SpriteKit-Code: Die Init-Funktion der `SKSpriteNode`-Klasse erzeugt ein Sprite mit dem Aussehen eines Raumschiffs:

```
// Datei GameScene.swift, in der Methode didMove()
// SKSpriteNode-Instanz für das Raumschiff erzeugen
spaceship = SKSpriteNode(imageNamed: "Spaceship")
```

Die Bitmap `Spritekit.png` befindet sich in `Assets.xcassets` und ist Teil der Xcode-Musterdateien. Sie ist 394 × 347 Pixel groß. Diese Ausmaße gelten gleichzeitig als Defaultgröße für das neue Sprite. Auf der 1024 Einheiten breiten Szene beansprucht das Raumschiff somit gut ein Drittel der Breite.

Es ist selbstverständlich möglich, die Größe zu verändern – dann wird das Sprite entsprechend skaliert. Wichtig ist aber, dass Sie nicht zu sehr in Pixel denken – die Anzahl der tatsächlichen Pixel hängt vom Gerät ab. SpriteKit kümmert sich automatisch darum, die Breite der Szene (1024 Einheiten) auf die Anzahl der Pixel (bei einem iPhone 6 im Querformat sind es z. B. 1334 Pixel) umzurechnen. Wenn Sie eine hohe Bildqualität wünschen, müssen Sie ausreichend hoch auflösende Bitmaps verwenden.

Damit das Raumschiff tatsächlich sichtbar wird, muss es in der Szene positioniert und hinzugefügt werden. Dazu übergeben Sie an die `position`-Eigenschaft den gewünschten Ort als `CGPoint`-Objekt.

```
// Raumschiff in der Mitte anzeigen
let midPt = CGPoint(x: self.size.width / 2,
                    y: self.size.height / 2)
spaceship.position = midPt
spaceship.zPosition = 1
self.addChild(spaceship)
```

> **CGFloat, CGSize & Co.**
>
> Bei der SpriteKit-Programmierung sind `CGFloat`-Zahlen sowie die Strukturen `CGPoint`, `CGSize`, `CGRect` und `CGVector` allgegenwärtig. Lesen Sie unbedingt Abschnitt 7.3, »CGFloat, CGPoint, CGSize und Co.«!

Räumliche Anordnung von Sprites und anderen Objekten (zPosition)

SpriteKit ist eine Bibliothek für 2D-Spiele – dennoch gibt es eine Z-Koordinate. Die Eigenschaft zPosition bestimmt, wie Sprites und andere SpriteKit-Objekte über- und untereinander angeordnet werden. Standardmäßig beträgt der Wert 0. Damit ein Sprite »über« anderen Sprites positioniert wird, muss seine Z-Position größer sein. Bei vielen Spielen wird eine Hintergrund-Bitmap, ebenfalls als Sprite, an der Z-Position 0 angeordnet. Gibt es mehrere Sprites mit der gleichen Z-Position, dann ist es vom Zufall abhängig, welches Sprite sichtbar ist. Das macht die Fehlersuche oft mühsam. Vergessen Sie also nie die richtige Einstellung von zPosition.

> **Was tun, wenn Sprites nicht auf dem Bildschirm erscheinen?**
>
> Es kann viele Gründe geben, warum ein per Code erzeugtes Sprite nicht auf dem Bildschirm sichtbar wird. Die drei häufigsten Fehlerursachen sind: Sie haben eine Position außerhalb Ihres SKScene-Objekts angegeben, Sie haben vergessen, die zPosition korrekt einzustellen, und Ihr Sprite ist deswegen von einem anderen verdeckt, oder Sie haben vergessen, Ihr Sprite mit addChild in die Szene einzufügen.

Farb- und Bitmap-Literale

Eine tolle Neuerung von Xcode 8 besteht darin, dass Sie im Code durch sogenannte Literale auf Farben sowie auf Bitmaps aus Xcassets-Dateien zugreifen können. Der Xcode-Editor unterstützt Sie bei der Eingabe dieser Literale und zeigt an dieser Stelle keinen Code an, sondern ein Rechteck mit der gewünschten Farbe bzw. eine verkleinerte Darstellung der betreffenden Bitmap. In SpriteKit-Code gibt es unzählige Anwendungsmöglichkeiten für diese Literale. Sie erhöhen gleichermaßen den Komfort bei der Eingabe als auch die Lesbarkeit des Codes (siehe Abbildung 27.5). Ein weiterer Vorteil besteht darin, dass bereits beim Kompilieren überprüft werden kann, ob es die entsprechenden Bitmaps überhaupt in einer Xcassets-Datei gibt, und so Tippfehler ausgeschlossen werden.

Abbildung 27.5 Xcode zeigt Farb- und Bitmap-Literale als grafische Elemente im Code an.

Wenn Sie Zeilen mit derartigen Literalen in einen gewöhnlichen Texteditor kopieren, wird daraus der folgende, weit weniger elegante Code:

```
func test1() {
  spaceship = SKSpriteNode(texture: SKTexture(
    image: #imageLiteral(resourceName: "Spaceship")))
  spaceship.color = #colorLiteral(red:   0.1431525946,
                                  green: 0.4145618975,
                                  blue:  0.7041897774,
                                  alpha: 1)
}
```

> **Warum sind keine Literale im Beispiel-Code zum Buch?**
>
> In diesem Buch kann ich aus technischen Gründen in Listings nur Textzeichen, aber keine grafischen Elemente darstellen. Deswegen habe ich in den Beispielprogrammen auf Farb- und Bitmap-Literale verzichtet. Normalerweise entwickeln Sie Code aber nicht, um ihn anschließend abzudrucken – und dann spricht natürlich nichts gegen den Einsatz der Literale!

iOS-Geräteausrichtung steuern, Anzeige des Control Centers unterdrücken

In vielen SpriteKit-Apps wollen Sie explizit steuern, welche Geräteausrichtung zulässig ist und ob der Benutzer ohne Weiteres das Control Center durch eine Fingerbewegung über den Geräterand öffnen kann. Dazu können Sie entweder die entsprechenden Optionen für das iPhone bei den Target-Einstellungen setzen (Rubrik DEPLOYMENT INFO) oder für das iPad in der Datei Info.plist (Key *Supported interface orientations (iPad)*). Wenn Sie die möglichen Orientierungen einschränken, müssen Sie außerdem die Option REQUIRES FULL SCREEN setzen – andernfalls meckert Xcode.

Sie können die gewünschte Konfiguration auch per Code in der GameViewController-Klasse erzwingen. Das folgende Listing zeigt dafür ein Muster, das Sie je nach Bedarf anpassen können:

```
// in der GameViewController-Klasse

// die App soll sich an die Geräteausrichtung anpassen
override var shouldAutorotate: Bool {
  return true
}

// die Anzeige des Control Centers soll nicht
// unabsichtlich erfolgen (ganz verhindert werden
// kann sie aber nicht)
```

```
override var prefersStatusBarHidden: Bool {
  return true
}
// die App soll am iPad alle und auf einem iPhone drei
// von vier möglichen Ausrichtungen unterstützen
override var supportedInterfaceOrientations:
            UIInterfaceOrientationMask
{
  if UIDevice.current.userInterfaceIdiom == .phone {
    return .allButUpsideDown
  } else {
    return .all
  }
}
```

27.2 Sprites erzeugen und bewegen

Im Regelfall sind Sprites von rechteckigen Bitmaps abgeleitet. Um wie bei dem vorhin abgebildeten Raumschiff einen nicht rechteckigen Eindruck zu erreichen, müssen Sie teilweise transparente Bitmaps verwenden.

Bitmaps in Xcassets-Dateien

Üblicherweise fügen Sie die Bitmaps, die Sie mit Ihrer App mitliefern, per Drag & Drop in Xcassets-Dateien ein. Xcode gibt dazu die Datei Assets.xcassets vor. Bei größeren Spiele spricht aber nichts dagegen, die Bitmaps über mehrere Xcassets-Dateien zu verteilen. Für den Zugriff auf die Bitmaps im Code spielt es keine Rolle, in welcher Xcassets-Datei das Bild ist.

Wie gewohnt können Sie in Xcassets-Dateien Bitmaps in unterschiedlicher Auflösung (1x, 2x und 3x) für Geräte ohne, mit oder mit besonders hochauflösenden Retina-Displays ausliefern. Das Spiel verwendet dann je nach Gerät die am besten geeignete Variante. Ich verzichte in der Regel auf diese Möglichkeit: Geräte ohne Retina-Display sind im Aussterben begriffen, eine Optimierung auf 3x-Displays ist zumeist nicht wahrnehmbar. (Das könnte sich ändern, wenn Apple ein Apple-TV-Gerät mit 4k-Display-Ausgang vorstellt, was früher oder später sicher der Fall sein wird. Ob SpriteKit in diesem Fall 3x-Bitmaps verwendet, lässt sich aber aktuell schwer vorhersehen.)

```
// erzeugt ein Sprite aus einer Bitmap, die sich in einer
// Xcassets-Datei befindet; die Dateikennung (z. B. .png)
// wird nicht angegeben
var sprite = SKSpriteNode(imageNamed: "bitmapname")
```

Sprite-Position und AnchorPoint

Mit der position-Eigenschaft legen Sie die gewünschte Position durch ein CGPoint-Objekt fest. Dabei gilt das Koordinatensystem des übergeordneten Containers. Wenn Sie Ihr Sprite also mit addChild in Ihre GameScene einfügen, dann gilt dessen Koordinatensystem.

Jetzt bleibt nur noch die Frage zu klären, auf welchen Punkt im Sprite sich die Position überhaupt bezieht. Standardmäßig wird hierzu der Mittelpunkt des Sprites herangezogen. Das ist insbesondere dann zweckmäßig, wenn Sie später vorhaben, das Sprite zu drehen.

Sie können den Referenzpunkt des Sprites über die Eigenschaft anchorPoint verändern. Dabei bezeichnet der Punkt (0.5, 0.5) den Mittelpunkt des Sprites, vollkommen unabhängig von dessen tatsächlicher Größe. (0, 0) ist links unten, (1, 1) ist rechts oben (siehe Abbildung 27.6).

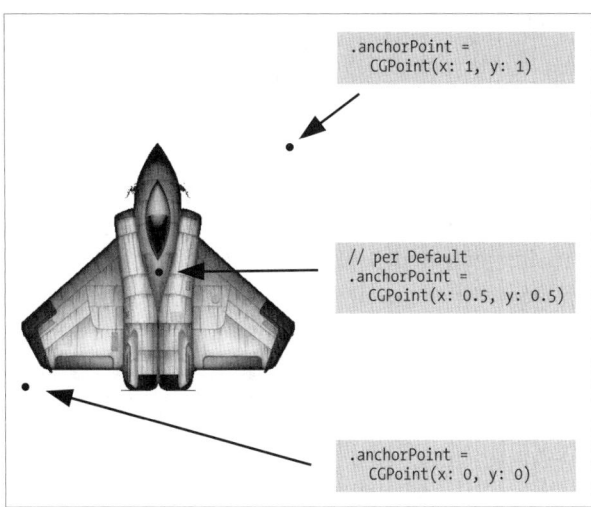

Abbildung 27.6 Einstellung des Sprite-Referenzpunkts

Sprite-Aussehen verändern

Anfänglich ist das Aussehen des Sprites durch die zugrunde liegende Bitmap vorgegeben. Es gibt aber unzählige Möglichkeiten, das Aussehen durch die Einstellung von Eigenschaften zu beeinflussen.

- alpha gibt die Transparenz des Sprites ein. Der Defaultwert 1,0 bedeutet, dass die Bitmap voll sichtbar ist. Mit der Einstellung 0,0 wird das Sprite unsichtbar.
- color gibt die Farbe des Sprites an. Mit dieser Farbe werden nicht durchsichtige bzw. nicht schwarze Bereiche des Sprites überlagert. Farben geben Sie in Xcode

am elegantesten als Farbliteral an – dann zeigt Xcode anstelle von `#colorLiteral` einen entsprechenden Farbpunkt an. Sie können aber auch auf Defaultfarben von `SKColor` zurückgreifen, z. B. in der Form `color = .red`.

- `colorBlendFactor` gibt an, wie stark die Farbe des Sprites berücksichtigt wird. Die Defaulteinstellung lautet 0,0, d. h., der Zustand der `color`-Eigenschaft wird ignoriert. Mit dem Wert 1,0 werden alle Farben der Bitmap durch die gewünschte Farbe ersetzt, wobei die Helligkeitsschattierungen aber erhalten bleiben. `color` und `colorBlendFactor` eignen sich gut, um mehrere gleichartige Objekte in unterschiedlichen Farben darzustellen – z. B. rote und grüne Monster oder blau und violett funkelnde Kristalle. Am besten funktioniert das, wenn Sie die zugrunde liegende Bitmap gleich in Schwarz-Weiß-Schattierungen entwerfen.

- `size` steuert wenig überraschend die Größe des Sprite. Die Bitmap wird entsprechend skaliert. Die Größenangabe erfolgt durch ein `CGSize`-Objekt, wobei sich die Maße auf den Container beziehen – häufig also auf das `SKScene`- bzw. `GameScene`-Objekt, in dem das Sprite angezeigt wird.

- `zRotation` gibt die Drehung des Objekts um den Referenzpunkt an. Der Winkel wird in Bogenmaß angegeben. 0 bedeutet keine Drehung, Pi/2 eine Drehung um 90 Grad gegen den Uhrzeigersinn etc. (siehe Abbildung 27.4).

SpriteKit bietet ärgerlicherweise keine Möglichkeit, eine Textur innerhalb eines Sprites zu wiederholen (*Tiled Textures*). Wenn Sie also eine Ziegelmauer benötigen, brauchen Sie entweder eine Textur in der gesamten Größe der Mauer, oder Sie müssen die Mauer aus vielen einzelnen Elementen zusammensetzen, die jeweils einen Ziegel abbilden.

Animierte Sprites (Sprite-Folgen)

In vielen Spielen sind die Figuren nicht statisch, sondern verändern ihre Form ständig oder zumindest bei Bewegungen. Das gelingt am einfachsten, indem Sie die Sprite-Bitmap aus einer vorbereiteten Folge von Bitmaps wie bei einem Daumenkino ständig wechseln. Den Bildwechsel erledigen Sie am besten mit einer Frame Action (siehe Abschnitt 27.5, »Aktionen«).

Sprites ohne Bitmap (ShapeNodes)

Objekte in SpriteKit-Apps basieren normalerweise auf Bitmaps – aber es geht auch ohne: Wenn Sie in Ihrem Spiel einfarbige Objekte benötigen, sei es als Hintergrund, als Begrenzungswand oder als Kanonenkugel, dann erzeugen Sie einfach ein entsprechend geformtes `SKShapeNode`-Objekt.

Diverse Init-Funktionen helfen Ihnen dabei, rechteckige, runde, elliptische oder frei geformte Objekte zu erzeugen, wobei Sie die gewünschte Größe, eine Liste von Eckpunkten oder einen Bezier-Pfad übergeben. Das Aussehen wird durch zwei Farben bestimmt: `fillColor` für das Innere des Objekts und `strokeColor` für die Umrandung, deren Breite mit `lineWidth` eingestellt wird. Die folgenden Zeilen zeigen, wie Sie einen Kreis und ein Rechteck mit abgerundeten Ecken erzeugen:

```swift
// Projekt ios-hello-spritekit, Datei GameScene.swift
private func createShapes() {
  let shape1 = SKShapeNode(circleOfRadius: 50)
  shape1.fillColor = .green
  shape1.strokeColor = .red
  shape1.lineWidth = 5
  shape1.position = CGPoint(x: 500, y: 500)
  shape1.zPosition = 2
  self.addChild(shape1)

  let rect = CGRect(x: 400, y: 600, width: 100, height: 30)
  let shape2 = SKShapeNode(rect: rect, cornerRadius: 10)
  shape2.fillColor = .blue
  shape2.strokeColor = .blue
  shape2.zPosition = 3
  self.addChild(shape2)
}
```

Einmal erzeugte Shape-Objekte können Sie weitgehend genauso wie Sprites behandeln: drehen, neu positionieren, verkleinern und vergrößern, transparent machen (alpha-Eigenschaft) etc.

Sprites bewegen

Es gibt mindestens drei Möglichkeiten, Sprites zu bewegen:

- Sie können im Game-Loop regelmäßig die Position des Sprites neu einstellen. Dazu bietet sich die update-Methode der SKScene-Klasse an.
- Sie können eine Aktion definieren (also ein SKAction-Objekt erzeugen) und das Sprite damit bewegen.
- Sie können die Physics-Komponente des SpriteKits aktivieren und dem Sprite eine Geschwindigkeit geben. Dann bewegt es sich von selbst. Je nachdem, wie Sie Ihre Spielwelt gestalten, können Sie dabei auch die Gravitation, die Reibung, das Verhalten bei Zusammenstößen etc. berücksichtigen.

Der Game-Loop, die Aktionen und die Physics-Komponente werden in den weiteren Abschnitten dieses Kapitels noch ausführlich behandelt. Vorweg zeige ich Ihnen, wie Sie das Raumschiff in einer update-Methode im Kreis fliegen lassen können: Dazu vergrößern Sie bei jedem Aufruf den Winkel angle, berechnen dann mit cos und sin die

X- und Y Position und verändern die position-Eigenschaft entsprechend. Damit das Raumschiff immer in Flugrichtung zeigt, wird außerdem zRotation angepasst.

> **Sinus und Cosinus**
>
> Wenn Sie sich während der Schule oder im Studium gefragt haben, wozu Sie Sinus- und Cosinus-Funktionen lernen müssen, bekommen Sie jetzt die Antwort: Bei vielen Spielen werden Sie ohne die sichere Handhabung der trigonometrischer Funktionen scheitern. Werfen Sie gegebenenfalls einen Blick in die Wikipedia, wo diese Funktionen sehr anschaulich erläutert werden:
>
> *https://de.wikipedia.org/wiki/Sinus_und_Kosinus*

```swift
// Projekt ios-hello-spritekit, Datei GameScene.swift
class GameScene: SKScene {
  private var spaceship: SKSpriteNode!
  private var angle: CGFloat = 0.0

  override func didMove(to view: SKView) {
    // ... Code wie im Hello-World-Projekt,
    //     spaceship initialisieren und anzeigen
  }

  // diese Methode wird 60-mal pro Sekunde aufgerufen
  override func update(_ currentTime: TimeInterval) {
    angle += .pi / 40.0
    // Mittelpunkt, um den das Raumschiff kreist
    let x0 = self.size.width / 2
    let y0 = self.size.height / 2
    // Kreisradius 200
    let pos = CGPoint(x: x0 + 200 * cos(angle),
                      y: y0 + 200 * sin(angle))
    spaceship.position = pos
    spaceship.zRotation = angle
  }
}
```

> **SpriteKit-Programme im Simulator testen**
>
> Der iOS-Simulator ist an sich eine feine Sache, für SpriteKit-Apps läuft er aber selbst auf leistungsfähigen Macs zu langsam. Immerhin eignet er sich gut zum bequemen Erstellen von Screenshots (siehe Abbildung 27.7).

Abbildung 27.7 Das Raumschiff auf seinem Rundflug im lahmen iOS-Simulator

Text (LabelNodes)

Text spielt in SpriteKit-Apps zumeist eine untergeordnete Rolle – aber ganz ohne Text geht es selten: Zur Anzeige von *Game Over* oder des aktuellen Scores benötigen Sie Textfelder. Das SpriteKit bietet dazu die SKLabelNode-Klasse an. Die Handhabung ist ganz ähnlich wie bei Sprites und Shapes: Sie erzeugen das Objekt, positionieren es und denken daran, die zPosition richtig einzustellen und das Objekt der Szene hinzuzufügen.

An die Init-Funktion übergeben Sie in der Regel den gewünschten Zeichensatz oder den anzuzeigenden Text. In der Folge stellen Sie die restlichen Eigenschaften ein. Der Text wird standardmäßig vertikal und horizontal über den durch position angegebenen Punkt zentriert. Eine andere Ausrichtung erreichen Sie bei Bedarf durch die Veränderung der Eigenschaften horizontal- bzw. verticalAlignmentMode.

```
// Projekt ios-hello-spritekit, Datei GameScene.swift
private func createLabel() {
  let label = SKLabelNode(fontNamed: "AvenirNext-Bold")
  label.text = "Game Over"
  label.fontColor = .blue
  label.fontSize = 70
  label.position = CGPoint(x: 500, y: 500)
  label.zPosition = 4
  label.verticalAlignmentMode = .center
  self.addChild(label)
}
```

Welche Fonts gibt es?

Schauen Sie sich die Website *http://iosfonts.com* an, um herauszufinden, welche Fonts unter welcher iOS-, tvOS- oder macOS-Version zur Verfügung stehen und wie diese Fonts aussehen!

Organisation der Sprites

In den Beispielen dieses Kapitels werden alle Sprites direkt in die Szene eingefügt (self.addChild). Bei komplexeren Spielen ist es jedoch zweckmäßiger, Sprites und andere SpriteKit-Objekte baumförmig zu organisieren. Jede von SKNode abgeleitete Klasse, also z. B. SKShapeNode, SKLabelNode und SKSpriteNode, kann selbst wieder Objekte (*Kinder*) enthalten. Auf diese Weise können Sie z. B. die gesamte Beschriftung ein- und ausblenden oder eine Gruppe von Objekten gemeinsam verschieben.

27.3 Spielsteuerung durch Touch-Ereignisse

Zur Spielsteuerung stehen je nach Gerät verschiedene Varianten zur Auswahl:

- Finger (iOS und tvOS)
- Bewegungssteuerung (Gyroscope, iOS und tvOS)
- Maus (macOS)
- Tasten der Fernbedienung (tvOS) bzw. Tastatur (macOS)

Dieser Abschnitt widmet sich der ersten Variante und den zugrunde liegenden touches-Methoden. Im nächsten Abschnitt gehe ich auf die Bewegungssteuerung näher ein. Informationen zum Umgang mit Tastatur und Maus unter macOS finden Sie in Abschnitt 19.4, »Maus«, und Abschnitt 19.5, »Tastatur«.

touch-Ereignisse unter iOS

Üblicherweise steuern Sie ein Spiel mit dem Finger auf dem Display bzw. beim Apple-TV-Gerät auf der Fernbedienung. Dazu implementieren Sie die Methoden touchesBegan, -Moved, -Ended und -Cancelled. Laut Dokumentation müssen Sie dabei entweder super.touchesXxx() aufrufen oder alle vier Methoden selbst implementieren (nicht nur eine oder zwei). Wenn Sie für eine Methode keine Verwendung haben, reicht eine Leerimplementierung, also die Implementierung der Methode ohne eigenen Code.

An alle vier Methoden wird ein Set von UITouch-Objekten übergeben – für jeden Finger auf dem Display ein Objekt. Das ermöglicht die Auswertung von Berührungen mit mehreren Fingern gleichzeitig – z. B. wenn Ihr Spiel die Möglichkeit bietet, mit einem Finger ein Objekt zu steuern und mit einem zweiten Finger einen Fire-Button zu betätigen. (Ein entsprechendes Beispiel folgt gleich.)

Wenn Sie auf Multi-Touch-Ereignisse verzichten können, stellen Sie die Eigenschaft isMultipleTouchEnabled des SKView-Objekts auf false, z. B. in der Methode viewDidLoad der GameViewController-Klasse. Alternativ können Sie in den touches-Methoden auch die Anzahl der UITouch-Objekte feststellen (touches.count) und auf jede Weiterverarbeitung verzichten, wenn diese ungleich 1 ist.

Die Position der Berührung ermitteln Sie mit der Methode `location` der `UITouch`-Klasse. Dabei müssen Sie angeben, relativ zu welchem anderen Objekt die Position angegeben werden soll. Im Regelfall werden Sie hier Ihr GameScene-Objekt übergeben (in der GameScene-Klasse also einfach `self`) – dann erhalten Sie die Position des Touch-Ereignisses im Koordinatensystem der Szene.

Der folgende Code bewirkt, dass das Raumschiff immer da angezeigt wird, wo sich gerade der Finger auf dem Display befindet. Letztlich reduziert sich die Logik darauf, dass die position-Eigenschaft des Raumschiffs mit dem Ort der Berührung eingestellt wird.

```
override func touchesBegan(_ touches: Set<UITouch>,
                           with event: UIEvent?) {
  // keine Reaktion
}
override func touchesMoved(_ touches: Set<UITouch>,
                           with event: UIEvent?) {
  if touches.count == 1 {
    spaceship.position = touches.first!.location(in: self)
  }
}
override func touchesEnded(_ touches: Set<UITouch>,
                           with event: UIEvent?) {
  // keine Reaktion
}
override func touchesCancelled(_ touches: Set<UITouch>,
                               with event: UIEvent?) {
  // keine Reaktion
}
```

Der obige Code ist leicht zu verstehen und funktioniert ausgezeichnet. Er ist für die meisten Spiele aber zu simpel: Das Raumschiff bewegt sich einerseits unendlich schnell (Warp-Antrieb?), dreht sich aber nie in Bewegungsrichtung.

Zur Feststellung der Richtung ist es zweckmäßig, den Startpunkt der Berührung in touchesBegan zu speichern. Dann kann aus dem aktuellen Ort die Bewegungsrichtung (`deltax` und `deltay`) berechnet werden und daraus mit der atan2-Funktion der Bewegungswinkel. (Die UITouch-Klasse stellt übrigens auch die Methode previousLocation zur Verfügung. Die hilft aber selten weiter, weil der letzte Berührungsort auf dem Display oft nur Millimeterbruchteile vom aktuellen Ort entfernt ist. Zur Ermittlung der Bewegungsrichtung ist das zu ungenau, und es kommt zu extrem zittrigen Rotationen.)

```
var startPt: CGPoint!
// Startpunkt der Bewegung speichern
override func touchesBegan(_ touches: Set<UITouch>,
                              with event: UIEvent?) {
  if let touch = touches.first {
    startPt = touch.location(in: self)
  }
}
// Raumschiff bewegen und korrekt drehen
override func touchesMoved(_ touches: Set<UITouch>,
                              with event: UIEvent?) {
  if let touch = touches.first {
    let pt = touch.location(in: self)
    let deltax = pt.x - startPt.x
    let deltay = pt.y - startPt.y
    spaceship.position = pt
    spaceship.zRotation = atan2(-deltax, deltay)
  }
}
```

Aber auch in dieser Form ist der Code nicht perfekt: Kleine Bewegungen führen zu einem Zittern des Raumschiffs. Das lässt sich beheben, wenn in `touchesMoved` die Länge der Bewegung berechnet wird und eine Veränderung der Raumschiffposition und -lage erst ab einer Mindestbewegung durchgeführt wird. Dann bleibt noch das Problem, dass die Logik auch bei längeren Bewegungen versagt: Daher sollte nicht der Startpunkt der Bewegung als Referenz dienen, sondern der Ort, der vor 20 Frames oder vor 300 Millisekunden aktuell war. Das lässt sich am einfachsten realisieren, indem Sie die letzten Positionen in einem Array speichern. Diese Variante ist auch im Beispielprogramm zu diesem Abschnitt realisiert:

```
// Projekt ios-spritekit-touch
// Datei GameScene.swift

// Array mit den letzten Positionen
var lastPts = [CGPoint]()

// Array neu initialisieren
override func touchesBegan(_ touches: Set<UITouch>,
                              with event: UIEvent?)
{
  if let touch = touches.first {
    lastPts = [touch.location(in: self)]
  }
}
```

```
// aktuellen Ort zum Array hinzufügen
override func touchesMoved(_ touches: Set<UITouch>,
                           with event: UIEvent?)
{
  if let touch = touches.first {
    lastPts.append(touch.location(in: self))
    if lastPts.count>20 { lastPts.removeFirst() }
    if let startPt = lastPts.first {
      let pt = touch.location(in: self)
      let deltax = pt.x - startPt.x
      let deltay = pt.y - startPt.y
      spaceship.position = pt
      spaceship.zRotation = atan2(-deltax, deltay)
    }
  }
}
```

Mitunter ist der hier beschriebene Aufwand gar nicht notwendig: Oft besteht das Ziel nur darin, unabhängig vom tatsächlichen Ort der Berührung die Bewegungsrichtung festzustellen, damit sich die Spielfigur dann in diese Richtung weiterbewegt. Das trifft z. B. auf die Pac-Man-Variante zu, die ich Ihnen in Kapitel 38 präsentiere.

Zwischen Bewegung (Move) und Berührung (Tap) differenzieren

Wenn Sie zwischen einer Bewegung und einer bloßen Berührung differenzieren müssen, speichern Sie in touchesBegan den Startzeitpunkt. In touchesMoved reagieren Sie auf die Bewegung nur, wenn seit dem Startzeitpunkt eine bestimmte Mindestzeitspanne vergangen ist (z. B. 200 Millisekunden). Umgekehrt verarbeiten Sie die Berührung in touchesEnded als Tap-Ereignis, wenn die Zeitspanne kleiner als Ihr vorgegebenes Minimum war. Entsprechenden Beispielcode finden Sie in allen drei großen SpriteKit-Beispielprojekten (Kapitel 37, »Breakout«, Kapitel 38, »Pac-Man selbst gemacht«, und Kapitel 39, »Asteroids«).

Bei iOS-Spielen ist es oft auch zweckmäßig, je nach dem Ort der Berührung unterschiedlich zu reagieren: Vielleicht gibt es rechts unten einen »Fire-Button-Bereich«: Ein Tap dort feuert eine Rakete ab. Touch-Ereignisse anderswo werden hingegen als Bewegung gewertet. In diesem Fall ist eine Multi-Touch-Auswertung notwendig, damit Sie Ihr Raumschiff gleichzeitig bewegen und Raketen abfeuern können. Für jedes UITouch-Objekt werten Sie die Position aus und berücksichtigen die Ergebnisse entsprechend.

Der folgende Beispielcode setzt voraus, dass am Bildschirm ein roter Kreis mit dem Radius 50 als Feuer-Button dargestellt wird:

```
private var fireNode:    SKShapeNode!
...
// roten Feuer-Button darstellen
fireNode = SKShapeNode(circleOfRadius: 50)
fireNode.position = CGPoint(x: 750, y:300)
fireNode.zPosition = 2
fireNode.strokeColor = .red
fireNode.lineWidth = 2
fireNode.fillColor = .clear   // durchsichtig
self.addChild(fireNode)
```

Der Test, ob ein Touch-Event den Fire-Knopf betrifft oder nicht, kann so aussehen:

```
override func touchesBegan(_ touches: Set<UITouch>,
                           with event: UIEvent?)
{
   for t in touches {
      let pt = t.location(in: self)
      if distance(pt1: pt, pt2: fireNode.position) < 50 {
         print("fire")
      } else {
         lastPts = [t.location(in: self)]
      }
   }
}
```

Die Entfernung zwischen zwei Punkten wird laut Pythagoras so ausgerechnet:

```
private func distance(pt1: CGPoint, pt2: CGPoint) -> CGFloat {
   return sqrt((pt1.x-pt2.x)*(pt1.x-pt2.x) +
               (pt1.y-pt2.y)*(pt1.y-pt2.y))
}
```

touch-Ereignisse unter tvOS

Grundsätzlich erfolgt die Verarbeitung von touch-Ereignissen unter tvOS exakt wie unter iOS. Es gibt aber einen wesentlichen Unterschied: Unter iOS verraten Ihnen die UITouch-Objekte den absoluten Ort, wo der Spieler auf den Bildschirm gedrückt hat. Unter tvOS erfahren Sie zwar auch einen absoluten Ort, der bezieht sich aber nicht auf den Bildschirm, sondern auf die berührungsempfindliche Fläche der Fernbedienung. Sie müssen daher die touch-Ereignisse immer relativ zur aktuellen Position verarbeiten.

Im folgenden Beispiel gehe ich ein letztes Mal davon aus, dass Ihr Ziel darin besteht, ein Raumschiff über den Bildschirm zu bewegen – diesmal aber mit der Fernbedienung. Vorausgesetzt wird wie in den vorherigen Beispielprogrammen, dass das Raumschiff in didMove als SKSpriteNode-Objekt initialisiert und angezeigt wird.

27.3 Spielsteuerung durch Touch-Ereignisse

Der erforderliche Code sieht ganz ähnlich aus wie beim letzten Beispiel. Allerdings wird nun aus der aktuellen Position und der vorigen Position (previousLocation) das zumeist winzige Delta der Bewegung errechnet und zur aktuellen Position hinzugefügt. Das Array lastPts wird nur für die Einstellung des Rotationswinkels verwendet.

```swift
// Projekt tvos-spritekit-touch
// Datei GameScene.swift
var lastPts = [CGPoint]()
override func touchesBegan(_ touches: Set<UITouch>,
                           with event: UIEvent?)
{
  // Array mit Orten auf Fernbedienung neu initialisieren
  if let touch = touches.first {
    lastPts = [touch.location(in: self)]
  }
}

override func touchesMoved(_ touches: Set<UITouch>,
                           with event: UIEvent?)
{
  if let t = touches.first {
    // max. 20 Positionen speichern
    lastPts.append(t.location(in: self))
    if lastPts.count>20 { lastPts.removeFirst() }

    // Position ändern (Delta zwischen jetziger Position
    // und voriger Position auf der Fernbedienung hinzufügen)
    let deltax = t.location(in: self).x -
                 t.previousLocation(in: self).x
    let deltay = t.location(in: self).y -
                 t.previousLocation(in: self).y
    let current = spaceship.position
    spaceship.position =
      CGPoint(x: current.x + deltax, y: current.y + deltay)

    // Richtung nur ändern, nachdem zumindest fünf
    // Touch-Ereignisse gemeldet wurden
    if lastPts.count>5 {
      let startPt = lastPts.first!
      let deltax = current.x - startPt.x
      let deltay = current.y - startPt.y
      spaceship.zRotation = atan2(-deltax, deltay)
    }
  }
}
```

27.4 Bewegungssteuerung (Gyroskop und Accelerometer)

iOS-Geräte und die Fernbedienung von tvOS enthalten ein Gyroskop und einen Beschleunigungsmesser (Accelerometer). Das sind Sensoren, die die Bewegungen des Geräts um alle drei Achsen im Raum feststellen können. Aus Entwicklersicht gibt es allerdings große Unterschiede bei der Auswertung dieser Messdaten, je nachdem, ob Sie eine App für iOS oder für tvOS entwickeln.

> **Gyroskop versus Accelerometer**
>
> Ein Gyroskop (Kreiselkompass) ist ein Sensor, der Änderungen an der Drehung (Rotation) des Geräts um seine Achsen feststellen kann.
>
> Das Accelerometer misst dagegen, wie das Gerät linear beschleunigt wird – nach links oder nach rechts, vor oder zurück, nach oben oder unten. In die Beschleunigungsdaten fließt auch die durch die Gravitation verursachte Erdbeschleunigung ein.

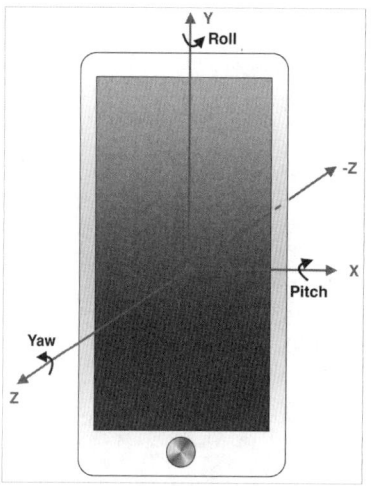

Abbildung 27.8 Koordinatensystem für Gyroskop und Accelerometer

Welcher der beiden Sensoren für Ihr Spiel am besten geeignet ist, hängt davon ab, welche Bewegungen Sie feststellen möchten: Zur Steuerung eines Objekts (Raumschiff, Auto, Spielfigur) durch Drehung des iPhones oder der tvOS-Fernbedienung bietet sich das Gyroskop an. Wenn Sie ein Schütteln detektieren wollen oder einen virtuellen (Tennis)-Schläger nachbilden wollen, führen die Accelerometer-Daten zum Ziel.

Wenn Sie sich unsicher sind, macht iOS Ihnen die Auswertung der Bewegungsdaten mit `CMDeviceMotion`-Objekten besonders einfach: Diese Objekte enthalten Daten, die aus *beiden* Sensoren zusammengerechnet wurden. Dazu zählen die drei Winkel *Roll*, *Pitch* und *Yaw* (auf deutsch *Roll-Nick-Gier-Winkel*), die die Bewegung des Geräts

27.4 Bewegungssteuerung (Gyroskop und Accelerometer)

um seine drei Koordinatenachsen ausdrücken (siehe Abbildung 27.8). Zu beachten ist, dass es keine Möglichkeit gibt, die Bewegungskoordinaten an eine andere Geräteausrichtung anzupassen. Wenn Sie also ein Spiel für den Landscape-Modus programmieren, ändern die drei Winkel ihre Bedeutung.

Auch wenn ich Ihnen das Gyroskop und den Accelerometer hier im Kontext der Spieleprogrammierung vorstelle, ist die Anwendung dieser Sensoren keineswegs auf Spiele beschränkt! Sie können die hier präsentierten Programmiertechniken ebenso gut in »gewöhnlichen« iOS-Apps anwenden.

Bildschirmrotation abstellen (Device Orientation)

Unter iOS werden die Gyroskop- und Accelerometer-Daten standardmäßig ausgewertet, um die Ausrichtung des Bildschirms zu ändern: Wenn Sie also Ihr iPhone drehen, dann drehen sich auch viele Apps. Wenn Sie die Bewegungsdaten selbst verarbeiten möchten, müssen Sie im Regelfall die automatische Drehung deaktivieren. Dazu geben Sie bei den Projekteigenschaften an, dass Ihre App nur im Portrait- oder in einem Landscape-Modus laufen soll, und deaktivieren alle anderen Optionen (siehe Abbildung 27.9).

Abbildung 27.9 Bei iPhones nur eine Ausrichtung erlauben

Bei iPhones sind diese Einstellungen ausreichend. iPad-Apps lassen sich aber weiterhin in alle vier Richtungen drehen. Schuld daran ist der Schlüssel SUPPORTED INTERFACE ORIENTATIONS (IPAD) in `Info.plist`, der standardmäßig alle vier Ausrichtungen erlaubt (siehe Abbildung 27.10). Die Projekteinstellungen haben keinen Einfluss auf die zulässige Ausrichtung von iPad-Apps. Sie müssen daher die drei nicht unterstützten Richtungseinträge entfernen. Gleichzeitig müssen Sie in den Projekteinstellungen die Option REQUIRES FULL SCREEN aktivieren – sonst beklagt sich Xcode darüber, dass die Einschränkung der Orientierung bei iPad-Apps nicht erlaubt ist.

27 SpriteKit

Abbildung 27.10 Um die Orientierung von iPad-Apps einzuschränken, müssen drei der vier Einträge entfernt werden.

Bewegungssteuerung unter iOS

Um Bewegungsdaten unter iOS zu ermitteln, importieren Sie die CoreMotion-Bibliothek und erzeugen einen CMCoreMotionManager. Die Dokumentation warnt davor, in einer App mehrere derartige Objekte zu erstellen. Achten Sie darauf, dass Sie *ein* Objekt einrichten und dieses dann in allen Teilen Ihrer App nutzen.

Diesem Manager teilen Sie nun mit, welchen Sensor Sie nutzen möchten (startXxx-Updates) und wie häufig dessen Daten aktualisiert werden sollen (xxxUpdateInterval). Damit die Bewegungssteuerung bei Spielen flüssig funktioniert, müssen Sie sich trotz des damit verbundenen Stromverbrauchs für eine hohe Update-Rate entscheiden:

```
import CoreMotion
private let mm = CMMotionManager()
...
// wenn Sie nur Accelerometer-Daten wünschen
mm.accelerometerUpdateInterval = 1.0 / 60
mm.startAccelerometerUpdates()

// wenn Sie nur Gyroskop-Daten benötigen
mm.gyroUpdateInterval = 1.0 / 60
mm.startGyroUpdates()

// wenn Sie die kombinierten Daten aus Accelerometer
// und Gyroskop wünschen (am bequemsten)
mm.deviceMotionUpdateInterval = 1.0 / 60
mm.startDeviceMotionUpdates()
```

Egal, für welche der drei oben skizzierten Varianten Sie sich entscheiden, es gibt zwei Wege, wie Sie zu den Bewegungsdaten kommen: Sie können entweder über die Eigenschaften des Motion Managers dessen gerade aktuellen Daten auslesen (Pull-Modell) oder mit `startXxxUpdatesToQueue` eine Funktion bzw. eine Closure angeben, die bei neuen Daten automatisch ausgeführt wird (Push-Modell). Bei SpriteKit-Spielen bietet sich das Pull-Modell an. Die Auswertung kann z. B. in der `update`-Methode der `SKScene`-Klasse erfolgen. Diese Methode wird bei jedem Frame ausgeführt. Der Zugriff auf die Bewegungsdaten sieht so aus:

```
if let dm = mm.deviceMotion {
  let a:CMAttitude,      g: CMAcceleration,
      r:CMRotationRate,  u: CMAcceleration
  a = dm.attitude          // Roll-, Pitch- und Yaw-Winkel
  g = dm.gravity           // Vektor, zeigt zum Erdmittelpunkt
  r = dm.rotationRate      // Drehungen pro Sekunde um die Achsen
  u = dm.userAcceleration  // Beschleunigung ohne Gravitation
}
```

Dazu noch ein paar Anmerkungen:

- `attitude` enthält die drei Winkel *Roll*, *Pitch* und *Yaw* (siehe Abbildung 27.8).
- `gravity` ist ein Vektor mit den Komponenten x, y und z, der die Erdbeschleunigung und deren Richtung angibt. `gravity` zeigt immer zum Erdmittelpunkt.
- `rotationRate` enthält in den Eigenschaften x, y und z die Anzahl der Drehungen pro Sekunde (also die Rotationsgeschwindigkeit) rund um die jeweilige Koordinatenachse. Für die Drehrichtung gilt jeweils die Rechte-Hand-Regel: Wenn Sie mit Ihrer Hand eine Koordinatenachse umfassen, sodass der ausgestreckte Daumen in die Achsenrichtung zeigt, dann zeigen die vier anderen Finger in die Drehrichtung.
- `userAcceleration` enthält die Accelerometer-Daten, aus denen die Erdanziehung aber bereits herausgerechnet wurde. Sie erhalten damit also die vom Benutzer ausgeübte Beschleunigung des Geräts in die jeweilige Koordinatenrichtung.

> **Noch mehr Bewegungsdaten**
>
> Über die `CoreMotion`-Bibliothek können Sie auch auf weitere Bewegungsdaten zugreifen, z. B. (je nach Gerät) auf die Anzahl der zurückgelegten Schritte (`CMPedometerData`), auf die Meereshöhe (`CMAltimeter`) etc. Details dazu können Sie in der CoreMotion-Referenz nachlesen:
>
> *https://developer.apple.com/library/ios/documentation/CoreMotion/Reference/
> CoreMotion_Reference*

Beispiele für iOS

Das folgende einfache Beispiel zur Auswertung der Bewegungsdaten zeigt, wie die `zRotation`-Eigenschaft unseres Hello-World-Raumschiffs immer so gedreht wird, dass es nach oben zeigt (siehe Abbildung 27.11). Das Beispielprogramm setzt voraus, dass die App im Portrait-Modus läuft, also mit dem Home-Button unten.

```swift
// Projekt ios-spritekit-gyro
// Datei GameScene.swift
import SpriteKit
import CoreMotion

class GameScene: SKScene {
  private var spaceship: SKSpriteNode!
  private let mm = CMMotionManager()
  private var lasttime = Date()

  override func didMove(to view: SKView) {
    // spaceship initialisieren, wie im Hello-World-Beispiel
    ...
    // Bewegungsmanager einrichten
    mm.deviceMotionUpdateInterval = 1.0 / 60
    mm.startDeviceMotionUpdates()
  }

  // Raumschiff entsprechend des Yaw-Winkels so drehen,
  // dass die Spitze immer nach oben zeigt
  override func update(_ currentTime: TimeInterval) {
    if let dm = mm.deviceMotion {
      spaceship.zRotation = -CGFloat(dm.attitude.yaw)
    }
  }
}
```

Wenn Sie die vorige update-Methode durch den folgenden Code ersetzen, bewegt sich das Raumschiff je nach Neigung des iPhones nach links, rechts, vorne oder zurück – und zwar umso schneller, je stärker die Neigung ist. Auf eine Drehung wird dabei verzichtet. Der Code setzt voraus, dass das iPhone normalerweise flach (eben) gehalten wird, wenn keine Bewegung erwünscht ist.

```swift
// Raumschiff je nach Neigung des iPhones/iPads
// nach links/rechts/vorne/hinten bewegen
override func update(_ currentTime: TimeInterval) {
  if let dm = mm.deviceMotion {
    let deltax = CGFloat(dm.gravity.x) * 10
    let deltay = CGFloat(dm.gravity.y) * 10
    let pt = spaceship.position
    let newPt = CGPoint(x: pt.x + deltax, y: pt.y + deltay)
    spaceship.position = newPt
  }
}
```

Abbildung 27.11 Egal, wie das iPhone gedreht wird – das Raumschiff zeigt immer nach oben.

Wenn Sie möchten, können Sie den Code noch dahingehend optimieren, dass bei einer kleinen Neigung keine Bewegung stattfindet und dass das Raumschiff nicht über die Grenzen des Bildschirms hinaus bewegt werden kann.

Bewegungssteuerung unter tvOS

Die vorhin präsentierten Konzepte gelten prinzipiell auch unter tvOS. Der wesentliche Unterschied besteht darin, dass die CoreMotion-Bibliothek unter tvOS nicht zur Verfügung steht. Stattdessen erhalten Sie die Bewegungsdaten von der GameController-Bibliothek. Diese ist erforderlich, um die Gyroskop- und Accelerometer-Daten der Apple-TV-Fernbedienung auszulesen.

Einmal vorausgesetzt, dass es nur eine Fernbedienung gibt – sei es die mit dem Apple-TV-Gerät mitgelieferte oder die App *Remote* auf einem iPhone, die die gleiche Aufgabe übernimmt –, dann können Sie wie folgt auf die Eigenschaften eines CGMotion-Objekts zugreifen. Auf die von iOS bekannten Eigenschaften attitude und rotationRate müssen Sie dabei leider verzichten – diese werden unter tvOS nicht unterstützt.

```
if let motion = GCController.controllers().first?.motion {
  let g:GCAcceleration, u:GCAcceleration
  g = motion.gravity
  u = motion.userAcceleration
}
```

Im folgenden Beispielprojekt können Sie durch Neigung oder Drehung der Apple-TV-Fernbedienung ein Raumschiff über den Bildschirm bewegen. Der Code zur Veränderung der `position`-Eigenschaft sieht dabei ganz ähnlich wie beim entsprechenden iOS-Beispiel aus. Die unterschiedlichen Multiplikatoren bei `deltax` und `deltay` haben damit zu tun, dass sich die längliche Fernbedienung zwar leicht um die Längsachse, aber nur recht unhandlich um die Querachse kippen lässt.

```swift
// Projekt tvos-spritekit-gyro
// Datei GameScene.swift
import SpriteKit
import GameController

class GameScene: SKScene {
  private var spaceship: SKSpriteNode!

  // Raumschiff in der Mitte der Szene platzieren
  override func didMove(to view: SKView) {
    // Raumschiff einrichten, wie beim
    // Projekt tvos-spritekit-touch
  }

  // Raumschiff je nach Lage der Fernbedienung nach
  // links/rechts/oben/unten bewegen
  override func update(_ currentTime: TimeInterval) {
    if let motion = GCController.controllers().first?.motion {
      let deltax = CGFloat(motion.gravity.x) * 10
      let deltay = -CGFloat(motion.gravity.y) * 25
      let pt = spaceship.position
      let newPt = CGPoint(x: pt.x + deltax, y: pt.y + deltay)
      spaceship.position = newPt
    }
  }
}
```

Ein weiteres Beispiel zur Bewegungssteuerung folgt in Kapitel 39, »Asteroids«. Dort zeige ich Ihnen, wie Sie ein Raumschiff durch Kippen der Fernbedienung nach links und rechts bewegen und dabei gleichzeitig drehen. Andere Bewegungen sind bei diesem Spiel nicht vorgesehen.

27.5 Aktionen

Aktionen sind Operationen, die zeitgesteuert selbstständig ablaufen. Beispielsweise können Sie mit einer Aktion erreichen, dass eine Spielfigur sich in drei Sekunden zu einem bestimmten Ort auf dem Bildschirm bewegt und sich gleichzeitig einmal um die eigene Achse dreht. Andere Aktionen vergrößern oder verkleinern Objekte, ändern deren Farbe oder löschen diese ganz aus der Spielszene. Die zugrunde liegende Klasse für all diese Aktionen heißt `SKAction`. Bei der Erzeugung von Objekten dieser Klasse helfen unzählige statische Methoden, deren Namen den Zweck der Aktion in der Regel klar machen (`animate`, `colorize`, `move`, `scale` etc.).

Bewegungsaktionen

Unser Ausgangspunkt für die folgende Vorstellung diverser Aktionen ist wieder das Raumschiff aus dem Hello-World-Beispiel dieses Kapitels. Um das Raumschiff innerhalb von zwei Sekunden an das obere Ende des Spielfelds zu bewegen, führen Sie den folgenden Code aus:

```
// Projekt ios-sprite-action
// Datei GameScene.swift
let pt = CGPoint(x: 512, y: 1024)
let a = SKAction.move(to: pt, duration: 2)
spaceship.run(a)
```

Dabei erzeugt `SKAction.move` die erforderliche Bewegungsaktion. `run` wendet die Aktion auf das Raumschiff an. Anstelle einer absoluten Bewegung erzielen Sie mit `SKAction.move(by: ...)` eine relative Bewegung. Mit `follow` können Sie ein Sprite den Weg entlang eines Pfades (`CGPath`-Objekt) beschreiben lassen, wobei das Objekt wahlweise in Bewegungsrichtung gedreht wird oder nicht.

Rotationsaktionen

`rotate(byAngle: ...)` rotiert ein Objekt um den angegebenen Winkel gegen den Uhrzeigersinn. Eine Drehung im Uhrzeigersinn erreichen Sie, indem Sie einen negativen Winkel angeben. Winkel werden in Bogenmaß angegeben, d. h., eine vollständige Drehung entspricht 2 * .pi.

`rotate(toAngle: ...)` dreht das Objekt so, dass es einen bestimmten Zielwinkel erreicht. Wenn Sie dabei zusätzlich den Parameter `shortestUnitArc` auf `true` setzen, wird automatisch die Drehrichtung gewählt, mit der der Zielwinkel Modulo 360 Grad am schnellsten erreicht wird. Das ist vor allem bei Spielfiguren sinnvoll, die bei Bewegungen auch gedreht werden. Es sieht merkwürdig aus, wenn sich die Figur um 270 Grad im Uhrzeigersinn dreht, obwohl eine Drehung um 90 Grad gegen den Uhrzeigersinn naheliegender wäre.

```
let r = SKAction.rotate(toAngle: .pi / 2, duration: 1,
                        shortestUnitArc: true)
```

Skalierungsaktionen

Um ein Objekt zu vergrößern oder zu verkleinern, erzeugen Sie die erforderliche Aktion mit scale(by: ...) oder scale(to: ...), wobei Sie im ersten Fall die Skalierungsfaktoren für Breite und Höhe multiplizieren und im zweiten Fall einen absoluten Zielwert für die beiden Skalierungsfaktoren angeben. Mit scaleX(...) bzw. scaleY(...) können Sie die Breite bzw. Höhe des Sprites unabhängig voneinander ändern.

Alternativ können Sie die Größenänderung auch mit resize-Aktionen durchführen. Der Unterschied besteht darin, dass Sie bei den resize-Methoden die gewünschte Größe im Koordinatensystem des Containers angeben, in dem sich das Objekt befindet.

Einblend- und Ausblendaktionen

Mit fadeIn und fadeOut können Sie ein Objekt einblenden (die alpha-Eigenschaft auf 1 erhöhen) bzw. ausblenden (alpha auf 0 reduzieren). Mit fadeAlpha(by: ...) und fadeAlpha(to: ...) können Sie die alpha-Eigenschaft frei einstellen, z. B., wenn Sie nur ein teilweises Ausblenden wünschen.

Farbaktionen

Die beiden folgenden colorize-Methoden erzeugen Aktionen, um ein Objekt einzufärben bzw. diese Farbe wieder wegzunehmen:

```
let c1 = SKAction.colorize(with: .red,                    // rot färben
                           colorBlendFactor: 1,
                           duration: 1)
let c2 = SKAction.colorize(withColorBlendFactor: 0,       // ohne Farbe
                           duration: 1)
```

Animationsaktionen

Eine Grundidee von Sprite-basierten Spielen besteht darin, dass Bewegungen von Figuren dadurch animiert werden, dass sich die zugrunde liegende Bitmap (Textur) ständig ändert. Als Spielentwickler müssen Sie im Vorhinein mehrere Texturen schaffen, die die Spielfigur in verschiedenen Phasen einer Bewegung zeigen, also ein laufendes Pferd, sich drehende Räder eines Autos etc. Mithilfe einer Animationsaktion erreichen Sie nun, dass diese Texturen der Reihe nach angezeigt werden. Bei dieser Art von Aktion ist in der Regel eine endlose Wiederholung der Aktion zweckmäßig.

Das folgende Beispiel ist ein Vorgriff auf Kapitel 38, »Pac-Man selbst gemacht«. Es zeigt, wie Sie eine Variante des Spieleklassikers Pac-Man selbst programmieren. An dieser Stelle geht es freilich nur darum, wie Sie das ständige Öffnen und Schließen des Pac-Man-Munds animieren. Dazu habe ich bei der Entwicklung des Spiels einige Bitmaps vorbereitet, die den Pac-Man in verschiedenen Phasen seines Fressprozesses zeigen (siehe Abbildung 27.12). Die Texturen sind dabei zu einem sogenannten *Atlas* zusammengefasst. Ein Atlas ist eine Sammlung zusammengehörender Bitmaps, die intern als Einzelobjekte organisiert sind. Um einen Atlas zu erzeugen, führen Sie der Xcassets-Datei einen NEW SPRITE ATLAS hinzu. Danach können Sie die Texturen dorthin verschieben oder einfügen.

Abbildung 27.12 Mehrere Pac-Man-Bitmaps in einer Xcassets-Datei

Um diese Art von Animation einzurichten, benötigen Sie zuerst ein Array mit den Texturen. Dieses Array übergeben Sie dann an die animate-Methode und erzeugen eine gleichnamige Aktion. Mit repeatForever können Sie diese Animation endlos abspielen.

```
// Projekt ios-sprite-action
// Datei GameScene.swift
let pacman = SKSpriteNode(imageNamed: "player-0")
pacman.position = CGPoint(x: 400, y: 350)
pacman.zPosition = 2
self.addChild(pacman)
...
var frames = [SKTexture]()
for i in [0, 1, 2, 3, 4, 5, 6, 7, 6, 5, 4, 3, 2, 1] {
  let texture = SKTexture(imageNamed: "player-\(i)")
  frames.append(texture)
}
let animate = SKAction.animate(with: frames, timePerFrame: 0.05)
let forever = SKAction.repeatForever(animate)
pacman.run(forever)
```

Audio-Aktionen

Bei Toneffekten empfiehlt die SpriteKit-Dokumentation, zwischen zwei Fällen zu unterscheiden:

- Für kurze Geräusche im Spielbetrieb (Zusammenstöße, Explosionen, Schüsse etc.) sind mit `playSoundFileNamed` erzeugte Aktionen geeignet. Wenn Sie an den zweiten Parameter `waitForCompletion` den Wert `false` übergeben, wird die Aktion im Hintergrund ausgeführt und hält weitere Aktionen einer Sequenz nicht auf.
- Länger andauernde Hintergrunduntermalung sollte hingegen besser mit dem `AVAudioPlayer` abgespielt werden (siehe Kapitel 26, »Audio, Video und Fotos«).

An dieser Stelle behandle ich nur die erste Variante.

> **Audio-Aktionen müssen vorbereitet werden!**
>
> Bei Audio-Aktionen ist zu beachten, dass Sie diese vorweg einrichten müssen, üblicherweise in der Initialisierungsphase Ihrer App. Eine einmal vorbereitete Aktion können Sie dann im Verlauf des Spiels immer wieder benutzen. Diese Vorgehensweise verhindert wahrnehmbare Verzögerungen, die beim Vorbereiten einer Audio-Datei für die erstmalige Wiedergabe entstehen können.

```
// Initialisierungs-Code
let shotSound = SKAction.playSoundFileNamed("shot.wav",
            waitForCompletion: false)
...
// spätere Anwendung der Aktion auf ein Sprite
missile.run(shotSound)
...
// weitere Anwendung
anotherMissile.run(shotSound)
```

`playSoundFileNamed` setzt voraus, dass die Audio-Datei in einem von Apple unterstützten Format vorliegt (z. B. WAV, CAF, MP3):

https://developer.apple.com/library/content/documentation/MusicAudio/ Reference/CAFSpec/CAF_intro/CAF_intro.html

Sie müssen die Audio-Dateien zu den Dateien Ihres Projekts hinzufügen. Es ist zweckmäßig, dazu in Xcode ein eigenes Verzeichnis oder eine Gruppe einzurichten.

Aktionen kombinieren und wiederholen

Wenn Sie mehrere Aktionen definieren und der Reihe nach mit `mysprite.run(...)` ausführen, dann laufen diese Aktionen parallel zueinander. Auch wenn das funktioniert, empfiehlt die Dokumentation in so einem Fall eine Aktionsgruppe zu bilden, wobei Sie die Aktionen als Array übergeben:

```
let pt = CGPoint(x: 512, y: 1024)
let m = SKAction.move(to: pt, duration: 2)
let r = SKAction.rotate(byAngle: .pi * 2, duration: 2)
let g = SKAction.group([m, r])   // parallel ausführen
spaceship.run(g)
```

Wollen Sie die Aktionen dagegen hintereinander ausführen, richten Sie eine Aktionssequenz ein:

```
// ... m und r wie oben
let s = SKAction.sequence([m, r])   // hintereinander ausführen
spaceship.run(s)
```

Warten, Aktionen wiederholen und rückgängig machen

Wenn Sie vor einer Aktion bzw. zwischen zwei Aktionen eine Wartezeit benötigen, fügen Sie dazwischen eine Warte-Aktion ein:

```
// ... m und r wie oben
let w = SKAction.wait(forDuration: 1) // eine Sekunde warten
let s = SKAction.sequence([m, w, r])  // hintereinander ausführen
spaceship.run(s)
```

Mit repeat können Sie eine Aktion mehrfach wiederholen. repeatForever erzeugt eine Aktion, die läuft, bis sie explizit beendet wird oder bis das betreffende Objekt gelöscht wird.

reversed erzeugt aus einem vorhandenen SKAction-Objekt eine neue Aktion, die in umgekehrter Reihenfolge abläuft, die ursprüngliche Aktion also rückgängig macht.

```
// Raumschiff zuerst verkleinern, dann wieder vergrößern
let sc = SKAction.scale(by: 0.7, duration: 1)
let rv = sc.reversed()
spaceship.run(SKAction.sequence( [sc, rv] ))
```

Sprites löschen

Viele Sprites haben eine begrenzte Lebensdauer: Wenn Sie in einem Spiel eine Rakete abschießen, benötigen Sie das Objekt normalerweise nur so lange, wie es auf dem Bildschirm sichtbar ist. (Eine Ausnahme wäre ein Spiel, in dem die Rakete auch außerhalb des sichtbaren Bereichs des Spielfelds noch etwas bewirken kann.) Auch wenn eine Spielfigur ein Monster frisst, muss dieses verschwinden. Genau das gelingt mit der removeFromParent-Aktion. Oft wird vorher eine andere Aktion ausgeführt, die das Objekt ausblendet, explodieren lässt etc.

```
let fo = SKAction.fadeOut(withDuration: 0.5)
let rm = SKAction.removeFromParent()
let s = SKAction.sequence( [fo, rm] )
```

Noch mehr Aktionen, eigene Aktionen

Es fehlt hier der Platz, um alle Aktionen vorzustellen. Werfen Sie einen Blick in die Dokumentation zur SKAction-Klasse! Dort sind eine Menge weiterer Aktionen beschrieben, deren Anwendung in der Regel genauso unkompliziert ist wie bei den vorhin beschriebenen Aktionen.

Damit aber nicht genug: Sie können sogar einen beliebigen eigenen Code als Aktion verpacken. Das eignet sich insbesondere für Aufräumarbeiten: Falls Sie z. B. nach Abschluss einer Aktion oder einer ganzen Sequenz von Aktionen noch etwas erledigen möchten, definieren Sie einfach eine eigene Aktion mit der Methode run. Ihren Code übergeben Sie als Closure an run:

```
// Raumschiff entfernen
let rm = SKAction.removeFromParent()
// danach eigene Aktion als Closure formulieren
let my = SKAction.run( {
  print("done")
})
// beide Aktionen hintereinander ausführen
spaceship.run( SKAction.sequence([rm, my]) )
```

Aktionen pausieren bzw. stoppen

Sind Aktionen einmal gestartet, laufen sie selbstständig bis zu ihrer Vollendung weiter. Nicht immer ist das zweckmäßig: Vielleicht ist das Spiel schon vorbei, weil die Spielfigur gestorben ist, möglicherweise soll das Spiel pausiert werden etc. In solchen Fällen gibt es verschiedene Möglichkeiten:

▶ Die SKScene-Klasse, von der eigene GameScene-Klassen abgeleitet sind, sieht die Eigenschaft isPaused vor. Wird diese Eigenschaft auf true gesetzt, pausieren alle Aktionen. isPaused=false setzt die Aktionen fort. Alternativ können Sie auch einfach eine neue Szene erzeugen und in diese wechseln (neues Leben, neues Spiel, neuer Level etc.) und die alte Szene mit all ihren Aktionen komplett verwerfen.

▶ Alternativ können Sie bei SKNode-Objekten (also Sprites, Shapes, Labels) mit removeAllActions alle zugeordneten Aktionen löschen oder auch hier isPaused= true für einen vorübergehenden Stopp verwenden. Sofern Ihre Spielszene flach organisiert ist, funktioniert der folgende Code:

```
for nd in self.children {
  nd.removeAllActions()
}
```

Wenn Sie Ihre Spielwelt hierarchisch organisiert haben, müssen Sie für jedes SKNode-Element wiederum rekursiv alle children verarbeiten.

27.6 Der Game-Loop

Während der Ausführung einer SpriteKit-App müssen für jeden Frame immer dieselben Aufgaben erledigt werden (siehe Abbildung 27.13):

- Es müssen alle Aktionen verarbeitet werden.
- Sofern die Physik-Funktionen des SpriteKits aktiv sind, müssen auf alle betroffenen Objekte elementare Physikregeln angewendet werden, um Gravitation, Schwerkraft, Reibung, Zusammenstöße etc. zu berücksichtigen.
- Sofern für die Objekte einer SpriteKit-Welt Constraints eingerichtet werden (das sind z. B. Regeln für zulässige Wertebereiche), müssen diese Constraints verarbeitet werden.
- Schließlich muss das aktuelle Bild unter Berücksichtigung der Größe, Position, Farbe etc. aller Objekte gezeichnet werden (Rendering).

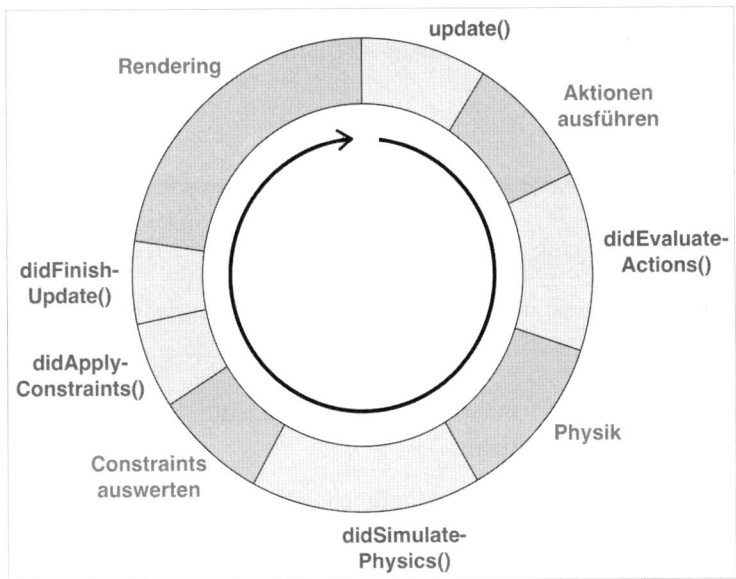

Abbildung 27.13 Der Game-Loop

Wenn diese Arbeiten erledigt sind, wird das Bild angezeigt und die Arbeit für das nächste Bild (den nächsten Frame) beginnt. Idealerweise sollte das 60-mal pro Sekunde gelingen, sodass bei jedem Bildschirm-Refresh ein aktuelles Bild vorliegt. Gelingt dies nicht (zu viele Objekte, zu langsame Hardware), sinkt die Frame-Rate auf unter 60. Das führt zu wahrnehmbaren Verzögerungen und trübt den Spielgenuss. Wenn es dazu kommt, müssen Sie sich überlegen, wie Sie die Anzahl der Objekte bzw. die Größe der Bitmaps reduzieren können, ob Sie zeitintensiven eigenen Code effizienter gestalten können etc.

Die Größe der Kreissegmente in Abbildung 27.13 ist natürlich willkürlich – sie ist bei jeder App anders. Eine Hilfestellung bei der Performance-Analyse gibt die FPS-Ansicht des Debug-Navigators (siehe Abbildung 27.14).

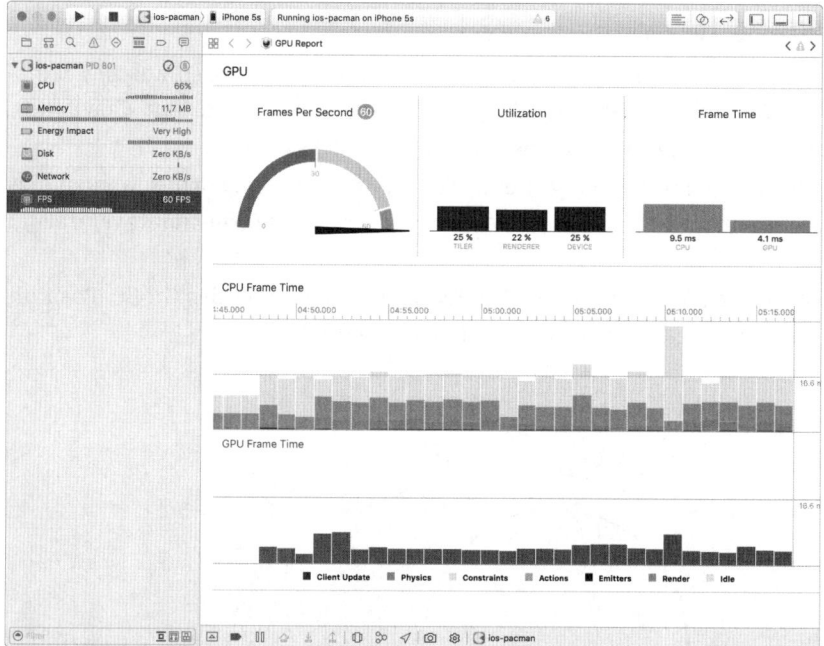

Abbildung 27.14 Debugging-Informationen zur CPU- und GPU-Auslastung während der Ausführung einer SpriteKit-App

Der Game-Loop ist insofern interessant, als Sie an fünf Stellen durch die Implementierung von Methoden eingreifen können:

- Die update()-Methode ist der richtige Ort für Spiellogik, die *vor* der Auswertung von Aktionen, physikalischen Regeln und Constraints implementiert werden soll. Beispielsweise können Sie hier Code zur Bewegungssteuerung Ihrer Spielfiguren implementieren.
- In didEvaluateActions() wurden Ort und Position der Spielobjekte bereits durch Aktionen verändert. Sie können jetzt eigene Änderungen durchführen, bevor Physik-, und Constraints-Regeln angewendet werden.
- Analog können Sie in didSimulatePhysics() Änderungen durchführen, die nach den Physik-, aber vor den Constraints-Regeln angewendet werden sollen.
- In der SpriteKit-Dokumentation habe ich keine Erklärung gefunden, worin der Unterschied zwischen didApplyConstraints() und didFinishUpdate() besteht. Beide Methoden werden unmittelbar vor dem Rendering ausgeführt.

Es bleibt Ihnen überlassen, ob und welche Methoden Sie tatsächlich implementieren. In der Praxis werden Sie update() am häufigsten zur Verarbeitung von Eingaben verwenden und `didFinishUpdate()` zur Positionierung der Kamera vor dem Rendering (natürlich nur, wenn Sie eine eigene Kamera eingerichtet haben und nicht einfach die gesamte Spielszene abbilden). Die restlichen Methoden können Sie beispielsweise dazu verwenden, um eine eigene Kollisionserkennung durchzuführen und darauf zu reagieren.

27.7 Kollisionserkennung

Nahezu kein Spiel funktioniert ohne Kollisionserkennung. Sie müssen dafür sorgen, dass Spielfiguren nicht durch Wände gehen, dass der Spieler beim Zusammenstoß mit einem Monster stirbt, dass von einer Rakete getroffene Asteroiden in kleine Teile zerfallen etc.

Es wird Sie nicht überraschen, dass die SpriteKit-Bibliothek Sie bei der Kollisionserkennung unterstützt. Dennoch möchte ich vorher ganz grob skizzieren, wie Sie eine Kollisionserkennung selbst durchführen können.

Kollisionserkennung selbst gemacht

Besonders einfach gelingt die Kollisionserkennung, wenn die Spielobjekte näherungsweise rund sind und Sie den Anchor Point in der Mitte der Objekte belassen haben (also dort, wo SpriteKit ihn standardmäßig vorsieht). Dann liegt eine Kollision vor, wenn der Abstand zwischen den beiden Objekten kleiner ist als die Summe der beiden Radien. Den Abstand können Sie gemäß der Formel von Pythagoras aus den Positionen der beiden Objekte leicht berechnen:

```
private func distance(pt1: CGPoint, pt2: CGPoint) -> CGFloat {
    return sqrt((pt1.x-pt2.x) * (pt1.x-pt2.x) +
                (pt1.y-pt2.y) * (pt1.y-pt2.y))
}
```

Noch einen Tick schneller geht es, wenn Ihre Spielobjekte nicht verdreht werden und näherungsweise rechteckig sind. In diesem Fall können Sie ganz einfach testen, ob sich die beiden Rechtecke überlappen. Dazu werten Sie die `frame`-Eigenschaft der `SKNode`-Objekte aus. Diese liefern `CGRect`-Strukturen, deren Überlappung Sie mit der bereits vorhandenen Methode `intersect` ermitteln können:

```
if node1.frame.intersects(node2.frame) { ... }
```

Kollisionserkennung mit SpriteKit

Damit Sie die Kollisionserkennung des SpriteKits verwenden können, müssen Sie den betroffenen Objekten einen physikalischen Körper geben. Eigentlich ist »Physik« das Thema von Abschnitt 27.9: Dort geht es dann um Schwerkraft, Reibung, die Reaktion der Körper bei einem Aufeinanderprall etc. Für die reine Kollisionserkennung brauchen wir das alles nicht – aber SpriteKit muss wissen, welche Ausmaße die Körper haben. Darüber hinaus müssen einige weitere Voraussetzungen gegeben sein, damit eine Kollisionserkennung möglich ist:

- Sie müssen das Protokoll SKPhysicsContactDelegate implementieren.
- Sie müssen die contactDelegate-Eigenschaft des SKPhysicsWorld-Objekts der Szene einstellen.
- Sie müssen allen Objekten, die miteinander kollidieren können, einen physikalischen Körper zuweisen (Eigenschaft physicsBody).
- Sie müssen Ihre Objekte in Gruppen einteilen und angeben, mit welchen Objekten aus anderen Gruppen Kollisionen möglich sind.
- Wenn Sie alles korrekt eingerichtet haben, wird von nun an bei jeder Kollision die Methode didBegin(contact) des SKPhysicsContactDelegate-Protokolls aufgerufen. In dieser Methode müssen Sie feststellen, welche Objekte von der aktuellen Kollision betroffen sind und wie Sie darauf reagieren möchten.

Im Folgenden gehe ich auf diese Punkte im Detail ein.

Das SKPhysicsContactDelegate-Protokoll

Ihre GameScene-Klasse bzw. andere Klassen für Spielszenen sind von SKScene abgeleitet. Damit Sie im Klassen-Code auf Kollisionen reagieren können, implementieren Sie außerdem das SKPhysicsContactDelegate-Protokoll.

Damit es innerhalb der GameScene-Klasse zum Aufruf der didBegin-Methode kommt, muss außerdem die contactDelegate-Eigenschaft des SKPhysicsWorld-Objekts der Spielszene gesetzt werden. Dazu bietet sich die didMove-Methode an. Das SKPhysicsWorld-Objekt beschreibt die Grundeinstellungen der Physik-Engine für eine Szene eines Spiels.

```
class GameScene: SKScene, SKPhysicsContactDelegate {
  ...
  override func didMove(to view: SKView) {
    self.physicsWorld.contactDelegate = self
    self.physicsWorld.gravity = CGVector.zero
  }
  ...
}
```

Da wir die Physik-Engine des SpriteKits vorerst nur zur Kollisionserkennung verwenden möchten, schalten wir die Schwerkraft aus. Dazu reicht es aus, der gravity-Eigenschaft einen Null-Vektor zuzuweisen. (»Richtige« Physiker werden an dieser Stelle erschaudern ...)

Die SKPhysicsBody-Klasse

Während die gerade erwähnte SKPhysicsWorld-Klasse für allgemeine Einstellungen verantwortlich ist, beschreibt die SKPhysicsBody-Klasse die Maße und die spezifischen physikalischen Eigenschaften einer Spielfigur bzw. eines Sprites. Der Zugriff auf dieses Objekt erfolgt über die Eigenschaft physicsBody. Diese Eigenschaft ist als Optional implementiert. Aus Effizienzgründen besitzen SpriteKit-Objekte keine physikalischen Eigenschaften. Wenn Sie diese benötigen, müssen Sie ein passendes SKPhysicsBody-Objekt erzeugen.

Eigentlich würde man meinen, dass die Ausmaße der Spielfigur ja ohnedies schon bekannt sind – sie ergeben sich einfach aus der Bitmap (Textur) der Sprites. Tatsächlich können Sie mit der Init-Methode SKPhysicsBody(texture) den physikalischen Körper eines Sprites aus den nicht durchsichtigen Teilen der Bitmap ermitteln. Das ergibt aber zumeist unregelmäßig geformte Körper, die zu einem relativ hohen Rechenaufwand bei der Kollisionserkennung führen.

Deswegen sollten Sie den physikalischen Körper nach Möglichkeit einfach rund, oval oder rechteckig definieren. Viele Spielfiguren bzw. -objekte lassen sich so gut erfassen – und gerade bei Spielen mit sehr vielen Objekten sparen Sie so viel Rechenzeit.

Die folgenden Zeilen geben dazu drei Beispiele. Die SKPhysicsBody-Klasse stellt aber eine Menge weiterer Init-Varianten zur Verfügung.

```
let mysprite = SKSpriteNode(imageNamed: "bitmap-name")
// wie bisher Position, Größe etc. einstellen
...
// SKPhysicsBody einrichten: Variante 1 (Rechteck)
mysprite.physicsBody = SKPhysicsBody(rectangleOf: mysprite.size)

// Variante 2 (Kreis)
mysprite.physicsBody = SKPhysicsBody(circleOfRadius: myradius)

// Variante 3 (exakte Form aus Textur)
mysprite.physicsBody =
  SKPhysicsBody(texture: mysprite.texture!,
                size: mysprite.size)
```

Beachten Sie bitte, dass Variante 3 nur dann zufriedenstellend funktioniert, wenn die anchorPoint-Eigenschaft des Körpers in der Defaulteinstellung vorliegt! Der anchorPoint muss also im Mittelpunkt des Sprites liegen, die X- und die Y-Komponente haben jeweils den Wert 0,5.

> **Physikalische Körper visualisieren**
>
> Wenn Sie sich unsicher sind, ob die Form der physikalischen Körper passt, stellen Sie die Eigenschaft `showPhysics` der `SKView`-Klasse auf `true` – üblicherweise in der Methode `viewDidLoad` in der `GameViewController`-Klasse. Die Umrisse der physikalischen Körper werden dann hellblau dargestellt.
>
> Bei skalierten Objekten ist diese Visualisierung leider fallweise falsch. Das gilt insbesondere für Körper, bei denen zuerst `.xScale` und `.yScale` eingestellt wird und dann gemäß Variante 3 der physikalische Körper ermittelt wird. Der physikalische Körper wird bei verkleinerten Objekten zu klein, bei vergrößerten Körpern entsprechend zu groß angezeigt. Glücklicherweise funktioniert die Kollisionserkennung trotz der falschen Visualisierung korrekt. Sie können die Visualisierungsfehler vermeiden, indem Sie zuerst den physikalischen Körper einrichten und das Sprite erst danach skalieren.

Objektkategorien für die Kollisionserkennung

Für die Kollisionserkennung ist nun noch wichtig, welcher Kategorie die Objekte angehören. Um Rechenzeit zu sparen, überprüft SpriteKit nicht jede denkbare Kollision eines Objekts mit jedem anderen Objekt, sondern führt diese Tests nur für Objekte bestimmter Gruppen durch. Jede Gruppe ist durch ein Bit in einer Bitmaske (`UInt32`) definiert. Numerisch müssen Sie somit jeder Objektgruppe eine Zweier-Potenz zuordnen – also 1, 2, 4, 8, 16 usw. Am besten definieren Sie dazu eine Struktur mit numerischen Konstanten:

```
struct Category {
  static let none:UInt32    = 0
  static let player:UInt32  = 1
  static let monster:UInt32 = 2
  static let other:UInt32   = 4
  ...
}
```

Nachdem Sie den `SKPhysicsBody` erzeugt haben, stellen Sie nun ein, welcher Gruppe das Objekt angehört (Eigenschaft `categoryBitMask`) und mit Objekten welcher anderen Gruppen Kollisionen relevant sind (Eigenschaft `contactBitMask`). Falls mehrere Gruppen infrage kommen, berechnen Sie einfach die Summe der entsprechenden Category-Konstanten.

```
// es sollen Kollisionen zwischen der Spielfigur und dem
// Monster festgestellt werden
let player = SKSpriteNode(imageNamed: "player")
```

27.7 Kollisionserkennung

```
player.physicsBody =
  SKPhysicsBody(rectangleOf: player.size)
player.physicsBody?.categoryBitMask    = Category.player
player.physicsBody?.contactTestBitMask = Category.monster
player.physicsBody?.collisionBitMask   = Category.none
...
let monster = SKSpriteNode(imageNamed: "monster")
monster.physicsBody =
  SKPhysicsBody(rectangleOf: monster.size)
monster.physicsBody?.categoryBitMask    = Category.monster
monster.physicsBody?.contactTestBitMask = Category.player
monster.physicsBody?.collisionBitMask   = Category.none
```

Contact versus Collision

Das `SKPhysicsBody`-Klasse kennt zwei ähnlich lautende Eigenschaften: `contactBitMask` und `collisionBitMask`. Für die Kollisionserkennung ist nur `contactBitMask` relevant!

Die `collisionBitMask` müssen Sie dagegen auf einen Wert ungleich 0 setzen, wenn beim Zusammenstoß zweier Objekte die entsprechende physikalische Reaktion berechnet werden soll: Fährt also beispielsweise ein Auto auf ein anderes auf, dann ändert sich bei beiden Autos durch den Zusammenprall deren Richtung und Geschwindigkeit.

Die Eigenschaft isDynamic muss true sein!

Die `SKPhysicsBody`-Klasse kennt die Eigenschaft `isDynamic`, die standardmäßig `true` ist. Laut Dokumentation gibt diese Eigenschaft an, ob das Objekt nach den Gesetzen der Physik bewegt werden soll. Eigentlich wollen wir das an dieser Stelle gar nicht – es geht uns nur um die Kollisionserkennung. Mit `isDynamic=true` ist es damit aber vorbei. Im Umkehrschluss bedeutet das aber: Wenn wir `isDynamic` aktiv belassen, dann wirkt auf alle Körper die Schwerkraft und zieht diese nach unten. Das ist der Grund, weswegen wir die Schwerkraft in `didMove` ausgeschaltet haben.

Einschub: physicsBody-Eigenschaften mit weniger Tippaufwand einstellen

In vielen SpriteKit-Programmen müssen unzählige `physicsBody`-Eigenschaften eingestellt werden. Die resultierenden Zeilen sind lang und unübersichtlich. Abhilfe schafft die folgende Funktion `with`, mit der eine Closure auf ein Objekt angewendet werden kann. (Der Name `with` wurde von Visual Basic übernommen. Diese Sprache stellte eine ähnliche Funktionalität schon vor vielen Jahren zur Verfügung.)

```
func with<T>(_ object: T, closure: (T)->()) {
  closure(object)
}
```

Damit können Sie die Eigenschaften des SKPhysicsBody-Objekts so einstellen:

```
player.physicsBody =
  SKPhysicsBody(rectangleOf: player.size)
with(player.physicsBody!) {
    $0.categoryBitMask     = Category.player
    $0.contactTestBitMask  = Category.monster
    $0.collisionBitMask    = Category.none
}
```

Die Anzahl der Zeilen wird dadurch etwas größer, aber dafür sind die Zeilen wesentlich kürzer, was gerade dann enorm praktisch ist, wenn diese wie hier in einem Buch abgedruckt werden sollen.

Reaktion auf Kollisionen

Bei einer Kollision zweier Objekte wird nun die Methode mit dem aussagelosen Namen didBegin aufgerufen. Was da beginnt, geht erst aus dem Parameter hervor – ein Kontakt. Es existiert auch die analoge Methode didEnd, die ausgeführt wird, wenn sich die beiden Objekte nicht mehr berühren. Die Implementierung von didEnd ist aber nur bei wenigen Spielen erforderlich.

An beide Methoden wird ein SKPhysicsContact-Objekt übergeben. Dessen Eigenschaften bodyA und bodyB verweisen auf die beiden Objekte, die kollidiert sind. Die Auswertung dieser beiden Eigenschaften ist mühsam, weil nicht vorhersehbar ist, auf welches Objekt bodyA zeigt und auf welches bodyB. Hilfreich ist dabei die folgende Funktion, die nach einem SKSpriteNode einer bestimmten Kategorie sucht:

```
func getSpriteFrom(_ contact: SKPhysicsContact,
                   category: UInt32) -> SKSpriteNode?
{
  if contact.bodyA.categoryBitMask == category {
    return contact.bodyA.node as? SKSpriteNode
  } else if contact.bodyB.categoryBitMask == category {
    return  contact.bodyB.node as? SKSpriteNode
  } else {
    return nil
  }
}
```

Damit ist in der didBegin-Methode nun beispielsweise der folgende Code möglich:

```
func didBegin(_ contact: SKPhysicsContact) {
  if let player = contact.getSpriteNodeOf(Category.player) {
    // player bearbeiten ...
  }
}
```

27.8 Minispiel: Luftballone abschießen

Alle Theorie ist grau! Dieser Abschnitt zeigt ein Minispiel, bei dem Sie über den Himmel fliegende Luftballone mit Dartpfeilen abschießen sollen. Anfänglich stehen Ihnen zehn Dartpfeile zur Verfügung. Wenn Sie einen Pfeil berühren, fliegt er nach oben – und trifft hoffentlich einen Luftballon. Das Beispiel demonstriert sowohl die Anwendung von Aktionen als auch die Kollisionserkennung zwischen Luftballonen und Dart-Pfeilen (siehe Abbildung 27.15).

Nachdem alle Pfeile verschossen sind, erscheinen keine neuen Luftballone mehr. Wird nun der Bildschirm berührt, erscheinen wieder neue Pfeile und das Spiel kann fortgesetzt werden.

Natürlich ließe sich dieses Beispiel jetzt ausbauen: Mit einem Zähler für die getroffenen Luftballone, Sound-Effkten etc. Das Spiel läuft gleichermaßen auf iPhones und iPads, allerdings ausschließlich im Querformat.

Abbildung 27.15 Luftballone zerstören mit SpriteKit

Code-Aufbau

Wie die bisherigen Beispiele ist das Programm ausschließlich per Code realisiert, also ohne SceneKit-Datei. Der gesamte relevante Code befindet sich in GameScene.swift. Die Variablen w und h geben die Größe der View an. timeLastBalloon speichert den Zeitpunkt, zu dem der letzte Ballon gestartet wurde. Das Array arrows enthält die SKSpriteNode-Objekte von den Dart-Pfeilen, die bisher noch nicht gestartet wurden. gameOver gibt an, in welchem Zustand sich das Spiel gerade befindet.

```swift
// Projekt ios-spritekit-collision
// Datei GameScene.swift
class GameScene: SKScene, SKPhysicsContactDelegate {
  private let w:CGFloat = 2000
  private var h:CGFloat = 0
  private var timeLastBalloon = Date()
  private var arrows = [SKSpriteNode]()
  private var gameOver = false
  ...
}
```

Am Ende von GameScene.swift befinden sich einige Hilfsfunktionen, ein Array mit Farben für die Luftballone und die Kategorien für die Kollisionserkennung:

```swift
// Zufallszahlen für diverse Zahlentypen
private func cRnd() -> CGFloat { return CGFloat(drand48()) }
private func dRnd() -> Double  { return drand48() }
private func iRnd(_ n: Int) -> Int {
  return Int(arc4random_uniform(UInt32(n)))
}
private func initRnd() {  // drand48 initialisieren
  srand48(Int(arc4random_uniform(100000000)))
}


// Farben der Luftballone
let bColors:[SKColor] =
  [.red, .blue, .green, .yellow, .cyan]

// Objekt-Kategorien für die Kollisionserkennung
struct Category {
  static let none:UInt32     = 0
  static let balloon:UInt32  = 1
  static let arrow:UInt32    = 2
}
```

```
// vereinfacht die Auswertung in didBegin(contact:)
func getSpriteFrom(_ contact: SKPhysicsContact,
                   category: UInt32) -> SKSpriteNode? {
  // Code siehe vorigen Abschnitt
}
```

Initialisierung

Die Hintergrund-Bitmap wird in `didMove` beim Start bildschirmfüllend und unverzerrt dargestellt. Bei schmalen Geräten (iPhones) wird sie dabei oben und unten abgeschnitten. Das `SKView`-Objekt der Spielszene wird so eingerichtet, dass die X-Koordinate immer von 0 bis 2000 reicht, die Y-Koordinate von 0 bis h, wobei sich der Wert von h aus den Proportionen des Bildschirms ergibt. Diese gehen aus der `bounds`-Eigenschaft des `SKView`-Objekts hervor.

Für die Kollisionserkennung wird `contactDelegate` eingestellt. Außerdem wird die Gravitation ausgeschaltet, damit weder Ballone noch Dart-Pfeile vom Himmel fallen.

```
// Initialisierung des Spiels
override func didMove(to view: SKView) {
  // Zufallszahlen initialisieren
  initRnd()

  // Hintergrundbild einrichten
  h = w / view.bounds.width * view.bounds.height
  self.size = CGSize(width: w, height: h)
  let backg = SKSpriteNode(imageNamed: "wiese-himmel")
  backg.position = CGPoint(x: w / 2, y: h / 2)
  backg.zPosition = 0
  self.addChild(backg)

  // Kollisionserkennung
  self.physicsWorld.contactDelegate = self
  self.physicsWorld.gravity = CGVector.zero

  // Pfeile einrichten
  setupArrows()
}
```

Die zehn Dartpfeile werden ebenfalls in `setupArrows` eingerichtet. Beachten Sie insbesondere die Einstellung der `physicsBody`-Eigenschaften. Im hier abgedruckten Code gilt der Dartpfeil als Ganzes als Kollisionsfläche.

```
// Initialisierung des Spiels
func setupArrows() {
  for i in 0...9 {
    let arrow = SKSpriteNode(imageNamed: "pfeil")
    arrow.setScale(0.7)
    let x = w / 11 * (CGFloat(i) + 1)
    let y = arrow.size.height/2

    arrow.position = CGPoint(x: x, y: y)
    arrow.zPosition = 20
    arrow.color = .red
    arrow.colorBlendFactor = 1
    self.addChild(arrow)
    arrows.append(arrow)

    // ganzer Pfeil ist Kollisionsfläche
    arrow.physicsBody = SKPhysicsBody(texture: arrow.texture!,
                                     size: arrow.size)
    arrow.physicsBody?.categoryBitMask    = Category.arrow
    arrow.physicsBody?.contactTestBitMask = Category.balloon
    arrow.physicsBody?.collisionBitMask   = Category.none
  }
}
```

Wenn Sie möchten, dass nur die Spitze des Dartpfeils relevant ist, stellen Sie die physicsBody-Eigenschaft wie folgt ein:

```
// Spitze des Pfeils
let ptX:CGFloat = 0
let ptY:CGFloat = arrow.frame.size.height / 2.0 - 5.0
arrow.physicsBody =
  SKPhysicsBody(circleOfRadius: 5,
                center: CGPoint(x: ptX, y: ptY))
```

Pfeile abschießen

Bei jeder Berührung des Displays kommt es zum Aufruf von touchesBegan. Wenn das letzte Spiel beendet ist (gameOver==true), dann werden in touchesBegan wieder neue Pfeile eingerichtet, und das Spiel beginnt von vorne. Andernfalls wird startArrow aufgerufen. Dort wird überprüft, ob der Berührungspunkt im Rechteck (frame-Eigenschaft) eines Pfeils war. Ist das der Fall, wird in target der Zielpunkt des Pfeils errechnet. Eine move-Aktion setzt den Pfeil dann in Bewegung. Sobald der Pfeil sein Ziel erreicht hat, wird er mit removeFormParent aus der Spielszene entfernt. Aus dem arrows-Array wird der Pfeil hingegen sofort gelöscht, damit der Pfeil nicht nochmals gestartet werden kann.

In der Aktionssequenz wird zuletzt eine Closure ausgeführt. Diese testet, ob alle Pfeile verschossen sind. In diesem Fall wird `gameOver` auf `true` gesetzt, und es erscheinen keine neuen Ballone mehr.

```
override func touchesBegan(_ touches: Set<UITouch>,
                           with event: UIEvent?)
{
  if gameOver {
    // Neustart
    setupArrows()
    gameOver = false
  } else {
    for t in touches { startArrow(touch: t) }
  }
}
private func startArrow(touch: UITouch) {
  let pos = touch.previousLocation(in: self)
  // für alle Pfeile testen, ob sie angeklickt wurden
  for a in arrows {
    if a.frame.contains(pos) {
      let target = CGPoint(x: a.position.x, y: h + a.size.height)
      let mv = SKAction.move(to: target, duration: 5)
      let del = SKAction.removeFromParent()
      let tst = SKAction.run() {
         self.gameOver = (self.arrows.count == 0)
      }
      a.run( SKAction.sequence([mv, del, tst]) )
      arrows.remove(at: arrows.index(of: a)!)
      break   // Schleife beenden
    }
  }
}
```

Ballone starten

Der Ballon-Start wird in `update` initiiert, wenn seit dem letzten Start eine Sekunde vergangen ist. Fast alle Merkmale der Ballone sind zufällig: die Richtung (von links nach rechts oder umgekehrt), die Größe, die Farbe und die Geschwindigkeit.

Der physikalische Körper wird auch bei den Ballonen von der tatsächlichen Figur abgeleitet. Die Eigenschaften `categoryBitMask` und `contactTestBitMask` werden spiegelbildlich zu den Pfeilen eingestellt.

Interessant an `startBalloon` ist die Zusammensetzung diverser Aktionen. Sie bewirken, dass die Ballone leicht aufwärts schweben und dabei – beinahe wie ein richtiger Ballon – hin- und herwackeln, sodass der Knoten unten bleibt.

```swift
  // regelmäßig Ballone starten
  override func update(_ currentTime: TimeInterval) {
    if !gameOver && Date() > timeLastBalloon.addingTimeInterval(1)
      {
      startNewBalloon()
      timeLastBalloon = Date()
    }
  }
  private func startNewBalloon() {
    // neuer Luftballon mit zufälliger Farbe
    let balloon = SKSpriteNode(imageNamed: "luftballon")
    balloon.color = bColors[ iRnd(bColors.count) ]
    balloon.colorBlendFactor = 0.5 + 0.25 * cRnd()

    // Startposition
    let fromLeft =  cRnd() > 0.5
    let xStart:CGFloat = fromLeft ? -100 : w + 100
    let yStart:CGFloat = h / 3 + h / 3 * cRnd()
    balloon.position = CGPoint(x: xStart, y: yStart)
    balloon.zPosition = 2 + cRnd() * 10

    // Größe
    let bWidth = 140 + cRnd() * 40
    let bHeight = bWidth * (1.1 + 0.2 * cRnd())
    balloon.size = CGSize(width: bWidth, height: bHeight)
    self.addChild(balloon)

    // Körper
    balloon.physicsBody = SKPhysicsBody(texture: balloon.texture!,
                                 size: balloon.size)
    balloon.physicsBody?.categoryBitMask    = Category.balloon
    balloon.physicsBody?.contactTestBitMask = Category.arrow
    balloon.physicsBody?.collisionBitMask   = Category.none

    // Bewegung quer über den Bildschirm, leicht aufwärts
    let xEnd:CGFloat = fromLeft ? w + 100 : -100
    let yEnd:CGFloat = yStart + w/2 * cRnd()
    let targetPt = CGPoint(x: xEnd, y: yEnd)
    let mv = SKAction.move(to: targetPt, duration: 5 + 3 * dRnd())

    // gleichzeitig Luftballon leicht hin- und herdrehen
    let r1 = SKAction.rotate(byAngle: .pi/10, duration: 0.5)
    let r2 = SKAction.rotate(byAngle: -.pi/5, duration: 1)
    let r3 = SKAction.rotate(byAngle: .pi/10, duration: 0.5)
    let wiggle = SKAction.sequence([r1,r2,r3])
```

```
        let wiggle4 = SKAction.repeat(wiggle, count: 4)
        let mvAndWiggle = SKAction.group([wiggle4, mv])

        // zum Schluss löschen
        let del = SKAction.removeFromParent()
        balloon.run( .sequence( [mvAndWiggle, del] ))
}
```

Treffer feststellen

Jetzt geht es nur noch darum, festzustellen, wann ein Ballon von einem Pfeil getroffen wird. In diesem Fall kommt es automatisch zu einem Aufruf von didBegin. Allerdings ist nicht klar, ob bodyA oder bodyB das Ballon-Objekt enthält. Zur Auswertung hat sich die Methode getSpriteFrom bewährt, die beide Eigenschaften ausliest und ein Objekt des gewünschten Typs zurückgibt, sofern dieses zu finden ist.

Liegt das Ballon-Objekt einmal vor, wird es durch eine Animation verkleinert. Dem Ballon geht also gewissermaßen die Luft aus. Anschließend wird der Ballon ganz entfernt. Während dieser Animation sind wir an keinen weiteren Trefferereignissen interessiert – deswegen setzen wir contactTestBitMask auf none.

```
// Kontakt zwischen Objekten
func didBegin(_ contact: SKPhysicsContact) {
  if let balloon =
        getSpriteFrom(contact, category: Category.balloon)
  {
    // keine weiteren Berührungen melden
    balloon.physicsBody?.contactTestBitMask = Category.none
    let shrink = SKAction.scale(to: 0, duration: 0.3)
    let del = SKAction.removeFromParent()
    balloon.run( .sequence([shrink, del]))
  }
}
// bodyA und bodyB auswerten, gibt SpriteNode der gewünschten
// Kategorie zurück
func getSpriteFrom(_ contact: SKPhysicsContact, category: UInt32)
  -> SKSpriteNode?
{
  if contact.bodyA.categoryBitMask == category {
    return contact.bodyA.node as? SKSpriteNode
  } else if contact.bodyB.categoryBitMask == category {
    return   contact.bodyB.node as? SKSpriteNode
  } else {
    return nil
  }
}
```

27.9 Physik

Die beiden vorangegangenen Abschnitte haben schon ein wenig einen Einblick in die Physik-Engine von SpriteKit gegeben. Wenn Sie sie nutzen wollen, müssen Sie die Objekte des Spiels um SKPhysicsBody-Objekte ergänzen, um die physikalischen Eigenschaften auszudrücken. In den vorigen Beispielen haben wir die Physik-Engine allerdings nur zur Kollisionserkennung verwendet. Das ändert sich jetzt: Im folgenden Beispiel rollen und rutschen Gegenstände unter dem Einfluss der Schwerkraft eine unebene Oberfläche abwärts. Die Physik-Engine berechnet, wie sich die Objekte gegenseitig beeinflussen.

Dieser Abschnitt kann aus Platzgründen nur eine Einführung in die Physik-Engine geben. Ich gehe hier beispielsweise weder auf durch *Links* verbundene Objekte ein, mit denen Sie z. B. ein Modell einer wackeligen Hängebrücke nachbilden können, noch auf die in iOS 8 eingeführten elektrischen und magnetischen Felder, mit denen Sie anziehende oder abstoßende Objekte simulieren können.

Einschränkungen und Probleme

Die Physik-Engine von SpriteKit ermöglicht es, mit minimalem Programmieraufwand ein Zusammenspiel von Objekten zu realisieren, das zumindest auf den ersten Blick ähnlich aussieht wie in der Wirklichkeit. Allerdings gibt es viele Parameter, die Sie nicht simulieren können, und je tiefer Sie ins Detail gehen, desto größer werden die offensichtlichen Unterschiede zwischen der Realität und der simulierten Welt. Auch wenn die Funktionalität der Physik-Engine für viele Spiele absolut ausreichend ist, sollten Sie einen Blick auf den folgenden Artikel werfen. Er stellt die Sinnhaftigkeit einer Physik-Engine ganz infrage:

http://learn-cocos2d.com/2013/08/physics-engine-platformer-terrible-idea

SpriteKit verwendet intern höchstwahrscheinlich eine modifizierte Variante der Open-Source-Engine Box2D. In diesem Zusammenhang ist der folgende (schon etwas ältere) Blogbeitrag lesenswert, der zeigt, dass gleichartige Simulationen unter Box2D zu anderen Ergebnissen führen als mit SpriteKit:

http://blog.element84.com/comparing-sprite-kit-physics-to-direct-box2d.html

Da Größen- und Positionsangaben in SpriteKit durch Fließkommazahlen ausgedrückt werden, sollte es eigentlich keine Rolle spielen, welchen Maßstab Ihr Koordinatensystem hat. Falsch gedacht! Vermeiden Sie zu kleine Werte, also z. B. ein Koordinatensystem, das die Spielwelt im Bereich zwischen 0 und 1 abbildet! Der Grund sind Grenzgeschwindigkeiten, deren Unterschreiten zum Stillstand von Objekten führt. Bewährt haben sich Setups, bei denen die Bildschirmbreite ca. 1000 bis 2000 Einheiten im Koordinatensystem entsprechen. Zur Berechnung der Masse von

Körpern verwendet SpriteKit einen fix eingestellten Faktor, demzufolge ein Sprite mit 150 Punkten Länge in der Realität einem Objekt mit einem Meter Länge entspricht.

Bei meinen Tests, auch mit dem gleich vorgestellten Beispiel *Hello Physics!*, ergaben sich immer wieder Konstellationen, in denen eigentlich alle Körper zur Ruhe kommen müssten. Stattdessen zittern diese oft sekundenlang auf dem Bildschirm weiter oder drehen sich ganz langsam, was vollkommen unrealistisch aussieht.

Hello Physics!

Das folgende Hello-World-Beispiel zeigt, mit wie wenig Aufwand Sie wirklich coole Effekte erzielen können: In dem Beispiel fallen 30 Bälle in zufälliger Größe und Farbe quasi vom Himmel. Sie sind in einer Box in der Größe des iOS-Geräts eingesperrt. Wenn Sie Ihr iPhone oder iPad drehen, dann rollen und hüpfen die Bälle nach unten (siehe Abbildung 27.16).

Abbildung 27.16 Die Bälle rollen und hüpfen bei einer Drehung des iPhones nach unten.

Bei der Initialisierung des Programms wird ein Motion-Manager-Objekt eingerichtet, das die Ausrichtung des iOS-Geräts feststellen kann. Die Breite der Spielszene wird mit 1000 festgelegt, die Höhe ergibt sich aus den Proportionen des Geräts.

```swift
// Projekt ios-spritekit-physics
// Datei GameScene.swift
class GameScene: SKScene {
  private let mm = CMMotionManager()
  private let g = 9.80    // Erdbeschleunigung
  private let colors:[SKColor] =
    [.red, .blue, .green, .yellow, .cyan]

  override func didMove(to view: SKView) {
    // Zufallszahlen initialisieren
    srand48(Int(arc4random_uniform (10000000)))

    // ein weißes Hintergrundrechteck füllt das Gerät aus
    let w = CGFloat(1000)
    let h = w / view.bounds.width * view.bounds.height
    self.size = CGSize(width: w, height: h)
    self.backgroundColor = .white
    self.scaleMode = .aspectFit

    // Objekte darin einsperren
    self.physicsBody = SKPhysicsBody(edgeLoopFrom: self.frame)

    // Bälle
    setupBalls()

    // Motion Manager
    mm.deviceMotionUpdateInterval = 1.0 / 60
    mm.startDeviceMotionUpdates()
  }
  ...
}
```

setupBalls erzeugt 30 Bälle in zufälligen Größen und Farben an zufälligen Orten. Der physikalische Körper der Bälle ergibt sich aus einem Kreis mit dem Radius r. Die Definition des Körpers reicht bereits dafür aus, dass die Schwerkraft wirkt und dass die Bälle bei Kollisionen voneinander abprallen. Die Einstellung restitution=0.9 drückt aus, dass ein Ball bei Zusammenstößen 10 Prozent seiner Energie verliert. setupBalls verwendet die schon aus früheren Beispielen vertrauten Funktionen cRnd und iRnd, um komfortabler Zufallszahlen zu erzeugen.

```swift
private func setupBalls() {
  for _ in 1...30 {
    let r:CGFloat = 50 + cRnd() * 40
    let ball = SKSpriteNode(imageNamed: "ball")
    ball.size = CGSize(width: 2*r, height: 2*r)
```

27.9 Physik

```
    ball.position = CGPoint(x: 150 + cRnd() * 700,
                            y: 150 + cRnd() * 700)
    ball.zPosition = 1
    ball.color = colors[ iRnd(colors.count) ]
    ball.colorBlendFactor = 0.9
    self.addChild(ball)

    // physikalischer Körper
    ball.physicsBody = SKPhysicsBody(circleOfRadius: r)
    ball.physicsBody?.restitution = 0.9
    ball.physicsBody?.allowsRotation = true
  }
}
```

Verblüffenderweise war das bereits nahezu der gesamte Code! Um die Kollisionen kümmert sich SpriteKit ohne Zutun. Jetzt geht es nur noch darum, die Schwerkraft so einzustellen, dass die Kugeln immer nach unten fallen – egal, wie das Gerät gerade gehalten wird. Das geschieht in der Update-Methode, die die gravity-Eigenschaft des Motion Managers ausliest, deren X- und Y-Komponenten mit der Schwerkraft g multipliziert und zur Veränderung der gravity-Eigenschaft des SKPhysicsWorld-Objekts verwendet.

```
override func update(_ currentTime: TimeInterval) {
  if let grav = mm.deviceMotion?.gravity {
    self.physicsWorld.gravity =
      CGVector(dx: grav.x * g, dy: grav.y * g)
  }
}
```

Body versus Edge

Für die Physik-Engine gibt es drei Arten von Objekten:

- **Objekte mit einem physikalischen Körper (Bodies/Volumes):** Diese Körper haben eine Masse, die Schwerkraft wirkt auf sie, sie bewegen sich selbstständig, kollidieren miteinander etc.

- **Umrandete Objekte (Edges):** Diese Körper haben keine Masse und sind unbeweglich, stellen aber ein unüberwindliches Hindernis für physikalische Körper dar. In vielen Spielen bilden Edges die Umrandung des Spielfelds, Mauern oder andere Hindernisse.

- **Sonstige Objekte:** Alle anderen SpriteKit-Objekte, die weder einen Körper noch eine Umrandung aufweisen, werden von der Physik-Engine vollständig ignoriert. Dabei kann es sich z. B. um ein Hintergrundbild handeln, um Beschriftungs- oder Counter-Label.

Bodies und Edges erzeugen Sie, indem Sie zuerst das entsprechende Objekt einrichten (z. B. ein SKSpriteNode) und dieses dann mit einem physikalischen Körper ausstatten. Dabei helfen die unzähligen Init-Funktionen, von denen ich drei in Abschnitt 27.7, »Kollisionserkennung«, schon vorgestellt habe. Bei unregelmäßig geformten Bitmaps liefert die dritte Variante die exakteste Beschreibung des Körpers. Allerdings führt diese Variante in der Folge auch zum höchsten Rechenaufwand.

```
// drei Varianten, um den physikalischen Körper
// des Sprites 'sp' einzustellen
sp.physicsBody = SKPhysicsBody(rectangleOf: sp.size)
sp.physicsBody = SKPhysicsBody(circleOfRadius: myradius)
sp.physicsBody =
  SKPhysicsBody(texture: sp.texture!, size: sp.size)
```

Für umrandete Körper verwenden Sie ebenfalls Init-Funktionen der SKPhysicsBody-Klasse, diesmal aber mit edgeXxx-Parametern. Bei den drei folgenden Beispielen wird die Umrandung durch das Rechteck des Sprites, durch die Verbindung zwischen zwei Punkten bzw. durch ein CGPath-Objekt definiert:

```
// Varianten, um den Edge-Körper des Sprites 'wall' zu erzeugen
wall.physicsBody = SKPhysicsBody(edgeLoopFrom: wall.frame)
wall.physicsBody = SKPhysicsBody(edgeFrom: pt1, to: pt2)
wall.physicsBody = SKPhysicsBody(edgeLoopFrom: path)
```

SKPhysicsBody-Eigenschaften

Das Verhalten eines physikalischen Körpers wird durch diverse Eigenschaften bestimmt (siehe Tabelle 27.1). SpriteKit verwendet für die meisten Eigenschaften sinnvolle Default-Werte.

Die Masse eines Körpers ergibt sich standardmäßig aus seiner Fläche (area-Eigenschaft), wobei 150 Punkte im SpriteKit-Koordinatensystem einem Meter in der Wirklichkeit entsprechen. Wenn ein Körper in Bezug auf seine Größe leichter oder schwerer sein soll, können Sie entweder die Eigenschaft density verändern (der Standardwert lautet 1) oder die absolute Masse mit mass einstellen.

Durch die categoryBitMask kann jeder Körper einer von 32 möglichen Gruppen zugeordnet werden. Die collisionBitMask entscheidet, für welche andere Gruppen Kollisionen berücksichtigt werden. Der Defaultwert lautet für beide Eigenschaften 0xFFFFFFFF. Es sind also alle Bits gesetzt, d. h., jeder physikalische Körper kann mit allen anderen kollidieren.

Eigenschaft	Bedeutung
affectedByGravity	Das Objekt kann durch die Gravitation beschleunigt werden.
allowsRotation	Das Objekt kann sich drehen.
angularDamping	Dämpfung auf Drehungen durch Strömungswiderstand
angularVelocity	Drehgeschwindigkeit (gegen den Uhrzeigersinn)
area	Fläche
categoryBitMask	Zuordnung zu einer Objektgruppe
contactTestBitMask	Gruppen, für die ein Kollisionstest durchgeführt werden soll
collisionBitMask	Gruppen, mit denen das Objekt kollidieren kann
density	Dichte
friction	Reibung bei Berührung
linearDamping	Dämpfung durch Luft- oder Strömungswiderstand
isResting	Objekt ist momentan in Ruhe
isDynamic	Objekt wird durch die Physics-Engine gesteuert
mass	Masse
restitution	Stoßzahl (Wie viel Energie bleibt beim Aufprall erhalten?)
velocity	aktuelle Geschwindigkeit

Tabelle 27.1 Die wichtigsten Eigenschaften der »SKPhysicsBody«-Klasse

Nicht in Tabelle 27.1 erwähnt ist die Eigenschaft usesPreciseCollisionDetection, die normalerweise false beträgt: Diese Eigenschaft sollten Sie bei vergleichsweise sehr schnellen Objekten auf true setzen. Damit vermeiden Sie, dass der Treffer eines Geschosses nicht bemerkt wird, weil sich dieses im einen Frame vor, im nächsten Frame aber schon hinter dem Zielobjekt befindet. Die präzise Kollisionserkennung kommt auch mit solchen Fällen zurecht. Das erfordert aber mehr Rechenaufwand.

Die Einstellung der contactTestBitMask entscheidet, ob bei der Berührung zweier Objekte die didBegin-Methode des SKPhysicsContactDelegate-Protokolls aufgerufen werden soll (siehe Abschnitt 27.7, »Kollisionserkennung«).

Physikalische Körper werden automatisch durch die Schwerkraft beschleunigt und »fallen« unten aus dem Bildschirm, wenn es dort nicht einen umrandeten Körper gibt. Haben einmal alle Objekte einen stabilen Ort gefunden, kommt die Szene zur Ruhe. Jetzt können Sie die Körper durch diverse apply-Methoden wieder in Bewegung versetzen (siehe Tabelle 27.2).

Methode	Bedeutung
applyAngularImpulse	Fügt einen Drehimpuls hinzu.
applyForce	Übt eine Kraft auf den Massenmittelpunkt aus.
applyImpulse	Fügt einen Impuls hinzu.
applyTorque	Übt ein Drehmoment auf den Körper aus.

Tabelle 27.2 Die wichtigsten Methoden zur Bewegung von physikalischen Körpern

SKPhysicsWorld-Eigenschaften

Das SKPhysicsWorld-Objekt fasst die physikalischen Eigenschaften der gesamten simulierten Welt zusammen. Die wichtigste Eigenschaft ist gravity, also die Schwerkraft: In der Defaulteinstellung ist die X-Komponente 0. Die Y-Komponente mit –9,80 zieht Körper nach unten.

Für Tests und zur Fehlersuche ungemein praktisch ist speed. Diese Eigenschaft gibt an, in welcher Geschwindigkeit die Simulation ausgeführt werden soll. Die Standardeinstellung lautet 1, also in normaler Geschwindigkeit. Wenn Sie den Wert beim Hello-Physics-Programm auf 0,01 setzen, können Sie den Bällen in Superzeitlupe beim Hinunterfallen und Zusammenstoßen zusehen.

27.10 Minispiel: Pyramide zerstören

Das folgende Beispiel zeigt die Anwendung der Physik-Engine. Gleichzeitig können Sie beim Ausprobieren Ihre destruktive Ader ausleben und eine Pyramide mit einer Kanonenkugel zerstören (siehe Abbildung 27.17 und Abbildung 27.18). Dazu ziehen Sie die Kugel aus dem roten Kreis und lassen sie los. Je weiter weg Sie die Kugel ziehen, desto schneller fliegt sie los (wie in *Angry Birds*).

Code-Aufbau

Der gesamte relevante Code befindet sich in der GameScene-Klasse. Dort werden die Eckdaten des Spiels festgelegt. Die Variable aiming wird in den touches-Methoden auf true gesetzt, sobald der Spieler die Kugel aus dem roten Kreis zieht. ball und ring ermöglichen überall im Code den Zugriff auf die beiden Sprite- bzw. Shape-Objekte.

27.10 Minispiel: Pyramide zerstören

Abbildung 27.17 Startzustand

Abbildung 27.18 Zwanzig Kanonenschüsse später

```swift
// Projekt ios-sprite-cannon, Datei GameScene.swift
class GameScene: SKScene {
    let w:CGFloat = 1000      // Größe des Spielfelds
    var h:CGFloat = 0         // h wird in didMove eingestellt

    let bx:CGFloat = 250      // Ort der Kugel
    let by:CGFloat = 275
    let br:CGFloat = 25       // Radius der Kugel
    var aiming = false        // aktiver Zielvorgang

    let fx:CGFloat = 800      // obere rechte Ecke des
    let fy:CGFloat = 250      // Bodens (Floor)

    let brickRows = 9         // Pyramidenhöhe
```

```
let brickW:CGFloat = 40   // Größe der Ziegelsteine
let brickH:CGFloat = 28

// Kanonenkugel und Ring rundherum; die Objekte werden
// in setupBall endgültig eingerichtet
let ball = SKSpriteNode(imageNamed: "cannon-ball")
var ring = SKShapeNode(circleOfRadius: 0)

override func didMove(to view: SKView) {
  srand48(Int(arc4random_uniform (10000000)))

  h = w / view.bounds.width * view.bounds.height
  self.size = CGSize(width: w, height: h)
  self.backgroundColor = SKColor(white: 0.9, alpha: 1)
  self.scaleMode = .aspectFit

  setupFloor()
  setupPyramid()
  setupBall()

  // alle Objekte im Bildschirm einsperren
  self.physicsBody = SKPhysicsBody(edgeLoopFrom: self.frame)
  }
}
```

Initialisierung

Auf den vollständigen Abdruck des Codes von setupFloor, setupPyramid und setupBall verzichte ich in diesem Fall. Stattdessen konzentriere ich mich auf die Einstellung der physikalischen Eigenschaften.

In setupFloor werden die schwarze Basis für die Pyramide und der dreieckige Rutschkegel für die heruntergeschossenen Ziegelsteine angelegt. Dabei wird zuerst ein UIBezierPath aus den Eckpunkten erzeugt. Die Eigenschaft cgPath macht daraus ein CGPath-Objekt, das als Parameter für die Init-Funktionen von SKShapeNode und SKPhysicsBody benötigt wird.

```
// in setupFloor(): Rutsche für Ziegel aus
// dreieckigem Polygon bilden
let path = UIBezierPath()
path.move(to:    CGPoint(x: w,     y: fy))
path.addLine(to: CGPoint(x: w-100, y:0))
path.addLine(to: CGPoint(x: w,     y:0))
path.close()
```

27.10 Minispiel: Pyramide zerstören

```
let triangle = SKShapeNode(path: path.cgPath)
triangle.fillColor = .black
triangle.lineWidth = 0
self.addChild(triangle)
triangle.physicsBody = SKPhysicsBody(polygonFrom: path.cgPath)
```

In `setupPyramid` wird die Pyramide aus Ziegelsteinen gebaut. Die physikalischen Eigenschaften der Ziegelsteine werden wie folgt eingestellt. Bemerkenswert sind die hohe Reibung und die geringe Stoßzahl (restitution): Ein Ziegelstein springt nach dem Fall nicht wie ein Gummiball.

```
// in setupLineOfBricks (wird von setupPyramid aufgerufen)
let brick = SKSpriteNode(imageNamed: "brick")
...
self.addChild(brick)
brick.physicsBody = SKPhysicsBody(rectangleOf: brick.frame.size)
brick.physicsBody?.friction = 0.9
brick.physicsBody?.restitution = 0.05
brick.physicsBody?.categoryBitMask = Category.brick
brick.physicsBody?.collisionBitMask =
                  Category.ball + Category.brick
```

Für das Spiel sind die folgenden Kategorien definiert:

```
struct Category {
  static let none:UInt32  = 0
  static let ball:UInt32  = 1
  static let brick:UInt32 = 2
}
```

In `setupBall` werden sowohl die Kanonenkugel als auch der rote Ring rund um die Kugel eingerichtet. Bemerkenswert sind hier drei Details:

- Die Einstellung `density = 3` gibt der Kugel eine deutlich höhere Masse als den Ziegelsteinen.
- Mit `affectedByGravity = false` wird die Schwerkraft für die Kugel vorerst ausgeschaltet – andernfalls würde die Kugel aus dem roten Ring herausfallen.
- Schließlich bewirken die Einstellungen der `categoryBitMask` und der `collisionBitMask`, dass die Kugel anfänglich nicht mit anderen Gegenständen kollidieren kann. Das ist notwendig, weil der Spieler sonst die Kugel in die Ziegelpyramide ziehen und diese so direkt zum Einsturz bringen könnte.

`affectedByGravity` sowie die beiden `BitMask`-Eigenschaften werden erst beim Losschießen der Kugel korrekt eingestellt.

```
// in setupBall
ball.physicsBody = SKPhysicsBody(circleOfRadius: CGFloat(br))
ball.physicsBody?.density = 3
ball.physicsBody?.restitution = 0.1
ball.physicsBody?.affectedByGravity = false
ball.physicsBody?.categoryBitMask = Category.none
ball.physicsBody?.collisionBitMask = Category.none
```

Kanonenkugel verschießen

Für das Verschießen der Kanonenkugel sind die vier touches-Methoden zuständig. Der Prozess beginnt in touchesBegan, sofern sich die Kugel im Ring befindet und die Berührung im Ring beginnt. Die Methode distanceTo sowie diverse Operatoren zum Rechnen mit CGxxx-Strukturen sind in der Datei CGOperators.swift definiert (siehe Abschnitt 7.3, »CGFloat, CGPoint, CGSize und Co.«).

```
// Kugel-Auswahl beginnen
override func touchesBegan(_ touches: Set<UITouch>,
                           with event: UIEvent?)
{
  if touches.count != 1 { return }
  if ball.position.distanceTo(ring.position) > 1 { return }
  let touch = touches.first!
  let pt = touch.location(in: self)
  if pt.distanceTo(ring.position) < br {
    aiming = true   // Zielprozess ist aktiv
  }
}
```

Während der Kugelbewegung wird die Position des Balls so berechnet, dass diese nicht exakt an der Stelle des Fingers angezeigt wird, sondern auf zwei Dritteln der Strecke zwischen dem Mittelpunkt des roten Rings und dem Finger. Diese Vorgehensweise hat zwei Vorteile: Erstens ist der Ball sichtbar und wird nicht vom Finger verdeckt. Und zum anderen ist die visuelle Wirkung wie bei einem Gummiband: Es bedarf gewissermaßen einer Extrakraft, um den Ball zu bewegen.

Der rote Ring wird während der Auswahl als immer kleiner werdender voller roter Punkt dargestellt. Abermals geht es darum, visuelles Feedback zu geben. Außerdem hilft der Punkt beim Zielen.

```
// Kugel aus dem Ring ziehen
override func touchesMoved(_ touches: Set<UITouch>,
                           with event: UIEvent?)
{
  if aiming == false    { return }
  if touches.count != 1 { return}
```

```
  let touch = touches.first!
  let pt = touch.location(in: self)

  // Ball verschieben: 2/3 auf der Strecke Ball / Finger
  ball.position = (pt * 2 + ring.position) / 3

  // roten Kreis verkleinern
  ring.fillColor = .red
  let scale = max(0.2,
                  (300 - pt.distanceTo(ring.position)) / 300)
  ring.setScale(scale)
}
```

In touchesEnded befindet sich der interessanteste Code – hier wird die Kugel losgeschossen. Der Impuls, der dabei auf die Kanonenkugel ausgeübt wird, ergibt sich aus dem Vektor vom Ball zum roten Punkt. Er wird mit der Methode applyImpulse angewendet. Während des Flugs soll die Schwerkraft auf die Kugel wirken und zu einer parabelförmigen Flugbahn führen. Außerdem müssen nun die BitMask-Eigenschaften richtig eingestellt werden, damit ein Treffer die Pyramide wirklich zum Einsturz bringt.

Nach zwei Sekunden soll die Kugel zurück in den roten Ring kehren. Dazu wird zuerst eine wait-Aktion ausgeführt, danach eigener Code, der als Closure formuliert wird. Darin wird die Gravitation für die Kugel wieder ausschaltet, die BitMask-Eigenschaften zurückgesetzt, jede Bewegung gestoppt (isResting = true) und die Kugel zurück zur Startposition bewegt. Schließlich wird auch der rote Ring wieder normal angezeigt.

```
// Kugel loslassen/losschießen
override func touchesEnded(_ touches: Set<UITouch>,
                           with event: UIEvent?)
{
  if aiming == false    { return }
  if touches.count != 1 { return}
  let touch = touches.first!
  let pt = touch.location(in: self)

  // Impuls auf Ball ausrechnen, umso stärker
  // je weiter weg vom Startpunkt
  let vec = (ring.position - pt) * 2
  let imp = CGVector(dx: vec.x, dy: vec.y)
  ball.physicsBody?.applyImpulse(imp)

  // Schwerkraft und Kollisions-Handling einschalten
  ball.physicsBody?.affectedByGravity = true
  ball.physicsBody?.categoryBitMask = Category.ball
  ball.physicsBody?.collisionBitMask = Category.brick
```

```
  // Ball nach drei Sekunden zurück in den Ring
  let wait = SKAction.wait(forDuration: 3)
  let run = SKAction.run() {
    self.ball.physicsBody?.affectedByGravity = false
    self.ball.physicsBody?.isResting = true
    self.ball.physicsBody?.categoryBitMask = Category.none
    self.ball.physicsBody?.collisionBitMask = Category.none
    self.ball.position = self.ring.position
  }
  ball.run( .sequence([wait, run]))

  // Zielring wieder normal darstellen
  ring.setScale(1)
  ring.fillColor = .clear
  aiming = false
}
```

Zum Aufruf von touchesCancelled kommt es beispielsweise, wenn ein Spieler den Finger über den Bildschirmrand hinausbewegt. In diesem Fall wird der Zielprozess abgebrochen. Die Kugel kehrt zur Startposition zurück, und der rote Ring wird wieder als solcher angezeigt.

```
override func touchesCancelled(_ touches: Set<UITouch>,
                               with event: UIEvent?)
{
  // Ball zurück an die Ausgangsposition
  ball.position = CGPoint(x: bx, y: by)
  // Zielring wieder normal darstellen
  ring.setScale(1)
  ring.fillColor = .clear
  aiming = false
}
```

27.11 Scene-Editor

Alle bisherigen Beispiele dieses Kapitels weichen in einem entscheidenden Punkt von den Xcode-Mustervorlagen ab: Sie verwenden keine mit dem Scene-Editor zusammengesetzten Szenen, sondern ausschließlich per Code erzeugte Sprites und Shapes. Apple empfiehlt einen ganz anderen Ansatz:

- Der Code sollte sich nur um die Spiellogik kümmern.
- Möglichst alle künstlerischen Elemente sollten außerhalb des Codes im Scene-Editor gestaltet werden.

- Diese Vorgehensweise ermöglicht eine gute Team-Arbeit zwischen Programmierern und Designern/Künstlern.
- Sie vermeidet eine Menge redundanten bzw. eintönigen Code, in dem es primär darum geht, alle erdenklichen Eigenschaften von Sprites einzustellen.
- Die Trennung von Code und Spiellayout hat außerdem den Vorteil, dass sich weitere Szenen oder Level leichter realisieren lassen.

Dieser WWDC-Vortrag von 2014 fasst Apples Argumentationslinie überzeugend zusammen:

https://developer.apple.com/videos/play/wwdc2014/608

Kein Mensch würde auf die Idee kommen, eine einfache Benutzeroberfläche einer iOS-App per Code zu erzeugen, wenn dies im Storyboard-Editor viel einfacher gelingt – warum also bei Spielen anders vorgehen? Ein Grund besteht darin, dass die Gestaltung von Spielen in ihrer Natur viel dynamischer ist als bei Benutzeroberflächen. Oder, anders ausgedrückt: Der Button einer App ändert seinen Ort seltener, als Spielfiguren das tun.

Viel schwerwiegender ist aber, dass Apple mit dem Scene-Editor kein Meisterstück gelungen ist. Einerseits ist die Bedienung unübersichtlich, andererseits hat sich die Komponente als vollkommen instabil erwiesen. Das Faktum, dass *.sks-Dateien in einem Binärformat vorliegen, ist auch kein Pluspunkt. Binärdateien machen eine mögliche manuelle Fehlersuche und -behebung noch schwieriger als XML-Dateien.

Während der Arbeit an diesem Buch habe ich anfänglich natürlich mit Xcode-8-Betas gearbeitet. Dass Beta-Versionen nicht immer robust laufen, ist klar. Aber meine Kritik bezieht sich explizit auch auf offizielle Xcode-Versionen: Wenn ein halbes Jahr lang ausgereifte Xcode-Versionen wie 7.3 oder 7.3.1 beim Laden einer im Scene-Editor erstellten Szene einfach abstürzen, dann hört der Spaß auf. Und wenn die finale Xcode-8-Version zum Öffnen einer leeren *.sks-Datei auf einem wirklich schnellen iMac mehrere Sekunden braucht, muss man sich fragen, was in dieser Zeit eigentlich passiert. Immerhin habe ich während der Arbeit an diesem Abschnitt unter Xcode 8 Final keinen einzigen Absturz erlebt – das ist ein gewisser Hoffnungsschimmer.

Dennoch: Meine Experimente mit dem Scene-Editor waren derart frustrierend und führten zu so vielen Fehlern, dass ich Ihnen dezidiert von seinem Einsatz abrate. Allen, die es dennoch versuchen möchten, zeige ich in diesem Abschnitt ganz kurz, wie der Scene-Editor zu bedienen ist und wie Verbindungen zwischen damit erstellten Objekten und dem Code hergestellt werden. Die Informationen sollten ausreichen, damit Sie sich selbst ein Bild vom Scene-Editor machen können.

> **Tipp**
>
> Wenn Sie an weiteren Details interessiert sind, suchen Sie im Internet nach *xcode scene editor video*. Sie werden auf diverse Video-Tutorials stoßen, die die Nutzung des Scene-Editors anschaulich demonstrieren.

Szenen einrichten

Wenn Sie in Xcode ein neues Projekt vom Typ GAME einrichten, sind automatisch die Szenen-Datei `GameScene.sks` und die dazugehörige Klassendatei `GameScene.swift` enthalten.

Um eine neue bzw. weitere Szene hinzuzufügen, führen Sie FILE • NEW • FILE aus und wählen zuerst die Gruppe iOS • RESOURCE und dann die Vorlage SPRITEKIT SCENE FILE aus. Damit wird eine neue `*.sks`-Datei angelegt. (Achten Sie darauf, dass Sie nicht versehentlich das ähnlich klingende SCENEKIT SCENE FILE anklicken. SceneKit ist die Bibliothek für 3D-Spiele.)

In aller Regel wollen Sie die Szenendatei mit einer eigenen Klasse verbinden, die den zur Szene gehörigen Code enthält. Dazu führen Sie nochmals FILE • NEW • FILE aus und wählen diesmal die Vorlage SOURCE • SWIFT FILE aus. Benennen Sie die Datei wie die Szenendatei, beispielsweise `MyScene.swift`. In die leere Datei fügen Sie Code gemäß dem folgenden Muster ein:

```
// Datei MyScene.swift
// die eigene Klasse muss von SKScene abgeleitet sein
import SpriteKit
class MyScene: SKScene {
  override func didMove(to view: SKView) {
    super.didMove(to: view)
    // für Initialisierungsarbeiten
  }
}
```

Der Aufruf `super.didMove` ist vermutlich nicht notwendig, er schadet aber nicht. Die Dokumentation ist in diesem Punkt leider vage.

Die Verbindung zwischen der `*.sks`- und der `*.swift`-Datei stellen Sie her, indem Sie die `*.sks`-Datei in Xcode bearbeiten, die Szene als Ganzes auswählen, in der rechten Seitenleiste den CLASS INSPECTOR öffnen und dort im Textfeld CUSTOM CLASS den Klassennamen angeben (siehe Abbildung 27.19). Dieses Konzept ist Ihnen ja von gewöhnlichen iOS-Apps bekannt.

27.11 Scene-Editor

Abbildung 27.19 Zuordnung zwischen Szenendatei und Klasse herstellen

Um die Szene beim Start des Spiels anzuzeigen, verwenden Sie beispielsweise den folgenden Code in der Methode viewDidLoad in der Datei GameViewController.swift.

```
// Datei GameViewController.swift
override func viewDidLoad() {
  super.viewDidLoad()
  if let view = self.view as! SKView? {
    // MyScene erzeugen, wenn es sowohl MyScene.sks als auch
    // die zugeordnete Klassendatei MyScene.swift gibt
    let myScene = MyScene(fileNamed: "MyScene")
    myScene?.scaleMode = .aspectFill
    view.presentScene(myScene)
  }
}
```

In der Init-Funktion der SKScene-Klasse müssen Sie den Dateinamen der Szenendatei ohne die Kennung .sks angeben. scaleMode = .aspectFill bewirkt, dass die in der Szenendatei festgelegte Größe bildschirmfüllend angezeigt wird. Wenn das Gerät andere Proportionen hat als Ihre Szene oder wenn das Gerät in einer anderen Ausrichtung verwendet wird, dann werden der obere und der untere Rand der Szene weggeschnitten. Wenn Sie mit dem Scene-Editor arbeiten, ist es zumeist zweckmäßig, in den Projekteinstellungen sowie für das iPad in Info.plist eine Ausrichtung festzulegen, also entweder den Portrait- oder den Landscape-Modus.

Falls es keine zugeordnete Klasse gibt, erzeugen Sie in viewDidLoad die SKScene-Instanz so:

```
// MyScene aus .sks-Datei ohne zugeordnete Klasse erzeugen
let myScene = SKScene(fileNamed: "MyScene")
myScene.scaleMode = ...
```

Wenn Sie umgekehrt wie in den bisherigen Abschnitten dieses Kapitels ohne Scene-Editor gearbeitet haben, gehen Sie so vor:

```
// MyScene erzeugen, wenn es keine .sks-Datei-gibt,
// also nur die Klassendatei MyScene.swift
let myScene = MyScene()
myScene.scaleMode = ...
```

Szenenwechsel

Zum Wechsel von einer Spielszene in eine andere müssen Sie das neue Szene-Objekt erzeugen und dann mit einem `SKTransition`-Objekt den Übergang durchführen.

Im Beispiel zu diesem Abschnitt können Sie durch Berühren des Bildschirms zwischen zwei Szenen hin- und herwechseln. Die folgenden Zeilen zeigen den Code, um von der ersten Szene `MyScene` in die zweite Szene `OtherScene` zu wechseln. Die folgenden Zeilen gehen davon aus, dass es die im Scene-Editor erstellte Datei `OtherScene.sks` sowie die Code-Datei `OtherScene.swift` mit der von `SKScene` abgeleiteten Klasse `OtherScene` gibt.

```
// Projekt ios-spritekit-scene, Datei MyScene.swift
override func touchesEnded(_ touches: Set<UITouch>,
                           with event: UIEvent?)
{
  if let other = OtherScene(fileNamed: "OtherScene") {
    other.scaleMode = .aspectFill
    let trans = SKTransition.fade(withDuration: 1)
    self.view?.presentScene(other, transition: trans)
  }
}
```

> **Beispiele**
>
> Konkrete Beispiele zum Umgang mit Szenen finden Sie im Projektteil des Buchs. Kapitel 39, »Asteroids«, zeigt den Wechsel zwischen zwei mit dem Scene-Editor gestalteten Szenen, der Spiel-Szene und der zwischen zwei Spielen angezeigten Szene für die Einstellungen.
>
> In Kapitel 38, »Pac-Man selbst gemacht«, erfolgt der Übergang zwischen den Leveln des Spiels ebenfalls durch den Übergang zwischen Szenen; allerdings ist dieses Programm ohne den Scene-Editor realisiert. Alle Level werden durch die gleiche Klasse abgebildet. Die eigentlichen Spieldaten befinden sich in einer Instanz einer eigenen Maze-Klasse.

Szenengröße einstellen

Im Attributinspektor können Sie die Größe der Szene frei einstellen, z. B. mit 1500 × 1500 Punkt oder, um besser den iPhone-Maßen zu entsprechen, mit 640 × 1334 (Hochformat). Egal, für welches Maß Sie sich entscheiden – Ihre App wird auch auf Geräten mit anderen Maßen bzw. Proportionen laufen. Es gibt kein Patentrezept dafür, wie Sie mit diesem Problem umgehen. Die optimale Lösung hängt stark auch von der Art des Spiels ab.

Am einfachsten ist es, direkt nach dem Erzeugen der Instanz den gewünschten scaleMode einzustellen. (In der didMove-Methode ist es dazu zu spät, da hat SpriteKit die Größe Ihrer Szene womöglich schon verändert.) Für Spiele gibt es in der Regel nur zwei zweckmäßige scaleMode-Einstellungen, die Sie im Beispielprogramm zu diesem Abschnitt beide ausprobieren können:

- scaleMode = .aspectFit (Startszene MyScene) stellt sicher, dass die ganze Szene in den von Ihnen im Scene-Editor festgelegten Proportionen sichtbar ist und bei Gerätedrehungen auch sichtbar bleibt. Der Nachteil dieser Einstellung ist, dass je nach Gerätedrehung oft große schwarze Flächen links und rechts bzw. ober- und unterhalb der Szene dargestellt werden.

- scaleMode = .aspectFill (zweite Szene OtherScene) stellt sicher, dass der ganze Bildschirm ausgefüllt wird. Allerdings wird die Szene nun unter Umständen stark beschnitten, sodass der Spieler nur den mittleren Streifen davon tatsächlich sieht.

Wenn Sie sich für aspectFill entscheiden, ist es sinnvoll, die Geräteausrichtung auf das Hoch- oder Querformat zu beschränken. Die Szenengröße wählen Sie dann mit den Proportionen 3:4, also passend für das iPad. Läuft die App auf einem iPhone, wird an beiden Seiten (links und rechts im Hochformat bzw. oben und unten im Querformat) ein wenig abgeschnitten. Das müssen Sie bei der Konzeption Ihres Spiels berücksichtigen und dort keine wichtigen Spielelemente platzieren.

Noch einmal anders ist die Situation, wenn vom Szenenhintergrund immer nur ein kleiner Teil sichtbar ist – also z. B. wenn sich eine Spielfigur durch ein Labyrinth bewegt, von dem immer nur ein Bruchteil sichtbar ist. In solchen Fällen verwenden Sie am besten ein SKCameraNode-Objekt, um den sichtbaren Ausschnitt zu steuern.

Arbeiten im Scene-Editor

Der Umgang mit dem Scene-Editor ist an sich unkompliziert: Alle zuvor in Xcassets-Dateien eingefügten Bitmaps stehen in der Media Library von Xcode zur Auswahl (rechts unten in Xcode) und können per Drag & Drop in den Editor eingefügt und dann skaliert und gedreht werden (siehe Abbildung 27.20). Anschließend können Sie alle erdenklichen Eigenschaften einstellen.

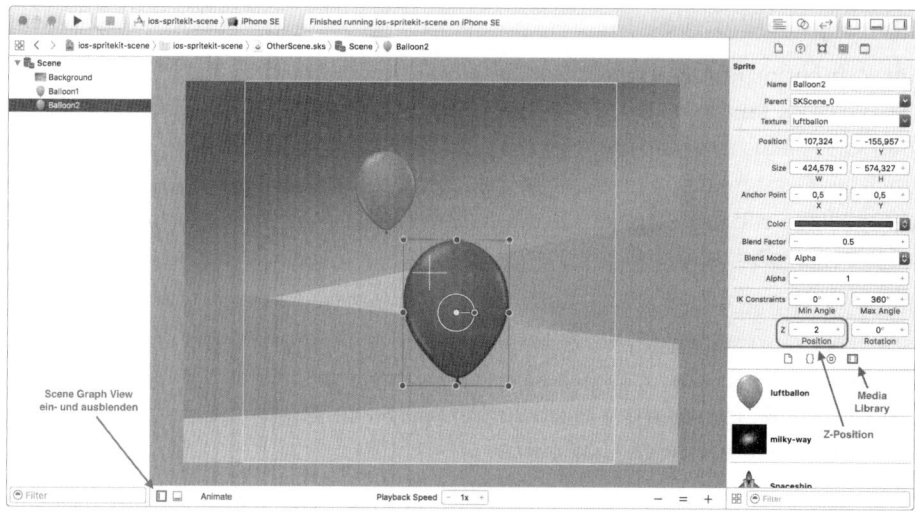

Abbildung 27.20 Der Scene-Editor

Zur Auswahl mehrerer übereinander befindlicher Objekte blenden Sie den Objektbaum ein (SCENE GRAPH VIEW). Der Objektbaum bietet auch die bequemste Möglichkeit, die Elemente (Nodes) zu benennen. In Ihrem Code können Sie dann wie folgt auf die Elemente zugreifen:

```
let sprite = self.childNode(withName: "balloon1")
             as! SKSpriteNode
```

Wenn es sich nicht um ein Sprite, sondern um einen anderen Objekttyp handelt, müssen Sie das Casting natürlich dementsprechend ändern und z. B. mit as! SKLabelNode durchführen.

self.childNode bezieht sich auf Nodes, die sich in der ersten Ebene der Szene befinden. Sie können die Nodes auch ineinander verschachteln – dann müssen Sie childNode auf das jeweilige Elternobjekt anwenden.

> **Vermeintliche Darstellungsfehler in der laufenden App**
>
> Ganz häufig kommt es vor, dass eine Szene im Scene-Editor zwar perfekt aussieht, aber sobald Sie die App starten, fehlen gewisse Objekte. Schuld daran ist fast immer, dass Sie vergessen haben, die Z-Position im Attributinspektor einzustellen. Bei allen neu eingefügten Objekten hat diese Eigenschaft den Wert 0. Damit liegen alle Objekte auf derselben Ebene. Es hängt vom Zufall ab, welches Objekt in der laufenden App tatsächlich sichtbar ist.

Sprite-Elementen können Sie im CUSTOM CLASS INSPECTOR eine eigene, von SKSpriteNode abgeleitete Klasse zuordnen. Für viele andere Scene-Elemente, z. B. für Label

(SKLabelNode), steht das Feld CUSTOM CLASS aber unbegreiflicherweise nicht zur Verfügung.

Szenen können verschachtelt werden. Sie können also eine aus mehreren Teilen zusammengesetzte Spielfigur in einer Detailszene konstruieren. In die Hauptszene fügen Sie dann aus der Objektbibliothek einen sogenannten *Reference Node* ein. Bei dessen Eigenschaft *Reference* wählen Sie den Namen der Detailszene aus.

Sie können im Scene-Editor auch Aktionen aus in der Objektbibliothek vorgegebenen Bausteinen zusammensetzen und zu Schleifen verbinden (siehe Abbildung 27.21). Die resultierenden Animationen können Sie dann direkt im Scene-Editor ausprobieren.

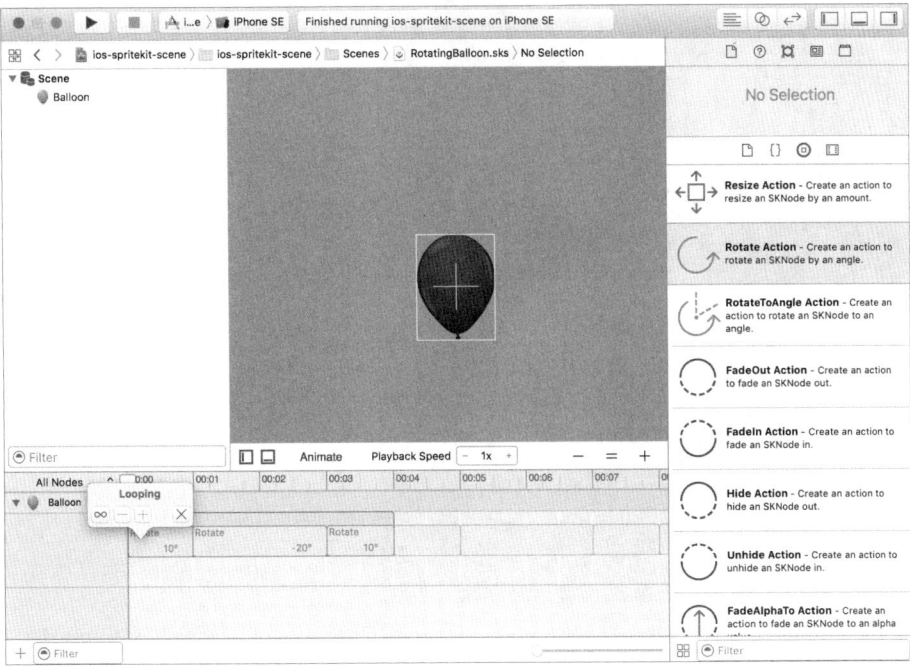

Abbildung 27.21 Im Scene-Editor Aktionen zusammensetzen

27.12 Partikel-Emitter

Manche Naturphänomene (wie Wasser, Feuer, Nebel) sowie Explosionen lassen sich auch durch Bitmap-Animationen nicht realistisch nachbilden. Für solche Fälle bietet SpriteKit die SKEmitterNode-Klasse an. Deren Instanzen erzeugen kleine Objekte mit einer durch viele Parameter gesteuerten teils zufälligen Flugbahn. Während ihrer oft kurzen Lebensdauer verändern die Partikel ihre Farbe und Form und lösen sich schließlich auf.

Im vorigen Abschnitt habe ich Ihnen vom Einsatz des Scene-Editors abgeraten – aber das hindert mich nicht, Ihnen in diesem Abschnitt einen anderen grafischen Editor zu empfehlen: Mit FILE • NEW • FILE, Dateityp IOS • RESOURCE • SPRITEKIT PARTICLE FILE erzeugen Sie einen neuen Partikelemitter und haben dabei die Wahl zwischen mehreren Mustern, unter anderem *Fire*, *Rain*, *Snow* und *Spark*. Eine animierte Vorschau zeigt das Erscheinungsbild des Emitters (siehe Abbildung 27.22).

Abbildung 27.22 Der Emitter-Editor bietet unmittelbares Feedback bei der Einstellung der vielen Eigenschaften.

Nun können Sie damit beginnen, die unzähligen Parameter einzustellen, bis der Emitter Ihren Vorstellung entspricht. Auf eine detaillierte Beschreibung der SKEmitterNode-Eigenschaften verzichte ich hier: Sie können diese natürlich in der Klassendokumentation nachlesen, aber zweckmäßiger ist es zumeist, die Parameter einfach nach der Methode »Versuch und Irrtum« einzustellen.

Natürlich ist es auch möglich, ein SKEmitterNode-Objekt vollständig per Code zu erzeugen – sinnvoll ist das aber nicht. Der entscheidende Vorteil des Emitter-Editors ist das unmittelbare Feedback, das Sie andernfalls nur durch die wiederholte Ausführung Ihrer App erhalten.

27.12 Partikel-Emitter

> **Emitter-Bitmaps**
>
> Mit jedem Emitter-Template wird Ihrem Projekt auch eine Bitmap-Datei hinzugefügt. Wenn Ihr Projekt aufgeräumt bleiben soll, verschieben Sie diese per Drag & Drop in eine *.xcassets-Datei. Der Emitter findet die Bitmap auch dort, Sie müssen nichts ändern.

Den so erzeugten Emitter bauen Sie wie folgt in Ihren Code ein:

```swift
// Projekt ios-spritekit-particle
// Datei GameScene.swift
let spark = SKEmitterNode(fileNamed: "Spark")!
spark.position = CGPoint(x: 500, y: 200)
spark.zPosition = 1
self.addChild(spark)
```

Wie üblich können Sie bei Bedarf die Größe und die Richtung (zRotation) des Emitters verändern. Übertreiben Sie den Einsatz von Partikel-Emittern nicht! Emitter kosten relativ viel Performance, und generell gilt bei animierten Effekten oft: Weniger ist mehr. Konkrete Anwendungsbeispiele für Emitter folgen in Kapitel 39, »Asteroids«: Dort bilden zwei Emitter den Antrieb eines Raumschiffs, ein weiterer Emitter wird verwendet, um das Auseinanderbrechen eines Asteroiden zu visualisieren, der von einer Rakete getroffen wurde.

Kapitel 28
Asynchrone Programmierung

Von asynchroner oder nebenläufiger Programmierung spricht man, wenn Teile des Programms in unterschiedlichen Threads (Teilprozessen) parallel zueinander laufen. Gewöhnlicher Code wird immer synchron ausgeführt. Das bedeutet, dass die Anweisungen nacheinander ausgeführt werden:

```
func1()
func2()   // func2() wird erst gestartet, wenn func1() fertig ist
```

In Apps blockiert die synchrone Ausführung von Code die Benutzeroberfläche. Solange Ihre Methoden innerhalb weniger Millisekunden erledigt werden können, ist das kaum bemerkbar und somit kein Problem. Wenn Sie aber länger andauernde Berechnungen, Up- oder Downloads, Datei-Operationen etc. durchführen müssen, dann wird es Zeit, sich mit der asynchronen Programmierung anzufreunden.

Die Verteilung aufwendiger Berechnungen auf mehrere Threads, die parallel ausgeführt werden, kann bei Multi-Core-CPUs zudem eine Menge Zeit sparen. Dieses Argument gilt speziell unter macOS, weil leistungsstarke Macs häufig über CPUs mit mehreren Cores verfügen (insbesondere iMacs und Mac Pros).

Grand Central Dispatch (GCD)

Swift enthält selbst keine Sprachkonstrukte zur asynchronen Programmierung. In der Swift-Developer-Mailingliste wurden diesbezügliche Erweiterungen der Sprache schon mehrfach diskutiert: Demnach sollen früher oder später Funktionen zur asynchronen Programmierung und zur Synchronisierung von Threads direkt in Swift implementiert werden. In Swift 4 wird das nach dem aktuellen Zeitplan aber nicht gelingen; möglicherweise wird es in Swift 5 so weit sein.

Bis dahin müssen Sie zur asynchronen Programmierung auf die Klassen und Methoden des Dispatch-Frameworks zurückgreifen. Es steht standardmäßig in allen Programmen zur Verfügung, die die Foundation-Bibliothek, Cocoa oder UIKit verwenden, also gleichermaßen unter macOS, iOS, tvOS und watchOS.

Das Dispatch-Framework, das häufig auch *Grand Central Dispatch* oder kurz GCD genannt wird, steht im Mittelpunkt dieses Kapitels. GDC ist an sich ein relativ alter

Bestandteil diverser Apple-Plattformen; allerdings wurde die Swift-Schnittstelle in Version 3 vollständig überarbeitet und ist jetzt wesentlich komfortabler zu nutzen. Weit weniger erfreulich ist die zurzeit fehlende Online-Dokumentation.

Dieses kurze Kapitel vermittelt eventuell den irreführenden Eindruck, dass asynchrone Programmierung einfach sei. Das trifft aber nur für simple Fälle zu, und die kommen in der Praxis selten vor. Asynchrone Algorithmen müssen immer darauf achten, dass nicht zwei Threads gleichzeitig ein Objekt verändern. Das würde zu falschen Ergebnissen oder Abstürzen führen. Um das zu verhindern, müssen Sie Threads synchronisieren. Das birgt wiederum die Gefahr von Deadlocks in sich. Wenn die asynchron zu erledigende Arbeit beendet ist, müssen Sie aufräumen. Allzu leicht kann es passieren, dass dabei Referenzen auf Objekte übrig bleiben, die zu Memory Leaks führen. Kurzum: Bei der asynchronen Programmierung kann viel schiefgehen, und die Fehlersuche ist in solchen Fällen extrem schwierig, weil die Fehler schwer reproduzierbar sind.

Auf den Apple-Entwicklerkonferenzen hat es in den vergangenen Jahren eine Menge Grundlagenvorträge zur asynchronen Programmierung gegeben. Der folgende Link zum Thema *Concurrent Programming With GCD in Swift 3* ist ein guter Startpunkt:

https://developer.apple.com/videos/play/wwdc2016/720

> **GCD-Alternativen**
>
> Sie müssen sich keineswegs immer mit dem GCD auseinandersetzen, wenn Sie etwas asynchron erledigen möchten: Einige in diesem Buch schon vorgestellte Klassen bieten von sich aus asynchrone Funktionen an, z. B. zur Durchführung von Animationen (animate-Methode in UIKit), Aktionen (SKAction-Klasse in SpriteKit) oder zum Download von Dateien (URLSession-Klasse in der Foundation). In der Regel übergeben Sie an die betreffenden Methoden eine Closure, die automatisch ausgeführt wird, sobald der Vorgang abgeschlossen ist.

28.1 Hello Grand Central Dispatch!

Ausgangspunkt für das Einführungsbeispiel ist eine winzige iOS-App. Mit einem Button können Sie die Berechnung starten. Deren Ergebnis wird in einem Label angezeigt. Während der Berechnung dreht sich in der Mitte des Bildschirms ein sogenannter *Spinner*, um zu verdeutlichen, dass die App gerade beschäftigt ist (siehe Abbildung 28.1).

Abbildung 28.1 Die App führt gerade eine Berechnung durch.

Zur Gestaltung der Benutzeroberfläche gibt es wenig zu sagen. Neu ist eigentlich nur der *Spinner*, den Sie im Objekt unter dem Namen *Activity Indicator View* finden. Nach dem Einfügen des Steuerelements in den View-Controller stellen Sie im Attributinspektor zwei Eigenschaften ein:

- HIDES WHEN STOPPED: Option setzen
- USER INTERACTION ENABLED: Option nicht setzen

Die View-Controller-Klasse besteht anfänglich aus den Outlets für die drei Steuerelemente sowie der Methode calc, die 300 Millionen Sinuswerte addiert.

```
// Projekt ios-gdc, Datei ViewController.swift
class ViewController: UIViewController {
  @IBOutlet weak var result: UILabel!
  @IBOutlet weak var startBtn: UIButton!
  @IBOutlet weak var spinner: UIActivityIndicatorView!

  // aufwendige Berechnung
  private func calc() -> Double {
    var result = 0.0
    for i in 1...300_000_000 {
      result += sin(Double(i))
    }
    return result
  }
}
```

Wenn Sie die Berechnung synchron durchführen wollten, könnten Sie die Methode startCalc, die bei einer Berührung des Buttons aufgerufen wird, wie folgt implementieren:

```swift
// synchrone Implementierung
@IBAction func startCalc(_ sender: AnyObject) {
  result.text = "Ergebnis \(calc())"
}
```

Die synchrone Implementierung hätte aber den Nachteil, dass während der Ausführung von `calc()` die App vollkommen blockiert wäre. Zum Glück ist ein asynchroner Aufruf der `calc`-Methode auch nicht viel schwieriger. Dazu brauchen wir eine eigene Dispatch Queue, also eine Art Warteschlange, an die wir Aufgaben übergeben können, die nicht von der Main-Queue erledigt werden. (Die Main-Queue ist für die Benutzeroberfläche zuständig.) Beim Erzeugen einer Dispatch Queue geben Sie deren Namen an. Das erleichtert gegebenenfalls später im Debugger die Zuordnung.

```swift
class ViewController: UIViewController {
  // Queue zur asynchronen Durchführung von Berechnungen
  let myqueue = DispatchQueue(label: "calc-queue")
}
```

In `startCalc` sind zuerst ein paar Vorbereitungsarbeiten zu erledigen: Die Animation des Spinners wird gestartet, der Button wird deaktiviert, um einen weiteren Aufruf zu verhindern, während die Berechnung noch läuft, und zuletzt wird der Statustext im Label geändert.

Anschließend wird die eigentliche Berechnung in eine Closure verpackt und mit der `async`-Methode an die eigene Queue übergeben. Der `qos`-Parameter (Quality of Service) gibt dabei an, mit welcher Dringlichkeit der asynchrone Job ausgeführt werden kann. `.userInitiated` bedeutet möglichst rasch. Der `qos`-Parameter ist optional; wird er weggelassen, gilt ein Defaultwert, der von der Dispatch Queue abhängig ist.

Auf den ersten Blick sieht der Umgang mit dem Ergebnis befremdlich aus: Alle Veränderungen der Benutzeroberfläche müssen immer in der Main-Queue durchgeführt werden! Deswegen ist es nicht erlaubt, `result.text` direkt in der Closure zu verändern, die in `myqueue` ausgeführt wird.

Stattdessen greift `DispatchQueue.main` auf die Main-Queue zu. Die `async`-Methode bedeutet in diesem Zusammenhang, dass die folgende Closure bei nächster Gelegenheit im Main-Thread ausgeführt werden soll, also asynchron zu `myqueue`, wo die bisherige Berechnung stattfand.

```swift
// asynchrone Implementierung
@IBAction func startCalc(_ sender: AnyObject) {
  // Vorbereitungsarbeiten
  spinner.startAnimating()
  startBtn.isEnabled = false
  result.text = "Berechnung läuft ..."
```

```
  myqueue.async(qos: .userInitiated) {
    // Berechnung asynchron durchführen
    let n = self.calc()
    DispatchQueue.main.async {
      // Ergebnis anzeigen
      self.result.text = "Ergebnis: \(n)"
      self.spinner.stopAnimating()
      self.startBtn.isEnabled = true
    }
  }
}
```

28.2 GCD-Grundlagen

Dieser Abschnitt fasst einige GCD-Grundlagen zusammen und stellt wichtige Klassen wie `DispatchQueue` und `DispatchGroup` näher vor.

Dispatch Queues

Dispatch Queues dienen dazu, Jobs entgegenzunehmen und auszuführen. GCD kennt zwei fundamental unterschiedlichen Queue-Typen: serielle und parallele. Serielle Queues arbeiten die Jobs der Reihe nach ab, also einen Job nach dem anderen, aber nie zwei oder mehrere Jobs gleichzeitig. Es gilt das First-In-First-Out-Prinzip (FIFO).

Concurrent Queues führen die an sie übergebenen Jobs dagegen parallel aus. Das FIFO-Prinzip gilt hier nur für den *Start* der Jobs, d. h., zuerst übergebene Jobs werden früher gestartet. Da mehrere Jobs gleichzeitig ausgeführt werden und manche Jobs schneller erledigt werden als andere, ist nicht vorhersehbar, in welcher Reihenfolge die Jobs fertig werden.

Beim Start einer App werden mehrere Queues standardmäßig eingerichtet:

- **Main Queue:** Die Main Queue ist eine serielle Queue. Sie ist bei Apps für die Benutzeroberfläche und den gesamten Code zuständig, der durch Aktionen des Benutzers direkt (synchron) ausgeführt wird. Alle Aktualisierungen der Benutzeroberfläche *müssen* durch Jobs der Main-Queue erfolgen. Bei Terminal-Apps wird in der Main Queue der Code ausgeführt, der in `main.swift` formuliert ist.

- **Globale Queues (Concurrent Queues):** In jeder App stehen vier globale Concurrent Queues zur Verfügung: für jede der vier Quality-of-Service-Stufen eine (siehe den nächste Abschnitt). Global bedeutet, dass alle Code-Teile darauf zugreifen dürfen.

Auf die Main Queue greifen Sie einfach mit `DispatchQueue.main` zu. Bei den globalen Queues rufen Sie stattdessen die Methode `global` auf, wobei Sie als Parameter die gewünschte Quality-of-Service übergeben. Fehlt dieser Parameter, erhalten Sie eine

Referenz auf die globale Default-Queue. Ich habe keine klare Dokumentation gefunden, welche QoS-Stufe für die Default-Queue gilt.

```
let mainqueue = DispatchQueue.main
let globalQueueHigh = DispatchQueue.global(qos: .userInitiated)
let globalQueueDefault = DispatchQueue.global()
```

Darüber hinaus können Sie nach Bedarf eigene Queues einrichten. Ein übliches Muster besteht darin, Queues für unterschiedliche Arten von Aktionen zu definieren, z. B. eine für Netzwerkaufgaben, eine für Datenbank-Jobs und eine dritte für Audio-Transformationen. An die Init-Funktion von DispatchQueue können Sie mehrere Parameter übergeben. Unbedingt erforderlich ist nur label: Damit geben Sie der Queue einen möglichst eindeutigen Namen, was später beim Debugging hilfreich sein kann.

```
// serielle Queue, Default-QoS
let myqueue1 = DispatchQueue(label: "info.kofler.queue1")

// serielle Queue, QoS = .userInitiated
let myqueue2 = DispatchQueue(label: "info.kofler.queue2",
                             qos: .userInitiated)

// Concurrent Queue, QoS = .background
let myqueue3 = DispatchQueue(label: "info.kofler.queue3",
                             qos: .background,
                             attributes: .concurrent)
```

Quality of Service

Beim Zugriff auf globale Queues, beim Erzeugen eigener Queues sowie beim Ausführen der async-Methode können Sie mit dem optionalen Parameter qos (Quality of Service) angeben, wie dringlich die auszuführenden Jobs sind. Dabei stehen die folgenden Werte der DispatchQoS.QoSClass-Enumeration zur Auswahl:

▶ .userInteractive: Höchste Priorität; vorgesehen für Jobs, die die Benutzeroberfläche aktualisieren.

▶ .userInitiated: Vom Benutzer direkt ausgelöste Aktionen; sollen rasch erledigt werden.

▶ .utility: Für lange Berechnungen/Aktionen, bei denen typischerweise ein Fortschrittsbalken angezeigt wird. Das Betriebssystem versucht, derartige Jobs möglichst energiesparend durchzuführen.

▶ .background: Gedacht für Aktionen, die ohne explizite Aufforderung und oft auch ohne Wissen des Benutzers im Hintergrund ohne Zeitdruck durchgeführt werden, z. B. regelmäßige Updates.

In der `DispatchQoS.QoSClass`-Enumeration sind außerdem die Werte `.default` und `.unspecified` definiert.

Jobs gruppieren

Wenn Sie eine Aufgabe über mehrere asynchrone Jobs verteilen, können Sie das Ergebnis erst verarbeiten, wenn *alle* betroffenen Jobs abgeschlossen sind. Diesen Zeitpunkt erkennen Sie am einfachsten, wenn Sie die Jobs in einer `DispatchGroup` bündeln. Das gibt Ihnen die Möglichkeit, über die `notify`-Methode der Gruppe eine Closure einzurichten, die ausgeführt wird, wenn alle Jobs der Gruppe fertig sind. An `notify` übergeben Sie in einem Parameter, in welcher Dispatch Queue die Closure ausgeführt werden soll. Wenn das Ergebnis zu einem Update der Benutzeroberfläche führt, dann bietet sich die Main Queue an.

```
// Gruppe einrichten
let mygroup = DispatchGroup()

// mehrere Jobs in dieser Gruppe starten
myqueue1.async(group: mygroup) { self.doSomething() }
myqueue2.async(group: mygroup) { self.doSomethingElse() }
myqueue3.async(group: mygroup) { self.doAnotherJob() }

// done() in der Main Queue ausführen, sobald alle Jobs
// abgeschlossen sind
mygroup.notify(queue: DispatchQueue.main) {
  self.done()
}
```

Jobs erst später ausführen

In manchen Fällen ist es wünschenswert, dass die asynchrone Verarbeitung einer Closure nicht sofort beginnt, sondern erst nach einer bestimmten Zeit. Das erreichen Sie, wenn Sie die Closure nicht mit `async`, sondern mit `asyncAfter` an die Queue übergeben. Dabei ist ein zusätzlicher Parameter erforderlich, der in Form eines `DispatchTime`-Elements den gewünschten Zeitpunkt der Code-Ausführung angibt. Die aktuelle Zeit ermitteln Sie mit `DispatchTime.now()` im notwendigen Format. Dazu können Sie mit + eine `Double`-Zahl addieren, um eine Zeitspanne in Sekunden hinzuzufügen.

```
// Closure in drei Sekunden ausführen
myqueue.asyncAfter(DispatchTime.now() + 3) {
  self.doSomething()
}
```

Eine Alternative zu `asyncAfter` ist die Foundation-Funktion `perform`. Damit können Sie eine Methode nach einer gewissen Wartezeit ausführen. Anders als bei `asyncAfter` gilt `perform` immer für den aktuellen Thread, in nicht asynchronen Algorithmen also für den Thread der Main Queue.

Methoden regelmäßig ausführen

Eine weitere Alternative zur Methode `asyncAfter` bietet die `Timer`-Klasse aus der Foundation-Bibliothek: Damit können Sie eine Methode periodisch aufrufen, im folgenden Code z. B. achtmal pro Sekunde (alle 0,125 Sekunden). Die Dokumentation zu dieser Klasse weist allerdings darauf hin, dass die Foundation-Bibliothek keine Garantien für die zeitliche Exaktheit der Aufrufe gibt.

```
// periodischer Aufruf einer Methode
let mytimer = Timer.scheduledTimer(
  timeInterval: 0.125,
  target: self,
  selector: #selector(ViewController.doSomething),
  userInfo: nil,
  repeats: true)
...
// Aufruf wieder stoppen
myTimer.invalidate()
```

Zeit verstreichen lassen

Bei asynchronen Algorithmen besteht selten die Notwendigkeit, ein paar Millisekunden oder auch ein paar Sekunden zu warten und die Code-Ausführung dann fortzusetzen. Ganz im Gegenteil: Wenn Pausen notwendig sind, ist dies meist ein Indikator dafür, dass Ihr Code nicht optimal strukturiert ist.

Wie dem auch sei – manchmal kann es praktisch sein, eine bestimmte Zeitspanne ohne CPU-Belastung (Warteschleife etc.) verstreichen zu lassen. Diese Möglichkeit bietet die Funktion `sleep`. Sie erwartet die gewünschte Zeitspanne in Sekunden als ganze Zahl. Wartezeiten kleiner als eine Sekunde sind nicht vorgesehen:

```
sleep(3)  // drei Sekunden warten
```

Jobs abbrechen

Sobald Sie eine Closure an `async` übergeben haben, bietet die Queue keine Möglichkeit mehr, deren Ausführung zu stoppen. Gegebenenfalls müssen Sie den Code asynchroner Jobs so gestalten, dass diese selbst eine Möglichkeit bieten, gestoppt zu werden – sei es durch den regelmäßigen Aufruf einer booleschen Funktion, die `true` oder `false` zurückgibt, je nachdem, ob die Closure beendet werden soll; sei es durch das Auslesen einer externen cancel-Variablen. Ein Beispiel für die zweite Vorgehensweise finden Sie in Abschnitt 28.3, »Parallel rechnen«.

Die Klasse DispatchQueue sieht die Methode suspend vor: Die Methode bewirkt, dass die Queue vorübergehend keine weiteren Jobs mehr startet. Bereits gestartete Jobs werden aber zu Ende geführt. Die Verarbeitung der noch offenen Jobs kann später mit resume fortgesetzt werden.

Objektzugriff synchronisieren

Obwohl die Kapitelüberschrift »Asynchron programmieren« lautet, ist Synchronisierung mitunter unumgänglich – und zwar immer dann, wenn mehrere Jobs gemeinsame, veränderliche Daten lesen bzw. verändern wollen. Die Vorarbeiten dürfen durchaus asynchron erfolgen, aber der tatsächliche Objektzugriff muss serialisiert werden. Vergessen Sie das, dann wird es hin und wieder zu Fehlern kommen.

»Hin und wieder« klingt recht unspezifisch, und genau hier liegt das Problem: Derartige Konflikte sind selten und mitunter extrem schwer reproduzierbar – ein Alptraum für die Fehlersuche! Besser, Sie vermeiden derartige Probleme von vornherein und sichern den Zugriff auf gemeinsame Daten ab, indem Sie die Eigenschaft als Computed Property realisieren und mit der sync-Methode einer seriellen Queue absichern.

An sync übergeben Sie wie an async eine Closure. Der entscheidende Unterschied besteht darin, dass sync auf die vollständige Ausführung der Closure wartet. Die folgenden Zeilen zeigen das Muster für die Eigenschaft data, deren Wert in internalData gespeichert wird und deren Zugriff via get und set durch die sync-Methode serialisiert wird:

```
// Zugriff auf Ergebnisvariable absichern
private let syncQueue = DispatchQueue(
  label: "info.kofler.sync_access")

private var internalData = 0.0
var data: Double {
  get {
    return syncQueue.sync { self.internalData }
  }
  set(newValue) {
    syncQueue.sync { self.internalData = newValue }
  }
}
```

GCD-Tests in Terminal-Apps (macOS)

Auch in Terminal-Apps, also in macOS-Programmen vom Typ COMMAND LINE TOOL, gibt es eine Haupt-Queue. Wenn der Code in dieser Queue endet, dann endet auch das Programm – ganz egal, wie viele unfertige Jobs es in anderen Queues noch gibt. Wenn Sie also GCD-Experimente in macOS-Terminal-Apps durchführen, dann müssen Sie darauf achten, dass die Main-Queue ausreichend lange läuft. Am einfachsten erreichen Sie das, wenn Sie am Ende Ihres Codes in main.swift einfach die Funktion sleep aufrufen. Der Integer-Parameter gibt in Sekunden an, wie lange die Programmausführung pausieren soll. In dieser Zeit können andere Jobs erledigt werden.

Mehr Beispiele

Abgesehen von dem nun folgenden etwas umfangreicheren Beispiel gibt es in diesem Buch einige weitere Apps, in denen die Methoden async und asyncAfter eingesetzt werden:

- Downloads im Hintergrund durchführen: Abschnitt 22.1, »Dateien per HTTP/HTTPS laden«
- Film-Trailer asynchron laden: Abschnitt 23.6, »Collections asynchron füllen (UITableView)«
- Spielzug in »Fünf Gewinnt« mit delay-Funktion verzögern: Abschnitt 35.2, »Enumerationen und globale Funktionen (Globals.swift)«

28.3 Parallel rechnen

Das folgende Beispiel greift nochmals die Idee des Einführungsbeispiels dieses Kapitels auf. Wieder geht es um die (zugegebenermaßen sinnlose) Aufgabe, viele Sinuswerte zu summieren. Allerdings soll die Aufgabe nun in mehreren parallelen Threads erledigt werden. Während der Berechnung wird ein Fortschrittsbalken angezeigt, außerdem kann die Berechnung jederzeit abgebrochen werden. Das Beispiel ist diesmal als macOS-App realisiert (siehe Abbildung 28.2).

Das Feld THREADS der App ist ein wenig irreführend. Die App hat keine Kontrolle darüber, wie viele Threads zur Berechnung tatsächlich verwendet werden. Vielmehr gibt die Zahl an, wie viele Teiljobs anfänglich mit der Methode async an eine eigene Concurrent Queue übergeben werden. Die Queue startet dann sofort einige Jobs und richtet dafür hinter den Kulissen auch Threads ein. Wenn Sie aber z. B. 1000 Jobs auf einmal mit async übergeben, dann werden vorerst nur ein paar Jobs gestartet. Sobald die ersten Jobs fertig sind, werden nach und nach weitere Jobs gestartet.

Abbildung 28.2 Sinus-Werte parallel addieren

Zu Vergleichszwecken kann die Summe der Sinus-Werte auch synchron ausgerechnet werden, also einerseits ohne den GCD-Overhead, aber andererseits auch ohne visuelles Feedback, ohne Abbruchmöglichkeit und ohne die Möglichkeit, die Berechnung über mehrere Threads zu verteilen.

Outlets und synchronisierte Variablen

Der Code der View-Controller-Klasse beginnt mit Outlet-Eigenschaften zum Zugriff auf die Elemente der Benutzeroberfläche. Beim NSProgressIndicator habe ich in Xcode den minimalen und maximalen Wert mit 0,0 und 1,0 festgelegt.

Zur asynchronen Ausführung der Rechenjobs richtet die App eine eigene Concurrent Queue ein (Eigenschaft calcQueue). Alle Jobs werden in einer gemeinsamen Gruppe ausgeführt (Eigenschaft calcGroup).

Es gibt zwei Eigenschaften, auf die die asynchronen Jobs gemeinsam zugreifen müssen: result enthält das Zwischen- bzw. Endergebnis der Berechnung, completed einen Wert zwischen 0 und 1, der angibt, wie weit die Berechnung fortgeschritten ist. completed enthält die Datenbasis zur Aktualisierung des Fortschrittsbalkens.

Damit es bei der Nutzung dieser beiden Eigenschaften zu keinen Konflikten kommt, werden die eigentlichen Werte von result in internalResult gespeichert. Der Zugriff auf diese Variable erfolgt durch Computed Properties unter Zuhilfenahme der sync-Methode. sync wird auf eine eigens für diesen Zweck eingerichtete Dispatch Queue angewendet (Variablenname syncQueue).

Bei completed wurde auf diese Absicherung verzichtet, weil diese Variable ohnedies nur seriell innerhalb des Main-Threads verändert wird. Der entsprechende Code in der Methode calc() folgt gleich.

In startTime wird der Startzeitpunkt der Berechnung festgehalten. Die Variable cancel bietet die Möglichkeit, die Berechnung abzubrechen. Die Variable wird innerhalb der calc-Methode ausgewertet.

```swift
// Projekt macos-gdc, Datei ViewController.swift
class ViewController: NSViewController {
  // Outlets
  @IBOutlet weak var txtLoop: NSTextField!
  @IBOutlet weak var txtThreads: NSTextField!
  @IBOutlet weak var btnStart: NSButton!
  @IBOutlet weak var btnCancel: NSButton!
  @IBOutlet weak var progress: NSProgressIndicator!
  @IBOutlet weak var lblResult: NSTextField!
  @IBOutlet weak var lblTime: NSTextField!

  // parallele DispatchQueue für die Berechnung
  let calcQueue = DispatchQueue(label: "info.kofler.conc_calc",
                                qos: .userInitiated,
                                attributes: .concurrent)
  let calcGroup = DispatchGroup()

  // Zugriff auf Ergebnisvariable absichern
  private let syncQueue = DispatchQueue(
    label: "info.kofler.sync_access")
  private var internalResult = 0.0
  var result: Double {
    get {
      return syncQueue.sync { self.internalResult }
    }
    set(newValue) {
      syncQueue.sync { self.internalResult = newValue }
    }
  }

  // Statusvariablen, werden nur von der Main Queue verwendet
  var startTime = Date()
  var cancel = false
  var completed = 0.0
}
```

Berechnung asynchron starten und stoppen

Nach dem Anklicken des Start-Buttons werden zuerst diverse Statusvariablen gesetzt und Elemente der Benutzeroberfläche aktualisiert. Die Variable `delta` gibt an, wie viele Schleifendurchgänge in jedem Teiljob zu erledigen sind.

In einer Schleife werden dann die asynchronen Jobs gestartet. Dabei geben `start` und `end` an, für welchen Zahlenbereich die Sinus-Werte summiert werden sollen. Bei der Berechnung von `start` und `end` muss darauf geachtet werden, dass es trotz der Integer-

Division durch die Anzahl der Threads zu keinen Überlappungen kommt und dass kein Wert übersprungen wird – sonst wäre das Endergebnis falsch.

Alle Jobs werden in der Gruppe calcGroup gebündelt. Sobald alle Jobs fertig sind, wird im Thread der Main Queue die Methode done zur Anzeige des Ergebnisses aufgerufen.

```
// Start-Button
@IBAction func start(_ sender: AnyObject) {
  // sofern die Textfelder als Zahlen interpretierbar sind
  if let threads = Int(txtThreads.stringValue),
     let loop = Int(txtLoop.stringValue)
  {
    // Vorbereitungsarbeiten
    btnStart.isEnabled = false
    btnCancel.isEnabled = true
    lblResult.stringValue = "Berechnung läuft"
    lblTime.stringValue =   "Berechnung läuft"
    progress.doubleValue = 0.0
    result = 0
    completed = 0
    cancel = false
    startTime = Date()

    let loopCnt = loop * 1_000_000
    let delta = (loopCnt + threads - 1) / threads

    // alle Jobs starten
    for job in 0..<threads {
      let start = delta * job
      let end = min(loopCnt, delta * (job + 1))

      // Teilberechnung asynchron durchführen
      calcQueue.async(group: calcGroup) {
        self.calc(from: start, to: end, threads: threads)
      }
    }

    // wenn alle Jobs fertig sind: done() in Main Queue aufrufen
    calcGroup.notify(queue: DispatchQueue.main) {
      self.done()
    }
  }
}
```

Die äquivalente Methode für den Button ABBRECHEN enthält nur eine Zeile: Die Eigenschaft cancel wird auf true gesetzt. Die Auswertung von cancel erfolgt in der calc-Methode.

Teilberechnung durchführen (calc-Methode)

Die Methode calc berechnet die Summe der Sinus-Werte für den Zahlenbereich von from (inklusive) bis to (exklusive). Außerdem testet die Methode insgesamt 50-mal, ob die Berechnung abgebrochen werden soll (cancel == true). Bei dieser Gelegenheit wird auch gleich der Zustand der Fortschrittsanzeige aktualisiert. Das Ausmaß, um das completed vergrößert werden muss, ist ein Fünfzigstel, dividiert durch die Anzahl der Threads (Variable completedDelta).

```
private func calc(from start: Int, to end: Int, threads: Int) {
  let feedback = 50   // insgesamt 50-mal completed erhöhen
                      // und auf Abbruch testen
  let feedbackCnt = (end-start) / feedback
  let completedDelta = 1.0 / Double(feedback) / Double(threads)

  // Teilergebnis
  var intermediate = 0.0

  for i in start..<end {
    intermediate += sin(Double(i))

    // 50-mal progressBar erweitern, evtl. abbrechen
    if i % feedbackCnt == 0 {
      if cancel == true { return }

      DispatchQueue.main.async {
        // im Main Thread: completed verändern und
        // Progress-Bar aktualisieren
        self.completed += completedDelta
        self.progress.doubleValue = self.completed
      }
    }
  }

  // Teilergebnis zu 'result' addieren
  result += intermediate
}
```

Endergebnis anzeigen (done-Methode)

Sobald alle Jobs abgearbeitet sind, kommt es zum Aufruf der Methode done. Der Code sollte ohne weitere Erläuterungen plausibel sein:

```
private func done() {
  btnStart.isEnabled = true
  btnCancel.isEnabled = false
  progress.doubleValue = 0.0
  if cancel == true {
    lblResult.stringValue = "--"
    lblTime.stringValue = "--"
  } else {
    let seconds = -startTime.timeIntervalSinceNow
    lblResult.stringValue = "Ergebnis: \(result)"
    lblTime.stringValue = "Rechenzeit: \(seconds) Sekunden"
  }
}
```

Synchrone Berechnung

Zu Vergleichszwecken habe ich in die App auch eine Methode zur synchronen Berechnung der Sinus-Summe eingebaut:

```
@IBAction func startSync(_ sender: AnyObject) {
  if let loop = Int(txtLoop.stringValue) {
    startTime = Date()
    var sum=0.0
    for i in 0..<loop*1000000 {
      sum += sin(Double(i))
    }
    result = sum
    done()
  }
}
```

Benchmarkergebnisse

Jetzt bleibt noch die Frage offen, welche Zeitersparnis die Parallelisierung bringt. Ich habe dazu auf meinem iMac (2015er-Modell mit Intel-Core-i7-CPU) eine Reihe von Tests durchgeführt (siehe Tabelle 28.1), wobei ich sowohl die Debug- als auch die Release-Version berücksichtigt habe.

Die CPU meines Testrechners hat eigentlich nur vier echte Cores (Verarbeitungseinheiten). Die CPU verwendet aber Hyper-Threading. Das ist ein Verfahren, bei dem die CPU nach außen hin acht Verarbeitungseinheiten präsentiert und zumindest einfache Operationen tatsächlich über acht Recheneinheiten verteilen kann. Insofern überrascht es nicht, dass die Test-App bei einer Verteilung der Aufgabe auf acht Threads die besten Ergebnisse liefert.

Ähnlich gute Ergebnisse erzielen Sie mit deutlich mehr Threads. Wie bereits erwähnt, werden dabei glücklicherweise nicht 100 oder 1000 Threads auf einmal gestartet. Vielmehr wartet die GCD mit dem Start neuer Jobs so lange, bis die Anzahl der noch aktiven Jobs auf ein vernünftiges Maß sinkt. Aus Performance-Sicht unglücklich ist dagegen die Verteilung auf 10 Jobs, weil dann nach der Abarbeitung der ersten 8 Jobs nur noch 2 Cores der CPU ausgelastet sind.

Die Ergebnistabelle ist nicht frei von Widersprüchen: So sind die Laufzeiten im Release-Kompilat zumeist kürzer – aber erstaunlicherweise nicht immer. Besonders die Testläufe mit wenigen asynchronen Jobs sind wiederholt in der Debug-Version ein wenig schneller als in der Release-Version. Eine plausible Erklärung dafür kann ich leider nicht anbieten.

Threads	Debug-Version	Release-Version
1 (synchron)	32,7 s	15,9 s
1 (asynchron)	30,6 s	31,5 s
2	15,3 s	15,7 s
3	10,3 s	10,7 s
4	8,0 s	8,5 s
6	7,1 s	6,4 s
8	6,4 s	5,2 s
10	8,7 s	7,3 s
100	6,6 s	5,3 s
1000	6,8 s	5,6 s

Tabelle 28.1 Rechenzeiten in Sekunden auf einem iMac 2015 (4 GHz Intel Core i7)

Beim Debug-Kompilat können Sie in Xcode im Debug-Navigator die aktiven Threads beobachten. Wenn Sie das Programm unterbrechen, zeigt Xcode alle Threads sowie deren Zuordnung zu eigenen Dispatch Queues (siehe Abbildung 28.3).

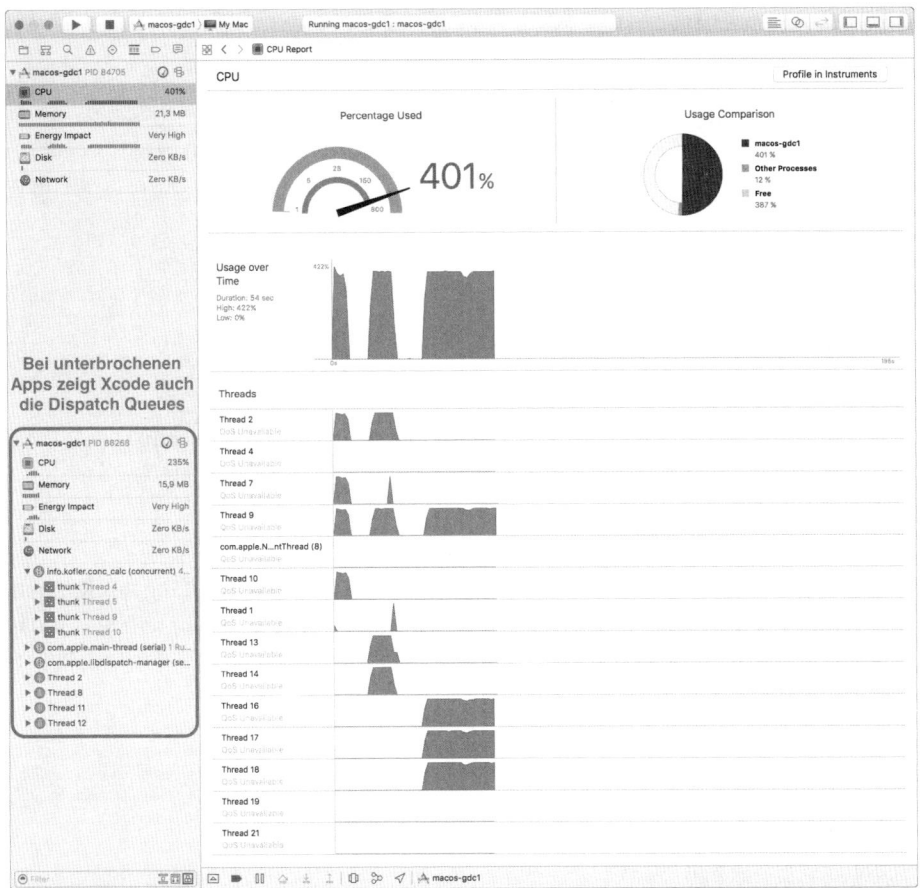

Abbildung 28.3 CPU-Nutzung in Xcode beobachten

28.4 Die Async-Bibliothek

Wenn Sie häufig asynchrone Algorithmen entwickeln, sollten Sie sich die kostenlose, auch für kommerzielle Projekte geeignete Async-Bibliothek von Tobias Due Munk ansehen:

https://github.com/duemunk/Async

Die Bibliothek bietet im Vergleich zu den hier vorgestellten GCD-Techniken keine neuen Funktionen, aber sie gestaltet den asynchronen Aufruf von Closures ungemein kompakter und eleganter. Die folgenden beiden Beispiele sind direkt aus der Dokumentation der Bibliothek übernommen:

```
Async.userInitiated {
  return 10
}.background {
  return "Score: \($0)"
}.main {
  label.text = $0
}

let group = AsyncGroup()
group.background {
  print("This is run on the background queue")
}
group.background {
  print("This is also run on the background queue in parallel")
}
group.wait()
print("Both asynchronous blocks are complete")
```

Der Code des START-Buttons aus dem Hello-World-Beispiel vom Anfang des Kapitels könnte mit der Async-Bibliothek wie folgt formuliert werden. Dabei greift $0 auf das Ergebnis des ersten Blocks zurück:

```
// Projekt ios-async, Datei ViewController.swift
@IBAction func startCalc(_ sender: AnyObject) {
  // Warten-Anzeige
  spinner.startAnimating()

  // Start-Button deaktivieren
  startBtn.isEnabled = false

  // Status-Info
  result.text = "Berechnung läuft ..."

  // Berechnung asynchron durchführen
  Async.userInitiated {
    self.calc()
  }.main {
    self.result.text = "Ergebnis: \($0)"
    self.spinner.stopAnimating()
    self.startBtn.isEnabled = true
  }
}
```

Gegen den Einsatz dieser Bibliothek spricht eigentlich nur der Umstand, dass Swift irgendwann selbst Funktionen zur asynchronen Programmierung erhalten soll. Es ist eher unwahrscheinlich, dass die Async-Bibliothek zu den künftigen Swift-Erweiterungen kompatibel sein wird.

Kapitel 29
App Store und Co.

Solange Sie Apps aus Spaß an der Sache entwickeln oder einfach nur Swift lernen möchten, ist die Weitergabe kein Thema. Aber sobald Sie Ihre App auch anderen Benutzern zur Verfügung stellen möchten – egal, ob gratis oder gegen Bezahlung –, müssen Sie sich neuen Herausforderungen stellen:

- Sie müssen Ihre App mit *Artwork* ausstatten, also mit Icons in den richtigen Größen, Launch-Bitmaps etc. Besonders aufwendig ist die Gestaltung von Parallax-Icons für tvOS. Auch für den App Store müssen Sie Vorschau-Bilder Ihrer App in diversen Größen produzieren, idealerweise auch Videos, die die App im laufenden Betrieb zeigen.
- Bevor Sie die App im App Store einstellen können, muss Xcode das Kompilat korrekt signieren. Glücklicherweise gelingt dies mittlerweile wesentlich einfacher als in der Vergangenheit. Aber auch so verbleiben genug Hürden, bis die App im App Store akzeptiert ist.
- Um einen möglichst großen Markt zu erschließen, sollten Apps mehrere Sprachen unterstützen. Die App muss dazu lokalisiert werden.
- Unter macOS ist es zum Glück noch immer möglich, Apps am App Store vorbei weiterzugeben und zu installieren. Wenn Sie diesen Weg gehen möchten, müssen Sie die App in ein Image (DMG-Datei) oder in ein Installationspaket (PKG-Datei) verpacken.

Dieses Kapitel beschäftigt sich mit den oben aufgezählten Aspekten der App-Perfektionierung und -Weitergabe und berücksichtigt dabei iOS, macOS und tvOS. Grundlage für die Screenshots und den hier präsentierten Code sind die folgenden Beispielprogramme:

- iOS: Währungskalkulator (siehe Kapitel 34) und *Fünf Gewinnt* (siehe Kapitel 35)
- macOS: Icon-Resizer (siehe Kapitel 36)
- tvOS: Asteroids (siehe Kapitel 39)

Zum Verständnis des Beispielcodes in diesem Kapitel ist es hilfreich, wenn Sie sich zuerst einen groben Überblick über die Funktionsweise und den Aufbau der aufgezählten Projekte verschaffen. Es ist aber nicht notwendig, dass Sie die Apps bis ins letzte Detail verstehen.

29.1 iOS-Artwork (Icons, Launch Screen)

Bevor Sie eine iOS-App im App Store einreichen können, müssen Sie das Projekt mit einem eigenen Icon und dem Launch Screen ausstatten.

App-Icon

Standardmäßig erhalten alle in Xcode entwickelten Apps ein weißes Icon mit schwarzen Kreisen und Linien. Dieses Default-Icon müssen Sie durch ein eigenes Icon ersetzen – und das ist aufwendiger, als man meinen möchte. Apple verlangt nämlich von Ihnen, dass Sie das quadratische Icon für eine iPhone- und iPad-kompatible App in nicht weniger als 17 verschiedenen Auflösungen in Images.xcassets einfügen (siehe Abbildung 29.1)! Selbst wenn Sie als Gerät ausschließlich iPhones ab iOS 7 unterstützen, bleiben immer noch acht Größen.

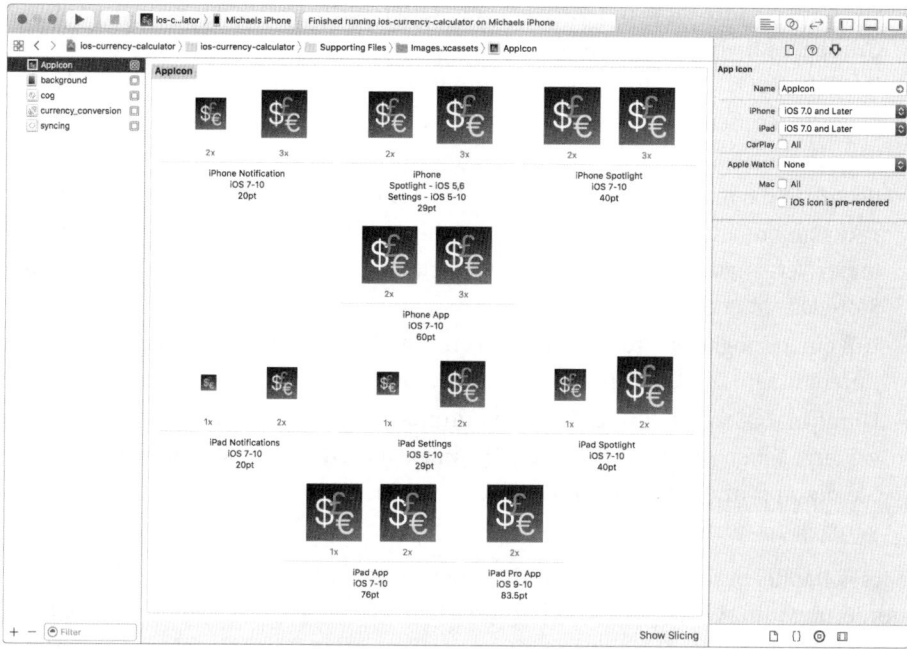

Abbildung 29.1 Das App-Icon wird in »Images.xcassets« festgelegt.

Beim Design eigener Icons sollten Sie die Human Interface Guidelines (HIG) für iOS berücksichtigen. Die dort zusammengefassten Empfehlungen führen nicht nur zu einem ansprechenden Erscheinungsbild, sondern verbessern auch Ihre Chancen, dass die App im App Store akzeptiert wird:

https://developer.apple.com/ios/human-interface-guidelines/graphics/app-icon

Manuell erzeugen Sie die Icons am besten, indem Sie das Icon zuerst in Photoshop, Gimp oder einem anderen Programm in hoher Auflösung zeichnen (empfehlenswert sind 1024 × 1024 Pixel), das Bild dann skalieren und in verschiedenen Auflösungen speichern. Dabei sind Dateinamen wie icon-nn@mx.png üblich, wobei nn die Anzahl der Pixel und m die Retina-Stufe angibt – also z. B. icon-40@3x.png für ein Icon mit 40 × 40 Pixel im Dreifach-Retina-Modus (real also 120 × 120 Pixel).

Warum Xcode nicht selbst die erforderlichen Mini-Bitmaps aus einem hochauflösenden Original erzeugt, bleibt ein Rätsel. Natürlich gibt es diverse Apps bzw. Webseiten, die diese Arbeit bei Bedarf erledigen:

http://iconifier.net
http://makeappicon.com

Kapitel 36, »Icon-Resizer«, erläutert, wie Sie selbst ein Programm entwickeln können, das schnell und unkompliziert Icons in allen erforderlichen Größen zur Verfügung stellt. Selbst wenn Sie sich nicht mit der macOS-Programmierung anfreunden wollen, können Sie diese App unkompliziert installieren und anwenden.

Startansicht (Launch Screen)

Während des Starts der App wird kurz der *Launch Screen* angezeigt, also eine Art Willkommensbildschirm. Bei kleinen Apps auf modernen iPhones erfolgt der Start so schnell, dass diese Startansicht kaum zu sehen ist; länger sichtbar ist der Willkommensbildschirm, wenn die App während der Initialisierung Daten aus dem Internet lädt oder andere zeitaufwendige Arbeiten erledigen muss.

Zur Gestaltung der Startansicht wählen Sie in Xcode die standardmäßig vorgesehene Datei LaunchScreen.xib aus (siehe Abbildung 29.2). Die Ansicht können Sie nun wie den Inhalt eines View-Controllers gestalten, also beispielsweise mit eigenen Texten oder einem Hintergrundbild ausstatten.

App-Name

Unterhalb des Icons wird auf iPhones oder iPads standardmäßig der Xcode-Projektname angezeigt. Wenn Sie einen anderen Namen wünschen, müssen Sie deswegen nicht gleich das ganze Projekt umbenennen. Vielmehr wählen Sie in Xcode die Datei Info.plist und ändern dort die Einstellung für BUNDLE NAME. Anstelle der dort vorgesehenen Einstellung $(PRODUCT_NAME) geben Sie den gewünschten Namen direkt an.

29.2 macOS-Artwork (Icon)

Vergleichsweise einfach sind die HIG-Richtlinien für macOS-Apps einzuhalten, zumindest, was das Artwork betrifft. Sie müssen Ihre App lediglich mit einem Icon

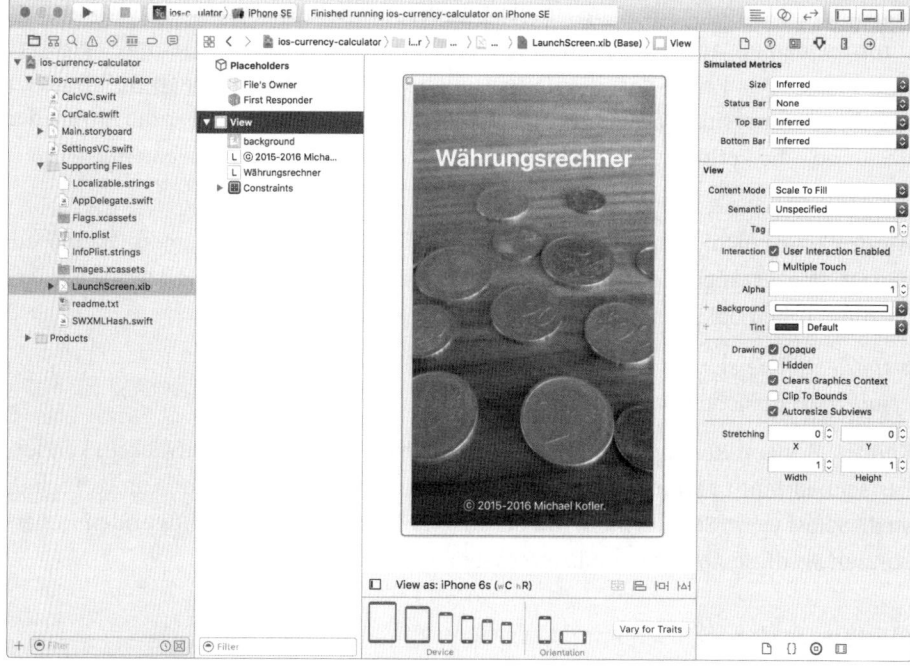

Abbildung 29.2 Gestaltung der Startansicht

ausstatten – dieses aber wiederum in unzähligen Größen zwischen 16 × 16 und 1024 × 1024 Pixel (siehe Abbildung 29.3).

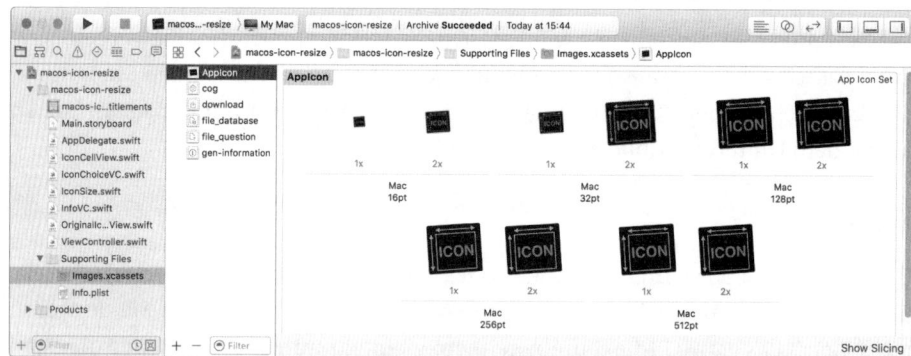

Abbildung 29.3 App-Icon-Größen für macOS-Apps

29.3 tvOS-Artwork (Parallax-Icons, Launch und Top Shelf Image)

Bevor Sie eine tvOS-App beim App Store einreichen können, müssen Sie der App die folgenden drei Grafikelemente hinzufügen:

- ein Parallax-Icon, das auf dem tvOS-Startbildschirm angezeigt wird
- ein Launch Image, das während des Programmstarts angezeigt wird
- ein Top Shelf Image, das angezeigt wird, wenn ein Anwender Ihre App in die obersten Zeile der Apps verschiebt (also gewissermaßen zu den App-Favoriten hinzufügt)

Dieser Abschnitt beschreibt die genaue Aufgabe dieser drei grafischen Elemente und deren Gestaltung.

Der Parallax-Effekt

Um eine App auf dem tvOS-Startbildschirm auszuwählen, bewegen Sie mit der Fernbedienung einen unsichtbaren Cursor. Die Cursorposition ist nur daran erkennbar, welches Icon gerade hervorgehoben wird. Wenn es beispielsweise fünf nebeneinanderliegende Icons auf dem Bildschirm gibt, dann gibt es entsprechend auch nur fünf mögliche Cursorpositionen. Ohne weitere Maßnahmen wäre die Cursorbewegung sehr ruckartig.

Um den Übergang von einem zum nächsten Objekt feiner darzustellen und damit die Cursorposition exakter aufzulösen, kippt tvOS die Icons während sich der Cursor darüber bewegt. Diese Kippbewegung wird durch 3D-Effekte und Schatten visualisiert. Das war Apple aber nicht genug: Auch die Icons an sich sollen sich beim Kippen verändern. Besonders gut sichtbar ist das beim Icon der Systemeinstellungs-App von Apple, bei der sich die Position der Zahnräder zueinander verändert (siehe Abbildung 29.4).

Abbildung 29.4 Während sich der unsichtbare Cursor über das Icon bewegt, ändert sich nicht nur der Schatten, sondern auch die Position der Zahnräder zueinander.

Die Veränderung des Icon-Inhalts ist möglich, weil das Icon keine simple Bitmap ist, sondern ein aus mehreren Ebenen zusammengesetztes Bild. Beim Kippen werden die Ebenen zueinander verschoben. Apple nennt das den Parallax-Effekt. Wie diese Ebenen beim Systemeinstellungs-Icon aussehen, hat Apple netterweise auf der folgenden Seite dokumentiert:

https://developer.apple.com/tvos/human-interface-guidelines/icons-and-images

Eigene Parallax-Icons

Wenn Sie eine tvOS-App im App Store einreichen möchten, *müssen* Sie das App-Icon als Parallax-Icon gestalten. Festgeschrieben ist das in den Human Interface Guidelines (kurz HIG) für tvOS:

https://developer.apple.com/tvos/human-interface-guidelines/icons-and-images

Sie müssen das App-Icon in zwei Auflösungen zur Verfügung stellen, momentan mit 400 × 240 und 1280 × 768 Pixeln. Es ist aber zu erwarten, dass es irgendwann ein 4k-fähiges Apple-TV-Gerät geben wird – dann werden Sie voraussichtlich auch Icons in einer Auflösung von 400 × 240@2x und 1280 × 768@2x zur Verfügung stellen müssen, also netto mit 800 × 480 und 2560 × 1536 Pixeln. Insofern ist bereits heute eine Auflösung von 2560 × 1536 Pixel empfehlenswert, wenn Sie ein Icon für eine neue tvOS-App entwickeln. Dann können Sie Ihre Icons nach Bedarf ohne Qualitätsverluste in eine kleinere Auflösung skalieren.

Apple hat dazu gleich ein eigenes Datenformat geschaffen, das *Layered Image File Format* (*.lsr). Mit dem LSR-Format müssen Sie sich aber normalerweise gar nicht auseinandersetzen: Xcode ist in der Lage, aus mehreren PNG-Bitmaps selbst eine geeignete LSR-Datei zu kompilieren. Alternativ können Sie auch die macOS-App *Parallax Previewer* verwenden, die ich Ihnen etwas weiter unten vorstellen werde.

> **LSR- versus LCR-Format**
>
> Apple hat nicht nur ein neues Format definiert, sondern sogar *zwei*: Neben dem LSR-Format gibt es auch ein LCR-Format. Es ist für Icons gedacht, die nicht direkt in Xcode in die App eingebettet werden, sondern die die App aus dem Internet bei Bedarf nachlädt – z. B. Icons für Zusatzfunktionen Ihrer App, die extra erworben werden müssen. Details können Sie auf der folgenden Webseite nachlesen:
>
> *https://developer.apple.com/library/tvos/documentation/General/Conceptual/ AppleTV_PG/CreatingParallaxArtwork.html*

Parallax-Icons in Gimp erstellen

Falls Sie mit dem Programm Adobe Photoshop arbeiten, stellt Apple zur Gestaltung von Parallax-Icons das *Parallax Exporter Photoshop Plugin* zur Verfügung. Sie können das Plug-in hier herunterladen:

https://developer.apple.com/tvos/human-interface-guidelines/resources

Die folgende Anleitung gilt für alle, die ein anderes Zeichenprogramm verwenden, z. B. Pixelmator oder Gimp. Die Vorgehensweise ist eigentlich ganz einfach: Sie erstellen im Zeichenprogramm Ihrer Wahl mehrere Bitmaps: eine für den Hintergrund und eine oder mehrere für den Vordergrund. Bei den Vordergrund-Bitmaps müssen

29.3 tvOS-Artwork (Parallax-Icons, Launch und Top Shelf Image)

Sie darauf achten, dass die gesamte Bitmap mit Ausnahme des eigentlichen Vordergrunds transparent ist. Diese Bitmaps speichern Sie in der richtigen Auflösung und fügen sie dann per Drag & Drop in Xcode in die bereits vorgesehenen Ebenen des App-Icons in Assets.xcassets ein.

Die folgenden Schritte gelten für das kostenlose Programm Gimp:

- Mit DATEI • NEU erzeugen Sie ein neues Bild, wobei Sie als Größe vorausschauend gleich 2560 × 1536 Pixel wählen.
- Das Bild hat vorerst nur eine Ebene, die als Hintergrund Ihres Icons dient. Mit den Werkzeugen FÜLLEN oder FARBVERLAUF können Sie den Hintergrund unkompliziert homogen einfärben oder in Form eines fließenden Übergangs zwischen zwei Farben gestalten.
- Mit EBENE • NEUE EBENE können Sie nun Vordergrundebenen über den Hintergrund legen. Achten Sie darauf, dass die neuen Ebenen anfänglich vollständig transparent sind.
- In die Vordergrundebenen zeichnen Sie nun das Symbol Ihrer App.
- Die HID raten zwar davon ab, aber anstelle eines Logos kann das Icon natürlich auch einen kurzen Text enthalten – z. B. den Firmennamen eines TV-Senders. Textebenen brauchen Sie nicht extra zu erstellen. Stattdessen verwenden Sie das Werkzeug TEXT. Es erzeugt automatisch für jeden Text eine eigene Ebene.

Standardmäßig sind alle Ebenen gleichzeitig sichtbar. Beim Arbeiten in Gimp können Sie aber immer nur die gerade aktuelle Ebene verändern. Welche das ist, geht aus der Ebenen-Toolbox hervor (FENSTER • ANDOCKBARE DIALOGE • EBENEN). Die dort hervorgehobene Ebene ist die gerade aktive Ebene. In der Ebenen-Toolbox können Sie auch die Sichtbarkeit einzelner Ebenen umschalten. Das ist praktisch, wenn Sie gerade nur eine Vordergrundebene sehen wollen.

Das gesamte Projekt speichern Sie im Gimp-eigenen Format als *.xcf-Datei. Dabei bleiben alle Ebenen erhalten. Damit Sie das Bild in Xcode zusammensetzen können, müssen Sie aber außerdem noch jede Ebene extra als PNG-Datei in der gewünschten Auflösung speichern. Dazu erstellen Sie zuerst eine Sicherheitskopie Ihres Icons und führen dann BILD • BILD SKALIEREN aus. Mit diesem Kommando skalieren Sie Ihr Icon (also alle Ebenen) auf die gewünschte Auflösung – z. B. auf 400 × 240 Pixel.

Danach machen Sie im Ebenendialog alle Ebenen mit Ausnahme der Hintergrundebene unsichtbar. Mit DATEI • EXPORTIEREN speichern Sie nun nur die Hintergrundebene als PNG-Datei. Analog gehen Sie auch für die Vordergrundebenen vor; Sie machen also immer alle Ebenen unsichtbar mit Ausnahme der Ebene, die Sie speichern (exportieren) möchten. Verwenden Sie Dateinamen, aus denen sowohl die Auflösung als auch die Ebene hervorgeht – z. B. meinicon-400-hintergrund.png oder meinicon-1920-vordergrund2.png!

Als Beispiel habe ich ein Icon für die Hello-World-App aus Kapitel 20, »tvOS«, gestaltet. Sie besteht aus drei Ebenen: einem grau schattierten Hintergrund sowie zwei Vordergrundebenen mit den Texten *Hello* und *World!* in weißer bzw. schwarzer Courier-Schrift (siehe Abbildung 29.5). Wenn Sie den tvOS-Cursor über das Icon bewegen, verschieben sich die Texte zueinander.

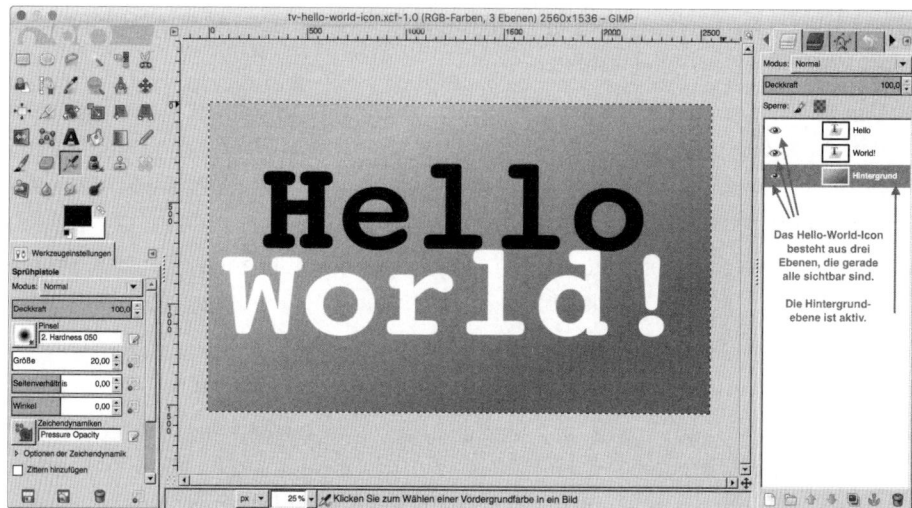

Abbildung 29.5 Gimp eignet sich wunderbar dazu, ein Icon aus mehreren Ebenen zusammenzusetzen.

Parallax-Icons in Xcode

Xcode sieht bei tvOS-Apps in Assets.xcassets standardmäßig für das kleine und das große App-Icon je drei Ebenen vor: *Back* (für den Hintergrund) sowie *Middle* und *Front*. Sie können nach Bedarf Ebenen umbenennen, hinzufügen und löschen, es müssen aber zumindest zwei Ebenen bleiben: Eine Hintergrundebene und eine teilweise transparente Vordergrundebene.

Für die Hello-World-App habe ich in Gimp die drei Ebenen meines Icons in jeweils zwei Auflösungen gespeichert und die Dateien dann per Drag & Drop in die vorgesehenen Platzhalter eingefügt (siehe Abbildung 29.6).

Sobald Sie mehrere Bitmaps für die Ebenen des Icons eingefügt haben, zeigt Xcode oben das zusammengesetzte Icon an. Wenn Sie den Mauszeiger über dieses Icon bewegen, erscheint dieselbe Animation wie unter tvOS – d. h., Sie erhalten eine Vorschau des Parallax-Effekts.

29.3 tvOS-Artwork (Parallax-Icons, Launch und Top Shelf Image)

Abbildung 29.6 »Assets.xcassets« sieht bei tvOS-Programmen Platzhalter für das App-Icon sowie für das Top Shelf Image und das Launch Image vor.

Der Parallax Previewer

Wenn Sie zum Zusammensetzen eines Parallax-Icons nicht auf Xcode zurückgreifen möchten, können Sie den Parallax Previewer verwenden, den Apple als kostenloses Programm für macOS anbietet (siehe Abbildung 29.7):

https://developer.apple.com/download

Mit FILE • OPEN laden Sie die erste PNG-Datei Ihres Icons, anschließend fügen Sie die weiteren Ebenen mit dem Plus-Button hinzu. Das Icon wird aus den Ebenen zusammengesetzt. Wie in Xcode wird das Icon in unterschiedliche Richtungen gekippt, sobald Sie die Maus darüber bewegen. Besonders praktisch ist die Möglichkeit, die einzelnen Ebenen zueinander zu verschieben.

Die im Parallax Previewer exportierten LSR-Dateien können Sie dann per Drag & Drop in eine Xcassets-Datei in Xcode einfügen. Merkwürdigerweise habe ich aber keine Möglichkeit gefunden, eine derartige LSR-Datei als App-Icon zu verwenden. Mit anderen Worten: Wenn Sie außer dem App-Icon andere Parallax-Icons benötigen, ist der Parallax Previewer eine wertvolle Hilfe – aber eben nicht für das App-Icon.

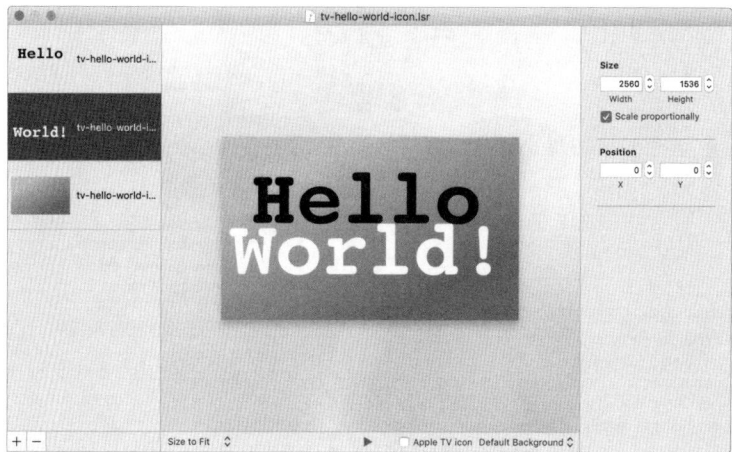

Abbildung 29.7 Im »Parallax Previewer« können Sie mehrere Bitmaps zu einem Icon zusammensetzen und als LSR- oder LCR-Datei speichern.

Launch Image

Wenn Sie eine tvOS-App im App Store einreichen, müssen Sie diese mit einem *Launch Image* ausstatten. Das ist eine Bitmap mit 1920 × 1080 Pixeln, die Ihre App so zeigen soll, wie diese beim Start erscheint. Eine geeignete Bitmap erhalten Sie am einfachsten, wenn Sie Ihre App starten und dann einen Screenshot machen.

Der Sinn des Launch Image ist es, dem Benutzer den Eindruck zu vermitteln, dass die App besonders schnell startet. Dazu wird zuerst das Launch Image geladen und angezeigt. Sobald die App läuft, ersetzt ihre Oberfläche das statische Bild.

Damit sollte auch klar sein, dass Sie beim Launch Image auf alle Spielereien (Parallax-Effekte etc.) verzichten können. Hier geht es wirklich nur um einen Screenshot!

Top Shelf Image

Damit ist es aber noch nicht genug. Jede App-Store-taugliche App muss außerdem zwei *Top Shelf Images* haben. Wenn der Apple-TV-Benutzer Ihre App in die oberste Zeile verschiebt (also zu den App-Favoriten) und dort auswählt, dann wird das Top Shelf Image ganz oben auf dem Bildschirm angezeigt (siehe Abbildung 29.8). Die beiden Bitmaps für die Images müssen 1920 × 720 bzw. 2320 × 720 Pixel groß sein.

Die Top Shelf ist eigentlich dazu gedacht, dass Apps dort eine Auswahl von Objekten anzeigen. iTunes bewirbt dort die neuesten Filme, die App *Fotos* präsentiert die zuletzt synchronisierten Fotos etc. Normalerweise werden diese Objekte dynamisch vom Programm generiert. Das Top Shelf Image ist nur für den Fall gedacht, dass der entsprechende Code in der App fehlt. Eine Anleitung zur Darstellung dynamischer Top-Shelf-Inhalte finden Sie z. B. auf der folgenden Webseite:

https://raywenderlich.com/126326/tvos-top-shelf-tutorial-static-and-interactive

die Top-Shelf-Bitmap der Hello-World-App

Die Hello-World-App befindet sich in der Favoritenleiste und ist gerade ausgewählt.

Abbildung 29.8 Die zuletzt in der Favoriten-Leiste ausgewählte App bestimmt, was in der Top Shelf angezeigt wird – standardmäßig das Top Shelf Image.

29.4 Mehrsprachige Apps

Solange es Ihnen nur darum geht, Xcode und Swift kennenzulernen, spielt die App-Sprache keine große Rolle. Aber spätestens dann, wenn Sie Ihre App im App Store einreichen möchten, müssen Sie sich Gedanken darüber machen, welche Sprachen Ihre App unterstützen soll. Selbst wenn Deutsch die einzige Sprache ist, müssen Sie einige Projekteinstellungen ändern.

Dieser Abschnitt erklärt, wie Lokalisierung und Internationalisierung in Xcode funktionieren, welche Hilfsmittel Xcode zur Verfügung stellt und wo seine Grenzen liegen. Grundsätzlich unterstützt Xcode Sie ausgezeichnet bei der Internationalisierung und beim Testen Ihrer App, nicht aber bei der eigentlichen Lokalisierung, also bei der Eingabe von Zeichenketten in verschiedenen Sprachen.

Während die Internationalisierung des Storyboards sowie von Zeichenketten in `Info.plist` mit wenig Aufwand verbunden ist, müssen Sie sich um Zeichenketten in Ihrem Code selbst kümmern. Dazu müssen Sie sich mit der `NSLocalizedString`-Klasse befassen. Ihr Einsatz ist die Voraussetzung dafür, dass auch im Programmcode enthaltene Zeichenketten in mehrere Sprachen übersetzt werden können.

Alle Screenshots in diesem Kapitel beziehen sich auf die App *Währungen*, die ich Ihnen in Kapitel 34, »Währungskalkulator«, näher vorstellen werde.

Localization versus Internationalization

Im Zusammenhang mit mehrsprachigen Programmen ist häufig von zwei Begriffen die Rede, die oft verwechselt werden:

- »Internationalization« (Abkürzung: i18n) beschreibt die Vorbereitungsarbeiten bei der Entwicklung einer App, damit diese später in mehreren Sprachen genutzt werden kann.
- »Localization« (l10n) bezeichnet hingegen die eigentliche Übersetzung von Zeichenketten.

In der Regel ist es so, dass Sie als Programmierer oder Programmiererin nur für die Internationalization zuständig sind. Die Localization erledigen hingegen Übersetzungsbüros oder andere externe Dienstleister.

Defaulteinstellungen in Xcode

Bei neuen Projekten nimmt Xcode an, dass Sie die App in Englisch entwickeln. Das sehen Sie an zwei Stellen in Xcode:

- Im Dialogblatt INFO der Projekteinstellungen enthält die Gruppe LOCALIZATIONS als einzigen Eintrag ENGLISH – DEVELOPMENT LANGUAGE.
- In der Datei `Info.plist` lautet der erste Eintrag LOCALIZATION NATIVE DEVELOPMENT REGION = EN. Diesem Eintrag haben Sie es zu verdanken, dass der Navigation-Controller BACK anstelle von ZURÜCK anzeigt – selbst dann, wenn im iOS-Gerät DEUTSCH als Sprache eingestellt ist.

Von diesem Detail einmal abgesehen, gelten für die *Ausführung* der App aber die Spracheinstellungen des simulierten oder echten iOS-Geräts. Das hat mit den Einstellungen des Projektschemas zu tun:

- Das aktive Schema können Sie mit PRODUCT • SCHEME • EDIT SCHEME ansehen. Im Dialogblatt RUN • OPTIONS finden Sie die Einstellungen APPLICATION LANGUAGE = SYSTEM LANGUAGE und APPLICATION REGION = SYSTEM REGION; die App soll also die in den iOS-Einstellungen gewählte Sprache und Region berücksichtigen.

  Sind im iOS-Gerät DEUTSCH bzw. DEUTSCHLAND eingestellt, dann liefern der `NSNumber`- bzw. `NSDateFormatter` Zeichenketten, die den hiesigen Gepflogenheiten entsprechen (Komma als Dezimaltrenner, Datum in der Form 31.12.2016 etc.).

Sie merken schon, dass die Xcode-Entwickler zuerst einmal an sich selbst gedacht haben: Für in Kalifornien entwickelte Apps passen die Einstellungen nämlich durchaus. Wenn Sie selbst mit Ihren Apps primär auf den internationalen Markt zielen, sind Sie mit den Defaulteinstellungen gut beraten. Das gilt auch, wenn Sie vorhaben, externe Übersetzungsdienste in Anspruch zu nehmen: Hier ist die Auswahl weitaus größer, wenn Sie als Grundsprache Englisch und nicht Deutsch verwenden. Konsequenterweise sollten Sie nun darauf achten, dass in Ihren iOS-Testgeräten Englisch als Sprache und die USA oder Großbritannien als Land eingestellt sind.

Deutsch als primäre Sprache einstellen

Für Apps, die im deutschen Sprachraum entwickelt werden und primär dort ausgeführt werden sollen, sind die im vorigen Abschnitt erläuterten Einstellungen weniger glücklich. Hier zeige ich Ihnen, wie Sie vorgehen müssen, wenn Sie Apps zuerst einmal deutschsprachig entwickeln und erst später – bei Bedarf – in weitere Sprachen übersetzen möchten. Diese Anleitung funktioniert auch für schon fertige Projekte, sofern Sie mit der Lokalisierung noch nicht begonnen haben.

Apple macht nicht englischsprachigen Entwicklern das Leben recht schwer: In Xcode fehlt die Möglichkeit, die Entwicklungssprache auf Deutsch, Spanisch oder auf eine beliebige andere Sprache umzustellen. Stattdessen müssen Sie wie folgt vorgehen:

- Richten Sie ein neues Projekt ein, falls dieses nicht schon existiert.
- Beenden Sie dann Xcode.
- Öffnen Sie im Finder das Projektverzeichnis, und suchen Sie dort die Datei `projektname.xcodeproj`.
- Klicken Sie die Datei an, und führen Sie das Kontextmenükommando PAKETINHALT ZEIGEN aus. (`name.xcodeproj` sieht im Finder wie eine Datei aus, in Wirklichkeit ist es aber ein Verzeichnis mit mehreren Dateien.)
- Öffnen Sie nun die Datei `project.pbxproj` mit einem beliebigen Texteditor, aber nicht in Xcode!

Innerhalb dieser Datei suchen Sie eine Textpassage, die wie folgt aussieht:

```
// Datei projektname/projektname.xcodeproj/project.pbxproj
developmentRegion = English;
hasScannedForEncodings = 0;
knownRegions = (
    en,
    Base,
);
```

In diesem Text ersetzen Sie `English` durch `German` und `en` durch `de`, sodass die betreffenden Zeilen so aussehen:

```
developmentRegion = German;
hasScannedForEncodings = 0;
knownRegions = (
    de,
    Base,
);
```

Nachdem Sie die Datei gespeichert haben, können Sie Ihr Projekt wieder in Xcode öffnen. Den Lohn Ihrer Arbeit sehen Sie in den Projekteinstellungen, wo Sie in der LOCALIZATIONS-Gruppe im Dialogblatt INFO den Eintrag GERMAN – DEVELOPMENT LANGUAGE finden (siehe Abbildung 29.9).

Zuletzt sind nur noch zwei Kleinigkeiten zu erledigen, beide direkt in Xcode:

- In der Datei `Info.plist` stellen Sie LOCALIZATION NATIVE DEVELOPMENT REGION auf DE.
- Im Dialog PRODUCT • SCHEME • EDIT SCHEME führen Sie im Dialogblatt RUN • OPTIONS die folgenden zwei Einstellungen durch:
  - APPLICATION LANGUAGE = GERMAN
  - APPLICATION REGION = DEUTSCHLAND

Damit sind nun alle Voraussetzungen gegeben, um Ihre App in deutscher Sprache zu entwickeln und zu testen.

Sprache hinzufügen

Im Weiteren gehe ich davon aus, dass Sie Ihre App in einer Sprache – sei es nun Englisch oder Deutsch – weitgehend fertigentwickelt haben. Nun geht es darum, die App in mehrere Sprachen zu lokalisieren. Um eine neue Sprache hinzuzufügen, wählen Sie auf der Projekteigenschaftsseite das Projekt (nicht das Target!) aus und führen dann EDITOR • ADD LOCALIZATION • SPRACHE aus. Alternativ können Sie Sprachen auch im Dialogblatt INFO des Projekts in der Gruppe LOCALIZATIONS hinzufügen (siehe Abbildung 29.9).

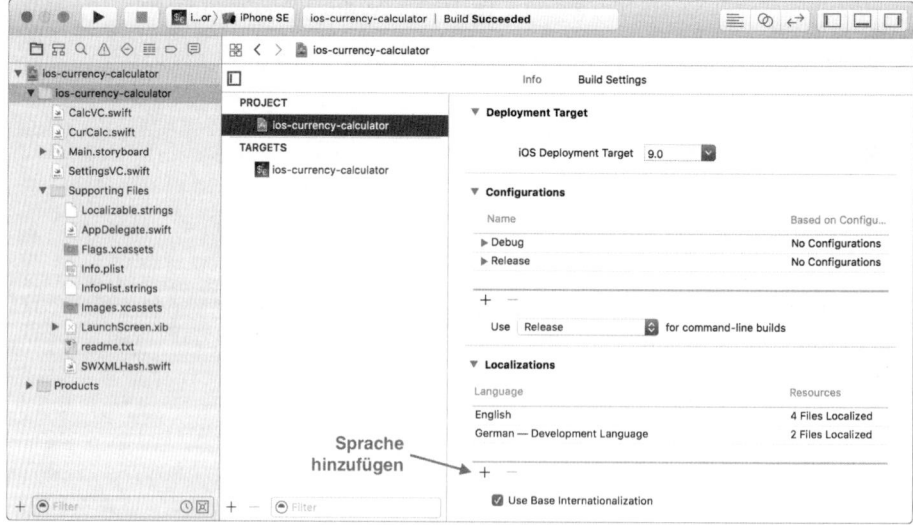

Abbildung 29.9 Die Projekteinstellungen enthalten die Liste der unterstützten Sprachen.

Hinter den Kulissen richtet Xcode für jede neue Sprache ein Verzeichnis xx.lproj ein, wobei xx der jeweilige Sprachcode ist (it für Italienisch, fr für Französisch etc.). Diese Verzeichnisse enthalten *.strings-Dateien mit den Zeichenketten, die aus dem Storyboard, aus den Einstellungen und aus dem Code extrahierten wurden. Eine direkte Bearbeitung dieser Dateien ist nicht vorgesehen. Stattdessen verwenden Sie zur Lokalisierung Ihrer App die im Folgenden beschriebenen Export- und Import-Kommandos.

Lokalisierungsdateien exportieren

Nachdem Sie im Projektnavigator das Projekt ausgewählt haben, exportieren Sie die Zeichenketten, die übersetzt werden sollen, mit EDITOR • EXPORT FOR LOCALIZATION. Dabei müssen Sie ein Basisverzeichnis angeben. In diesem Verzeichnis erstellt Xcode ein neues Verzeichnis mit dem Projektnamen. Es enthält für jede Sprache außer der Standardsprache (DEVELOPER LANGUAGE) eine *.xliff-Datei.

Da die Lokalisierung außerhalb von Xcode stattfindet, ist es zweckmäßig, auch das Arbeitsverzeichnis außerhalb der Xcode-Projektdateien einzurichten. Bei einer Übersetzung durch externe Dienstleister bewährt sich außerdem eine Trennung zwischen den exportierten Dateien (vor der Übersetzung) und den Dateien, die Sie später wieder importieren wollen (nach der Übersetzung), z. B. nach dem folgenden Muster:

```
basisverzeichnis/export/projekt1/*.xliff
basisverzeichnis/export/projekt2/*.xliff
basisverzeichnis/export/...
basisverzeichnis/import/projekt1/*.xliff
basisverzeichnis/import/projekt2/*.xliff
basisverzeichnis/import/...
```

Wenn Sie die Übersetzung hingegen selbst auf dem lokalen Rechner durchführen, ist es einfacher, die Dateien direkt zu bearbeiten und auf die Trennung zwischen Import und Export zu verzichten.

XML Localization Interchange File Format (XLIFF)

XLIFF steht für »XML Localization Interchange File Format« und ist ein standardisiertes, wenn auch nur mäßig populäres Format für Lokalisierungsarbeiten. Xcode unterstützt den Export und Import von XLIFF-Dateien seit Version 6.

Lokalisierungsdateien bearbeiten

Im Idealfall senden Sie nun die XLIFF-Dateien an einen Dienstleister, der Ihnen die übersetzten Dateien zurücksendet. Für große, professionelle Apps wird daran kein Weg vorbeigehen, insbesondere dann, wenn Sie viele Sprachen unterstützen möchten. Wenn es aber nur darum geht, eine englische Version einer kleinen App zu erstellen, werden Sie die Übersetzung höchstwahrscheinlich vorerst selbst in die Hand nehmen wollen.

Xcode lässt Sie diesbezüglich im Regen stehen: Am angenehmsten wäre es natürlich, wenn Sie im Storyboard-Editor zuerst die gewünschte Sprache einstellen und dann einfach alle Zeichenketten direkt in der betreffenden Sprache eingeben könnten. Diese Möglichkeit besteht aber leider nicht.

Aber selbst bei der Bearbeitung der XLIFF-Dateien versagt Xcode. Sie können diese Dateien zwar in Xcode öffnen, sehen dort jedoch nur das XML-Rohformat (siehe Abbildung 29.10). Für ernsthafte Übersetzungsarbeiten ist das aber viel zu unübersichtlich und zu fehleranfällig.

Abbildung 29.10 Eine XLIFF-Datei im XML-Editor von Xcode

Eine bessere Alternative ist der folgende Online-XLIFF-Editor:

http://xliff.brightec.co.uk

Dort können Sie eine XLIFF-Datei hochladen, die Übersetzungen eingeben und die geänderte Datei dann wieder herunterladen. Zumindest für kleinere Projekte funktioniert das ausgezeichnet. Im App Store finden Sie außerdem einige kostengünstige XLIFF-Editoren, z. B. Xliffie oder iXLIFF (siehe Abbildung 29.11). Beide Programme kosten zurzeit (Oktober 2016) nur wenige Euros und funktionieren grundsätzlich gut.

Übersetzte Dateien wieder importieren

Mit EDITOR • IMPORT LOCALIZATION können Sie die übersetzten Dateien wieder importieren. Unbegreiflicherweise erlaubt der Dateiauswahldialog nur die Auswahl *einer* Datei. Wenn es XLIFF-Dateien für drei Sprachen gibt, müssen Sie jede extra importieren.

29.4 Mehrsprachige Apps

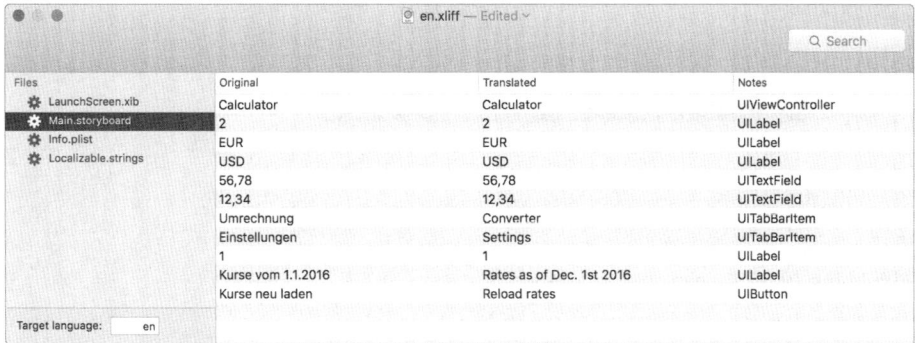

Abbildung 29.11 Lokalisierung selbst mit iXLIFF durchführen

Sollten Xcode beim Import Unregelmäßigkeiten auffallen, weist die Entwicklungsumgebung sofort darauf hin. Mögliche Fehler sind z. B. fehlende Übersetzungen. Sie können sich aber entscheiden, die übersetzte Datei dennoch zu akzeptieren.

In der Praxis ist die Lokalisierung ein inkrementeller Prozess, der meist erst nach mehreren Durchgängen zufriedenstellende Ergebnisse liefert. Erfreulicherweise ist die Export-Funktion »schlau« genug, sodass alle bereits übersetzten Texte auch nach Änderungen im Storyboard oder im Code erhalten bleiben.

Die App in verschiedenen Lokalisierungen ausprobieren

Der nächste Schritt besteht nun darin, die App in den diversen Sprachen auszuprobieren. Eine große Hilfe könnte dabei die Preview-Funktion des Storyboard-Editors sein, mit der Sie eine Ansicht einer App blitzschnell zwischen verschiedenen Sprachen umschalten können. Damit können Sie auf einen Blick überprüfen, ob Ihre Layoutregeln mit den geänderten Platzanforderungen der übersetzten Textfelder und Buttons zurechtkommen. Leider traten bei meinen Tests wiederholt Layoutfehler in der Preview-Ansicht auf, d. h., Steuerelemente wurden nicht korrekt positioniert.

Aus diesem Grund, aber auch, um das Verhalten der App bei dynamisch erzeugten Texten auszuprobieren, geht an echten Tests kein Weg vorbei. Diese könnten Sie prinzipiell so durchführen, dass Sie im iOS-Simulator oder auf Ihren iPhones oder iPads der Reihe nach verschiedene Sprachen einstellen und die App dann immer wieder neu starten.

Da diese Vorgehensweise viel zu umständlich ist, bietet Xcode die Möglichkeit, eine App gleich in einer vorgegebenen Lokalisierung zu starten. Vorher müssen Sie einmalig für jede Sprache ein entsprechendes Schema einrichten. Dazu führen Sie PRODUCT • SCHEME • MANAGE SCHEMES aus, fügen mit dem Plus-Button für jede Sprache ein Schema hinzu und benennen es mit *projektname-sprache* (siehe Abbildung 29.12).

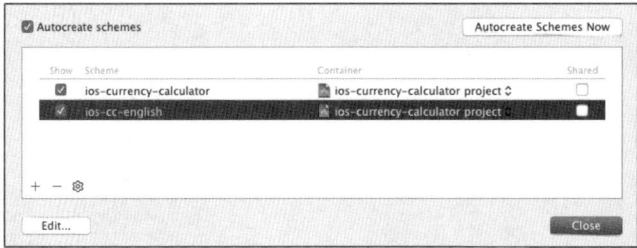

Abbildung 29.12 Projektschemata verwalten

Anschließend bearbeiten Sie mit EDIT jedes dieser Schemata, wobei Sie jeweils im Dialogblatt RUN • OPTIONS die Einstellungen für APPLICATION LANGUAGE und APPLICATION REGION ändern (siehe Abbildung 29.13).

Abbildung 29.13 Spracheinstellungen im Projektschema

Nach diesen Vorbereitungsarbeiten wählen Sie nun in dem Listenfeld, das in der Fensterleiste von Xcode links neben den Run- und Stop-Buttons versteckt ist, das für den nächsten Start gewünschte Schema aus (siehe Abbildung 29.14).

Abbildung 29.14 Schemaauswahl in der Xcode-Fensterleiste

Internationalisierung im Code

Jetzt kennen Sie alle Schritte, die zur Internationalisierung und Lokalisierung Ihrer App erforderlich sind – bis auf ein Detail: Wie gehen Sie mit Zeichenketten um, die per Code erzeugt oder verarbeitet werden?

Beginnen wir mit dem einfachsten Fall: Sie möchten den Text eines Labels oder Buttons per Code einstellen. Der Code sieht anfänglich z. B. so aus:

```
lblInfo.text = "Keine Daten verfügbar"
```

Damit diese Zeichenkette in verschiedene Sprachen übersetzt werden kann, müssen Sie daraus ein NSLocalizedString-Objekt machen:

```
let msg1 = NSLocalizedString("Keine Daten verfügbar",
  comment: "wird in xxx angezeigt, wenn yyy gilt ...")
lblInfo.text = msg1
```

Beim nächsten EXPORT FOR LOCALIZATION wird nun auch die Zeichenkette "Keine Daten verfügbar" exportiert. Ab dem nächsten Import stehen in *.strings-Dateien Übersetzungen in andere Sprachen zur Verfügung, die die App automatisch verwendet, wenn sie in der betreffenden Sprache ausgeführt wird.

An NSLocalizedString müssen zumindest zwei Parameter übergeben werden: Die Zeichenketten in der Ursprungssprache (DEVELOPER LANGUAGE) sowie ein Kommentar mit Kontextinformationen für die Übersetzer. Die Init-Funktion von NSLocalizedString kennt noch drei weitere Parameter, die aber nur in seltenen Fällen erforderlich sind.

Wenn Sie Zeichenketten aus mehreren Teilen zusammensetzen, gehen Sie am besten so vor:

```
let msg2 = NSLocalizedString(
  "Das Ergebnis von %@ lautet %@",
  comment: "zeigt das Ergebnis der Berechnung xy an")
lblInfo.text = String(format:msg2, data1, data2)
```

Das gibt den Übersetzern die Möglichkeit, bei Bedarf die Reihenfolge der Parameter umzudrehen und die Zeichenkette so zu übersetzen:

```
"Result %2$@ for calculation %1$@"
```

Der letzte offene Punkt ist nun der Umgang mit Zahlen, Daten und Zeiten, Distanzen etc., die ja bekanntlich in jeder Sprache anders formatiert werden. Zu deren Formatierung verwenden Sie die folgenden XxxFormatter-Klassen:

- ByteCountFormatter: Download-Mengen formatieren
- DateFormatter: Datum und Uhrzeit formatieren oder einlesen
- DateComponentsFormatter: einzelne Datumskomponenten formatieren

- `DateIntervalFormatter`: Zeitspannen formatieren
- `EnergyFormatter`: Energiemengen formatieren
- `LengthFormatter`: Längenangaben formatieren
- `MassFormatter`: Massen (Gewichte) formatieren
- `NumberFormatter`: Zahlen formatieren oder einlesen (parsen)
- `MKDistanceFormatter`: Distanzen formatieren

Auch hierzu ein Beispiel:

```
let msg3 = NSLocalizedString("Kurse vom %@",
  comment: "zeigt das Datum der Wechselkurse an")
let dateformatter = DateFormatter()
dateformatter.dateStyle = .medium
dateformatter.timeStyle = .none
let formattedDate = dateformatter.string(from: dateobj)
lblDate.text = String(format: msg3, formattedDate)
```

29.5 Eigene Apps im App Store anbieten

Wenn die App schließlich zufriedenstellend läuft, wartet noch eine große Herausforderung auf Sie: das Einstellen der App in den App Store. Die hierfür erforderlichen Arbeiten (und oft ist es eine Menge Arbeit!) finden an drei Orten statt:

- auf der Webseite *https://developer.apple.com*, wo Sie eine App-ID einrichten müssen
- auf der Webseite *https://itunesconnect.apple.com*, wo Sie alle Daten für den App Store zusammenstellen müssen
- und natürlich in Xcode, wo Sie ein speziell signiertes Archiv erstellen und auf iTunes Connect hochladen müssen

Ist das einmal gelungen, können Sie nur hoffen, dass Apple Ihre App akzeptiert. Ist auch diese Hürde gemeistert, bleibt noch das Marketing, auf das ich hier aber nicht eingehe. Die richtige Werbung für Ihre App hat ja nichts mit der Swift-Programmierung zu tun.

> **Neu in Xcode 8 und in iTunes Connect**
>
> Apple hat sich im vergangenen Jahr spürbar bemüht, den App Store und sein Umfeld entwicklerfreundlicher zu machen. Xcode wurde in zwei wichtigen Punkten verbessert: Erstens können Sie als Einzelentwickler nun problemlos mit zwei Rechnern arbeiten, z. B. auf einem MacBook unterwegs und auf einem iMac im Büro, ohne dass es beim Signieren von Projekten Probleme gibt.

Zweitens kümmert sich Xcode jetzt automatisch um die sogenannten *Distribution Provisioning Profiles*. Diese Profile-Dateien sind erforderlich, damit Apple weiß, dass wirklich Sie und nicht jemand anders die App erstellt hat. In der Vergangenheit mussten diese Profiles für jede App manuell auf *https://developer.apple.com* eingerichtet werden. Xcode 8 kümmert sich darum automatisch. Sie müssen nur sicherstellen, dass bei den Target-Einstellungen die Option AUTOMATICALLY MANAGAGE SIGNING gesetzt ist.

Auf der iTunes-Connect-Webseite müssen Sie nun nicht mehr so viele Screenshots wie bisher hochladen. (In der Vergangenheit verlangte Apple für jede iOS-Gerätegröße eigene Screenshots.) Auch die Reaktionszeiten bei der App-Begutachtung sind spürbar schneller geworden.

Spaß macht die Bürokratie beim Einreichen von Apps nach wie vor nicht, aber man muss Apple zugestehen, dass der ganze Prozess zumindest ein bisschen besser geworden ist.

App-Store-Regeln

Apple hat ein umfangreiches Dokument dazu veröffentlicht, welche Regeln für die Aufnahme in den App Store gelten:

https://developer.apple.com/app-store/review/guidelines

Viele Punkte haben im weitesten Sinne mit Copyright-Fragen zu tun. Eine Menge Regeln formulieren, was Apple religiös, politisch, wirtschaftlich (Glücksspiel) oder sexuell für akzeptabel hält und was nicht. Diese Punkte können Sie selbst nachlesen. Ich möchte Sie an dieser Stelle auf einige andere Aspekte hinweisen:

- Apple erwartet, dass Ihre App ausgereift aussieht und Funktionen bietet, die in dieser Art im App Store neu sind oder sich zumindest klar von anderen Apps unterscheiden. Ein Taschenrechner, dem man ansieht, dass er in zwei Tagen lieblos zusammengeschustert wurde, ist also weitgehend chancenlos. Apps, die in direkter Konkurrenz zu von Apple standardmäßig ausgelieferten Apps stehen, haben ebenfalls nur minimale Chancen.

- Die Gestaltung der App muss den *Human Interface Guidelines* für die jeweilige Plattform entsprechen:

    https://developer.apple.com/ios/human-interface-guidelines
    https://developer.apple.com/tvos/human-interface-guidelines
    https://developer.apple.com/library/content/documentation/UserExperience/ Conceptual/OSXHIGuidelines

- Ihre App muss fehlerfrei funktionieren, und zwar auf allen unterstützten iOS-Geräten, auch im Querformat (wenn dieses Format unterstützt wird), auch im Flugmodus bzw. ohne Internetzugang.

- Ihre App muss »echte« Benutzerdaten im Documents-Verzeichnis speichern. Diese Daten werden bei Backups gesichert, z. B. in der iCloud. Für zwischengespeicherte Inhalte, die bei Bedarf neu generiert werden können, muss hingegen das Cache-Verzeichnis verwendet werden.

Werfen Sie auch einen Blick auf die folgende Seite, die die häufigsten Ablehnungsgründe zusammenfasst. Sie finden dort sogar eine statistische Aufschlüsselung.

https://developer.apple.com/app-store/review/rejections

Bundle-ID und Signing-Einstellungen (Xcode)

Beim Anlegen jedes Xcode-Projekts definieren Sie die Bundle-ID, die sich aus Ihrem in den Komponenten auf den Kopf gestellten Domainnamen und dem Projektnamen ergibt – also beispielweise de.meinewebsite.mein-projekt. Welche Bundle-ID ein Projekt verwendet, können Sie in Xcode in den Targets-Einstellungen feststellen (siehe Abbildung 29.15). An dieser Stelle können Sie die Bundle-ID auch ändern – aber nur so lange, bis Sie Ihre App zum ersten Mal erfolgreich in den App Store hochgeladen haben! Außerdem können Sie hier die Versionsnummer Ihrer App festlegen. Das ist vor allem bei wiederholten Uploads in den App Store wichtig: Bevor Sie eine neue Version hochladen, dürfen Sie nicht vergessen, die Versions- oder zumindest die Build-Nummer (bei kleineren Korrekturen) zu erhöhen.

Abbildung 29.15 Die Bundle-ID und die Signing-Einstellungen in den Targets-Einstellungen eines Xcode-Projekts

29.5 Eigene Apps im App Store anbieten

Ebenfalls bei den Targets-Einstellungen finden Sie die Signing-Einstellungen. Dort reicht es in der Regel aus, dass Sie die Option AUTOMATICALLY MANAGE SIGNING setzen und das Team-Mitglied Ihres Apple-Developer-Accounts auswählen.

App-ID erzeugen (Apple Developer)

Bevor Sie Ihre App in iTunes Connect für den App Store einrichten können, müssen Sie auf der Apple-Developer-Seite eine sogenannte App-ID registrieren (siehe Abbildung 29.16).

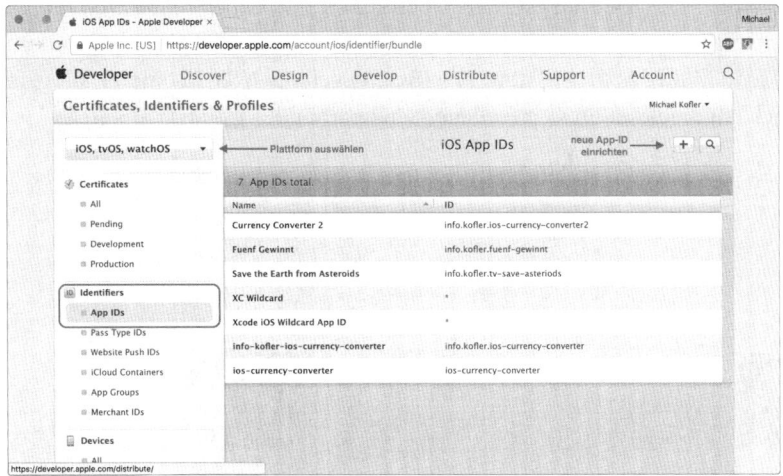

Abbildung 29.16 Verwaltung der App-IDs auf der Apple-Developer-Webseite

Dazu melden Sie sich mit Ihrer Developer-ID auf der folgenden Webseite an und wählen das Dialogblatt IDENTIFIERS • APP IDs aus.

https://developer.apple.com/account/ios/identifier/bundle

Achten Sie darauf, dass Sie auf der Webseite die für Sie relevante Plattform auswählen. App-IDs für macOS werden vollkommen getrennt von den App-IDs für iOS, tvOS und watchOS verwaltet. Mit dem Plus-Button können Sie nun eine neue App-ID für Ihre App einrichten. Dabei gibt es die folgenden Felder:

- APP ID DESCRIPTION: Hier geben Sie der App-ID einen Namen. Die Zeichenkette hilft Ihnen dabei, Ihre verschiedenen App-IDs nicht durcheinanderzubringen, hat ansonsten aber keine Bedeutung.
- APP ID PREFIX: Dieses Feld ist vorgegeben. Es enthält die Team-ID Ihres Developer-Accounts.
- APP ID SUFFIX: Hier weisen Sie Ihrer App eine explizite App-ID zu. Es ist üblich, hier die Bundle-ID anzugeben. Nur wenn Ihre App keine Zusatzfunktionen wie das

Game Center, In-App Purchases etc., verwendet (das gilt auch für zukünftige Versionen der App!), können Sie anstelle der App-ID eine universelle WILDCARD APP ID verwenden.

- APP SERVICES: Hier geben Sie an, welche Dienste Ihre App nutzt (Game Center, HealthKit, HomeKit etc.). Viele Dienste sind nur auswählbar, wenn Sie sich im vorigen Punkt für eine explizite App-ID entschieden haben.

App einrichten (iTunes Connect)

Nun öffnen Sie in Ihrem Webbrowser die Webseite *https://itunesconnect.apple.com* und richten dort Ihre neue App für den App Store ein. Dazu klicken Sie nach dem Login auf das Icon MEINE APPS. Mit dem Plus-Button gelangen Sie in einen Dialog, in dem Sie die Eckdaten der neuen App festlegen (siehe Abbildung 29.17).

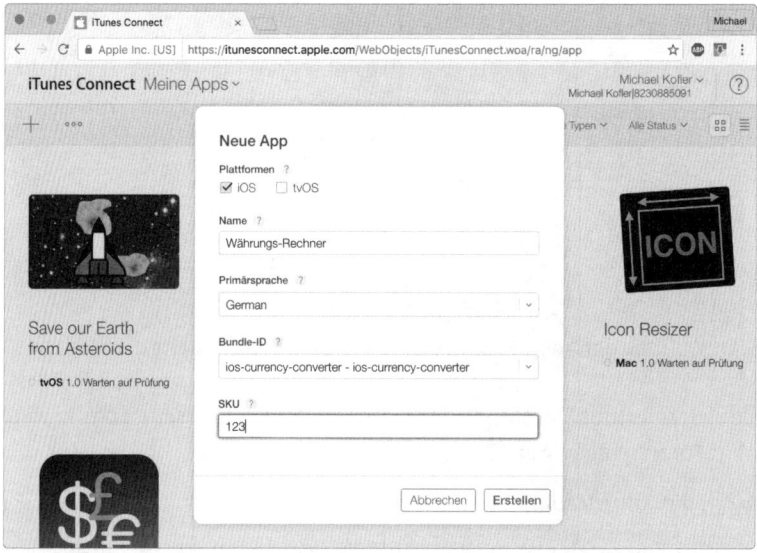

Abbildung 29.17 Eine neue App in iTunes Connect einrichten

Kurz eine Erklärung zu den leider teilweise missverständlichen Begriffen in diesem Dialog:

- NAME: Hier müssen Sie den Namen Ihrer App angeben. Das ist oft schwierig, denn der Name muss innerhalb des App Stores eindeutig sein. Und leider gilt ein Name auch dann schon als reserviert, wenn ein anderer Entwickler irgendwann eine entsprechend benannte App in iTunes Connect eingerichtet hat – selbst wenn diese App dann nie akzeptiert oder ausgeliefert wurde. (Daraus ergibt sich umgekehrt die Schlussfolgerung: Richten Sie Ihre App möglichst früh in iTunes Connect ein, bevor andere Entwickler Ihnen den Namen wegschnappen.)

- PRIMÄRSPRACHE: Diese Einstellung ist nur für Apps relevant, die in mehreren Sprachen lokalisiert sind. Die PRIMÄRSPRACHE gilt als Defaultsprache für die unzähligen weiteren Felder, die Sie demnächst in iTunes Connect ausfüllen müssen. Bleiben dort einzelne Felder für die Sprache Xy leer, übernimmt iTunes Connect die entsprechenden Einstellungen der Primärsprache.

- BUNDLE-ID: Natürlich würde man annehmen, dass hier die Bundle-ID der App einzugeben ist – aber weit gefehlt! Vielmehr stehen in diesem Listenfeld die App-IDs zur Auswahl, die Sie auf der Apple-Developer-Seite eingerichtet, aber bisher nicht genutzt haben (siehe den vorigen Abschnitt).

  Alternativ können Sie hier auch den Eintrag XCODE IOS WILDCARD APP ID wählen. In diesem Fall wird ein weiteres Eingabefeld SUFFIX FÜR BUNDLE-ID eingeblendet, in dem Sie nun tatsächlich die Bundle-ID Ihres Xcode-Projekts angeben. Für diese Variante dürfen Sie sich aber nur dann entscheiden, wenn Ihre App keine Zusatzfunktionen wie das Game Center, In-App Purchases etc., verwendet.

- VERSION: Hier geben Sie dieselbe Versionsnummer an, die Ihr Xcode-Projekt momentan verwendet (siehe Abbildung 29.15) – bei einer App, die erstmals eingereicht wird, also häufig »1.0«. Diese Versionsnummer wird später auch im App Store angezeigt.

- SKU: Diese Abkürzung steht für »Stock Keeping Unit« und bezeichnet eine eindeutige Nummer, die unter anderem auf den Abrechnungen verwendet wird. Sie müssen hier eine zumindest zweistellige Zahl angeben.

Beim erfolgreichen Abschluss dieser Eingaben wird die neue App eingerichtet und erhält die App Store ID. Das ist eine zurzeit neunstellige Zahl, die Ihre App weltweit eindeutig identifiziert.

> **iTunes-Connect-Webseite in englischer Sprache**
>
> Sofern Sie auf Ihrem Mac als Landessprache DEUTSCH eingestellt haben, verwendet auch die iTunes-Connect-Webseite deutsche Texte. Das ist sicher gut gemeint, aber nicht unbedingt eine große Hilfe – vor allem dann nicht, wenn Sie auf der Suche nach einem Fehler sind und im Internet fast ausschließlich Hilfetexte finden, die sich auf die englische Version dieser Webseite beziehen.
>
> Wenn Sie Safari als Webbrowser verwenden, sehen Sie die Webseite nur dann im englischen Original, wenn Sie in den Systemeinstellungen von macOS die Sprache ENGLISCH einstellen und Ihren Mac neu starten. Einfacher ist es, einen anderen Browser zu verwenden (z. B. Firefox oder Google Chrome), in dem die bevorzugte Sprache einstellbar ist.

App-Daten ausfüllen (iTunes Connect)

Ist die neue App einmal eingerichtet, fängt die Arbeit erst richtig an: Sie müssen nun alle erdenklichen Eckdaten für die App angeben bzw. hochladen. Dazu zählen unter anderem:

- Screenshots der App für iPhone und iPad
- optional ein Präsentationsvideo Ihrer App
- eine Beschreibung der App
- Schlüsselwörter, damit die App im App Store besser gefunden werden kann
- die Adresse einer Support-Webseite
- die Angabe der primären und sekundären App-Kategorie (z. B. BÜCHER, WIRTSCHAFT, BILDUNG oder REISEN)
- die Altersfreigabe
- den Lizenzvertrag (Hier bestätigen Sie den Standardlizenzvertrag von Apple.)
- Copyright-Angaben
- Ihre Kontaktdaten

Klicken Sie hin und wieder auf SICHERN, damit eine Internet-Unterbrechung nicht dazu führen kann, dass Sie die ohnedies mühselige Eingabe wiederholen müssen!

Alle Angaben führen Sie vorerst für die Hauptsprache der App durch. Wenn Ihre App in mehreren Sprachen lokalisiert ist, fügen Sie im Sprachlistenfeld, das Sie fast ganz oben auf der Webseite bei den VERSIONSINFORMATIONEN finden, weitere Sprachen hinzu und wiederholen dann die obigen Eingaben in diesen Sprachen.

Probleme beim Bild-Upload

iTunes Connect ist beim Upload von Bildern ausgesprochen pingelig. Die Auflösung muss auf den Pixel exakt passen, außerdem müssen die Bilder ohne Alpha-Kanal gespeichert sein. Um den Alpha-Kanal einer PNG-Bitmap zu entfernen, können Sie das Bild im Programm *Vorschau* laden; beim Exportieren deaktivieren Sie dann die Option ALPHA. In Gimp klicken Sie im Dialog EBENEN die Bildebene mit der rechten Maus- oder Trackpad-Taste an und führen ALPHAKANAL ENTFERNEN aus.

Screenshots von iOS-Apps erstellen Sie am einfachsten im Simulator mit ⌘+S. Die Bilddateien werden auf dem Desktop gespeichert.

Screenshots für macOS-Apps müssen eine der vier folgenden Größen aufweisen: 1280 × 800, 1440 × 900, 2560 × 1600 oder 2880 × 1800 Pixel.

Möglicherweise vermissen Sie die Möglichkeit, das App-Icon in der iTunes-Connect-Webseite hochzuladen. Das ist nicht möglich, weil das App-Icon ohnedies in der App enthalten ist. iTunes Connect extrahiert das Icon, sobald Sie Ihre App aus Xcode zum ersten Mal hochladen.

In den weiteren Dialogblättern der App müssen Sie nun noch zumindest den Preis der App festlegen. Dabei können Sie für verschiedene Regionen unterschiedliche Preisstufen wählen, angeben, ab wann und wie lange die Preisstufe gültig ist, etc. Je nach App müssen Sie außerdem Einstellungen für In-App-Käufe, für das Game Center und für den Zeitungskiosk vornehmen.

App-Upload (Xcode)

Zum App-Upload führen Sie in Xcode PRODUCT • ARCHIVE aus. Dieses Kommando steht nur zur Auswahl, wenn Sie im Listenfeld in der Xcode-Symbolleiste neben dem dreieckigen Run-Button ein »echtes«, an Ihren Computer angeschlossenes iOS-Gerät oder den Eintrag GENERIC IOS DEVICE auswählen. Das ARCHIVE-Kommando steht nicht zur Verfügung, wenn gerade ein ein simuliertes Device ausgewählt ist.

Xcode kompiliert Ihre App nun mit Release-Optimierung und verpackt sie in eine Archiv-Datei. Alle Archive werden in einem eigenen Xcode-Fenster aufgelistet. Dieses Fenster können Sie bei Bedarf auch später wieder mit WINDOW • ORGANIZER öffnen. Sobald Sie in diesem Fenster sind, können Sie UPLOAD TO APP STORE ausführen. Sie müssen nochmals Ihren Mitgliedsnamen im Apple-Devleoper-Programm auswählen. Xcode zeigt zusammenfassende Informationen an (siehe Abbildung 29.18), UPLOAD startet dann tatsächlich den Upload. Dabei überprüft Xcode auch, ob das Archiv alle formalen Voraussetzungen erfüllt. Dazu zählen korrekte App-Icons, bei tvOS-Apps zusätzlich die Top-Shelf-Images etc.

Abbildung 29.18 App-Upload in Xcode

Wenn alles gut geht, zeigt Xcode wenig später die Erfolgsmeldung *Upload Successful* an. Einige Minuten später erhalten Sie außerdem eine E-Mail von iTunes Connect mit der Meldung *Version nnn for Xxx has completed processing*. Das bedeutet, dass der Upload nun in iTunes Connect zur Verfügung steht.

App-Prüfung initiieren (iTunes Connect)

Damit ist es an der Zeit, wieder im Webbrowser die iTunes-Connect-Seite zu besuchen. In der Seitenleiste klicken Sie nun die Versionsnummer Ihrer App an. Anfänglich gibt es hier nur eine Version, aber wenn Sie später eine neue Version einreichen, werden mehrere Versionen angezeigt. Unter der Rubrik BUILD finden Sie die von Xcode hochgeladenen Build-Versionen. Dort wählen Sie die aktuellste Version aus. Der hier gekennzeichnete Build ist die Version, die Apple-Mitarbeiter später überprüfen und mit etwas Glück im App Store freigeben werden.

Weiter unten auf der Seite finden Sie die Rubrik INFORMATIONEN ZUR APP-PRÜFUNG. Dort geben Sie Ihre Kontaktdaten an. Wenn Apple zur Überprüfung Ihrer App auf einen Demo-Account Ihrer Webseite zugreifen muss, müssen Sie hier entsprechende Login-Daten angeben. Andernfalls vergessen Sie nicht, die Option DEMO-ACCOUNT zu deaktivieren!

Sind damit alle formalen Voraussetzungen erfüllt, zeigt die iTunes-Connect-Seite rechts oben den Button ZUR PRÜFUNG ÜBERMITTELN an. Erst mit diesem Button startet der Überprüfungsprozess!

Warten auf das Okay von Apple

Jetzt beginnt eine in der Regel mehrtägige Wartezeit, bis Apple-Mitarbeiter Ihre App ansehen und dann der Veröffentlichung zustimmen oder diese ablehnen. Bei den vier Apps, die ich für dieses Buch eingereicht habe, hat dieser Prozess inklusive einiger Ablehnungen wegen trivialer Probleme eine gute Woche gedauert. Inoffizielle Informationen über die gerade aktuellen durchschnittlichen Review-Zeiten finden Sie hier:

http://appreviewtimes.com

Abgelehnte App neuerlich einreichen

Wenn Apple Ihre App ablehnt, beheben Sie die von Apple kritisierten Probleme, erhöhen in Xcode in den Targets-Einstellungen die Build-Nummer, erstellen mit PRODUCT • ARCHIVE ein neues Archiv und laden dieses in den App Store hoch.

Auf der iTunes-Connect-Seite müssen Sie den zuletzt geprüften Build zuerst anklicken und entfernen, bevor Sie den neu übertragenen Build auswählen können. Wenn das erledigt ist, speichern Sie die geänderten Einstellungen und klicken neuerlich auf ZUR PRÜFUNG ÜBERMITTELN.

Neue Version einreichen

Wenn Sie später eine neue Version mit Bugfixes oder zusätzlichen Funktionen einreichen möchten, müssen Sie zuerst in iTunes Connect eine neue Version Ihrer App einrichten (Button »+ Version oder Plattform«). In Xcode ändern Sie bei den Targets-Einstellungen die Versionsnummer entsprechend. Anschließend erstellen Sie ein neues Archiv, laden es hoch, wählen den Build in iTunes Connect aus und reichen diesen neuerlich zur Prüfung ein.

29.6 macOS-Programme selbst weitergeben

Grundsätzlich bestehen zwei Möglichkeiten, selbst entwickelte macOS-Programme weiterzugeben:

- Sie können Apples App Store verwenden. Die Vorgehensweise dazu habe ich ja im Detail im vorigen Abschnitt beschrieben. Allerdings ist nicht jedes macOS-Programm App-Store-tauglich. Sie müssen bei den Projekteigenschaften (CAPABILITIES) die Option APP SANDBOX = ON setzen. Damit stellt macOS sicher, dass Ihre App sich an diverse Sicherheitsregeln hält, aus ihrer »Sandkiste« nicht ausbricht und keinen Schaden anrichtet. Bei der Beispiel-App *Icon-Resizer* zeige ich Ihnen in Abschnitt 36.1, »App-Überblick«, wie diese Einstellungen aussehen können.

  Für viele Apps stellen die durch die Sandbox bedingten Restriktionen kein Problem dar. Für systemnahe Programme sind die Sandbox-Regeln leider zu restriktiv. Derartige Apps können nicht über den App Store vertrieben werden.

- Sie können das kompilierte Programm über Ihre Webseite anbieten oder über einen anderen Dienstleister verkaufen.

Pro und kontra Mac App Store

Bei iOS-, tvOS- oder watchOS-Apps stellt sich die Frage gar nicht: Die Installation von Apps ohne App Store gelingt nur Entwicklern sowie Anwendern, die bereit sind, ein Root-Kit zu installieren. Wenn Sie mit Ihrer App Geld verdienen möchten, ist das ein winziger Zielmarkt.

Mac-Entwickler haben aber die Wahl, ob sie ihre Apps über den App Store oder über andere Kanäle verkaufen möchten. Für den App Store spricht natürlich die für Kunden und Entwickler attraktive und sichere Abwicklung des Kaufprozesses, für die man aus Entwicklersicht sogar die 30-prozentige »Apple Tax« in Kauf nehmen kann.

> Allerdings sind aufgrund der Sandbox-Restriktion manche Apps schlicht inkompatibel zum App Store. Viele Entwickler sind mit dem App Store zudem aus anderen Gründen unglücklich, z. B. weil dieser eine direkte Kommunikation mit Kunden unmöglich macht, kostenpflichtige Updates verbietet etc. Weiteres dazu lesen Sie unter:
>
> https://daringfireball.net/linked/2015/12/01/sketch-leaves-mac-app-store

Gatekeeper

Nachdem ich die App-Store-Variante in diesem Kapitel bereits behandelt habe, konzentriere ich mich in diesem Abschnitt auf die Verpackung von macOS-Apps, um diese dann selbst oder über einen Drittanbieter zu verkaufen oder auch kostenlos weiterzugeben.

Auch hierfür sollten Sie Mitglied im kostenpflichtigen Apple-Developer-Programm sein. Das gibt Ihnen nämlich die Möglichkeit, in Xcode das kompilierte Programm so zu signieren, dass das Programm auf einem anderen Rechner ohne unnötige Warnungen installiert werden kann. Im Folgenden gehe ich davon aus, dass Sie am Developer-Programm teilnehmen.

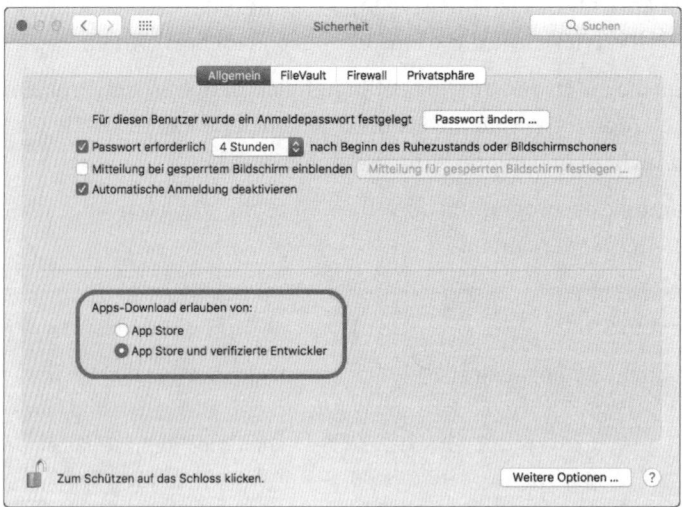

Abbildung 29.19 Die Gatekeeper-Optionen in den macOS-Systemeinstellungen

Nicht signierte Programme lassen sich unter macOS nur installieren, wenn in den Systemeinstellungen im Modul SICHERHEIT die Einstellung APPS-DOWNLOADS ERLAUBEN VON = APP STORE UND VERIFIZIERTE ENTWICKLER gilt (siehe Abbildung 29.19). Der Optionstext legt eigentlich nahe, dass Apps von nicht verifizierten Entwicklern nicht ausgeführt werden können; tatsächlich ist dies aber doch möglich, wenn der Nutzer es explizit erlaubt. Apple nennt diese Sicherheitsfunktion »Gatekeeper«.

Auf Entwicklerrechnern gilt häufig APP STORE UND VERIFIZIERTE ENTWICKLER. Gewöhnliche Anwender verwenden aber zumeist die sicherere Einstellung APPS-DOWNLOADS ERLAUBEN VON = APP STORE. Nach dem Versuch, eine nicht signierte App zu starten, bietet der Dialog SICHERHEIT der Systemeinstellungen zusätzlich die Möglichkeit, Ausnahmeregeln zu definieren. Alternativ können Sie das Programm auch im Finder suchen und über das Kontextmenü mit ÖFFNEN starten.

Programme signieren und archivieren

Der erste Schritt zur Weitergabe Ihres Programms besteht darin, dass Sie bei den Programmeinstellungen in der Gruppe IDENTITY angeben, um welche Art von Programm es sich handelt und wie Sie es signieren möchten (siehe Abbildung 29.20).

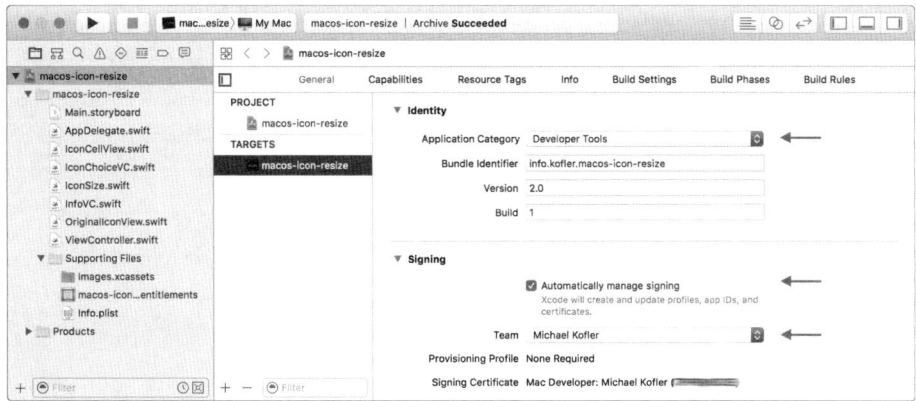

Abbildung 29.20 Identity- und Signing-Einstellungen zur Programmweitergabe

PRODUCT • ARCHIVE erstellt nun eine für die Weitergabe kompilierte Version Ihres Programms. Der Button EXPORT führt in einen weiteren Dialog, in dem Sie die Option EXPORT A DEVELOPER ID-SIGNED APPLICATION wählen (siehe Abbildung 29.21). Xcode erzeugt nun eine *.app-Datei Ihres Programms und speichert diese in einem Verzeichnis, dessen Ort Sie frei wählen können.

Um zu überprüfen, ob die *.app-Datei wirklich korrekt signiert ist, aktivieren Sie gegebenenfalls in den Systemeinstellungen die Gatekeeper-Funktion. Anschließend führen Sie in einem Terminalfenster die folgenden Kommandos aus, wobei Sie natürlich die Verzeichnis- und Dateinamen anpassen müssen. Das spctl-Kommando testet die Signatur des Programms, die Ausgaben müssen wie folgt aussehen:

```
cd Desktop/Icon\ Resizer\ 2016-12-31\ 11-59-59/
spctl -a -v Icon\ Resizer.app
  Icon Resizer.app: accepted
  source=Developer ID
```

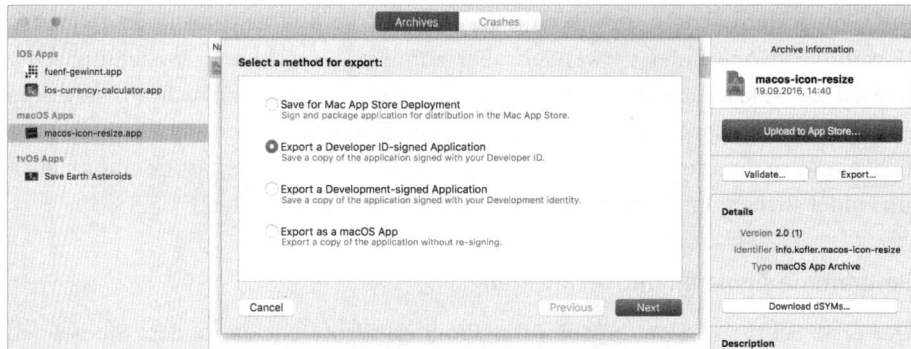

Abbildung 29.21 Programm exportieren

Als weiteren Test können Sie sich die *.app-Datei selbst mailen. Damit betrachtet macOS die Datei als heruntergeladen und zeigt beim ersten Startversuch die üblichen Warnungen an (siehe Abbildung 29.22).

Abbildung 29.22 Die Warnung vor dem ersten Ausführen eines aus dem Internet geladenen Programms

Programme in einem DMG-Image verpacken

Grundsätzlich können Sie die *.app-Datei nun direkt zum Download anbieten. Üblicher ist es aber, die Datei als Disk-Image (DMG-Datei) zu verpacken. Es gibt im Internet allerlei Anleitungen bzw. Tools, die dabei helfen. Als besonders effizient hat sich das in JavaScript entwickelte Kommando appdmg herausgestellt.

Damit Sie dieses kostenlose Script installieren und ausführen können, benötigen Sie aber das Kommando npm. Es ist im Paket node enthalten, zu dessen Installation Sie aber wiederum brew benötigen. brew ist ein Kommando aus dem gleichnamigen Projekt, das bei der Installation von Kommandowerkzeugen hilft, die unter macOS normalerweise fehlen. Details zu allen hier genannten Tools können Sie auf den folgenden Seiten nachlesen:

https://github.com/LinusU/node-appdmg
https://nodejs.org
https://docs.npmjs.com/getting-started/what-is-npm
http://brew.sh
http://stackoverflow.com/questions/8680132

Auch wenn der Installationsprozess aufwendig klingt, müssen Sie nur drei Kommandos im Terminal eingeben. In einer Minute ist alles erledigt. Die `https`-Adresse ist hier nur aus Platzgründen zweigeteilt. Sie müssen die Adresse ohne das Zeichen »\« und ohne Leerzeichen eingeben.

```
ruby -e "$(curl -fsSL https://raw.githubusercontent.com/\
                 Homebrew/install/master/install)"
brew install node
npm install -g appdmg
```

Wenn Sie zu einem späteren Zeitpunkt `node` und `appdmg` aktualisieren möchten, führen Sie diese Kommandos aus:

```
brew update
npm install -g appdmg
```

> **Update-Probleme**
>
> Sollten Sie Update-Probleme mit älteren Brew-Versionen haben (Fehlermeldungen nach `brew update`), finden Sie im folgenden Stackoverflow-Artikel eine Anleitung:
>
> *http://stackoverflow.com/questions/24652996/homebrew-not-working-on-osx*

Sind diese Voraussetzungen einmal erfüllt, müssen Sie mit einem Editor noch die winzige `spec.json`-Datei nach dem folgenden Muster zusammenstellen. Dabei müssen Sie natürlich `TestApp.app` durch den gewünschten App-Namen ersetzen. Ich habe für den Icon-Resizer den Namen `Icon-Resizer.app` verwendet.

```
{
  "title": "Test Title",
  "background": "background.png",
  "icon-size": 80,
  "contents": [
    { "x": 192, "y": 344,
      "type": "file",
      "path": "TestApp.app" },
    { "x": 448, "y": 344,
      "type": "link",
      "path": "/Applications" } ]
}
```

> **.app-Dateien sind in Wirklichkeit Verzeichnisse**
>
> macOS-intern ist `name.app` ein Verzeichnis mit allen zur App-Ausführung erforderlichen Dateien. Nur im Finder erscheint ein `.app`-Verzeichnis als Datei. Lassen Sie sich davon nicht irritieren.

Die größte Arbeit besteht nun darin, ein Hintergrundbild zu gestalten, das in der Datei background.png zu speichern ist – optional ein zweites Mal in Retina-Auflösung unter dem Namen background@2x.png. Ich habe passend zum obigen Listing eine Bitmap in der Größe von 420 × 410 Pixel erstellt. Unter der Voraussetzung, dass sich spec.json und Icon-Resizer.app im gleichen Verzeichnis befinden, verläuft das Erzeugen des DMG-Images mühelos:

```
cd Desktop/Icon\ Resizer\ 2015-07-28\ 09-25-46/
appdmg spec.json Icon-Resizer.dmg

  [ 1/20] Looking for target...               [ OK ]
  [ 2/20] Reading JSON Specification...       [ OK ]
  ...
  [20/20] Removing temporary image...         [ OK ]
   Your image is ready: Icon-Resizer.dmg

open Icon-Resizer.dmg
```

Im appdmg-Kommando gibt der erste Parameter den Namen der *.json-Datei an, der zweite den Namen des zu erstellenden Images. Benutzer, die das DMG-Image herunterladen und öffnen, müssen nun nur noch das App-Icon in das Verzeichnis *Applications* verschieben (siehe Abbildung 29.23).

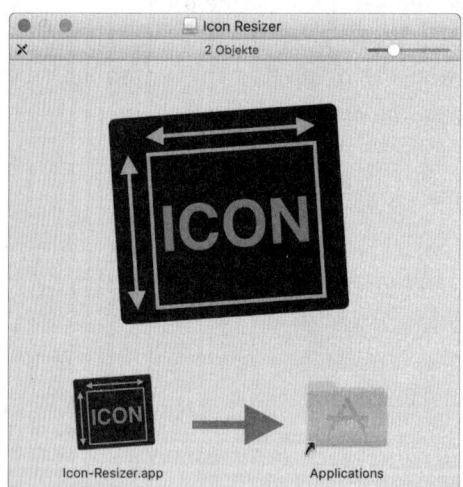

Abbildung 29.23 Finder-Fenster nach dem Öffnen des DMG-Images

Vermutlich gelingt die optische Gestaltung nicht beim ersten Versuch – dann müssen Sie das Image im Finder mit dem Auswerfen-Button aus dem Verzeichnisbaum lösen und die DMG-Datei löschen. Erst dann können Sie appdmg neuerlich ausführen.

Kapitel 30
Xcode-Arbeitstechniken

Zum Umgang mit Xcode ließe sich, losgelöst von Swift, ein ganzes Buch schreiben. So viel Platz ist hier nicht, aber ich möchte Ihnen an dieser Stelle doch ein paar Arbeitstechniken, Tipps und Tricks präsentieren:

- Simulator-Debugging-Ausgaben reduzieren
- Header-Code einer eigenen Bibliothek erzeugen
- Versionsverwaltung mit Git
- Zugriff auf iOS-Crashlogs
- Projekte umbenennen
- Xcode-Verzeichnisse aufräumen

30.1 Simulator-Ausgaben stoppen

Wenn Sie in Xcode eine App im Simulator ausführen, erscheinen im Debugging-Bereich von Xcode (genau genommen in der Konsole, das ist der rechte Teil des Debugging-Teilfensters) schier unendlich viele Meldungen, die in aller Regel niemanden interessieren. Wenn Sie in Ihrem Code selbst den einen oder anderen print-Aufruf eingebaut haben, dann gehen Ihre eigenen Ausgaben in der Simulator-Nachrichtenflut vollständig unter.

Eine mögliche Lösung besteht darin, die App auf einem echten iPhone, iPad oder Apple-TV-Gerät auszuführen. Um auch im Simulator etwas mehr »Ruhe« herzustellen, müssen Sie das *Run*-Schema verändern. Dazu führen Sie PRODUCT • SCHEME • EDIT SCHEME aus, wählen das *Run*-Schema aus, wechseln in das Dialogblatt ARGUMENTS und fügen dann im Bereich ENVIRONMENT VARIABLES die Einstellung OS_ACTIVITY_MODE = disable hinzu (siehe Abbildung 30.1).

Eine andere Möglichkeit besteht darin, dass Sie Ihren eigenen Ausgaben mit print immer ein eindeutiges Kürzel voranstellen. In Xcode können Sie die Konsolenausgaben nun nach diesem Kürzel filtern und sehen dann nur Ihre eigenen Ausgaben, nicht aber die Debugging-Texte.

30 Xcode-Arbeitstechniken

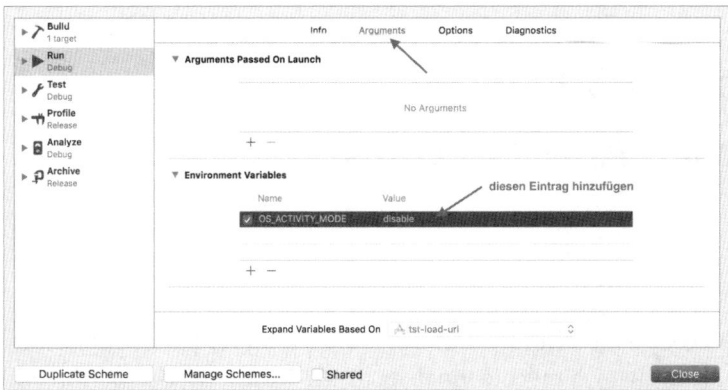

Abbildung 30.1 Diese Einstellung schafft himmlische Ruhe im Debugging-Bereich.

30.2 Header-Code einer eigenen Klasse erzeugen

Wenn Sie bei gedrückter ⌘-Taste auf einen Bezeichner der Swift-Standardbibliothek klicken (z. B. auf `Array`), gelangen Sie in eine Art Header-Datei mit allen Definitionen der Swift-Standardbibliothek. Der Header beschreibt die Schnittstelle der Bibliothek für deren Verwender. Die eigentliche Implementierung der Bibliothek ist in der Header-Datei dagegen nicht enthalten.

> **Trennung zwischen Header und Implementierung**
>
> In vielen Programmiersprachen ist es üblich, die Deklaration von Funktionen, Methoden und Typen getrennt von der eigentlichen Implementierung in einer kompakten Header-Datei durchzuführen – beispielsweise in C, C++ oder Objective-C.
>
> Swift und diverse andere Sprachen (Java, C#, Python etc.) verzichten auf diese Trennung. Das erhöht die Bequemlichkeit für die Programmierer, die sich die Eingabe dieser ohnedies redundanten Informationen ersparen können.

Zurück zu Swift: Header-Dateien sind also syntaktisch nicht erforderlich, wären aber manchmal dennoch praktisch, um alle Funktionen, Methoden, Strukturen, Klassen etc. einer eigenen Code-Datei zusammenzufassen. Xcode stellt eine Funktion zur Verfügung, die genau das erledigt: Dazu führen Sie einfach NAVIGATE • JUMP TO GENERATED INTERFACE aus. Xcode erzeugt nun aus der gerade aktuellen Code-Datei die entsprechenden Deklarationen (siehe Abbildung 30.2). Die Header-Ansicht ist unveränderlich (read-only), Sie können den Text aber natürlich kopieren.

Abbildung 30.2 Xcode hat die Deklarationen der Datei »CalcVC.swift« aus dem Beispielprojekt »Währungsumrechner« in einer Header-Datei zusammengefasst.

30.3 Versionsverwaltung mit Git

Xcode speichert Ihre Änderungen im Code normalerweise innerhalb weniger Sekunden. Das ist einerseits praktisch, weil Sie so selbst bei Abstürzen kaum Gefahr laufen, Daten zu verlieren. Pech haben Sie aber, wenn Ihr Programm, das zuvor funktioniert hat, nach größeren Umbauarbeiten nicht mehr läuft und Sie die Änderungen gern rückgängig machen würden.

Genau dabei hilft das Versionsverwaltungssystem Git. Es kann Änderungen jeder beliebigen Datei nachvollziehen und bei Bedarf rückgängig machen. Git ist allerdings selbst ein sehr komplexes Werkzeug und für Einsteiger nur bedingt geeignet. An dieser Stelle gehe ich nur auf den allereinfachsten Fall ein:

- Sie verwenden Git allein, also nicht in einem ganzen Team von Entwicklern.
- Alle Dateien bleiben auf Ihrem lokalen Rechner, d. h., es gibt keine externen Git-Repositories auf einem Server oder z. B. auf der Webseite *https://github.com*.

Git aktivieren

Zur Aktivierung von Git reicht es, beim Anlegen eines neuen Projekts im Dialog zur Verzeichnisauswahl die Option CREATE GIT REPOSITORY ON MY MAC zu aktivieren (siehe Abbildung 30.3). Natürlich können Sie Git auch nachträglich bei einem schon

vorhandenen Projekt aktivieren. Dazu führen Sie das Kommando SOURCE CONTROL •
CREATE WORKING COPY aus.

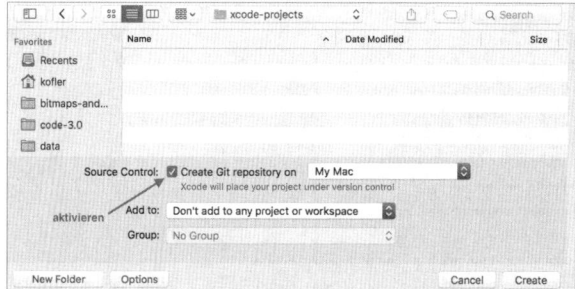

Abbildung 30.3 Git beim Einrichten eines neuen Projekts aktivieren

Git funktioniert damit nicht automatisch: Es kommt nun darauf an, regelmäßig
SOURCE CONTROL • COMMIT auszuführen – auf jeden Fall einmal täglich bzw. vor
jedem größeren Umbau in Ihrem Code. In diesem Dialog sind ebenso wie im Projektnavigator geänderte Dateien mit dem Buchstaben M (*modified*) und neue Dateien mit
dem Buchstaben A (*added*) gekennzeichnet (siehe Abbildung 30.4).

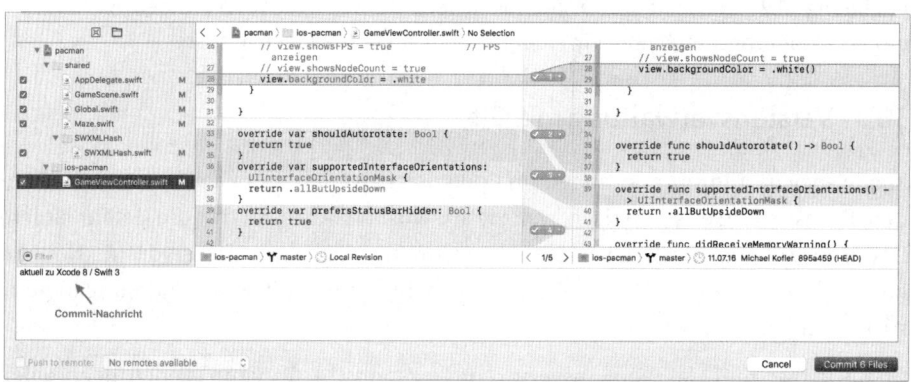

Abbildung 30.4 Der Git-Commit-Dialog

Wenn Sie eine veränderte Datei auswählen, zeigt der Dialog die seit dem letzten Commit durchgeführten Änderungen. Um den Commit-Dialog abzuschließen, müssen
Sie im Textfeld am unteren Rand eine kurze Nachricht eintragen, welche Arbeiten
Sie seit dem letzten Commit durchgeführt haben. Das hilft Ihnen später, den Grund
von durchgeführten Änderungen zu verstehen. (Noch viel wichtiger ist der Commit-Kommentar natürlich bei Projekten, an denen ein ganzes Team arbeitet.)

Von Git erstmals richtig profitieren werden Sie, wenn eine Funktion Ihres Programms,
die sich früher ordnungsgemäß verhalten hat, plötzlich Fehler verursacht. Wann
wurde die betreffende Datei zuletzt geändert – und warum? Die Antwort auf diese
Fragen gibt die Ansicht COMPARISON, die Sie über ein winziges Menü des Buttons

SHOW THE VERSION EDITOR rechts in der Xcode-Symbolleiste aktivieren können (siehe Abbildung 30.5). In dieser Ansicht können Sie auch einzelne Änderungen rückgängig machen.

Abbildung 30.5 Vergleich der aktuellen Versionen einer Code-Datei (links) mit einer älteren Version (rechts)

Daneben existieren zwei weitere Git-Ansichten:

- Die BLAME-Ansicht zeigt, wer für welche Veränderung verantwortlich ist. Diese Ansicht ist nur zweckmäßig, wenn mehrere Personen an einem Projekt beteiligt sind.
- Die LOG-Ansicht liefert eine Liste aller Commits samt der dazugehörigen Commit-Nachricht. In dieser Ansicht führt der Button SHOW N MODIFIED FILES in einen weiteren Dialog mit der Liste der veränderten Dateien. Wählen Sie dort eine Datei aus, zeigt Xcode wie in Abbildung 30.5 auch die dabei durchgeführten Änderungen an.

Weitere Informationen zu Git im Allgemeinen sowie zur Integration von Git in Xcode finden Sie hier:

https://developer.apple.com/videos/play/wwdc2013/414/
http://help.apple.com/xcode/mac/8.0/#/dev6188033ec
https://git-scm.com/documentation

30.4 Crashlogs

Wenn eine aus Xcode gestartete App abstürzt, lässt sich die Fehlerursache zumeist relativ einfach in Xcode ergründen. Wesentlich schwieriger wird es, wenn Programmabstürze unterwegs passieren, also ohne Xcode-Hilfe. iOS speichert in solchen Fällen ein Crashlog. Derartige Logs finden Sie auf Ihrem iPhone/iPad in der App EINSTELLUNGEN im Punkt DATENSCHUTZ • DIAGNOSE & NUTZUNGSDATEN. Die Logs werden auf dem iPhone allerdings in beinahe unleserlich kleiner Schrift angezeigt. Besser lesbar sind die Logs in Xcode, wenn Sie WINDOWS • DEVICES ausführen, Ihr iOS-Gerät dort auswählen und dann den Button VIEW DEVICE LOGS anklicken (siehe Abbildung 30.6).

Abbildung 30.6 iOS-Crashlogs in Xcode lesen

Aus den Crashlogs geht unter anderem hervor, welche Threads zum Zeitpunkt des App-Absturzes liefen, welcher davon den Absturz verursacht hat und welche Bibliotheken auf dem Gerät installiert sind. Die eigentliche Absturzursache bleibt aber leider oft im Verborgenen. Bei der Interpretation des Crashlogs hilft auch die folgende offizielle Dokumentation von Apple nicht nennenswert weiter. Schon deutlich hilfreicher ist das Blog von Ray Wenderlich, auch wenn sich der folgende Beitrag auf eine schon etwas ältere Xcode-Version bezieht:

https://developer.apple.com/library/ios/technotes/tn2151
https://raywenderlich.com/23704

30.5 Projekte umbenennen

Es passiert immer wieder: Sie probieren etwas Neues aus, geben dem Projekt einen Namen wie `hello-spritekit` und zwei Wochen später ist eine richtige App daraus geworden. Der ursprüngliche Name ist jetzt unpassend. Wie können Sie dem Xcode-Projekt einen neuen Namen geben?

So viel gleich vorweg: In der Regel ist es gar nicht notwendig, einen neuen Namen einzustellen. Oft reicht es aus, nur den nach außen hin sichtbaren Namen korrekt einzustellen. Dazu fügen Sie in die Projektdatei Info.plist den neuen Eintrag BUNDLE DISPLAY NAME ein und geben dort den gewünschten App-Namen an. Fertig!

Auch das Ändern des Projektnamens gelingt unkompliziert: Sie klicken in Xcode im Projekt-Navigator einfach den Projektnamen an und geben einen neuen Namen ein. Xcode schlägt dann diverse weitere Änderungen vor, die Sie nur bestätigen müssen (siehe Abbildung 30.7).

Abbildung 30.7 Sobald Sie den Projektnamen ändern, passt Xcode einige weitere Referenzen automatisch an.

Leider ist Xcode beim Umbenennen nicht ganz konsequent. An einigen Stellen bleibt der alte Projektname erhalten. Leicht ändern lässt sich das an zwei Punkten:

- Der Gruppenname für die Projektdateien spiegelt den alten Projektnamen wider. Die Gruppe können Sie im Projekt-Navigator einfach anklicken und umbenennen.
- Auch im Schema-Namen findet sich der alte Projektname wieder. Den Namen ändern Sie am einfachsten im Dialog PRODUCT • SCHEME • MANAGE SCHEME.

Weitere Details können Sie in meinem Blog nachlesen:

https://kofler.info/xcode-projekte-umbenennen

30.6 Xcode-Verzeichnisse aufräumen

Im Laufe der Zeit produziert Xcode Unmengen von Datenmüll auf Ihrer Festplatte oder SSD. Dabei handelt es sich in erster Linie um Kompilate und Objekt-Dateien alter Projekte sowie um Einstellungen und App-Installationen in alten Versionen von iOS-Geräten des Simulators. Im folgenden mache ich Ihnen einige Vorschläge, welche

Dateien Sic löschen können und mit welchen Nebenwirkungen Sie dabei zu rechnen haben.

> **Vorsicht**
>
> Alle Verzeichnisangaben in diesem Abschnitt sind relativ zu Ihrem Heimatverzeichnis. Library meint also /Users/IhrLogin/Library und nicht etwa das globale /Library-Verzeichnis!
>
> Machen Sie vor dem Aufräumen ein Time-Machine-Backup. Wenn Sie vorsichtiger vorgehen möchten, löschen Sie die im Folgenden angegebenen Dateien nicht, sondern verschieben diese zuerst in ein Backup-Verzeichnis. Eine entsprechende Anleitung habe ich auf meinem Blog veröffentlicht:
>
> *https://kofler.info/xcode-verzeichnisse-aufraeumen*
>
> Es wäre gut, wenn Sie ein wenig Terminal-Erfahrung hätten, bevor Sie die hier vorgeschlagenen rm-Kommandos ausführen. rm ist ein Kommando zum Löschen von Dateien und Verzeichnissen. Wenn Sie die falschen Parameter übergeben, kann das Kommando großen Schaden anrichten.

DerivedData-Verzeichnis

Das Verzeichnis Library/Developer/Xcode/DerivedData enthält Objektdateien und andere kompilierte Dateien. Bei Projekten, die Sie gerade aktiv bearbeiten, werden in diesem Verzeichnis fehlende Dateien beim nächsten Kompilieren automatisch neu erzeugt. Bei großen Projekten wird das Kompilieren also erstmalig ein wenig länger als sonst dauern. Davon abgesehen, sind keine Nebenwirkungen zu erwarten, wenn Sie den gesamten Inhalt des Verzeichnisses löschen (nicht aber das Verzeichnis selbst). Dazu beenden Sie zuerst Xcode, öffnen dann ein Terminal-Fenster und führen dort das folgende Kommando aus:

```
cd
rm -rf Library/Developer/Xcode/DerivedData/*
```

iOS-DeviceSupport-Verzeichnis

Das Verzeichnis Library/Developer/Xcode/iOS DeviceSupport enthält Debugging-Daten für alle iOS-Versionen, für die Sie jemals Apps entwickelt bzw. getestet haben. Am sinnvollsten wäre es hier, alle Unterverzeichnisse außer dem für die gerade aktuellste iOS-Version zu löschen. Sie können es sich aber noch einfacher machen und überhaupt alle Unververzeichnisse löschen. Xcode wird dann vor dem Ausführen der nächsten App eine Weile die Meldung *processing symbol files* anzeigen und die erforderlichen Dateien für die gerade aktuellste Version neu erzeugen. Bei mir hat das circa eine Minute gedauert.

```
rm -rf Library/Developer/Xcode/iOS\ DeviceSupport/*
```

Wenn Sie Apps für die Apple-TV-Box oder die Apple Watch entwickeln, existieren auch die Verzeichnisse `tvOS DeviceSupport` und `watchOS DeviceSupport`. Mit diesen Verzeichnissen können Sie analog verfahren.

Xcode-Cache-Verzeichnis

Das Verzeichnis `Library/Caches/com.apple.dt.Xcode/Downloads` enthält Dateien, die Xcode nach der Installation heruntergeladen hat, um Erweiterungen zu installieren. Weg damit!

```
rm -rf Library/Caches/com.apple.dt.Xcode/Downloads/*
```

CoreSimulator-Verzeichnis

Das Verzeichnis `Library/Developer/CoreSimulator` enthält für jedes iOS-Gerät, das Ihnen momentan im Simulator zur Verfügung steht, ein Verzeichnis mit den jeweiligen Benutzerdaten (von Ihnen per Xcode installierte Apps, Einstellungen etc.). Gleichzeitig enthält es aber auch Simulator-Dateien für unzählige iOS-Geräte in alten Versionen, die Sie womöglich schon jahrelang nicht mehr verwendet haben.

Es gibt hier zwei Strategien: Die eine besteht darin, gezielt die Verzeichnisse zu löschen, die Sie nicht mehr brauchen. Das ist aber mit viel Mühe verbunden, weil als Verzeichnisnamen UUIDs verwendet werden. Sie können nun natürlich auf das Datum der letzten Änderung achten, aber viel einfacher ist es, wiederum alles zu löschen:

```
rm -rf Library/Developer/CoreSimulator/*
```

Allerdings steht Ihnen nun beim nächsten Start von Xcode kein einziger Simulator mehr zur Verfügung. Sie müssen im Xcode-Fenster WINDOWS • DEVICES die gewünschten Simulator-Modelle neu einrichten (siehe Abbildung 30.8). Das kostet ein wenig Zeit und Mühe, hat aber den Vorteil, dass beim Start von Apps nicht eine riesige Auswahl von Simulatoren angezeigt wird, sondern wirklich nur die für Sie relevanten Modelle.

Time-Machine-Optionen

All die Verzeichnisse, aus denen Sie gerade unzählige Dateien gelöscht haben, werden von der Time Machine regelmäßig gesichert. Das ist eigentlich überflüssig. Wenn Sie also auch auf Ihren Backup-Medien Platz sparen möchten, dann können Sie in den Time-Machine-Einstellungen explizit die betreffenden Verzeichnisse vom Backup ausnehmen (siehe Abbildung 30.9). Im Dialog zur Verzeichnisauswahl müssen Sie dabei die Option UNSICHTBARE OBJEKTE EINBLENDEN aktivieren – sonst wird das Library-Verzeichnis nicht angezeigt.

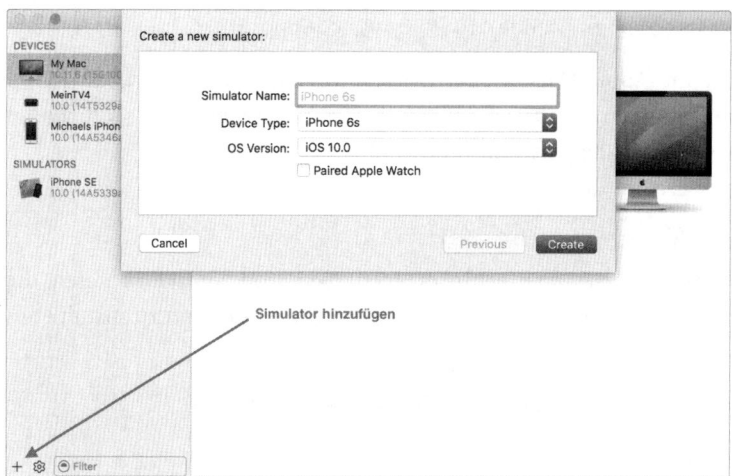

Abbildung 30.8 In Xcode ein neues Simulator-Gerät einrichten

Abbildung 30.9 Die Time Machine soll einige Xcode-Verzeichnisse mit temporären Dateien ignorieren.

Ergebnisse

Wie viel Platz Sie durch die Aufräumarbeiten gewinnen, hängt natürlich stark davon ab, wie intensiv Sie Xcode nutzen. Auf meinem iMac, auf dem ich ca. 15 Monate lang an der ersten und zweiten Auflage dieses Buchs gearbeitet habe und auf dem ich natürlich auch diverse Beta-Versionen von Xcode installiert hatte, wurden durch die Putzaktion beachtliche 90 GByte Speicherplatz frei!

TEIL IV
Beispielprojekte

Kapitel 31
New-York-Times-Bestseller

Als erstes, noch sehr überschaubares Beispiel für die Programmierung *richtiger* Apps präsentiert dieses Kapitel ein Programm, das auf der Startseite die laut New York Times (NYT) populärsten Bücher der Kategorie *Hardcover/Fiction* anzeigt. Wenn Sie einen der Einträge anklicken, gelangen Sie direkt auf die entsprechende Seite unter *http://amazon.com* (siehe Abbildung 31.1).

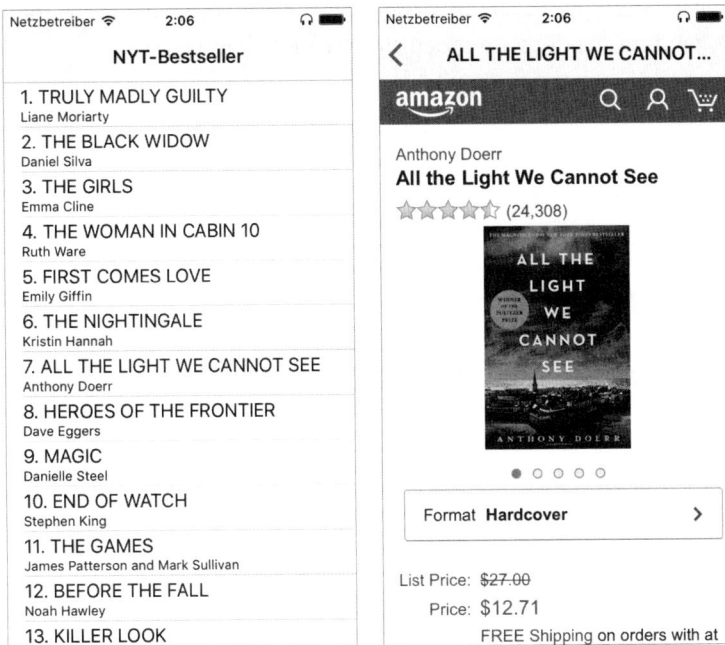

Abbildung 31.1 Beispiel-App zum Stöbern in der New-York-Times-Bestsellerliste

Zum Verständnis der App sind grundlegende iOS-Kenntnisse ausreichend. Außerdem sollten Sie wissen, wie Sie mit Tabellen- und Web-Views umgehen und wie Sie JSON-Daten verarbeiten. Details dazu finden Sie in den folgenden Kapiteln:

- Kapitel 23, »Tabellen und Listen darstellen«
- Kapitel 22, »Netzwerk, XML und JSON«

Nicht App-Store-tauglich

Die App ist ein nettes Beispielprogramm, aber keine gute Geschäftsidee. Sollten Sie eine vergleichbare App im App Store einreichen, wird sie dort voraussichtlich abgelehnt werden. Apple wird wegen der Verlinkung zu http://amazon.com-Seiten die Gefahr erkennen, dass die Anwender der App aus ihr heraus einen Einkauf auf http://amazon.com tätigen, ohne die obligatorische *Apple Tax* zu zahlen. Apple will an allen Käufen, die aus einer App initiiert werden, mit 30 % beteiligt sein, ganz egal, ob der Kauf Ihnen als App-Entwickler zugute kommt oder, wie in diesem Beispiel, einem unbeteiligten Dritten (Amazon):

https://developer.apple.com/app-store/review/guidelines/#business

Projektüberblick

Die Benutzeroberfläche der App besteht aus zwei View-Controllern, die durch einen Navigation-Controller miteinander verbunden sind (siehe Abbildung 31.2).

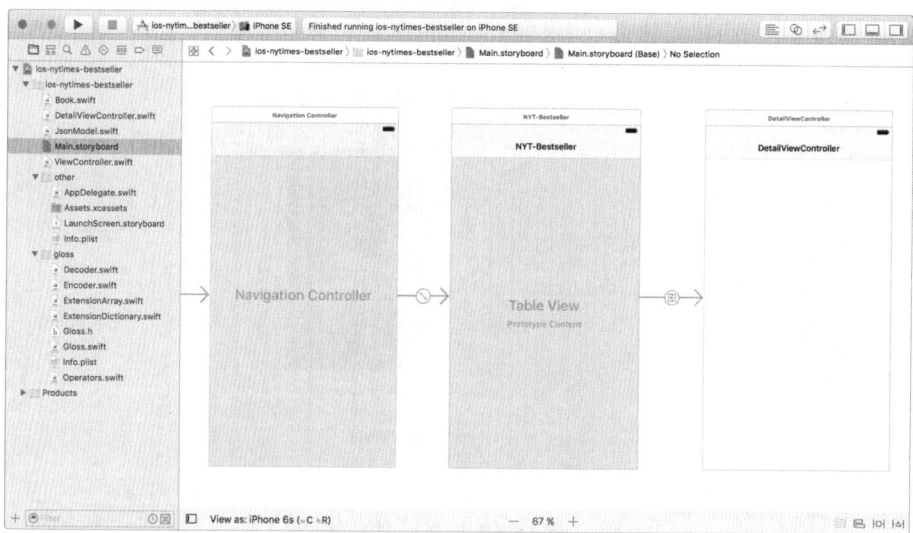

Abbildung 31.2 Die Projektdateien und das Storyboard der Benutzeroberfläche

Der eigene Code verteilt sich über vier Dateien:

- `ViewController.swift` und `DetailViewController.swift` implementieren die Klassen zu den beiden View-Controllern.
- `Book.swift` enthält die `Book`-Klasse zur Speicherung der Daten des jeweiligen Titels sowie die Methode `loadBestsellers`, um die NYT-Bestsellerliste zu lesen und auszuwerten.

- `JsonModel.swift` enthält mehrere Strukturen, die den Aufbau der JSON-Datei der NYT-API nachbilden. Diese Strukturen sind zur Nutzung der Gloss-Bibliothek erforderlich.

Die Gruppe `other` enthält einige weitere Dateien, die von Xcode automatisch erzeugt und für diese App unverändert übernommen wurden. Die Gruppe `gloss` enthält alle Dateien der Gloss-Bibliothek (siehe Abschnitt 22.3, »JSON-Dokumente auswerten«). Die Dateien wurden einfach per Drag & Drop in das Projekt eingefügt.

Split-View-Variante

Zur komfortableren Nutzung der App auf einem iPad stelle ich Ihnen am Ende dieses Kapitels eine zweite Variante der App mit einem Split-View-Controller vor. Am Datenmodell ändert sich nichts, der Code ist aber dennoch wesentlich komplexer, weil er sich nun über viel mehr Dateien verteilt und diverse Split-View-Controller-Sonderfälle berücksichtigt werden müssen.

Die zweite Variante unterscheidet sich in noch einem Punkt von der Startversion: Sie verwendet anstelle der `UIWebView` eine `WKWebView` zur Anzeige der Webseite. Das erfordert zwei Zeilen mehr Code. Die Anwender der App werden dafür mit einer etwas höheren Darstellungsgeschwindigkeit belohnt (siehe Abschnitt 22.4, »Webseiten anzeigen«).

31.1 New-York-Times-API

Die New York Times stellt über eine vorbildlich dokumentierte API diverse kostenlose Listen in Form von JSON-Dokumenten zur Verfügung. Dazu zählen neben den gerade populärsten Zeitungsartikeln auch Bücher und Filme. Außerdem können Sie mit der API das Zeitungsarchiv durchsuchen. Für all diese Funktionen benötigen Sie einen API-Key, den Sie nicht nur kostenlos, sondern sogar ohne die sonst übliche umständliche Registrierung erhalten.

http://developer.nytimes.com
http://developer.nytimes.com/signup

Beispielsweise liefert die folgende Adresse ein JSON-Dokument mit den Hardcover-Bestsellern. (Sie müssen natürlich xxx durch Ihren API-Key ersetzen.)

https://api.nytimes.com/svc/books/v3/lists.json?api-key=xxx&list=hardcover-fiction

Die folgenden Zeilen zeigen einen stark gekürzten Ausschnitt aus dem resultierenden JSON-Dokument:

```
{
   "copyright":"Copyright (c) 2016 The New York Times Company.
              All Rights Reserved.",
   ...
   "results":[
      {
         "list_name":"Hardcover Fiction",
         "rank":1,
         "amazon_product_url":"http://www.amazon.com/...",
         ...
         "isbns":[ ... ],
         "book_details":[
            {
               "title":"TRULY MADLY GUILTY",
               "description":"Tense turning points for three
                  couples at a backyard barbecue gone wrong.",
               "author":"Liane Moriarty",
               ...
            }
         ],
         "reviews":[ ... ]
      },
      ... (weitere Ergebnisse)
   ]
}
```

Gloss-Typen

Zur Auswertung des JSON-Dokuments kommt wieder die in Abschnitt 22.3, »JSON-Dokumente auswerten«, vorgestellte Gloss-Bibliothek zum Einsatz. Sie müssen die Code-Dateien der Bibliothek also in Ihr Projekt importieren und außerdem die JSON-Struktur durch ein eigenes Datenmodell abbilden. Ich habe mich dabei auf die wenigen Elemente der Bestsellerliste beschränkt, die für das Programm relevant sind.

```
// Projekt ios-nyt-bestseller, Datei JsonModel.swift
struct NytTop : Decodable {
  let results: [Result]?

  init?(json: JSON) {
    self.results = "results" <~~ json
  }
}
```

```
struct Result : Decodable {
  let rank: Int?
  let amazon: String?
  let bookDetails: [BookDetail]?

  init?(json: JSON) {
    self.rank        = "rank"                <~~ json
    self.amazon      = "amazon_product_url"  <~~ json
    self.bookDetails = "book_details"        <~~ json
  }
}
struct BookDetail : Decodable {
  let title: String?
  let description: String?
  let author: String?

  init?(json: JSON) {
    self.title       = "title"       <~~ json
    self.description = "description" <~~ json
    self.author      = "author"      <~~ json
  }
}
```

Bestsellerliste lesen

Die Verwaltung der Details der Bestseller-Titel erfolgt durch Objekte der ausgesprochen simplen Book-Klasse:

```
// Projekt ios-nyt-bestseller, Datei Book.swift
struct Book {
  let title: String
  let author: String
  let rank: Int
  let url: URL

  init(title: String, author: String, rank: Int, url: URL) {
    self.title = title
    self.author = author
    self.rank = rank
    self.url = url
  }

  static func loadBestsellers() -> [Book] { ... } // folgt gleich
}
```

Zum Lesen der Top-20-Liste dient die statische Methode `loadBestsellers`. Sie lädt das JSON-Dokument, durchläuft die darin enthaltenen `result`-Objekte und bildet daraus ein Array von `Book`-Elementen. Der Code ist leicht zu verstehen, die Verarbeitung der vielen Optionals führt aber wie so oft zu schier endlosen if-let-Konstrukten.

```swift
static func loadBestsellers() -> [Book] {
  var books = [Book]()
  let nyt = "https://api.nytimes.com/svc/books/v3/lists.json?" +
            "api-key=xxx&list=hardcover-fiction"
  if let url = URL(string: nyt),
    let data = try? Data(contentsOf: url),
    let json = try? JSONSerialization.jsonObject(
      with: data,
      options: JSONSerialization.ReadingOptions())
      as! [String: AnyObject]
  {
    if let results = NytTop(json: json)?.results {
      for r in results {
        if let details = r.bookDetails?.first,
          let title   = details.title,
          let author  = details.author,
          let rank    = r.rank,
          let amazon  = r.amazon,
          let url     = URL(string: amazon)
        {
          books.append(Book(title: title,
                            author: author,
                            rank: rank,
                            url: url))
        }
      } // Ende for-Schleife
    } // Ende if let results = ...
  } // Ende if let url = ...
  return books
}
```

31.2 Benutzeroberfläche

Die App wird durch einen Navigation-Controller gesteuert (siehe Abbildung 31.2). Dessen Startseite (Klasse `ViewController`) füllt eine Table-View aus, die die Bestseller-Liste enthält. Sobald ein Titel ausgewählt wird, zeigt die Detailseite (Klasse `DetailViewController`) in einer Web-View die entsprechende Seite auf *http://amazon.com* an.

31.2 Benutzeroberfläche

Layout-technisch stellt die App keine Herausforderung dar: Sie fügen die Table-View und die Web-View in den jeweiligen View-Controller ein, vergrößern sie so, dass sie den zur Verfügung stehenden Raum vollständig ausfüllt, und erzeugen dann mit SELECTED VIEWS • ADD MISSING CONSTRAINTS die passenden Layout-Regeln. (Diesen Menüeintrag finden Sie, wenn Sie rechts unten im Storyboard-Editor auf den winzigen Button RESOLVE AUTO LAYOUT ISSUES klicken.)

Der Segue zur Verbindung der beiden View-Controller hat den Namen segueTo-DetailView. Es ist nicht ganz einfach, diesen Segue in Xcode einzurichten: Ein simpler `ctrl`-Drag von der Table-View in den Detail-View-Controller ist nicht möglich. Stattdessen müssen Sie in der Document-Outline-Seitenliste das Objekt View des View-Controllers anklicken und dieses mit `ctrl` in die Detailseite verschieben (siehe Abbildung 31.3). Als Segue-Typ wählen Sie SHOW. Schließlich müssen Sie das Segue-Objekt im Attributinspektor benennen.

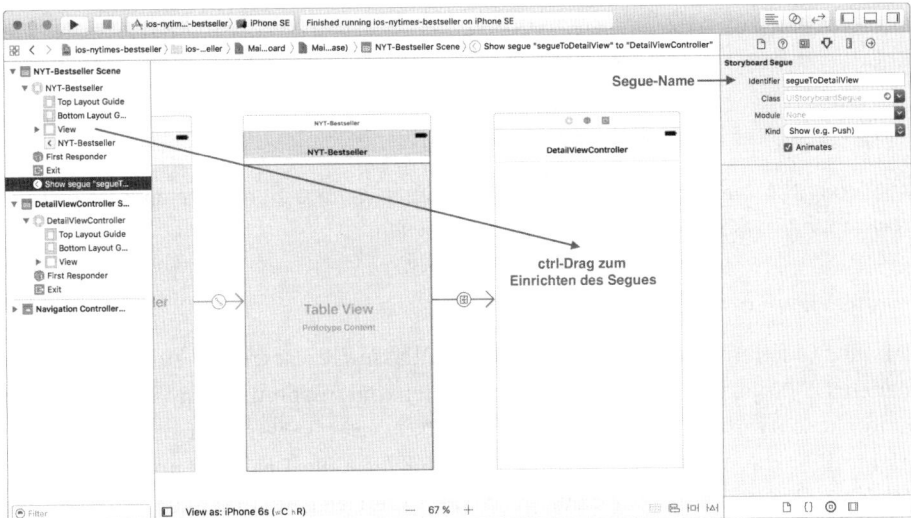

Abbildung 31.3 Segue zum Übergang von der Bestsellerliste zur Amazon-Webseite einrichten

Weiße Streifen verhindern

Standardmäßig wird sowohl auf der Startseite als auch in der Detailansicht am oberen Bildschirmrand ein weißer Streifen angezeigt. Es ist mir nicht klar geworden, warum dieser Streifen entsteht. Auf jeden Fall kann er vermieden werden, wenn Sie in Xcode jeweils den View-Controller anklicken und dann im Attributinspektor die Layoutoption ADJUST SCROLL VIEW INSETS deaktivieren (siehe Abbildung 31.4).

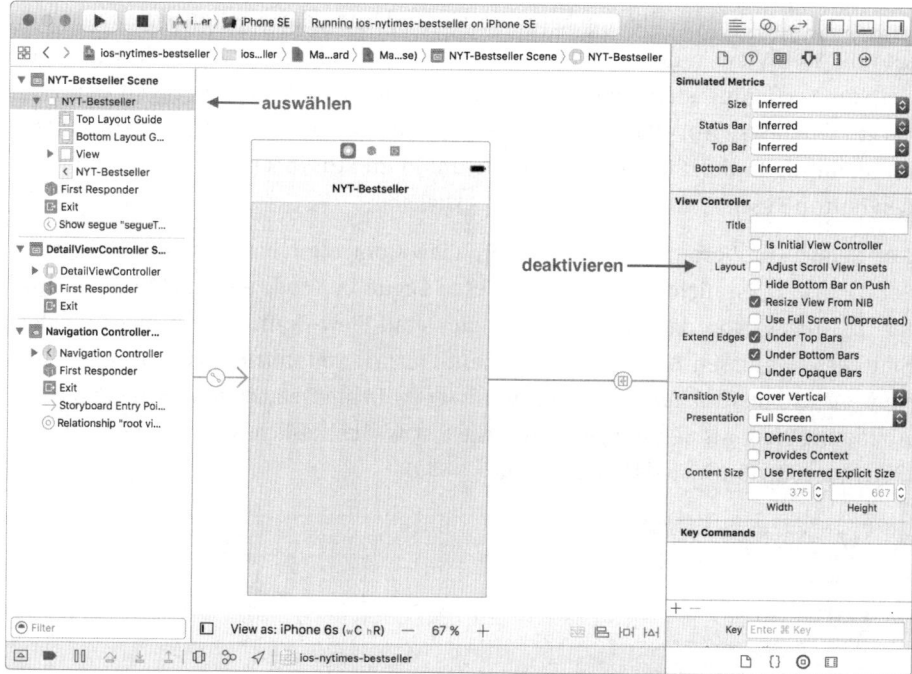

Abbildung 31.4 Die Option »Adjust Scroll View Insets« verursacht mitunter innerhalb des Navigation-View-Controllers unschöne weiße Streifen.

Haupt-View-Controller-Code

Für die Darstellung der Bestsellerliste ist die Klasse `ViewController` zuständig, die in neuen iOS-Projekten standardmäßig vorhanden und mit dem ersten View-Controller automatisch verbunden ist. `viewDidLoad` ruft `loadBestsellers` auf und initialisiert damit die Array-Variable `books`. Außerdem stellt sie die Delegate- und Datasource-Eigenschaften der Table-View auf `self`, damit die Delegate-Methoden direkt in der `ViewController`-Klasse verarbeitet werden können.

```
// Projekt ios-nyt-bestseller, Datei ViewController.swift
class ViewController: UIViewController {

  @IBOutlet weak var tableView: UITableView!
  var books = [Book]()

  override func viewDidLoad() {
    super.viewDidLoad()

    // Top-20 der NYT laden
    books = Book.loadBestsellers()
```

```
    // Table-View-Verwaltung
    tableView.delegate = self
    tableView.dataSource = self

    // keine leeren Tabellenzellen am Ende der Liste zeigen
    tableView.tableFooterView = UIView(frame: CGRect.zero)
  }
}
```

Die Befüllung der Table-View-Zellen erfolgt in den `DataSource`-Delegate-Methoden. Sie sind als Erweiterung zur `ViewController`-Klasse realisiert. Die Methode `tableView(:cellForRowAt:)` versucht, eine wiederverwendbare Zelle zu nutzen. Gibt es keine geeignete Zelle, wird eine Musterzelle vom Typ `subtitle` erzeugt. Diese Zelle sieht zwei Label vor. Im ersten wird der Rang und der Buchtitel angezeigt, im zweiten der Autor bzw. die Autorin des Buchs.

```
// Datenquelle für Tabelle
extension  ViewController : UITableViewDataSource {
  // Anzahl der Listenabschnitte
  func numberOfSections(in tableView: UITableView) -> Int {
    return 1
  }

  // Anzahl der Listenelemente
  func tableView(_ tableView: UITableView,
             numberOfRowsInSection section: Int) -> Int {
    return books.count
  }

  // Tabellenzellen initialisieren
  func tableView(_ tableView: UITableView,
             cellForRowAt indexPath: IndexPath)
    -> UITableViewCell
  {
    let reuseIdentifier = "cell"
    let row = indexPath.row
    // vorhandene Zelle wiederverwenden oder eine neue
    // Zelle erzeugen
    var cell =
      tableView.dequeueReusableCell(
        withIdentifier: reuseIdentifier) as UITableViewCell?
    if (cell == nil) {
      cell =
        UITableViewCell(style: .subtitle,
                        reuseIdentifier: reuseIdentifier)
    }
```

```
    // Titel und Autor in der Zelle anzeigen
    cell!.textLabel?.text =
      "\(books[row].rank). \(books[row].title)"
    cell!.detailTextLabel?.text = books[row].author
    return cell!
  }

  // Höhe der Tabellenzellen
  @objc(tableView:heightForRowAtIndexPath:)
  func tableView(_ tableView: UITableView,
              heightForRowAt indexPath: IndexPath)
    -> CGFloat
  {
    return 40.0
  }
}
```

Die Auswahl eines Listeneintrags führt zum Aufruf der Methode tableView(:did-SelectRowAt:). Dort wird der Segue segueToDetailView ausgeführt.

```
extension ViewController : UITableViewDelegate {
  func tableView(_ tableView: UITableView,
              didSelectRowAt indexPath: IndexPath)
  {
    performSegue(withIdentifier: "segueToDetailView",
                 sender: self)
  }
}
```

In der Folge kommt es zum Aufruf der prepare(segue:)-Methode. Deren Aufgabe besteht darin, die Eigenschaft book des Detail-View-Controllers zu initialisieren.

```
class ViewController: UIViewController {
  // Fortsetzung, Wechsel zur Detailansicht
  override func prepare(for segue: UIStoryboardSegue,
                      sender: AnyObject?)
  {
    if segue.identifier == "segueToDetailView",
        let dest = segue.destination as? DetailViewController,
        let row = tableView.indexPathForSelectedRow?.row
    {
      dest.book = books[row]
    }
  }
}
```

Detail-View-Controller-Code

Da Sie den View-Controller mit der Web-View selbst in das Storyboard eingefügt haben, ist er anfänglich mit keiner Klassendatei verbunden. Diese Datei erzeugen Sie mit FILE • NEW • FILE, wobei Sie die Vorlage COCOA TOUCH CLASS und als Subklasse UIViewController auswählen. Beim frei wählbaren Klassennamen habe ich DetailViewController angegeben.

Jetzt müssen Sie Xcode noch klarmachen, mit welchem View-Controller die Klasse verbunden werden soll: Dazu klicken Sie den View-Controller im Storyboard an und geben im Identity Inspector beim Feld CLASS den Klassennamen ein – hier also DetailViewController.

Die Klasse kommt mit erfreulich wenig Code aus: Hier wird die Titelleiste des View-Controllers verändert und die URL der Amazon-Seite als URLRequest an die Web-View übergeben, um so die Seite zu laden.

```
// Projekt ios-nyt-bestseller, Datei ViewController.swift
class DetailViewController: UIViewController {
  // Details zu diesem Buch anzeigen
  var book: Book?
  @IBOutlet weak var webview: UIWebView!

  override func viewDidLoad() {
    super.viewDidLoad()
    self.title = book?.title
    let req = URLRequest(url: book!.url)
    webview.loadRequest(req)
  }
}
```

Bei ersten Tests bleibt die Web-View leer, weil sich iOS standardmäßig weigert, nicht verschlüsselte Seiten anzuzeigen. Abhilfe schafft eine Veränderung in Info.plist, damit auch HTTP in allen Fällen akzeptiert wird. Im Detail ist die Vorgehensweise in Abschnitt 22.4, »Webseiten anzeigen«, beschrieben.

Erweiterungsideen

Aufgrund ihrer Einfachheit ist die App eine gute Spielwiese für eigene Erweiterungen – und dazu gäbe es viele Möglichkeiten:

▶ Die NYT verwaltet nicht nur eine Bestseller-Liste, sondern nach aktuellem Stand Listen für 53 verschiedene Kategorien (siehe *GET /list/names* auf *http://developer.nytimes.com/books_api.json*). Sie könnten dem Anwender der App auf der Startseite die Namen dieser Listen zur Auswahl stellen.

- Die NYT-API stellt zu jedem Buch viel mehr Details zur Verfügung. Zur Auswertung müssten Sie das JSON-Datenmodell für Gloss entsprechend erweitern und könnten dann die Eckdaten des Buchs auf einer Detailseite anzeigen. Auf dieser Detailseite befindet sich dann auch der Link zu Amazon.

- In den Amazon-URLs könnten Sie amazon.com durch amazon.de ersetzen.

Wenn Sie alle Ideen realisieren, verwaltet der Navigation-View-Controller letztlich vier Ebenen: Auf der Startseite die Auswahl der Bestseller-Listen, nach der Auswahl einer Liste deren aktuelle Titel, nach der Auswahl eines Titels diverse Details zum Buch und nach dem Anklicken des Amazon-Links die Beschreibung des Buchs auf Amazon.

31.3 Split-View-Variante

Auf einem iPhone funktioniert die App zufriedenstellend. Auf einem iPad oder auch auf einem iPhone 6/7 Plus im Querformat wird der zur Verfügung stehende Platz aber nicht optimal genutzt. Abhilfe schafft hier ein Split-View-Controller, der bei der Verwendung der App im Querformat die Bestseller-Liste parallel zur jeweiligen Webseite darstellen kann (siehe Abbildung 31.5).

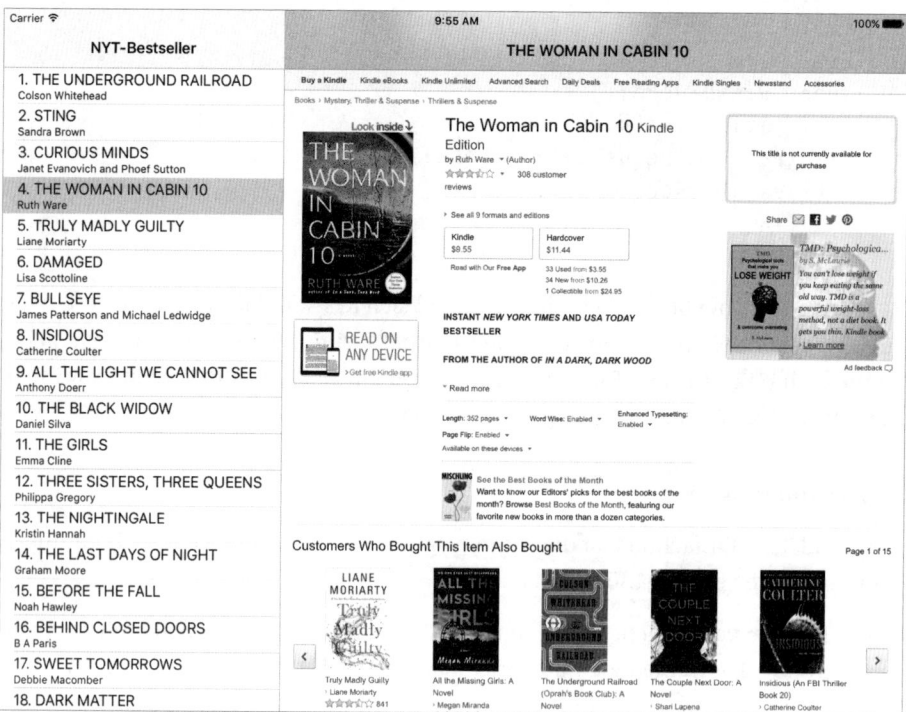

Abbildung 31.5 Die Bestseller-App mit Split-View-Controller auf einem iPad

Wird die App dagegen auf einem iPhone verwendet, verhält es sich so wie die ursprüngliche Variante. Die Split-View-Variante macht die App also auf iPads attraktiver, ohne dass Funktionalität für iPhone-Nutzer verloren geht.

Leider ist der Umbau der App für den Split-View-Controller mit einigem Aufwand verbunden. Der Code verteilt sich nun über viel mehr Klassen, zudem müssen diverse Spezialfälle des Split-View-Controllers berücksichtigt werden (siehe auch Abschnitt 17.6, »Split-View-Controller«). Insofern ist diese Variante des Beispiels für Einsteiger in die iOS-App-Programmierung nur bedingt geeignet.

Das Storyboard enthält nun fünf Controller (siehe Abbildung 31.6). Damit die verschiedenen Komponenten unkompliziert verwendet werden können, werden in AppDelegate einige Variablen initialisiert, die darauf verweisen. (Tatsächlich benötigt der weitere Code nur zwei dieser Variablen, nämlich splitVC und detailVC.)

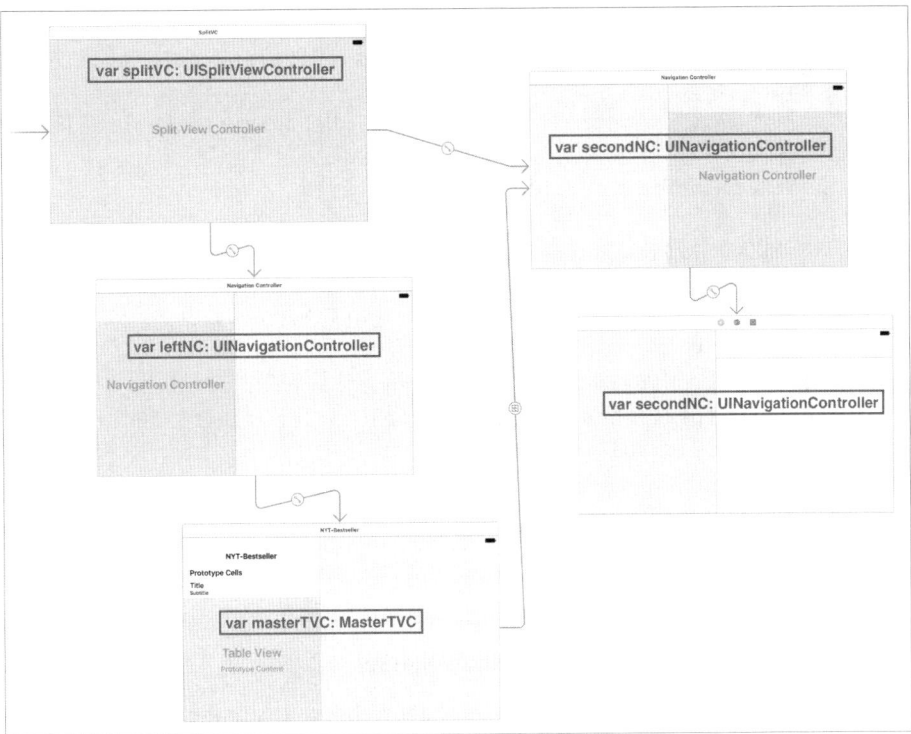

Abbildung 31.6 Storyboard mit Variablen aus »AppDelegate.swift« und Klassennamen

```
// Projekt ios-nyt-split, Datei AppDelegate.swift
class AppDelegate: UIResponder, UIApplicationDelegate {
  var window: UIWindow?
```

```swift
// Querverweise auf diverse Controller hier zentral
// zugänglich machen
var splitVC:    UISplitViewController?
var masterTVC:  MasterTVC?
var detailVC:   DetailVC?
var leftNC:     UINavigationController?
var secondNC:   UINavigationController?

// Initialisierungsarbeiten
func application(_ application: UIApplication,
                 didFinishLaunchingWithOptions launchOptions:
                 [UIApplicationLaunchOptionsKey: Any]?)
  -> Bool
{
  // initialisiert diverse Controller-Variablen
  splitVC =
    self.window!.rootViewController as? UISplitViewController
  leftNC =
    splitVC?.viewControllers.first as? UINavigationController
  masterTVC =
    leftNC?.topViewController as? MasterTVC
  secondNC
    = splitVC?.viewControllers.last as? UINavigationController
  detailVC =
    secondNC?.topViewController as? DetailVC

  // Back-Button beim Start anzeigen
  secondNC?.topViewController!.navigationItem.leftBarButtonItem
    = splitVC?.displayModeButtonItem

  return true
  }
}
```

Detailansicht mit WKWebView (DetailVC-Klasse)

Die eigene Klasse detailVC ist für die Anzeige der Webseite zuständig. Der Großteil des Codes sollte anhand der Kommentare auf Anhieb verständlich sein. Der Datentransfer in die Instanz dieser Klasse erfolgt über die book-Eigenschaft. Bei jeder Änderung dieser Variablen, aber auch beim erstmaligen Anzeigen wird refresh ausgeführt. In dieser Methode wird die Seite book.url in der WKWebView angezeigt. Der restliche Code in refresh kümmert sich darum, in der Titelleiste des Navigation-Controllers den Buchtitel und einen ZURÜCK-Button darzustellen.

```swift
// Projekt ios-nyt-split, Datei DetailVC.swift
import UIKit
import WebKit

class DetailVC: UIViewController {
  var wkwv: WKWebView!   // eigene Web-View
  // Verweis auf Application Delegate
  let myapp = UIApplication.shared.delegate as! AppDelegate

  // bei jeder Änderung von book refresh() aufrufen
  var book: Book? {
    didSet(oldvalue) {
      refresh()
    }
  }
  // WKWebView erzeugen
  override func loadView() {
    wkwv = WKWebView()
    self.view = wkwv
  }
  // beim ersten Anzeigen refresh() aufrufen
  override func viewDidLoad() {
    super.viewDidLoad()
    refresh()
  }
  // Anzeige aktualisieren
  private func refresh() {
    if book == nil || wkwv == nil { return }

    // Webseite des Buchs laden
    wkwv.load(URLRequest(url: book!.url))
    if let nav = self.navigationController {
      // Titelleiste der Navigation-Bar beschriften
      nav.navigationBar.topItem?.title = book!.title

      // Back-Button im iPad-Hochformat anzeigen
      nav.topViewController!.navigationItem.leftBarButtonItem =
        myapp.splitVC?.displayModeButtonItem

      // Back-Button auf iPhone anzeigen
      nav.navigationItem.leftBarButtonItem =
        self.splitViewController?.displayModeButtonItem
      nav.navigationItem.leftItemsSupplementBackButton = true
    }
  }
}
```

> **WKWebView im Split-View-Controller**
>
> Die Verwendung der WKWebView in einem Split-View-Controller hat einen Nachteil: Wenn die App in einem iPad im Hochformat läuft, kann normalerweise durch eine Wischbewegung vom linken Rand nach innen die Split-View-Liste hineingezogen werden. Das funktioniert, wenn Sie eine UIWebView verwenden, nicht aber, wenn Sie die schnellere WKWebView verwenden. Hier müssen Sie abwägen, was Ihnen wichtiger erscheint.
>
> Der Vollständigkeit halber sei noch erwähnt, dass die Split-View-Variante der App sich nicht optimal mit einem SFSafariViewController kombinieren lässt. Das Problem besteht in diesem Fall darin, dass sich dieser Web-Viewer nicht in die Detailansicht des Split-View-Controllers einbetten lässt – vielmehr ersetzt er diesen. Damit geht der Zurück-Button verloren. Stattdessen zeigt der Web-Viewer einen Fertig-Button an, der in diesem Kontext unpassend ist. Wenn Sie es ausprobieren möchten, kommentieren Sie in MasterTVC.swift die prepare-Klasse aus und entfernen dafür die Kommentare rund um tableView(_:didSelectRowAt:).

Listenansicht (MasterTVC-Klasse)

Der Großteil des Codes, der sich bei der ersten Variante der App in ViewController.swift befand, ist nun in der MasterTVC-Klasse gelandet. Die Listeneinträge werden diesmal mit Prototypzellen erzeugt. Das hat den Vorteil, dass in Xcode von der Prototypzelle gleich ein Segue hin zum Detail-Controller eingerichtet werden kann. Diesem Segue habe ich den Namen segueMasterDetail gegeben.

Beim Anklicken eines Listeneintrags wird nun automatisch die prepare-Methode aufgerufen. Die einzige Aufgabe dieser Methode besteht darin, die Daten – also das ausgewählte book-Objekt – an die Instanz der DetailVC-Klasse zu übergeben.

```swift
// Projekt ios-nyt-split, Datei MasterTVC.swift
override func prepare(for segue: UIStoryboardSegue, sender: Any?)
{
  if segue.identifier != "segueMasterDetail" { return }

  if let nav = segue.destination as? UINavigationController,
     let dest = nav.topViewController as? DetailVC,
     let indexPath = self.tableView.indexPathForSelectedRow
  {
    // Datenübergabe an die Detailansicht
    dest.book = books[indexPath.row]
  }
}
```

Kapitel 32
To-do-Listen

Die Zielsetzung dieses Kapitels ist die Programmierung einer einfachen App zur Verwaltung von To-do-Listen. Um keine falschen Erwartungen zu erwecken: Die App wird weder optisch noch funktionell mit der auf iPhones standardmäßig installierten App *Erinnerungen* mithalten können. Das Beispiel ist vielmehr so einfach wie möglich gestaltet, um zu zeigen, dass die Entwicklung erster Beispiel-Apps auch mit wenig Code und mit überschaubarem Aufwand gelingt. Zum besseren Verständnis der App sollten Ihnen zwei Kapitel aus Teil III geläufig sein: Kapitel 23, »Tabellen und Listen darstellen«, und Kapitel 21, »Dateien und User-Defaults«.

 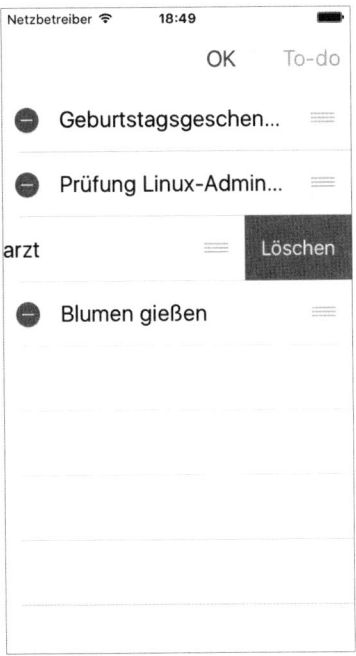

Abbildung 32.1 Links die App beim Einfügen eines neuen Eintrags, rechts im Bearbeitungsmodus

32.1 Gestaltung der Benutzeroberfläche

Die Benutzeroberfläche ist minimalistisch: Mit dem Button To-do fügen Sie über einen Popup-Dialog ein neues Listenelement hinzu. Der Button BEARBEITEN aktiviert den Edit-Modus, in dem Sie Listeneinträge verschieben und löschen können (siehe Abbildung 32.1). Zur Veränderung eines vorhandenen Listeneintrags wählen Sie diesen mit dem Finger mehr als eine Sekunde lang aus – dann erscheint, ebenfalls als Popup, ein Edit-Dialog.

Auto Layout

Im Storyboard-Editor sieht die App unspektakulär aus (siehe Abbildung 32.2). Sie besteht nur aus der Hauptansicht (Klasse `ViewController`) und einem kleinen Popup (Klasse `NewPopupVC`).

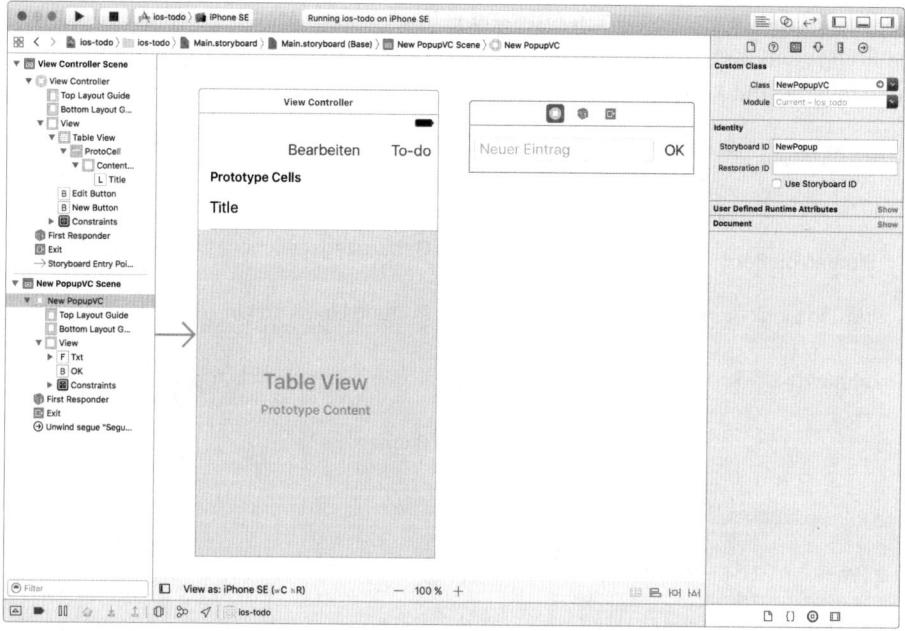

Abbildung 32.2 Die App im Storyboard-Editor

Auch die Layout-Regeln sind unkompliziert:

- Das Table-View-Steuerelement ist am linken, unteren und rechten Bildschirmrand fixiert. Zum oberen Rand ist ein fixer Abstand von 50 Punkten vorgesehen.
- Die Position des To-do-Buttons ist durch Abstände zum oberen und rechten Rand fixiert.
- Der Button BEARBEITEN hat einen vorgegebenen Abstand zum To-do-Button und ist an der Unterkante des Texts ausgerichtet (Baseline).

Für die Popup-Ansicht ist eine fixe Größe von 300 × 60 Punkten eingestellt, also SIZE
= FREEFORM und CONTENT SIZE = USE PREFERRED EXPLICIT SIZE. Für die beiden enthaltenen Steuerelemente gilt:

- Das Textfeld hält fixe Abstände zum linken und oberen Rand der Ansicht sowie zum Beginn des Buttons ein.
- Der OK-Button ist relativ zum rechten Rand fixiert. Seine vertikale Position ergibt sich durch die Ausrichtung an der Textunterkante.

32.2 Datenmodell

Die To-do-Einträge werden in einem simplen String-Array gespeichert. Die Klasse Todo stellt zwei statische Methoden zur Verfügung, um das Array zeilenweise in der Datei todo.txt im Documents-Verzeichnis der App zu speichern bzw. wieder von dort zu laden.

```
// Projekt ios-todo, Datei Todo.swift
struct Todo {
  // String-Array in der Datei "todo.txt"
  // im Documents-Verzeichnis speichern
  static func save(_ data: [String]) {
    if let url = docUrl(for: "todo.txt") {
      do {
        // Array in eine lange Zeichenkette umwandeln
        let str = data.joined(separator: "\n")
        try str.write(to: url,
                  atomically: true,
                  encoding: .utf8)
      } catch {
        print(error)
      }
    }
  }

  // String-Array aus "todo.txt" laden
  static func load() -> [String] {
    if let url = docUrl(for: "todo.txt") {
      do {
        let str = try String(contentsOf: url,
                     encoding: .utf8)
        // Zeilen der Zeichenkette in ein
        // String-Array umwandeln und zurückgeben
        return str.characters
          .split { $0 == "\n" }
```

```
        .map { String($0) }
    } catch {
      print(error)
    }
  }
  return []
}

// liefert die URL für die Datei im Documents-Verzeichnis
private static func docUrl(for filename: String) -> URL? {
  // sollte immer genau ein Ergebnis liefern
  let urls = FileManager.default.urls(for: .documentDirectory,
                                      in: .userDomainMask)
  if let docDir = urls.first {
    return docDir.appendingPathComponent(filename)
  }
  return nil
  }
}
```

In der View-Controller-Klasse wird das To-do-Array mit load initialisiert. Der Property Observer didSet kümmert sich bei jeder Änderung des Arrays darum, dass die gerade aktuelle To-do-Liste sofort wieder gespeichert wird.

```
// Projekt ios-todo, Datei ViewController.swift
class ViewController: UIViewController {
  var todoList = Todo.load()  {
    didSet {  // bei jeder Änderung sofort speichern
      Todo.save(todoList)
    }
  }
}
```

32.3 View-Controller-Klasse

Im View-Controller gibt es drei Outlet-Variablen, die den Zugriff auf die Tabelle und die beiden Buttons ermöglichen. viewDidLoad richtet die Datenquelle ein und ermöglicht das Empfangen der Table-View-Delegates.

Damit ein Benutzer vorhandene Listeneinträge verändern kann, soll die App auf ein länger anhaltendes Auswählen eines Eintrags mit der Anzeige eines Edit-Popups reagieren. Dazu wird in viewDidLoad eine Instanz eines UILongPressGestureRecognizer eingerichtet. Diese Klasse zählt zu zur Gruppe der GestureRecognizer. Mit ihnen kann die App verschiedene Fingerbewegungen erkennen. Zur Verarbeitung derartiger Gesten implementiert die To-do-App das Protokoll `UIGestureRecognizerDelegate`. Der entsprechende Code folgt im nächsten Abschnitt.

```swift
// Projekt ios-todo, Datei ViewController.swift
class ViewController: UIViewController {  // Fortsetzung
  @IBOutlet weak var tableView: UITableView!
  @IBOutlet weak var editButton: UIButton!
  @IBOutlet weak var newButton: UIButton!

  override func viewDidLoad() {
    super.viewDidLoad()
    tableView.delegate = self
    tableView.dataSource = self

    // langer Klick auf Tabellenzelle zum Ändern
    // http://stackoverflow.com/questions/3924446
    let lpgr = UILongPressGestureRecognizer(
       target: self,
       action: #selector(ViewController.handleLongPress(_:)))
    lpgr.minimumPressDuration=1.2   // in Sekunden
    tableView.addGestureRecognizer(lpgr)
  }
}
```

Hinweisen möchte ich an dieser Stelle noch auf die Einstellung des `action`-Parameters mit `#selector`: Damit übergeben Sie die Signatur der aufzurufenden Methode, hier also `handleLongPress`. Mehr Details zur Selektor-Syntax finden Sie in Abschnitt 11.5, »Methoden«.

Gesture Recognizer in Xcode einrichten

Gesture Recognizer lassen sich auch sehr komfortabel in Xcode einrichten. Dazu ziehen Sie den gewünschten Gesture Recognizer aus der Objektbibliothek in den View-Controller und stellen dann im Attributinspektor seine Eigenschaften ein.

Per `ctrl`-Drag richten Sie eine Outlet-Eigenschaft sowie eine Action-Methode ein. Die Outlet-Eigenschaft benötigen Sie, um dem Gesture Recognizer ein Steuerelement zuzuordnen. Die Action-Methode wird aufgerufen, wenn die Geste erkannt wird.

Es bleibt Ihnen überlassen, ob Ihnen eine reine Code-Lösung oder der gerade skizzierte Xcode-Weg eher zusagt. Ich habe in diesem Buch ja schon meine Präferenz für Code durchklingen lassen.

Button- und Gesture-Methoden

Die Action-Methode für den Button BEARBEITEN startet bzw. beendet den Edit-Modus für die Liste (setEditing(true/false)). Der Text des Buttons wird mit der setTitle-Methode entsprechend angepasst. Solange dieser Modus aktiv ist, kann der zweite Button zum Hinzufügen eines neuen Eintrags nicht verwendet werden (isEnabled = false). Die Methode des To-do-Buttons kümmert sich darum, dass ein Popup zur Eingabe des neuen Eintrags unmittelbar unter dem Button angezeigt wird.

```
// Projekt ios-todo
// Datei ViewController.swift
class ViewController: UIViewController {   // Fortsetzung

  // Button 'Bearbeiten / OK'
  @IBAction func editButton(_ sender: UIButton) {
    if tableView.isEditing {
      // Edit abschließen
      tableView.setEditing(false, animated: true)
      newButton.isEnabled = true
      editButton.setTitle("Bearbeiten", for: UIControlState())
    } else {
      // Edit starten
      tableView.setEditing(true, animated: true)
      newButton.isEnabled = false
      editButton.setTitle("OK", for: UIControlState())
    }
  }

  // Button 'To-do'
  @IBAction func addItem(sender: UIButton) {
    showPopup(sender: sender, mode: "new")
  }
}
```

Für die Anzeige des Edit-Popups ist die Action-Methode handleLongPress zuständig, die in viewDidLoad eingerichtet wurde. Während eines »Long-Press«-Vorgangs kommt es zu mehreren Aufrufen dieser Methode, in denen gesture.state Auskunft über die verschiedenen Phasen des Events gibt (.began, .changed, .ended, .failed etc.).

In der To-do-App ist nur das .began-Event relevant. Wenn es in der Folge gelingt, eine Tabellenzelle zu identifizieren, die der App-Benutzer mit dem Finger ausgewählt hat, kommt es wiederum zum Aufruf der Methode showPopup. In diesem Fall werden im dritten und vierten Parameter auch der aktuelle Text des Listeneintrags sowie dessen Nummer übergeben.

32.3 View-Controller-Klasse

```swift
// Projekt ios-todo, Datei ViewController.swift
class ViewController: UIViewController {   // Fortsetzung

  // Long Press --> Edit
  func handleLongPress(_ gesture: UILongPressGestureRecognizer) {
    // nur das Event .began ist hier von Interesse
    if gesture.state != .began { return }

    // wohin hat der Benutzer gedrückt?
    let pt = gesture.location(in: tableView)
    let path = tableView.indexPathForRow(at: pt)
    if let row = (path as NSIndexPath?)?.row,
        let cell = tableView.cellForRow(at: path!)
    {
      // Long Press auf Tabellenzellen -->
      // Popup zum Ändern anzeigen
      showPopup(sender: cell,
                mode: "edit",
                text: todoList[row],
                row: row)
    }
  }
}
```

Popup-Dialog anzeigen

Der Code zur Anzeige des Popups befindet sich in einer eigenen Methode, die zwischen den beiden Modi edit und new unterscheidet, die der Einfachheit halber als Zeichenketten übergeben werden. Alternativ könnten Sie für diesen Zweck eine eigene Enumeration definieren.

Die Instanz des Popups wird direkt aus dem Storyboard erzeugt. Dafür ist es wichtig, dass der Popup-Controller im Storyboard-Editor im Feld IDENTITY • STORYBOARD ID korrekt benannt wurde (siehe Abbildung 32.2).

```swift
// Projekt ios-todo, Datei ViewController.swift
class ViewController: UIViewController {   // Fortsetzung
  // Popup zur Neueingabe oder zum Ändern anzeigen
  func showPopup(sender: UIView, mode:String,
                 text:String="", row:Int=0)
  {
    if !(mode=="edit" || mode=="new") { return }
```

```swift
      // Eingabe-Popup vorbereiten
      let popVC = storyboard?
        .instantiateViewController(withIdentifier: "NewPopup")
        as! NewPopupVC
      popVC.mode = mode
      popVC.currentText = text
      popVC.currentRow = row
      popVC.modalPresentationStyle = .popover

      // Presentation Controller konfigurieren
      let popPC = popVC.popoverPresentationController!
      popPC.sourceView = sender
      popPC.sourceRect = sender.bounds
      popPC.delegate = self
      popPC.permittedArrowDirections = [.up, .down]

      // Popup anzeigen
      present(popVC, animated:true, completion: nil)
   }
}
```

Wie in den Beispielen in Abschnitt 17.7, »Popups«, überredet die Delegate-Methode adaptivePresentationStyle iOS, den Popup-Dialog tatsächlich als solchen und nicht als modale Ansicht anzuzeigen. Um die Delegate-Methoden logisch von den restlichen Methoden des View-Controllers zu trennen, sind diese jeweils in einer Erweiterung (extension) formuliert.

```swift
// Projekt ios-todo, Datei ViewController.swift
extension ViewController :
   UIPopoverPresentationControllerDelegate
{
  func adaptivePresentationStyle(
        for controller: UIPresentationController)
    -> UIModalPresentationStyle
  {
    return .none
  }
}
```

Listeneintrag hinzufügen oder ändern

Beim Verlassen des Popups mit OK oder ⏎ kommt es zum Aufruf von unwindTo-MainVC. Die Methode stellt zuerst sicher, dass die eingegebene Zeichenkette nicht leer ist (Variable trimtxt).

32.3 View-Controller-Klasse

Wurde der Popup-Dialog im "new"-Modus aufgerufen, dann fügt die unwind-Methode den neuen Eintrag am Ende des todoList-Arrays hinzu. Die Methode insertRows bewirkt, dass der neue Eintrag eingeblendet wird. Da sich der Eintrag am Ende der Liste befindet, stellt scrollToRow sicher, dass dieser Eintrag auch tatsächlich angezeigt wird.

```swift
class ViewController: UIViewController {  // Fortsetzung
  // Popover wurde mit 'OK' beendet
  @IBAction func unwindToMainVC(_ segue: UIStoryboardSegue) {
    // gegebenenfalls neuen Eintrag am Ende einfügen
    // und dorthin scrollen
    if let src = segue.source as? NewPopupVC,
       let txt = src.txt.text
    {
      let trimtxt = txt.trimmingCharacters(
                      in: .whitespacesAndNewlines)
      if trimtxt != "" {
        if src.mode == "new" {
          // neuen Eintrag hinzufügen
          todoList.append(trimtxt)
          let path = IndexPath(row: todoList.count-1, section: 0)
          tableView.insertRows(at: [path], with: .automatic)
          tableView.scrollToRow(at: path, at: .top,
                                animated: true)
        }
```

Im "edit"-Modus wird der entsprechende Eintrag des To-do-Arrays modifiziert. Anstatt nun die ganze Liste mit reloadData neu zu zeichnen, führt ein Aufruf von reloadRowsAtIndexPaths dazu, dass nur die betreffende Listenzelle aktualisiert wird.

```swift
        else if src.mode == "edit" {
          // vorhandenen Eintrag ändern ...
          todoList[src.currentRow] = trimtxt
          let path = IndexPath(row: src.currentRow,
                               section: 0)
          // ... und neu zeichnen
          tableView.reloadRows(at: [path], with: .automatic)
        }
      }  // Ende if trimtxt != ""
    }    // Ende if-let
  }      // Ende unwind-Methode
}        // Ende class
```

DataSource-Methoden

Jetzt fehlen noch die Data-Source-Methoden, die sich wie üblich (siehe Kapitel 23, »Tabellen und Listen darstellen«) um die Darstellung der Listenelemente kümmern. Außerdem gibt es einige Methoden zur Bearbeitung der Liste:

- `tableView(_:canEditRowAt:)` gibt an, welcher der Listeneinträge veränderlich ist. Die Rückgabe von `true` ist erforderlich, damit alle Listeneinträge mit einer Streichbewegung nach links gelöscht werden können (*delete on swipe*).

- `tableView(_:commit:ForRowAt:)` wird aufgerufen, wenn ein Listeneintrag tatsächlich zu löschen ist. In der Methode muss der Eintrag sowohl aus `todoList` als auch mit `deleteRows` aus dem Table-View-Steuerelement entfernt werden. Beachten Sie, dass `deleteRows` auch mehrere Einträge auf einmal löschen kann und deswegen die `path`-Angaben als Array erwartet.

- `tableView(_:canMoveRowAt:)` steuert, welche Listeneinträge im Edit-Modus verschoben werden können. Die Rückgabe von `true` bewirkt, dass bei allen Listeneinträgen rechts ein dreifacher Balken angezeigt wird, um ein Verschieben zu ermöglichen.

- `tableView(_:moveRowAt:)` wird aufgerufen, wenn tatsächlich ein Listeneintrag verschoben wurde. Im Table-View-Steuerelement ist die Anzeige in diesem Fall bereits korrekt – es geht also nur noch darum, das `todoList`-Array entsprechend zu synchronisieren.

```
// DataSource-Methoden
extension ViewController: UITableViewDataSource {
  // Anzahl der Abschnitte der Liste
  func numberOfSections(in tableView: UITableView) -> Int
  {
    return 1
  }
  // Anzahl der Listenelemente
  func tableView(_ tableView: UITableView,
            numberOfRowsInSection section: Int) -> Int
  {
    return todoList.count
  }
  // Darstellung der Tabellenzellen
  func tableView(_ tableView: UITableView,
            cellForRowAt indexPath: IndexPath)
    -> UITableViewCell
  {
    let cell = tableView.dequeueReusableCell(
      withIdentifier: "ProtoCell", for: indexPath)
    cell.textLabel?.text = todoList[indexPath.row]
    return cell
  }
```

```swift
// alle Einträge sind veränderlich (für Delete on Swipe)
func tableView(_ tableView: UITableView,
               canEditRowAt indexPath: IndexPath) -> Bool
{
  return true
}
// Eintrag löschen
func tableView(_ tableView: UITableView,
               commit editingStyle: UITableViewCellEditingStyle,
               forRowAt indexPath: IndexPath)
{
  if editingStyle == .delete {
    todoList.remove(at: indexPath.row)
    tableView.deleteRows(at: [indexPath], with: .fade)
  }
}
// Verschieben für alle Elemente erlauben
func tableView(_ tableView: UITableView,
               canMoveRowAt indexPath: IndexPath) -> Bool
{
  return true
}
// Verschieben durchführen
func tableView(_ tableView: UITableView,
               moveRowAt sourceIndexPath: IndexPath,
               to destinationIndexPath: IndexPath)
{
  let item = todoList[sourceIndexPath.row]
  todoList.remove(at: sourceIndexPath.row)
  todoList.insert(item, at: destinationIndexPath.row)
}
}
```

32.4 Popup-View-Controller-Klasse

Der Code des View-Controllers für den Popup-Dialog zum Hinzufügen eines neuen Eintrags bzw. zum Verändern eines vorhandenen Eintrags ist kurz. Neben einer Outlet-Variablen für das Textfeld gibt es drei Variablen, in denen der Nutzungsmodus und für den Edit-Modus der aktuelle Text und die Eintragsnummer gespeichert werden.

viewDidLoad kümmert sich um die Initialisierung des Textfelds. Im Modus "New" bewirkt die Methode becomeFirstResponder, dass das Textfeld den Eingabefokus erhält und sofort die Tastatur eingeblendet wird.

Im Edit-Modus habe ich vom Aufruf von becomeFirstResponder abgesehen. Das Problem ist hier, dass auch ein Listeneintrag am unteren Bildschirmrand verändert werden kann. Das Einblenden der Tastatur bewirkt dann, dass das Popup-Fenster nach oben verschoben wird. Dadurch geht aber die optische Zuordnung zu dem Listeneintrag verloren, der geändert werden soll, was die Bedienung unübersichtlich macht.

Der Popup-View-Controller implementiert auch das UITextFieldDelegate-Protokoll, um auf die Eingabe von ⏎ reagieren zu können (siehe Abschnitt 16.7, »Texteingaben«). In diesem Fall wird der Popup-Dialog durch den Aufruf der Unwind-Methode geschlossen.

```swift
// Projekt ios-todo, Datei NewPopupVC.swift
class NewPopupVC: UIViewController, UITextFieldDelegate {
  @IBOutlet weak var txt: UITextField!

  // zulässige Modi: "new" und "edit"
  var mode = ""
  // zu ändernder Text und Eintrag (nur für Edit-Mode)
  var currentText = ""
  var currentRow = 0

  override func viewDidLoad() {
    super.viewDidLoad()
    if mode=="new" {
      // Tastatur sofort einblenden
      txt.becomeFirstResponder()
    } else {
      // vorhandenen Text einstellen
      txt.text = currentText
    }
    txt.delegate = self      // Textfeld-Ereignisse verarbeiten
  }

  // Reaktion auf 'Return'
  func textFieldShouldReturn(_ textField: UITextField) -> Bool {
    // Eingabe beenden, Tastatur ausblenden
    view.endEditing(true)

    // Segue zur Hauptansicht initiieren
    performSegue(withIdentifier: "SegueUnwindToMain",
                 sender: self)

    // 'Return' nicht als Eingabe weitergeben
    return false
  }
}
```

Kapitel 33
Schatzsuche

Im Mittelpunkt dieses Kapitels steht ein Programm, das Ihnen dabei hilft, den Weg zu einem zuvor markierten Punkt zu finden. Die App eignet sich z. B. für ein Schatzsuchenspiel bei einem Kindergeburtstag oder kann bei einer Wanderung helfen, den Rückweg im Nebel zu finden.

Die App greift auf Programmiertechniken aus den folgenden Kapiteln zurück:

- Kapitel 23, »Tabellen und Listen darstellen«
- Kapitel 24, »GPS- und Kompassfunktionen«
- Kapitel 21, »Dateien und User-Defaults«
- Kapitel 25, »Grafik und Animation«

Quasi nebenbei zeigt der Code auch Techniken, die bisher im Buch noch nicht oder nur am Rande vorgekommen sind:

- Kommunikation über das `NotificationCenter`
- Definition und Anwendung eines eigenen Delegation-Protokolls

33.1 Aufbau der App

Das zentrale Beispiel dieses Kapitels ist eine App, in der Sie die gerade aktuelle Position des Geräts benennen und speichern können. Später können Sie den Ort in einer Liste wieder auswählen. Die App zeigt dann an, wie weit Sie momentan vom gespeicherten Ort entfernt sind und wie groß die Distanz zum Ziel ist (siehe Abbildung 33.1).

Sie können die App dazu verwenden, um bei einer Wanderung alle 10 Minuten die Position zu speichern – dann sollten Sie anhand dieser Positionen später auch bei widrigen Wetterbedingungen (Nebel) wieder zurückfinden. Sie können aber auch ein paar Stunden vor Beginn eines Kindergeburtstags einen »Schatz« im Wald verstecken und den Kindern dann später das Handy als Hilfsmittel zur Suche in die Hand drücken. Das macht die beliebte Schatzsuche gleich ein wenig moderner und für ältere Kinder ansprechender. (Diese Art der privaten Schatzsuche hat nichts mit dem beliebten Geo-Caching zu tun, wo es um die Suche öffentlich bekannter »Schätze« geht.)

33 Schatzsuche

 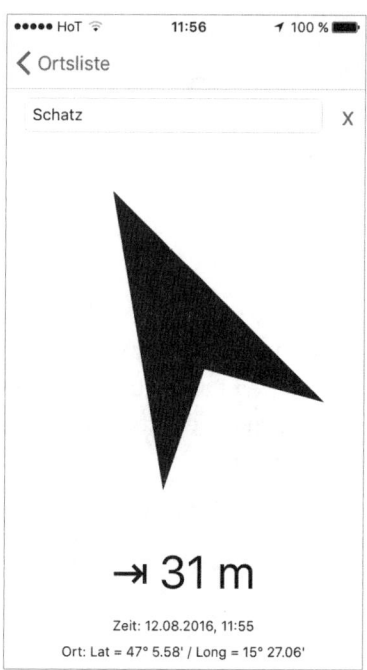

Abbildung 33.1 Links das Speichern eines Orts, rechts die Detailansicht, die dabei hilft, den Ort wiederzufinden

Für beide Anwendungsfälle ließe sich die App natürlich weiter optimieren und optisch ansprechender gestalten:

- Zum Einsatz als Orientierungshilfe im freien Gelände wäre eine regelmäßige automatische Speicherung von Markierungspunkten zweckmäßig. Die App müsste dann wie in Abschnitt 24.2, »Wegstrecke aufzeichnen«, als Hintergrund-App konfiguriert werden, und der Zugriff auf die Ortungsdaten müsste auch für den Hintergrundbetrieb zugelassen werden. Praktisch wäre auch eine Funktion, die die Suchfunktion automatisch auf den nächstälteren gespeicherten Punkt umstellt, sobald der gerade ausgewählte Punkt annähernd erreicht ist.

- Die kindergeburtstagstaugliche Schatzsuche schreit geradezu nach einem ansprechenderen App-Layout. Noch unterhaltsamer lässt sich die Suche gestalten, wenn die Suche hin und wieder durch Quiz-Fragen unterbrochen wird. Sobald die Distanz zum Schatz z. B. auf 500 m sinkt, muss eine knifflige Frage richtig beantwortet werden. Erst dann kann die App weiter genutzt werden. Auch ein Foto oder eine Detailkarte als Hilfestellung für die Suche auf den letzten Metern kann zweckmäßig sein. Das Foto bzw. die Karte wird erst eingeblendet, wenn der Abstand zum Schatz weniger als 30 m beträgt.

Die vorliegende App verzichtet bewusst auf die Darstellung einer Karte (MapView). Der Hauptvorteil besteht darin, dass die App so auch ohne Internetzugang funktioniert, was gerade bei Wanderungen ein großer Vorteil sein kann. Außerdem ist eine Schatzsuche wenig spannend, wenn der Ort des Schatzes mit einem Blick auf die Karte sofort klar wird.

> **Einschränkungen durch die GPS-Genauigkeit**
>
> Für grobe Orientierungsaufgaben ist das *Global Positioning System* (GPS) mehr als genau genug. Es muss Ihnen aber bewusst sein, dass das System bei Distanzen ab ca. 20 Metern an seine Grenzen stößt.

Auch wenn die Abbildungen der App recht unspektakulär aussehen, verbergen sich dahinter doch viele Details und entsprechend viel Code. Die Beschreibung der App wurde daher über die weiteren Abschnitte dieses Kapitels verteilt und befasst sich mit den folgenden Themen:

- persistente Speicherung der Liste mit den geografischen Daten mit `NSCoding`-Unterstützung
- Auslagerung des Location Managers in eine eigene Klasse mit Kommunikation über den `NotificationManager`
- Darstellung eines Richtungspfeils mit `UIBezierPath` in einem eigenen Steuerelement
- Aufbau und Steuerung der App-Ansichten

Aufbau und Storyboard

Das Storyboard der App ist übersichtlich (siehe Abbildung 33.2). Ein Navigation-Controller enthält die Startseite der App, an deren oberem Rand die gerade aktuelle Position (geografische Breite und Länge) angezeigt wird. Der Button POSITION SPEICHERN führt dazu, dass ein Popup-Dialog zur Eingabe eines Namens angezeigt wird (STORYVC im Storyboard). Sobald auf der Startseite ein Eintrag im Table-View-Steuerelement berührt wird, erscheint die Detailseite (DETAILVC). Den drei Seiten bzw. Dialogen ist jeweils eine eigene Klassendatei zugeordnet:

- Startseite: `ViewController.swift`
- Popup-Dialog zum Speichern: `SaveVC.swift`
- Detail-Seite: `DetailVC.swift`

Darüber hinaus enthält das Xcode-Projekt neben den vorgegebenen Dateien wie `AppDelegate.swift` oder `Info.plist` noch die folgenden Swift-Dateien:

- globale Funktionen: `GlobalFunction.swift`
- Datenmodell (Klasse `Position`): `Position.swift`
- eigener Location Manager: `MyLocationManager.swift`
- Steuerelement für den Richtungspfeil: `ArrowView.swift`

Abbildung 33.2 Das Storyboard der Schatzsuche-App

Layout-Regeln

Die Startansicht besteht aus drei Steuerelementen:

- Das Label für die Position ist links, oben und rechts fixiert, sodass es die ganze zur Verfügung stehende Breite des iOS-Geräts nutzt.
- Der Button POSITION SPEICHERN ist darunter angeordnet und mit dem rechten Rand verbunden.
- Den Rest des Bildschirms füllt das Table-View-Steuerelement aus. Es ist mit dem linken, unteren und rechten Rand verbunden. Seine Oberkante befindet sich 15 Punkte unter der Unterkante des Buttons.

Der Popup-Dialog hat dank SIZE = FREEFORM und USE PREFERRED EXPLIZIT SIZE eine fixe Größe von 250 × 80 Punkten. Die beiden enthaltenen Steuerelemente sind ohne Layout-Regeln positioniert. Das ist insofern unproblematisch, als sich die Größe des Popup-Dialogs ohnedies nicht ändern kann.

Anmerkungen zu den Layout-Regeln der Detailansicht folgen in Abschnitt 33.7, »Detailansicht mit Richtungspfeil«.

Funktion zur Darstellung geografischer Daten

Die App benötigt an mehreren Stellen eine Funktion, um die Fließkommazahlen für die geografische Breite und Länge in eine besser lesbare Form mit Grad und Minuten umzuwandeln. Dazu habe ich in GlobalFunctions.swift die Funktion degreesMinutes definiert:

```
// Projekt ios-schatz, Datei GlobalFunctions.swift
// Beispiel: macht aus 12.5 --> "12° 30.00'"
func degreesMinutes(_ x:Double) -> String {
  let remainder = x.truncatingRemainder(dividingBy: 1)
  let minutes = abs(remainder * 60)
  return String(format: "%d° %.2f'", Int(x), minutes)
}
```

Die `truncatingRemainder`-Methode berechnet den Nachkommaanteil der Zahl, also den Rest bei einer Division durch 1. In älteren Swift-Versionen funktionierte das platzsparender auch in der Form x % 1. Die Verwendung von `abs` ist hier sinnvoll, weil ein eventuell negatives Vorzeichen schon bei den Grad enthalten ist. Es soll also z. B. -12° 30.00' lauten, nicht -12° -30.00' mit zwei negativen Vorzeichen.

Projekteinstellungen

Die App zur Schatzsuche kann sinnvollerweise nur auf iPhones in Normalausrichtung (hochkant) verwendet werden. Deswegen habe ich in den Target-Einstellungen GENERAL • DEPLOYMENT INFO als einzige Geräteausrichtung PORTRAIT zugelassen (siehe Abbildung 33.3).

Abbildung 33.3 Die App läuft nur im Portrait-Modus.

Die App nutzt die Kompassfunktionen. Wenn Sie auch andere Ausrichtungen zulassen möchten, dann müssen Sie in der App die `UIDeviceOrientationDidChange`-Nachricht des Notification Centers verarbeiten und die Ausrichtung des Kompasses an die des Geräts anpassen. Der erforderliche Code ist in `ViewController.swift` enthalten, wird aber in diesem Kapitel nicht nochmals beschrieben. Werfen Sie gegebenenfalls einen Blick in Kapitel 25, »Grafik und Animation«, wo diese Problematik behandelt wird.

33.2 Datenmodell

Jedes Mal, wenn die App eine Position speichert, werden vier Daten erfasst: Der Name des Orts (muss eingegeben werden), der aktuelle Zeitpunkt sowie die geografische Länge und Breite. Diese vier Daten werden gemeinsam in einer Instanz der Position-Klasse gespeichert, die wie folgt definiert ist:

```
// Projekt ios-schatz, Datei Position.swift
class Position: NSObject, NSCoding {
  var name: String   // Name des Orts
  var time: Date     // Speicherzeitpunkt
  var lat: Double    // geogr. Breite
  var long: Double   // geogr. Länge

  init(_ name: String, _ time: Date,
     _ lat: Double, _ long: Double )
  {
    self.name  = name
    self.time  = time
    self.lat   = lat
    self.long  = long
  }

  // weitere Init-Funktionen und Methoden ...
}
```

Die Liste aller gespeicherten Orte befindet sich in einem Array von Position-Objekten. Der Zugriff auf dieses Array erfolgt durch die poslist-Eigenschaft in ViewController.swift.

Basisklasse und Protokolle

Die Position-Klasse ist von NSObject abgeleitet und implementiert das Protokoll NSCoding. Dieses Protokoll erlaubt es, Position-Instanzen effizient in einer binären Datei zu speichern. Die Ableitung von NSObject wird vom NSCoding-Protokoll vorausgesetzt.

description-Eigenschaft

Damit ein gespeicherter Punkt zu Testzwecken unkompliziert mit print(posvar) ausgegeben werden kann, wird die description-Eigenschaft der NSObject-Klasse wie folgt überschrieben:

```
override var description:String {
  return name + "\(time) \(lat) \(long)"
}
```

Das Protokoll NSCoding

Die Zielsetzung des `NSCoding`-Protokolls ist es, bei der Umwandlung von Daten in einen binären Datenstrom bzw. bei der Zurückverwandlung zu helfen. Das Protokoll verlangt die Implementierung einer eigenen Init-Funktion sowie der Methode `encodeWithCoder`. In beiden Fällen wird ein `NSCoder`-Objekt übergeben.

- **Decoder:** In `init` können die gewünschten Daten mit verschiedenen `decode`-Methoden extrahiert werden. Dabei wird jeweils eine Zeichenkette als Zugriffsschlüssel übergeben. Zeichenketten und `Date`-Instanzen werden als universelle Objekte betrachtet. Erst das Casting durch `as! xxx` macht daraus den gewünschten Datentyp.

- **Encoder:** Analog kommen in `encodeWithCoder` entsprechende `encodeXxx`-Methoden zum Einsatz.

```
// Daten aus dem Decoder extrahieren
required init?(coder aDecoder: NSCoder) {
  name = aDecoder.decodeObject(forKey: "name") as! String
  time = aDecoder.decodeObject(forKey: "time") as! Date
  lat  = aDecoder.decodeDouble(forKey: "lat")
  long = aDecoder.decodeDouble(forKey: "long")
}

// Daten codieren
func encodeWithCoder(aCoder: NSCoder) {
  aCoder.encodeObject(name, forKey: "name")
  aCoder.encodeObject(time, forKey: "time")
  aCoder.encodeDouble(lat,  forKey: "lat")
  aCoder.encodeDouble(long, forKey: "long")
}
```

Array speichern und wieder einlesen (NSKeyedArchiver)

Die Klasse `NSKeyedArchiver` stellt Methoden zur Verfügung, um Objekte in einer Datei zu speichern bzw. von dort wieder zu lesen, sofern deren Klassen das `NSCoding`-Protokoll unterstützen.

Uns interessiert hier freilich nicht das Speichern bzw. Lesen eines einzigen `Position`-Elements, denn wir wollen gleich ein ganzes Array verarbeiten. Dabei kommt uns zugute, dass aus der Objective-C-Welt stammende Methoden ein Swift-Array als `NSArray` betrachten – und `NSArray` implementiert `NSCoding`. Solange ein Swift-Array also `NSCoding`-kompatible Elemente enthält, gelingt das Archivieren in eine Datei mit `archiveRootObject` bzw. das Auslesen mit `unarchiveObjectWithFile` vollkommen unkompliziert.

Die App verwendet als Speicherort das Dokumentenverzeichnis und als Dateiname positions.bin. Den Pfad zu dieser Datei ermittelt die Methode docPath. In saveArrayToFile wird der Rückgabewert von archiveRootObject einfach ignoriert. In der Methode readArrayFromFile ist für den Fall vorgesorgt, dass die Datei noch gar nicht existiert und getPath daher nil zurückgibt. Das ist beim ersten Start der App der Fall. In diesem Fall liefert readArrayFromFile einfach ein leeres Array als Ergebnis.

```
// statische Methoden, um Position-Array
// dauerhaft zu speichern bzw. wieder zu laden
static func saveArrayToFile(_ data:[Position]) {
  if data.count == 0 { return }
  if let path = docPath(for: "positions.bin") {
    _ = NSKeyedArchiver.archiveRootObject(data, toFile: path)
  }
}
static func readArrayFromFile() -> [Position] {
  if let path = docPath(for: "positions.bin"),
     let result = NSKeyedUnarchiver
       .unarchiveObject(withFile: path) as? [Position]
  {
    return result
  }
  return [Position]()  // leeres Array
}

// liefert URL für Datei im Documents-Verzeichnis
private static func docPath(for filename: String) -> String? {
  // sollte immer genau ein Ergebnis liefern
  let urls = FileManager.default.urls(for: .documentDirectory,
                                      in: .userDomainMask)
  if let docDir = urls.first {
    return docDir.appendingPathComponent(filename).path
  }
  return nil
}
```

33.3 Location Manager selbst gemacht

Viele Apps, die auf einen Location Manager zurückgreifen, brauchen diesen in mehreren Ansichten. Da jede Ansicht eine eigene Einheit bildet, die bei einem Segue geladen bzw. auch wieder aus dem Speicher entfernt wird, ist die gemeinsame Nutzung eines Location Managers schwierig. Natürlich kann jede Ansicht einfach jedes Mal einen neuen Location Manager erzeugen – aber das wäre ineffizient und führte zu redundantem Code. Wesentlich besser ist es, diesen Code in eine eigene Klasse auszulagern.

In der Schatzsuche-App habe ich hierfür die Klasse `MyLocationManager` vorgesehen. Sie erfüllt die folgenden Aufgaben:

- zentrale Nutzung in der gesamten App
- Verarbeitung der für die App relevanten Delegate-Methoden
- Zugriff auf die aktuelle Position und Richtung auch ohne Delegates

Beim ersten Zugriff auf die statische Eigenschaft `MyLocationManager.sharedInstance` wird eine Instanz erzeugt. Bei jedem weiteren Zugriff wird dann diese Instanz wiederverwendet.

```
// Projekt ios-schatz, Datei MyLocationManager.swift
import CoreLocation
class MyLocationManager: NSObject, CLLocationManagerDelegate {
  // Zugriff auf gemeinsame Instanz von MyLocationManager
  static let sharedInstance = MyLocationManager()

  // Referenz auf den Location Manager
  var locmgr = CLLocationManager()

  // bequemer Zugriff auf die letzte Position enthält
  // Daten, sobald locationManager(..., didUpdateLocation)
  // zum ersten Mal aufgerufen wird
  var location:CLLocation!
  var heading:CLHeading!

  // Init-Funktion und Delegate-Methoden, Code folgt gleich ...
}
```

Möglicherweise fragen Sie sich, warum auch der `MyLocationManager` von `NSObject` abgeleitet ist. Das hat mit dem `CLLocationManagerDelegate`-Protokoll zu tun. Es setzt implizit voraus, dass es von einer Klasse implementiert wird, die von `NSObject` abgeleitet ist. Vergessen Sie das, dann zeigt der Compiler die Fehlermeldung *does not conform to protocol NSObjectProtocol* an. Das hat damit zu tun, dass die `NSObject`-Klasse wiederum das `NSObjectProtocol` voraussetzt.

Die Init-Funktion

In der Init-Funktion wird der »echte« Location Manager initialisiert und der Delegate-Aufruf aktiviert. Vergessen Sie nicht, für die Methode `requestWhenInUseAuthorization` in `Info.plist` eine Zeichenkette für den Schlüssel `NSLocationWhenInUseUsageDescription` vorzusehen. Diese Zeichenkette wird angezeigt, wenn die

App um die Erlaubnis fragt, auf Ortsdaten zuzugreifen (siehe Abschnitt 24.1, »Hello-MapView!«).

```
// Location Manager initialisieren
override init () {
  super.init()
  locmgr.delegate = self
  locmgr.desiredAccuracy = kCLLocationAccuracyBest

  // um Erlaubnis fragen
  locmgr.requestWhenInUseAuthorization()

  // Location- und Heading-Ereignisse verarbeiten
  locmgr.startUpdatingLocation()
  locmgr.startUpdatingHeading()
}
```

Kommunikation über das Notification Center

Jetzt bleibt noch die Frage zu klären, wie die Anwender der `MyLocationManager`-Klasse darüber informiert werden, dass neue Orts- oder Richtungsdaten zur Verfügung stehen. Der »richtige« Location Manager verwendet dazu ja Delegation. Dieser Kommunikationsmechanismus scheidet in unserem Fall aber aus, weil auf diese Weise immer nur *ein* Empfänger benachrichtigt werden kann. Bei der Nutzung der `MyLocationManager`-Klasse kann der Empfänger aber wechseln, und es ist sogar möglich, dass es zwischenzeitlich mehrere Empfänger gleichzeitig gibt.

Glücklicherweise sieht iOS hierfür das sogenannte Notification Center vor. Das ist gewissermaßen eine zentrale Kommunikationseinheit für alle Klassen bzw. logischen Einheiten einer App. Beim Start jedes iOS-Programms wird automatisch eine Instanz des Notification Centers erzeugt. An jeder Stelle im Code können Sie mit `NotificationCenter.default` darauf zugreifen. Theoretisch besteht auch die Möglichkeit, weitere Notification Manager einzurichten – in der Praxis ist dies aber selten zweckmäßig.

Der Notification Manager gibt uns nun die Möglichkeit, jederzeit Nachrichten über ein Ereignis an das Notification Center zu senden. In der `MyLocationManager`-Klasse machen wir davon in den Delegate-Methoden des `CLLocationManagerDelegate`-Protokolls Gebrauch. Versendet werden nicht die Daten an sich, sondern nur die Nachricht im Sinne von »Es gibt eine neue Position« bzw. »Der Kompass zeigt in eine andere Richtung«.

33.3 Location Manager selbst gemacht

```
// Projekt ios-schatz, Datei MyLocationManager.swift (Forts.)
// didUpdateLocation-Delegation verarbeiten
func locationManager(_ manager: CLLocationManager,
                     didUpdateLocations locations: [CLLocation])
{
  location = locmgr.location
  NotificationCenter.default.post(
    name: Notification.Name(rawValue: "NewLocation"),
    object: manager)
}

// didUpdateLocation-Delegation verarbeiten
func locationManager(_ manager: CLLocationManager,
  didUpdateHeading newHeading: CLHeading)
{
  heading = locmgr.heading
  NotificationCenter.default.post(
    name: Notification.Name(rawValue: "NewHeading"),
    object: manager)
}

// bei Bedarf Dialog zur Kompasskalibrierung einblenden
func locationManagerShouldDisplayHeadingCalibration(
  _ manager: CLLocationManager) -> Bool
{
  return true
}
```

Zum Versenden sieht das Notification Center die Methode post vor. An diese Methode werden zwei Parameter übergeben: ein frei gewählter, eindeutiger Name des Ereignisses sowie auf Wunsch ein Objekt mit ereignis- oder nachrichtenspezifischen Daten. Der obige Code verzichtet auf die Weitergabe von Daten. Die Empfänger der Nachrichten können den aktuellen Ort bzw. die aktuelle Richtung ohnedies unkompliziert den Eigenschaften location oder heading der MyLocationManager-Instanz entnehmen.

Abbildung 33.4 Nachrichtenfluss in der Schatzsuche-App

Jetzt ist noch die Frage offen, wer die an das Notification Center versandten Nachrichten eigentlich erhält. Dazu ist ein Aufruf der Methode addObserver erforderlich (siehe Abbildung 33.4). Damit geben Sie bekannt, dass Sie den Nachrichtenfluss beobachten und beim Auftreten einer bestimmten Nachricht informiert werden möchten. An addObserver müssen vier Parameter übergeben werden:

- das Objekt, das sich als Nachrichtenbeobachter anmeldet (in der Regel self)
- der Name der Methode, die das Notification Center aufrufen soll. Wichtig: Im Selektor müssen dem Methodennamen ein Unterstrich und ein Doppelpunkt folgen, um so anzugeben, dass an die Methode ein Parameter übergeben wird! Der Name der Methode kann frei gewählt werden, Sie müssen aber einen Parameter zur Übergabe eines Notification-Objekts vorsehen.
- der Name der Nachricht, die verarbeitet werden soll, und zwar nicht als Zeichenkette, sondern als Notification-Name,
- das Objekt, das die Nachricht versendet hat. Wenn Sie hier ein Objekt angeben, erhalten Sie nur Nachrichten dieses Objekts. Übergeben Sie hingegen nil, dann berücksichtigt das Notification Center *jede* Nachricht, bei der der Nachrichtenname zutrifft, unabhängig vom Sender.

Die folgenden Zeilen sind ein Vorgriff auf die Controller-Datei ViewController.swift. Sie zeigen beispielhaft die Verwendung von addObserver und den Aufbau einer notify-Methode:

```
// Projekt ios-schatz, Datei ViewController.swift,
// in viewDidLoad(): wenn das Notification Center
// die Nachricht "NewLocation" erhält, soll die
// Methode notifNewLocation() aufgerufen werden
NotificationCenter.default.addObserver(
  self,
  selector: #selector(ViewController.notifyNewLocation(_:)),
  name: Notification.Name(rawValue: "NewLocation"),
  object: nil)

// wird vom Notification Center aufgerufen, sobald eine
// "NewLocation"-Nachricht eintrifft
func notifyNewLocation(_ notification: Notification) {
  ...
}
```

Bei Bedarf besteht die Möglichkeit, die Benachrichtigung durch den Notification Server, also den Aufruf der mit addObserver genannten Methode, wieder zu stoppen. Dazu verwenden Sie die Methode removeObserver. In der Beispiel-App ist es aber nicht notwendig, diese Methode einzusetzen.

33.4 Steuerelement zur Richtungsanzeige (UIBezierPath)

Ein weiteres Puzzlestück der Schatzsuche-App ist das Steuerelement zur Richtungsanzeige, für die die Klasse ArrowView zuständig ist. Wie Sie eigene Steuerelemente realisieren, habe ich Ihnen ja schon in Kapitel 25, »Grafik und Animation«, gezeigt. Zur Wiederholung folgt hier die Kurzfassung: Sie müssen eine von UIView abgeleitete Klasse entwickeln und darin die draw-Methode implementieren. Die eigentlichen Zeichenoperationen verwenden UIBezierPath-Objekte, die zuerst erzeugt und dann mit stroke oder fill gezeichnet werden.

Die ArrowView-Klasse kennt zwei Eigenschaften: color gibt die Zeichenfarbe an, heading die Pfeilrichtung. Die Richtung wird in Grad angegeben. 0° bedeutet nach rechts, 90° nach oben, 180° nach links etc.

```
// Projekt ios-schatz, Datei ArrowView
@IBDesignable class ArrowView: UIView {
  // Farbe des Pfeils
  @IBInspectable var color:UIColor = .black

  // Richtung des Pfeils
  @IBInspectable var heading: Double = 0.0   {
    didSet {              // bei Änderung neu zeichnen
      setNeedsDisplay()
    }
  }

  // Methode, um den Inhalt der View zu zeichnen
  override func draw(_ rect: CGRect) {
    let rad = heading / 180.0 * .pi;
    let side    = min(frame.size.width, frame.size.height)
    let side2   = side/2           // halbe Seitenlänge
    let radius1 = side2 * 0.95     // Radius außen
    let radius2 = side2 * 0.25     // Radius innen
    let x0 = frame.size.width / 2  // Mittelpunkt
    let y0 = frame.size.height / 2

    let x1 = x0 + radius1 * CGFloat(cos(rad))   // Spitze
    let y1 = y0 - radius1 * CGFloat(sin(rad))
    let x2 = x0 + radius1 * CGFloat(cos(rad + .pi * 0.8))
    let y2 = y0 - radius1 * CGFloat(sin(rad + .pi * 0.8))
    let x3 = x0 + radius2 * CGFloat(cos(rad + .pi))   // unten
    let y3 = y0 - radius2 * CGFloat(sin(rad + .pi))
    let x4 = x0 + radius1 * CGFloat(cos(rad + .pi * 1.2))
    let y4 = y0 - radius1 * CGFloat(sin(rad + .pi * 1.2))
```

```swift
        let myBezier = UIBezierPath()
        myBezier.move(to: CGPoint(x: x1, y: y1))
        myBezier.addLine(to: CGPoint(x: x2, y: y2))
        myBezier.addLine(to: CGPoint(x: x3, y: y3))
        myBezier.addLine(to: CGPoint(x: x4, y: y4))
        myBezier.close()
        color.setFill()
        myBezier.fill()
        color.setStroke()
        myBezier.stroke()
    }
}
```

33.5 Hauptansicht mit Listenfeld

Die Start- bzw. Hauptansicht der Schatzsuche-App besteht aus einem Balken am oberen Bildschirmrand. Dort wird die gerade aktuelle geografische Position angezeigt. Die Anzeige ist primär als Feedback für die Benutzer der App gedacht, damit diese erkennen, dass Ortsdaten empfangen werden. Der Button POSITION SPEICHERN führt über eine Segue in einen Popup-Dialog. Sofern dort ein Name für den zu speichernden Ort angegeben wird, fügt die App den Eintrag in die Liste ein. Im Folgenden sind die wichtigsten Passagen aus dem Steuerungscode abgedruckt und erläutert.

Outlets, Eigenschaften und Initialisierung

In der `ViewController`-Klasse gibt es nur zwei Outlets zum Zugriff auf das Textfeld mit der aktuellen Position sowie auf das Table-View-Steuerelement mit der Liste. `mylocmgr` enthält eine Referenz auf ein `MyLocationManager`-Objekt. `poslist` enthält das Array mit den Daten für die Listeneinträge. Das Array wird beim Programmstart mit `readArrayFromFile` gelesen und bei jeder Änderung wieder gespeichert.

`viewDidLoad` richtet `self` als Datenquelle ein. Die zugehörigen Delegate-Methoden für das DataSource-Protokoll folgen später. `addObserver` meldet beim Notification Center die Methode `notifiyNewLocation` an. Sie soll in Zukunft aufgerufen werden, wenn eine `NewLocation`-Nachricht eintrifft. Diese Methode kümmert sich darum, dass im Textfeld die aktuelle geografische Position angezeigt wird.

```swift
// Projekt ios-schatz, Datei ViewController.swift
class ViewController: UIViewController {
  @IBOutlet weak var labelPosition: UILabel!
  @IBOutlet weak var tableView: UITableView!
```

33.5 Hauptansicht mit Listenfeld

```
  let mylocmgr = MyLocationManager.sharedInstance
  var poslist = Position.readArrayFromFile()

  override func viewDidLoad() {
    super.viewDidLoad()
    tableView.dataSource = self

    // Benachrichtigung von MyLocationManager,
    // wenn sich die Position ändert
    NotificationCenter.default.addObserver(
      self,
      selector: #selector(ViewController.notifyNewLocation(_:)),
      name: Notification.Name(rawValue: "NewLocation"),
      object: nil)
  }

  // neue Position anzeigen
  func notifyNewLocation(_ notification: Notification) {
    let coord = mylocmgr.location.coordinate
    let long = degreesMinutes(coord.longitude)
    let lat  = degreesMinutes(coord.latitude)
    labelPosition.text = "Position Lat = \(lat) / Long = \(long)"
  }

  // weitere Methoden ...
}
```

DataSource-Anbindung

Als Datenquelle für das Table-View-Steuerelement dient das Array `poslist`. Die Anbindung erfolgt über Data-Source-Methoden – und zwar exakt genau so wie im Beispiel aus Kapitel 23, »Tabellen und Listen darstellen«. Um den Code übersichtlich zu halten, sind die Methoden in einer extension für das UITableViewDataSource-Protokoll gebündelt.

```
extension ViewController: UITableViewDataSource {
  func numberOfSections(in ...) -> Int
    { return 1 }
  func tableView(... numberOfRowsInSection ...) -> Int
    { return poslist.count }
  func tableView(... cellForRowAt ...) -> UITableViewCell
  {
    let dfmt = DateFormatter()
    dfmt.dateStyle = .medium
    dfmt.timeStyle = .short
```

```
      let cell = tableView.dequeueReusableCell(
        withIdentifier: "ProtoCell", for: indexPath)
      cell.textLabel?.text = poslist[indexPath.row].name
      cell.detailTextLabel?.text =
        dfmt.string(from: poslist[indexPath.row].time as Date)
      return cell
    }
}
```

Segues vom und zum Speichern-Popup, neuen Eintrag speichern

Zum Aufruf der Segue-prepare-Methode kann es aus zwei Gründen kommen: einerseits beim Anklicken von POSITION SPEICHERN, andererseits beim Anklicken eines Listeneintrags. Im ersten Fall muss die delegate-Eigenschaft des Popup-Controllers SaveVC auf self gestellt werden. Das ermöglicht uns, auf den Aufruf von adaptivePresentationStyleForPresentationController des UIPopoverPresentationControllerDelegate-Protokolls zu reagieren.

Dort geben wir als UIModalPresentationStyle den Wert .None zurück – iOS soll den Popup-Dialog also auch auf einem iPhone als solchen anzeigen und keine modale Ansicht daraus machen.

```
// Projekt ios-schatz, Datei ViewController.swift
class ViewController: UIViewController {   // Fortsetzung
  override func prepare(for segue: UIStoryboardSegue,
                    sender: Any?)
  {
    // Segue zum Popup-Speicherdialog
    if let dest = segue.destination as? SaveVC,
      let popPC = dest.popoverPresentationController
    {
      popPC.delegate = self
    }

    // Segue zur Detailansicht
    // ... (folgt gleich)
  }
}
// damit Popups auch auf dem iPhone funktionieren
extension ViewController :
         UIPopoverPresentationControllerDelegate
{
  func adaptivePresentationStyle(
        for controller: UIPresentationController)
    -> UIModalPresentationStyle
```

```
  {
    return .none
  }
}
```

Bei der Rückkehr aus dem Speicher-Popup wird die Methode `unwindToMainView` aufgerufen. Da das automatische Ausblenden des Popups nicht immer funktioniert, wenn der Segue per Code ausgelöst wurde, hilft die Methode `dismissViewControllerAnimated` nach.

```
class ViewController: UIViewController {  // Fortsetzung
  @IBAction func unwindToMainView(_ segue: UIStoryboardSegue) {
    if let src = segue.source as? SaveVC {
      // explizit ausblenden, siehe
      // http://stackoverflow.com/questions/28247727/
      if !segue.source.isBeingDismissed {
        segue.source.dismiss(animated: true, completion: nil)
      }
      if let txt = src.posname.text {
        let posname = txt.trimmingCharacters(
          in: CharacterSet.whitespacesAndNewlines)
        if posname != "", let loc = mylocmgr.location {
          let newpos =
            Position(posname,
                     loc.timestamp,
                     loc.coordinate.latitude,
                     loc.coordinate.longitude)
          // am Beginn der Liste einfügen
          poslist.insert(newpos, at: 0)
          // neue Liste bleibend speichern
          Position.saveArrayToFile(poslist)
          // anzeigen
          tableView.reloadData()
        }
      }
    }  // Ende der if-let-Konstruktion
  }  // Ende der unwind-Methode
}  // Ende der Klasse
```

Die Methode `trimmingCharacters` entfernt alle Leerzeichen aus dem Text, der im Textfeld des Popup-Dialogs steht. Bleibt dann noch etwas übrig, wird in `newpos` eine neue Instanz eines `Position`-Objekts gespeichert und dem `poplist`-Array am Beginn hinzugefügt. Die zuletzt gespeicherte Position wird im Table-View-Steuerelement also oben angezeigt. `saveArrayToFile` sorgt dafür, dass die neue Positionsliste bleibend gespeichert wird. `reloadData` löst ein Neuzeichnen der Table-View aus.

Segue vom und zum Detaildialog

Ein Klick auf einen Listeneintrag löst den Übergang in die Detailansicht aus. In prepare werden an das neue DetailVC-Objekt zwei Daten übergeben: der Indexeintrag des gerade aktiven Listeneintrags, der mit indexPath ermittelt wird, sowie die Position-Instanz des ausgewählten Eintrags. Außerdem bewirkt dest.delegate = self, dass wir in dem aktuellen ViewController-Code auf Delegates der DetailVC-Klasse reagieren können.

```
// Projekt ios-schatz, Datei ViewController.swift
class ViewController: UIViewController {  // Fortsetzung
  override func prepare(for segue: UIStoryboardSegue,
                   sender: AnyObject?)
  {
    // Segue zum Popup-Speicherdialog: ... siehe oben

    // Segue zur Detailansicht:
    if let dest = segue.destination as? DetailVC ,
       let cell = sender as? UITableViewCell,
       let indexPath = tableView.indexPath(for: cell)
    {
      dest.row = indexPath.row
      dest.pos = poslist[indexPath.row]
      dest.delegate = self
    }
  }
}
```

Die Delegate-Methode backFromDetailVC, deren Definition gleich bei der Beschreibung der DetailVC-Klasse folgt, wird bei der Rückkehr von der Detail- in die Listenansicht aufgerufen. Hier sind zwei Dinge zu erledigen:

▶ Wenn die DetailVC-Eigenschaft deleteItem den Wert true hat, wird der aktuelle Listeneintrag aus poslist gelöscht. Das Table-View-Steuerelement wird mit reload aktualisiert, die geänderte Liste mit saveArrayToFile gespeichert.

▶ Wenn der Name des Orts geändert wurde, wird der betreffende Listeneintrag verändert. Abermals kümmern sich reload und saveArrayToFile um die Synchronisierung der Table-View und der Positionsdatei.

```
// eigener Delegate zur Verarbeitung der Rückkehr von DetailVC
extension ViewController: DetailVCDelegate {
  func backFromDetailVC(_ sourceVC: DetailVC) {
    if sourceVC.deleteItem == true {
      // Listenelement löschen
      poslist.remove(at: sourceVC.row)
```

```
          // anzeigen
          tableView.reloadData()
          // geänderte Liste bleibend speichern
          Position.saveArrayToFile(poslist)
        } else {
          // gegebenenfalls Titel des Listenelements ändern
          let txt = sourceVC.txtPosition.text!
          let newname = txt.trimmingCharacters(
            in: CharacterSet.whitespacesAndNewlines)
          if newname != "" && newname != poslist[sourceVC.row].name {
            poslist[sourceVC.row].name = newname
            Position.saveArrayToFile(poslist)
            tableView.reloadData()
          }
      }
    }     // Ende der if-else-Konstruktion
  }       // Ende der back-Methode
}         // Ende von extension
```

33.6 Popup-Dialog zum Speichern

Der Popup-Dialog zum Speichern befindet sich in einem eigenen ViewController mit dem Klassennamen SaveVC. Ich beginne mit einer Zusammenfassung der wichtigsten Einstellungen, die ich im Storyboard-Editor vorgenommen habe:

- View-Controller:
  - SIZE = FREEFORM
  - STATUS BAR = NONE
  - CONTENT SIZE = PREFERRED EXPLICIT SIZE
- View innerhalb des View-Controllers:
  - WIDTH = 250
  - HEIGHT = 80
- Segue SegueUnwindSaveToMain vom SPEICHERN-Button zum Exit-Icon

In viewDidLoad wird das Textfeld mit becomeFirstResponder zum »First Responder« gemacht. Das Steuerelement erhält damit den Eingabefokus, gleichzeitig erscheint die Tastatur zur Eingabe des Texts.

Im Code zur Klasse wird wie schon in einigen früheren Beispielen die textFieldShould-Return-Methode des UITextFieldDelegate-Protokolls verarbeitet, um die Tastatur mit ⏎ auszublenden und den Popup-Dialog zu schließen:

```
// Projekt ios-schatz
// Datei SaveVC.swift
class SaveVC: UIViewController, UITextFieldDelegate {
  @IBOutlet weak var posname: UITextField!

  override func viewDidLoad() {
    super.viewDidLoad()
    posname.delegate = self
    // Fokus in Textfeld setzen, Tastatur erscheint
    posname.becomeFirstResponder()
  }

  // bei Return ausblenden
  func textFieldShouldReturn(_ textField: UITextField) -> Bool {
    // Eingabe beenden, Tastatur ausblenden
    view.endEditing(true)
    // Segue zu View 2 initiieren
    performSegue(withIdentifier: "SegueUnwindSaveToMain",
              sender: self)
    // 'Return' nicht als Eingabe weitergeben
    return false
  }
}
```

33.7 Detailansicht mit Richtungspfeil

Abschließend muss ich noch den Controller DetailVC der Detailansicht beschreiben. Im View-Controller befinden sich wenige Steuerelemente (siehe Abbildung 33.5):

- ein Textfeld, das den Namen des Orts anzeigt
- ein x-Button zum Löschen des Eintrags
- ein ArrowView-Steuerelement mit dem Richtungspfeil
- drei Label zur Anzeige von Entfernung, Zielkoordination und Speicherzeitpunkt

Das ArrowView-Steuerelement wurde als gewöhnliches View-Steuerelement in die Ansicht eingefügt. Anschließend wurden zwei Eigenschaften verändert:

- im Identity Inspector CLASS = ArrowView, damit nicht nur ein leeres UIView angezeigt wird, sondern das in ArrowView.swift definierte Steuerelement
- im Attributinspektor MODE = REDRAW, damit das Steuerelement bei Größenänderungen automatisch neu gezeichnet wird

Abbildung 33.5 Die Detailansicht im Storyboard-Editor

Damit die Detailansicht automatisch angezeigt wird, sobald ein Listeneintrag ausgewählt wird, habe ich mit `ctrl`-Drag einen Segue von der Table-View in den Detail-View-Controller eingerichtet. Einen Unwind-Segue gibt es nicht, weil sich der Navigation-Controller selbstständig darum kümmert.

Auto Layout

Die folgenden Punkte fassen die Layout-Regeln der Detailansicht zusammen:

- Der x-Button ist am rechten Rand fixiert. Seine vertikale Position ergibt sich daraus, dass der Button mittig an dem daneben befindlichen Textfeld ausgerichtet ist.
- Das Textfeld zur Benennung der Position ist am linken und am oberen Rand fixiert. Es reicht bis 8 Punkte vor den Button.
- Am unteren Ende der Detailansicht befinden sich drei Label. Sie sind jeweils mit dem linken und dem rechten Bildschirmrand verbunden. Das unterste Label ist außerdem zum unteren Bildschirmrand hin fixiert. Das mittlere Label hat vertikal einen fixen Abstand zum untersten Label. Analog ist auch der Abstand zwischen

dem mittleren und dem oberen Label festgelegt. In allen drei Labeln wird der Text dank einer entsprechenden ALIGNMENT-Einstellung zentriert.

- Jetzt bleibt noch der Richtungspfeil, der den Rest der Ansicht ausfüllt. Er ist mit dem linken und dem rechten Bildschirmrand verbunden. Seine Ober- und Unterkanten haben jeweils einen fixen Abstand zum jeweils nächsten darüber bzw. darunter befindlichen Steuerelement.

Initialisierung der Controller-Klasse

Die ersten Zeilen von viewDidLoad kümmern sich darum, die über die Eigenschaft pos zugänglichen Merkmale der Position in den Steuerelementen anzuzeigen. Außerdem richtet addObserver zwei Methoden ein, die aufgerufen werden, sobald das Notification Center durch MyLocationManager Nachricht von einem neuen Ort bzw. einer neuen Richtung erhält.

```
// Projekt ios-schatz, Datei DetailVC.swift
class DetailVC: UIViewController {
  var pos:Position!       // Positionsinstanz
  var row:Int!            // Index für listpos-Array
  let mylocmgr = MyLocationManager.sharedInstance
  var deleteItem = false // den aktuellen Listeneintrag löschen
  var heading = 0.0       // Richtung zum Ziel (0 bis 360 Grad)
  var delegate:DetailVCDelegate?  // close-Benachrichtigung

  @IBOutlet weak var txtPosition: UITextField!
  @IBOutlet weak var lblTime: UILabel!
  @IBOutlet weak var lblLatLong: UILabel!
  @IBOutlet weak var lblDistance: UILabel!
  @IBOutlet weak var arrowview: ArrowView!

  override func viewDidLoad() {
    super.viewDidLoad()
    if pos == nil { return }

    // Steuerelemente mit Daten aus 'pos' initialisieren
    let dfmt = DateFormatter()
    dfmt.dateStyle = .medium
    dfmt.timeStyle = .short
    txtPosition.text = pos.name
    lblTime.text = "Zeit: " + dfmt.string(from: pos.time as Date)
    let long =   degreesMinutes(pos.long)
    let lat  =   degreesMinutes(pos.lat)
    lblLatLong.text = "Ort: Lat = \(lat) / Long = \(long)"
```

```
  // Tastaturereignisse verarbeiten
  txtPosition.delegate = self

  // neue Position verarbeiten
  NotificationCenter.default.addObserver(
    self,
    selector: #selector(DetailVC.notifyNewLocation(_:)),
    name: Notification.Name(rawValue: "NewLocation"),
    object: nil)

  // neue Kompassrichtung verarbeiten
  NotificationCenter.default.addObserver(
    self,
    selector: #selector(DetailVC.notifyNewHeading(_:)),
    name: Notification.Name(rawValue: "NewHeading"),
    object: nil)
  }

  // ... weitere Methoden
}
```

Abstand und Richtung zum Zielpunkt errechnen

In der Methode notifyNewLocation muss der Abstand zwischen der aktuellen Position des iPhones und dem Zielpunkt ermittelt werden. Außerdem müssen Sie dort die Richtung bestimmen, in der das Ziel liegt. Zur Abstandsermittlung können wir einfach auf die Methode distanceFromLocation der CLLocation-Klasse zurückgreifen.

Mathematisch aufwendiger ist die Berechnung der Richtung. Die Formel habe ich von Stackoverflow übernommen. Eine detaillierte mathematische Begründung können Sie außerdem in der Wikipedia nachlesen:

http://stackoverflow.com/questions/3809337
http://en.wikipedia.org/wiki/Haversine_formula

Wichtig ist, dass zuerst alle Winkel in Radiant umgerechnet werden. Aus 180° wird also Pi. Das Ergebnis wird wieder zurück in einen Winkel gerechnet und in der Eigenschaft heading gespeichert.

```
class DetailVC: UIViewController {   // Fortsetzung
  // Benachrichtigung über neue Position
  func notifyNewLocation(_ notification:Notification) {
    // Entfernung zwischen 'pos' und aktuellem Standpunkt
    errechnen
    let loc = CLLocation(latitude: pos.lat, longitude: pos.long)
    let dist = mylocmgr.location.distance(from: loc)
```

```
    lblDistance.text = "--> " + String(format: "%.0f m", dist)

    // Richtung vom Standpunkt zum Ziel berechnen
    // http://stackoverflow.com/questions/3809337
    let toLat   =   pos.lat / 180 * .pi
    let toLong  =   pos.long / 180 * .pi
    let fromLat =
      mylocmgr.location.coordinate.latitude / 180 * .pi
    let fromLong =
      mylocmgr.location.coordinate.longitude / 180 * .pi
    let rad = atan2(sin(toLong - fromLong) * cos(toLat),
              cos(fromLat) * sin(toLat) -
              sin(fromLat) * cos(toLat) *
              cos(toLong - fromLong))
    heading = rad * 180 / .pi
  }

  // Benachrichtigung über neue Kompassrichtung
  func notifyNewHeading(_ notification:Notification) {
    // Richtung von der aktuellen Richtung zum Ziel ausrechnen
    arrowview.heading =
      mylocmgr.heading.trueHeading - heading + 90
  }
}
```

Die Auswertung von `heading` erfolgt erst in `notifyNewHeading` – also immer dann, wenn wir vom Kompass eine Nachricht erhalten, in welche Richtung das iPhone gerade zeigt. Die vom ArrowView-Steuerelement angezeigte Richtung ergibt sich aus der Kompassrichtung minus der Richtung zum Zielort. Die Korrektur um +90° ergibt sich daraus, dass unser `ArrowView`-Steuerelement bei `heading=0` nach rechts zeigt. Für uns bedeutet ein Winkel von 0° aber, dass der Zielpunkt geradeaus nach vorne zu finden ist.

Listeneintrag löschen bzw. ändern

Die Detailansicht bietet auch die Möglichkeit, dem aktuellen Listeneintrag einen neuen Namen zu geben bzw. ihn zu löschen. Das ist schwieriger, als es auf den ersten Blick aussieht. Um den ZURÜCK-Sprung kümmert sich der Navigation-Controller. Zwar wird vor dem Ausblenden der Detailansicht die Methode `viewWillDisappear` aufgerufen – das Problem besteht aber darin, dass der vorherige View-Controller nicht benachrichtigt wird.

33.7 Detailansicht mit Richtungspfeil

Abbildung 33.6 Delegation selbst gemacht

Also müssen wir uns um dieses Detail selbst kümmern (siehe Abbildung 33.6). Dazu implementieren wir in diesem Beispiel das Delegation-Muster. Die Datei `DetailVC.swift` definiert das Protokoll `DetailVCDelegate` mit der Methode `backFromDetailVC`:

```
// Projekt ios-schatz, Datei DetailVC.swift
protocol DetailVCDelegate {
  func backFromDetailVC(_ sourceVC: DetailVC)
}
```

Die Klasse `ViewController` implementiert dieses Protokoll und kann daher den Aufruf der Methode `backFromDetailVC` verarbeiten. Hier sehen Sie nochmals die relevanten Zeilen aus `ViewController.swift`, die im Detail ja schon in Abschnitt 33.5, »Hauptansicht mit Listenfeld«, erläutert wurden:

```
// Projekt ios-schatz, Datei ViewController.swift
class ViewController : UIViewController {
  override func prepare(for segue: UIStoryboardSegue,
                        sender: Any?)
  {
    ...
    // Segue zur Detailansicht
    if let dest = segue.destination as? DetailVC, ...
    {
      ...
      dest.delegate = self
    }
    
  }
}
```

965

```swift
extension ViewController: DetailVCDelegate {
  func backFromDetailVC(_ sourceVC: DetailVC) {
    ...
  }
}
```

Zurück zur `DetailVC`-Klasse: Dort kann `viewWillDisappear` nun ohne Weiteres `backFromDetailVC` aufrufen. Beachten Sie die Eleganz der Optional-Chaining-Syntax: Zum `backFromDetailVC`-Aufruf kommt es nur, wenn `delegate` initialisiert ist. Enthält die Variable dagegen `nil`, unterbleibt der Aufruf, es tritt aber auch kein Fehler auf.

```swift
// Projekt ios-schatz, Datei DetailVC.swift
class DetailVC: UIViewController {    // Fortsetzung
  var delegate:DetailVCDelegate?      // für Delegation-Aufruf
  ...
  override func viewWillDisappear(_ animated: Bool) {
    super.viewWillDisappear(animated)
    delegate?.backFromDetailVC(self)
  }
}
```

Die Detailansicht enthält einen X-Button zum Löschen des aktuellen Eintrags. Wird dieser angeklickt, erscheint eine Sicherheitsabfrage. Diese ist ein Beispiel für die Anwendung der `UIAlertController`-Klasse (siehe Abschnitt 17.8). Nur wenn der Eintrag wirklich gelöscht werden soll, setzt die Methode `deleteBtn` die Eigenschaft `deleteItem` auf `true`.

Außerdem wird mit der Methode `popViewController` die Rückkehr in die Hauptansicht der App initiiert. Die Auswertung von `deleteItem` erfolgt in der Methode `backFromDetailVC` der `ViewController`-Klasse. Das heißt, das eigentliche Löschen der Daten findet dort statt.

```swift
class DetailVC: UIViewController {    // Fortsetzung

  // 'Eintrag löschen'-Button
  @IBAction func deleteBtn(_ sender: UIButton) {

    // Dialog zusammenstellen
    let alert = UIAlertController(
      title: "Eintrag löschen",
      message: "Soll der aktuelle Eintrag wirklich " +
               "gelöscht werden?",
      preferredStyle: .alert)
```

```
        // 'ja': deleteItem auf true setzen, dann Popup schließen
        alert.addAction(
            UIAlertAction(title: "Ja", style: .destructive, handler:
                // Closure
                { (_) in self.deleteItem = true
                    self.navigationController?
                        .popViewController(animated: true)
                }
        ))

        // 'nein': keine Reaktion
        alert.addAction(
            UIAlertAction(title: "Nein", style: .cancel, handler: nil))

        // Dialog anzeigen
        present(alert, animated: true, completion: nil)
    }
}
```

Kapitel 34
Währungskalkulator

Dieses Kapitel stellt einen Währungsrechner für das iPhone vor. Die App bezieht die aktuellen Kurse von ca. 30 Währungen von der Webseite der Europäischen Zentralbank. Der App-Benutzer kann zwei dieser Währungen auswählen und dann unkompliziert Beträge zwischen diesen Währungen umrechnen.

Die Benutzeroberfläche der App steht in zwei Sprachen zur Verfügung: Deutsch und Englisch. Die App kann zudem kostenlos aus dem App Store heruntergeladen werden:

https://itunes.apple.com/us/app/wahrungs-rechner/id985004449

Hintergrundinformationen zur Lokalisierung sowie zu den Arbeiten, um das Programm App-Store-tauglich zu machen, finden Sie in Kapitel 29, »App Store & Co.«.

Neben der Beschreibung des Codes geht dieses Kapitel wieder auf einige »Nebenthemen« ein und erweitert so das riesige Puzzle der iOS-Grundlagen um zwei weitere Aspekte:

- Fingerdruck erkennen (`UITapGestureRecognizer`)
- Listenauswahl mit dem `UIPickerView`-Steuerelement

34.1 App-Überblick

Die App ist mit einem Tab-Bar-Controller in zwei Ansichten organisiert (siehe Abbildung 34.1):

- Die Hauptansicht dient zur Umrechnung von Geldbeträgen. Bei der Eingabe einer Zahl in eines der beiden Textfelder wird der entsprechende andere Betrag sofort im zweiten Textfeld angezeigt. Der untere Bereich dieser Ansicht ist bewusst leer, weil dort normalerweise die Tastatur eingeblendet wird. Die Tastatur verschwindet wieder, sobald der Hintergrund berührt wird.

- In der Einstellungsansicht werden die beiden Währungen ausgewählt. Zur Auswahl stehen zurzeit 32 Währungen, für die die Europäische Zentralbank einmal täglich frei zugängliche Währungskurse zur Verfügung stellt. Neben den in Europa verwendeten Währungen sind dies z. B. der US-Dollar, der japanische Yen oder der chinesische Yuan.

Die App lädt beim Start die Kurse von der Europäischen Zentralbank. Sollte die Seite gerade nicht erreichbar sein bzw. das iOS-Gerät gerade keinen Internetzugang haben, verwendet die App die bei der letzten Verwendung im Cache-Verzeichnis gespeicherten Kurse. Das Datum der Kurse wird jeweils am unteren Rand der Umrechnungsseite dargestellt, und zwar in grüner Farbe, wenn die Kurse aktuell sind, in gelber Farbe bei Kursen, die älter als drei Tage sind, und in roter Farbe, wenn auf Daten zurückgegriffen werden muss, die vor mehr als einer Woche gespeichert wurden.

Abbildung 34.1 Die beiden Ansichten des Währungsrechners

Die App merkt sich natürlich auch, welche zwei Währungen zuletzt verwendet wurden. Diese Information wird in den User-Defaults gespeichert, also in der für Benutzereinstellungen vorgesehenen *.plist-Datei.

Was heißt »aktuell«?

Möglicherweise erscheint Ihnen ein Zeitraum von drei Tagen für »aktuelle« Kurse recht großzügig. Die EZB legt die Wechselkurse aber nur einmal täglich fest und tut das auch nur an Arbeitstagen. Die Kurse werden dann ca. um 16:00 Uhr auf der folgenden Seite veröffentlicht:

www.ecb.europa.eu/stats/exchange/eurofxref/html/index.en.html

Es handelt sich also nicht um Aktienkurse, die sich sekündlich ändern.

Storyboard und Klassen

Das Storyboard der App besteht aus einem Tab-Bar-Controller mit zwei Ansichten (siehe Abbildung 34.2). Die erste Ansicht enthält oben je zweimal ein Dreierpaket, das aus einer Image-View, einem Label und einem Text-Field besteht. Unten zeigt ein Label das Datum der Kurse an. Ein Button gibt den Benutzern die Möglichkeit, aktuelle Kurse nachzuladen. Das Hintergrundbild der App wurde für den Screenshot fast vollständig transparent gestellt, damit die Steuerelemente besser zu erkennen sind.

Die zweite Ansicht besteht aus zwei sogenannten Picker-View-Steuerelementen (UIPickerView). Die zur Auswahl stehenden Listenelemente werden dabei so dargestellt, als befänden sie sich auf einer drehbaren Walze. Im Storyboard-Editor werden darauf noch Blindtexte angezeigt (Ortnamen wie Cupertino). Diese Texte werden erst im laufenden Programm durch die Währungen samt Flaggen ersetzt.

Abbildung 34.2 Die App im Storyboard-Editor

Den beiden Ansichten ist jeweils eine View-Controller-Klasse zugeordnet. Dazu gesellt sich die Klasse CurCalc mit dem Data Model:

- CalcVC: Controller für Umrechnungsansicht
- SettingsVC: Controller für Einstellungsansicht
- CurCalc: Verwaltung der Kurse, Durchführung der Währungsumrechnungen
- SWXMLHash: XML-Dokumente lesen (siehe Abschnitt 22.2, »XML-Dokumente auswerten«)

Auto Layout in der Umrechnungsansicht

Die App ist eine reine iPhone-App, die ausschließlich im Hochformat läuft. Layouttechnisch am interessantesten sind die Dreierkombinationen aus Flaggenbild, Währungs-Label und Textfeld (siehe Abbildung 34.3) in der Umrechnungsansicht. Nach einigen Experimenten habe ich die Breite und Höhe der Image-View und die des Labels jeweils durch Regeln fix eingestellt.

Die Oberkante des Textfelds ist durch eine Regel an der Oberkante der Flagge ausgerichtet, die Unterkante des Textfelds an der des Labels. Der linke Rand des Textfelds hat einen fixen Abstand zu seinen beiden kleineren Nachbarn, und der rechte Rand reicht bis knapp an den Bildschirmrand, sodass das Textfeld bei größeren iPhone-Modellen wächst.

> **Content Hugging Priority und Content Compression Resistance Priority**
>
> Die fixe Einstellung von Breite und Höhe für Image-View und Label ist nicht ganz elegant, sie erspart Ihnen aber die wesentlich kompliziertere Einstellung der Parameter CONTENT HUGGING PRIORITY und CONTENT COMPRESSION RESISTANCE PRIORITY. Diese Werte entscheiden, welches Steuerelement das Auto-Layout-System bevorzugt, wenn zwei oder mehr Steuerelemente zur Darstellung ihrer Inhalte mehr Platz fordern bzw. wenn der Platz nicht ausreicht, um die Steuerelemente korrekt neben- oder übereinander anzuzeigen.
>
> Probleme verursacht in diesem Zusammenhang oft die Image-View, die Bitmaps am liebsten 1:1 abbilden und dann bei großen Bitmaps viel zu viel Platz beanspruchen würde. Xcode erkennt solche Situationen und gibt den Tipp, die CONTENT-PRIORITY-Werte zu ändern. Alternativ ist es aber wie in dieser App oft zweckmäßiger, einfach die Bildgröße starr vorzugeben.

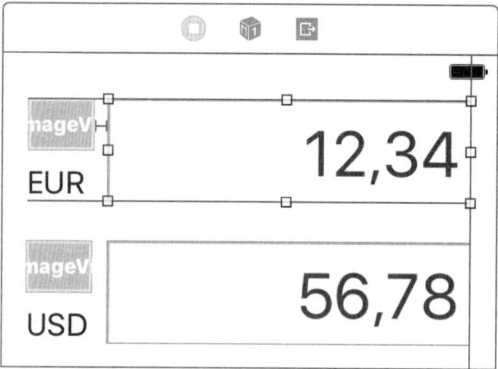

Abbildung 34.3 Layout-Details der Umrechnungsansicht

Die beiden Textfelder sind im Storyboard eckig, während die Ecken im laufenden Programm abgerundet sind. Für die runden Ecken ist zweimal `txtN.borderStyle = .roundedRect` in `viewDidLoad` notwendig. Eine entsprechende Option gibt es auch im Attributinspektor; eine dort durchgeführte Einstellung funktioniert aber nicht.

Die folgende Liste fasst einige weitere Textfeldoptionen zusammen:

- ALIGNMENT = RIGHT: Der Text soll rechtsbündig angezeigt werden.
- FONT = SYSTEM 40, MIN FONT SIZE = 28 und ADJUST TO FIX: Die anfänglich recht große Schrift wird automatisch bis auf 28 Punkt reduziert, um auch Zahlen mit vielen Stellen vollständig abzubilden.
- KEYBOARD TYPE = DECIMAL PAD: Es soll eine Dezimaltastatur verwendet werden. Sie enthält außer den 10 Ziffern den Dezimaltrenner des jeweiligen Landes (in Deutschland also ein Komma) und ein Backspace-Symbol.

Für die beiden Image-Views für die Flaggensymbole gilt:

- MODE = ASPECT FIT: Das Bild soll vollständig unter Wahrung der Proportionen dargestellt werden.

Außerdem gibt es ein drittes Image-View-Steuerelement für das Hintergrundfoto mit den Münzen. Es füllt die gesamte Ansicht aus. Das heißt, aufgrund von Layoutregeln stimmen die Grenzen des Steuerelements immer mit denen des Bildschirms überein. Der Darstellungsmodus ist aber abweichend eingestellt:

- IMAGE = BACKGROUND: Als Bildquelle dient hier `Images.xcassets`. Dort wurde das Hintergrundfoto eingefügt und in `background` umbenannt.
- MODE = ASPECT FILL: Das Bild soll das Steuerelement vollständig ausfüllen, wobei wieder die Proportionen gewahrt bleiben. Wenn das Bild nicht dieselbe Form wie die Image-View hat, werden Teile des Bilds abgeschnitten.
- ALPHA = 0,8: Damit die restlichen Bedienungselemente gut lesbar bleiben, wird das Foto leicht transparent dargestellt. Auf dem sonst weißen Hintergrund entspricht dies einer Aufhellung.

Wenn Sie die Image-View für das Hintergrundbild erst zum Schluss in den View-Controller einfügen, überdeckt sie alle anderen Steuerelemente. Das ist natürlich nicht im Sinne des Erfinders. Dieses Darstellungsproblem beheben Sie, indem Sie das Steuerelement in der Seitenleiste des Storyboard-Editors, also in der DOCUMENT OUTLINE, innerhalb der View ganz nach oben schieben.

Auto Layout in der Einstellungsansicht

Viel unkomplizierter ist das Layout der Einstellungsansicht. Darin befinden sich zwei Picker-Views und zwei Label. Hierfür gelten im Wesentlichen die folgenden Layoutregeln:

- Die beiden Picker-Views sollen gleich breit und gleich hoch sein.
- Bei der ersten Picker-View sind die Abstände zum Label links, zum Rand oben und zum Rand rechts sowie zum Picker-View unten vorgegeben.
- Beim zweiten Picker-View sind die Abstände zum Rand rechts, zum Rand unten und zum Label links fixiert.
- Die beiden Label sind jeweils vertikal mittig zu den Picker-Views ausgerichtet.

Layout-Variante mit Stack-Views

In den Beispieldateien zu diesem Buch liegt der Währungsumrechner in zwei Varianten vor:

- Für die Standardvariante wurde die App wie vorhin beschrieben mit herkömmlichen Layout-Regeln gestaltet. Das hat den Vorteil, dass die App auch für ältere iOS-Versionen kompiliert werden kann.
- Um den Umgang mit der Stack-View zu zeigen (verfügbar seit iOS 9), gibt es eine zweite Variante, bei der zur App-Gestaltung mehrere Stack-Views verwendet wurden. Dieser Abschnitt beschreibt die dabei verwendeten Einstellungen und Optionen.

In der Umrechnungsansicht wurden die drei Steuerelemente für das Währungssymbol, die Währungsbezeichnung und den Betrag jeweils in zwei Stack-Views verpackt (siehe Abbildung 34.4):

- äußere Stack-View (enthält die innere Stack-View und das Textfeld):
    - AXIS = HORIZONTAL
    - ALIGNMENT = FILL
    - DISTRIBUTION = FILL
    - SPACING = 10 (horizontaler Abstand zwischen innerer Stack-View und Textfeld)
    - Höhe durch Regel mit 70 Punkt fixiert
- innere Stack-View (enthält Image und Label):
    - AXIS = VERTICAL
    - ALIGNMENT = LEADING
    - DISTRIBUTION = FILL
    - SPACING = 10 (vertikaler Abstand zwischen Flagge und Währungsbezeichnung)
    - Breite durch Regel mit 50 Punkt fixiert
- Image-View für die Flagge:
    - MODE = ASPECT FIT
- Label für das Währungskürzel:
    - VERTICAL CONTENT COMPRESSION RESISTANCE PRIORITY = 751

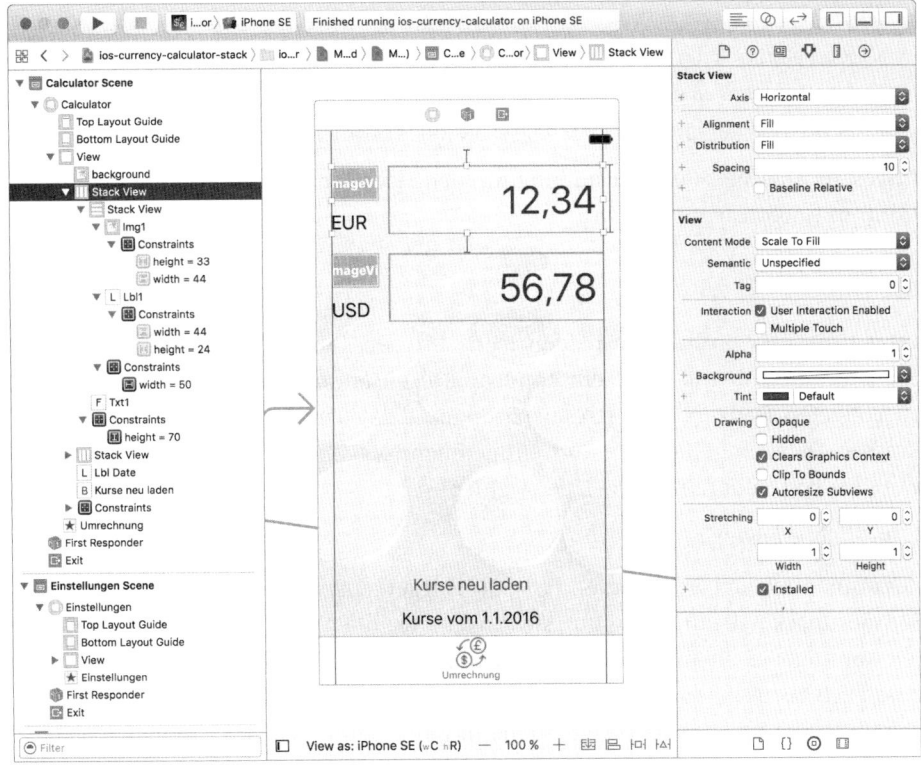

Abbildung 34.4 Die Stack-View-Variante des Währungskalkulators

Auch bei der Einstellungsansicht wurde das Layout durch Stack-Views vereinfacht. Hier gibt es eine äußere Stack-View, die bis auf einen Rand das gesamte Display ausfüllt. Darin befinden sich zwei weitere Stack-Views mit den Labeln für die Ziffern 1 und 2 und den Picker-Views:

- äußere Stack-View (enthält die beiden inneren Stack-Views):
  - Axis = Vertical
  - Alignment = Fill
  - Distribution = Fill Equally
  - Spacing = 16 (vertikaler Mindestabstand zwischen den inneren Stack-Views)
- innere Stack-View (enthält Label und Picker-View):
  - Axis = Horizontal
  - Alignment = Center
  - Distribution = Fill
  - Spacing = 16 (horizontaler Abstand zwischen Label und Picker-View)

- Label:
  - PREFERRED WIDTH = 16 (damit beide Label unabhängig von der enthaltenen Ziffer »1« bzw. »2« gleich breit sind)
  - HORIZONTAL CONTENT COMPRESSION RESISTANCE PRIORITY = 751

Insgesamt war die Layout-Gestaltung mit den Stack-Views wesentlich unkomplizierter als mit Auto-Layout-Regeln.

Bildkataloge

Images.xcassets enthält die beiden Icons für den Tab-Bar-Controller, das Hintergrundfoto für die App sowie ein App-Icon. Die zusammen mit den Währungscodes abgebildeten Flaggen habe ich aus Gründen der Übersichtlichkeit in eine zweite Xcassets-Datei eingefügt. Die dort enthaltenen Flaggen können von der folgenden Webseite kostenlos heruntergeladen werden:

http://flagpedia.net

Zusammen mit der App werden fast 200 Flaggen ausgeliefert, obwohl die EZB nur 32 Währungskurse zur Verfügung stellt. Wenn Sie die App schlanker machen möchten, könnten Sie alle überflüssigen Flaggen löschen, worauf ich aber verzichtet habe. Zusätzlich zur Flaggensammlung von *http://flagpedia.net* habe ich zwei Bilder eingefügt: eu.png mit der EU-Flagge und hk.png mit der Flagge von Hongkong (Quelle jeweils Wikipedia).

Erweiterungsmöglichkeiten

Wie jede App ließe sich auch diese erweitern. Ein paar Ideen:

- Ein eigenes Tab-Blatt könnte eine numerische Auflistung aller Kurse anzeigen, also z. B. 1 EUR = 1,0834 USD)

- Ein weiteres Tab-Blatt könnte eine Kurve mit der Kursentwicklung der letzten 90 Tage für das ausgewählte Währungspaar darstellen. Die erforderliche Datenbasis stellt die EZB unter folgender Adresse kostenlos zur Verfügung:

  www.ecb.europa.eu/stats/exchange/eurofxref

- Der Währungskalkulator könnte zu einem vollständigen Taschenrechner ausgebaut werden. Dazu wäre aber eine Neugestaltung der Benutzeroberfläche erforderlich.

- Anstelle der EZB-Kurse gibt es im Internet auch andere Quellen für die aktuellen Wechselkurse mit zum Teil noch mehr Währungen. Entsprechende Links finden Sie auf der folgenden Stackoverflow-Seite:

  http://stackoverflow.com/questions/3139879

- Der freie Platz unterhalb der beiden Textfelder der Hauptseite schreit geradezu danach, dort Werbung einzublenden.

34.2 Kurse ermitteln

Die Datengrundlage für die Währungs-App sind Wechselkurse, die die Europäische Zentralbank (EZB) auf der folgenden Seite täglich im XML-Format zur Verfügung stellt:

www.ecb.europa.eu/stats/eurofxref/eurofxref-daily.xml

```
<gesmes:Envelope xmlns:gesmes="http://www.gesmes.org/xml/2002-08-01"
  xmlns="http://www.ecb.int/vocabulary/2002-08-01/eurofxref">
  <gesmes:subject>Reference rates</gesmes:subject>
  <gesmes:Sender>
    <gesmes:name>European Central Bank</gesmes:name>
  </gesmes:Sender>
  <Cube>
    <Cube time="2016-08-03">
      <Cube currency="USD" rate="1.1200"/>
      <Cube currency="JPY" rate="113.22"/>
      <Cube currency="BGN" rate="1.9558"/>
      <Cube currency="CZK" rate="27.034"/>
      <Cube currency="DKK" rate="7.4387"/>
      <Cube currency="GBP" rate="0.83910"/>
      <Cube currency="HUF" rate="311.00"/>
      <Cube currency="PLN" rate="4.3130"/>
      <Cube currency="RON" rate="4.4550"/>
      <Cube currency="SEK" rate="9.5146"/>
      <Cube currency="CHF" rate="1.0845"/>
      <Cube currency="NOK" rate="9.4236"/>
      <Cube currency="HRK" rate="7.4963"/>
      <Cube currency="RUB" rate="74.5458"/>
      <Cube currency="TRY" rate="3.3742"/>
      <Cube currency="AUD" rate="1.4750"/>
      <Cube currency="BRL" rate="3.6606"/>
      <Cube currency="CAD" rate="1.4672"/>
      <Cube currency="CNY" rate="7.4234"/>
```

Abbildung 34.5 Wechselkurse relativ zum Euro, verpackt als XML-Dokument

Der Aufbau der Datei ist simpel (siehe Abbildung 34.5): Nach einigen Metadaten werden die eigentlichen Kurse mit einem `<Cube>`-Element eingeleitet. Ein weiteres `<Cube>`-Element enthält als Attribut das Datum der Kurse, weitere `<Cube>`-Elemente mit den Attributen `currency` und `rate` liefern die eigentlichen Wechselkurse. Die Währungskürzel werden dabei als Drei-Buchstaben-Code gemäß der ISO-Norm 4217 formuliert.

Für das Einlesen dieser Daten ist die Methode `getEcbRates` der Klasse `CurCalc` verantwortlich. Die Kurse sollen als Dictionary in der Eigenschaft `rates` gespeichert werden, das Datum der Kursfreigabe in der Eigenschaft `lastupdate`. Später wird `currencies` dann noch mit einer alphabetischen Liste aller Währungen initialisiert.

```swift
// Projekt ios-currency-calculator, Datei CurCalc.swift
class CurCalc {
  var lastupdate: Date!
  var rates: [String:Double]!
  var currencies: [String]!
  ...
  func getEcbRates() -> Bool { ... }
}
```

XML-Datei herunterladen

Das Einlesen der XML-Datei ist komplizierter als erwartet. Im August 2016 bot die Europäische Zentralbank die Kurse zwar auf einer HTTPS-Seite an, der Webserver ist aber nicht optimal konfiguriert. iOS betrachtet die Verschlüsselung deswegen als unsicher und löst beim Laden der Kurse einen Fehler aus. Abhilfe schafft eine Ausnahmeregel in Info.plist. Hintergründe und Details dazu finden Sie in Abschnitt 22.1, »Dateien per HTTP/HTTPS laden«.

```
// Datei CurCalc.swift (Fortsetzung)
private func getEcbRates() -> Bool {
  // Dictionary für Währungen, mit Defaulteintrag für Euro
  rates = ["EUR": 1.0]

  // Defaultdatum
  let formatter = DateFormatter()
  formatter.dateFormat = "yyyy-MM-dd H:mm"
  formatter.timeZone = TimeZone(abbreviation: "CET")
  lastupdate = formatter.date(from: "1900-01-01 12:00")!

  // Kurse von ECB laden
  let ecburl = URL(string:
    "https://www.ecb.europa.eu/stats/eurofxref/" +
    "eurofxref-daily.xml")!
  let content:String
  do {
    // Info.plist enthält Ausnahmeregel für ECB-Website
    content = try String(contentsOf: ecburl)
  } catch {
    return false  // aktuelle Kurse nicht verfügbar
  }

  ... (Fortsetzung folgt gleich)
```

Sollte der Seitenzugriff scheitern, gibt getEcbRates den Wert false zurück. (Der catch-Code folgt gleich.) Zuvor wurde schon die Eigenschaft rates initialisiert – mit dem Defaultdatum 1.1.1900 – sowie mit einem Dictionary definiert, in dem eingetragen ist, dass der Euro zu sich selbst den Kurs 1,0 hat. Dieses Verhalten ist insofern sinnvoll, als die gesamte App mit diesen Daten prinzipiell ohne Fehler funktioniert – natürlich mit der Einschränkung, dass der Euro die einzig verfügbare Währung ist.

XML-Daten auswerten

Zur Verarbeitung des XML-Dokuments kommt die SWXMLHash-Klasse zum Einsatz, die ich Ihnen in Abschnitt 22.2, »XML-Dokumente auswerten«, vorgestellt habe. Zuerst wird aus der Datei das Datum der Kurse extrahiert. Danach werden die eigentlichen Kurse in der for-Schleife ausgelesen und mit doubleValue in Fließkommazahlen umgerechnet. Sofern dabei keine Fehler auftreten, erweitert rates[currency] = rate das Dictionary.

```
private func getEcbRates() -> Bool {   // Fortsetzung
  ...

  // SWXMLHash-Objekt erzeugen
  let xml = SWXMLHash.parse(content)

  // Datum extrahieren
  let ecbtime = xml["gesmes:Envelope"]["Cube"]["Cube"].element?
     .attribute(by: "time")?.text ?? "1900-01-01"
  if ecbtime == "1900-01-01" {
    // Datum nicht gefunden --> fehlerhafte Daten
    return false
  }
  lastupdate = formatter.date(from: ecbtime + " 16:00")

  // Schleife über alle Kurse
  for r in xml["gesmes:Envelope"]["Cube"]["Cube"]["Cube"] {
    if let currency = r.element?.attribute(by: "currency")?.text,
       let ratestr = r.element?.attribute(by: "rate")?.text
    {
      let rate = NSString(string: ratestr).doubleValue
      if rate != 0.0 {
        rates[currency] = rate   // dem Dictionary hinzufügen
      }
    }
  }
  return true   // alles bestens
}
```

Beachten Sie, dass der Dictionary-Eintrag ["EUR": 1.0] für das Funktionieren der App unbedingt erforderlich ist. Da die EZB alle Kurse relativ zum Euro angibt, fehlt im XML-Dokument ein eigener Eintrag für die Währung Euro. Dieser Eintrag wäre sinnlos, sein Kurs lautet natürlich immer 1. Aber die App möchte den Euro so wie alle anderen Währungen behandeln und benötigt daher auch für den Euro eine Kursinformation.

34.3 Das Datenmodell der App

Das Datenmodell des Währungskalkulators wird durch die Klasse `CurCalc` definiert. Neben der gerade vorgestellten Methode `getEcbRates` enthält die Klasse einige weitere Methoden sowie eine Init-Funktion. Alle drei Eigenschaften sind mit »!« als Optionals gekennzeichnet. Der Grund dafür ist, dass so alle Eigenschaften automatisch mit `nil` initialisiert sind und es der Init-Funktion so formal erlaubt ist, auf andere Methoden zurückzugreifen. Die strenge Syntax von Swift verlangt ja, dass alle Eigenschaften initialisiert werden, bevor `init` andere Methoden aufrufen darf.

```
// Projekt ios-currency-calculator
// Datei CurCalc.swift
class CurCalc {
  var lastupdate: Date!
  var rates: [String:Double]!
  var currencies: [String]!
  ...
  // Init-Funktion, Methoden
}
```

Init-Funktion

Die Init-Funktion versucht, die Eigenschaften der Klasse mit aktuellen Kursen der EZB zu füllen. Gelingt dies, werden die Kurse sofort mit `saveRates` in den User-Defaults gespeichert – als Backup für den Fall, dass vielleicht beim nächsten Start der App kein Internetzugang besteht. Scheitert `getEcbRates`, versucht `loadRates`, frühere Kurse zu laden. Sollte das ausgerechnet beim ersten Start der App passieren, wird auch `loadRates` scheitern und die App kennt außer dem Euro keine weiteren Währungen. Auf jeden Fall wird in der Init-Funktion zuletzt auch das String-Array `currencies` mit einer sortierten Liste aller Währungskürzel initialisiert.

```
// Datei CurCalc.swift (Fortsetzung)
init() {
  // aktuelle Kurse von ECB laden
  if getEcbRates() {
    saveRates()   // und in User-Defaults speichern
  } else {
    loadRates()   // früher gespeicherte Kurse aus
                  // den User-Defaults laden
  }
  // sortierte Währungsliste erzeugen
  let keys = Array(rates.keys)
  currencies = keys.sorted(by: <)
}
```

Wechselkurse im Cache-Verzeichnis speichern

Die oben erwähnte Methode saveRates speichert die Wechselkurse und das dazugehörige Datum im Cache-Verzeichnis. Dessen Ort ermittelt die Methode getRatesFilename, die dazu auf den File Manager zurückgreift (siehe Abschnitt 21.4, »Standardverzeichnisse«).

```
// Datei CurCalc.swift (Fortsetzung)
private func getRatesFilename() -> String? {
  let fm = FileManager.default
  let urls = fm.urls(for: .cachesDirectory,
                     in: .userDomainMask)
  if let url = urls.first {
    return url.appendingPathComponent("rates.plist").path
  }
  return nil
}
```

> **Cache-Verzeichnis versus User-Defaults**
>
> Noch einfacher wäre es für die App, die Kurse einfach in den User-Defaults zu speichern. Allerdings sind die Benutzereinstellungen explizit nicht dazu gedacht, dass sie als Zwischenspeicher missbraucht werden. Die missbräuchliche Nutzung der User-Defaults kann ein Grund dafür sein, dass Apple Ihre App im App Store ablehnt.

saveRates speichert die Kurse nur, wenn ein kompletter Datensatz vorliegt. saveRates erzeugt ein leeres NSMutableDictionary-Objekt. In dieses können Sie mit der von den User-Defaults bekannten Methode setObject Daten einfügen (siehe Abschnitt 21.1, »User-Defaults«). write speichert das Objekt in der Datei rates.plist. Die Methode liefert true oder false zurück, je nachdem, ob der Vorgang gelingt oder scheitert. Da sich die App im Falle eines Fehlers damit ohnedies abfinden muss, wird auf die Auswertung des Rückgabewerts mit _ = ... explizit verzichtet.

```
private func saveRates() {
  if rates.count <= 1 {
    return  // nicht speichern, keine vollständigen Daten
  }
  if let ratespath = getRatesFilename() {
    let dict = NSMutableDictionary()
    dict.setObject(lastupdate, forKey: "lastupdate" as NSCopying)
    dict.setObject(rates, forKey: "rates" as NSCopying)
    _ = dict.write(toFile: ratespath, atomically: true)
  }
}
```

Die Umkehrmethode `loadRates` testet zuerst, ob gültige Daten aus rates.plist geladen werden können. Ist dies nicht der Fall, werden rates und lastupdate mit Defaultdaten initialisiert:

```swift
// Datei CurCalc.swift (Fortsetzung)
private func loadRates() {
  if let ratespath = getRatesFilename() {
    if let dict = NSMutableDictionary(contentsOfFile: ratespath)
    {
      if let lu = dict.object(forKey: "lastupdate") as? Date,
         let rt = dict.object(forKey: "rates")
                  as? [String:Double]
      {
        lastupdate = lu
        rates = rt
        return
      }
    }
  }
  // keine gültigen Daten gefunden,
  // warum auch immer: Defaults verwenden
  rates = ["EUR": 1.0]
  let formatter = DateFormatter()
  formatter.dateFormat="yyyy-MM-dd H:mm"
  lastupdate = formatter.date(from: "1900-01-01 12:00")!
}
```

Kursumrechnung

Der Zweck der `CurCalc`-Klasse ist es ja, Kurse umzurechnen. Die entsprechende Methode ist nur wenige Zeilen lang. Sie erwartet drei Parameter: das Währungskürzel der Ausgangswährung, das Kürzel der Zielwährung und den umzurechnenden Wert in der Ausgangswährung. `if let` testet, ob beide Währungen im `rates`-Dictionary enthalten sind, und berechnet dann den neuen Betrag. Liegen hingegen ungültige Daten vor, gibt die Methode einfach 0 zurück.

```swift
func convert(_ value:Double, from:String?, to:String?) -> Double
  {
  if from == nil || to==nil { return 0.0 }
  if let ratefrom = rates[from!], let rateto = rates[to!] {
    return value / ratefrom * rateto
  } else {
    return 0.0
  }
}
```

Länderkürzel aus Währungskürzeln extrahieren

Die ersten zwei Buchstaben des Währungskürzels ergeben den Ländercode, also z. B. "us" für "USD". Die Funktion getCountryFromCurrency extrahiert diese beiden Zeichen, was in Swift umständlicher als in anderen Programmiersprachen ist.

```
static func getCountryFromCurrency(_ currency:String) -> String {
  if currency.characters.count <= 2 {
    return currency.lowercased()
  }
  let start = currency.startIndex
  let end = currency.characters.index(currency.startIndex,
                                     offsetBy: 1)
  return currency[start...end].lowercased()
}
```

34.4 Umrechnungsansicht

Der Controller für die Umrechnungsansicht befindet sich in der Klasse CalcVC, deren Code im folgenden Listing überblicksartig skizziert ist. Der Code beginnt mit den üblichen Outlets. Die Eigenschaft cc verweist auf eine Instanz der vorhin beschriebenen CurCalc-Klasse.

```
// Projekt ios-currency-converter
// Datei CalcVC.swift
class CalcVC: UIViewController {
  // Label für Währung 1/2
  @IBOutlet weak var lbl1: UILabel!
  @IBOutlet weak var lbl2: UILabel!

  // Eingabefeld für Währung 1/2
  @IBOutlet weak var txt1: UITextField!
  @IBOutlet weak var txt2: UITextField!

  // Flagge für Währung 1/2
  @IBOutlet weak var img1: UIImageView!
  @IBOutlet weak var img2: UIImageView!

  // Label für Kursinfo
  @IBOutlet weak var lblDate: UILabel!

  // Zugriff auf User-Defaults
  let userdef = UserDefaults.standard
```

```
// zur Formatierung von Zahlen
let formatter = NumberFormatter()

// Calculator (Data Model)
var cc: CurCalc!

var cur1 = ...   // (siehe unten)
var cur2 = ...

// diverse Methoden (siehe unten)
}
// diverse Extensions (siehe unten)
```

Property Observer für die Währungskürzel

Die beiden Eigenschaften `cur1` und `cur2` enthalten die beiden Währungskürzel als Zeichenkette. Bei jeder Veränderung wird die Property-Observer-Funktion `didSet` ausgeführt (siehe Abschnitt 11.3, »Eigenschaften«). Sie aktualisiert das Beschriftungslabel und die Image-View mit der Flagge, löscht den Inhalt der beiden Textfelder und speichert die aktuelle Einstellung in den User-Defaults. Damit ist sichergestellt, dass die App beim nächsten Start wieder die zuletzt ausgewählten Währungen zur Umrechnung anzeigt.

Die Defaulteinstellungen "EUR" und "USD" gelten nur für den ersten Start der App bzw. bis zur Ausführung von `viewDidLoad`. Der Zugriff auf die Outlets ist jeweils durch Optional Chaining abgesichert (`lbl1?` etc.), um Fehler für den Fall zu vermeiden, dass `didSet` schon vor der vollständigen Initialisierung der Steuerelemente aufgerufen wird.

```
// Projekt ios-currency-converter, Datei CalcVC.swift
class CalcVC: UIViewController {   // Fortsetzung

  var cur1 = "EUR" {
    // bei jeder Änderung: bleibend speichern,
    // Label aktualisieren, Textfelder löschen
    didSet {
      lbl1?.text = cur1
      img1?.image =
        UIImage(named: CurCalc.getCountryFromCurrency(cur1))
      txt1?.text = ""
      txt2?.text = ""
      userdef.set(cur1, forKey: "currency1")
    }
  }
```

```
    var cur2 = "USD" {
      didSet {
        lbl2?.text = cur2
        img2?.image =
          UIImage(named: CurCalc.getCountryFromCurrency(cur2))
        txt1?.text = ""
        txt2?.text = ""
        userdef.set(cur2, forKey: "currency2")
      }
    }
  }
```

Initialisierung in viewDidLoad

Die Methode `viewDidLoad` kümmert sich um die Initialisierung von Steuerelementen und eigenen Eigenschaften. Die ersten Zeilen konfigurieren den `NumberFormatter` so, dass Zahlen mit maximal zwei Nachkommastellen dargestellt werden und dass Tausendergruppen durch ein kleines Leerzeichen getrennt werden.

Die Methode `refreshData` (Details folgen gleich) initialisiert das `CurCalc`-Objekt und zeigt im `lblDate`-Steuerelement das Datum der Kurse an. Anschließend werden `cur1` und `cur2` mit den zuletzt gespeicherten Währungen eingestellt. Die Delegates für die beiden Textfelder sind erforderlich, um ungültige Eingaben zu verhindern.

```
// Projekt ios-currency-converter, Datei CalcVC.swift
class CalcVC: UIViewController {   // Fortsetzung
  ...
  // Initialisierung
  override func viewDidLoad() {
    super.viewDidLoad()

    // Formatter-Eigenschaften
    formatter.maximumFractionDigits = 2
    formatter.minimumFractionDigits = 0
    formatter.groupingSeparator = "\u{2006}"  // kleiner Abstand
    formatter.usesGroupingSeparator = true

    // Kurse laden
    refreshData()

    // wenn schon in Xcode eingestellt, dann lässt
    // sich dort die Höhe nicht einstellen
    txt1.borderStyle = .roundedRect
    txt2.borderStyle = .roundedRect
```

```
      // zuletzt gültige Währungen aus den User-Defaults lesen
      cur1 = userdef.string(forKey: "currency1") ?? "EUR"
      cur2 = userdef.string(forKey: "currency2") ?? "USD"

      // Delegates für UITextField
      // Gesture Recognizer für Tap auf View
      // Details folgen weiter unten ...
   }
}
```

Das CurCalc-Objekt initialisieren und das Datum der Kurse anzeigen

refreshData erzeugt eine neue Instanz der CurCalc-Klasse und speichert diese in der Eigenschaft cc. Der restliche Code ermittelt, ob die Kurse aktuell sind. Wenn lastupdate nicht älter als drei Tage ist, wird das Datum in grüner Schrift angezeigt, wenn es nicht älter als sechs Tage ist, in gelber Schrift. Liegen keine aktuellen Kurse vor, weist ein roter Text darauf hin.

Anstatt msg1 und msg2 einfach Zeichenketten zuzuweisen, werden NSLocalizedString-Objekte verwendet. Diese Vorgehensweise ist zweckmäßig, weil die App später zwei Sprachen unterstützen soll: Deutsch und Englisch.

```
// Projekt ios-currency-converter, Datei CalcVC.swift
// ECB-Kurse laden
func refreshData() {
  txt1.text = ""
  txt2.text = ""
  cc = CurCalc()

  // Zeichenketten mit Datum der Kurse vorbereiten
  let msg1 = NSLocalizedString("Kurse vom %@",
      comment: "zeigt das Datum der Kurse an")
  let msg2 = NSLocalizedString(
      "Keine aktuellen Kurse verfügbar!",
      comment: "wird angezeigt, wenn ...")
  let dateformatter = DateFormatter()
  dateformatter.dateStyle = .medium
  dateformatter.timeStyle = .none
  let formattedDate =
      dateformatter.string(from: cc.lastupdate as Date)
  lblDate.text = String(format: msg1, formattedDate)

  // Kursinfo grün/gelb/rot anzeigen
  let daysSinceUpdate = -cc.lastupdate.timeIntervalSinceNow /
                         (60*60*24.0)
```

```
  if daysSinceUpdate<3 {
    lblDate.textColor =
      UIColor(red:0.0, green:0.7, blue:0.0, alpha:1.0)
  } else if daysSinceUpdate < 6 {
    lblDate.textColor =
      UIColor(red:0.5, green:0.4, blue:0.0, alpha:1.0)
  } else {
    lblDate.text = msg2
    lblDate.textColor =
      UIColor(red:0.7, green:0.0, blue:0.0, alpha:1.0)
  }
}
```

`refreshData` wird nicht nur in `viewDidLoad` aufgerufen, sondern auch in der Action-Methode des Buttons KURSE NEU LADEN:

```
@IBAction func refresh(sender: UIButton) {
  refreshData()
}
```

Ungültige Tastatureingaben vermeiden

In `viewDidLoad` ermöglicht `delegate=self` für die beiden Textfelder, dass vor der Verarbeitung von Tastatureingaben die Methode `textField` mit dem Parameter `shouldChangeCharactersInRange` aufgerufen wird. Das erfordert die Implementierung des `UITextFieldDelegate`-Protokolls (siehe Abschnitt 16.7, »Texteingaben«). Aus Gründen der besseren Übersichtlichkeit wurden die Methoden in eine Extension verpackt. Die `textField`-Methode erfüllt zwei Aufgaben:

- Zum einen verhindert sie, dass mehr als ein Komma bzw. Dezimalpunkt eingegeben werden kann. Welches Zeichen als Dezimaltrenner verwendet wird, ergibt sich aus der `decimalSeparator`-Eigenschaft des `NSNumberFormatter`-Objekts.

- Zum anderen limitiert sie die Anzahl der eingegebenen Zeichen auf neun. Dabei ist es aber wichtig, dass leere Eingaben (`input == ""`) weiterhin erlaubt bleiben, damit vorhandener Text gelöscht werden kann.

```
// Projekt ios-currency-converter, Datei CalcVC.swift
class CalcVC: UIViewController {   // Fortsetzung
  override func viewDidLoad() {
    // ... wie bisher
    // Delegates für UITextField
    txt1.delegate = self
    txt2.delegate = self
  }
}
```

```swift
// Text-Field-Delegates
extension CalcVC: UITextFieldDelegate {
  func textField(_ textField: UITextField,
    shouldChangeCharactersIn range: NSRange,
    replacementString input: String) -> Bool
  {
    if let old = textField.text,
       let sep = formatter.decimalSeparator
    {
      // keine Eingabe von zwei Kommas/Dezimalpunkten
      if input == sep && old.range(of: sep) != nil {
        return false
      }
      // nicht mehr als 9 Zeichen (aber Backspace erlauben)
      if input != "" && old.characters.count>9 {
        return false
      }
    }
    return true
  }
}
```

Tap Gesture Recognizer (Tastatur ausblenden)

Noch ein Detail in viewDidLoad habe ich Ihnen bisher vorenthalten: Die letzten Zeilen dieser Initialisierungsmethode richten eine UITapGestureRecognizer-Instanz ein, damit ein Fingerdruck auf die Benutzeroberfläche festgestellt werden kann. In diesem Fall soll die Methode handleTap ausgeführt werden. Dazu muss die CalcVC-Klasse allerdings das UIGestureRecognizerDelegate-Protokoll implementieren. Die delegate-Eigenschaft des tapGR-Objekts wird entsprechend auf self gestellt.

Als Reaktion auf einen derart erkannten Fingerdruck wird in handleTap die Methode endEditing aufgerufen, um eine eventuell noch aktive Eingabe zu beenden und die Bildschirmtastatur auszublenden.

```swift
class CalcVC: UIViewController {   // Fortsetzung
  override func viewDidLoad() {
    // ... wie bisher
    // Gesture Recognizer für Tap auf View
    let tapGR = UITapGestureRecognizer(
      target: self,
      action: #selector(CalcVC.handleTap(_:)))
    tapGR.delegate = self
    view.addGestureRecognizer(tapGR)
  }
}
```

```
extension CalcVC: UIGestureRecognizerDelegate {
  func handleTap(_ gesture: UITapGestureRecognizer) {
    view.endEditing(true)   // Tastatur ausblenden
  }
}
```

Währungsumrechnung bei der Texteingabe

Sobald ein App-Benutzer in eines der beiden Textfelder eine Ziffer eingibt, wird der entsprechende Wert im zweiten Textfeld sofort aktualisiert. Dazu wurden im Storyboard-Editor zwei Action-Verknüpfungen von den Textfeldern zur Methode txtEditingChanged hergestellt. Diese Methode wird jeweils für das Ereignis *Editing Changed* aufgerufen. Beachten Sie, dass das eigentlich plausibler klingende Ereignis *Value Changed* bei Textfeldern nicht relevant ist!

In der Methode wird der eingegebene Text mit dem NumberFormatter in eine Double-Zahl umgewandelt. Mit einem Vergleich von sender kann festgestellt werden, welches Textfeld den Aufruf der Methode initiiert hat. Im jeweils anderen Textfeld wird der umgerechnete Wert angezeigt, wobei zur Formatierung wieder der NumberFormatter verwendet wird.

```
class CalcVC: UIViewController {  // Fortsetzung
  @IBAction func txtEditingChanged(_ sender: UITextField) {
    var value:Double
    if let decimal = formatter.number(from: sender.text!) {
      value = Double(decimal)
    } else {
      value = 0.0
    }
    if sender === txt1 {
      // Umrechnung in Währung zwei
      txt2.text = formatter.string(
        from: NSNumber(value: cc.convert(value,
                                        from:cur1,
                                        to: cur2)))
    } else if sender === txt2 {
      // Umrechnung in Währung eins
      txt1.text = formatter.string(
        from: NSNumber(value: cc.convert(value,
                                        from:cur2,
                                        to: cur1)))
    }
  }
}
```

34.5 Einstellungsansicht

Der Code für die Einstellungsansicht befindet sich in der Klasse SettingsVC. Ihre Hauptaufgabe besteht darin, die Picker-View-Steuerelemente mit Daten zu befüllen.

Picker-Views (UIPickerView-Klasse)

In iOS gibt es keine Dropdown- oder Auswahllisten. Stattdessen sieht iOS zwei Wege vor, um ein Element aus einer Liste auszuwählen:

- Sie verwenden eine eigene Ansicht mit einer Table-View. Diese Variante ist vor allem in der App *Einstellungen* oft anzutreffen.

- Oder Sie verwenden sogenannte *Picker-Views*: Das sind Steuerelemente, die wie drehbare Walzen aussehen. Der Vorteil dieser Variante besteht darin, dass kein weiterer Ansichtswechsel erforderlich ist. Dem steht der Nachteil gegenüber, dass die Auswahl vor allem bei langen Listen recht mühselig ist.

Als ich die hier vorliegende App entwickelte, habe ich mich dennoch für die Picker-Views entschieden, um Ihnen so ein weiteres Steuerelement vorstellen zu können. Hinter den Kulissen hat die UIPickerView-Klasse große Ähnlichkeiten mit der UITableView-Klasse (siehe Kapitel 23, »Tabellen und Listen darstellen«). Abermals sind Delegate- bzw. DataSource-Methoden für die Befüllung des Steuerelements mit Listenelementen bzw. für die Reaktion auf die Listenauswahl zuständig.

Outlets, Eigenschaften und viewDidLoad

In der Klasse gibt es zwei Outlets, die auf die Picker-Views verweisen. Außerdem ermöglicht die Eigenschaft calcVC den Zugriff auf die Umrechnungsansicht samt der dort gespeicherten Daten. calcVC wird in viewDidLoad initialisiert. Der Zugriff auf den View-Controller der Umrechnungsansicht erfolgt über den Tab-Bar-Controller.

Die restlichen Zeilen betreffen die Picker-Views. dataSource=self und delegate=self bewirken, dass die Delegate-Methoden der Picker-Views direkt in der SettingsVC-Klasse verarbeitet werden. Die Klasse wird dazu um die entsprechenden Protokolle erweitert (siehe den folgenden Abschnitt). Mit selectRow wird bei beiden Picker-Views jeweils die Währung ausgewählt, die gerade in der Umrechnungsansicht aktiv ist. Dazu ermittelt find die Indexnummer des Währungscodes im sortierten currencies-Array.

Die viewDidAppear-Methode stellt sicher, dass die Daten der Picker-Views jedes Mal neu geladen werden, wenn die Einstellungsansicht angezeigt wird. Das ist deswegen sinnvoll, weil in der Zwischenzeit unter Umständen neue Daten von der EZB geladen wurden und sich eventuell die Liste der Währungen verändert hat.

```
// Projekt ios-currency-calculator
// Datei SettingsVC.swift
class SettingsVC: UIViewController {
  // Umrechnungs-View-Controller
  var calcVC: CalcVC!

  // die beiden Währungs-Picker
  @IBOutlet weak var picker1: UIPickerView!
  @IBOutlet weak var picker2: UIPickerView!

  // Initialisierungsarbeiten
  override func viewDidLoad() {
    super.viewDidLoad()
    // Zugriff auf View Controller des Umrechners
    calcVC =
      tabBarController!.viewControllers?.first as? CalcVC
    let cc = calcVC.cc
    picker1.dataSource = self
    picker1.delegate = self
    picker1.selectRow(
      cc?.currencies.index(of: calcVC.cur1) ?? 0,
      inComponent: 0,
      animated: true)
    picker2.dataSource = self
    picker2.delegate = self
    picker2.selectRow(
      cc?.currencies.index(of: calcVC.cur2) ?? 0,
      inComponent: 0,
      animated: true)
  }

  // Picker-View-Daten neu laden
  override func viewDidAppear(_ animated: Bool) {
    super.viewDidAppear(animated)
    picker1?.reloadAllComponents()
    picker2?.reloadAllComponents()
  }
}
```

Picker-View mit Daten füllen

Die Picker-View-Steuerelemente rufen selbstständig Delegate-Methoden auf, wenn sie Daten benötigen. Diese Methoden befinden sich in einer Erweiterung der SettingsVC-Klasse für die zugrunde liegenden Protokolle UIPickerViewDataSource und UIPickerViewDelegate.

numberOfComponents gibt zurück, aus wie vielen Abschnitten die Picker-View-Liste bestehen soll: aus einem. Die Methode pickerView mit dem zweiten Parameter numberOfRowsInComponent erwartet die Anzahl der Listenelemente für einen bestimmten Abschnitt. Da es nur einen Abschnitt gibt, erübrigt sich die Auswertung des component-Parameters.

Der Rückgabewert hängt davon ab, ob die Picker-View einen Rollover-Effekt unterstützen soll, d. h., dass nach der alphabetisch letzten Währung wieder die alphabetisch erste erscheinen soll. Wenn Sie das wünschen, geben Sie einfach einen sehr hohen Wert als Elementanzahl zurück. In den weiteren Picker-View-Methoden werten Sie dann einfach die Elementnummer Modulo *n* aus, wobei *n* die Anzahl der tatsächlich verfügbaren Auswahlmöglichkeiten ist.

```
// Datei SettingsVC.swift, Fortsetzung
extension SettingsVC: UIPickerViewDataSource,
                     UIPickerViewDelegate
{
  // Anzahl der Abschnitte
  func numberOfComponents(in pickerView: UIPickerView)
       -> Int
  {
    return 1
  }

  // Anzahl der Picker-Zellen
  func pickerView(
    _ pickerView: UIPickerView,
    numberOfRowsInComponent component: Int) -> Int
  {
    let cc = calcVC.cc
    return cc!.rates.count  // * 100, falls Rollover
  }                         // erwünscht ist
}
```

Wenn Sie in der Picker-View nur Texte anzeigen möchten, dann implementieren Sie die Methode pickerView(_:titleForRow:forComponent) wie folgt:

```
func pickerView(_ pickerView: UIPickerView,
                titleForRow row: Int,
                forComponent component: Int) -> String?
{
  let cc = calcVC.cc
  return cc?.currencies[row]
}
```

Wir möchten aber in den Picker-Views zu jeder Währung auch die entsprechende Flagge anzeigen. Deswegen müssen wir die Methode `pickerView(_:viewForRow:forComponent:reusingView:)` zur Verfügung stellen. Dafür ist leider deutlich mehr Code notwendig. Anders als die Table-View sieht die Picker-View nämlich keine Prototypzellen vor, die in Xcode vorbereitet werden können.

Die Methode beginnt mit einem Test, ob es ein wiederverwendbares `UIView`-Objekt gibt. Ist dies der Fall, kann es unverändert zurückgegeben werden.

Ist ein Recycling unmöglich, ermitteln wir aus der Elementnummer `myrow` den Währungs- und den Ländercode. Danach geht es darum, ein neues `UIView`-Objekt zusammenzubasteln, das aus einem Label mit dem Währungscode sowie einem `UIImageView`-Element mit der Flagge besteht. Dabei verzichten wir auf Auto-Layout-Regeln und geben stattdessen die Größe und Position aller Elemente durch `CGRect`-Strukturen starr vor.

Die Bitmap der Flagge lädt eine Init-Funktion der `UIImage`-Klasse aus der Xcassets-Datei. Für das `UIImageView`-Steuerelement verwenden wir den Darstellungsmodus `ScaleAspectFit`: Die Flagge soll also vollständig, aber ohne eine Verzerrung der Proportionen dargestellt werden. Das Label und das `UIImageView`-Steuerelement werden nun mit `addSubview` in das Objekt `newview` eingefügt und schließlich mit `return` zurückgegeben.

```
func pickerView(_ pickerView: UIPickerView,
   viewForRow row: Int,
   forComponent component: Int,
   reusing view: UIView?) -> UIView
{
  if view != nil {
    // vorhandenen View wiederverwenden (der Inhalt für
    // eine bestimmte Zelle ändert sich nie)
    return view!
  } else {
    let myrow = row // % cc.rates.count, falls Roll-Over
    // Währungscode, 3 Buchstaben
    let txt = calcVC.cc.currencies[myrow]
    // die ersten zwei Buchstaben sind der Ländercode
    let country = CurCalc.getCountryFromCurrency(txt)

    // neuen View erzeugen
    let newview = UIView(
        frame: CGRect(x: 0, y: 0, width: 150, height: 50))
```

```
      // Label mit Währungscode
      let lbl = UILabel(
        frame: CGRect(x: 90, y: 0, width: 60, height: 50))
      lbl.text = txt
      lbl.font = lbl.font.withSize(24)
      newview.addSubview(lbl)

      // Image mit Flagge
      let img = UIImageView(
        frame: CGRect(x: 0, y: 0, width: 50, height: 50))
      img.image = UIImage(named: country)
      img.contentMode = .scaleAspectFit
      newview.addSubview(img)
      return newview
  }
}
```

An die Methode pickerView mit dem zweiten Parameter rowHeightForComponent müssen wir zurückgeben, in welcher Höhe das gerade ausgewählte Element der Picker-View angezeigt werden soll:

```
// Datei SettingsVC.swift, Fortsetzung
extension SettingsVC: UIPickerViewDataSource,
                      UIPickerViewDelegate
{
  func pickerView(_ pickerView: UIPickerView,
    rowHeightForComponent component: Int) -> CGFloat
  {
    return 50
  }
}
```

Auswahl eines Picker-View-Elements

Während das Initialisieren und Befüllen der Picker-Views mit einigem Aufwand verbunden war, ist die Reaktion auf die Auswahl eines Elements einfach: Es muss lediglich das ausgewählte Währungskürzel in den Eigenschaften cur1 oder cur2 der Umrechnungsansicht gespeichert werden. Diese Arbeit erledigt die Methode pickerView mit dem zweiten Parameter didSelectRow. Auf die Modulo-Berechnung können Sie verzichten, wenn Sie die Picker-Views ohne Rollover-Effekt nutzen.

```
// Datei SettingsVC.swift, Fortsetzung
extension SettingsVC: UIPickerViewDataSource,
                      UIPickerViewDelegate
{
```

```
func pickerView(pickerView: UIPickerView,
  didSelectRow row: Int,
  inComponent component: Int)
{
  if pickerView === picker1 {
    calcVC.cur1 =
      CalcVC.cc.currencies[row % CalcVC.cc.rates.count]
  } else if pickerView === picker2 {
    calcVC.cur2 =
      CalcVC.cc.currencies[row % CalcVC.cc.rates.count]
  }
 }
}
```

34.6 Internationalisierung und Lokalisierung

Die App wurde anfänglich in deutscher Sprache entwickelt, wobei ich für das Xcode-Projekt, wie in Abschnitt 29.4, »Mehrsprachige Apps«, beschrieben, Deutsch als Entwicklungssprache eingestellt habe.

Später habe ich Englisch als zweite Sprache hinzugefügt. Im Code gibt es nur einen Ort, wo Zeichenketten für die Anzeige in einer Ansicht erzeugt werden: in der Methode refreshData der Klasse CalcVC. Die beiden dort vorkommenden Zeichenketten wurden deswegen als NSLocalizedString-Objekte verpackt:

```
// Datei CalcVC.swift, Methode refreshData()
let msg1 = NSLocalizedString("Kurse vom %@",
  comment: "zeigt das Datum der Kurse an")
let msg2 = NSLocalizedString("Keine aktuellen Kurse verfügbar!",
  comment: "wird angezeigt, wenn ...")
```

Die Tastatur zur Zahleneingabe enthält je nach Region ein Komma oder einen Punkt zur Dezimaltrennung (siehe Abbildung 34.6). Das ist kein Problem, weil zum Einlesen der Zeichenkette ohnedies ein NSNumberFormatter verwendet wird, der standardmäßig das jeweils landesübliche Trennzeichen erwartet. Dasselbe Formatobjekt wird auch für die Ausgabe der Zahl verwendet:

```
// Datei CalcVC.swift, Methode txtEditingChanged()
if let decimal = formatter.numberFromString(sender.text) {
  value = Double(decimal)
}
...
txt1.text = formatter.stringFromNumber(
  CalcVC.cc.convert(value, from:cur2, to: cur1))
```

Abbildung 34.6 Im englischen Sprachraum verwenden Tastatur und Anzeige einen Punkt zur Dezimaltrennung.

Ein weiterer kritischer Ort ist die Methode `textField` mit dem zweiten Parameter `shouldChangeCharactersInRange`. Sie wird bei jeder Tastatureingabe aufgerufen, um zu verhindern, dass App-Benutzer zwei Kommas bzw. Dezimalpunkte eingeben. Um welches Zeichen es sich handelt, geht regionspezifisch aus der Eigenschaft `decimalSeparator` des `NSNumberFormatter`-Objekts hervor:

```
// Datei CalcVC.swift, Methode textField()
let sep = formatter.decimalSeparator
```

Kapitel 35
Fünf Gewinnt

Im Mittelpunkt dieses Kapitels steht »Fünf Gewinnt«. Bei dieser gleichermaßen für iPhones, iPads und iPods geeigneten App platzieren zwei Spieler abwechselnd ihre Steine auf der schachbrettförmigen Spielfläche. Wer zuerst fünf Steine in einer Reihe anordnet, hat gewonnen. Die App kann von einem oder zwei Spielern genutzt werden: Im ersten Fall spielt der Computer gegen den Menschen, im zweiten Fall dient die App nur als Spielfläche.

Die App ist hier kostenlos im App Store erhältlich:

https://itunes.apple.com/us/app/funf-gewinnt!/id1039705250

35.1 Die App »Fünf Gewinnt«

Die Spielidee ist einfach: Im Einspielermodus spielt das iOS-Gerät gegen seinen Besitzer. Wem es zuerst gelingt, fünf Steine in einer Reihe zu platzieren, der hat gewonnen (siehe Abbildung 35.1). Und so viel gleich vorweg: In der Regel wird dies der Computer sein ...

In einem kleinen Popup-Menü können Sie ein neues Spiel starten oder den letzten Zug rückgängig machen. Es stehen vier Spielbrettgrößen zur Wahl, wobei die Einstellungen *Large* und *X-Large* nur auf einem iPad praktikabel sind (siehe Abbildung 35.2). In dem Menü geben Sie auch an, ob Sie gegen den Computer oder gegen einen zweiten Spieler antreten möchten.

Bei jedem Zug erscheint der neue Stein mit einer dezenten Animation. Sobald ein Spieler gewinnt, wird die Siegeslinie farblich hervorgehoben und ebenfalls kurz animiert.

Hintergründe zum Spiel

Die Grundzüge des Spiels sind also für jedes Kind auf Anhieb verständlich. In der Wikipedia können Sie nachlesen, dass das Spiel uralt ist und international unter verschiedenen Namen populär wurde, z. B. in Japan als *Gomoku* oder in China als *Wuziqi*. Vielfach wird das Spiel in diesen Ländern auf Go-Spielbrettern mit 15 × 15, 17 × 17 oder 19 × 19 Feldern gespielt.

35 Fünf Gewinnt

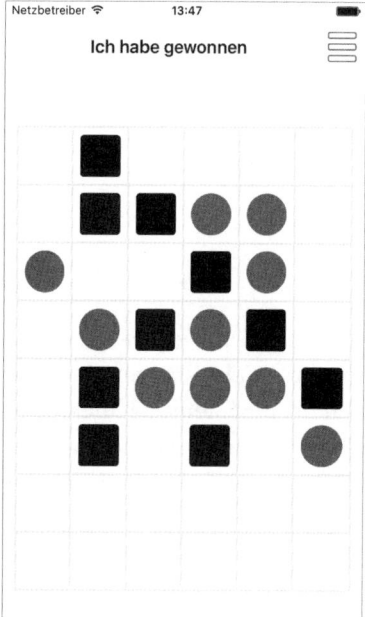

Abbildung 35.1 »Fünf Gewinnt« auf einem iPhone

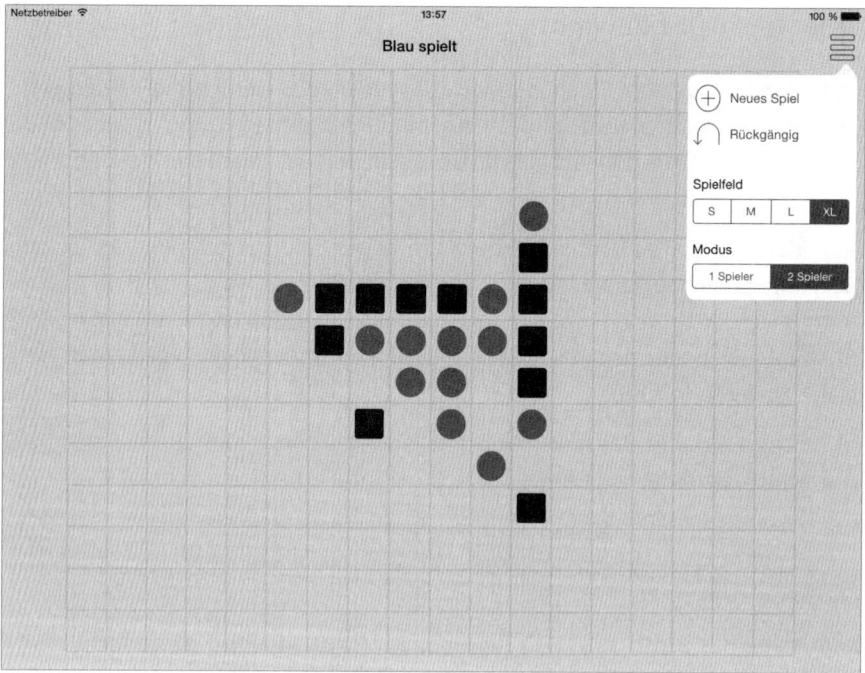

Abbildung 35.2 »Fünf Gewinnt« mit Popup-Menü auf einem iPad

Der Spieler, der das Spiel beginnt, wird bei einem fehlerfreien Spiel immer gewinnen. Dieses Manko lässt sich durch einige (in der hier vorgestellten App nicht realisierte) Zusatzregeln für die Eröffnungszüge kompensieren. Diese Spielvariante heißt *Renju*:

https://de.wikipedia.org/wiki/Fünf_in_eine_Reihe
https://de.wikipedia.org/wiki/Renju

Programmaufbau

In Xcode verteilt sich die App über die folgenden Dateien, die ich in den weiteren Abschnitten dieses Kapitels im Detail erläutere:

- Globals.swift: Enumerationen, Strukturen und globale Funktionen
- BoardView.swift: eigene UIView zur Darstellung des Spielbretts und der darauf platzierten Steine
- FiveWins.swift: Speicherung des Spielstands, Methoden für die Spiellogik
- Main.storyboard: Gestaltung der Haupt- und Popup-View
- PopupVC.swift: View-Controller zum Popup-Dialog
- SetPieceDelegate.swift: Protokoll zur Benachrichtigung über neu platzierte Steine
- ViewController.swift: View-Controller zur Hauptansicht

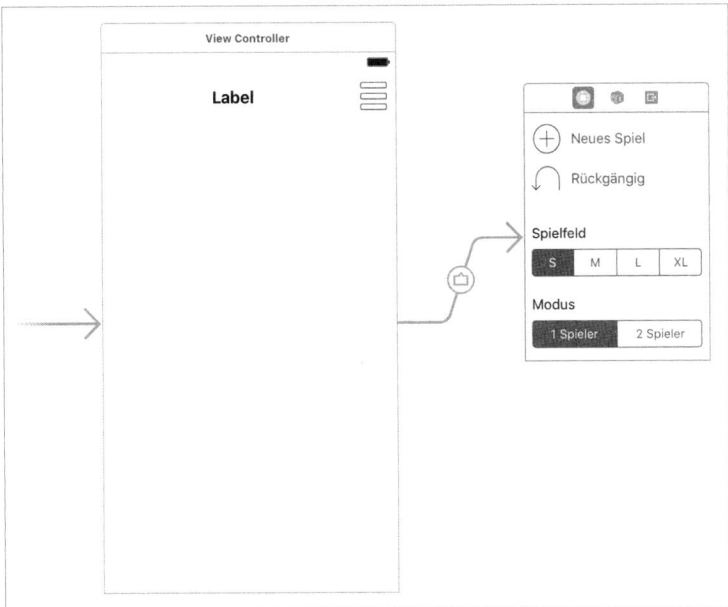

Abbildung 35.3 Das Storyboard von »Fünf Gewinnt«

Storyboard und Auto-Layout-Regeln

Das Storyboard fällt im Vergleich zu anderen Beispielprogrammen in diesem Buch bescheiden aus (siehe Abbildung 35.3). Es gibt nur zwei View-Controller. Im ersten befinden sich oben mittig ein Label und in der rechten oberen Ecke ein Menü-Button. Den Rest des iOS-Geräts füllt – bis auf einen schmalen Rand – das selbst entwickelte BoardView-Steuerelement aus.

Der Popup-View-Controller besteht aus einigen Buttons, zwei Labels sowie zwei Segmented Controls (Klasse UISegmentedControl), die in diesem Buch erstmals hier vorkommen. Dabei handelt es sich um spezielle Buttons, die eine übersichtliche Auswahl einer Option aus *n* Optionen ermöglichen.

Die beiden View-Controller sind durch einen Popover-Segue verbunden. Bei der Darstellung als Popover wird die Ansicht unterhalb der Modus-Auswahl abgeschnitten (Einstellung USE PREFERRED EXCPLICIT SIZE = 200 × 260 Punkte). Wozu dient also der Button SPIEL FORTSETZEN, wenn normalerweise gar nicht angezeigt wird?

35.2   Enumerationen und globale Funktionen (Globals.swift)

Die Datei Globals.swift enthält eine bunte Sammlung einfacher Enumerationen, Strukturen, Klassenerweiterungen und globaler Funktionen, die an verschiedenen anderen Stellen des Codes benötigt werden.

Feld- und Spielstatus (Piece und GameStatus)

Die in Piece und GameStatus definierten Enumerationswerte helfen dabei, den Zustand eines Felds des Spielbretts bzw. den aktuellen Zustand des ganzen Spiels zu verwalten. Die Methode toStatus hilft bei der Umwandlung von Piece-Werten in GameStatus-Werte. Beachten Sie, wie Sie hier mit self auf den gerade aktuellen Wert einer Enumeration zugreifen können:

```
// Projekt fuenf-gewinnt, Datei Globals.swift
// Belegung eines Felds des Spielbretts
enum Piece {
  case empty, player1, player2

  func toStatus() -> GameStatus {
    if self == .player1 {
      return .player1Won
    } else if self == .player2 {
      return .player2Won
    } else {
      return .open
```

```
      }
    }
}

// Status des Spiels
enum GameStatus {
  case open          // Spiel läuft noch
  case player1Won    // Spieler 1 hat gewonnen
  case player2Won    // Spieler 2 hat gewonnen
  case draw          // unentschieden
}
```

Spielbrettgrößen (BoardSize)

Ursprünglich wollte ich auch die vier Spielbrettgrößen durch eine Enumeration ausdrücken. Allerdings kann Swift keine Tupel als Raw Values von Enumerationswerten speichern. enum BoardSize: (Int, Int) funktioniert also nicht. Ein Ausweg hätte darin bestanden, als Raw Values einen eigenen Typ zu verwenden, also enum BoardSize: SizeType – aber noch einfacher ist es, anstelle einer Enumeration gleich eine Stuktur zu verwenden und die möglichen Einstellungen in Form von statischen Variablen zu definieren:

```
// Projekt fuenf-gewinnt, Datei Globals.swift, Fortsetzung
struct BoardSize {
  static let small  = (6, 8)
  static let medium = (8, 11)
  static let large  = (11, 14)
  static let xlarge = (14, 18)

  // liefert einen Größen-Tupel für die Modi 0, 1, 2 und 3
  static func getSize(mode: Int) -> (Int, Int) {
    switch mode {
    case 1:  return BoardSize.medium
    case 2:  return BoardSize.large
    case 3:  return BoardSize.xlarge
    default: return BoardSize.small
    }
  }

  // liefert einen Größen-Tupel entsprechend der
  // User-Defaults-Einstellung
  static func getDefaultSize() -> (Int, Int) {
    return getSize(mode: getDefaultSizeMode())
  }
```

```swift
  // lädt bzw. speichert den Größen-Modus in den User Defaults
  static func getDefaultSizeMode() -> Int {
    return UserDefaults.standard.integer(forKey: "sizemode")
  }
  static func setDefaultSizeMode(mode: Int) {
    UserDefaults.standard.set(mode, forKey: "sizemode")
  }
}
```

Die statischen Funktionen getSize, getDefaultSize, getDefaultSizeMode und setDefaultSizeMode helfen dabei, die vier möglichen Einstellungen als ganze Zahl in der User-Defaults-Datenbank zu speichern bzw. wieder von dort auszulesen. Die Funktionen werden in `ViewController.swift` und in `PopupVC.swift` eingesetzt.

2D-Arrays erzeugen

Im Datenmodell des Spiels, das in `FiveWins.swift` definiert ist, müssen mehrfach zweidimensionale Arrays erzeugt und mit einem Startwert initialisiert werden. Dabei hilft die generische Funktion createArray2D:

```swift
func createArray2D<T>(_ n: Int, _ m: Int, value:T) -> [[T]] {
  return [[T]](
    repeating: [T](repeating: value, count: m), count: n)
}
```

Farben aufhellen bzw. abdunkeln

Um die fünf Steine zu markieren, die eine Linie bilden und so zum Sieg für einen der Spieler führten, wird deren Farbe abgedunkelt. Besonders elegant gelingt dies mit der folgenden Erweiterung der `UIColor`-Klasse:

```swift
// Projekt fuenf-gewinnt, Datei Globals.swift, Fortsetzung
// dunklere Farbe
extension UIColor {
  func darker() -> UIColor {
    var hue:    CGFloat = 0
    var sat:    CGFloat = 0
    var bright: CGFloat = 0
    var alpha:  CGFloat = 0

    getHue(      &hue,
      saturation: &sat,
      brightness: &bright,
      alpha:      &alpha)
```

```
    return UIColor(
        hue:        hue,
        saturation: sat,
        brightness: bright * 0.66,
        alpha:      alpha)
    }
}
```

getHue ermittelt also die Farbwerte der gegebenen Farbe. Daraus wird eine neue Farbe mit einem reduzierten Helligkeitswert (bright * 0.66) erzeugt und zurückgegeben. Die Anwendung der Methode sieht so aus:

```
let col1 = UIColor.blueColor()
let col2 = col1.darker()
```

In Globals.swift ist auch der analoge Code für die Methode brighter enthalten. Der einzige Unterschied zu darker besteht darin, dass die neue Helligkeit mit min(1.0, bright*1.33) berechnet wird. Die min-Funktion stellt sicher, dass die Helligkeit nie größer als 1 wird.

Rechteck rund um einen Mittelpunkt erzeugen

In der App besteht mehrfach die Notwendigkeit, eine CGRect-Struktur zu erzeugen, deren Mittelpunkt und Größe bekannt sind. Damit dabei nicht immer die gleichen Berechnungen wiederholt werden müssen, erweitern die folgenden Zeilen die CGRect-Struktur um eine neue Init-Funktion. Sie erzeugt ein neues CGRect-Objekt und initialisiert dazu die Eigenschaften origin und size:

```
// Rechteck zentriert um einen Mittelpunkt erzeugen
extension CGRect {
  init(xcenter: Double, ycenter: Double, w: Double, h: Double) {
    self.origin = CGPoint(x: xcenter - w/2, y: ycenter - h/2)
    self.size   = CGSize(width: w, height: h)
  }
}
```

Code verzögert ausführen

Wenn der Computer seinen Zug ausführt, noch bevor die Animation des Zugs des Spielers zu Ende ist, wirkt das demotivierend. Deswegen habe ich nach einer Möglichkeit gesucht, eine Funktion bzw. Closure zeitverzögert auszuführen. Wie so oft fand sich auf der Webseite Stackoverflow eine Lösung:

http://stackoverflow.com/questions/24034544

Die Funktion delay erwartet zwei Parameter: die Verzögerungszeit in Sekunden und eine Funktion oder Closure, die nach dieser Zeit ausgeführt werden soll. Intern ist für die Ausführung die Methode asyncAfter zuständig. (Hintergrundinformationen zu dieser Methode und ganz generell zur asynchronen Programmierung finden Sie in Abschnitt 28.2, »GCD-Grundlagen«.) An diese Funktion müssen der gewünschte Zeitpunkt und die auszuführende Funktion übergeben werden. Die Berechnung der Ausführzeit durch eine simple Addition einer Double-Zahl wirkt auf den ersten Blick befremdlich. Der Code funktioniert nur deswegen, weil für die DispatchTime-Klasse tatsächlich die Operatoren + und - definiert sind.

```
// Projekt fuenf-gewinnt, Datei Globals.swift, Fortsetzung
func delay(by span: Double, closure: @escaping ()->()) {
  let when = DispatchTime.now() + span
  DispatchQueue.main.asyncAfter(deadline: when,
                                execute: closure)
}
```

Die Anwendung von delay sieht so aus:

```
delay(by: 0.5, closure:
  {
    // ... auszuführender Code als Closure
  }
)
```

Noch übersichtlicher wird der Code, wenn Sie die Closure der delay-Methode nachstellen:

```
delay(by: 0.5) { // Closure
  // ... auszuführender Code
}
```

35.3 Die Spiellogik (FiveWins.swift)

Das Datenmodell der App ist in der Klasse FiveWins verpackt. Darin ist die gleichnamige Klasse definiert. Sie hat zwei Aufgaben: Einerseits speichert sie die Positionen aller Steine auf dem Spielfeld, andererseits enthält sie Methoden, um den für den Computer besten Zug zu finden. Der Großteil dieses Abschnitts beschäftigt sich mit dem Code zur Suche nach dem optimalen Zug.

Spielfeld speichern

Die Eigenschaften width und height geben die Spielgröße an. Das zweidimensionale Array board enthält für jedes Feld des Spielbretts dessen aktuelle Belegung in Form

35.3 Die Spiellogik (FiveWins.swift)

von Piece-Enumerationswerten (also .player1, .player2 oder .empty). Analog werden im Array winning die Steine mit true gekennzeichnet, die zum Sieg führten. Im Array history werden alle bisher durchgeführten Züge in Form von (x, y)-Tupeln gespeichert. Das ist notwendig, damit Züge bei Bedarf rückgängig gemacht werden können. Zur Initialisierung der Arrays wird die vorhin vorgestellte Funktion createArray2D verwendet.

Die Init-Funktion initialisiert die Arrays, wobei darauf geachtet wird, dass die Höhe des Spielbretts kleiner als die Breite oder gleich ist. Die Form des Spielbretts entspricht damit der eines iPhones in der üblichen Lage. Wenn das iPhone gedreht wird bzw. wenn das Spiel auf einem iPad im Querformat ausgeführt wird, kümmert sich die BoardView-Klasse darum, dass das Spielbrett entsprechend gedreht wird. Und um diese Logik nicht komplizierter als notwendig zu machen, gilt die Voraussetzung, dass das board-Array der FiveWinws-Klasse nie mehr Spalten als Reihen haben darf.

Zuletzt wird in der Init-Funktion der Zufallszahlengenerator für den späteren Einsatz der Funktion drand48 initialisiert. Diese Funktion bietet die bequemste Möglichkeit, um Double-Zufallszahlen zwischen 0 und 1 zu erzeugen.

```
// Projekt fuenf-gewinnt, Datei FiveWins.swift
class FiveWins {
  // Größe des Spielfelds
  let width: Int
  let height: Int

  // Reihenfolge der Züge (für Undo)
  var history: [(Int, Int)]

  // Belegung der Spielfelder (zweidimensionales Array)
  var board: [[Piece]]

  // Kennzeichnung der fünf Steine, die zum Sieg führten
  var winning: [[Bool]]

  // Init-Funktion
  init(width: Int, height: Int) {
    if width > height {
      NSException(name: NSExceptionName("Illegal arguments"),
        reason: "width must be <= height",
        userInfo: nil).raise()
    }
    self.width = width
    self.height = height

    // Arrays
    board = createArray2D(width, height, value: Piece.empty)
```

```
    winning = createArray2D(width, height, value: false)
    history = [(Int, Int)]()

    // Zufallszahlengenerator initialisieren
    srand48(Int(arc4random_uniform(1_000_000_000)))
  }
}
```

Zug ausführen und rückgängig machen

Für das Ausführen eines Zugs ist die Methode setPiece zuständig. Sie kümmert sich darum, dass im entsprechenden Element der board-Arrays ein Piece-Enumerationswert gespeichert wird. Wenn ein Zug rückgängig gemacht werden soll und piece daher den Wert .empty enthält, muss außerdem das winning-Array zurückgesetzt werden. Andernfalls wird der Zug dem history-Array hinzugefügt, damit er später bei Bedarf widerrufen werden kann.

Nun folgen zwei Tests:

- Die Methode detectWin durchsucht das boardArray nach einer Linie mit fünf gleichen Steinen. Ist die Suche erfolgreich, dann hat ein Spieler gewonnen und setPiece liefert den entsprechenden Rückgabewert.
- Deutlich diffiziler ist die Erkennung, ob das Spiel unentschieden ist. Das ist dann der Fall, wenn es auf dem ganzen Spielbrett keine fünf aneinanderliegenden Felder gibt, die ein Spieler mit den Steinen seiner Farbe belegen kann.

  Diesen Test erledigt die Methode getAllLineScoresFor quasi nebenbei. Die Hauptaufgabe dieser Methode besteht darin, für jedes Feld die an dieser Position beginnenden Linien zu bewerten (Details folgen später). Diese Informationen interessieren uns an dieser Stelle aber gar nicht – deswegen werden sie in der Zuweisung let (_, drawn)= ... mit _ ignoriert.

```
// Projekt fuenf-gewinnt, Datei FiveWins.swift, Fortsetzung
func setPiece(x: Int, y: Int, piece: Piece) -> GameStatus {
  board[x][y] = piece

  // winning-Array zurücksetzen, falls Undo-Zug
  if piece == .empty {
    winning = createArray2D(width, height, value: false)
  } else { // sonst Zug speichern
    history.append( (x, y) )

    // Siegeszug erkennen
    let result = detectWin()
```

```
    if result == .player1Won || result == .player2Won {
      return result
    }
  }

  // Kann das Spiel noch gewonnen werden?
  let (_, drawn) = getAllLineScores(for: .player1)
  if drawn {
    return .draw
  } else {
    return .open
  }
}
```

Mit diesen Voraussetzungen ist es ganz einfach, einen Zug rückgängig zu machen: undo testet, ob das history-Array zumindest eine gespeicherte Position enthält. Das im letzten Array-Element enthaltene Tupel wird mit removeLast entfernt und gleich in den Variablen x und y gespeichert. Die gerade beschriebene Methode setPiece kümmert sich um den Rest.

Sieg-Test

Die Methode detectWin testet für alle Linien des Spielfelds, ob diese fünf gleiche Steine enthalten. Wird eine derartige Linie gefunden, dann werden auch die entsprechenden Elemente im Array winning auf true gesetzt.

In detectWin durchlaufen die Variablen x und y alle Felder des Spielbretts. Für jedes Feld werden die an dieser Position beginnenden Linien nach links, nach links unten, nach unten und nach rechts unten überprüft. Dazu wird jeweils die Funktion detectAndMarkWinningLine aufgerufen, die ausgehend von einem Startpunkt eine Linie in die durch deltax und deltay vorgegebene Richtung durchläuft. deltax=1 und deltay=0 testet eine horizontale Linie, deltax=1 und deltay=1 eine Linie diagonal nach rechts unten etc.

```
// Projekt fuenf-gewinnt, Datei FiveWins.swift, Fortsetzung
func detectWin() -> GameStatus {
  // für alle Felder
  for x in 0..<width {
    for y in 0..<height {

      // Linie nach links
      if x+4 < width {
        let result = detectAndMarkWinningLine(
          x, y, deltax: 1, deltay: 0)
        if result != .open { return result}
      }
```

```swift
        // Linie diagonal nach rechts unten
        if x+4 < width && y+4 < height {
          let result = detectAndMarkWinningLine(
            x, y, deltax: 1, deltay: 1)
          if result != .open { return result}
        }

        // Linie nach unten
        if y+4 < height {
          let result = detectAndMarkWinningLine(
            x, y, deltax: 0, deltay: 1)
          if result != .open { return result}
        }

        // Linie diagonal nach links unten
        if x-4 >= 0 && y+4 < height {
          let result = detectAndMarkWinningLine(
            x, y, deltax: -1, deltay: 1)
          if result != .open { return result}
        }

    }  // for-y
  }  // for-x
  return .open
}

// eine Linie überprüfen, ob lauter gleiche Steine;
// wenn ja, Positionen im winning-Array markieren
func detectAndMarkWinningLine(_ x: Int, _ y: Int,
                              deltax: Int, deltay: Int)
  -> GameStatus
{
  let startpiece = board[x][y]
  // Startfeld leer
  if startpiece == .empty { return .open }

  // Linie testen
  for i in 1..<5 {
    if board[x + deltax*i][y + deltay*i] != startpiece {
      // Felder der Linie stimmen nicht überein
      return .open
    }
  }
```

```
  // alle Felder gleich: Siegesfelder markieren
  for i in 0..<5 {
    winning[x + deltax*i][y + deltay*i] = true
  }
  return startpiece.toStatus()
}
```

Der Spielalgorithmus

Jetzt kommen wir zur interessantesten Fragestellung in der `FiveWins`-Klasse: Wie kann der Computer den besten Zug finden? Bevor ich Ihnen die dafür implementierten Methoden im Detail vorstelle, gibt dieser Abschnitt einen Überblick über den Algorithmus. Die Grundidee ist simpel: Das Programm durchläuft in einer Schleife alle freien Felder und bewertet diese. Der Zug erfolgt dann auf das bestbewertete Feld.

Damit sind wir bei der nächsten Frage: Wie kann der Wert eines Felds berechnet werden? Grundsätzlich können durch jedes Feld in vier Richtungen bis zu fünf Siegeslinien verlaufen (siehe Abbildung 35.4). Das sind Linien, auf denen es theoretisch möglich ist, das Spiel zu gewinnen. Durch Felder im Inneren eines Spielbretts mit mindestens 9 × 9 Feldern gehen 20 Linien. Bei Feldern am Rand kann die Anzahl der Linien auf drei sinken.

Der Wert eines Felds ergibt sich nun ganz einfach aus dem Wert der Linien, die durch das Feld führen. Wie groß ist nun der Wert einer Linie? Hierfür verwendet der Algorithmus die folgenden Regeln:

- Linien, auf denen beide Spieler mindestens einen Stein gesetzt haben, sind wertlos (also Wert 0). Der Grund: Auf dieser Linie kann es keinem Spieler mehr gelingen, fünf eigene Steine zu platzieren.
- Vollständig leere Linien haben den Wert 0,1. Der Wert ist nicht 0, weil eine leere Linie zumindest später eine Chance auf den Sieg verspricht. Der kleine Wert von 0,1 reicht aus, dass der Computer bei einem vollkommen leeren Spielbrett die Felder im Zentrum bevorzugt, weil durch sie viele leere Linien mit einem Wert von jeweils 0,1 führen.
- Linien mit einem, zwei, drei oder vier eigenen Steinen werden die Werte 1, 4, 16 und 256 zugeordnet. Der riesige Sprung bei vier Steinen ist dadurch begründet, dass das Spiel hiermit gewonnen ist. Es muss lediglich ein Stein auf das verbleibende Feld der Linie gesetzt werden.
- Linien mit ein bis vier Steinen des Gegners werden mit 1, 4, 16 und 64 Punkten bewertet. Ein Zug auf ein Feld einer derartigen Linie ist deswegen wertvoll, weil er die Chancen für den Gegner mindert.

Damit der Computer im Zweifelsfall eher aggressiv spielt, also seine eigenen Chancen höher bewertet als die des Gegners, wird die gegnerische Bewertung mit einem Faktor von 0,85 multipliziert.

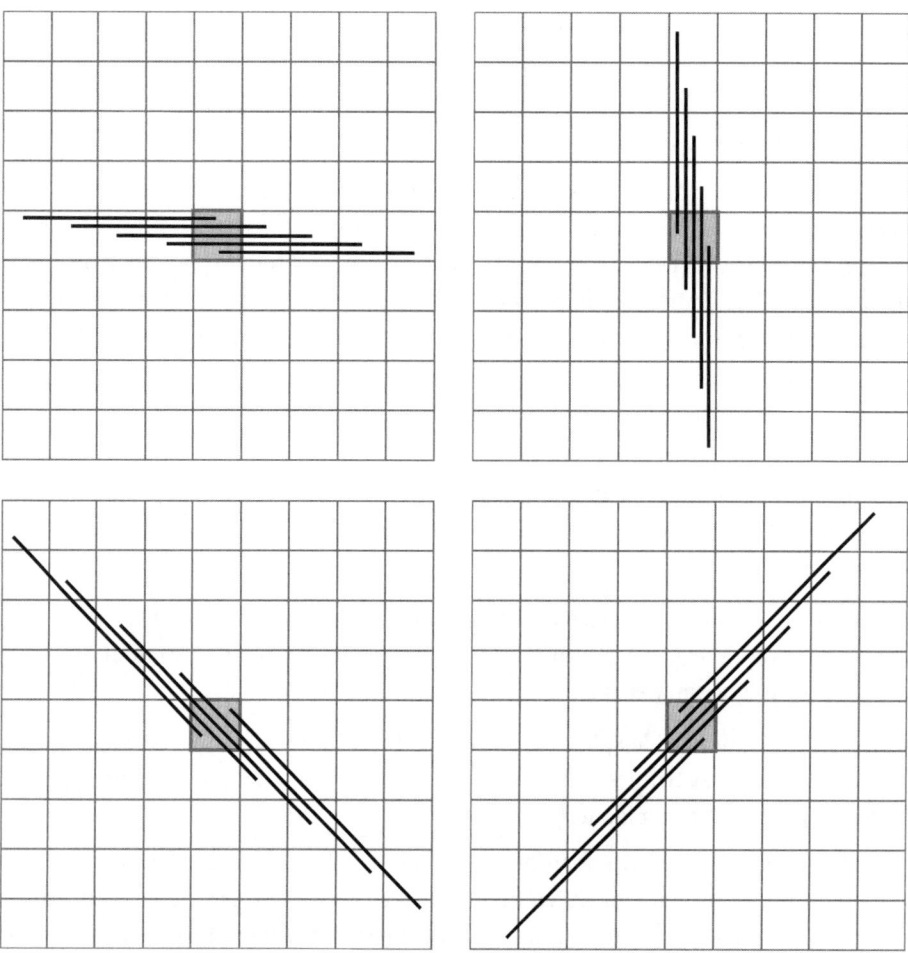

Abbildung 35.4 Durch die Felder eines Spielbretts können bis zu 20 Siegeslinien gehen.

> **David Levy**
>
> Die Idee für den Algorithmus stammt von David Levy und wurde meines Wissens erstmals 1984 in der englischen Computerzeitschrift *Practical Computing* veröffentlicht. David Levy beschäftigt sich ansonsten mit anspruchsvolleren Spielen: Er ist Internationaler Meister im Schach und hat bereits 1976 eines der ersten Bücher zum Thema Computer-Schach geschrieben.
>
> *https://en.wikipedia.org/wiki/David_Levy_(chess_player)*

Den Wert einer Linie berechnen

Nachdem ich Ihnen das Konzept gewissermaßen Top-down präsentiert habe, beginne ich beim Code von der anderen Seite: bei den Details. Die Methode getLineScore berechnet den Wert einer Linie aus der Sicht eines Spielers. Die Belegung der fünf Felder wird im Array line übergeben.

```
// Projekt fuenf-gewinnt, Datei FiveWins.swift, Fortsetzung
func getLineScore(for player: Piece, line: [Piece]) -> Double {
  let ownScore   = [0, 1.0, 4.0, 16.0, 256.0]
  let otherScore = [0, 1.0, 4.0, 16.0,  64.0]
  // eigene Chancen höher bewerten als fremde Risiken,
  // führt zu aggressiverem Spiel
  let scaleOther = 0.85

  // eigene/fremde Steine zählen
  var cntOwn = 0, cntOther = 0
  for i in 0..<5 {
    if line[i] == player {
      cntOwn += 1      // eigener Stein
    } else if line[i] != .empty {
      cntOther += 1    // Stein des Gegners
    }
  }

  // Auswertung
  if cntOwn==0 && cntOther==0 { return 0.1 }  // leere Linie
  if cntOwn >0 && cntOther >0 {return 0.0 }    // blockierte Linie
  if cntOwn >0 {
    return ownScore[cntOwn]
  } else {
    return otherScore[cntOther] * scaleOther
  }
}
```

Den Wert aller Linien berechnen

Es wäre ineffizient, zur Bewertung aller Spielfelder immer wieder alle Linien zu bewerten, die durch dieses Feld führen. Die gleichen Linienbewertungen werden ja auch für andere Felder benötigt. Deswegen wird diese Aufgabe einmal vorab erledigt. getAllLineScores durchläuft alle Felder des Spielbretts. Die Werte von bis zu vier Linien, die an dieser Position beginnen (siehe Abbildung 35.5), werden in Elementen der Struktur LineScores gespeichert. Die Bewertung erfolgt aus der Sicht des Spielers, der im ersten Parameter übergeben wird.

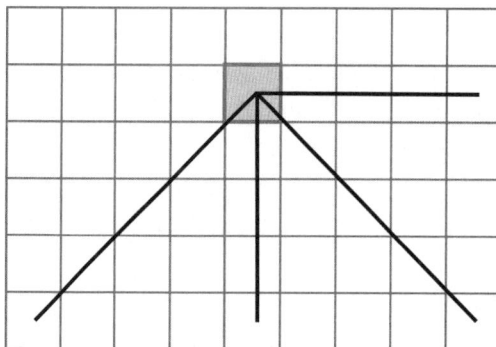

Abbildung 35.5 Bis zu vier Linien können an einem Feld des Spielbretts beginnen.

```
struct LineScores {
  var scoreLeft  = 0.0
  var scoreDiag1 = 0.0
  var scoreDown  = 0.0
  var scoreDiag2 = 0.0
}
```

Gleichsam als Nebenergebnis kann getAllLineScoresFor auch ein Unentschieden feststellen: Beträgt die Summe aller bewerteten Linien 0, dann gibt es keine Linie mehr auf dem Spielbrett, die das Spiel entscheiden könnte. Diese Unentschieden-Bewertung wird im zweiten Wert des Ergebnis-Tupels zurückgegeben. Beachten Sie, dass der Test hier nicht scoreSum == 0.0 lauten darf. Aufgrund von Rundungsfehlern wird scoreSum in der 15. oder 16. Nachkommastelle von 0 abweichen.

```
// Projekt fuenf-gewinnt, Datei FiveWins.swift, Fortsetzung
func getAllLineScores(for player: Piece)
  -> ( [[LineScores]], Bool )
{
  var result = createArray2D(width, height, value: LineScores() )
  var fiveSquares = [Piece](repeating: .empty, count: 5)
  var scoreSum = 0.0

  // für alle Felder
  for x in 0..<width {
    for y in 0..<height {

      // Linie nach links
      if x+4 < width {
        for i in 0..<5 {
          fiveSquares[i] = board[x+i][y]
        }
```

35.3 Die Spiellogik (FiveWins.swift)

```
      let score = getLineScore(for: player,
                               line: fiveSquares)
      scoreSum += score
      result[x][y].scoreLeft = score
    }

    // Linie diagonal nach rechts unten
    if x+4 < width && y+4 < height {
      for i in 0..<5 {
        fiveSquares[i] = board[x+i][y+i]
      }
      let score = getLineScore(for: player,
                               line: fiveSquares)
      scoreSum += score
      result[x][y].scoreDiag1 = score
    }

    // Linie nach unten, Linie diagonal nach links unten:
    // noch zweimal ein analoger Code-Block wie oben ...
    }

    } // for-y
  }   // for-x
  return (result, scoreSum < 0.001)
}
```

Den Wert eines Spielfelds berechnen

Mit einem LineScores-Array ist es einfach, den Wert eines Feldes zu ermitteln: getScore summiert einfach die Werte aller Linien, die durch das Feld laufen, das durch die Position x und y definiert ist. Damit das iPhone oder iPad bei gleichen Stellungen nicht immer genau gleich spielt, fügt getScore der Bewertung noch einen zufälligen Wert zwischen 0 und 0,1 hinzu und multipliziert das Ergebnis mit einem Faktor zwischen 1 und 1,02.

```
// Projekt fuenf-gewinnt, Datei FiveWins.swift, Fortsetzung
func getScore(_ x:Int, _ y:Int,
              _ linescores: [[LineScores]]) -> Double
{
  // Summe der Bewertungen aller Linien ausrechnen,
  // die durch das aktuelle Feld führen
  var result = 0.0
```

```
      for i in 0..<5 {
        // horiz. Linien
        if x-i >= 0 {
          result += linescores[x-i][y].scoreLeft
        }
        // Linien diag. nach unten
        if y-i >= 0 {
          result += linescores[x][y-i].scoreDown
        }
        // Linien diag. nach rechts unten
        if x-i >= 0 && y-i >= 0 {
          result += linescores[x-i][y-i].scoreDiag1
        }
        // Linien diag. nach links unten; Startpunkt rechts oben
        if x+i < width && y-i>=0 {
          result += linescores[x+i][y-i].scoreDiag2
        }
      }

      // kleinen Zufallsfaktor dazu
      result += drand48() * 0.1
      result *= (1 + drand48() * 0.02)
      return result
    }
```

> **Der Computer spielt zu gut!**
>
> Wenn Sie die ersten paar Spiele gegen die App verloren haben und frustriert sind, weil der Computer zu gut spielt, können Sie getScore ein wenig manipulieren: Je mehr Sie die drand48()-Multiplikatoren vergrößern, desto eher macht das Programm Züge, die nicht optimal sind.

Den besten Zug auswählen

Damit sind wir fast am Ziel: findMove sucht für den im Parameter übergebenen Spieler den besten Zug und gibt diesen als (x, y)-Tupel zurück. Dazu werden alle möglichen Züge in einem Array vom Typ Move gesammelt. Move ist eine simple Datenstruktur zur Speicherung der Koordinaten eines Felds samt Bewertung. Da Move das Protokoll Comparable implementiert, kann das Array possibleMoves zum Schluss sortiert werden. Das erste Element des sortierten Arrays enthält den besten Zug. (Wenn Sie möchten, dass der Computer weniger stark spielt, können Sie auch hier eingreifen, z. B. indem Sie aus den besten drei möglichen Zügen einen zufällig auswählen.)

```
// Projekt fuenf-gewinnt, Datei FiveWins.swift, Fortsetzung
struct Move : Comparable {
  let x: Int
  let y: Int
  let score: Double
}
func ==(lhs: Move, rhs:Move) -> Bool {
  return lhs.score == rhs.score
}
func <(lhs:Move, rhs:Move) -> Bool {
  return lhs.score < rhs.score
}
func findMove(for player: Piece) -> (Int, Int)? {
  // vorweg: einmal Array mit Werten für alle
  // möglichen Siegeslinien ausrechnen
  let (lineScores, _) = getAllLineScores(for: player)

  var possibleMoves = [Move]()
  for y in 0..<height {
    for x in 0..<width {
      if board[x][y] == .empty {
        // für alle leeren Felder
        let score = getScore(x, y, lineScores)
        possibleMoves.append( Move(x: x, y: y, score: score) )
      }
    }
  }
  // Gibt es überhaupt noch mögliche Züge?
  if possibleMoves.count == 0 { return nil }

  // einen Zug auswählen
  possibleMoves.sort(by: >)
  let best = possibleMoves.first!
  return (best.x, best.y)
}
```

35.4 Darstellung des Spielbretts und der Steine (BoardView.swift)

Die Klasse BoardView ist für die Darstellung des Spielbretts samt der darauf platzierten Steine verantwortlich. Außerdem benachrichtigt die View den View-Controller über Berührungen leerer Spielfelder, mit denen die Spieler Züge durchführen. Die Benachrichtigung erfolgt über das minimalistische Protokoll SetPieceDelegate. (Eine ausführliche Beschreibung zu eigenen Implementierungen des Delegation-

Modells finden Sie in Abschnitt 33.7. Werfen Sie insbesondere auch einen Blick auf Abbildung 33.6.)

```
// Projekt fuenf-gewinnt, Datei SetPieceDelegate.swift
protocol SetPieceDelegate {
  func setPiece(x:Int, y:Int)
}
```

Die `BoardView`-Klasse ist von `UIView` abgeleitet. Um sie zu nutzen, müssen Sie in den View-Controller ein gewöhnliches View-Objekt einfügen und danach drei Einstellungen verändern:

- CLASS = `BoardView` (im Identity Inspector)
- MODE = REDRAW (im Attributinspektor)
- OPAQUE-Option deaktivieren (ebenfalls im Attributinspektor)

Bevor ich mich auf die Details stürze, noch ein paar allgemeine Anmerkungen zur Konzeption der Klasse:

- Die Methode `drawRect`, die ja üblicherweise für die grafische Darstellung eigener `UIView`-Objekte verantwortlich ist, kümmert sich bei der `BoardView` nur um das Spielbrett an sich.
- Die Spielsteine werden in Form eigener Views dargestellt. Mit jedem Zug wird in die von `UIView` vererbte `subviews`-Aufzählung ein neues `UIView`-Objekt für den Spielstein hinzugefügt. Der Hauptgrund für diese Vorgehensweise besteht darin, dass nur so die einzelnen Steine animiert werden können – sowohl beim Erscheinen als auch bei einem Sieg. Leider müssen der Ort und die Größe aller derartigen Views immer wieder geändert werden, wenn das iOS-Gerät gedreht wird.

Eigenschaften

Die `BoardView`-Klasse beginnt mit der Definition diverser Eigenschaften: `fw` verweist auf ein Objekt der `FiveWins`-Klasse. Dieser Verweis widerspricht genau genommen dem MVC-Muster, demzufolge die Kommunikation zwischen View und Model immer über den Controller erfolgen sollte. In diesem Fall spart der direkte Zugriff auf das `FiveWins`-Objekt aber eine Menge redundanten Code. Da es zu keinem Zeitpunkt mehr als ein aktives `FiveWin`-Objekt gibt und die Zuordnung zwischen dem `BoardView`- und dem `FiveWins`-Objekt immer eine direkte ist, sind auch keine Nebenwirkungen zu befürchten.

Die diversen `color`-Eigenschaften bestimmen die Farben der Spielfelder, ihrer Ränder sowie der Spielsteine. Der `borderFactor` gibt an, wie breit der Rand relativ zur Größe eines Spielfelds ist. Analog steuert `pieceFactor` die Größe der Spielsteine innerhalb eines Felds.

rotate gibt an, ob das iOS-Gerät im Querformat läuft und das Spielbrett daher gedreht dargestellt werden soll. Die Eigenschaften field- und borderSize sowie boardWidth und -Height geben die exakte Größe eines Spielfelds bzw. des gesamten Spielbretts an. x- und yoffset legen fest, bei welchem Koordinatenpunkt innerhalb der BoardView das Spielbrett beginnt. Das ist nötig, weil die Proportionen der BoardView und des Spielbretts normalerweise nicht übereinstimmen. Das Spielbrett soll in diesem Fall zentriert innerhalb der View dargestellt werden.

```swift
// Projekt fuenf-gewinnt, Datei BoardView.swift
class BoardView: UIView {
  weak private var fw: FiveWins!   // Zugriff auf Spielfeld
  var delegate: SetPieceDelegate?  // zum setPiece()-Aufruf

  // Farben
  let fieldcolor = UIColor(white: 1.0, alpha: 1)    // Spielfeld
  let bordercolor = UIColor(white: 0.94, alpha: 1)  // Rand
  let player1color =
    UIColor(red: 1, green: 0, blue: 0, alpha: 1)
  let player2color =
    UIColor(red: 0, green: 0, blue: 1, alpha: 1)

  // Verhältnis Spielfeldrand zum Spielfeld-Inneren
  private let borderFactor = 0.04

  // Verhältnis Stein zu Spielfeld
  private let pieceFactor = 0.75

  // Eckdaten zum Zeichnen bzw. zur Touch-Auswertung
  // werden in updateXywh() aktualisiert
  private var rotate = false
  // absolute Größe eines Felds bzw. Randbreite
  private var fieldsize, bordersize: Double!
  // absolute Größe des Spielfelds
  private var boardWidth, boardHeight: Double!
  // Offset des Spielfelds innerhalb der UIView
  private var xoffset, yoffset: Double!
}
```

Die Positions- und Größenangaben werden in mehreren Methoden der BoardView-Klasse benötigt. Diese Werte müssen immer wieder aktualisiert werden, z. B. nach einer Drehung des Geräts, aber auch nach der Aktivierung der Multi-Tasking-Funktionen von iOS (siehe Abbildung 35.6). Für die Berechnung der gerade aktuellen Werte ist die Methode updateXywh zuständig.

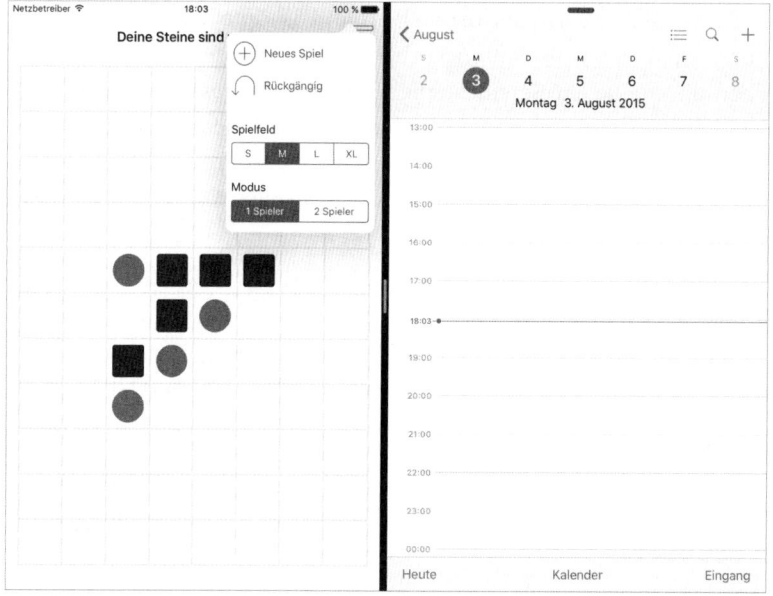

Abbildung 35.6 »Fünf Gewinnt« auf einem iPad im Multi-Tasking-Modus

```
// Projekt fuenf-gewinnt, Datei BoardView.swift, Fortsetzung
private func updateXywh() {
  rotate = frame.width > frame.height ? true : false

  // relative Spielfeldgröße:
  // 1.0 = Feldgröße, mal width/height, plus die Ränder
  // +1, weil beidseitiger Rand
  var relWidth =
    Double(fw.width) + Double(fw.width + 1) * borderFactor
  var relHeight =
    Double(fw.height) + Double(fw.height + 1) * borderFactor

  if rotate {
    swap(&relWidth, &relHeight)
  }

  // absolute Spielfeldgröße im Koordinatensystem der UIView
  fieldsize = min(Double(frame.width)  / relWidth,
                  Double(frame.height) / relHeight)
  bordersize = fieldsize * borderFactor
  boardWidth = fieldsize * relWidth
  boardHeight = fieldsize * relHeight
```

```
    // absolute Position innerhalb der UIView
    xoffset = (Double(frame.width)  - boardWidth)  / 2
    yoffset = (Double(frame.height) - boardHeight) / 2
}
```

In `updateXywh`, aber auch sonst an vielen Stellen im Code der App, wird der ternäre Operator eingesetzt, um Ja/Nein-Auswertungen platzsparend auszuführen. Vielleicht wollen Sie nochmals einen Blick in Abschnitt 3.4, »Operatoren für Fortgeschrittene«, werfen, wo ich diesen Operator vorgestellt habe?

```
ergebnis = bedingung ? wert1 : wert2
```

Reset

Bei der erstmaligen Initialisierung des `BoardView`-Objekts im View-Controller sowie in der Folge bei jedem Start eines neuen Spiels wird die Methode `reset` ausgeführt. An diese Methode wird ein neues `FiveWin`-Objekt übergeben und in der Eigenschaft `fw` gespeichert. Anschließend werden alle Subviews mit Spielsteinen entfernt. `setNeedsDisplay` löst ein Neuzeichnen des jetzt leeren Spielbretts aus.

```
func reset(_ fw: FiveWins) {
  self.fw = fw
  // Subviews mit Spielsteinen entfernen
  for sub in subviews {
    sub.removeFromSuperview()
  }
  // Spielbrett neu zeichnen
  self.setNeedsDisplay()
}
```

Spielbrett zeichnen

Die Methode `draw` ist für das Zeichnen des Spielbretts ohne Steine verantwortlich. Dabei wird zuerst das gesamte Spielbrett in der durch `bordercolor` festgelegten Farbe gezeichnet. Anschließend werden in zwei Schleifen alle Felder des Spielfelds über es gezeichnet (Farbe `fieldcolor`). Die Auswertung von `rotate` stellt sicher, dass das Spielbrett gegebenenfalls in das Querformat gedreht wird. Hintergrundinformationen zum Zeichnen mit `UIBezierPath`-Objekten können Sie bei Bedarf in Abschnitt 33.4, »Steuerelement zur Richtungsanzeige (UIBezierPath)«, nachlesen.

```
override func draw(_ rect: CGRect) {
  // sicherstellen, dass alle Maße aktuell sind
  updateXywh()
```

```
// ganzes Spielbrett hellgrau (daraus werden die Ränder
// zwischen den Spielfeldern)
let rect = CGRect(x: xoffset, y: yoffset,
   width: boardWidth, height: boardHeight)
let path = UIBezierPath(rect: rect)
bordercolor.set()
path.fill()

// alle quadratischen Felder
let xmax = rotate ? fw.height : fw.width;
let ymax = rotate ? fw.width : fw.height;
for  x in 0..<xmax {
  for y in 0..<ymax {
    // quadratische Felder
    let x0 = xoffset +
      bordersize +
      Double(x) * (fieldsize + bordersize)
    let y0 = yoffset +
      fieldsize * borderFactor +
      Double(y) * (fieldsize + bordersize)
    let rect = CGRect(x: x0, y: y0,
      width: fieldsize, height: fieldsize)
    let path = UIBezierPath(rect: rect)
    fieldcolor.set()
    path.fill()
  }
 }
}
```

Zug ausführen

setPiece platziert einen neuen Stein auf dem Spielfeld. Wenn der Zug zu einem Sieg führt, werden mit replaceAllPieces sämtliche Steine erzeugt, wobei die Siegessteine animiert werden. Bei einem gewöhnlichen Zug wird durch den Aufruf von addViewForPiece nur eine neue View für den neuen Stein eingerichtet.

```
// Projekt fuenf-gewinnt, Datei BoardView.swift, Fortsetzung
func setPiece(_ x:Int, _ y:Int, _ piece:Piece) -> GameStatus {
  let result = fw.setPiece(x: x, y: y, piece: piece)
  updateXywh()
  if fw.winning[x][y] {
    // alle Subviews neu machen, winning-Steine markieren
    replaceAllPieces()
  } else {
```

35.4 Darstellung des Spielbretts und der Steine (BoardView.swift)

```
    // nur den neuen Stein als Subview hinzufügen
    addViewForPiece(x, y, piece, animation: true)
  }
  return result
}
```

Einen Spielstein als (animierte) View darstellen

addViewForPiece erzeugt ein neues, an sich leeres UIView-Objekt und fügt dieses mit addSubview zur Liste der Subviews der BoardView hinzu. Die Position innerhalb des gitterförmigen Spielfelds wird durch die Variablen xrot und yrot festgelegt, wobei dabei eine eventuelle Drehung des iOS-Geräts in das Querformat berücksichtigt wird.

Die Farbe der neuen UIView ergibt sich aus der Eigenschaft backgroundColor bzw. backgroundColor.darker(), wenn der optionale Parameter winning den Wert true hat. Die Form des Spielsteins wird durch die Veränderung des mit der View verbundenen CALayer-Objekts bestimmt. Durch die Veränderung von dessen cornerRadius wird die View nicht rechteckig, sondern kreisförmig bzw. als abgerundetes Rechteck dargestellt. (Diese sehr simple Vorgehensweise macht es unmöglich, z. B. X-förmige Steine zu verwenden. Wenn Sie das möchten, müssen Sie eine eigene, von UIView abgeleitete Klasse sowie deren drawRect-Methode implementieren.)

> **CALayer-Animationen**
>
> In diesem Buch fehlt der Platz, um auf die vielen Spielarten einzugehen, mit denen Sie durch die Manipulation von CALayer-Objekten bzw. -Eigenschaften grandiose Animationseffekte erzielen können. Eine wunderbare Einführung gibt dieser Artikel auf der Website des iOS-Experten Ray Wenderlich:
>
> *http://raywenderlich.com/90488/calayer-in-ios-with-swift-10-examples*

Wenn der optionale Parameter animation den Wert true hat, erscheint die neue View animiert: Dank der animate-Methode wächst der Spielstein im Verlauf von circa einer drittel Sekunde von einer reduzierten Startgröße (startrect) zu seiner vollen Größe (endrect). Diese Animation läuft selbstständig im Hintergrund ab, also nach dem Abschluss der addViewForPiece-Methode.

```
// Projekt fuenf-gewinnt, Datei BoardView.swift, Fortsetzung
private func addViewForPiece(_ x: Int,
                             _ y: Int,
                             _ piece: Piece,
                             animation: Bool = false,
                             winning: Bool = false)
{
```

```
// xrot, yrot: Positionsindex nach Rotation
let (xrot, yrot) = rotate ?
  (y, fw.width - 1 - x) :
  (x, y)

// Mittelpunkt des Steins
let x0 = xoffset +
        bordersize +
        (fieldsize + bordersize) * Double(xrot) +
        fieldsize / 2.0
let y0 = yoffset +
        bordersize +
        (fieldsize + bordersize) * Double(yrot) +
        fieldsize / 2.0

// View-Rectangle zu Beginn und am Ende der Animation
var startrect, endrect: CGRect
endrect = CGRect(
  xcenter: x0,
  ycenter: y0,
  w: fieldsize * pieceFactor,
  h: fieldsize * pieceFactor)

if animation {
  startrect = CGRect(
    xcenter: x0,
    ycenter: y0,
    w: fieldsize * 0.4,
    h: fieldsize * 0.4)
} else {
  startrect = endrect
}

// UIView erzeugen
let newview = UIView( frame: startrect)
if piece == .player1 {
  newview.layer.cornerRadius =
    CGFloat(fieldsize * pieceFactor * 0.5)
  newview.backgroundColor = player1color
  if winning {
    newview.backgroundColor = player1color.darker()
  }
} else if piece == .player2 {
  newview.layer.cornerRadius = 4
  newview.backgroundColor = player2color
```

```
    if winning {
      newview.backgroundColor = player2color.darker()
    }
  }
  // UIView der BoardView hinzufügen
  self.addSubview(newview)

  // UIView-Anzeige animieren
  if animation {
    UIView.animate(withDuration: 0.3)
      { // Closure
        newview.frame = endrect
      }
  } // if-Ende
} // func-Ende
```

Steine neu positionieren

Der hier gewählte Ansatz, die Spielsteine in eigenen Views darzustellen, hat einen gravierenden Nachteil: Bei einer Drehung des iOS-Geräts stimmen Position und Größe der zuvor erstellten Views nicht mehr. Eine Möglichkeit bestünde nur darin, Referenzen auf alle Views in einem Array zu speichern und diese nach einer Drehung neu zu positionieren. Stattdessen habe ich mich hier für einen einfacheren, wenn auch weniger effizienten Ansatz entschieden: replaceAllPieces löscht alle Subviews und erstellt diese dann neu. (Die Effizienz ist in dieser App kein ernsthaftes Problem. Die App läuft selbst auf alten iPhone-Modellen absolut flüssig.)

```
// Projekt fuenf-gewinnt, Datei BoardView.swift, Fortsetzung
func replaceAllPieces() {
  // zuerst vorhandene Subviews entfernen
  for sub in subviews {
    sub.removeFromSuperview()
  }
  // dann alle Spielsteine neu erzeugen
  updateXywh()
  for x in 0..<fw.width {
    for y in 0..<fw.height {
      if fw.board[x][y] != .empty {
        let win = fw.winning[x][y]
        addViewForPiece(x, y, fw.board[x][y],
          animation: win,
          winning: win)
      } // Ende if
    }   // Ende for-y
  }     // Ende for-x
}       // Ende func
```

Zu einer Änderung der Größe des Zeichenbereichs kommt es bei Drehungen des iOS-Geräts sowie bei der (De-)Aktivierung des Multi-Tasking-Modus von iOS. Zur Feststellung der neuen Größe habe ich die von UIView geerbte Eigenschaft bounds nachträglich um einen Property Observer erweitert, also um eine didSet-Methode. Dort wird bei Bedarf replaceAllPieces ausgeführt.

```
override var bounds: CGRect {
  didSet {
    if fw == nil { return }
    if subviews.count == 0 { return }
    replaceAllPieces()
  }
}
```

Zum Aufruf von replaceAllPieces kommt es auch in der bereits beschriebenen Methode setPiece, wenn dort der Sieg eines Spielers festgestellt wird. In diesem Fall geht es mir darum, alle Siegessteine zu animieren.

Benutzereingaben feststellen und weiterleiten

Die letzte Aufgabe der BoardView-Klasse besteht darin, Finger-Berührungen im Spielfeld richtig zu identifizieren und gegebenenfalls die Delegate-Methode setPiece aufzurufen. Berührungen des Displays bzw. Bewegungen mit einem oder mehreren Fingern lösen Aufrufe von touchesBegan, touchesMoved und touchesEnded aus. Für unsere Zwecke reicht die Verarbeitung der letzten Methode aus.

An die Methode wird ein Set von UITouch-Objekten übergeben. Da es uns nur um Berührungen mit einem Finger geht, verwerfen wir Aufrufe mit mehreren Objekten. Die Koordinaten des Touch-Ereignisses müssen mit locationInView in das lokale Koordinatensystem der BoardView umgerechnet werden. Außerdem muss der Offset des Spielbretts innerhalb der BoardView berücksichtigt werden.

Klicks innerhalb des Spielbretts werden zuerst einem Spielfeld zugeordnet (xind und yind). In einem weiteren Test wird nun sichergestellt, dass der Klick in einem kreisförmigen Bereich rund um den Mittelpunkt des Felds stattgefunden hat. Klicks im Randbereich zwischen zwei Feldern werden so ausgeschlossen. Vor dem Aufruf von setPiece muss außerdem eine eventuelle Drehung des iOS-Geräts und damit des Spielfelds berücksichtigt werden.

```
// Projekt fuenf-gewinnt, Datei BoardView.swift, Fortsetzung
override func touchesEnded(_ touches: Set<UITouch>,
                           with event: UIEvent?)
{
  if touches.count>1 {   // keine Mehr-Finger-Touches
    return
  }
```

```swift
    let touch = touches.first!      // erstes Touch-Objekt
    updateXywh()                    // Maße aktualisieren

    // x, y: Position auf dem Spielbrett
    let x = Double( touch.location(in: self).x ) - xoffset
    let y = Double( touch.location(in: self).y ) - yoffset

    // außerhalb des Spielbretts?
    if x<0 || y<0 || x>boardWidth || y>boardHeight {
      return
    }

    // Index-Position
    var xind = Int((x-bordersize) / (fieldsize + bordersize))
    var yind = Int((y-bordersize) / (fieldsize + bordersize))

    // innerhalb jedes Felds: nur akzeptieren, wenn innerhalb
    // eines Kreises im Radius eines Spielsteins
    let x0 = bordersize + fieldsize / 2.0 +
      Double(xind) * (fieldsize + bordersize)
    let y0 = bordersize + fieldsize / 2.0 +
      Double(yind) * (fieldsize + bordersize)
    let dist = sqrt( Double( (x-x0)*(x-x0) +
      (y-y0)*(y-y0) ))
    if dist > Double(fieldsize / 2.5) { return }

    // OK, Treffer. Eventuell für Querformat drehen.
    if rotate {
      (xind, yind) = (fw.width - 1 - yind, xind)
    }

    // Ist das Feld überhaupt frei?
    if fw.board[xind][yind] == Piece.empty {
      // Delegate-Methode aufrufen
      delegate?.setPiece(x: xind, y: yind)
    }
  }
}
```

35.5 Steuerung des Spielablaufs (ViewController.swift)

Die FiveWins- und BoardView-Klassen geben uns nun ein solides Fundament, um im View-Controller den eigentlichen Spielablauf zu steuern. Die Klasse implementiert das selbst definierte Protokoll SetPieceDelegate. Zwei Outlets ermöglichen den Zugriff auf das BoardView-Steuerelement und ein Label.

Die Eigenschaften boardWidth, boardHeight und fw enthalten die Spielbrettgröße und einen Verweis auf das FiveWins-Objekt. Einige Statusvariablen speichern den gerade aktuellen Zustand des Spiels. Soweit es sich dabei um Einstellungen aus den User-Defaults handelt, werden diese von dort gelesen. Wer das erste Spiel beginnt, wird zufällig festgelegt. In der Folge ändert sich der Startspieler mit jedem neuen Spiel.

In viewDidLoad wird die delegate-Eigenschaft der BoardView auf self eingestellt, sodass der View-Controller die setPiece-Methoden verarbeiten kann. Um die restliche Initialisierung kümmert sich die Methode newGame.

```swift
// Projekt fuenf-gewinnt, Datei ViewController.swift
class ViewController: UIViewController, SetPieceDelegate {
  @IBOutlet weak var board: BoardView!
  @IBOutlet weak var label: UILabel!

  // Spielfeld
  var (boardWidth, boardHeight) = BoardSize.getDefaultSize()
  var fw: FiveWins!

  // Status
  var player1Starts = arc4random_uniform(2) == 0 ? true : false
  var gameover = false
  var waitingForMove = false

  // 2-Spieler-Modus
  var twoplayer = UserDefaults.standard.bool(forKey: "twoplayer")
  var nextToPlay = Piece.player1    // nur relevant bei
                                    // zwei Spielern
  // Initialisierung
  override func viewDidLoad() {
    super.viewDidLoad()
    board.delegate = self
    newGame()
  }
}
```

Ein neues Spiel starten

Die Methode newGame erzeugt ein neues FiveWin-Objekt in der gewünschten Größe. Mit reset werden diese Daten an das BoardView-Steuerelement übergeben; diese Methode löst gleichzeitig ein Neuzeichnen des Spielbretts aus.

Der weitere Verlauf hängt davon ab, ob die App nur als Spielbrett für zwei menschliche Spieler dient oder ob es sich um ein Spiel zwischen Mensch und Computer handelt. Im ersten Fall reicht es aus, nextToPlay richtig einzustellen, um im Label einen Hin-

35.5 Steuerung des Spielablaufs (ViewController.swift)

weis anzuzeigen, welcher Spieler beginnt. Im zweiten Fall hängt die Vorgehensweise davon ab, ob der Mensch oder der Computer beginnt. Wenn der Computer am Zug ist, wird mit `findMoveFor(.player2)` ein geeigneter Startzug ermittelt und mit `setPiece` ausgeführt. `update(status)` zeigt danach an, dass nun der menschliche Spieler an der Reihe ist.

```swift
// Projekt fuenf-gewinnt, Datei ViewController.swift, Fortsetzung
// neues Spiel starten
func newGame() {
  // neues Spielfeld
  fw = FiveWins(width: boardWidth, height: boardHeight)
  board.reset(fw)
  gameover = false

  // Es beginnen abwechselnd Player1 / Player2 (=Computer).
  player1Starts = !player1Starts

  if twoplayer {
    // 2-Spieler-Modus
    nextToPlay = player1Starts ? .player1 : .player2
    label.text = player1Starts ? "Rot beginnt" : "Blau beginnt"
  } else {
    // Mensch <--> Computer
    if player1Starts {
      let (x, y) = fw.findMove(for: .player2)!
      update(status: board.setPiece(x, y, .player2))
    } else {
      label.text = "Du beginnst"
    }
  }
  waitingForMove = true
}
```

Warten auf den nächsten Zug

Die App wartet nun darauf, dass eine Berührung des Spielfelds von der `BoardView`-Klasse als Zug interpretiert wird und so zum Aufruf von `setPiece` führt. Dieses Ereignis wird ignoriert, wenn das Spiel bereits beendet ist oder wenn die App gerade keine Eingabe erwartet. Das ist insbesondere dann der Fall, wenn der Computer gerade über seinen Zug »nachdenkt«. (In Wirklichkeit erfolgt die Berechnung des nächsten Zugs derart schnell, dass das Nachdenken durch `delay` simuliert werden muss.)

Im Zwei-Spieler-Modus wird der gewünschte Zug mit `setPiece` ausgeführt. Ein Aufruf von `update(status:)` aktualisiert danach den Label-Text.

Im Computer-Modus wird zuerst der Zug des Spielers ausgeführt. Wenn das Spiel danach nicht schon entschieden ist, wird nach einer Wartezeit von einer halben Sekunde ein in einer Closure formulierter Code ausgeführt. Dort ermittelt findMove(for: .player2) den nächsten Zug für den Computer und führt ihn aus.

```
// Projekt fuenf-gewinnt, Datei ViewController.swift, Fortsetzung
func setPiece(x: Int, y: Int) {
  if gameover { return }
  if !waitingForMove { return }

    var result:GameStatus

  if twoplayer {
    // Variante für zwei Spieler:
    if nextToPlay == .player1 {
      result = board.setPiece(x, y, .player1)
      nextToPlay = .player2
    } else {
      result = board.setPiece(x, y, .player2)
      nextToPlay = .player1
    }
    update(status: result)

  } else {
    // Variante Computer <--> Mensch:

    // Zug des Spielers ausführen
    result = board.setPiece(x, y, .player1)
    update(status: result)

    // Ist das Spiel entschieden?
    if result == .open {
      // nein, nach einer halben Sekunde spielt der Computer
      waitingForMove = false
      delay(by: 0.5) { // Closure
        if let (x, y) = self.fw.findMove(for: .player2) {
          result = self.board.setPiece(x, y, .player2)
          self.update(status: result)
        }
      } // Ende Closure
    }   // Ende if-result
  }     // Ende if-twoplayer
}
```

Aktualisierung des Labels und der Statusvariablen

update(status:) wertet den Rückgabewert der letzten setPiece-Methode aus und aktualisiert das Label entsprechend. Bei der Auswahl der Texte muss jeweils unterschieden werden, ob die App im Zwei-Spieler-Modus läuft oder nicht. Der Einsatz des ternären Operators bietet sich hierfür an. Außerdem müssen je nach Spielstand die Statusvariablen gameover und waitingForMove neu eingestellt werden.

```
// Projekt fuenf-gewinnt, Datei ViewController.swift, Fortsetzung
func update(status: GameStatus) {
  switch status {
  case .player1Won:
    label.text =
      twoplayer ? "Rot hat gewonnen!" : "Du hast gewonnen!"
    gameover = true
    waitingForMove = false

  case .player2Won:
    label.text =
      twoplayer ? "Blau hat gewonnen!" : "Ich habe gewonnen"
    gameover = true
    waitingForMove = false

  case .draw:
    label.text = "Unentschieden"
    gameover = true
    waitingForMove = false

  case .open:
    if twoplayer {
      label.text =
        (nextToPlay == .player1) ? "Rot spielt" : "Blau spielt"
    } else {
      label.text = "Deine Steine sind rot."
    }
    waitingForMove = true
  }
}
```

Undo

Zum Aufruf der Undo-Methode kommt es aus dem Popup-Dialog. Im Zwei-Spieler-Modus wird dann einfach der letzte Zug rückgängig gemacht. Außerdem muss nextToPlay von .player1 auf .player2 umgestellt werden (oder umgekehrt).

Bei einem Spiel zwischen Mensch und Computer müssen hingegen zwei Züge rückgängig gemacht werden: zuerst der letzte Zug des Computers und dann der Zug des menschlichen Spielers.

In beiden Fällen wurden die Änderungen vorerst nur im `FiveWins`-Objekt ausgeführt. Der Aufruf `board.replaceAllPieces()` stellt sicher, dass anschließend auch die `UIView`-Objekte der betroffenen Spielsteine vom Spielbrett verschwinden.

```
func undo() {
  if !waitingForMove { return }

  if twoplayer {
    if fw.undo() { // letzter Zug rückgängig
      nextToPlay = (nextToPlay == .player1) ? .player2 : .player1
      update(status: .Open)
    }
  } else {
    fw.undo()   // letzter Zug des Computers
    fw.undo()   // letzter eigener Zug
  }

  board.replaceAllPieces()
}
```

Popup-Aufruf

Der Menü-Button des View-Controllers ist im Storyboard mit einer Segue zum Popup-Dialog verbunden – insofern müssen wir uns um die Anzeige des Popup-Dialogs nicht weiter kümmern. Die Methode `prepare(for:)` erfüllt vielmehr zwei andere Aufgaben: Zum einen wird an den Popup-Dialog eine Referenz auf den aktuellen View-Controller übergeben, sodass der Popup-Code Zugriff auf dessen Daten und Methoden hat. Zum anderen bewirkt `popPC.delegate = self`, dass die Methode `adaptivePresentationStyle` aufgerufen wird, die Popups auf iPhones und iPods erst ermöglicht (siehe Abschnitt 17.7, »Popups«).

```
// Projekt fuenf-gewinnt, Datei ViewController.swift, Fortsetzung
class ViewController: UIViewController, SetPieceDelegate {
  override func prepare(for segue: UIStoryboardSegue,
                        sender: Any?)
  {
    if let dest = segue.destination as? PopupVC,
       let popPC = dest.popoverPresentationController
    {
      dest.mainVC = self
      popPC.delegate = self // Popups auf dem iPhone/iPod
```

```
    }   // Ende if-let
  }     // Ende func
}       // Ende class

// Popups auf dem iPhone ermöglichen
extension ViewController :
        UIPopoverPresentationControllerDelegate
{
  func adaptivePresentationStyle(
      for controller: UIPresentationController)
    -> UIModalPresentationStyle
  {
    return .none
  }
}
```

35.6 Der Popup-Dialog (PopupVC.swift)

Der View-Controller für den Popup-Dialog befindet sich in der Klasse PopupVC. Drei Outlets geben Zugriff auf den Undo-Button und die Button-Gruppen zur Einstellung der Spielbrettgröße und des Spielmodus. In viewDidLoad werden die Größe und der Modus aus den User-Defaults gelesen und die Button-Gruppen entsprechend voreingestellt. Außerdem wird der Undo-Button deaktiviert, wenn momentan gar keine Eingabe erwartet wird. Das hat zur Konsequenz, dass ein Zug nicht mehr rückgängig gemacht werden kann, wenn das Spiel bereits entschieden ist.

```
// Projekt fuenf-gewinnt, Datei PopupVC.swift
class PopupVC: UIViewController{
  @IBOutlet weak var btnUndo: UIButton!
  @IBOutlet weak var segmentedBoardSize: UISegmentedControl!
  @IBOutlet weak var segmentedPlayer: UISegmentedControl!

  // Rückverweis auf Haupt-View-Controller
  weak var mainVC: ViewController!

  // Zugriff auf User Defaults
  let defaults = UserDefaults.standard

  // Initialisierung
  override func viewDidLoad() {
    super.viewDidLoad()

    // Größenmodus aus User-Defaults voreinstellen
    segmentedBoardSize.selectedSegmentIndex =
      BoardSize.getDefaultSizeMode()
```

```
    // Spielmodus aus User-Defaults voreinstellen
    segmentedPlayer.selectedSegmentIndex =
      defaults.bool(forKey: "twoplayer") ? 1 : 0

    // Undo-Button deaktivieren, wenn ein Undo unmöglich ist
    if !mainVC.waitingForMove {
      btnUndo.isEnabled = false
    }
  }
}
```

Neues Spiel starten, Zug rückgängig machen

Der Button NEUES SPIEL führt zum Aufruf der Action-Methode newGame. Dort wird der Popup-Dialog mit dismissViewControllerAnimated geschlossen. Anschließend wird die Methode newGame des View-Controllers für die Hauptansicht ausgeführt. Dieser Code ist als Closure formuliert, die im zweiten Parameter an die dismiss-Methode übergeben wird:

```
// Projekt fuenf-gewinnt, Datei PopupVC.swift, Fortsetzung
@IBAction func newGame(sender: AnyObject) {
  // Popup schließen und Closure ausführen
  dismiss(animated: true) { // Closure
    self.mainVC.newGame()
  }
}
```

Ähnlich kurz und leicht verständlich ist der Code für den Button RÜCKGÄNGIG:

```
@IBAction func undo(sender: AnyObject) {
    dismiss(animated: true) { // Closure
       self.mainVC.undo()
    }
}
```

Einstellungen ändern

Nach der Auswahl einer neuen Spielbrettgröße wird changeBoardSize ausgeführt. Die getSize-Methode der BoardSize-Struktur ermittelt aus dem Index des ausgewählten Buttons die gewünschte Breite und Höhe des Spielbretts. setDefaultSizeMode speichert den Index außerdem in den User-Defaults. Nach dem Schließen des Popups wird die neue Größe in den Eigenschaften boardHeight und -Width des Haupt-View-Controllers gespeichert und mit newGame() ein neues Spiel gestartet.

```
// Projekt fuenf-gewinnt, Datei PopupVC.swift, Fortsetzung
@IBAction func changeBoardSize(_ sender: UISegmentedControl) {
  // width + height für den ausgewählten Modus
  let (w, h) =
    BoardSize.getSize(mode: sender.selectedSegmentIndex)

  // Einstellung speichern
  BoardSize.setDefaultSizeMode(
    mode: sender.selectedSegmentIndex)

  // Popup schließen + Closure ausführen
  dismiss(animated: true) { // Closure
      self.mainVC.boardHeight = h
      self.mainVC.boardWidth  = w
      self.mainVC.newGame()
  }
}
```

Ganz ähnlich sieht die Logik zum Wechsel zwischen dem Ein- und dem Zwei-Spieler-Modus aus:

```
@IBAction func changeGameMode(_ sender: UISegmentedControl) {
  // speichern
  let twoplayer = sender.selectedSegmentIndex == 1
  defaults.set(twoplayer, forKey: "twoplayer")
  // Popup schließen + Closure ausführen
  dismiss(animated: true) { // Closure
    self.mainVC.twoplayer = twoplayer
    self.mainVC.newGame()
  }
}
```

35.7 Erweiterungsmöglichkeiten

Wie bei den anderen Apps dieses Buchs kann ich auch bei »Fünf Gewinnt« unzählige Erweiterungsideen anbieten, um die App noch attraktiver zu machen.

Spielstand automatisch speichern

Wenn Sie das Spiel unterbrechen und iOS Ihre App aus dem Speicher entfernt, gehen die Informationen zum aktuellen Spielstand verloren. Diesen Mangel können Sie beheben, indem Sie das Array `board` der `FiveWins`-Klasse nach jedem Zug im Dokumentenverzeichnis speichern und bei einem Neustart der App von dort wieder einlesen. Die prinzipielle Vorgehensweise ist in Abschnitt 33.2, »Datenmodell«, in Kapitel 33, »Schatzsuche«, beschrieben.

Spielstärke

Für Gelegenheitsspieler ist die Spielstärke sicher ausreichend bzw. eher schon zu groß. Einige Tipps, wie Sie die Spielstärke bei Bedarf reduzieren können, habe ich Ihnen am Ende von Abschnitt 35.3, »Die Spiellogik (FiveWins.swift)«, ja schon gegeben. Wenn Sie diese Ideen verwirklichen, sollten Sie im Popup-Dialog eine weitere Einstellmöglichkeit für die Spielstärke vorsehen.

Profis ist die Spielstärke vielleicht zu gering: In diesem Fall können Sie versuchen, die in der Methode `getLineScoreFor` enthaltenen Bewertungsparameter zu justieren. Viel Potenzial zur Verbesserung der Spielstärke sehe ich dabei aber nicht. Erfolgversprechender, aber mit wesentlich höherem Aufwand verbunden, ist die Implementierung eines Minimax-Algorithmus, damit der Computer mehrere Halbzüge vorausdenken kann:

https://de.wikipedia.org/wiki/Minimax-Algorithmus

Nur wenige Halbzüge lassen den Rechenaufwand dann explodieren, weswegen Sie eine zeitliche Limitierung vorsehen sollten, z. B. auf circa zehn Sekunden: Je stärker die Rechenleistung des iOS-Geräts ist, desto höher wird dann die Spielstärke.

Sollten Sie Zeit und Mühe in die Verbesserung des Algorithmus investieren, liegt es nahe, auch gleich die Profi-Variante von »Fünf Gewinnt« zu realisieren, also die in der Wikipedia beschriebenen *Renju*-Eröffnungsregeln.

Animationen und Audio-Effekte

Was die Animationen betrifft, beschränkt sich die App in der aktuellen Form auf das absolute Minimum. Denkbare weitere Effekte wären:

- ein kurzes »Zittern« aller Steine, wenn ein Unentschieden erreicht wird
- ein »Herunterfallen« aller Steine beim Start eines neuen Spiels nach dem Verlust der vorigen Partie
- ein feuerwerksähnliches Hinauffliegen der Steine nach einem Sieg

Außerdem könnte jeder Zug sowie das Spielende mit Audio-Effekten untermalt werden. Denken Sie daran, dass nicht jeder Spieler eine audio-visuelle Zwangsbeglückung wünscht, und machen Sie zumindest die Audio-Effekte abschaltbar.

Optische Gestaltung

Mit wenig Aufwand können Sie den Code in `drawRect` in der Klasse `BoardView` so anpassen, dass das Spielbrett wahlweise schachbrettförmig oder wie beim Spiel Go mit Gitterlinien dargestellt wird. Etwas mehr Arbeit ist die Gestaltung schönerer Spielsteine: Dazu können Sie eine eigene, von `UIView` abgeleitete Klasse entwerfen und das Aussehen der Figuren durch Code in der `drawRect`-Methode festlegen. Eine andere

Vorgehensweise besteht darin, die Form der Steine durch ein `CALayerMask`-Objekt festzulegen. Vergessen Sie nicht, die Texte in den Methoden `newGame` und `updateStatus` der Klasse `ViewController` an eventuell veränderte Farben der Spielsteine anzupassen!

Geld verdienen

Ich bezweifle, dass ein Logikspiel wie »Fünf Gewinnt« großes Potenzial zum Geldverdienen bietet – aber Sie können es natürlich probieren. Naheliegend sind zwei Ansätze:

- **In-App-Käufe:** Sie können die fortgeschrittenen Funktionen der App aufpreispflichtig machen, z. B. die Spielbrettgrößen L und XL, oder andere in diesem Abschnitt beschriebene Verbesserungsvorschläge durchführen.
- **Werbung:** Sie können sich einer Werbeplattform wie AdMob, MoPub, AdBuddiz etc. anschließen und in der App Werbung einblenden. Einerseits erzielen Sie damit (voraussichtlich geringe) Werbeeinnahmen, andererseits können Sie die Werbung durch einen In-App-Kauf deaktivieren lassen und so auch an nicht angezeigter Werbung verdienen.

Kapitel 36
Icon-Resizer

Die macOS-App *Icon-Resizer* hilft Ihnen dabei, die unzähligen Bitmaps für das App-Icon eines iOS-, macOS- oder watchOS-Programms effizient zu erstellen. Unbegreiflicherweise bietet Xcode hierfür keine Funktionen, die das bei Bedarf automatisch erledigen würden. Somit hat die App zur Abwechslung nicht nur rein didaktische Zwecke, sondern erfüllt sogar eine sinnvolle Aufgabe.

Neben macOS-Grundlagen, speziell auch zum Thema Drag & Drop, sollte Ihnen zumindest in Grundzügen das in den folgenden Kapiteln zusammengefasste Wissen gegenwärtig sein:

- Kapitel 21, »Dateien und User-Defaults«
- Kapitel 23, »Tabellen und Listen darstellen«
- Kapitel 25, »Grafik und Animation«
- Kapitel 29, »App Store und Co.«

Die App ist auch kostenlos im App Store erhältlich:

https://itunes.apple.com/us/app/icon-resizer/id1156080844

36.1 App-Überblick

Nach dem Start laden Sie entweder durch einen Klick in den linken Teil des Programms das Original-Bild, oder Sie fügen dieses per Drag & Drop ein. Dabei sollte es sich möglichst um ein Bild mit 1024 × 1024 Pixel handeln.

Rechts werden nun die verkleinerten Icons in allen Auflösungen angezeigt, die Xcode für iOS-Apps ab Version 7 verlangt. Wenn Sie stattdessen Icons für ein macOS- oder ein WatchKit-Programm benötigen, wählen Sie das entsprechende Icon-Set über das Einstellungsmenü (siehe Abbildung 36.1).

Sie haben nun zwei Möglichkeiten, die Icons zu nutzen: Entweder ziehen Sie ein Icon nach dem anderen per Drag & Drop in den *.xcassets-Editor von Xcode, oder Sie klicken auf den Speichern-Button und speichern so alle Icons in einem Verzeichnis.

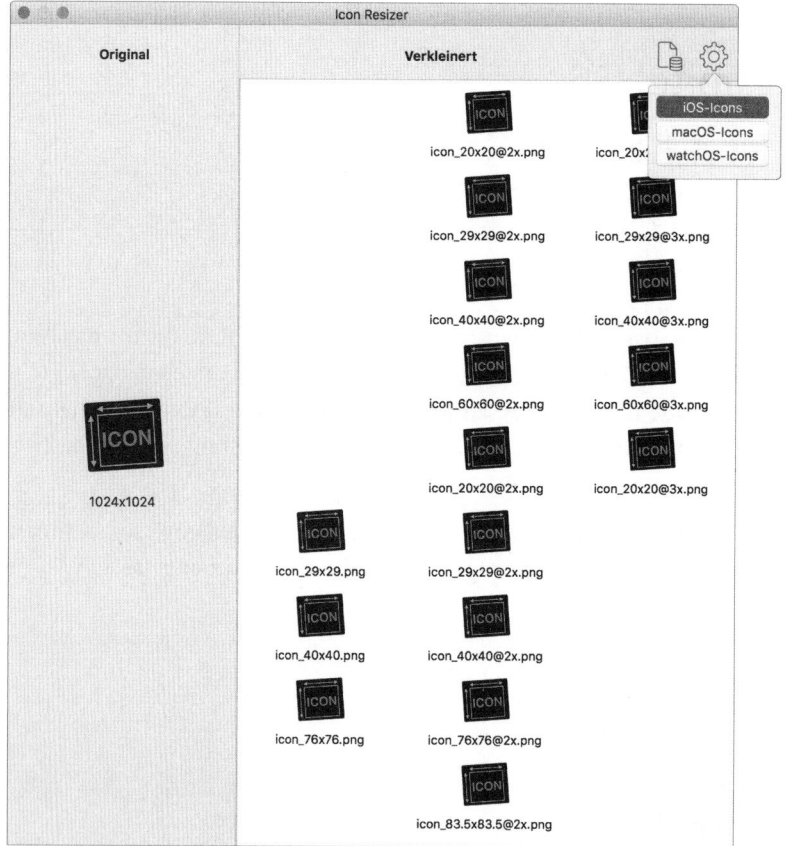

Abbildung 36.1 Icon-Resizer

Programmaufbau

Das Projekt Icon-Resizer besteht aus den folgenden Dateien:

- Main.storyboard enthält die beiden Window- und View-Controller für das Hauptfenster und das Popup-Menü (siehe Abbildung 36.2).
- ViewController.swift und IconChoiceVC.swift definieren die dazugehörenden View-Controller-Klassen.
- AppDelegate enthält Code, um ein temporäres Verzeichnis einzurichten und dieses beim Programmende wieder zu löschen.
- IconSize.swift enthält die Struktur IconSize sowie diverse Methoden, um Icons zu skalieren, zu speichern etc.
- OriginalIconView.swift definiert eine von NSView abgeleitete Klasse. Sie wird für den linken Programmteil verwendet, um Mausklicks zu verarbeiten und Drag & Drop-Objekte zu empfangen.

▶ `IconCellView.swift` enthält eine weitere von `NSView` abgeleitete Klasse. Ihre Aufgabe ist es, ein Icon samt Beschriftung innerhalb einer Zeile der Table-View darzustellen.

Die detaillierte Beschreibung der Klassen folgt in den weiteren Abschnitten dieses Kapitels.

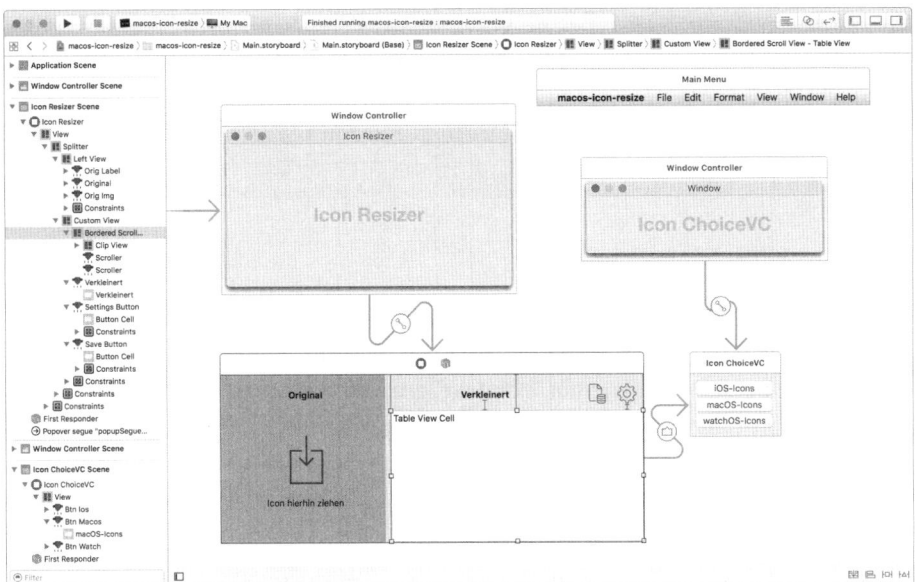

Abbildung 36.2 Das Storyboard des Icon-Resizers

Das Split-View-Steuerelement

Das Hauptfenster des Icon-Resizers ist mit einer Vertical-Split-View in zwei Teile gegliedert, deren Trennlinie verschiebbar ist. Die Split-View ist also ein Steuerelement, das ein Fenster in zwei Bereiche unterteilt. Dazwischen wird je nach Style-Einstellung nur eine dünne Linie oder ein etwas breiterer Balken mit einem Anfasspunkt angezeigt (Style = Pane splitter). Wenn das Programm läuft, kann der Anwender die Linie mit der Maus oder dem Trackpad verschieben und so die Raumaufteilung im Fenster verändern.

Um die Breite der beiden Bereiche einzustellen, die durch die Split-View getrennt werden, klicken Sie nicht auf die Split-View, sondern auf einen der beiden Views links oder rechts bzw. oben oder unten: Nun ist die Trennlinie der Split-View beweglich und Sie können sie mit der Maus einstellen. Im Code können Sie die Split-View-Position mit der Methode `setPosition` festlegen:

```
// Projekt Icon-Resizer, Datei ViewController.swift,
// in der Methode viewDidLoad
splitter.setPosition(200, ofDividerAtIndex: 0)
```

> **Split-View versus Split-View-Controller**
>
> Neben der Split-View gibt es auch einen Split-View-Controller. Während sich die »gewöhnliche« Split-View weitgehend wie ein Steuerelement verhält, verwaltet der Split-View-Controller zwei eigene View-Controller für die beiden Fensterteile. Das ist vor allem bei sehr komplexen Programmen zweckmäßig, wo Sie den Code der beiden Teile in unabhängigen Klassen voneinander trennen möchten.
>
> Leider hinterließ der Split-View-Controller bei meinen Tests einen unausgereiften und schlecht dokumentierten Eindruck. Wenn die Aufgabenstellung wie in diesem Beispiel nicht allzu komplex ist, kommen Sie mit der einfachen Split-View schneller ans Ziel.

Layoutregeln für das Hauptfenster

Der Bereich links von der Split-View enthält zwei Textfelder, die horizontal jeweils mittig angeordnet sind. Der Text ORIGINAL ist vertikal mit dem Text VERKLEINERT aus dem rechten Bereich ausgerichtet. Der Text ICON HIERHIN ZIEHEN ist einige Punkte unterhalb der Image-View angeordnet. Die Image-View, die anfangs ein Download-Icon aus Images.xcassets und später das Icon in der originalen Auflösung anzeigt, ist vertikal und horizontal mittig platziert und hat eine feste Breite und Höhe von 84 Punkten.

Der rechte Bereich wird zum größten Teil von einer Table-View ausgefüllt. Das Tabellensteuerelement ist am linken, unteren und rechten Rand fixiert und hält nach oben hin einen fixen Abstand von 52 Punkten ein. Darüber hinaus wurden diese Einstellungen vorgenommen:

- CONTENT MODE = VIEW BASED
- COLUMNS = 1
- COLUMN SIZING = UNIFORM
- HIGHLIGHT = NONE

Obwohl die Tabelle im laufenden Programm optisch so wirkt, als würde sie drei Spalten enthalten, gibt es tatsächlich nur eine Spalte. In deren Zellen werden dann aber später bis zu drei nebeneinander befindliche Icon-Symbole platziert.

In den verbleibenden Streifen oberhalb der Tabelle befinden sich links ein Textfeld mit zentriertem Text und rechts zwei Texture-Buttons mit den folgenden Einstellungen:

- fixe Breite und Höhe
- STYLE = TEXTURED
- TYPE = MOMENTARY PUSH In

- BORDERED deaktiviert
- TOOL TIP = SPEICHERN bzw. IOS / MACOS / WATCHOS

Die Buttons zeigen Symbole an, die zuvor in Images.xcassets eingefügt wurden.

> **Nichts als Buttons!**
>
> Wenn Sie in der Objektbibliothek nach *button* suchen, findet Xcode 16 (!) verschiedene Buttons. Bei 12 davon handelt es sich aber lediglich um Varianten ein und derselben Klasse – nämlich NSButton. Auch der in diesem Beispiel eingesetzte Texture-Button ist ein ganz gewöhnlicher NSButton, aber eben mit den oben zusammengefassten Einstellungen.

> **Tool-Tips**
>
> Tool-Tips sind kurze Hilfetexte, die erscheinen, wenn der Mauszeiger eine Weile über einem Steuerelement verweilt. Den Tool-Tip-Text können Sie im Identity Inspector einstellen.

Popup-Menü

Das Popup-Menü zur Auswahl der Icon-Sets für iOS, macOS oder watchOS ist in einem eigenen View-Controller realisiert. Auch hier kommen Texture-Buttons zum Einsatz, aber mit etwas anderen Einstellungen:

- STYLE = TEXTURED
- TYPE = ON OFF
- BORDERED aktiviert

Das Menü benötigt keine Layoutregeln, da der Benutzer die Größe des Fensters nicht verändern kann.

Das Popup-Menü ist durch einen Popover-Segue mit dem Zahnrad-Button verbunden. In Xcode müssen Sie dazu mit ctrl-Drag eine Linie vom Button in das Innere des View-Controllers ziehen. Im Attributinspektor habe ich für den Segue die folgenden Einstellungen vorgenommen:

- IDENTIFIER = popupSegue
- STYLE = POPOVER
- PREFERRED EDGE = BOTTOM (Das Menü soll also unterhalb des Buttons erscheinen.)

Sandbox-Einstellungen

Um das Programm App-Store-kompatibel zu machen, habe ich im Dialogblatt CAPABILITIES die Option APP SANDBOX aktiviert. Der App sind Lese- und Schreiboperationen in vom Benutzer ausgewählten Verzeichnissen gestattet (siehe Abbildung 36.3). Mehr Rechte benötigt die App nicht. Irgendwelche Änderungen am Code waren nicht erforderlich.

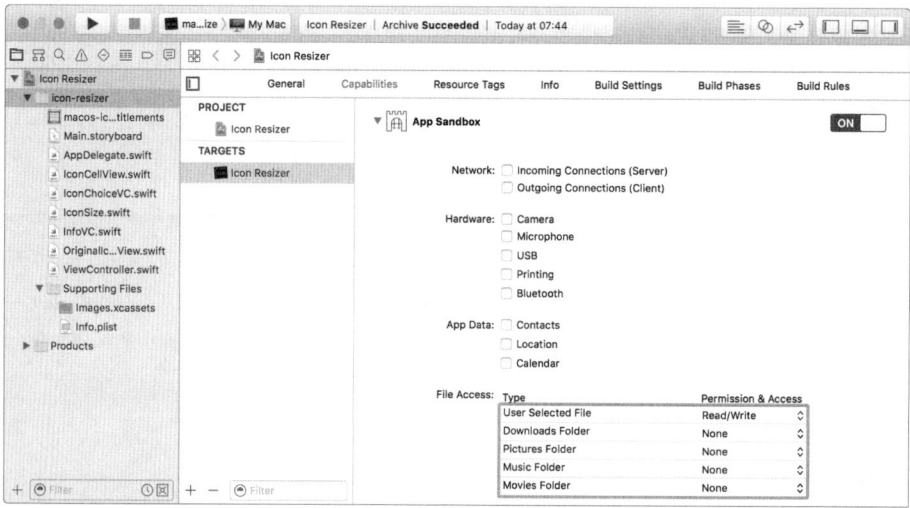

Abbildung 36.3 Sandbox-Einstellungen der App

Erweiterungsmöglichkeiten

Wenn Sie Spaß an dem Beispiel haben, können Sie es um einige Funktionen erweitern:

- Menükommandos zum Laden des Icons, zum Speichern der verkleinerten Icons sowie zur Umstellung zwischen den Icon-Sets
- Mehrfach-Auswahl, Drag & Drop für mehrere Icons zugleich
- Speicherfunktion für eine *.xcassets-Datei, die dann in das Xcode-Projekt eingefügt werden kann
- Einstellungsdialog für andere Icon-Sets

36.2 Icons verwalten (IconSize-Struktur)

Die Datei IconSize.swift definiert zwei Enumerationen sowie die IconSize-Struktur zur Speicherung der Auflösung und der Retina-Stufe eines Icons. Über das eigentliche Beispiel hinaus interessant sind die ebenfalls hier untergebrachten Methoden zum Skalieren und Speichern von Bitmaps. Im MVC-Modell repräsentiert IconSize die Grundlage für das Datenmodell.

Enumerationen

`IconSize.swift` beginnt mit der Definition von zwei Enumerationen. `IconSet` enthält drei Konstanten zur Auswahl des gewünschten Icon-Sets für iOS, macOS und watchOS. `RetinaType` enthält die Konstanten X1, X2 und X3 für die Retina-Stufen.

```
// Projekt Icon-Resizer, Datei IconSize.swift
enum IconSet {
  case iOS, macOS, watchOS
}
enum RetinaType {
  case x1   // kein Retina
  case x2   // Retina (doppelte Auflösung)
  case x3   // Super Retina (dreifache Auflösung, iPhone 6/7 Plus)
}
```

IconSize-Struktur

Die Klasse `IconSize` ist eigentlich ganz simpel. Sie kombiniert in den vier Eigenschaften `sidelength` sowie x1, x2 und x3 Informationen darüber, in welchen Retina-Typen ein Icon in einer bestimmten Größe erforderlich ist.

```
// Projekt Icon-Resizer, Datei IconSize.swift, Fortsetzung
struct IconSize {
  var sidelength: Double
  var x1, x2, x3: Bool

  // Init-Funktion
  init(_ sidelength:CGFloat, _ x1:Bool, _ x2:Bool, _ x3:Bool) {
    self. sidelength = sidelength
    self.x1 = x1
    self.x2 = x2
    self.x3 = x3
  }

  // weitere Methoden ...
}
```

Vielleicht überrascht es Sie, dass `sidelength` als `Double` und nicht als `Int` definiert ist. Die Bitmap-Größe muss ja immer eine ganze Zahl sein, oder? Erstaunlicherweise denkt Apple da anders: Wenn Sie Apps für die Apple Watch erstellen, müssen Sie ein Retina-Icon mit der Auflösung von 27,5 virtuellen Pixeln übergeben. Netto ergibt das eine Bitmap von 55 × 55 Pixeln. Um ein entsprechendes `IconSize`-Element zu erzeugen, rufen Sie die Init-Funktion so auf: `IconSize(27.5, false, true, false)`.

Initialisierung von IconSize-Arrays

Die für einen bestimmten Programmtyp erforderlichen Icon-Größen können nun als IconSize-Array ausgedrückt werden. Zur Initialisierung derartiger Arrays enthält IconSize.swift die statische Methode getSizes, die beispielsweise so eingesetzt wird:

```swift
// erzeugt ein Array von IconSize-Elementen
var iconsizes = IconSize.getSizes(set: .iOS)
```

getSizes greift wiederum auf die Methoden iosSizes, macosSizes und watchSizes zurück, von denen hier aber nur die erste Methode vollständig abgedruckt ist. Bei den Icons für watchOS-Apps habe ich den Fall berücksichtigt, dass Sie mit dem WatchKit arbeiten.

```swift
// Projekt Icon-Resizer, Datei IconSize.swift
struct IconSize {   // Fortsetzung
  static func getSizes(set: IconSet) -> [IconSize] {
    switch set {
    case .iOS:     return IconSize.iosSizes()
    case .macOS:   return IconSize.macosSizes()
    case .watchOS: return IconSize.watchSizes()
    }
  }
  private static func iosSizes() -> [IconSize] {
    // für iOS >= 7
    return [
      // iPhone
      IconSize(20,   false, true, true),
      IconSize(29,   false, true, true),
      IconSize(40,   false, true, true),
      IconSize(60,   false, true, true),
      // iPad
      IconSize(20,   false, true, true),
      IconSize(29,   true,  true, false),
      IconSize(40,   true,  true, false),
      IconSize(76,   true,  true, false),
      IconSize(83.5, false, true, false)
    ]
  }
  private static func macosSizes() -> [IconSize] {
    return [ ... ]
  }
  private static func watchSizes() -> [IconSize] {
    return [ ... ]
  }
}
```

Bitmaps skalieren

Zu den zentralen Aufgaben des Icon-Resizers zählt es, eine Bitmap, also ein `NSImage`-Objekt, in eine andere Auflösung zu skalieren. Warum der `*.xcassets`-Editor von Xcode nicht ebenfalls eine derartige Funktion enthält, ist mir rätselhaft.

Für `IconResizer`-Elemente generiert die Methode `scale` aus der als Parameter übergebenen Bitmap eine neue Bitmap in der gewünschten Retina-Stufe.

```
// erzeugt eine 80x80-Pixel-Bitmap (Retina x2)
let is = IconSize(40, false, true, true)
let mediumSizedIcon = is.scale(fullsize, .X2)
```

Das Internet ist voll von Anleitungen, wie man Bitmaps unter iOS bzw. macOS am besten skaliert. Grundsätzlich bestehen drei Möglichkeiten, je nachdem, für welche Plattform Sie programmieren:

- iOS: `UIImage`-Objekte und die `drawInRect`-Methode
- macOS: `NSImage`-Objekte und die `drawInRect`-Methode
- beide Plattformen: `CGImage`-Objekte und die `CGContextDrawImage`-Funktion

Einen guten, wenn auch iOS-spezifischen Überblick gibt diese Webseite:

http://nshipster.com/image-resizing

In der ersten Version dieses Programms habe ich mit `NSImage`-Objekten und der `drawInRect`-Methode gearbeitet. Allerdings hat sich herausgestellt, dass sich die Auflösung der resultierenden Bitmaps verdoppelt, wenn der Icon-Resizer auf einem Mac mit Retina-Display läuft. Beim Erzeugen neuer `NSImage`-Objekte nimmt macOS an, dass diese für die spätere Ausgabe auf dem Bildschirm gedacht sind, und passt daher die Auflösung an die des Displays an. Normalerweise ist das praktisch, für unsere Aufgabenstellung aber ungeeignet.

```
// ungeeigneter Code, weil dest bei Macs mit einem
// Retina-Display 60x60 Pixel groß ist
let dest = NSImage(size: NSSize(width: 30, height: 30))
let destRect = NSRect(origin: NSPoint.zero,
                     size:   dest.size)
dest.lockFocus()          // dest für Zeichen-
                          // operationen sperren
src.draw(in: destRect,    // Zielrechteck
   from: NSRect.zero,     // Quelle = alles
   operation: .sourceOver, // Ziel vollständig ersetzen
   fraction: 1.0)         // Alpha
dest.unlockFocus()        // dest wieder freigeben
```

Deswegen habe ich in einer zweiten Version auf die Low-Level-Funktionen der Core-Graphics-Bibliothek zurückgegriffen. Die im Folgenden abgedruckte Methode scale verarbeitet eine Ausgangs-Bitmap (Parameter icon, Datentyp NSImage) und gibt als Ergebnis eine skalierte Bitmap zurück (Datentyp CGImage oder nil, wenn ein Fehler auftritt).

Dazu muss zuerst mit der Methode CGImage(forProposedRect:...) aus dem vorhandenen NSImage-Objekt ein CGImage-Objekt erzeugt werden. Daraus wird dann mit der Methode draw ein neues, verkleinertes CGImage-Objekt erstellt. Bevor diese Methode verwendet werden kann, sind allerdings diverse Vorbereitungsarbeiten notwendig: Es muss ein geeigneter Grafikkontext eingerichtet werden, der Informationen darüber enthält, wie die Bitmap intern dargestellt werden soll, in welcher Qualität Skalierungsoperationen durchgeführt werden sollen etc. Erst makeImage macht dann aus der internen Darstellung der verkleinerten Bitmap ein CGImage-Objekt.

```swift
// Projekt Icon-Resizer, Datei IconSize.swift
// verarbeitet NSImage, liefert verkleinertes CGImage
private func scale(_ icon: NSImage, to type: RetinaType)
  -> CGImage?
{
  // neue Größe
  let newlength: Int
  switch type {
    case .x1: newlength = Int(sidelength)
    case .x2: newlength = Int(sidelength * 2)
    case .x3: newlength = Int(sidelength * 3)
  }

  // NSImage --> CGimage
  var rect = CGRect(x: 0,
                    y: 0,
                    width: icon.size.width,
                    height: icon.size.height)
  if let cgimg = icon.cgImage(forProposedRect: &rect,
                   context: nil,
                   hints: nil)
  {
    // CGImage skalieren
    let colorSpace = CGColorSpaceCreateDeviceRGB()
    let bitmapInfo = CGBitmapInfo(rawValue:
      CGImageAlphaInfo.premultipliedLast.rawValue)
    let context = CGContext(data: nil,
                     width: newlength,
                     height: newlength,
                     bitsPerComponent: 8,
```

```
                              bytesPerRow: 0,
                              space: colorSpace,
                              bitmapInfo: bitmapInfo.rawValue)
    context!.interpolationQuality = .high
    let newrect = CGRect(x: 0, y: 0,
                         width: newlength, height: newlength)
    // skalierte Bitmap zeichnen
    context?.draw(cgimg, in: newrect)
    // als CGImage zurückgeben
    return context?.makeImage()
  }

  // etwas ist schiefgegangen
  return nil
}
```

Bitmaps im PNG-Format speichern

Die Methode save der IconSize-Struktur speichert die als Parameter übergebene, in voller Auflösung vorliegende Bitmap in verkleinerter Form in einer PNG-Datei innerhalb eines Verzeichnisses und gibt den vollständigen Dateinamen zurück:

```
// speichert /Users/kofler/icon_40x40@2x.png
let is = IconSize(40, false, true, true)
let fname = is.save(bigicon, type: .x2, folder: "/Users/kofler")
```

save greift dabei auf drei weitere Methoden zurück: auf die gerade beschriebene scale-Methode, auf iconName, um einen passenden Dateinamen zu erzeugen, und auf savePNG, wo das eigentliche Speichern stattfindet. Diese Methode bildet aus dem Dateinamen ein URL-Objekt und erzeugt dann ein CGImageDestination-Objekt. In dieses Objekt wird das zu speichernde CGImage-Objekt eingefügt. CGImageDestination-Finalize kümmert sich um das eigentliche Speichern, wobei die Funktion true oder false zurückgibt, je nachdem, ob die Operation erfolgreich war oder nicht.

```
// Projekt Icon-Resizer, Datei IconSize.swift
struct IconSize {   // Fortsetzung

  // Icon skalieren und im angegebenen bzw. im temporären
  // Verzeichnis speichern; gibt den Dateinamen zurück
  func save(_ icon: NSImage,
            type: RetinaType,
            folder: String ) -> String
  {
```

```swift
    let name = IconSize.iconName(prefix: "icon_",
                            sidelength: sidelength,
                            type: type)
    let fname = NSString(string: folder)
      .appendingPathComponent(name)
    if let img = scale(icon, to: type) {
      if savePNG(img, in: fname) {
        return fname   // alles bestens, Dateinamen zurückgeben
      }
    }
    // etwas ist schiefgegangen
    return ""
}

// CGImage in PNG-Datei speichern
private func savePNG(_ img: CGImage, in fname: String) -> Bool
{
  let url = URL(fileURLWithPath: fname)
  if let dest = CGImageDestinationCreateWithURL(
                url as CFURL, kUTTypePNG, 1, nil)
  {
    CGImageDestinationAddImage(dest, img, nil)
    return CGImageDestinationFinalize(dest)
  }

  // etwas ist schiefgegangen
  return false
}

// Icon-Dateinamen zusammenbasteln
// iconName(prefix: "icon_", sidelength: 40, type: X2)
// liefert icon_40x40@2x.png
static func iconName(prefix: String,
                     sidelength: Double,
                     type rtype: RetinaType) -> String
{
  // sidelength in NSNumber umwandeln
  let sideNmb = NSNumber(value: sidelength)

  // mit einer Nachkommastelle darstellen, Komma als Trenner
  let formatter = NumberFormatter()
  formatter.minimumFractionDigits = 0
  formatter.maximumFractionDigits = 1
  formatter.locale = Locale(identifier: "en_US")
```

```
    let txt = formatter.string(from: sideNmb)!

    var result = prefix + txt + "x" + txt
    if rtype == .x2 { result += "@2x" }
    if rtype == .x3 { result += "@3x" }
    result += ".png"

    return result
  }
}
```

Zuletzt noch einige Worte zum `NSNumberFormatter` in der oben abgedruckten Methode `iconName`: Das Objekt hat die Aufgabe, die Icon-Größe als Dezimalzahl in US-Notation darzustellen. Aus der Zahl 27,5 muss also die Zeichenkette 27.5 werden – egal, mit welchen Spracheinstellungen die App ausgeführt wird. Daher muss der `NSNumberFormatter` zur US-Notation gezwungen werden.

36.3 Hauptfenster (ViewController.swift)

Der Großteil der Steuerungsfunktionen des Programms befindet sich in der View-Controller-Klasse. Diese beginnt wie üblich mit Outlets zum Zugriff auf die Steuerelemente sowie mit der Definition einiger Eigenschaften. Am wichtigsten sind `icon` und `iconsizes`. `icon` enthält die vom Benutzer geladene oder per Drag & Drop zur Verfügung gestellte Original-Bitmap des Icons in voller Auflösung. `iconsizes` enthält ein Array von `IconSize`-Elementen. Dieses Array gibt die gewünschten Auflösungen der verkleinerten Icons an.

```
// Projekt Icon-Resizer, Datei ViewController.swift
class ViewController: NSViewController {
  @IBOutlet weak var splitter: NSSplitView!
  @IBOutlet weak var leftView: OriginalIconView!
  @IBOutlet weak var origImg: NSImageView!
  @IBOutlet weak var origLabel: NSTextField!
  @IBOutlet weak var iconTable: NSTableView!
  @IBOutlet weak var settingsButton: NSButton!
  @IBOutlet weak var saveButton: NSButton!

  // Icon in voller Auflösung (linke Seite)
  var icon: NSImage! {
    didSet {
      origImg.image = icon
      origLabel.stringValue =
        "\(Int(icon.size.width))x\(Int(icon.size.height))"
```

```
      iconTable.reloadData()
    }
  }

  // Zeilenhöhe für Table-View auf der rechten Seite
  let cellheight: CGFloat = 80

  // Welches Set von Icons wird angezeigt?
  var iconset = IconSet.iOS

  // Array mit den gewünschten Icon-Größen
  // und Retina-Modes, Datentyp [IconSize]
  var iconsizes = IconSize.getSizes(set: .iOS)

  // diverse Methoden, Details folgen gleich
}
```

viewDidLoad mit dem Aufruf von unregisterDraggedTypes

Die `viewDidLoad`-Methode kümmert sich um die Initialisierung der eigenen Daten. Der Großteil des Codes sollte aufgrund der Kommentare klar sein, auf ein Detail möchte ich aber hinweisen: `leftView` verweist auf den linken Fensterbereich, für den die `OriginalIconView`-Klasse verantwortlich ist (siehe Abschnitt 36.5, »Drag & Drop-Empfänger für Icons einzustellen (OriginalIconView.swift)«). Die View soll File-Drag & Drop-Operationen empfangen. Standardmäßig funktioniert dies mit `registerForDraggedTypes` aber nur für die Bereiche, die nicht von anderen Drag & Drop-fähigen Steuerelementen bedeckt sind.

Im konkreten Fall betrifft dies nur das `NSImageView`-Steuerelement (Outlet `imgView`), das mittig in `leftView` platziert ist. Damit dieses Steuerelement Drag & Drop-Ereignisse an seinen Container weiterleitet, hier also an `leftView`, ist ein Aufruf von `imgView.unregisterDraggedTypes` erforderlich. In `viewDidLoad` befindet sich stattdessen eine Schleife, primär, um die allgemeingültige Lösung dieses Problems zu zeigen.

```
// Projekt Icon-Resizer, Datei ViewController.swift
class ViewController: NSViewController {    // Fortsetzung
  override func viewDidLoad() {
    super.viewDidLoad()

    // in leftView Referenz auf self speichern,
    // als File-Drag&Drop-Empfänger einrichten
    leftView.vc = self
    leftView.registerForDraggedTypes( [NSFilenamesPboardType] )
```

36.3 Hauptfenster (ViewController.swift)

```
    // alle Subviews von leftView sollen Drag weitergeben
    for v in leftView.subviews {
      v.unregisterDraggedTypes()
    }

    // Startposition für Splitter festlegen und
    // Delegates verarbeiten
    splitter.setPosition(200, ofDividerAtIndex: 0)
    splitter.delegate = self

    // Table-View
    iconTable.dataSource = self
    iconTable.delegate = self
  }
}
```

Popup- und Speicher-Buttons, Programmende

Die Methoden showPopup und saveAll werden aufgerufen, wenn der Benutzer auf die entsprechenden Buttons klickt. showPopup führt performSegueWithIdentifier aus und zeigt so das Popup-Menü an. Dabei kommt es zum Aufruf von prepare. Diese Methode übergibt eine Referenz auf den Haupt-View-Controller an den View-Controller des Menüs.

saveAll zeigt einen Dialog zur Auswahl eines Verzeichnisses an. Ist die Auswahl erfolgreich, werden dort die Icons in allen erforderlichen Größen im PNG-Format gespeichert. Anschließend öffnet die Methode activateFileViewerSelecting ein Finder-Fenster für dieses Verzeichnis. (Diese Methode können Sie auch verwenden, um im Standardbrowser von macOS eine Webseite anzuzeigen. Dazu übergeben Sie als URL die Adresse der gewünschten Seite.)

Beim Schließen des Fensters wird viewDidDisappear aufgerufen. Dort wird mit der terminate-Methode das Programmende eingeleitet.

```
// Projekt Icon-Resizer, Datei ViewController.swift
class ViewController: NSViewController {  // Fortsetzung

  // Button: Popup-Menü anzeigen
  @IBAction func showPopup(_ sender: NSButton) {
    performSegue(withIdentifier: "menuSegue", sender: sender)
  }

  // Segue zum Popup-Menü
  override func prepare(for segue: NSStoryboardSegue,
                        sender: Any?)
```

```swift
  {
    if let icvc = segue.destinationController as? IconChoiceVC {
      icvc.mainVC = self
    }
  }

  // Button: speichern
  @IBAction func saveAll(_ sender: NSButton) {
    if icon == nil { return }

    let openFile = NSOpenPanel()
    openFile.title = "Verzeichnis zum Speichern der Icons"
    openFile.prompt = "Auswählen"
    openFile.worksWhenModal = true
    openFile.allowsMultipleSelection = false
    openFile.canChooseDirectories = true
    openFile.canChooseFiles = false
    openFile.canCreateDirectories = true
    openFile.resolvesAliases = true
    openFile.runModal()

    if let url = openFile.url
    {
      let folder = url.path
      for sz in iconsizes {
        if sz.x1 {
          _ = sz.save(icon, type: RetinaType.x1, folder: folder)
        }
        if sz.x2 {
          _ = sz.save(icon, type: RetinaType.x2, folder: folder)
        }
        if sz.x3 {
          _ = sz.save(icon, type: RetinaType.x3, folder: folder)
        }
      }

      // Finder mit dem Verzeichnis anzeigen, in dem
      // die Icons gespeichert wurden
      NSWorkspace.shared().activateFileViewerSelecting( [url] )
    }
  }
```

```
// Programmende beim Schließen des Fensters
override func viewDidDisappear() {
  super.viewDidDisappear()
  NSApplication.shared().terminate(self)
}
}
```

Split-View-Delegation

Das Verschieben der Teilungslinie der Split-View und somit auch das Ändern der Fenstergröße führt zum Aufruf von Delegate-Methoden des NSSplitViewDelegate-Protokolls.

Zwei derartige Methoden sind im Programm als Erweiterung der View-Controller-Klasse implementiert. Sie verhindern, dass der linke oder rechte Bereich schmaler als 100 Punkte wird. Als Minimum für die gesamte Fenstergröße wurde in Xcode ein Rechteck von 400 × 200 Punkten festgelegt. Damit ist ausgeschlossen, dass die zweite splitView-Methode negative Werte liefert.

```
// Projekt Icon-Resizer, Datei ViewController.swift
extension ViewController : NSSplitViewDelegate {

  // linker Bereich nicht kleiner als 100 Pixel
  func splitView(_ splitView: NSSplitView,
                 constrainMinCoordinate
                   proposedMinimumPosition: CGFloat,
                 ofSubviewAt dividerIndex: Int)
    -> CGFloat
  {
    return 100
  }

  // rechter Bereich mindestens 100 Pixel breit
  func splitView(_ splitView: NSSplitView,
                 constrainMaxCoordinate
                   proposedMaximumPosition: CGFloat,
                 ofSubviewAt dividerIndex: Int)
    -> CGFloat
  {
    return max(100, view.frame.size.width - 100)
  }
}
```

Table-View-Datenquelle

Auch die Methoden des `NSTableViewDataSource`-Protokolls sind in einer Erweiterung der Klasse enthalten. In der Methode `table(_:viewFor:row:)` wird zuerst ein `NSView`-Objekt erzeugt, das die gesamte Tabellenzelle aufnimmt. Darin werden dann mit `addSubview` die drei Icon-Symbole nebeneinander platziert. Die Methode `makeLabeledIcon` setzt die erforderlichen Steuerelemente zusammen.

```swift
// Projekt Icon-Resizer, Datei ViewController.swift
extension ViewController : NSTableViewDataSource,
   NSTableViewDelegate
{
  // Anzahl der Tabelleneinträge
  func numberOfRows(in tableView: NSTableView) -> Int {
    return iconsizes.count
  }

  // Höhe der Zeilen
  func tableView(_ tableView: NSTableView, heightOfRow row: Int)
    -> CGFloat
  {
    return cellheight
  }

  // bei Änderung der Spaltenbreite neu zeichnen (um
  // die drei 'virtuellen' Spalten gleichmäßig zu verteilen)
  func tableViewColumnDidResize(_ notification: Notification) {
    iconTable.reloadData()
  }

  // Tabellenzelle zusammenbasteln
  func tableView(_ tableView: NSTableView,
    viewFor tableColumn: NSTableColumn?,
    row: Int) -> NSView?
  {

    let width   = tableColumn?.width ?? 200
    let width3  = width / 3
    let isize   = iconsizes[row]
    let n       = isize.sidelength

    // Container
    let rect = CGRect(x: 0, y: 0,
                  width: width, height: cellheight)
    let newview = NSView(frame: rect)
```

```
    // links: erstes Icon
    if isize.x1 {
      let name  = IconSize.iconName(prefix: "icon_",
                                    sidelength: n,
                                    type: .x1)
      newview.addSubview(
        makeLabeledIcon(0, width3, isize, .x1, name))
    }

    // Mitte: zweites Icon für Retina
    if isize.x2 {
      let name  =  IconSize.iconName(prefix: "icon_",
                                     sidelength: n,
                                     type: .x2)
      newview.addSubview(
        makeLabeledIcon(width3, width3, isize, .x2, name))
    }

    // rechts: drittes Icon für Super-Retina
    if isize.x3 {
      let name  =  IconSize.iconName(prefix: "icon_",
                                     sidelength: n,
                                     type: .x3)
      newview.addSubview(
        makeLabeledIcon(width3 * 2, width3, isize, .x3, name))
    }

    // komplette Tabellenzelle zurückgeben
    return newview
  }
```

Die Methode `makeLabeledIcon` erzeugt zuerst ein `IconCellView`-Objekt als Container. Die von `NSView` abgeleitete Klasse `IconCellView` kann Drag & Drop-Operationen initiieren und wird im nächsten Abschnitt beschrieben. `addSubview` fügt in den Container ein `NSTextField`- und ein `NSImageView`-Objekt ein. Die beiden Objekte enthalten den Icon-Dateinamen und eine Referenz auf das `NSImage`-Objekt mit dem hochauflösenden Originalbild. Für die Tabellenansicht wird also immer das Bild in der Originalauflösung verwendet. Die skalierte Version wird erst beim Speichern erzeugt.

```
// Projekt Icon-Resizer, Datei ViewController.swift
extension ViewController : NSTableViewDataSource,
                           NSTableViewDelegate  // Fortsetzung
{
  // Icon mit Beschriftung erzeugen
```

```
      private func makeLabeledIcon(_ offset: CGFloat,
                                   _ width: CGFloat,
                                   _ isize: IconSize,
                                   _ rtype: RetinaType,
                                   _ txt: String) -> NSView
      {
        let rect = CGRect(x: offset, y: 0,
                          width: width, height: cellheight)
        let iconview = IconCellView(frame: rect)
        // IconCellView-spezifische Eigenschaften
        iconview.isize = isize
        iconview.rtype = rtype
        iconview.icon = icon

        // Textfeld zur Beschriftung
        let txtrect = CGRect(x: 0, y: 0, width: width, height: 20)
        let lbl = NSTextField(frame: txtrect)
        lbl.stringValue = txt
        lbl.alignment = .center
        lbl.isEditable = false
        lbl.isBezeled = false
        lbl.drawsBackground = false
        iconview.addSubview(lbl)

        // Image-View mit Icon
        let side = cellheight - 30 // Icon-Größe
        let iconrect = CGRect(x: (width-side) / 2, y: 25,
                              width: side, height: side)
        let img = NSImageView(frame: iconrect)
        img.image = icon ?? NSImage(named: "file_question")
        iconview.addSubview(img)
        return iconview
      }
    }
```

> **Table-View-Delegation**
>
> Vielleicht ist Ihnen aufgefallen, dass viewDidLoad die Anweisung iconTable.delegate = self enthält und dass die ViewController-Klasse das NSTableViewDelegate-Protokoll einhält, obwohl keine einzige Protokollmethode implementiert wird. (Es werden nur NSTableViewDataSource-Methoden implementiert.) Ganz egal, ob Sie NSTableViewDelegate-Methoden benötigen oder nicht – Sie *müssen* ein Delegation-Objekt angeben, sonst zeigt die Table-View nur leere Zellen an.

36.4 Drag & Drop-Quelle für Icons (IconCellView.swift)

Die Klasse `IconCellView`, die ich im vorigen Abschnitt erwähnt habe, ist eine einfache Erweiterung der `NSView`-Klasse. Sie definiert drei Eigenschaften zur Speicherung der Icon-Daten und implementiert die Methoden `mouseDragged` und `draggingSession(_:sourceOperationMaskForDraggingContext:)`, um Drag & Drop-Operationen zu initiieren. `mouseDragged` ermittelt zuerst den Ort des temporären Verzeichnisses, dessen Pfad in einer Eigenschaft der `AppDelegate`-Klasse gespeichert ist. In dieses Verzeichnis wird nun eine skalierte Version des Icons gespeichert.

`convert` ermittelt den Ort des Mauszeigers im Koordinatensystem des `IconCellView`-Objekts. Um diese Position wird nun ein kleines Rechteck erzeugt, das an die Methode `dragFile` übergeben wird. Das ist notwendig, damit das Drag & Drop-Symbolbild unmittelbar neben dem Mauszeiger erscheint.

Die `dragFile`-Methode ist der einfachste Weg, eine Drag & Drop-Operation zu initiieren, die einen Dateinamen transportiert. Dabei reicht es aus, im ersten Parameter den Namen der Datei anzugeben. macOS kümmert sich selbst um den Rest, insbesondere um die Darstellung eines leeren Dokumentvorschaubildes samt Dateinamen. Um die Objektvorschau müssen Sie sich sonst recht mühsam selbst kümmern, indem Sie eine Closure an die Eigenschaft `imageComponentsProvider` des `NSDraggingItem`-Objekts übergeben. `dragFile` erspart Ihnen also viel Arbeit.

Ein wenig befremdlich ist die leere Methode `mouseDown`. Wird sie weggelassen, kommt es zu keinem Aufruf von `mouseDragged`. Ich habe nicht ergründen können, warum das so ist. Im Drag & Drop-Beispiel aus Abschnitt 19.8 war die Implementierung von `mouseDown` auf jeden Fall nicht erforderlich.

```
// Projekt Icon-Resizer, Datei IconCellView.swift
class IconCellView: NSView, NSDraggingSource {

  var isize: IconSize!
  var rtype: RetinaType!
  var icon: NSImage!

  // sonst wird mouseDragged nicht aufgerufen
  override func mouseDown(with theEvent: NSEvent) {
  }

  override func mouseDragged(with theEvent: NSEvent) {
    // kein Drag, wenn keine Daten
    if icon == nil { return }
    let app =
      NSApplication.shared().delegate as! AppDelegate
```

```
    // Icon in temp. Verz. speichern
    let fname = isize.save(icon,
                           type: rtype,
                           folder: app.tempdir!)

    // Mausposition
    let position = convert(theEvent.locationInWindow, from: nil)
    let mouserect = NSRect(origin: position,
                           size: NSSize(width: 10, height: 10))

    // start drag
    dragFile(fname,
             from: mouserect,
             slideBack: true,
             event: theEvent)
  }

  // nur Copy erlauben
  func draggingSession(_: NSDraggingSession,
                       sourceOperationMaskFor _:
    NSDraggingContext)
    -> NSDragOperation
  {
    return .copy
  }
} // class-Ende
```

36.5 Drag & Drop-Empfänger für Icons (OriginalIconView.swift)

Die Klasse `OrignalIconView` ist von `NSView` abgeleitet und wird als View für den linken Fensterbereich verwendet. Die Klasse erfüllt zwei Aufgaben:

- Sie empfängt Datei-Drag & Drop-Objekte, sofern es sich dabei um PNG- oder JPEG-Dateien handelt.
- Sie reagiert auf Mausklicks und zeigt dann einen Dialog zum Laden einer Icon-Bitmap an.

Drag & Drop einer Bilddatei empfangen

Beginnen wir mit dem Drag & Drop-Empfang von Dateien. Das folgende Listing zeigt nur den dafür absolut erforderlichen Code. Tatsächlich enthält die Datei `Original-IconView.swift` auch Anweisungen, die die Hintergrundfarbe der View während Drag & Drop-Operationen verändern und so ein optisches Feedback geben. Werfen Sie gegebenenfalls einen Blick in die Beispieldateien!

36.5 Drag & Drop-Empfänger für Icons (OriginalIconView.swift)

draggingEntered überprüft durch einen Aufruf von dragFilename, ob ein Drag & Drop-Objekt vorliegt, das verarbeitet werden kann. Ist dies der Fall, erlaubt die Methode den Empfang durch die Rückgabe von .Copy.

Lässt der Benutzer das Drag & Drop-Objekt fallen, lädt performDragOperation die Bitmap-Datei in die icon-Eigenschaft der ViewController-Klasse. Die didSet-Methode dieser Eigenschaft kümmert sich darum, dass auch alle anderen Komponenten des Programms aktualisiert werden.

Am aufwendigsten ist das Extrahieren des Dateinamens aus dem Drag & Drop-Objekt in der Methode dragFilename. Ein komplexes if-let-Kommando stellt sicher, dass ein und nicht mehrere Objekte übergeben werden, ermittelt das NSPasteboard-Objekt, sucht darin nach Dateinamen und speichert das erste Element des resultierenden Arrays in der Variablen fname.

Wenn sich die Datei des Drag & Drop-Objekts im temporären Verzeichnis des Programms befindet, wird der Vorgang abgebrochen. Dieser Test vermeidet, dass irrtümlich ein verkleinertes Icon aus dem rechten Bereich des Fensters in den linken Bereich kopiert wird.

```
// Projekt Icon-Resizer, Datei OriginalIconView.swift
class OriginalIconView: NSView {
  // Referenz auf den übergeordneten View-Controller
  weak var vc: ViewController!

  // Drag beginnt; .Copy anzeigen, wenn Daten OK
  override func draggingEntered(_ sender: NSDraggingInfo)
    -> NSDragOperation
  {
    if dragFilename(sender) != nil {
      highlight = true
      return .copy
    }
    return NSDragOperation()
  }

  // Drag abgeschlossen: Icon-Datei laden
  override func performDragOperation(_ sender: NSDraggingInfo)
    -> Bool
  {
    if let fname = dragFilename(sender) {
      vc.icon = NSImage(contentsOfFile: fname)
      return true
    }
    return false
  }
```

```swift
    private func dragFilename(_ draginfo: NSDraggingInfo)
      -> String?
    {
      let pboard = draginfo.draggingPasteboard()
      if draginfo.numberOfValidItemsForDrop == 1,
          let data = pboard.propertyList(
                    forType: NSFilenamesPboardType) as? [String],
          let path = data.first
      {
        let app =
          NSApplication.shared().delegate as! AppDelegate
        if path.hasPrefix(app.tempdir) {
          return nil
        }

        // Extension herausfinden
        let url = URL(fileURLWithPath: path)
        let ext = url.pathExtension

        switch ext.lowercased() {
        case "png", "jpeg", "jpg":
          return String(path)
        default:
          return nil
        }
      }
      return nil
    } // func-Ende
} // class-Ende
```

Dateiauswahldialog für die Bilddatei

mouseDown bewirkt, dass ein Klick in den linken Bereich des Fensters einen Dateiauswahldialog öffnet. Nach der erfolgreichen Auswahl wird das Bild in die icon-Eigenschaft des View-Controllers geladen.

```swift
// Projekt Icon-Resizer, Datei OriginalIconView.swift
// Dateiauswahldialog anzeigen
override func mouseDown(with theEvent: NSEvent) {
  let openFile = NSOpenPanel()
  openFile.title = "Icon-Datei öffnen"
  openFile.prompt = "Öffnen"
  openFile.worksWhenModal = true
  openFile.allowsMultipleSelection = false
```

```
    openFile.allowedFileTypes =
      ["png", "jpg", "jpeg", "PNG", "JPEG", "JPG"]
    openFile.canChooseDirectories = false
    openFile.resolvesAliases = true

    // Dialog anzeigen
    openFile.runModal()
    if let  url = openFile.url {
      vc.icon = NSImage(contentsOfFile: url.path)
    }
  }
}
```

36.6 Popup-Menü (IconChoiceVC.swift)

Für die Darstellung des Popup-Menüs sieht das Storyboard einen eigenen Window- und View-Controller vor. Die Klasse IconChoiceVC enthält den dazugehörenden Code, der leicht verständlich ist. Zur Anzeige des Menüs kommt es durch einen Segue, in dessen Verlauf die Eigenschaft mainVC eingestellt wird (prepare-Methode in ViewController.swift).

viewDidLoad wertet aus, welches Icon-Set im Hauptfenster gerade aktiv ist. Dementsprechend wird einer der drei Buttons in den Ein-Zustand versetzt, um dem Benutzer ein optisches Feedback zu geben.

Beim Anklicken eines Buttons wird die Eigenschaft iconset von mainVC geändert. Die Methode dismiss lädt anschließend das iconsize-Array neu, initiiert mit reloadData ein Neuzeichnen der Table-View und schließt mit dismissController das Fenster des Popup-Menüs.

```
// Projekt Icon-Resizer, Datei IconChoiceVC.swift
class IconChoiceVC: NSViewController {
  @IBOutlet weak var btnIos: NSButton!
  @IBOutlet weak var btnOsx: NSButton!
  @IBOutlet weak var btnWatch: NSButton!

  // Verweis auf den View-Controller des Hauptfensters
  weak var mainVC:ViewController!

  // den richtigen Button auswählen
  override func viewDidLoad() {
    super.viewDidLoad()
    switch mainVC.iconset {
    case .iOS:      btnIos.state    = NSOnState
    case .macOS:    btnMacos.state  = NSOnState
```

```
      case .watchOS: btnWatch.state = NSOnState
      }
    }

    // einer der Buttons wurde angeklickt
    @IBAction func btnIos(_ sender: AnyObject) {
      mainVC.iconset = IconSet.iOS
      dismiss()
    }
    @IBAction func btnMacos(_ sender: AnyObject) {
      mainVC.iconset = IconSet.macOS
      dismiss()
    }
    @IBAction func btnWatch(_ sender: NSButton) {
      mainVC.iconset = IconSet.watchOS
      dismiss()
    }

    private func dismiss() {
      mainVC.iconsizes =
        IconSize.getSizes(set: mainVC.iconset)
      mainVC.iconTable.reloadData()
      self.dismiss(self)
    }
  }
```

36.7 Temporäres Verzeichnis erstellen und löschen

Der Icon-Resizer verwendet ein temporäres Verzeichnis, um darin die verkleinerten Icons zu speichern. Die Dateien sind erforderlich, damit Drag & Drop-Operationen von der App zu anderen Apps und speziell zu Xcode möglich sind. Methoden der AppDelegate-Klasse kümmern sich darum, innerhalb des temporären Verzeichnisses das Unterverzeichnis icon-resizer einzurichten und später wieder zu löschen.

Ein eigenes temporäres Verzeichnis einstellen

In Swift-Programmen verrät die Funktion NSTemporaryDirectory den Ort des temporären Verzeichnisses. Falls die App ohne Sandbox-Option ausgeführt wird, teilen sich alle Programme des Benutzers das temporäre Verzeichnis. Deswegen ist es zweckmäßig, dort ein programmspezifisches Unterverzeichnis einzurichten. Darum kümmert sich beim Programmstart die Methode applicationDidFinishLaunching. Darin ermöglicht die Variable fmgr den Zugriff auf den NSFileManager (siehe auch Abschnitt 21.4, »Standardverzeichnisse«).

Der Pfad des eigenen temporären Verzeichnisses wird mit der Methode stringBy-AppendingPathComponent aus dem Ergebnis NSTemporaryDirectory und der Erweiterung icon-resizer zusammengesetzt. fileExistsAtPath überprüft, ob es dieses Verzeichnis schon gibt. Das kann insbesondere dann passieren, wenn das Programm in Xcode getestet und dort abgebrochen wird. removeItemAtPath löscht dann das Verzeichnis mit seinem gesamten Inhalt. Gehen Sie mit dieser Methode vorsichtig um – sie löscht Verzeichnisse rekursiv und lässt sich nicht rückgängig machen.

Die Methode createDirectoryAtPath erzeugt nun ein (neues) Verzeichnis und speichert dessen Ort in der tempdir-Variablen. Über diese Variable können alle Komponenten des Programms darauf zugreifen.

```swift
// Projekt Icon-Resizer, Datei AppDelegate.swift
@NSApplicationMain
class AppDelegate: NSObject, NSApplicationDelegate {
  var tempdir: String!

  // temporäres Verzeichnis zum Programmstart einrichten
  func applicationDidFinishLaunching(_ aNotification:
    Notification) {
    let fmgr = FileManager.default

    // Unterverzeichnis icon-resizer im temporären Verzeichnis
    let temp = NSString(string: NSTemporaryDirectory())
      .appendingPathComponent("icon-resizer")
    do {
      // Existiert schon? Löschen!
      if fmgr.fileExists(atPath: temp) {
        try fmgr.removeItem(atPath: temp)
      }

      // erzeugen
      try fmgr.createDirectory(atPath: temp,
        withIntermediateDirectories: false,
        attributes: nil)
      tempdir = temp
    } catch _ {
      // wenn Fehler passieren: einfach temporäres Verzeichnis
      // verwenden
      tempdir = NSTemporaryDirectory()
    }
  } // func-Ende
} // class-Ende
```

Temporäres Verzeichnis löschen

Um die Aufräumarbeiten kümmert sich die Methode `applicationWillTerminate`. Sie stellt zuerst mit `hasSuffix` sicher, dass `tempdir` wirklich auf das programmeigene temporäre Verzeichnis zeigt, und löscht dieses dann.

```swift
// Projekt Icon-Resizer!, Datei AppDelegate.swift, Fortsetzung
@NSApplicationMain
class AppDelegate: NSObject, NSApplicationDelegate {
  ...
  // temporäres Verzeichnis beim Programmende löschen
  func applicationWillTerminate(_ aNotification: Notification) {
    if tempdir.hasSuffix("icon-resizer") {
      let fmgr = FileManager.default
      do {
        // temporäres Verzeichnis wieder löschen
        try fmgr.removeItem(atPath: tempdir)
        print("Tempdir gelöscht")
      } catch _ { }
    }
  }
}
```

Kapitel 37
Breakout

Breakout ist ein klassisches Spielhallenspiel. Es geht darum, mit einem Ball rechteckige Steine (Bricks) abzuschießen. Es ist Aufgabe des Spielers, den Ball mit einem Schläger (Paddle) in dem nach unten offenen Spielfeld zu halten. Die erste Version des Spiels wurde 1976 von Atari produziert, wobei die Spiellogik nicht durch ein Programm, sondern in Hardware realisiert wurde.

Abbildung 37.1 Das Spiel »Breakout«

Breakout hat übrigens schon seit Langem mit Apple zu tun: Steve Jobs, der damals für Atari arbeitete, überließ es Steve Wozniak, einen Prototyp für das Spiel zu bauen, bezahlte ihn dafür aber nur schäbig. Nichtsdestotrotz gründeten die beiden wenig später Apple.

https://de.wikipedia.org/wiki/Breakout_(Computerspiel)

Aus Entwicklersicht ist Breakout ein dankbares Beispiel für den Einstieg in die Spieleprogrammierung (siehe auch Kapitel 27, »SpriteKit«): Die hier präsentierte Version umfasst nur rund 250 Zeilen, wenn man den Begleit-Code wegrechnet (CGOperators.swift, GameViewController.swift etc.).

37.1 Programmaufbau

Die App wurde aus dem Standard-Template für iOS-SpriteKit-Spiele entwickelt. Die wichtigsten Dateien sind:

- GameScene.sks enthält die farbige Hintergrund-Bitmap für die einzige Spielszene.
- GameScene.swift enthält den Großteil des Codes.
- GameViewController.swift lädt und skaliert die GameScene-Datei.
- CGOperators.swift enthält Methoden und Operatoren zum eleganteren Umgang mit CGXxx-Strukturen (siehe Abschnitt 7.3, »CGFloat, CGPoint, CGSize und Co.«).

Das Spiel kann nur im Portrait-Modus gespielt werden. Andere Geräteausrichtungen wurden für das iPhone in den Projekteinstellungen deaktiviert bzw. für das iPad in Info.plist gelöscht (Key *Supported interface orientations (iPad)*).

In Abbildung 37.1 ist Ihnen vielleicht aufgefallen, dass unterhalb des Schlägers relativ viel freier Platz ist. Beim Test des Programms hat es sich als praktisch erwiesen, diesen Platz für die Spielsteuerung frei zu lassen. Das ermöglicht die Steuerung des Schlägers mit einem Finger, ohne dass der Finger den Schläger verdeckt.

SpriteKit-Funktionen

Mit Ausnahme der Hintergrund-Bitmap verwendet die App keine Sprites, sondern nur Shapes (also SKShapeNode-Objekte). Die App nutzt die Physik-Engine: einerseits zur Berechnung der Flugbahn des Balls, andererseits zur Erkennung von Kollisionen mit Steinen. Diese werden dann aus dem Spielfeld entfernt. Es gibt keine Aktionen (SKAction-Animationen).

Erweiterungsideen

In dem Spiel gibt es nur einen Level und nur ein Leben. Wenn der Ball aus dem Spielfeld fliegt, wird das Spiel bei der nächsten Berührung des Bildschirms neu gestartet. Wenn Sie Spaß an der App haben, können Sie diverse Erweiterungen programmieren:

- Counter mit Highscore-Speicherung
- Verwaltung mehrerer Leben
- Gestaltung weiterer Level, wobei die Steine abwechslungsreicher angeordnet werden können (z. B. pyramidenförmig)

- Level mit einem zweiten Ball, der zwischen Steinen eingeschlossen ist und erst aktiv wird, wenn er »befreit« wird
- nachrückende Steine (d. h., alle 30 Sekunden kommt oben eine zusätzliche Steinreihe hinzu; noch vorhandene Steine werden nach unten verschoben)
- zunehmende Ballgeschwindigkeit im Spielverlauf

37.2 Initialisierung

In der Methode `viewDidLoad` des View-Controllers wird die Spielszene geladen. Die Breite der Szene wird aus `GameScene.sks` übernommen (640 Punkt). Die Höhe wird so angepasst, dass sie den Proportionen des iOS-Geräts entspricht.

```
// Projekt ios-breakout
// Datei GameViewController.swift
override func viewDidLoad() {
  super.viewDidLoad()

  // Initialisierung des Zufallszahlengenerators
  srand48(Int(arc4random_uniform(100000000)))

  // Spielszene laden
  if let scene = GameScene(fileNamed:"GameScene") {
    let skView = self.view as! SKView
    scene.scaleMode = .aspectFill
    scene.size = CGSize(width: scene.size.width,
                        height: scene.size.width /
                                skView.bounds.width *
                                skView.bounds.height)
    skView.presentScene(scene)
  }
}
```

Control Center verbergen

Unter iOS können Sie durch das Hinaufstreichen am unteren Bildschirmrand das Control Center öffnen. Ganz lässt sich das nicht verhindern – aber wenn die Eigenschaft `prefersStatusBarHidden` den Zustand `true` zurückgibt, dann wird ein versehentliches Öffnen des Control Centers zumindest wesentlich unwahrscheinlicher.

```
override var prefersStatusBarHidden: Bool {
  return true
}
```

Statusvariablen

GameScene.swift beginnt mit der Deklaration einiger Variablen, die die Eckdaten des Spiels bzw. Spielfelds zusammenfassen:

```
// Projekt ios-breakout
// Datei GameScene.swift

class GameScene: SKScene {
// Objekte
  var paddle: SKShapeNode!
  var ball:   SKShapeNode!
  var label = SKLabelNode(fontNamed: "AvenirNext-Bold")

  var w:CGFloat = 0    // enthält Breite und Höhe des SKScene-
  var h:CGFloat = 0    // Objekts, wird in didMove eingestellt

  // Spielstatus
  var brickcounter = 0
  var status = GameStatus.waitForStart
}
```

Der aktuelle Spielstatus wird in status gespeichert. Diese Variable kann die Werte der folgenden Enumeration annehmen:

```
enum GameStatus {
  case waitForStart, running, won, lost
}
```

Für die Kollisionserkennung sind am Ende von GameScene.swift außerdem in der Struktur PhysCategory einige UInt32-Konstanten definiert:

```
struct PhysCategory {
  static let none:UInt32   = 0
  static let ball:UInt32   = 1
  static let paddle:UInt32 = 2
  static let brick:UInt32  = 4
  static let frame:UInt32  = 8
}
```

Der gesamte weitere Code befindet sich innerhalb der Klasse GameScene.

Initialisierung der Spielszene

didMove wird zum Einrichten der Spielszene ausgeführt. Der Code sollte ohne weitere Erklärungen verständlich sein:

```
override func didMove(to view: SKView) {
  w = self.frame.width
  h = self.frame.height

  // keine Gravitation
  self.physicsWorld.gravity = CGVector.zero

  // zur Erkennung, wann ein Ball einen Stein trifft
  self.physicsWorld.contactDelegate = self

  // Spielobjekte zusammenstellen
  setupBricks(rows: 6, cols: 6)
  setupPaddle()
  setupBall()
  setupText()   // für 'Game Over'

  // Ball in Spielraum einsperren
  self.physicsBody = SKPhysicsBody(edgeLoopFrom: self.frame)
  with(self.physicsBody!) {
    $0.categoryBitMask    = PhysCategory.frame
    $0.collisionBitMask   = PhysCategory.ball
    $0.contactTestBitMask = PhysCategory.none
  }
}
```

Um bei der Einstellung der Eigenschaften des physikalischen Körpers die wiederholte Nennung von brick.physicsBody! zu vermeiden, habe ich die with-Funktion verwendet, die schon in Abschnitt 27.7, »Kollisionserkennung«, vorkam. Sie ist am Ende von GameScene.swift deklariert:

```
func with<T>(_ object: T, closure: (T)->()) {
  closure(object)
}
```

Spielsteine einrichten

setupBricks richtet rows Zeilen mit jeweils cols Steinen ein. In brickcounter wird die Gesamtanzahl der Steine gespeichert. Die Variable hilft später dabei, das Spielende zu erkennen. Die Steine werden je nach Zeile in unterschiedlichen Rottönen eingefärbt. Außerdem wird jeder Stein durch name = "brick" benannt. Das ermöglicht es später, alle Steine unkompliziert aus der Spielszene zu löschen.

isDynamic = false schließt aus, dass sich die Steine bewegen. Die weiteren physicsBody-Eigenschaften bewirken, dass der Ball von den Steinen abprallt und dass die contactDelegate-Methode didBegin bei jeder Kollision aufgerufen wird.

```
func setupBricks(rows: Int, cols: Int) {
  let brickw = w / CGFloat(cols+1)
  let brickh = brickw / 3
  brickcounter = rows * cols

  for row in 1...rows {
    let brickColor =
      SKColor.init(red: 0.7 + 0.3 * CGFloat(rows - row) /
                                    CGFloat(rows),
                   green: 0.2,
                   blue: 0,
                   alpha: 1)
    for col in 1...cols {
      let brick = SKShapeNode(rectOf:
        CGSize(width: brickw * 0.95, height: brickh * 0.7))
      brick.fillColor    = brickColor
      brick.strokeColor  = brickColor
      let x = brickw *  CGFloat(col)
      let y = h - brickh * CGFloat(row+1)
      brick.position = CGPoint(x: x, y: y)
      brick.zPosition = 10
      brick.name = "brick"
      self.addChild(brick)

      brick.physicsBody =
        SKPhysicsBody(rectangleOf: brick.frame.size)
      with(brick.physicsBody!) {
        $0.isDynamic = false
        $0.categoryBitMask    = PhysCategory.brick
        $0.contactTestBitMask = PhysCategory.ball
        $0.collisionBitMask   = PhysCategory.ball
      }
    } // Ende for col
  }   // Ende for row
}     // Ende func
```

> **Geschwindigkeitsüberlegungen**
>
> Die Anzahl der Spielsteine hat bei diesem Spiel einen großen Einfluss auf den Rechenaufwand. Bei jedem Frame muss SpriteKit für jeden Spielstein überprüfen, ob dieser mit dem Ball kollidiert. Das verursacht angesichts der einfachen Objektformen einen verblüffend hohen CPU-Aufwand.

Ich habe das Spiel auf einem iPhone 5S mit 16 × 16 Steinen getestet. Dabei sank die Frame-Rate auf ca. 20. Sie wurde auch nicht höher, als ich den Ball ins Aus laufen ließ, sich also sämtliche Objekte im Ruhezustand befanden. SpriteKit ist hier offensichtlich schlecht optimiert.

Wenn Sie also eine Profiversion von Breakout programmieren möchten, sollten Sie auf die Verwendung der Physik-Engine verzichten und die Kollisionsberechnungen selbst durchführen. Das ist nicht besonders schwierig und lässt sich für die simple Spielidee sicherlich effizienter gestalten, als dies in SpriteKit der Fall ist.

Schläger einrichten (Paddle)

Der Schläger ist einfach ein weiteres SKShapeNode-Objekt, das im untersten Bildschirmviertel platziert wird. Damit der Ball vom Schläger abprallt, ist ein physikalischer Körper erforderlich. Gleichzeitig soll der Schläger aber nicht durch die Regeln der Physik bewegt werden, sondern ausschließlich durch den Finger auf dem Display. Daher ist isDynamic = false erforderlich. Die BitMask-Einstellungen stellen sicher, dass der Ball vom Schläger abprallt, dass SpriteKit aber keine weiteren (rechenaufwendigen) Kollisionsdetektoren aktiviert.

```
func setupPaddle() {
  // Paddle unten positionieren,
  // Breite ist 1/5 der Bildschirmbreite
  paddle = SKShapeNode(
    rectOf: CGSize(width:  w * 0.20,
                   height: w * 0.04))
  paddle.fillColor   = SKColor.red
  paddle.strokeColor = SKColor.red

  paddle.position =
    CGPoint(x: w * 0.5,  // mittig
            y: h * 0.2)  // unteres Viertel
  paddle.zPosition = 10
  self.addChild(paddle)

  paddle.physicsBody =
    SKPhysicsBody(rectangleOf: paddle.frame.size)
  with(paddle.physicsBody!) {
    $0.isDynamic = false
    $0.categoryBitMask    = PhysCategory.paddle
    $0.collisionBitMask   = PhysCategory.ball
    $0.contactTestBitMask = PhysCategory.none
  }
}
```

Ball einrichten

Der Ball ist ein kreisförmiges `SKShapeNode`-Objekt. Er wird vertikal etwas oberhalb des Schlägers positioniert. Die horizontale Position ist vom Zufall abhängig.

Den physikalischen Körper wollte ich ursprünglich rund einrichten (also mit `SKPhysicsBody(circleOfRadius ...)`), das hat sich aber nicht bewährt. Es kommt dann recht oft vor, dass der Ball auf die Ecke eines Steins trifft und in einem sehr flachen Winkel abprallt. Das mag physikalisch korrekt sein, der Effekt ist aber unvorhersehbar und dem Spiel nicht dienlich. Deswegen habe ich den physikalischen Körper einfach quadratisch gewählt.

Bei der Einstellung der physikalischen Eigenschaften ist es wichtig, jede Form der Reibung oder Dämpfung zu deaktivieren – sonst wird der Ball immer langsamer. Der Ball soll von allen anderen Körpern abprallen. Eine Kollisionsbenachrichtigung ist aber nur beim Zusammentreffen mit einem Stein erforderlich.

```
func setupBall() {
  ball = SKShapeNode(circleOfRadius: w/35)
  ball.fillColor   =   SKColor.black
  ball.strokeColor = SKColor.black
  ball.position =      CGPoint(x: w * 0.25 + w * 0.5 * cRnd(),
                               y: h*0.3)
  ball.zPosition = 10
  self.addChild(ball)

  ball.physicsBody = SKPhysicsBody(rectangleOf: ball.frame.size)
  with(ball.physicsBody!) {
    $0.friction = 0
    $0.angularDamping = 0
    $0.linearDamping = 0
    $0.restitution = 1
    $0.allowsRotation = false
    $0.categoryBitMask   = PhysCategory.ball
    $0.collisionBitMask  = PhysCategory.brick +
                           PhysCategory.frame +
                           PhysCategory.paddle
    $0.contactTestBitMask = PhysCategory.brick
  }
}
```

Der Ball ist anfänglich in Ruhe – er wird erst durch die Berührung des Displays in den `touches`-Methoden in Bewegung gesetzt.

37.3 Spielsteuerung

Die touchesBegan-Methode ist für den Start des Spiels verantwortlich. Beim ersten Spiel mit status == .waitForStart ist das Spielfeld bereits eingerichtet. Daher reicht es aus, den Ball mit applyImpulse in Bewegung zu setzen. Wenn dagegen vorher schon eine Runde gespielt wurde, müssen der Ball und die Spielsteine neu eingerichtet werden.

```
override func touchesBegan(_ touches: Set<UITouch>,
                           with event: UIEvent?)
{
  if status == .waitForStart {
    // erstes Spiel: Ball in Bewegung setzen
    ball.physicsBody!.applyImpulse(initialImpulse())
    status = .running
    label.text = ""
  } else if status == .won || status == .lost {
    // neues Spiel starten: zuerst aufräumen ...
    ball.removeFromParent()
    for ch in self.children {
      if let childname = ch.name, childname == "brick" {
        ch.removeFromParent()
      }
    }
    // ... dann das Spielfeld neu einrichten
    setupBall()
    setupBricks(rows:6, cols:6)
    ball.physicsBody!.applyImpulse(initialImpulse())
    status = .running
    label.text = ""
    self.isPaused = false
  }
}

// Startimpuls für den Ball
func initialImpulse() -> CGVector {
  return CGVector(dx: w * 0.05, dy: w * 0.05)
}
```

Schläger steuern

Um die Steuerung des Schlägers kümmert sich die touchesMoved-Methode. Relevant ist dabei nur die X-Koordinate des Berührungspunkts. Sie legt die Position des Schlägermittelpunktes fest. Die in GCOperators.swift definierte minMax-Funktion stellt dabei sicher, dass der Schläger nicht über den Bildschirmrand bewegt wird.

```
override func touchesMoved(_ touches: Set<UITouch>,
                           with event: UIEvent?)
{
  if touches.count != 1 { return }
  let touch = touches.first!
  let xnew = touch.location(in: self).x
  let xmin = paddle.frame.size.width/2
  let xmax = self.frame.size.width - xmin
  paddle.position =
    CGPoint(x: minMax(xnew, minimum: xmin, maximum: xmax),
            y: paddle.position.y)
}
```

touchesEnded und touchesCancelled sind gemäß den Dokumentationsvorgaben ebenfalls implementiert, enthalten aber keinen Code. Auf den Abdruck habe ich daher verzichtet.

Test, ob der Ball im Aus ist

In der update-Methode wird getestet, ob die Y-Koordinate des Balls kleiner ist als die des Schlägers. In diesem Fall ist der Ball im Aus, das Spiel ist verloren und wird pausiert.

Ein wenig merkwürdig ist der restliche Code: Während der Tests ist es immer wieder vorgekommen (circa einmal pro Spiel), dass der Ball von seiner üblichen diagonalen Flugbahn abwich und sich gänzlich horizontal bzw. vertikal bewegte. Ein vernünftiges Spiel ist dann nicht mehr möglich. Wenn das passiert, die X- oder Y-Komponente der Geschwindigkeit also nahe 0 ist, wird die Geschwindigkeit ganz auf 0 zurückgesetzt. Anschließend erhält der Ball wieder seinen Startimpuls. Diese Maßnahme klingt recht radikal, ist aber im Spielverlauf optisch nicht wahrnehmbar.

```
override func update(_ currentTime: TimeInterval) {
  if status != .running { return }

  // Test, ob das Spiel verloren ist
  if ball.position.y  < paddle.frame.minPoint().y {
    label.text = "Game Over"
    self.isPaused = true
    status = .lost
    return
  }

  // manchmal passiert es, dass der Ball sich nur noch
  // horizontal oder vertikal bewegt; dann muss man
  // der Physik ein wenig nachhelfen
```

```
  if abs(ball.physicsBody!.velocity.dx) <= 0.01 ||
     abs(ball.physicsBody!.velocity.dy) <= 0.01
  {
    ball.physicsBody!.velocity = CGVector.zero
    ball.physicsBody!.applyImpulse(initialImpulse())
  }
}
```

Kollisionserkennung

Wenn der Ball einen Stein trifft, wird die Methode didBegin des SKPhysicsContact-Delegate-Protokolls aufgerufen. In der Methode verweist dann contact.bodyA oder contact.BodyB auf diesen Stein. Er wird einfach entfernt. (Wenn Sie möchten, können Sie hier eine nette Animation einbauen, die den Stein explodieren oder in sich zusammenfallen lässt.)

Sollte die Anzahl der Steine damit auf 0 sinken, hat der Spieler bzw. die Spielerin das Spiel gewonnen.

```
extension GameScene : SKPhysicsContactDelegate {
  func didBegin(_ contact: SKPhysicsContact) {
    var brick:SKNode!
    if contact.bodyA.categoryBitMask == PhysCategory.brick {
      brick = contact.bodyA.node
    } else if contact.bodyB.categoryBitMask == PhysCategory.brick
    {
      brick = contact.bodyB.node
    } else {
      return
    }

    // Stein entfernen
    brick.removeFromParent()

    // Spielende?
    brickcounter -= 1
    if brickcounter == 0 {
      label.text = "Congratulations!"
      self.isPaused = true
      status = .won
    }
  }
}
```

Kapitel 38
Pac-Man selbst gemacht

Dieses Kapitel zeigt Ihnen, wie Sie den Spielklassiker *Pac-Man* in einer leicht modifizierten Form selbst programmieren können. Dabei steuern Sie die gefräßige Spielfigur durch ein Labyrinth, fressen alle Punkte auf und versuchen, den Monstern aus dem Weg zu gehen (siehe Abbildung 38.1). Diamanten verkehren die Rolle zwischen Jägern und Gejagten – für kurze Zeit können Sie nun die Monster verfolgen und fressen. Ein neuer Aspekt im Vergleich zum Original sind die Totenköpfe: Wenn die Spielfigur diese berührt, starten neue Monster von allen ursprünglichen Anfangspositionen.

Abbildung 38.1 Noch eine Adaption von Pac-Man

Die App läuft sowohl auf iOS-Geräten als auch auf dem Apple TV. Sie läuft selbst auf relativ alter Hardware, z. B. auf einem iPod Touch der fünften Generation, mit 60 Frames pro Sekunde. Am meisten Spaß macht das Spiel meiner Meinung nach auf einem iPad. Dieses Kapitel konzentriert sich vorerst auf die iOS-Variante und beschreibt die wenigen tvOS-spezifischen Details am Ende des Kapitels.

> **Level**
>
> Normalerweise konzentriere ich mich bei den Beispielprogrammen in diesem Buch auf den Code und lasse die künstlerischen Details, die Gestaltung von Levels und die sonstige Ausgestaltung der App links liegen. Diese App ist eine Ausnahme: Es gibt eine ganze Reihe von – zum Teil verrückt schwierigen – Labyrinthen, die Sie beim Ausprobieren der App durchlaufen können. Den Großteil dieser Labyrinthe haben meine beiden Söhne beigesteuert, die ganz glücklich waren, ihren Vater auf diese Weise zu unterstützen.

38.1 Programmaufbau

Die App greift auf SpriteKit zurück, wobei die Szenen per Code erzeugt werden. Zur Gestaltung der Labyrinthe wurde das Open-Source-Programm *Tiled* verwendet, das ich Ihnen im nächsten Abschnitt näher vorstelle. Dieses Programm liefert sehr einfach aufgebaute XML-Dateien.

Von der Verwendung der Tile-Funktionen (neu in Xcode 8) des Scene-Editors habe ich aus zwei Gründen abgesehen: Zum einen wollte ich die App kompatibel zu älteren iOS-Versionen halten, zum anderen bin ich kein Fan des Scene-Editors (siehe Abschnitt 27.11, »Scene-Editor«).

Die Trennung zwischen Xcode und Tiled hat sich in der Folge als ausgesprochen praktisch erwiesen: Meine Kinder konnten damit neue Labyrinthe zeichnen, ohne sich in der leider auch labyrinthähnlichen Xcode-Oberfläche zu verlieren.

Code

Der Großteil des Codes befindet sich in den folgenden Dateien:

- `Maze.swift` enthält die `Maze`-Klasse zur Darstellung der Labyrinthe und für die Spiellogik.
- `GameScene` reagiert auf Benutzerereignisse und führt die Level-Steuerung durch.
- `Global.swift` enthält diverse Konstanten, Enumerationen und Einstellungen.

Wie in den anderen SpriteKit-Projekten dieses Buchs enthält `CGOperators` diverse Operatoren und Methoden, die das Rechnen und den Umgang mit den `CGXxx`-Strukturen komfortabler machen (siehe Abschnitt 7.3, »CGFloat, CGPoint, CGSize und Co.«).

Auch die Datei `SWXMLHash.swift` ist Ihnen vielleicht schon aus anderen Projekten vertraut (siehe Abschnitt 22.2, »XML-Dokumente auswerten«): Sie erleichtert das Auslesen von XML-Zeichenketten ganz erheblich und wird eingesetzt, um die mit Tiled erstellten Labyrinth-Dateien zu lesen.

Im Xcode-Projekt habe ich die Projektdateien in mehrere Gruppen organisiert (siehe Abbildung 38.2):

- `shared` enthält Code, der gleichermaßen für iOS und tvOS gilt.
- `ios-pacman` enthält iOS-spezifische Dateien.
- `tv-pacman` enthält tvOS-spezifische Dateien.
- `tiled` enthält die Labyrinthe in XML-Form (`*.tmx`) sowie ein Tileset mit den Texturen für Tiled.

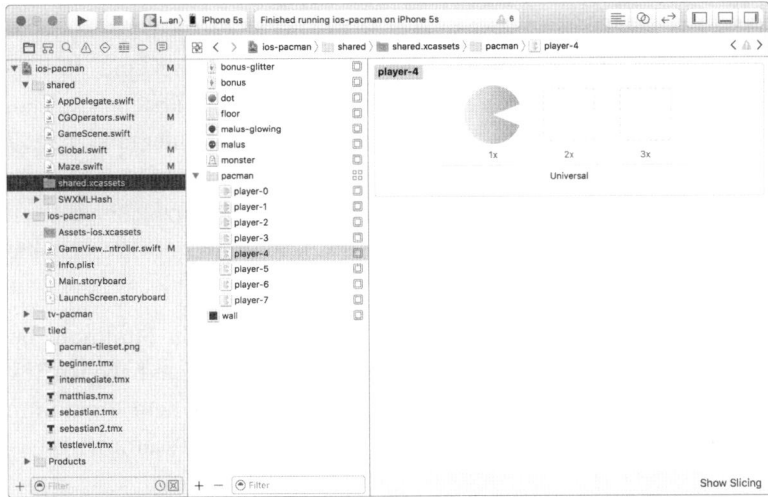

Abbildung 38.2 Überblick über die Projektdateien und Assets

Bitmaps (Xcassets)

Die Bitmaps, die die App tatsächlich verwendet, befinden sich vollkommen losgelöst von den Tiled-Bitmaps in `shared.xcassets`. Dazu zählen Bitmaps für den Labyrinth-Hintergrund (`floor`), die Mauern (`wall`), die Punkte (`dot`), die Diamanten (`bonus` und `bonus-glitter`), die Totenköpfe (`malus` und `malus-glowing`) sowie die Monster.

Der Pac-Man besteht aus acht Bitmaps (`player-0` bis `player-7`) mit unterschiedlich weit geöffnetem Mund. Diese Bitmaps habe ich mit einem kleinen macOS-Programm gezeichnet. Den Code dieses Miniprogramms erläutere ich am Ende des Kapitels. Die Pac-Man-Bitmaps sind als sogenannter *Atlas* organisiert. Ein Atlas ist einfach eine Sammlung zusammengehörender Bitmaps, die intern als Einzelobjekt organisiert sind, was die Effizienz ein ganz klein wenig verbessert. Der eigentliche Vorteil besteht darin, dass Atlas-Sammlungen bei größeren Spielen für mehr Übersicht in der Xcassets-Datei sorgen. Um einen Atlas zu erzeugen, führen Sie der Xcassets-Datei einfach einen New Sprite Atlas hinzu.

38.2 Der Tile-Editor »Tiled«

Tile Maps sind Spielwelten, bei denen gleichartige Texturen rasterförmig aneinandergereiht werden. Damit lassen sich mit vergleichsweise wenigen und kleinen Bitmaps riesige Welten bilden. Neben dem simplen quadratischen Raster, das ich für das Pac-Man-Spiel verwende, unterstützen gängige Tile-Editoren auch rautenförmige und sechseckige Raster.

Ich habe mich bei der Entwicklung des Pac-Man-Spiels für das populäre Programm *Tiled* entschieden. Es ist sehr einfach zu bedienen und kostenlos verfügbar. (Der Entwickler bittet aber um Spenden.)

http://mapeditor.org

Besonders elegant wirken Tile-Map-Spiele, deren Texturen so gestaltet sind, dass sie sich an den Rastergrenzen nahtlos fortsetzen (*Tiled Textures*). Das Erstellen solcher Bitmaps erfordert allerdings etwas Routine mit Photoshop, Gimp oder einem anderen Grafikprogramm – und eine Menge Zeit! Für erste Experimente empfiehlt es sich, aus dem Internet ganze Textur-Sammlungen (*Tilesets*) herunterzuladen bzw. zu kaufen. Empfehlenswerte Seiten mit kostenlosen bzw. preisgünstigen Tilesets sind *http://kenney.nl* und *http://opengameart.org*.

Für das Pac-Man-Spiel habe ich den künstlerischen Aspekt auf ein Minimum beschränkt. Zur Gestaltung des Labyrinth-Hintergrunds und der Wände habe ich Texturen von Gimp verwendet. Die Pac-Man-Figuren habe ich mit einem Programm erstellt, die restlichen Objekte habe ich mit Gimp und Pixelmator zusammengebastelt.

Eine neue Karte einrichten

Wenn Sie in Tiled eine neue Tile Map (eine neue »Karte«) erstellen, müssen Sie diverse Parameter angeben (siehe Abbildung 38.3):

- ORIENTIERUNG gibt die Art des Rasters an. Wenn Sie wie bei Pac-Man einen quadratischen Raster verwenden, wählen Sie ORTHOGONAL.

- KACHELEBENENFORMAT gibt an, wie die Tile-Map-Daten innerhalb der XML-Datei eingebettet werden sollen. Die Einstellung CSV ermöglicht die einfachste Auswertung.

- Die KACHEL-ZEICHENREIHENFOLGE kann das Koordinatensystem des Rasters angeben. Für die Pac-Man-Karten spielt diese Einstellung keine Rolle, weil die entsprechenden Tags innerhalb der XML-Datei nicht ausgewertet werden.

- Die KARTENGRÖSSE gibt an, aus wie vielen Rasterelementen die Karte in jeder Richtung bestehen soll.

▶ Die KACHELGRÖSSE bestimmt, wie groß jedes Rasterelement ist (in Pixel). Die Kachelgröße ist für Tiled wichtig, fixiert aber nicht die tatsächliche Textur-Größe pro Kachel für Ihre App. Es ist kein Problem, wenn Sie sich später aus Performance-Gründen für eine geringere Auflösung entscheiden oder zur optisch eleganteren Darstellung für eine höhere Auflösung.

Abbildung 38.3 Eine neue Tile Map in Tiled einrichten

Tilesets

Die neue Karte besteht vorerst aus nur einer Ebene und ist leer. Bevor Sie die Karte zusammensetzen können, benötigen Sie Texturen für die Kacheln. Tiled erwartet als Grundlage für die Texturen ein *Tileset*: Das ist eine Bitmap, die in einem Raster *mehrere* Texturen enthält. Für das Pac-Man-Spiel habe ich ein Tileset vorbereitet, das sieben Texturen in einer einzigen, 512 × 256 Pixel großen Bitmap enthält (siehe Abbildung 38.4).

Abbildung 38.4 Zusammenstellung des Pac-Man-Tilesets in Gimp

1081

Ein Tileset fügen Sie am einfachsten per Drag & Drop in den Tilesets-Bereich ein. Diesen blenden Sie gegebenenfalls vorher mit ANSICHT • ANSICHTEN UND TOOLBARS • TILESETS ein. Beim Einfügen erscheint ein Dialog (siehe Abbildung 38.5), der wiederum unzählige Optionen bietet. Im Regelfall können Sie einfach die Defaulteinstellungen belassen (TYP = BASIEREND AUF TILESET). Die Parameter SEITENRAND und ABSTAND sind dann relevant, wenn die Tileset-Bitmap außen einen Rand oder zwischen den Kacheln Abstände enthält. Das ist manchmal bei Tilesets der Fall, die man aus dem Internet heruntergeladen hat.

Ob Sie alle Parameter richtig eingestellt haben, merken Sie sofort nach dem Import: Wenn Sie den Mauszeiger über das Tileset bewegen, wird immer eine Textur hervorgehoben. Wenn dabei die Ränder nicht exakt stimmen, löschen Sie das Tileset und laden es neuerlich.

Abbildung 38.5 Tileset einfügen

> **Arbeiten ohne Tilesets**
>
> Wenn Sie für Ihr Spiel nur wenige Bitmaps benötigen und diese als Einzeldateien vorliegen, können Sie jede Bitmap als 1×1-Tileset laden. Beim Zeichnen der Karte müssen Sie dann zwischen den gerade relevanten Tilesets wechseln. Das ist nicht besonders komfortabel, aber es funktioniert. Allerdings müssen Sie dann den in diesem Kapitel präsentierten Code zum Einlesen der Tiled-Datei adaptieren. Besser ist es aber, Sie machen sich die Mühe und fügen die Texturen Ihres Spiels zu einer großen Bitmap zusammen.

Karten zeichnen

Sind diese Vorbereitungsarbeiten einmal erledigt, beginnen Sie damit, Texturen auf der Karte zu platzieren. Dazu wählen Sie im Tileset die gewünschte Textur aus und verwenden dann den STEMPEL oder das FÜLLWERKZEUG aus der Symbolleiste. Mit STEMPEL platzieren Sie einzelne Texturen an der Stelle des Mauszeigers. Das FÜLLWERKZEUG füllt den gesamten zusammenhängenden Bereich mit der zuvor ausgewählten Textur. Das Werkzeug eignet sich gut dazu, rasch den Hintergrund zu erstellen.

Abbildung 38.6 Bearbeitung eines Pac-Man-Labyrinths in Tiled

Bei vielen Spielen ist es zweckmäßig, mehrere Ebenen vorzusehen, um das Spielfeld und darauf befindliche Figuren und andere Objekte zu trennen. Beim Pac-Man-Spiel gibt es zwei Ebenen: maze enthält das Labyrinth, das aus wall- und floor-Texturen besteht. objects enthält die im Labyrinth platzierten Objekte, also insbesondere die Startpositionen des Pac-Mans und der Monster sowie alle Punkte und Diamanten (siehe Abbildung 38.6).

Terrains und andere Funktionen

Bei vielen Spielen, die grafisch liebevoller gestaltet sind als meine Pac-Man-Version, werden zur Gestaltung der Karte jeweils ganze Gruppen (zumeist 3 × 3 oder 2 × 2) zusammengehörender Texturen verwendet. Daraus können dann beispielsweise beliebig geformte Gras-, Wasser- oder Stein-Gebiete gebildet werden.

Das Zeichnen solcher Gebiete mit der STEMPEL-Funktion ist allerdings sehr mühsam. Um mit derartigen Textur-Gruppen effizienter umzugehen, können Sie im Tileset mehrere aneinandergrenzende Texturen zu einem *Terrain* verbinden. Anschließend können Sie mit diesen Terrains malen wie mit Einzeltexturen. Dabei kümmert sich Tiled darum, dass die Ränder Ihrer Gebiete korrekt dargestellt werden.

DasEine wunderbare Einführung in den Umgang mit der Terrain-Funktion gibt das gleichnamige Video aus der sechsteiligen Tiled-Tutorial-Serie:

http://gamefromscratch.com/post/2015/10/14/Tiled-Map-Editor-Tutorial-Series.aspx

Am besten probieren Sie die Terrain-Funktion selbst aus. Dazu laden Sie von der GitHub-Seite von Tiled die Beispieldatei `desert.tmx` und die dazugehörende Tileset-Datei `tmw_desert_spacing.png` herunter:

https://github.com/bjorn/tiled/tree/master/examples

Am einfachsten gelingt der Download, wenn Sie in einem Terminal-Fenster einfach das gesamte GitHub-Projekt klonen:

```
git clone https://github.com/bjorn/tiled
```

Darüber hinaus bietet Tiled unzählige weitere Funktionen, die für das Pac-Man-Spiel nicht relevant sind und für deren Beschreibung hier der Platz fehlt. Werfen Sie einen Blick in das Handbuch sowie in die oben schon erwähnte Tutorial-Serie!

http://doc.mapeditor.org

Zusammenspiel mit Xcode

Für das Xcode-Projekt sind ausschließlich die mit Tiled erstellten `*.tmx`-Dateien relevant. Diese müssen Teil des Projekts sein. Natürlich können Sie die Dateien außerhalb des Xcode-Projektverzeichnisses verwalten und nach Veränderungen in das Projekt kopieren; wesentlich praktischer ist es aber, alle Tiled-Dateien inklusive des Tilesets mit den Texturen gleich innerhalb von Xcode zu verwalten. Damit der Projektbaum nicht allzu unübersichtlich wird, platzieren Sie die Dateien in ein eigenes Verzeichnis oder in eine Gruppe.

Wenn Sie eine `*.tmx`-Datei in Xcode anklicken, sehen Sie den XML-Code der Datei. Um Tiled zu starten, führen Sie im Kontextmenü der Datei das Kommando OPEN WITH EXTERNAL EDITOR aus.

38.3 Globale Konstanten, Datenstrukturen und Enumerationen

Die Datei Global.swift beginnt mit einem Bündel von Konstanten, die die Eckparameter des Spiels fixieren. Hier können Sie das Spiel einfacher oder schwieriger gestalten.

```
// Projekt ios-pacman
// Datei Global.swift
// Größe eines Rasterelements
let iUnit           = 128
let cUnit:CGFloat   = 128

// Spielparameter
let playerSpeed     = cUnit * 4.5   // 4.5 Kästchen pro Sekunde
let monsterSpeed    = 2.4           // 2.4 Kästchen pro Sekunde

let timespanRandom  = 6.0    // zuerst n Sekunden Zufalls-
                             // bewegung der Monster
let timespanHunting = 10.0   // n Sekunden Jagdzeit nach Diamant
let timespanAddHunt = 7.0    // plus n, wenn weiterer Diamant
                             // gefressen wird
```

Rechnen mit CGFloat

cDelta wird mitunter zum Vergleich von CGFloat-Zahlen verwendet, um Rundungsfehler auszuschließen. Die Funktion nearGrid testet, ob der Nachkommaanteil kleiner 0,1 oder größer 0,9 ist, ob die betreffende Zahl also nahe an einer ganzen Zahl ist. Dabei wird das Ergebnis der Methode truncatingRemainder ausgewertet.

```
let cDelta:CGFloat = 0.001

// testet, ob der Nachkommaanteil kleiner 0.1 oder größer 0.9 ist
func nearGrid(_ value: CGFloat) -> Bool {
  return (value.truncatingRemainder(dividingBy: 1)) < 0.1 ||
    (value.truncatingRemainder(dividingBy: 1)) > 0.9
}
```

Diverse weitere Funktionen und Operatoren für CGXxx-Strukturen befinden sich in CGOperators.swift.

Monsterfarben

Die Bitmap zur Darstellung der Monster ist aus Grautönen zusammengesetzt. Eine Farbe erhalten die Monster erst über die color-Eigenschaft. Dabei wählt die Methode setupMonster zufällig eine Farbe aus dem folgenden Array:

```
let monsterColors = [SKColor.red, SKColor.blue, ...
                     SKColor.yellow ]
```

Spiel-Status

Die Enumeration DoAfterTap ist dann relevant, wenn sich das Spiel im Wartezustand befindet. Nach einer Berührung des Bildschirms wird das Spiel auf unterschiedliche Weisen fortgesetzt:

```
enum DoAfterTap {
  case continueGame, nextLive, nextLevel, startNewGame
}
```

Spiel-Level

Auch die Spiel-Level befinden sich in einem Array. Es enthält die Dateinamen der Tiled-Dateien, jeweils ohne die Kennung .tmx:

```
let levels = ["beginner", "intermediate", ...]
```

Ein neuer Level wird durch die ebenfalls in Global.swift enthaltene Funktion startLevel gestartet. Details zu dieser Funktion folgen im nächsten Abschnitt, wo es um die Initialisierung des Spiels geht. Die Methode wird in GameViewController.swift aufgerufen, und zwar sowohl im iOS- als auch im tvOS-Zweig der Code-Dateien.

Dies und das

Wie viele andere SpriteKit-Programme dieses Buchs verwendet auch diese App die Funktionen iRnd, cRnd und dRnd zum Erzeugen von Zufallszahlen. Der Code der Methoden ist in Abschnitt 27.8, »Minispiel: Luftballone abschießen«, abgedruckt.

Ebenfalls in Global.swift definiert sind die Strukturen PhysCategory für die Kollisionserkennung und Tileset für die Zuordnung der Werte in der Tiled-Datei sowie die Enumeration Direction für die möglichen Richtungen, in die sich die Spielfiguren bewegen können. Der Code folgt in den Abschnitten, in denen diese Datentypen verwendet werden.

Die Elemente der Enumeration Points geben an, wie viele Punkte es gibt, wenn der Pac-Man einen Punkt, einen Diamanten oder ein anderes Objekt frisst.

Um bei der Einstellung der Eigenschaften physikalischer Körper die wiederholte Nennung von xy.physicsBody! zu vermeiden, habe ich wiederum die in Abschnitt 27.7, »Kollisionserkennung«, vorgestellte with-Funktion verwendet. Ihr Code befindet sich am Ende von Global.swift.

38.4 Initialisierung des Spiels

Beim Start der App wird der erste eigene Code in der Methode viewDidLoad der GameViewController-Klasse ausgeführt:

```swift
// Datei GameViewController.swift (iOS-Variante)
class GameViewController: UIViewController {
  override func viewDidLoad() {
    super.viewDidLoad()
    initRnd()   // zufällige Zufallszahlen ;-)
    if let view = self.view as! SKView? {
      startLevel(view)
    }
  }
}
```

startLevel-Funktion

Die startLevel-Funktion erzeugt zuerst ein neues GameScene-Objekt und speichert in dessen Eigenschaft mz einen Verweis auf das ebenfalls neu erzeugte Maze-Objekt. An startLevel muss lediglich das SKView-Objekt übergeben werden, in dem das Spiel angezeigt werden soll. In den optionalen Parametern kann der gewünschte Level, die bereits erreichte Punkteanzahl und die Anzahl der Leben übergeben werden. Diese Parameter sind für den Start des Spiels nicht relevant, wohl aber, wenn der Spieler ein Leben verliert oder das nächste Level erreicht und das Spiel dort fortsetzt.

```swift
// Datei Global.swift
func startLevel(_ view: SKView,
                levelNo: Int = 0,
                counter: Int = 0,
              noOfLives: Int = 3)
{
  // neue GameScene erzeugen
  let scene = GameScene()
  scene.livesAtStart = noOfLives

  // neues Labyrinth erstellen
  scene.mz = Maze(levelNo: levelNo, counter: counter)

  // Größe der GameScene einstellen
  scene.size = CGSize(width:  scene.mz.w * iUnit,
                      height: (scene.mz.h + 1) * iUnit)
  scene.scaleMode = .aspectFit
  scene.anchorPoint = CGPoint(x: 0.5 / Double(scene.mz.w),
                              y: 0.5 / Double(scene.mz.h+1))
```

```
// Beschriftungszeile
scene.backgroundColor = .black

// anzeigen
let trans = SKTransition.reveal(with: .down, duration: 1)
view.presentScene(scene, transition: trans)
}
```

Auf die Init-Funktionen von GameScene und Maze gehe ich gleich ein. Vorher bleiben aber noch ein paar Zeilen von startLevel zu erläutern. Die Größe der GameScene ergibt sich aus der Labyrinth-Größe: Die Anzahl der horizontalen Rasterelemente (mz.w) wird einfach mit iUnit multipliziert und liefert die Breite. Zu den vertikalen Rasterelementen (mz.h) wird vorher 1 addiert. Dadurch ergibt sich eine zusätzliche Zeile oberhalb des Labyrinths zur Anzeige des Punktezählers sowie der Anzahl der Leben.

scaleMode = .aspectFit bewirkt, dass die GameScene innerhalb des SKView-Objekts mittig, vollständig und unverzerrt angezeigt wird. Je nach Drehung des iOS-Geräts wird der verbleibende Platz links und rechts bzw. ober- und unterhalb schwarz angezeigt. Ich habe keine Möglichkeit gefunden, eine andere Farbe einzustellen. scene.backgroundColor gilt nur für die Beschriftungszeile innerhalb des GameScene-Objekts, nicht für den Bereich außerhalb. Die Einstellung von view.backgroundColor bleibt wirkungslos. Offensichtlich können Sie den Hintergrund nur verändern, indem Sie das GameScene-Objekt so groß machen, dass es das gesamte Display füllt.

Labyrinthgröße optimieren

Die App läuft mit quadratischen Labyrinthen in allen Geräteorientierungen. Selbstverständlich können Sie die Labyrinthe auch rechteckig gestalten und die Proportionen so gestalten, dass ein iPhone- oder iPad-Display optimal genutzt wird. Dann sollten Sie aber die Logik beim Drehen des Geräts anpassen, damit nur die Beschriftung des Spiels und die Ausrichtung der Monster angepasst werden, das Labyrinth selbst aber nicht gedreht wird.

Die ein wenig merkwürdig anmutende Berechnung des anchorPoints hat damit zu tun, dass sich der Nullpunkt des Koordinatensystems des Spiels im Mittelpunkt des ersten Rasterfelds befindet (siehe Abbildung 38.7). Diese Festlegung ist insofern praktisch, als damit alle Spielfiguren auf Vielfachen von 128 bzw. der Konstanten iUnit/cUnit platziert werden können. Damit nun das Spielfeld auf dem Display des Bildschirms nicht abgeschnitten wird, muss es ein wenig verschoben werden. Dabei ist zu beachten, dass die Werte x und y des anchorPoints keine absoluten Maße sind, sondern relative Werte zwischen 0 und 1.

Abbildung 38.7 Das Koordinatensystem des Spiels

GameScene-Initialisierung

Die GameScene-Klasse beginnt mit der Deklaration von vier Variablen, die auf das Maze-Objekt verweisen bzw. Status-Informationen enthalten:

```
// Datei GameScene.swift
class GameScene: SKScene, SKPhysicsContactDelegate {
  var mz:Maze!
  var livesAtStart = 0

  // zur Auswertung von Touch-Ereignissen
  var touchStartLoc  = CGPoint()
  var touchStartTime = Date()
  ...
}
```

mz und livesAtStart werden in der vorhin beschriebenen Funktion startLevel initialisiert. Die beiden touchXxx-Variablen sind für die korrekte Verarbeitung der Touch-Ereignisse notwendig.

Sobald die Spielszene auf dem Bildschirm erscheint, wird didMove ausgeführt. Dort werden diverse setup-Methoden der Maze-Klasse aufgerufen, um stückweise das Labyrinth und die darin enthaltenen Objekte und Spielfiguren einzurichten. Das Spiel wird nicht sofort gestartet, sondern befindet sich bis zur ersten Berührung des Bildschirms in einem Pause-Modus.

```
override func didMove(to view: SKView) {
  mz.setupWallsAndDots(self)
  mz.setupPathfinder()
  mz.setupPlayer(self)
  mz.setupMonsters(self)
  mz.setupLabel(self)
  mz.setupLives(livesAtStart, scene: self)

  // erst nach Tap beginnen
  mz.waitForTap = true
  mz.afterTap   = .continueGame
  self.scene?.isPaused = true

  // keine Gravitation
  self.scene?.physicsWorld.gravity = CGVector.zero

  // Methode didBegin der Kollisionserkennung verarbeiten
  self.physicsWorld.contactDelegate = self
}
```

Die App verwendet die Kollisionserkennung von SpriteKit ausschließlich dazu, um das Zusammentreffen des Spielers mit Punkten, Diamanten, den Totenschädeln und natürlich den Monstern zu erkennen. Aus Effizienzgründen *nicht* detektiert werden Berührungen des Spielers bzw. des Monsters mit den Wänden. Die Bit-Masken für die Kollisionserkennung werden in den setup-Methoden eingerichtet. In didMove geht es nur darum, die GameScene-Klasse durch die Einstellung von contactDelegate für die Verarbeitung der didBegin-Methode quasi anzumelden.

38.5 Die Maze-Klasse

Die Klasse Maze kümmert sich in ca. 800 Zeilen Code darum, zuerst das Spiel zu initialisieren und dann den Großteil der Spiellogik zu implementieren. Die enge Verzahnung mit der GameScene-Klasse zeigt sich unter anderem daran, dass fünf der sechs setup-Methoden eine Referenz auf die GameScene-Klasse übergeben (siehe das vorige Listing), weil die Sprites und anderen SpriteKit-Objekte dort mit verankert werden müssen.

Bevor ich damit beginne, Ihnen die wichtigsten Details des Codes zu erläutern, gebe ich Ihnen vorweg einen Überblick über die Methoden:

- Initialisierung: init, readCsv, setupXxx
- Spiellogik für die Monster: moveMonster, randomMove, followPlayer, fleePlayer
- Spiellogik für den Player: movePlayer, updatePlayer, removeDot, removeBonus, removeMalus, playerHitMonster

- Statusverwaltung: startGame, startHuntingMode, endHuntingMode, stopAll, nextLive
- Hilfsfunktionen: getPossibleDirections, getNextPosition, getPointAt, adjustPlayerPositionToXxx, showCountDown

Klassenvariablen und Eigenschaften

Der Maze-Code beginnt mit der Deklaration diverser Variablen, die den Zustand des Spiels wiedergeben. walls und objects sind jeweils zweidimensionale Arrays, die den Aufbau des Labyrinths bzw. die Orte der nicht beweglichen Spielobjekte enthalten (Punkte, Diamanten, Totenköpfe). Auf ggraph werde ich in Abschnitt 38.9, »Steuerung der Monster«, näher eingehen.

liveIcons enthält in einem Array die Pac-Man-Symbole, die rechts oben auf dem Bildschirm angezeigt werden und andeuten, wie viele Leben der Spieler noch hat.

Die Bedeutung der meisten Variablen für den Spielzustand sollte ohne weitere Erklärung klar sein. danger gibt an, ob die Spielfigur momentan von Monstern gefressen werden kann, ob sie also in Gefahr ist. Das ist der Normalfall. danger == false gilt nur kurzzeitig, nachdem die Spielfigur einen Diamanten gefressen hat: Dann kann die Spielfigur die Monster jagen und fressen – und zwar so lange, bis der Zeitpunkt timeHuntEnd erreicht ist.

Ein weiterer Zeitpunkt wird später in startEndRandom gespeichert (Methode timeEndRandom): Bis zu diesem Zeitpunkt verhalten sich die Monster harmlos und bewegen sich nach zufälligen Mustern. Ab diesem Zeitpunkt beginnen sie, ganz gezielt den Spieler zu verfolgen.

```
// Projekt ios-pacman
// Datei Maze.swift
class Maze {
  var w = 0                  // Größe des Labyrinths
  var h = 0                  // in Rasterelementen
  var levelNo = 0            // aktueller Level

  // Labyrinth
  var walls   = [[Int]]()    // Aufbau (Wände)
  var objects = [[Int]]()    // Inhalt (Punkte, Diamanten)
  var ggraph:GKGridGraph<GKGridGraphNode>!   // Wegsuche

  // Spielfiguren
  var player: SKSpriteNode!
  var monsters = [SKSpriteNode]()
  var liveIcons = [SKSpriteNode]()
```

```
      // Label für "Game Over" etc.
      var labelCounter   = SKLabelNode(fontNamed: "AvenirNext-Bold")
      var labelStatus    = SKLabelNode(fontNamed: "AvenirNext-Bold")
      var labelCountDown = SKLabelNode(fontNamed: "AvenirNext-Bold")

      // Spielzustand
      var playerDir = Direction.stop      // aktuelle Bewegung
      var playerDirWant = Direction.stop  // gewünschte Bewegung
      var danger = true                   // Monster kann
                                          // Player fressen
      var timeHuntEnd = Date()
      var dotcount = 0
      var counter = 0 {  // Punktezähler
        didSet(oldValue) {
          labelCounter.text = "\(counter)"
        }
      }
      var lives = 0
      var stopped = true
      var timeEndRandom = Date()   // ab diesem Zeitpunkt ver-
                                   // folgen die Monster den Player
      // Wartezustand, was nun?
      var waitForTap = true
      var afterTap   = DoAfterTap.continueGame
      var timeTap    = Date().addingTimeInterval(1)
      ...
    }
```

Init-Funktion der Maze-Klasse

Die Init-Funktion hat die Aufgabe, die Labyrinth-Datei für einen bestimmten Level zu lesen, die Größe des Labyrinths in den Eigenschaften `w` und `h` zu speichern und die beiden Arrays `walls` und `objects` zu initialisieren. Die mit Tiled erzeugten Labyrinth-Dateien verwenden ein einfaches XML-Format. Zum Lesen dieser Dateien verwendet das Programm die Bibliothek `SWXMLHash` (siehe Abschnitt 22.2, »XML-Dokumente auswerten«).

```
init(levelNo: Int, counter: Int) {
  do {
    let levelname = levels[levelNo % levels.count]
    self.levelNo = levelNo
    self.counter = counter
    // Zugriff auf Level-Datei (XML)
    let path = Bundle.main.path(forResource: levelname,
                                ofType: "tmx")!
```

```
    let xmlstring = try String(contentsOfFile: path)
    let xml = SWXMLHash.parse(xmlstring)

    // maze-Ebene einlesen
    var layer = try xml["map"]["layer"].withAttr("name", "maze")
    w = Int(layer.element!.attribute(by: "width")!.text)!
    h = Int(layer.element!.attribute(by: "height")!.text)!
    var csvmaze = layer["data"].element!.text!
    walls = readCsv(csvmaze)

    // objects-Ebene einlesen
    layer = try xml["map"]["layer"].withAttr("name", "objects")
    csvmaze = layer["data"].element!.text!
    objects = readCsv(csvmaze)
  } catch {
    print("could not parse xml maze data")
  }
}
```

Eine einfache TMX-Datei kann beispielsweise so aussehen (hier aus Platzgründen gekürzt und zur besseren Lesbarkeit mit Einrückungen wiedergegeben):

```
<?xml version="1.0" encoding="UTF-8"?>
<map version="1.0"
  width="11"
  height="9"
  ... >
 <tileset firstgid="1" name="pacman-tileset" ...>  </tileset>
 <layer name="maze" width="11" height="9">
   <data encoding="csv">
     2,2,2,2,2,2,2,2,2,2,2,
     2,1,2,1,1,1,1,1,1,1,2,
     ...
     2,2,2,2,2,2,2,2,2,2,2
   </data>
 </layer>
 <layer name="objects" width="11" height="9">
   <data encoding="csv">
     0,0,0,0,0,0,0,0,0,0,0,
     0,3,0,4,3,3,3,3,3,4,0,
     ...
     0,0,0,0,0,0,0,0,0,0,0
   </data>
 </layer>
</map>
```

Die Init-Funktion extrahiert daraus width und height sowie die CSV-Blöcke für die beiden Layer maze und objects. Die Methode readCsv übernimmt die Übertragung der beiden CSV-Zeichenketten in die gleichnamigen Arrays. Die Methode dreht die Zeilenreihenfolge um, damit der Zugriff auf die Arrays später in der Form array[x][y] erfolgen kann, wobei die Y-Koordinate von unten nach oben zeigt.

```
private func readCsv(_ csv: String) -> [[Int]] {
  // eindimensionales String-Array aller CSV-Elemente
  let csvArray = csv.characters.split{$0 == ","}.map{String($0)}

  // erzeugt zweidimensionales Array mit h Zeilen (für y-Index)
  // und jeweils w Elementen (x-Index)
  var result = [[Int]](repeating: [Int](repeating: 0, count: h),
                       count: w)
  var n=0
  for line in 1...h {
    for row in 0..<w {
      let item = csvArray[n]
      let data = item.trimmingCharacters(
                   in: CharacterSet.whitespacesAndNewlines)
      result[row][h-line] = Int(data)!
      n+=1
    }
  }
  return result
}
```

readCsv kümmert sich nicht um den eigentlichen Inhalt der Daten, sondern betrachtet die CSV-Daten als Folge von ganzen Zahlen. Die Interpretation der Daten folgt in den setup-Methoden.

38.6 Aufbau der Spielszene (setup-Methoden)

Nachdem sowohl das Maze-Objekt (siehe die Init-Funktion im vorigen Abschnitt) als auch das GameScene-Objekt erzeugt wurden, wird in der GameScene-Klasse didMove ausgeführt. Dort wird die Initialisierung des Spiels mit diversen setup-Methoden abgeschlossen. Diese Methoden richten die zahlreichen SKSpriteNode-Objekte ein. Dieser Abschnitt erklärt die Funktionsweise aller setup-Methoden mit Ausnahme von setupPathfinder (siehe Abschnitt 38.9, »Steuerung der Monster«).

setupWallsAndDots

Die Methode setupWallsAndDots wertet die beiden Maze-Arrays walls und objects aus. Sie erzeugt all die SKSpriteNode-Objekte, die zur Darstellung des Labyrints erforderlich sind, das aus Boden, Wänden, Punkten etc. besteht.

Für die Zuordnung zwischen den Integer-Zahlen der Tiled-Dateien und den entsprechenden Objekten sind Konstanten der Struktur Tileset zuständig, die in Global.swift definiert ist:

```
// Datei Global.swift
struct Tileset {
  static let floor    = 1
  static let wall     = 2
  static let dot      = 3
  static let bonus    = 4
  static let pacman   = 5
  static let monster  = 6
  static let malus    = 7
}
```

Ebenfalls in Global.swift definiert sind die Bitmasken für die Klassifizierung der Objekttypen für die Kollisionserkennung:

```
struct PhysCategory {
  static let None:UInt32    = 0
  static let Player:UInt32  = 1
  static let Dot:UInt32     = 2
  static let Bonus:UInt32   = 4
  static let Monster:UInt32 = 8
  static let Malus:UInt32   = 16
}
```

setupWallsAndDots besteht im Wesentlichen aus zwei verschachtelten Schleifen, in denen die Arrays maze und objects durchlaufen werden. Die ersten Zeilen richten den Boden und die Wände ein.

```
// Datei Maze.swift
func setupWallsAndDots(_ scene: GameScene) {
  let blocksize = CGSize(width: iUnit, height: iUnit)
  dotcount = 0

  for x in 0..<w {
    for y in 0..<h {
      let mazeId = walls[x][y]
```

```
if mazeId == Tileset.wall {
  // Wände
  let wall = SKSpriteNode(imageNamed: "wall")
  wall.position    = CGPoint(x: x * iUnit, y: y * iUnit)
  wall.size        = blocksize
  wall.zPosition   = 0
  scene.addChild(wall)
} else if mazeId == Tileset.floor {
  // Hintergrund
  let floor = SKSpriteNode(imageNamed: "floor")
  floor.position   = CGPoint(x: x * iUnit, y: y * iUnit)
  floor.size       = blocksize
  floor.zPosition  = 0
  scene.addChild(floor)
}
...
```

Wenn `objects[x][y]` den Wert `Tileset.dot` enthält, wird an dieser Koordinatenposition ein Punkt platziert. Für die Kollisionserkennung mit dem Player muss für jeden Punkt ein physikalischer Körper eingerichtet werden. `dotcount` merkt sich, wie viele Punkte es insgesamt auf dem Spielfeld gibt. Später wird dieser Wert jedes Mal um 1 reduziert, wenn der Pac-Man einen Punkt frisst – bis der Wert 0 erreicht und das Spiel endet.

```
// setupWallsAndDots (Fortsetzung)
let dotId = objects[x][y]
if dotId == Tileset.dot {
  // Punkte zum Einsammeln
  let dot = SKSpriteNode(imageNamed: "dot")
  dot.position   = CGPoint(x: x * iUnit, y: y * iUnit)
  dot.size       = blocksize * cgf(0.25)
  dot.zPosition  = 1
  scene.addChild(dot)
  dot.physicsBody =
    SKPhysicsBody(circleOfRadius: cUnit * 0.125)
  with(dot.physicsBody!) {
    $0.isDynamic = false
    $0.restitution = 0
    $0.categoryBitMask    = PhysCategory.Dot
    $0.contactTestBitMask = PhysCategory.Player
    $0.collisionBitMask   = PhysCategory.None
  }
  dotcount += 1
} ...
```

38.6 Aufbau der Spielszene (setup-Methoden)

Ganz ähnlich sieht der Code für die Diamanten (»Bonus-Objekte«) aus – mit einem Unterschied: Damit die Diamanten nicht so langweilig aussehen, funkeln sie alle 8 bis 16 Sekunden kurz auf. Dazu wird durch eine Aktionssequenz die Standardtextur des Diamanten vorübergehend durch eine andere Textur mit einem Halo-Lichteffekt ausgetauscht.

```
      // setupWallsAndDots (Fortsetzung)
      else if dotId == Tileset.bonus {
        // Bonus-Felder
        let bonus = SKSpriteNode(imageNamed: "bonus")
        bonus.position   = CGPoint(x: x * iUnit, y: y * iUnit)
        bonus.zPosition  = 1
        scene.addChild(bonus)
        bonus.physicsBody =
          SKPhysicsBody(rectangleOf: bonus.size)
        with(bonus.physicsBody!) {
          $0.isDynamic = false
          $0.restitution = 0
          $0.categoryBitMask     = PhysCategory.Bonus
          $0.contactTestBitMask  = PhysCategory.Player
          $0.collisionBitMask    = PhysCategory.None
        }

        let standardTexture = SKTexture(imageNamed: "bonus")
        let glitterTexture =
          SKTexture(imageNamed: "bonus-glitter")
        let setGlitter =
          SKAction.setTexture(glitterTexture, resize: false)
        let setStandard =
          SKAction.setTexture(standardTexture, resize: false)
        let waitShort =
          SKAction.wait(forDuration: 0.5)
        let waitLong =
          SKAction.wait(forDuration: 8 + dRnd() * 8)
        let sequence = SKAction.sequence(
          [waitLong, setGlitter, waitShort, setStandard] )
        let forever = SKAction.repeatForever(sequence)
        bonus.run(forever)
      } else if dotId == Tileset.malus {
        // analoger Code für Malus-Felder
        ...
      }
    }   // y-Schleife
  }     // x-Schleife
}
```

Auf den Abdruck des analogen Codes für die Totenschädel (»Malus-Objekte«) habe ich aus Platzgründen verzichtet. Die Idee ist wie bei den Diamanten, allerdings wird die Standardtextur nun gelegentlich durch eine mit glühend roten Augen ausgetauscht.

setupPlayer

Die Methode `setupPlayer` durchsucht das Array `objects`, bis es einen Eintrag mit dem Wert `Tileset.pacman` findet. An dieser Rasterposition wird dann ein neues `SKSpriteNode`-Objekt erzeugt.

Die `player-n`-Bitmaps sind alle grau. Die gelbe Farbe des Pac-Mans ergibt sich nur durch die Einstellung der `color`-Eigenschaft. Diese Vorgehensweise ist praktisch, weil die Farbe des Pac-Mans später mühelos geändert werden kann, z. B. nachdem der Pac-Man einen Diamanten gefressen hat und die Monster jagen kann.

Die Fress-Animation des Pac-Mans ergibt sich dadurch, dass die Darstellung endlos acht verschiedene Texturen mit unterschiedlich weit geöffnetem Mund durchläuft (Frames-Aktion).

Bei der Einstellung der `physicsBody`-Eigenschaften ist vor allem die `contactTestBitMask` interessant: Es sollen Kollisionen mit Punkten, Diamanten, Totenschädeln und Monstern erkannt werden.

Der Pac-Man-Sprite ist der einzige physikalische Körper, bei dem die Eigenschaft `isDynamic` auf `true` gesetzt ist. Das ermöglicht es, für den Pac-Man eine Geschwindigkeit einzustellen, mit der er sich in eine Richtung bewegt. (Alle anderen Bewegungen im Spiel werden durch Aktionen realisiert.)

```
func setupPlayer(_ scene: GameScene) {
  let f:CGFloat = 0.9 // Pac-Man-Größe (1 = ganze Box)
  var xpos=0, ypos=0

  // Startposition ermitteln
  outerloop:
  for y in 0..<h {
    for x in 0..<w {
      if objects[x][y] == Tileset.pacman {
        xpos = x
        ypos = y
        break outerloop
      }
    }
  }
  // Pac-Man einrichten
  player = SKSpriteNode(imageNamed: "player-0")
  player.size = CGSize(width: cUnit * f, height: cUnit * f)
```

38.6 Aufbau der Spielszene (setup-Methoden)

```
    player.position = CGPoint(x: xpos * iUnit, y: ypos * iUnit)
    player.colorBlendFactor = 1
    player.zPosition = 2
    player.color = .yellow
    scene.addChild(player)

    // Fress-Animation
    var frames = [SKTexture]()
    for i in [0, 1, 2, 3, 4, 5, 6, 7, 6, 5, 4, 3, 2, 1, 0, 0, 0] {
      let texture = SKTexture(imageNamed: "player-\(i)")
      frames.append(texture)
    }
    let keyframe =
      SKAction.animate(with: frames, timePerFrame: 0.05)
    player.run(SKAction.repeatForever(keyframe))

    // Kollisionserkennung
    player.physicsBody =
      SKPhysicsBody(circleOfRadius: cUnit * 0.5 * f)
    with(player.physicsBody!) {
      $0.isDynamic = true    // damit velocity funktioniert
      $0.friction = 0
      $0.restitution = 0
      $0.categoryBitMask     = PhysCategory.Player
      $0.contactTestBitMask =
        PhysCategory.Dot + PhysCategory.Bonus +
        PhysCategory.Malus + PhysCategory.Monster
      $0.collisionBitMask = PhysCategory.None
    }
  }
```

setupMonsters

Die Methode setupMonsters durchläuft das objects-Array. Für jede Position, an der ein Eintrag mit dem Wert Tileset.monster gefunden wird, kommt es zu einem Aufruf von setupMonster:

```
func setupMonsters(_ scene: GameScene) {
  for x in 0..<w {
    for y in 0..<h {
      if objects[x][y] == Tileset.monster {
        setupMonster(x, y, scene)
      }
    }
  }
}
```

setupMonster richtet ein neues SKSpriteNode-Objekt ein und fügt es dem Array monsters hinzu. Die Monster-Textur besteht wie beim Pac-Man nur aus Graustufen, die durch eine zufällig ausgewählte Farbe überlagert werden.

Ein Aufruf von moveMonster setzt das Monster in Bewegung. Der Aufruf wirkt überflüssig, weil der Bewegungszustand vorerst stop lautet. Tatsächlich richtet moveMonster eine Aktion ein, bei der das Monster zuerst an seiner aktuellen Position verweilt, dann aber automatisch wieder moveMonster aufruft. Je nachdem, welchen Status das Spiel dann hat, beginnt das Monster dann, sich zu bewegen. Die Details zur Monster-Steuerung folgen in Abschnitt 38.9, »Steuerung der Monster«.

```
private func setupMonster(_ x: Int, _ y:Int, _ scene: GameScene)
{
  let m = SKSpriteNode(imageNamed: "monster")
  m.position = CGPoint(x: x * iUnit, y: y * iUnit)
  m.size = CGSize(width: iUnit, height: iUnit)
  m.zPosition = 2
  m.color = monsterColors[ monsters.count % monsterColors.count ]
  m.colorBlendFactor = 0.4
  scene.addChild(m)
  monsters.append(m)

  m.physicsBody =
    SKPhysicsBody(texture: m.texture!, size: m.size)
  with(m.physicsBody!) {
    $0.isDynamic = false
    $0.restitution = 0
    $0.categoryBitMask    = PhysCategory.Monster
    $0.contactTestBitMask = PhysCategory.Player
    $0.collisionBitMask   = PhysCategory.None
  }
  moveMonster(x, y, m, lastdir: Direction.stop)
}
```

setupLabel und setupLives

setupLabel richtet drei SKLabelNodes ein: labelStatus, labelCounter und labelCountDown. Die Textfelder dienen zur Anzeige von Nachrichten (*Game Over*), zur Darstellung der erreichten Punkte sowie zur Anzeige eines Count-Down-Felds. Der Count-Down-Text zeigt innerhalb des Pac-Mans an, wie viele Sekunden noch Monster gejagt werden können. Auf den Abdruck des Codes habe ich verzichtet.

setupLives stellt in der rechten oberen Ecke des Spielfelds n Pac-Man-Symbole dar. Sie geben an, wie viele Leben der Spieler noch hat (anfänglich drei, mit jedem Level kommt ein Leben hinzu). Das Array liveIcons enthält Verweise auf die SKSpriteNode-Objekte, sodass diese problemlos wieder entfernt werden können.

38.7 Spielsteuerung (touch-Methoden)

Die drei Methoden touchesBegan, touchesMoved und touchesEnded in GameScene.swift werden aufgerufen, wenn der Spieler den Bildschirm berührt. Die Methoden erfüllen mehrere Aufgaben:

- Das Spiel befindet sich anfänglich in einem Wartezustand. Erst nachdem mindestens eine Sekunde vergangen ist und der Spieler dann den Bildschirm berührt hat (bzw. bei der Apple-TV-Version die Touch-Oberfläche der Fernbedienung), startet das Spiel.
- Auch andere Statuswechsel erfolgen erst nach einer kurzen Wartezeit und einer Berührung. Dazu zählen der Wechsel in den nächsten Level, das Spielende oder der Verlust eines Lebens.
- Eine Bewegung mit dem Finger über das Display bzw. die Fernbedienung wird als Wunsch interpretiert, den Pac-Man in eine neue Richtung zu lenken. Dieser Wunsch wird nicht sofort erfüllt, sondern lediglich als Wunsch gespeichert. Erst wenn die aktuelle Position des Pac-Mans tatsächlich eine Bewegung in diese Richtung möglich macht, wird der Wunsch in die Tat umgesetzt. Bis dahin bewegt sich der Pac-Man weiter in die bisherige Richtung, gegebenenfalls bis er durch eine Wand gestoppt wird.
- Im laufenden Spiel bewirkt ein kurzes Berühren des Bildschirms, dass der Pac-Man gestoppt wird.

Die touchesBegan-Methode

touchesBegan registriert den Startort und Startzeitpunkt einer Bewegung. Bei Berührungen mit mehreren Fingern oder wenn die App gerade im Wartezustand ist, wird die Methode sofort verlassen.

```
// Datei GameScene.swift
override func touchesBegan(_ touches: Set<UITouch>,
                  with event: UIEvent?)
{
  if mz.waitForTap || touches.count != 1 { return }
  touchStartLoc = touches.first!.location(in: self)
  touchStartTime = Date()
}
```

Die touchesMoved-Methode

touchesMoved ermittelt, wie weit der Finger von der Startposition weg bewegt wurde. Solange diese Bewegung in beide Richtungen kleiner als ein Fünftel des Labyrinthrasters ist, wird sie ignoriert.

Danach gibt es vier Fälle zu berücksichtigen: Wenn der Absolutwert von distX größer ist als der von distY, dann soll der Pac-Man nach links oder rechts bewegt werden – je nach Vorzeichen von distX. Ist dagegen distY größer, soll der Pac-Man nach oben oder unten bewegt werden. Der Wunsch wird in der Maze-Eigenschaft playerDirWant gespeichert. Zur Berücksichtigung des Wunsches kommt es später in der Methode updatePlayer der Maze-Klasse. Sie wird von der update-Methode ausgeführt.

```
override func touchesMoved(_ touches: Set<UITouch>,
                           with event: UIEvent?)
{
  if touches.count != 1 || mz.stopped || mz.waitForTap { return }

  // Bewegungsvektor ausrechnen
  let touchNow = touches.first!.location(in: self)
  let distX = touchNow.x - touchStartLoc.x
  let distY = touchNow.y - touchStartLoc.y

  // nur berücksichtigen, wenn ausreichend starke Bewegung
  let limit = cUnit / 5
  if abs(distX)<limit && abs(distY)<limit { return }

  if abs(distX) > abs(distY) {
    // stärker horizontal
    if distX > 0 {
      mz.playerDirWant = .right
    } else {
      mz.playerDirWant = .left
    }
  } else {
    if distY > 0 {
      mz.playerDirWant = .up
    } else {
      mz.playerDirWant = .down
    }
  }
}
```

Die möglichen Bewegungszustände bzw. -wünsche sind in Global.swift als Enumeration festgelegt. Die Methode reverse liefert ausgehend von einer gegebenen Richtung die umgekehrte Richtung.

```
// Datei Global.swift
enum Direction {
  case left, right, up, down,
    stop,   // steht bzw. stehen bleiben
```

```
      cont,   // in die gleiche Richtung fortsetzen
      auto;   // Richtung wurde automatisch bestimmt (Pathfinder)

  // umgekehrte Richtung
  func reverse() -> Direction {
    switch self {
    case .left:   return .right
    case .right:  return .left
    case .up:     return .down
    case .down:   return .up
    default:      return self
    }
  }
}
```

Die touchesEnded-Methode

touchesEnded erfüllt zwei Funktionen:

▶ Wenn das Spiel gerade auf eine kurze Berührung (auf einen Tap) wartet, wird ein entsprechender Statuswechsel durchgeführt, z. B. ein neues Spiel gestartet. Die Berührung wird allerdings nur dann akzeptiert, wenn zuvor der in timeTap gespeicherte Zeitpunkt vergangen ist.

▶ Im laufenden Spiel stoppt eine kurze Berührung den Pac-Man. Dabei müssen zwei Kriterien erfüllt sein: Die Berührung darf nicht länger als eine Zehntelsekunde dauern, und der während der Berührung zurückgelegte Weg auf dem Display muss kurz sein. Wie kurz er sein darf, hängt davon ab, ob die App auf einem iOS- oder auf einem Apple-TV-Gerät läuft. Details zur Methode movePlayer folgen in Abschnitt 38.8, »Bewegung des Pac-Mans«.

```
override func touchesEnded(_ touches: Set<UITouch>,
                           with event: UIEvent?)
{
  if touches.count != 1 { return }

  // Statuswechsel
  if mz.waitForTap {
    // Timeout abwarten
    if Date() < mz.timeTap  { return }

    mz.waitForTap = false
    switch mz.afterTap {

    case .continueGame:
      mz.startGame(self)
```

```
    case .nextLive:
      mz.nextLive(self)

    case .startNewGame:
      startLevel(self.view!, levelNo: 0)

    case .nextLevel:
      startLevel(self.view!,
                 levelNo: (mz.levelNo + 1) % levels.count,
                 counter: mz.counter,
                 noOfLives: mz.lives + 1)
  }
  return
}

// im laufenden Spiel stoppt ein Tap den Pac-Man;
// unterschiedlicher Maßstab iOS/tvOS
#if os(tvOS)
  let minimum = cgf(200.0)
#else
  let minimum = cUnit / 6
#endif
let touchNow = touches.first!.location(in: self)
if Date().timeIntervalSince(touchStartTime) < 0.1 &&
   touchStartLoc.distanceTo(touchNow) < minimum
{
  mz.movePlayer(.stop)
}
}
```

Die startGame-Methode

Damit Sie nicht den Faden verlieren, fasst die folgende Aufzählung nochmals den Startverlauf zusammen:

- Die Methode viewDidLoad des GameViewControllers führt startLevel aus.
- Die Methode startLevel erzeugt die GameScene- und das Maze-Objekt.
- Die Init-Funktion von GameScene richtet das Spiel ein. Es befindet sich aber vorerst im Wartezustand.
- Die Methode touchesEnded wartet auf eine Berührung und ruft startGame auf.

Die startGame-Methode der Maze-Klasse setzt das Spiel in Bewegung. Dort ist nicht mehr viel zu tun. Die Status-Variable stopped wird auf false gesetzt, ebenso die isPaused-Eigenschaft der Szene. In timeEndRandom wird die Zeit gespeichert, ab der die Monster sich nicht mehr zufällig bewegen, sondern gezielt den Pac-Man zu jagen beginnen.

```
// Datei Maze.swift
func startGame(_ scene:GameScene) {
  stopped      = false
  scene.scene?.isPaused = false
  labelStatus.text = ""
  // die ersten Sekunden bewegen sich die
  // Monster zufällig
  timeEndRandom = Date().addingTimeInterval(timespanRandom)
}
```

Vielleicht fragen Sie sich, wie sich nun die Monster und der Pac-Man in Bewegung setzen. Für alle Monster wurde in setupMonster die Methode moveMonster aufgerufen. Über eine Aktion kommt es in der Folge immer wieder zu einem automatischen Aufruf von moveMonster – und, sobald stopped == false gilt, auch zu einer Bewegung der Monster. Der Pac-Man beginnt sofort, seinen Mund zu öffnen und zu schließen (Animationsaktion), bewegt sich aber erst, wenn der Spieler in eine beliebige Richtung über den Bildschirm wischt. Details dazu folgen im nächsten Abschnitt.

Die nextLive-Methode

Wenn der Pac-Man von einem Monster gefressen wird und noch über ein Leben verfügt, kommt es zum Aufruf von nextLive. Dort werden alle noch im Spiel befindlichen Monster und der Pac-Man zuerst gelöscht und dann neu eingerichtet. Die Punkte bleiben, wie sie sind, damit der Pac-Man seinen Hunger im schon halb leer gefressenen Labyrinth weiter stillen kann.

```
func nextLive(_ scene: GameScene) {
  lives -= 1
  liveIcons[lives].removeFromParent()
  timeEndRandom = Date().addingTimeInterval(5)

  // Player und Monster zuerst löschen, ...
  player.removeFromParent()
  for monster in monsters {
    monster.removeFromParent()
  }
  monsters.removeAll()
  // ... dann neu positionieren
  setupPlayer(scene)
  setupMonsters(scene)

  // los geht's
  labelStatus.text = ""
  scene.scene?.isPaused = false
  stopped = false
}
```

38.8 Bewegung des Pac-Mans

In touchesMoved wird der Bewegungswunsch in der Maze-Eigenschaft playerDirWant gespeichert. Tatsächlich in Bewegung setzt sich der Pac-Man aber erst in der Methode updatePlayer, die von update aufgerufen wird.

Die update-Methode

Die update-Methode der GameScene-Klasse wird bei jedem Frame einmal aufgerufen. Dort wird einerseits die schon erwähnte Methode updatePlayer aufgerufen, andererseits wird angezeigt, wie lange der Pac-Man noch die Monster jagen darf. Sollte die Jagdzeit schon vorbei sein, beendet endHuntingMode dieses Vergnügen.

```swift
// Datei GameScene.swift
override func update(_ currentTime: TimeInterval) {
  if mz.player == nil { return }

  // Bewegung des Spielers
  mz.updatePlayer()

  if mz.danger == false {
    // Jagdmodus beenden?
    if Date() > mz.timeHuntEnd  {
      mz.endHuntingMode()
    }
    // anzeigen, wie lange der Jagd-Modus noch gilt
    mz.showCountDown()
  }
}
```

Die updatePlayer-Methode

Der Pac-Man ist als dynamisches SKSpriteNode-Objekt realisiert. Sobald die velocity-Eigenschaft eingestellt ist, bewegt sich der Pac-Man quasi von selbst durch das Labyrinth. Dabei berücksichtigt er allerdings keine Hindernisse und fährt auch durch Wände.

Die Methode updatePlayer erfüllt zwei Aufgaben: Erstens stoppt sie den Pac-Man, sobald dieser Gefahr läuft, gegen eine Wand zu stoßen. Und zweitens versucht sie Bewegungswünsche zu erfüllen – aber nur dann, wenn gerade keine Wand im Weg steht (siehe Abbildung 38.8).

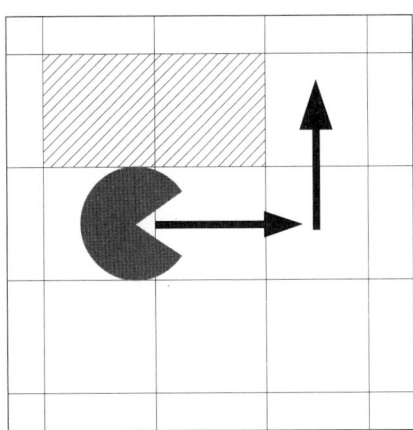

Abbildung 38.8 Der Pac-Man bewegt sich aktuell nach rechts und soll bei der nächsten Gelegenheit nach oben abbiegen.

Erschwerend kommt hinzu, dass sich der Pac-Man in kleinen Schritten bewegt. Er befindet sich daher selten genau im Mittelpunkt eines Rasterfelds, sondern irgendwo dazwischen. Selbst wenn keine Wand im Weg steht, darf eine Richtungsänderung erst erfolgen, wenn die nächste Rasterposition erreicht ist.

updatePlayer beginnt damit, die aktuelle Position und die voraussichtlich zukünftige Position auszurechnen. Dabei werden alle Werte durch cUnit dividiert, sodass now und next nicht mehr das Koordinatensystem des Spiels verwenden, sondern Rastereinheiten. Wenn also now.x den Wert 2,5 hat, dann befindet sich der Pac-Man horizontal genau in der Mitte zwischen dem dritten und dem vierten Rasterelement des Labyrinths. (Die Zählung beginnt mit 0.) Diese Rasterkoordinaten werden durch Int in ganze Zahlen umgerechnet – und damit in Indizes für das Array maze. (Int rundet nicht, sondern schneidet den Nachkommaanteil ab. Durch die Addition von cDelta wird vermieden, dass bei Rundungsfehlern *n,999999* in *n* umgewandelt wird, obwohl das richtige Ergebnis eigentlich *n+1* lauten müsste.)

```
// Datei Maze.swift
func updatePlayer() {
  // aktuelle und zukünftige Position ermitteln
  let now   = player.position / cUnit
  let delta = (player.physicsBody?.velocity)! / cgf(60.0) / cUnit
  let next  = (now + delta)

  let xexact = next.x + cDelta   // cDelta soll Probleme
  let yexact = next.y + cDelta   // durch Rundungsfehler vermeiden
  let x = Int(xexact)            // Integer für Array-Zugriff
  let y = Int(yexact)
  ...
```

Abhängig davon, in welche Richtung sich der Pac-Man bewegt, muss nun getestet werden, ob die Zielposition überhaupt erlaubt ist. Befindet sich dort eine Wand, darf die aktuelle Bewegung nicht mehr durchgeführt werden. Vielmehr muss der Pac-Man gestoppt werden. Die X- und Y-Indizes des Felds im Labyrinth, wo sich eventuell ein Hindernis befinden kann, werden in textx und testy gespeichert. Befindet sich dort tatsächlich eine Wand, wird der Pac-Man gestoppt. Außerdem stellt adjustPlayerPositionToGrid sicher, dass der Pac-Man nun wieder exakt im Raster platziert ist und nicht etwa um ein paar Koordinateneinheiten daneben. (Der Code von movePlayer und adjustPlayerPositionToGrid folgt gleich.)

```
...
// Spielfigur stoppen, wenn sie gegen eine Wand läuft
var testx = -1    // Position in maze, die getestet wird
var testy = -1
switch playerDir {
case .right: testx = x+1; testy = y
case .left:  testx = x;   testy = y
case .up:    testx = x;   testy = y+1
case .down:  testx = x;   testy = y
default:     break;
}
if testx != -1 {
  if walls[testx][testy] == Tileset.wall {
    movePlayer(.stop)
    adjustPlayerPositionToGrid()
  }
}
...
```

Der Rest von updatePlayer kümmert sich um erwünschte Richtungsänderungen. Ein Stopp ist immer erlaubt, Richtungsänderungen dagegen nur, wenn der Pac-Man bereits ganz nahe an einer Rasterposition ist. Ist diese Bedingung erfüllt, muss noch getestet werden, ob das neue Ziel nicht durch eine Wand blockiert ist. Dazu werden wiederum testx und testy entsprechend eingestellt. Sofern walls[testx][testy] kein Hindernis anzeigt, wird die Richtungsänderung durchgeführt. Die äquivalenten Code-Zweige für das Abbiegen nach links, oben bzw. unten habe ich aus Platzgründen nicht abgedruckt.

```
...
// Soll eine Richtungsänderung durchgeführt werden?
if playerDirWant != playerDir && playerDirWant != .cont {
  if playerDirWant == .stop {
    // Stoppen ist immer möglich
    movePlayer(.stop)
  } else {
```

```
      // Richtungsänderung: normalerweise nur nahe an einer
      // Raster-Position, aber immer, wenn der aktuelle Zustand
      // 'stop' ist
      let stopped = (playerDir == .stop)
      let nearx   = nearGrid(xexact)
      let neary   = nearGrid(yexact)

      // Pac-Man will nach rechts
      if playerDirWant == .right && (neary || stopped)  {
        testx = x + 1
        testy = Int(yexact + 0.2)
        if walls[testx][testy] != Tileset.wall {
          movePlayer(.right)
          adjustPlayerPositionToGridY()
        }
      } else if playerDirWant == .left && (neary || stopped)  {
        // nach links ...
      } else if playerDirWant == .up && (nearx || stopped) {
        // aufwärts ...
      } else if playerDirWant == .down && (nearx || stopped) {
        // abwärts ...
      }
    }   // Ende else
  }     // Ende if playerDirWant != playerDir
}       // Ende func updatePlayer
```

Die movePlayer-Methode

Der Name `movePlayer` ist eigentlich ein wenig irreführend: Der Pac-Man wird in dieser Methode nicht bewegt (darum kümmert sich SpriteKit), es werden lediglich seine Geschwindigkeit und Rotation entsprechend eingestellt. Die Rotation wird durch eine Aktion durchgeführt, wobei der Parameter `shortestUnitArc` sicherstellt, dass die kürzestmögliche Drehrichtung gewählt wird.

Zuletzt wird in `playerDir` die aktuelle Richtung und in `playerDirWant` die zukünftige Richtung gespeichert. Dabei bedeutet `.cont`, dass die aktuelle Bewegung einfach fortgesetzt werden soll (*continue*).

```
func movePlayer(_ dir: Direction) {
  switch dir {
  case .right:
    let rot = SKAction.rotate(toAngle: 0, duration: 0.2,
                              shortestUnitArc: true)
    player.run(rot)
    player.physicsBody?.velocity =
      CGVector(dx: playerSpeed, dy: 0)
```

```
        case .up:     // analog ...
        case .left:   // analog ...
        case .down:   // analog ...
        default:
          player.physicsBody?.velocity = CGVector.zero
        }
        // Status speichern
        playerDir = dir
        if dir == .stop {
          playerDirWant = .stop    // stop bleibt stop
        } else {
          playerDirWant = .cont    // ansonsten: fortsetzen (continue)
        }
      }
```

Die adjustPlayerPositionToGrid-Methoden

Die adjustPlayerPositionToGrid-Methoden passen die X- und/oder Y-Komponente der Position des Pac-Mans so an, dass sich der Pac-Man anschließend exakt im Raster befindet.

```
private func adjustPlayerPositionToGridX() {
  let posX = Int(player.position.x / cUnit + 0.5) * iUnit
  let posY = Int(player.position.y)
  player.position = CGPoint(x: posX, y: posY)
}
private func adjustPlayerPositionToGridY() {
  let posX = Int(player.position.x)
  let posY = Int(player.position.y / cUnit + 0.5) * iUnit
  player.position = CGPoint(x: posX, y: posY)
}
private func adjustPlayerPositionToGrid() {
  adjustPlayerPositionToGridX()
  adjustPlayerPositionToGridY()
}
```

38.9 Steuerung der Monster

Gewissermaßen der Code-Teil mit der höchsten »Intelligenz« ist für die Steuerung der Monster zuständig. Die Monster können sich in drei Modi bewegen:

- **Zufallsmodus:** Die Monster laufen zufällig in irgendeine Richtung. Zu viel Zufall aber nicht wünschenswert: dann bewegen sich die Monster ständig vor- und rückwärts und kommen nicht recht vom Platz.

- **Jagdmodus:** Die Monster verfolgen den Pac-Man.
- **Fluchtmodus:** Die Monster versuchen, dem Pac-Man zu entkommen.

Während der Pac-Man als physikalisches Objekt mittels velocity in Bewegung versetzt wird, habe ich mich bei den Monstern für Aktionen entschieden. Der Hauptgrund bestand darin, dass bei den Monstern keine Notwendigkeit besteht, eine einmal begonnene Bewegung zum nächsten Rasterfeld zwischenzeitlich zu unterbrechen. moveMonster richtet deswegen eine SKAction ein, die das Monster zu einem benachbarten Feld bewegt. Ist dieses Feld erreicht, wird moveMonster durch eine Run-Aktion neuerlich aufgerufen.

An moveMonster werden die folgenden Parameter übergeben: x und y geben die Indexpositionen im maze-Array an, monster die Instanz des SKSpriteNodes und lastdir die Richtung, in der sich das Monster bisher bewegt hat.

moveMonster ermittelt zuerst je nach Modus durch den Aufruf von randomMove, fleePlayer und followPlayer die nächste Zielposition und die neue Bewegungsrichtung. Danach wird eine Aktion eingerichtet, die zuerst das Monster zum Zielort bewegt und dann moveMonster neuerlich aufruft.

```swift
// Datei maze.swift
private func moveMonster(_ x: Int,
                         _ y: Int,
                         _ monster: SKSpriteNode,
                         lastdir: Direction)
{
  let xnext: Int, ynext: Int, dir: Direction
  if waitForTap || stopped {
    // Monster bewegt sich vorerst nicht
    (xnext, ynext, dir) = (x, y, .stop)

  } else if  danger == false {
    // die Monster müssen fliehen
    (xnext, ynext, dir) = fleePlayer(x, y, lastdir: lastdir)

  } else if Date() < timeEndRandom  {
    // keine Jagd während der ersten Sekunden
    (xnext, ynext, dir) = randomMove(x, y, lastdir: lastdir)

  } else {
    // Monster jagen Player
    (xnext, ynext, dir) = followPlayer(x, y, lastdir: lastdir)
  }
```

```
  // Aktion für Bewegung einrichten,
  // dann wieder moveMonster aufrufen
  let move = SKAction.move(to: getPointAt(xnext, ynext),
                           duration: 1.0 / monsterSpeed)
  let whatsnext = SKAction.run() {
    self.moveMonster(xnext, ynext, monster, lastdir: dir)
  }
  let sequence = SKAction.sequence([move, whatsnext])
  monster.run(sequence)
}
```

Monster zufällig bewegen

randomMove ermittelt ausgehend von der aktuellen Position (x und y in Rastereinheiten) eine neue Zielposition und Richtung. Dabei werden zuerst mit getPossibleDirections die möglichen Richtungen ausgelotet. Sofern mehrere Möglichkeiten zur Auswahl stehen, entscheidet sich die hier präsentierte Logik zu 66 % für eine Geradeaus-Bewegung. Wenn es zu einem Richtungswechsel kommt, wird die neue Richtung zufällig aus den zur Auswahl stehenden Möglichkeiten gewählt – aber nie die Richtung, die genau entgegen der bisherigen Richtung zeigt.

```
private func randomMove(_ x: Int, _ y: Int, lastdir: Direction)
  -> (nextx: Int, nexty: Int, nextdir: Direction)
{
  let possible = getPossibleDirections(x, y)
  var dir: Direction

  if possible.count == 1 {
    // wenn es nur eine mögliche Richtung gibt;
    // z. B. am Ende einer Sackgasse: alles klar
    dir = possible.first!

  } else if possible.contains(lastdir) && dRnd() < 0.66 {
    // wenn geradeaus möglich: zu 66 % geradeaus bewegen
    dir = lastdir

  } else {
    // bei Kreuzungen zufällig eine neue Richtung auswählen,
    repeat {
      dir = possible[ iRnd(possible.count) ]
    } while(dir == lastdir.reverse())   // aber nicht zurück
                                        // bewegen
  }
```

```
  // neue Koordinatenposition ermitteln
  let (xnext, ynext) = getNextPosition(x, y, dir)
  return (xnext, ynext, dir)
}
```

Der Code der Hilfsfunktionen getPossibleDirections und getNextPosition ist ohne weitere Erläuterungen verständlich.

```
// In welche Richtungen geht es weiter?
private func getPossibleDirections(_ x: Int, _ y: Int)
            -> [Direction]
{
  var result = [Direction]()
  if walls[x+1][y] != Tileset.wall { result.append(.right) }
  if walls[x-1][y] != Tileset.wall { result.append(.left) }
  if walls[x][y+1] != Tileset.wall { result.append(.up) }
  if walls[x][y-1] != Tileset.wall { result.append(.down) }
  return result
}

// aus (x, y, richtung) --> (xneu, yneu) berechnen
private func getNextPosition(_ x: Int, _ y: Int,
        _ direct: Direction) -> (x:Int, y:Int)
{
  switch direct {
  case .right: return (x+1, y)
  case .left:  return (x-1, y)
  case .up:    return (x, y+1)
  case .down:  return (x, y-1)
  default:     return (x, y)
  }
}
```

Jagdmodus

Im Jagdmodus versucht das Monster, auf kürzestmöglichem Weg zum Pac-Man zu kommen. Bei einem unregelmäßig geformten Labyrinth mit vielen Abzweigungen und alternativen Wegen ist es gar nicht so einfach, den optimalen Weg zu finden. Wenn Sie sich für die Grundlagen dieses Problems interessieren, ist die folgende Wikipedia-Seite ein perfekter Startpunkt:

https://de.wikipedia.org/wiki/Kürzester_Pfad

Glücklicherweise müssen wir uns nicht die Mühe machen, einen Shortest-Path-Algorithmus selbst zu programmieren: Die GameKit-Bibliothek enthält nämlich Klassen, in denen dieser Code bereits implementiert ist. Damit wir die findPath-Methode nutzen können, haben wir bereits am Beginn des Programms durch den Aufruf von `setupPathfinder` ein `GKGridGraph`-Objekt initialisiert, das alle möglichen Wege durch das Labyrinth beschreibt.

Dabei erzeugt die Init-Funktion `GKGridGraph(fromGridStartingAt:...)` eine Sammlung von Graphen (möglichen Wegen), bei denen von jedem Feld zu jedem benachbarten Feld im Labyrinth-Raster eine horizontale bzw. vertikale Bewegung erlaubt ist. In einer Schleife über alle Elemente des `walls`-Arrays werden dann jene Wege eliminiert, die durch Mauern blockiert sind. Das resultierende `GKGridGraph`-Objekt kann nun so lange verwendet werden, bis der Spieler ein neues Labyrinth (einen neuen Level) erreicht.

```
import GameKit
class Maze {
  ...
  var ggraph:GKGridGraph<GKGridGraphNode>!
  ...
  func setupPathfinder() {
    // erzeugt ein Array von GridNodes für jeden Punkt
    // im Labyrinth (d. h., jede Bewegung ist möglich)
    ggraph = GKGridGraph(fromGridStartingAt: [0, 0],
                        width: Int32(w),
                        height: Int32(h),
                        diagonalsAllowed: false)

    // entfernt die GridNodes da, wo es Wände gibt
    for x in 0..<w {
      for y in 0..<h {
        if walls[x][y] == Tileset.wall {
          if let nodeToRemove =
              ggraph.node(atGridPosition: [Int32(x), Int32(y)])
          {
            ggraph.remove([nodeToRemove])
          }
        }
      } // for y
    }   // for x
  }     // func setupPathfinder
}       // class Maze
```

Mit der initialisierten ggraph-Variablen ist die Verfolgung des Pac-Mans nun ein Kinderspiel: Zuerst müssen die Position des Monsters (nodeNow) und die Position des Pac-Mans (target) als `GKGridGraphNodes`-Objekte ausgedrückt werden. findPath findet nun den besten Weg vom Start zum Ziel. Die Variable path zeigt auf ein Array von GKGridGraphNode-Elementen, wobei das erste Element die Startposition ist. Unser Ziel

ist somit das zweite Element. Wenn das Monster diesen Punkt erreicht hat, werden
`movePlayer` und `followPlayer` neuerlich aufgerufen und geben den nächsten Schritt
der Verfolgungsjagd an.

```
private func followPlayer(_ x: Int, _ y: Int, lastdir: Direction)
   -> (nextx: Int, nexty: Int, nextdir: Direction)
{
  let playerx = Int32(player.position.x / cUnit)
  let playery = Int32(player.position.y / cUnit)

  if let nodeNow =
        ggraph.node(atGridPosition: [Int32(x), Int32(y)]),
     let target =
        ggraph.node(atGridPosition: [playerx, playery]),
     let path =
        ggraph.findPath(from: nodeNow, to: target)
             as? [GKGridGraphNode]
  {
    if path.count >= 2 {  // das erste Element beschreibt
                          // die aktuelle Position
      let xnext = Int(path[1].gridPosition.x)
      let ynext = Int(path[1].gridPosition.y)
      return (xnext, ynext, .auto)
    }
  }
  // keine sinnvolle Bewegung gefunden; dann eben zufällig
  return randomMove(x, y, lastdir: lastdir)
}
```

Fluchtmodus

Als am schwierigsten hat sich erstaunlicherweise die Programmierung des Fluchtmodus herausgestellt. Das Monster soll also vor dem Pac-Man fliehen. Ich habe die Aufgabenstellung pragmatisch so gelöst, dass wiederum `findPath` den Weg zu der Ecke sucht, die vom Pac-Man am weitesten entfernt ist. Diese Vorgehensweise erfordert wenig Code, hat aber zwei Nachteile:

- Erstens wird vorausgesetzt, dass die Eckfelder des Labyrinths erreichbar sind. Darauf sollten Sie bei der Gestaltung eigener Labyrinthe achten.
- Zweitens ist der Fluchtweg nicht immer optimal. Manchmal läuft das Monster dem Pac-Man direkt ins Maul.

Sie können ja als erste Verbesserung am Spiel einen schlaueren Algorithmus für den Fluchtmodus programmieren.

```
private func fleePlayer(_ x: Int, _ y: Int, lastdir: Direction)
  -> (nextx: Int, nexty: Int, nextdir: Direction)
{
  let playerx = Int(player.position.x / cUnit)
  let playery = Int(player.position.y / cUnit)

  // die vom Player am weitesten entfernte Ecke anpeilen;
  // setzt voraus, dass auf diesen Ecken keine Wände stehen!
  let targetx = (playerx <= w/2) ? w - 2 : 1
  let targety = (playery <= h/2) ? h - 2 : 1

  if let nodeNow =
        ggraph.node(atGridPosition: [Int32(x), Int32(y)]),
     let target =
        ggraph.node(atGridPosition: [Int32(targetx),
                                     Int32(targety)]),
     let path =
        ggraph.findPath(from: nodeNow, to: target)
          as? [GKGridGraphNode]
  {
    if path.count >= 2 {
      let xnext = Int(path[1].gridPosition.x)
      let ynext = Int(path[1].gridPosition.y)
      return (xnext, ynext, .auto)
    }
  }
  // keine sinnvolle Bewegung gefunden; dann eben zufällig
  return randomMove(x, y, lastdir: lastdir)
}
```

38.10 Kollisionen

Nachdem nun Spieler und Monster in Bewegung sind, ist es an der Zeit, dass wir uns mit den Kollisionen auseinandersetzen. Jedes Mal, wenn SpriteKit eine Kollision zwischen dem Pac-Man auf der einen Seite und einem Punkt, Diamanten, Totenkopf oder Monster auf der anderen Seite feststellt, ruft es die Methode didBegin auf. Deren Code fällt kurz aus, weil die eigentliche Reaktion auf die verschiedenen Kollisionen in Methoden der Maze-Klasse erfolgt. Die Hilfsfunktion getSprite, die ich Ihnen schon in Abschnitt 27.8, »Minispiel: Luftballone abschießen«, vorgestellt habe, wertet den contact-Parameter aus und liefert, wenn möglich, ein SKSpriteNode-Objekt der gewünschten Kategorie.

38.10 Kollisionen

```swift
// Datei GameScene.swift
func didBegin(_ contact: SKPhysicsContact) {
  if mz.player == nil || mz.waitForTap || mz.stopped { return }

  if let dot =
         getSprite(from: contact, of: PhysCategory.Dot)
  {
    mz.removeDot(dot)
  } else if let bonus =
              getSprite(from: contact, of: PhysCategory.Bonus)
  {
    mz.removeBonus(bonus)
  } else if let malus =
              getSprite(from: contact, of: PhysCategory.Malus)
  {
    mz.removeMalus(malus, scene: self)
  } else if let monster =
              getSprite(from: contact, of: PhysCategory.Monster)
  {
    mz.playerHitMonster(monster, scene: self)
  }
}

// testet, ob bodyA oder bodyB den Typ category aufweisen, und
// liefert das entsprechende SKSpriteNode-Element zurück
func getSprite(from contact: SKPhysicsContact,
               of category: UInt32) -> SKSpriteNode?
{
  if contact.bodyA.categoryBitMask == category {
    return contact.bodyA.node as? SKSpriteNode
  } else if contact.bodyB.categoryBitMask == category {
    return   contact.bodyB.node as? SKSpriteNode
  } else {
    return nil
  }
}
```

Punkt gefressen

Wenn der Pac-Man einen Punkt frisst, wird dieser in removeDot aus der Spielszene entfernt. Sollte es der letzte Punkt gewesen sein, ist der Level beendet, und das Spiel wird nach einer Berührung des Bildschirms mit dem nächsten Level (dem nächsten Labyrinth) und einem zusätzlichen Leben fortgesetzt.

```
func removeDot(_ dot: SKSpriteNode) {
  dot.removeFromParent()
  dotcount -= 1
  counter += Points.dot
  if dotcount == 0 {
    labelStatus.text = "Congratulations ..."
    stopAll(false)
    waitForTap = true
    timeTap = Date().addingTimeInterval(1)
    afterTap = .nextLevel
  }
}
```

Diamant gefressen

Das Verspeisen eines Diamanten wird nicht nur mit vielen Punkten belohnt, sondern auch mit einer kurzen Zeitperiode, während der der Pac-Man und die Monster ihre Rollen vertauschen.

```
func removeBonus(_ bonus: SKSpriteNode) {
  counter += Points.bonus
  bonus.removeFromParent()
  startHuntingMode()
}
```

startHuntingMode speichert den Endzeitpunkt der Monsterjagd in timeHuntEnd, färbt den Pac-Man rot ein und gibt den Monstern eine blasse Farbe. Für die Spiellogik ist die Variable danger entscheidend, die angibt, dass der Pac-Man vorübergehend außer Gefahr ist.

```
func startHuntingMode() {
  if danger {
    timeHuntEnd = Date().addingTimeInterval(timespanHunting)
  } else {
    // wenn schon aktiv: plus n Sekunden
    timeHuntEnd = timeHuntEnd.addingTimeInterval(timespanAddHunt)
  }
  danger = false
  player.color = .red
  for m in monsters {
    m.colorBlendFactor = 0.1
  }
}
```

Wenn der Jagdmodus endet, ruft die update-Methode der GameScene-Klasse endHuntingMode auf und macht alle Änderungen wieder rückgängig.

```
func endHuntingMode() {
  danger = true
  player.color = .yellow
  for m in monsters {
    m.colorBlendFactor = 0.4
  }
}
```

Damit das nicht unverhofft passiert, wird im Zentrum des Pac-Mans die Anzahl der Sekunden angezeigt, wie lange der Jagdmodus noch aktiv ist. Für diese Anzeige ist showCountDown verantwortlich. Diese Methode wird ebenfalls von update aufgerufen. Beachten Sie, dass die position-Eigenschaft des Labels mit der des Pac-Mans synchronisiert wird.

```
func showCountDown() {
  if danger {
    labelCountDown.text = ""
  } else {
    let n = Int(timeHuntEnd.timeIntervalSinceNow)
    labelCountDown.text = "\(n)"
    labelCountDown.position = player.position
  }
}
```

Zusammenstoß mit einem Monster

Welche Folgen ein Zusammenstoß mit einem Monster hat, hängt vom aktuellen Spielmodus ab. Normalerweise verliert der Spieler dabei ein Leben; nur während des Jagdmodus kann der Pac-Man das Monster fressen und bekommt dafür auch noch Punkte. Das Monster wird in diesem Fall durchsichtig und schwebt in einer zufälligen schrägen Richtung mit einer SKAction gen Himmel. Dabei werden keine Kollisionen mehr ausgelöst.

```
func playerHitMonster(_ monster: SKSpriteNode, scene: GameScene)
{
  if danger {
    // der Spieler verliert ein Leben
    stopAll()
    player.color = .black
    if lives > 0 {
      labelStatus.text = "You died! Tap to continue."
      waitForTap = true
      timeTap = Date().addingTimeInterval(1)
      afterTap = .nextLive
    } else {
```

```
          labelStatus.text = "Game over, you died!"
          waitForTap = true
          timeTap = Date().addingTimeInterval(1)
          afterTap = .startNewGame
        }
      } else {
        // der Pac-Man hat ein Monster gefressen
        if let index = monsters.index(of: monster) {
          counter += Points.monster
          monsters.remove(at: index)
          with(monster.physicsBody!) {
            $0.categoryBitMask    = PhysCategory.None
            $0.contactTestBitMask = PhysCategory.None
            $0.collisionBitMask   = PhysCategory.None
          }

          // Monster gen Himmel schweben lassen
          monster.removeAllActions()
          monster.colorBlendFactor = 0
          monster.blendMode = .alpha
          monster.alpha = 0.5
          let upInTheSky = SKAction.move(
            to: CGPoint(x: monster.position.x +
                          (4.0 - 8.0 * cRnd()) * cUnit,
                       y: cUnit * cgf(h+2)),
            duration: 5)
          let remove = SKAction.removeFromParent()
          monster.run(SKAction.sequence([upInTheSky, remove]))
        }
      }
    }
```

38.11 Apple-TV-Variante von Pac-Man

Dieses Spiel gehört zu der eher seltenen Spezies von Spielen, bei der es mit minimalem Aufwand möglich ist, eine Apple-TV-Variante zu erstellen. Das liegt daran, dass die Bedienung des Spiels ausschließlich durch relative Wischbewegungen erfolgt und es keine Oberflächenelemente gibt, deren Steuerung die Auswertung der absoluten Position einer Berührung erforderlich macht. Ist diese Voraussetzung nicht erfüllt, müssen Sie die Bedienung Ihres Spiels den Eigenheiten bzw. Einschränkungen der Apple-TV-Fernbedienung unterwerfen, was nicht immer einfach ist.

Die Grundidee der hier skizzierten Vorgehensweise besteht darin, dass Sie dem Xcode-Projekt, das momentan nur ein iOS-Target aufweist, ein zweites tvOS-Target hinzufügen. Anschließend können Sie Ihre App wahlweise für iOS oder tvOS kompilieren und auf geeigneten Geräten bzw. im Simulator ausprobieren. Entscheidend ist es dabei, dass möglichst viele Projektdateien zwischen beiden Targets geteilt werden können und nur wenige Dateien plattformabhängigen Code bzw. Bilder enthalten. Das erfordert eine umfassende Neuorganisation des Projekts. Es ist also eine gute Idee, vor dem Start dieser Umbauarbeiten ein komplettes Backup des Projekts zu erstellen bzw. einen Git-Commit durchzuführen.

Neues Target einrichten

Um einem vorhandenen Projekt ein neues Target hinzuzufügen, klicken Sie in der Projektansicht auf den Plus-Button (siehe Abbildung 38.9). Damit erscheint der gleiche Vorlagenkatalog, der Ihnen vom Einrichten neuer Projekte schon vertraut ist. In unserem Fall ist die am besten geeignete Vorlage tvOS • Application • Game.

Abbildung 38.9 Mit dem Plus-Button, den man leicht übersieht, fügen Sie einem vorhandenen Projekt ein neues Target hinzu.

Das Projekt besteht nun aus zwei Targets: dem unveränderten iOS-Target für das weiterhin funktionierende Pac-Man-Spiel und dem tvOS-Target. Dessen Dateien entsprechen den Mustervorlagen und haben noch nichts mit dem Pac-Man-Spiel zu tun.

Projektorganisation

Jetzt geht es darum, die Dateien neu zu organisieren. Es empfiehlt sich, die Projektdateien in drei Gruppen zu organisieren (siehe Abbildung 38.10):

▶ iOS-spezifische Dateien
▶ tvOS-spezifische Dateien

Abbildung 38.10 Reorganisation des Projekts

- gemeinsame Dateien

Für die gemeinsamen Dateien habe ich mit dem Kontextmenükommando NEW GROUP im Projekt-Navigator die Gruppe shared eingerichtet. Dorthin habe ich die Gruppen tiled und SWXMLHash verschoben, außerdem die folgenden Gruppen bzw. Dateien:

- die tiled-Gruppe
- die SWXMLHash-Gruppe mit SWXMLHash.swift
- die Dateien AppDelegate.swift, CGOperators.swift, GameScene.swift, Global.swift und Maze.swift

Danach habe ich aus dem tvos-pacman-Verzeichnis die folgenden Musterdateien gelöscht: AppDelegate.swift, Actions.sks, Game.xcassets, GameScene.swift und GameScene.sks.

Als Nächstes habe ich den Inhalt der Xcassets-Dateien getrennt: In shared habe ich eine neue Datei shared.xcassets eingerichtet (FILE • NEW • FILE • iOS • RESOURCE • ASSET CATALOG) und dorthin alle gemeinsam genutzten Bitmaps verschoben. Zum Verschieben öffnen Sie am besten eine Xcassets-Datei per Doppelklick in einem eigenen Fenster; dann können Sie einzelne Xcassets-Inhalte problemlos per Drag & Drop verschieben. In den projektspezifischen Xcassets-Dateien verbleiben nur die App-Icons und für tvOS das LaunchImage.

Danach geht es darum, Xcode klarzumachen, dass die Dateien der shared-Gruppe zu beiden Targets gehören. Dazu markieren Sie diese Dateien im Projekt-Navigator und stellen im File-Inspector die TARGET MEMBERSHIP korrekt ein (siehe Abbildung 38.11).

Abbildung 38.11 Zugehörigkeit gemeinsamer Dateien zu beiden Targets einstellen

tvOS-spezifischer Code

Zu guter Letzt muss nur noch die Verbindung zwischen den gemeinsamen Code-Dateien und der tvOS-spezifischen Datei GameViewController.swift hergestellt werden. Dazu ersetzen Sie den vorhandenen Code in viewDidLoad durch die folgenden Zeilen, die Sie aus der GameViewController.swift-Datei der iOS-Gruppe kopieren können:

```swift
// Datei GameViewController.swift der tv-pacman-Gruppe
override func viewDidLoad() {
  super.viewDidLoad()
  initRnd()

  // mit dem ersten Level starten
  if let view = self.view as! SKView? {
    startLevel(view, levelNo: 0)
    view.backgroundColor = .white
  }
}
```

Für den ersten Test aktivieren Sie in der Xcode-Symbolleiste das tvOS-Target und Ihr angeschlossenes Apple-TV-Gerät oder den tvOS-Simulator. Wenn alles gut geht, sollte die App unter tvOS auf Anhieb laufen.

Natürlich ist es einfacher, die obige Anleitung zu befolgen, als ein eigenes Projekt auf tvOS zu portieren. Selbst wenn kein oder nur wenig tvOS-spezifischer Code erforderlich ist, sind die Umbauarbeiten fehleranfällig. Nicht immer ist auf Anhieb klar, welche Dateien zwischen den Targets geteilt werden können und wo plattformspezifischer Code notwendig ist.

Was jetzt noch zu tun bleibt, ist die Gestaltung des tvOS-spezifischen Icons sowie des Launch Screens und des Top Shelf Image. Natürlich würde es sich anbieten, auch tvOS-gerechte Labyrinthe zu gestalten, die den Proportionen von 16:9 entsprechen und den Bildschirm optimal ausfüllen.

38.12 Pac-Man-Figuren zeichnen

Wer gern mit Gimp, Photoshop, Pixelmator, Inkscape oder anderen Zeichenprogrammen arbeitet, wird mit ihnen die Bitmaps für die Pac-Man-Fressbewegung sicher rasch selbst zeichnen. Die künstlerische Ader ist bei mir leider weniger ausgeprägt, ich programmiere lieber. Deswegen habe ich ein Mini-Programm erstellt, das eine ganze Serie von Pac-Man-Icons in beliebiger Auflösung zeichnet. Das Programm ist gleichzeitig eine kleine Wiederholung zum Thema Grafikprogrammierung (siehe Kapitel 25, »Grafik und Animation«).

Das Programm vom Typ COMMAND LINE TOOL enthält nur zwei Methoden: savePNG speichert eine Bitmap in einer PNG-Datei, wobei eventuell auftretende Fehler einfach ignoriert werden.

```swift
// Projekt macos-pacman-bitmaps
// Datei main.swift
func savePNG(_ bitmap: NSBitmapImageRep, filename: String) {
  let props: [String: AnyObject] = [:]
  let png = bitmap.representation(using: .PNG,
                                  properties: props)
  _ = try? png!.write(to: URL(fileURLWithPath: filename),
                      options: [])
}
```

drawPacman zeichnet eine Pac-Man-Figur in der gewünschten Größe in eine gegebene Bitmap, wobei angle den Winkel des geöffneten Mundes angibt. Dabei wird zuerst ein Kreis mit einem Farbverlauf (NSGradient) zwischen Hell- und Mittelgrau gefüllt. Anschließend wird ein transparentes Dreieck aus dem Kreis herausgeschnitten. Dadurch entsteht der Mund. Die Form des Dreiecks wird durch ein Polygon in einem NSBezierPath-Objekt dargestellt. Um bereits gezeichnete Pixel der Bitmap wieder durchsichtig (transparent) zu machen, muss die Eigenschaft compositingOperation des Grafikkontexts auf .clear gesetzt werden. (Zuerst hatte ich versucht, eine transparente Farbe als Füllfarbe einzusetzen. Das führte aber zu keiner Veränderung am bereits gezeichneten Pac-Man-Kreis.)

```swift
func drawPacman(size: Int,
                bitmap: NSBitmapImageRep,
                angle: Double)
{
  let dSize = Double(size)
  let ctx = NSGraphicsContext(bitmapImageRep: bitmap)!
  NSGraphicsContext.setCurrent(ctx)

  // Graustufenverlauf
  let gradient = NSGradient(
        starting: NSColor(white: 0.95, alpha: 1),
        ending:   NSColor(white: 0.75, alpha: 1))

  // Kreis
  let quad = NSRect(x: 0, y: 0, width: size, height: size)
  let circle = NSBezierPath(ovalIn: quad)
  gradient?.draw(in: circle, angle: 0)

  // Mund
  ctx.saveGraphicsState()
  ctx.compositingOperation = .clear   // ausschneiden
  let mouth = NSBezierPath()
  mouth.move(to: NSPoint(x: size/2, y: size/2))
  mouth.line(to: NSPoint(
    x: dSize * (0.5 + cos(angle / 360.0 * .pi)),
    y: dSize * (0.5 + sin(angle / 360.0 * .pi))))
  mouth.line(to: NSPoint(
    x: dSize * (0.5 + cos(angle / 360.0 * .pi)),
    y: dSize * (0.5 - sin(angle / 360.0 * .pi))))
  mouth.close()
  mouth.fill()
  ctx.restoreGraphicsState()
}
```

Die beiden Methoden werden in einer Schleife achtmal aufgerufen. Vorher muss jeweils eine leere Bitmap in der gewünschten Größe erzeugt werden, also ein NSBitmapImageRep-Objekt. Die resultierenden Dateien player-0.png bis player-7.png werden direkt im Home-Verzeichnis gespeichert.

```swift
// acht Pac-Man-Bitmaps zeichnen und speichern
let size=128
let home = NSHomeDirectory()
for  i in 0...7 {
```

```
        let bmp = NSBitmapImageRep(
          bitmapDataPlanes: nil,
          pixelsWide: size,
          pixelsHigh: size,
          bitsPerSample: 8,
          samplesPerPixel: 4,
          hasAlpha: true,
          isPlanar: false,
          colorSpaceName: NSDeviceRGBColorSpace,
          bytesPerRow: 0,
          bitsPerPixel: 0)!
       drawPacman(size: 128, bitmap: bmp, angle: 10 + Double(i)*8.0)
       savePNG(bmp, filename: "\(home)/player-\(i).png")
    }
```

Kapitel 39
Asteroids

Als letztes SpriteKit-Beispiel zeigt dieses Kapitel die Programmierung eines Spiels für Apple-TV-Geräte. Der Spieler bzw. die Spielerin steuert dabei ein Raumschiff und muss alle Asteroiden abschießen, bevor diese das Raumschiff zerstören oder auf der Erde einschlagen (siehe Abbildung 39.1). Im Laufe der Zeit erscheinen die Asteroiden immer häufiger und fliegen in höherer Geschwindigkeit auf die Erde zu.

Abbildung 39.1 Asteroids-Spiel auf einem Apple-TV-Gerät

Nach dem Spielende erscheint ein Konfigurationsbildschirm (siehe Abbildung 39.2). Dort startet die Play-Taste ein neues Spiel. Die Menütaste wechselt zwischen vier verschiedenen Spielmodi:

- Berührungssteuerung mit Ton
- Berührungssteuerung ohne Ton
- Bewegungssteuerung mit Ton
- Bewegungssteuerung ohne Ton

Bei der Berührungssteuerung wird das Raumschiff durch die Bewegung eines Fingers auf dem Touchpad der Fernbedienung gesteuert. Im Bewegungssteuerungsmodus wird die Position des Raumschiffs durch die Lage der Fernbedienung kontrolliert. Dazu wird der Gyroskop-Sensor der Fernbedienung ausgewertet. In diesem Steuerungsmodus lässt sich das Spiel deutlich besser bedienen.

Raketen können in beiden Modi wahlweise durch eine kurze Berührung der Touch-Oberfläche oder durch einen mechanischen Klick abgeschossen werden. Weil der mechanische Taster des Touchpads sehr schwergängig ist, führt sein Drücken oft dazu, dass das Raumschiff ein wenig wackelt. Generell ist es ein großes Manko der Apple-TV-Fernbedienung, dass es keine einzige Taste gibt, die wirklich frei für eigene Funktionen verwendbar und leicht zu bedienen ist.

Abbildung 39.2 Der Einstellungsbildschirm

Ein laufendes Spiel kann jederzeit mit der Play-Taste pausiert und durch nochmaliges Drücken wieder fortgesetzt werden. Die Menü-Taste beendet das Spiel. Der gewählte Spielmodus und der zuletzt erzielte High-Score werden in den Einstellungen der App bleibend gespeichert.

39.1 Programmaufbau

Die SpriteKit-App besteht aus zwei Szenen:

- Das eigentliche Spiel findet in der GameScene statt. Die Objekte dieser Szene werden per Code erzeugt.
- Der Konfigurationsdialog MainScene wurde dagegen teilweise im Scene-Editor erstellt (Datei MainScene.sks). Lediglich die Menüeinträge werden auch in diesem Fall per Code erzeugt, weil der Scene-Editor es nicht erlaubt, bei einem Label eine benutzerdefinierte Klasse anzugeben.

Der Wechsel zwischen den beiden Szenen findet beim Spielende bzw. beim Start eines neuen Spiels statt.

Die folgende Aufzählung fasst den Inhalt der wichtigsten Code-Dateien zusammen:

- Im `GameViewController.swift` startet der eigene Code. `viewDidLoad` erzeugt eine `GameScene` und startet das Spiel. Die Methoden des `GameViewControllers` kümmern sich auch um die Auswertung aller Tastendrücke der Fernbedienung.
- `GameScene.swift` enthält die gesamte Spiellogik inklusive der Auswertung der Bewegungs- und Berührungsereignisse.
- `MainScene.swift` kümmert sich darum, je nach aktivem Modus die richtigen Bitmaps im Konfigurationsdialog anzuzeigen.
- `MyLabel.swift` enthält eine von `SKLabelNode` abgeleitete Klasse, deren Elemente über die Fernbedienung den Fokus erhalten können.
- `Global.swift` enthält einige Konstanten, Enumerationen und Einstellungen.
- In `CGOperators.swift` sind Operatoren und Methoden definiert, die das Rechnen und den Umgang mit den CGXxx-Strukturen komfortabler machen (siehe Abschnitt 7.3, »CGFloat, CGPoint, CGSize und Co.«).

Außerdem gibt es diverse weitere Dateien:

- `Assets.xcassets` enthält das App-Icon und ein Launch Image.
- `Game.xcassets` enthält die Texturen für das Spiel. Dazu zählen fünf unterschiedlich geformte Asteroiden, das Raumschiff, eine Rakete, ein Ausschnitt aus einem Bild der Erde, ein Bild einer Galaxie sowie diverse Bilder zur Gestaltung des Konfigurationsdialogs.
- `MainScene.sks` enthält eine fertige Szene für den Einstellungsdialog.
- `AsteroidsHit.sks` und `Engine.sks` in der Gruppe `ParticleSystems` beschreiben Partikel-Emitter, die das Auseinanderfallen eines Asteroiden nach einem Treffer bzw. den Antrieb des Raumschiffs zeigen.
- Die Gruppe `Sound` beinhaltet drei Audio-Dateien zur akustischen Untermalung des Spiels.

Zuletzt noch einige Quellenangaben: Das Bild der Erde wurde von Dr. Manfred Hanke aus dem NASA-Bild »Blue Marble« errechnet. Besten Dank dafür, dass ich einen Ausschnitt des Bilds in der App verwenden durfte! Die Audio-Dateien stammen von den *freesound.org*-Usern Senitiel, Elmomo und Tom McCann.

www.sternwarte.uni-erlangen.de/~hanke/AstroAusstellung/2007/8/nurErde.jpg
https://freesound.org/people/senitiel/sounds/220612
https://freesound.org/people/elmomo/sounds/757
https://freesound.org/people/tommccann/sounds/235968

39.2 Globale Konstanten und Funktionen

In Global.swift sind die Eckparameter des Spiels in einigen Konstanten fixiert. Wenn Sie das Spiel einfacher oder schwieriger machen möchten, nehmen Sie hier Veränderungen vor:

```
// Projekt tv-save-asteroids
// Datei Global.swift
var asteroidInterval = 1.2   // Zeit in Sekunden, nach der ein
                             // neuer Asteroid erscheint
let gameoverInterval = 1.5   // nach Game Over kurze Pause
```

Für die Kollisionserkennung sind in der Struktur PhysCat die folgenden Kategorien definiert:

```
// Kategorien für die Kollisionserkennung
struct PhysCat {
  static let None: UInt32      = 0
  static let Spaceship: UInt32 = 1
  static let Asteroid: UInt32  = 2
  static let Missile: UInt32   = 4
  static let Earth: UInt32     = 8
}
```

Wie viele andere SpriteKit-Programme dieses Buchs verwendet auch diese App die Funktionen cRnd, dRnd und iRnd zum Erzeugen von Zufallszahlen sowie initRnd zur Initialisierung des Zufallszahlengenerators. Den Code können Sie in Abschnitt 27.8, »Minispiel: Luftballone abschießen«, nachlesen.

Um bei der Einstellung der Eigenschaften physikalischer Körper die wiederholte Nennung von xy.physicsBody! zu vermeiden, habe ich auch die in Abschnitt 27.7, »Kollisionserkennung«, vorgestellte with-Funktion in Global.swift eingefügt.

39.3 Programmstart und Tastaturereignisse (GameViewController)

Die Klasse GameViewController beginnt mit der Deklaration einiger Statusvariablen. gameScene und mainScene verweisen auf die entsprechenden Szenen, skView auf das SKView-Objekt von SpriteKit. defaults ermöglicht einen unkomplizierten Zugriff auf die User-Default-Einstellungen.

```
// Datei GameViewController.swift
var gameScene: GameScene! = nil
var mainScene: MainScene! = nil
var skView:    SKView!    = nil
```

39.3 Programmstart und Tastaturereignisse (GameViewController)

```
var mainShown = false   // Wird das Main-Menü angezeigt?
var gyro      = false   // Spiel-Steuerung per Gyroskop
let defaults  = UserDefaults.standard
```

Programmstart

Der erste eigene Code wird in der Methode `viewDidLoad` ausgeführt:

```
override func viewDidLoad() {
  super.viewDidLoad()
  skView = self.view as! SKView

  // Zufallszahlen-Initialisierung
  initRnd()

  // Art der Steuerung: Berührung oder Bewegung (gyro==true)
  gyro = defaults.bool(forKey: "gyro-control")

  // Spiel starten
  startGame()
}
```

Die Methode `startGame` startet das Spiel. Sie wird nicht nur von `viewDidLoad` aufgerufen, sondern später auch von `pressesBegan`, um aus dem Einstellungsdialog heraus ein neues Spiel zu starten. `startGame` erzeugt einfach eine neue Instanz der GameScene-Klasse und zeigt diese an. Anders als bei iOS-Spielen ist die Einstellung der GameScene-Größe unkompliziert: Apple-TV-Geräte laufen aktuell immer in einer Auflösung von 1920 × 1080 Pixel. Auch wenn Apple in Zukunft ein Apple-TV-Gerät mit 4k-Unterstützung ausliefert, wird sich an den Proportionen nichts ändern.

```
func startGame() {
  gameScene = GameScene()
  gameScene.size = CGSize(width: 1920, height: 1080)
  gameScene.scaleMode = .aspectFit
  skView.presentScene(gameScene)
  mainShown = false
}
```

Einstellungsdialog anzeigen

Die Methode `showMainMenu` funktioniert ähnlich wie `startGame`: Sie erzeugt eine MainMenu-Instanz und zeigt den Einstellungsdialog an, wobei der Punktezähler von der GameScene-Instanz übertragen wird.

```
func showMainMenu() {
  mainScene = MainScene(fileNamed: "MainScene")
```

```
  if gameScene != nil {
    mainScene.lastscore = gameScene.counter
  }
  let trans = SKTransition.fade(withDuration: 1)
  skView.presentScene(mainScene!, transition: trans)
  mainShown = true
}
```

Reaktion auf die Tasten der Fernbedienung

Unabhängig davon, ob gerade ein Spiel läuft oder ob der Einstellungsdialog angezeigt wird, erfolgt die Auswertung der Fernbedienungstasten immer durch die Methode pressesBegan im GameViewController. Welche Szene gerade aktiv ist, geht aus der Statusvariablen mainShown hervor.

Der Großteil des Codes sollte auf Anhieb verständlich sein, auch wenn ich Ihnen die Eigenschaften und Methoden der MainScene- bzw. GameScene-Klasse erst vorstellen muss:

```
override func pressesBegan(_ presses: Set<UIPress>,
                           with event: UIPressesEvent?)
{
  // führt dazu, dass die Menütaste zurück in den
  // Hauptbildschirm führt und das Spiel dabei pausiert
  super.pressesBegan(presses, with: event)

  for press in presses {
    let key = press.type

    if mainShown {
      // aktuell wird der Einstellungsbildschirm angezeigt
      if key == .select {
        // Touchpad-Klicks durch die MainScene-Methode 'select'
        // verarbeiten
        let result = mainScene.select()
        if result == true { startGame() }

      } else if key == .playPause {
        // mit Play neues Spiel starten
        startGame()
      }

    } else {
      // aktuell wird das Spiel angezeigt
      let game = gameScene!
```

39.3 Programmstart und Tastaturereignisse (GameViewController)

```
      if game.gameover &&
        Date() >
        game.gameoverDate.addingTimeInterval(gameoverInterval)
    {
      // jede Taste nach Game Over: Einstellungsdialog anzeigen
      showMainMenu()

    } else if !game.isPaused && key == .select {
      // Klick während des Spiels: Rakete abschießen
      game.fireMissile()

    } else if key == .playPause {
      // Play/Pause-Button: Pause ein/aus
      game.isPaused = !game.isPaused

    } else if game.isPaused && key == .menu {
      // Menü-Button im Pause-Modus: Spiel abbrechen
      game.endGame()
      showMainMenu()
    }
   }
  }
}
```

Da die Dokumentation es empfiehlt, enthält `GameViewController.swift` auch die Methoden `pressesChanged`, `pressesEnded` und `pressesCancelled`. Sie enthalten allerdings keinen Code.

Fokus-Engine für den Einstellungsdialog aktivieren

Der View-Controller ist auch dafür zuständig, die Fokus-Engine für den Einstellungsdialog zu aktivieren. Dazu wurde die Eigenschaft `preferredFocusEnvironments` überschrieben. Immer, wenn der Einstellungsdialog angezeigt wird, gibt diese Methode einen Verweis auf dieses Objekt zurück:

```
override var preferredFocusEnvironments: [UIFocusEnvironment] {
  if mainShown {
    return [mainScene!]
  } else {
    return []
  }
}
```

39.4 Initialisierung des Spiels (GameScene)

Die Klasse GameScene enthält den Code zur Initialisierung der Spielszene sowie die gesamte Spiellogik inklusive der Auswertung der Bewegungs- und Berührungsereignisse. Dieser Abschnitt konzentriert sich auf die Initialisierungsarbeiten.

Eigenschaften

Die Klasse beginnt mit der Definition diverser Eigenschaften, in denen die Sprites und Label-Objekte des Spiels gespeichert werden. Der Counter-Label wird bei jeder Veränderung der counter-Variablen automatisch aktualisiert. Ebenso wird der Pause-Label automatisch ein- bzw. ausgeblendet, wenn sich die isPaused-Eigenschaft des SKScene-Objekts ändert.

```swift
// Datei GameScene.swift
class GameScene: SKScene, SKPhysicsContactDelegate {
  var spaceship: SKSpriteNode!    // Raumschiff

  // Score-Label
  var pauseLabel = SKLabelNode(fontNamed: "AvenirNext-Bold")
  var counterLabel = SKLabelNode(fontNamed: "AvenirNext-Bold")
  var counter = 0 {
    didSet(old) {
      if counter>highscore {
        counterLabel.text = "* \(counter)"
      } else {
        counterLabel.text = "\(counter)"
      }
    }
  }

  // Label für Pause
  var pauseLabel = SKLabelNode(fontNamed: "AvenirNext-Bold")
  override var isPaused: Bool {
    willSet(new) {  }  // leere Closure, kein Code erforderlich
    didSet(old)  {
      if gameover {
        pauseLabel.zPosition = -100
      } else {
        pauseLabel.zPosition = isPaused ? 100 : -100
      }
    }
  }
  // ...
}
```

midPt enthält den Bildschirmmittelpunkt im Koordinatensystem der Szene, frame-Diagonal die Länge der Bildschirmdiagonale. Beide Variablen werden später in didMove initialisiert.

continuousFire bedeutet, dass bei einer länger andauernden Berührung des Touchpads der Fernbedienung automatisch mehrere Schüsse hintereinander erfolgen (nur im Bewegungssteuerungsmodus).

```swift
class GameScene: SKScene, SKPhysicsContactDelegate {
  // ... Fortsetzung
  var midPt = CGPoint.zero
  var frameDiagonal = CGFloat(0)

  // Spiel-Status
  var gameover = false
  var gameoverDate = Date()
  var timeNextAsteroid = Date()
  var touchStarted = Date()

  // Spielmodus und Punkteanzahl
  let defaults = UserDefaults.standard
  var motioncontrol = false
  var mute = false
  var highscore = 0
  // ...
}
```

Geräusche

Das Spiel verwendet drei Geräusche, die durch Aktionen bei Bedarf auch parallel zueinander abgespielt werden können. Die drei Aktionen werden einmal vorweg definiert und können dann jederzeit und ohne Verzögerung abgespielt werden.

```swift
class GameScene: SKScene, SKPhysicsContactDelegate {
  // ... Fortsetzung
  let shotSound      = SKAction.playSoundFileNamed(
                         "shot.wav", waitForCompletion: false)
  let hitSound       = SKAction.playSoundFileNamed(
                         "hit.wav", waitForCompletion: false)
  let explosionSound = SKAction.playSoundFileNamed(
                         "explosion.wav", waitForCompletion: false)
}
```

didMove-Methode

Sobald die `GameScene`-Klasse erscheint, wird `didMove` ausgeführt. Hier ist Platz für die eigenen Initialisierungsarbeiten. `didMove` liest zuerst den zuletzt erreichten High-Score und den eingestellten Bedienungsmodus aus den User-Defaults. Anschließend werden die oben schon erwähnten Variablen `midPt` und `mute` initialisiert. Die `physicsWorld`-Einstellungen deaktivieren die Schwerkraft und machen die `GameScene`-Klasse zum Delegate-Empfänger der Kollisionserkennung.

```
override func didMove(to view: SKView) {
  // Steuerungsmodus und Highscore
  highscore    = defaults.integer(forKey: "highscore")
  motioncontrol = defaults.bool(forKey: "gyro-control")
  mute         = defaults.bool(forKey: "mute")

  // Mittelpunkt und Diagonale
  midPt = self.frame.middlePoint()
  frameDiagonal = hypot(self.frame.width, self.frame.height)

  // Objekte einrichten
  setupSpace()
  setupEarth()
  setupLabels()
  setupSpaceship()

  // ersten Asteroiden starten
  startAsteroid()

  // keine Schwerkraft, Kollisionserkennung
  self.physicsWorld.gravity = CGVector.zero
  self.physicsWorld.contactDelegate = self
}
```

Hintergrundgestaltung

Als Hintergrund für das Spiel dient ein Bild einer Galaxie, das in `setupSpace` so eingerichtet wird, dass es sich ganz langsam dreht:

```
func setupSpace() {
  let space = SKSpriteNode(imageNamed: "milky-way")
  space.position = CGPoint(x: 960, y: 100)
  space.size = CGSize(width: 2750, height:2750)
  space.zPosition = -1
  space.zRotation = 2 * .pi * cRnd()
  space.color = .black   // stark abdunkeln
  space.colorBlendFactor = 0.95
```

39.4 Initialisierung des Spiels (GameScene)

```
  self.addChild(space)

  // Drehung um 180 Grad pro 5 Minuten
  let rotate = SKAction.rotate(byAngle: .pi, duration: 300)
  space.run( .repeatForever(rotate))
}
```

Am unteren Bildschirmrand wird ein Ausschnitt aus einem Bild der Erde dargestellt. Damit Kollisionen der Erde mit Asteroiden festgestellt werden können, wird ein physikalischer Körper eingerichtet:

```
func setupEarth() {
  let earth = SKSpriteNode(imageNamed: "earth")
  earth.position = CGPoint(x:960, y:80)
  earth.size = CGSize(width: 1920, height: 160)
  earth.zPosition=0
  earth.color = .black    // abdunkeln
  earth.colorBlendFactor = 0.5
  self.addChild(earth)
  earth.physicsBody =
    SKPhysicsBody(texture: earth.texture!,
              size: earth.size)
  with(earth.physicsBody!) {
    $0.categoryBitMask    = PhysCat.Earth
    $0.collisionBitMask   = PhysCat.None
    $0.contactTestBitMask = PhysCat.Asteroid
  }
}
```

Auf den Abdruck des Codes für die beiden Beschriftungs-Labels verzichte ich.

Raumschiff

Der Code zum Einrichten des Raumschiffs ist insofern interessant, als die Bitmap des Raumschiffs um zwei Triebwerke in Form von Partikel-Emittern ergänzt wird. Die Emitter werden aus der Datei Engine.sks geladen und als »Kinder« mit dem Raumschiff verbunden. Jede Positionsveränderung, Skalierung oder Drehung, die auf spaceship angewandt wird, gilt damit auch für die Triebwerke.

```
func setupSpaceship() {
  spaceship = SKSpriteNode(imageNamed: "raumschiff")
  spaceship.zPosition = 2  // über/vor dem Hintergrund
  spaceship.position =  CGPoint(x: 960, y: 150)
  spaceship.physicsBody =
    SKPhysicsBody(texture: spaceship.texture!,
              size: spaceship.size)
```

```
    with(spaceship.physicsBody!) {
      $0.categoryBitMask     = PhysCat.Spaceship
      $0.collisionBitMask    = PhysCat.None
      $0.contactTestBitMask  = PhysCat.Asteroid
    }

    // Triebwerke
    let engine1 = SKEmitterNode(fileNamed: "Engine.sks")!
    let engine2 = SKEmitterNode(fileNamed: "Engine.sks")!
    engine1.zPosition = -1   // relativ zum spaceship, nicht absolut
    engine1.position = CGPoint(x: spaceship.size.width * 0.32,
                               y: -spaceship.size.height * 0.49)
    engine2.zPosition = -1
    engine2.position = CGPoint(x: -spaceship.size.width * 0.32,
                               y: -spaceship.size.height * 0.49)
    spaceship.addChild(engine1)
    spaceship.addChild(engine2)

    // erst jetzt skalieren, weil engine.position im
    // Koordinatensystem des Raumschiffs angegeben wird
    spaceship.xScale = 0.4
    spaceship.yScale = 0.4
    self.addChild(spaceship)
}
```

Einen Asteroiden starten

Die Initialisierung schließt mit dem Start des ersten Asteroiden ab. Natürlich werden danach viele weitere folgen, die dann aus der update-Methode gestartet werden. Die für den Start eingesetzte Methode ist natürlich in beiden Fällen dieselbe.

Beim Erzeugen eines Asteroiden ist fast alles zufällig: Es stehen fünf Asteroiden-Formen zur Auswahl, der ausgewählte Asteroid erscheint an einem zufälligen Ort oben auf dem Bildschirm und fliegt in einer zufälligen Geschwindigkeit schräg nach unten.

```
func startAsteroid() {
  let nr = 1 + iRnd(5)
  let asteroid = SKSpriteNode(imageNamed: "asteroid\(nr)")

  // Startpunkt
  let startx = 50 + (self.frame.size.width - 100) * cRnd()
  let starty = self.frame.size.height + 150
```

```
  // Endpunkt liegt ca. in gegenüberliegender Richtung
  let endx = 50 + (self.frame.size.width - 100) * cRnd()
  let endy:CGFloat = -150

  // Asteroid-Eigenschaften einstellen
  asteroid.position = CGPoint(x: startx, y: starty)
  asteroid.zRotation = .pi * cRnd()
  asteroid.physicsBody =
    SKPhysicsBody(texture: asteroid.texture!,
                  size: asteroid.size)

  with(asteroid.physicsBody!) {
    $0.categoryBitMask    = PhysCat.Asteroid
    $0.collisionBitMask   = PhysCat.None
    $0.contactTestBitMask = PhysCat.Spaceship + PhysCat.Earth
  }

  asteroid.xScale = 0.2 + cRnd() * 0.2
  asteroid.yScale = 0.2 + cRnd() * 0.2
  asteroid.zPosition = 3 + cRnd()   // über Hintergrund/Raumschiff
  self.addChild(asteroid)

  // Asteroid in Bewegung setzen
  let durat: Double     // Flugzeit; je kürzer, desto schneller
                        // bewegt sich der Asteroid
  if counter < 100 {
    durat = 6 + dRnd() * 4
  } else {              // ab 100 Punkten deutlich schneller!
    durat = 3.5 + dRnd() * 3.5
  }
  // Bewegung des Asteroiden
  let move    = SKAction.move(to: CGPoint(x:endx, y:endy),
                              duration: durat)
  // Drehung des Asteroiden um sich selbst
  let angle   = (3 + dRnd() * 4) * .pi
  let rotate  = SKAction.rotate(toAngle: CGFloat(angle),
                                duration: durat)
  let group   = SKAction.group([move, rotate])
  let remove  = SKAction.removeFromParent()
  asteroid.run(.sequence([group, remove]))

  timeNextAsteroid = Date().addingTimeInterval(asteroidInterval)
}
```

39.5 Spielablauf (ebenfalls in GameScene)

Nach all den Vorbereitungsarbeiten kommt das Spiel jetzt endlich in Bewegung. Dieser Abschnitt beschreibt den Code zur Steuerung des Raumschiffs, zum Abschuss der Raketen und zur Kollisionserkennung.

Vorweg noch eine allgemeine Betrachtung zur Steuerung des Raumschiffs: Anfänglich hatte ich geplant, das Raumschiff vollkommen frei über den Bildschirm zu bewegen. Das hat sich aber als unpraktisch erwiesen: Geschossen kann nur nach vorne werden. Man muss also einem Asteroiden entgegenfliegen, um ihn abschießen zu können. So viel Bewegungsfreiheit funktioniert nur bei deutlich geringeren Geschwindigkeiten als im Spiel.

Bei den klassischen Arcade-Spielen aus den 80er-Jahren (Asteroids, Space Invader) kann das Raumschiff wahlweise nur gedreht oder nur horizontal bewegt werden. Nach einigem Probieren habe ich mich bei meinem Spiel für einen Mittelweg entschieden: Das Raumschiff kann im mittleren Bildschirmbereich nach links oder rechts bewegt werden. Dabei wird es gleichzeitig gedreht. Diese Bewegung lässt sich einfach und schnell steuern und gibt genügend Spielraum zur Abwehr der Asteroiden.

Steuerung des Raumschiffs durch das Touchpad

Je nach Einstellung wird das Raumschiff wahlweise durch eine Wischbewegung auf dem Touchpad oder durch die aktuelle Lage der Fernbedienung gesteuert. An dieser Stelle geht es um die erste Variante, also um den Code in den touchesXxx-Methoden.

In touchesBegan wird der Zeitpunkt gespeichert, zu dem die Berührung beginnt. Das ist notwendig, damit kurze Berührungen als *Taps* interpretiert werden können, um eine Rakete abzuschießen.

```
// Datei GameScene.swift
override func touchesBegan(_ touches: Set<UITouch>,
                           with event: UIEvent?)
{
  touchStarted = Date()
}
```

touchesMoved berechnet die Differenz zwischen der bisherigen und der aktuellen Touchpad-Berührung und ändert damit die X-Koordinate des Raumschiffs, wobei der minimale und der maximale Wert vorgegeben sind. Die zur Eingrenzung des Werts verwendete Methode minMax ist in GCOperators definiert. Der Drehwinkel des Raumschiffs wird aus der Abweichung der X-Position von der Bildschirmmitte errechnet.

```
override func touchesMoved(_ touches: Set<UITouch>,
                           with event: UIEvent?)
{
  if spaceship == nil || motioncontrol || self.isPaused {
    return
  }
  for touch in touches {
    // Differenz aus aktueller und vorheriger Position
    let location = touch.location(in: self)
    let prevLocation = touch.previousLocation(in: self)
    let delta = location - prevLocation

    let newX = minMax(spaceship.position.x + delta.x/2,
                  minimum: midPt.x * 0.5,
                  maximum: midPt.x * 1.5)
    let newY = spaceship.position.y
    spaceship.position = CGPoint(x: newX, y: newY )
    spaceship.zRotation = (midPt.x - newX) / midPt.x * .pi * 0.85
  }
}
```

touchesEnded bewertet kurze Berührungen als Signal, eine Rakete abzuschießen:

```
override func touchesEnded(_ touches: Set<UITouch>,
                           with event: UIEvent?)
{
  if touchStarted.addingTimeInterval(0.2) > Date() {
    fireMissile()
  }
}
```

Gyroskop-Steuerung (update-Methode)

Die update-Methode erfüllt zwei Aufgaben: Sie sorgt für die Steuerung des Raumschiffs im Bewegungsmodus und für den regelmäßigen Start neuer Asteroiden. Zur Bewegungssteuerung wird die gravity-Eigenschaft des GCMotion-Objekts der Fernbedienung ausgewertet. Dieser 3D-Vektor zeigt immer nach unten. Seine X-Komponente gibt an, wie stark die Fernbedienung gedreht ist.

Sobald der Zeitpunkt timeNextAsteroid erreicht ist, wird mit startAsteroid ein neuer, zufällig geformter Asteroid auf den Weg gebracht.

```
override func update(_ currentTime: TimeInterval) {
  if gameover {
    return
  }
```

```
    if motioncontrol {
      if let pos = GCController.controllers().first?.motion?.
      gravity.x {
        let newX = minMax(midPt.x + CGFloat(pos) * midPt.x ,
                      minimum: midPt.x * 0.5,
                      maximum: midPt.x * 1.5)
        let newY = spaceship.position.y
        let newpos = CGPoint(x: newX, y: newY )
        spaceship.position = newpos
        spaceship.zRotation =
          (midPt.x - newX) / midPt.x * .pi * 0.85
      }
    }

    // nächsten Asteroiden starten
    if Date() > timeNextAsteroid {
      startAsteroid()
    }
}
```

Raketen abschießen

Für den Raketenabschuss ist fireMissile zuständig. Die Methode erzeugt zuerst ein Sprite-Objekt für die Rakete und stellt dessen physikalischen Körper ein. Etwas schwieriger ist es, den Start- und Endpunkt der Raketenbewegung zu berechnen. Die Rakete soll das Raumschiff an seiner Spitze verlassen und sich in dieselbe Richtung bewegen, in die das Raumschiff zeigt. Es reicht aus, wenn die Flugbahn so lang wie eine Bildschirmdiagonale ist – dann hat das Geschoss die sichtbare Szene sicher verlassen. Danach muss die Rakete unbedingt mit removeFromParent gelöscht werden – sonst würde die Anzahl der Sprites allmählich immer größer werden. Der einzige Zweck der Zuweisung sp = spaceship besteht darin, bei der wiederholten Nennung dieser Variablen etwas Platz zu sparen.

```
func fireMissile() {
  if spaceship == nil || self.isPaused { return }

  // Rakete erzeugen, Eigenschaften einstellen
  let missile = SKSpriteNode(imageNamed: "missile")
  missile.xScale = 0.2
  missile.yScale = 0.3
  missile.zRotation = spaceship.zRotation
  missile.physicsBody = SKPhysicsBody(texture: missile.texture!,
                              size: missile.size)
```

```
  with(missile.physicsBody!) {
    $0.categoryBitMask    = PhysCat.Missile
    $0.collisionBitMask   = PhysCat.None
    $0.contactTestBitMask = PhysCat.Asteroid
  }

  // Start- und Endpunkt ausrechnen, Aktion für Bewegung
  let sp = spaceship!   // kürzere Zeilen
  let xstart =
    sp.position.x - sin(sp.zRotation) * sp.size.height / 2.0
  let ystart =
    sp.position.y + cos(sp.zRotation) * sp.size.height / 2.0
  missile.position = CGPoint(x:xstart, y:ystart)
  missile.zPosition = 0.5    // vor Hintergrund, unter Raumschiff
  self.addChild(missile)

  let xend = xstart - frameDiagonal * sin(sp.zRotation)
  let yend = ystart + frameDiagonal * cos(sp.zRotation)
  let move = SKAction.move(to: CGPoint(x:xend, y:yend),
                           duration:1.0)
  let remove = SKAction.removeFromParent()
  missile.run( .sequence([move, remove]))

  // Geräuschkulisse
  if !mute { missile.run(shotSound) }
}
```

Kollisionserkennung

Bei Kollisionen zwischen Asteroiden und anderen Objekten wird die Methode didBegin aufgerufen. Wenn es sich um einen Zusammenstoß mit dem Raumschiff oder der Erde handelt, wird eine flammenförmige Bitmap gleichzeitig vergrößert und ausgeblendet. Gleichzeitig wird das Spiel mit endGame gestoppt.

Handelt es sich dagegen um einen Treffer einer Rakete, wird der Partikel-Emitter AsteroidHit gestartet. Er sorgt für den optischen Eindruck, dass der Asteroid in mehrere kleine Teile zerfällt. Der eigentliche Asteroid und die Rakete werden sofort entfernt.

```
func didBegin(_ contact: SKPhysicsContact) {
  if spaceship == nil { return }

  if getSpriteFrom(contact, of: PhysCat.Earth) != nil ||
     getSpriteFrom(contact, of: PhysCat.Spaceship) != nil
  {
```

```swift
      // die Erde oder das Raumschiff wurde getroffen
      let fire = SKSpriteNode(imageNamed: "fire")
      fire.position = contact.contactPoint
      fire.xScale=0.2
      fire.yScale=0.2
      fire.zPosition = 2
      fire.name = "explosion"
      self.addChild(fire)
      let scale = SKAction.scale(by: 6, duration: 0.5)
      let fadeout = SKAction.fadeAlpha(to: 0, duration: 0.5)
      let group = SKAction.group([scale, fadeout])
      let remove = SKAction.removeFromParent()
      fire.run(.sequence([group, remove]))
      // Explisionsgeräusch
      if !mute { self.run(explosionSound) }
      endGame()

    } else if let asteroid =
                  getSpriteFrom(contact, of: PhysCat.Asteroid),
              let missile  =
                  getSpriteFrom(contact, of: PhysCat.Missile)
    {
      // Rakete hat den Asteroiden zerstört
      counter += 1

      // Animation eines zerfallenden Asteroiden
      let hit = SKEmitterNode(fileNamed: "AsteroidHit")!
      hit.position = contact.contactPoint
      hit.zPosition = 2
      self.addChild(hit)
      hit.run(.sequence(
        [ .wait(forDuration: 0.3),
          .removeFromParent() ] ))

      // Asteroid und Rakete löschen
      asteroid.removeFromParent()
      missile.removeFromParent()

      // Treffer-Geräusch
      if !mute {
        self.run(hitSound)
      }
```

39.5 Spielablauf (ebenfalls in GameScene)

```
    // Asteroiden kommen immer häufiger; anfänglich alle
    // 1.2 Sekunden, nach 300 Treffern alle 0.6 Sekunden
    asteroidInterval = max(0.6, 1.2 - Double(counter) / 500)
  }
}
```

Bei der Auswertung des contact-Parameters von didBegin hilft die Methode getSpriteFrom, die Sie bereits aus Kapitel 38, »Pac-Man selbst gemacht«, kennen:

```
func getSpriteFrom(_ contact: SKPhysicsContact,
                   of category: UInt32) -> SKSpriteNode?
{
  if contact.bodyA.categoryBitMask == category {
    return contact.bodyA.node as? SKSpriteNode
  } else if contact.bodyB.categoryBitMask == category {
    return   contact.bodyB.node as? SKSpriteNode
  } else {
    return nil
  }
}
```

Spielende

Die Methode endGame zeigt den Text »Game Over« an, entfernt das Raumschiff aus der Szene und beendet alle laufenden Aktionen mit Ausnahme der Explosion. Damit friert der Bildschirminhalt quasi ein. Falls ein Spielstand erreicht wurde, der größer ist als der High-Score, wird dieser bleibend gespeichert. Zur Anzeige des Einstellungsdialogs kommt es erst im GameViewController, wo die gameover-Eigenschaft des GameScene-Objekts ausgewertet wird.

```
func endGame() {
  gameover = true
  gameoverDate = Date()

  let gameoverLabel = SKLabelNode(fontNamed: "AvenirNext-Bold")
  gameoverLabel.text      = "Game Over"
  gameoverLabel.fontSize  = 100
  gameoverLabel.fontColor = .red
  gameoverLabel.position  = midPt
  gameoverLabel.zPosition = 100
  gameoverLabel.horizontalAlignmentMode = .center
  self.addChild(gameoverLabel)

  // Raumschiff entfernen
  spaceship.removeFromParent()
  spaceship = nil
```

```swift
  // alle Actions außer der Explosion beenden
  for nd in self.children {
    if let id = nd.name, id == "explosion" { continue }
    nd.removeAllActions()
  }

  // Highscore speichern
  if counter > highscore {
    defaults.set(counter, forKey: "highscore")
  }
}
```

39.6 Fokussierbare Menütexte (MyLabel)

Die Mini-Klasse `MyLabel` erweitert die `SKLabelNode`-Klasse um eine zusätzliche Init-Funktion und um die Methode `setHighlight`, mit der das jeweilige Element hervorgehoben werden kann. Außerdem wird die Eigenschaft `canBecomeFocused` mit true überschrieben, damit das Element von der tvOS-Fokus-Engine berücksichtigt wird. Der Code ist leicht zu verstehen:

```swift
// Datei MyLabel.swift
class MyLabel : SKLabelNode {
  // verschiedene Eigenschaften voreinstellen
  convenience init(text: String) {
    self.init(fontNamed: "AvenirNext-Bold")
    self.text = text
    self.fontColor = .white
    self.fontSize = 64
    self.zPosition = 2
    self.verticalAlignmentMode = .baseline
    self.horizontalAlignmentMode = .left
  }
  // akzeptiert den Fokus
  override var canBecomeFocused: Bool {
    return true
  }
  // das aktive Element markieren
  func setHighlight(state: Bool) {
    if state == true {
      self.fontColor = .red
    } else {
      self.fontColor = .white
    }
  }
}
```

39.7   Der Einstellungsdialog (MainScene)

Die Gestaltung von Konfigurationsseiten in SpriteKit ist zumeist eine Herausforderung. Es fehlen die von gewöhnlichen Apps vertrauten Steuerelemente, das Arbeiten im Scene-Editor ist mühsam, und ganz generell macht es in der Regel mehr Spaß, an Details des Spiels zu tüfteln als an Dialogen.

Beim Asteroids-Beispiel habe ich mich für eine minimalistische Lösung entschieden: Das Umschalten zwischen den vier Modi erfolgt durch ein Menü, dessen Elemente mit der Fernbedienung ausgewählt werden können. Die Auswahl muss anschließend durch einen Klick bestätigt werden.

Der aktuelle Status wird durch ein Markierungsdreieck beim ausgewählten Menüpunkt angezeigt. Außerdem wird eine von zwei unterschiedlichen Abbildungen der Fernbedienung eingeblendet, die den Steuerungsmodus veranschaulichen. Ein Icon zeigt an, ob der Lautsprecher aktiv ist oder nicht (siehe Abbildung 39.3). Alle Bitmaps habe ich vorweg in einem Zeichenprogramm vorbereitet und in Game.xcassets eingefügt.

Abbildung 39.3 Diese drei Bitmaps werden im Einstellungsdialog ein- und ausgeblendet, um den Status anzuzeigen.

Den Steuerungsdialog habe ich trotz meiner Aversionen mit dem Scene-Editor zusammengestellt (siehe Abbildung 39.4). Allerdings fehlen dort die Texte des Menüs, weil sich herausgestellt hat, dass es im Scene-Editor unmöglich ist, Labels eine eigene Klasse zuzuordnen. Damit der Dialog »spielgerecht« aussieht, verwendet er als Hintergrund ein Bild des Weltalls.

39 Asteroids

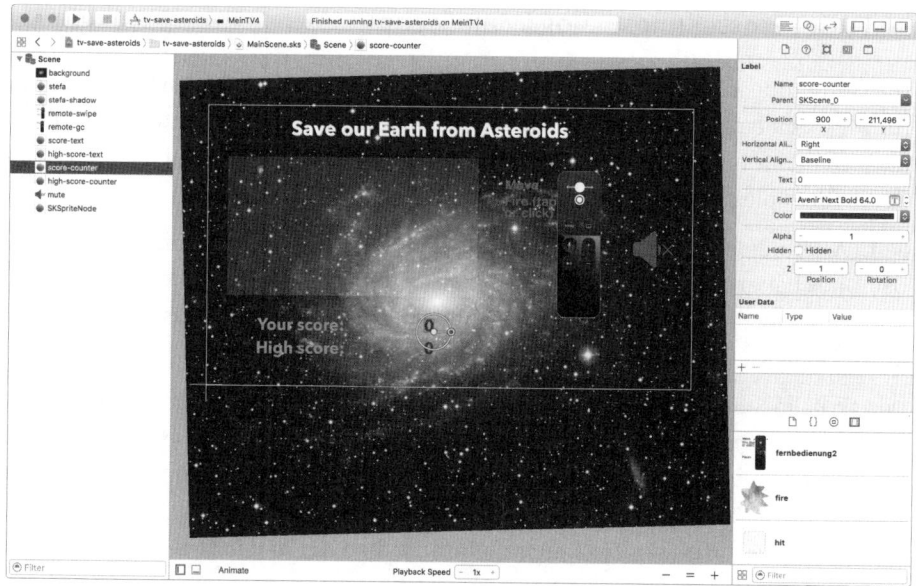

Abbildung 39.4 »MainScene.sks« im Scene-Editor von Xcode

Initialisierungsarbeiten

Die vier Eigenschaften lastscore, gyro, mute und modus enthalten die eingestellten Parameter und den beim letzten Spiel erreichten Punktestand. defaults erleichtert den Zugriff auf die User-Defaults.

menuLabels enthält MyLabel-Objekte mit den Menüeinträgen. menuTick zeigt auf ein weiteres MyLabel-Objekt, das durch ein dreieckförmiges Symbol den aktuell ausgewählten Steuerungsmodus im Menü markiert. menuSelected gibt an, welcher Menüeintrag momentan durch die Fokus-Engine ausgewählt ist.

```
// Datei MainScene.swift
class MainScene : SKScene {
  let defaults = UserDefaults.standard
  var lastscore = 0
  var gyro    = false
  var mute    = false
  var modus   = 0

  // Menü
  var menuLabels = [MyLabel]()    // Menüeinträge
  var menuTick: MyLabel!          // zeigt, welcher Spielmodus
                                  // aktiv ist
  var menuSelected = 0            // Welcher Menüeintrag ist
                                  // gerade ausgewählt?
                                  // 1 bis 4 für Steuerungsmodus
}
```

39.7 Der Einstellungsdialog (MainScene)

In `didMove` geht es darum, das Menü darzustellen, die aktuell gültigen Einstellungen aus den User-Defaults zu lesen und zur `modus`-Variablen zusammenzusetzen. Sobald diese Daten zur Verfügung stehen, werden durch den Aufruf von `changeGyroRemote` verschiedene Status-Bitmaps ein- bzw. ausgeblendet.

Schließlich müssen der Punktestand und der High-Score in die Label-Felder eingetragen werden, die im Scene-Editor bereits vorbereitet wurden. Der Zugriff auf diese Elemente erfolgt durch die Methode `childNode(withName:)`.

```
override func didMove(to view: SKView) {
  // Menü für 'Play again' und zur Auswahl des Steuerungsmodus
  setupMenu()

  // aktuellen Steuerungsmodus ermitteln und darstellen
  let defaults = UserDefaults.standard
  gyro = defaults.bool(forKey: "gyro-control")
  mute = defaults.bool(forKey: "mute")
  modus = (gyro ? 2 : 0) + (mute ? 1 : 0)
  changeGyroRemote()

  // Punktestand und High-Score eintragen
  let highscore = defaults.integer(forKey: "highscore")

  if let label =
     self.childNode(withName: "score-counter") as? SKLabelNode
  {
    label.text = "\(lastscore)"
  }

  if let label =
     self.childNode(withName: "high-score-counter") as?
     SKLabelNode
  {
    label.text = "\(highscore)"
  }
}
```

`setupMenu` erzeugt in einer Schleife fünf Menüelemente und zur Markierung des aktiven Steuerungsmodus ein sechstes `MyLabel`-Objekt. Um dessen exakte Positionierung in der Szene kümmert sich später die Methode `setMenuTick`. Der Aufruf von `updateFocusIfNeeded` und `setNeedsFocusUpdate` ist notwendig, damit beim Anzeigen der Szene immer der erste Menüeintrag, also PLAY AGAIN, vorausgewählt wird.

```
private func setupMenu() {
  let texts = ["Play again",
               "Touch control with audio",
               "Touch control, no audio",
               "Motion control with audio",
               "Motion control, no audio"]
  let x = 200
  var y = 780
  for txt in texts {
    let lbl = MyLabel(text: txt)
    lbl.position = CGPoint(x: x, y: y)
    lbl.isUserInteractionEnabled = true
    menuLabels.append(lbl)
    self.addChild(lbl)

    // Menüeinträge untereinander anordnen, zwischen
    // 'Play again' und den restlichen Einträgen größerer
    // Abstand
    if y == 780 {
      y -= 100
    } else {
      y -= 80
    }
  }

  // Zeichen für ausgewählten Spielmodus
  menuTick = MyLabel(text: ">")
  menuTick.position = CGPoint(x: 120, y: y)
  self.addChild(menuTick)

  // ersten Menüeintrag markieren
  self.updateFocusIfNeeded()
  self.setNeedsFocusUpdate()
}
```

Ereignisverwaltung

Die Neuimplementierung der Eigenschaft preferredFocusEnvironments wählt den ersten Eintrag des Menüs beim Erscheinen der Szene aus.

```
override var preferredFocusEnvironments: [UIFocusEnvironment] {
  return [ menuLabels[0] ]
}
```

39.7 Der Einstellungsdialog (MainScene)

Die Methode `didUpdateFocus` wird immer dann aufgerufen, wenn die Fokus-Engine in Reaktion auf eine Touchpad-Berührung ein anderes Menü-Element auswählt. Die Methode hebt das aktuelle Element hervor und kümmert sich darum, dass das vorher aktive Menüelement wieder normal angezeigt wird. Außerdem wird in `menuSelected` die Index-Nummer des gerade aktiven Elements gespeichert.

```
override func didUpdateFocus(
  in context: UIFocusUpdateContext,
  with coordinator: UIFocusAnimationCoordinator)
{
  // nicht mehr ausgewählten Text normal anzeigen
  if let lbl = context.previouslyFocusedItem as? MyLabel {
    lbl.setHighlight(state: false)
  }
  // ausgewählten Text hervorheben
  if let lbl = context.nextFocusedItem as? MyLabel {
    lbl.setHighlight(state: true)
    menuSelected = menuLabels.index(of: lbl)!
  }
}
```

Die Methode `select` wird von der `GameViewController`-Klasse aufgerufen (Methode `pressesBegan`), wenn der Spieler die Touch-Fläche der Fernbedienung anklickt. Wenn zu diesem Zeitpunkt der erste Menüeintrag aktiv ist, also PLAY AGAIN, gibt `select` das Ergebnis `true` zurück und der View-Controller startet ein neues Spiel.

Bei den vier anderen Menüelementen führt das Select-Ereignis hingegen dazu, dass ein neuer Steuerungsmodus in der Variablen `modus` gespeichert wird. Die Methode `changeGyroRemote` kümmert sich darum, dass der neue Status gespeichert wird und alle erforderlichen Elemente auf dem Bildschirm aktualisiert werden.

```
// Reaktion auf Touchpad-Klick; Rückgabe true,
// wenn das Spiel neu gestartet werden soll
func select() -> Bool {
  if menuSelected == 0 {
    // Play agin
    return true
  } else {
    // neuen Spielmodus einstellen
    modus = menuSelected - 1
    changeGyroRemote()
    return false
  }
}
```

Bildschirmdarstellung je nach ausgewähltem Spielmodus

Die gerade erwähnte Methode `changeGyroRemote` wird aufgerufen, nachdem die `modus`-Variable verändert wurde. Jetzt müssen `gyro` und `mute` aus `modus` extrahiert werden. Die neuen Einstellungen werden in den User-Defaults gespeichert. Die drei `set`-Methoden kümmern sich darum, dass auf dem Bildschirm alles entsprechend angezeigt wird.

```
func changeGyroRemote() {
  gyro = modus >= 2
  mute = (modus % 2) == 1
  defaults.set(mute, forKey: "mute")
  defaults.set(gyro, forKey: "gyro-control")
  setMuteVisibility()
  setRemoteBitmapVisibility()
}
```

Die Methoden `setMuteVisibility` und `setRemoveBitmapVisibility` blenden das Symbol »Lautsprecher ausgeschaltet« ein/aus bzw. steuern, welche der beiden Fernbedienungs-Bitmaps angezeigt werden sollen. Dazu wird `zPosition` so eingestellt, dass diese Bitmaps vor dem Hintergrund angezeigt werden oder dahinter verschwinden.

```
func setMuteVisibility() {
  self.childNode(withName: "mute")?.zPosition = mute ? 1 : -1
}
func setRemoteBitmapVisibility() {
  childNode(withName: "remote-swipe")?.zPosition = gyro ? -1 :  1
  childNode(withName: "remote-gc")?.zPosition    = gyro ?  1 : -1
}
```

`setMenuTick` positioniert das Auswahldreieck neben dem gerade ausgewählten Menüeintrag:

```
private func setMenuTick() {
  let pt = CGPoint(x: menuTick.position.x,
                   y: menuLabels[modus + 1].position.y)
  menuTick.position = pt
}
```

Index

&-Zeichen (inout-Parameter) 144
_-Zeichen (Wildcard-Pattern) 72

A

AAC-Format 733
abs-Funktion 148
Abstand zwischen zwei Koordinatenpunkten 963
Accelerometer 798
accelerometerUpdateInterval-Eigen-
  schaft 800
acceptsFirstResponder-Eigenschaft 548
action-Eigenschaft (NSMenuItem) 562
action-Parameter
  addTarget 426
  Gesture Recognizer 933
Actions 377, 399
  macOS 502
  SpriteKit 804
  umbenennen 382
activateFileViewerSelecting-Methode 1051
Activity-Indictator-View 851
adaptivePresentationStyle-Methode 480
add-Methode 169
addAction-Methode 490
addButtonWithTitle-Methode 536
addConstraint-Methode 427
adding-Methode 169
addInput-Methode 766
addObserver-Methode 720, 951
addOutput-Methode 766
addSublayer-Eigenschaft 750
addSubview-Methode 426, 516, 1021, 1054
addTarget-Methode 426
Adjust-Scroll-View-Insets-Option 919
afconvert-Kommando 733
affectedByGravity-Eigenschaft 831
Aktionen (SpriteKit) 804
Aktuelles Verzeichnis ermitteln/ändern 614
Alert-Dialog 489
alertStyle-Eigenschaft 536
Align-Button 413
alignment-Eigenschaft 679
  Stack-View 429
allowsRotation-Eigenschaft 831
alpha-Eigenschaft 728, 1119
  SpriteKit 787
alternate-Eigenschaft 542

Ambiguous Use of Function (Fehler-
  meldung) 136
anchorPoint-Eigenschaft 787, 1088
angularDamping-Eigenschaft 831, 1072
angularVelocity-Eigenschaft 831
animate-Methode 725, 1021
animate-Methode (SpriteKit-
  Aktionen) 807, 1098
Animationen 725
  im Spiel 5-Gewinnt 1021
Any-Datentyp 315
AnyClass-Datentyp 316
AnyObject-Datentyp 315
API-Design-Richtlinien 143
API-Version testen 116
App
  Archiv erzeugen 893
  auf iOS-Geräten ausführen 392
  beenden 589
  Bundle-Dateien 610
  Hello World 369
  Icon 868, 1037
  ID 889
  im App Store einreichen 893
  im Simulator ausprobieren 374
  Lebenszyklus 409
  Lokalisierung 877
  Name 869
  Sprache 877
  User-Defaults 603
  weitergeben (iOS) 886
  weitergeben (macOS) 895
  Willkommensbildschirm 869
App Store 886
App Transport Security 649, 923
AppDelegate-Klasse 1062
  Init-Funktion 531
  iOS 409
  macOS 507
  Split-View-Controller-Beispiel 473
appdmg-Kommando 898
append-Methode 212
  Zeichenketten 194
appendArc-Methode 544
appendBezierPathWithRoundedRect-
  Methode 569
appendingPathComponent-Methode 609
appendingPathExtension-Methode 609

Index

Apple Developer Program 24, 393
Apple Movie Trailers 682
Apple TV 579
   Asteroids-Spiel 1127
   Pac-Man 1120
   tvOS-Grundlagen 579
application-Methode 410
applicationDidBecomeActive-Methode 410
applicationDidEnterBackground-Methode 410
applicationDidFinishLaunching-Methode 508, 1062
applicationWillEnterForeground-Methode 410
applicationWillResignActive-Methode 410
applicationWillTerminate-Methode 410, 508, 1062
applyAngularImpulse-Methode 832
applyForce-Methode 832
applyImpulse-Methode 832, 837
applyTorque-Methode 832
ARC 279
arch-Test 117
Archiv (Xcode) 893
archiveRootObject-Methode 947
arguments-Eigenschaft 364
Arrays 207
   assoziative 225
   auslesen 211
   Doppelgänger entfernen 224
   durchwürfeln 224
   filter, map und reduce 218
   initialisieren 210
   mehrdimensionale 215, 1002
   sortieren 213
   verändern 212
   zweidimensionale 1002
ArraySlice-Datentyp 211
ArrowView-Klasse (Beispiel) 953
as-Operator 79, 295, 297, 328
Aspect-Fill-Einstellung 426, 443
Aspect-Fit-Einstellung 426, 443
assert-Funktion 341
Assets.xcassets-Datei 441
Assiciated Values 248
associatedtype-Schlüsselwort 309
associativity-Schlüsselwort 87, 88
Assoziative Arrays 225
Assoziativität 84
Asteroids-Spiel 1127
Async-Bibliothek 865
async-Methode 635, 852
   Trailer-Beispiel 688, 689
asyncAfter-Funktion 855, 1003

Asynchrone Programmierung 849
Asynchroner Download 630
Atlas (SpriteKit) 806, 1079
atomically-Parameter 621
ATS (App Transport Security) 628
attitutde-Eigenschaft 801
Attribute 359
attribute-Methode 637
attributesOfFileSystem-Eigenschaft 585
attributesOfItem-Methode 617
Audio 731
   aufnehmen 744
   beschleunigt wiedergeben 742
   Bibliotheken 732
   Datei abspielen 733
   Formate 733
   SpriteKit-Aktion 808
   Stream abspielen 741
audioRecorderDidFinishRecording-Methode 747
AudioServicesPlaySystemSound-Funktion 740
Aufräumarbeiten durchführen (defer) 134
Auto Layout 384, 412
   deaktivieren 413
   Maßeinheit 412
   Regeln durch Code definieren 426
   View-Größe fixieren 524
Auto-Fokus (Kamera) 773
autoclosure-Attribut 159
autoFocusRangeRestriction-Eigenschaft ... 773
Automatic Reference Counting 279
Autoresizing-Option 424
available-Attribut 359
available-Test 116
availableFonts-Methode 537
AVAsset-Klasse 740
AVAudioPlayer-Klasse 733
AVAudioRecorder-Klasse 744
AVAudioRecorderDelegate-Protokoll 747
AVAudioSession-Klasse 745
AVCaptureDevice-Klasse 764
AVCaptureDeviceDiscoverySession-Klasse 768
AVCaptureDeviceInput-Klasse 764
AVCaptureMetadataOutputObjectsDelegate-Protokoll 772
AVCapturePhotoCaptureDelegate-Protokoll 764
AVCapturePhotoOutput-Klasse 764, 772
AVCapturePhotoSettings-Klasse 764, 769
AVCaptureSession-Klasse 764
AVCaptureVideoPreviewLayer-Klasse 764
AVEncoderAudioQualityKey-Konstante 746

Index

AVFormatIDKey-Konstante 746
AVFoundation-Bibliothek 732
AVItem-Klasse 740
AVKit-Bibliothek 732
AVLayerVideoGravityResizeAspect-
   Konstante 750
AVNumberOfChannelsKey-Konstante 746
AVPlayer-Klasse 740
   in einem AVPlayerViewController 742
AVPlayerItemDidPlayToEndTime-
   Konstante 741
AVPlayerLayer-Klasse 750
AVPlayerViewController-Klasse 742
   Video abspielen 749
AVSampleRateKey-Konstante 746

B

Back-Button 457
Background Capabilities 696, 737
backgroundColor-Eigenschaft
   (SpriteKit) 1088
Badge-Eigenschaft (Tab-Bar-Item) 464
Bar-Button-Item 458
Barcodes erkennen 772
Bechmarktests 206
becomeFirstResponder-Methode 438, 548,
   939
   Beispiel 959
Bedingte Protokollerweiterungen 325
beginDraggingSession-Methode 565
beginReceivingRemoteControlEvents-
   Methode 738
Benannte Parameter 130
   in Protokollen 303
   Init-Funktion 264
Beschleunigungsmesser 798
Bewegungssteuerung 798
Bild herunterladen 628
Binäre Datei herunterladen 628
Binäre Zahlen 168
Binärer Operator 82
BinaryFloatingPoint-Protokoll 169
bitmapLiteral-Schlüsselwort 784
Bitmaps
   als PNG-Datei speichern 1047, 1124
   Atlas 806, 1079
   erzeugen (macOS) 1125
   für Sprites 786
   Images.xcassets-Datei 441, 662
   Literale 784
   NSImage-Klasse 1045
   skalieren 1045
   UIImage-Klasse 662
Bitweises Rechnen 75

blendMode-Eigenschaft 1119
Bodies (SpriteKit) 829
bodyA/bodyB-Eigenschaft 818
Bool-Datentyp 172
Boolesche Werte 172
boolValue-Eigenschaft 618
borderColor-Eigenschaft 407
borderWidth-Eigenschaft 407
bounds-Eigenschaft ... 485, 516, 541, 821, 1024
Box2D-Engine 826
break-Schlüsselwort
   Schleifen 120
   switch 113
brew-Projekt 898
Bridging-Header-Datei 361
brighter-Methode 1002
Bundle-Dateien 610
Bundle-ID 888
   in iTunes Connect 891
Bundle-Klasse 610
Buttons
   iOS 373
   macOS 1040
   Textured Button 1040
buttonWithType-Methode 426

C

Cache-Verzeichnis 981
   Xcode 909
cachesDirectory-Konstante 613
CAF-Format 733
CALayer 750
CALayer-Klasse 407, 1021
Camera Roll 761
cameraDevice-Eigenschaft 763
canBecomeFocused-Eigenschaft 592
   Asteroids-Spiel 1146
   in SpriteKit-Apps 596
cancelOperation-Methode 549
canCreateDirectories-Eigenschaft 536
canEditRowAt-Parameter 938
canMoveRowAt-Parameter 938
Canvas-Value-Einstellung 417
Capabilities 696, 737
   Maps 692
capacity-Eigenschaft 214
capitalized-Eigenschaft 188
Capture List 164
capture-Methode 764, 769, 772
Capture-Session
   Barcodes erkennen 772
   Fotos aufnehmen 763
captureOutput-Methode 775

capturePhoto-Methode 764, 769
Capturing Values 162
Carthage 357
case-Schlüsselwort 112
Casting 295, 328
catch-Schlüsselwort 334, 336
categoryBitMask-Eigenschaft 816, 830
cellForRow-Parameter 654
CG-Kürzel 722
CGColor-Struktur 407
CGContext-Klasse 723, 1046
CGContextAddArc-Methode 716
CGContextDrawPath-Methode 716
CGFloat-Datentyp 174
CGFloat-Typ 392
CGImage-Klasse 1046
CGImageDestination-Klasse 1047
CGImageDestinationFinalize-Funktion ... 1047
CGMotion-Klasse 803
cgPath-Eigenschaft 834
CGPoint-Struktur 173, 541
  erweitern 178
CGRect-Struktur 173, 541, 679
  erweitern 177
CGRectMake-Funktion 427
CGRectMake-Methode 679, 993
CGSize-Struktur 173, 541
CGVector-Struktur 173
changeCurrentDirectoryPath-Methode 614
changeFont-Methode 537
Character-Datentyp 181
characters-Eigenschaft 192, 549
CharacterSet-Struktur 189
childNode-Methode 844, 1149
children-Eigenschaft 329
class-Schlüsselwort 240, 272
clitToBounds-Eigenschaft 443
CLLocation-Klasse 963
CLLocationManager-Klasse 693, 698
  Kompass 704
  teilen 948
CLLocationManagerDelegate-
  Protokoll 698, 704
close-Methode 525
Closed-Range-Operator 81
closePath-Methode 953
Closures 156
  Auto-Closures 159
  Capture List 164
  Capturing Values 162
  für Lazy Properties 253
  Fehler (rethrows) 346
  in Animationen 725

throws/rethrows 348
Trailing Closures 157
UIAlert-Beispiel 490
unowned self 164, 726
verzögert ausführen 855, 1003
weak 164
CMCoreMotionManager-Klasse 800
CMTime-Struktur 741
Cocoa Touch 403
Cocoa-Framework 494
CocoaPods 357
  YouTube-Beispiel 758
Collection-Protokoll 326
Collection-View-Steuerelement 682
  Foto-App 771
  Hintergrund unsichtbar 771
collisionBitMask-Eigenschaft 817, 830
Color Panel 538
Color Well 538
color-Eigenschaft 538
  SpriteKit 787
colorBlendFactor-Eigenschaft 787
command-Eigenschaft 542
CommandLine-Enumeration 37
Comparable-Protokoll 314
compare-Methode 187
CompassView-Steuerelement (Beispiel) ... 714
Compiler 40
completion-Parameter 726, 1032
components-Methode 194, 204
  Zeichenketten in Zeilen zerlegen 364
compositingOperation-Eigenschaft 1124
Compound Types 229
Compression Resistance Priority 432
Computed Properties 94, 257
  Extensions 322
  Fehler auslösen 345
  preferredContentSize 483
  prefersStatusBarHidden 432
  Vererbung 289
concludeDragOperation-Methode .. 565, 576
Concurrent Queues 853
Connections Inspector 653, 673
constrainMaxCoordinate-Parameter 1053
constrainMinCoordinate-Parameter 1053
Constraints (Auto Layout) 384, 412
contactBitMask-Eigenschaft 816
contactTestBitMask-Eigenschaft 831
Containment Segues 521
contains-Methode 175, 218, 226, 227, 573
Content Compression 422
Content Compression Resistance
  Priority 432, 972

Index

Content Hugging 422
Content Hugging Priority 972
contentMode-Eigenschaft
   eigene Steuerelemente 718
   Image View 426, 443
contentOverlayView-Eigenschaft 743
contents-Eigenschaft 570
contentsOfDirectory-Methode 615
contentView-Eigenschaft 516
continue-Schlüsselwort 121
continuousAutoFocus-Enumerationswert 773
Control Center (versehentliches Öffnen verhindern) 785, 1067
control-Eigenschaft 542
Controller 372
controllers-Eigenschaft 803
Convenience Init Function 265
   Vererbung 291
convenience-Schlüsselwort 265
convert-Methode 541, 570, 1057
   Fonts 538
Copy-on-Write (Zeichenketten) 184
copyItem-Methode 620
Core Graphics 722
Core Location (CL) 693
CoreAudio-Bibliothek 732
CoreMotion-Bibliothek 800
cornerRadius-Eigenschaft 407
count-Eigenschaft 211, 226
count-Methode 186
CountableClosedRange-Struktur 81
CountableRange-Struktur 81
Crashlogs 906
createArray2D-Funktion 1002
createDirectoryAtPath-Methode 1063
cRnd-Funktion 820
currentDirectoryPath-Eigenschaft 614
currentTime-Eigenschaft 741
CustomStringConvertible-Protokoll 311

D

darker-Methode 1002
Data-Klasse 628
Data-Source-Protokoll 677
   NSTableView 673
   UITableView 654
dataSource-Eigenschaft
   NSTableView 673
   UIPickerView 990
   UITableView 653

date-Methode
   Calendar 205
   DateFormatter 204
Date-Struktur 203
   tvOS-Beispiel 582
dateFormat-Eigenschaft 203
DateFormatter-Klasse 203
Dateien 603
   auswählen 535
   Eigenschaften ermitteln 617
   Größe ermitteln 617
   kopieren 620
   löschen 620
   temporäre Datei 614
   testen, ob Datei existiert 609
   Textdateien lesen/schreiben 621
   URLs 608
   verschieben 620
Dateisystem (Größe ermitteln) 584
Datenquelle im Connections Inspector einstellen 653, 673
Datentypen
   Aliasse 278
   ermitteln 79, 328
   Funktionstypen 152
Datum 203
deadline-Parameter 855, 1003
decimalSeparator-Eigenschaft 987
decodeXxx-Methoden 947
default-Schlüsselwort (switch) 113
defaultManager-Methode 1062
DefaultPrecedence (Operatoren) 84
defaults-Kommando 607
Defaultwerte für Parameter 145
defer-Schlüsselwort 134
   in try-catch-Konstruktionen 341
Deinit-Funktion 268, 279
Dekrement-Operator 75
delay-Funktion 1003
delegate-Eigenschaft
   AVAudioRecorder 747
   CLLocationManager 698
   MKMapView 699
   NSApplicationDelegate 532
   NSFontManager 537
   NSTableView 673, 1056
   NSWindow 510, 514
   UIApplication 411
   UIPickerView 990
   UIPopoverPresentationController .. 481, 488
   UITableView 653
   UITapGestureRecognizer 988
   UITextField 436, 987

Index

Delegation 301, 400, 435
   Beispiel für eigenes
     Delegation-Protokoll 964
   CLLocationManagerDelegate-Beispiel ... 698
   Connections Inspector 653, 673
   NSTableView 673, 677
   SetPieceDelegate-Beispiel 1015
   UITableView 653
   UITextFieldDelegate-Beispiel 436
Delete-on-Swipe (UITableView) 938
deleteRows-Methode 938
deleteXxx-Methoden 549
deletingLastPathComponent-Methode 609
deletingPathExtension-Methode 609
density-Eigenschaft 830
dequeueReusable-Methode 654
dequeueReusableCell-Methode 657
DerivedData-Verzeichnis 908
description-Eigenschaft 311, 946
Designated Init Function 265
   Vererbung 291
desiredAccuracy-Eigenschaft 698
destination-Eigenschaft 452
detailTextLabel-Eigenschaft 659
Developer Program 24, 393
Device Orientation 799
deviceMotionUpdateInterval-Eigenschaft 800
devices-Eigenschaft 768
Devie Orientation 799
Dictionaries 225
Dictionary-Datentyp 312
didBegin-Methode
   Luftballon-Beispiel 825
   Pac-Man 1116
didBegin-Methode 818, 1075
didEnd-Methode 818
didFinishDownloadingTo-Parameter 632
didFinishProcessingPhotoSampleBuffer-
   Parameter 769
didMove-Methode 459
didReceiveMemoryWarning-Methode 406
didSelectRow-Parameter 994
didSet-Funktion 254, 288, 932, 984
   Beispiel 715, 1024
didUpdateFocus-Methode 592, 595, 1151
   Trailer-Beispiel 690
discardableResult-Attribut 133, 360
Disk-Image 898
dismiss-Methode 489, 523
dismissController 525
dismissViewControllerAnimated-
   Methode 1032
Dispatch Queue 853
Dispatch-Framework 849

DispatchGroup-Klasse 855
DispatchQoS.QoSClass-Enumeration 854
DispatchQueue-Klasse 852, 855, 1003
   Code im Main-Thread ausführen 635
   Trailer-Beispiel 688
DispatchTime-Klasse 855, 1003
distanceFromLocation-Methode 963
distanceTo-Methode 178
Distribution Provisioning Profile 886
distribution-Eigenschaft 429
Division durch null 74
DMG-Datei erstellen 898
do-Schlüsselwort (try-catch) 334
Document-Outline-Seitenleiste 387
documentDirectory-Konstante 613
domain-Eigenschaft 353
Doppelgänger entfernen 224
Doppelte Optionals 340
Double-Datentyp 169
Double-Init-Funktion 201
Downcast 79, 295, 328
Download per HTTP/HTTPS 627
   fortsetzen 631
   im Hintergrund 630
downloadsDirectory-Konstante 613
downloadTask-Methode 632
Drag & Drop 564
   Dateinamen empfangen 572, 1058
   Dateinamen senden 1057
   weitergeben 1050
   Zeichenkette empfangen 572
   Zeichenkette senden 570
dragFile-Methode 1057
draggingEntered-Methode 565, 1058
draggingExited-Methode 565, 576
draggingPasteboard-Methode 575
draggingSession-Methode 566, 571, 1057
draggingUpdated-Methode 565
drand48-Funktion 171, 1005
draw-Funktion 1046
draw-Methode 544, 551, 1045
   5-Gewinnt-Beispiel 1019
   Drag & Drop-Beispiel 569
   Grafikprogrammierung 709
   Hintergrundfarbe 713
drawRect-Methode
   Schatzsuche/Richtungspfeil 953
drawsBackground-Eigenschaft 679
dRnd-Funktion 820
Dropdown-Liste 990
dropFirst-Methode 217
dropLast-Methode 217
dynamic-Schlüsselwort 245

Index

E

EAN8/EAN13-Barcode	774
Edges (SpriteKit)	829
Eigenschaften	251
beobachten	254
Computed Properties	257
Extensions	322
Read-Only-Eigenschaft	258
statische Eigenschaften	256
Zugriff mit Optional Chaining	102
Eingabefokus einstellen	939
Einstellungsdialog (macOS)	527
element-Methode	637
Element-Typ	326
else-Schlüsselwort	
guard	111
if	107
Emitter (SpriteKit)	845
encodeXxx-Methoden	947
endedAtPoint-Parameter	566
endEditing-Methode	436, 988
endIndex-Eigenschaft	195
enum-Schlüsselwort	95
Beispiele	1000
Enumerationen	
als Datentypen	247
Assiciated Values	248
Beispiel	1000, 1043
indirekt/rekursiv	250
zur Definition von Konstanten	95
Ephemeral-Konfiguration (URLSession)	631
equalTo-Methode	175
Equatable-Protokoll	312
als Extension implementieren	320
Erdbeschleunigung	801
Error-Protokoll	350
escaping-Attribut	164, 360
Eulersche Zahl	150
Exceptions	333, 345
exit-Funktion	589
Exit-Icon (ViewController)	450
Exponential-Operator	88
ExpressibleByStringLiteral-Protokoll	316
Extended Grapheme Cluster	185
Extensions	318
Beispiele	1002
eigene map-Methode	348
Protokolle	323
bequemer Zeichenkettenzugriff	197

F

Fünf-Gewinnt-App	997
Fade-In-Effekt	727
fadeAlpha-Methode	806
fadeIn-Methode	806
fadeOut-Methode	806
Failable Init Functions	266
fallthrough-Schlüsselwort (switch)	113
false	172
Farben	
abdunkeln	1002
aufhellen	1002
auswählen	535
Literale	784
Fatal Error	333
fatalError-Funktion	140
Fehler	
Absicherung	333
auslösen (throw)	342
do-try-catch	334
NSError-Klasse	351
Weitergabe	339
Fenster	
ausblenden	564
Größe fixieren	499, 525
in den Vordergrund bringen	562
per Code erzeugen	526
schließen	525
Fernbedienung (Apple TV)	586, 1132
FileAttributeKey-Struktur	617
fileExists-Methode	617
fileExistsAtPath-Methode	1062
FileManager-Klasse	
Dateioperationen	617
Standardverzeichnisse ermitteln	613
fileprivate-Schlüsselwort	243
fill-Methode	712, 953
fillColor-Eigenschaft	788
filter-Funktion	188
filter-Methode	218
final-Schlüsselwort	245, 291
finally-Schlüsselwort	341
find-Funktion	990
Finder per Code anzeigen	1051
First Responder	553, 939
Menüs	556
Tastatur (iOS)	438
Tastatur (macOS)	548
first-Eigenschaft	195, 211, 217
flagsChanged-Methode	549
flashMode-Eigenschaft	769

Index

flatMap-Methode 220
Fließkommazahlen 169
FloatingPoint-Protokoll 169
Focus Engine (Apple TV) 592
   Asteroids-Beispiel 1146
focusMode-Eigenschaft 773
Fokus-Einstellung (Kamera) 773
follow-Methode 805
font-Eigenschaft 392
Fonts
   Attribute ändern 533
   auswählen 535
   Font Manager 537
   Font Panel 537
for-in-Schleife 118
Forced Try 339
forEach-Methode 220
Formatieren
   Datum und Uhrzeit 203
   Zahlen 200
Fotos
   aus der Camera-Roll auswählen 761
   in einer Capture-Session aufnehmen ... 763
   mit der Picker-View aufnehmen 763
Foundation-Framework 35
frame-Eigenschaft 427, 516, 541, 570, 679
   SKNode-Klasse 813
Frameworks 355
   Xcode 692
Free Provisioning 392
friction-Eigenschaft 1072
front-Enumerationswert 763
Front-Kamera 768
func-Schlüsselwort 129
Funktionale Programmierung 151
Funktionen 129
   als Parameter 153
   als Rückgabewert 154
   Funktionstypen 152
   globale Funktionen 147
   Gültigkeitsebenen 137
   Namen 136
   optionale 307
   Parameter 140
   Rückgabewert 131
   Rückgabewert ignorieren 133
   Standardfunktionen 147
   verschachtelte Funktionen 138
   verzögert ausführen 855, 1003
Funktionsabschluss 156

G

Game-Loop (SpriteKit) 811
GameController-Bibliothek 803, 1141
GameKit-Bibliothek 1113
Ganze Zahlen 168
Garbage Collector 279
Gatekeeper 896
GCController-Klasse 803, 1141
Generalisierung 295
Generated Interface 902
Generator-Typ 326
Generics 297
   Array-Beispiel 216
   Extensions 320
   Protokolle 309
   Type Constraints 300
Gesture Recognizer
   Long Press 932, 934
   Tap 988
   tvOS 591
get-Schlüsselwort 94, 257, 276
getifaddrs-Funktion 361
Gimp (Parallax-Icons) 872
Git 903
GKGridGraph-Klasse 1113
GKInspectable-Attribut 360
Globale Funktionen 147
Globale Queues 853
Gloss-Bibliothek 642
Gomoku 997
GPS-Funktionen 691
Grafikprogrammierung 707
   Drag & Drop (UIBezierPath) 569
   in einer MapView (MK-Methoden) 701
   Hockey-Spieler zeichnen 551
   Kompass-Steuerelement 714
   Kreise zeichnen (UIBezierPath) 542
   Objekt ausschneiden 1124
   Steuerelement zur Richtungsanzeige ... 953
Grand Central Dispatch (GCD) 849
gravity-Eigenschaft 801, 814, 829, 832, 1141
group-Methode (SpriteKit-Aktionen) 808
groupingSeparator-Eigenschaft 985
Grundrechenarten 73
guard-Schlüsselwort 111, 345
Gültigkeitsebenen
   Funktionen 137
   Klassen 245
Gyroskop 798
gyroUpdateInterval-Eigenschaft 800

Index

H

Half-Open-Range-Operator	81
Hashable-Protokoll	225, 312
hasPrefix-Methode	186
hasSuffix-Methode	186, 1064
Haversine-Formel	963
HDCP-Fehlermeldung	752
Header-Code erzeugen	902
height-Eigenschaft	541
heightOfRow-Parameter	678
Heimatverzeichnis	613, 1125
Hello World	
Animationen	725
iOS-App	370
iOS-App mit Popup	479
macOS-Programm	493
MapView/GPS	691
Playground	23
Script	39
Terminal App	32
Hexadezimale Zahlen	168
Hide-Bars-On-Swipe-Option	667
HIG (Human Interface Guidelines)	868, 872
High-Score speichern (Asteroids-Spiel)	1145
higherThan-Schlüsselwort (Operatoren)	88
Hintergrund-App	696, 737
horizontalAlignmentMode-Eigenschaft	791
HTTP(S)-Dokument laden	627
HTTPS-Probleme mit NSURL	628
Human Interface Guidelines	868, 872

I

IBAction-Attribut	360, 379
IBDesignable-Attribut	360, 721
IBInspectable-Attribut	360, 721
IBOutlet-Attribut	360, 379
Icon	1037
App	868
iTunes Connect	892
Resizer	1037
icon-Eigenschaft (NSAlert)	536
IconSize-Struktur (Icon-Resizer-Beispiel)	1043
id-Datentyp (Objective-C)	315
if-available-Test	116
if-let-Konstruktion	108
Kaskaden	109
kombiniert mit Bedingungen	110
if-Verzweigungen	107
let (Optionals)	101, 108, 575
image-Eigenschaft	570, 680
Image-Picker-Controller	753, 761
Image-View-Steuerelement	663, 973
imageComponentsProvider-Eigenschaft	570
imageLiteral-Schlüsselwort	784
Images.xcassets-Datei	441
UIImage-Objekt erzeugen	662
imageView-Eigenschaft	659
Implicitly Unwrapped Optionals	99
import-Anweisung	355
in-Schlüsselwort (Closures)	156
include-Anweisung (Bridging-Datei)	362
Index-Datentyp	189, 195
index-Methode	195, 196, 218
IndexPath-Klasse	669
indexPath-Methode	669, 958
indexPathForCell-Methode	668
indices-Eigenschaft	222
indirect-Schlüsselwort	250
infinity-Eigenschaft	74
infix-Schlüsselwort	87
Info.plist-Datei	869
ändern (App Transport Security)	649
Privacy-Einträge (Foto-Zugriff)	761
Privacy-Einträge (Kamera-Zugriff)	754
Init-Funktion	241, 263
Designated versus Convenience	265
Enumeration	247
Fehler auslösen (throw)	343
nil zurückgeben	266
Overloading	265
Redundanz vermeiden	294
UIViewController	406
Vererbung	291
initRnd-Funktion	820
Inkrement-Operator	75
inout-Schlüsselwort	144
insert-Methode	212, 226
insertContentOf-Methode	212
insertRows-Methode	936
insertText-Methode	549
insertXxx-Methoden	549
instantiateController-Methode	526
instantiateViewController-Methode	485
Instanzmethoden	268
Int-Datentyp	168
Int-Init-Funktion	201
IntegerArithmetic-Protokoll	309
Interface	301
Interface Builder	379
Interface Orientation	799
internal-Schlüsselwort	243
Internationalization (i18n)	877
Internet-Radio abspielen	741
Interpolation (Strings)	199
interpretKeyEvents-Methode	549

intersects-Methode 175, 573, 813
invalidate-Methode 856
iOS
   Grundlagen 397
   Hello World 370
   Simulator 374, 696
   Versionsnummer ermitteln 583
iOS-DeviceSupport-Verzeichnis 908
IP-Adresse ermitteln 361
iRnd-Funktion 820
is-Operator 79, 297, 328
isBezeled-Eigenschaft 679
isDeletableFile-Methode 617
isDynamic-Eigenschaft 831
isDynamic-Eigenschaft (SpriteKit) 817
isEditable-Eigenschaft 679
isEmpty-Eigenschaft 211, 226
isEnabled-Eigenschaft 934
isMultipleTouchEnabled-Eigenschaft 792
isPaused-Eigenschaft 810
isReadableFile-Methode 617
isResting-Eigenschaft 831
isSourceTypeAvailable-Methode 753
isViewLoaded-Methode 467
isWritableFile-Methode 617
Iterator-Protokoll 326
iTunes Connect 886

J

Ja-Nein-Dialog 489
joined-Methode 194, 223
JSON-Daten verarbeiten 640
jsonObject-Methode 641
JSONSerialization-Klasse 641

K

Kürzester-Pfad-Problem 1113
Kamera wechseln 768
Kanonenkugel (Beispiel) 832
Key/Value-Paare 225
keyCode-Eigenschaft 549
keyDown-Methode 549
keys-Eigenschaft 226
keyUp-Methode 549
Klassen 238
   verschachteln 246
Kollisionserkennung 813
   Luftballone 819
   Pac-Man 1116
Kommandoparameter 37
Kommazahlen 169

Kommentare 44
   MARK 568
   Playground 30
Kompass-Funktionen 691, 703
   Kalibrierung 705
Komplexe Zahlen (Operator-Beispiel) 86
Konstanten 93
   Eigenschaften 252
   Eulersche Zahl 150
   Pi 150
Kontextmenü 560
Koordinatensystem 540
Kreis zeichnen 544, 1124
Kreiselkompass 798
Kreisteilungszahl 150
kUTTypeMovie-Konstante 753

L

Label
   break/continue 120
   macOS 499
   SpriteKit 791
Lambda-Ausdruck 156
Landscape-Modus 799
last-Eigenschaft 195, 211, 217
lastPathComponent-Eigenschaft 609
Launch Image (tvOS) 876
launch-Methode 364
launchApplication-Methode 644
launchPath-Eigenschaft 364
LaunchScreen.xib-Datei 869
Lautstärke ändern 735
Layer 750
layer-Eigenschaft 1021
Layered Image File Format 872
Layoutregeln 412
   View-Größe fixieren 524
Lazy Properties 252
   ReversedRandomAccessCollection 214
LazyMapCollection-Datentyp 226
LCR-Datei 872
Lebenszyklus
   App 409
   View-Controller 405
Left-Shift (bitweises Rechnen) 75
leftBarButtonItem-Eigenschaft 478
leftItemsSupplementBackButton-
   Eigenschaft 478
let-Schlüsselwort 93
   in switch-Konstruktionen 115
   mit if 108, 575
   mit switch-case 249
   mit while 119

letters-Eigenschaft 189
line-Methode 712
linearDamping-Eigenschaft 831, 1072
lineWidth-Eigenschaft 544
   SpriteKit 788
Listen-Steuerelement (iOS) 651
   veränderliche Listen 669
Listenfeld 990
LiteralConvertible-Protokolle 316
loadRequest-Methode 645, 923
locale-Eigenschaft 200, 203
Locale-Klasse 200, 203
   im Playground 200
Localization (l10n) 877
Localization native development region ... 878
localizedCaseInsensitiveCompare 187
localizedDescription-Eigenschaft 353
Location Manager 698
   Kompass 704
   teilen 948
locationInView-Methode 1024
locationInWindow-Eigenschaft 541
locationManager-Methode 700, 704
locationManagerShouldDisplay-
   HeadingCalibration-Methode 705
lockFocus-Methode 1045
lockForConfiguration-Methode 773
logische Operatoren 80
Lottozahlen 227
   Benchmarks 231
   macOS-Beispiel 496
lowercased-Methode 188
LSR-Datei 872

M

Main Queue 853
main-Methode (Dispatch Queue) 853
makeImage-Funktion 1046
makeKeyAndOrderFront-Eigenschaft 562
Map Kit (MK) 691
map-Methode 81
   rethrows-Beispiele 346
mapOverlay-Methode 701
mapView-Methode 702
MapView-Steuerelement 691
MARK-Kommentar 47, 568
Markdown-Kommentare 30, 45
mass-Eigenschaft 830
Master-Ansicht zuerst anzeigen 476
Mathematische Funktionen 150
Maus 539
max-Eigenschaft 168
max-Funktion 149

maximumFractionDigits-
   Eigenschaft 200, 985
maxPoint-Eigenschaft 177
maxX/maxY-Eigenschaft 175
Maze-Klasse (Pac-Man-Spiel) 1090
MediaPlayer-Bibliothek 732, 735
mediaTypes-Eigenschaft 753
Mehrblättrige Dialoge 527
Mehrdimensionale Arrays 215
   erzeugen 1002
Mehrfachvererbung 286
Menüs 553
   deaktivieren 561
   Kontextmenüs 560
menu-Eigenschaft
   NSApplication 559
   NSView 560
Menubar-App 561
Message-Box 535
messageText-Eigenschaft 536
Metal 777
Metatypen 330
Methoden 268
   Aufruf mit Optional Chaining 102
   Mutating Methods 270
   optionale 307
   Signatur 274
   statische Methoden 272
   Typmethoden 272
middlePoint-Eigenschaft 177
midX/midY-Eigenschaft 175
Mikrofon (Audio-Aufnahmen) 744
min-Eigenschaft 168
min-Funktion 149
minimumFractionDigits-
   Eigenschaft 200, 985
minimumPressDuration-Eigenschaft 932
minPoint-Eigenschaft 177
minX/minY-Eigenschaft 175
Mirror-Datentyp 329
MKMapView-Klasse 691
MKMapViewDelegate-Protokoll 698
MKPolyline-Klasse 701
MKPolylineRenderer 702
MobileCoreServices-Bibliothek 753
modifierFlags-Eigenschaft 542, 549
Modifizier 245
Module 243, 355
Modulo-Operator 73
motion-Eigenschaft 803
mouseDown-Methode 540, 546, 1057
mouseDragged-Methode 540, 570, 1057
mouseEntered-Methode 540
mouseExited-Methode 540

mouseUp-Methode 540
move-Methode 712
    SpriteKit 805
moveItem-Methode 620
moveRowAt-Parameter 938
moveXxx-Methoden 549
Movie-Trailer-Beispiel 682
MP3/MP4-Format 733
MPMediaItemArtwork-Klasse 739
MPMediaItemProperty-Konstanten 739
MPNowPlayingInfoCenter-Klasse 739
MPVolumeView-Klasse 735
Multi-Threading 849
mutating-Schlüsselwort 270

N

Nachkommaanteil 1085
Nachrichten anzeigen 535
Namenlose Parameter 142
Navigation-Controller 456
    Detailansicht einer Liste 666
    mit Split-View-Controller 470, 476
    mit Tab-Bar-Controller 465
Navigation-View-Controller
    weißer Streifen 919
navigationItem-Eigenschaft 478
Nebenläufige Programmierung 849
Nested Functions 138
Never-Schlüsselwort 140
New York Times (Beispiel-App) 913
next-Methode 326
nextFocusedItem-Eigenschaft 595
NextStep 29
NIB-Datei 406
Nil 83
Nil-Coalescing-Operator 83
nil-Schlüsselwort 98
nil-Test 100
noescape-Attribut 164
noreturn-Attribut 140
Notification Center 950
    AVPlayer 741
NotificationCenter-Klasse 950
notify-Methode 855
nowPlayingInfo-Eigenschaft 739
npm-Kommando 898
NSAlert-Klasse 536
NSApplication-Klasse 505, 1051
NSAppTransportSecurity-Eintrag 628
NSBezierPath-Klasse 544, 569, 1124
NSBitmapImageRep-Klasse 1125
NSButton-Klasse 1061
NSCalendar-Klasse 204

NSCameraUsageDescription-Key 756, 761
NSCocoaErrorDomain 353
NSCoder-Klasse 947
NSCoding-Protokoll 406, 947
NSColorPanel-Klasse 538
NSColorWell-Steuerelement 538
NSDate-Klasse 203
NSDictionary-Klasse 532
NSDraggingDestination-Protokoll 564
NSDraggingImageComponent-Klasse 570
NSDraggingInfo-Klasse 575
NSDraggingItem-Klasse 565, 570
NSDraggingSource-Protokoll 570, 1057
NSError-Klasse 351
NSEvent-Klasse
    Maus 541
    Tastatur 549
NSEventModifierFlags-Struktur 542
NSException-Klasse 345
NSFileManager-Klasse 1062
NSFilenamesPboardType-Konstante . 567, 575
NSFont-Klasse 533
NSFontManager-Klasse 533, 537
NSFontPanel-Klasse 537
NSGradient-Klasse 1124
NSHomeDirectory-Funktion 613, 1125
NSImage-Klasse 680, 1045
NSImageView-Klasse 568
NSImageView-Steuerelement 680
NSKeyedArchiver-Klasse 947
NSLayoutConstraint-Klasse 427
NSLocale-Klasse 187
NSLocalizedString-Klasse 885
NSMakeRange-Funktion 191
NSMenu-Klasse 555
NSMenuItem-Klasse 555
NSMenuValidation-Protokoll 560
NSMicrophoneUsageDescription-Key 756
NSMutableDictionary-Klasse 981
NSNumber-Klasse 172
    Beispiel Dateigröße 617
NSNumberFormatter-Klasse 678, 987
NSObject-Klasse 286, 677, 946
    description-Eigenschaft 311
NSObject-Protokoll 949
NSObjectProtocol-Protokoll 286, 949
NSOpenPanel-Klasse 536
    Datei auswählen 1060
    Verzeichnisauswahl 1051
NSPasteBoard-Klasse 575
NSPhotoLibraryUsageDescription-
    Key 754, 761
NSPoint-Klasse 570

NSPoint-Struktur 541
NSProgressIndicator-Steuerelement 859
NSRect-Klasse 570
NSRect-Struktur 541
NSRectFill-Methode 544
NSRegularExpression-Klasse 191
NSResponder-Klasse 548, 556
NSSavePanel-Klasse 536
NSSize-Klasse 570
NSSize-Struktur 541
NSSortDescriptor-Klasse 681
NSSplitter-Klasse 530
NSSplitView-Steuerelement 1039
  Delegation 1053
NSSplitViewController-Klasse 1040
NSSplitViewDelegate-Protokoll 1053
NSStatusBar-Klasse 562
NSString-Datentyp 181
NSStringPboardType-Konstante 567
NSTableView-Steuerelement 671
NSTableViewDataSource-Protokoll 673
  Icon-Resizer-Beispiel 1054
NSTableViewDelegate-Protokoll 673, 1056
NSTabViewController-Steuerelement 527
NSTemporaryDirectory-Funktion 614, 1062
NSTextField-Steuerelement 499, 679
NSURL-Klasse 628
NSURLConnection-Klasse 631
NSUUID-Klasse 614
NSView-Klasse 495, 678
NSViewController-Klasse 495, 515
NSWindow-Klasse 495, 500
NSWindowController-Klasse 495, 511
NSWindowDelegate-Protokoll 510, 514
NSWorkspace-Klasse 644, 1051
NSxxx-Klassennamen 29
null-Schlüsselwort 98
NumberFormatter-Klasse 200, 202, 985
numberFromString-Methode 202
numberOfComponents-Methode 991
numberOfLoops-Eigenschaft 734
numberOfMatches-Methode 191
numberOfRowsInComponent-Parameter 991
numberOfRowsInSection-Parameter 654
numberOfRowsInTableView-Methode 673
numberOfSectionsInTableView-Methode 654

O

objc-Attribut 307, 360
ObjCBool-Typ 618
objectForKey-Methode 981
objectValueForTableColumn-Methode 673
Objektorientierte Programmierung 237

Observer (Eigenschaften) 254
Observer (Notification Manager) 951
Oktale Zahlen 168
on-Eigenschaft 728
open-Methode (Webseite öffnen) 644, 645
open-Schlüsselwort 243
Operatoren 71
  Assoziativität 84
  eigene Operatoren für CGPoint und
    CGVector 175
  eigener Exponential-Operator 88
  eigener Operatoren für komplexe Zahlen 86
  eigener Vergleichsoperator 87
  eigener Vergleichsoperator für
    Vektoren 273
  Priorität 84
  selbst definieren 86
  selbst definieren, Beispiel 200
Optional Chaining 84, 101
Optional Try 339
optional-Schlüsselwort 307
Optionale Funktionen/Methoden 307
Optionale Parameter 145
Optionale Protokollregeln 307
Optionals 83, 98
  als Rückgabewert von Funktionen 132
  doppelte Optionals 340
  if-let-Kombination 108, 575
  in Kombination mit try 340
  Init-Funktion 266
OptionSet-Protokoll 227
orderFrontFontPanel-Methode 537
orderOut-Methode 564
origin-Eigenschaft 541
os-Test 117
Outlets 378, 399
  Collections 382
  macOS 502
  umbenennen 382
Overloading
  Funktionen 136
  Init-Funktion 265
override-Schlüsselwort 287
  Computed Properties 289
  Property Observers 288
  View-Controller 408

P

Package Manager 359
Palindromtest 189
Parallax-Effekt 871

Parameter	140
autoclosures	159
benannte Parameter	130
benannte, in Init-Funktionen	264
benannte, in Protokollen	303
Inout-Parameter	144
noescape	164
optionale Parameter	145
unbenannte Parameter	142
variable Anzahl	146
von Terminal-Apps	37
zweinamige Parameter	142
Parsen	
Datum und Uhrzeit	204
Zahlen	202
Partikel-Emitter	845
path-Eigenschaft	609
path-Methode (Bundle-Dateien)	610
pathFinder-Methode	1114
Pattern-Zeichen	72
pause-Methode	741
PDF417-Barcode	774
perform-Funktion	855
performDragOperation-Methode	565, 576, 1059
performSegue-Methode	454, 526
Navigation-Controller	459
permittedArrowDirections-Eigenschaft	484
Photo Library	761
physicalMemory-Eigenschaft	584
physicsBody-Eigenschaft	815
physicsWorld-Eigenschaft	814
Physik (SpriteKit)	826
Pi-Konstante	150
Picker-View-Steuerelement	973, 990
Rollover	991
pickerView-Methode	991
picturesDirectory-Konstante	613
Pin-Button	413
Pipe-Klasse	364
Pixel versus Punkt	412
Platformspezifischer Code	117
play-Methode	733
playerViewDidBecomeReady-Methode	759
Playground	24
auf dem iPad	40
Locale-Einstellunge	200
playSoundFileNamed-Methode	808
PLIST-Format	603
PNG-Datei speichern	
NSBitmapImageRep	1124
CGImage	1047
Polygone	
SpriteKit	834
zeichnen	1124
Polymorphie	295
Popover-Segue	478
popToRootViewController-Methode	460
popToViewController-Methode	460
Popups	478
5-Gewinnt-App	1031
Größe einstellen	481
per Code anzeigen	485
Richtung festlegen	483
popViewController-Methode	460, 966
position-Eigenschaft	783
post-Methode (Notification Manager)	951
postfix-Schlüsselwort	87
Potenzieren	74
pow-Funktion	74
Precedence-Gruppen	84, 87
precedencegroup-Schlüsselwort	88
preferredBarTintColor-Eigenschaft	649
preferredContentSize-Eigenschaft	482
preferredControlTintColor-Eigenschaft	649
preferredFocusEnvironments-Eigenschaft	596, 1133, 1150
prefersStatusBarHidden-Eigenschaft	785, 1067
prefix	87
prefix-Methode	217
prefix-Schlüsselwort	87
prepare-Methode	452, 522
Detailansicht bei Table-View	668
Popups auf dem iPhone	480
prepareToPlay-Methode	733
preprareForDragOperation-Methode	565
present-Methode	485, 490, 649
für Alert-Dialoge	490
Presentation-Controller	447
presentedViewController-Eigenschaft	411
Presenting Segues	521
presentingViewController-Eigenschaft	483
presentScene-Klasse	842
presses-Methoden	590
pressesBegan-Methode	1132
previousLocation-Methode	793
previouslyFocusedItem-Eigenschaft	595
print-Funktion	149
CustomStringConvertible-Protokoll	311
Printable-Protokoll	311
printf-Syntax	199
Priorität von Operatoren	84
Privacy-Einträge in Info.plist	754
Kamera verwenden	756
private(set) für Read-only-Eigenschaften	258

private-Schlüsselwort	243
Process-Klasse	364
ProcessInfo-Klasse	584
Programm	
signieren	895
weitergeben	895
Programmende	
iOS	409
macOS	505, 510, 514
Projekte umbenennen	906
prompt-Eigenschaft	457
Properties	251
Computed Properties	257, 289
Extensions	322
Lazy Properties	252
Property Observers	254, 288, 715, 932, 984, 1024
Read-Only Computed Property	258
Static Properties	256
Type Properties	256
Property Lists (User-Defaults)	603, 931
propertyList-Methode	575
protocol-Schlüsselwort	303, 330
Protokolle	301
erweitern	323
Extensions	319
für generische Typen	309
nur für Klassen	304
optionale Regeln	307
Protocol Composition	305
Standardprotokolle	310
Vererbung	304
Prototypzellen	
Collection-View	686
Table-View	657
Provisioning Profile	393, 886
Pseudo-3D	778
public-Schlüsselwort	243
Punkt versus Pixel	412
Pyramide (Beispiel)	832

Q

qos-Parameter	852
QR-Codes erkennen	772
Quality of Service (async-Methode)	852, 854
Queues (asynchrone Programmierung)	853

R

Rückgabewerte (Funktionen)	131
Radio-Stream abspielen	741
radix-Parameter	168
raise-Methode	345
RAM-Größe ermitteln	584
Rand eines Steuerelements	407
Random Numbers	171
Range-Datentypen	81
range-Methode (Zeichenketten)	189
Range-Operatoren	81
rangeOfCharacter-Methode	189
rate-Eigenschaft	742
RawOptionSetType-Protokoll	542
rawValue-Eigenschaft	96, 248
Read-Only-Eigenschaft	258
readDataToEndOfFile-Methode	364
readLine-Funktion	149
readObjects-Methode	575
rear-Enumerationswert	763
Rear-Kamera	768
Rechenoperatoren	73
record-Methode	746
Redraw-Einstellung (contentMode)	718
reduce-Methode	222
Reference Counting	279
Referenztypen	72, 103
Reflection	329
Regeln (Auto Layout)	412
register-Methode	531, 532, 567
registerForDraggedTypes-Methode	564, 1050
Reguläre Ausdrücke	191
Rekursion	138
Enumerationen	250
indirekte Enumeration	250
Verzeichnisbaum durchlaufen	618
reloadData-Methode	669, 681
reloadRows-Methode	669
reloadRowsAtIndexPaths-Methode	937
remoteControl-Enumeration	738
remoteControlReceived-Methode	738
remove-Methode	213, 226
removeAllActions-Methode	810
removeFirst-Methode	213
removeFromParent	809
removeFromSubview-Methode	1023
removeItem-Methode	620
removeItemAtPath-Methode	1062
removeLast-Methode	213
removeObserver-Methode	952
removeSubrange-Methode	213
Renju	999
repeat-Methode (SpriteKit-Aktionen)	809
repeat-while-Schleife	120
repeatForever-Methode (SpriteKit-Aktionen)	807, 809
REPL-Modus	38
replaceCurrentItem-Methode	740
replaceSubrange-Methode	190, 213

replacingOccurrences-Methode 190, 680
representedObject-Eigenschaft 501
requestAlwaysAuthorization-
    Methode 693, 698
requestRecordPermission-Methode 745
requestWhenInUseAuthorization-
    Methode 693
required-Schlüsselwort 293
reserveCapacity-Methode 214
resignFirstResponder-Methode 548
Resistance Priority 432
Resolve-Layout-Issues-Button 413
Responder
    Menüauswahl 556
    Responderkette 553
    Tastaturereignisse 548
Ressourcen 610
restitution-Eigenschaft 831, 1072
reStructuredText-Kommentare 30
Restwert-Operator 73
resume-Methode 630
rethrows-Schlüsselwort 346
Retroactive Modeling 318
return-Schlüsselwort 129
Reverse Polish Notation 160
reverse-Methode 214
reversed-Methode 188
    SpriteKit-Aktionen 809
Richtung zwischen zwei
    Koordinatenpunkten 963
Right-Shift (bitweises Rechnen) 75
rightMouseDown-Methode 540
rightMouseDragged-Methode 540
rightMouseUp-Methode 540
Rollover (Picker-View) 992
Root-View-Controller 405, 411
rootViewController-Eigenschaft 405, 411, 473
rotate-Methoden (SpriteKit-Aktionen) 806
rotationRate-Eigenschaft 801
round-Funktion 170
rowHeightForComponent-Parameter 994
RPN-Rechner 160
RSS-Datei auswerten 684
run-Methode (SpriteKit) 805,
    myhyperpage810
runModal-Methode 536

S

SafariServices-Bibliothek 645
Sandbox
    iOS 613
    macOS 614
    macOS, Icon-Resizer 1042
scale-Methoden (SpriteKit-Aktionen) 806

Scene-Editor 838
SceneKit 777
Schalter (UISwitch-Steuerelement) 728
Schatzsuche 941
scheduledTimer-Methode 856
Schlüssel-Wert-Paare 225
Schlüsselwörter als Variablennamen 92
Schleifen 117
    abbrechen (break) 120
    nicht-triviale Schleifen 122
Schnittstelle 301
Schrift auswählen 535
Schriftattribute ändern 533
Schwerkraft (SpriteKit) 814
Screenshots (Apple TV) 581
scrollPosition-Parameter (Table-View) 657
scrollToRow-Methode 669, 936
scrollXxx-Methoden 549
SearchPathDirectory-Enumeration 613
SearchPathDomainMask-Struktur 613
Segues 446
    Datenübergabe 522
    Datenübertragung 451
    macOS 521
    per Code initiieren 454
    Popover 478
    Unwind 448, 453
    von Menüeinträgen 557
SelectedImage-Eigenschaft 464
selectedIndex-Eigenschaft 467
selectedRow-Eigenschaft 682
selectedViewController-Eigenschaft 467
selectRow-Eigenschaft 990
selectRow-Methode 657
selectXxx-Methoden 549
Selektor 426, 562, 933
    Syntax 275, 426
self-Schlüsselwort 242
    bei Enumerationen 1000
    in Closures 159
    in Mutating Methods 271
    Klassentyp 316
Self-Schlüsselwort 242
    Protokolle 304, 312
Selfie-Kamera 768
sequence-Methode (SpriteKit-Aktionen) ... 809
Sequence-Protokoll 118, 326
Serielle Queues 853
Set-Datentyp 226
    Option-Sets 227
    uniqueSet-Methode 327
set-Schlüsselwort 94, 257, 276
setAction-Methode (NSColorPanel) 538

Index

setActive-Methode (AVAudioSession) 745
setCategory-Methode 745
setDataSouce-Methode 677
setDelegate-Methode 677
setEditing-Methode 670, 934
setFill-Methode 712, 953
setLineDash-Methode 712
setNeedsDisplay-Methode   546, 569, 715, 1019
setNeedsFocusUpdate-Methode 596, 1150
setObject-Methode 981
setRegion-Methode 700
setSelectedFont-Methode 537
setStroke-Methode 712, 953
setTarget-Methode (NSColorPanel) 538
setTitle-Methode 934
setVolume-Methode 735
SFSafariViewController-Klasse 645
Shapes (SpriteKit) 788
shared-Methode 411, 537, 538
sharedApplication-Methode 505, 1051
sharedWorkspace-Methode 1051
shift-Eigenschaft 542
Short-Circuit Evaluation 80
Shortest Path Algorithm 1113
shouldAutorotate-Eigenschaft 785
shouldChangeCharactersInRange-Parameter 987
shouldUseExtendedBackgroundIdle-Mode-Eigenschaft 631
showDetailViewController-Methode 475
showPhysics-Eigenschaft 816
showWindow-Methode 512, 526
Shuffle-Algorithms 224
Signatur 426
Signatur von Methoden 274
Simulator (iOS) 374
  GPS-Funktionen 696
Singleton-Muster 256
size-Eigenschaft 541
  SpriteKit 787
sizeThatFits-Methode 483
sizeToFit-Methode 439
SKAction-Klasse 804
SKEmitterNode-Klasse 845
SKLabelNode-Eigenschaft 791
SKPhysicsBody-Klasse 815
SKPhysicsContact-Klasse 818
SKPhysicsContactDelegate-Protokoll 814, 1075
SKPhysicsWorld-Klasse 814
  visualisieren 816
SKScene-Klasse 781
  in eine andere Szene wechseln 842
  Scene-Editor 838

SKShapeNode-Klasse 788
SKSpriteNode-Klasse 783
SKTransition-Klasse 842
SKU (Stock Keeping Unit) 891
SKView-Klasse 821
sleep-Funktion 856
Slices (Arrays) 211
sort-Methode 187, 213
  für NSTableView 681
sortDescriptors-Eigenschaft 681
sortDescriptorsDidChange-Parameter 681
sorted-Methode 214
sortedArray-Methode 681
Sortierordnung für Zeichenketten 187
Source Control 903
sourceOperationMaskFor-Parameter 566
sourceOperationMaskForDragging-Context-Parameter 571, 1057
sourceRect-Eigenschaft 485
sourceType-Eigenschaft 753, 756, 761, 763
sourceView-Eigenschaft 485
spacing-Eigenschaft 429
spctl-Kommando 897
speed-Eigenschaft 832
Speicherplatz ermitteln 584
Speicherverwaltung 279
Spinner-Steuerelement 851
split-Methode 194, 223
Split-View 1039
  Delegation 1053
Split-View-Controller 468, 1040
  NYT-Beispiel 924
Splitter-Steuerelement 530
splitView-Methode 1053
splitViewController-Methode 476
SpriteKit 777
srand48-Funktion 171, 1005
SSLHandshake failed (NSURL-Klasse) 628
Stack-Button 413
Stack-Speicher 139
Stack-View 429
  Animationen 728
  rückgängig machen 386
Standarddialoge 535
  iOS 489
Standardfunktionen 147
standardOutput-Eigenschaft 364
Standardprotokolle 310
standardUserDefaults-Methode 532
startAccelerometerUpdates-Methode 800
Startansicht 869
startDeviceMotionUpdates-Methode 800
startGyroUpdates-Methode 800

1169

Index Entry	Page
startIndex-Eigenschaft	195
startRunning-Methode	767
starts-Methode	217
startUpdatingHeading-Methode	704
startUpdatingLocation-Methode	698
state-Eigenschaft	559, 934, 1061
Static Properties	256
static-Schlüsselwort	272
Statische Methoden	272
Statusbar	562, 785
anzeigen	432
statusItem-Methode	562
Steuerelemente	
ein- und ausblenden	728
selbst programmieren	708
stop-Methode	733
Stored Properties	251
Storyboard	
Fenster per Code erzeugen	526
iOS	371, 372
macOS	495, 519
storyboard-Eigenschaft	526
stride-Funktion	126
String-Datentyp	181
als Datei lesen/schreiben	621
String-Interpolation	183, 199
String-Konstruktor	168
string-Methode	
DateFormatter	203
NumberFormatter	200
String.Index-Datentyp	195
stringByAppendingPathComponent-Methode	1062
stringValue-Eigenschaft	503, 679
stroke-Methode	544, 569, 712, 953
strokeColor-Eigenschaft	788
strong-Schlüsselwort	281
struct-Schlüsselwort	240
Strukturen	238
verschachteln	246
styleMask-Eigenschaft	525
Subclassing	285
Subscripts	276
bequemer Zeichenkettenzugriff	197
Substrings lesen	195
subtract-Methode	169
subtracting-Methode	169
subtype-Eigenschaft	738
subviews-Eigenschaft	1016
Suchen und Ersetzen in Zeichenketten	189
suffix-Methode	217
super-Schlüsselwort	289
supportedFlashModes-Eigenschaft	769
supportedInterfaceOrientation-Eigenschaft	785
swap-Funktion	149
Swift	
Compiler	40
Interpreter	38
Playgrounds für das iPad	40
Swift-Schlüsselwort	148, 178
swift-Versionstest	117
swiftdoc-Dateien	356
swiftmodule-Dateien	355
switch-Verzweigungen	112
Enumeration	249
Tupel	230
sync-Methode	857
Syntaktischer Zucker	
Generics	299
Optionals	103
Synthesized Headers	902
systemFreeSize-Konstante	585
Systemfunktionen aufrufen	364
Systemklänge abspielen	740
systemSize-Konstante	585
systemStatusBar-Methode	562
systemVersion-Eigenschaft	583
Szene (iOS)	372

T

Index Entry	Page
Tab-Bar-Controller	461
Tab-Bar-Items	462
Tab-View-Controller	527
tabBarController-Eigenschaft	467
tabBarController-Methode	465
Table-View-Steuerelement	
iOS	651
Listeneintrag per Code auswählen	657
macOS	671
Prototypzellen	657
Reaktion auf Elementauswahl	656
veränderliche Listen	669
tableFooterView-Eigenschaft	657
tableView-Methoden	654, 673, 678
Icon-Resizer-Beispiel	1054
tableViewSelectionDidChange-Methode	682
Tag-Eigenschaft (Tab-Bar-Item)	464
Tap Gesture Recognizer	988
Targets (Xcode)	1121
Tastatur (iOS)	375, 433
ausblenden	438, 988
einblenden	939
Tastaturfokus setzen	438, 959
Tastatur (macOS)	547
Teilzeichenketten extrahieren	195

Index

Eintrag	Seite
Television Markup Language	579
Temporäre Datei	614
Temporäres Verzeichnis	614, 1062
Inhalt löschen	757
terminate-Methode	505, 1051
terminator-Parameter	149
Ternärer Operator	82
Beispiel	728, 1019, 1029
Terrains (in Tiled)	1083
testable-Attribut	245, 360
Textdateien	621
Texteingaben (iOS)	433
textField-Methode	437, 987
textFieldShouldReturn-Methode	436
textLabel-Eigenschaft	659
Textur (SpriteKit)	784
Atlas	806, 1079
Textured Button	1040
throw- und throws-Schlüsselwort	342
bei Funktionsparametern	346
in Init-Funktionen	343
Tilde-Operator (binäre Inversion)	75
Tile Maps	1080
Tiled Textures	788, 1080
Tiled-Programm	1080
Tileset	1081
timeIntervalSince-Methode	206
Timer-Klasse	856
AVAudioRecorder-Beispiel	748
Tint-Color (SFSafariViewController)	649
titleForRow-Parameter	992
TLSv1.2-SSL-Verschlüsselung für NSURL	628
Todo-Liste	930
Tool Tips	1041
Top Shelf Image (tvOS)	876
topViewController-Eigenschaft	473
touches-Methoden	792, 1024
Asteroids-Beispiel	1140
Breakout-Spiel	1073
Kanonenkugel-Beispiel	836
Pac-Man-Beispiel	1101
tvOS	586
Trackpad	539
Trailer-Beispiel	682
Trailing Closure	157
Trailing Closures	157
traits-Methode	537
translatesAutoresizingMaskInto-Constraints-Eigenschaft	427
Transparenz	728
trashDirectory-Konstante	613
trashItem-Methode	620
trimmingCharacters-Methode	188
true	172
truncatingRemainder-Methode	1085
try-catch-Konstruktion	333
Forced Try	339
mit do-catch	334
ohne do-catch	339
Optional Try	339
Tupel	229
als Rückgabewert von Funktionen	132
in switch-Konstruktionen	114
switch-Auswertung	230
TVML-Apps	579
tvOS	579
Asteroids-Spiel	1127
Bewegungssteuerung	803, 1141
Pac-Man	1120
touch-Ereignisse	796
Versionsnummer ermitteln	583
Videos abspielen	752
Type Annotation	92
Type Constraints	300
Type Properties	256
type-Funktion	329, 330
Type-Schlüsselwort	330
typealias-Schlüsselwort	278
AnyClass-Datentyp	316
Generics	301
Typen	
Aliasse	278
Metatypen	330
Typmethoden	272

U

Eintrag	Seite
Uhrzeit	203
UIActionController-Klasse (Beispiel)	966
UIActivityIndicatorView-Steuerelement	851
UIAlertAction-Klasse	490
UIAlertController-Klasse	489
UIApplication-Eigenschaft	411
UIApplication-Klasse	410, 645
UIApplicationDelegate-Protokoll	410
UIApplicationMain-Attribut	360, 409
UIBarButtonItem-Steuerelement	458
UIBezierPath-Klasse	834
Beispiel Kompass	714
Beispiel Richtungsanzeige	953
Grundlagen	711
UIButton-Steuerelement	426
UIColor-Klasse erweitern	1002
UIColor-Struktur	407
UIDevice-Klasse	583
UIDeviceOrientationDidChange-Nachricht	720

Index

UIFocusUpdateContext-Klasse 595
UIFont-Klasse 392
UIGestureRecognizerDelegate-
 Protokoll 932, 988
UIGraphicsGetCurrentContext-
 Methode 723
UIImage-Klasse 662
 Bild herunterladen 628
UIImagePickerController-Klasse 753, 761
UIImageView-Klasse
 Instanz per Code erzeugen 993
UIImageView-Steuerelement ... 442, 663, 973
UIKit-Framework 403
UILabel-Steuerelement 993
 mehrzeiliger Text 439
UILongPressGestureRecognizer-
 Klasse 932, 934
UINavigationController-Klasse 456
UInt-Datentyp 168
UIPickerView-Steuerelement 973, 990
 Rollover 991
UIPickerViewDataSource-Protokoll 991
UIPickerViewDelegate-Protokoll 991
UIPopoverPresentationController-
 Delegate-Protokoll 480
UIScreen-Klasse 403
UISplitViewController-Klasse 468
 NYT-Beispiel 924
UISplitViewControllerDelegate-Protokoll ... 476
UIStackView-Steuerelement 413, 429
UIStoryboardSegue-Klasse 453
UISwitch-Steuerelement 728
UITabBarController-Klasse 461
UITabBarControllerDelegate-Protokoll ... 465
UITabBarItem-Klasse 462
UITableView-Steuerelement 651
 Delete on Swipe 938
 Prototypzellen 657
 veränderliche Listen 669
UITableViewCell-Klasse 654, 665
UITableViewCellStyle-Enumeration 658
UITableViewController-Klasse 652
UITableViewDataSource-Protokoll 654
UITableViewDelegate-Protokoll 656
UITapGestureRecognizer-Klasse 988
UITextField-Steuerelement 433
 EditingChanged-Ereignis 989
 ValueChanged-Ereignis 989
UITextFieldDelegate-Protokoll 436
UITextView-Steuerelement 407
UITouch-Klasse 792, 1024
UIView-Klasse 403, 708, 953
 Größenänderung feststellen 1024
 Instanz per Code erzeugen 993

UIViewController-Klasse 403, 405
 Lebenszyklus 405
UIWebView-Steuerelement 645
 NYT-Bestseller-App 923
UIWindow-Klasse 402, 411
Umrandung eines Steuerelements 407
Unärer Operator 82
unable to simultaneously satisfy
 constraints (Fehlermeldung) 427
unarchiveObjectWithFile-Methoden ... 947
Unbenannte Parameter 142
Unicode
 Skalar 185
 Textdateien 621
unicodeScalars-Eigenschaft 193
 Beispiel 261
Uniform Resource Locator 608
uniqueSet-Methode 327
unlockFocus-Methode 1045
unlockForConfiguration-Methode 773
unowned-Schlüsselwort 280
 unowned self in Closures 164, 726
unrecognized-selector-Fehler 382
unregisterDraggedTypes-Methode ... 1050
UnsafeMutablePointer-Struktur 362
Unwind Segues 448, 453
 Popups 487
Unwrapping-Operator 83, 99
Upcast 295
updateFocusIfNeeded-Methode ... 596, 1150
uppercased-Methode 188
url-Methode
 Bundle-Datei 611
URL-Struktur 608, 627, 978
URLForRessource-Methode 532
URLRequest-Klasse 645, 923
URLs-Eigenschaft 536
urls-Methode 613
urlSession-Delegate-Methoden 632
URLSession-Klasse 630
URLSessionDownloadDelegate-Protokoll . 630
URLSessionDownloadTask-Klasse 630
useGroupingSeparator-Eigenschaft ... 200
UserDefaults-Klasse 531, 603, 981
 Asteroids-Spiel 1147
 Beispiel 931
 Defaultwerte 531
 iOS 603
 macOS 531
 Währungsumrechner 981
userAcceleration-Eigenschaft 801
userDirectory-Konstante 613
userDomainMask-Konstante 613

userInitiated-Enumerationswert 852
usesGroupingSeparator-Eigenschaft 985
usesPreciseCollisionDetection-
  Eigenschaft 830
utf16-Eigenschaft 194
UTF8
  Textdateien 621
  Zeichenketten 181
utf8-Eigenschaft 193
UUIDs erzeugen 614
uuidString-Eigenschaft 614

V

validateMenuItem-Methode 560
values-Eigenschaft 226
var-Schlüsselwort 91
  in switch-Konstruktionen 115
  mit if 108
  mit while 119
Variablen 91
  Variablennamen 92
Variadics 146
velocity-Eigenschaft 831
Veränderliche Parameter 144
Vererbung 285
  bei Steuerelementen 708
  eigene UIView-Klasse 708
  Protokolle 304
Vergleichsoperatoren 76
Verschachtelte Funktionen 138
Versionsabhängiger Code 116
Versionsnummer ermitteln (iOS/tvOS) 583
verticalAlignmentMode-Eigenschaft 791
Verzeichnisse
  auswählen 535, 1051
  ermitteln 612
  erzeugen 1063
  Größe rekursiv ermitteln 618
  Inhalt auflisten 615
  löschen 1062
  temporäres 1062
  Verzeichnistest 618
Verzweigungen 107
videoGravity-Eigenschaft 750
Videos
  abspielen 749
  aufnehmen 756
  auswählen 753
  YouTube 758
Vieleck (SpriteKit) 834
View
  Größe fixieren 524
  schließen (macOS) 525

View-Controller 405, 494
  macOS 515
  Root-View-Controller 405, 411
view-Eigenschaft 426, 562
viewControllers-Eigenschaft 467, 473
viewDidAppear-Methode 405, 524
  Animationen 728
viewDidDisappear-Methode 405, 505, 1051
viewDidLayoutSubviews-Methode 406
viewDidLoad-Methode 408
  Animationen 728
  macOS 501
viewForRow-Parameter 992
viewForTableColumn-Parameter 678
viewWillAppear-Methode 405, 459
viewWillDisappear-
  Methode 405, 459, 964, 966
viewWillLayoutSubviews-Methode 406
Volumes (SpriteKit) 829

W

wait-Methode (SpriteKit-Aktionen) 809
WAV-Format 733
weak-Schlüsselwort 280
  Beispiel 378, 522
Web-View 645
  Beispiel 923
  NYT-Bestseller-App 923
WebKit-Bibliothek 645
Webseiten anzeigen 644
  im Browser 644
  in der App 645
Werttypen 72, 103
where-Schlüsselwort
  Protokollerweiterungen 325
  Regeln für generische Datentypen 300
  switch/case 115
while-Schleife 119
  let (Optionals) 119, 190
width-Eigenschaft 541
Wildcard-Pattern-Zeichen 72
Willkommensbildschirm 869
willSet-Funktion 254, 288
Window-Controller 494, 511
window-Eigenschaft 411, 514, 524, 562
windowDidLoad-Methode 513
windowNibName-Parameter 512
windowWillClose-Methode 510, 514
with-Funktion
  SpriteKit 817
  UIBezierPath 718
withSize-Methode 392

Index

WKWebView-Klasse 645
   NYT-Beispiel 926
write-Methode 621, 981
writeToFile-Methode 351
Wuziqi 997

X

x-Eigenschaft 541
Xcassets-Datei 441
   UIImage-Objekt erzeugen 662
   Spritekit 786
Xcode 24
   Arbeitstechniken 901
   Cache-Verzeichnis 909
   Code-Konverter 67
   Crashkurs 59
   Crashlogs 906
   erste Schritte 32
   Git 903
   Hello iOS-World 370
   Literale 784
   mehrsprachige Apps 877
   Projekte umbenennen 906
   Verzeichnisse aufräumen 907
XIB-Datei 406, 506
XLIFF-Datei 881
XML-Bibliothek 977
XML-Daten verarbeiten 636
XMLAttribute-Klasse 637
XMLElement-Klasse 637
XMLIndexer-Klasse 637
XMLParser-Klasse 636, 640
XWXMLHash-Bibliothek 636

Y

y-Eigenschaft 541
youtube-ios-player-helper-Bibliothek 758
YouTube-Videos abspielen 758
YTPlayerView-Klasse 759
YTPlayerViewDelegate-Protokoll 759

Z

Zahlen 168
Zeichenketten 181
   als Datei lesen/schreiben 621
   Copy-on-Write 184
   Länge 186
   sortieren 187
   Substrings bequemer lesen 197
   Substrings lesen 195
   Teilzeichenketten extrahieren 195
   vergleichen 186
   zeilenweise zerlegen 364
Zeit 203
   formatieren 748
   messen 206
   vergleichen 206
zero-Eigenschaft 175
zip-Funktion 150
Zip2Sequenz-Datentyp 150
zPosition-Eigenschaft 784
zRotation-Eigenschaft 787
Zufallszahlen 171
Zugriffsebenen 243
Zuweisung 72
Zweidimensionale Arrays 1002
Zweinamige Parameter 142

- Schritt für Schritt zur eigenen iOS-App – bis zur Veröffentlichung im App Store

- Grundlagen von Swift und Xcode für Einsteiger aufbereitet

- Inkl. App-Entwicklung für die Apple-Watch

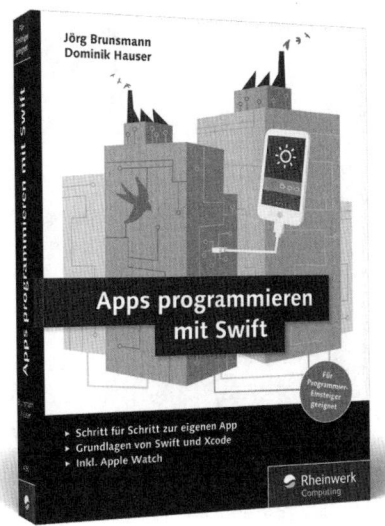

Jörg Brunsmann, Dominik Hauser

Apps programmieren mit Swift
Für Einsteiger geeignet

Steigen Sie ein in die App-Programmierung – mit diesem Buch und Apples Programmiersprache Swift. Schritt für Schritt erfahren Sie, wie Sie eine eigene App für iPhone und iPad programmieren und in den App Store stellen. Dabei lernen Sie alle wichtigen Grundlagen und erhalten viel nützliches Hintergrundwissen rund um die iOS-Entwicklung. Praktische, direkt nachvollziehbare Beispiele helfen Ihnen beim Verständnis. Aktuell zu Swift 3!

400 Seiten, broschiert, 29,90 Euro
ISBN 978-3-8362-4090-1
erscheint Januar 2017
www.rheinwerk-verlag.de/4094

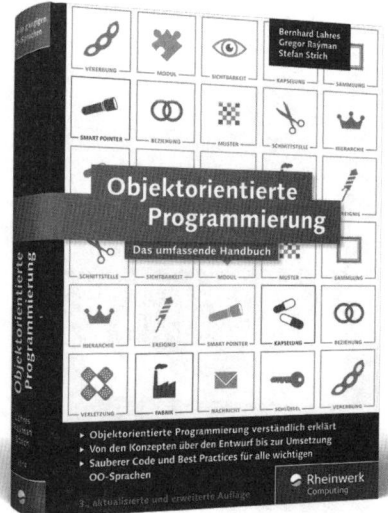

- Verständlich und praxisnah
- Von den OOP-Prinzipien über den Entwurf bis zur Umsetzung
- Zahlreiche Praxistipps, UMLDiagramme und Codebeispiele

Bernhard Lahres, Gregor Rayman, Stefan Strich

Objektorientierte Programmierung
Das umfassende Handbuch

Sie möchten sich von Grund auf in die objektorientierte Programmierung einarbeiten? In diesem Buch werden Ihnen alle Prinzipien anschaulich und verständlich an vielen typischen Beispielen erklärt. Ein größeres Projekt dient dabei der Orientierung, sodass Sie die OOP-Prinzipien in Zukunft konsequent umsetzen können!

688 Seiten, gebunden, 49,90 Euro
ISBN 978-3-8362-3514-3
3. Auflage 2016
www.rheinwerk-verlag.de/3775

Das gesamte Buchprogramm: www.rheinwerk-verlag.de

- Prinzipien und Grundlagen guten App-Designs
- Design, Usability und User Experience
- Apps mit Schrift, Farben und Icons gestalten

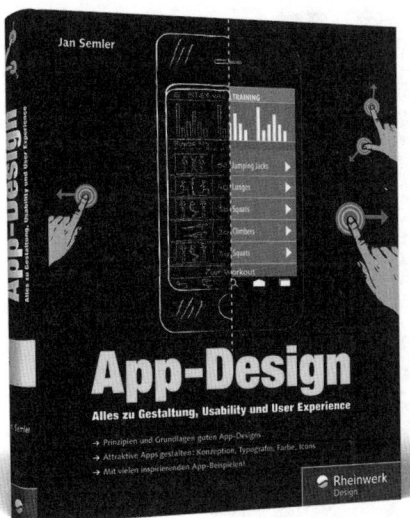

Jan Semler

App-Design
Alles zu Gestaltung, Usability und User Experience

Wie machen Sie aus einer einfachen App ein Highlight, das die Bestenlisten der App-Stores stürmt? In diesem Buch erfahren Sie es, denn hier erlernen Sie die Gestaltungsgrundlagen attraktiver und moderner Apps – von einer benutzerfreundlichen Usability über eine ausgeklügelte User Experience bis hin zum attraktiven Design von Grafiken, Bildern und Icons. Von der ersten Idee bis zum polierten Pixel lernen Sie, wie Sie erfolgreiche und moderne Apps gestalten – denn jeder gut genutzte Bildpunkt ist auf dem Mobilgerät Gold wert!

484 Seiten, gebunden, in Farbe, 39,90 Euro
ISBN 978-3-8362-3453-5
www.rheinwerk-verlag.de/3737

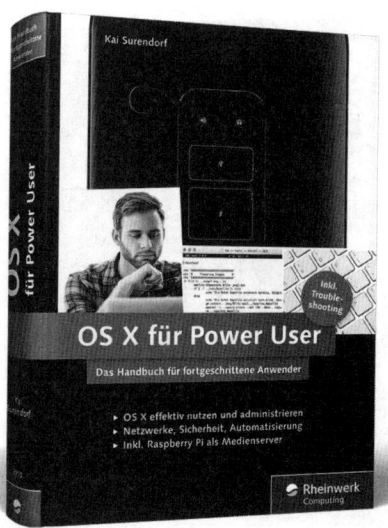

- OS X effektiv nutzen und administrieren
- Netzwerke, Sicherheit, Automatisierung
- Raspberry Pi als Medienserver

Kai Surendorf

OS X für Power User
Das Handbuch für fortgeschrittene Anwender

Sie kennen Ihren Mac, wollen aber nun wissen, wie Sie ihn wirklich effektiv nutzen und administrieren können? Dann sind Sie bei diesem Buch von Kai Surendorf genau richtig. Seit Jahren steht der Name »Surendorf« für Kompetenz in der Vermittlung von Mac-Wissen. Ob Sie Power-User oder ambitionierter Anwender sind oder einfach nur Spaß am Arbeiten mit dem Mac haben: Hier finden Sie zahlreiche Techniken sowie Tipps und Tricks, die Ihnen die Arbeit leichter machen werden.

653 Seiten, gebunden, 39,90 Euro
ISBN 978-3-8362-3983-7
www.rheinwerk-verlag.de/4028

- Ohne Vorwissen einsteigen – komplett in Farbe!

- Musikstile produzieren, mit Freunden jammen, Produktion am Mac fortsetzen

- Mit Schnellkurs und Kapitel zur Harmonielehre

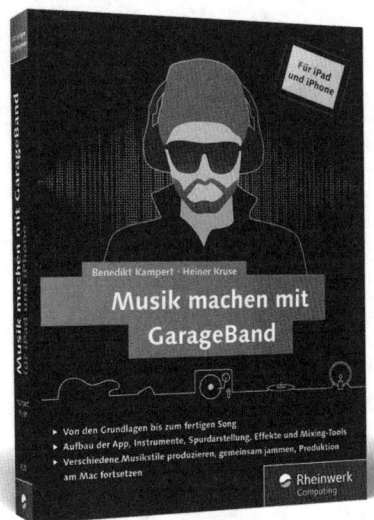

Benedikt Kampert, Heiner Kruse

Musik machen mit GarageBand für iPad und iPhone

Dieses Buch zeigt dir, was alles in der GarageBand-App für iPad und iPhone steckt und wie du damit eigene Songs allein oder mit anderen gemeinsam produzierst. Leg los und mach Dich mit den Audio/MIDI-Grundlagen vertraut. Lerne die Vorteile der Spurdarstellung kennen und nutze sie für eigene Projekte. Mach deine Songs noch interessanter mit Effekten, EQing und mehr. An konkreten Beispielsongs werden dir alle Funktionen verständlich und hörbar erklärt. Von Drums, Beats und Loops über (Touch-)Instrumente bis zu Audio-Aufnahmen und dem Einsatz externer Geräte: hier ist alles dabei für deinen perfekten Mix!

411 Seiten, broschiert, in Farbe, 29,90 Euro
ISBN 978-3-8362-4228-8
www.rheinwerk-verlag.de/4179

Wie hat Ihnen dieses Buch gefallen?
Bitte teilen Sie uns mit, ob Sie zufrieden waren,
und bewerten Sie das Buch auf:
www.rheinwerk-verlag.de/feedback

Ausführliche Informationen zu unserem aktuellen
Programm samt Leseproben finden Sie ebenfalls
auf unserer Website. Besuchen Sie uns!

www.rheinwerk-verlag.de